金石萃編

一

【清】王昶撰

金石文獻叢刊

上海古籍出版社

圖書在版編目（CIP）數據

金石萃編 /（清）王昶撰 . — 上海：上海古籍出版社，2020.5（2024.10 重印）
（金石文獻叢刊）
ISBN 978-7-5325-9522-8

Ⅰ . ①金… Ⅱ . ①王… Ⅲ . ①金石學—中國—清代 Ⅳ . ① K877.24

中國版本圖書館 CIP 數據核字（2020）第 054172 號

金石文獻叢刊
金石萃編
（全四册）
［清］王昶　撰
上海古籍出版社出版發行
（上海市閔行區號景路 159 弄 1-5 號 A 座 5 樓　郵政編碼 201101）
（1）網址：www.guji.com.cn
（2）E-mail：guji1@guji.com.cn
（3）易文網網址：www.ewen.co
上海世紀嘉晋數字信息技術有限公司印刷
開本 787×1092　1/16　印張 209.75　插頁 20
2020 年 5 月第 1 版　2024 年 10 月第 2 次印刷
ISBN 978-7-5325-9522-8
K・2794　定價：928.00 元

出版説明

金文石刻作爲一種特殊的文獻形式，負載着中國古代文明的大量信息，是珍貴的文化遺産，其相關研究具有重要文化價值與傳承意義。金石專門研究興起於宋，而在清代達到鼎盛，名家迭出，先後撰寫了一批高水平的研究專著，其成果對於今天我們的歷史學、文學、文字學、考古學、古文獻學、古器物鑒定學、書法篆刻學等研究具有重要的參考價值。有鑒於此，本社特推出《金石文獻叢刊》，彙聚兩宋以降金石學重要著作，以期助益於相關研究。

本書爲《金石文獻叢刊》之一，收録《金石萃編》及相關續補校訂之作，分别爲：清王昶撰《金石萃編》一百六十卷，據嘉慶十年刻同治錢寶傳等補修本影印；清王昶撰《金石萃編未刻稿》三卷，據民國七年羅振玉《嘉草軒叢書》本影印；清方履籛撰《金石萃編補正》四卷，據光緒二十年醉六堂石印本影印；清王言撰《金石萃編補略》二卷，據光緒八年刻本影印；清黄本驥撰《金石萃編補目》三卷，據光緒間貴池劉氏《聚學軒叢書》本影印；清沈欽韓撰《金石萃編條記》一卷，據民國九年江陰繆氏《煙畫東堂小品》本影印；羅振玉撰《金石萃編校字記》一卷，據光緒十一年刻本影印。

上海古籍出版社　二〇二〇年四月

石刻文獻歷代研究述要（代序）

陳尚君

「人生忽如寄，壽無金石固。」古人感到生命短暫，常將重要的事件、著作和死者的生平銘諸金石，形成豐富的金石文獻。一般來説，金銀器上的銘文均較簡短，銅器銘文盛於商周時期，漢以後可資研究的僅有銅鏡銘文等。石刻文獻則興於漢，盛於唐，歷宋、元、明、清而不衰，存世文獻爲數極巨，爲研究古代歷史文化提供了大量記載，也爲研究古典文學者所寶重。

一、古代石刻的分類

古代石刻品類衆多，舉其大端，可分以下幾類：

一、墓志銘。多爲正方形石刻，置於死者墓穴中，記載死者生平事蹟。始於漢，盛於北朝和隋唐時期，宋以後仍相沿成習。南朝禁止埋銘，故甚罕見。近代以來，出土尤多。因深埋地下，所存文字多清晰而完整。

二、墓碑。也稱神道碑，是置於墓道前記載死者生平事蹟的長方形巨大石碑。舊時王公大臣方得立碑記德，故所載多爲歷史上有影響的人物。因其突立於地表，歷經日曬雨淋，人爲破壞，石刻多斷裂殘壞，磨蝕漫漶，不易卒讀。

三、刻經。可分儒、釋兩大類。儒家經典的刊刻多由官方主持，爲士人提供準確可信的經典文本。歷史上有七次大規模的刻經，即東漢熹平間、曹魏正始間、唐開成間、後蜀廣政間、北宋嘉祐間、南宋紹興間、清乾隆間。今僅開成、乾隆石經保存完整，其餘僅存殘石。佛教刻經又可分爲兩類：一類是僧人恐遭逢法難，經籍失傳，因而刻石收存，以備不虞。最著名的是房山石經，始於隋，歷唐、遼、金、元而不衰，現存有一萬五千多石。二是刻經以求福祐，如唐代經幢刻《尊勝陀羅尼經》，爲一時風氣。

四、造像記。佛教最多，道教稍少。受佛教净土宗佛陀信仰的影響，信佛的士庶僧人多喜造佛像以積功德，大者連山開龕，小者可握於掌間。造像記記載造像緣由，一般均較簡短，僅記時間、像主姓名及所求之福祐庇蔭，文辭多較程式，可藉以瞭解風俗世情，有文學價值的很少。

五、題名。即是古人「到此一游」的記録。多存於山川名勝，多出於名臣、文士之手，雖較簡短，於考事究文，彌足珍貴。如長安慈恩寺題名：「韓愈退之、李翱翔之、孟郊東野、柳宗元子厚、石洪濬川同。」鍾山題名：「乾道乙酉七月四日，笠澤陸務觀，冒大雨，獨游定林。」均至簡，前者可考知韓、柳交游之始，知李翱另一表字，後者可見詩人陸游之風神。

六、詩詞。唐以前僅一二見，以雲峰山鄭道昭詩刻最著名。唐代始盛，宋以後尤多。詩詞刻石以摩崖和詩碑兩種形式爲多見。許多重要作家都有石刻詩詞留存。

七、雜刻。指上述六類以外的各種石刻。凡建橋立廟、興學建祠、勸善頌德、序事記游等，皆可立石以記，所涉範圍至廣。

此外，還有石刻叢帖，爲彙聚名家法書上石，供人觀賞臨習，其文獻價值與上述各種石刻有所不同，兹不贅述。

二、從石刻到拓本、帖本

石刻爲古人當時所刻，所記爲當時事，史料價值很高；所録文章亦得存原貌，不似刊本之迭經傳刻，多魚魯亥豕之誤，故前代學者考史論文，尤重石刻。然而石刻或依山摩崖，遠處荒山僻野，或形制巨大，散在各地，即便最優秀的金石學家，也不可能全部親見原石。學者援據，主要是石刻拓本。

拓本是由拓工將宣紙受濕後，蒙於碑刻之上，加以捶椎，使宣紙呈凹凸狀，再蘸墨拓成。同一石刻之拓本，因傳拓時間之早晚及拓技之精粗，常有很大不同。一般來説，早期拓本因石刻保存完好，文字存留較多，晚近所拓，則因石刻剥蝕，存字較少。如昭陵諸碑，今存碑石存字已無多，遠不及《金石萃編》之録文，而羅振玉《昭陵碑録》據早期精拓録文，録文得增多於《金石萃編》。即使同一時期所拓，也常因拓工之拓技與態度而有所不同。如永州浯溪所存唐李諒《湘中紀行》詩，王昶據書賈售拓録入《金石萃編》，有十餘處缺文訛誤；稍後瞿中溶親至浯溪，督工精拓，乃精好無損（詳《古泉山館金石文編》卷三）。至於帖賈爲牟利而或草率摩拓，或僅拓一部分，甚或竄改文字，以唐宋冒魏晋，則更等而下之了。

拓本均存碑石原狀，大者可長丈餘，寬數尺，鋪展盈屋，不便研習。舊時藏家爲便臨習，將拓本逐行剪開，重加裱帖，裝成册頁，成爲帖本。帖本經剪接重拼，便於閲讀臨摹，已不存原碑形貌。在拼帖時，遇原拓空缺或殘損處，常剪去不取，以致帖本文字常不可卒讀。原石、原拓失傳，僅靠拓本保存至今的石刻文獻，不是太多，較著名的有唐代崔鉉撰文而由柳公權書寫的《神策軍碑》。唐初著名的《信行禪師碑》，因剪棄較多，通篇難以卒讀。

現存最早的石刻拓本，大約是見於敦煌遺書中的唐太宗《温泉銘》和歐陽詢《化度寺碑》。宋以後各種善拓、精拓本，因流布不廣，傳本又少，藏家視同拱璧，書賈索價高昂。近現代影印技術普及，使碑帖得以大批刊布，許多稀見的拓本，得以大批縮印彙編出版，給學者極大方便。影響較大者有《漢魏南北朝墓志集釋》（趙萬里編，科學出版社一九五三年版）、《千唐志齋藏志》（張鈁藏，文物出版社一九八五年版）、《曲石精廬藏唐墓志》（李希泌藏，齊魯書社一九八七年版）、《北京圖書館藏歷代石刻拓本彙編》（中州古籍出版社一九八八年版）、《隋唐五代墓志彙編》（天津古籍書店一九九一年版）。重要的石刻拓本，在上述諸書中均能找到。

三、宋代的石刻研究及重要著作

南北朝至唐代，已有學者注意記載碑刻，據以訂史證文，但有系統地加以搜集研究，使之成爲專學，則始於宋代。首倡者爲北宋文學宗匠歐陽修。

歐陽修自宋仁宗慶曆五年（一〇四五）開始裒聚金石拓本，歷十八年，「集録三代以來遺文一千卷」（《六一居士傳》），編爲《集古録》，其中秦漢至唐五代的石刻約占全書的十之九五。參政之暇，歐陽修爲其中三百八十多篇碑銘寫了跋尾，對石刻文獻的史料價值作了全面的闡釋。其大端爲：一、可見政事之修廢；二、可訂史書之闕失；三、可觀書體之妍醜；四、可見文風之轉變；五、可訂詩文傳本之訛誤；六、可據以輯録遺文。這些見解，可説爲後代金石學的研究奠定了基礎。録一則如下：

右《德州長壽寺舍利碑》，不著書撰人名氏。碑，武德中建，而所述乃隋事也。其事蹟文辭皆無取，獨録其書爾。余屢歎文章至陳、隋不勝其弊，而怪唐家能臻致治之盛，而不能遽革文弊，以謂積習成俗，難於驟變。及讀斯碑有云：「浮雲共嶺松張蓋，明月與巖桂分叢。」乃知王勃云：「落霞與孤鶩齊飛，秋水共長天一色。」當時士無賢愚，以爲警絶，豈非其餘習乎！

《集古録》原書已不傳。歐陽修的題跋編爲《集古録跋尾》十卷，收入其文集，單行本或題《六一題跋》。其子歐陽棐有《集古録目》，爲逐卷撰寫提要，原書久佚，今存清人黄本驥和繆荃蓀的兩種輯本。

北宋末趙明誠輯《金石録》三十卷，沿歐陽修之舊規而有出藍之色。明誠出身顯宦，又得賢妻之助，窮二十年之力，所得達二千卷之富，倍於歐陽修所藏。其書前十卷爲目録，逐篇著録二千卷金石拓本之篇題、撰書者姓名及年月，其中唐以前五百餘品，其餘均爲唐代石刻。後二十卷爲明誠所撰題跋，凡五百零二篇。趙跋不同於歐陽修之好發議論，更注重於考訂史實，糾正前賢和典籍中的誤説，録存重要史料，考訂也更爲細密周詳。

南宋治石刻學者甚衆，如《京兆金石録》《復齋碑録》《天下碑録》《諸道石刻録》等，頗具規模，惜均不存。存世者以下列諸書最爲重要。

洪适《隸釋》二十七卷、《隸續》二十一卷，前者録漢魏碑碣一百八十九種，後者已殘，尚存録一百二十餘品。二書均全録碑碣文字，加以考釋，保存了大量漢代文獻，許多碑文僅賴此二書以存。

陳思《寶刻叢編》二十卷，傳本缺三卷。此書彙録兩宋十餘家石刻專書，分地域著録石刻，附存題跋，保存史料十分豐富。

佚名《寶刻類編》八卷，清人輯自《永樂大典》。此書以時代爲序，以書篆者立目，記録石刻篇名、作者、年代及所在地，間存他書不見之石刻。

另鄭樵《通志》中有《金石略》一卷，王象之《輿地紀勝》於每一州府下均有《碑記》一門，也有大量珍貴的記録。後者明人曾輯出單行，題作《輿地碑記目》。

宋人去唐未遠，搜羅又勤，所得漢唐石刻見於上述各書記載的約有四五千品。歐、趙諸人已有聚之難而散之易之感歎，趙明誠當南奔之際仍盡攜而行，但除漢碑文字因洪适輯録而得保存較多外，唐人石刻存留到後世的僅約十之二三，十之七八已失傳。幸賴上述諸書的記載，使今人能略知其一二，其中有裨文學研究的記載至爲豐富。如唐末詞人温庭筠的卒年，史書不載。《寶刻類編》載有：「《唐國子助教温庭筠墓》，弟庭皓撰，咸通七年。」因可據以論定。再如盛唐文學家李邕，當時極負文名，《全唐文》録其文僅五十餘篇。據上述宋人記載，可考知其所撰文三十餘篇之篇名及梗概，對研究其一生的文學活動十分重要。

四、清代的石刻研究及重要著作

元、明兩代是石刻研究的中衰時期，可稱者僅有三五種：陶宗儀輯《古刻叢鈔》僅録所見，篇幅不大；都穆《金薤琳琅》，録存漢唐石刻五十多種；趙崡《石墨鐫華》存二百五十多種石刻題跋，「多歐、趙所未收者」（《四庫提要》）。

清代經史之學發達，石刻研究也盛極一時。清初重要的著作有顧炎武《金石文字記》、葉奕苞《金石録補》、朱彝尊《金石文字跋尾》。三書雖仍沿歐、趙舊規，但所録多前人未經見者，考訂亦時有創獲。至乾隆間，因樸學之興，學者日益重視石刻文獻，史學大家如錢大昕、阮元、畢沅等均有石刻研究專著。全録石刻文字的專著也日見刊布，自乾隆後期至嘉慶初的十多年間，即有翁方綱《兩漢金石記》《粤東金石略》、吴玉搢《金石存》、趙紹祖《金石文鈔》《續鈔》等十餘種專著行世。在這種風氣下，王昶於嘉慶十年（一八〇五）編成堪稱清代金石學集大成的著作《金石萃編》一百六十卷。

王昶自稱有感於洪适、都穆、吴玉搢三書存文太少，「愛博者頗以爲憾」，自弱冠之年起，「前後垂五十年」，始得成編。其書兼載金、石，但録自器銘者僅當全書百之二三，其餘均爲石刻。所録始於周宣王時的《石鼓文》，迄於金代，凡一千五百多種。其中漢代十八卷，魏晋南北朝十五卷，隋代三卷，唐五代八十二卷，宋代三十卷，遼金七卷。各種石刻無論完殘，均照録原文，務求忠實準確。遇有篆、隸字體，或照録原字形。原石殘缺之處，或以方框標識，或備記所缺字數，遇殘字也予保存。又備載「碑制之長短寬博」和「行字之數」，「使讀者一展卷而宛見古物焉」（引文均見《金石萃編序》）。同時，王昶又廣搜宋代以來學者的著録題跋，附載於各石刻録文之次，其本人也逐篇撰寫考按，附於篇末。《金石萃編》搜羅廣博，録文忠實，附存文獻豐富，代表了乾嘉時期石刻研究的最高水平。

王昶以個人力量廣搜石刻，難免有所遺漏，其録文多據得見之拓本，未必盡善。其書刊布後，大受學界歡迎，爲其續補訂正之著，也陸續行世，較重要的有陸耀遹《金石續編》二十一卷、王言《金石萃編補遺》二卷等。至光緒初年，陸增祥撰成《八瓊室金石補正》一百三十卷，規模與學術質量均堪與王書齊駕。陸書體例多沿王書，凡王書已録之石刻，不復重録。王書録文不全或有誤者，陸氏援據善拓，加以補訂，一般僅録補文。這部分份量較大，因陸氏多見善拓，録文精審，對王書的糾訂多可信從。此外，陸書補録王書未收的石刻也多達二千餘通。

清代學者肆力於地方石刻的搜録整理，也有可觀的成績。録一省石刻而爲世所稱者，有阮元《山左金石志》二十四卷（山東）、《兩浙金石志》十八卷（浙江）、謝啓崑《粤西金石略》十五卷（廣西）、胡聘之《山右石刻叢編》四十卷（山西）、劉喜海《金石苑》六卷（四川）等。録一州一縣石刻而重要者有武億《安陽縣金石録》十二卷、沈濤《常山貞石志》二十四卷、陸心源《吴興金石記》十六卷等。

五、近現代的石刻文獻要籍

近代以來，因學術風氣的轉變，漢唐石刻研究不及清代之盛。由於各地大規模的基建工程和現代科學田野考古的實施，地下出土石刻的總數已大大超越清代以前八百年間發現的石刻數量。大批石刻得以彙集出版，給學者以方便。

端方《匋齋藏石記》四十四卷，是清季最有份量的專著。端方其人雖多有争議，但該書收羅宏富，題跋又多出李詳、繆荃蓀等名家之手，頗多精見。另一位大節可議的學者羅振玉，於古代文獻的搜集刊布尤多建樹。其石刻方面的專著多達二十餘種，《昭陵碑録》和《冢墓遺文》（包括《芒洛》《廣陵》《東都》《山左》《襄陽》等十多種)以録文精確、收羅宏富而爲世所稱。

二十世紀三十年代,由於隴海路的施工,洛陽北邙一帶出土魏、唐墓志尤衆。其大宗石刻分别爲于右任鴛鴦七志齋、張鈁千唐志齋和李根源曲石精廬收存。于氏所收以北魏志石爲主,今存西安碑林,張、李以唐代爲主。其中張氏所得達一千二百多方,原石存其故里河南新安鐵門鎮,民國間曾以拓本售於各高校及研究機構,近年已影印行世。其中對唐代文學研究有關係者頗衆。曲石所得僅九十多方,但多精品,王之涣墓志最爲著名,今存南京博物院。

民國間由於各省組織學者編纂省志,也連帶完成了一批石刻專著。其中曾單獨刊行而流通較廣者,有《江蘇金石志》二十四卷、《陝西金石志》三十二卷、《安徽通志金石古物考稿》十六卷,頗多可觀。

二十世紀五十年代,趙萬里輯《漢魏南北朝墓志集釋》,收漢至隋代墓志六百五十九方,均據善拓影印,又附歷代學者對這些墓志的考釋文字,編纂方法上較前人所著有很大進步,是研究唐前歷史、文學的重要參考書。

二十世紀最後二十年間,學術研究空前繁榮,前述自宋以降的許多著作都曾影印或整理出版。今人纂輯的著作,以下列幾種最爲重要。

《北京圖書館藏歷代石刻拓本彙編》,收録了北圖五十年代以前入藏的所有石刻拓本,全部影印,甚便讀者。不足處是一些大碑拓本縮印後,文字多不易辨識。

陳垣《道家金石略》,收録漢至元代與道教有關的石刻文字,於宋元道教研究尤爲有用。

周紹良主編《唐代墓志彙編》及《續集》,收録一九九九年以前出土或發表的唐代墓志逾五千方,其中四分之三爲《全唐文》等書所失收,可視作唐文的補編。

趙超編《漢魏南北朝墓志彙編》,據前述趙萬里書録文,但不收隋志,補收了一九八六年以前的大量新出石刻。

《隋唐五代墓志彙編》,據出土地區影印墓志拓本約五千方,以洛陽爲最多,約占全書之半,陝西、河南、山西、北京等地次之。其中包括了大批近四十年間新出土的墓志,不見於上述各書者逾一千五百方。

進入新世紀,石刻文獻研究成爲中古文史研究之顯學,更多學者關注石刻之當時書寫與私人書寫之特殊價值，成爲敦煌文獻研究以後有一學術熱點。同時，新見文獻尤以墓志爲大宗，每年的刊布數也以幾百至上千方的數量增長。其中最重要的，一是《新中國出土墓志》，已出版十多輯，爲會聚各地文物部門所藏者爲主；二是《大唐西市博物館藏唐墓志》，所收皆館藏，整理則延請史學界學者；三是《长安高陽原新出土隋唐墓志》，將考古報告與新見墓志結合，最見嚴謹。其他搜輯石刻或拓本的尚有十多家，所得豐富則可提到趙君平的《秦晉豫新發現墓志搜逸》三編，毛陽光的《洛陽新見流散墓志彙編》，以及齊運通洛陽九朝石刻博物館編的幾種專書。還應説到的是，日本學者氣賀澤保規編《唐代墓志所在總合目録》，不到二十年已經出版四版，爲唐代墓志利用提供極大的方便。陝西社科院古籍所編《全唐文補遺》十册，所據主要是石刻，校點尚屬認真。

上海古籍出版社編刊《金石文獻叢刊》，主要收録宋、清兩代有關金石學的基本著作，本文前所介紹諸書，大多得以收録。如王昶《金石萃編》，將清後期的幾種補訂專書彙集在一起，陸增祥《八瓊石金石補正》之正續編合爲一帙，也便於讀者全面瞭解這位傑出金石學家的整體成就。書將付刊，胡文波君囑序於我，是不能辭。然時疫方熾，出行不便，未能通讀全編，率爾操觚，總難塞責。乃思此編爲彙聚宋、清兩代金石學之菁華，爲滿足當代以中古文史學者爲主之石刻文獻研究之急需，或可將二十四年前爲當時還是江蘇古籍出版社的《古典文學知識》所撰小文《石刻文獻述要》稍作潤飾增補，用爲代序，敬請方家諒宥。

目録

金石萃編卷二十九……四九九

北魏三

金石萃編卷三十……五一四

東魏一

金石萃編卷三十一……五三〇

東魏二

金石萃編卷三十二……五四五

東魏三

金石萃編卷三十七……六一六

周二

金石萃編卷三十八……六三一

隋一

金石萃編卷三十九……六四九

隋二

金石萃編卷四十……六六五

隋三

金石萃編卷一百二十四……二二四七

宋二

金石萃編卷一百二十五……二二六四

宋三

金石萃編卷一百二十六……二二九八

宋四

金石萃編卷一百三十二……二四一九

宋十

金石萃編卷一百三十三……二四三七

宋十一

金石萃編卷一百三十四……二四六〇

宋十二

金石萃編補正

金石萃編補略

金石萃編補略卷二……三一八〇

金石萃編補略跋……三二一一

金石萃編補目

讀金石萃編條記

金石萃編校字記

金石萃編

青浦述菴王昶著

金石萃編

經訓堂藏板

宋歐趙以來爲金石之學者衆矣非獨字畫之工使人臨摹把翫而不厭也跡其囊括包舉靡所不備凡經史小學暨於山經地志叢書別集皆當參稽會萃覈其異同而審其詳略自非輇材末學能與於此且其文亦多瓌偉怪麗人世所罕見前代選家所未備是以博學君子咸貴重之歐趙所採止於五代後之著錄者取以爲法焉然歐公上至五代僅及百年金石錄以劉跂作序之歲數之亦百有五十年耳而宋末遼金迄今至歷五百餘年之久其未可引歐趙之例斤斤以五代爲斷明矣且宋遼金三史皆成於托克托之手卒以時日迫促

載者有所弗詳重者有所未削方藉碑碣文字正其是非而可置而不錄與古金石之書具目錄疏年月加攷證焉爾錄全文者惟洪氏隸釋隸續爲然而明都氏穆近時吳氏玉搢等繼之然洪氏隸書之外篆與行楷屏而不載都氏止六十八通吳氏止一百二十餘通愛博者頗以爲憾焉余弱冠即有志於古學及壯游京師始嗜金石朋好所藏無不丏也蠻陬海澨度可致無不索也兩仕江西一仕秦三年在滇五年在蜀六出興桓而北以至往來青徐兗豫吳楚燕趙之境無不訪求也蓋得之之難如此然方其從軍於西南徼也留書篋於京

師往往爲人取去又游宦輒數千百里攜以行間有失者失則復蒐羅以補之其聚之之難又如此而後自三代至宋末遺金始有一千五百餘通之存夫舊物難聚而易散也後人能守者少而不守者多也使瓌偉怪麗之文銷沈不見於世不足以備通儒之採擇而經史之異同詳略無以參稽其得失豈細故哉於是因吏牘之暇盡取而甄錄之缺其漫漶阤剝不可辨識者其文間見於他書則爲旁注以記其全秦漢三國六朝篆隸之書多有古文別體摹其點畫加以訓釋自唐以後隸體無足異者仍以楷書寫定凡額之題字陰之題名兩側

之題識皆詳載而不敢以遺碑制之長短寬博則取漢建初慮傂尺度其分寸并志其行字之數使讀者一展卷而宛見古物焉至題跋見於金石諸書及文集所載删其繁複悉著於編前賢所未及始援據故籍益以鄙見各爲按語總成書一百六十卷名金石萃編嗚呼余之爲此前後垂五十年矣海內博學多聞之彥相與摩挲參訂者不下二十餘人咸以爲欲論金石取足於此不煩他索也然天下之寶日出不窮其臧於嗜古博物之家余固無由盡覩而叢祠破冢繼自今爲田父野老所獲者又何限是在同志之士爲我續之已矣嘉慶十年仲秋青浦王昶書時年八十有二

金石萃編跋　一

憶自乾隆壬寅之夏少司寇述庵先生方丁內艱里居適浙中大吏重修西湖志請先生總其成館寓湖上就莊友人項君金門爲先生門字弟子談讌間齒及文藻姓名遂詣就莊晉謁獎許過當旋俾文藻與分纂之列每執卷商榷之餘輒惓論讀書稽古詩文格律從源泝流皆切要實學逾年先生奉

恩命起復直隸臬使道移關中公事之暇蒐訪金石書來致屬謂文藻館武林所交皆藏書家凡山經地志說部文集有涉金石題跋悉爲採錄以資考證因隨見隨鈔每積數百條卽附陝客緘致迨先生移節滇南道遠而止癸丑歲先生以少司寇請假暫歸文藻適有濟寧之行紆棹謁先生於三泖漁莊把酒話別於清華閣欵洽甚摯是冬先生假滿入都甲寅春蒙

恩予告歸里棹經任城時文藻尙留黃小松司馬署中獲侍杖履至州學摩挲漢碑留連竟日互相唱和而別先生嗣是林泉清暇發篋陳編取所錄金石摹文詳加考訂閱數年而次第成編嘉慶辛酉歲主講武林敷文書院文藻候問出示所定初藁百餘鉅冊尙須刪汰訂定招文藻襄其役是夏卽携具山齋與嘉定錢君同人共晨夕明年春先生辭講席歸漁莊仍令文藻與錢君

金石萃編跋　二

供其事旋付梓人校寫校刊迄于今始竣蓋文藻之常得親炙先生言論丰采者五年于茲矣竊幸文藻畢生能窺金石之美富殆有天焉先是客京師寓大學士韓城王文端公邸第値文端充續西淸古鑑館總裁得見

內府儲藏尊彝古器摹本三百餘種後客任城小松司馬署得見濟寧一州古今碑拓數百種遂手自摹錄成濟寧金石志繼客濟南赴阮中丞芸臺先生之招時閱學山左遍蒐碑碣得見全省拓本千數百種贊成山左金石志刻以行世今又得見先生所藏寰宇碑搨幾一千餘種刻成金石萃編一百六十卷夫拘墟寒士雖有金石之好欲購藏則無貲欲遠訪則無事茲文藻前後所見多至四千餘種自幸以爲海內嗜古之士企及此者亦難矣文藻年逾七旬桑榆景迫快覩鉅編之成爰詳叙顛末以誌忻幸之私懷云爾嘉慶乙丑秋仲仁和朱文藻跋

侗世父詹事公博通經史尤愛蒐羅金石文字少與竇滄少司寇王述庵先生同學長而同登進士第凡讀書疑義無不相與參互攷訂勉爲名山不朽之業司寇與世父嗜好既同歎歷中外四十餘年足跡幾遍天下所至輒喜訪求金薤遺文雖山陬海澨窮幽極險悉能羅而致之故兩家所蓄亦相等世父中年解紱得以從容稽攷先後刻潛研堂金石跋尾四集頗爲藝林愛重而司寇亦據生平所得宗歐陽文忠公遺旨繫以跋語繼欲仿洪文惠公隸釋隸續之例寫錄全文綴以前人論議一一訓釋而詳明之裒爲專書用示後學卒以吏牘勞瘁未之成也歸田後屢主書院講席又以事往返京師者再亦無暇悉心撰次迨嘉慶壬戌春卸軌家居乃盡出篋笥所藏拓本自三代迄遼金幾　千通重整舊稿删其繁蕪補其漏失以侗侍世父年久稍習歐趙以來諸家之書招致之邨里第畀以繙校之役因偕仁和朱先生文藻同堂商榷司寇撫爲詳定凡三易稿五易寒暑始竣事而後付之梓人蓋其體大思精海涵地負集衆說之異同正史文之譌缺實爲嚮來金石家所未有而侗等得以皮傅淺學廁名簡末誠厚幸矣所可慨者是書至今年冬剞劂甫竟而世父先於去冬辭世未

由一見其成此則司寇不能無伯牙絕弦之感而侗之所爲退而泫然者巳時乙丑十一月門下士嘉定錢侗敬識

金石萃編目錄

上尊號碑 延康元年
受禪碑 黃初元年
孔子廟碑 黃初元年
黃初殘碑
十三字殘碑
膠東令王君斷碑
卷二十四 魏二 吳
廬江太守范式碑 青龍三年 有陰
王基斷碑 景元二年
李苞通閣道題名 泰和六年

天發神讖碑 天璽元年
禪國山碑 天璽元年
葛府君碑額
卷二十五 晉 秦附
任城太守孫夫人碑 泰始八年
齊太公呂望表 太康十年
關中侯劉韜墓志
保母磚志 興寧三年
廣武將軍□產碑 秦建元四年 有陰
卷二十六 梁

瘞鶴銘 天監十三年
井䦨殘字 天監十五年
始興忠武王碑 天監十八年 有陰
蕭公神道碑額
卷二十七 北魏一
洛州鄉城老人造像碑 太和十七年
孝文弔比干墓文 太和十八年 有陰
始平公造像記 太和廿二年
孫秋生等造像記 景明三年
比丘法生造像記 景明四年
石門銘 永平二年正月 銘後摩崖

嵩顯寺碑 永平二年四月
比邱尼法行造像記 永平三年
征和寺造像記 永平四年十月七日
司馬元興墓志銘 永平四年十月十二日
安定王造像記 永平四年十月十六日
劉洛真造像記 延昌元年
張相隊造像記 延昌二年
卷二十八 北魏二
司馬景和妻墓誌銘 延昌三年

卷三十七 周二

卷三十八 隋一

卷三十九 隋二

卷四十 隋三

元宗批荅裴耀卿等奏
景賢大師身塔記 開元廿三年八月
卷七十九 唐三十九
華嶽題名三十段 起開元廿三年迄大歷十三年
卷八十 唐四十
華嶽題名四十二段 起興元元年迄唐末
卷八十一 唐四十一
北嶽神廟碑 開元廿三年
牛氏像龕碑
龐履温碑 開元廿四年二月

鄭會碑 開元廿四年五月
大智禪師碑銘 有陰 開元廿四年九月
張昕墓誌 開元廿四年十月
左輔頓僚西嶽廟中刻石記 開元廿四年十月
裴光庭碑 開元廿四年十一月
卷八十二 唐四十二
臨高寺碑 開元廿五年四月
進法師塔銘 開元廿五年七月
無畏不空禪師塔記 開元廿五年八月
比邱尼惠源誌銘 開元廿五年九月

周尉遲迥廟碑 有陰 開元廿六年
卷八十三 唐四十三
貞和上塔銘 開元廿六年七月
任城縣橋亭記 開元廿六年閏八月
元宗御注道德經 開元廿六年十月
易州鐵像頌 開元廿七年
記石浮圖後 開元廿八年
易州田公德政碑 開元廿八年十月
卷八十四 唐四十四
裴道安墓誌 開元廿九年

洞清觀鐘款識 開元廿九年閏四月
夢真容敕 開元廿九年六月一日
石壁寺彌勒像頌 開元廿九年六月廿四日
唐儉碑 開元廿九年
金仙長公主神道碑
內侍省功德碑
卷八十五 唐四十五
李秀殘碑 天寶元年正月
盧府君碑 天寶元年二月八日
褒封四子詔 天寶元年二月廿日

卷一百二十 五代二 晉

卷一百二十一 五代三 漢 周

卷一百二十二 五代四 附十國 吳 南唐 前蜀 後蜀 南漢 吳越 北漢

闕

卷一百二十七 宋五

卷一百二十八 宋六

卷一百二十九 宋七

卷一百三十 宋八

卷一百三十一 宋九
增修中岳廟碑 乾興元年六月
永定陵采石記 乾興元年八月
虢縣重修至德常寧觀記 天聖五年
勸慎刑文
慎刑箴 天聖六年
文安公牡丹詩 天聖九年
絳州重修夫子廟記 天聖十年六月
解州鹽池新堰箴 天聖十年十月
卷一百三十二 宋十
零陵縣華嚴巖詩刻四段 明道二年五月
重脩昇仙太子大殿記 明道二年六月
玉兔淨居詩 明道二年八月
會聖宮碑 景祐元年
永興軍牒 景祐元年
永興軍中書劄子 景祐二年
文宣王廟講學堂記 景祐四年
零陵縣華嚴巖題名八段 景祐四年
浯溪詩詞刻四段 景祐五年
衛廷諤墓誌 寶元二年

棲霞寺碑 康定元年
卷一百三十三 宋十一
興慶池禊宴詩 慶歷二年
襄城縣文宣王廟記 慶歷二年
普通塔記 慶歷五年
潛山巖題名六十段 慶歷七年
飛白七字 慶歷八年四月
慈恩寺塔題名二十二段 慶歷八年九月
富平縣李太尉祠堂記 皇祐元年六月
改賜終南山宮觀名額牒 皇祐元年十一月
卷一百三十四 宋十二
重修北岳廟記 皇祐二年正月 有陰
傳應法師行狀 皇祐二年五月
江寧崇教寺辟支佛塔記 皇祐二年八月
重修仙鶴觀記 皇祐二年九月
重修仙鶴觀實錄 皇祐二年九月
復唯識廨院記 皇祐三年
岱岳觀題名四段 皇祐四年
張遵等峴首題名二段 皇祐五年
李參等草堂寺題名 皇祐六年

卷一百三十五宋十三

卷一百三十六宋十四

卷一百三十七宋十五

蘇頴濱黃樓賦元豐元年九月

卷一百三十八宋十六

溽王廟記元豐二年

溽王廟牒元豐二年有側

龍井記元豐二年

閻使君祠記元豐三年

郭恕先神在二大字元豐三年

孫眞人祠記元豐四年六月

東坡集歸去來辭詩元豐四年九月

興教寺玉峯軒記元豐四年十二月

溫泉雙皁莢行元豐五年

謝卿材饒益寺題名元豐六年

方圓菴記元豐六年

第一山字

李伯時陽關歸去來圖并浮休居士詩

韓魏公祠堂記元豐七年

粟子山題名元豐八年

惠明寺舍利塔銘元豐八年

卷一百三十九宋十七

薛紹彭書樓觀詩三段元祐元年

東坡書上清詞元祐二年

寶月禪院龕銘元祐三年四月

侯氏重修泰山廟記元祐三年閏十二月

贈李方叔賜馬券元祐四年四月

游師雄題六駿碑元祐四年五月

奉天縣渾忠武公祠堂記元祐五年三月

謁太史公祠題記元祐五年四月

鄆州學田記元祐五年九月十五日

京兆府學移石經記元祐五年九月二十日

唐凌煙閣功臣畫像并讚元祐五年

涇陽縣孔子廟記元祐五年十月

卷一百四十宋十八

草堂寺題名二十七段元祐五年十月

遊師雄墓寺留題元祐五年十二月

觀音像并讚元祐六年六月

伯夷叔齊墓碑元祐六年六月

豐樂亭記元祐六年十一月

蔡安持靈巖詩元祐七年十月

魯公仙蹟記元祐七年

郃陽縣學記元祐八年正月

曹娥碑 元祐八年正月
宣仁后山陵採石記 元祐八年
游師雄玉泉院題名 元祐九年
卷一百四十一 宋十九
蘇軾雪浪石盆銘 紹聖元年四月
昭陵圖記 紹聖元年五月端午
高陵重修縣學記 紹聖元年五月十一日
石門題名十八段 紹聖二年二月
草堂寺詩刻二段 紹聖二年九月
王公儀碑銘 紹聖三年

關山雪月詩 紹聖三年
蘇氏墓誌 紹聖四年十月
游師雄墓誌 紹聖四年十月
卷一百四十二 宋二十
郃陽縣戒香寺碑 紹聖五年四月
韓宗厚墓誌 紹聖五年九月
真武經 元符二年正月
韓宗道墓誌 元符二年七月
州學二大字 元符二年七月
鄠縣利師塔記 元符二年十月

永泰陵採石記 元符三年五月
二陵採石記 建中靖國元年三月
三十六峯賦 建中靖國元年九月
卷一百四十三 宋二十一
梅澤詩并題記 崇寧元年三月十四日
劉晦叔等題名 崇寧元年三月十七日
修唐太宗廟記 崇寧元年七月
淨相院詩刻 崇寧元年九月
楞嚴經偈 崇寧元年十一月
玉盆題名十二段 崇寧元年

武功縣學碑 崇寧二年四月
遊終南山雜詠 崇寧二年六月
褒城縣學記 崇寧二年六月
乾陵無字碑題字十二段 崇寧二年十二月
靜應廟記 崇寧三年九月
靜應廟勑告 崇寧三年十月
逍遙棲禪寺詩刻 崇寧三年十一月
蕪湖縣學記 崇寧三年
卷一百四十四 宋二十二
元祐黨籍碑 崇寧三年

卷一百五十七 金四
三官宮存留公據碑 明昌二年
高曼卿增修宣聖廟記 明昌二年
武亭鐘欵 明昌三年
高陵縣張公去思碑 明昌五年
劉仲游詩刻 明昌五年
靈巖寺詩刻 明昌五年
安陽縣重修唐帝廟記 明昌六年
太一靈湫詩 明昌六年
靈巖寺記 有陰 明昌七年

太平院石幢 明昌七年
重修文宣王廟碑 有陰 承安二年
承安鏡文 承安四年正月
圓覺禪院鐘欵 承安四年四月
驪山詩刻 承安四年十一月
卷一百五十八 金五
綏德州修學記 泰和元年
泰寧宮鐘欵 泰和六年
三原縣后土廟記 泰和六年
眞清觀牒 大安元年

大安磚刻 大安二年
貞祐寶券 貞祐二年
楊振碑 貞祐三年
濟州李演碑 貞祐四年
進士題名記 興定二年
程震碑 正大元年
京兆府學教養碑 正大二年
全眞教祖碑 正大二年
溫泉風流子詞 正大三年
重摹唐太宗慈德寺詩 正大四年

濟瀆靈應記 正大五年
重修濟瀆廟記 正大五年
卷一百五十九 金六 齊
改建題名碑 正大七年
黃華老人詩刻 以下附金末
楊奐碑
國書碑
重置饒益寺石刻記 齊阜昌二年
孟邦雄墓誌 阜昌四年
勅祭忠武王碑 阜昌五年

金石萃編目錄終

金石萃編卷一

賜進士出身 誥授光祿大夫刑部右侍郎加七級王昶譔

周宣王石鼓文

鼓凡十每鼓約徑三尺餘其第一十一行行六字第二九行行七字第三四皆十行行七字第五十一行行六字第六十一行上半殘闕每行止存四字第九十五行行五字其七八十三鼓剝蝕過甚行字數俱不可紀今在國子監大成門左右

第一鼓

避車既工避馬既同避車既好避馬既
駘君子員邋員邋員斿麀□速〻君子之求□
角弓〻茲以寺避敺其□其來趩〻 止 㸑〻即
避即時□□趚其來大□避敺其樸其
□□射其豜蜀

避車既工避馬既同避車既好避馬既駘君子員〻邋〻員斿麀 鹿 速〻君子之求 孫 〻 卣弓〻茲目寺避敺其 時 其來趩〻趩〻㸑〻即避即時 麀鹿 趚〻其來大□避㦿其樸其 來遺 〻 射其豜蜀

第二鼓

□汧殹沔〻烝彼淖淵□□鰋處之君子□之
淺又小魚其斿□〻帛魚皪〻其盜氐鮮黃帛
其鯾又鱄其魚又鰟□□□□□之處涉〻□

口口口口口隹鱳口口口口口口之隹楊及
柳
汧殹沔〻烝〻汎淖淵鰋鯉處之君子漁之澫又𩵦其
斿趱〻帛魚鱳〻其盜氏鮮黃帛其鯾又鱒又鮊其胡
孔庶𤌹之𥦫〻㴱〻趯〻其魚隹可隹鱮隹鯉可以橐
之隹楊及柳

第三鼓

田車口安鋚勒口口簡左驂旛〻
騝騝避吕隮于邍避口止陕宮車其寫
秀弓寺射麋豕孔庶麀鹿雉兔其

旆其口𨅝大口出各亞口口吳口執而
勿射多庶𨔝〻君子逌樂
田車既安鋚勒馯〻避䍙既簡左驂旛〻右驂騝〻避
吕隮于邍避戎止陕宮車其寫秀弓寺射麋豕孔庶麀
鹿雉兔其邍又旆其口𨅝大口出各亞口口昊口執而
勿射多庶𨔝〻君子逌樂

第四鼓

口口鑾車奉敕眞口口弓孔碩彤矢口
口口四馬其寫六轡口口口口徒馭口口口口
口搏𦦨車載口口徒如章邍溼陰陽趍

口馬射之𣋞口口口口獸鹿如口口口口
多賢迧禽口口口口允異
口口鑾車奉敕眞口口弓孔碩彤矢口口四馬其寫六
轡口徒迖騝孔庶𢌿口口搏𦦨車飭衍戎迖如章邍溼
陰陽趍〻口馬射之𣋞〻口口如虎獸鹿如口口口口多
賢迧禽避兔口口允異

第五鼓

口口口口霝雨口口口口口口口口口口口口口
口口口口口口口口口口口口口口
口口口口口口口口口口口口口口口
口口口口口口口口口口口口口
口口口口流𣶃口口口己𣲵或口口口

极𣴻己口口口口一方口口口口口口其𣻔
口口口口口叀
口口口霝雨口𣴻迄涉〻盈濼口君子即涉〻馬口
𣴻汧殹洎〻萋〻口口舫舟口逮𣶃卢自鄘迖騝口口
隹舟以衍或陰或陽极深以口口于水一方口口口止
其奔其敚口口其事

第六鼓

上闕𢦏止𣶃止上闕𩰫𢦏𥁕上闕除帥彼𠕁
上闕𦰡爲卅里上闕𢓊𢓊逌𠕁上闕𣶃栕栽其
上闕𣋞𩒦鳴上闕亞箬其華上闕爲所斿𩣱

上闕鋚䢦言斿上闕吾
猷乍邍乍　導遄我嗣　除帥彼阪　草為卅里
微微〻湏罟　橐柞棫其　㯀榗鼎〻鳴　亞箬其華
為所斿優　盩衛言對　吾

第七鼓一

上闕𠂔闕滔是戴闕具□闕来闕天子後闕
而師　弓矢孔庶　左驂　滔〻是戴　不具奪
後　具所來　其寫矢具來樂天子　嗣王始　古
我來

第八鼓今本字畫剝蝕

𢽎　走騎〻馬薦　葬若𢽎雉立　其一　之　心

第九鼓

避汧殹□□導□□□□殹止嘉樹則
里天子永寧日隹丙申□□避其□導
□衆殹迪敀□康〻駕□□□□騝〻
□騝上□□□□如不□□□□輸霧□□
□公謂天□余及如□□害不余入
避水既□　避導既平避□既止嘉樹則里天子永寧日
隹丙申□□避其用導衆馬既迪敀□康〻駕□□□□
左驂騝〻右驂騝〻□□□□如不□□□輸霧□□
□公謂天子余及如□□害不余及

第十鼓

前闕　闕𢍰闕□□闕□闕之後闕
吳人憐亟　敬　載西載北　勿□勿　而　用　大
祝　曾　享　執　寓逢中　闕孔□□鹿□　避　□其□□
□□　騝〻大□□□□□□　求　又□□□□□□□　是□
□□□□□□□

附石鼓文音訓

共二石每石高廣俱三尺五寸三十二行分三列每列行十三字額題石鼓文音訓五字篆書音訓正書跋隸書今在石鼓旁

偃山潘迪

避車既工避馬既同避薛氏音我工籒文攻字蘇氏石鼓詩亦作攻按詩車攻傳攻堅緻也同齊也物馬齊其力　避車既好避馬既騎騎从馬缶聲疑與阜音義同詩車攻田車既好四牡孔阜說文者謂阜盛大也　君子員邋員斿員作鼎籒文也說文員音云益也有重文君子指從獵諸臣貟貟衆多也邋邋旌旗旖旎動貌斿旌之末垂者　麀鹿速君子之求牝麀麀牝鹿速有重文速速疾行貌或曰鹿之足迹　○卤弓兹目寺卤郭氏云恐當作卤卣弓即㢸弓也周禮㢸弓利射疾與弋今按鼓文作卤目古以字下同寺諸家皆音時然下文別有時字或音恃　避敺其時其來趩趩丑亦反有重文說文行聲也一曰不行貌　𧽊炱𧽊音憲燹作炱皆有重文其義未詳或曰趨走意燹衆多也　即邋即時麀鹿趚邋與遬小異疑非我字或音禦趚子亦反鄭氏云直離反有重文　其來大卽我敺其樸其○遬射其豬蜀

遺徒鹿反穨也猶或作豩或音豚蜀恐犢字蓋蜀有獨音
右一辥氏次居八鄭氏次居三施氏次居一今按古文苑其序姑從施氏然舊說第五鼓言漁狩而
歸第一鼓言治道涂似失先後序若左右相易始於西北以第六爲第一第五爲第十則先後之序
得矣然亦未可必也可讀者十有六句餘未詳凡六十四字此鼓舊墨本卣上有𥂕字遺上有㯫字
今漫滅
汧殹沔〻王氏云汧音牽水名出扶風汧縣西北入渭殹即也字見詛楚文及秦斤鄭樵因此指爲秦物
今按醫緊皆从殹已見古書非始於秦也郭氏曰讀如緊語助沔籀作泛有重文鄭氏云沔讀作綿蓋用平聲
叶讀烝〻皮淖淵烝見秦權有重文與烝通詩南有嘉魚烝然罩罩王肅云烝眾也皮籀文皮字或音
彼淖淵水之淺處鰋鯉處之君子漁之鰋鯉皆魚名鰋鄭氏者鮎也處鄭氏讀作居
蓋取叶韻籀文漁从寸今闕澫又鯊其斿趱〻鄭氏云澫即漫从萬通作曼疑有重文漫漫水

之獮莊處又通作有籀文省下同見詛楚文鯊今作鯊魚名所加反趱辥氏作𢿨即蹴字有重文或音汕叶平
聲相干反帛魚鱳〻其盜氏鮮鄭氏云鱳音洛集韻云白色也鄭氏云盜亦作盄讀與盄同施
氏云按說文鮹余反醓也氏典禮反今按鱳字音鱳白貌帛即白字言白魚鱳鱳然深白登之於俎豆甚鮮也
黃帛其鯾又鱄又鮊鄭氏云鯾即鯿字畢連反或音鯿鱄今作鮒音附鮊舊音白今按叶
讀音綿其胡孔庶臠之毄〻施氏作豆今作股乞及反博雅膜謂之股鄭氏作豆臠籀文
臠字或作綠毋若反相如大人賦休𤼵奔走或音使𨑒趯〻𨑒有重文郭氏云籀文洋字鄭氏音汗今
作𣶒趯有重文鄭氏音博或作遊字其魚隹可隹鱮隹鯉可呂〇之隹楊
及柳隹通作維可通作何〇舊作槖說文符宵反鄭氏云與標同恐謂橐从缶从橐省聲也包裹承藉之
義非謂穿之也蘇氏詩作何以貫之恐誤
右二辥氏次居五鄭氏次居一十鼓中唯此完好然字多假借故義有難通今唯漁字全磨滅成文

者十有七句凡六十字
田車既安鋚勒馬〇按詩傳輶車田獵驅逆之車服其輕提也鋚郭氏云大幺反轡首銅
也廣韻音條紹頭銅飾今按馬字非全文但偏旁从馬闕左邊當有重文或作駐一避眾既簡簡遬
也左驂旛〻右驂騝〻詩騶驪是驂傳驂兩騑也車駕四馬內兩馬謂之服外兩馬謂之騑郭氏
云旛姑圓反旌旗總名旛取其輕舉貌騝居言反爾雅騝驪馬黃脊或云紀偃反壯健貌避目隮子
邍隮升也邍古原字下同避〇舊有戎字止陕陕疑作陸宮車其寫秀弓寺
射宮車輦車也周禮輦車用於宮中秀與綉同綉弓戎弓也穀梁傳弓綉質質靶也戎弓綉其質示武中有
文言田狩之時宮車寫而不用戎弓用之於射也寫讀如卸麋豕孔庶麀鹿雉兔言所
獲多品其邍又旃未詳其〇趚〇鄭氏云趚今作奔或作走犬〇出各亞
亞古孝經作惡蓋二字通用〇〇昊〇昊未詳辥氏作胃字鄭氏云疑即思字碧落碑思作𢘓郭

氏云恐是臭字古老反大白澤也白澤獸名執而勿射多庶趯〻說文趯郎擊反動也走也
鄭氏云與躒同或云鄭谷反君子逌樂逌辥氏作逌鄭氏作攸所也按漢書地理志鬱水逌同五
行志彝倫逌叙皆古攸字
右三辥氏施氏次居三鄭氏次居四可讀者十有五句餘不成文凡六十三字
〇〇鑾車郭氏云人君乘車四馬鑣八鑾鈴象鸞聲按經史多作鸞左傳錫鸞和鈴詩八鸞瑲瑲
桼敕貞〇桼施氏云呼骨反疾也辥氏作華字鄭氏云卸拜字並見義雲章貞鄭氏云即墳字亦作
鎮說文敕即策字或音速〇弓孔碩彤矢〇〇按彤弓彤矢天子以錫有功諸侯詩彤弓
弨兮書文侯之命及春秋傳彤弓一彤矢百是也說者謂彤弓朱弓頎大也四馬其寫六轡
〇驁鄭氏云驁五到反辻驖孔庶鄜〇寘搏辻郎徒字驖鄭氏云音馭鄜或云即
鄜字辥郭作鄜鄭氏作郭寘見詛楚文今作宣卣車載衍卣鄭氏云即酋字詩輶車鸞鑣田狩之車

也䪴籀文載字衍卽道字戎辵如章遜遷陰陽遷鄭氏云今作遷通作㬎辵徒也如章言
戎徒整布如文章然遷高陛也㬎卑㬎也言高卑向背皆有陰陽詩公劉相其陰陽度其隰原趍六馬
射之𤞞鄭氏云趍卽趍字有重文七走反詩驪維趍馬趍趍調和閑習也六馬天子所駕也𤞞籀文𤞞
有重文疑備作𨟻○○如虎獸鹿如○○○多賢迪迪鄭氏云今作徇
禽○○○○允異
右四薛氏施氏次居四鄭氏次居五其文可讀者僅七句言田獵之事凡五十三字薛氏曰允異之
上舊有禽避兔三字今按禽字下闕四字
○○○霝雨○𣓁鄭氏云霝亦作零詩東山零雨其濛樹今省作流下同見說文○
○○湈○皆磨滅不可辨唯此湈字今僅存其半○○○○○○○○上
二十餘字剝落不可考○○自廓辵騕○○隹舟以衍或陰或陽

金石萃編卷一　周　八

水北爲陽南爲陰或從水之陽或從水之陰皆可歸也或字下今闕陰或二字陽字僅存其半余家藏墨本尚
有之极深㠯○○于水一方极薛氏作枝鄭氏云卽檝字○○○○其
𢍉○○○○○叓施氏云叓古文事字見說文今僅存下數畫
右五薛氏次居九鄭氏次居八舊說言漁狩而歸可讀者僅三句餘皆磨滅不成文凡二十六字墨
本舊有蔆蓬迒溯盈濟君子卽涉流汧殹洎洎蔆淒舫舟西逿湯湯戶二十餘字今皆不存
猷乍邍乍○籀文作𢕚卽邍作通𢕚道字遹我嗣○除𢕚鄭氏云遹字嗣今作治
字施氏云按古文孝經治作𤔲與此小異帥𢻻彼阪舊音序或曰阪字○𦳆葬薛氏作葬字
郭氏云恐是莽莽草之相糾者居蚪反鄭氏作莫未詳孰是爲世里世三十也文曰爲三十里以三
十爲世書家謂之會意蘇合反非世字也○𢼸𢦏薛氏作微鄭氏云微未詳音義直吾臬薛氏
作栗尚書栗作臬與此相類說文省作臬柞棫柞棫皆木名詩作棫其拔其○𣚍鄭氏云𣚍作桀

或作𣚍疑古𣚍字梏𣚍梏皆木名梏音答又音荅𢻻薛氏作𢻻鄭氏云𢻻未詳音義或云遊字鳴
○亞箬箬籀文若字鄭氏作箸其𢑚薛氏作華又音夫○爲所斿𨻻𨻻薛氏作
𡡉鄭氏云今作𡡉盩郭氏作盩衞言對○音音鄭氏云廷卽畬字鼓文作吾𢼌字古从五
从日
右六薛氏次居七鄭氏次居二舊說言治道除也凡四十一字每行僅存四字而上皆闕二三字蓋
五代之亂散落民間穴中以爲臼故今所存皆斷續不成文鄭氏乃以臆作原作導遹我治除帥𢻻
莽莫爲世里十六字爲成辭蓋鄭氏所見不過墨本摹刻者而不知每行之上有闕文也
而以文理推之而字上當有闕文師○○○○○潛潛下有重文是𢦏施氏云按
說文古𢦏字與此相類○○具尊磨滅不可辨○○○後具肝𧈳薛氏作肝鄭氏作
盱音吁來○○○○樂天子○○○○○○○○皆不可辨

金石萃編卷一　周　九

右七薛氏次居一鄭氏次居九舊有弓矢孔庶左驂○不○其寫矢具來○子來○𤔲王始古我來
二十字今剝落僅存十有四字皆不成文
敚敚說文與微同
右八薛氏次居六鄭氏次居七按施氏墨本所錄有敚走驂騎馬薦暜若雉立其一之心十四字余
家藏舊本止敚字存今漸剝落矣
避水既○避衛既平避○既止嘉樹則里天子永寧○
○日隹丙申○○○施氏云丙申下二字尚可辨避其𢼸衛○馬既
申敕○康駕申重也敕戒也○○○左驂驐驐有重文施氏云五到反馬怒也
驐議○○○○如驐有重文鄭氏音遂不○○○𩣥𩣥鄭氏云籀文𩣥从飛
𩙿薛氏作𩙿郭氏云恐是籀文𩙿字○○○○公謂天子○余及如如通

作汝○○害不余及

右九薛氏次居二鄭氏次居十舊說言滕道今皆剝落不成文可讀者唯七句凡五十二字

吳人憐亟王氏云吳通作虞鄭氏云汧水出于吳山故濕于汧而狩于吳也愚按二說王爲優施氏云憐亦作憐○○○○載卣載北卣卽西字鄭氏云見曾侯鐘北字今麋滅而○用○亯享○執盤執薛氏作執字說文云執與藝同鄭氏云卽社字宷寧同或作闕逢中圍孔○籀文圍作闓見說文或云卽出字○鹿○○避○其○○騁鱧鄭氏云卽噫字見邾敦尾敦有重文大○○○○○求又○○○○○○是○○○○○○○○○

右十薛氏次居十鄭氏次居六今僅存二十三字唯吳人憐亟載西載北二句成文餘皆廢缺不可讀豐本舊有勿奄勿伏○命而出○○用○○○○大祝𥛚十一字今皆不存

計見存三百八十六字

右石鼓文十其辭類風雅然多磨滅不可辨世傳周宣王獵碣初在陳倉野中唐鄭餘慶始遷之鳳翔宋大觀中從開封靖康末金人取之以歸于燕 聖朝皇慶癸丑始置 大成至聖文宣王廟門之左右登物之顯晦自有時耶鼓之所自先儒辨證已詳固不敢妄議然其文曰天子永寧則爲臣下祈祝之辭無疑又曰公謂天子則似是畿內諸侯

從王于狩臣下述其君語天子之言呼鼓之時世雖不可必但其字畫高古非秦漢以下所及而習篆籀者不可不宗也迪自爲諸生往來鼓旁每撫玩弗忍去距今纔三十餘年昔之所存者今已磨滅數字不知後今千百年所存又何如也好古者可不爲之愛護哉間取鄭氏樵施氏宿薛氏尚功王氏厚之等數家之說考訂其音訓刻諸石俾習篆籀者有所稽云至元己卯五月甲申奉訓大夫國子司業潘迪書

翰林侍 講學士通奉大夫知 制誥

同脩 國史兼國子祭酒歐陽廟諱承事郎典簿尹忠承直郎博士黃溍奉議大夫助教祁君璧從仕郎助教劉聞承務郎助教趙璉從仕郎助教康若泰同校

府學生昇亮刻

籀文者周太史籀之所作也與古文大篆小異七畧曰史籀者周時史官教學童書也與孔氏壁中古文異體甄豐定六書二曰奇字是也其跡有石鼓文傳

爲蓋諷宣王畋獵之所作今在陳倉張懷瓘書斷
岐陽石鼓初不見稱於前世至唐人始盛稱之而韋
應物以爲周文王之鼓宣王刻詩韓退之直以爲宣
王之鼓在今鳳翔孔子廟中鼓有十先時散棄於野
鄭餘慶置于廟而亡其一皇祐四年向傳師求於民
閒得之遂足其文可見者四百六十五不可識者過
半余所集錄文之古者莫先於此然其可疑者三四
今世所有漢桓靈時碑往往尚在其距今未及千歲
大書深刻而磨滅者十猶八九此鼓按太史公年表
自宣王共和元年至今嘉祐八年實千有九百一十

四年鼓文細而刻淺理豈得存此其可疑者一也其
字古而有法其言與雅頌同文而詩書所傳之外三
代文章真蹟在者惟此而已然自漢以來博古好奇
之士皆略而不道此其可疑者二也隋氏藏書最多
其志所錄秦始皇刻石婆羅門外國書皆有而獨無
石鼓遺近錄遠不宜如此此其可疑者三也前世傳
記所載古遠奇怪之事類多虛誕而難信況傳記不
載不知韋韓二君何據而知爲文宣之鼓也隋唐古
今書籍粗備豈當時猶有所見而今不見之耶然退
之好古不妄者余姑取以爲信耳至於字畫亦非史

籀不能作也歐陽修集古錄
世傳岐山周篆昔謂獵碣以形制考之鼓也三代之
制文德書于彝鼎武事刻于鉦鼓征伐之勳表于兵
鉞其制度可考後世不知先王之典禮猶有存者鑿
山刻石自是昭一時功蹟唐世諸儒以石鼓爲無所
據至謂田獵之碣益未知古自有制也方唐之時其
文隱顯未盡缺落徵詞索事或可得之而韓愈韋應
物徒知校獵受朝宣暢威靈懾讋夷夏故愈謂此爲
宣王時應物以其本出岐周爲文王鼓當時文已不
辨故論各異出也嘗攷于書田獵雖歲行之至于天

子大蒐徵會諸侯施大命令則非常事也故四王三
公後世以爲絶典然則宣王蒐于岐山不得無所書
或史失之其在諸侯國當各有記矣不應遂使後世
無傳此其可疑也當漢之時見號奇字如甄豐輩定
作史籀書竇蒙以爲宣王獵碣而曰我車既攻我馬
既同張懷瓘以此本車攻詩因考合前說且曰諷岐
獵之所作也愈應物其書籍之則有據矣然爲諷爲
美其知不得全于文義見也傳曰成有岐陽之蒐杜
預謂還歸自奄乃大蒐于岐陽然則此嘗岐周則成
王時矣方楚合諸侯求大蒐禮者不知宣王嘗狩于

岐山以合諸侯況小雅所美其地本東都又遜車徒無大號令則不得爲盛飾古者詩書不嫌同文其據以此便謂宣王未可信也呂氏紀曰蒼頡造大篆後世知有科斗書則爲篆爲籀漢制八書有大篆又有籀書張懷瓘以柱下史始變古文或同或異謂之爲篆而籀文蓋其以名自著宣王世所作也如此論者是大篆又與籀異則不得以定爲史籀所書叔向曰昔成王盟諸侯于岐陽楚爲荆蠻置茅蕝當時以爲重禮故後世不得泯沒宣王蒐岐陽世遂無聞哉方成康與穆賦頌鐘鼎之銘皆番吾之迹然則岐陽惟

成王大會諸侯則此爲番吾可知書言成湯狩于亳故後世有亳亭宣王狩于敖其在地記則著敖亭詩曰選徒于敖其事可以考矣周書紀年于蒐狩之大皆書則合諸侯而盼大命亦一見于成王此其可信也當漢號史書以刻畫奇崛蓋亦不得盡其文則其不見道固宜獨怪愈子唐中世得之乃謂勒勳以告萬世又恨聖人于詩不得見之石鼓之嗚自杜甫尚嘆不知愈何以知其意謂編詩有遺也或曰此成王時詩則頌聲所存聖人不應去之果有豈不知耶曰變之柔矣作洛皇門此周公作也詩書不得盡見將一時所訓非禮亂所繫不足施後世者不得著也其因後代亡之亦未可知也曰子信爲成王頌何前世未有考者則其說使人盡得信乎曰蒐于岐陽書傳再見而車攻之獵詩以爲敖此可謂無所據乎此余孜于古而知之世亦安得異我說者知考古而索其事自當有所得爾不待此以傳也董逌廣川書跋

周宣王石鼓歐陽文忠公以爲唐以來韋應物韓退之嘗盛稱贊予謂不特二公老杜固嘗有李潮八分小篆歌云陳倉石鼓文已訛況蘇勗載記亦言石鼓文謂之獵碣共十鼓其文則史籀大篆則知石鼓稱

爲周宣王所創者在昔不止三公也吳曾能改齋漫錄

國朝崇寧中蔡京作辟雍取十鼓置堂後予嘗見之辟雍廢徙置禁中而岐下有摹本殊失古意胡世將資古紹志錄

古蹟記云史籀石鼓文不知徐浩何據也韋左司應物歌云周宣大獵岐之陽刻石表功煒煌煌石如鼓形數止十風雨缺剥苔蘚澀飛端委蛇相糺錯乃是宣王之臣史籀作韓退之又從而作歌云周綱凌遲四海沸宣王憤起揮天戈鐫功勒成告萬世鑿石作鼓隳嵯峩辭嚴義密讀難曉如此至寶存豈多豈亦

以浩爲證乎歐陽公云言與雅頌同字古而有法非
史籀不能作言固同矣但篆畫行筆當行于所當行
止于所當止今位置窘澀促長引短務欲取稱如柳
帛君庶字是也意已盡而筆尚行如以可字是也十
鼓畧相類姑舉一隅識者當自神悟以器款惟字參
鼓刻惟何惟鯉之惟則燦然可見矣葢字畫無三代
醇古之氣吾是以云前輩尚疑繫辭非夫子所作僕
于此書直謂非史籀跡也翟耆年籀史
開元以後張懷瓘韋應物韓退之直云宣王之鼓也
然詳者其語實皆臆度以言無有明著如予所見則

謂此鼓不爲宣鼓而當爲成王之鼓也左氏昭四年
椒舉言于楚子曰成有岐陽之蒐杜預曰成王歸自
奄大蒐于岐山之陽杜預之爲若言也雖不曰蒐岐
之有遺鼓而謂成蒐之在岐陽者即石鼓所奠之地
也然則鼓記田漁其殆成王之田之漁也與宣王固
嘗出鎬而東獵矣其地自屬東都故曰四牡龐龐駕
言徂東徂東云者以方言之則自鎬出洛也岐在豐
西三百餘里安得更云徂東也則鼓辭不爲車攻之
辭亦已明矣鼓辭既不爲車攻之辭則何據而云宣
王之鼓也故予惟椒舉之言既能明記岐蒐爲成王

之蒐則其不能明記此蒐之有鼓雖爲不備若較之
專用獵體定爲宣王之物者其說差有本祖　古今
常言刻石起于秦世泰山鄒嶧是其事矣然予秦皇
之議刻山也其羣臣上議已曰古之帝者猶刻金石
以日爲紀則刻石之與刻金其所自來皆在秦前者
夫伐石爲鼓則意又可料矣田漁必用衆致衆必以
鼓因其鼓之入用而斵石象之因以記事焉是其托
物爲久正與鑄金刻金共一意也後漢橋元之廟石
鉦石鉞以及石鼓而蔡邕與爲銘辭則曰是用鏤石
作鼓鉦鉞軍鼓陳之東階以勒公文武之勳焉邕之

謂鉦者葢橋嘗冠乎鮮卑也鉦鉞鼓三者皆軍旅間
用器而三器同爲一辭則古來識事于石豈必專爲
鼓形顧岐陽田漁其用在鼓而因用以著辭焉耳漢
距三代未遠古制猶有存者邕最知古故能模肖古
制與橋勳爲明而石鼓源流賴之以存也　紹興壬
子福唐鄭昂得洪慶善所遺石鼓墨本其自跋曰昂
貧隸辟雍時常徘徊鼓下以舊本校之字又差訛矣
寇難以來不知何在莆田鄭樵著石鼓考其文多至
數百千言謂鼓入辟雍及保和殿皆與昂同或得之
於昂也樵之博固可重而語多不審予嘗論辨正之

文多不錄　東坡自記其所覽曰其詞云我車旣攻我馬旣同其魚維何維鱮維鯉何以貫之維楊及柳此六句可讀餘多不可通此二十四字蓋東坡仕岐而於鼓上見之其曰何以貫之維楊及柳而鄭本乃作摽蓋疑鄭本不真也（程大昌雜錄）

溫彥威使三京得僞劉詞臣馬定國文云石鼓非周宣王時事乃後周文帝獵于岐陽所作也史大統十一年獵于白水遂西狩岐陽（姚氏殘語）

石鼓文周宣王之獵碣也歐陽修作集古錄設三疑鄭樵指以爲秦鼓馬定國指爲後周物近人稍有惑

其說者故予不得不辨集古之一疑曰漢桓靈碑大書深刻磨滅十八九自宣王至今爲尤遠鼓文細而刻淺理豈得存予謂碑刻之存亡係石質之美惡摹拓之多寡水火風雨之及與不及不可以年祀之久近論也且如詛楚文刻於秦惠王時去宣王爲未遠而文細刻淺過於石鼓遠甚由始出於近歲戕害所不及至無一字磨滅者顏真卿干祿字刻於大歷九年顯暴於世工人以爲衣食業摹拓爲多至開成四年纔六十六載而遽已訛闕由是言之年祀久近不足推其存亡無可疑者二疑以謂自漢以來博古之士略而不道三疑以謂隋世藏書最多獨無此刻予謂金石遺文淪於瓦礫歷代湮沒而後世始顯者爲多三代彝器或得於近歲其制度精妙有馬融鄭元所不知者又詛楚文筆蹟高妙世人無復異論而歷秦漢以來數千百年湮沈泉壤近世始出於人間不可謂不稱於前人不錄於隋氏而指爲近世僞物也予意此鼓之刻雖載於傳記而經歷亂離散落草莽至唐之初文物稍盛好事者始加採錄乃復顯於世及觀蘇勗敘記尤喜予言之爲得也則夫隋之不錄又無足疑者況唐之文籍視今爲甚備而學者不敢

爲臆說自貞觀以來諸公之說若出一人固不待起於韋韓也而韋應物又以爲文王時鼓宣王時刻言之如是之詳當時無一人非之傳記必有可考者矣小篆之作本於大篆丞殹二字見於秦器固無害況丞字從山取山高奉丞之義著在說文字體宜然非始於秦也唐初去宇文周爲甚近事語尚在於長老耳使文帝鐫功勒成以告萬世豈細事哉宜時人共知之況蘇勗之祖邳公綽用事於周文物號令悉出其手豈得其賢子孫乃不知其祖之所作者乎其鼓有十因其石之自然粗具鼓形字刻於其旁石質堅

頑頹今人爲碓磑者其初散在陳倉野中韓吏部爲博士時請於祭酒欲以數橐駝輿致太學不從鄭餘慶始遷之鳳翔孔子廟經五代之亂又復散失本朝司馬池知鳳翔復輦至於府學之門廡下而亡其一皇祐四年向傳師搜訪足之大觀中歸於京師詔以金塡其文以示貴重且絕摹拓之患初致之辟廱後移入保和殿靖康之末保和珍異北去或傳濟河遇大風重不可致者皆棄之中流今其存亡特未可知則拓本留於世者宜與法書並藏詎可輕議也哉紹興己卯歲予得此本於上庠喜而不寐手自裝治

成帙因取薛尚功鄭樵二音參校異同并攷其字書而是正之書於帙之後其不知者姑兩存之以俟博洽君子而質焉王厚之復齋碑錄

歐陽文忠謂其書非史籀不能作但疑其自宣王至今實千有九百餘年理豈得存是不然也夫石刻之易漫者以其摹搨者多故也今石鼓委置草萊泥土之中兀然不動至唐始出以故完美如初況其石之質頑恠堅若世爲碓磑者哉此不足疑一也鄭漁仲謂是秦篆因其以殹爲也見於秦斤以丞爲承見於秦權其文有曰嗣王有曰天子天子可爲帝亦可謂王秦自惠文稱王始皇稱帝以爲惠文之後始皇之前所作也余按易書經文無也字則知古轉用殹丞字正當從山取奉丞高意六月宣王之詩也曰王于出征以佐天子吉日宣王田獵之詩也曰天子之所曰以燕天子祈父刺宣王之詩也曰予王之爪牙此不足疑二也溫彥威使三京以爲後周文帝獵於岐陽所作蓋因史大統十一年西狩岐陽之語而云也尤爲謬妄夫自秦漢晉宋隋唐以來苟能書如斯冰邕諸人皆名後世豈後周時有能書若此而不名乎況其詩詞嚴古尤非南北朝時所能到者且蘇勗

章韓諸公去後周未遠不應謬稱如是此不足疑三也故今斷然以爲宣王田狩之詩而史籀之書也蓋宣王田狩岐陽之時從臣贊美刻詞出於一時若車攻吉日則田獵東都時所作者其詞多與石鼓同如我車既攻我馬既同修備之詞一也麀鹿麌麌麀鹿趍趍獸多之詞同也車攻曰四牡龐龐四牡奕奕吉日亦曰四牡孔阜蓋即石鼓趍趍六馬四馬其篤之謂也他如駕言徂東駕言行狩卽我其用道之謂也曰之子于苗卽君子之求之謂也曰選徒囂囂徒御不驚卽徒驂孔庶避从既簡之謂也曰建旐設旄悠

悠斾旌卽其斿鼎斿之謂也曰赤芾金舄卽華勒塡
塡之謂也曰會同有繹卽來樂天子之謂也曰決拾
既飲弓矢既調卽秀弓孔碩彤矢𢀎𢀎之謂也曰兩
驂不倚不失其馳卽左驂𩦠𩦠右驂騝騝之謂也曰
助我舉柴卽我麀允異之謂也曰大庖不盈卽我公
謂大害不余及之謂也曰允矣君子展也大成以燕
天子卽君子乃樂天子永寧之謂也曰吉日維戊吉
日庚午卽日維丙申之謂也曰田車既好卽田車既
安我車既好之謂也曰從其羣醜瞻彼中原其祁孔
有卽我以隮于原我戎止射其來大有其來遺遺之

謂也曰儦儦俟俟卽麀田若反之謂也曰既張我弓
既挾我矢卽秀弓時射射之族族之謂也曰漆沮之
從卽于水一方之謂也曰𤃠此大兕卽我毆其特之
謂也又況石鼓漫滅者其詞繁而不殺不若車攻二
詩嚴肅簡潔足該十篇之意故偶見刪削也古詩三
千餘篇而夫子定爲三百十一篇此類是也若以不
見收錄遽以是疑之則論語所引素以爲絢兮偏其
反而之句皆逸詩也豈可以是而盡疑論語乎時洪
武乙丑夏五月趙古則書（朱存理鐵網珊瑚）
右石鼓文宋代搨本洪武中藏於餘姚儒者趙古則

後歸予家石鼓昔人論之詳矣馬定國定爲宇文周
時所造元天台劉仁本爲石鼓論本之定國而斷其
非史籒之書二子謬妄固不俟言跋復謂蘇勗韋韓
諸公去後周未遠不應繆稱如是而以其言爲可信
予觀應物退之其去後周似爲遼闊勗貞觀時仕吏
部侍郎視後周則誠未遠又按李嗣眞書後品張懷
瓘書斷亦皆以石鼓爲史籒書嗣眞高宗時人而懷
瓘老於開元則稱石鼓爲籒書者始於蘇氏繼於李
張而退之直據之耳　鄭夾漈謂石鼓至唐始出於
岐陽鄭餘慶取置鳳翔孔廟而亡其一皇祐四年向

傳師求於民間得之十鼓遂足王順伯謂五代之亂
鼓復散失司馬池復輦致府學其一鼓已亡向傳師
搜訪足之二說皆同予近見傳師跋乃知第十鼓其
先蓋嘗有僞爲者至傳師而眞鼓始復此皆王鄭之
所未及豈其未嘗見向跋邪鄭復謂大觀中鼓置之
辟雍復取入保和殿經靖康之變未知其遷徙與否
王則謂大觀中鼓歸京師詔以金塡其文靖康之末
保和珍異北去或傳濟河遇風棄之中流而存亡未
知後王子充題此謂金人入汴剔取其金而棄去之
至元乃輦至京師置於國學廟門之下予按資古錄

云崇寧中蔡京作辟雍取十鼓置講堂後辟雍廢從置禁中則置之辟雍者蔡氏而所謂禁中卽保和殿也若王鄭之未知其遷徙存亡葢當是時北方非中國所有而二公又皆南人故云然也及觀之虞伯生云金人得汴梁鼓亦北徙酉王宣撫宅宅後爲大興府學伯生助教成均言於時宰得置之國學大成門內則淪入濟河與夫金人棄之之說皆不足信不知二王何從而得之也　余得唐人拓本於李文正先生凡七百二字葢全文也嘗刻之木以傳矣然都元敬金薤篇劉梅國廣文選所收仍是殘缺四百九十

金石萃編卷一　周　二十四

四字本葢亦未見此也　楊慎升菴外集

岐陽石鼓文有謂爲周宣王獵碣者惟董程二氏以左傳成有岐陽之蒐證之皆鑿鑿有據其言眞如岳峙不可復撼第廣川有其學有其識有其辯而無其筆故不勝藤葛糾纏確論反晦耳鄭樵謂爲秦惠文後及歐陽三疑皆瞽說迷謬不足與辯韋應物謂爲文王之鼓宣王刻詩眞如少君古强之徒會目睹其事也馬子卿以爲宇文周時作益可笑　郭宗昌金石史

石鼓文據楊升菴金石古文載其全文謂得唐人拓本於李文正家予讀而驚歎已錄于京師古石考中然陸文裕深謂石鼓經博洽之儒如王順伯鄭漁仲搜訪靡餘力咸存斷缺歐陽公集古錄才四百六十有五字胡世將資古所錄僅多九字孫巨源于佛龕中得唐人所錄古文乃有四百九十七字近世吾衍子行自謂以甲秀堂譜圖隨鼓形補缺字列錢爲文以求章句又參以薛尚功諸作亦僅得四百三十餘字不知近日何緣得此十詩完好如楊用修之所從來果有的據固是千古一快如以補綴爲奇固不若闕疑爲愈今細讀十詩古致翩翩恐非用修所能辦然用修謂得之李文正家而文正懷麓堂集尙絕不道

金石萃編卷一　周　二十五

及何也　孫承澤庚子銷夏記

楊用修謂從李賓之所得唐人拓本多至七百有二字又言及見東坡之本人多惑焉愚攷第三鼓潘氏音訓有避衆旣簡何古文苑脫避字有衆字用修不取易以六師二字第四鼓潘本有四馬其寫六轡□驚句驚上脫一字古文苑本驚作垂文用修亦不取更以六轡沃若第五鼓霝雨上古文苑有薄薄二字薛氏施氏本則有天字用修亦不取增我來自東四字夫車攻狩于東故云駕言徂東東有甫草若岐陽在鎬京之西豈得云我來自東乎至于第六鼓因民

閒窪以爲曰其上漫漶以諸鼓驗之每行多者七字少者六字此鼓行僅四字上皆缺二三字用修每行增一字强之成文又如第七鼓用修增蒞徒御嘽嘽會同有繹或羣或友悉率左右以燕天子咸與小雅同文不知鼓文每行字有定數難以增益尤有異者鼓有口文郭氏云恐是臭字古老反大白澤也用修遂以惡獸白澤入正文中其亦欺人甚矣攷貧之石鼓歌中云家藏舊本出黎東楮墨輕虛不盈握拾殘補缺能幾何以一消埃禪海嶽夫以歐陽薛胡諸家所見止四百餘字若貧之本有七百餘字拾殘補闕

亦已多矣貧之不應爲是言也子瞻之詩曰韓公好古生已遲我今況又百年後强尋偏旁推點畫時得一二遺八九模糊半已似瘢胝詰曲猶能辨跟肘子由和之有云形骸偃蹇任苔蘚文字皴剝因風雨字形漫汗隨石缺蒼蛇生角龍折股夫用修之本既得自賓之傳自子瞻是子瞻克見其全子由亦得縱觀子瞻子由又不應爲是言也杜子美詩有曰陳倉石鼓久已訛韋蘇州詩有曰風雨缺訛苔蘚澀而韓吏部歌曰公從何處得紙本毫髮盡備無差訛又曰年深豈免有缺畫則石鼓在唐時已無全文故吏部見

張生之紙本以爲難得也與立夫詩亦云岐右石鼓天下觀駱駝載歸石盡爛夫以唐宋元人未見其全者用修獨得見之此陸文裕亦不敢信由石鼓而推之用修他所攷證吾亦不能已于疑無惑乎陳晦伯有正楊一編矣朱彝尊曝書亭集

石鼓古遺寶也古文苑云周宣王狩於岐陽刻石鼓文十篇風雅逸篇云石鼓詩周宣王獵碣也鄭樵謂文是秦篆溫彥威以爲西魏文帝所作王厚之趙古則皆力言其非斷以爲宣王之時史籀之書乃丹鉛錄又云岐本周地平王東徙以賜秦襄公自此岐地

屬秦秦人好田狩是詩乃作其字類小篆地秦地聲秦聲字秦字其爲秦詩何疑先舒按楊氏此論與逸篇說異蓋自相牴牾耳程大昌雍錄極辯石鼓非宣王物當爲成王鼓先舒按稱石鼓詩之自出者四而余最服程氏蓋西魏之說固謬妄不足論即謂出於宣王及秦人者亦皆未詳本辭故耳然程氏辯覈雖精而未暢故人亦不甚信之余謂中興詩尚簡潔秦風辭多險峭而石鼓因頌與雅頗近東山七月之遺響宜爲成王之詩一也以爲秦作則宜在平襄文之閒秦襄公始命有田獵之事而文公嘗東獵至汧渭

又伐戎收地至岐爾時秦未嘗稱王安得嗣王天子之名乎二也秦固保西垂地近鳥鼠若獵于岐陽是自西來東則不應言避來自東三也秦時才得列爲諸侯未離戎習獨以赤馬黃牛各三溶祀西畤寶雞之類安得有進獻用特歸格藝祖之禮四也且以爲宣王詩則是時猶都鎬而岐在鎬西自岐畋罷還鎬又不當云駕言西歸也五也蓋成王伐奄歸而蒐于岐奄在東方故曰避來自東瀍瀍零雨又曰駕言西歸此蓋追述歸時道路之艱苦有勞人恨士之思焉與東山極相類或即是周公作耳蓋當時始紬殷命

淮徐竊亂方用兵之際故東伐淮夷踐奄歸復蒐岐以耀兵講武其云告於太祝即周禮太祝之職所謂軍歸獻社則前祝是也且周公無逸以嗣王稱成王立政又云告嗣天子王矣則所稱來嗣王始允爲成王無疑諸說又何紛紛歟毛先舒思古堂集

古文籀文學者不能盡通諸家釋音不無傅會之失如君子員員邋邋員斿鄭潘說皆不了按古文斿游本一字云奭員亦相通楊讀爲君子云獵云獵云游蓋得之矣澫有𩵋潘氏讀𩵋爲鶯疑澫有重文愚意𩵋當是小魚二字小魚合爲𩵋字猶小大合爲尖字也錢大昕潛研堂金石文跋尾

古文苑所載石鼓文乃章樵取薛尚功鄭樵王厚之施宿諸家之說集錄爲一編潘迪撰音訓多所採取而搜羅最備者莫如朱彝尊之石鼓考附于日下舊聞之後同時有南豐劉凝撰石鼓文定本所摹篆文以搨本爲之主而參以薛尚功鐘鼎款識其例凡搨本全者用圓圈識之仿彿者無圈搨本所無以薛本補者用方圍并雜採詩文會萃成書成于康熙乙巳在石鼓考之先視朱考稍畧然亦精審惟其用方圍處取今所行鐘鼎款識校之亦不全合款識係崇禎

癸酉所刊恐非善本然定本亦未可盡据也又從舊帖中檢得胡正言所摹縮本石鼓文石刻乃本其師李登所輯薛尚功楊升菴二家之本細校之不但與今本款識多互異之處即較之搨本亦有數字不同又金石圖列鼓形高廣次第皆備然七八兩鼓仍同音訓而與今位置不合且其所摹間有數字全缺而今搨本反分明可辨者亦有全存而今無一畫見者且有筆畫與搨本異者大抵諸家著書或但据舊本傳寫故竟無一書與今搨本脗合者朱文藻跋

第一鼓避毆其□薛鄭皆作孫字施氏宿云以碑本考之髣髴是時字然昌按天一閣

本孫字鄭云今作鼖未詳音義石本有重文潘云
爲近鼖發作臭同邑吳東發云鼖作臭猶彙之省
作梋玉篇臭糕其豨潘云或作豨或音豚吾邱氏衍
煙塵也音臺按說文豨字省自耳以水切纂
定錢竹汀云按詩並驅從兩肩兮毛云三歲第二鼓
曰肩豬文或从豕耳潘說是吾讀爲豜似非
汧殹郭云讀如繫錢云秦斤以殹當也字按汧殹字
兩見詩釋上下文當是水名不應作虛字訓詁
郎古池字春秋曲池亦作殹蛇池蛇古通用池亦有
移音燕昌按爾雅汧水篇汧出不流郭注水泉出自
停成污池可證湶淵燕昌按水經注汧水篇其水東
汧殹爲汧池矣流繫淵注以成淵正合黍敔湶
淵之文又云湶淵不測出五色魚正合下鰋章作
鯉處之帛負鰷鰷黃帛其鱮又鯿之文賁賁負
二字錢云當是小負二字錢可盧云其句法與潛有
多魚相同燕昌按爾雅鱦小負也郭注家語曰其小
者鱦負也疏云負之大者名爲鱒小者名小鱦此鼓既
曰小負又曰鱒是大小並陳應從錢氏釋小負爲得
也其籃醯鄭云籃讀作籃與組豆之組同說文側負反
也吾邱云此鼓甚完句曰其籃氏鮮鄭音

金石萃編卷一　周

是矣錢云當是筵字說文次郎涎字其胡吾邱云郭
則茨與筵通籀文加皿又加一水耳云今作胠
乞及反博雅膜謂之胠鄭作第三鼓止陕施云鄭本
豆大無義理錢云郎涪字戎宇作我
下有二陣止二字今孜碑本戎世二字上下相承不容
陣止二字于其間今又陕字鄭云今作陸薛作陕疑爲
跌字潘云陕疑作陸吾邱云布邊乃矢字合作陕未
詳句曰我戎止陕爲陸近是鄭瀆仲以陕爲陣又顛
倒其文罔止字下章升道則以止字誤世字施武又
子又疑陕爲跌于是字數溢出與鼓文不合矣
旆鄭云今作神無據吾邱云謂音神第四鼓䬣衍章
則可錢云讀旆爲神文義可通云
郎道字錢云此字兩見前協原濕陰陽遳口燕昌按
後協或陰或陽當讀戶郎切郎古行字此字今
闕自宋以來模本俱作一六字玩家藏宋搨本剝蝕中
似作䍐與弟九鼓駒下一字作䍐相同乃知作六馬
者皆非也況上文既曰四馬其寫又曰六轡口口則
此處斷無六馬之文天一閣本依古文苑釋文於別
本剖一六字補入其第五鼓深目口施云薛鄭本目
剖裂之跡可按也下有戶字碑磨

滅不可辯同邑任文田云戶郎扈字古戶與扈通徐
鍇訓說文引春秋傳作扈蕩扈之吳兇狀云此處戶
字當是扈從之義上林賦扈從縱橫晉灼曰扈大也
此鼓雖多漫滅細繹上下文似言畋狩將歸而遇零
兩從臣多有阻水濟涉之事至以驪一背負物扈第六
雀遠渡深水故曰彼深以扈出于水一方也
鼓微口薛釋微章釋徽有重文吾邱云未詳翻魏云
石本作㴋有鬛渤諸模本作㴋或作滅存以
俟考吳東發云此疑是越字廣韻直一切斿鏊薛作
集韻音秩說文歪也此从千與走走通用憂鄭
云今作夔錢云郎首薛音合鄭云疑郎龠字音饗施
游優與優游義同云上雖磨滅上从音尚可追尋
非从合也潘云恐是暗字古从之从日銷凡夫云二
日五日並合文當格如秦盄和鐘銘小子西夏四方
昌宜及他款識二日三千之類並二字合格○章云
薛鄭本合下有孫字吾邱云負本及古者並無孫字
在音字下不知薛鄭何以增入必有誤燕昌按石本
無之蓋亦剝裂本譌也○燕昌又按施氏曰此鼓乃
向傳師皇祐間所搜訪而得之者每行僅存四字自
四字兩上磨滅者傳師磨去刻之當時得之之由故今

金石萃編卷一　周

所存者昔斷鞼不成文今按石上載鑿作曰無傳師
啟及見天一閣本後有傳師跋云舊傳石鼓其數有
十乃韓文公詩具載其事傳師詳覽內第十鼓最小
其文亦不相類遂尋訪於閭里獲一鼓雖湮沒既久
文形半壞驗其書體真得其跡遂易而置之其數方
備皇祐四年七月日記凡七十八字與雍錄及金薤
琳瑯所載相同乃知傳師所得者是弟十鼓非弟六
鼓也施氏殆傳聞之譌耳又梅堯臣石鼓詩有傳王
我朝一鼓亡九鼓闕洳文失行近人偶見安碓狀云
鼓作臼剝中央心喜遺象猶在旁以臼易臼廍何傷
之句則施氏所謂弟六鼓第七鼓尖章云石本作尖
者郎向氏所謂弟十鼓也施云是小大二
字鐘鼎款識多此類薛作尖鄭作矢朱云施氏以尖
爲大小二字小大其來郎魯頌無小無大從公于邁
之義鄭作矢固第十鼓勿口章云石本作㲋鄭云見
非薛作尤譌盄咮鐘通作掩吳東發
云奄通作掩禮曰大夫不掩羣伐過殺也書曰不愆
於四伐五伐六伐七伐乃止齊焉註少不下四五多
不過六七所以戒其貪殺也燕昌按勿伐章云石本
天一閣本有剝蝕與薛氏作㲋相似作戊薛作

代鄭作伏朱云勿竊勿代疑是勿翦勿伐盄咊鐘文竊多二畫與此不同代字則薛本所書最顯也燕昌按諸模本作伐天一閣本作戍張燕昌石鼓文釋存
謹按石鼓文相傳以爲成周獵碣自古著錄家如
書斷書後品述書賦注元和郡縣志法書苑法書
要夢英十八體書金石錄鐘鼎欵識諸道石刻錄
復齋碑錄風雅逸編能改齋漫錄九朝編年備要
古文苑止齋集伐檀集嵩山集格古要論金薤琳
瑯弇州文稿升菴外集金石存諸書並稱爲宣王
大狩所作其形諸詞賦者自韋韓蘇而外如梅聖
俞宛陵集蘇轍欒城集張耒宛邱集洪适盤洲集

揭徯斯秋宜集吳萊淵穎集宋濂潛溪集及文翰
類選載李丙李賦燕都游覽志載羅曾賦亦以爲
宣王之詩董逌程大昌郭宗昌孫和斗毛先舒諸
家則斷以爲成王時所作鄭樵因其文往往與秦
器相合因指爲秦刻楊愼丹鉛總錄從而和之全
祖望遂謂此鼓必不出于秦前而馬定國創爲宇
文周時之說和之者又有温彥威劉仁本焦竑顧
炎武萬斯同諸家陸友仁據北史亦以爲元魏時
所刻集古錄籀史二書則并疑其僞論斷紛紛殆
如聚訟攷其文與車攻吉日相類故指爲宣王時

者最多集古錄謂韋應物以爲文王時刻今韋詩
尚在實作宣王且云宣王之臣史籀作則并非傳
寫之譌歐氏誤以韋韓二說不同因而致疑其實
韋未嘗與韓異也左傳成有岐陽之狩竹書大狩
岐陽繫于成王六年則董程諸人堅執以爲成王
時石理亦可通至謂爲秦周魏三朝之物則妄誕
殊甚劉昭續漢書郡國志注云陳倉有石鼓山而
不言其時代使石鼓果爲秦時所刻不應漢時即
以名山劉昭去秦未遠當有確證亦不應闕疑不
辨且昭在周魏之前何由先有石鼓山乎鄭樵生

後成周二千餘年僅據文字之間妄生異議楊愼
和之適與升菴外集自相矛盾其謬奚待言哉金
史馬定國傳謂石鼓自唐以來無定論定國以字
畫攷之云是宇文周時所造作辨萬餘言出入傳
記引據甚明今其辨不可得見然既云引據傳記
而史不稱述僅云以字畫攷之其萬餘言中茫無
實據亦不問可知且定國以西魏大統十一年十
月西狩岐陽見之于史爲宇文時物據周書太祖
本紀魏大統十一年西狩岐陽十三年太祖奉魏
帝西狩於岐陽高祖紀保定元年狩於岐陽天和

三年行幸岐陽事凡四見至謂鼓文卽蘇綽所作則大統十一年綽方爲度支尚書踰年卽卒使鼓文果出綽手當在十一年之十月無疑今攷第九鼓有日惟丙申之文近人海寧俞君思謙以南北史記日推之是月無丙申卽與鼓文不合足破千古之惑而博雅如顧萬諸公偶然失攷概亦附會其說皆儒者好奇之過也鼓文歷久殘缺韓蘇二歌已有年深豈免有缺畫快劍斫斷生蛟鼉糢糊半已似瘢胝詰屈猶能辨跟肘之語歐陽氏所見四百六十五字趙夔所見四百一十七字胡世將

所見四百七十四字薛尚功所見四百五十一字潘迪所見三百八十六字孫巨源所見四百九十七字吾邱衍所見四百三十餘字劉梅國廣文選所錄與潘迪同馬驌所見三百二十字高士奇所見三百二十五字牛運震所見三百二十二字吳玉搢所見三百十餘字張養浩詩則以爲僅餘二百七十二惟都穆得見宋拓本有四百二十二字多寡亦不一也鄞范氏天一閣所藏北宋拓本最爲完備然亦止四百六十二字楊慎乃謂曾得唐拓本有七百二字之多焉惟訥古詩紀遂採入選

詩中陸深金臺紀聞始疑其妄自補綴迨庚子銷夏記曝書亭集反覆辨之而其僞迹益顯近海鹽張君燕昌又以北宋本參攷甲秀堂本上海顧氏本重摹于石儀徵阮中丞元督學浙江時亦取天一閣本重刻于杭州府學於是好古之士得以家置一本心摹口誦益以見楊氏唐拓之說欺人甚矣今就家藏現存拓本摹錄得二百八十三字半泐者二十六字參攷宋拓暨諸家摹本補釋闕文共得四百六十四字抱殘守闕期于徵信而已蓋石鼓自鄭餘慶重遷之後流徙無定元明以來久

列國學乾隆五十五年

高宗純皇帝臨雍講學見石鼓原刻懼其歲久漫漶爲立重欄以蔽風雨別選貞石摹勒十鼓之文俾海內士人便於椎拓

御製重刻石鼓文序從韓愈詩定爲宣王時物洋洋

聖謨昭示萬古臣　昶仰蒙

恩賚得瞻全帙誠

熙世之隆規藝林之盛事也臣　謹敬什襲藏諸家塾爰以石鼓冠是書之首志榮遇焉

又按音訓中間有攷證舛誤者如第一鼓茲邑寺

當是持字與下文秀弓寺射義同其來大卽案鼓
中卽字皆書作卽而宋本大字下尚存半字作彡
則非卽字第二鼓君子澚之寀周禮漁作𢿼䱷韻
斂同漁澚字疑卽𢿼鮫二字省文籀文加水爾其
字當从攴篆文与與𦥑相似此云籀文漁从寸應
說也第三鼓田車旣安旣字當从宋本作孔其□
𧽫□𧽫字下石本並無空字第四鼓形矢□□矢
下止應空一字當是重文成句第五鼓澲□至自
㢈中空十二字末云墨本舊有蕩蕩迄滿盈濟君
子卽涉流汧殹洎洎萋萋䑲舟西逮湯湯戸二十

餘字今按宋本作澲□（疑譌字鄭云濟郭云湛）君子卽涉馬
□㴲汧殹泪藩□□䑲舟□逮湯戸自㢈中有二
十字迄滿之前亦無蕩蕩二字遽上作𠫓釋爲西
字恐亦未確第六鼓猷乍𩰲栫盤衛三行之上旣
知其闕二三字則並應列一空格又除師叔昕今
本㴋猶作阪第七鼓首行兩字上應空數字後字
之下具胼之上應空二字第八鼓末云施氏墨本
有馬薦皆若等字按薦字宋本作𦿛說文薦獸之
所食艸也莊子齊物論麋鹿食薦此云馬薦當是
馬食之艸下二字應就艸言義故三字皆從艸說

文艸部末附諸字云左文大篆皆从茻此鼓薦蘇
二字及第五鼓蕈〻字並从四屮與許愼說合益
信此爲大篆無疑也第九鼓可申下應空二字駿
下應空二字駿下今石本尚存半字作𡰪則非識
字第十鼓載北之下尚有勿□勿代數字𢦏盜宋
本盜作寓□鹿□□遊□其□□𩤲鹿下應空一
字其下應空四字此類皆潘氏之誤然其所釋較
前人爲長況石刻久與十鼓同列國學後人藉以
攷驗茲故附錄而條辨之其餘摹錄訓釋諸家傳
于今者譌謬尚多不及深論也

金石萃編卷一終

金石萃編卷二

賜進士出身　誥授光祿大夫刑部右侍郎加七級王昶譔

夏

岣嶁碑 諸家刻本高廣行字不等

承帝曰咨沈郎並云嗟翼輔佐楊云頤卿洲沈云水渚沈云處郎云降與郎云興登郎云發鳥楊云萬獸楊云有之郎云交門郎云行參身洪楊云無郎云若流沈云池而郎云所明發郎云癸爾郎云西興久沈郎並云以旅沈郎並云此志家宿岳麓庭智營形折心罔弗辰往求平定華岳泰衡宗疏事裒勞餘楊云祇郎云錫伸楊云神禋鬱沈云嬴郎云嬴寒昏徙南瀆沈云暴衍沈云昌亨沈云言衣制食備萬國其楊云字郎云道寧楊云奠竄楊云鼠舞永沈云蒸奔

右楊愼釋文參採沈鎰楊廷相郎瑛三本

承帝令襲翼爲援鄉欽塗陸登島瀉端鄉邑仔龕流船暗歇選眠郎夙訖冬次岳麓與音昍陌裂石析駋音教罔璧躡往求出竅華恒泰衡嵩陲事哀獻稱挺禋鬱濬勢徙南暴幅員節刖界聯魑魅夔魋竄舞蒸𪊲音薦

右長山刻本釋文

劉禹錫寄呂衡州詩云傳聞祝融峯上有神禹銘古石琅玕姿祕文龍虎形崔融云於鑠大禹顯允天德龍畫傍分螺書匾刻韓退之詩岣嶁山尖神禹碑字青石赤形摹奇又云千搜萬索何處有森森綠樹猿猱悲古今文士稱述禹碑者不一然劉禹錫蓋徒聞其名矣未至其地也韓退之至其地矣未見其碑也

崔融所云則似見之蓋所謂螺書匾刻非目覩之不能道也宋朱晦翁張南軒遊南嶽尋訪不獲後晦翁作韓文考異遂謂退之詩爲傳聞之誤蓋以耳目所限爲斷也王象之輿地紀勝云禹碑在岣嶁峯又傳在衡山縣雲密峯昔樵人曾見之自後無有見者宋嘉定中蜀士因樵夫引至其所以紙打其碑七十二字刻于夔門觀中後俱亡近張季文僉憲自長沙得之云是宋嘉定中何致子一模刻於嶽麓書院者凡七十七字輿地紀勝云七十二字誤也升菴集

酈道元水經注云禹治洪水血馬祭衡山於是得金

簡玉字之書按省玉字通水理也或曰此卽金簡玉字之文云云升菴外集

余來爲禮部尚書之明年傳聞衡山有神禹碑發於地中卽欲往觀之而未能又明年爲嘉靖乙未之秋楚士有摹神禹碑來遺者快覩而諦觀之旣不可識其中所云獨於碑末有小楷書右帝禹刻四字考韓昌黎岣嶁山詩劉禹錫寄呂衡州詩及盛宏之荆州記云南岳周回數百里昔禹登而祭之徐靈期南岳記云夏禹導水通瀆刻石書名山之高南岳文云高四千一十丈由數說合禹貢而觀之則大禹由岷山導江歷湖入海過南岳登祭而刻石此山卽此碑無可疑者湛若水甘泉文集

禹碑釋文楊殿元嵩陽生俱有刻矣但十餘字不同據游宦紀聞云癸酉二字難識二公皆未釋之然則癸酉二字無耶無則此碑今據紀聞而明紀聞亦僞者耶殊不知字特奇古非秦漢以下碑文之可證不過擬其形似者釋之耳如較廬山紫霄峯刻法帖禹書亦皆不類是所謂古書不必同文意也予因二字欠釋及以此二字楊釋爲从旅非古文語故擬其相似者更其十一字亦庶幾文義之通也郞瑛七修類稿

按岣嶁碑非篆非蝌世多疑其僞然路史云述異記空同山有堯碑禹碣淳化閣帖云有禹篆二十字今閣帖止出令聶子星記亦其尙九字羅氏不知何據輿地志江西紫霄峯下石室中有禹刻篆文七十餘字止鴻荒漾余乃撵六字可辨又云夏禹撰眞靈之要集天官之寶書以南和繩封以金英函檢以元都印原禹之先得元女之法開鑿洞天晝立五岳名山形撰靈寶文是則禹書閟在名山者最夥今所見僅此雖已再模亦可寶貴庚子銷夏記

按夔門觀中之本今已無存然稱七十二字則較嶽麓本少五字嶽麓本乃自前明張季文僉憲長沙得之蜀士未詳其名而後人遂以明之蜀士訛爲宋之蜀士也周櫟園云嘉靖甲午長沙太守潘鑑得於書院後小山草莽中卽宋人摹刻者其說不同未知孰是至衡山本則自明嘉靖間發於地中在今岣嶁峯下雷祖殿後湛若水有記或云此亦摹本其眞者在一山洞內須人仰臥搨之而知之者少故無流傳者雖有此說其是否莫可定也至釋文亦不獨楊升菴本尚有沈鑑釋者其中字多不同如以洪流爲漁池以永奔爲烝奔之類又有楊時喬釋者則不同處尤

多前半多以三言爲何因之用韻亦異又有郎瑛釋者蓋升菴與沈異者十一字沈與郎異者二十二字至楊時喬所釋同者僅十八字或云衡山本即取岳麓本翻刻其言出自潘稼堂果爾則其爲宋刻耶不應得自山中而又刻諸山中其爲明刻耶不應同在嘉靖間而既刻之既埋之又即發之湛記中何茫然不知也恐稼堂亦是臆度耳（汪師韓韓門綴學）

按昶所藏岣嶁碑有四一在雲南昆明一在四川成都蓋皆楊慎所摹慎蜀人又謫戍雲南故也一在長沙不知何人重勒據顧璘跋乃明嘉靖初太

守潘鑑所得今在書院之旁一在西安康熙中毛會建所刻昶皆親至其下摩挲審視拓而藏之後見一拓本乃明安如山等依楊氏本所摹其石閱在紹興禹陵石槨鐫華及金石存謂楊時喬嘗刻於棲霞嗣後容璃刻于甘泉張襄刻于新泉精舍見甘泉文集又有高氏刻本見墨林快事汲縣刻本見黃叔璥重立岣嶁碑記康熙中通江李蕃刻于黃縣亦見所撰記則不止五石矣攷虞夏帝王皆嘗南巡故舜葬蒼梧二妃沈於瀟湘洞庭閒而今辰州大酉山爲夏禹藏書之所水經注亦謂禹

得玉檢於衡山證之昌黎道人登山偶見之語是岣嶁禹碑無可疑者第此碑自南宋始出故歐趙皆不著錄後來攷据家如楊慎楊時喬安如山郎瑛諸人深信不疑餘皆斥爲僞物今亦究無確證惟古今樂錄載禹治洪水上會稽山作襄陽操云嗚呼洪水滔天下民愁悲上帝愈咨三過吾門不入父子道衰嗟嗟不欲煩下民云云其文與此碑大旨相似然會稽衡嶽地既懸隔且三代樂章類皆後人附會未可援以爲據也蓋唐虞時去古結繩未遠周禮所載三皇五帝之書其形制已不可

攷即較之科斗籀文亦當有異以四千餘年後之人欲辯四千年以上摧殘剝落之字豈能別識而好古者或附會穿鑿或塗改竄點致失本真自所不免是書姑依時代編次其釋文以楊慎本爲正沈楊郎三家各有所長參注於下又近日錢唐吳氏家藏無名氏刻本按李蕃碑記知石刻在濟南長山後列釋文當即楊時喬所釋之本與諸家異者五十餘字則不能逐一分注附著楊釋之後以廣異聞

殷

比干銅盤銘

石高四尺九寸廣二尺四寸四行行四字下刻周思宸跋今在汲縣比干墓上

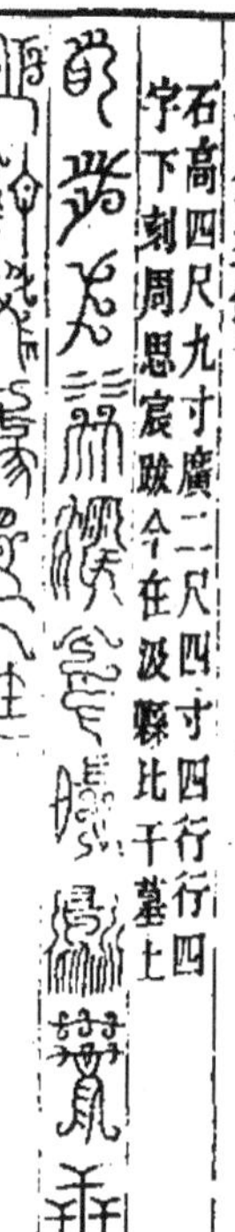

左林右泉前岡後道萬世之靈於焉是寶

書曰武王克殷封比干之墓若銅盤銘則傳自汝刻久矣元延祐閒衞輝路學正王公悅嘗臨摹石上推官張淑記之其釋文云左林右泉前岡後道萬世之靈於焉是寶此墓傷之舊刻也按一統志云墓在衞城北十五里卽武王所封有石題曰殷太師比干之

墓後魏孝文帝南口親幸弔祭刻文墓上又云一在偃師唐開元中縣人耕地得銅盤篆文奇古云左林右泉後岡前道萬世之藏茲焉是寶則是墓有二而文不同然亦未嘗無辨也大抵衞爲殷墟本商王所都比干葬此地里不遠無論漢魏以來歷代追崇而夫子亦嘗口而識之曰殷比干墓今石刻尚存則此墓爲無疑矣而况開元之前偃師未聞有比干之墓卽設若有墓則魏孝文之祭弔何于此而不于彼夫口銅盤以立疑似之口豈若求古來之墓爲眞耶卽中州通志亦云偃師之墓因銅盤以立信然哉今觀斯墓前有土岡右有泉源則延祐石刻之釋文地形得之特字畫與汝刻稍異而剝落失眞斷碣已臥荒草閒矣若藏茲二字據字形當從志釋此不必強爲之說今竝載之而重摹石上旹萬歷十五年夏五月周思宸跋

比干銅盤銘張淑釋其文爲左林右泉前岡後道萬世之靈於焉是保高似孫緯略以右爲左左爲右前後二字亦如之靈爲寧保爲寶據篆文求之高說當不誤獨靈字當從張淑蓋篆文微近齡字齡之與靈寶之與保古字多借用耳吹景集

銅盤銘云左林右泉後岡前道萬世之寧茲焉是寶似非三代語第銘字頗類漢淮南王故宮所出古戈銘而輒謂武王封比干墓抑何據耶余故集金石古文彝器外斷自岐陽石始而不以鼓名他如衡岳壇山比干季札墓題諸書皆妄自附會不能隨人悲笑也金石史

衞輝府志曰周武王封比干墓銅盤銘碑石殘斷字畫失眞萬歷十五年知府周思宸重摹汝帖立石於墓前薛尚功鐘鼎欵識言唐開元中偃師縣土人耕地得此盤篆文甚奇古其釋文云左林右泉後岡前

道萬世之藏茲焉是寶一作前闕後道藏一作靈一作寧茲一作於寶一作保今考之張邦基墨莊漫錄曰政和間朝廷求三代鼎彝器程唐李朝儒遣人於鳳翔府破商比干墓得銅盤徑二尺餘中有款識一十六字獻之於朝道君皇帝曰前代忠賢之墓安得發掘乃罷朝儒退出其盤然則此碑之得自鳳翔不自偃師即其爲何代之物不可知而比干殷人必無葬鳳翔之理也顧炎武金石文字記

比干墓在汲縣北十五里宣尼題字或出後人傅會魏孝文唐太宗碑文具在可證其不在偃師而薛氏

遂題爲封比干墓銅盤系之周時毋乃信之太過乎張邦基又謂政和中得自鳳翔按汝帖刻于大觀已丑已載此銘政和紀年乃在大觀之後其不足信明矣元延祐間衞輝路學正王公悅臨摹汝帖刻于墓上推官張淑記之公悅秋澗之子也墓之有此銘實始於元時今所傳者明萬歷中重摹本又非公悅之舊矣此銘文字奇古自非漢以後物其以爲封比干者則無確證潛研堂金石文跋尾

按諸書傳比干墓在汲縣而太平寰宇記云偃師縣比干墓在縣西北一十五里疑已譌傳鳳翔之墓尤謬其文頗似李斯傳國璽緜密茂美當是秦漢人所爲亦必非商物也畢沅中州金石記

按一統志及金石志以爲偃師有比干墓銅盤銘所謂比干墓者非殷比干乃漢何比干也偃師志何比干汝陰人漢武帝時廷尉墓中以銅盤爲誌出于唐開元中後傳自汝刻延祐間王公悅摹石張淑記之明周思宸又重摹上石皆在汲縣是誤以何比干故李濂通志以爲孔子手書梅鼎祚以爲武王所作皆非事實且嘯堂集古錄金石古文皆作右林左泉而汲縣石刻作左林右泉以爲按地形改正不知右林

左泉本偃師之地形不得妄改左林右泉從汲之地形也釋文集古錄作萬世之寧一統志作藏金石古文作靈集古錄作于焉是保餘俱作茲焉是寶河南府志

億按漢書百官公卿表武帝建元二年有大理信見表自此以下至後元二年凡爲廷尉者十九人皆不見何比干名字未審縣志何據武億偃師金石遺文記

億按何比干事附見後漢書何敞傳云六世祖比干武帝時爲廷尉正與張湯同時縣志引此脫正字敞傳注引何氏家傳惟載爲汝陰獄吏決曹掾後爲丹陽都尉又載本始元年自汝陰徙平陵家傳鋪揚事

蹟容過其實而歷官占籍宜不致有誤是比干爲廷尉正果在徙家後上距張湯之自殺已四十二年焉得同時況先家汝陰後徙平陵其墓亦不當在偃師皆志附會之過也此意補自康少山云武億重修偃師縣志

散氏銅盤銘

盤高八寸五分深四寸五分圍六尺四寸銘十九行每行十九字今藏揚州徐氏

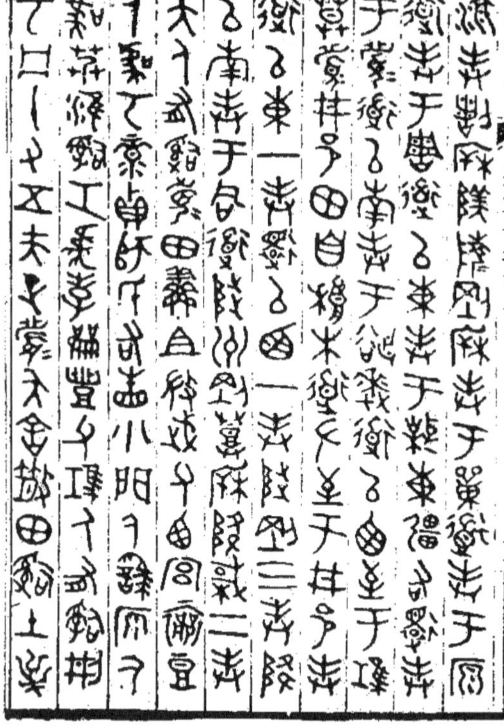

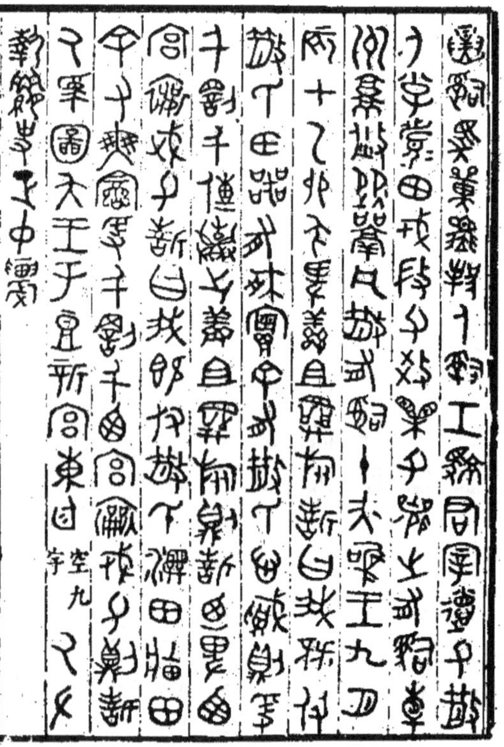

空九字

用江云周下同大孔樊江竝云僕汪云鄭江云說文𢷬放獵逐禽也文上作巛旁从犬疑是獵𢷬按獵字或作獵古从鼠字多作葛斿與葛形亦相似江說是也散邑迺卽樊云旣誤散用田履=孔云觀樊云爵有重文江云季媍鼎夌作者此銘第四行第九字皆缺二或非重文下竝同自濬孔汪竝云瀗樊云涓江云濆說文濆邑中溝古尚書作𣶒下同涉樊云洮汪云沖恐誤下竝同以南至于大沽一弇表江云小雅不屬于毛不離于裏傳云毛在外陽裏在內陰箋云獨不得父皮膚之气乎獨不處母之胞胎乎說文衣上衣也从衣从毛古衣裘以毛爲表漢史晨孔廟後碑東行道表南北各種一行梓是皆借毛爲裏也此銘弟十行弟十六字孝孝也說文𡥈从老省是牛卽毛也周禮大司馬職有司表禡誓民又虞人萊所田之野爲表百步則一爲三表又五十步爲一表大司徒王國注鄭司農云以夏至日立八尺之表考工記謂之臬周髀謂之髀又謂之竿亦謂之表國語望祭山川有望表此弇當釋作表蓋旣正疆域宜立表以爲識耳樊云奉誤下竝同以陟樊云降下竝同二弇至于𢦚不鼓文有

此字薛氏釋爲徵孔汪江竝云邊樊云漫桺江云說文柳小楊也从木丣聲此从夗與下乙非同吳志虞翻傳注古大篆卯諸爲柳古柳卯同字宋景文筆記謂丣木柳字後借爲辰卯字詩召南昴與猶爲韻毛傳昴畱也疏引春秋元命包昴之言畱言物成就繫畱也卯柳聲一堯典昧谷或作柳谷是卯昧聲之轉也石鼓𨙸作綒从卯復復古从辵从亻之字通用涉瀗陟雩𠭯𨛫反文亻从邑古文邑作旻樊云祖江云說文𠭥取也从又虍聲寅驪許子鐘俱釋作𠭥許子鐘作鐵在左反文與此銘同恐亦鐵也纍遷陝樊云陵江云厲同壁下同㠯西弃于𢾾孔云𢾾說文古文播吳云牧樊云數汪云數江云黎史黎蓋黎作𥝌又作𥝌壬庶子碑作𥝌此从支當亦若或从卩从邑云𩫖城古文墉作鄘說文从上之字義近埴爤者籀竝从爤籀文城作爤垣作薾堵作𤕸也此爤字反文牀柎樊云柴誤木弃于叒郎叒字與若同說文叒日初出東方暘谷所登叒木也篆形江云从艸从又右又通接說文若从艸右右手也此或若字从右省卩說亦迴也孔云戈樊云孟竝誤下竝同逨江云說文述古文作譚禾鼎禾作承此从

米加八疑是述字按此字左旁从亻與辵通孔云述樊云𨔶竝誤下同弃于叒叒衛內陟叒叒發說文登篇文作癹从炊下同于广說文山石之厓巖人所居樊云岸淯源孔云汎弃劉都江云書序旅天子之命史記魯天子之命孔穎達云右𤗉古文緐作𢑱說文㫃古文旅古文以爲魯衛之魯集古錄楊南仲云魯字古作表古表旅皆作米而番字用皆爲聲蓋古文𢿤旅者三字通用當是者字齊侯鎛鐘都作斷張仲卤諸作米他如堵作𥪰諸作古皆可證此劭爲都字从卩或从另眉者耳祖按此說顃確晉姜敦譖字楊南仲釋爲諸孔云劉誤麻孔樊竝云麻江云从厈木疑是厈下竝同陝陵有疑重文江云季娟鼎眷下亦𩕳二𨟻麻弃于𡇒孔汪竝云𡇒樊云單江云說文單作單𡇒作凡此下作个當是單字衛弃于原樊云厚誤下同衛弃于𡇒魯江云魯公鼎魯作囧孔吳竝云周𤔔尊吕東弃于籽旂東彊遷右𩐋還从亻反文下同弃于𡇒尊樊云𢾾誤吕南弃于卻弃述樊云孟誤尊吕西至于唯說文唯鳥肥大唯唯

也孔云郎鴻字樊云雍誤下同莫疑郎鄭履井樊云邢江云毛父敎邢作井邑田自榍槐求高父盨高作爵孔云石鼓碧落高竝作會樊云穫誤夳衛ナ左至于井邑弃衛吕東一𢦏斷還吕西一𢦏陟剛三弃吕南弃于風咸江云師危鼎咸作咸孔云同樊云右竝誤尊陟州剻𢦏登麻降栗械樊云國誤二弃大人有𤔔司江云說文司𤔔理也義通汪云辭誤下竝同履田弟義汪云魏郡有弟陽卿墨翟書義从弗說文弗从丿从乀从常省丿云左戾乀云右戾是𢀁卽義也下同且祖戕微江云說文𢾾妙也妙眇古通玉篇引書序側微曉也媰氏鼎作𣪘𣪘𣪘鼎皆然石經作𢿤樊云放誤戎樊云戎誤父西宮廣韻西宮複姓見何氏姓苑𧝑裏孔云元是衣字汪江同樊云𩀡下竝同祖按寅簋牧敎裏作𨛫南宮仲鼎裏作𥎦皆可爲云字之証孔說得之豆說文豆古文作𡇒人卿虞樊云難汪云娛竝誤己乃反文孔云人吳云丁樊云下汪云考下同索孔云克碧落文克作桌江云禄仲駒敦作𦇒𢾾

姜敦作鼎茂敖鼎作鼎寶德甬作𣪘按江說是也貞貞樊云鼎江云籀文以鼎爲貞字貞一曰鼎省聲京房所說師氏吳云于誤右𣥚相小門人𨾴樊云𨾴誤原人卿虞樊云唯汪云娛竝誤莽芬孔云說文从茻之字大篆多从𦬌吳云莽樊云承江云莽竝誤淮𤔔司工借作空下同吳云上誤鹿樊云爲誤孝𤔔𤔔江云說文嗣从册从口司聲徐鍇曰史讀其册故从卩孔云龠樊云和竝誤豐父唯人有𤔔司刑己丂孔云子月孔云丹疑本作丹中漫漶耳樊云鹵江云己卯戊命彝冄釋作圖十又樊云父五夫子汪江竝云足履大舍散田𤔔司土土借作徒牧敦云先王既令女作𤔔土郎命女作司徒也考古圖釋爲治土誤吳樊汪竝云上畢出樊云年𦣞未詳樊云當𤔔司馬異嚚孔云單獄未詳樊云熙邦孔樊云牧誤人𤔔司工駿孔樊竝云馬誤君宰遌吳樊江竝云德父散人学說文子古文作学从巛象髮也古文㚇字亦作㚇孔云二字合寫履田戎孔汪竝云武誤𢼸微樊云政誤

父效說文敎古文作效汪云效果說文眛目不明此从雨目父殿未詳樊云㪇恐誤之有
𤔲司東說文𤏽从𡩋省匋省聲符宵切樊云陶誤州翕京倠樊江竝云攸遝江云從
鬲鬲冄未詳孔云丹樊云父誤㪔有𤔲司十夫唯王九月辰江云古文
奇字辰作㡴才在乙卯大卑俾羕義樊云兹誤且祖爵疑爵字下同旅
斮誓樊云新誤下竝同曰我朕江云既付樊云攸誤下同㪔氏吳云于樊云乃竝誤下竝
同田器有𠦪爽樊云吳誤實余余江云毛伯敦余竝作余有㪔氏心賊孔云
貸樊云咸竝誤𠟭則爰鍰樊云受誤下同千罰千傳𡪞誥說文誥古文作𧦅之羕
義且祖爵旅𠟭則斮誓廼卑俾西宮龢武樊云戎誤父斮誓
曰我既汪云卽誤付㪔氏濕說文濕水出東郡東武陽入海續漢郡國志有濕陰漢書地理
志作㵽陰與下濕之濕有別樊云溪田牆孔云牆樊云將誤田余余又有吳樊竝云父誤

爽䜌變爰鍰千罰千西宮龢武吳樊竝云戎誤父𠟭則斮誓乂
孔云曰樊云久汪江竝云舉拔辛酉鼎舉作乂江說近之爲受樊云圖大王于豆豆新
宮東𢓊廷江云郱敦廷作𢓊又作𣪘牧敦作𠂤師艏敵作册尨敦作且古文奇字作四樊云入誤乂
舉孔云疑是久字借爲故樊云左竝誤𠂇左執樊云右誤燮樊云樂史子汪江竝云足
中仲𩰫扁
右釋文參採孔廣森吳玉搢樊明徵汪肇龍江德量
五本
十四行五字起唯王九月辰在乙卯大俾羡且爵旅誓曰我既
付散氏田器有或實余有散氏心賊則爰千罰千末行十一
字接天王于豆新宮東廷九行五字接羡且敚西宮和武父五字

顚倒登師氏右尾行補遺七字接及左執彝史正中十行第三字接見小
門人奚唯并二字原人虞寒淮錯入前行第十四字以下五字補接人虞丂
𩰫貞十六行第四字接傳誥之羡且爵旅則誓廼畀西宮和武
父誓曰我既付散氏濕田牆田余有爽䜌爰千罰千西
宮和武父則誓乃𤔲圖十行十三字接司工虎之子并二文和豐
父唯乃有司刑考田此字旁添已漫井十有五夫正𤔲二大舍
散田司土若𦋿司馬單𦣞易坐并二文入司工駹君宰德
父散入小子𤔲二田戎敚父教果父襄之有司包州京
攸遝鬲皿字形側散有司十夫接首行用太僕尾行補遺末二字接畫
𤔲散邑廼卽散用田𤔲二自濾涉以南至于大沽一封

已陟二封至于微柳復涉濾陟雩𢿱原陜以西封于敽
城楮木封于若逨封于若道內涉若登于厂源封都柝
陜陵上岡柳封于單道封于原道封于周道以東封于
疑東疆右還封于𤔲道以南封于𢓊逨道以西至于
鴻莫𤔲上郱邑田自橋木道左至于郱邑封道以東一
封還以西一封陟岡三封降以南封于同道陟州岡登
柳降棫二封大人有司𤔲二田
且代祖字　或同國　爰同鍰　雩同于　彝代法
字　丂同考　濕同隰　牆同壯肥也　爽古謨字
䜌同𦅫　𤔲同治　工同空　𪀘同鴻　𤔲二乃境

上兩字　土同徒　駝同馳　君同羣　嵩同器
用同周
散氏本有邑盆以十五夫之邑則成國故云有國十
五夫掌田井之官卑微故稱人奚唯原等皆邑聚名
邢邑五夫已具器皿故頒予十夫
古人質樸文中有遺佚字或行末或後二行或補于
尾往往銘辭有之尚書洛誥武成之不可讀亦此例
孫皓天璽碑猶踵爲之由臆見依文義定文如右未
敢云是定本也
右吳穎芳釋文

右古盤銘文疑者四字眞疑顚麻疑斥䇤疑豪牗疑
莊不見字書者二字冲騶文凡六章章末繫以分題
與文間連書之曰二表曰十又五夫曰十夫曰萬祖
某旅則誓曰西宮襄武父則誓凡經傳篇內分題繫
章下題或別簡其不別簡者如禮記文王世子篇文
王之爲世子也句鄭君注云題上事教世子周公踐
阼注皆云題上事又荀卿子賦篇其禮等漢書禮樂
志桂華美芳之類皆不別簡俗儒乃謂誤衍字句謚
之此銘益可以識古書而袪其未辨矣此蓋小邦諸
侯壤接而相與爭田亦若虞芮之爲者旣而得講于

是正別疆域而盟焉盤則釁以歃血者文字遂古且
記曰殷人作誓其亦殷季物與汪擧龍跋
銘文十九行三百四十八字歙方輔若作云器重四
十斤銘在腹中德量按銘文多不可强通其略蓋眞
田郉邑田皆散氏之田西宮襄萬祖敫二人始侵而
復歸之散氏因表正疆域聚兩造之人於九月乙卯
俾西宮襄萬祖敫誓而銘于器散氏未侵二人田故
散氏無庸誓也自首至降棗二表記表田之事自濆涉至眞乃眞田郉邑田至降棗二表乃郉邑田就其銘文迹之蓋眞與郉邑壤接中界剛郉邑殆在眞之北眞田南至大沽西至黎城杠木北至剛除東至粹郉邑田南于咸道西至𢓊木東至道以東北不可知曰

涉涉水也曰涉降登降皆原阜也眞田曰㠯南㠯西㠯東東疆右還郉邑田曰左曰㠯東曰還㠯西曰㠯南卽銘文反覆互證隱然可尋自大人有司至十夫記莅盟與盟之人萬祖敫西宮襄以下十九夫使田之人是眞大舍散田以下十夫皆散氏之人蓋兩造也唯王
九月辰在乙卯記其時大俾以下記二人之誓辭舉
爲圖大王于豆記表正田界之圖籍于器新宮東廷
記其地末云執豐史蓋記作器之人散氏西宮武父
皆氏也蓋周畿內大夫因輯諸君釋文間有所見條
記存之其不可識者不敢傅會求合也江德量跋
按銘中數見表字云一表二表三表蓋立木爲表
卽周禮土圭測土深正日景之法散于氏族不知

其所出文有云敝邑則以邑爲氏者也是銘爲敝氏表正疆域而作故文中詳紀地至其見子經史者曰濆漢志千乘馬車濆水首受鉅定東北至琅槐入海水經注濆水今淄水也今在樂安縣曰㮘屬勃海今鹽山縣地曰鄎漢志作鄚屬沛郡說文及江統徂淮賦作鄎與此同今永城縣地曰黎屬魏郡今濬縣地曰東疆疑卽東疆屬淸河卽今東疆縣曰鄚屬涿郡今任邱縣地曰槁常山有鄗王子侯表作𢻫後漢書注今高邑縣也今柏鄉縣地曰㰄漢志山陽㰄莽曰高平臣瓚音拓後漢書東平憲王傳作㰄按州郡志高平前漢亦名㰄莽易爲高平當以㰄高聲近則㰄字乃㰄字之譌瓚音非也今鄒縣地曰鬲屬平原今德州地曰濕卽漯字又作隰左傳哀公十年趙鞅伐齊取犂注犂一名隰濟南有隰陰縣二十三年晉伐齊取犂邱注犂邱隰也今臨邑縣地漢志千乘又有濕沃今蒲臺縣地皆在齊魯燕趙之閒又井邑字凡兩見井通作邢邢國亦卽今寧鄉縣地其餘諸名雖無從考見然總在近地可知葢是時諸侯封域互相侵奪故表正之以播告于敝殷人作誓此其證矣江

氏以爲周畿內大夫所作周都鎬京安得畿內有此地名乎孔吳樊汪江五家釋本皆就文著釋惟江本較爲精審茲並採之吳潁芳釋本以己意旋轉句讀謂古人文多如此然按古器款識往往有合并及左右讀字此商周簡易之識則然若文至數百字斷無淩亂參錯如此者至謂洛誥武成所以難讀則緣當時方策不一故前後易于倒置不得執以爲例也此說知未敢信特其釋字亦有精確不可廢處因附錄焉

金石萃編卷二終

金石萃編卷三

賜進士出身　誥授光祿大夫刑部右侍郎加七級王昶譔

周

焦山鼎銘

鼎高一尺八寸深九寸一分圍一尺九寸六分銘十行行九字十字不等今在丹徒縣焦山寺

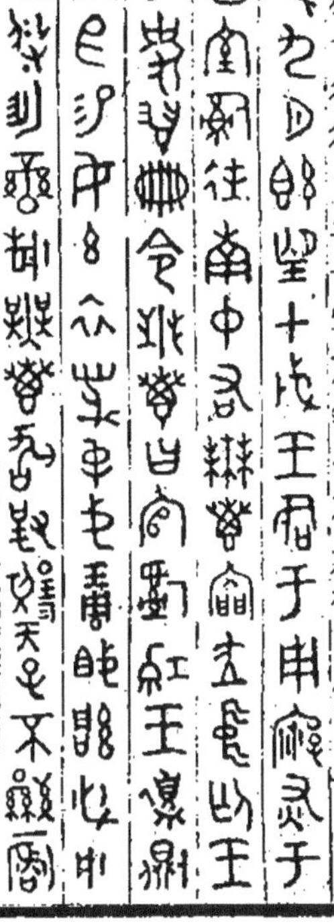

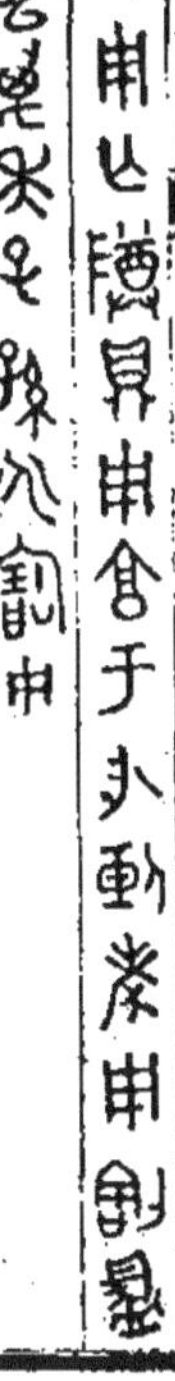

佳惟九月既望十則戊王爾各古格字程注及還二字汪云還鄭云如並誤于

用周說文周从用口廟丙子二字徐云廟程云室子丞于圖周徐云室嗣程云司嗣疑

治征徒程云徒疑征南中仲右程鄭並云顧云佑古佑字𣝗顧無鄭並云世下同賁古吏

專字古文專又作𢍏程顧鄭汪並云惠誤下同䘏氏程釋作內門二字徐云賓顧鄭並云僉翁云恐誤合并其說

較確當從之說文入內也內入也內字从入得聲古字亦通用立中廷于乎呼史史

友程汪云受顧鄭云端林琮金石釋文云友徐本釋爲友說文𦔮古文友字則徐本是冊令令命爾雅

也國語注命令也二字古通周禮則令爲盟三成儀禮注引作則命左傳令不及魯莊子先君之令經典釋文

並云本作無貴曰官顧鄭並云宣嗣徐汪翁並云司程注司顧鄭並云治按作命云宜治二字

古文孝經治作紅紂徐云空顧鄭並云佐案此乃紅字古與工通見漢書酈食其傳蕭仲舒傳兩注嗣紅

者治工也說司空也一王㒸徐云道鄭並云顧則側徐云戌周並云徐云民顧巨云

以程顧鄭汪並云作沪錫女汝幺糸衣㞢串帶束二字爲束帶諸家釋並誤劍也戈

爲琱戠說文戠有枝兵也讀若棘也亦讀若棘二字音義同戛𢆶縞必古字穗彤沙

古矢字見半辟父敦𠬝簽古通𤔲古勤字象形𢦏鑿此字與戠敦同𠕲旂籀文从从之字並云

作𥍆無貴敢𣪘對𤔲揚天子不丕顯顧敷徐云鄭並云府

敬休用乍作𡨦尊鼎用亯享于𠬝朕翁云𠛡烈考用𠛡周

𥂕程注篡𥂕篆二字壽萬年子孫永寶用

焦山鼎故京口某公家物分宜枋國時聞此鼎欲之某公不即獻因嫁禍焉鼎遂入嚴氏嚴氏敗鼎復歸

江南因置焦山寺中王士禎池北偶談

右周鼎銘詞曰惠敢對揚天子丕顯敷休其人莫考曰王格于周曰司徒南仲殆周初器也其曰立中庭按毛伯敵銘文亦有之薛尚功釋爲立而楊氏謂古立位同字古文春秋書公即位爲公即立則是銘曰立亦當作位程穆倩定爲立從薛氏讀也曝書亭集

焦山周鼎銘有曰司徒南仲疑亦宣王時物也銘文與集古錄毛伯敵銘相類周人器物銘多用此體牛運震金石圖

翁方綱云此云宣王時者用毛傳之說詩大雅常武篇毛傳云王命南仲于大祖皇甫爲大師鄭箋云南仲文王時武臣也宣王之命卿士爲大將也乃用其以南仲爲太祖者今太師皇父是也命

將必本其祖者因有世功於是尤顯毓毛以爲王今
命卿士南仲者於王太祖之廟又命爲太師之公者
皇父使此二人爲將爲監鄭以南仲爲皇父遠祖止
命皇父一人而已吕出車之篇言之知南仲文王時
武臣是今所命者皇父之太祖故本言之又小雅采
薇篇玁狁昆夷之患文王於時事殷王也命其屬爲將
帥其屬謂南仲出車經稱赫赫南仲玁狁于襄又曰
赫赫南仲薄伐西戎則南仲一出幷禦西戎及北狄
之難也又本篇君子之車箋君子謂將率正義曰將
帥則命卿南仲南仲雖爲元帥時未稱王無三公亦
不過命卿也又漢書古今人表第三等於周宣王之
世列召虎方叔南中中山父中伯尹吉父韓侯蹶父
張中程伯休父則班氏
以南仲爲宣王大將矣

周鼎銘諸家釋文以爲九十三字葢全餘不可辨久矣鎮江守門人謝蘊山屬工精拓得其全文則第九行列考上隱隱有字詳其篆勢朕字也朱竹垞跋以

立爲位固無不可然銘辭本是立字不須假位且當合上下文讀之又顧亭林跋以右爲佑此應以歐陽永叔之跋郝敢正之也周官大宗伯注云王將出命假祖廟立依前南鄉儐者進當命者延之命使登內史由王右以策命之禮祭統云古者明君爵有德而祿有功必賜爵於太廟示不敢專也故祭之日一獻君降立于阼階之南南鄉所命北面史由君右執策命之是二條皆右字立字之證所命者延登北面即所謂立中庭也內史由王右即所謂右也稽古吉金之文宰辟父右見于辟父敢邢伯右見于毛父敢毛伯內門立中庭右見于郝敦永叔釋之謂中其庭立而祝與郝皆在其右此二語明晰甚矣穆公入右𢦏立中庭北嚮見于𢦏敦𢆶入右牧立中庭見于牧敢宰頵右㝨入門立中庭北嚮見于伯姬鼎宰忽入右𢼸立中廷見于𢼸敦王呼虢中入右見于何敦宰宏右頌入門立中庭見于周司成頌寶尊壺諸如此類有一足以知右之文對中庭而言之也葢立於王之右者宣王命者也入門北嚮立于中庭者承王命者也立于王右者有宰有司徒有公有伯有內史不必其一人也立于中庭者則惟兹作器之人爾立中廷

之上一字其爲內門二字合寫無疑矣而亭林乃從諸家釋爲僉是衆人皆立于中庭豈不思大宗伯祭統之文與歐陽集古跋尾是器也可以昭見周家假廟祝冊之儀式補經訓所未言不特篆文之足寶矣內門既爲二字若依釋者又謂丙子爲二字則是銘凡九十五字也末行周簋周字旁作𠄎形則匕向內之文象主皀執匕之義葢亦持刀立戈之類非別有一字也故錄諸家釋而備論之林吉人得徐興公家
藏釋文所釋惟賓字
顯然非是餘則程迂所釋皆不逮也　程穆倩釋本
於時最著而及還字佑字皆顯然之誤　金石文字
記惟佑字僉字顯然之誤葢亭林必先見諸家釋爲
僉而遂仍之耳　汪堯峯釋文惟還字顯然之誤

寺中石刻鄭氏釋本內如字作字皆顯然之誤　翁方綱焦山鼎銘考

宋人好辨識鐘鼎文字此銘獨未著於錄其出於何時何地不可得而知矣古器銘多用鋚勒字惟石鼓及寅簋文正作鋚勒伯姬鼎則作攸勒宰辟父敦又作攸革薛尚功王俅諸家皆釋攸爲鋚此文亦但作攸鋚古文之鋚勒即詩所云鞗革也詩鞗革凡四見鄭氏箋或云轡或云轡首或云轡首垂毛公則訓鞗爲轡革爲轡首說文無鞗字而有鋚字訓爲轡首銅明乎鋚之即鞗也釋器云轡首謂之革郭景純曰轡靶勒也詩如鳥斯革韓詩作勒明乎勒之即革也詩

鞗革有鶬爲金飾古文鞗从金與許叔重訓轡首銅合孔疏謂以鞗皮爲轡首之革似未達古制矣伯姬鼎師毁敦並有縞必字薛氏釋必爲縪案攷工記天子圭中必鄭注讀如鹿車縪之縪是必縪古文相通此銘亦作必與康成注合　潛研堂金石文跋尾

昆守鎮江之明年拓此鼎銘呈覃溪先生踰月先生以銘攷相示且曰卷中於詩僅錄數首者以其有關攷據爾若薛鐵歌云千年自鎮隱君山一銘猶識宣王字郭梅歌云維昔宣王振周紀頗側弗作天顏喜湯之龍歌云憶昔周宣中興年吉甫爲作崧高篇方叔召虎得見否圭瓚秬鬯今猶傳嘉爾世惠有成績用作尊鼎藏圖室太史端冊跪陳詞九月既望惟甲戌是竟以此鼎爲宣王時作矣今年夏袁州李奧基進士謁選來京與共論此奧基博稽羣書謂此九月既望甲戌是成王初年而愚終弗敢信也子盍爲我跋之昆不敏因述來書語以爲跋乾隆三十八年謝啟昆　焦山鼎銘攷跋

按鼎銘九十五字其文有司徒南仲牛氏以爲宣王時物翁氏著焦山鼎銘攷論其非是祖攷常武詩王命卿士南仲太祖太師皇父毛傳誤解太祖

爲命將于太祖之廟故漢書以薄伐玁狁至于太原數詩爲宣王征伐詩人美大其功所作古今人表遂以南仲與召虎方叔並列宣王之世蓋其沿誤已久竹書紀年帝乙三年王命南仲西拒昆夷城朔方尚書大傳四年伐犬夷逸周書文王五祀西拒昆夷備玁狁帝王世紀文王受命四年昆夷氏侵周後漢書西羌傳及通鑑前編引衛氏詩序云昆夷玁狁之難命將遣戍皆文王時事足與鄭箋孔疏相證又出車詩王命南仲往城于方傳云王殷王也南仲文王之屬亦與采薇詩序鄭箋吻

合則毛氏之說矛盾顯然其爲文王時人無可疑
也是銘釋者甚多林佶得于徐𤊹家者不知何人
所釋程氏遂本見池北偶談汪氏琬本見堯峯集
顧氏炎武本見金石文字記鄒氏儀周本刻于焦
山寺合翁氏鼎銘攷中釋文共有六家今並採注
于下又有寺中重摹本字畫訛謬之處不可悉舉
則翁氏已詳辨之矣

壇山刻石

石高　尺　寸廣　尺　寸共四字右刻李中祐
記額題吉日癸巳之記六字正書今在贊皇縣學

吉日癸巳

贊皇縣壇山上有周穆王刻石四字曰吉日癸巳筆
力遒勁有劍拔弩張之狀地□□□□□數千年鮮有
知其奇古而往寓目者雨激風射日銷月鑠幾何其
不遂堙滅廣平宋公皇祐四年秋九月自亳社之鎮
陽趙其屬郡也過趙日嘗訪此字於士大夫間
郡守王君使縣人尋訪得之巖石之上令劉莊者因
督工鑿取輦置歸我時人始驚□觀者日盈集又從
而摹寫者亦何可支哉噫在寒山絕壑昧昧然人不
知識埋沒□千年因宋公一言今遂出幽晦取愛重
于時石雖不能言其亦感公之知□□□德矣中祐
昔聞其妙近幸權守于此而覩其眞且懼經歷久遠
一旦圯剝 或 墜于地 矣 前古妙絕之迹迺俾 闕 石糊
灰括以堅木鑱廱事右壁而陷置之覆葢固護庶永
存而無他時五年孟夏二十一日權郡事李中祐記
并題額
嘉祐己亥歲秋七月丁未望日□石于郡之廳□壁
令趙□□誌　匠人王和刻字

吉日癸巳

右周穆王刻石在今贊皇壇山上壇山在縣南十三
里穆天子傳云穆天子登贊皇以望臨城置壇此山

遂以爲名癸巳誌其日也圖經所載如此而又別有
四望山者云是穆王所登者據穆天子傳但云登山
不云刻石然字畫亦奇怪土人謂壇山爲馬蹬山以
其字形類也 集古錄
右吉日癸巳字相傳周穆王書案穆王時所用皆古
文科斗書此字筆畫反類小篆又穆天子傳史記諸
書皆不載以此疑其非是 趙明誠金石錄
吉日癸巳四字趙明誠以筆畫類小篆爲疑今用周
宣王時石鼓文攷之其字形多如小篆恐當時與古
文科斗書兼行至李斯始以此擅其名爾明誠已信

石鼓爲周人之書何獨於此而疑之邪濂既手摹刻於浦陽山房恐人惑也又不得不辯宋濂潛溪集

吉日癸巳四字余從博古堂得一紙乃政和以前搨本後又得三紙一爲贊皇翻刻本一爲中書謝從寧刻本一爲吳恭順惟英刻本聞宋景濂曾刻于浦陽書院未見其本庚子銷夏記

晉衛夫人謂李斯見穆王書七日興歎蓋即此也宋仁宗皇祐四年九月尚書宋祁自亳社之鎭陽遣人求取此字郡守王君使人尋訪得之岩石之上州將劉莊因鑿取以歸龕置廳事壁間宋吳興施宿謂舊

石以政和五年取入內府則今所存者乃皇祐五年權軍事李中祐所刻別本也歐陽公集古錄謂宋公祁在鎭陽嘗摸此字今按李中祐記則摹石者乃李中祐非宋祁亦在皇祐中非慶歷也又顧炎武金石文字記謂石今移置儒學戟門西壁乃中祐所刻石非原石也曩于泉南泰太史道然齋閣見其所藏舊本謂是穆天子舊刻雍正辛亥春蔣繡谷出一紙見示吉日癸巳正與泰同而前有李中祐記記石平正而吉日癸巳四字石多鑱損始知向時所見乃是李本不復可得矣王澍虛舟題跋

按石刻本在贊皇山後爲劉莊輦至趙州廨李中祐陷置廳事記中述之甚詳而集古錄以爲宋祁所得蓋誤讀李祐二字爲宋祁遂稱爲宋尚書潛溪集又稱爲宋景文其輾轉傳譌如此中祐所刻石今亦不存世所見者南宋重刻本也穆天子傳載當時刻石有云升于弇山乃紀丌跡於弇山之石郭璞注謂銘題之又傳紀癸巳日凡二一癸巳至於羣玉之山一孟秋癸巳天子命重䲨氏共食天子之屬以其地證之皆與今刻不合傳又云乙酉天子西絕鈃隥注即鈃山之阪一云癸巳游於井鈃之山吉日癸巳皆注文考井鈃在常山石邑縣

去贊皇尚遠其一云癸巳以下當是後人商榷之詞非當時別本有如此者且傳稱吉日不一如天子命吉日戊午吉月辛酉天子升於昆侖之邱吉日甲子天子賓於西王母吉日甲申天子祭於宗周之廟吉日丁酉天子入於南鄭吉日丁亥天子入于南鄭吉日辛卯天子入于南鄭皆以四字成文郎使傳有吉日癸巳之句亦與前後諸吉日同例不必因刻石之後始爲此語也遍檢傳文皆無確證惟云丁丑天子里圃田之路東至於房注云

房子屬趙國地有巑山按巑即贊皇也漢以後皆爲房子屬常山隋開皇中始析屬趙郡爲贊皇縣至今猶仍其名壇山刻石當即斯時其紀日不同者是時穆王方於圃田爲苑囿置虞守盤游無厭淹留逾月計丁丑至癸巳不過十有六日或如余山故事題石紀跡而傳偶略之歟

曶鼎銘

鼎高二尺深九寸圍四尺銘三節二十四行行十七八字不等今藏鎮洋畢氏

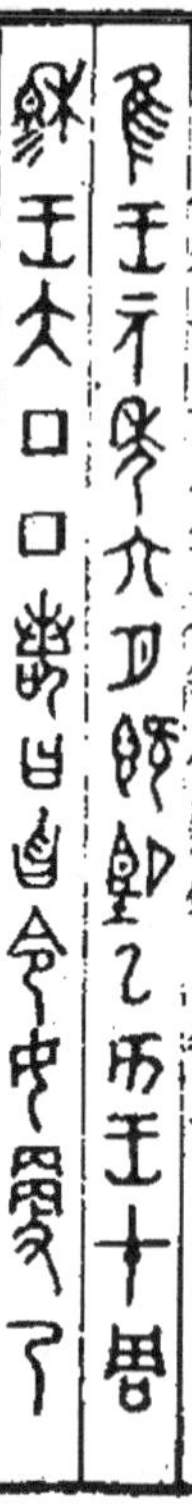

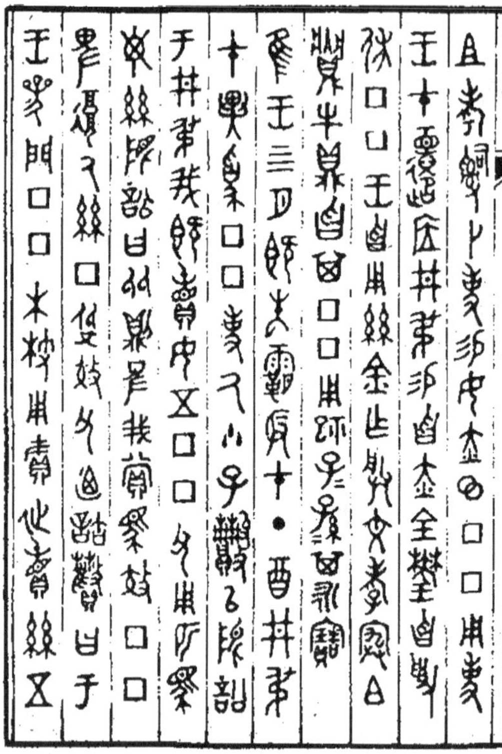

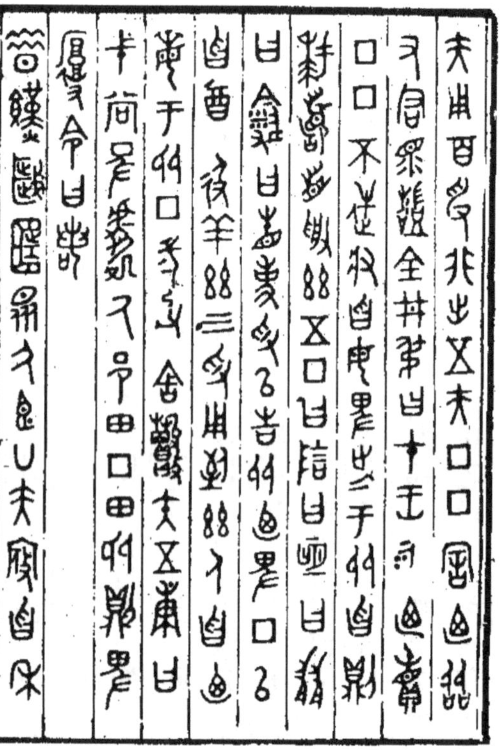

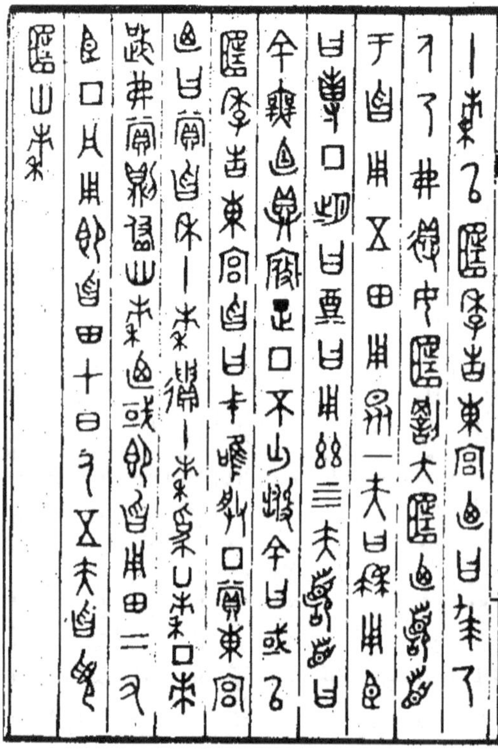

隹（惟）王元年六月既望（古朔望字從臣望遠字從𡈼不同此用正字）乙亥王
才（在）周穆王太□□（此行十八字蝕兩字）嘗（許慎曰籀文叒字）曰曶（論語有仲
忽漢書古今人表作仲曶許慎說文解字無曶字有冒字曶應亦冒字古文）令（命古用令字）女受
更乃且（祖）考𤔲（治）卜事易（錫）曶赤◎（古爾雅以爲即瑗字試教作◎同）
□□（同上）用事王才（在）𨗑（此字丨從省文由中作𠄢又從卪從口從辵未能析辨或即古
文遷字）应（居）井（鐘鼎家皆以井爲邢案周公子所封邢侯字從井從井者爲鄭地邢亭二字不同攷
穆天子傳有井利秦有井伯是古有井氏應讀本字）叔易（錫）曶赤金（禮天子用全全純玉也）鍪
（即瓚字三采玉名）曶受休□□（同上）王曶用絲金乙（作）朕文孝（考字）
𣪘（通用解字有宄云古文作𡧋此從宄從収収與叉同義當即殳字之異文）白（伯）龖（玉篇云龖耆也）
（亦作叢案解字有叢字古文然則叢即叢字古文）牛鼎曶其萬□（此行蝕一字）用祁（祀古字）

金石萃編卷三　周　十三

（作不）子子孫孫其永寶

右共八十一字蝕者七字存七十四字疑者一字

隹（惟）王三（四）月既生霸（霸字從月從霍所謂月始生霸然也經典多借霓魄字爲之此
用正字）辰才（在）丁酉井叔才（在）異（異應是地名無考）敢□□（此行蝕二
字）事丁（玉篇云古文及）小子𩰫（應是𩰫字此書皆異而義總同三）以限訟于井
叔我既賣（贖）女五□□（同上）父用斤馬𩣡絲限訟曰比則
㫟我賞（古無償字即用賞）馬效□□（此行十七字蝕兩字）㫟復乃絲□（此字
蝕）效父迺訟𢿮（徹）曰于王參門□□（此行共蝕三字）本枝用賁
征（徒）賣（贖）絲五夫用百爰（即鍰字鍰者鋝也古者以二十兩爲三鋝故攷工記戈重
三鋝鄭康成注許慎說文解字云鋝鍰也今東萊或以太半兩爲鈞十鈞爲鍰鍰重六兩太半兩坮案尚書呂
刑其罰百鍰僞孔安國傳六兩曰鍰陸德明音義馬融云賈逵說俗儒以鋝重六兩周官劒重九鋝俗儒爲是
鄭不用六兩之義故以許書及東萊云云爲証許氏之學即出于逵故逵亦以六兩爲俗說馬融則直用之矣
小雅曰二十四銖曰兩兩有半曰捷倍捷曰舉倍舉曰鋝鋝謂之鍰亦承馬融之誤史記周本紀鋝作率是借
字又平準書有白選漢書蕭望之傳有金選亦兼即鋝字尚書大傳云夏后氏不殺不刑死罪罰二千饌饌亦
與選字同叅饌即選選率即鋝兩鋝與鍰同義也古者贖罪每云鋝亦云鍰此小子𩰫與井叔作罰罪之詞故
亦用此字耳）𢓊（即別字）出五夫□□（同上）罰迺□又君眔豈全井
叔曰才（在）王□（此字蝕）迺賣（贖）□□（此行共蝕三字）不逆（造）叔（從爿
從又又與手同即解字之拜字）曶毋㫟𡐦（從戍下二疑咸字）于比曶則拜稽首
受丝（王存乂切韻以爲即茲字）五□（此一行疑蝕一夫字）曰膚（即墉字古庸字作𩫖）曰頭
（恆）曰龍曰□（此字未詳）曰相事爰以告比迺㫟□（此行共蝕兩字）以

金石萃編卷三　周　十四

曶尊迺（仲偁父鼎有丞云古文及字與此同）羊丝（茲）三爰（鍰）用到丝（茲）及
曶迺每（借爲誨字）于比□□（此行十九字蝕兩字）□□（字蝕）舍𢿮（散）夫五
秉曰才（在）尚㫟處（處）乃邑田比則㫟復令（命）曰𣪊（諾）

右共百有八十二字蝕者二十一字存百有六十一
字疑者一字

督（昔）饉歲匡眔及臣厶（私）夫寇曶禾十秭（韓詩曰陳穀爲秭解字曰數億及
萬爲秭）以匡季告東宮迺曰龙乃及乃弗退（尚書我興受其敗解
字引作退）女匡罰大匡迺稽首于曶用五田用眔一夫曰𥝤
（即益字解字有𥁋云籀文作𦔳漢書百官表伯益字亦作𦔳）用臣曰尊（寡）□朏（恒）曰
奠（奠又古文以爲即鄭字）曰用丝（茲）三（四）夫稽首曰余（即余字解字云余從

舍省聲以此論之是從古文余不必從舍省矣奭無亟則寇是□此字蝕不丏之字
𧸁此字未詳余曰或以匡季告東宮曶曰才在唯朕□此字蝕
賞償東宮迺曰賞償曶禾十秭遺十秭叡故厶私秭□
此字蝕秭或弗賞償則□此字蝕未詳屮山此字未詳秭迺或即曶用
田二又有臣□此字蝕月伯庶父敦有月字尚功讀爲舟字辟用即曶用十
曰乃五夫曶受匡山此字未詳秭
右共百有三十七字蝕者四字半蝕者一字存百有
三十二字未詳者四字　鼎足作牛首形藝文類聚
引三禮鼎器圖云牛鼎容一斛者是也銘分三節第
一節㘴因王錫曶赤環赤金無等而用金作牛鼎以
祀文考宄伯也第二節則小子𢿟與井叔訟以金百
爰贖五夫曶受五夫而爲誓詞也第三節則匡眾寇
曶禾十秭曶告東宮因與匡季爲誓詞也合四百字
乾隆戊戌歲巡撫畢公得于長安屬坫爲釋文土花
歷錄不盡識也既命工鏤剔字蹟顯露因以偏旁證
之古籀而可辨者咸得焉若夫字畫雖稽或磨泐未
析則從闕疑之例云壬寅二月錢坫記
右曶鼎嘉定錢獻之釋文元案銘文第一節錫女赤
𠔇釋文誤女爲曶第二節乃緣下一字蝕尚有𡗔字
未詳釋文闕𡗔字臨疑從畱之省文釋文竟作臨非

也邑田下尚有田字釋文闕第三節寇是季字非寇
字言歲時有季嘗即償之省則女匡之罰大也朔從
心從月恒之省文不從止丰疑非在字東戠弗償古
𤺺字作瘷東是瘷之省文言歲歉不能償釋文以東
爲秭以歲爲或非是丨凵山皆在秭夫字上者其
數目即十二三四字也釋文丨作十是矣至于凵作
私山山皆云未詳是不然矣畢沅阮元山左金石志

高克尊銘

尊高二尺一寸深一尺八寸五分圍四尺銘十一行行五字

隹十又六年十月既生霸□未白大師□
白克僕山□白克敢對□天右□□□用
乍朕□考後中尊𥁕克用匄眉壽無疆克
克其子孫永寶用

隹惟十又有六年十月既生雨霸說文霸雨濡革也从雨从革讀若膊霸月始生霸然也从月霸聲周書曰哉生霸古文作𩃬此省文□博古圖錄鐘鼎款識並作乙未白伯
大師□博古款識並作𠂤白伯克說文克作𡱈僕山□博古作夫白伯
克敢對□博古款識並作易釋爲錫天右佑□□□博古款識並作王白友用
乍作朕□博古款識並作穌考後中仲尊盦碧落碑𥁕作盦克用匄博古
云𣇻𩒨眉考無疆克克其子孫永寶用
右銘五十八字曰克敢對揚天佑用作朕穆考後仲

尊高克用丏眉壽高克者不見於他傳惟周末衛文公時有高克將兵後率奔於陳疑克者迺斯人歟若爾則是器蓋衛物也其曰作朕穆考則又言宗廟之制也蓋天子有三昭三穆與太祖之廟而七諸侯有二昭二穆與太祖之廟而五至於言考則不特止其父而已故謂其大父曰王考謂其曾祖曰皇考謂其高祖曰顯考此其言穆考之法也周室至於春秋諸侯分裂之時其世雖衰而至於典刑文物者尚在於是立言有如此者王黼宣和博古圖録

按高克尊銘門人孫子星衍所貽拓本凡五十七

字缺者八字其文皆突起與他器陰識者不同博古圖録鐘鼎款識並有此器大小相等文每行五字惟末行六字作永寶用享與此微異款識所録第九行眉考作眉耆釋爲眉壽其第八行穆考之考別作孝字今審銘文穆考眉考同書作孝顯是一字與博古同而博古釋爲考又釋爲壽則款識摹寫之譌而博古釋文未當也壽字本从老省爾雅老壽也說文老考也考老也義得相通詩有眉壽之稱或古人亦有稱眉考者歟博古云周末衛文公時有高克是器蓋衛物袒攷清人詩序高克好利而不顧其君文公惡而欲遠之不能使高克將兵而禦狄于竟此文公謂鄭文公也是時狄入伐衛鄭衛鄰國懼其來侵故使高克禦狄閱三年左傳鄭人惡高克注高克鄭大夫也博古乃以克爲衛人斷爲衛物其謬顯然款識引其說還改衛字爲鄭信有据矣鄭文公即位在惠王之世去周初不過四百餘年亦非周末也古器銘首誌年月多有惟王二字否或云惟某月某日此尊紀年而不稱惟王當是鄭文公之十六年後克帥師河上止四年耳克後奔陳或在陳所作亦未可知

卯敦銘

敦高　寸深　寸圍二尺四寸銘十二行行十二字

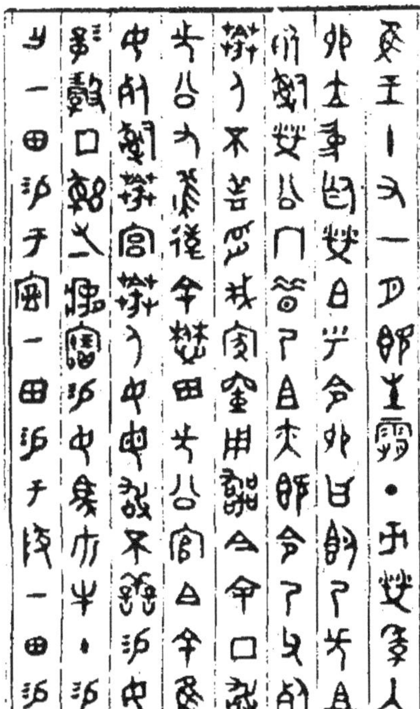

[illegible]
[illegible]
隹（惟）王十又（有）一月既生霸丁亥共季入右卯
立中廷共白（伯）乎（呼）令卯曰既乃先且（祖）考死嗣共公
昔乃且（祖）亦既令乃父死嗣楚人不𡴠巫（詳未）我家
室用喪今令（余）口敢𣪘（詳未）先公又（有）佳（惟）德（詳未）令（余）懋
田（詳未）先公官今令（余）佳（惟）令女（汝）死嗣楚宮楚人女（汝）
母敢不善沪（錫）女（汝）俤姜敦口𢇛弋揮（彙）寶沪（錫）女（汝）
馬市（詳未）牛十沪（錫）于当（詳未）一田沪（錫）于室一田沪（錫）
于阪一田沪（錫）于㦰（詳未）一田卯拜手𩠐（稽）手敢對𠚰（反揚）

（文）共白（伯）休用乍（作）寶尊敦卯其萬年子孫永寶用
右卯敦銘百四十九字首云惟王十有一月既生霸
又云卯立中作共伯乎（即呼字）令卯末云卯其萬年子
子孫孫永寶用大約述其先祖考之勛令卯嗣厥職
錫以彝器土田之詞其云拜手𩠐手即稽首春秋曹
公子首二傳或作手聲同假借也（潛研堂金石文跋尾）

仲駒敦銘

敦高一尺六寸深九寸二分圍五尺一寸
銘二文同一在蓋一在器並四行行四字

[illegible]
[illegible]

衆旁中（仲）駒父作（作）中（仲）姜敦子孫永寶用享孝
仲駒父其國氏及世次皆未詳功臣表有騏侯駒左
傳有駒伯爲郤克軍佐則駒其姓也若曰齊景公卒
冬十月公子駒奔衛則駒其名也豈非公子駒以伯
仲而曰仲駒父耶檀弓云幼名冠字五十以伯仲稱
周道也子生三月父名之二十而冠尊其名而立其
字五十爲大夫則尊其字而呼以伯仲也仲姜者蓋
仲駒父之母或祖也或以爲仲駒父妻則禮曰夫不
祭妻是以知其爲母或祖也按春秋凡婦人皆以字
配姓伯姬仲子季姜之類是也仲姜亦字配姓也齊

許申呂皆姜姓此則未詳其何國女夫器有用器有
祭器凡銘有享孝追孝祀禋者皆祭器九嬪職云凡
祭祀贊玉齍而玉齍之制不見於傳注今宗廟中乃
與瑚璉是爲閼器皆鄭元所謂敦瑚璉簠皆黍稷之
器者歟（宣和博古圖錄薛尚功鐘鼎款識）
按前後二銘文字相同前銘在蓋者皆反文左讀
後銘在敦口內者則正書也正書中駒字作𩢍與
寅簋同此器流傳頗多博古圖錄鐘鼎款識有二
品其二蓋器皆全　西清古鑑亦有此敦又有仲
駒傳銘文並同唯大小輕重不等耳山左金石志

彀此敦云是方式則形製亦異矣仲駒之名不是經傳博古圖錄引駒幾駒伯公子駒爲證是姓是名不可遽定古者以字爲氏仲駒公子駒之後即可氏駒襄十四年左傳將執戎子駒支注云駒支戎子名國君之名未必命氏且下文姜戎氏注云四岳之後皆姜姓仲駒齊之公子亦出于姜同姓無婚姻之禮則仲駒不得爲仲姜作敦當非齊戎二國人也

豐宮瓦當文

瓦當徑六寸四方朱雀元武青龍白虎四形中一字今藏嘉定錢氏

豐

嘉定錢君既勤得古瓦作𡴀字上下左右作四神形甚奇古可愛並爲之考曰周豐宮之瓦𡴀即聲引鄭康成大射儀注證之斯言諒矣元謂說文此卷豐豐二字注皆被後人删改其義从晦說文曰豐豆之豐滿者也从豆象形此誤矣當云豐豆之豐滿者也从豆凶象形𡴀聲說文曰豐行禮之器也从豆象形此亦誤矣當云豐行禮之器也从豆凵象形丯聲二徐尚不知𡴀之爲聲宜更不知丯之爲聲因而删改耳鄭君大射儀注云豐字从豆曲聲此正鄭君精于六書之驗鄭注三禮多用說文此當許君舊說鄭引之也何以明𡴀之爲聲也丯字古拜切古音與豐字同一部古音平聲脂微齊皆灰上聲旨尾薺駭賄去聲至未霽祭泰決夬隊廢入聲術物迄月沒曷末黠鎋薛皆同爲一部詩三百篇古韻朗然可按丯字雖未見於詩而害字從丯得聲如泉水三章二子乘舟二章蕩八章閟宮五章其用韻之處皆與上聲禮體澧醴最近則豐字之从丯得聲也明矣不特此也耒部次于丯部許云从木推丯元謂此下亦當有丯亦聲三字徐氏不知而删之耳耒與豐亦同部相近也从丯得聲者尙有夆㓞二字從㓞得聲者有韧契挈絜恝六字皆與豐字同部豐豐从豆丯𡴀皆

聲凵凶爲象形凵凶與丯𡴀原可不相聯屬故古文豐字無凵明可省去又說文豐字上六畫皆當左低右高作丯形今本作丰平畫者訛俗無以下筆畢此數證質之既勤審定之庶無蔡中郎不分豐豐之誚乎阮元揅經室文集

金石萃編卷三終

金石萃編卷四

賜進士出身　誥授光祿大夫刑部右侍郎加七級王昶譔

秦

嶧山刻石

石高八尺八寸廣四尺三寸十一行行廿一字後刻鄭文寶記正書今在西安府學

皇帝立國維初在昔嗣世稱王討伐亂
逆威動四極武義直方戎臣奉詔經時
不久滅六暴強廿有六年上薦高號孝
道顯明既獻泰成乃降專惠親輶遠方
登于繹山羣臣從者咸思攸長追念亂

世分土建邦以開爭理功戰日作流血
於野自泰古始世無萬數陀及五帝莫
能禁止迺今皇帝壹家天下兵不復起
災害滅除黔首康定利澤長久羣臣誦
略刻此樂石以著經紀皇帝曰金石刻
盡始皇帝所爲也今襲號而金石刻辭
不稱始皇帝其於久遠也如後嗣爲之
者不稱成功盛德丞相臣斯臣去疾御
史大夫臣德昧死言臣請具刻詔書金石
刻因明白矣臣昧死請制曰可

秦相李斯書嶧山碑跡妙時古殊爲世重故散騎常侍徐公鉉酷耽玉箸垂五十年時無其比晚節獲嶧山碑摹本師其筆力自謂得思於天人之際因是廣求己之舊跡焚擲略盡文寶受學徐門粗堅企及之志太平興國五年春再舉進士不中東適齊魯客鄒邑登嶧山求訪秦碑邈然無覩逮於旬浹悢悵于榛蕪之下惜其神蹤將墜於世今以徐所授摹本刊石于長安故都國子學庶博雅君子見先儒之指歸淳化四年八月十五日承奉郎守太常博士陝府西諸州水陸計度轉運副使賜緋魚袋鄭文寶記

皇帝立國維初在昔嗣世稱王討伐亂逆威動四極武義直方戎臣奉詔經時不久滅六暴強廿有六年上薦高號孝道顯明既獻泰成乃降專惠親輶遠方登于繹山羣臣從者咸思攸長追念亂世分土建邦以開爭理功戰日作流血於野自泰古始世無萬數陀及五帝莫能禁止迺今皇帝壹家天下兵不復起甾害滅除黔首康定利澤長久羣臣誦略刻此樂石以著經紀皇帝曰金石刻盡始皇帝所爲也今襲號而金石刻辭不稱始皇帝其於久遠也如後嗣爲之者不稱成功盛德丞相臣斯臣去疾御史大夫臣德昧死言臣請具刻詔書金

石刻因明白矣臣昧死請制曰可

右鄒嶧山秦二世刻石以泰山所刻較之字之存者頗多而磨滅尤甚其趙嬰楊樛姓名以史記考之乃微可辨其文曰大夫趙嬰五大夫楊樛皇帝曰金石刻盡始皇帝所爲也今襲號而金石刻凡二十九字多於泰山存者而泰山之石又滅盛德二字其餘則同嶧山字差小又不類泰山存者刻畫完好而附錄于此者古物難得兼貧博覽爾集古錄

右秦嶧山刻石者鄭文寶得其摹本于徐鉉刻石寘之長安此本是也唐封演聞見記云後魏太武帝登

山使人排倒之然而歷代模拓之以爲楷則邑人疲於供命聚薪其下因野火焚之由是殘缺不堪摹寫然猶求者不已有縣宰取舊文勒於石碑之上置之縣廨今人閒有嶧山碑者皆是新刻之本而杜甫詩直以爲棗木傳刻者豈又有別本歟按史記本紀二十八年始皇東行郡縣上鄒嶧山立石與魯諸儒生議刻石頌秦德而其頌詩不載其他始皇登名山凡六刻石史記皆具載其詞而獨遺此文何哉金石錄

直長者爲眞本橫刊者爲摹本有徐氏門人鄭文寶依眞本式長刊者法度全備可近于眞但攸字立人

相近一直筆作兩股近李處巽于建康新刻甚謬吾邱衍學古編

右嶧山碑青社本斷裂多矣余得之習禮檢討嘗見陳思孝論嶧山翻本次第云長安第一紹興第二浦江鄭氏第三應天府學第四青社第五蜀中第六鄒縣第七然余於蜀中本未之見也楊士奇東里續集

唐封演謂魏大武登山排倒此碑有縣宰取舊文勒于石其後徐鉉得模本鄭文寶刻于長安自此刻者甚衆評者謂長安第一鄒縣最下而杜甫詩又云嶧山之碑野火焚棗木傳刻肥失眞據此數說則嶧山

舊石亡在開元之前其翻本或以石或以木矣則未知鉉所錄者縣令所刻石耶抑卽肥失眞之本耶而鉉自謂得想于天人之際何也余所收二本一爲鄭文寶本正臨自鉉者僅存形似無復神情其一本則至元間翻刻據跋元祐中縣令張文仲又刻之矣此又當居文寶本之下原文二段後段乃二世詔文都元敬謂宜在石之傍文寶誤錄爲一而至元刻跋以爲皆二世頌始皇語尤可笑趙崡石墨鐫華

此碑自皇帝曰以下乃二世詔文在始皇刻石之旁予見泰山碑如此鄭文寶不見秦刻其所刻乃徐氏

摹本故牽聯誤書然此碑非文寶之傳則後世不復
再見文寶可謂有功於字學者而宋史列傳不言其
能書殆以政事而揜之耳都穆金薤琳琅
嶧山石刻其文有云功戰日作當是攻字古人以攻
功二字通用齊侯鎛鐘銘肇敏于戎功作攻周禮肆
師凡師不功則助牽王車故書功爲工鄭司農讀爲
功古者工與功同字金石文字記
前始皇詔一百四十四字後自皇帝曰以下二世詔
七十九字微小較然分别都太僕云鄭文寶不見秦
刻牽聯誤書非也史記二世東行郡縣李斯從到碣

石並海南至會稽而盡刻始皇所立刻石石旁著大
臣從者名所謂盡刻始皇所立刻石者始皇六刻石
各異其文二世刻此七十九字之詔于六刻石其文
同也碑云親輒遠方即親巡又云陁及五帝即他字
楊升菴金石古文作施及五帝右旁他施雖相似而
左旁方阜則不同宜從他爲近又云燔害滅除害字
上無點篆形似周金薤琳瑯誤以爲周非又云刻此
樂石封演見聞記曰刻此樂石人都不曉顔師古謂
以泗濱浮磬作碑是也又云功戰日作功攻通用顧
亭林已論之余所攷證者凡五字又二世詔曰丞相

臣斯左丞相也臣去疾右丞相也去疾徐廣曰姓馮
御史大夫臣德其姓則不傳也按周史籀作大篆籀
文秦李斯增損大篆異同籀文作小篆亦曰秦篆張
懷瓘書斷曰李斯小篆之祖也當李斯覇秦滅六國
學荀卿而性欺刻上書收去詩書百家之語以愚百
姓其造書變古成一家法蔽絶後賢掩滅先執使己
得專精獨擅也斯秉政嚴酷卒被五刑其書雄傑竟
爲百代典型太史所謂察其本乃與俗議之異而其
傳則固有不朽者在也予又考始皇本紀三十四年
李斯請史官非秦紀皆燒之非博士官所職天下敢

有藏詩書百家語者悉詣廷尉雜燒之觀此則博士
官所職者未嘗燒又陳倉石鼓亦得免于煨燼二者
乃前人所未發並附記之陳奕禧金石遺文錄
始皇嶧山石刻在二十八年而碑詞有廿有六年上
薦高號之語與史不同按始皇紀始皇二十六年初
并天下議帝號稱成功號曰皇帝故曰廿有六年上
薦高號也至廿八年乃東行郡縣上鄒嶧山而立石
焉上鄒嶧山爲始皇東巡之始立石嶧山爲始皇立
石之始而史獨不載其辭不可解也盧舟題跋
金石文字記云古人功攻二字通用予又按荀子議

兵篇械用兵革攻完便利者彊惕倞註攻當爲功國
語辨其功苦韋昭註功與攻同吳玉搢金石存
史記釋作嶧金石刻因明白矣作刻石因明白矣中
動作勳從童與婁壽碑不勳心字同又校官碑董
並街彈碑以府承董察古文尙書董之用威董皆作
董檀弓鄰重汪踦注重當爲童張公神碑仙僮郎仙
童古重與童本通也戒作戎从十十古文甲字戎早
等字因之攸作攸說文解字曰攸行水也從攴人水
省秦刻石作汥今此作攸蓋用水省之意優於許而
與汥則不相合矣親巡作親輒說文又曰窺至也輒

車約輒亦古字通也又彊作彊上變口專作專中變
田建作建下變乚數作數謂串爲冑襲作襲謂皀爲
巳者作者省右筆德作德省中筆此皆于六書之正
不合或是古本磨泐鉉臨寫時以意增改未可知又
壹作壹金作金亂作亂極作極逆作逆此雖互異猶
未失籀篆之正者也碑於明時中斷畢沅關中金石記
按嶧山在今嶧縣東南十里水經注始皇觀禮于
魯登此山命李斯大篆勒銘山顚名曰書門太平
寰宇記李斯所刻石嶺名曰書門始皇乘羊車登
之其路猶在即刻石所也原石久毀世所傳皆後

人摹本東里續集載陳思孝論嶧山翻本有七今
止存西安鄭文寶本江寧李處巽本紹興申屠駉
本而已數者相較惟鄭模本尙彷古意因依其文
錄之而二本從略爲思孝所稱靑社本後有金人
題字云嶧山秦刻磨滅久矣宋初惟江南徐鉉有
摹本贄皇李建中傳寫得之遺余曾祖金紫公傳
子孫四世踰百年靖康建炎兵火相尋舊藏文籍
散落殆盡獨此刻僅存命善工勒於靑社郡舍皐
昌甲寅河南李仲坦志共八十餘字載于欽齊乘
楊士奇猶及見之袓履詢土人屬其訪求是刻卒

無可蹤跡也吳氏玉搢又云曾見李陽冰書嶧山
碑較鄭本差小而力縱筋懈與陽冰他書絕異疑
好事者轉臨鄭本假托陽冰耳今亦不知其處
又按鄭文寶記稱是刻模本徐鉉晚年所得鉉挍
定說文末附篆文筆迹相承小異者十三字其中
親言彳旡無長六字皆引李斯刻石爲證然所載
旡字注云說文作旡李斯小變其勢蓋即指刻石
中旣字之旁猶親字彡字皆舉其半言之然模本
旣旁作旡而說文作旡必傳寫之譌

泰山刻石

石高四尺九寸廣一尺四寸存字四行行十二字舊在泰山碧霞元君祠今毀

□□臣斯臣去疾御史夫＝臣□昧死言
臣請具刻詔書金石刻因明白矣臣昧
死請

丞相臣斯臣去疾御史大夫臣德昧死言臣請具刻詔
書金石刻因明白矣臣昧死請

按史記秦始皇帝行幸天下凡六刻石及二世立又刻詔書于其旁今皆亡矣獨泰山頂上二世詔僅存數十字爾今俗傳嶧山碑者史記不載又其字體差大不類泰山存者其本出於徐鉉又有別本云出於夏竦家者以今市人所鬻校之無異自唐封演已言嶧山碑非眞而杜甫直謂棗木傳刻皆不足貴也余友江鄰幾謫官於奉符嘗自至泰山頂上視秦所刻石處云石頑不可鐫鑿不知當時何以刻也四面皆無草木而野火不及故能若此之久然風雨所剝其存者纔此數十字而已集古錄

右秦泰山刻石大中祥符歲眞宗皇帝東封此山兗州太守模本以獻凡四十餘字其後宋莒公模刻于石歐陽公載于集古錄者皆同蓋碑石爲四面其三面稍磨滅故不傳世所見者特二世詔書四十字而已大觀間汶陽劉跂斯立親至泰山絕頂見碑四面有字乃模以歸文雖殘缺然首尾完具不可識者無幾于是秦篆字本復傳世間矣以史記本紀考之頗多異同史云親巡遠方黎民而碑作親輔遠黎史云大義休明而碑作著明史云垂于後世而碑作陲于後嗣史云皇帝躬聖而碑作躬聽史云男女禮順而碑作體順史云施于後嗣而碑作昆嗣史云具刻詔書刻石而碑作金石刻皆足以正史氏之誤碑既出斯立模其文刻石自爲後序謂之泰山秦篆譜云金石錄

泰山篆秦丞相李斯書慶歷庚子歲宋莒公惜其殘剝摹石於東平郡凡四十七字江鄰幾治奉符患四方求者日至厭于供命則又刻其字於縣廨按其文秦二世詔也史記載始皇帝上泰山立石封祠下禪梁父刻所立石詔書其叙巡狩以時不書封禪事立石書詔非緣封禪發之疑史記自誤二世元年東行郡縣竝海南至會稽盡刻始皇所立石石旁著大臣從者名如此則泰山刻石始皇帝立始皇詔書刻其三面二世詔宜在其陰今石南面爲二世詔書始皇帝刻詔書乃在北西東三面蓋石仆而後人起立植

之以其一面稍完故立之南鄉此其故也考其詞親
音親輙音鄰達黎民大義著明史作休明陲于後世史作
淑于後世皇帝躬聽史作躬聖男女體順史作理順
且刻詔書金石皆史誤以詞可得證之然昭格內外
或謂爲融古字相借不然則格與隔不可兼用也陲
爲邊陲若垂後世則當作𠂹說文甚辨愼不應爾見
泰山篆字疑其字誤愼書雜以古字論撿押也曰施
于後嗣石尤可考益爲昆字昔衞宏嘗謂古一字有
兩名者就注之御史夫夫則大夫也莒公亦曰夫中
有大如千人書千千今考禮記檀弓曰夫夫是也則

字蓋如此此李斯所得据也大夫貫爵爲夫則大夫
同文義亦可知廣川書跋
泰山刻石廣川作泰山篆金石畧作封泰山碑金石錄補
申徒駉會稽碑跋云行臺侍御史李處巽獲劉跋所
摹本刻于建業郡庠楊東里集亦云應天府學有此
譜刻石余得之張士謙應天府學郎今江寧縣學予
嘗屢過其地惟見吳天發神讖碑及處巽所摹繹山
碑在遵經閣下而泰山譜莫有知者俟更訪得之金石
存
聶劍光欽泰山道里記云秦篆刻石先是在嶽頂玉
女池上後移置碧霞元君祠之東廡石高四尺四面
廣狹不等載始皇銘辭及二世詔書世傳爲李斯篆
字徑二寸五分宋人劉跋親爲摹拓得字二百二十
有三近年摹本僅存臣斯以下二十九字末有明北
平許□隸書跋乾隆五年廟災碑遂亡元藏舊拓本
筆意同瑯琊石刻惟字形較大首端界一線中有裂
痕首行上泐二字下泐一字四行請字下有分書兩
行云岱史載秦篆碑僅存此二十九字余至泰山頂
上從榛莽中得之恐致湮沒因□之□□以□□古
之遺跡云北平許□并題字徑一寸其城內嶽廟一

石乃從此翻出者眞優孟衣冠也山左金石志
按始皇刻石之辭具載史記本紀石本頌詞久蝕
惟存二世從臣名四行後并殘石遭火矣昶得舊
拓本摹之其第二行止昧死言三字第四行提起
作臣請具刻云云與瑯琊刻石連接者不同疑當
時此處石已剝泐不能直書故爾金薤琳瑯又云
刻文起西面而北而東而南共二十二行其末行
制曰可三字復轉刻西南稜上則分行位置亦與
諸刻異矣

琅邪臺刻石

石高三尺二寸五分廣三尺十三
行行八字今在諸城縣瑯邪臺

五夫二下闕五夫楊樛
皇帝曰金石刻盡　始皇帝所爲也今
襲號而金石刻辭不稱　始皇帝其於
久遠也如後嗣爲之者不稱　成功盛
德
丞相臣斯臣去疾御史夫二臣德昧死言
臣請具刻詔書金石刻因明白矣臣昧
死請　制曰可

五大夫闕五大夫楊樛
皇帝曰金石刻盡　始皇帝所爲也今襲號而金石刻
辭不稱　始皇帝其於久遠也如後嗣爲之者不稱
成功盛德
丞相臣斯臣去疾御史大夫臣德昧死言臣請具刻詔
書金石刻因明白矣臣昧死請　制曰可

右秦瑯邪臺刻石在今密州其頌詩亡矣獨從臣姓名及二世詔書尚存然亦殘缺熙寧中蘇翰林守密令廬江文勛模搨刻石即此碑也從臣姓名五大夫作夫夫泰山秦篆亦如此或以謂古大與夫同爲一字恐不然余家所藏古器款識有周大夫始鼎及秦

權銘黜首大安皆用大字蓋古人簡質凡字點畫相近及音同者多假借用之別無它義東漢時碑刻尙多如此金石錄

瑯邪臺在諸城縣治東南百六十里臺三成成高三丈許最上正平周二百步有奇東南西三面環海遙北爲登臺沙道臺上舊有海神祠禮日亭皆傾圮祠垣內西南隅秦碑在焉以工部營造尺計之後言尺寸皆用此石高丈五尺下寬六尺中寬五尺上半寬三尺項寬二尺三寸南北厚二尺五寸今字在西面碑中偏西裂寸許前知縣事泰州宮懋讓鎔鐵束之得以不頹碑之秦始皇頌詩及從臣姓名久剷去今所存者二世從官名及詔書十三行八十六字字徑二寸其首行五夫二　二行五夫二　楊樛皆二世所刻從官名史記所言二世元年春東行郡縣李斯從盡刻始皇所立刻石石旁著大臣從者名是也或指爲始皇從臣姓名之末行誤矣自皇帝曰以下與史記文句無少異石上下各刻一線爲界每行八字二行與三相間少遠詔書與從臣名不相屬也三行止七字者爲四行始皇提行地也後六行八行十三行並提行矣末行三字漫漶特甚餘皆可指而識也別有熙寧中

蘇翰林守密令盧江文勛模刻之本在超然臺上相距百餘里與此無涉都元敬金薤琳琅所載宋晢公刻本十七字皆頌詩中語今亦無存山左金石志揅經室文集

按始皇本紀二十八年作琅邪臺立石刻頌秦德明德意凡七十二句末云維秦王兼有天下立名爲皇帝乃撫東土至于琅邪列侯武城侯王離列侯通武侯王賁倫侯建成侯趙亥倫侯昌武侯成倫侯武信侯馮毋擇丞相隗狀丞相王綰卿李斯卿王戊五大夫趙嬰五大夫楊樛從與議於海上云云張守節正義言王離以下十八從始皇咸與

始皇議功德于海上立石於琅邪臺下十八人名字並刻頌今石刻頌詞全蝕二世詔書之前惟存二行一云五大夫闕一云五大夫楊樛據本紀則首行闕處是趙嬰名也蓋十八人之名每行一人趙嬰以前尚有八行皆始皇立石時與議之人非二世從官所謂石旁著大臣從者名者即李斯馮去疾臣德之名與此無涉且以後十一行字迹亦頗不類證之史記正義其與頌詞同刻顯然史載始皇二十八年上鄒嶧山泰山登琅邪二十九年登之罘三十二年之碣石三十七年上會稽旬歲之間立石頌功事凡六見二世效之不旋踵而已亡天下功德固安在哉自秦至今閱數千年之罘碣石之刻久已無傳嶧山會稽皆出後人重摹泰山石又毀于火而此石巋然猶存且一石中僅存始皇二世之跡金石不朽信有徵矣然安知非造物者屢留此刻以爲萬世好大喜功之主戒也

又按梁書竟陵王子良爲會稽太守范雲爲主簿雲以山上有始皇刻石三句一韻多作兩句讀之並不得韻又字皆大篆人多不詳雲夜取史記讀之明日登山讀之如流今觀繹山刻石及史記載

泰山碣石頌詞皆以三句成韻與會稽同而琅邪臺刻石獨以二句且其詞冗長至有三十六韻之多亦與他刻有異

又按漢書藝文志云史籀篇者周時史官教學童書也與孔氏壁中古文異體蒼頡七章者秦丞相李斯所作也爰歷六章者車府令趙高所作也博學七章者太史令胡毋敬所作也文字多取史籀篇而篆體復頗異所謂秦篆者也今大篆有石鼓文尚存史籀之跡趙高胡毋敬諸作久佚不見世所存李斯書惟此數碑而已衛恆書勢江式論書

表墨池編載庾元威論書唐㫋度論十體書並以小篆爲李斯所作與蓺文志合顏師古漢書注獨云小篆秦始皇使程邈所作謬矣書苑精華載韋續五十六種書小篆有二一曰周時所作漢武帝作汾陰鼎即其文也一曰李斯摹寫始皇碑敘皆用此體亦曰繆篆又有細篆書云亦秦始皇時所作夫既分小篆爲二又析李斯書爲二種并合繆篆小篆爲一鑿空牴牾莫此爲甚附辨其誤於此

瓦當文字 共六四種

瓦當徑七八寸各種自一字至十二字不等

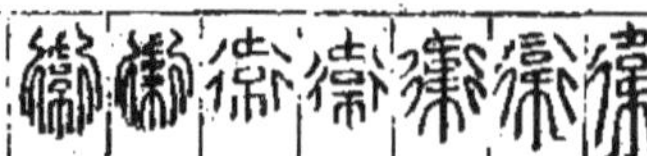

右瓦得之阿房宮東北土中其文僅一衛字按史記秦每破諸侯寫放其宮室作之咸陽北阪上又長安志云瓦作楚字者秦瓦也秦作六國宮室用其國號以別之今衛字瓦當是秦爲衛國作宮室之瓦考史記索隱六國與宋衛中山爲九國又臣瓚云秦并六國衛最後亡漢書地理志始皇既并天下猶獨置衛君二世時乃廢爲庶人衛雖後亡當於六國並作宮室衛之爲衛猶楚之爲楚並爲秦瓦朱楓秦漢瓦圖記

朱氏云衛字瓦當秦爲衛作宮室之瓦也予得一片字殊不佳制作亦劣友人處獲觀其五大小精粗亦不一且有庸劣而近隸體者祖龍之世不應簡陋若此按漢書未央長樂甘泉建章諸宮皆有衛尉卿一人掌宮門衛士公車司馬令大誰長令衛士令衛士

長衛候衛司馬旅賁令丞尉主簿等二十二官皆屬焉考宗正都司空上林農官之屬皆有瓦當則衛尉寺近在宮掖亦應各有題字豈精者爲秦作衛國公室之瓦餘爲衛士屋宇之瓦歟申兆定涵真閣秦漢瓦當圖說

右衛字七瓦秦漢瓦圖記云云皴疑爲不然若衛字爲秦宮瓦當得自咸陽北阪不應得自漢城又不應七瓦爲字大小及輪廓文飾各異攷漢百官表衛尉秦官掌宮門衛屯兵顏籀注引漢舊儀衛尉寺在宮內胡廣云主宮闕之門內衛士於周垣下爲區廬區廬者若今之仗宿屋也據此則衛字瓦當即衛尉寺

并宮內周垣下區廬瓦也故形製不同如此程敦秦漢瓦當

文字

蘭池宮當

右瓦得之漢城西考水經注云渭城縣有蘭池宮秦

始皇微行逢盜於蘭池雍勝畧云咸陽縣二十五里

有蘭池宮故定爲秦瓦其曰蘭池宮當當字未詳按

三都賦云玉巵無當注云當去聲底也今當作底解

未知是否再各志有上林儲胥亦爲漢瓦儲胥藩籬

也宮底之與藩籬義亦相倣存以俟考秦漢瓦圖記

三秦記始皇引渭水爲長池築爲蓬萊山刻石爲鯨

長二百丈是爲蘭池元和志秦蘭池宮在咸陽東二

十五里以地考之此蓋其宮室之瓦也瀬真閣秦漢瓦當圖說

右蘭池宮當趙文學得自咸陽考漢書地理志渭城

有蘭池宮不言何帝所起又楊僕傳云受詔不至蘭

池宮如淳曰蘭池宮在渭城文選李善注云咸陽縣

東南二十里周氏陂南一里有漢蘭池宮據此則蘭

池宮乃漢宮非秦宮也而三輔黃圖因史記始皇本

紀有逢盜蘭池之說遂與阿房興樂並列而目爲秦

宮矣本紀云爲微行與武士四人俱夜出逢盜蘭池

夫曰微行曰夜出則不在宮中可知又曰逢盜蘭池

則無宮可知正義引括地志云蘭池陂即古之蘭池

在咸陽縣界亦不言有宮然則史言蘭池者特著逢

盜之地漢乃因池以建宮耳烏得爲秦宮哉黃圖又

云蘭池觀在城外此則別近漢城之觀與同名非此

蘭池宮也秦漢瓦當文字

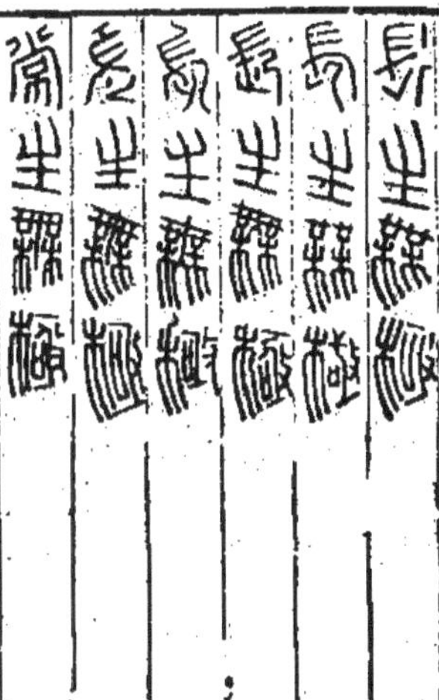

右長生無極自咸陽以南濱渭而東直抵驪山北麓

廢堡頹垣閒往往得之故土人目爲阿房宮瓦其文

大率與首三瓦相同而長作常極作檄者則不多見

長常古通借字極字說文從木亟聲敬從攴苟聲苟

自急敕也從芊包省從口口猶愼言也唐韻己力切故極字可從敬得聲秦漢瓦當文字

維天降靈延元萬年天下康寧

維天降靈延元萬年天下康寧

維天降靈延元萬年天下康寧

文曰維天降靈延元萬年天下康寧近時士人得之阿房宮故基涵芬閣秦漢瓦當圖說

右瓦三其二宋學博錢別駕得於長安市肆其一俞太學得於咸陽篆法圓渾古妙諸君皆斷爲秦瓦或當然與秦漢瓦當文字

金石萃編卷四終

金石萃編卷五

賜進士出身誥授光祿大夫刑部右侍郎加七級王昶譔

漢一

魯孝王石刻

石高一尺五寸廣二尺三寸三行十三字後刻高德裔記正書今在曲阜縣孔廟

五鳳二年魯卅四年六月四日成

魯靈光殿基西南卅步曰太子釣魚池盍劉餘以景帝子封魯故土俗以太子呼之明昌二年 詔修孔聖廟匠者取池石以充用土中偶得此石側有文曰五鳳二年者宣帝時號也又曰魯卅四年六月四

日成者以漢書考之乃餘孫孝王之時也西漢石刻世爲難得故予詳錄之使來者有考焉提控修廟朝散大夫開州刺史高德裔曼卿記

魯孝王刻石今在孔子廟中五鳳二年者漢宣帝有天下之年也魯卅四年者魯孝王有國之年也上書天子大一統之年而下書諸侯王自有其國之年此漢人之例也三代之時侯國之爲史者則但書本國之年而不書天子之年春秋隱公元年者何自魯人書之也秦誓十有三年者何自周人書之也 漢時諸侯王得自稱元年漢書諸侯王表楚王戊二十一

年孝景三年楚王延壽三十二年地節元年之類是也淮南子天文訓曰淮南元年冬者淮南王安始立之年也注者不解乃曰淮南王作書之元年又曰淮南王僭號此殆未讀史記漢書者矣　又考漢時不獨王也即列侯於其國中亦得自稱元年史記高祖功臣侯年表高祖六年平陽懿侯曹參元年孝惠六年靖侯窋元年孝文後四年簡侯奇元年絳侯世家上言侯建德十三年下言元鼎五年是也呂氏考古圖周陽侯甗鍑銘曰周陽侯家銅三習甗鍑容五斗重十八斤六兩侯治國五年五月國鑄第四呂大臨

曰侯治國五年者自以侯受侯嗣位之年數也文選魏都賦劉良注文昌殿前有鐘其銘曰惟魏四年歲次丙申龍次大火五月丙寅作蕤賓鐘魏四年者曹操爲魏公之四年漢獻帝之建安二十一年也金石文字記

按德齋題記以此書爲石朱竹垞曝書亭集則云五鳳二年塼一由嵌曲阜孔廟前殿東壁篆文一行志塼埴之歲月則又以爲塼又其書極古質今雖模糊然隱隱是隸不是篆竹垞竟目爲篆皆不可曉王澍竹雲題跋

錢竹汀云魯孝王慶忌以後元元年嗣則五鳳二年當爲孝王之三十三年方綱按魯共王餘以孝景二年立爲淮陽王二年徙魯二十八年薨此魯共王餘之二十八年者漢武帝元朔元年也史表書曰元朔元年安王光嗣四十年薨則是安王光未逾年改元也準此度之則孝王慶忌自必亦以未逾年改元矣旣以元朔元年爲安王光之元年則自應以征和四年爲孝王慶忌之元年而自征和四年計至五鳳二年正是三十四年矣史表書曰後元元年孝王慶忌嗣者據各國赴告之文書之非孟堅之失也葢孝王上承安王之制未逾年改元而其赴告於朝則曰後

元元年嗣位若逾年改元也者此或魯國臣下諱言未逾年改元而爲此赴告之詞漢朝未能核正之耳翁方綱兩漢金石記

按漢書諸侯王表魯孝王慶忌以後元元年嗣三十七年薨則五鳳二年當爲孝王之三十三年與石刻不合予因取表與本傳反覆核之如魯共王餘以孝景二年立爲淮陽王二十八年薨表與傳並同計其薨年當在元朔元年而表乃以爲安王光之元年表稱文王睃十九年薨而傳作十八年則魯諸王嗣封年歲史文固多牴牾此刻出於當時宜得其實也潛研

堂金石文跋尾

按此石以金明昌二年出土蓋章宗明昌元年三月詔修闕里孔子廟二年春興廟工據後方記乃知提控修廟者卽高德裔也靈光殿搆于景帝之子共王餘此石乃餘孫孝王慶忌時刻不知其所用金石錄補謂周亮工宮山左時有人翻刻此石易原石而去亮工所得拓本較俗本迥異今審石本古質可愛定為原刻其說蓋未確也近人高鳳翰嘗鉤摹舊拓本餘姚張氏鐫之于木字畫譌誤殆無足取

鴈足鐙款

鐙高六寸其槃圍一尺五寸建昭至故家四十五字旋于槃下今陽平十三字六行橫列槃側後大厨三字在底之側

建昭三年考工=輔爲內者造銅鴈足鐙重三斤八兩護建佐博嗇夫福掾光主右丞宮令相省

中宮內者第五　故家

今陽平家畫一至三陽朔元年賜

後大厨

建昭三年考工=輔為內者造銅雁足鐙重三斤八兩護建佐博嗇夫福掾光主右丞宮令相省　中宮內者第五　故家

今陽平家畫一至三陽朔元年賜

後大廚

乙巳秋陝西按察使王述菴昶札來以所得漢銅鴈足鐙款文拓本見寄或云此鐙卽揚州馬氏家所藏厲樊榭詩所詠也予按其文與樊榭所詠馬半槎藏竟寧元年之鐙迥不相同其非一器無疑且以證予曩辨樊榭釋文之誤所益為不少矣　薛尚功鐘鼎款識載漢銅雁足鐙二行鐙二內者鐙一鹿盧鐙一耿氏鐙一其款文皆止年月一條未有更起年月為二文者獨是鐙造於建昭三年賜於陽朔元年一器之中有西漢文二焉尤重可寶也　後大廚三字著其度置之地故家二字著其所賜之家此二文蓋皆陽朔元年所補鐫也詳驗故家二字筆如鐵綫亦與首文微有不同　予今得王述菴所寄建昭三年一鐙拓文以半槎所藏鐙拓本形模尺寸比較規圜相去不遠而建昭一鐙其盤樣徑圍視竟寧者稍弱耳固知竟寧之鐙三斤十二兩建昭之鐙三斤八兩無可疑也若依樊榭所釋四斤十二兩則二器不應如此懸絶致使後人必有疑漢世權量不符者矣又漢世宮名有卒史而無衣史且此字拓本尚極分明是

卒字也此器之文凡五十一字而榮樹所釋乃誤其四可不慎乎且鐙槃下刻字記年與工名者第可謂之款識亦不得謂之銘　戊申冬述菴調江西布政使予適以試事在南昌借此器來諦觀古光凝澤槃仰庋覆中承以脛下卓三趾以建初尺度之其槃凡爲圜二重外一重圜逕五寸內圜逕二寸其周輪高八分厚一分底橢而微長前近趾處微寬後近跟處微殺橫度之則前寬三寸一分後二寸六分也通計高六寸云以今營造尺度之通高四寸四分耳然此款文云重三斤八兩而以今權權之重一斤八兩則

漢權之較今權殺不及半而漢度之視今度殺不及十之八此予親見其器而得其權度之槩如此者兩漢金石記

案元帝建昭三年造此器至成帝陽朔元年始賜陽平家陽平王鳳也鳳以永光二年嗣父陽平頃侯禁歷二十四年薨則銘云陽朔元年鳳予是時實被賜也考工二輔古者物勒工名制器之不苟如是漢有書佐令云律佐亦史闕文武億授堂金石跋

案隸銘所云漢書百官表少府屬官有考工室武帝更名爲考工中書謁者黃門鉤盾尚方御府永巷內者宦官八官令丞皆屬焉漢時制器有屬尚方者世傳尚方鑑尚方劍尚方故治帳構銅三輔黃圖所稱作室上方工作之所是也有屬考工者臣瓚所謂冬官爲考工主作器械元康鐎斗所識考工工賢友及此器是也內者名附見少府下甘泉鐙內者字凡二見外戚傳稱許廣漢女嘗爲內者令毆侯氏子婦王莽傳天鳳元年莽欲行巡狩之禮詔內者行張坐臥師古注宣帝紀內謁者郭穰曰百官表云內者署屬少府是內者卽內謁者省文黃圖云署在未央宮續漢書云掌宮中步帳褻物薛尚功云內者有令丞奄

人之職知漢時服御器物皆由內者傳宣銘故云爲內者造兼以避至尊也護建佐書無明文綏和壺有護級掾元康斗有建護長疑當時鎔冶之職隨時而設故第見于諸器嗇夫之名不一外戚傳有暴室嗇夫張釋之傳有虎圈嗇夫韓延壽傳高陵有縣嗇夫王莽傳宗祝卜史官皆置嗇夫佐齊安爐有典宮嗇夫元康斗有繕作府嗇夫當時在在有此職故表不遍載右丞宮令屬衛尉銘末云省者卽上林鼎監工之義綏和壺曰寶省太官壺曰永省元康斗曰義省其旨同曰輔曰博曰福曰光曰相者所謂物勒工名

以考其誠其例較周秦爲尤備已象銘所云陽平家者鐘鼎款識有周陽侯家鐘武安侯家鈁西漢多此稱謂案恩澤侯表陽平侯有二陽平節侯禁義昭帝元平元年封以宣帝本始四年薨陽平頃侯王禁元帝初元元年封永光二年薨成侯鳳嗣成帝陽朔三年薨侯襄嗣又孝成帝紀卽位以元舅侍中衛尉陽平侯王鳳爲大司馬大將軍領尚書事陽朔三年秋八月丁巳大司馬大將軍王鳳薨據銘所云按之宣帝紀詔賜丞相陽平侯義者時爲不合而鳳之沒又在陽朔三年洵爲王氏所刻無疑矣外戚傳載王氏

之盛自鳳始成帝特重懿親斥先世之器以遺之銘云壼一至三是所賜不止一器而鳳遂鏤識以榮君賜後大厨三字刻以志所藏之地猶孝成鼎言長安厨好時鼎言供厨金也飾以雁足扨始宣帝時鐘鼎款識有黃龍元年造者一永始四年造者一邢江馬氏有竟寧元年造者一趙魏跋

大泉五十笵

面徑四寸底三寸七分左右列大泉面背各二

大泉五十

新莽罔位特重錢法錢凡六品刀凡二品布凡十品既而以剛卯金刀合劉氏文乃禁佩剛卯除刀錢以大錢小錢二品並行防民盜鑄挾銅炭者入鐘官其時鼓鑄多故至今猶有存者若大錢笵竊疑排纂譜錄圖志諸家或未之見也笵形正方中央輪郭四其二有文曰大泉五十曝書亭集

按錢笵之稱不見于古舊唐書作錢模與笵同義說文笵法也通俗文云規模曰笵漢書食貨志王莽居攝變漢制以周錢有子母相權於是更造大錢徑寸二分重十二銖文曰大錢五十又小錢徑六分重一銖文曰小錢直一次七分三銖曰幺錢

一十次八分五銖曰幼錢二十次九分七銖曰中錢三十次一寸九銖曰壯錢四十因前大錢五十是爲錢貨六品直各如其文此卽大錢之笵以今所存莽錢較之大小分寸悉合前代著錄家如洪遵董逌諸人皆未之見也雨漢金石記載大泉笵有四器底皆有字一曰宜泉吉利一曰吉利史方一曰大吉一曰金錫而此器底平無字別是一種蓋錢貨六品中大錢鼓鑄最多於此可見

孔林壙壇石刻二種

一横廣七寸八分高六寸四行行三字

祝其卿墳□□攝二□二月造

祝其卿墳壇居攝二年二月造

一橫廣九寸五分高六寸五分四行前二行行三字後二行行四字今並在曲阜縣孔廟

上谷府卿墳壇居攝二年二月造

上谷府卿墳壇居攝二年二月造

墳壇者古未有土木像故爲壇以祀之兩漢時皆如此金石録

趙氏有居攝墳壇刻石二其一曰上谷府卿墳壇一曰祝其卿墳壇皆居攝二年造趙云上谷郡名祝其縣名王莽時官名日易史家不能盡紀不知府卿祝

其卿爲何官予嘗於廣漢屬國造橋碑論之矣應劭所云大縣有丞左右尉所謂命卿三人漢隸有吳郡府丞武開明碑而武榮碑中稱之曰吳郡府卿又沈子琚緜竹江堰碑云縣丞王卿則居攝墳壇所刻乃上谷府丞祝其丞也予未獲此二碑因說王莽侯鉦故并及之洪适隸續　按隸釋蜀郡屬國辛通達李仲曾造橋碑跋云漢志屬國置都尉一人丞一人又注引應劭云大縣有丞左右尉所謂命卿三人小縣一丞一尉者命卿二人隸刻有武開明碑終於吳郡府丞其子榮碑中書爲吳郡府卿沈子琚碑有云縣丞犍爲王卿諱某字季河据史及碑則漢人蓋有稱其丞爲卿者此題不顯題辛君爲都尉而謂之明府則季君稱卿蓋是屬國丞也又隸續南安長王君平鄉道碑跋曰碑有丞什邡王卿尉緜竹楊卿姓名應劭云小縣一丞一尉所謂卿二人此碑丞尉皆稱卿與應說合

二石龕龕椁四圍而鑿其中刻之於內祝其卿龕崇一尺廣二尺厚一尺五分其龕崇二以爲鑿崇以其三爲兩椁之崇十分其龕廣三而殺之以爲鑿廣鑿廣五寸五分餘以爲椁廣三分其椁廣一在左二在右以置其鑿弦鑿於龕上下中也以其厚之弱爲之鑿深上谷府卿龕崇與廣厚如祝其之數惟鑿廣十分其龕廣而三之六寸也他形制從同同在曲阜縣孔子墓前雍正十年廟官陳百戸移置孔子廟西齋宿所金石圖

張埴曰祝其隸東海郡新莽天鳳改名曰猶亭山此在居攝時故猶曰祝其非左傳杜注夾谷即祝其隸泰山郡之萊蕪者也方綱按漢志祝其隸東海郡下泰山郡則無之蓋左傳之祝其非漢之縣名矣兩漢金石記

近有以卿作鄉者謂漢時官制有鄉侯亭侯此省一侯字不知二篆實作卿非作鄉也古人省字義原顯明若鄉侯省侯字而止曰鄉則不詞矣山左金石志

趙德甫首著錄跋此不知府卿祝其卿爲何官洪氏推爲即府丞縣丞水經注載陽嘉三年碑云府卿規基經始予以丞卿漢

人適名之故蓋亦有自周官太宰立其兩註兩為兩卿鄭司農云兩為兩丞疏以其兩卿丞副其長先鄭以後代之官況之故云兩丞也然則丞卿品秩皆相比從古則云卿依漢制則云丞近人為文好用古官名稱知府曰太守知州曰刺史亦猶是也若漢南安長王君平鄉道碑丞什邡王卿尉綿竹楊卿此又丞與尉並得云卿矣趙氏又云古未有土木像故為壇以祀之案宋玉招魂所言像設居室及抱朴子云汲郡冢中書言黃帝既仙去其臣有左徹者削木為黃帝之像帥諸侯朝奉之故司空張茂先撰博物志亦云黃帝仙去其臣思戀罔極或刻木立像而朝之據此則像設用土木古已有是矣 授堂金石跋

開通褒斜道石刻

石橫廣一丈二寸寬前段三尺二寸五分中段四尺五寸後段五尺五寸共十六行行五字至十一字不等今在褒城北石門

永平六年漢中郡以詔書受廣漢蜀郡巴郡徒二千六百九十人開通褒余道太守鉅鹿鄐君部掾冶級王弘史荀茂張宇韓岑弟典功作太守丞廣漢楊顯將相用始作橋格六百卅三口大橋五為道二百五十八里郵亭驛置徒司空褒中縣官寺并六十四所凡用功七十六萬六千八百餘人瓦卅六萬九千八百

附宋晏袤釋文及碑陰題記

漢鄐君修褒斜道碑字 南鄭令晏袤釋

永平六年漢中郡以詔書受廣漢蜀郡巴郡徒二千六百九十人口通褒余口太守鉅鹿鄐君部掾冶級王宏史荀茂張宇韓岑弟典功作太守丞口口楊顯將相用始作橋格六百二十三閒大橋五為道二百五十八里郵亭驛置徒司空褒中縣官寺并六十四所凡用功七十六萬六千八百餘人瓦卅六萬九千八百四器用錢百四十九萬九千四百餘斛粟九年四月成就益州東至京師去就安隱

漢中郡太守鄐君修橋格碑壹百五十有九字漢明帝永平六年刻於褒余谷中其紀號先已官鐵盆銘一歲紹熙甲寅三月甲子南鄭令晏袤以堰口口口褒谷獲此刻於石門局南險側斷崖中先是癸丑夏秋積雨苔蘚剝落至是字畫始見口灃奇勁古畫有餘與光武中元二年蜀郡太守何君閣道碑體勢相若建武永平去西漢未遠故字畫簡古嚴正觀之使

人記散而眠䆁高皇帝興王漢中出襃入秦道由子午塗路歮難自秦取蜀之后牛衕開通石門史雖不書靈帝建寧五年衡官掾仇審頌太守李翕郙閣碑云嘉念高帝之開石門元功不朽則石門雖基於秦而開於高帝明矣至威帝建和二年漢中太守王升鐫碑石門中紀永平四年司隸校尉楊君孟文以詔書鑿通石門則又從而廣之通道矣又十年至安帝永初元年西夷虐殘橋梁斷絕復循子午凡十五年至順帝延光四年詔益州刺史罷子午道復通襃余則此路自秦漢以來通塞屢矣今碑刻於永平六年

歡漢中郡以詔書受廣漢蜀郡巴郡徒二千六百九十人開通襃余道太守鉅鹿鄐君部掾治級王弘史荀茂張宇韓岑弟典功作太守丞廣漢楊顯始作橋閣六百廿三大橋五為道二百五十八里九年四月成就刻石紀功器錢粟米數於崖壁中去石門不百步惜乎崖頹碑斷字有亡闕今所鑿棧道石竅具存適知楊孟文治石門於四年辛酉歲鄐君楊君治閣道於六年癸亥歲而王升建和二年紀石門之功已不及此橋格事今乃遇口壹千一百三十三年之後物之顯晦蓋有定數如此鄐君楊君為民興此閣道

三年而後成曾不諱勞而史逸其名非苔蘚封護至今又為風雨所剝此名遂夾摩滅余敬書碑陰俾來者有以取信焉夏四月旬有六日臨淄晏袤書

宋紹熙甲寅帥章德茂始得此刻故婁氏字原載之而隸續不及載也　晏所題記之前拓本尚隱隱有字蓋別有晏所釋文一段也所謂九年四月成就云云者當是其釋文之末一行而今拓永平刻文止有一百廿四字較之晏所記者一百五十九字尚少其三十五字又以今所見釋文末一行得見其末之十有七字則尚少其十八字然晏記中又尚遺失原文

數字而以卅為廿又引楊孟文石門頌出散入秦語作出散入秦亦誤也晏既謂此文刻於永平六年又云九年成就所以婁氏字原載此刻云永平九年立此則非拓得其全文不可而今此拓本亦已艱致無由而臆斷之或婁氏九年之說有所據依耳　鄐君不著其名廣韻漢有東海太守鄐熙古今姓氏書辨證云因官居焉望出東海者也橋格即橋閣字然閣字本非其義格則枝架之名此格字當為正也附漢金石記

右碑歐趙洪三家俱未著錄宋紹熙末南鄭令臨淄

晏袤始得之爲文記其事然其地崖壁斗峻治險阻深自晏令作記後六百餘年罕有津逮而摹搨者今巡撫畢公撰關中金石記乃搜訪而錄之文字古朴東京分隸傳於今者以此爲最先焉鄐本晉邑以邑爲氏鄐君惜未詳其名字也潛研堂金石文跋尾

開通襃斜閣道摩厓字徑三四寸體界篆隸之閒甚方整而長短廣狹不一余所見漢人書者諸城縣著內延光四年刻石亦此類也其文共計一百二十四字合之宋晏袤所云一百三十九字共少十一字當是所紀歲月也袤文中似又有永平九年四月字樣

或此掓始于六年成于九年後刻此石也中襃斜作余橋閣作格並古字通關中金石記

按是刻袒官陝西時所拓從前著錄家皆未見之磨厓後有宋晏袤釋文并題記晏所釋全文可讀知今本後尚有三十餘字爲工人遺拓盇鄐君受詔與工在永平六年迄九年四月始成就也兩漢金石記云晏記前尚隱隱有字九年四月當是釋文之末行是翁氏僅見題記而不見釋文疑所謂九年四月者即晏所題年月故所撰年月表亦此碑於永平六年耳襃斜道即今之襃城據縣令倪學洙云自襃城而西南凡三百餘里懸崖絕壁漢唐題字隱見於叢莽閒連綿不絕蓋宋以前路通興元棧道俱在山半故漢唐遺迹最多今棧道移而漸下遂不可摹拓矣又韓城朝邑河東山壁上石刻亦多而石漈南北摩崖尤不可勝紀又族弟敢昆云嘉陵江南北山壁上題字亦數百處然此種石壁古苔雜樹斫伐爲難必須長梯巨架所費不支并恐工人顛墜多傷民力皆未能羅致也并書于此以告後之訪碑者

慮俿銅尺

尺寸如其器今在曲阜衍聖公府

慮俿銅尺建初六年八月十五日造

慮俿銅尺建初六年八月十五日造

國子監博士孔尚任字東塘曲阜聖裔博雅好古丙寅丁卯閒從故工部侍郎孫屺瞻在豐治下河在江都得漢銅尺一上有文字曰慮俿云云孔自作漢銅尺記周尺攷周尺辨三篇極精核王士禛居易錄

建初銅尺與周尺同當古尺一尺三寸六分當漢末尺八寸與唐開元尺同當宋省尺七寸五分當浙尺八寸四分當明部定官尺七寸五分弱當今工匠尺

七寸四分當今裁尺六寸七分當今量地官尺六寸六分當今河北大布尺四寸七分孔尚任跋

孔東塘云漢章帝時泠道舜祠下得玉律以爲尺與周尺同因鑄爲銅尺頒郡國謂之漢尺此或其遺歟又引郎瑛云劉歆銅斛尺後漢建武銅尺與周同自注云建初間得周玉律以爲尺謂之後漢官尺疑其非漢武也按隋志列十五尺一周尺即劉歆之銅尺建武之銅尺祖冲之之銅尺荀勖令劉恭所造之尺謂之晉前尺者是也二晉田父玉尺則世說所稱田父於野中得周時玉尺者也此比晉前尺爲一尺七

釐矣四漢官尺即以文學奚景所得舜祠下玉尺而度之與始平尺同此則比晉前尺爲一尺三分七毫未審明言得周玉律以爲尺謂之漢官尺也玉海所云相傳謂之漢官尺是後人謂之非漢人自謂也然建武銅尺即晉前尺漢官尺即晉始平尺今所見建初此尺則固可據以證建武及周尺者耳　後漢書郡國志慮虒縣并州太原郡前漢地理志注師古曰音廬夷建初六年爲章帝即位之六年辛巳上距建武五十餘年矣然予嘗準此尺以度王莽時貨布及漢時諸器無不脗合者以此知建初尺與劉歆尺建武尺皆不相遠而周尺之制亦可因以類推明矣

曲阜桂未谷馥云許祭酒鄭司農尚不能定周尺沈冠雲乃居然據以分田制祿殊爲武斷江寧周幔亭槃云曲阜孔氏所弆銅尺重今廣法平十八兩面廣準此尺一寸側厚準此尺五分與沈冠雲周官祿田考尺同沈卽以此爲周尺且云沿傳十五等尺較之當以此爲眞周尺一切周官分田制祿悉以此推用矣愚按二君於沈氏之說疑信不同蓋稽古以闕疑致慎爲主桂君之言自不可廢然沈冠雲著周官祿田攷所繪古尺圖實與此建初尺無二冠雲云右圖

摹宋秦熺鐘鼎款識冊所載冊又載尺底篆文銘云一周尺漢志鎦歆銅尺後漢建武銅尺晉前尺並同按高若訥依隋志定十五等尺第一爲周尺卽此也蓋此於後人所定周尺中爲近古且最著云愚按冠雲所摹初非此建初尺而今驗其圖正相合則建初尺之卽建武尺尤爲足信矣兩漢金石記

按隋書律志載漢尺凡三一王莽時劉歆銅尺一後漢建武銅尺一漢官尺實比晉前尺一尺三分七毫蕭吉樂譜漢章帝時零陵文學史奚景於泠道縣舜廟下得玉律度爲尺今聖府所藏造於建

初六年或即用奚景所制未可知也梁武帝鍾律
緯稱祖冲之用古尺較今尺一西京銅望臬一金
錯望臬一古泉一建武銅尺惟西京望臬微弱其
餘皆同荀勗晉前尺和以莽時貨泉依漢書食貨
志尺寸積十枚校驗此尺適合十寸知後漢之尺
與莽尺無差矣王制云周人以八寸爲尺蔡邕獨
斷夏以十寸爲尺殷以九寸爲尺周以八寸爲尺
是三代度量不相沿襲鐘鼎款識謂周尺與建武
尺同友人沈彤用秦熺所栞計算周官祿田多與
古制合者此尺校建武尺豪釐無爽則亦與周尺

同也得周尺而夏殷之尺可以攷見矣昶嘗謂度
量權衡皆有所起而莫不應黃鍾之管故漢書律
歷志云度者所以度長短也本起黃鐘之長以子
穀秬黍中者一黍之廣度之九十黍爲黃鐘之長
一黍爲一分周宣帝時達奚震等議稱嘗以上黨
羊頭山黍依漢志度之若以大者稠累依數滿尺
實於黃鐘之律須撼乃容若以中者累尺雖復小
稀實於黃鐘之律不動而滿計此二事之殊良由
消息未善其於鐵尺終有一會且上黨之黍有異
他鄉其色至烏其形員重用之爲量定不徒然正

以時有水旱之差地有肥瘠之異取黍大小未必
得中按許慎解秬黍體大本異於常疑今之大者
正是其中累百滿尺即是會古實籥之外纔剩十
餘此恐闇徑或差造律未妙就如撼動取滿論理
亦通宋鄧保信縱累百黍定爲樂尺丁度等言據
保信黍尺二其一稱用上黨秬黍員者一黍之長
累百成尺與蔡邕合黃鍾管內秬黍千二百粒以
黍長爲分再累至尺二條比保信元尺一長五黍
一長七黍又律管黃鍾籥一枚容秬黍千二百粒
以元尺比量分寸畧同復將實籥秬黍再累者撿

之即又不同朱載堉律學新說又云累黍有三法
曰橫黍一黍之廣爲一分曰縱黍一黍之長爲一
分曰斜黍非縱非橫而首尾相銜近胡彥昇樂律
表微辨之云劉芳依漢志以一黍之廣爲一分即
橫黍之說公孫崇變古以一黍之長爲一分即縱
黍之說元匡更出己意以一黍之廣度黍二縫以
取一分乃是用一黍半周之廣爲一分初無斜黍
之說據此言之則累黍一事從無定準良由古法
鮮傳眞黍難得且黍亦未必定中者即有中黍亦
復稀稠不齊難于考驗故衆說紛紜若是乎朱

載堉之言曰上黨秬黍佳者縱累斜累橫累皆與
大泉合得此等佳黍然後可用若或不滿九枚錢
之徑者愼勿誤用歷代造律而致樂聲焦急其失
坐在黍不佳也世有深明樂律之原者訪得羊頭
中產積累求之使無毫釐差忒以按古制庶不惑
于謬悠之論乎因著錄是尺輒攷前人異同說畧
于此以俟復古者擇焉

王稚子二石闕

二石下闕存高四尺五寸廣一尺一寸碑陰宋人題記殘字一行正書

漢故兗州刺史雒陽令王君稚子之闕

一高廣與前闕同書並在新都縣此闕今亾

漢故先靈侍御史河內縣令王君稚子闕

上闕于成都其石室在學宮東漢循吏□□□□□
□□□□之新都其石闕在道傍下闕

右雒陽令王稚子二闕王君名渙其字稚子廣漢郪
人也東漢循吏有列傳渙舉茂材歷温令兗州刺史
侍御史洛陽令以和帝元興元年卒今成都新都縣
有渙墓此墓前之雙石闕也趙氏云本傳稚子嘗爲
温令而碑作河內令乃史之誤其說非也温者河內
之邑河內是郡名無令也碑云河內縣令者以郡爲
尊蓋謂河內之縣令爾卽温也先靈之稱它碑所無
碑中縣字反系作縣洪适隸釋

崇禎十三年太倉黃翼聖知四川之新都縣余案隸
釋以二闕字屬之至十七年解縣事歸出此爲贈云
二闕已橫卧榛莽中各失其下半截矣此後四川兵
戈雲擾人煙斷絕正不知二闕尚存否也洪趙所藏
二闕俱有全文故知其名渙歐陽所藏止刺史一闕
而又失去王君下二字遂不知爲何人止據雒字去
水加隹爲光武以後字定爲後漢人耳苟非洪趙兩
君子則今之見二闕者何從知其爲稚子哉丁酉正
月顧苓記黃易小蓬萊閣金石文字

漢王稚子石闕載洪趙二錄甚詳崇禎庚辰余之官
新都卽古郪縣道傍二闕儼然在焉癸未余量移彰
南命工搨數本以歸中間殘闕共十一字據葛君常
云吳中藏本皆同其漫滅自何年已不可攷矣歲次
屠維大淵獻如月望日蜀六老人識同上

闕在新都縣北十二里官道西墓前高一丈五尺闊
三尺厚二尺五寸字逕三寸五分東向按王君闕有
二其一云漢故先靈侍御史河內縣令王君稚子闕
雍正九年沒於溝水中金石圖

新城王文簡秦蜀驛路後記所錄西闕正面曰漢故
先靈侍御史河內緱令王（隸書）其陰曰西漢循吏云云
行楷直下書又云石闕闕字中畫已失之矣然此陰
以今拓本驗之乃是繼陽令一闕之陰非河內緱一
闕之陰也文簡蓋偶誤記耳（兩漢金石記）
拓本楷書二半行乃王稚子闕之陰殘字也　國朝
成都通判陳耦漁祥裔蜀都碎事載此文劉涇所爲
也今錄於左
西漢循吏稱文翁葬于成都其石室在學官東漢循
吏稱王稚子葬于郫縣即今之新都其石闕在道傍

然石室依古禮殿得不磨滅而石闕獨暴露骨立可
憐歷兩漢千二百餘年閒二人爲古今吏師而遺跡
亭亭吻參峨嵋氣凜雪山蓋宦學者所當臣子下風
以幸教勞觽而至有未及者其不蹝如此予訪古石
類得秦石犀石笋漢石室石柱石闕凡物五若犀笋
與柱無甚損益事而石闕苟不朽則實二人之甘棠
也予是新都令王君天常趣古甚力得予說因請大
尹莆陽蔡公爲稚子作屋書榜以昭昏昏按闕而有
錄字三十一法度功古過于鍾梁闕上下有衣冠鳥
獸等象僅可辨氣韻精簡過于顧陸并以告來者

此文以今所得殘拓本依其字數度之當是十一行
行二十三字也東都事略劉涇字巨濟簡州陽安人
熙寧六年進士元符末除職方郎中卒有前溪集爲
米元章畫友（同上）
王文簡所記王稚子二闕此其東闕也云此闕下方
上銳疊石如累碁其巔如蓋覆之望之如窣堵波狀
疊石凡五層二層刻人物之形三層象虎海馬五層
師子也又記後人題字今錄于此
宛丘李昇符季士宏鄭詹權眉張剛壬午歲季冬廿
四日龍舒陳□公觀此建中靖國元年洛陽張戩岷

江張剛汴西馬中行同遊大尹清源□（行楷橫書在第三層）
唐安張察先至
紹興八年秋八□伯疆□漢同徠（八分橫書在第四層）
建安吳栻□赴鎮明年二月□皆謁漢循吏王□城
東秉同之激□（行書直下在第五層）
若渥衜與桂□也於是新都□大尹莆陽□（桂恐是柱之訛）
（渥當是犀　行楷書直下在第五層）
金石錄云按後漢書循吏傳王渙字稚子嘗爲溫令
而石刻爲河內令者蓋史之誤渙以元興元年卒然
則闕蓋和帝時所立也朱竹垞云漢書河內郡有溫

縣無河內縣所謂河內縣令者謂河內郡之縣令也
史未嘗誤方綱按洪氏隸續已云謂河內之縣令爾
即溫也碑中縣字反系作緜今以所見舊拓本驗之
信然同上

王稚子闕洪氏隸續所錄凡三見其第五卷第十三
卷皆各爲之圖一闕其闕式一闕其畫象也又其第
二卷别出雒陽稚子一題云右先置雒陽稚子六字
其大小與王稚子闕相若而波磔不越乎規矩之外
亦刻於稚子闕上但殘闕不具無先後之序愚案此
六字即其額也不應别出一題其置字葢即靈字之

譌耳又新城王文簡秦蜀驛程後記詳錄闕上題記
之文按文簡此記作於康熙卅五年丙子在黃子羽
爲新都令倩工拓碑後之五十一年而其時不但雙
闕具存且闕上所刻人物象虎海馬師子之形及逐
層後人題記之字皆無恙則黃子羽作令時其完好
更可知矣然此拓本漫漶太甚蓋出於工人之鹵莽
若州字中直之岐出河字下點令字上半皆屬描失
且其上數層之文皆置之不拓誠可憾也然洪氏所
得拓本又在黃子羽之前五百年而已譌靈爲置則
其剝泐已久又可知也前年門人陳和軒觀察入蜀

以拓本見寄則僅存雒陽令一闕及闕後陰之二半
行耳然其拓法轉勝於此本以是歎善本之難得而
此册雙闕具存尤可貴也予既重感秋盦所獲之不
偶因爲遍考前人著錄之文臨寫于後翁方綱跋小蓬
萊閣金石文字

王君有二石闕先靈一闕沒於溝水今二拓本並存
又有文楙顧斋題記可貴也曰河內縣令者君先爲
河內郡溫令也曰故兗州刺史者由溫令遷也曰先
靈者猶言故也曰侍御史者坐考妖言不實罷刺史
又徵拜侍御史也雒陽令者由侍御史還爲令也合

二闕而書君居官乃備予斷之曰此溫與雒陽二縣
民各爲君建一闕故各題其縣不然何以一人有二
闕一闕只追書前官而不書卒於其位之官也華陽
國志曰明廉侍御史洛陽令王渙字稚子郪人此只
書卒於其位之官書法之應爾也書河內縣令而不
書雒陽令書法之不應爾也予故曰先靈一闕是溫
縣民之所建也君之在溫也其有放牛者輒云以屬
稚子終無侵犯君不以字行而二闕題曰王君稚子
者以放牛者猶知其字無人不知其字者矣君以元
興元年病卒於洛陽民立祠安陽亭西絃歌以薦食

歌曰孝和帝在時洛陽令王君本自益州廣漢蜀人
益又人人無不呼為王君者矣乾隆乙巳大雪前七
日石公張塤同上
黃小松所藏舊拓本字尚顯存惟緜字損剝趙德甫
釋緜作縣謂稚子嘗為溫令而刻石為河內令者蓋
史之誤洪氏指河內縣令者以郡為尊蓋謂河內之
縣令耳即溫也予以字証之溫通作縕隸釋所存緜
字即縕字之轉今此拓本緜既全沒益嘗宋時必亦
有殘蝕遂致誤認為縣案詩飲酒溫克禮器溫之至
也內則柔色以溫之漢書義縱傳少溫藉義並與蘊

藉同則石刻舊必作縕也稚子見古樂府亦言溫從
溫藉洛益證史為非誤雲漢正義溫字引定本作蘊授堂金石跋
漢王稚子雙闕今只存漢故兗州刺史雒陽八字餘
不可得惟此雙闕拓本尚存二十字久在江寧龔鹿
樵家乾隆丁酉董小池雙鉤一本寄贈易數煩石友
求取原本越八年乙巳之夏嚴侍讀道甫為易作緣
遂歸小蓬萊閣子羽令新都時值蜀中雲擾讀蓮蕊
居士集中冠譬諸詩想見干戈戎馬之苦幸得臨老
江南優遊泉石其手拓片紙自覺可貴今復為黃氏
所有亦一奇也錢唐黃易識於祥符寓館小蓬萊閣金石文字

按二闕已亾其一翁家藏舊拓本先靈一闕尚存
全蝕者惟四字耳稚子為河內溫令而闕題河內
縣令金石家皆釋為河內縣令曲為之說武君億
獨云緜即縕字縕與溫通其論甚核隸書𥁕字作
𥁕與杲相似石刻剝落遂釋縕為緜指為縣字反
文謬也商周器物文間有偏旁互寫如騶作鄒
作隨之類不可勝數漢魏瓦款識亦多反文者
良以字出模范易於顛倒漢碑皆出當時鐫刻應
無此誤且漢人題名大率郡縣並書碑陰中此例
尤夥其有郡縣同名不嫌複出如孔彪碑博陵之

類從未見縣名之下復加縣字者益足見諸家所
釋為未確也蘊縕溫古並同聲詩小宛云飲酒溫
克箋云猶能蘊藉自持以勝正義云定本及箋皆
作溫字舒瑗毛詩義疏云包裹曰蘊謂蘊藉自持
含容之義經中作溫者蓋古字通用方言蘊崇積
也廣雅薀崇積也說文薀積也引春秋傳云薀利
生孽今本昭十年左傳作蘊利又昭二十五年左
傳蓄而不治將薀薀蓄民將生心顏氏家訓引郭
璞三倉注云薀藻之類也以薀蓄為蘊蓄薀藻
為薀藻皆與溫相通之證東觀漢紀稱溪除河內

温令商賈露宿人開門臥人爲作謠云王稚子代

未有平徭役百姓喜嗞溪得民心如此

甘泉山漢刻殘字

石三段一豎兩橫據搨本豎者高二尺許廣八寸橫者一廣尺許高八寸一廣二尺許高九寸文各三四字體兼篆隸徑四五寸不等從甘泉山出土今嵌置揚州府學

中殿第廿

右一石四字若廿作二十讀則五字

第

百卌

右一石二行横列三字

口廟 下疑保字

歲 疑歲字

庚 疑庶字

歷 不可識其文如此

右一石四行文俱漫漶難辨摹其影迹姑識疑以俟

詳攷

先世墓廬在雷塘形家以爲甘泉山之支脉偶於廬

北瀕二十餘里至山山有惠照寺中多古石尋得三

石其有筆蹤可辨者一曰中殿第廿一曰第百卌其

一漫漶姑釋其文以俟考江鄭堂云此漢厲王胥冢

中石也甘泉山舊爲厲王墓今土人尚呼爲琉璃王

墳琉璃者劉厲之訛也沈約宋書樂志陳思王鼙鼓

歌云中殿宜皇子中殿與東宮義相近然則更可證

爲胥之物矣若然則是西漢之石攷其時當在五鳳

後四年在墳壇之前矣因海內西漢石少而江南更

不可得得此甚奇亟爲搨寄述庵先生補萃編所未

備 阮元

金石萃編卷五終

金石萃編卷六

賜進士出身　誥授光祿大夫刑部右侍郎加七級王昶譔

漢二

永初洗文

洗徑一尺　一行五字

永初元年造

永初元年造

按永初爲漢安帝年號帝以清河孝王子入纘大統年方十三即位之初即頒明詔諸所造作非供宗廟園林之用者皆宜停止是器造于其年其爲宗廟園

林之用無疑亦黃司馬見于濟寧者山左金石志

祀三公山碑

碑高六尺九寸五分廣二尺九寸廿行行約二十字今在元氏縣

□初四年常山相隴西馮君到官承饑衰
之後□惟三公御語山三條別神迥在領
西吏民禱祀興雲膚寸偏雨四維遭離羌寇
蝗旱鬲我民流道荒饑祠希罕□艱永行由
是以來和氣不臻乃來道要本祖其原以
三公德廣其靈尤神處幽道艱存之者難
卜擇吉□治東就衡山起堂立壇雙闕夾
門薦牲納禮以寧其神神熹其位甘
雨屢降報如景響國界大豐穀斗三錢
民無疾苦永保其年長史魯國顏浟五官
掾閻祐戶曹史紀受將作掾王笧元氏令
茅匡丞吳音廷掾郭洪戶曹史翟福
工宋高等刊石紀焉

□初四年常山相隴西馮君到官承饑衰之後□惟三公御語山三條別神迥在領西吏民禱祀興雲膚寸偏雨四維遭離羌寇蝗旱鬲我民流道荒饑祠希罕□艱永行由是之來和氣不臻乃來道要本祖其原以三公德廣其靈尤神處幽道艱存之者難卜擇吉與治東就衡山起堂立壇雙闕夾門薦牲納禮以寧其神神熹其位甘雨屢降報如景響國界大豐穀斗三錢民無疾苦永保其年長史魯國顏□五官掾閻祐戶曹史紀受將作掾王笧元氏令茅匡丞吳音廷掾郭洪戶曹史翟福工宋高等刊石紀焉

此與洪氏隸釋所載光和四年三公山碑不同光和碑云常山相南陽馮巡字季祖此則云隴西馮君又其長史令丞之名皆與此不同知非一時所立也碑首惟初字可辨杭人趙晉齋魏跋此謂通鑑永初二

年先零羌寇河內詔常山作塢堠以禦寇云云然此是後漢書西羌傳之文在五年春非二年也碑首初字之上隱隱尙露其半諦視是元字馮君到官承蝗旱之後乃是安帝改元元初四年丁巳之歲下距光和辛酉乃有六十五年之遠以此知隴西馮君與南陽馮君非一人明矣趙君又謂嵩山泰室石闕銘作於元初四年此刻當與同篆同時按嵩山泰室石闕銘乃元初五年非四季而此刻雖是篆書乃是由篆入隸之漸減篆之縈折爲隸之逕直又不必以嵩山石闕爲徵者矣碑中有三條云云與白石神君碑同

三條云者當是茲山之實事而今莫可攷矣趙氏金石錄云三條莫曉何語此自是闕疑之義而洪氏乃引尙書正義北條南條中條之說以實之近人刻金石錄者又以爲祟飾之辭皆非也　河朔訪古記云三公神廟在元氏縣西北三十里封龍山下廟曰天台三公之廟廟有漢三公山碑一通縣西故城西門外八都神壇亦有三公山碑一通漢光和四年常山相馮巡所立按此所謂廟有漢三公山碑一通者即此碑也　碑以冈爲四領爲嶺丕爲不虆爲薦禮爲醴熹爲喜偏省其彳疾省其亻趙君云文中三公之下疑是御字愚按三條下疑是別字醮祠下是希罕口奠四字三錢上是斗字非外字又弟三行離字之左半弟七行屢字之下半兼帶行艸之勢是篆隸所絕無者兩漢金石記

乾隆甲午三通館方輯金石畧長吏搜古碑上之朝闕西王君宰元氏得此刻在城外野坡石高四尺二寸廣二尺字泐幾不可辨矣與楊君鶴洲詫其奇命余辨識得一百九十字闕疑六字知爲漢口初四年祀三公山文書法勁古與開母少室諸篆刻相類是東漢中葉書集古金石二錄有漢三公山碑乃隸

書立於光和四年碑今不存此刻在隸碑之前尤可貴黃易跋

漢元氏有名山六三公其一焉後漢書郡國志常山國元氏注云有三公塞即此山集古金石二錄載有三公山碑隸釋存其文凡六百四十餘言額旁又有封龍君靈山君六大字碑立於光和四年元氏左尉上郡白土樊璋子義所立頌中兼美舉將南陽冠軍馮巡字季祖時馮君相常山故也碑中已有德配五岳王公所緒四時珪璧月醮酒脯之語蓋三公得法食在光和二年二月戊子詔書出其縣錢給四時祠

具見無極山碑而樊君僅以得應廉選貢名王室感
恩立銘故不序三公詔祀知二年以前當有禋祀之
者特無明文可考耳今年春吾友黃君小松貽予元
氏古篆碑乃祀三公山文出光和前讀之驚且喜也
首云□初四年常山相馮君後列長史魯國顏校及
工宋高等九人名按西漢有太初東漢有建初永初
元初諸號西漢遭新莽碑石無存者且名例有禁碑
中皆單名知爲東漢無疑考通鑑漢安帝永初二年
先零羌寇河內百姓多奔渡河使朱寵將五營士屯
孟津詔魏趙常山中山作塢堠六百所以禦寇羌既

轉盛而緣邊二千石多內郡人無守戰意皆爭上徙
郡縣以避寇時連旱蝗飢荒而驅蹙劫掠流離分散
隨道死亡不可勝數今碑曰飢衰之後曰遭離羌寇
蝗旱而元氏又隸常山皆與鑑合殆無可疑永初之
後改元元初計馮君到官在四年距羌寇後僅六年耳
特文中三公字之下二字疑作御語而後文沿東字
之下又似作龍衡光和四年碑有封龍靈山字無極
山碑有龍靈字求之似皆不合豈今古異名耶漫漶
之餘不可臆說當於元氏志中互考之趙魏跋

嵩嶽太室石闕銘

銘高一尺三寸廣四尺六寸五分二十八行行九字惟第三行十字額題中嶽泰室陽城□□□九字篆書陽文今在登封縣

○惟中□□□崇高神君冡土□□岱氣
寔純春生萬物膚寸起雲潤施源流鴻濛
沛宣並天四海莫不蒙恩聖朝肅敬衆庶
所尊齋誠奉祀戰慄盡懃以頌功德刻石
紀文垂顯□□以傳後賢元初五年四月
陽城□長左馮翊萬年呂常始造作此石
闕時□□□○潁川太守京兆杜陵朱寵
丞□夏□陵□□監□府掾□□□□

丞河東臨□□□□臨□張嘉□□易
□□史□□□□鄉三老嚴壽□□□□
佐石副垂崇高亭長蘇重時臨少陽翟平
陵亭部陽陵格王孟功□車御王文□潘
□□□□共□□陽□□□陽□□
□君□□循□□□□人席□□□□
□□□人諸師□□□□□□眇闕下
闕在中嶽廟前漢安帝元初五年陽城長呂常造闕
左有八分書字雖剝蝕尙可半識蓋銘詞也按通志
金石畧載堂谿典嵩高山石闕銘註云熹平四年或

即是銘而時久剝落書人名氏並月日無可考矣予嘗遊闕下屢摹搨之自惟中至後賢凡八行八分書世傳漢篆而八分書亦復遒勁如此可寶也景日昣說嵩

太室石闕銘今在登封縣中嶽廟南百餘步銘八行年月及職官姓名共十三行完好未圮而其文剝蝕殆半若少室啟母二所即闕亦隤矣　竝天普天也古人省文金石文字記

按銘詞崇高神君句金石文字記作嵩高按前漢書武帝祠中嶽改嵩高爲崇高後漢書靈帝熹平五年復崇高山名爲嵩高則安帝元初五年崇高爲是說

嵩又作帝君口寸起雲句說嵩寸作方聖朝肅敬句說嵩肅作齋口誠奉祀句金石文字記說嵩俱作奉今搨本祇有首行中高三行春生寸起雲潤四行源流五行莫不肅入行顯賢九行四陽十行長始十二行川十三行朱十五行臨十八行壽副十九行崇亭蘇監少二十行陽亭部陽陵二十一行鄉王二十四行君三十八字依稀可辨額凡九字三行前二行倘存中嶽奉堂陽城六篆字末行三字似磨損黃叔敬中州金石攷

太室石闕銘宋歐趙洪三家皆未著錄前明崇禎丁丑虞山始見程孟陽所藏宋本孥跋其後然謂至正時其石已毀今其闕巋然在中嶽廟前則知虞山之說非也今顧寧人金石文字記謂銘八行年月職官姓名共十三行顧南原隸辨因之余以雍正九年七月得新搨一紙於郃陽褚千峯首有篆額兩行銘八行年月及職官姓名十行則知二顧亦未嘗親見全本其謂共十三行者亦非也然孟陽所藏紙墨精古信是舊搨而剝蝕殆盡今余所得乃是新本且的是一石而字之存者十得八九蓋不可解又可知顧氏之云剝蝕殆半者亦非也虛舟題跋

按太室闕銘金石文字記惟中下闕二字則銘詞皆四言經眼錄及說嵩惟中下闕三字則銘詞首句五言餘皆四言婁機云史記載始皇凡刻石頌德之辭皆四字句而泰山辭曰皇帝臨位二十有六年瑯邪臺頌曰維二十六年皇帝作始每稱年者輒五字嘗見泰山祠石本則書爲廿有六年及得史記宋本皆廿字此後人傳寫譌耳容齋隨筆嘗辨之韓文公作孔戣墓志銘孔世卅八吾見其孫亦皆四字句俗本作五字句皆譌今太室銘詞皆四言而經眼錄摹每行皆九字對列整齊及得傳搨本每行有八字者有

九字者有十字者參差不對首行惟中下雖模糊尚彷彿闕二字四行源流下尚彷彿闕三字若如經眼錄所摹不惟首句五言與通體不稱且四行源流下宜字上但闕二字成三字句矣闕額中嶽泰室陽城六字後闕三字篆書石刻陽文題額下又有篆書漫漶不可搨泰室字金石攷說嵩作奉堂誤題名呂常經眼錄作呂營亦誤河南府志

嵩山三闕惟太室闕字差小前銘後系官名各以一圈標界於首亦金石文所罕見也三闕歐趙洪皆不著錄近人顧亭林王虛舟吳山夫牛空山四家始錄之而吳山夫金石文存有少室開母二闕獨無太室闕牛空山金石圖概以爲每行九字殊多舛誤顧氏金石文字記所載太畧王虛舟改正岱祀二字甚允若弟四行源流下一字王所錄亦未確也弟二行冢字王亦未敢遽信今方綱諦審似是冢土二字然究亦未敢質其必然也　並即普字誠即戒字崇即嵩字顧氏錄作嵩非也按說文有崇無嵩徐騎省新附字乃有嵩字注曰中岳嵩高山也从山从高亦从松韋昭國語注云古通用崇字息弓切兩漢金石記

右中嶽太室闕銘顧氏金石文字記始著於錄然所見止十三行其釋文誤以崇作嵩祀作起近畢氏翁氏所釋較爲詳審予諦視第十三行丞下似是江字夏下似是西陵字第十五行河東臨下似是汾字而第二行翁釋冢土岱氣四字未敢信其必然也少室闕題名有將作掾嚴壽此有鄉三老嚴壽蓋即一人由鄉三老辟掾也潛研堂金石文跋尾

嵩高字作崇見漢時尚無嵩字地理志有崈高縣云古文以崈高爲外方山也國語夏之興也融降于崇山韋昭注崇崇高山也據此知經典有作嵩或作崧皆後人所改矣並天四海即以並爲普並普聲相近于五音同爲羽也故說文普以竝爲聲徐鉉刪聲字徐鍇繫傳本有云傳寫誤多之非也地理志崈高有太室少室山廟賴有此闕以考其遺阯云中州金石記

按闕陰銘詞崇高神君余至闕下視闕陽題有中岳太室及嵩高數篆字皆顯然無訛則當時嵩高崇高蓋兩稱之韋昭注國語崇嵩字古文通用是也又中岳泰室今指爲奉堂亦字形之訛闕後兩石人埋土中僅露其首視之漢製也疑下胸背間必有銘刻屢告當事者爲發出竟不可得此一憾也授堂金石跋

嵩嶽少室石闕銘

銘高一尺三寸廣五尺九寸二十二行行四字額題少室神道之闕六字篆書陽文今在登封縣

上闕口蘇林芝上闕縣日月而上闕一行三月三日上闕郡陽城縣上闕興治神道上闕上闕一行君丞零陵泉陵薛政五官掾陰林戶曹史夏效監廟掾辛述長西河圜陽馮寶丞漢陽冀秘俊廷掾趙穆戶曹史張空一行詩將作掾嚴壽廟佐向猛趙始

上闕口蘇林芝上闕縣日月而上闕三月三日上闕郡陽城縣上闕興治神道上闕君丞零陵泉陵薛政五官掾陰林戶曹史夏效監廟掾辛述長西河圜陽馮寶丞漢陽冀秘俊廷掾趙穆戶曹史張詩將作掾嚴壽廟佐向猛趙始

此爲族兄登封令封字景廬所貽且云在少室東邢家舖西可摹者二十一行郡陽城縣推之郡字上似應尚有潁川二字丞零陵以下與啟母闕題名參考之雖大同小異竟無闕文皆在漢安帝時但有題名而亡其銘詞其芝林至三月三日似爲所題之尾而郡陽城一行則起手處也予將搨本校按跋語不可解者有三蓋可摹者二十一行今缺三行一也闕之勒字處恐不止四字之高郡陽城上應尚有字日月上定有紀元或即在前所泐一行二也銘詞有無雖不可考而與治神道即建闕之詞似以三月三日爲治道之日未必爲所題之尾三也且末幅張字下全闕則此闕之泐者多矣葉九苞金石錄補

闕在少室東邢家舖西三里許闕左亦大篆書銘盡泐不可辨僅一石存諸人爵里姓名數十字與啟母廟闕姓名相同蓋亦朱寵所建者嵩書曰兩闕石鐫山水鳥獸之形古拙特甚若出一手所刻銘與題辭文既簡質字體復毫髮不失古意固知非唐以後人所能辨也舊志不載而嵩人亦無知此間有字者予磨洗得之喜而且歎史載漢安帝建光元年大司農

朱寵肉袒上疏爲鄧騭訟冤詔許騭還葬次年改元延光闕稱延光二年潁川守朱寵造寵或自內謫外者與說嵩

此闕有銘辭而今僅存二行八字其可辨者五字又云三月三日而上無年云郡陽城縣而上無郡名亦亡其上一層矣金石文字記

闕建於漢安帝延光二年三月與開母廟石闕同時碑亡其年而知是延光二年者以開母廟題名考之皆同則其同爲一時所立無疑也碑後太室石闕五年題銘名同者唯嚴壽一人嚴壽在當時爲郟三老

此爲將作掾上曆亡失將作掾三字適在其首未必果是其官顧寧人竟作將作掾嚴壽恐未是或曰此闕唯銘前有亡失日月以後俱無闕其曰三月三日者開母廟石闕已列延光二年此闕蓋卽同時所立故不須復列其年也開母石闕不書日月此不書年蓋互見也古人文字簡質如此題名以下以開母廟題名按之官閥名姓皆同則知此以上無闕字也盧存題跋

右漢少室神道石闕銘今時拓本少最後三行恭壽先生本首行多一莪字次行多一縣字則又葉顧二

家所未及見者也嵩山三石闕太室以隸開母少室以篆繆篆刻石而後此篆爲最古且係原石非他傳摹者比金石存

莪卽蘐字說文新附字莪麻蒸也从艸取聲一曰蓐也側鳩切然非此字兩漢金石記

地里志崈高有少室山廟唐楊炯少室山少姨廟碑云少姨廟者則漢書地里志嵩高少室之廟也其神爲婦人像則故老相傳云啟母塗山之妹也卽此圖陽不作圖見漢時無圖字說文所以不載闕字从䦧此作𢿱从芊寶字从缶今从尒漢人不拘六書如此中州金石記

顧亭林云此闕有銘詞僅存二行八字其可辨者五字曰□□林芝□日月余案林字上實爲莪字曰字上實爲縣字又戶曹史張此行下仍間一行字過損脫不可諦識跳行乃接詩字今顧氏連張詩爲一行非也授堂金石跋

按此卽金石圖所謂西闕凡六橫額與文並在第二橫額下第三橫畫走馬人第四橫畫兩螭龍文下第三橫畫蹴踘及坐觀者共四人自詩將作掾以下三行在闕之側亦居第二橫後畫蟾兔杵臼

形其文大半剝蝕今止存二十二行每行亦止四字耳但以文義按之其闕第一橫當亦有字與下接連今上橫殘闕已甚無一字可見然曰莪林芝及縣日月而二行斷是銘辭中空二行者或上橫尚有數字銘文已終因提行別書年月下文與洽神道一行亦此例也君丞一行尚是提行直寫以後諸人題名乃於第二橫旁綴而下與開母石闕銘居兩橫而題名止在下橫者其例相同並無缺字也諸家題跋以莪林二行爲所題之尾而云銘詞全泐且云紀年已見開母故不復書皆曲說不

足信戶曹史張下空一行乃刻石時從正面轉至
西側故爲稍留餘地開母闕張詩直寫可驗也武
氏謂此下仍間一行跳行乃接詩字而以顧氏張
詩連讀爲非誤矣

開母廟石闕銘

銘二横各高一尺八寸五分廣八尺九寸五分二十行行十二字下截前多題名十行行七字今在登封縣

□□□開母廟興□神道闕時大守□
□朱寵丞零□陵薛政五官掾陰林
戶曹史夏效監掾陳修長西河圜陽馮

寶丞漢陽冀祕俊廷掾趙穆戶曹史張
詩將作掾嚴壽佐左福
□□□□□防百川柏鯀稱遂□□□
原洪泉浩浩下民震驚□□□功疏河
寫元九山甄旅□□□文爰納江山辛
癸之間三□□入寶勤斯民同心濟阢
□□□正杞繒漸替又遭亂秦□□□
亨於茲馮神瀰彼飛雉□□其庭原祥
莘瑞靈支挺生□□□化陰陽穆清興
雲降雨□□□　丕宇□不敗而姓乾坤

福祿來服柏鯀我君千秋萬祀子子孫
孫表碣銘功昭眡後昆□□□□祉後
二字　重曰□□□□化辟惡游溢
而溥優□□□□政敷文燿以消搖
□□□□□雝皇極正而降休□□□
□□穎芬茲楙于圃疇□□□□□蘭
木連理於芊條□□□□□盛㐌日新
而累熹□□□□□化咸來王而會朝
□□□□清靜九域少其脩治□□□
□□福祿聖母虖山隅神□宮而飴枸

釐我后以萬祺于昌樂而罔極永歷載
而保之

□□□開母廟興□神道闕時大守□□朱寵丞零陵
泉陵薛政五官掾陰林戶曹史夏效監掾陳修長西河
圜陽馮寶丞漢陽冀祕俊廷掾趙穆戶曹史張詩將作
掾嚴壽佐左福
□□□□□防百川柏鯀稱遂□□□原洪泉浩浩下
民震驚□□□功疏河寫元九山甄旅□□□文爰納
江山辛癸之間三□□入實勤斯民同心濟阢□□□
正杞繒漸替又遭亂秦聖漢福亨於茲馮神瀰彼飛雉

□□其庭原䄍符瑞靈支挺生□□□化陰陽穆清輿
雩降雨□□□寍守一不歇比性乾坤福祿來返相宥
我君千秋萬祀子子孫孫表碣銘功昭眡後昆□□□
□延光二年　重曰□□□□□作屛惠祥溢而溥優
□□□□□□政劃文燿以消搖□□□□時雖皇極正
而降休□□□□□□□顉芬兹淋于闐嶹□□□□□蔄
木連理於芊條□□□□□□盛胙日新而累熹□□□
而□化咸來王而會朝□□□□清靜九域乚其脩治
□□□□新 福祀聖母虖山隅神□享而飴格鲞我后
以萬祺于眥樂而罔極永歷載而保之

闕在啓母石正南漢安帝延光二年潁川守朱寵造
其式以石條壘砌如垛而闕其中如門石質粗劣空
處刻雜花紋篆書題名凡三十二行 葉封嵩陽石刻記
今在嵩山啓母廟南漢避景帝諱改啓之字曰開嵩
陽石刻記曰今見存篆書三十二行前題名十行行
七字內第三行止六字以少室石闕所列官名參考
之則此十行之上無闕文也後二銘共二十二行前
銘十二行年月一行每行十二字今止存六字後銘
今止存九行每行亦止存六字蓋亡其上一層矣後
銘覕嵩高志所載又闕四句歲曆維協洽莫春予親
至廟下視此石闕井叔所謂闕四句者今又得四行
二十餘字以文多不能容故轉而刻於其旁仍亡其
上一層也 金石文字記
漢避景帝諱改啓爲開史記啓禹子其母塗山氏之
女也尚書娶于塗山屈原天問焉得彼塗山女而通
之于台桑呂覽禹見塗山氏女未之遇而巡省南土
女乃歌曰候人兮猗實始作爲南音列女傳美其彊
于教誨然則母也賢矣若夫禹化爲熊塗山氏化爲
石石破生啓荒誕不經本于墨翟之徒隨巢子至漢
流傳斯嵩山母廟南有石闕存焉也武毅宗爲兄造

闕用錢十五萬比立碑費十倍之洪氏隸續具圖闕
狀顧啓母廟暨少室神道未之及者洪氏主于釋隸
而二闕銘皆篆文故爾 曝書亭集
郃陽褚峻千峯爲余道太室少室諸石闕刻文畫像
之蹟甚詳至太室石闕者去中嶽廟前百步在登封
縣東八里中嶽太室之神道闕也闕有二其一東闕
無文字此其西闕也闕高八尺濶六尺厚一尺有六
寸刻銘闕端刻石高八寸濶三尺三寸字徑一寸闕
陽銘而陰額銘南向額北向額刻九字其文曰中嶽
太室陽城□□□刻石高七寸五分濶八寸字徑二

寸六分闕以元初五年陽城潁川諸守長造今其銘後題名可覩也由太室石闕而西過登封縣十里又西南三里許有兩崇闕峩峩東西峙田間西闕三面皆有刻文北面刻曰少室神道之闕知是少室石闕也少室廟今不可見存此闕云刻額高七寸濶七寸五分字徑二寸三分刻額下畫兩人走馬而舞爲角抵戲又畫兩螭龍一龍入於穴中一龍逐而銜其尾亦不知其所謂也銘與題名刻於闕之南面及西側凡十九行橫濶三尺八寸前側爲四尺四寸縱高一尺字徑一寸四分銘文可識不可讀疑有漸文也西

側畫一環月爲蟾兔杵臼擣藥之形南面畫索毬而蹋踘者二人坐而睨視者一人跪者一人東闕去西闕五六步東闕畫一獵犬逐兔兔趯趯然可及也又畫一獨角獸一人左手引之而右持鉤鉤象者畫像下有一石刻高一尺濶六寸刻二十四字可見者十九字字徑一寸二分所謂少室東闕題名者也刻文寖下前人皆未及見見而表之者維陽董金甌相國金甌好古士善篆隸東闕刻文畫像之蹟皆北向凡少室東西兩闕高厚濶之數皆相等高八尺五寸濶五尺五寸厚一尺八寸凡兩闕畫像七人二馬一犬

一兔一象一獨角獸二螭龍及月中玉兔蟾蜍之屬諸像極古拙崇福觀者在登封縣北十里觀東二十步相傳爲開母廟舊址開母石闕者延光五年造題名而銘禹蹟銘文四言重曰以下六言儷如賦語別又有四言銘爲季度作所謂季度銘是也闕高八尺五寸濶六尺厚一尺六寸開母銘刻於其陰及東側高二尺三寸字徑一寸八分季度銘刻於開母銘下高七寸五分濶二尺三寸字徑一寸五分開母銘及季度銘刻文皆北向稽峻云開母石闕亦有東闕如太室少室雙闕者東闕無刻文非金石事所重故弗

著金石圖

侯官李雲龍藏本較顧亭林本前銘每行多三字後銘每行多二字較金石文字記刻本又增四十一字中州金石攷

通前後總計三十五行樂井叔以爲三十二行蓋未見後銘之末二行又未見其篆前賜字之一行也王虛舟亦依井叔以爲三十二行者沿譌也予得此銘拓本三十五行之後即接圓幢畫象矣　嶽亨挺生

寺菩借爲史又借史爲枝又借枝爲芝也累熹借熹爲熙也返之爲仮則說文注云春秋傳返从彳也又

以䜌爲兹以獨爲𤔡以胙爲祚至於挺之手旁作木
静之月脚作肉銘之名作名皆失六書之義當東漢
時字學漸已放失此許祭酒所爲興嘆也止字顧王
二家俱闕未錄按說文止少也讀若輟正當援是銘
以詁義爾 兩漢金石記
漢時篆書紕繆自秦隸既行六書之學日微此文繇
作繇眂从氏絛从彳俱別體廣韻作繇玉篇又有作
䌛皆後世譌字云木連理于芊絛芊亦竿俗字顧炎
武以爲芊非也其文之合于古者惟德作悳用本字
云則文㠯以消搖不从辵按詩河上乎逍遥釋文云

本又作消搖據此文則漢時尚不从辵後人改亂經
文也云九域止其修治說文止少也讀若輟不知其
用意所在廣韻脣濤也止蓋脣之假音皆固不必有
義惟漢魏人知之 漢書武帝紀云元封元年春正
月行幸緱氏詔曰朕用事華山至于中嶽見夏后啓
母石應劭注啓生而母化爲石文穎注在嵩高山下
元和郡縣志云登封縣東北七里今廟中豎石像其
石漢安帝延光三年立今崇福觀在縣北十里觀東
二十步世傳爲啓母廟舊址其石存也又按安帝紀
云延光三年潁川上言木連理今文云木連理於竿

絛即其事也但紀言木連理乃在三年元和志亦言
立石在三年今石刻作二年其明末知其故又唐崔
融啓母廟碑記云顧野王輿地志盧元明嵩記以爲
陽翟婦人即太平御覽引嵩高山記昔有婦女姙身
三十月生子五歲便入嵩高學道神明爲母立祠號
開母祠者也據此則非啓母然石銘稱述柏鯀及禹
治水之事其說又古不得爲非豈後世之事有適相
合者邪 中州金石記
銘詞已剝落僅存數十餘字惟前題名時太守下闕
兩字下書朱寵案後漢紀朱寵字仲威杜陵人爲潁

川太守今兩字缺文蓋宜書杜陵朱寵與下丞掾史
爲一例又紀載寵表孝弟理冤獄撫孤老功曹主簿
皆選明經高行者則此銘所記丞零陵泉陵薛政五
官掾陰林戶曹史夏效監掾陳修長西河圜陽馮寶
丞漢陽冀秘俊廷掾趙穆戶曹史張詩將作掾嚴壽
伍左福 金石刻伍作佐文字記作佐誤 皆一時之選也嵩陽石刻記
以少室石闕所列丞薛政等與啓母廟同顯亭林決
爲一時所立無疑 石刻記云同爲漢安帝年間物無疑措辭自不苟顧氏引作一時所立失其指矣 今案之啓母闕題名有監掾陳修而少室銘
作監廟掾辛述伍左福又作廟佐向猛趙始盡其異

者如此則石亦間時而立顧氏或亦未之詳也然兩銘並列西河隔陽馮寶（劉寬碑陰門生石艮鄉長西河隔陽由楨君長子）據韋昭云圁當爲固續郡國志及太康地理志並作圁字也而此銘並作圁其承襲舊誤已不起于東漢地理志圁陰注莽曰方陰師古云王莽改爲方陰則是當時已誤爲圁字然所以致誤之由竟莫可推尋史記晉文公攘戎翟居于河內圁洛之間徐廣曰圁在西河音銀當太史公時字尚未誤三蒼固作圖後又檢索隱云圁邑故爲悔邑固陰變爲圖陰皆爲聲相近字變故併志之以見文字轉訛之有自也（按堂金石跋）

按啟母石見于漢書顏野王等有陽翟婦人之說蓋後人不攷漢時避啟爲開之旨有此附會耳楊炯啟母廟碑云郛璞所謂陽城西啟母石李彤所謂嵩山有啟母廟隨巢之說有啟淪烈之言無爽則啟母有廟其來已舊是時與治神道立闕置銘觀此文益信輿地記嵩山志之未確矣銘字多剝落同年畢君沅巡撫河南時命工精拓之衡能識其十之七八從前諸家所釋頗謬不一如題名中陳修之陳王尉誤爲修銘中□□□□□防百川葉封釋作□□□工防輗百川今審石本似當作輗防百川然防上止存車字半旁不敢遽斷爲輗也震驚之驚牛運震誤作冀江山之江顧炎武黃叔徼及葉本並誤爲漢三□□入之入葉誤爲人王誤爲又杞繒之繒王誤爲繒獨彼之獨牛本及吳玉搢並誤爲搞原祥之原葉誤爲貞靈支之支葉誤爲芝相肩之肩葉誤爲宥表碣之表葉誤爲金黃誤爲念重曰之曰葉誤爲日芬茲淋于圖疇葉誤作芳花樹于圃疇淋字顧王皆誤爲楙累熹之累葉誤爲景又如□□□□□化此句化上石本全蝕葉云慕化黃云恭化二者要有一誤皆由

未見善本也翁氏兩漢金石記所摹最爲精確然杞繒之繒亦誤爲繒細謂繒與鄫同鄫亦姒姓之國慨禹後之衰故云杞鄫漸替其爲借用字無疑王氏且於繒下注云疑即恰字何其疏歟碑又以柏爲百以歇爲竭

延光殘碑

（碑高四尺二寸廣二尺五行字數不可紀今在諸城縣）

（上闕）是吾宇安都（下闕）（上闕）維思屬居廿年郜（中闕）我郜宫

中積字叔長（中闕）萬業其功戢垣（上闕）元務造幾四手云

月四日甫成告

文五行弟一行起處倘似延光四年字中間有琅邪二字下云是吾字安都弟二行上半有子字下云維恩寡居廿年弟三行首一字應從牛氏金石圖是都字下半云拜都官中貢弟四行上云子少口長少中間有平字下半云萬業其功譽恒弟五行依諸城志可見者十四字示好延光四年八月廿一日庚戌造

右漢延光殘碑諸城志云康熙六十年修超然臺得自土中移置縣治宅門外亦弗能珍也乾隆十二年壽光知縣官懋讓勘災至縣辨爲漢隸椎拓以去越二十七年宮君來知諸城乃嵌於內堂之東垣構

小亭護之而碑顯矣碑字徑二寸或長或短塡其格無餘地其上橫三字則篆體矣蓋額也揣其文義似吏民頌長官之辭而不辨何者爲姓名可惜也方綱按其上有橫畫一線此上是五字非三字也又按是碑與近日元氏出土之三公山碑字勢相似蓋在篆初變隸之時是謂兼篆法之古隸碑額亦同諸城志獨以篆目其額尚未盡也又按漢安帝延光四年乙丑以安帝本紀是年三月戊午朔驗之通鑑目錄所載二月戊子朔六月丙戌朔九月乙卯朔皆合則八月廿一日必非庚戌矣然延光年與庚戌字皆極分明月日亦皆無誤則又何也存以闕疑可矣兩漢金石記

元得舊拓本中間泐處倘有可辨者如弟一行是吾上二字似神君弟二行維恩上間二字是延平下一字作卄頭左旁从阝又下一字左旁亦作阝玩其文義此君之父卒於延平初其母寡居至延光四年適符廿年下稱口我都官乃吏民頌述其子之辭惜姓氏無傳耳此碑類嵩山延光殘刻屈曲古勁若符印文所謂繆篆是也碑額橫書首似孔字山左金石志

金石萃編卷六終

金石萃編卷七

賜進士出身　誥授光祿大夫刑部右侍郎加七級王昶撰

漢三

孝堂山石室畫象題字

石室二間在肥城縣畫象共十幅石高廣尺寸不一今分注各幅之下無字者不錄其圖說已詳諸家跋中亦不贅述後皆仿此

第三幅 高二尺廣八尺題字二處

泰山高令明永康元年十月廿一日敬來[illegible]

觀記之

胡王

第六幅 高廣尺寸與第三幅同題字二處

安吉

平原濕陰邵善君以永建四年四月廿四

日来過此堂叩頭謝賢明

第七幅 高三尺七寸廣八尺四寸題字一行

成王

第十幅 高一尺四寸廣六尺八寸題字一行

大王車

郭巨墓石室說見金石錄跋北齊隴東王孝感頌之文其文曰隴東王者胡長仁也武平中爲齊州刺史道經平陰有古冢詢訪耆舊以爲郭巨之墓遂命僚佐刻此頌焉墓在平陰縣東北官道側小山頂上隧道尚存惟塞其後而空其前與杜預所見邢山上鄭大夫冢無異冢上有石室制作工巧其内鐫刻人物車馬似是後漢時人所爲余自青社如京師往還過之屢登其上按劉向孝子圖云郭巨河内溫人而酈道元注水經云平陰東北巫山之上有石室世謂之孝子堂亦不指言何人之冢不知長仁何所據遂以爲巨墓乎今以畫象拓本合趙氏此跋驗之則畫象題字所謂來過此堂叩頭謝賢明者未識其果爲郭

巨墓石否也顧亭林金石文字記未見隴東頌額遂据其文直題曰孝子郭巨墓碑則尤失於考耳　郭巨墓石室畫象題字平原濕陰云云廿六字又隸書安吉二字永建是漢順帝西涼李暠永建無四年則此畫更在其前其云來過此堂叩頭謝賢明者似是邑人故吏過而感誦之詞中間又有安吉二字亦過此者所刻祝其安神之義也後漢書郡國志平原郡有濕陰濕水所出也濕陰前志作漯陰應劭曰漯水出東武陽東北入海師古曰漯它合反說文濕水出東郡東武陽入海从水㬎聲桑欽云出平原高唐徐鍇曰漢書

濕水東北至千乘入海縣午合反故从㬎聲也濕俗作漯字此與燥溼之溼逈不相同韓勑修孔廟禮器碑有平原濕陰馬瑨元嘉韓勑後碑有平原濕陰王宣元威皆即其地也　右畫三人中一人沖幼端拱而坐左右二人夾輔拱向蓋周召二公也按周召分陝之事或曰成王時或曰武王時或曰文王時史記燕召公世家其在成王時召公爲三公自陝以西召公主之自陝以東周公主之此成王之說也樂記武始而北出再成而滅商三成而南四成而南國是疆五成而分周公左召公右六成復綴以崇天子鄭氏

曰五奏象周公召公分職而治也故此經曰總干而山立武王之事也發揚蹈厲太公之志也武亂皆坐周召之治也此武王之說也鄭氏毛詩譜文王受命作邑于豐乃分岐邦周召之地爲周公旦召公奭之采地施先公之教於已所職之國正義曰文王既遷於豐而岐邦地空故分賜二公以爲采邑也言分采地當是中半不知孰爲東西或以爲東謂之周西謂之召事無所出未可明也知在居豐之後賜二公地者以泰誓之篇伐紂時事已言周公樂記說大武之樂象伐紂之事云五成而分陝周公左而召公右明

知周召二公竝在文王時已受采矣文王若未居豐則岐邦自爲都邑不得分以賜人明知分賜二公在作豐之後且二南文王之詩而分繫二公若文王不賜采邑不使行化安得以詩繫之故知此時賜之采邑也此文王之說也方綱嘗綜合而考之孔疏以爲周東召西事無所出則別無可證之條也而周書君奭正義又曰成王即政之初召公爲保周公爲師輔相成王爲左右大臣此條正與史記燕世家成王時分陝之說相合矣乃其爲詩譜疏則引樂記之文曰五成而分陝樂記之文固未嘗有陝字第云周公左

召公右而已第云周召之治而已蓋特舉以文止武言之而未嘗詳及於分陝之職至於書序乃曰召公爲保周公爲師相成王爲左右馬融云分陝爲二伯東爲左西爲右而孔疏又曰周官篇云立太師太傅太保茲惟三公則此實太師太保而不言太者意在師法保安王身言其實爲左右爾不爲舉其官名故不言太也經傳皆言武王之時太公爲太師此言周公爲師蓋太公薨命周公代之於時太傅蓋畢公爲之於此無事不須見也據此則周召之分左右東西實在輔成王之年其樂記於武王樂言之者乃統合

前後以文止武之義而詩譜分宋邑乃其始事耳孔疏引樂記誤多陝字故辨之如此或曰此據大戴記云太公左召公右也此說亦通兩漢金石記

第一幅在石室南向正面之東畫像自右而左右刻方勝文錯綜如簟次横直二邊刻錢文二枚三枚相間以線貫之次界横直二線岑樓二層左右各有阿閣二層瓦櫛上俱綴鳥獸而左閣畫一鷹搏兔狀鱗瓦直文皆作曲筆樓之上層九人相向而坐下層中縣弧矢左右執版立者十二人右閣中層二人執版下層四人執觴策俱左向立左閣無之又左岑樓二

層形制同前秖存簷柱一邊上中下及柱外人物全存者十二人半存者三人最下一層車坐二人後隨一馬車前已闕樓下層縣弧矢處有定州王郡孫字左閣下柱有十二月十五日字左樓下柱有全文字蓋皆後來遊覽者所刻也　第二幅在石室南向正面之西似連前幅而左右仍分列也右邊樓下有孫相二三字左有室弋主三字右閣下柱有王字左樓下層七人中間有王回字左閣下柱有建字壁字左邊有而字生字亦皆後人題之　第三幅未詳所向畫自右而左上層中列五人俱襃冠盛服右三人左

八人皆執笏侍左首四人後有小八分三行題云泰山高令明永康元年十月廿一日敬來觀記之頗有襃斜道碑筆意如長戟快刀互相撐拄也又間一人内題小字一行惟山陽二字可辨又左一人冠服立左侍三人右侍四人又左闕下半惟左右向者五人可見中層營帳數重皆有兵士執弓向左立又有乘騎出帳射者帳外坐一人背題胡王二字類曹全碑此與後幅成王相大王車確是初畫像時所刻餘俱後來續題也胡王前有一人執笏向跪旁有甲士三人執弓侍立後又二人相向坐中置一几各執二觴

上有物如珠餘皆作戰馬交馳戈刀擊刺狀又左一人右向坐三人反縛跪向之若鞫訊狀旁置一架插二斧縣三人頭旁有執刀立者下層畫出獵狀四人荷畢驅麞鹿一人在前似搏虎虎後一豕左二人乘車捕之一張弓一持戈又左殘闕但存五六人及簷柱形而已其後人題字則上段中幅有不㐱牛字左三人内有汜字又有庚其連惟乃歸等字最左有北十里字　第四幅無題　第五幅在石室東間西面東向畫升鼎故事中間河道甚寬兩岸各四人曳繩岸側壘方石爲礅一角二人一執槳坐一持竿升鼎

鼎作傾側狀有足有耳左耳繫繩貫於河口植木之
上穿闌楯孔而出四人曳之右耳已斷其耳尚在繩
端穿於石岸木上四人曳之側首無力矣又有三舟
舟各二人左右舟皆持槳開半惟舟中作捕魚狀磡
左飛上鳥又一鳥落地二人對坐中留弩弓磡右二
鳥二獸鳥有雙頭有三人頭者獸有二人頭相對有
二頭在首尾相背者其上一樹花葉相交二鳥飛
翔一人射之人旁題字一行云景明二年□月十二
日□□□景明爲北魏宣武帝年號砌上平頂處右
立二人左俯三人下層三車三馬皆無蓋右行車各

坐二人有執符者後從二人一騎一步前道三人二
騎一步又一人執版向左俯迎步道二人後題一行
云景明二年十月左邊從騎之後存一王字　第六
幅在石室西闢東面西向中畫大橋有闌闌左右各
植一竿竿頂方斗各集一鳥旁有數鳥隨之上銳處
有二龍首下垂中坐一人周遶雲氣殆神佛也橋正
中一車右行顛墜一馬一人曳其繩衣冠者御者各
一人俱墮橋下河中四舟舟各二人並舉篙向上作
救援狀舟旁羣魚繞之橋上馬前更有一無幰車
行蓋兩馬駕車而逸其一也橋右三騎向左行左五

騎向右行一人執弋步從五騎中執戈者三人橋下
左邊題永建四年八分書七行字徑一寸永建漢順
帝年號題云來過此堂則堂之建立已久矣橋下石
題八分書安吉二字筆意同上亦一時所刻因見墮
車者已得救援就其安神之義然則畫象非永建時
所刻明矣上圖堂內有後人題細字一行云山東濟
南府濟南衞旁有郭祥字濟南稱府自金始也其右
有南陽張字橋右闢有南陽字有尚字其右三騎上
有安字有泰山安德輿字　第七幅在石室西闢東
向橫列五層上一層二人向右一執物一兩手上舉

皆有雲氣繞之執物者右一人端坐又右左向二人
手執物右向三人舉手者左有四人右向皆執物二
層屋一楹簷口縣弧中坐一人執弓左柱內外二人
相向立在內者手執物屋左一車右行中坐一人手
執雙物如鏈其端有孔車上一索貫四星下覆車前
四人曳行又一人足一屈一伸兩手執器而吹器作
一餘八刺狀車後四人隨行內一人兩手舉盆以頭
承之盆中栽物如蘭葉一人荷物如榦餘漫滅屋之
右柱外二人執版向左立又二人手足桎梏右向其
右四人皆相向有執刀者第三第四層從左起兩車

兩馬向右並行車中各坐二人騎從步從皆二人騎
導步導皆四人又前一駝一象駝左立二人駝後立
一人象左立四人俱執物如鉤象項下繫物如筐駝
象前三人執弓步導四人騎導俱右向又前二人執
版左迎內一人首題八分書相字與前幅胡王筆意
正同此後又有執戈者四人執版者四人俱左向立
第五層中一人正立上題八分書成王二字與上層
相字同其右執笏分左右相向侍者十七人左執笏
右向侍者八人十七人之右又一人彎弓右向旁立
二童子其前一人負畢向右行又一人皆綴禽魚此

下尚微露車蓋馬蹄及廚傳雞魚影迹惜拓本未全
其第二層四人曳車下有兕日二字三層車馬前有
王璨璋曰十至六字四層二人執戈前導中有先天
二年十月廿五日九字可辨五層成王左有來觀字
人字又開三人有侯泰與口與二年三月三日字
第八幅無字　第九幅中畫二車各二馬車中各坐
三人二騎前導十二騎後從有佩弓矢者有吹器者
後一騎執物似鎚馬上復植一器後車前各有一飛
鳥後車前題十ネ二浪三月等字皆後人所爲也一
第十幅一車駕四馬有桯有蓋鑾刻工細車坐一人

一人執彎車蓋左題曰大王車與前成王諸題同騎
從四人騎導十二人前有二人步導手各執物近車
二導騎之前有一車駕二馬一人御車廂旁口如箕
中坐四人各相向如作樂狀車中植一柱擎物似鼓
下繫二鈴旁各立一人舉物作跳舞撾鼓狀柱端有
蓋二帶下垂此車前後亦有後人題小山上紆及來
遊等字　以上石室畫象凡十幅皆前泰安令江君
清交予屬彝親至祠下手搨以歸并繪圖記之有未
詳者蓋偶略耳郭巨埋兒事出搜神記但據北齊隴
東王感孝頌云分財雙季獨養一殞各舍凶弭兒埋

禍臻則當時埋兒別有客舍弭凶之事亦不似搜神
記所言矣縣志載孝堂山上有石屋漢孝子郭巨葬
母之所感孝頌又云郭巨之墓馬鬣交阡孝子之堂
鳥翅銜阜又似指爲郭巨葬所也陽曲申大令兆定
云孝堂山畫象舊說是郭巨石室案諸家金石書載
李剛魯峻武氏皆有石室畫象大都雕刻聖賢故事
及其人所歷官職如李剛刻云君爲荊州刺史時魯
峻刻云祠南郊從大駕出時又云爲九江太守時武
氏刻云此君車馬君爲郎口時君爲市掾時爲督郵
時皆明證也此畫象中騶騎步卒大車屬車鼓車儀

衛甚都雖無題識要非郭巨墓中應有而斬馘獻俘
獲車隨河二段亦非無謂而作覆車著戒固是古人
用心然一車兩馬騶從如雲非泛常可比意者卽爲
墓中人實錄未可知也元案此論甚確前幅永建題
字有來過此堂叩頭謝賢明之語賢明乃感頌之辭
似非爲郭巨而作後人失傳以堂近郭墓遂皆沿爲
郭巨之墓耳山左金石志

敦煌太守裴岑紀功碑

碑高四尺二寸廣一尺八寸五分六行行十字今在巴里坤關帝廟前

惟漢永和二年八月敦煌太守雲中裴岑

將郡兵三千人誅呼衍王等斬馘部衆克
敵全師除西域之疢蠲四郡之害邊竟艾
安振威到此立德祠以表萬世

碑在西塞巴爾庫爾城西五十里地名石人子以碑
上銳下大孤筍挺立望之如石人故也雍正七年大
將軍岳鍾琪移置將軍府十三年徹師又移置漢壽
亭侯廟金石圖

是碑土人有重刻者其眞本多爲搨手描失故眞本
亦往往不同然必其有描失之痕者乃是眞本若其
無描畫之迹而有失誤者則非眞本牛眞谷云是碑
以篆爲隸然是由篆變隸之漸漢碑多如此　疢卽
灾字變灾爲庆猶寫作廣也重刻本或譌作疾而金
石圖誤因之牛氏又訛艾爲又文義乖違此其最甚
者也葢摹本既非一本如兵字之上半裴振表字之
下半諸搨本往往有誤而未若牛氏所摹之尤甚耳
　四郡者卽所謂河西四郡武帝所置也延光二年
尚書陳忠上疏云敦煌置校尉增四郡屯兵以西撫
諸國是也敦煌太守本以治西域事而呼衍王在北
爲之犄角其在前則陽嘉四年呼衍王侵車師後部
漢發兵救之掩擊於勒山不利者卽敦煌太守也其

後元嘉元年漢吏士四千餘人出塞至蒲類海呼衍
王聞而引去漢軍無功而還者亦敦煌太守也惟是
年雲中裴岑斬馘部衆爲前後罕見之績而史顧闕
焉何也　是碑重摹之本亦在巴里坤未可以得自
塞上者遂爲眞也長洲顧蘆汀文鉷重刻於濟寧者
乃作立海祠葢亦非從眞本出耳兩漢金石記

按漢自安帝以後北匈奴呼衍王常展轉蒲類秦海
開專制西域共爲寇鈔及班勇爲長史破平車師西
域稍通順帝陽嘉四年春呼衍王復將二千人攻後
部破之當是時呼衍之勢曰張岑能以郡兵誅之克

敵全師紀功勒石可謂不世之奇績矣而漢史不著其事蓋其時朝多秕政妨功害能者衆而邊郡之文簿壅于上聞故也潛研堂金石文跋尾

考漢書順帝永和二年二月鮮卑寇遼東護烏桓校尉耿曄率南單于擊破之六月西域長史班勇敦煌太守張朗討焉耆尉犂危須三國破之並無裴岑克敵之文夫將兵克敵誅其名王厥功偉矣乃見遺於史官功名顯晦豈非命乎申兆定涵眞閣漢碑文字跋

按是碑在巴里坤城西北三里關帝廟前巴里坤今已譯改爲巴爾庫爾亦爲巴爾庫勒於前漢爲

匈奴東蒲類王茲力支地後漢屬伊吾廬地後魏屬蠕蠕隋屬伊吾郡後入突厥唐屬伊州伊吾縣明屬瓦剌詳見　欽定西域圖志中其地西北山麓檻泉競發分爲三支匯入於巴里坤淖爾即漢蒲類海也碑稱永和二年爲後漢明帝十二年史傳不著其事蓋當時敦煌郡人爲裴岑建祠而立乾隆二十二年平定伊犂裴文達公奉　命按行其地親見是碑得拓本歸遂顯於世後求者頗衆戍卒模搨以爲利好事者恐其剜損刻一本以代之故近搨非眞本也杷在關中門人申子兆定重摹一本勒石碑林者勁幾亂眞故亦爲時所愛申子又嘗重摹東漢仙集留題字即刻于裴岑碑陰云

仙集留題石高二尺五寸廣如之二行行六字又後人題字前後二行正書今在簡州逍遙山

東漢仙集

漢安元秊四月十八日會仙交

留題洞天

余於吳國華故侯家得漢安元年四月十八日會仙友十二字書法妙甚其事雖未可信然非漢人手筆不能也未審其石在何所亦未見他書載其事存之以志異聞庚子銷夏記

右碑前正書東漢仙集四字另一行隸書漢安等十二字後正書留題洞三字按漢安爲順帝年號是時尚無正書此必勒在山崖磵壁後人增書之也碑在簡州逍遙山石室丹竈尚有存者金石錄補

此刻惟見於關中來濬金石備考云在四川簡州逍遙山石窟而王象之輿地碑目於蜀碑最詳亦未之及也漢安爲順帝改元壬午之歲所謂仙友者特道流之詞姑取以備漢隸一種爾兩漢金石記

按此碑余族弟啟焜所貽啟焜字南明由成都縣爲簡州知州嘗親至其下搨之惜石質麤劣搨不能工然爲漢人書無疑也東漢仙集留題洞天八字疑是宋元人所刻拓本甚清葉九苞未見天字釋爲留題詞誤矣

北海相景君銘

碑高九尺廣三尺三寸十七行行三十三字額題漢故益州太守北海相景君銘十二字篆書今在濟寧州學

惟漢安三年仲秋□□故北海相任城景
府君卒歍歔哀哉國□□實英彥失疇列

宿劉精曉學後時于何穹倉布命授期有
生有死天寔爲之豈夫仁哲永勉不遺於
是故吏諸生相與論曰上世羣后莫不流
光□於無窮垂芳燿於書篇身殁而行明
體亡而名存或著形像於列圖或數頌於
管弦後來詠其烈竹帛叙其勳乃作誄曰
伏惟　明府受質自天孝弟淵懿踰禮
蹈仁樞道樹埶抱淑守真嵩白清方勉己
治身寔深寔斟乃武乃文遵孝孝謂假階
司農流惠元城興利惠民彊衛改節微弱
蒙恩威立澤宣化行如神帝嘉厥功授以
持命守郡益州路遐寧親躬伯遜讓夙宵
朝廷建英忠讓辯秩東行璽追嘉錫攘北
海相部城十九郡邦歸向分明好惡先以
敬讓殘僞易心輕黠踰竟鴟梟不鳴分子
還養元元鰥寡蒙祐以寧蓄道脩憲□祉
以榮紛紛令儀明府體之仁義道術明府
膺之黃朱郃父明府三之台輔之任明府
宜之以病被徵委位致仕民□思慕遠近
播首農夫醳耒商人空市隨轝歙淚奈何

朝廷奪我慈父去官未旬病乃困危珪璧
之質臨卒不回歍歔實絕奄忽不違孝子
憆悼顛倒刳摧遂不勉竆永潛長歸州里
鄉黨隕涕喪哀故吏忉怛歍歔佳佪四海
宿益驚慟傷褢大命所期寔惟天授明主
設位明府不就臣子詠養叨府弗留歔歍
哀哉
亂曰考積幽穸□□□兮□□□□翔議
郎兮秉命鼎將綏元元兮規英契謨主忠
信兮羽衛藩屏撫萬民兮□□□□息彌

㦲兮宜㕘鼎輔堅幹楨兮不孔麋壽冀臣
子兮仁數海□著甘棠兮□石勒銘□不
亡兮

碑陰

共四列各十八行惟第四列二行末二行行四十二字

故中部督郵都昌羽忠字定公
故門下督盜賊劉騰頌字紂達
故門下議史平昌蔡規字中舉
故門下書佐營陵孫榮字竝榮
故門下書佐淳于逢訢字□成

故騎吏劉督麟字敬石
故吏朱堊孫徵字武達
故吏營陵薛逸字佰踰
故吏營陵慶鴻字中□
故吏都昌呂福字孟□
故吏都昌張暘字元暘
故書佐都昌羽賁字孟傲
故書佐朱堊鞠欣字君大
故書佐平壽淳于闓字久宗
故書佐營陵徐曾字曾華

故書佐都昌張彤字翔甫
故書佐淳于孫悝字元卓
故書佐營陵鍾顯字槐寶
行義劉張敏字公輔
故書佐劉秉禹字佰度
故書佐東安平閭廣字廣宗
故書佐劉紀政字竝堅
故書佐淳于孫昳字威光
故循行都昌台丘遷字竝德
故循行都昌董芳字季芳

故循行營陵留恭字漢興
故循行都昌冀遷字漢久
故循行營陵是盛字護宗
故循行營陵多遷字武平
故循行營陵臨賜字景燿
故循行都昌張駿字臺卿
故循行營陵淳于登字登成
故循行營陵顏理字中理
故循行營陵水丘郃字君石
故循行都昌呂興字竝興

故循行都昌逢進字孟安
故書佐劉徐德字漢昌
故書佐劉姚進字元豪
故書佐劉邴鍾字元鍾
故書佐都昌張翼字元翼
故循行都昌張耿字季遠
故循行劉中書字季遠
故循行平壽徐允字佰允
故循行淳于趙尚字上卿
故循行都昌段晉字孟節

故循行都昌齊晏字本子
故午營陵是遷字孟達
故午營陵留敵字元成
故午淳于董紀字元祖
故午營陵纏良字孟騰
故午朱虛炅詩字孟道
故午都昌台丘遷字孟堅
故小吏都昌齊冰字文達
故小吏都昌張亮字元亮
行三年服者凡八十七人

豎建廟碣惟故臣吏愼終追遠諒闇沈思
守衞墳園仁綱禮備陵成宇立樹列旣就
聖典有制三載已究當離墓側永懷靡旣
文不可勝已義㓝志乃著遺辭已明厥意
魂靈瑕顯降垂嘉祐

右漢北海相景君銘漫滅多不成文其可見者云惟
漢安二年北海相任城府君卒城下一字不可識當
爲景也漢功臣景丹封櫟陽侯傳子尚尚傳子苞苞
傳子臨以無嗣絕安帝永初中鄧太后紹封苞弟遽
爲監亭侯以續丹後自是而後史不復書而他景氏

亦無顯者漢安順帝年號也君卒於順帝時蓋與遽
同時人也碑銘有云不永麋壽余家集錄三代古器
銘有云眉壽者皆爲麋蓋古字簡少通用至漢猶然
也集古錄

右漢景君碑陰按後漢書百官志注河南尹官屬有
循行一百三十人而晉書職官志州縣吏皆有循行
今此碑陰載故吏都昌台邱遷而下十九人皆作脩
行他漢碑及晉碑數有之亦與此碑陰所書同豈循
脩字畫相類遂致訛謬邪碑陰又有故午營陵是遷
等六人名姓莫知其爲何官又台邱不見于姓氏書

惟見于此者兩人云金石錄

有漢故益州太守北海相景君銘篆額濟州任城有景氏三碑皆不著其名字景君嘗爲司農率元城刺益都相北海以順帝漢安二年卒其前已有誄曰其後有辭曰者亂省其乙也其文曰宜參鼎鉉字書無鉉字當是借作拂取輔拂之義趙氏云碑陰載故吏自都昌台邱暹而下十九人皆作脩行漢隸循脩二字頗相近恐是借用爾予蓋未見也碑以倉爲蒼以渘爲柔以衙爲禦以醳爲釋以懤爲懋以虡爲君頃即質字孿即戀字悳即懿字夯即奔字褱即懷字棄即棄字隸釋

右碑陰三列故中部督郵故門下督盜賊故門下議吏各一人故門下書佐二人故騎吏一人故吏四人故書佐十五人行義一人故脩行十九人故午十六人故小吏二人第三列姓名之下又云行三年服者凡八十七人末以兩行刻四言韻語十八句循脩二字隸法只爭一畫書碑者好奇所以從省借用趙云故午者莫知其爲何官案百官志載郡縣吏屬自曹掾之下有書佐有循行有幹有小史此碑故午六人在循行小史之閒隸文幹字其旁从二从干或从一从午蓋是幹字省文婁壽碑朱爵司馬亦官名也省爵爲时脩字皆省作攸亦此之類嗚呼三年齊斬天下之通喪也西都以日易月羣下化之短喪廢禮薛宣謂三年服少能行之者兄弟相駮睽乖異同翟方進續母既葬三十六日除服視事薛翟二公當時皆在相位降及東都上下一律安帝始聽大臣二千石刺史行三年喪不四年復斷威宗嘗聽刺史二千石行三年喪不五年亦斷見之碑碣司隸魯峻以母喪乞身徙議郎則解組居廬僅行于下僚爾繁陽令楊君上虞長度尚以叔父憂西鄂長楊孫以伯母憂思善侯相楊著以從兄憂廣平令仲定以姊憂皆解官而歸趙國令有兄之喪則不應司徒府之辟當其時二

千石已上不行三年之服而令長小以下缺隸續

趙氏謂後漢書百官志注河南尹官屬有循行一百三十人而晉書百官志亦有循行以爲循脩字畫相類遂致譌謬予謂景君碑刻于漢而後漢書舊皆出傳錄則以脩爲循者特傳錄之誤耳趙氏不信碑本而信漢書且復引晉書爲證殊不知晉書脩于唐其亦曰循行蓋仍漢書之誤而云然也金薤琳琅

此碑殘缺幾不成文考集古錄蓋自歐陽永叔時已然而都元敬乃錄其全文只缺三十字不知何據元敬又云家藏漢碑不完者皆以洪丞相隸釋足之此

是耶石墨鐫華

北海相景君銘地志不載何年所立以予考之元天歷間幽州梁有字九思曾奉敕歷河南北錄金石刻三萬餘通上進類其副本爲二百卷曰文海英瀾于濟得漢刻九于泗水中蔦邏祿迺賢寄以詩云泗水中流尋漢刻泰山絕頂得秦碑聞歐陽趙氏著錄斯碑本在任城其移置于學者必天歷間矣碑辭漫漶其陰旁右壁工以不能椎拓辭予西南池三宿强令拓之題名有督郵督盜賊議史書佐騎吏吏行義脩行午小吏豎其云午者不載于續漢書百官志即趙

氏亦不知也廣韻詮邱字稱漢複姓凡四十有四引何承天姓苑漢有司隸校尉水邱岑而斯碑有脩行水邱部營陵人又有脩行都昌台邱遷故午都昌台邱遷則在四十四姓之外亦足資異聞也已曝書亭集

王元美曰益州部當言刺史不當言太守額曰銘辭曰誄亦屬未妥予按漢人碑版多不可曉如孔彪已自博陵太守遷河東太守而碑額尚題漢故博陵太守孔君碑魯峻自司隸校尉遭母憂服竟拜屯騎校尉而碑額亦題漢故司隸校尉校官碑前有誄曰後又有敘曰與此碑額曰銘辭曰誄皆莫詳其故不知

潘昂霄金石例于此云何也　碑陰後有韻語一十八句中一行云行三年服者八十七人聖人制禮過不及皆非所宜三年之喪惟父母用之下此以濟而殺無敢柰焉顧漢人制服多有相反者元初開始聽大臣及二千石行三年喪至建光元年復禁不許肅宗時越騎校尉桓郁以母憂乞身詔公卿議皆以郁身爲名儒學者之宗可許之詔聽以侍中行服後其子焉爲太子太傅以母憂自乞聽以大夫行喪是三年之喪固不得盡人行之矣而繁陽令楊君則以叔父甍去官荊州刺史度尚以從父憂去官郃陽令曹

全以同產弟憂去官則又何也且更可異者三年之喪在位卿大夫不得致之于親而故吏故民又往往用之于其長如此碑云行三年服者八十七人費鳳之故吏戚忠縗麻扶杖魏元丕之故吏嚴較等不遠萬里奔制縗裳高頤之臣吏黎庶縗絰墳側其越禮過情有如此者金石存

右景君碑誄後亂曰宜參鼎𩊱洪氏云字書無𩊱字當作拂解按漢隸多通用如紱亦作紼此𩊱字應作韍鄭氏曰山行曰韍取封土爲山之象以祭神道也蓋喻景君之德望重如鼎高如山宜參云者應在合

鼎之位樊敏碑模楷後生宜參鼎鉉者是也一　按考
景將侯王氏修侯犯色師古曰脩音條地理志勃海
郡脩市應劭曰脩音條脩條字畫相類亦致訛謬則
循脩二字其因字畫傳寫之誤無疑兩漢官制郡國
屬吏無名午者河南尹員吏有百石卒吏二百五十
人碑稱故吏列于書佐後者仰此卒吏或謂午字乃
卒字之訛予嘗至景君碑下詳審午字並無剝文金
薤琳瑯釋此碑陰姓名遺行義劇張敏字公輔故書
佐劇（下二字疑）字伯度而台邱遷則誤爲呂立遷何也韓
勅碑有行義掾不知爲何官不稱故者惟敏耳古人

命官多因前代表志或緣其名或用其義因臆前書
註漢官典儀職云刺史周行郡國以六條問事安知
不以條行爲官名其職主于察治耶條侯條市皆訛
爲脩則此或從條字而訛未可知也趙氏以台邱爲
複姓之奇碑又有水邱郎字君石其姓亦僅見耳（金石後錄）
碑文以麋爲眉以倉爲蒼以渘爲柔以醳爲釋以轉
爲拂皆古字畫之通其以衙爲禦則古字音之通也
有隷又有亂亦唐以後碑所希碑陰一通見於趙德
夫所著錄而洪文惠公末之見乃予家三本皆有之

荄舊搨之完善者（全祖望鮚埼亭集）
碑雖漫漶計其闕者二十三字耳而歐陽公遽以爲
漫滅多不成文其名氏邑里官閥皆不可考不知碑
實無其名氏邑里非因闕泐所致也　是碑前以馱
獻爲嗚呼後又以獻欷連文亦其一證　碑陰人名
淳于闓淳于登之淳于皆姓也淳于逢訢淳于孫悝
淳于孫晄淳于趙尚淳于董純之淳于皆縣名也後
漢書郡國志北海國有淳于永元九年復　碑陰八
名之邑凡八劇營陵平壽都昌淳于平昌朱虛東安
平皆隸北海國者也　百官志注漢官曰諸縣有書

佐有循行有幹有小史書佐幹主文書者也王文簡
池北偶談乃引都元敬謂當信碑本以正漢書之誤
是不知漢隸脩循二字通用也故午二字朱竹垞與
王文簡皆不曉其義池北偶談至以爲皁隸賤役之
屬尤誤矣且其所以不曉者乃尤在不知隸法于支
巳午字未有作午者耳　碑陰隸釋無之其載於隸
續者闕字尤多今以石本補數字所闕不甚多矣後
文豎建下洪闕二字其上一字或作虎非也似是聿
字書說文音余律切所以書也楚謂之聿吳謂之不
律燕謂之弗从事一聲其下一字或是岩字然此二

字尚未可臆斷要之此二字者上言筆之于書下言銘之于石也大意如此兩漢金石記

右北海相景君碑王元美云益州當言刺史不當言太守予案漢時有益州又有益州郡郡有太守州有刺史刺史治廣漢郡之雒縣而太守自治滇池蜀漢建興三年始改益州郡曰建寧避州郡同名也此碑額題益州太守而銘稱守郡益州其爲太守非刺史明矣元美於史學未甚究心故有此失洪文惠謂景君嘗刺益部亦偶誤也銘辭云宜參鼎𩐈洪氏謂字書無𩐈字當是借作拂取輔拂之義案紱冕之紱古

書或作紼此鼎𩐈當取朱紱之義而以𩐈代紼兩碑陰題名凡五十四人而下云行三年服者凡八十七人則故吏之行服而不列名碑陰者尚多也碑末云諒闇沈思又云陵成宇立諒闇卽亮陰假非臣下可用而稱墓爲陵亦後世所宜回避也潛研堂金石文跋尾

北海相景君碑上銳下方穿居其中按此碑雖甚殘缺然以今日洗石精拓之本與隸釋校勘細玩影迹所不辨者十數字而已亂曰碑文作𤔔或云辭字周收敦銘辭字作𤔔不加辛碑蓋仿此字原以此字爲辭亦以爲亂隸釋則專釋爲亂从說文𤔔讀若亂也

銘内恩彌下是盛字幹楨上是堅字又仁殺海代諸家皆釋爲海外今按碑確是代字卽借之省文也碑陰列臣吏姓名五十四人惟行義一人上無故字未曉何義後二行紀立碑之事亦作韻語三載下是已究二字不獨碑跡顯然義亦可通究終也謂衞墳三載則守制已終當離墓側也兩漢金石記釋爲五究乃沿張力臣之誤耳山左金石志

按後漢書列傳宗室四王齊武王縯子興建武二年初封爲魯王嗣光武兄仲二十八年徙封爲北海王此北海受封之始也興傳子睦睦傳子基立

十四年薨無子永元二年封睦庶子威爲北海王奉睦後立七年坐誹謗自殺永初元年封睦孫普爲北海王立七年薨子翼嗣立十四年薨子康王嗣無後建安十一年國除景君之卒在漢安二年則爲北海相正在康王嗣立之十餘年矣康王在位傳不詳其幾何年要之至建安而後國除此時尚屬康王之日也漢制皇子封王其郡爲國每置傳一人相一人皆二千石相如太守中興以來每國置相一人其秩各如本縣主治民如令長不臣也景君此時正居此職碑陰午卽于字于卽幹字

後漢書百官志河南尹官屬循行之下有幹小史二百三十一人此碑故午在循行之後小史之前其爲幹字無疑西狹頌乃刊斯石馮緄碑刊石表績祀睦後碑刊勒金石刊字左旁皆作午此午即干字之証也鄭季宣碑陰有直事干四人即直事幹也司馬整碑陰有諸曹干十三人即諸曹幹也詩云公侯干城釋文云干音幹廣雅甲乙爲幹寅卯爲支史記歷書作干支古蓋省爲干惟韓勑後碑脩相門下幹則直書作幹矣金石錄所載學生題名有幹江陽趙嵩是東晉以後尚存此官名又閒尒字漢典隸續及漢隸字原皆釋作岑和謂此乃赤字漢尚赤故名赤而字漢興亦本作灸說文从大从火碑則變大爲火變火爲小耳碑又以核爲荄以竟爲境說文無境字經典通用竟

金石萃編卷七終

金石萃編卷八

賜進士出身 誥授光祿大夫刑部右侍郎加七級王昶譔

漢四

敦煌長史武斑碑

碑連額高一丈廣四尺五寸二十行行約四十字額題故敦煌長史武君之碑九字隸書今在嘉祥縣紫雲山

建和元年大歲在丁亥二月辛巳朔廿三日癸卯長史同□□□□□□□敦煌長史武君諱斑字宣張昔殷王武丁克伐鬼方元功章炳勳藏王府官族分析因以爲氏焉武氏蓋其後也商周衙蘱歷世墳遠不隕其美漢興以來尉佐相踵□朝忠臣君幼門顏閔之懋質長敦存夏之文學慈惠寬□孝友元妙荀羅術藐貫洞聖■博兼□□眈綜典籍□思□純求福不回清聲美行闕形遠近州郡貪其富賢□少請以□□歲舉□翼紫宮門□詔除光顯王室有□於國帝庸嘉之掌司古□領校祕鄭研□幽微追昔劉向辨賈之徒比□□萬矣時戎□□匡正一□□朝廷惟憂□

□有司□□舉君班到官之日□癘吏士
哮虎之怒薄伐□□□□□□□□□□並
百姓賴之邦域既寧久勞于外當還本朝
以敘左右以永嘉元年□月□日遭疾不
□哀□於是金鄉長河間高陽史恢等追
惟昔日同歲郎署咸□爲自古在昔先聖
與仁□□與咎□□人存生榮死哀是爲
萬年伊君遺德□孔之珎故□石銘碑以
銓明德焉其辭曰
於惟武君允德允恭受天休命積緒所鍾

其在孩提岐嶷發蹤謙□守約唯詣是從
孝深凱風志絜羔羊樂是□□恬此榮兊
孳孳臨川闚見□廧庭仰其首徹妙廟溥通
□然清邈□□□□□□升□爲帝股肱
扶助大和萬民適蒙頼宗□□史官書功
昊天上帝降茲鞠凶晻忽徂逝□□□宮
不享耆耇大命□□百遼惟□后帝感傷
學夫邑師士女悽愴銓表金石令問不忘
華□後昆億載歎誦
尚書丞沛國蘇曹芝□宣

成武令中山安惠曹利□□
豐令下邳良成徐崇□□
故陳留府丞魯國魯□□□□
防東長齊國臨菑□
紀伯允書此碑
□嚴祺字伯魯

右班碑者蓋其字畫殘滅不復成文其氏族州里官閥卒葬皆不可見其僅見者曰君諱班耳其首書云建□元年太歲在丁亥而建下一字不可識以漢書考之後漢自光武至獻帝以建名元者七謂建武建

初建光建康建和建寧建安也以歷推之歲在丁亥迺章帝章和元年後六十一年桓帝即位之明年改本初二年爲建和元年歲又在丁亥則此碑所缺迺建和元年也碑文缺滅者十八九惟亡者多而存者少尤爲可惜也故錄之集古錄

右武班碑集古錄云云今以余家所藏本考之文字雖漫滅然猶歷歷可辨其額題云漢故敦煌長史武君之碑知其姓武而官爲敦煌長史也碑云君諱班字宣張昔殷王武丁克伐鬼方元功章炳勲藏王府官族分析因以爲氏知其名字與氏族所出也又云

永嘉元年卒知其卒之年月也金石錄

右故敦煌長史武君之碑隸額在濟州任城武君名斑字宣張從事梁之猶子吳郡府丞開明之元子執金吾丞榮之兄也以冲帝永嘉元年卒碑者後三年同舍郎史恢曹芝六人所立字小石損官壽發失威宗建和之元年開明爲其兄立闕刻其傍云宣張仕濟陰年二十五曹府君察孝廉除敦煌長史被病夭歿苗秀不遂闕以二月癸卯作碑以三月癸丑立相去浹辰之間爾碑云金鄉長河間史恢等追惟昔日同歲郎署歲字雖不瞭然考柳敏碑云縣長同歲犍

爲趙臺念素帛之義爲君立碑則知此爲同歲無疑葢謂同年爲寮也漢碑多門生故吏所立至於同舍爲之者唯武斑及柳敏兩碑夫一死一生而寮友之好不變如此彼有𨑬游誣其懷金身後不能清酒者不可同日語也碑以假爲遐以蹟爲賾以旂爲游以鄕爲嚮與以𤈦爲奄以遂爲寮隸釋

武斑碑銘詞與後銜皆提行書之銜名之末有云紀伯允書此碑此又漢碑具書人姓名之一事也一小歐陽集古錄目云嚴祺字伯曾錄書今不見此文久矣据洪氏隸釋載是碑末云紀伯允書此碑下乃云嚴祺字伯曾曾曾二字未知孰是然驗其文勢則書者紀伯允而非嚴祺也紀伯允三字上有闕文或是口紀伯允則紀字是其名伯允是其字未可知也今不能臆定矣　武君爲吳郡府丞開明之長子仕爲敦煌長史小歐陽以武君爲敦煌人亦誤也鞠訩此作鞠凶鞠字上半泐不可辨或似有竹頭未可知也按說文惟蹋鞠字从革或从㚔其鞫窮字則專从㚔葢窮理罪人義取㚔所以驚人㚔字从大从羊一曰大聲是也洪氏釋作鞠恐未是又微妙妙字其半泐不可辨今諦審之亦似目旁葢妙从女者非也玆未敢遽定仍依洪本作女旁耳　碑陰武氏碑三字在

穿之下字極大是楷書葢後人所刻因其正面極泐而刻此三字以識之也兩漢金石記

黄司馬易得此碑曾校正洪氏數處重摹付梓案洪氏貪其高賢下缺二字今碑作力少疑力是幼字謂貪慕其高賢尚幼少也漢順帝陽嘉元年初令郡國舉孝廉限年四十以上其有茂才異行若顏淵子奇不拘年齒據武氏石闕銘云宣張案斑字宣張仕濟陰年廿五曹府君察舉孝廉云云此爲高賢幼少之證晻忽徂逝下缺四字今碑第四字是宮字正與韻叶不享口耆句今碑耆上作耆是耆字士女悽愴下缺今

碑有旌字其下金門今碑作金石謂旌其行於金石
故下云令問不忘題名昉東長一行下有嚴祺字伯
魯五字隔越甚遠凡此皆可補黃君所未備也山左金石志
碑文云久伐鬼方據趙氏金石錄作克伐鬼方又官
族分析金石錄作官族析分朱文藻校訂隸釋存疑
按碑額稱武君之碑甚明白可辨集古錄題曰漢
斑碑而不著其姓則歐陽所藏之本不獨字畫模
糊并其額亦未見也碑云追惟昔日同歲郎署同
歲卽後世之同年漢刻中惟柳敏碑亦同歲所立

考敏以本初元年爲郡太守察舉在斑後而其敦
同歲之誼則先後同也順帝末年匈奴背叛使中
郎將馬寔擊破之碑所云哮虎薄伐邦域既寧者
殆指此事商周假貌卽遐邈說文無遐字華山碑
思登假之道楊統碑假邇莫不隕弼繁陽令楊君
碑假邇僉服皆遐字也列子黃帝篇而帝登假張
湛注假當作遐漢書禮樂志假狄合處顏師古注
假卽遐字其字从彳集韻云𢔶通作貌楊統碑勳
迹藐矣卽邈字歷世壙遠壙卽曠字孟子獸之走
壙也漢書李夫人傳託沈陰以壙久兮顏師古注

壙與曠同游夏之游作斿見於石經論語而周官
大常十二斿及攷工記九斿七斿六斿四斿凡旌
旗之旒皆省水作斿斿从㫃㫃與偃同故名偃者
或字子游至孔彪碑浮斿塵埃之外武榮碑久斿
大學斥彰長田君碑乃始斿學則又借爲浮游遊
遨字矣領校秘鄭鄭字與奠通禹貢四奠既宅史
記夏本紀作四奧既居爾雅釋宮西南隅謂之奧
陸德明釋文云奧或作㚊其見於石刻者譙敏碑
深明典㚊柳敏碑㚊處𣩵兮皆以㚊爲奧而此碑
則移𠄎於右也哮虎之哮卽虓字大雅闞如虓虎

風俗通引作哮虎賁鳳別碑魏大饗碑皆作虓而
此碑與武榮碑則皆作哮也晻忽之晻卽奄字晻
日無光也借爲奄字平與令薛君碑正與此同百
遼之遼卽寮字漢碑以遼爲寮者甚多如高彪碑
遼屬感慟楊統碑百遼歎傷謁者景君墓表百遼
失氣夏堪碑官遼臨吊楊孟文頌百遼咸從李翊
碑頌名遼疇皆是特字體有遼遼遼之不同也碑
又云□翼紫宫者卽紫微宫春秋合誠圖云紫宫
太帝室也下文云領校秘鄭則是司掌秘書之職
秘書監官桓帝延熹二年始置此時未有專員殆

卽郎舍人兼領之其地淸要寄近紫微似謂輔翼紫宮也銘辭云庶仰其首微妙元通其與箕同李翊碑其先出自箕子之苗字亦从艸此以箕山首陽況其高尚故下文卽云口然淸邈也箕首並稱他文所罕惟見此碑

武氏石闕銘

銘高二尺二寸廣一尺八行行十一字今在嘉祥縣紫雲山

建和元年大歲在丁亥三月庚戌朔四日
癸丑孝子武始公弟綏宗景興開明使石
工孟孚李弟卯造此闕直錢十五萬孫宗
作師子直四萬開明子宣張仕濟陰年廿
五曹府君察舉孝廉除敦煌長史被病夭
沒苗秀不遂嗚呼哀哉士女痛傷

武氏有數墓在任城開明者仕爲吳郡府丞綏宗名梁仕爲郡從事宣張名斑皆自有碑金石錄

案二石闕方徑二尺高一丈五尺許銘文八行趙氏有專條洪氏則附於武斑碑下斑碑未詳察舉之歲此言其年廿五則舉孝廉後除敦煌長史薄伐匈奴邪城既寧久勞於外當有數年之事卒時約在三十內外矣山左金石志

右漢武氏石闕黃小松司馬搜得之按後漢書桓帝紀建和元年正月辛亥朔武斑碑二月辛巳朔此闕三月庚戌朔蓋承二月小月也綏宗名梁官從事有碑開明不詳何名官吳郡府丞見其子榮碑宣張名斑官敦煌長史有碑開明之元子榮之兄也宣張卒於永嘉元年其碑先闕十日立與闕同時起工故闕文卒連及之闕云曹府君察舉孝廉卽碑州郡貪其高賢闕云除敦煌長史卽碑到官之日鷹吏士哮虎之怒薄伐云云闕云士女痛傷碑亦云士女悽愴也闕文載金石錄芙殘誤作云殘隸釋謂開明爲其兄

立兩今詳闕文乃開明兄弟四人爲父立者若爲兄立則始公何以稱孝子乎桂馥跋

按武氏之有碑者梁也斑也榮也其見於此闕者則有始公綏宗景興開明其見於梁碑者有仲章季章季立子僑東漢武氏閥閱之盛略可概見而范書中無一語齒及良可怪也銘內有云孫宗作師子直四萬師子卽獅子此孫宗不知是石工姓名抑是孝子始公之子援武梁碑之例子僑稱孝孫此孫宗無孝字似非武氏之孫雙闕直十五萬而師子直四萬費視雙闕得四之一其刻鏤必

工疑其上亦有題字而不可見矣

司隸校尉楊孟文頌

石高九尺九寸廣七尺七寸二十二行行三十三十一字不等額題故司隸校尉犍爲楊君頌十字隸書今在褒城縣

惟巛靈定位川澤股躬澤有所注川有所通余谷之川其澤南隆八方所達益域爲充　高祖受命興於漢中道由子午出散入秦建定帝位以漢詆焉後以子午途路歮難更隨圍谷復通堂光凡此四道垓鬲尤艱至於永平其有四年詔書開余鑿通石門中遭元二西夷虐殘橋梁斷絶子午復循上則縣峻屈曲流顛下則入冥廎寫輸淵平阿淙泥常蔭鮮晏木石相距利磨確磐臨危槍碭履尾心寒匈輿輕騎遰导弗前惡虫蔽狩虵蛭毒蟃未秋截霜稼苗夭殘終年不登匱餧之患卑者楚惡尊者弗安愁苦之難焉可具言於是明知故司隸校尉犍爲武陽楊君厥字孟文深執忠伉數上奏請有司議駮君遂執爭百遼咸從帝用是聽廢子由斯得其度經

功飭爾要敞而晏平清涼調和烝烝文學至建和二年仲冬上旬漢中大守犍爲武陽王升字稚紀涉歷山道推序本原嘉君明知美其仁賢勒石頌德以明厥勳其辭曰　君德明明炳煥彌光刺過拾遺厲清八荒奉魁承杓綏億衙彊春宣聖恩秋貶若霜無偏蕩蕩貞雅以方寧靜烝庶政與乾通輔主匡君循禮有常咸曉地理知世紀綱言必忠義匪石厥章廞廟諱大節讜而益明㷈往卓今謀合朝情醳艱即安有勳有榮禹鑿龍門君其繼縱上順斗極下答巛皇自南自北四海攸通君子安樂庶士悅雍商人咸憘農夫永同春秋記異今而紀功垂流億載世世嘆誦

序曰明哉仁知豫識難易原度天道安危所歸勤勤竭誠榮名休麗

五官掾南鄭趙邵字季南屬褒中鼂漢彊字產伯書佐西成王戒字文寶主

王府君閔谷道危難分置六部道橋特遣行丞事西成韓朖字顯公都督掾南鄭魏

整字伯王後遣趙誦字公梁案察中曹卓行造作石積萬世之基或解高格下就平易行者欣然焉　伯玉即日徙署行丞事守安陽長

右漢司隸校尉楊厥碑用字簡省復多外繆惟以巛爲坤以余爲斜漢人皆爾獨䛐字未詳集古錄

余嘗讀後漢書鄧騭傳有云時遭元二之災人士荒饑章懷太子注以謂元二卽元元也古書字當再讀者卽於上字下爲小二字後人不曉遂讀爲元二或同之陽九或附之百六良由不悟致斯乖外今岐州

石鼓銘凡重言者皆爲二字明驗也其說甚辨學者信之今此碑有曰中遭元二西戎虐殘橋梁斷絕若讀爲元元則爲不成文理疑當時自有此語漢書注未必然也金石錄

右故司隸校尉犍爲楊君頌隸額在興元碑云司隸校尉楊君厥字孟文水經及歐趙皆謂之楊厥碑蜀中晚出楊淮碑云司隸校尉楊君厥諱淮字伯邳大司隸孟文之元孫也始知兩碑皆以厥爲語助此乃后政頌其勳德故尊而字之不稱其名順帝紀延光四年詔益州刺史罷子午道通褒斜路蓋從其所請也子午者長安正南山名褒斜者漢中谷名高祖開石門史策不書亦見鄐閣碑平帝時王莽以皇后有子孫瑞通子午永平之詔史亦闕文安帝永初元年先零叛斷隴道寇三輔入益州殺漢中守乃橋梁斷絕時也自明帝永平四年通石門至永初幾五十年自永初褒斜斷絕至延光四年凡十五年水經云石門穿山通道六丈有餘卽秦人取蜀之石牛道楊君因而廣之蜀都賦岨以石門是也門在漢中之西褒中之北褒水南歷褒口北出斜谷趙氏云此碑有曰中遭元二若讀爲元元則爲不成文理予按漢刻

如北海相景君及李翊夫人碑之類凡重文皆以小二字著其下此碑有烝烝明明蕩蕩世世勤勤亦不再出上一字然非若元二遂書爲大二字也又孔耽碑云遭元二轗軻人民相食若作元元則下文不應又言人民漢注之非明矣王充論衡云今上嗣位元二之間嘉德布流三年零陵生芝草五本四年甘露降五縣五年芝復生六年黃龍見大小凡八章帝紀所書建初三年以后龍芝甘露之瑞皆同則論衡所云元二者蓋謂卽位之元年二年也鄧君傳云永初元年夏涼部畔羌搖蕩西州詔騭將羽林五校士

擊之冬徵隲斑師迎拜爲大將軍帝紀班師在二年十一月傳有脫字
也時遭元二之災人士荒飢盜賊羣起四夷侵畔隲
崇節儉罷力役進賢士故天下復安四年以母病求
還侍養則此傳所云元二者亦謂元年二年也安帝
紀書兩年之閒萬民飢流羌貊叛戾又與傳同此碑
所云西戎虐殘橋梁斷絕正是鄧隲出師時則史傳
碑碣皆與論衡合建初者章帝之始年永初者安帝
之始年乃知東漢之文所謂元二者如此碑以余台爲斜谷充
爲衡詆爲抵歬爲歬蔭爲陰遼爲寮狩爲獒獸衡爲崇縱爲蹤憘爲喜穦爲積西成爲西域高郎所字
𡋯即塗字斷即斷字䠶即䇐字遷即滯字导即碍字恖即惡字疆即疆字㾓即掀字𨥋即釋字繼即繼字

釋隸
楊厥碑高祖受命平闕命字垂筆甚長所侵兩字許
又空兩字方書其下一句文十七行其次序曰別行
後一行低二字書趙邵等三人姓名又書王府君分
遣官屬事凡三行末行低七字書魏伯玉徙官每行
三十字或有疏密不齊者　宜和殿碑錄以碑爲鼂
漢彊書考其碑云五官掾南鄭趙邵屬褒中鼂漢彊
書佐西成王戒葢三人主其事書佐則王戒之職非
鼂漢彊書也集古金石二錄與鄭樵金石略俱作楊
厥開石門頌隸續

水經注沔水上篇云褒水又東南歷小石門門穿山
通道六丈有餘刻石言漢明帝永平中司隸校尉犍
爲楊厥之所開逮桓帝建和二年漢中太守同郡王
升嘉厥開鑿之功琢石頌德以爲石牛道一清按此
碑載張鳴鳳西遷注彼所親睹者惡更嚇狩是惡蟲
敝獸安危所歸是安危所繫可補隸釋之遺寰宇記
云沔陽縣心山漢宣帝時北平楊厥爲漢中守經此
山有棧道意不之郡學道感瑞見金羊因易姓羊氏
葢傳聞之繆爾又晉書云山簡與譙郡嵇紹沛郡劉
謨宏農楊准齊名即蜀中晚出碑其人也趙一清水經注釋

此頌摩崖刻於褒斜谷中洪氏隸釋所引楊准碑今
亦拓得之與此刻同在褒斜谷中洪謂此在興元彼
在蜀葢亦未之深考也頌爲建和二年漢中太守王
升所立其主鐫石之役者鼂漢彊王戒二人頌後低
格書之此已開碑後系撰書姓名之式矣鼂王皆承
五官掾趙邵之屬故於頌後復紀王君造作石積事
王君不特爲楊之鄉人而政績復能繼之一頌而二
善備爲矣婁氏字原云斜漢隸皆作余犍爲皆作楗
是葢不獨此一碑爲然或以說文無犍字疑郡名當
从木是則未知二字偏傍孰爲沿訛而木字篆勢與

牛之上半相似所當存以資考異也又婁氏摘附字體謂漢隸命字垂筆有長過一二字者蓋指此頌然此處特因石理剝裂不可接書而垂下耳非可以律隸法也以漢詆爲洪謂詆是抵字愚按此詆字下無點與詆不同當是氏字猶費汎碑以婚爲氏也　碑云王府君造作石䕎此䕎字婁氏不錄顧南原隸辨引廣韻云䕎艸名類篇云一曰艸積詳碑文義蓋易艸積爲石也隸釋云以䕎爲積非是愚按此頌塗作葟彊作殭炳作烤多有加艸之文則此䕎字或卽是積字加艸之體爾洪氏之言未可遽非也　隸續云

碑文十七行今以石本核之全文凡廿二行此云文十七行者蓋序曰以後別計之也又按隸釋既知厥爲語助詞而隸續仍曰楊厥碑蓋亦沿諸家之誤而亦因以見洪氏隸釋隸續之書非成於一時其中尚不能無牴牾處也又驗石本末一行書魏伯玉從官乃於前文之下空七格書之耳非此行低七格也 兩漢金石記

文云高祖受命興於漢中建定帝位以漢詆焉詆卽氏字謂高帝興於漢中故定有天下之號曰漢猶陶唐氏有虞氏之例也洪文惠讀詆爲抵失其義矣槍碭猶言槍唐古文唐爲啺碑又變爲碭其義一也股躬疑卽股肱字垓爲義與閡隔同 潛研堂金石文跋尾

碑云楊君厥字孟文故水經注稱爲楊厥碑攷之華陽國志則楊君名渙字孟文也洪适云厥實語助耳非名文內有云高祖受命興於漢中道由子午出散入秦以子午塗路歮難更隨圍谷復通堂光說與鄐閣頌嘉念高帝之開石門元功不朽云云合出散入秦者散關也碑爲漢中太守楗爲武陽王升立以犍爲楗用古字說文無犍字 關中金石記

按是刻書體勁挺有姿致與開通襃斜道磨崖隸

字疎密不齊者各具深趣推爲東漢人傑作然石刻皆在襃斜谷中椎拓頗險臨池家或不盡得故近人學之者少碑中命字升字誦字垂筆甚長而命字幾過二格與李孟初碑年字相似皆漢隸所僅見者文云惡虫蔽狩蛇蛭毒蟃隸釋云碑以蔽狩爲斃獸袒謂敝獸惡虫對舉當是借蔽爲敝敝憋通用與敝壞之義有別後漢書董卓傳敝腸狗態注云續漢書敝作憋是憋與敝同方言憋惡也郭璞注憋怤急性也列子力命篇墨㞙單至嘽咺憋懯四人相與游于世胥如志也窮年不相知情

自以智之深也廣雅亦云憋惡也高郵王君念孫
疏證云釋名鷩雉山雉也鷩憋也性急憋不可生
服必自殺也潘岳射雉賦山鷩悍害南山經基山
有鳥焉其狀如雞而三首六目六足三翼其名曰
䳜鵂郭璞注云䳜鵂急性廣韻䳜鵂鷩也䳜鷩亦
鳥之惡者是凡言敝者皆惡之義也周官司弓矢
何者謂之弊弓鄭注云弊猶惡也徐邈音扶滅反
弊與憋聲義亦同故大司寇以邦成弊之故書弊
爲憋矣廣雅又云瘢惡也疏證引玉篇瘢惡也怪
惡性也方言注云疲怪惡腹也怪與瘥同怪又音

大結反說文蛈蛇惡毒長也爾雅蛈蝁注云蝮屬
大眼最有毒今淮南人呼蝁子釋文蛈大結反字
亦作蛈楊孟文頌云蛇蛈毒蟃毒蟃謂毒長也蛈
與蛈蝁與惡聲義亦同昶案王氏之言甚核蓋二
語極言道中陰險之狀故多用惡毒字而借憋爲
憋借蛈爲蛈耳

孔廟置守廟百石卒史碑

碑高七尺八寸五分廣三尺七寸十八行行四十字後末人題字二行今在曲阜縣孔廟

司徒臣雄司空臣戒稽首言魯前相瑛書
言詔書崇聖道勉□藝孔子作春秋制孝
經删述五經演易繫辭經緯天地幽讚神
明故特立廟褒成侯四時來祠事已即去
廟有禮器無常人掌領請置百石卒史一
人典主守廟春秋饗禮財出王家錢給犬
酒直須報謹問大常祠曹掾馮牟史郭闕諱
辭對故事辟廱禮未行祠先聖師侍祠者
孔子子孫大宰大祝令各一人皆備爵大
常丞監祠河南尹給牛羊豕雞□□各一
大司農給米祠臣愚以爲如瑛言孔子大
聖則象乾巛爲漢制作先世所尊祠用衆

牲長吏備爵今□加寵子孫敬恭明祀傳
于罔極可許臣請魯相爲孔子廟置百石
卒史一人掌領禮器出王家錢給大酒直
他如故事臣雄臣戒愚戇誠惶誠恐頓首
頓首死罪死罪臣稽首以聞
制曰可
元嘉三年三月廿七日壬寅奏雒陽宮
司徒公河南原武吳雄字季高
司空公蜀郡成都趙戒字意伯
元嘉三年三月丙子朔廿七日壬寅司徒
雄司空戒下魯相承書從事下當用者選

其年卌以上經通一蓺雜試通利能奉廟諱
先聖之禮爲宗所歸者如詔書書到言
永興元年六月甲辰朔十八日辛酉魯相
平行長史事卞守長擅叩頭死罪敢言之
司徒司空府壬寅詔書爲孔子廟置百石
卒史一人掌主禮器選年卌以上經通一
蓺雜試能奉廟諱先聖之禮爲宗所歸者平
叩頭叩頭死罪死罪謹案文書守文學掾
魯孔龢師孔憲戶曹史孔覽等雜試龢脩
春秋嚴氏經通高第事親至孝能奉先聖

之禮爲宗所歸除龢補名狀如牒平惶恐
叩頭死罪死罪上 司空府
讚曰巍巍大聖赫赫彌章相乙瑛字少卿
平原高唐人令鮑疊字文公上黨屯留人
政敎稽古若重規矩乙君察舉守宅除吏
孔子十九世孫麟廉請置百石卒史一人
鮑君造作百石吏舍功垂無窮於是始□

後漢鍾太尉書

宋嘉祐七年張稚圭按圖題記

按漢書元嘉元年吳雄爲司徒二年趙戒爲司空即此云臣雄臣戒是也魯相瑛者據碑言姓乙字仲卿漢碑在者多磨滅此幸完可讀錄之以見漢制三公奏事如此與羣臣上尚書者小異也又見漢祠孔子其禮如此集古錄

按平陽圖志後漢書注皆云趙戒字志伯而此碑乃作意伯疑其避桓帝諱故改焉金石錄

右孔廟置守廟百石卒史孔龢碑無額在兗州仙源縣威宗永興元年立嘉祐中郡守張稚圭按圖經云鍾繇書碑載孔子十九世孫麟廉請置百石卒史一人掌廟中禮器魯相乙瑛書言之於朝司徒吳雄司

空趙戒奏於上詔魯相選年四十以上通一經者爲之時瑛已滿秩去後相平復以其事上于朝予家所藏石刻可以見漢代文書之式者有史晨祠孔廟碑樊毅復華租碑太常耽無極山碑與此而四此一碑之中凡有三式三公奏于天子一也朝廷下郡國二也郡國上朝廷三也按孔僖傳云永元四年褒成侯損徙封褒亭侯子孫相傳迄于漢末褒亭之封者二人此碑與史晨碑皆在永元之後仍稱褒成又安帝紀延光三年賜褒成侯帛韓勑碑陰有褒成侯建壽即損也疑損未嘗徙封傳之誤爾鍾繇以魏太和

四年卒去永興葢七十八年圖經所云非也象卽豕字恭卽
恭字隸釋

碑兩元嘉三年及永興元年皆平闕司徒府司空府
及讚曰亦平闕第八行制曰可高出一字司徒公司
空公題名在制可雒陽宮兩行之下與碑之下一字
齊貼碑者不曉古式多有翦去制字者亦有顛倒二
相題名者隸續

攷之范史桓帝紀元嘉惟有二年碑云元嘉三年三
月者葢是年五月始改永興至十月而雄戒亦罷免
矣金薤琳琅

此碑後刻云後漢鍾太尉書宋嘉祐七年張稚圭按
圖題記按此碑永興元年造元常獻帝初始爲黃門
侍郎距永興且四十年此非元常書明甚未知張稚
圭所按何圖趙戒字志伯今云意伯戒袁宏又作誡
石墨鐫華

勉字下隱起是學字葢崇聖道勉學藝詞理俱暢而
人往往缺之盛時泰蒼潤軒帖跋

百石卒史者秩百石之卒史也漢書儒林傳郡國置
五經百石卒史倪寬傳補廷尉文學卒史臣瓚曰漢
注卒史秩百石是也若三輔卒史則二百石黃霸傳
補左馮翊二百石卒史因其秩有不同故舉其石之
多寡以別之水經注載此爲後人不通者改作百夫
史卒金石文字記

按漢書儒林傳郡國置五經百石卒史臣瓚以爲卒
史秩百石者劉昭注續漢書百官志引應劭漢官儀
河南尹百石卒史二百五十人黃霸傳補左馮翊二
百石卒史今本杜佑通典乃譌百石卒史爲百戸吏
卒曝書亭集

書名不書姓者以位列三公皆知爲吳雄趙戒也唐
宋告身章奏署名凡丞相不著姓者類此按范書百

官志東西掾四百石以下秩比命士爲百石屬其後
辟除通爲百石但司徒公下凡祭祀掌省牲視濯則
有令史屬二十六人司空公下凡祭祀掌掃除樂器
則有令史屬四十二人而無卒史之名卒史見此碑
金石後錄

集古作魯相置孔子廟卒史碑隸釋作孔廟置百石
卒史孔龢碑金石略天下碑錄皆作司徒吳雄等奏
孔子廟置卒史碑金石錄補

孔龢孔子十九世孫與泰山太守孔宙博陵太守孔
彪皆弟兄行也令鮑疊曲阜令也乙瑛姓也漢有南

邵太守乙世前燕有護軍乙逸明乙瑄乙山也金石遺文
錄
每見近日文移奏牘一事必再三緐複至於連篇累
紙而不休竊恠何不省簡乃浪費筆墨如此今觀此
碑乃知漢時其體便簡虛舟題跋
按百石卒史通典譌爲百戶吏卒三國志譌與通典
同水經注譌爲百夫吏卒山東通志闕里志譌爲百
戶卒史皆莫之正又康熙甲子
聖祖仁皇帝幸闕里謁廟畢由奎文閣至同文門觀門右
漢碑孔尚任奏曰此漢元嘉三年魯相乙瑛置卒史
碑今謂之百戶碑
上問何爲百戶碑尚任對曰歷代優崇之典廟廷設官四
員典籍司樂管句百戶謂之禮樂兵農四司觀此知
魯人亦譌以爲百戶也豈獨書籍傳寫之謬哉金石存
按闕里舊志載此碑文訛者不可校舉如司徒臣雄
作司徒臣雒後兩雄字皆作雒司空臣戒作臣允之
臣美後兩戒字皆作美勉六蓺作勉六藝百石卒史
作百戶卒史後四石字皆作戶給犬酒直作給大酒
直後犬字亦作大來行祠作夫行祠給牛羊分之下
各一之上尚有磨滅者三字今作給牛羊豕各一脫

去三字給米祠作給末祠臣愚以爲如瑛言作臣愚
以爲宜如瑛言多一宜字孔子大聖作夫子大聖三
月廿七日作三月二十七日壬寅之下司徒之上碑
有奏雒陽宮元嘉三年三月丙子朔廿七日壬寅十
八字今全脫去選其年卌以上作選年四十以上後
卌字亦作四十如詔書書到作如詔書到脫一書字
行長史事卞作行長史事下敢言之司徒司空府碑
係擡頭並無缺文今反注磨滅不知幾字爲宗所歸
除龢補名狀如牒作爲宗所歸一除龢補名狀如牒
多一一字死罪死罪上司空府作死罪上司空府脫
去二字若重規矩作名重規矩乙君作之君漢隸爲
世所珍貴摹搨者衆後且益就剝蝕今倘有可辨者
謹爲考正如此孔繼汾跋
碑云孔子十九世孫麟廉請置百石卒史按廉者察
也訪也麟是人名或讀麟廉二字爲人名非也　洪
氏所釋給犬酒直犬字實與大字不侔而從來無言
及之者以愚見度之似是犮字葢卽發字也旣省發
爲犮又省犮爲犬耳　碑稱孔龢脩春秋嚴氏經按
公羊春秋有顏嚴之學下邳嚴彭祖眭孟之弟子也
朱氏經義考云嚴氏流派史未之詳而其承師條下

所列治嚴氏者於漢史外遍徵詮釋而獨不及於孔龢何也（兩漢金石記）

碑載魯相平行長史事卞守長擅上公府書漢制王國相置長史一人猶郡守之有丞也卞爲魯屬縣故守長得上行長史事其云守者未正授之名也書首相長史並列其後祇相一人署名史晨碑亦如此式葢漢時公牘之例然也前稱司徒司空府後祇稱司空府當時必有故事今不可考太常有祠曹掾史百官志亦失載碑云乙君察舉守宅除吏孔子十九世孫麟廉請置百石卒史一人葢乙瑛有功於孔氏者

二事察廉一也請置守廟卒史二也洪氏謂麟廉請置百石卒史一人而乙瑛書言之於朝疑未然矣易說卦傳幽贊于神明釋文云本或作讚此碑正作幽讚神明可證陸氏之有本也（潛研堂金石文跋尾）

韓勑碑云孔子近聖爲漢定道史晨碑臣伏念孔子乾坤所挺西狩獲麟爲漢制作此碑亦云孔子大聖則象乾坤爲漢制作許沖上說文表深惟五經之妙皆爲漢制董仲舒表春秋之義稽合於律無乖異者然則春秋漢之經孔子制作垂遺於漢春秋繁露春秋之聽獄也必本其事而原其志鹽鐵論春秋之治獄論心定罪志善而違於法者免志惡而合於法者誅漢書淮南衡山反使仲舒弟子呂步治淮南獄應劭曰仲舒居家朝廷每有政議遣廷尉張湯問其得失於是作春秋決獄二百三十二事藝文志春秋有公羊董仲舒治獄十六篇然則二碑言爲漢定道爲漢制作與諸書皆有合也（桂馥跋）

吳斗南兩漢刊誤補遺云三王世家並載諸臣奏疏其著朔可爲後世法程曰三月戊申朔乙亥御史臣光守尚書令丞非下御史書到言丞相臣青翟御史大夫臣湯云云昧死上言臣請立臣閎臣旦臣胥爲

諸侯王云云制曰可四月戊寅朔癸卯御史大夫湯下丞相丞相下中二千石二千石下郡守諸侯相前言戊申朔則乙亥爲二十五日矣前言戊寅朔則癸卯爲二十六日矣中興以後有司失其傳如先聖廟碑載三月丙子朔二十七日壬寅司徒雄司空戒下魯國又修西嶽廟碑載十二月庚午朔十三日壬午洪農太守臣毅頓首死罪上尚書（案魯相晨祠孔廟奏銘建寧二年三月癸卯朔七日己酉魯相臣晨長史臣謙頓首死罪上尚書亦與此同文）烏有知朔爲丙子庚午而不知壬寅壬午爲二十七日十三日者哉斯近贅矣今世碑記祭文踵先漢故事可也余按中

與之初猶存西漢遺制後漢書隗囂檄文云漢復元年七月己酉朔己巳言巳巳則爲二十一日也吳氏之言信有本哉　碑首行司徒臣雄司空臣戒稽首言未言臣雄臣戒愚戇誠惶誠恐頓首頓首死罪死罪臣稽首以聞此即漢制三公奏事之式與獨斷所云奏者亦需頭其京師官但言稽首下言稽首以聞相合然誠惶誠恐頓首死罪字蔡氏略之不書今以碑所載可証其有遺典也 按堂金石跋

按後漢書延尉吳雄以明法律斷獄平起自孤宦致位司徒附見郭躬傳趙戒桓帝初以定策封厨

亭侯附見其子趙典傳質帝紀本初元年閏月司空趙戒爲司徒桓帝紀建和元年十月司徒趙戒爲太尉三年十月免元嘉元年四月光祿勳吳雄爲司徒二年十二月特進趙戒爲司空永興元年十月司徒吳雄罷司空趙戒免碑稱元嘉三年即永興元年是年五月始詔改元故中隔兩月而紀元各殊也雄戒罷免亦在是年才三月後事耳戒以阿附梁冀傾陷忠良爲清議所不齒故范史於李固傳贊云其視胡廣趙戒猶糞土也而此碑因魯相爲師崇道循例轉奏列名首行亦爲金石之玷讀者不可不知

宛令李孟初神祠碑

碑高四尺八寸廣二尺七寸十五行行約三十字今在南陽縣

故宛令益州刺史南郡襄陽李闕下字孟初
神祠之碑
□□舉孝廉除□郎中遷闕下史卒官□故吏
民追思德化闕下吏訊治立碑復祠下闕下垣
宇樹木皆不闕下中大人共祭文□□□□
文闕下永興二年——六月己亥朔十日□
宛令闕下部勸農賊捕掾李龍南部游闕下屋

有宇祠義民令䶵復無闕下時令琅耶開陽
貴君諱咸□□□□□□□□□伯闕下
□河南雒陽霍衍字元博□□□□□□□
□□□□伯□□□□□□□□□□□□
□□□□仲興闕下□掾吳定尉□功曹史
□□伯□□時嗇夫劉傻狀文佐闕下戶
□□□□伯□史佐□元舉□□□□時
賊捕掾李龍升高□□□京□甫闕下□□
□□供功曹史左治□□□□□時亭長
張河寫湯□□唐譚伯祖闕下

是碑歐趙洪以來著錄諸家皆未之及其當中穿處

日永興二年六月己亥朔十日以通鑑考之漢桓帝永興二年甲午四月己亥朔七月戊辰朔則六月爲己亥朔無可疑者碑以立祠爲主故不詳叙李君出處之蹟蓋曾舉孝廉官郎中官宛令又官益州刺史卒於官吏民追思爲立祠也賊捕掾官名不見於史志碑文系於勸農則所謂各署諸曹掾史者史亦未之詳也貴君以下則立祠之諸官姓名其令則益州官也　婁氏漢隷字源云漢碑年字垂筆有長過一二字者然此碑婁所不載也楊孟文石門頌命字則以石紋斷裂適當垂處不遑寫下一字而引上脚使長又與是碑年字不同 兩漢金石記

此碑題首二行行約十五字文十三行行二十八字第一行故宛令益州刺史云云字大三寸其文字僅半之中有穿惜半摩滅不可復辨碑新出土故前此金石家多未及載今録其可辨者如右益因李孟初官宛有德政義民因爲立祠也書法疏秀似韓仁銘當爲唐蔡有鄰所本 中州金石記

百官志五官爲廷掾監鄉部春夏爲勸農掾今碑正與志合至云瑯琊開陽考地里志開陽屬東海至後漢屬瑯琊郡國志瑯琊國有開陽是也左傳哀公三

年城啓陽即開陽以避諱易之中大人其案文字巻以宦者監視摹勒上石亦猶袁逢華嶽廟碑遣郭香察書之比但一令長神祠至遣中貴爲之檢案亦莫解其殊寵之由也 授堂金石跋

金石萃編卷八終

金石萃編卷九

賜進士出身 誥授光祿大夫刑部右侍郎加七級王昶譔

漢五

孔謙碣

碣高二尺六寸廣一尺七寸八行行十字今在曲阜縣孔廟

孔 謙字德讓者宣尼公廿世孫都尉君之子也幼體蘭石自然之姿長膺清妙孝友之行禮述家業脩春秋經升堂講誦深究聖指弱冠而仕歷郡諸曹史季卅四永興二年七月遭疾不祿

右漢孔德讓碑永興孝桓帝年號也其人早卒無事蹟可考余集錄所藏孔林中漢碑最後得此遂無遺者蓋以其文字僅少無事實故世人遺而不取獨余家有之也集古錄

右孔謙碣其名不甚可辨考孔氏譜得之所謂都尉君者太山都尉宙也孔融別傳云宙有七子融之次第六載於譜錄者惟有謙褒融三人褒之名見史晨碑隸釋

右孔謙碣甚小一穿微偏左有暈一重起於穿中復有兩暈在右其一甚短與宅碑小異文八行行十字後餘兩行隸續

東漢孔君碑及孔德讓碑皆在孔林中孔君孔子十九代孫名震官至河東太守德讓孔子二十世孫都尉君宙之子名謙德讓其字也歷郡諸曹吏宙震之弟彭大翼山堂肆考

碑云禮述家業脩春秋經此宙之第六子也愚已補載其爵氏於經義考承師門孔褒一條之後矣然据其文曰脩春秋經則德讓必自有纂輯之書未可概以嚴彭祖之師法泥之也 長膺清下洪作妙孩古無妙字或書為玅然此石本今尚可見止一少字居

中其左並無女旁字之偏傍或當日省作少即是玅字乎若直釋為女旁之妙則非也兩漢金石記

碣文今益浸漶所存字少有完者惟後文年卅四顯據今集古錄訛卅作廿又脫四字洪氏亦訛卅作廿傳刻之過也流俗人訛此碣為孔宏蓋失檢爾授堂金石跋

孔君墓碣

碣高三尺八寸廣二尺八行行十五字額題孔君之墓四字篆書今在曲阜縣孔廟

□ 永壽元年乙未青龍□□□□□□

□□□孔子十九世孫□君□□好學□

□□□□□履方約身□□□□□□□□
德施州里朝廷□□□□五官掾守長
史兼行相事所在叩行□□□□□□□於
歔哀□□□□□□□□吉安者□□□
芬刊石建□□示後□□□字□□□□
此□□□

右漢孔君碣在孔子墓林中其額題孔君之墓文已殘闕其前云元年乙未而元年上闕二字按東漢自建武以後惟桓帝永壽元年歲次乙未其他有三乙未皆非元年然則此碣所闕二字當爲永壽也金石錄

右碑乾隆癸丑暮春錢唐何夢華元錫得於聖林牆外移置廟內別立碑以識其處元爲記之文中可辨者五十二字孔君名字無存惟云孔子十九世孫當是孔宙孔彪兄弟行也此碣規式異於諸碑自趙氏金石錄已云漫滅況又閱數百年宜其存字無多也山左金石志

按是碣自趙氏以後無著錄者文多漫漶然其世系仕履略可考見云孔子十九世孫則即孔麟孔宙之兄弟也百官志五官掾署功曹及諸曹事又皇子封王其郡爲國每置相一人相如太守有長史如郡丞此云五官掾守長史兼行相事則孔君由五官掾爲長史兼行相事蓋曾仕王國而不能詳其爲何王矣韓勑碑有魯相平行長史事與孔君以長史行相事者不同漢官兼攝之制蓋如此

韓勑造孔廟禮器碑

碑高七尺一寸廣三尺二寸十六行行三十六字今在曲阜縣孔廟

惟永壽二年青龍在涒歎霜月之靈皇極之日魯相河南京韓君追惟大古華胥生皇雄顏□育□寶俱制元道百王不改孔子近聖為漢定道自天王以下至于初學

莫不驪思嘆卬師鏡顏氏聖舅家居魯親里并官聖妃在安樂里聖族之親禮所宜異復顏氏并官氏邑中繇發以尊孔心念聖歷世禮樂陵遲秦項作亂不尊圖書倍道畔德離敗聖輿食糧亡于沙丘君於是造立禮器樂之音符鐘磬瑟鼓雷洗觴觚爵鹿柤梪籩柉禁壺脩飾宅廟更作二輿朝車威熹宣抒廟瀆汙以注水流法舊不煩備而不奢上合紫臺稽之中和下合聖制事得禮儀於是四方士仁聞君風燿敬咏

異德尊琦大人之意逴彌之思乃共立表
石紀傳億載其文曰
皇戲統華胥承天畫卦顏育空桑孔制元
孝俱祖紫宮大一所授前闓九頭以升言
數後制百王獲麟來吐制不空作承天之
語乾元以來三九之載八皇三代至孔乃
備聖人不世期五百載三陽吐圖二陰出
讖制作之義以俟知奧於穆韓君獨見天
意復聖二族逴越絕思脩造禮樂胡輦器
用李古舊宇慇懃宅廟朝車威熹出誠造

□瀆不水解工不爭賈深除廟諱汙水通□
注禮器升堂天雨降澍百姓訢和舉國蒙
慶神靈祐誠竭敬之報天與廠福永享牟
壽上極華紫旁伎皇代刊石表銘與乾運
耀長期蕩蕩於盛復授赫赫罔窮聲垂億
載
韓明府名勅字叔節　潁川長社王廟諱君
真二百　河東大陽西門儉元節二百
故涿郡大守魯麃次公五千　故會稽大
守魯傳世起千　故樂安相魯麃季公千

故從事魯張嵩眇高五百　相主簿魯
薛陶元方三百　相史魯周乾伯德三百
碑陰　共三列每列十七行
曲成侯王暠二百　遼西陽樂張普仲堅□百
河南成皋蘇漢明二百　其人處士
河南雒陽种亮奉高五百
故兗州從事任城呂育季華三千
故下邳令東平陸王褒文博千
故潁陽令文陽鮑宮元威千

河南雒陽李申伯百
趙國邯鄲宋瑱元世二百
彭城廣戚姜尋子長二百
平原樂陵朱恭敬公二百
平原濕陰馬瑤元冀二百
彭城龔治世平二百
泰山鮑丹漢公二百
京兆劉安初二百　故薛令河內溫朱熊伯珍五百
下邳周宣光二百　故豫州從事蕃加進子高千
河間東州齊伯宣二百

陳國苦虞崇伯宗二百
潁川長社王季孟三百
汝南宋公國陳漢方二百
山陽南平陽陳漢甫二百
任城番君舉二百
任城王子松二百
任城謝伯威二百
任城高伯世二百
相主簿薛曹訪濟興三百
相中賊史薛虞韶興公二百

薛弓奉高二百
相史卞呂松口遠百
騶韋伯卿二百
處士魯劉靜子著千
故從事魯王陵少初二百
故督郵魯开煇景高二百
魯曹悝初孫二百
魯劉元達二百
故督郵魯趙煇彥臺二百
郎中魯孔宙季將千

御史魯孔翊元世千
大尉掾魯孔凱仲弟千
處士魯孔方廣率千
魯孔巡伯男二百 文陽蔣元道二百
魯孔憲仲則百 文陽王逸文豫二百
尚書侍郎魯孔彪元上三千
魯孔汎漢光二百 南陽宛張光仲孝二百
守廟百石魯孔恢聖文千
褒成侯魯孔建壽千 河南雒陽王敬子慎二百

故從事魯孔樹君德千
魯孔朝升高二百 魯石子重二百
行義掾魯弓如湖都二百
魯劉仲俊二百 北海劇袁隆展世百
魯夏侯廬頭二百 魯周房伯臺百

碑右側 共四列每列四行

山陽瑕丘九百元臺三百
齊國廣張建平二百 其人處士
上黨長子楊萬子三百

蒙土魯孔徵子舉二百
魯徐伯賢二百
魯劉聖長二百
河南匽師骨鄰通國三百
河南平陰樊文高二百
河東臨汾敬信直千
河南雒陽左叔寡二百
東郡武陽董元厚二百
東郡武陽桓仲豫二百
泰山鉅平韋仲元二百　蕃王狼子二百

泰山費淳于陵季遺二百
故安德侯相彭城劉彪伯存五百
故平陵令魯麃恢元世五百

碑左側

共三列每列四行

東海傅河東臨汾敬謙字季松千
時令漢中南鄭趙宣字子雅
故丞魏令河南京丁琮字叔舉五百
左尉北海劇趙福字仁直五百
右尉九江浚遒唐安季興五百

司徒掾魯巢壽文后三百
河南匽師度徵漢賢二百
南陽平氏王自子尤二百
相守史薛王芳伯道三百　魯孔建壽二百
相行義史文陽公百煇世平百
魯傅兖子豫二百　任城亢父治真百
魯孫般三百　魯孔昭叔祖百　亓盧城子二百

碑云永壽二年青龍在涒灘霜月之靈皇極之日永壽桓帝年號也按爾雅云歲在申曰涒灘桓帝永興三年正月戊申大赦改元永壽明年丙申曰歲在涒灘是矣云霜月之靈皇極之日莫曉其義疑是九月五日韓明府者名勑字叔節前世見於史傳未有名勑者豈自余學之不博乎集古錄

碑云爵鹿柤梪籩柉禁壺脩飾宅廟更造二輿所謂鹿者禮圖不載莫知為何器又據字書柉木皮可為索意陳樂也亦非器名皆不可曉故幷著其辭以俟知者余後見復陽陳氏所藏古彝爲伏鹿之形近歲青州獲一器亦全爲鹿形疑所謂鹿者因其形而名之耳金石錄

右魯相韓勑造孔廟禮器碑無額其文雖用讖緯不可盡通呂氏春秋云有侁氏女採得嬰兒於空桑是

為伊尹蓋托之神物與履拇吞鳦同或曰空桑地名
也此云聖母顏氏育於空桑不經之甚渚歎者以歎
為濈也聖妃者以妃為配也雷洗觴觚爵鹿柤梪籩
柉禁壺者以雷為罍以柤為俎也古爵三足而兩柱
前若喝後若尾有爵之象趙曰青州近獲一器全為
鹿形此所謂鹿豈非肖其形因以名之乎說文木豆
謂之梪柉音凡木名也皮可為索禮器曰大夫士棜
禁注云禁如今之方案儀禮鄉飲酒禮戶閒斯禁設
篚于禁南注禁切地無足者壺與上下文符觚與汙
協韻當是壺字也胡輦者瑚璉也碑以佽為毖驟音驟遼即籧字涞郎

漆字
右韓勑碑陰六十有二人不稱字者一人不稱
名者二十一人漢人題名必書名字否則各有說也
楊震碑陰孫定博諸人不名者非其門生也逢盛碑
陰崔孟祖數人不名乃其父黨也題名於韓勑碑左
凡八人爵之二應一傳不名者別字相之尊也張納
碑陰主簿白文已下不稱字者示其異於從事季元
也史晨後碑五官掾孔暢六人不稱字者亦示其卑
於長史李謙也孔倚傳云永元四年徙封孔損為褒
亭侯損卒子曜嗣曜卒子完嗣此碑有孔曜仲雅則
永壽時曜尚未襲封所謂褒成侯建壽當是孔損之
字傳作褒亭其說在孔龢碑自永元四年至永壽二年亦六十五
年矣題名中孔族凡十四人有譜可考者曜及郎中
宙御史翊侍郎彪皆孔子十九世孫也建壽爵尚俱
尊而在子姓之閒宜其不名餘人雖不見爵秩當亦
是一時耆老獨曲成侯王暠一人不稱字豈爵雖襲
而年尚穉者乎蘇漢明者已鐫而續書故以其人處
士識于下張普朱熊五人書體不同蓋後人所增者
隸釋

韓明府名勑字叔節歐陽永叔謂書傳無以勑命名
者秦制天子之命為勑漢用秦法臣下不敢以勑名

考之字書勑字從束誡也古者以勞賚為勑勑為賚
音其文為徠別體當南齊時有劉勑為始興內史則
古人名勑何世無之往昔文嘉譔作縣樓架勑書於
昌樂楊為勑書蜀中縣多作勑者說文勑音賚馬箠
也敕音奇木別生也嘉譔勛之子勛有書名其子不
能考古如此廣川書跋

右漢魯相韓勑造孔廟禮器碑說者謂其文雜用讖
緯不可盡通余觀東漢自光武以赤伏符即位篤好
圖讖臣下則而效之流弊浸廣至漢末而其說尤熾
見之金石者不特此碑然也帝堯碑云堯遊於元河

卷九

之上有龍授圖堯乃受命成陽靈臺碑云堯母慶都遊觀河濱感赤龍交而生堯魯相史晨孔廟碑云孔子乾坤所挺西狩獲麟爲漢制作皆怪誕恍惚不經之甚金薤琳琅

射禮有鹿中高一尺五寸爲鹿形背設圓筩以納筭筭射畢以釋之器也又有乏如屏風所以爲獲者御矢恐即枑也其有木刻正猶俎豆之爲桓也錢殺校金石錄記

歐陽永叔謂書傳無以勑命名者秦制天子之命稱勑漢用秦法當時臣下豈敢以勑自名者是以勑爲敕也詳廣川書跋第意有未明余更著之韓明府自名勑從力來聲音賚勞也亦作徠倈來答勸曰勞撫至曰勑亦有飭也故字叔節以勑爲敕誤也敕從攴束聲誡也攴小擊也又有束縛之義故爲敕命之敕又攴旁加朿音策馬箠也朿讀若刺又鼓從攴朿聲音其木別生也攴持也與攴異四字易淆故詳著之金石史

闕里孔子廟廷漢魯相韓勑叔節建碑二前碑紀造禮器後碑以志修廟謁墓碑陰兩側均有題名思夫孔子既沒褒崇之典歷代有之世本王侯大夫莫不

有宗譜族牒聖人之後獨無聞焉厥後仙源宗子珍扈宋南渡金源立別子爲祖嘉熙雖仍錫文遠以爵而授之田里俾居三衢宋之亡也忽焉元人思復立大宗而宗子辭不受能以禮讓是人之所難也以余所見明嘉靖中孔門僉載一書先聖六十一代孫承德郎魯府審理正宏幹所撰有世表有宗系圖其於三衢一支棄而不錄莫系世辨昭穆者宜如是乎可爲長太息也矣勑前後碑陰載孔氏苗裔有褒成損建壽御史翊元世東海郎中訢定伯豫州從事方廣平故從事樹君德朝升高守廟百石卒史恢聖文文學百石芝德英故督郵承伯序賴元夏進幼達相史諸仲助備子佑贊元賓曜仲雅遵公孫虵連壽番安世太尉掾凱仲悌處士微子與巡百男憲仲則汎漢光凡二十三人而後碑兩碑是孔從事所立殆方也伏念聖人之後有賢子孫改修闕里志孔門僉載則宗子支子之流派及書名史冊碑碣者具書之惟非其族必去非聖人之言必削之庶乎其可已曝書亭集

歐陽公云前世見于史傳未有名勑者予觀繁陽令楊君碑陰有故民程勑字伯嚴則漢時不獨韓明府名勑也勑字本音徠去聲今按二君之字皆作飭字

解金石後錄

此碑所用字古奧尤多今考訂一一詳之曰莫不騐思騐音驥集韻通作騐曰歎卬師鍾卬卽仰華山廟碑日月星辰所昭卬也老子銘卬其生平劉熊碑莫不師卬鄭固碑卬號爲告詩瞻卬昊天史記帝紀卬而射之西漢刑法志天下所卬皆同仰也曰顏氏聖舅家居魯親里并官聖妃在安樂里乃啟聖公夫人顏氏宣聖夫人并官氏所居之地也闕里志云歷年久遠二里之名雖存而地不可考矣家語云孔子年十九娶于宋之幵官氏六十六歲夫人幵官氏卒曰

邑中繇發金薤琳琅闕餘字碑文現存曰食糧亡于沙邱闕里志云秦始皇發孔子墓既啟見冢上刻文云秦始皇何強梁開吾戶據吾牀飲吾漿唾吾堂飡吾飯以爲糧張吾弓射東牆前至沙邱當滅亡葢用其語也曰尊琦大人琦卓犖貌曰違壐之思違音緯說文違也壐卽彌久也成陽靈臺碑廣漢長王君石路碑防東尉司馬季德碑俱作壐言諸君美韓明府造立禮器欲爲文立石垂示久遠也其文以四言爲句而首句獨五言加皇字于上高出碑文一字曰皇戲統華胥子謂於皇字下著一歎美之辭孫庶常

澄欲修幸魯盛典載此碑以戲作羲謂伏羲承天畫卦而啟孔氏之制作其說是也金薤琳琅云皇字下闕一字今碑戲字現存曰前闓九頭闓卽開梁相孔耽祠碑祝睦後碑俱有此字曰以斤言教斤漢隸字源收入四十五厚作斗白石神君碑粟斤五錢斤字亦如此寫曰以俟知與金薤琳琅知字下闕一字今碑奧字現存趙子函以都楊二公錄闕七字皆得戲與二字遂載于既語予所錄亦同趙本何都楊二公反不及見也曰胡輦器用以輦作璉連上聲二字之音本同張爾公云漢隸孔廟碑作胡輦非駁議而無

所援據恐漢人未受也曰上不爭賈賈價也曰永享牟壽牟冒字之通也曰旁伎皇代予觀碑文伎似及字而漢隸字源收作伎又收作伎伎字之義爲長也概自漢末崇尚讖緯文中如霜月之靈皇極之日華胥生皇上合紫臺俱祖紫宮太乙所授前闓九頭三陽吐圖二陰出讖等語皆本於緯書獨是韓君秋節志存聖道造立禮器其爲樂之屬有四祭之屬十有二準之于今雖略而未備然自君擲始至今享祀千載不墜爲功猶多今廟中之有編鐘編磬應鼓雅瑟頌瑟其卽韓君當時所製乎何遂無簫笛琴笙柷敔

塡甗之類也而觴觚爵鹿皆酒器罍者酒器亦盥洒器洗則承水器梪籩之爲水土之品柤進肉之器爵者次于尊彝今皆具存廟中至所謂杚禁二器則無之杚音凡博雅盄盃也集韻或作盄㽉禁是陳酒尊之器酒必有禁禁以承尊名禁者曰爲酒戒也二器之爲用韓君旣設于廟不知何時竟廢而不傳耶前漢書彝尊作罍籀文也碑書罍爲雷從籀文從字寫法下從世而上似告亦奇并官氏并字上作二點後碑陰魯开煇無二點柤梪字用木旁皆字體之變者金石遺文錄

魯相韓勑修造孔廟禮器所立今謂之禮器碑集古錄作修孔子廟器表金石錄作韓明府孔子廟碑天下碑錄作魯相韓勑復顏氏繇發碑按碑云復顏氏并官氏邑中繇發以尊孔心發繇下句讀且所復者尚有并官氏而此碑又不爲復繇所立碑錄非也顧藹吉隸辨

皇極之日洪範五皇極五日爲皇極日也洪容齋隨筆謂月之五日皆可稱端午亦皇極之義也　范史百官志王國每置傳一人相一人光武建武二年封北海靖王興爲魯王此魯之所以有丞相也漢初其

官職傳爲太傅相爲丞相至景帝時吳楚七國反遂改丞相但曰相太傅但曰傅此魯之所以不稱丞相而但曰相也　并官氏聖妃按家語孔子年十九娶于宋之亓官氏本注亓古其字又姓也或誤作开碑書作并隸法小變耳隸辨以爲家語作并官氏與此碑同而以作开者爲誤今家語正作开以并爲正者隸辨誤耳聖妃者隸釋云以妃爲配按古者妃爲女子通稱漢曹全碑大女桃斐斐即妃字魏書刑法志河陰縣民張智壽妹容妃則知妃字正不必讀作配也　按开字雖隸法有變不應書作并字今家語亦正作并姓譜列并官氏于去聲敬韻引先賢傳亦正作并官氏至亓官二字各書俱無可考惟字典載之亦不言出何書碑陰有开煇其人者开不作并　復顏氏并官氏邑中繇發以尊孔心鄭芷畦云繇本作徭史記高祖嘗繇咸陽應劭注繇役也發者禮王制有發則大司徒教士以車甲疏謂軍旅以發士卒也

胡輦器用隸釋云胡簋名瑚璉也周禮大司徒鄉師大軍旅會同正治其徒役與其輂輦注夏后氏二十人而輦殷十八人而輦周十五人而輦故書輦作連鄭司農云連讀爲輦禮記明堂位夏后氏之四連

釋文連本又作璉連璉輦三字古通用　勑說文勞
也從力來洛代切敕誡也臿地曰敕從文束讀作恥
力切兩字本不相通然經典相承皆以勑爲敕易噬
嗑先王以明罰勑法書臯陶謨勑我五典益稷勑天
之命康誥惟民其勑楙和多士勑殷命終于帝詩楚
茨既匡既勑皆以勑爲敕隸辨云敕者上命下之辭
自漢以來官長行之掾屬祖父行之子孫皆曰敕漢
史晨碑又勑瀆井復民漢書陳咸傳公移勑書而孫
寶之告督郵范史多用勑字　鄭芷畦云涿郡太守
樂安相之兄也省志志陵墓魯諸王墓下注云魯恭

王孫皆葬於此大墓二十餘石獸二石人三胸臆間
篆刻曰漢樂安太守麃君然則麃姓是魯恭王後也
　魯傳說見前魯相下此魯傳世起當是魯人之姓
傳名世起者非太傅之傳後左側魯傳兗子豫乃是
魯太傅其爵雖尊而無功於聖廟且出泉之次在後
故列于左側也或以魯傳名號相同焉知此非太傅
之傳按漢碑題名未有但書其爵而不著姓者此傳
世起以是會稽太守故列碑前若果魯傳則其爵尊
於會稽太守不當列於太守下矣　褒成侯猶今之
衍聖公也爲孔子後典主聖廟祀事范史孔僖傳世

祖建武十三年封孔志爲褒成侯志卒子損嗣永元
四年徙封褒亭侯損卒子曜嗣按孔和韓勑兩碑皆
後永元六十餘年徙封已久不應猶仍故封今百石
卒史碑載褒成侯四時來祠韓勑碑陰載褒成侯孔
建壽仍而不改當由史誤又隸釋稱孔建壽卽損之
字按損以永元四年徙封卽封時年少至永壽二年
亦已老矣而子曜尚未襲封著於碑陰又曜既爲損
子不應子列父前碑陰宜不失書其爲史誤的然無
疑矣　左側首書北海傅敬謙以是師傅之尊故首
列之且係北海郡官於魯爲客也下卽書令長丞尉

以是本郡官長故尊之也按范史縣萬戶以上爲令
不滿爲長丞各一人尉大縣二人小縣一人碑稱時
令則大縣也丞一人碑書故丞魏令向嘗爲丞今遷
魏令者也尉二人以是大縣故有左尉右尉也正與
史書合　此碑題名者凡百有七人多書出泉之數
唯韓明府及時令但列爵里名氏者韓明府功最大
非僅出泉者所可竝故首揭而大書之時令掌魯一
邑之政佐韓明府故亦不書出泉之數也　孔建壽
與碑陰重見碑陰稱褒成侯此但書魯碑陰書出泉
千此又書出泉二百豈既出泉千而復出泉二百與

百石卒史碑宋張稚圭據圖經謂是鍾太尉書此碑兖州府志亦云出太尉手按魏志繇以太和四年卒上距永興元年尚七十八年距永壽二年亦七十四年計此時繇尚幼冲決無能書碑之理今之談漢碑者稍前必以歸之蔡邕稍後必以歸之鍾繇二碑正當蔡邕之時或以歸諸邕尚有可據而云鍾繇決無是理大段邕所書碑有據者唯鴻都石經繇所書碑有據者唯勸進受禪表餘皆無據不足信也已永興元年魯相乎請爲聖廟置百石卒史到此遂有守廟百石孔恢一人然前所請置者孔和也曾未兩

年遠易孔恢不解何故王澍虛舟題跋原

右漢魯相韓勅孔子廟碑天下碑錄題爲魯相復顏氏繇發碑集古錄隸釋題爲魯相修孔廟禮器碑皆得其一而遺其一不若金石錄但目爲韓明府孔子廟碑之爲該也　家語孔子娶于宋并官氏萬姓統譜引先賢傳孔子娶并官氏并讀去聲皆與此碑同今闕里志誤作亓俗讀如稽蓋形聲并誤矣乃或者不考反以作并者爲非謬甚　趙氏云字書壴陳樂也非器名不可解按趙氏誤引說文壴字之訓說文壴陳樂立而上見也從屮從豆中句切碑字作壴與豈迴別　兩側前第六人云相行義史文陽公百煇世平百恭壽先生跋云文陽公爲一人煇世平爲一人當是姓文名陽公或字陽公者非公侯之公也煇世平不著郡望當與文陽公同里并同官者故即繫文陽公下予按此說非也漢書地理志後漢書郡國志汶陽屬魯國史晨後碑有文陽馬琮隸釋云以文陽爲汶陽此碑之陰書文陽者凡三人皆汶陽也此人亦隸籍汶陽公百其姓煇其名世平其字百乃所出泉數耳古複姓有公伯氏魯論有公伯寮伯與百蓋通用也若以文陽爲一人煇世平爲一人既與前

後書法不類況文陽公既無郡望煇世平之郡望又何從知且姓氏書亦無煇姓也兩側後第一人云山陽瑕邱丸百元臺三百先生跋云瑕邱乃地名非人名按范史屬山陽郡元臺亦當是山陽所屬之地予按此說亦誤元臺之爲地名既無可考且他碑陰亦從未有合一邑所出泉數而總記之者蓋九百非泉數亦人姓名也列子有九方皐唐有九嘉宋有九眞明有九焯九姓歷歷可數元臺則其字也先生于此碑并陰及兩側考訂極詳此其小誤予特表而出之金石存

碑云并官氏聖妃方綱謹按集韻增韻韻略諸書及唐林寶元和姓纂皆不收此姓惟宋鄧名世古今姓氏書辨證十四清內有并官複姓注引先賢傳孔子娶并官氏生伯魚近日顧南原隸辨吳山夫金石文存亦皆以并爲是方綱又於國學暨江寧府學見元明加封詔書碑皆書作并楷隸相證愈無可疑王虛舟乃以隸辨爲誤蓋未之考耳　何義門曰孔子娶於并官氏自王伯厚姓氏急就篇及宋本東家雜記皆作并而正義中反從流俗作开若非宋本何以析疑張塤曰宋大中祥符元年鄆國夫人勅亦曰并官

氏　碑字別體洪釋尚未有盡者如廣韻驩同驥是但爲驥字訓耳若專訓驥字則直當引禮記正義希驥慕仰之義音義皆當主冀字不必主驥字也又如士仁處士之土皆是士字又以悢爲𢠵以苻爲符以頴爲頼以卬爲仰以亖爲卞以彲爲彪以臯爲皋以戚爲戚皆假借通俗之漸也　虛舟先生於此碑考核不遺餘力然其開舛謬者不一而足如論人名一條云舊說謂東漢承王莽制人無二名按二名惟後漢書無之漢碑多有他不具論即此一碑二名者便數十人可知前語無據方綱按此碑惟王暠孫殷二

人稱名不稱字其餘如龐次公傅世起以下凡二字者皆其字非其名也碑側傅兗子豫亦是姓傅名兗字子豫而虛舟以爲太傅之官亦誤又一條云右側惟蕃王狠子爲最尊然不以居首而與安德侯相平陵令竝列然書特縱橫於碑陰爲絕異中外賓主之辨始終秩然也方綱按此蓋誤讀蕃王二字爲外國之王耳不知蕃是邑名王其姓也　碑陰中列第六行謝伯威二百第七行高伯世二百此二行下有細隸書三行云熹平三年左馮翊池陽項伯脩來凡十三字方綱以滁陽顧苓云美所藏舊拓本審定得之從來著錄家所未見也　韓勅後

碑亦見於隸釋隸續而今竟不見其石子厲曲阜桂君再四訪覓弗獲也昔年金陵鄭汝器猶手拓其本以遺朱竹垞見於曝書亭集何至今數十年閒乃湮晦不見斯亦異矣据隸續所錄碑陰末一行云永壽三年七月廿八日孔從事所立即碑陰人名內云故豫州從事魯孔方廣平五百者也按此與前碑陰內處士魯孔方廣率當是兩人率字今微露右半是以姑依洪氏作率字耳兩漢金石記

碑文云違墾之思違墾即阜爾也云前闓九頭以什言教後制百王獲麟來吐什言者十言也春秋正義

引易云伏羲作十言之教曰乾坤震巽坎離艮兌消息碑蓋用其語上二句言贊易下二句言作春秋意正相對婁機顧藹吉皆釋什爲斗文義殊難通矣自皇戲統華胥而下五十二句句皆四言獨皇戲句五言而皇特跳上一格書之不可解竊意此字後人妄加非本文也　右碑陰題名六十有二人兩側三十有二人碑之左方題名者八人有書名不書字者王暠孫殷是也有書字不書名者麃次公蘇漢明是也有書名兼書字者西門儉元節种亮奉高是也有書名書字而又殊其例者敬謙字季松趙福字元直是也郡縣兼書如潁川長社河南成皋之類碑之常例也有書縣不書郡者魯卞文陽蕃騶薛皆隸魯碑爲魯相立不必更書魯國也東平陸隸東平國非同郡而不書避重出也任城泰山彭城下邳京兆或不書縣者郡所治也若泰山之鉅平任城之亢父彭城之廣戚則郡縣仍兼書也惟曲成侯王暠郡縣俱不書又例之變也碑有相行義史文陽公百煇世平百有山陽瑕邱九百元臺三百此公百九百乃複姓非出錢之數也何氏姓苑云昔㑃縣人姓九百名里爲縣小吏而功曹姓萬縣中語曰九百小吏萬功曹是古

有九百氏也廣韻公伯複姓有魯大夫公伯寮碑云公百以百爲伯也文陽卽汶陽後漢書王梁傳擊肥城文陽拔之注文音汶與此碑正同也碑陰有褒成侯孔建壽碑側又有孔建壽古人命字多相同非一人而再見也云守廟百石卽乙瑛碑所置百石卒史也不云卒史者省文猶稱太守曰二千石也洪氏隸釋有碑陰無兩側都元敬所藏搨本合碑左方碑陰兩側爲一元敬不能詳考妄譏洪之誤不知隸釋所載碑陰本無闕文也兩側題名不載於隸釋元敬自以意讀之舛謬殊甚如以河南匽師爲河浦退師任城亢父爲侯我交父皆大可笑也（潛研堂金石文跋尾）

禮器碑霜月之靈說金石者不曉霜月爲何語予謂霜月者相月也爾雅說天篇七月爲相　禮器碑顏育空桑隸釋引伊尹生空桑以爲不經之甚予謂空桑者窮桑也左氏昭九年傳遂濟窮桑注窮桑少皞之號也窮桑地在魯北定四年封于少皞之虛注少皞虛曲阜也在魯城內顏母生于曲阜卽少昊之虛故稱空桑空窮古書通用洪譏其不經殆未考左傳耳（錢大昕十駕齋養新錄）

碑云復顏氏并官氏邑中繇發以尊孔　心按復讀如

瀆井復民之復免其賦役也禮記八十一子不從政九十家不從政鄭注復除之後漢書光武紀幸南陽復田租一歲父老願賜復十年王良傳詔復其子孫邑中徭役王沈魏書老耄須待養者年九十以上復不事家一人又云譙霸王之邦其復譙租稅二年魏志杜畿傳舉孝子貞婦順孫復其繇役魏略顏斐爲京兆聽吏民欲讀書者復其小徭江表傳樂從軍者一身行復除門戶吳志劉繇傳有好佛者聽受道復其他役呂蒙傳與守冢三百家復田五十頃陳武傳初表所受賜復人得二百家潘璋傳賜田宅復客五十家宋書殷世期傳復其身徭役南史梁武紀詔蘭陵縣修建二陵周回五里內居人賜復終身魏書太宗紀所過復一年田租碑蓋言復其終身且賜及邑里也尊卽奠字奠定也奠尊聲相近說文奠或從寸是形亦相近繇俗作徭說文作䌛隨從也發謂調發管子大匡篇野爲原又多不發朱長春曰不發是大徭大役簡少其野多不發之衆樊毅復華下民租田口筭碑每被詔書調發無差新序曾君命有司無得徵發單父漢書嚴助傳是時征伐四夷開置邊郡軍旅數發兒寬傳後有軍發後漢書韋彪傳賦發充常

調而貪吏割其財續漢書劉寵爲會稽太守若邪溪父老送寵曰他時吏發不已民或夜行狗吠竟夕人不得安王沈魏書不得擅興發北史和平二年詔自頃每因發調逼人假貸建德元年詔自今正調以外無妄徵發正始元年詔諸州鐲停徭役不得横有徵發魏志王修傳自爲營塹不肯應發調英雄記張杳不應調發吳志孫堅傳術踧踖卽調發軍糧孫權傳至於發調者徒以天下未定事以衆濟駱統傳每有徵發羸謹居家重累者先見輸送北史魏宣武紀詔諸州鐲停徭役不得横有徵發晉陽秋劉宏爲荆州刺史每有興發手書與郡國丁寧謹密故莫不感悅顚倒奔赴宋書沈攸之傳賦斂嚴苦徵發無度凡此皆繇發之事可爲碑作證者也　碑云遵柀禁壼隸釋以柀爲枑云音凡木名也皮可爲索又釋禁字引禮器大夫士棜禁馥按柀卽棜字玉篇棜几屬也廣韻棜無足尊也柀木名可爲箭笴蓋隸體借柀爲棜也太平御覽禁一名棜乙去切引三禮圖棜長四尺廣二尺四寸深五寸無足漆赤中青雲畫陵苕華飾禁長四尺廣二尺四寸通局足高三寸漆赤中青雲畫陵苕華飾刻鏤其足爲褰帷之形據此則三禮圖

與玉篇几屬之訓相合禮器注云棜斯禁也謂之棜者無足有似於棜或因名云爾孔疏棜是轝名故既夕禮云設棜子東堂下注云棜今之轝也又注特牲云棜之制如今大木轝矣上有四周下無足今大夫斯禁亦無足似木轝之棜故周公制禮或因名此斯禁云棜耳大夫用斯禁士用棜禁如今方案隋長局足高三寸顏謂如今方案者亦几屬也廣韻以爲無足尊者卽禮器天子諸侯之尊廢禁也特牲饋食禮壺棜禁饌于東序是則鐏柉禁壺皆禮器韓君所造者也洪氏知引棜禁而不識柉字葢疏於借體誤以柉字當之矣碑又云雷洗湯觚爵鹿柤梪凡八器雷罍也禮記魯祀周公於太廟尊用犧象山罍是也湯觴也說文觶實曰觴又云觴受三升者謂之觚是也鹿角也漢角里先生一作祿亦作鹿鹿角聲相近儀禮主人洗角禮記舉斝角又云宗廟之祭尊者舉觶卑者舉角是也柤卽俎字皆借體也桂馥跋禮器碑瑚璉作胡輦按春秋傳曰胡簋之事明堂位曰夏后氏之四連易蹇之六四曰往蹇來連虞翻曰連輦也周禮鄉師輂輦注云故書輦作連先鄭云連讀爲輦巾車職云輦車組輓陸氏云輦本又作連音輦管子海王曰行服連軺輂漢書連勺孫卿淳音輦酌則知連與輦音義皆同也莊子連字皆音輦說文

胡連字又作槤徐鉉云俗作璉則二字皆从玉旁俗所作也　禮文王世子大夫勤于朝卿士鹽于邑孔穎達曰鹽謂仰冀之也廣韻九利切集韻几利切汪照古石琅玕呂氏春秋本味篇有侁氏女破空桑而得伊尹其說頗近荒誕禮器碑有顏育空桑語隸釋引呂覽伊尹事爲證譏其不經繹按是碑多用讖緯之文後漢書班固傳注引春秋演孔圖云孔子母徵在夢遊於大冢之陂黑帝使請已往夢與語曰女乳必於空桑之中覺則若有所感後生孔子於空桑之中碑云顏育空桑卽其事也錢繹小盧隨筆　按碑稱前闓九頭攷春秋元命包論十紀一曰九頭紀卽碑所本宋均注春秋命歷序九頭九人也路史前紀則云地皇氏逸子有人皇九男相像其身九章注云姓愷名胡洮字文生人面龍身九頭兩說各異宋說當近之碑又云制不空作承天之語亦本春秋緯演孔圖云聖人不空生必有制以顯天心邱爲木鐸制天下法是也碑末題名三行頌川長社以下入人皆有出錢之數當與碑陰所題六十二人兩側所題三十二人合計之並是攺錢

遣器者姓名也朱君文藻嘗疑碑側姓名別是一次斂錢不與禮器同時之事蓋書體既不相類而褒成侯孔建壽已見碑陰復入碑側其非一時之事明矣孔子之後爵褒成侯至永元四年徙封褒亭此碑立於永壽二年距徙封已五六十年而猶稱褒成殆文字之閒不妨偶襲舊號耶御史孔翊元世或謂後漢書有孔昱傳昱亦字元世古人翊日多作昱日字本通用疑是一人然昱于靈帝時徵拜議郎補雒陽令以師喪棄官卒於家而碑於桓帝時已題御史且洪氏謂翊孔子十九世孫而昱乃孔霸七世孫霸是十三世則昱當是二十世次亦不合斷非一人也洪氏云蘇漢明已鐫而續書故以其人處士識于下然碑左側張建平下亦識其人處士四字豈亦續書者與碑又以上仁爲士人與金鄉長侯成碑同逴越爲卓越猶卓爾作[illegible]讖也

又按讖緯之作其來已久隋經籍志云河圖雒書以紀易代之徵其理幽昧究極神道先王恐其惑人秘而不傳說者又云孔子既敘六經別立讖緯以遺來世其書出於前漢有河圖九篇雒書六篇云自黃帝至周文王所受本文又別有三十篇云自周初至於孔子九聖之所增演以廣其意又有七經緯三十六篇並云孔子所作云云攷公羊子高受經於子夏其傳春秋多舍左傳而從春秋說文見於何休注者甚衆則其書傳自孔門弟子無疑其以爲出于漢初及起於西漢哀平之世者皆非也緯書中閒有事涉迂謬及後世之事疑皆妄人附益而以之參驗六經殊足以資聞見故太史公撰五帝本紀于世本國語三傳之外兼采及之孟喜注易七日來復謂卦氣起中孚則用易稽覽圖賈逵注左傳九邱稱孔子作春秋立素王之法則用春秋緯趙岐注孟子論尚書百二十篇則用春秋說題辭論命有三名則用孝經援神契許慎撰說文解字引孔子云推十合一爲士禾入水爲黍則用元命包引子欲居九夷從鳳嬉則用論語摘衰聖而鄭康成禮注詩箋二書取緯書以資發明者尤不勝舉且鄭于河圖易緯尚書緯尚書中候禮緯禮記黙房並爲之注可見緯與經實相表裏不爲大儒所棄如此漢時且詔東平王蒼正五經章句皆命從讖朱氏彝尊謂終東漢之世以

通七緯者爲內學通五經者爲外學其見于范史
者無論謝承後漢書稱姚浚尤明圖緯秘奧又稱
姜肱博通五經兼明星緯載稽之碑碣於有道先
生郭泰則云考覽六經探綜圖緯於太傅胡廣則
云探孔子之房奧于琅邪王傅蔡朗則云包洞典
籍刊摘沉秘於中郎周勰則云總六經之要括河
雒之機於大鴻臚李休則云既綜七籍又精羣緯
於國三老袁良則云親執經緯隱括在手於太尉
楊震則云明河雒緯度窮神知變於山陽太守祝
睦則云七典並立又云該洞七典探賾窮神於成

陽令唐扶則云綜緯河雒咀嚼七經於酸棗令劉
熊則云敦五經之緯圖兼古業覈其妙七業勃然
而興於高陽令楊著則云窮七道之奧於郃陽令
曹全則云甄極毖緯靡文不綜於藁長蔡湛則云
少耽七典於從事武梁則云兼通河雒於冀州從
事張表則云該覽羣緯靡不究窮於廣漢屬國都
尉丁魴則云兼究秘緯於廣漢屬國侯李翊則云
通經綜緯至于頌孔子之聖稱其鉤河摘雒蓋當
時之論咸以內學爲重及昭烈即位羣臣勸進廣
引雒書孝經緯文蕭綺所云讖辭煩於漢末不誣

也昶案唐制四部圖籍甲部爲經其類有十九曰
圖緯以紀六經讖候故唐儒撰羣經正義亦知遵
信讖緯而藝文類聚北堂書鈔初學記白孔六帖
諸類書徵引尤夥蓋自漢以來博古之士多喜習
之即有不能深信者亦未竟斥爲異端自歐陽氏
有論九經請刪除正義中讖緯剳子而魏了翁作
九經正義盡削去之自是厥後學者同聲附和而
緯書遂致散佚僅有存者良可歎惜也夫讖緯中
荒渺不經本所難免且其紀述兼及三代以上帝
王受命發祥制作之事後人目不見上古之書無

從辨其是非輒生訾毀固無足怪然即緯書之文
證之六經亦無大異今試比而論之緯言伏羲氏
有天下龍馬負圖出于河尚書中候握河紀黃帝出游雒
水之上見大魚醮之魚流于海始得圖書河圖帝視萌
蒼頡皇帝南巡元扈雒汭之水靈龜負書以授之
河圖玉版堯沈璧于河元龜負書止壇舜沈璧于清河
黃龍負圖出水並握河紀禹長于地理水泉九州得括
地象尚書刑德放湯觀于雒沈璧而黑龜與之書中候雒子命
武王觀于雒沈璧禮畢青龍臨壇銜元甲之圖吐
之而去元龜負圖出雒周公援筆以時文寫之並握

河紀皆與易河出圖雒出書天垂象聖人則之書天
錫禹鴻範九疇之義合天人感應理固有之而云
伏羲德洽上下天應之以鳥獸文章地應之以龜
書乃作易（禮含文嘉）奎主文章蒼頡效象雒龜曜書丹
靑垂萌畫字（援神契）又與易論包犧畫卦取象天文
地理人倫鳥獸之語悉悉相符也緯言軒轅氏麒
麟在囿鳳皇來儀堯郎政七年鳳皇止庭巢阿閣
讙樹伯禹拜曰黃帝軒提象鳳皇巢阿閣（並中候）舜
受終鳳皇儀黃龍感（雒書靈準聽）周公作樂而治蓂莢
生（中候）非即書擊石拊石鳳皇來儀囿語鸑鷟鳴于

岐山禮記四靈爲畜之事乎緯言禹授啟握元圭
刻曰延喜之玉受德天賜之佩（尚書璇璣鈐）非即禹錫
元圭之事乎緯言禹將受位天意大變迅風雷雨
以明將去虞而適夏（樂稽耀嘉）非即書烈風雷雨天大
雷雹以風之類乎緯言大節出雷澤華胥履之生
伏羲（詩含神霧）少典妃安登遊于華陽有神龍首感之
於常羊生神農（元命包）附寶出降大電生帝軒（孝經鉤命
決）大節如虹下流華渚女節夢意感生朱宣（元命包）
瑤光之星如蜺貫日感女樞於幽房之宮生黑帝
顓頊（河圖）天大雷電有血流潤大石之中生堯母慶

都有赤龍負圖與慶都意感有娠生堯（春秋合誠圖）握
登見大虹意感生舜（含神霧）修己山行見流星意感
栗然生姒戎文禹（尚書帝命驗）扶始升高邱覩白虎上
有雲如虎之狀感已生皋陶（元命包）扶都見白氣貫
月感生黑帝湯太任夢長人感已生文王（並含神霧）即
詩天命元鳥降而生商履帝武敏歆之類而云堯
母萌之元雲入戶蛟龍守門（易坤靈圖）堯母慶食不飢
常若有神隨之者（合誠圖）亦與后稷鳥覆翼之牛羊
腓字之事絕相似也緯言伏羲日角衡連珠（援神契）
黑帝修頸黃帝兌頤（並論語摘輔象）倉帝四目（演孔圖）軒轅

駢幹（元命包）帝嚳駢齒（河圖矩起）堯眉八彩（元命包）舜目四
童（演孔圖）禹耳三漏皋陶馬喙湯臂三肘（並禮說）伊尹
面赤色而髯（春秋攷異郵）文王四乳武王望羊周公背
僂（並禮說）非即左傳文公駢脅成公黑臀越椒蜂目
豺聲之類乎緯言神農生而能言五日而能行七
朝而齒具三歲而知稼穡般戲之事（元命包）附寶生
軒胷文曰黃帝子（河圖挺輔）蒼帝生而能書（元命包）非即
左傳周靈王生而有髭魯夫人季友生有手文之
事乎緯言燧人四佐伏羲六佐黃帝七輔（摘輔象）即
論語春秋內外傳舜五人文王四友武王十亂之

類而風后天老五聖知命竊紀地典力墨七輔等
名學者以無經傳可證斥爲僞托則書云朱虎熊
羆殳斨伯與詩云皇父仲允番棸蹶楀諸臣亦不
見于經傳而從無人議之者又何說也緯言五嶽
吐精生聖人鉤命決非即詩惟嶽降神生甫及申之
事乎緯言堯受圖書已有稷名在籙中候苗興堯夢白
虎遺吾馬喙子皐陶爲大理元命包文王夢田獲
熊而得太公望中候雒師謀赤雀銜丹書入節止昌再
拜稽首至於磻溪之水吕尚釣涯下王下趣拜曰
公望七年乃見光景於斯非即書高宗夢賚良弼

說築傳巖維肖之類乎緯言孔子夜夢芻兒捶麟
傷其前左足束薪而覆之孔子發薪下麟視之麟
蒙其耳吐書三卷孔子精而讀之援神契非即孔子
夢奠兩楹之類乎緯言顓頊氏有三子生而亡去
一爲疫鬼一爲虐鬼一爲小鬼非即左傳實沈臺
駘爲祟黃熊入于羽淵伯有爲厲之類乎緯又言
太子發渡河中流火流爲烏其色赤帝命驗中候合符后武
王得兵鈐謀東觀白魚入舟俯取魚以燎璇璣鈐按
赤烏白魚二事即今文泰誓之文具見史記古文
尚書既不足信將因緯書而并疑今文可乎且也

五帝之稱始于三禮而緯書詳五帝靈威仰赤熛
怒含樞紐白招拒汁光紀五名與爾雅所載青陽
朱明白藏元英諸目何異西王母之名始于爾雅
而緯書述西王母於大荒之國得益地圖獻之于
舜帝命驗正合四荒之義且與空同丹穴太平大蒙
諸國均無經文可證也緯又言天皇九翼河圖括地象
人皇九頭命厤序及穿胸儋耳之國論語撰考讖從昆侖
以北九萬里得龍伯國人長三十丈以東得大秦
國人長十丈又以東十萬里得佻人國長三丈五
尺又以東十萬里得中秦國人長一丈河圖龍文蚩尤

兄弟八十一人並獸身人語銅頭鐵額龍魚河圖北東
極有人長九寸含神霧北極下有一脚人玉版核之春
秋三傳僑如焚如兄弟佚宕中國及國語防風氏
骨節專車之說是上古遐陬奇怪之事亦聖賢所
樂道而爾雅記鰈鶼邛蟨迭食迭望諸異亦皆當
時中國所無何以言之甚悉今比目魚海濱多有
之則其三者皆可確信既信比肩之民則穿胸儋
耳何獨疑之即其所言後世事如祖龍來天寶開
尚書考靈曜河圖天靈卯金刀名爲劉中國東南出荊州赤
帝後次代周演孔圖帝劉之秀九名之世帝行德封

刻政（河圖合古篇）廢昌帝立公孫（河圖錄運法）代赤眉者魏
公子（春秋讖）玉鬼在山禾女連言居東西有午兩日
並光日居下（並易說）此等語半出妄人傅會殊爲乖
誕然按左傳所引鸜鵒之謠傳自文成之世而已
知禂父宋父兩名卽龍尾謡云虢公其奔取虢之
旂亦必非事後之語而傳載列國占筮爻辭凡數
十百年以後之事無不先有主名鑿鑿可數則禮
所云至誠之道必有前知見乎蓍龜動乎四體者
聖人亦嘗言之以爲必無其事豈盡然與凡此之
類皆後人痛詆緯書所執爲口實者不知其說皆

可與六經互證緯可疑經則斷不可疑也更有取
者緯言舜以太尉受號卽位爲天子（春秋運斗樞）稷爲
司馬（刑德放）可廣唐虞司空司徒虞士諸名以考三
代官制緯言禱請山川辭云方今天旱野無生稼
寡人當死百姓何依不敢煩民請命願撫萬民以
身塞無狀（考異郵）可見古人祭祀皆有祝辭禮記祭
坊水庸論語子路誄孔子卽其證也學者苟能擇
而從之是亦博聞之助安見好古若㫗耶至其論
天文日月五星變動之占及地理生物之殊異道
里之遠近顯者足配鴻範五行精者可以攷正歷

書地志之誤故蔡沈書集傳所稱周天三百六十
五度四分度之一卽考靈曜及雒書甄耀度之文
黑道二去黃道北赤道二去黃道南白道二去黃
道西青道二去黃道東卽河圖帝覽嬉之文而朱
子注論語伏羲龍馬負圖注楚詞崑崙者地之中
也地下有八柱互相牽制名山大川孔穴相通並
河圖之文雒書四十五點邵子以來傳爲秘鑰其
法出于太乙九宮實卽易緯乾鑿度之文是有宋
理學大儒亦不能盡棄其學而歐陽氏魏了翁輩
欲皆去之眞所謂因噎而廢食矣漢時碑刻多用

讖緯成文論金石者概議其謬不知緯與經原無
大異經所不盡政當以緯補之若以緯書荒渺則
六經之言其似緯書所云曷可勝紀將盡刪之可
乎朱氏說緯一篇至爲精博而據譙敏碑語謂其
學遠出譙氏京氏蓋非探原之論且不推本經義
證明其說恐仍未能息羣喙也昶故復申其辨于
此以袪淺見之惑

金石萃編卷九終

金石萃編卷十

賜進士出身　誥授光祿大夫刑部右侍郎加七級王昶譔

漢六

郎中鄭固碑

碑高六尺四寸廣三尺三寸十五行行二十九字額題漢故郎中鄭君之碑八字篆書今在濟寧州學

君諱固字伯堅蕃君元子也含中和之淑質履上仁□□□孝友著乎閨門至行立乎鄉黨初受業於歐陽遂窮究于典籍膺游夏之文學襄冉季之政事弱冠仕郡吏諸曹掾史主簿督郵五官掾功曹□入則

腹心出則爪牙忠以衛上清以自脩犯顏謇愕造膝佹辭加以好成方類推賢達善逡遁退讓當世以此服之郡后珍瑋以為儲舉先屈計掾奉我□貢清眇冠乎羣彥德能簡乎聖心延熹元年二月十九日詔拜郎中非其好也以疾錮辭未滿期限從其本規乃遭凶憨年卌二其四月廿四日遭命隕身痛如之何先是君大男孟子有楊烏之才善性形於岐嶷□□見於垂髦年七歲而夭大君夫人所共哀也故建□共墳配食斯壇以慰考妣之心琦瑋延以為至德元紀則鍾鼎奚銘昔姬□□武弟述其兄綿□□□□行於景恆歌曷敢忘乃刊石以旌遺芳其辭曰

於惟郎中寔天生德顛親誨弟虔恭竭力敦我義方導我禮則傳宣孔業作世模式從政事上忠以自勵貢計王庭華夏歸服帝用嘉之顯拜殊特將從雅意色斯自得乃遭氛災隕命顛沛家失所怙國亡忠直俯哭誰訴卬號焉告嗟嗟孟子苗而弗穎

奉我元兄脩孝罔極魂而有靈亦歆斯勒

右漢郎中鄭固碑文字磨滅其官閥卒葬年月皆莫可考云延熹元年二月詔拜而不見其官惟其碑首題云漢故郎中鄭君之碑以此知其官至郎中爾中間又有逡遁退讓之語遁當作循錮當作固疑漢人用字多假借又疑以疾錮辭謂疾已堅固若云以疾篤辭覽者詳之集古錄

賈誼過秦論云九國之師遁巡而不敢進顏師古曰遁音千旬反流俗書本巡字誤作逃讀者因之而為逃遁之義潘岳西征賦云遁逃以奔竄斯亦誤矣今此碑有云推賢達善逡遁退讓詳其文意亦是逡巡

之義然二字決非一音蓋古人用字與後世頗異又多假借故時有難曉處不知顔氏何所據遂音遁爲逡乎金石錄

鄭君以曹掾事其郡將而云犯顔謇諤造膝詭辭漢人用事不拘礙如此秦紀引賈生云九國之師逡巡遁逃而不敢進陳涉世家則删逡巡二字班史又作遁巡故顔師古讀遁爲逡而詆潘岳用遁逃爲非游俠傳逡逡有退讓君子之風此云逡遁退讓蓋用史記語歐讀遁爲循遊又惑於顔注乎謂皆當讀如本字碑以愕爲諤以佹爲詭以[illegible]爲[illegible]以頓爲模盾即質字歇即獨字畧即尚字勘音櫧隸釋

郎中鄭固碑其文有云逡遁退讓者逡巡之異文也管子桓公蹵然逡遁漢書平當傳贊逡遁有恥叙傳逡遁致仕周禮司士注王揖之皆逡遁既復位儀禮士昏禮大射禮公食大夫禮注辟逡遁鄉射禮注少退少逡遁也聘禮注辟位逡遁又三退三逡遁也又辟位逡遁又辟於其東面位逡遁也又退爲大夫降逡遁士喪禮注辟逡遁辟位也特牲饋食禮注辟位逡遁禮記玉藻注俛逡遁而退著屨也皆同此文顔之推匡謬正俗曰賈誼過秦論九國之師遁巡而不敢進遁者蓋取循辭以爲逡字當音七均切然余考

之古書亦多不同如晏子春秋有云晏子逡遁而對有云晏子逡循對曰漢書萬章傳章逡循甚懼外戚固讓皆以下字爲循而此碑及漢書禮注又以遁爲巡又如莊子忠諫不聽蹲循勿爭靈樞經黃帝避席遵循而却亢倉子荊君北面逡循稽首又逡循之異文而王莽傳後儉隆約以矯世俗師古曰後音千旬反退也其字從彳則又逡之異文也楚辭九章思美人遷逡次而勿騁兮漢書公孫宏傳有功者上無功者下則羣臣逡皆作逡　碑又書姚爲婓與堂邑令費鳳碑同而玉篇云婓必娟切女名此又後人之解也　漢人書有遁甲開山圖雲麓漫沙曰世傳

遁甲書甲既不可隱何名爲遁因引此碑證爲循甲言以六甲循環推數也今按遁字古人以代巡字者多當是巡甲太元經云巡乘六甲與斗相逢　此碑上有一大孔漢碑多如此劉熙釋名碑被也此本王莽時所設也施轆轤以繩被其上以引棺也臣子追述君父之功美以書其上後人因焉故建於道陌之頭顯見之處名其文就謂之碑也此後漢時人所見云爾不知周時固有碑矣檀弓公室視豐碑注云豐碑斲大木爲之形如石碑於椁前後四角樹之穿中於間爲鹿盧下棺以綍繞正義曰綍即紼也鑿去碑中之木令空於空間著鹿

盧鹿盧兩頭各入碑木以紼之一頭繫棺緘以一頭繞鹿盧既訖而入各背碑負紼末頭聽鼓聲以漸卻行而下之喪大記君葬用輴四綍二碑大夫葬用二綍二碑又曰凡封用綍去碑負引注云樹碑於壙之前後以紼繞碑間之鹿盧輓棺而下之此時棺下窆使輓者皆繫紼而繞要負引舒縱之備失脫也用紼去碑者謂縱下之時也此劉熙所指葬時施鹿盧下棺之碑也聘禮賓自碑內聽命又曰東面北上上當碑南注云宫必有碑所以識日景引陰陽也凡碑引物者宗廟則麗牲焉以取毛血其材宫廟以石窆用木祭義君牽牲既入廟門麗於碑注云麗繫也謂牲入廟

繫著中庭碑也雜記宰夫北面於碑南東上此注家所指在宫廟之中一爲賓揖之碑一爲麗牲之碑者也碑之字本從石窆用木者取其便於事也其見於西漢人之書者淮南子盧敖見若士遯逃乎碑注曰匿于碑陰是也孫何碑解曰何始寓家於潁嘗適野見荀陳古碑數四皆穴其上若貫索之爲者問故起居郎張公觀公曰此無足異也蓋漢去聖未遠猶有古豐碑之象耳後之碑則不然矣予見漢碑皆高不過今之三尺餘可用以麗牲以木爲之可用以引棺今既失其穿中之制而碑之高大乃無限度與古人

之碑名同而體異也金石文字記

碑文有逡遁字顧寧人謂是逡巡之異文以予考之集韻逡遁㣕三字牽連書之均七倫切音義則一說文釋辵字云乍行乍止也遁字雖音徒困切而配之以辵當讀如足縮縮如有循之循以爲假借則可不得謂之異文矣寧人作音論惜集韻不存未知是書尚存天地間故于諸書疑義未盡晰爾曝書亭集

碑云大男孟子有楊烏風七歲而夭配食斯壇葢祔葬者亦金石文字中一例也鮚埼亭集

金石文字記云此碑書妣作𡛷與費鳳碑同今此碑妣字尚存并不作𡛷或亭林誤記他碑之字也劉太乙續金石錄云弱冠仕郡諸曹掾史歐本作諸今本諸字雖少漶漫然筆畫具在亦不作諮楊升菴云子雲本姓揚從手不從木碑云有揚烏之才謂童烏也字正從手升菴之言信爲有徵劉跋概書作楊誤矣又碑云顛親愛弟顛字作頭變匠爲正此與前姬字作姃同皆隸變也劉作順親亦非金石存

石郎中鄭固碑亡其半僅存上節雍正六年有李鷗者於泮池左發地得一殘石刻高六寸闊一尺六寸存二十二字蓋鄭碑之下節云因移置碑旁頗不知

其斷缺埋者何代也金石圖
昔姬下洪空二格以今諦審石本姬下是公字公下
當是頌字此實石痕可髣髴非以文義度也　是碑
自歐陽集古錄已目爲零落之餘而云其間有逸遁
退讓之語今則逸遁字已不可見而以今日拓本次
弟所收先後出土者核之洪氏所錄則所闕亦不甚
多乃牛眞谷以爲碑亡其半顧南原以爲碑已中斷
皆失其實矣顧又云家有拓本尚完而所摹諸字乃
皆訛誤則是所謂有完本者亦未可信也　清眇眇
字即今妙字方言眇小也此當爲妙之正字凡書妙

字者當以是碑爲據　張塤曰㠯疾錮辭㠯疾句法
作讀　錮辭之錮當作固其弟撰碑避其兄之諱也
兩漢金石記
郎中鄭固碑詳其文義乃弟述其兄而作喪服傳不
滿八歲以下爲無服之殤鄭君長男孟子七歲而夭
乃建墳與固配食此禮之過而失其中者論語色斯
舉矣斯乃語辭而漢魏人多用色斯字如王充論衡
翔而後集色斯而舉費鳳碑色斯輕翔費鳳別碑色
斯高舉元賓碑翻習色斯抱朴子外篇明哲色斯而
幽遯內篇杜漸防微色斯而逝皆以斯連上讀若張

壽碑常懷色斯斥彰長田君碑色斯去官抱朴子外
篇或色斯而不終日三國志崔琰傳哲人君子俄有
色斯之志此碑亦云將從雅意色斯自得則竟以色
斯當遠之意所謂歇後語也春秋晉侯詭諸李陸德
明云左氏傳作佹諸今本左氏亦作詭惟石經猶是
佹字此碑造膝佹辭爲詭則古書佹詭通用矣潛研堂金
石文跋尾
鄉來拓本惟存上段自雍正六年州人李踶得下段
殘石於泮池其子東琪又於乾隆四十三年同藍別
駕嘉瑄將此碑升高出土之上重立復出中段較洪

氏隸釋所缺無幾碑云造膝佹辭案玉篇佹戾也九
委切此與上文犯顏謇諤之意正合又建口共墳建
字下洪釋闕今驗拓本確是防字案爾疋釋地墳大
防李巡云墳謂厓岸狀如墳墓名大防也孫炎云謂
隄也墳之有防所以護衛兆域者此因孟子祔葬故
云建防共墳其義自明又昔姃公口武弟述其兄姃
即姬字乃謂周公須述武王於此見撰碑者爲鄭君
之弟矣銘云頤親誨弟虔恭竭力敎我義方導我禮
則又云奉我元兄修孝罔極皆其明證又文內琦瑋
延以爲至德不祀云云琦瑤當是鄭君二子之名蓋

其弟從兄子之請而撰此銘也山左金石志

碑多損磨其文云男孟子楊烏之才又銘詞嗟嗟孟子苗而弗毓案下又有元兄修孝罔極之文庶長曰孟此卽鄭君庶子之早夭者法言問神篇育而不苗者吾家之童烏乎九齡而與我元文碑葢襲用此語當時法言大行人傳爲學以見于文如此隸釋夏堪碑睎驥顏亦用法言學行篇睎驥之馬睎顏之人 漢書揚雄傳其先出自有周伯僑者以支庶食采于晉之揚因氏焉左傳楊從木今碑楊烏亦從木漢之稱雄氏族者楊與揚兩用之其見于此碑可考也授堂金石跋

碑云先是君大男孟子有楊烏之才七歲而夭法言問神篇育而不苗者吾家之童烏乎九齡而與我元文注云童烏子雲之子也九齡而與楊子論元碑稱楊烏卽子雲之童烏楊字從木楊修稱吾家子雲今考沛相楊統碑高陽令楊著碑太尉楊震碑皆修之先人其字亦從木也文士傳桓焉坐有客爲詩曰甘羅十二楊烏九齡與碑稱楊烏同太平御覽三百八十五卷引劉向別傳疑是揚雄別傳揚信字子烏雄第二子幼而聰慧雄筭元經不會子烏令作九數而得之又疑易羝羊觸藩彌日不就子烏曰大人何不云荷戟入榛讀此始知烏是其字而法言亦稱烏父字其子猶曹孟德稱子建又孫權母謂權曰公瑾與伯符同年小一月耳我視之如子也汝其兄事之魏畧單固字恭夏繁廷尉見其母不仰視其母字謂之曰恭夏隋書房陵王勇字睍地伐皇后忿然曰睍地伐漸不可耐是母亦字其子也桓譚新論揚子雲爲郎居長安素貧比歲亡其兩男哀痛之皆持歸葬於蜀以此困乏雄察達聖道明於死生宜不下季札然而慕怨死子不能以義割恩自令多費而致困貧也桂馥跋

按碑云以疾錮辭錮卽固字謂久固之疾也禮月

令國多固疾文選求通親親表禁固明時注云錮與固通 漢書賈誼傳必爲錮疾字又作痼後漢書光武紀痼疾皆愈又周章傳羣臣以勝疾非痼皆固疾之証歐陽說得之張舍人墳謂此句當以以疾爲讀非是碑又云作世模式隸釋作慔式注云碑以慔爲模祀孜古字從無以慔模通用者今審石本模字左旁作木顯然从木洪氏見其結體與巾相類故誤爲慔也

蒼頡廟碑

碑高六尺一寸廣六尺二十四行字數不可紀

口流闕劉君諱下闕以省口流德教於千里

口禮樂之下闕逢彡義立闕二字親乃詠訪國
老下闕彌久尊之口室於是乎艹作教告下闕
揩寫彼鳥迹以紀時闕下字蒼頡天生
德於大聖四目靈光為百王作書以傳萬
嗣匋下闕法度非書不明古今行事非品口
無以垂示三綱六紀下闕地理印覽縣為俯
名山川五常之類含氣庶品非書不記下闕
靈闕三字大表千秋闕四字未生者皆闕二字服
其教口為德也萁下闕上闕二字陰陽並兼然闕四
字乾行無已順環無端下闕上闕二字三百選有

德聖齋以口之粢稷稻粱潔齋一口良辰
薦豕祀告闕三字復民五家須口口禱祈雨降
子闕六字盜賊闕文下闕上闕三字潁川闕訓古今
下闕上闕四字歌之義疑闕五字乃作頌曰穆
穆聖蒼下闕老名永久彌光無德不報闕二字
百行順禮下闕聲休嘉孔融
劉府君大漢枝族應期作弼宋下闕禮崇樂
以化未造勸諂辟廱下闕口雲口令問節高
口配聖德合苻出下闕又闕五行
碑陰

共二列每列二十四行首二行全闕
上闕陳下闕
上闕陳下闕千
故督盜賊人卩走屮千
故記史池陽吉闕二字二百
五官掾高陵闕二字千
奏曹掾池陽吉口千
上闕二字掾雲陽闕二字千此下闕一行
上闕千五百
上闕千此下闕七行

上闕千
口曹史蓮勺闕二字千
上闕池陽闕二字七
口倉曹史臨晉楊仲千
上闕雲陽闕二字千
口曹史下闕
議曹下闕
少府史下闕
教化史下闕
持事掾下闕

高陵守闕下
持事掾高闕下
故闕二字亭長闕下
上闕掾亭闕下
上闕池陽吉下闕此下又闕三行
上闕勹下闕此下又闕一行
上闕掾萬下闕此下又闕二行
上闕曹闕下
上闕掾曹下闕此下又闕三行
碑右側

共四列每列六行末列首行全闕
御令翔方臨我孫羡紆闕七字六從事孔壽二
年　　翔方太守上郡仇君察孝除郎中
大原陽曲長延熹四年九月乚酉詔書遷
御令五年正月到官奉見　劉明府立
祠刊石表章大聖之遺靈以示來世之未
生謹出錢千百口者下行自紀姓名
御守丞臨晉張疇字元德五百　守左尉
萬年長沙瑗字君平五百
御縣三老上官鳳季方三百

御鄉三老時勤伯秋三百
御主記掾楊緩子長三百
御門下功曹裴篤伯安三百
御門下游徼許㥠功上三百
御門下賊曹白余予口三百
功曹史丄官𡰥口𡙕三百
錄事史楊禽孟布三百
集曹掾馬津子孝三百
倉曹掾任就子闕二字百
故功曹郭闕三字三百

素曹闕三百
軍假司馬御闕下
從掾位御闕下
從掾位御張闕下
故文學掾御李闕下
故文學豪闕下
碑左側
共三列第一列六行第二列五行第三列四行
議曹史蓮勹楊𡈼三千
功曹書佐頻陽成扶千

騎吏蓮勺任衆六百
騎吏高陵□肆六百
騎吏臨晉□珠六百
□吏高陵張順六百
高陵左鄉有闕下
蓮勺左鄉有秩游智千闕下
萬年北鄉有秩畢奮千五百
蓮勺左鄉有秩杜衡千五百
池陽左鄉有秩何博千五百
夏陽侯長闕下

夏陽侯長馬琪千
粟邑候長何惲千
文羽候長闕下
碑額題字
字在碑額穿右五行行十字穿左有宋人題字五行正書左讀
左馮翊東牟平陵衛君諱□字□外以熹
平六年五月廿八日於□□□□□□
□祠出奉錢二百□□□□之禮
嘉祐庚子五月
蒼頡祠下
喬芮同過
汲郡呂大忠華陰
萬年朱吉打碑記

右漢碑陰題名二有議曹功曹騎吏有蓮勺左鄉有秩池陽左鄉有秩池陽集丞有秩皆不知是何名號又有夏陽侯長殷翊侯長則是縣吏之名集古錄

按前漢書張敞以鄉有秩補太守卒史後漢書百官志鄉置有秩三老游徼本注曰有秩郡所署秩百石掌一鄉人注引漢官曰鄉官五千則置有秩風俗通曰秩則田間大夫言其官裁有秩爾然則有秩蓋亦

鄉吏名也金石錄

右漢蒼頡廟碑並陰碑兩側共四紙蒼頡廟葢在衙縣此碑頌乃衙令孫羡奉劉明府之令爲之而碑陰兩側則備記孫令出仕始末及其掾屬所出錢數也此碑自歐趙而外他家皆所未見　集古錄有朔方太守碑陰及碑陰題名二跋即此碑兩側題字也歐陽公未得前碑故其稱名不無錯誤金石錄有蒼頡廟碑又有蒼頡廟人名所謂人名亦即此碑兩側然又未嘗云有碑陰不知當宋時何以二公所得不全如此　金石錄云考其歲月葢熹平六年立今碑于

年月字已無可見予但以兩側有延熹五年字遂列之爲桓帝時刻金石存

按羅泌路史載是碑有云穆穆聖蒼又稱是碑以熹平六年立今碑刻并無此文字則是碑在羅泌時猶有可觀者金石圖

碑側書出錢者姓名有守左尉萬年長沙瑗字君平萬年縣也長沙乃覆姓此稀姓亦所僅見抱經堂文集

是碑御縣令孫羨奉敎於劉明府而立此石劉葢治左馮翊也後漢書地理志左馮翊有衙縣注皇覽曰有蒼頡冢在利陽亭南墳高六丈是也碑文首以劉

君諱口又云劉府君大漢枝族漢碑之體多以祀典推重其使君也　碑以未爲末凡二處碑正面十八行未造是末造又左側尚肩未生是末生　又以偏旁王爲玉亦凡二處其碑側內任下一字吴作皝歐作就似以就爲是兩漢金石記

右蒼頡廟碑在白水縣東北五十里之史官村其地於漢爲衙縣春秋秦晉戰於彭衙卽此地續漢志左馮翊有衙縣注引皇覽云有蒼頡冢在利陽亭墳高六丈後人因建廟於此縣以彭衙得名兩漢志皆作衙字而碑作御猶曲江之爲曲紅西城之爲西成也碑文雖漫漶諦視之尚有可識者惜洪丞相隸釋未著於錄不得其全文故不能通耳碑上穿之左有宋人題名四行吕大忠大防之兄嘗爲陝西轉運副使者也　右碑陰文更漫滅其兩側面各有字尚可讀其一云朔方臨戎孫羨云云歐陽集古錄題爲朔方太守碑陰者葢卽此然碑所述者御令孫羨筮仕本末朔方太守仇君則孫令之舉將與立祠無異乃以朔方標題誤矣其一歐公亦有跋而不知其爲何碑之陰葢碑本四面有字歐公僅得其兩側又誤分爲二趙德甫金石錄有蒼頡廟碑卽碑之正面又有蒼頡廟人名卽碑側之一面其又一面與碑陰則趙亦

未見洪文惠則全未之見潛研堂金石文跋尾

趙明誠以爲熹平中立余案碑側已有永壽年號則非熹平可知關中金石記

按碑在白水縣之史官村祀在西安闈其横臥土中慮其日久斷毁因囑署縣顧令以牛車輦置學宫久而未報適令復至問以故則云碑在野田時屢奉上檄摩拓爲苦若移至儒學恐索者益衆不能悉應所求因言縣官及鄉民皆以古碑爲累葢僻縣無善搨者必於省城延倣能手厚其工值下鄉又需差役同往官雖給以日用而人數既多勢

必佑住民居騷擾百姓于蔬果則强取之雞豚則
抑價以買之且碑爲風沙所積須加洗拭方可椎
拓拓時須避風雨必俟天晴竟有遲三四日始得
一紙者上官誅求未已而地方重受其困故鄉民
見有古碑輙相捂擊而官吏諉爲不知也昔顧氏
炎武謂君子毋浮慕古以厲民豈深有見於此乎
今是碑剝泐僅存二百三十餘字碑陰亦大半漫
漶惟兩側題名差完善石之存否已不可知附書
于此後有長官思博好古之名而弗恤民力者其
以斯言爲鑑可矣

桐柏淮源廟碑 八分書

碑文從褒本摹錄後刻吳炳記行書高廣尺寸行字數俱無可紀今在濟源縣

前翰林待　制吳炳重書 男嗣昌填摹

延熹六年正月八日乙酉南陽大守中山
盧奴□君諱正好禮尊神敬祀以淮出平
氏始於大復潛行地中見于陽口立廟桐
柏春秋宗奉災異告愬水旱請求位比諸
侯聖漢所尊受珪上帝大常定甲郡守奉
祀齋絜沈祭從郭君以來廿餘年不復身
至遣行丞事簡略不敬明神弗歆災害以
生五嶽四瀆與天合德仲尼慎祭常若神
在君准則大聖親之桐柏奉見廟祠崎嶇
逼狹開祏神門立闕四達增廣壇場飭治
華蓋高大殿宇□齊傳館石獸表道靈龜
十四衢廷廟諱敬官廟嵩峻祗慎慶祀一年
再至躬進三牲執玉以沈爲民祈福靈祇
報祐天地清和嘉祥昭格禽獸碩茂草木
芬芳黎庶賴祉民用作頌其辭曰
泫泫淮源聖禹所導湯湯其逝惟海是造
疏穢濟遠柔順其道弱而能强仁而能武

□□晝夜明指所取實爲四瀆與河合矩
烈烈明府好古之則虔恭禮祀不衍其德
惟前廢弛匪躬匪力災害以興陰陽以忒
陟彼高岡臻茲廟側肅肅其敬靈祇降福
雍雍其和民用悅服穰穰其慶年穀豐殖
望君輿駕扶老攜息慕君塵軌奔走忘食
懷君惠賜思君罔極于胥樂于傳于萬億
春侍祠官屬五官掾章陵劉訢功曹史安
眾劉瑗主簿蔡陽樂茂戶曹史宛任巽
秋五官掾新　陽梁懿功曹史酈周謙主簿

安泉鄧巖主記史宛趙旻戶曹史宛謝綜

淮源廟爲國家崇奉尚矣漢延熹六年南陽太守弘奉廟祀爲民祈福民用胥悅刻石頌德其辭通雅韓公作海南廟碑文疑取於此隸書之妙與劉熊碑如一手書風雨剝食其僅存者漫不可讀昔人嘗正書是文勒石廟側閒有誤謬識者病之未有奮然以新之者至正四年杜君昭字德明京師人以文學才敏同知唐州既修祠廟因以重刻舊碑謀諸僚佐動合事宜上下協應以浚儀吳炳嘗習漢隸請重書舊文於石乃參以隸釋更定其誤嗚呼漢碑之見於歐陽氏集古錄趙明誠金石錄者所存寡矣洪氏蓬萊閣本世不多見其僨於荒烟野草之閒者蓋不數見桐柏廟碑漢刻中之烜赫者也其壞而復完豈獨以文字之妙可用垂不朽與抑淮源神靈陰有以相之與然則頌之所謂天地清和嘉祥昭格靈祇之報祐

聖世崇奉明祀者宜無窮期也夫金石刻辭古人所以傳遠託得其所必久而後壞雖壞矣得人爲亦且復完既爲重書乃記以告後觀者知是碑再刻由杜君始亦將隨所過而用其力焉則缺文斷碣之僅存者庶幾有望於後之人矣至正四年三月前翰林待

制吳炳記　安仁大師何德洪刻

右桐柏淮源廟碑今在唐州載延熹六年南陽守弘祠淮廟事水經云廟前有碑是郭苞立又二碑延熹中守令所造此則其一也碑云奉祀脩潔字書無脩字以文意推之當爲齋戒之齋此碑又有一正書者如華蓋誤作萃豐晝夜誤作立式凡十數字婁壽亦有正書一碑州鄉誤作鄉里愛懷誤作盛德其難辨如朱爵及處謚字則以爲闕文予之費目力於此書良不少也祁即祁字華即華字祇即祇字求即奔字隸釋

桐柏廟碑無額有穿文十三行行三十三字末有兩行題侍祠官屬以春秋二字題於兩行之上春四人秋五人中無空字隸續

洪氏隸釋載此碑缺五字今拓本字畫完好而乏淳古之氣蓋唐人重刻者據朱長文碑帖考云是釋曉書釋曉開元時僧金石錄中有北嶽恒山碑亦其所書也潘耒金石文字記補遺

右漢桐柏廟碑水經淮水出南陽平氏縣胎簪山東北過桐柏山酈道元謂山南有淮源廟廟前有碑是南陽郭苞立又二碑並是漢延熹中守令所造斯蓋其一矣考歐陽氏集古錄所載碑文中山盧奴君奴

下闕一字斯碑云盧奴張君特未詳其名爾其曰春秋宗禜碑作宗奉災異告變作告愬而靈祇下碑闕報祐二字中云從郭君以來廿餘年不復身至集古錄闕其文郭君殆即苞也獨怪歐陽氏謂其文字斷續而是碑甚完好疑為後人重摹然流傳于世罕矣曝書亭集

天下碑錄云在唐州即今南陽府唐縣桐柏山在其境字原云或云在隨州棗陽桐柏鎮按一統志桐柏山南接隨州西接棗陽唐縣隨州皆有淮瀆廟或隨州別有一碑非即唐縣之碑也集古錄目云在鄧州

恐誤辨隸

右淮源桐柏廟碑漢刻久亡元至正四年吳炳重書炳子嗣昌塡摹上石炳分隸頗有法度而少漢人淳古之氣碑末記亦炳所述行書殊遒美中州罕拓碑手故流傳者尠而碑估之黠者往往剗去炳重書字及碑後記裝界成冊收藏家未見全文遂以為眞漢刻矣朱錫鬯疑為後人重摹而不得其主名潘次耕又疑為唐人釋曠書蓋兩公所見者皆裝界之本耳但錫鬯謂碑闕靈祐二字此本却未闕又謂碑云盧奴張君今盧奴下闕一字非張字豈錫鬯所見者又別一本耶潛研堂金石文跋尾

碑後有記畧云漢延熹六年南陽太守刻石頌德風雨剝食其僅存者漫不可讀昔人嘗正書是文勒石廟側間有謬誤識者病之是漢碑尚存但多漫滅後人又有正書碑炳又摹漢隸而書此碑也炳云有謬誤之碑即隸釋所云此碑又有一正書者今亦不存予問漢碑仆地即在吳炳碑之旁尚有數字可辨屢飭守令打本搜訪不得恐又為近時修廟取作柱礎矣光州孫叔敖碑顧炎武亦見拓本今求之云湮沒甚可惜也吳炳見書史會要云字彥輝汴人身安猷

畝朝廷三聘不起工篆書予記憶其所書尚有河南行省增修堂廡碑記今求之不得云洪适又謂此碑奉祀齋絜字書無齋字案說文有齌字云緶也蓋齌衺本字借音為齋絜耳中州金石記

金石萃編卷十終

金石萃編卷十一

賜進士出身　誥授光祿大夫刑部右侍郎加七級王昶譔

漢七

泰山都尉孔宙碑

碑高七尺三寸廣四尺十五行行二十八字額題有漢泰山都尉孔君之碑九字篆書今在曲阜縣孔廟

有漢泰山都尉孔君之銘

君諱宙字季將孔子十九世之孫也天姿醇嘏齊聖達道少習家訓治嚴氏春秋緝熙之業既就而閨閾之行允恭德音孔昭遂舉孝廉除郎中都昌長祗傳五教尊賢養老躬忠恕以及人兼禹湯之辠己故能興朴□□彫幣濟廟諱功於易簡三載考績遷元城令是時東嶽黔首猾夏不□□□祠兵遺畔未寧乃擢君典戎以文脩之旬月之閒莫不解甲服罪□□□墮田畯喜于荒圃商旅交乎險路會鹿鳴於樂崩復長幼於酬酢□□□□稔會遭篤病告困致仕得從所好年六十一延熹六年正月乙未□□□疾貴速朽之反真慕寧儉之遺則窀夕不華明器不設凡百卬高□□□

述於是故吏門人乃共陟名山采嘉石勒銘示後俾有彝式其辭曰

於顯我君懿德惟光紹聖作儒身立名彰貢登王室閣□是虔夙夜□□在公明明乃綏二縣黝儆以康於亓時廱撫茲岱方帥彼凶人覆俾□□南畝孔饁山有夷行豐年多黍稱彼兕觥而賴其勳民斯是皇疾□□□乃委其榮忠告殷勤屢省乃聽恭儉自終簋簠不陳生播高譽沒垂令名永矢不刊億載揚聲　延熹七年□月戊□造

碑陰

共三列每列二十一行額題門生故吏名五字篆書

門生鉅鹿癭陶張雲字子平

門生鉅鹿癭陶趙政字元政

門生鉅鹿廣宗捕巡字升臺

門生東平寧陽韋勳字幼昌

門生魏郡館陶張上字仲舉

門生魏郡館陶王時字子表

門生魏郡陰安張典字少高

門生魏郡魏盖忠字待政
門生魏郡魏李鎮字世君
門生魏郡館陶吳讓字子敬
門生魏郡館陶文儉字元節
門生魏郡館陶[illegible]璝字仲雖
門生魏郡鄴暴香字伯子
門生東郡東武陽梁淋字元祖
門生東郡衛公國趙恭字和平
門生東郡東武陽張表字公方
門生東郡東武陽滕穆字奉德

門生東郡樂平乘演字仲厚
門生東郡樂平靳京字君賢
門生東郡樂平梁希字叔光
門生東郡樂平乘顯字伯異
門生陳留平丘司馬規字伯昌
門生安平下博張祺字叔松
門生安平下博張朝字公房
門生安平下博蘇觀字伯臺
門生安平堂陽張琦字子異
門生北海安丘齊納字榮謀

門生北海都昌呂升字山甫
門生北海劇秦麟字伯麟
門生北海劇如盧浮字遺伯
門生北海劇薛顗字勝輔
門生北海劇高冰字季超
門生濟南梁鄒趙震字叔政
門生濟南梁鄒徐璜字多文
門生濟南東平陵吳進字升臺
門生甘陵廣川李龍字元章
門生甘陵貝丘賀曜字升進

門生魏郡清淵許祺字升朝
門生魏郡館陶史崇字少賢
門生魏郡館陶孫忠字府文
門生東郡樂平盧循字子節
門生任城任□□□字景漢
門童安平下博張忠字公直
故吏北海都昌逢祈字伯憙
故吏北海都昌逢章字文理
故吏北海都昌魏稱字文長
故吏北海都昌呂規字元規

故吏泰山費魚淵字漢長
故吏泰山華毋樓覲字世光
故吏泰山南城禹覬字世舉
故吏泰山南武陽蕭誨字伯□
故民泰山費淳于黨字季道
弟子北海劇陸暹字孟輔
弟子陳留襄邑樂禹字宣舉
弟子下邳下邳朱班字宣□
弟子東平寧陽周順字承□
弟子沛國小沛周升字仲甫

弟子魯國文陽陳襃字聖博
弟子汝南平輿謝洋字子讓
弟子山陽瑕丘丁琣字實堅
弟子魯國戴璋字元珪
弟子魯國卞王政字漢方

右泰山都尉孔君碑其辭有云躬忠恕以及人兼禹湯之罪己宙人臣而引禹湯以爲比在今人於文爲不類蓋漢世近古簡質猶如此也集古錄

孔宙北海父也見後漢書融列傳又據桓帝紀泰山都尉元壽元年置延熹八年罷宙以延熹四年卒蓋卒後四年官遂廢矣金石錄

孔君名宙即融之父也威宗延熹六年正月卒碑以次年七月立宙有七子曰謙曰襃皆見於碑誌凡漢刻其首行即入詞無額者或題其前如張納樊安之比亦甚少已篆其上復標其端惟此碑爾釋左傳者以窀穸爲厚夜此云窀夕非借也碑以幣爲弊以懤爲意爲億覬變剴乘先盡墓瞰朋以夏則泰兄籃盞陳　漢碑多有陰然稀少有額獨此刻以五大篆表其上凡門生四十二人門童一人弟子十人故吏八人故民一人都昌者四泰山者五漢儒開門受徒者錄有盈萬人者其親受業則曰弟子以久次相傳授則曰門生未冠則曰門童總而稱之亦曰門生舊所治官府其掾屬則曰故吏占籍者則曰故民非吏非民則曰處士素非所涖則曰義士義民亦有稱議民賤民者逢盛碑有姓雖者二人趙氏謂氏族書無雖姓此碑有都昌雖章則古來自有此姓但譜者考之不詳爾漢人雖姓氏亦借用字如伍爲五歐陽爲毆羊之類或是借雖爲解亦不可知也騶即騶發即襃郲即邳字隸釋

碑曰躬忠恕以及人兼禹湯之辠己昔人謂漢世近古猶簡質如此以禹湯用之泰山都尉亦自不類謂

皐己尤不得施於此也余讀屈原書以朕自況周秦六國間凡人相與言皆自臣也秦漢以後禁忌稍嚴文氣日益凋喪朕猶未若後世之纖密周細求人功皐於此也昔左氏書子皮即位叔向言罕樂得其國葉公作顧命楚漢之際爲世本者用之潘岳奉其母稱萬壽以獻觴張永謂其父柩大行届道孫盛謂父遐登蕭惠開對劉成其如慈旨竟陵語顧憲之曰非君無以聞此德音鮑照於始興王則謂不足宣贊聖旨晉武詔山濤曰若居諒闇情在難奪夫顧命大行慈旨諒闇後世人臣不得用之其以朕自況與稱臣

對客自漢已絕於此況後世多忌而得用耶廣川書跋

碑在曲阜延熹七年立通志金石略嘗載其目云未詳所在復載泰山太守孔宙碑云在兖州立於延熹六年是漢有兩孔宙而碑復有二何其繆哉　右孔宙碑陰前碑云故吏門人陟山采石勒銘示後則此所載皆其人也金薤琳琅

孔宙融父也卒以延熹四年又後四年而都尉廢廢三年而長子褒坐融匿張儉抵罪時融年十六宙卒時僅九歲碑不載宙子名余故附記於後王世貞弇州山人四部稿

宙字季將隸書易辨而永叔集一作秀持不知何據石墨鐫華

孔宙融父也史作伷趙明誠歐陽永叔王元美皆謂卒以延熹四年元美謂又四年都尉廢廢三年長子褒坐融匿張儉抵罪時融年十六宙卒時僅九歲按建寧二年張儉舉奏侯覽誣儉鉤黨刊章討捕時融年十七非十六也又按碑宙以延熹六年正月乙未卒甚明三公皆史家張杜謂四年何也又按融建安十三年卒年五十六則是永興元年癸巳生至延熹六年癸卯融正十一歲非九歲也金石史

按後漢書孔融父伷泰山都尉非也當依碑作宙三國志注引續漢書亦作宙其名伷者別自一人董卓傳以陳留孔伷爲豫州刺史袁紹臧洪傳同符融傳薦達郡士范冉韓卓孔伷等三人魏志武帝紀豫州刺史孔伷注引英雄記伷字公緒鄭太傳孔公緒清談高論噓枯吹生九州春秋作胄乃獻帝時人伷事略見許靖傳此泰山都尉乃融之父耳又韓勅碑陰出錢數郎中魯孔宙季將千金石文字記

孔宙融之父也裴松之注魏志引司馬彪續漢書亦作宙又韓勅碑陰出私錢數列郎中魯孔宙季將千當以碑爲據而後漢書融列傳作伷考宙卒于靈帝

熹平四年而伷于獻帝初平元年拜豫州刺史籍本陳留字公緒別是一人竊疑范史不應紕謬若是或發雕時爲妄人所更後學遂信而不疑也曝書亭集

孔子四十七代孫傳官右朝議大夫于宋紹興中著東家雜記云十九代宙郎中令碑云郎中按郎中令秩二千石郎中二百石皆屬中尉宙初舉孝廉未能即除郎中令而傳爲孔氏裔孫援據譜系不應舛誤然碑爲當時所立吏屬可信集古文云宙舉孝廉除郎遷元城令百官志郎與郎中秩自不同蔡質漢儀曰三署郎見光祿勳執板拜見謁主左右署及五官

中郎也他如尚書郎羽林郎黃門郎小黃門郎議郎治禮郎通謂之郎而郎中之所屬者如五官謁者及中尉而三耳似不得去中字以混于諸郎或文中省文抑別有所據也顧寧人曰孔融傳父伷泰山都尉非也名伷者別自一人按魏武紀豫州刺史孔伷英雄記伷字公緒九州春秋作胄乃獻帝時人予從常熟錢氏毛氏泰興季氏同里徐氏見宋刻善本皆作宙未知顧之所據何本也金石後錄

碑云治嚴氏春秋光武立五經十四博士春秋二家顏安樂爲春秋顏氏學嚴彭祖爲春秋嚴氏學也又云都昌長都昌北海國屬邑第四又云遷元城令元城魏郡屬邑第五杜預曰縣東南有地名馬陵史記曰龐涓死處按後漢書桓帝紀延熹五年九月太山琅邪賊勞丙等復畔寇掠百姓冬十一月太山賊叔孫無忌攻殺都尉侯章十二月遣中郎將宗資討破之通鑑詔徵皇甫規拜太山太守規到官廣設方略寇虜悉平合諸碑所云是時東嶽黠首猾夏遺畔未寧乃擢君典戎則宙爲太山都尉在宗資破賊之後繼侯章任職與皇甫規同時文武相濟當延熹四五年因病致休卒于六年正月而史未列其人亦未詳

其事也後銘詩卅句上十四句一韻下十六句一韻漢碑中文理之最順者宙爲孔融父當時撰述或出北海之潤色耶 碑陰其郡邑中有曰衛公國者東郡屬國第十四本觀故國姚姓光武更名有河牧城有曰甘陵者本淸河國班書淸河郡厝縣安帝以孝德皇后葬于厝改曰甘陵范史于淸河國屬邑甘陵下注曰故厝蓋自桓帝建和二年則又改淸國爲甘陵也有曰貝邱者范史郡國志作具邱予觀碑字是貝邱非具邱可以正史之譌有曰華者前漢書地里志泰山郡屬有華縣後漢書郡國志太山郡屬無華

縣今按此碑則桓帝延熹時泰山郡屬尙有華縣未曾廢范史失載此縣也金石遺文錄竹垞詰范史孔伷之誤是已然謂宙卒于靈帝熹平四年則亦未確蓋宙卒于桓帝延熹六年趙德夫以爲延熹四年亦譌而竹垞殆因延熹之譌又展轉溷熹平也鮚埼亭集

祇傳五教者卽尙書之敬敷五教也以祇易敬以傳作敷漢書文帝紀傳納以言宣帝紀傳奏其言師古曰傳讀爲敷　漢碑陰多不題額惟此及陳德鄭季宣碑陰有之隸釋云漢儒開門受徒其親受業則曰

弟子以次相傳授則曰門生未冠則曰門童此碑前列門生門童後列弟子如果親受業爲弟子而以次相傳授爲門生不應弟子反列門生門童之後隸釋此言雖本之歐陽集古錄恐終未可深信也金石存

後漢書融列傳云父宙太山都尉一本作伷顧氏金石文字記云三國志注引續漢書亦作宙其名或作伷者蓋板本偶異至於伷字公緒則別是一人朱竹垞曝書亭集亦同此說乃其所著經義考承師門內泰山都尉魯孔宙季將下復注云王粲漢末英雄記張璠漢記宙字公緒何也又其所據隸釋列於承師條下之孔宙弟子暨其門人門童或以郡爲邑或以邑爲郡魏乃縣也訛作魏郡或以邑爲官北海劇訛劇尉或以邑爲姓任城任城下任城是邑名其姓闕數十人中訛謬非一則又何也兩漢金石記

碑文云天姿醇嘏醇嘏卽純嘏也云祇傳五教祇傳卽敬敷也銘詞以虞敞二字叶陽唐庚青韻蓋才老韻補所未取　碑陰題名三列凡六十有二人每人具書郡縣名字漢碑陰之最謹嚴者惟弟子魯國戴璋不書某縣未審其故漢志泰山郡有華縣續漢志無之方輿紀要以爲并入費縣按三國志稱臧霸太

山華人此碑亦有題泰山華者然則後漢元有華縣殆省并未久而復置耳通鑑獻帝興平元年劉備爲豫州刺史屯小沛胡三省注沛國治相縣而沛自爲縣屬沛國時人謂沛縣爲小沛由此今碑立於延熹末已有小沛之名疑當時縣名固有小字非土俗之稱也魏郡治鄴不治魏此碑籍魏郡魏郡者二人不稱小魏與沛國小沛書法迥異則小沛爲縣名審矣廣韻十九侯部婁字下引何氏姓苑云母婁氏今瑯邪人此碑有母樓覬一人婁樓蓋通也如盧複姓志氏族者亦失載潛研堂金石文跋尾

碑陰第三列不與謝洋與字碑石凹下二三分蓋刻時因誤鑿去復又補刻也碑有穿在篆額兩行之中碑首起四暈至篆字止碑左側題大中元年四月廿四日同邑大夫臧公謁先聖陵謹記正書三行左行字徑寸餘又題朝議郎前行蘇州常熟縣令上柱國楙縣男食邑三伯戶賜緋魚袋高元度□□將仕郎前守宣州廣德縣尉裴章正書三行左行字徑寸許右側題太子中舍同判兖州梁之著作佐郎崔暨四十六代孫文宣公佑同謁先聖陵大宋天聖元年癸亥季秋望日進士劉炳題正書二行徑八分皆唐宋

人謁聖陵留題也蓋此碑嚮在宙墓前于乾隆某年間始移置廟內耳元又案漢碑多有穿暈者此沿周制也禮記檀弓曰縣棺而封鄭氏注云不設碑繂不備禮又曰公室視豐碑三家視桓楹鄭氏又據周禮及喪大記爲注云豐碑斲大木爲之形如石碑于槨前後四角樹之穿中于間爲鹿盧下棺以繂繞天子六繂四碑前後各重鹿盧也四植謂之桓諸侯四繂二碑碑如桓矣大夫二繂二碑士二繂無碑孔沖遠疏云繂即紼也以紼之一頭繫棺緘以一頭繞鹿盧既訖而人各背碑負繂末聽鼓聲以漸卻行而下之

據此數義知古人墓碑有穿以貫鹿盧其繂繞鹿盧橫而斜過碑頭碑頭爲此暈以限繂使之滑且不致外脫如今石井欄爲綆所漸靡之形矣漢碑有穿有暈此必效三代遺制其暈左垂者右碑也在垂者左碑也又國策曰昔王季歷葬于楚山之尾欒水齧其墓見棺之前和元謂前和卽前桓桓和古同聲其通借之迹甚多漢書酷吏傳如淳注書和夷底績鄭注言前和明有後和卽四植之義也山左金石志

孔君名宙字季將碑字顯然後漢書孔融傳云父宙泰山都尉案英雄記孔宙字公緒陳留人後漢符融

傳太守馮岱到官融薦孔伷爲計吏案融陳留人故與伷同郡漢名臣奏有司空掾孔伷碑稱宙舉孝廉除郎中不曾爲計吏及司空掾也魏志董卓傳周孔伷等出宰州郡許靖傳陳留孔伷爲豫州刺史張璠漢記鄭泰說卓曰孔公緒能淸談高論噓枯吹生案玉篇伷系也故伷字公緒若季將則與伷不相蒙矣范書譌謬賴碑可證桂馥跋

泰山都尉孔君嘗任此官案之桓帝紀初置泰山瑯琊都尉官注二郡盜賊不息故置今碑所謂東嶽黔首猾夏不缺三字祠兵遺畔未寧乃擢君典戎以文修

之典戎即都尉職而注指盜賊不息者與碑懸合又
應劭云每有劇職即臨時置都尉事訖罷之攷泰山
都尉置在永壽元年延熹八年即罷蓋當孔君碑既
成之明年而官亦遂以廢其爲因時權設信有據也
然則百官志謂邊郡往往置都尉語豈有所漏與隸
續劉寬碑陰故吏伊闕都尉在靈帝中平二年鄭季
宣碑陰有故孟津都尉在中平三年此二地豈得謂
之邊郡與余故以孔君碑質之益知應氏說爲定也
授堂金石跋

西嶽華山廟碑

碑高七尺七寸廣三尺六寸二十二行行三十八字額題西嶽華山廟碑六字篆書石今毀

周禮職方氏河南山鎮曰華謂之西嶽春
秋傳曰山嶽則配天乾巛定位山澤通氣
雲行雨施既成萬物易之義也祀典曰日
月星辰所昭卬也地理山川所生殖也功
加於民祀以報之禮記曰天子祭天地及
山川歲徧焉自三五迭興其奉山川或在
天子或在諸侯是以唐虞疇咨四嶽五歲
壹巡狩皆以四時之中月各省其方親至
其山柴祭燔燎夏商則未聞所損益周鑒
於二代十有二歲王巡狩殷國亦有事于
方嶽祀以圭璧樂奏六歌　高祖初興
改秦淫祀大宗承循各詔有司其山川在
諸侯者以時祠之　孝武皇帝脩封禪
之禮思登假之道巡省五嶽禮祀豐備故
立宮其下宮曰集靈宮殿曰存僊殿門曰
望僊門　仲宗之世重使使者持節祀
焉歲一禱而三祠後不承前至于亡新寖
用丘虛訖今垣趾營兆猶存建武之元事
舉其中禮從其省但使二千石以歲時往

祠其有風旱禱請祈求靡不報應自是以
來百有餘年有事西巡輒過亨祭然其所
立碑石刻紀時事文字摩滅莫能存識延
熹四年七月甲子廟諱農大守安國亭侯汝
南袁逢掌華嶽之主位應古制脩廢起頓
閔其若茲深達和民事神之義精通誠至
礿祭之福乃案經傳所載原本所由銘勒
斯石垂之于後其辭曰
巖巖西嶽峻極穹蒼奄有河朔遂荒華陽
觸石興雲雨我農桑資糧品物亦相瑤光

宗冠二州古曰雍梁馮于豳岐文茲京昌
天子展義巡狩省方王泉之贄禮與岱亢
六樂之變舞以致肅在漢中葉建設宇堂
山嶽之守是秩是望侯惟安國兼命斯章
尊脩靈基肅共壇場明德惟馨神歆其芳
遏穰凶札揫斂吉祥歲其有年民說無疆
袁府君肅恭明神易碑飾闕會遷京兆尹
孫府君到欽若嘉業遵而成之延熹八年
四月廿九日甲子就袁府君諱逢字周陽
汝南女陽人孫府君諱璆字山陵安平信

都人時令朱頡字宣得甘陵鄃人丞張昪
字少游河南京人左尉䖍俗字君惠河南
密人主者掾華陰王萇字德長　京兆
尹勑監都水掾陵土旻市石遣書佐新豐
郭香察書刻者潁川邯鄲公脩蘇張工郭
君忌

右漢西嶽華山廟碑其略云孝武皇帝修封禪之禮巡省五嶽立宮其下宮曰集靈宮歐陽公集古錄云所謂集靈者他書不見惟見于此碑爾余按班固漢書地里志華陰有集靈宮武帝起而酈道元注水經亦云敷水北逕集靈宮引地里志所載其語皆同然則不獨見于此碑矣而所謂存仙殿望仙門者諸書不載金石錄

右西嶽華山廟碑篆額在華州華陰縣威宗延熹四年袁逢守洪農郡以華嶽舊碑文字磨滅遂案經傳載原本勒斯石以垂後會遷京尹乃勑都水掾杜遷市石遣書佐郭香察書碑成於後之四年孫璆典郡府也逢者司徒安之曾孫太尉湯之次子嘗爲司空而卒史不載其歷洪農京兆乃闕文也東漢循王莽之禁人無二名郭香察書者察涖它人之書爾小

歐陽以爲郭香察所書非也碑云四時中月省方柴祭不讀中爲仲其義亦通至以宣帝爲仲宗則是借仲爲中說者謂漢世字少故多假借或曰漢人簡質字相近者輒用之予以爲不然亦好奇之過爾以帝者廟號而借以它字不恭孰甚焉碑云昭卬禮祀作瞻仰亢郎亢字男郎昉字香郎香字郎郎鄉字又以癡爲𤻲女陽爲汝陽　隸釋

昔歐陽公謂集靈宮惟見於此然漢武集靈宮見于太華漢志既書之矣桓譚嘗賦之酈道元曰敷水北逕集靈宮其事甚備永叔惜不得見也張昶序曰岱

石立屮宗繼統太華授璧秦胡絕緒白魚入舟姬

武建業寶琟出水子朝喪位布王五方則處其西列三條則居其中世宗又營集靈之宮於其下想松喬之儔然則集靈亦其盛哉三輔黃圖書其制度頗聚亦書其名劉勰蓋嘗言矣予因得考之信 廣川書跋

歐陽文忠謂集靈宮者他書皆不見余嘗觀桓君山賦序云余少時為郎從孝成帝出祠甘泉河東見郊先置華陰集靈宮宮在華山下武帝所造欲心懷集仙者王喬赤松子故名殿為存仙端門南鄉山書曰望仙門竊有樂高妙之志即書壁為小賦云然則文忠言他書皆不見豈偶忘君山之云乎沈休文詩既表

祈年觀復立望仙宮 能改齋漫錄

西嶽華山碑為新豐郭香察書凡漢碑例不存書者名氏此小異耳至謂東京無雙名而云察書者監書也其言似亦有據然鄧廣德梁不疑成翊世鄧萬世王延壽謝夷吾蘇不韋費長房蘇子訓此何人也 王世貞弇州山人題跋

西岳華山廟碑漢郭香察隸漢人碑多不書何人書姓名者獨此帖耳 屠隆考槃餘事

漢魏碑例不著書刻人姓名獨此題郭香察書為異洪适隸釋云東漢循王莽禁無雙名郭香察書者察莅他人之書又唐徐浩古迹記以為蔡中郎書余按碑文云京兆尹勑監都水掾霸陵杜遷市石 句 遣書佐新豐郭香察書市石察書為二事則洪公言似亦有據但書雖遒勁殊不類中郎郭香何人乃莅中郎書耶且市石察書刻者皆著其名而獨無中郎名何也徐浩生唐盛時去漢近其人又深于字學不應謬妄至此皆不可曉至如楊文貞公跋遂以為郭香書則察字無屬不成文理矣此碑嘉靖中猶在一縣令修岳廟石門視殿上碑題皆當時顯者恐獲責罰此碑年久遂碎為砌石余從東肇商借舊本而書其後

如此云 石墨鐫華

碑舊在華陰縣西嶽廟中嘉靖三十四年地震碑毀華州郭允伯有此拓本文字完好今藏華陰王無異家其末曰京兆尹勑監都水掾霸陵杜遷市石遣書佐新豐郭香察書東漢人二名者絕少而察書乃對上市石之文則香者其名而特勘定此書者爾漢碑未有列書人姓名者歐陽叔弼以香察為名殆非也勑者自上命下之辭漢時人官長行之掾屬祖父行之子孫皆曰敕考之前史陳咸傳言公移敕書而孫寶之告督郵何並之遣武吏俱載其文為敕曰他如

韋賢丙吉趙廣漢韓延壽王尊朱博龔遂之傳其言敕者凡十數見後漢書始變爲勑而後人因之淮南子重九勅注勅音整形也六朝時勑字多改作勑故因之而變五經文字曰敕古勑字今相承皆作勑惟整字從此敕何曾傳人以小紙爲書者勑記室勿報則晉時上下猶通稱之也至南北朝以下則此字惟朝廷專之而臣下不敢用故北齊樂陵王百年習書數勑字而遂以見殺此非漢人所當忌也且蜀之秦宓字子勑見於國志矣歐陽公錄魯相韓勑修孔子廟器碑乃疑自古人臣無名勑者而陸德明言此俗字也字林作敕允伯以爲其來旁從力者别音賚故魯相得

名焉則不知此碑之作勑者又何說也沛相楊統碑孝以勑內仙人唐公房碑勑尉部吏收公房妻子皆此勑字今尚書臯陶謨益稷康誥多士詩楚茨易噬嗑大象之文並作勑而周禮樂師詔來瞽臯舞注云來勑也勑爾瞽率爾衆工奏爾悲誦肅肅雍雍毋怠毋凶鄭康成漢人也其訓來爲勑又何哉其曰左尉唐佑按百官志尉大縣二人小縣一人故橋元碑雒陽左尉此言左尉亦以縣大而設之兩尉與史書合濟陰太守孟郁堯廟碑韓勑孔廟後碑殽阬君碑張公神碑三公山碑無極山碑皆有左尉風俗通有武當左尉又郡國志宏農郡下云華陰故屬京兆建武十五年屬而此碑袁府君逢先爲宏農

太守後遷京兆尹故所書丞尉一爲河南京人一爲河南密人主者掾則華陰人漢時丞尉及掾俱用本郡人三輔郡得用他郡人宏農在後漢爲三輔故得用旁郡人爲丞尉而京兆尹所遣掾佐一爲霸陵人一爲新豐人則客也故别書於下而言京兆尹勑遣之以著袁君之已遷官而不忘敬于神也使其在本郡之官與掾則市石祭書有不必言者矣又律歷志有太史治歷郎中郭香豈其人歟　婁機漢隸字源曰按繁陽令楊君碑陰有程勑則在漢非獨韓名勑也勑雖本音徠說文勞也考之碑韓字叔節鄭字伯

嚴其義非勞徠之徠當讀爲飭漢碑范史多用勑字益是時上下皆通用初無拘也　考之博古圖諸書有孝成鼎銘曰工王褒造左丞輔掾譚守令史禾省大官銅鐘曰考工令史右丞或令通主太僕監掾蒼省綏和壺曰掾臨主守右丞同守令寶省上林鼎曰工史褕造監工黄佐李負芻言省言監卽察書之類也　孝宣本號中宗而此碑乃作仲宗按孝廉柳敏碑五行星仲廿八舍柳宿之精是亦以仲爲中也以孝武之求神仙爲登假之道按列子黄帝篇曰天下大治幾若華胥氏之國而帝登假周穆王篇曰穆

王幾神人哉能窮當身之樂猶百年乃徂世以爲登假焉莊子德充符篇曰彼且擇日而登假大宗師篇曰是知之能登假於道也若此蓋以爲千歲厭世去而上仙之意按曲禮告喪曰天王登假鄭氏注曰登上也遐已也上已者若仙去云爾是漢人之解登假皆以莊子之言爲據也金石文字記

漢華嶽碑徐浩古跡記以爲蔡中郎書非也按邕傳云桓帝時五矦擅恣聞邕善鼓琴名之邕不得已到偃師稱疾而歸閒居翫古不交當世則無由至華山書碑可知宋洪适隸釋云郭香察者察莅他人之書

蓋謂古碑例不書名且謂東漢無二名故也此其說當矣有駁之者謂光武中興後詎猶遵莽制邪雖然予觀東漢人二名絕少惟漢宗姓則有之如廣陵矦元壽廣川王常保清河王延平齊王無忌之屬皆二名也又其他劉姓間有一二如校書郎劉騊駼更始侍中劉能卿赤眉牛吏劉俠卿平原劇賊劉文河若庶姓則一名者十有九且以察書對市石於義尤合續漢書律歷志靈帝熹平四年五官郎中馮光等言歷元不正太史治歷郎中郭香劉固意造妄說云云此非即察書其人邪以靈帝熹平四年上距桓帝延熹八年第十年耳十年之間由書佐遷郎中任官常理也馮景解舂集文鈔

顧亭林謂漢碑未有列書人姓名者歐陽叔弼以香察爲名殆非予考李翕郙閣頌列故吏下辨仇紼子長書此頌武班碑列臨菑嚴祺字伯曾書此碑漢碑何嘗無列書人姓名者金石遺文錄

碑云京兆尹勑監都水掾霸陵杜遷市石按金石文字記云勑者自上命下之辭愚攷諸碑勑字上下通用王純碑勑大司農楊著碑詔書勑留皆用之在上者也此碑與史晨奏銘又勑瀆井復民西狹頌勑衡

官有秩李瑾掾仇審唐公房碑勑尉部吏收公房妻子皆用之在下者也隸辨

玉篇有玊字音粟音鱐玉工也點在中畫上與玉字點在下音義各别韻會正韻諸書皆沿其說此碑玉帛之贄玉字點正在上義止是玉不可以他音他義釋也蓋點之上下乃行筆小異不當從此妄生穿鑿金石存

漢西嶽華山碑篆額左右有唐大和中李衛公諸人題其下有宋元豐中王子文題幾無隙地鮚埼亭集

西嶽華山廟碑都南濠援徐季海古迹記以爲蔡中

郎書趙子函云郭香乃莅中郎書耶今雖不能遽定爲中郎然金石文字記及曝書亭題跋皆謂後漢書律歷志郭香即此人攷郭香之名見于五官郎中馮光沛相上計掾陳晃奏中事下三府集議其時坐侍中西北與光晃相難問者即蔡邕爾在熹平四年三月九日也邕可以理香之說則香何不可以察邕之書哉中郎集中楊秉碑正在延熹八年而秉又華陰人也若碑中字體奇正互出古今迭用非中郎隸勢所謂脩短相副異體同勢奇姿譎誕靡有常制者乎即以一二字略言之如克字陵字皆加點與說文不合而與古籀奇字體勢轉近夏承碑克字亦有點世或以夏碑亦出中郎雖難概信然其說正非無自也佩觿云李少監陽冰說蔡中郎以豊同豐又與此碑合矣凡此數者有一於此足以附質中郎之說而況有徐季海語可据乎　按今華嶽廟中趙文淵劉升八分諸碑上下左右皆有題識劉升碑有明河濱李楷叔則題云地震後古碑大爲俗人所損所存於廟者寥寥數種耳据此則是碑毀於地震之說益爲可信　予聞全謝山所藏豐學士萬卷樓本今在寧波范氏天一閣中既而知爲嘉定錢辛楣少詹事所得

未歸辛楣時海鹽張芑堂燕昌爲雙鉤其本寄予蓋未覩褾之全紙是以謝山有歷二百餘年不缺不爛之語篆額二行居中而微有迤向後之勢蓋前空者九行後空者八行而予向見褾本未之知也額右云劍南西川節度使檢挍兵部尚書成都尹兼□史大夫李德裕判官□□□之□供奉崔知白□□使司監察御史□此間闕幾字不可知度□此間闕幾字不可知賈□都團練判官監察御史裏行李商卿大和四年十一月一日此下又云大和五年九月十三日華陰縣下闕此二段文皆自後而前左云銀青光祿大夫行尚書兵部侍郎李德裕大和三年八月十六日自浙西觀察使檢校禮部尚書兼御史大夫拜又云判官監察御史崔知白支使監察御史崔瑨唐書百官志監察御史十五人凡十道巡按以判官二人爲佐務繁則有支使巡官協律郎王式此皆自前而後之文碑內樂奏六歌句下空石處云元豐乙丑歲戊寅月癸丑奉議郎知華州軍州事王子文被旨設醮于嶽祠庚戌入內內侍□內侍殿頭郝隨奉命躬詣致祭俱七日罷壬子入內□自內侍殿頭元易簡出使涇原朝謁會放齋宮子文題皆正書也　此本明萬歷中嘗藏陝西東肇商雲駒蔭商雲雛兄弟家尋以贈武平郭宗昌允伯允

伯命侍史史明璽假華重裝之時天啟元年正月四日也一時名流書跋者十餘人人　國初華陰王宏撰無異得之戒子孫不得輒乞人跋尾其後自北而南歸歙之何氏上海黃文蓮星槎爲徽州學官乾隆丙戌此本與山谷手書同時並獲癸巳余在江南將北旋星槎自全椒來謁曰山谷書吾家物也此碑吾與之數年俱足矣奇物當以歸公余乃攜之北行書跋其尾按碑云高祖初興改秦淫祀史記封禪書高祖詔曰吾甚重祠而敬祭今山川諸神當祠者各以其時禮祠之如故也碑云太宗承循各詔有司其山

川在諸侯者以時祠之封禪書文帝即位始名山大川在諸侯諸侯各自奉祠天子官不領及齊淮南國廢令太祝盡以歲時致禮如故也碑云孝武皇帝巡省五嶽禋祀豐備故立宮其下漢書郊祀志於是濟北王以爲天子且封禪上書獻泰山及其旁邑天子以他縣償之常山王有罪遷天子封其弟眞定以續先王祀而以常山爲郡然後五嶽皆在天子之郡又曰自封泰山後十三歲而周徧於五嶽四瀆也又考武帝紀南嶽巡省惟見於元封元年之詔曰朕用事華山至於中嶽餘不數書者則以宏農郡近在畿內

故也碑云仲宗之世重使使者持節祀焉歲一禱而三祠郊祀志宣帝五嶽四瀆皆有常禮惟泰山與河歲五祠江水四餘皆一禱而三祠也志又稱宣帝立三年尊孝武廟爲世宗行所巡狩郡國皆立廟告祠世宗而碑稱孝武不稱世宗至仲宗仲字適中見平帝紀元始四年安漢公奏尊孝宣廟爲中宗孝元廟爲高宗天子世世獻祭此則莽舉之而東漢建武以後承尊之者也按碑所引漢制歷歷粲然與遷固二書相發所謂徵而益信者與碑又云袁府君諱逢字周陽汝南女陽人按逢安曾孫後漢書袁安傳安子

京字仲譽京子湯字仲河湯次子逢字周陽也按湯桓帝初爲司空以豫議定策封安國亭侯食邑五百戶卒謚曰康侯長子成早卒次子逢嗣故碑稱逢曰安國亭侯也傳又稱靈帝立逢以太僕豫議增封三百戶後爲司空卒於執金吾贈車騎將軍印綬加號特進謚曰宣文侯碑載逢自宏農太守遷京兆尹在延熹八年越三年而靈帝入即位爲建寧元年時逢已以太僕豫議則是桓帝永康之末逢自京兆尹遷太僕其自京兆尹以前之官傳悉略而不載也然則此碑之足以補益范書者又如此若夫碑字之工爲

漢隸冠姑不必論今竊據六書以考是碑其可以見
篆隸楷之遞變者有六一曰本字二曰古通字三曰
與小篆合四曰變篆而意則存五曰變篆作俗書之
偏六曰篆變而楷不从按虛爲本字而今作墟詩升
彼虛矣爾雅有崑崙虛之璆琳琅玕可證也礿爲本
字而今作禴公羊傳夏曰礿注薦尚麥魚初熟可礿
揚雄箴東鄰殺牛不如西鄰麥魚可證也華爲本字
而今作華山海經大華之山削成而四方可證也凴
爲本字而今作凴今經典所載惟尚書顧命凴玉几
作俗凴字脩皆作馮可證也此本字一也壹與一通

詩壹發五豝是也脩與修通易脩辭立其誠是也假
與遐通郊祀志假遜合處師古曰假卽遐字其字從
彳趆也趾與址通左傳略基趾注城足是也亨與享
通易用亨于天子是也摩與磨通左傳摩厲以須王
出是也大與太通詩大無信也是也共與恭通詩序
柏舟共姜自誓禮記是以爲共世子是也女與汝通
漢書地里志汝南郡其縣女陽女陰師古曰女讀曰
汝是也此古字通二也其侯字从入从厂象張布般
字从反身輿字从同秦字从禾𦳝字从止戈𡋨字从
虓風字从凡𤼲字从丆𢀖字从夭从止从巳精字从

丹銘字从令从金在土中甘字从口奋字从申州字
从重川雔字从篆文心恭字从心尉字从𡭴陰字从
今从云臨字从臥从㠯省會字从古文囱此與小篆
合三也其寢字作寑而不作寖其字作其而不作其
秊字作秊而不作年農字作農而不作農利字作剓
而不作制遾字作遾而不作遾巖字作巖而不作巖
荒字作𦲸而不作荒粱字作粱而不作粱雖字作雖
而不作雍展字作展而不作展斂字作斂而不作斂
香字作香而不作香此變篆而意則存四也至於周
从用而作周禮从示从豐而作禮𡳿从中从一而作

之通从弓从用而作通气象形而作氣歲从步戌聲
而作歲夏从頁从臼从夊而作夏擧从𠂆从収从手
而作承詔从刀从口而作詔時从㞢从寸而作時豐
从豆上象形而作豊僊从䙴而作僊歬从止在舟上
而作前𠇍从入而作亡卤爲鳥在巢上象形而作西
深从𥦗而作深坐从土畱聲而作垂亏从丂从一而
作于桑从叒而作桒舞从舛無聲而作舞灋从廌而
作漢兼从秝从又而作兼章从音从十而作章磬从
香而作磬吉从士而作吉無从亡霖聲而作無明从
日月而作明京从高省而作京陵从夌而作陵得从

見从寸而作得掾从彖而作掾德从直而作德勑从朿而作勑頴从水而作潁此變篆作俗書之俑五也又施作施是作是虞作虞原作原峻作峻朔作玥毁作致此篆變而楷不从六也記曰瑕不掩瑜瑜不掩瑕謂之君子之貴玉故具言此碑得失是非之不相掩輒錄如右以質諸深於六書者考之朱筠笥河文鈔

此碑世有兩本一爲商邱宋氏犖所藏一爲華陰王宏撰所藏皆宋搨也宋氏本雍正初婁任修摹刻于揚州郭本今爲曲阜孔繼涑所刻兩本字殘泐處悉同世又有所謂全本則不足信關中金石記

碑云延熹四年宏農太守安國亭侯汝南袁逢又云袁府君會遷京兆尹又云袁府君字周陽汝南汝陽人案後漢書侯覽傳京兆尹袁逢於旅舍閱參車云云崔寔傳寔建寧中病卒太僕袁逢備棺槨葬具靈帝紀光和元年屯騎校尉袁逢爲司空趙壹傳光和元年舉郡上計是時司徒袁逢受計司徒當作司空葢誤也荀爽傳司空袁逢舉有道不應袁術傳術汝南汝陽人司空逢之子也術謂羣下曰吾家四世公輔章懷注云袁安爲司空子敞及京京子湯湯子逢並爲司空案延熹四年至光和改元凡十八年逢由太守遷京兆歷太僕校尉而進司空史傳皆有明徵其卒官則執金吾也其亭侯則襲父湯爵也袁安傳湯桓帝初爲司空以豫議定策封安國亭侯食邑五百戸次子逢嗣逢字周陽以累世三公子寬厚篤信著稱於時靈帝立逢以太僕豫議增封三百戸後爲司空卒於執金吾朝廷以逢嘗爲三老特優禮之使五官中郎將持節奉策贈以車騎將軍印綬加號特進謚曰宣文侯此碑前賢著錄皆不及逢余謂建碑者逢也碑云京兆尹勅監都水掾霸陵杜遷市石遣書佐新豐郭香察書京兆尹卽逢也不可略因據范書著其世系官階於篇桂馥跋

碑云唐虞疇咨四嶽五歲壹巡狩皆以四時之中月各省其方親至其山柴祭燔燎夏商則未聞所損益質之鄭志鄭答孫皓云唐虞之時五載一巡狩夏殷之時天子六年一巡狩禮文殘缺雖于二代之制有所未定康成大儒其說必授自師承則損益在夏商已約略可按而碑旣云未聞康成又云葢以疑之亦以無正文不自爲斷制如此然則古之立言者葢其愼也金石文字記證此碑香察非名因及於漢碑未有列書人名者案洪所收武班與羊竇道碑並載書人姓名則漢碑固有之矣授堂金石跋

按額題西嶽華山廟碑虞書以華山爲西嶽至周都鎬京則華山轉在邦畿之東不得稱西故改吳山爲西嶽詩崧高正義引雜問志云周都豐鎬故以吳嶽爲西嶽而以華山爲河南豫州之鎮至周平王遷都雒陽因以華山爲西嶽而其山在秦晉楚三國之間亦無望祀之文至秦都咸陽漢都長安皆在山之西故自周至東漢一千一百餘年雖修禋祀而不以西嶽名至光武徙都洛陽始復其舊故是碑始稱西嶽也碑末丞張昦字少游隸釋云碑以昦爲昉昦昉二字皆說文所無徐氏新附昉字云明也按隱五年公羊傳昉于此乎𤋮平石經作放鄭注攷工記旊如放此乎之放知經典本無昉字列子黃帝篇衆昉同疑釋文亦云昉或作放而碑有張昦盎漢尉俗字石經亦中郎所書而不作俗體古人愼守經訓如此郭香察書弇州跋據漢人鄧廣德梁不疑諸名謂東漢原有雙名辨察書之非是然古人多有以字行者且以察字命名姚察以前史不多見其卽律歷志之郭香無可疑矣此碑久毀拓本存于今者大輿朱氏所藏卽明陝西東雲駒兄弟家藏以贈武平郭宗昌者此本後又歸商邱侯氏乾

隆初上海兵部侍郎凌公如煥督學河南得之黃君文蓮與凌同鄉且有戚遂歸黃氏尋又爲同年朱君筠所得也又錢詹事大昕得鄞縣天一閣所藏全本葢未經割裂其碑式可與隸釋互證㝡爲可寶聞近亦失去𥘉終以未見爲恨云

華嶽廟殘碑陰

高四尺五寸廣一尺四寸第一列存者七行第二列惟四行有字可見餘皆斷闕今在華陰縣

民故芷都大守□□□躬㝵節

故功曹司隸茂才司空掾池陽郭晊公休

故功曹司空掾池陽吉華伯防

故功曹司空掾蓮勺田己叔鸞

故功曹司空掾池陽吉充叔才

故功曹大尉掾頻陽游殷幼齊

故功曹大尉掾池勿吉苗元𪗋

古

故督

故五

故

右武都太守等題名其七行稽其官制地名是漢時碑陰無疑然攷隸釋隸續及金石集古等錄並無此

刻乾隆四十四年修理嶽廟五鳳樓下所出古碑殘
石甚多此爲稱最焉關中金石記
右華嶽廟殘碑陰七行兩列凡十一人下列殘破人
名不可識隸辨蓮字注以爲劉寬碑陰按劉寬二碑
一爲故吏李謙等所立一爲門生郭異殷苞李照等
所立此云故民故功曹自是李謙一碑惜其名不存
也近日錢唐趙晉齋親至二華搜求古刻所搨此種
僅存上列四十字并曼節郭雁等名不可得見然則
此搨猶爲世所希有可不益加寶惜哉涵眞閣漢碑文字跋

禹陵窆石題字

石高六尺廣五尺三寸行字數俱無攷今在紹興府禹廟

舊經云禹葬以此石爲窆之禹穴在龍瑞宮之側東萊
云大石中斷成罅殊不古殆非司馬子長所探也王象之方輿勝覽
子攷窆石之制不載於聶崇義三禮圖攷惟周官冢
人之職及窆共喪之窆器及窆執斧以涖鄭康成以
爲下棺豐碑之屬圖經禹葬於會稽取石爲窆石本
無字迨漢永建元年五月始有題字刻于石此王厚
之復齋碑錄定爲漢刻殆不誣矣石崇五尺在今禹
廟東南小阜覆之以亭相傳千夫不能撼及歲在乙
酉有力士拔之石中斷部下健兒迭相助及拔陷地
纔扶寸爾土人塗之以漆仍立故處載攷古之葬者
下棺用窆蓋在用碑之前碑有銘而窆無銘驗其文
乃東漢遺字趙氏金石錄目曰窆石銘誤曝書亭集
今窆石在禹廟東側南向頂上有穿狀如秤錘　國
朝康熙初浙江督學張希良嘗拓之以意屬讀得二
十九字蓋漢代展祭之文尋其隅角當爲五行行十
六字其下截爲元季兵燬依韻求之則其下當闕六
字也今惟有玉石并天文等字隱隱可辨其旁有宋
人分書題名一行據舊志所稱有楊龜山題名竟剗

落無一字矣平恕新修紹興府志

按窆石題字在石下方字大二寸許金石錄及圖
經並以爲永康元年五月所刻而趙氏又誤釋作
銘是宋時拓本已不甚了了張氏所讀二十九字
其釋文今未得見兹以精拓本驗之惟日年王一
并天文晦眞九字可辨耳右旁題字九行云□□
□□□□□□從事郎吳□□□□□□□
□□□□朝夫□被命□□□□拜禹陵□
賦此詩以紀盛□云□□無瑕日□□□見
聖躬勞古陌□□□□氣梅梁□海作波濤至今

遺迹衣冠在□□安□趨魅逃欲覓□陵尋乏石山僧爲我翦蓬蒿凡一百四字正書當是宋元人所鐫而年月全蝕矣左旁宋人題名二行云會稽令趙與壁來遊男孟握侍凡十二字隸書後又有元人題名二行云眞崎眞逸來遊皇慶元年八月八日凡十四字行書

金石萃編卷十一終

金石萃編卷十二

賜進士出身誥授光祿大夫刑部右侍郎加七級王昶譔

漢八

執金吾丞武榮碑

碑高七尺二寸五分廣一尺九寸五分十行行三十一字額題漢故執金吾丞武君之碑十字隸書陽文今在濟寧州學

君諱榮字含和治魯詩經韋君章句闕幘傳講孝經論語漢書史記左氏國語廣學甄微靡不貫綜久游大學蘋然高廪鑿於雙匹學優則仕爲州書佐郡曹史主簿督

郵五官掾功曹守從事年卅六汝南蔡府君察舉孝廉□□郎中遷執金吾丞遭孝桓大憂屯守闕諱武慼哀悲懂加遇害氣遭疾眞盡□□□□□君即吳郡府卿之中子敦煌長史之次弟也廉孝相承亦世載德不忝□□□□□命□不竟台衡盖觀德於始述行於終於是刋石勒銘垂示無窮其辭曰

天降雄彥資才卓茂仰高鑽堅允文允武內幹三署外□陛旅□勒屯守肖威□武

旌旗絳天雷霆電舉軟燿赫然陵惟哮膚
當遂股胈□之元輔天何不弔降此□皆
癘乎我君仁如不壽爵不副德位不稱功
咸裹傷愴遠近哀同身没□□萬世諷誦

右漢執金吾丞武君之碑隸額在濟州武君名榮吳郡君名開明敦煌君名斑榮之亡在靈帝初漢興魯申公爲詩訓故齊轅固燕韓嬰皆爲之傳又有毛氏之學故曰詩分爲四申公授瑕邱江公韋賢治詩事江公傳子元成皆至丞相孫賞以詩授哀帝至大司馬魯詩有韋氏學此云治魯詩經韋君章句者此也

闕幘者未冠之稱語在武梁碑中爲古鮮字爲於雙四者鮮雙寡匹也隸釋

武榮碑集古錄載其名金石錄並不載然榮之父吳郡丞武開明兄燉煌長史武斑俱有碑載金石錄何以獨遺此碑耶庚子銷夏記

漢制執金吾一人丞一人月三繞行宮外戒司非常水火之事秩六百石緹綺二百八輿服導從光滿道路光武嘗歎曰仕宦當作執金吾而樂府古歌辭稱陛下三萬歲臣至執金吾蓋中興以後官不常置榮之本末借碑文已漫滅年月無考僅存其廓落焉爾曝書亭集

武君治魯詩經韋君章句洪氏云漢興魯申公爲詩訓故齊轅固燕韓嬰皆爲傳又有毛氏之學故曰詩分爲四予考之傳志而知洪說之誤藝文志詩經二十八卷魯齊韓三家立博士河閒大毛公傳自子夏不得立儒林傳言詩于魯則申培公事浮邱伯爲訓故弟子瑕邱江公盡傳之韋賢治詩事博士大江公即瑕邱江公有韋氏學毛詩正義序曰漢氏之初詩分爲四申公騰芳于鄢郢毛氏光價于河閒貫長卿傳之於前鄭康成箋之於後洪氏用此語以申公轅固韓

嬰毛萇爲四與正義乖矣後漢伏湛弟黯定齊詩章句杜撫定韓詩章句張匡作韓詩章句傳魯詩者如元王許生徐公王式張長安唐長賓褚少孫薛廣德龔勝龔舍高嘉嘉孫詡李昺魯恭李業魯丕包咸魏應陳重雷義皆無章句韋氏世學魯詩使有章句爲榮誦習豈遂遺於載記不與齊韓並存也耶然榮去韋氏未遠似亦不妄或魯詩亡于西晉并此章句失傳未可知也其曰痛乎我君仁如不壽春秋星隕如雨釋者曰如而也歐公于郭輔碑寬舒如好謂施于文章以如爲而者始見之而不知又有此碑也金石後錄

碑文有云遭孝桓大憂戚哀悲慟遭疾隕靈桓帝崩
於永康元年十二月武君之卒必在靈帝初年也隸辨
漢書食貨志鹽鐵錢布帛五均賒貸斡在縣官師古
曰主領也斡音管字從斗寶憲傳內斡機密劉向傳
斡尚書字皆從于而音義與斡無異疑皆斡字轉寫
之譌此碑內斡三署隸釋署字猶存斡字義亦作斡蓋其相
沿已久譌斡爲斡有由來矣金石存
碑凡十行前叙後銘中界裁畢虛其半無文字它碑
少似此形制金石圖
是碑叙武君家世父兄於卒後又稱其父兄之官而

不稱名又稱其年卅六及其遭桓帝喪卒而不書某
年月日是皆金石文之例所宜記者從來爲金石例
者潘文僖不叙唐以前文王止仲墓銘舉例郊有隸
釋諸碑而未能一一溯其本始黃黎洲金石要例雖
引及東漢六朝之文而於漢碑亦未之能詳也若以
洪趙之書合之後來出土諸碑分門別類件系而條
舉之庶幾於貞石文有所稽考也矣歡郎敫字匹郎匹字僱郎勸字
兩漢金石記
續漢書百官志元武司馬主元武門屬衛尉不屬執
金吾此以執金吾屯元武者國有大喪備非常也漢

初舉孝廉無限年之令自順帝陽嘉元年用左雄之
言令郡國舉孝廉限年四十以上諸生通章句文史
能牋奏乃得應選其有異才異行若顏淵子奇不拘
年齒由是廣陵徐淑以年未四十爲臺所詰而罷之
矣榮年卅六爲汝南蔡府君察舉其才行必有過人
者以非常格故碑特著其年也潛研堂金石文跋尾
碑末萬世諷誦誦字宜讀如容始與上句遠近哀同
叶韻詩小雅家父作誦以究王訩又楚辭九辨自厭
按而學誦信未達乎從容皆是也其云亦世載德者
以亦爲奕也山左金石志

王宏撰以碑額作陰文凸起他碑所無余十餘年所
集拓本多見之搨工未及全收額題後惟親往手摹
如漢太室闕篆字正銘陰文凸起魏公卿上尊號碑
額唐麓山寺碑額周公祠碑額王行滿書聖教序碑
額宋仁宗御書飛白賜陳繹碑額並陰文凸起又龍
門山老君堂一造像磨崖小碑題爲始平公者文皆
用陰字此乃他碑所希見耳王君蓋未覩也隸續陳球碑篆
額二行黑字王純碑篆額二行黑字淳于長碑篆額二行黑字授堂金石跋
按執金吾者吾猶禦也應劭曰執金革以禦非常
也執金吾屬本有式道左右中候三人車駕出掌

在前清道還持麾至宮門宮門乃開中興但一人又不常置每出以郞兼式道候事已罷不復屬執金吾其秩執金吾一人中二千石丞一人比千石漢官秩則云比六百石所率緹綺二百人五百二十人輿服導從光滿道路羣僚之中斯稱壯矣碑銘云旌旗絳天雷震電舉數耀赫然陵惟哮虎蓋形容其光滿道路之盛也後漢書禮儀志大喪登遐閉城門宮門近臣中黃門持兵虎賁羽林郞中署皆嚴宿衛宮府各警北軍五校繞宮屯兵黃門令尚書御史謁者晝夜行陳碑稱孝桓大憂屯守

元武者卽繞宮屯兵之事也桓帝崩無子城門校尉竇武定策至河閒奉迎靈帝入嗣大統自永康元年十二月丁丑帝崩之日至建寧元年正月庚子靈帝卽位相距二十四日之久其時都城無主太后臨朝羣臣皇皇非尋常國喪可比宮城屯守之嚴責任非輕時又嚴寒勞勩倍至碑所謂加遇害氣遭疾隕靈者是也碑又云慼哀悲恫慼卽感字說文戚从戉从尗隸變从伐从卅楊統碑貴戚專權韓敕碑陰彭城廣戚戚皆作慼可證或釋爲哀感非是顧氏隸辨恫字下引此碑云感哀悲恫慼字下又引作感哀悲恫一語而兩歧之其誤滋甚慟字說文所無古只作恫景君碑云驚恫此云悲恫皆是徐鉉校定說文新附慟字贅矣

沛相楊統碑

碑文從裘本摹錄行字數俱不可紀額題漢故沛相楊君之碑八字篆書石今毀

君諱□□□□□□□□□冨波君之□子也□天□性少有令問敦□孝㠯勑內□名行㠯脩外諮□□烈隆構家基旣仕州郡會孝順皇帝西巡㠯掾史召見帝嘉其忠臣之苗器其璵璠之質詔拜郞中遷

常山長史換楗爲府丞君雖詘而就之㠯順時政非其好也迺翻然輕舉皋司累辟應丂司徒州察茂才遷鮦陽侯相金城太守德㠯化圻民威㠯懷殊俗慕義者不肅而成帥服者變衽而屬疆易不爭障塞無事功顯不伐委而復爲直南蠻蠢迪王出師征㠯君文武備兼廟勝先戰拜車騎將軍從事軍還策勳復㠯疾辭後避徵拜議郞五官中郞將沛相天吏之治副當神人秩禮之選舉不踰賢故望大和則侯生毓

晬嚴霜則畏辜戮欣悅竦慄寬猛必衷遭
貴戚專權不稱請求考績不論徵還議官
年五十六建寧元年三月癸丑遘疾而卒
朝廷愍惜百僚歎傷□民被爾莫不隕涕
故吏戴條等追在三之分感秦人之哀顯
從贖其無由考斯之頌儀遹鐫石立碑
刊銘鴻烈光于億載俾永不滅其辭曰
明明楊君懿鑠其德其德伊何吾忠官力
勤止廢身勛□靡革蓋茲莫猶道吕經國
班化敕元既清且寧武稜攜貳文懷徦寘

遠人斯服紛杏充庭罰罪波得吕和吕平
勳速藿矣莫與爭光甘棠遺愛東征企皇
念彼恭人愍焉永傷立言不朽先民所臧
載名金石貽于无疆

右漢沛相楊君碑在閿鄉楊震墓側碑首尾不完失其名字按後漢書震及中子秉秉子賜賜子彪皆有傳又云震長子牧富波相牧孫奇侍中奇子亮陽成亭侯又云少子奉奉子敷敷子衆務亭侯又有彪□子修楊氏子孫載于史傳者止此爾不知沛相爲何人也集古録

右漢故沛相楊君之碑篆額碑缺不知其名諱有富波君字按楊震碑云長子牧富波侯相牧子統金城太守沛相則知此爲楊統碑也順帝以其忠臣之苗特召爲郎歷常山長史犍爲府丞鮦陽侯相金城太守車騎將軍從事議郎五官中郎將沛相以靈帝建寧元年卒故吏戴條等共立此碑其從昆弟高陽令著碑陰題名所云沛君者即統也此碑辭翰俱妙以百寮作百遼以遐邇作假爾與即與字績即積字顯即顯字亘即克字貳即貳字遼即遼字震子孫名見于史者數人富波相及其孫衛尉奇皆在焉統居其中而不見録亦史策之闕遺

也隸釋

楊統碑篆額二行有穿碑十四行行三十五字孝順皇帝平闕穿在九十十一行之上漢碑額惟暈式不同或在其中或在其左右惟穿則無不居中者此碑後有餘石打碑者去之非穿之偏也隸續

右沛相楊統碑字畫多與隸釋不合如宰作宰顯作顯无作光阜戮作臯戮求作來育作吝依作份之類其尤不可解者委而復焉焉字竟作爲字覘其刻畫艱者與全碑神氣不倖直是後來俗工就其漫漶處以意刊劃之殊可恨也祇與閣漢碑文字跋

按此即昶所藏朱拓楊氏四碑之一沛相不知其字亦不見于後漢書碑中所缺字數俱與隸釋不合想被裝潢手割損也碑云百僚歎傷□民艰爾莫不隕涕僚字明从人傍而洪氏誤釋作遼且跋云以百寮作百遼不可解矣又云願從贖其縻由庶考斯之頌儀按閟宫詩詩說以爲史克所賦未云新廟奕奕奚斯所作毛傳鄭箋並以爲奚斯作廟而漢儒行文多誤解作字與家父作誦吉甫作誦寺人孟子作爲此詩之作同例楊子法言正考甫嘗睎尹吉甫公子奚斯睎正考甫後漢書曹褒

傳昔奚斯頌魯考甫詠殷班固兩都賦序故臯陶歌虞奚斯頌魯王延壽魯靈光殿賦故奚斯頌僖歌其路寢又度尙碑於是故吏感淸廟之頌歎斯父之詩張納功德叙庶慕奚斯□□之義費汎碑感奚斯之義楊震碑頌有淸廟故敢慕奚斯之追述劉寬碑有感殷魯述德之頌穀民校尉熊君碑昔周文公作頌宗成考父公子奚斯追美遺蹟紀述前勳曹全碑竊慕奚斯考父之美張遷表奚斯讚魯考父頌殷及此碑並指正考甫公子奚斯而言後漢書文選兩注引薛君韓詩章句云奚斯魯公子也言其新廟奕奕然盛是詩公子奚斯所作也或東漢三家詩並行用魯頌者獨從韓詩因作是解亦未可知因碑中考奚斯二字隸釋未揭其義且洪氏但于楊震碑跋云奚斯所作蓋謂作廟此及張納費汎碑皆誤用云云所舉多漏故申其說頃見武君億羣經義證詳辨此義尙有陳思王承露盤銘序一條亦承漢人之誤惟兩都賦序及張納碑二條武氏未引餘與昶說同

竹邑侯相張壽碑

碑爲明人截爲碑趺僅存上截高二尺九寸廣三尺六寸五分十六行行存十五字今在城武縣孔廟

君諱壽字仲吾其先蓋晉大夫張老盛德
之裔世載□勳運伸紀律不忝厥績爲冠
帶理義之宗君孝友恭懿明允篤信敦崇
經藝習父東光君業兼綜六藝博物名識
略涉傳記爲取其用股肱州郡匡國達賢
登善濟可登斑叙優能正船舶陪臨疑燭
照確然不橈有孔甫之風舉孝廉除郎中
給事謁者贊衛王臺妻□忠謇上嘉其節
仍授命莢臣其京輦昭德褰遂內奉外成
舉無遺愆遷竹邑侯相明德愼罰縣奉采

土遣江揚尉賊上下□征役賦彌年前于
□戈矜軸鬐犀君下車崇尚儉節躬自菲
薄儲偫非法悉無所留并官相領省倉□
小府御史躬無姦官野無盜寇教民樹藝
三農九穀稼嗇滋殖國無灾祥歲聿豐穰
皤白之老率其子弟以循仁義蜂賊不起
厲族不行覩事年載黔首樂化戶口增多
國寧民殷功刊王府將授轄邦對揚其勛
功曹周憐前禘廢溢君微澄淸憐顧愆悔
過晉鄭周結承會表奉君常懷色斯舍無

宿儲遂用高遡老弱相攜攀持車千人以
上沛相名君駱驛要請君捐蔽收名固執
不顧民無所卬國違所賴上下同感州郡
開郊旌弓禮招復為從事覲覲帝視不折
其節辟司徒府進退以禮含宏內光頤□
晧爾頤天不怫壽疾無瘳年八十建寧元
年五月辛酉卒嗚呼哀哉夫積脩純固者
為天人所鍾功假於民者敘在銘典於□
訪諸儒林刊石樹碑式昭令徽其辭曰
亮元德於叔君膺倩伐體懿純超三署垂

令□聞聲號□憲臺矯王業弼紫微彈羣
司淸公□綏蕩賦牧邦畿桑烝殷門荒餱
感邑臣哀其靈揭轄舉□來征民歎思暨
與人宰府命遂溢□名振射□彌闡垂令
紀永不刊于胥德深後昆

右漢故竹邑侯相張君之碑隸額張君名壽以孝廉為鄭嘗相竹邑靈帝建寧元年卒張君治功曹周憐之過反為嘗鄭周紘所窘至於捐祿而歸此風古今一也前史多以伞為蓋海廟碑嘗借伻字隸釋

竹邑侯者彭城靖王恭之子阿奴明帝永初六年封

見熊方後漢書同姓諸王年表曝書亭集

張君諱壽晉大夫張老之裔而不言其籍里碑以習為襲婁為屢蜂為蠭覲覲為耽耽顚為旻棃為黎殿為奠此音之假借者也以蓋為葢忝為忝綦為恭秋為孔邑為邑墅為野老為老懋為攀憔為感弘為宏晧為皓怫為弔晧為疾哉為哉弼為弼胥為胥則字體之加變也說文耽視近而志遠也引易虎視耽耽又耳下垂為耽俗書引易誤作耽轉作眈不若此碑之覲覲其音相同使人皆知其為借也夫金石後錄

碑以斑為班字此洪氏所未舉者以婁為屢則漢書

多有之　碑字淳古與孔彪碑相類牛氏擬以白石神君碑謂開魏隸之法然是碑隸法實在白石神君碑之上也兩漢金石記

右碑僅存上一段每行十餘字中間又鑿去四十字卽明時人斷爲碑趺者今在城武縣說文眈視近而志遠也覘內視也覘與眈音同而義亦相近先儒傳易皆作虎視眈眈此碑乃作覘覘是古人固通用矣王輔嗣釋眈眈以爲威而不猛碑云覘覘固視不折其節意亦相類也婁機云碑在單州城武宋時本隸單州也潛研堂金石文跋尾

案縣志鄉賢有張壽傳事蹟多本此碑惟云累官右諫議大夫尚書右丞則志所增也又稱卒葬文亭山後墓如陵阜今山在城西北一里又名雲亭山有古柏數株傳爲漢唐時物墓在與否無可考矣山左金石志

衛尉卿衡方碑

碑高七尺廣四尺四寸二十三行行三十六字額題漢故衛尉卿衡府君之碑十字隸書今在汶上縣

府君諱方字興祖肇先蓋堯之苗本姓□
□則有伊尹在殷之世號稱阿衡因而氏
焉□□□土家于平陸君之烈祖少以濡
術安貧樂道履該顏原兼脩季由聞斯行
諸碩仁篤□□□□土階夷愍之貢經常
伯之寶位左馮翊先帝所尊番名什宗考
廬江大守兄鴈門大守□□□孝長發其
祥誕降于君天資純懿昭前之美少以文
塞敦庬允元長以欽明躭詩悅書□□□
秋仕郡辟州舉孝廉除郎中卽丘侯相膠
東令遷尹鐸之導保鄣二城參國起按班
敕□□□本肇末化速郵置州舉尤異遷
會稽東部都尉將繼南仲邠虎之軌飛翼
軨之拴操橐□□□綏來王之靈會衆大

夫人感背人之凱風悼蓼儀之劬勞寤闇
苦由仍留上言倍榮向哀禮服祥除徵拜
議郎右北平大守尋李廣之在邊恢魏綽
之和戎戎戢士佚費省巨億儲□□□□
靜有績還潁川大守頻清豫后招拔隱逸
光大茅茹國外浮讒淡界緣動棄泄狂□
□山□□歸來洙泗用行舍藏徵拜議郎
遷大醫令京兆尹舊都餘化詩人所詠並
有亡新君□□□□隆寬慄竊火光物陷
霜剿姦振滯起舊存亡繼絕冒降乾参威

肅尉巛本朝錄功入登衛□□翼紫宮亢
夜惟寅褘隋在公有單襄穆典謨之風話
選賢良招先逸民君務在寬失順其文舉
已從政者退就勑巾永康之末君衛孝桓
建寧初政朝用舊臣留拜步兵校尉需六
師之冊雖時假階將授綬職受任浹旬奄離
𤸎疾年六十有三建寧元年二月五日癸
丑卒詔遣使□□弔賻礼百僚臨會莫不
失聲其年九月十七日辛酉葬蓋雅頌興
而清廟肅中庸起而祖宗□故仲尼既歿

諸子綴論斯干作歌用昭于宣謚以旌德
銘以勒勳於是海內門生故吏□□□采
嘉石樹靈碑鐫茂伐祕將來其辭曰
峨峨我君懿烈孔純高朗神武歷世忠孝
馮隆鴻軌不忝前人寬猛不主德義是經
　　纘縱顛□溫故前呈攬英接秀踵迹晏平
初據百里顯顯令聞濟康下民曜武南會
邊民是鎮惟□□□憂及退身衆議帝室
剖符守藩北境□□有□有聲旋守中嶽
幽滯以榮鑣種舊京□□□□含澤戴仁

□□被寧剋長剋君不虞不陽維□雜允
壇此聲香能恕能惠剋亮天功入統□□
斜斜光光法言稽古道而後行競競業業
素絲羔羊誾誾侃侃鬻又昂昂踰規履絜
金玉其相蹇蹇王臣羣公憲章樂旨君子
□□无疆銘勒金石□□□□□閒□□
萬世是傳門生平原樂陵朱登字仲□□

碑云感昔人之凱風悼蓼儀之劬勞以蓼莪爲蓼儀
他漢碑多如此蓋漢人各以其學名家故所傳時有
異同也金石錄

右漢故衛尉卿衡府君之碑隸額建寧元年立趙氏
誤以爲三年衡君名方歷郎中邸侯相膠東令會
稽東部都尉召拜議郎爲右北平潁川兩太守再除
議郎遷太醫令京兆尹碑有本朝錄功入登衛七字
衛下闕文必尉字也又云永康之末君衛孝威建寧
初政朝用舊臣留拜步兵校尉蓋靈帝初立更易朝
士自九卿而作五校殆是左遷故碑首舉其尊者稱
之碑云海內門生故吏采嘉石鐫靈碑末有小字門
生朱登題名則其人也銘文甚溫潤如云鶉火光物
隕霜剿姦尋李廣之在邊恢魏絳之和戎唐人誌墓

多用此體雖柳子厚少作亦然履該顏原謂顏子原
憲也禕隋即委蛇出韓詩內傳碑以濡爲儒借爲背淡爲峩羅爲哀龐爲奄太郎太字盧江爲門皆從广隸釋
洪丞相謂碑云履該顏原即顏淵原憲子觀其下繼
之云兼修季由蓋仲由一字季路季由即季路也金薤琳琅
履該顏原兼修季由洪氏以顏原爲顏淵原憲而都
太僕以季由爲仲由字季路即是一人與兼修之義
不協按史記仲尼弟子傳公皙哀字季次孔子曰天
下無道多爲家臣仕於都惟季次未嘗仕遊俠傳季

次原憲終身空室蓬戶褐衣疏食不厭死而已四百
餘年而弟子志之不倦然則季乃季次也四人皆安
貧守道之士故並舉言之其一字一名亦古文之所
嘗有也金石文字記
碑述其先伊尹在殷號稱阿衡因而氏焉按趙氏金
石錄載浚儀令衡立碑亦云出自伊尹合之應劭風
俗通無異或云魯公子衡子孫因以爲氏則各有所
本也曝書亭集
右碑趙錄云蓺義爲蓺儀蓋漢人各以其學名家子
按是碑以委蛇爲禕隋出韓詩內傳而知其所傳乃

韓氏學也漢碑字多假借大約其音相同未有如是
碑之變者將授緄職以緄作袞庵離寢疾以庵作奄
耀此聲香以聲作磬蹈規履渠以渠作矩讀者須以
意逆而得之銘云樂旨君子以旨作只顏氏干祿字
書旨旨上俗下正旨字漢人用之而云俗何也金石後錄
右碑金石錄以爲建寧三年二月立洪氏已辨其誤
金石文字記又爲三年六月亦誤也　碑云感背人
之凱風悼蓼儀之劬勞趙德甫以蓼儀即蓼莪然矣
至背人二字乃置不論予按背人即邶人也廣韻邶
同鄁紂畿內地名碑以鄁作邶克長克君作尅能哲

能惠作悊非盡假借必當時經師所傳有此異本也
　隸釋云禕隋字出韓詩內傳內傳久不傳未知洪
氏何據經典釋文引韓詩但作逶迤　容齋五筆言
委蛇字凡十二變一曰委蛇二曰委佗三曰逶迤四
曰倭遲五曰倭夷六曰威夷七曰委移八曰逶移九
曰逶虵十曰蝼蛇十一曰遇迤十二曰威遲今此碑
又作禕隋唐扶碑作逶隨劉熊碑作委邈枚乘兔園
賦作委㢣傅雅賊陝險也文選薛注周道威夷險也
則賊陝亦委蛇之別體而字書尚有螞虵蜲虵蹻倚
之異此二字固不止十二變洪公尙考之未盡也金石

存

碑在汶上縣西南十五里平原郭家樓前南向以建寧元年立雍正八年汶水泛決碑陷臥莊人郭承錫等出貲復建焉金石圖

此碑近時所搨以校隸釋所有尚不及其半焉中有云階夷愍之貢經常伯之寮謂其以孝廉察舉而爲郎中也夷謂伯夷愍謂閔子古閔愍通用如春秋諸侯之謚閔者亦作愍也碑中兩寮字金薤琳瑯皆誤以爲寳豈傳錄之不審耶碑云感背人之凱風詩邶亦作鄁此并省去邑不虞不陽即不吳不揚參國起

按本之齊語下本肇末上缺一字必遵字也寢闇苦由下今缺一字而洪氏本則爲仍字其下所注缺字今本則頗似因字形碑云詔選賢良招先逸民君務在缺失順其文舉洪氏本如此余諦視碑則洪云缺者頗似寮字其失字上半剝泐實非失字乃英字也時詔書令選賢良務先逸民而衡君欲舉其寮之賢者又欲順詔書之文故下云已從政者退就勅巾蓋令其棄官而就舉也隸釋於舍澤㦸仁下注云缺六字其實止缺二字此則都氏本不誤也抱經堂文集

階夷愍句上士字是士非土也貢即寮字檻即攬字也苦由仍下是留字君務在下是寛字今尚皆隱隱可辨洪以爲闕者亦拓本偶不見耳兩漢金石記

衡氏家于平陸祖父以來世爲大官范史不立公卿表故方之拜罷年月無考祖左馮翊並佚其名矣云恩隆乾太威肅剝巛太即泰字巛即坤字說文太古文泰義無二訓故卦名亦可作太也云感背人之凱風陸德明釋文邶本又作鄁顏師古注漢書亦云然碑蓋从鄁而省其邑也云不虞不陽不吳不揚之別古人吳虞多通用泰伯弟仲雍以居吳稱吳仲雍而左氏傳論語皆作虞仲是其證也說文吳姓也亦郡

也一曰吳大言也是吳敖之吳與吳越之吳無別體矣陸德明謂吳說文作吳又引何承天從口下大之說毋乃誤讀說文乎孔氏詩正義謂鄭讀不吳爲不娛人自娛樂必讙譁爲聲今此碑作虞虞娛亦通用字也碑又以寬慄爲寬栗聲香爲馨香郤虎爲召虎瘣爲虺謳爲謳䰟長䰟君䰟即魁字寋謇王臣謇即蹇字樂旨君子旨即只字皆鄱陽洪氏所未及舉也潛研堂金石文跋尾

碑文云建寧元年二月五日癸丑卒二月當是三月之訛據沛相楊統亦以是年三月癸丑卒又下文云

其年九月十七日辛酉葬合計小盡逆推至三月辛
酉日當在十三日正與五日癸丑合是又一證也校訂
隸釋存疑

高陽令楊著碑

碑文從褒木摹錄行字數俱不可紀額題漢故高陽令楊君之碑九字篆書陽文石今毀

□□□□□□□□□之情窮七道之
奧□綜書籍□□□贊仕郡歷五官掾功
曹司隸從事仍辟大尉遷定穎侯相特以
儒學詔書勑留定經東觀順廟諱丘之指譎
歷世之疑天子異焉擢拜議郎遷高陽令

德以柔民刑以威姦是以勳庶愛若冬日
畏如龘旻恩洽化希未基有成頒甫班麗
方授銀苻閶毋氏疾病孝孫內發醉縈投
緻步出城寺衣不暇帶車不俟駕載馳□
□躬親嘗禱退遊曾參繼迹樂正百行之
主於斯爲盛復辟司徒舉□□□治劇除
思善侯相遭從兄沛相憂篤義忘寵飄然
輕舉位淹名顯□□□敷聞于下宜幹帝
室佐國輔臣上天不惠不我慭遺年五十
有三□□□年十月廿八日壬寅卒凡百

隕涕縉紳惟傷門徒小子喪茲師范悲將
焉告叩叫穹倉感三成之義惟銘勒之制
皆所已紀盛德傳無窮者也若茲不刊後
□曷聞故樹斯石以昭厥勳其辭曰
廟諱乾鍾德于我楊君其德伊何如玉如瑩
烝烝其孝恂恂其仁躬尚節儉□□□□
□□□□□□文經紀典謩□□□□

右漢高陽令楊著碑首尾不完而文字尚可識云司
隸從事定穎侯相最後爲善侯相善上一字磨滅不
可見蓋其中間嘗爲高陽令而碑首不書最後官者

不詳其義也按楊震碑高陽令著震孫也今碑在震
墓側集古錄

右漢故高陽令楊君之碑篆額楊君名著太尉震之
孫常山相讓之子碑缺其名得之于震碑仕歷司隸
從事議郎高陽令思善侯相年五十三而卒石損亾
其年漢之王國相則秩二千石侯國相纔與令長等
耳思善者汝南之小國碑首題以高陽者殷勸不
若壯哉縣也楊震碑亦稱著爲高陽爾晉宣溫爲譙
秀表云敦在三之節李善引國語欒共子之言曰人
生於三事之如一謂父生之師教之君食之也漢代

銘誌類皆門人所立故用此語者頗多逢盛碑云感激三成一列同義楊震碑云絲在三義一楊統碑云追在三之分此碑云感三成之義三楊碑皆用之同出晉語也詩以圻父作祈父此云頎甫蓋又借用碑以未基爲未朞碑榮投歔爲釋榮投欷師范爲師範穹倉爲穹蒼倅郎倅字隸郎秋字遜郎職字隸釋楊著碑篆額二行黑字碑十三行行二十八字穿在第二字之下第七八行各空三字不書楊氏四碑并陰皆作棋局之紋惟此碑微沒滅隸續碑無年號其中云遭從兄沛相憂去官繼之以不悳慭遺之語沛相以建寧元年卒考之長歷必建寧元

金石萃編卷十二 漢八 五十四

年也漢隸字源

按此碑昶所藏宋拓本已被裝潢剗損中間司徒舉下名顯下皆缺三格以碑式行數字數計之適當七八兩行即洪氏所云第七八行各空三字不書者也著曾拜思善矦相而碑額及楊震碑止書高陽令者聞拜之後即以兄憂去官故仍稱前職如韓仁遷槐里令而銘額稱聞憙長古人金石之例如此洪以小國大縣解之臆說甚矣後漢書郭躬傳弟子鎮以冒犯白刃手劍賊臣封定頴侯禾建四年卒長子賀嗣著在桓帝時爲定頴侯相知郭賀以後尚有紹封者而史未之載也碑云詔書勑留定經東觀順元邸之指錮歷世之疑昶按石經立學水經注以爲光和六年後漢書靈帝紀蔡邕傳並以爲熹平四年隸釋云蓋諸儒受詔在熹平而碑成則在光和今此碑年月已泐然著卒與沛相同時定爲建寧元年無疑則所謂受詔定經者乃桓帝時事尙在蔡邕堂谿典等奏求正定六經文字之前可補范史所闕而著刊定之功亦不必在邕典等下也碑又云孝烝內發又云烝烝其孝語本尙書漢碑用烝烝者皆作蒸蒸惟此文作

金石萃編卷十二 漢八 五十五

烝耳高郵王君引之云堯典父頑母嚚克諧以孝烝烝乂不格姦傳云諧和烝進也言能以至孝諧和頑嚚昏傲使進進以善自治不至於姦惡訓烝爲進雖本爾雅然以烝烝乂爲進進治則不辭甚矣今案經文當讀克諧爲句以孝烝烝爲句乂不格姦爲句列女傳云舜父頑母嚚父號瞽叟弟曰象敖游於嫚舜能諧柔之承事瞽叟以孝蔡邕九疑山碑云逮于虞舜聖德克明克諧頑傲以孝蒸蒸是讀克諧爲句以孝烝烝爲句也列女傳又云母憎舜而愛象舜猶內治靡有姦意是讀乂不格

烝爲句也經云以孝烝烝烝烝即是孝德之形容
故漢魏人多以烝烝爲孝者陸賈新語道基篇虞
舜烝烝於父母光耀於天地後漢書章帝紀陛下
至孝烝烝奉順聖德和熹鄧后紀以崇陛下烝烝
之孝宋意傳陛下至孝烝烝張禹傳陛下體烝烝
之至孝馬融傳陛下履有虞烝烝之孝袁紹傳伏
惟將軍至孝烝烝發於岐嶷張衡東京賦烝烝之
心感物曾思躬追養於廟祧奉烝嘗與禴祠蔡邕
胡公碑夫烝烝至孝德本也朱公叔墳前石碑孝
于二親烝烝雖雖續漢書祭祀志注引蔡邕議云

孝章皇帝大孝烝烝家語六本篇瞽瞍不犯不父
之罪而舜不失烝烝之孝藝文類聚引魏弁蘭贊
述太子表云昔舜以烝烝顯其德周旦以不驕成
其名曹植贊舜歌云古時有虞舜父母頑且嚚盡
孝於田隴烝烝不違仁廣雅亦云烝烝孝也則知
兩漢經師皆訓烝烝爲孝故轉相承用卒無異說
也謂之烝烝者言孝德之厚美也大雅文王有聲
篇文王烝哉韓詩云烝美也魯頌泮水篇烝烝皇
皇傳云烝烝厚也皇皇美也王肅云言其人德厚
美也昶案此說極確法言云德諧頑嚚讓萬國莫

侯湛舞賦納和氣於兩儀兮克諧乎君臣足與
列女傳相證又晉書孝友傳序閔曾翼翼遵六教
而緝貞規蔡謨烝烝宏七體而垂令迹温嶠侍臣
箴思有虞之烝烝尊成周之翼翼翼翼烝烝言其
忠孝亦足與廣雅諸書相證皆王君所未舉者然
攷史記酷吏傳吏治烝烝不至於姦黎民艾安是
以烝烝屬下句讀也楊孟文頌云清涼調和烝烝
艾寧（艾即乂字）是以烝烝乂絕句也蓋當時師承非一
故句讀各殊若是參攷衆說自宜以烝烝絕句者
爲長此碑亦一證也

郭泰碑

碑高八尺四寸廣三尺三寸十二行行四十字

先生諱泰字林宗太原界休人也其先出
自有周王季之穆有虢叔者寔有懿德文
王咨焉建國命氏或謂之郭即其後也先
生誕膺天衷聰睿明哲孝友温恭仁篤慈
惠夫其器量宏深姿度廣大浩浩焉汪汪焉奧
乎不可測已若乃砥節厲行直道正辭貞
固足以幹事隱括足以矯時遂考覽六經
探綜圖緯周流華夏隨集帝學收文武之

將墜擇微言之未絕于時纓緌之徒紳佩之士望形表而景附聆嘉聲而響和者猶百川之歸巨海鱗介之宗龜龍也爾乃潛隱衡門收朋勤誨童蒙賴焉用祛其蔽州郡聞德虛己備禮莫之能致群公休之遂辟司徒掾又舉有道皆以疾辭將蹈鴻涯之遐迹紹巢許之絕軌翔區外以舒翼超天衢以高峙稟命不融享年四十有二以建寧二年正月乙亥卒凡我同好之人永懷哀悼靡所寘念乃相與惟先生之德以

謀不朽之事僉以為先民既沒而德音猶存者亦賴之于見述也今其如何而闕斯禮於是樹碑表墓昭銘景行俾芳烈奮于百世令聞顯于無窮其詞曰

於休先生明德通廟諱純懿淑靈受之自天崇壯幽濬如山如淵禮樂是悅詩書是敦匪惟摭華乃尋厥根宮牆重仞允得其門懿乎其純確乎其操洋洋搢紳言觀其高栖遲泌丘善誘能教赫赫三事幾行其招委辭召貢保此清妙降年不永民斯悲悼爰勒茲銘摛其光燿嗟爾來世是則是效

介休縣有徵士郭林宗宋子浚二碑宋冲以有道司徒徵林宗縣人也辟司徒舉太尉以疾辭其碑文云將蹈洪崖之遐迹紹巢由之逸軌翔區外以舒翼超天路以高峙稟命不融享年四十有三建寧□年正月丁亥卒凡我四方同好之人永懷哀痛乃樹碑表墓昭銘景行云陳留蔡伯喈范陽盧子幹扶風馬日磾等遠來奔喪持朋友服心喪期年者如韓子助宋子浚等二十四人其餘門人著錫衰者千數其碑文故蔡伯喈謂盧子幹馬日磾曰吾為天下碑文多矣皆有慙容唯郭有道無愧於色矣酈道元水經注

此碑在介休縣余邑人王正己曾為其縣令余從其家覓一紙乃正己重刻者深恨不得原刻近有晉人為余言舊石曾在一秀才極愛之每往碑下摩挲累日一夕盜碑舁去縣令無柰重刻一石以應求者後又磨泐而王正己再刻之秀才所盜之石竟不得出異哉石墨鐫華

林宗墓在介休縣驛路傍介休碑作界休來齋金石刻考略

天下碑錄云在汾州介休縣墓側又有郭有道碑云在太原府平晉縣蔡邕文并書在龍泉側按有道止

一碑此其誤也　按此碑久已不存歐趙亦未見隸釋云凡歐趙錄中所無者世不復有之矣今林宗墓側有一碑乃近人傅山所爲體既杜撰跡復醜惡無知者以爲中郎書爭相傳拓可笑也附鄭簠又書一碑與傅山並峙豈以傅山爲非其人而欲自擬中郎也以五十步笑百步則何如隸釋

按此碑今日所傳拓者凡有二本乃近人傅青主鄭谷口所重書字跡醜惡不足云矣愚所錄此本是乾隆七年如皋姜任脩摹本任脩字自耘號退耕後有自識云予從寒山趙氏拓本摹得又摹北海孫氏所

藏石經殘碑得中郎筆法以吳炳補桐柏碑之例重補此碑或比近人傅山鄭簠杜撰者差勝云愚按是本以亨爲享以邀爲隨以般爲隱則皆見於劉熊碑者也以穡爲牆則見於石經論語者也又以權爲確以穉徒爲栖遲則皆見於婁壽碑者也劉熊碑世或傳爲蔡書亨邀般三字洪氏亦嘗以假借釋之至婁壽碑則未有目爲蔡書者石經論語雖屬蔡書然穡權諸字則洪氏未嘗以假借釋之借非原石如此何以能闇合乎又或疑姜從隸辨摹入然若使從隸辨摹補亦焉能免參差集綴天吳裋褐之痕而予曾見姜君所摹袁逢曹全諸碑手意莽鹵斷不能脫空摹擬而勻潔若此惟其不能自運是以筆蹤弱劣不稱漢碑骨格而要之典型具在非傅鄭二刻比也且其通體筆意與寒山趙氏所摹婁壽碑相似則其自出寒山諒非誑語矣　此本內以瑋爲璋顧南原隸辨之書不著于錄即此一條亦見姜氏此本非從隸辨來也　此本及傅鄭二本並云年四十有二以建寧二年正月乙亥卒蔡中郎集則云年四十有三以建寧二年正月乙亥卒水經注則云年四十有三以建寧四年正月丁亥卒三處互異後漢書本傳云建寧

元年太傅陳蕃大將軍竇武爲閹人所害林宗哭之慟明年春卒于家時年四十二考陳蕃竇武之死在靈帝建寧元年九月史不誤也然則林宗當生于順帝永建三年戊辰至建寧二年年四十二也惟是是年正月甲辰朔二月癸酉朔乙亥丁亥二日則正月皆無之若依水經作四年則其正月廿六日是丁亥然於史又不合是則所當闕疑者亦不得因有水經作四年而遽謂此本誤也　傅青主書此碑後有跋云此碑在南渡之前已不可見而今乃有藏此碑者吾從汾陽曹孝廉偉得一本不知近代何人補書四

甚不知青螺公所嘗識以爲漢碑者又何本也按此所謂青螺者郭子章也子章重刻郭林宗碑跋云介休王尹正己訪於汾故家得傳碑示余予近過許昌摹魏受禪文參之斯碑字體畫一其出蔡手無疑王乃命工鐫之貞珉据此云字體與受禪相類則是方整一種者矣此亦足證姜氏所摹之非無據也兩漢金石記

按太平寰宇記河東道汾州介休縣郭林宗冢在縣東南二十里周武帝時除天下碑唯林宗碑詔特留據此宜林宗之碑流傳最久乃自宋以來著

錄家皆未之及知此碑已亡于唐代或宋初矣今所錄者乃明傅山所書刻於林宗墓側字迹醜惡殊昧古意　國初鄭氏簠亦有重書之本皆不足觀翁鴻臚方綱云家藏別有姜任修本較傅鄭二家頗有根据然姜子恭壽孝廉與祀善言及此碑亦不信以爲眞也因其文尙與史傳及蔡中郎集文選諸書有資攷證處姑著于編識者自能辨之

六經集作六籍齡集集作游集絕軌文選作秉軌誐年四十有二集作四十有三凡我同好集選並作凡我四方同好惟先生之德集作惟先生之德誤以謀不朽集作以圖不朽見述集作紀述樹碑集作建碑齋壬集作齋予幽滯集作幽滯至赫字漢隸亦有作赫者碑書赫赫二字爲㣇㣇蓋與赤字無興失古人省文假借之旨矣

金石萃編卷十二終

金石萃編卷十三

賜進士出身　誥授光祿大夫刑部右侍郎加七級王昶譔

漢九

魯相史晨祀孔子奏銘

碑高七尺廣三尺四寸十七行行三十六字今在曲阜縣孔廟

建寧二年三月癸卯朔七日己酉魯相臣
晨長史臣謙頓首死罪上
尚書臣晨頓首頓首死罪死罪臣蒙厚恩
受任符守得在奎婁周孔舊寓不能闡弘
德政恢崇壹變夙夜憂怖累息屏營臣晨

頓首頓首死罪死罪臣以建寧元年到官
行秋饗飲酒畔宮畢復禮孔子宅拜謁神
坐仰瞻榱桷俯視几筵靈所馮依肅肅猶
存而無公出酒脯之祠臣即自以奉錢脩
上案食醊具以敘小節不敢空謁臣伏念
孔子乾坤所挺西狩獲麟為漢制作故孝
經援神挈曰玄丘制命帝卯行又尚書考
靈燿曰丘生倉際觸期稽度為赤制故作
春秋以明文命綴紀撰書脩定禮義臣以
為素王稽古德亞皇代雖有褒成世享之

封四時來祭畢即歸國臣伏見臨璧雍日
祠孔子以大牢長吏備爵所以尊先師重
教化也夫封土為社立稷而祀皆為百姓
興利除害以祈豐穰月令祀百辟卿士有
益於民矧乃孔子玄德煥炳光于上下而
本國舊居復禮之日闕而不祀誠
朝廷聖恩所宜特加臣寢息耿耿情所思
惟臣輒依社稷出王家穀春秋行禮以共
煙祀餘□賜先生執事臣晨頓首頓首死
罪死罪臣盡力思惟庶政報稱為效增異

輒上臣晨誠惶誠□頓首頓首死罪死罪
上
尚書　　時副言大傅大尉司徒司空
大司農府治所部從事
昔在仲尼汁光之精大帝所挺顏母毓靈
承敝遭衰黑不代倉□流應聘嘆鳳不臻
自衛反魯養徒三千獲麟趣作端門見徵
血書著紀黃玉韻應主為漢制道審可行
乃作春秋復演孝經刪定六藝象與天談
鉤河擿雒卻揆未然巍巍蕩蕩與乾比崇

右漢魯相上尚書章其略云云於此見漢制天子之尊其辭稱頓首死罪而不敢斥至尊因尚書以致達而已余家集錄漢碑頗多亦有奏章患其磨滅獨斯碑首尾完備可見當時之制也集古錄

右魯相史晨祠孔廟奏銘靈帝建寧二年立按永興元年孔龢碑載吳雄奏用辟雍禮春秋饗孔廟出王家錢給大酒直距此纔十有七年史晨復云到官秋饗無公出酒脯之祠至於自用奉錢乞依社稷出王家穀以共禋祀此蓋有司祟奉不虔旋踵廢格也孔龢碑中吳雄奏章則云奏雒陽宮此亦奏牘乃云上尚書者郡國異於朝廷不敢直達帝所因尚書以聞也樊毅復華下民租奏其式與此同碑以倉爲蒼煙爲禋汁爲叶脩卽佛字挈卽挈字蠁古響字隸釋

歆酒畔宮者泮宮之異文也益州太守高朕修周公禮殿記亦作畔宮字金石文字記

後漢書張衡傳曰初光武善讖及顯宗肅宗因祖述焉自中興後學者爭學圖緯兼復附以妖言衡以圖緯虛妄非聖人之法乃上疏大略以爲讖書始出蓋知之者寡自漢取秦莫或稱讖若夏侯勝眭孟之徒以道術立名其所述者無讖一言劉向父子領校祕書閱定九流亦無讖錄成哀之後乃始聞之此皆欺世罔俗以昧勢位情僞較然衡寘儒者能昌言以闢之乃史晨碑中引用讖緯荒誕之語以贊述孔子傅會其文可見桓靈時其學猶傳習不衰碑云臣晨者魯相史晨長史臣謙其姓莫聞其云自以奉錢卽俸錢也又云褒成世享之封後漢書孔昱傳七世祖霸成帝時歷九卿封褒成侯臣賢按孔霸字次儒卽安國系也習尚書宣帝時爲大中大夫授太子經遷詹事高密相元帝卽位霸以師賜爵關內侯號褒成君薨謚曰烈君今范書及謝承書皆云成帝又言封侯皆誤也子按桓帝永興中魯相乙瑛請置孔子廟百石卒史碑云褒成侯四時來祠事已卽去則東漢時本是褒成侯爵劉昭以范謝二書封侯皆誤者其說非是又云孝經援神挈挈去計切音器絕也契券或借用前漢書溝洫志內史稻田挈重其議減注挈收田租之約也又祠孔子以太牢上從穴又云百辟卿士士字竟作土寫禮器碑四方士仁華山亭碑卿士從侵又云以供煙祀煙音因孔穎達尚書釋子六宗正義曰國語云精意以享禋也釋詁云禋祭也孫炎

曰禋潔敬之祭也周禮大宗伯云以禋祀祀昊天上
帝以實柴祀日月星辰以槱燎祀司中司命飌師雨
師鄭云禋之言煙周人尚臭煙氣之臭聞者也鄭以
禋祀之文在燎柴之上故以禋爲此解耳而洛誥云
秬鬯二卣曰明禋又曰禋于文王武王又曰王賓殺
禋咸格經傳之文此類多矣非燔柴祭之也知禋是
精誠潔敬之名耳據孔氏之疏惟鄭康成有禋之言
煙周人尚臭之說若非柴燎以上之祭則不可以煙
氣臭聞盡通禋字之義也賈公彥周禮大宗伯釋曰
按尚書洛誥予以秬鬯二卣明禋注云禋芬芳之祭

又按周語云精意以享謂之禋義並與煙得相叶也
但宗廟用煙則郊特牲云臭陽達于牆屋是也天神
用煙則此文是也鄭于禋祀之下正取義于煙故言
禋之言煙也云周人尚臭煙氣之臭聞者此禮祀郊
特牲之文也彼云殷人尚聲周人尚臭尚臭者取煙
氣之臭聞于天引之者正煙氣也據賈氏之疏康成
取義于煙與禋並得相叶祭宗廟祭上帝皆有升煙
報陽之意與孔疏各見異同今觀此碑竟書以供煙
祀及樊毅修西岳廟紀書與柴燎煙魏曹丕受禪碑
亦竟書煙于六宗則知漢魏閒學者以煙氣臭聞解

禋者猶多博稽旁採吾于鄭氏之說允覺信而有徵
矣又云庶政欽稱報字從欠又云端門見徵端門在
聖廟東南汁光之精金蕤琳鄉汁作叶黃玉韻應古
響字嚴發殘碑桓韻佐陳章金石遺文錄
金石錄云魯相晨有兩碑皆在孔子廟中其一云臣
蒙恩受符守者即此碑也其一云相河南史君諱晨
者即後碑也集古錄作史晨孔子廟碑天下碑錄作
魯相晨等奏出王家穀祠孔子廟碑隸辨
東京隸墨其流傳於今者乙瑛韓敕史晨最爲完善
乙瑛碑祗敘奏而附以贊是碑祗敘奏而附以銘蓋

法史記三王世家爲髯翁表忠觀碑所祖但是碑銘
詞以談然祟爲韻吾甚訝之古韻有不可強通者如
此等其一也鮚埼亭集
右漢魯相史晨孔子廟碑內缺二字自隸釋所錄已
然闕里志餘下作胙字蓋因晨後碑有餘胙賦賜句
也山東通志流上作周字闕里志又改周流爲轍環
通志遂刪去餘胙句皆妄不足據銘云昔在仲尼汁
光之精又云承敝遭衰黑不代倉者以孔子爲黑帝
叶光紀之精而不得代周有天下也汁即叶字又云
獲麟趣作端門見徵血書著紀黃玉韻應者公羊傳

何休註云獲麟之后天下血書魯端門曰趨作法孔子沒周姬亡彗星出秦政起口破術書記散孔不絕子夏明日往視之血書飛爲赤烏當時蓋有此說皆緯書所載漢人一時傳習往往見諸文字如禮器卒史諸碑言多相近至以孔子作春秋謂爲漢制則尤傅會可笑矣　碑式云文十七行行卅六字顧氏隸辨云卅五字蓋行末各損壞一字顧氏但據今拓本故云卅五字也金石存

假借之字洪所未著者以稷爲稷以土爲士以欽爲報以畔爲泮其云汁光之精者緯書黑帝汁光紀也

方言協汁也自關而東曰協關西曰汁其云黑不代倉者與班孟堅非是對仁不代母句法順逆不同此蓋謂周以木德王東方木爲蒼色而孔子黑帝之精不得以水代木其義則與仁不代母同耳兩漢金石記

右碑前載史晨奏詞後爲韻語贊孔子之聖也晨既奏言于朝以其副上太傅太尉司徒司空大司農府漢世郡國奏事之例蓋如此猶今時題本之有副又有揭帖也考是時太傅則南郡華容胡廣伯始太尉則沛國譙人龔定卿司徒則東萊牟平劉寵祖榮司空則潁川郾許栩季闕大司農卿則不知其人矣潛研堂金石文跋尾

碑載漢郡國奏事之式其首言建寧二年三月癸卯朔七日己酉魯相臣晨長史臣謙頓首死罪上尚書洪氏隸釋云上尚書者郡國異於朝廷不敢直達帝所因尚書以聞也案無極山碑載太常臣耽丞敏頓首上尚書後載尚書令忠奏雒陽宮是臣耽位太常亦同郡國矣漢制羣臣奏事多詣尚書上聞亦不盡限以內外之制獨斷所謂文多用編兩行文少以五行詣尚書通者也授堂金石跋

此碑下一層字傲置趺眼鄉來拓本難于句讀自乾

隆己酉冬何夢華將趺眼有字處鑿開從此全文復顯山左金石志

碑云百辟卿土以土爲士按韓敕碑四方土仁侯成碑遐邇土仁華山亭碑卿土百辟周憬功勳銘濟濟吉土楊君石門頌庶土悅雍土皆作土然漢碑中土字往往右旁加點正以別於土字也碑又引尚書考靈耀曰卯生倉際觸期稽度爲赤制按水經注引春秋演孔圖云鳥化爲書孔子奉以告天赤爵銜書上化爲黃玉刻曰孔提命作應法爲赤制孔子卒以所受黃玉葬魯城北後云黃玉韻應赤本此小廬雜筆

按此碑最完善可讀然從前拓本每行止三十五字後碑亦然葢因最下一格陷近碑趺難于著墨故金石圖所摹兩碑三十五字之下卽界横格也末云增異輒上按通鑑漢靈帝徵董卓爲少府卓上書言輒將順安慰增異復上胡三省注引李賢曰如其更增異志當復聞上又引隸釋此碑及光和二年樊毅復華下民租口算奏後增異復上之文爲證此葢當時奏文結束之常語葢言繼今事有增於此者與於此者將復上也銘云承敝遭衰黑不代倉者孝經鉤命決云邱爲制法之主黑錄

不代蒼黄碑葢用其語銘又云鉤河擿雒卻揆未然考藝文類聚初學記太平御覽竝引河圖稽耀鉤及河圖眞紀鉤文選注引又有河圖考鉤易通卦驗開元占經竝引雒書摘亡辟文選注初學記類聚御覽皆作摘亡辭則鉤河摘雒四字其卽用二書之名乎全氏祖望以銘詞談然崇叶韻爲疑祀觀此銘上文皆用陽庚青諸韻中閒忽叶千字至此又用然字實不可曉至談字則急就章屈宗談已與上文尹李桑下文崔孝讓相叶不足疑也

史晨饗孔廟後碑

此文卽刻於前碑之陰高廣尺寸竝同十四行行三十六字後刻唐人題記四行正書

相河南史君諱晨字伯時從越騎校尉拜
建寧元年四月十一日戊子到官乃以令
日拜謁孔子望見闕觀式路虔跽既至升
堂屛氣拜手祗肅屑僂趨歸若在依依舊
宅神之所安春秋復禮稽度廟諱靈而無公
出享獻之薦欽因春饗導物嘉會述脩辟
雍社稷品制卽上尚書參以符驗乃敢承
祀餘胙賦賜刊石勒銘并列本奏大漢延
期彌歷億萬

時長史廬江舒李謙敬讓五官掾魯孔暢
功曹史孔淮戶曹掾薛東門榮史文陽馬
琮守廟百石孔讚副掾孔綱故尚書孔立
元世河東大守孔彪元上處士孔襃文禮
皆會廟堂國縣員冗吏無大小空府竭寺
咸俾來觀并畔官文學先生執事諸弟子
合九百七人雅歌吹笙考之六律八音克
諧蕩邪反正奉爵稱壽相樂終日於穆肅
雍上下蒙福長享利貞與天無極
史君饗後部史仇誧縣吏劉耽等補完里

中道之周左靣垣壞決作屋塗色脩通大溝西流里外南注城池恐縣吏斂民侵擾百姓自以城池道濡麦給令還所斂民錢材

史君念孔瀆顏母井去市遼遠百姓酤買不能得香酒美肉於昌平亭下立會市因彼左右咸所願樂

又勅瀆井復民餝治桐車馬於瀆上東行道表南北各種一行梓

假夫子冢顏母开舍及魯公冢守吏凡四

人月與佐除

大周天授二年二月廿三日金臺觀主馬元貞弟子楊景初郭希元奉　勅於東岳作功德便謁孔夫子之廟題石記之內品官楊君尚歐陽智琮　宣德郎行兗州都督府倉曹參軍事李叔度

前碑載奏請之章此碑敘饗禮之盛其補牆垣治瀆井種梓守冢皆在饗廟之後字畫亦大小不等盖史君孔林中事不一書也碑以文陽爲汶陽瀉爲瀉庱郎薦字允郎完字崗郎牆字贖郎壞字肉郎肉字　隸釋

余所收二碑在漢碑中頗爲完好前碑止缺十一字後碑止缺一字按都元敬與楊用修所錄前碑缺二字而後碑乃缺三字且前碑上尚書後有時副言大傳大尉司徒司空大司農府治所部從事等二十字而都楊本俱無之後碑又較二公多一望見闕觀字一享獻之薦薦字豈都公所收偶是缺壞本楊公又從都公書中鈔錄不及以碑證耶　石墨鐫華

孔子時無闕里之名闕里首僅見漢書梅福傳東漢後方盛稱之蕃鄉魯恭王徙魯於孔子所居之里造宮室有雙闕爲人因名孔子居曰闕里或曰有徵乎余曰一徵于水經注孔廟東南五百步有雙石闕即

靈光之南闕一徵於史晨饗孔廟後碑以今日拜孔子望見闕觀式路虔跽至既升堂爾時闕尚存可得其名里之由　閻若璩四書釋地

碑所云春饗晨以建寧元年四月到官則斯石亦當在二年之春也故今人皆謂之後碑自敘到官至與天無極備述史晨饗廟而并紀其會祀之人史君饗後至給令還所斂民錢財則書鄉史仇誧縣吏劉耽等自以道濡麥募力補道築牆作屋通溝之功史君念孔瀆顏母井至咸所願樂則又書史晨立昌平亭會市後又書晨勅瀆井復民餝治桐車馬道表種梓

又書假夫子冢顏母井舍魯公冢守吏四人並一時當官尊聖之美績當是孔氏宗黨所立故稱之曰君也隸釋予今日拜字下闕一字予觀碑字猶存言傷當是拜謁孔子碑云祗肅屑僾屑先結切先入聲漢武紀用事八神屑肰如有聞注屑與屑同僾音愛禮祭義祭之日入室僾然必有見乎其位陸氏曰微見也此卽髣髴若在之意以壁雝爲辟雍與史晨前碑同百石孔讚乃百石卒史也自桓帝永興元年魯相乙瑛請置守廟百石卒史至是已十六年處士孔褒文禮宙之子融之兄也褒字文禮融字文舉卽藏匿

張儉與融爭死者立碑之歲距其父宙之死方七年則褒年尚少便得列名于尚書太守之後其名稱必已表著矣又云城池道濡濡卽壖字還所斂民錢林隸釋材字作林於文義不能通予細觀碑刻林字如此寫乃材字材與財通也又云勑瀆井復民者復民之雜役專責其力于瀆井以備開浸桐車馬者以桐木爲車馬史記孝武紀作木偶馬韓延壽傳曰賣車馬是也碑後有武后大周天𥠖二年馬元貞等題名𥠖卽授亦作𠓨見契苾明碑𠥱卽月亦作匝𡆠卽初皆金輪所製也又云孔瀆闕里志曰其址不可考想

相去顏母井不遠顏母井闕里志曰在顏母山中遺址猶存春祭尼山之日遺族人祭其井昌平亭闕里志曰以昌平山得名故址在昌平山下今廢金石遺文錄史晨後碑又勑瀆井復民按玉篇敕今作勑易噬嗑先王以明罰勑法釋文云勑恥力反此俗字也字林作敕又釋文條例云來旁作力俗以爲約勑字說文以爲勞倈之字如此之字改便驚俗止不可不知爾六經正誤云此陸氏謂經文既用此字不敢改也然陸氏但知從來從力爲勞勑字而不知約勑之勑本不從來蓋勞勑字從往來之來音力代反約勑字從

朿從力音敕朿從兩入音棘往來之來從兩人音萊來隸變爲朿又音刺重兩朿爲棗並兩朿爲棘自漢以來誤以朿爲來故東方朔謂兩來爲棗其舛久矣敕字雖見史記亦是從束非從約束之東也從攴者力之變也勑出於勅勅非俗字也愚謂正誤之說非也諸字書既無勑字并無朿字兩來爲棗者隸譌朿爲來而乃謂變朿爲朿棗從重朿見於說文非從來也朿本作朿有似於來故致譌爾誠敕之敕說文從攴從束擊馬之敇乃從朿本是兩字後人譌敇爲敕又譌朿爲來轉轉相譌遂以勞勑之勑爲敕而乃謂

敕出于勅從攴者力之變允爲荒謬又以敕字非從約束之束蓋未考說文敕與敕爲兩字也敕之爲勅譌於後漢說見後華山廟碑下易噬嗑先王以明罰勅法書臯陶謨勅我五典五惇哉敍稷勅天之命康誥惟民其勅懋和多士勅殷命終于帝詩楚茨既匡既勅敕皆作勑者從石經之文也正誤謾爲無稽之說以攻釋文不足依據隸辨

金石錄載二碑之外又有謁孔子冢文則史晨有三碑矣而又云魯相晨有兩碑何也且又稱其他文字雖完皆不可次第故其碑目將二碑前後易置金石

史亦因之蓋因前碑之首云建寧二年後碑之首云建寧元年而誤也按史晨祀孔子在二年而到官則在元年後碑乃追敘其到官之期并檃括前碑之旨而備言之 前碑飲酒畔宮隸辨云周公禮殿記開建畔宮任伯嗣碑脩序畔校皆以畔爲泮乾巛所挺按八卦坤從☷釋文云坤本亦作巛蓋卽以☷而縱之耳孔和碑則象乾巛魏孔羨碑崇配乾巛與此略同衡方碑威肅剝巛堯廟碑乾巛見徵則又小異孝經援神挈隸釋云卽契字詩邶風死生契闊釋文云契亦作挈爾雅釋天霓爲挈貳釋文云挈或作契則契挈二字古通用汁光之精字原云卽黑帝叶光紀也禮記月令迎冬者祭黑帝叶光紀釋文云叶本又作汁樊敏碑歲在汁洽又以協爲汁史記歷書作洽天官書作叶洽則協叶汁三字古亦通用後碑無公出享獻之薦隸釋云薦卽薦字韓勑後碑薦席十里靈臺碑先薦毛血張公神碑歲聿再薦費鳳碑上書而薦君皆以薦爲薦不能得香酒美肉隸釋云肉卽肉字越絕書陳音對越王斷竹續竹飛土逐宍宍正同肉顏母开舍集韻开亦作幵說文云薦物之幵象形讀若箕今以开爲井蓋從井小變縮其兩直之首

耳虛舟題跋

韓敕二碑陰孔氏苗裔二十餘人以是碑合之惟故尚書翊河東太守彪已見韓碑處士褒則其父郎中宙見韓碑此外尚有五官掾暢功曹史淮守廟百石讚副掾綱而乙瑛碑亦有守文學掾龢史憲戶曹史覽皆屬闕里世系所當采者爰牽連及之鮚埼亭集

前碑畔宮以饗飲之地言故字从宮此碑畔官以文學之職言故字从官漢書諸經列於學官亦以黌序之地言之洙水又有校官碑亦言學校之官隸釋後碑亦作畔宮者誤也又末一行顏母开舍开字上二

畫不伸出與前文頡冊井字不同或以爲井字之別體則隸勢之變不可知耳　前碑東向而碑陰乃西向故孫退谷庚子銷夏記誤以後碑爲前碑也退谷又誤以戊子爲戊時予嘗得百年前拓本皆前後二碑每行三十五字耳竟覓下一字不得也乾隆丁酉曲阜孔誧孟戶部請假歸了勵其命良工洗濯諸碑而精拓之則每行下一字皆入趺嵌者寸許是以從來拓者莫能措手戶部命工人多力者舁而起之於是戊戌寄來之精拓新本皆每行三十六字計前碑凡多出十字後碑凡多出五字然今世所行僞翻本之絳帖內有

稚歌吹笙至與天無極四十字自爲蔡邕書其考字下確有六字絳帖是就淳化閣帖重摹豈得摹入是碑哉此必是明朝人所爲耳而其時是碑下一字尚有拓本可知矣又按是碑豐字爲豊克字有點與華山廟暨夏承碑同予嘗於華山碑跋詳論之然於是碑亦究未敢定其書人也　王虛舟謂金石錄有魯相晨謁孔子冢文云建寧元年三月十八日丙申又云其四月十一日戊子到官自丙申至於戊子相去五十二日三月十八日爲丙申四月十一日不得爲戊子此閏宜有閏月而後漢靈帝紀二月後不書三月但書閏月以此碑證之知閏月之當爲三月且爲月小盡無疑也方綱按此在通鑑目錄何以虛舟弗之考歟今以通鑑目錄合之是碑列是年二月至五月月朔於此

漢靈帝建寧元年戊申

据通鑑目錄二月己酉朔　是月大盡

据史晨碑三月己卯朔十八日丙申　是月小盡

据通鑑目錄閏三月戊申朔　是月大盡

据史晨碑四月戊寅朔十一日戊子　是月小盡

据通鑑目錄五月丁未朔兩漢金石記

漢書禮樂志桐生茂豫師古讀桐爲通言草木皆通達而生此碑云桐車馬于瀆上亦以桐爲通也潛研堂金石文跋尾

碑稱守廟百石孔讚案闕里文獻考云二十代完襲封褒亭侯早卒無子以弟讚之子美紹封讚字元賓守廟百石卒史與此合文獻通考又以孔綱孔淮爲二十代孫又云河南尹晨字伯時亦爲二十代孫今碑稱史君諱晨字伯時豈誤以史晨爲孔氏耶山左金石志

前祠孔廟奏銘飲酒畔宮此碑宮又作官顯盩非訛

案官與館通漢書王尊事師郡文學官注以郡文學之官舍如博士官然則畔官即文學館耳故文學先生蔵在其中今刻隸釋作畔宮當未審也授堂金石跋

碑言孔瀆顏母井按瀆當為竇隸書假借今尼山下有石竇俗稱夫子洞是也東為顏母山山前有顏母莊俗呼母莊古井在焉其西有魯顏莊俗譌魯源禮器碑謂顏氏聖舅居魯親里即此也碑言於昌平亭下立會市今昌平山在尼山之南中有沂水界之然則昌平亭當在水南矣吾友武君虛谷謂畔官洪氏誤釋作畔宮復按前碑云飲酒畔宮此碑亦當為官

碑作官者隸體宮字多書作官北海相景君碑陰營陵竝作營陵是也桂馥跋

孝廉柳敏碑

碑高六尺一寸廣三尺十四行行二十六字

故孝廉柳君諱敏字愚卿其先蓋五行星
仰世入舍柳宿之精也放象為用縣設為
道□商家而禪□□□而主或閒生柳惠
國大夫而深俗稱焉君父以孝廉除郎中
□部府丞君追祖繼體歷職五官功曹守
宕渠令本初元年太守蜀郡□君復察舉
君□命失年君清節儉約厲風子孫固窮
守陋不□□堂典文麗墓無碑識建寧元
年縣長同歲犍為屬國趙臺公憤然念素
帛之義其二年十月甲子為君立碑傳于
萬基曰勒歎之辭曰
惟斯柳君天鑽鞭□龍祖□風行無遺闕
授政股肱諫爭匡弼奮威外困屬城震栗
宰守攢煩垂名所立表貢王庭望極爵位
可辜穹簪宮寵不遂予惟三六庶昔延李
建立斯碑傳于萬世子孫繁昌永不漂滅

嗚呼哀哉嗚呼哀哉辭曰
山陵廟諱室□斯邦兮先入猾質尚約清兮
汶飭不雕隩霰感兮季子信奮帶樹松兮
僑佁追歿激□揚兮亡而像李樂嘉靈兮
宗子于集嗟其鳴兮四時烝嘗不廢亢兮

右孝廉柳君碑今在蜀中柳君名敏歷五官功曹宕渠令碑以孝廉稱之重其行也其父亦因孝廉除郎中碑字雖有漫滅考其文意蓋柳君以本初元年再為郡守所舉不幸而死後二十三年縣令趙臺念其墓無碑識故為立石時靈帝建寧二年也碑云敏之

旡乃二十八舍柳宿之精頗類張姓連天之說不與孰甚焉碑以星仲爲星中萬基爲萬碁淳卽漫字尣卽荒字　隸釋

右漢孝廉柳敏碑漢隸字原云在忠州忠州今屬四川重慶府道路迢遠自宋時洪趙二家而外他人皆未見著錄近時不知何人始數致拓本江南藏碑者皆有之予審視再四疑後人用舊文刊刻不及細檢致多脫誤其可嘗者數端隸釋錄此文固窮守句下存一不字不下注闕三字今此碑不下止闕二字以上下文義讀之自清節儉約厲風子孫固窮守陋以及堂無文麗墓無碑識皆以四字成句東漢文體自

是如此不應此句獨減一字也碑云因勤歎之隸釋作因勒銘歎之此句若無銘字成何文理漢碑雖多艱深古奧之辭然必不至此銘云天鰥鯁囗字書無鰥字隸釋字原皆作天憒字原注云義作贅奮威外囙二書皆作惆字原上平咍韻憹字引此碑嗚呼憹哉今碑亦但作哀凡文字刊版者類不如石刻之眞故前人往往以碑本正書冊之訛然如此碑前二字脫落顯然後數字雖未知孰爲是非但洪婁二公皆精于考訂一字之異必證據確切詎有外惆作外囙獨置而不論之理至若鰥不作憒哀不作懷婁氏字原又何從摹其隸體編入韻中乎予蓄此疑久而未決適錢塘黃松石過予因論漢碑出此相質彼言審視隸法亦無漢人淳古之氣斷爲僞作無疑予遂欲屏去不錄旣以此碑眞迹遠在蜀地實爲難得獲此本者鮮不珍之未必有細加推勘如此者因納之錄中而詳載其說于後　金石存

碑文云二年十月甲子考金鄉長侯成碑建寧二年四月二日癸酉順數至十月不應有甲子當在九月十一月之下旬　校定隸釋存疑

按此碑字體庸俗初無古意金石存以隸釋原文

勘對辨其誤者數處知爲後人僞作昶諦審全碑而知其誤不止此也原文云蓋五行星仲廿八舍故洪氏謂碑以星仲爲星中今刻仲廿八三字爲仰世入不可通矣銘辭何辜穹蒼爲可辜庶昔延季爲延李建豎斯碑爲建立西祀烝嘗爲四時今刻皆誤其爲後人重書勒石無可疑者又銘後哀哉之下繼以辭曰蓋用楚辭亂曰之體與北海相景君碑同例此刻作辭傳刻之誤今本隸釋亦譌爲辭則後人又據碑文校改也昶恐後人爲其所惑反以隸釋爲誤故依碑文錄之而申論其僞如

此

淳于長夏承碑

碑高八尺一寸廣三尺九寸十三行行三十字後刻唐曜記四行正書石今在永年縣紫山書院

君諱承字仲兗東萊府君之孫大尉掾之
中子右中郎將弟也累葉牧守印紱典據
十有餘人皆德任其位名豐其爵是故寵
祿傳于歷世策薰著于王室君鍾其美受
性淵懿含和履仁治詩尚書兼覽群蓺靡
不尋暢州郡更請屈已匡君為主簿督郵
五官掾功曹上計掾守令冀州從事所在

執憲彈繩糾枉忠絜清肅進退以禮允道
篤愛先人後已克讓有終察孝不行大傅
胡公歆其德美旌招俯就羔羊在公四府
歸高除淳于長到官正席流恩褒善糾姦
示惡旬月外行風俗改易轓軒六轡飛躍
臨津不日則月皓天不弔殲此良人年五
十有六建寧三年六月癸巳淹疾卒官嗚
呼痛哉臣隸辟踊悲動左右百姓號咷若
喪考妣咳孤憤泣忉怛傷摧勒銘金石惟
以告哀其辭曰

於穆皇祖天挺應期佐時理物紹縱先軌
積德勤紹燕于孫子君之羣戀並時繁祉
明明君德令問不已高山景行慕前賢列
庶同如蘭意顯未止中遭冤夭不終其紀
夙世實祉早喪懿寶抱器幽潛永歸蒿里
痛矣如之行路感動黨魂有靈譽後不朽

建寧三年蔡邕伯喈書

右蔡邕書淳于長夏承碑在廣平府承不知何許人其仕與卒皆無當於廣平碑所自來莫可考竟永樂七年修歲久踣仆成化已亥前守秦公民悅復建愛

古軒以覆之碑首有穿疑所以受縴懸棺而八分字畫奇古信爲漢物無疑迨今幾七十年海內賞鑒□□□矣嘉靖癸卯築城之役爲工匠所毀越二年□來守郡索諸瓦礫間不獲乃取模本臨石置亭中予觀歐陽子集古錄至千卷自□爲多□碑錄所未載□其時已云漢隸難得況後此五百年復見古人未及見之完碑乃不幸而淪毀豈不可深惜耶今臨刻遒勁不失漢風骨足作佳觀宅時與修者他山之石何限豈□茲□也哉嘉靖乙巳五月記 唐曜

右漢淳于長夏承碑在今洺州元祐間因治河堤得

于土壤中余家所藏漢碑二百餘卷獨此碑最完金石錄

右漢北海淳于長夏君碑篆額此碑字體頗奇怪唐人蓋所祖述漢字有八分有隷其學中絕不可分別梁庾元威作書論載隷有十餘種曰芝英隷花草隷幡信隷鍾鼎隷龍虎隷鳳魚隷麒麟隷仙人隷科斗隷雲隷蟲隷龜隷鸞隷此碑蓋其間之一體郭仲奇碑云有山甫之縱又云徽縱顯魯峻碑云比縱豹產趙圉令碑云羙其縱高外黃碑云莫與比縱此碑云紹縱先軌皆以縱為蹤字讀者乃為蹤蹟之蹤非也

據此數碑則漢人固多借用顏氏之注殆未然也碑以薰為勳淹為奄咳為孩慼為戚黨為儻帶即策字還即退字戀即變字隷釋

蔡邕書夏承碑如夏金鑄鼎形模怪譎雖蛇神牛鬼庬雜百出而衣冠禮樂已胚胎乎其中所謂氣陵百代筆陣堂堂者乎碑在今廣平府學王惲秋澗集

予承乏廣平見府治後堂有碑仆地閱之乃漢北海淳于長夏承碑建寧三年蔡邕伯喈所書八分體按古者天子諸侯士葬必斲木樹豐碑鑿孔貫繩繂以懸棺而下壙秦漢以下始易石臣子因書君父之功于其上今碑額有孔政古制也但碑之下截凡一百一十字年久蘚蝕係後人摸刻覽者當自擇之秦民悅廣年志

碑後刻尚書蔡邕伯喈及永樂七年等字乃庸妄人所加楊文貞公集中亦有此跋謂近歲廣平府民因治河得此碑廣平古洺地也所謂近歲恐即永樂七年予向官京師時廣平通判山西宋孟清為予言府學復有一碑字與此類予益疑焉江陰徐子擴好奇士也嘗得舊刻雙鉤其字近以惠予與此絕異此云勤紹舊刻作勤約且其闕字之闕者四十有五而此獨完好則其僞不俟乎言　楊公跋又謂中書舍人

陳登以碑為蔡伯喈書蓋不考王氏文集之故後公撰登墓志言永樂間以篆書名者登之外有吳中滕用亨及四明王尹實觀此亦可以知其師矣金薤琳琅

碑稱夏君於建寧三年六月卒官而是時伯喈繇橋司徒府出長河平入為郎中又其隷法時時有篆籀筆與鍾梁諸公小異而骨氣洞達精彩飛動疑非中郎不能也但蔡集不載而他書亦無可考姑闕以俟知者弇州山人四部稿

碑文云淹疾卒官臣隷辟踊百姓號咷知此碑是淳于治民所立後漢郡國志淳于北海國屬邑第六漢

北海國今山東濟南迤西地與廣平接壤疑宋時治坷得碑處即淳于故治不得謂承之仕與卒無當于廣平也碑云策薰著于王室以薰作勳從熏書薰省文也晧天不弔魏修孔子廟碑太晧遊龍以若世虞氏儀鳳以臨民皆以晧作昊堯廟碑恩如浩蒼則以浩作昊劉熙釋名夏曰昊天其氣布散皓皓也承以六月卒官其用皓字更宜咳孤憤泣以咳作孩說文咳古文從子作孩張爾公以孩非古文咳觀此讀書通引扁鵲傳注咳與孩同之說是也君之羣感以感作戚譙敏碑寮朋親戚與此同黨魂有靈以黨作儻

漢書伍被傳黨可以徼幸讀作儻碑又云中曹冤友玩碑字上作一畫第二畫從右轉筆而左起不平蓋夭字也音黝博雅不盡天年之謂夭韓文公韋夫人墓銘歸逢其良夫夫婦婦獨不以年而卒以夭又歐陽文忠蔡君山銘退之有言死孰謂夭子墓予銘其傳不朽討簡文別作友碑所書是也韓歐用字皆合古義而都太僕錄作冤友何其陋也金石遺文錄

臨汝帖以爲蔡邕書後遂仍襲弗疑今重刻者直書于碑末云建寧三年蔡邕伯喈書中郎之蹟傳于今者惟石經遺字爲有據而與此碑字體不類不足信也隸辨

夏承碑字原云在洺州州衙洺州今北直廣平府也王秋澗則云在今廣平府學今其石已亡不可得而考矣成化已亥秦民悅跋云碑之下截係後人模刻則成化間元碑下半已重刻矣至嘉靖二十四年知府唐曜重刻于漳川書院跋云碑因取石築城爲工所毀元碑于是全亡今世所行皆漳川本也較之元碑不惟筆法全失并字畫之譌者三十有七至以勤約作勤紹則又譌之最甚者矣元搨余曾見兩本一則何屺瞻太史一則楊景西明府楊本闕字正與秦

跋合則猶是下半未補刻以前本比余至淮陰而楊本已爲吾友畢既明鉤得然終以斷闕不全爲恨及還二泉臨江刺史胡君玉笥亦有鉤本而一百十字巍然竟完于是發意精摹一本碑首舊有漢北海淳于長夏承碑九字篆額今本無之而何楊兩元本亦未搨得故余所臨竟亦闕如也虛舟題跋原

銘辭始終一韻期列寶朽四字皆可與紙韻相通惟動字不可强叶即毛初晴三聲兩界之說亦不可通不知古人當作何讀法也金石存

碑在永年縣城內漳川書院二門外此碑凡有三本

金石錄云因治河隄得于土壤中名此一本也金薤琳瑯云江陰徐公擴嘗得舊刻雙鉤其字以惠予與此絕異者按此即成化間郡守秦民悅跋所言下截爲後人模刻者此又一本也嘉靖間郡守唐曜取摹本臨石置亭中此又一本也碑之存府亦是三處府治也府學也漳川書院也漢隸字源云在洺州州衙秦民悅見府治後堂有碑仆地者應即此碑矣而元王文定公惲秋澗集以爲蔡中郎書且云在廣平府學然則成化時何得尚在府治竊謂元祐時並無人指爲蔡中郎書而民悅跋中乃仍文定臆度之語與

今本碑末直書建寧三年蔡邕伯喈書者無異似乎民悅所見已非原碑矣唐曜重刻跋云置亭中其時漳川書院已建而跋云亭中似亭即民悅愛石軒之舊址又何人移入漳川書院乎至于古今搨本不同不獨書法好醜異也其款式字蹟之別亦有三端勒約勒絡字之不同一也舊有碑額云漢北海淳于長夏承碑九篆字今本碑額只夏承碑三篆字而銘詞下刻一方圈內作楷書淳于長夏承碑六字標題之不同又其一也舊本十四行每行二十七字今本十三行每行三十字行數之不同又其一也（隸釋碑圖云圭首之上有暈二重自右周于左復有一亚篆額三行點字其文十四行行二十七字）然則嘉靖本固非成化本而成化本亦非元祐本矣嘉靖二十三年碑爲築城工役所毀他時修城者斷石殘刻猶或遇之未可知耳又按北海者郡名也淳于者郡之縣也長者縣之官也春秋桓公五年冬州公如曹左傳作淳于公如曹杜注淳于州國所都城陽淳于縣也史記正義曰注水經云淳于縣故夏后氏之斟灌國也周武王以封淳于公號淳于國也漢書地理志淳于屬青州北海郡顏氏注云淳于公國之所都今考淳于故城在青州府安邱縣東北三十里而是碑乃

出廣平事有不可解者百官公卿表序云縣令長掌治其縣萬戶以上爲令減萬戶爲長夏承官終淳于長碑文甚明今之新縣志乃云夏承碑淳于長爲人姓名此乃前漢佞倖傳之名也訛謬甚矣乾隆三十二年永年縣修城急遽留意此碑而竟不可得聞城一面有不必拆者當正在此一面內耶（汪師韓韓門綴學）漢人于碑碣中世系多不塡諱先儒已有非之者是碑于東萊府君不名獨太尉掾得列名而右中郎將又不名不知其何說也其謬不待詰而著矣是碑在趙德甫時元好又四百年明人重刻之盡失其本色

予家有豐學士萬卷樓舊搨可寶也結埼亭集
乾隆甲午秋桐城姚夢穀郎中以雙鉤本見眎中闕
三十字郎邪張峯尚書所從雙鉤雕木之本尚書自
跋云是山陽吳山夫廣文從金壇王虛舟給事摹得
者至今戊戌夏又從張瞻谿吏部齋中得虛舟雙鉤
本則此三十字具全虛舟自跋謂所見元搨則何屺
瞻楊景西二本所見雙鉤則畢既明胡玉筍二本詳
翫虛舟之跋畢既明鉤本即楊景西本云闕字正與
秦跋合是下半未補刻以前本也胡玉筍鉤本與何
屺瞻本則虛舟亦未言其同異而其下云一百十字

歸然竟完以此廢之壽似畢既明本爲闕一百十字
者矣然吳山夫金石文存云夏承碑予得雙鉤本于
海鹽畢既明後有豐道生跋蓋從宋搨影摹者中闕
三十字蓋猶在一百十字未闕之前者今梁尚書本
實闕三十字其爲畢既明本無疑而何以王虛舟謂
闕一百十字豈虛舟之誤歟辛丑春吳門陸謹庭孝
廉恭以其所藏宋搨本來眎中闕化行以下三十字
後有豐人翁楊景西二跋有景西及畢既明印其爲
山夫所見雙鉤本之所自出無疑顧山夫未見此拓
本耳景西即楊繩祖字則虛舟所見亦即此本然虛

舟所雙鉤之一本則又剏假自臨江刺史胡玉筍之
雙鉤本是以較多三十字耳虛舟鉤本遠遜山夫然
今見宋拓本始知其筆筆變化左右向背陽開陰閉
之妙則山夫虛舟雙鉤二本皆全未夢見矣碑圖及
額詳具隸續而虛舟誤作夏承碑不知漢人碑額無
稱名者虛舟蓋未之考也兩漢金石記
碑云策薰著于王室薰即勳字考易艮九三厲薰心
荀爽本薰作勳蓋勳之譌孟子太王事獯鬻說苑太
王有聖人之恩故事勳育史記周本紀作勳育此薰
勳相通之證也沇州本因沇水得名今尚書沇州之

沇作兗與沇水異文而說文無兗字篆書家不知兗
字所从難以下筆予謂从允从水者或用立水如江
河之類或用橫水如益頻之類沇本立水或用橫水
作兖而隸變爲兗爾此碑與曹全碑俱作兖亦三之
變文也潛研堂金石文跋尾
夏承碑余据趙氏金石錄洪氏隸釋婁氏漢隸字源
及廣平志唐曜重刻碑後記斷爲自元祐閏至嘉靖
乙巳四百餘年只原刻一碑重刻一碑兩石耳而兩
石安置之處只一廣平府治耳至于碑在府學之說
乃見于元王惲秋澗集按此碑出土于元祐復樹于

成化前後並在府治秋澗介乎其間乃云在府學此必其集偶譌一學字耳明正德間都穆著金薤琳瑯而秦民怳之復樹在其前不及四十年唐曜之重刻在其後不及三十年亦前後並在府治唐曜刻石文字記今全在漳川書院都穆介乎其間乃因秋澗集府學二字之云而問于曾任廣平之通判宜其順口答以府學有之實則莫須有之言耳又按此碑初出土時完好如初久之剝落四十五字又久之剜刻下截百有一十字又久之并將勤約字剜譌爲勤紹此原石前後搨本不同之故其本皆十四行行廿七字唐曜重刻則取

原碑已譌勤紹之搨本勒石全文不闕而改爲十三行行三十字此兩石之可考者耳後人未至其地未經目驗又不詳考諸家著錄徒以府學二字之譌遂有府學一碑與譌勤紹者字相類之說又有初翻本亦作勤約之說是原石未毀之前已先有兩覆本加以唐曜重刻共有四石宜其紛紛聚訟無所折衷也夫府學非僻地也秦唐兩郡守後先圖存漢碑又大彰明較著者也乃不知府治之外復有一碑志廣平者境內金石皆將求索無遺而近在府學有漢碑磨石獨遺之斯皆未爲近理必不然矣此本的真原石

舊搨下截初剜約字未譌去都穆所得雙鉤本當不至懸隔余限以每行廿七字驗之皆有接縫其所謂闕四十五字在下截者猶可數其殘損字數原石修於永樂七年即定是本爲其時所搨雖不中不遠矣抑余于是碑更有說焉昔人謂此碑爲蔡中郎書猶在然疑之間余以爲非中郎不能作中郎有九勢八字訣惟此碑無訣不具無勢不備當以此爲漢世諸碑字之冠中郎書超絕一代凌轢千古其九勢云惟筆軟則奇怪生焉然則中郎所謂佳書者在於奇怪也論者不明書道輒以此書奇怪而欲降格位置之

亦異乎吾所聞也程瑤田通藝錄

碑云兼覽羣藝其字从幸案王元賓碑口心藝術張表碑雅藝攸載孔龢碑經通一藝皆从坴丁魴史晨張壽陳球張遷景君堯廟諸碑省坴爲圭未有从幸者疑此碑重刻譌謬與約紹二字同也說文埶艸木不生也埶當爲蓺不生當爲才生木部槸或从蓺火部爇从埶徐鉉謂說文無蓺字當从火从熱省聲蓋不知埶譌作蓺反致疑于从蓺之字是蓺假聲而攻武安矣說文才字多誤爲不當才耕田也誤爲不耕艸才生也誤爲不生埶从丮埶種也故訓才生既違

矣何爲不生乎而此碑竟漸及之（佳穀跋）

列子林之南有炎人之國其親死必剔其肉而棄之然後埋其骨洪容齋目剔音寡此碑垂後不剔用剔字乃反其意非朽字也（古石頑田）

陳德碑

（碑此存上截高三尺八寸廣二尺八寸十行行存五字額題漢故陳君之碑六字篆書石今亡）

君諱德字伯（闕下）建寧元年二（闕下）拜郎中以

其（闕下）之性蜀郡之（闕下）縣丞張公同（闕下）乃立

斯碑伦（闕下）

於惟我君茂（闕下）之仁本自天（闕下）子子孫孫

永（闕下）建寧四年三（闕下）

碑陰

（共十一行行存五字額題故門下史人名六字隸書）

故門下史□（闕下）

故門下史李（闕下）

故戶曹史孟（闕下）

故戶曹史王（闕下）

故功曹史陳（闕下）

故郡曹史申（闕下）

故功曹史高（闕下）

故功曹史田（闕下）

故門下史田（闕下）

故門下史王（闕下）

故門下史白（闕下）

右陳德碑并陰集古錄金石志所不載歐陽公趙鄭諸君子皆未之見也碑在沂州東南數十里田間郃陽褚峻訪得之搨數本再往則土人埋之矣雍正六年以後是碑遂亡所在不可復搨（金石圖）

右漢陳君碑不知所從得但存其上截前有建寧元年後有建寧四年云云前似其出仕歲月後則勒碑

歲月也其餘字雖可識然無可句讀者碑陰亦有額此碑不見前人集錄字尚不甚刓缺惜其斷折無從知陳君之行事也（金石存）

予初見是碑于牛氏之圖頗聞是碑乃人所僞造牛氏誤信而圖之也及見程荔江師意齋所藏碑陰拓本渾古圓勁則實漢刻無疑然則其碑之正面亦出真石無疑矣是以姑依牛氏所圖之碑載於前而以予所見碑陰載於後是碑惟近日牛氏金石圖及吳山夫金石文存載之牛氏圖云褚峻訪得之搨數本再往則土人埋之矣師意齋藏本蓋即褚峻手搨數

本之一也然是碑今聞之錢塘趙晉齋魏及予門人江秋史德量皆云確是褚千峯僞造秋史言其叔江賓谷昱云褚千峯嘗親說其僞造是碑之事是一董姓人所書卽寫黃初年孫二娘石刻之人也今姑附錄於此兩漢金石記

元得舊拓本兩面俱全祇上段上銳下方額下有穿其字體渾厚圓勁洵漢刻中佳品也近人以此爲千峯僞造并云褚嘗親說其僞造之事無論字之古質非千峯所能作且使假托漢碑旋卽自吐亦何所樂而爲此乎揆之於理必無其事故爲辨之以諗好古者山左金石志

金石萃編卷十三終

金石萃編卷十四

賜進士出身 誥授光祿大夫刑部右侍郎加七級王昶譔

漢十

李翕西狹頌

磨崖在五瑞圖後高八尺八寸廣六尺二十行行二十字額題惠安西表四字篆書年月後題名高二尺七寸五分廣二尺三寸五分十二行

漢武都太守漢陽阿陽李君諱翕字伯都天姿明敏敦詩悅禮膺祿美厚繼世郎吏幼而宿衛弱冠典城有阿鄭之化是以三剖符守致黃龍嘉禾木連甘露之瑞動順經古先之以博愛陳之以德義示之以好惡不肅而成不嚴而治朝中惟靜威儀抑抑督郵部職不出府門政約令行強不暴寡知不詐愚屬縣趨教無對會之事徼外來庭面縛二千餘人年穀屢登倉庾惟億百姓有蓄粟麥五錢郡西狹中道危難阻峻緣崖俾閣兩山壁立隆崇造雲下有不測之谿阨笮促迫財容車騎進不能濟息不得駐數有顚覆霣隧之害過者創楚惴惴其慄君踐其險若涉淵冰嘆曰詩所謂

如集于木如臨于谷斯其殆我困其事則
爲設備令不圖之爲患無已勑衡官有秩
李瑾掾仇審因常繇道徒鐉燒破析刻臽
磪嵬減高就埤平夷正曲柙鋑土石堅固
廣大可㠯夜涉四方无雍行人懽悀民歌
德惠穆如清風乃刊斯石曰
赫赫明后柔嘉惟則克長克君牧守三國
三國清平詠歌懿德瑞降豐稔民㠯貨稙
威恩並隆遠人賓服鐉山浚瀆路㠯安直
繼禹之迹亦世賴福

建寧四年六月十三日壬寅造時府
丞右扶風陳倉呂國字文寶
門下掾下辨李虔字子行故從事
議曹掾下辨李旻字仲齊故從事
主簿下辨李遂字子華故從事
主簿上祿石祥字元祺
五官掾上祿張亢字惠叔故從事
功曹下辨姜納字元嗣故從事
尉曹史武都王尼字孔光
衡官有秩下辨李瑾字瑋甫
從史位下辨仇靖字漢德書文
下辨道長廣漢汁邡任詩字幼起
下辨丞安定朝那皇甫彥字子才

漢武都太守漢陽阿陽李翕西狹頌武都太守漢陽阿陽李翕字伯都以郡之西狹閣道通梁益緣壁立之山臨不測之溪危難阻峻數有顛覆貫墜之害乃與功曹吏李旻定策勑衡官掾仇審治東坂有秩李瑾治西坂鐉燒大石改高即平正曲廣陿既成人得夷塗可以夜涉酒相與作頌刻石其頌有二其所識一也其一立于建寧四年六月十三日壬寅其一是

年六月三十日立也又稱翕嘗令澠池治崤嶔之道有黄龍白鹿之瑞其後治武都又有嘉禾甘露木連理之祥皆圖畫其像刻石在側蓋嘉祐之間晁仲約質夫爲興州還京師得郙閣頌以遺余稱析里橋郙閣漢武都太守阿陽李翕字伯都之所建以去沉没之患而翕字殘缺不可辨得歐陽永叔集古錄目跋尾以爲李會余亦意其然及熙寧十年馬城中玉爲轉運判官於江西出成州所得此頌以視余始知其爲李翕也漢武帝元鼎六年以汧隴西南接於巴蜀爲武都郡及其後始分而爲興州爲成州則武都之

上祿也郙閣立於建寧五年翕治滑鈫西狹郙閣之道有益於人而史不傳則頌之作所以備史之闕是則傳之亦不可以不廣也曾鞏南豐集

右西狹頌在成州今之階成與鳳皆漢武都郡也此碑靈帝建寧四年刻彼兩碑皆次年刻者歐得其一趙得其二天井一碑是時未出南豐曾子固跋此碑云云今集古之家惟有壬寅一碑李㫤定筴碑中不見天井吏屬郄有李㫤姓名始知南豐非輕信異聞必是西狹第二碑所載近歲武都樵人斬刈藤蔓始見石上有天井刻字倚崖縛架椎拓甚艱寺僧或以惡木蔽晦日後碑恐有此患碑以𠝏爲剖苲爲窄隧爲墜惼爲蹁稙爲殖惪作惡字隸釋

西狹頌十九行行二十字末有一行書年月又有小字題名二行低四字許　右武都丞呂國十二人題名在天井磨崖之後其仇靖字漢德書文者揮翰遣詞皆斯人也郙閣題名云從史位字漢德爲此頌中間姓名刓缺得此乃知前碑亦仇所作漢志武都郡七城一曰下辨二曰武都道此一下辨道長任詩則漢志闕一道字隸續

翕諱君表閣平道路作磨崖頌漢延熹四年造今碑在魚竅峽天下輿地碑記

西狹頌今所傳拓本皆止此二十行行二十字隸續云十九行者蓋不算年月一行故又云末有一行書年月也又云後又有小字題名二行低四字許按今隸釋刻本年月一行後有小字二行一曰丞右扶風陳倉呂國字文寶一曰故府掾闕四字孟字闕二字　又按隸續第十一卷武都太守李翕天井道碑後有題名十二行云云今按此題名第一行正與隸釋所載西狹頌後小字題名之弟一行相合惟隸釋所載弟二行故府孟三字與此不同豈石本與摹寫板本偶有失誤耶以愚意度之西狹頌年月一行末有時府二字蓋謂是時府中之官丞某掾某也則此十二行題名必是接西狹頌後者無疑而隸續云在天井磨崖後恐洪氏兩得其拓本遂岐出耳以牛氏圖證之益信也今日適得趙晉齋從西安寄來此十二行題名拓本晉齋來札云此十二行實在西狹頌後與隸釋所載牴牾頌額有惠安西表四篆字五瑞圖下有下祿上辨題名三行見沔縣所拓全文一大紙然後知之詢之搨工云圖頌刻于山石轉角處下臨深潭艱于椎故從來無全拓者又聞天井磨崖尚在

已屬沔令往訪拓竚自歎之四方先維矢卽无字雖
卽雍字言四方之人往來無壅塞也亦世賴福亦卽
奕字此皆洪所未釋者後十二行題名末行字子才
字今隸續板本作木誤（兩漢金石記）
西狹頌云漢武都太守漢陽阿陽李君諱翕字伯都
云云續漢郡國志涼州部有武都郡禹貢嶓冢導漾
東流爲漢鄭康成曰地理志漾水出隴西氐道至武
都爲漢至江夏謂之夏水見史記夏本紀集解文選
張平子南都賦李善注案鄭引地志云云者前志文
彼文冠以禹貢此古義也說文水部與志合至武都

上有東字與志相足也志又云武都郡武都縣東漢
水受氐道水一名沔過江夏謂之夏水入江與氐道
一條正相足與鄭亦合此碑郡西狹中道危難阻峻
兩山壁立下有不測之谿君踐其險若涉淵冰勅衡
官有秩李瑾掾仇審因常繇道徒鐉燒破析減高就
埤或卽東漢水所經矣續志漢陽郡本前漢天水郡
明帝永平十七年更名此則李翕之本貫（王鳴盛蛾術編）
碑前有小字二行云君昔在黽池修崤嶔之道德治
精通致黃龍白鹿之瑞故圖畫其像而碑文亦云三
苟符守致黃龍嘉禾木連甘露之瑞蓋洪氏所謂黽
池五瑞碑者本與此碑首尾爲一五瑞圖像當在小
字二行之前拓碑人不知而遺之可惜已李翕在武
都吏民立碑頌德不一而足而後漢書皇甫規傳稱
屬國都尉李翕多殺降羌倚恃權貴不遵法度規到
官條奏其罪蓋後來治行或愧於前而石刻亦容有
溢美也（潛研堂金石文跋尾）
漢陽前漢爲天水郡永平十七年更名後有黃龍嘉
禾白鹿承露人木連理五瑞圖圖後云君昔在黽池
修肴嶔之道致此瑞因其地異故洪氏分爲二碑實
非也肴阪謂之肴嶔者因公羊傳以爲嶔巖故也攷

說文亦謂之岑崟（關中金石記）
曾子固跋云其頌有二其所識一也其一立于建寧
四年六月十三日壬寅其一是年六月三十日立以
余今所得本與子固跋參校蓋爲有異子固跋云與
功曹史李昊（李昊隸釋作李旻）定策勅衡官掾仇審治東坂
有秩李瑾治西坂今此本但云勅衡官有秩李瑾掾
仇審而已又不言與李昊定策則知子固所跋爲六
月十三日立而余所見正爲六月三十日刻石者也
百官公卿表水衡都尉屬有衡官又衡官亦屬少府
百官志水衡都尉世祖省每立秋貙劉之日輒暫置

水衡都尉漢官舊儀罷中二千石詹事水衡都尉又
省水衡屬官則衡官屬水衡者自建武以來已去此
制令頌乃云勅衡官或因有事興作亦暫置郡中耶
容齋隨筆漢官多有不書于百官表而因事乃見者
如行寃獄使者因張敞殺絮舜而見美俗使者因何
並代嚴詡而見河堤使者因王延世塞决河而見角
指使者因㬥勝之而見豈非因事置官事已即罷乎
抑即郡中所謂工官都官而製文者遷就爲之遂不
悟其非制也授堂金石跋

李翕黽池五瑞圖

磨崖高六尺八寸五分廣四尺二寸圖上方左一龍右一鹿下方左二樹交枝盤結中一禾九莖右一樹下一人手執物上承之篆題字六處圖後題字二行圖下題名高一尺五寸廣一尺三行今在成縣

黄龍
白鹿
嘉禾
木連理
甘露降
承露人
君昔在黽池脩崤嶔之道德治精通致黄
龍白鹿之瑞故圖畫其像
上官掾上禄上官□字君選
□□□□上禄楊嗣字文明

□□□□下辨李京字長都

右李翕黽池五瑞碑李君昔治黽池𤯝此瑞物及西
狹磨崖因刻于前非碑陰也黽池有二殽屬洪農郡
隸釋

隸釋隸續皆題曰李翕五瑞碑實則即西狹頌磨崖
畫象耳其字亦一手所書也葢以別記其黽池之事
故別爲標題也兩漢金石記

文云修崤嶔之道按公羊傳崤之嶔巖是文王之所
避風雨者也文葢用此丁杰跋

博陵太守孔彪碑

碑高一丈四寸廣三尺五寸十八行行四十五字額題漢故博陵太守孔府君碑十字篆書今在曲阜縣孔廟

君諱彪字元上孔子十九世之孫穎川君
之元子也君少履天姿自然之正帥禮不
爽好惡不愆考衷度衷脩身踐言龍德而
學不至於穀浮游塵埃之外皭焉汜而不
俗郡將嘉其所履前後聘召蓋不□已乃
翻爾束帶𥳑讀論窮理直道事人仁义有勇
可以託六授命如毛諾則不宿美之至也
莫不歸服舉孝廉除郎中博昌長疾病留

宿□遷□京府丞未出京師遭大君憂泣
踰皐魚哀過乎哀謹畏舊章服竟還署試
拜尚書侍郎無偏無黨遵王之素纍可黜
否出□□度日恪位佇所在祗肅拜治書
御史膺皐陶之廉恕□叅之□□□□
□律祗用既平□博陵大守郡阻山□□
□以饑饉斯多草竊罔不□賊劉毕張丙
等白日攻剽坐家不命君下車之初□五
教以博□削四凶以勝殘乃□□□爰尚
桓桓拼馬譚周覜類已殫路不拾遺斯民
以安蕤號施寬妥合天心□之所惡不以
强人義之所欲不以□□□姓樂政而歸
于德望如父母順如流水還下邳相河東
大守舉此□□君子風也未怒而懼不令
而從雲行雨施□□大和海内歸公卿之
任矣勞而不伐有實若虛固執謙秉以病
辭官去位閭□以孝娼□餘暇游俠彈琴
聲磬□□□之昧而不改其靜上而非誰
天秩未究將據師輔之紀之綱而疾彌流
乃碩乃□□世九建寧四年七月辛未□

門□哀哉魂神超邁冢兮冥冥遂孤物絶
于嗟想形□□哀遂念不詠生羣臣號呲
攡所復遂夫逝往不可追兮功□□□識
惟君之軌蹤兮如列宿之錯置易建八卦
揆脊較辭述而不佗彭祖賦詩皆讚所見
于時頌□□是□吏雇□□□王沛等伏
信好古敢歔顧□乃刊斯石欽銘洪基昭
示後昆申錫鑒思其辭曰
穆穆我君大聖之胄惇懿允元叡其廟諱秀
惟獄降精誕生忠良奉應郡貢亮珳我□
克明王道辯物居方周□□□□也正名
朝無秕政直哉惟清出統華夏化以興成
□猾殄逆賢倚□庭帝重乃勛自□□祀
所臨如神□□□□□之翰先民是程
宜乎三事金鉉利貞而絜白駒俾世憤悃
當享眉耉莫匪爾極大□□□邏矣不意
于嗟悲兮□□□息渴渴無幾復焉所力
咨乎不朽没而德存伊尹之休格于皇天
惟我君績表于月青永永無沂與日月并
于嗟□□于以慰靈

碑陰 廿六十三行

故吏司徒掾博陵安平崔烈字威考
故吏齊口博陵安平崔恢字行孫
故吏乘氏令博陵安平王沛字公豫
故吏司空掾博陵安國劉惠字伯桓
故吏外黃令博陵安國劉揚字子長
故吏白馬尉博陵博陵齊智字子周
故吏五官掾博陵安平劉麟字多公
故吏五官掾博陵安平王瑨字顯祖

故吏五官掾博陵安平孟循字敬節
故吏五官掾博陵高陽史應字子聲
故吏五官掾博陵南深澤程祺字伯友
故吏五官掾博陵南深澤程祐字元祐
故吏五官掾博陵安國劉機字口闇

韓府君孔子廟碑陰載當時出錢人名亦有尚書侍郎孔彪元上與此書正同惟孔君自博陵再遷爲河東太守而碑額題故博陵太守孔府君碑漢人多如此然莫曉其何謂也金石錄

右漢故博陵太守孔府君碑篆額趙氏云孔君自博陵再遷河東而碑額題博陵莫曉其何謂予觀漢人題碑固有用前官如馮緄爵峻者俱自有說此碑陰有故吏十三人皆博陵之人也蓋其函甘棠之惠痛夏屋之傾相與刊立碑表故以本郡題其首也此碑作文多用經傳語考中庚裒周語有之可以託六歌後甚矣史漢書宿留讀皆去聲郭林宗齋剝就謁仇覽請其留宿與此疾病留宿同碑以宿爲文沂爲涯蒙郎爲字家郎宋字美郎美字抍郎拯字謚郎謐字般郎繫字燕郎典字潯郎漫字渾大奚切後與而切隸釋

右漢博陵太守孔彪孔子十九世孫與孔宙蓋弟兄行嘗爲尚書侍郎治書御史可謂顯矣闕里志世表

宗譜皆不見其名字而碑文類此亦不載向微搨本之存則後世不復知有彪矣金薤琳琅

孔彪碑文有云抍馬者易明夷六二渙初六皆曰用拯馬壯拯字子夏傳說文字林並作抍音升一音承上舉也漢時所傳如此而今作拯者唐開成以後所定也又按方言抍拔也出休字古溺爲抍周禮職幣注振猶抍也大司徒注振窮抍救天民之窮者也新唐書楊陸傳抍拔貧民用此字又作撜淮南子子路撜溺而受牛謝注撜音蒸舉也升出溺人則撜與抍同爲一字矣古又有作承者列子使弟子並流而承之金石文字記

是本屢見之于宛平孫侍郎宅文愈斷爛諱及字形
模尚存乃宏治中修闕里志改彪爲震都少卿穆遂
謂撰志者遺之不知震即彪字之誤也孫氏所藏漢
隸約三十餘種尚有張遷衡方夏承王純侯成戚伯
著諸碑皆宋時拓本今盡散佚覩此如覿故人曝書亭集
洪氏云可以託六爲敬後之甚按其文仁必有勇可
以託六授命如毛諾則不宿美之至也莫不歸服蓋
用韻也金石後錄
碑云博昌長者博昌樂安國屬邑第五左傳齊侯田
于貝邱杜預曰縣南有地曰貝邱今山東壽光相近

地後漢書百官志云縣滿萬戶者曰令不滿萬者曰
長也又云遷下邳相後漢地里志曰武帝置爲臨淮
郡明帝永平五年更爲下邳國彪曾爲博陵太守考
地里志有安平國下博而無博陵郡劉昭注曰案志
猶有遺闕彪于桓帝時既爲是官豈後漢遂無博陵
郡耶是則志之遺闕矣又云拯馬蠲害張揖廣雅曰
斜抍擧也醻憲音曰蒸之上聲四聲蒸抍拯職又踚
抍拔也又扱抍收也又括抍捊取也又抍墜也其取
用音義各不同又云餘暇徲徥徲同遲徥同夷說文
行平易也廣雅徥徥徲徲徃來也又云乃碩碩同傎

春秋稱君子宋五也　碑陰故吏十三人惟崔烈最
顯而後漢書無傳靈帝紀中平四年四月司徒崔烈
爲太尉十一月罷按孔彪卒于建寧四年至中平四
年已十六年而崔烈自司徒爲太尉矣通鑑中平二
年二月以廷尉崔烈爲司徒烈寔之從兄也是時三
公往往因常侍阿保入錢西園而得之烈因傅母入
錢五百萬故得爲司徒及拜日天子臨軒百僚畢會
帝顧謂親幸者曰悔不少靳可至千萬程夫人從旁
應曰崔公冀州名士豈肯買官賴我得是□□反不
知姝耶烈由是聲譽頓衰通鑑時涼州兵亂徵發天

下賦役無已崔烈以爲宜棄涼州詔會公卿百官議
之議郎傅燮厲言曰斬司徒天下乃安烈爲宰相不
念爲國思所以弭之之策乃欲割棄一方萬里之土
臣竊惑之安平志云崔烈少有重名以薦入歷郡守
九卿則其生平馳譽亦一時表表者也而見于史傳
惟由阿保入錢拜司徒與議棄涼州二事其爲郡及
他官位政蹟莫得聞學乎此公立身之大節槩可知
矣碑陰云崔烈字威考于此乃見烈字亦可補史志
之不足至云桼氏白馬二縣郡國志並不載又後漢
書中平四年十一月太尉崔烈罷獻帝初平三年六

月戊午董卓部曲將李傕郭汜樊稠張濟等反攻京
師陷長安城太常种拂太僕魯旭大鴻臚周奐城門
校尉崔烈越騎校尉王頎並戰歿據此距崔烈罷大
尉纔五年別補城門校尉竟死于傕汜之難猶可以
蓋前愆矣（范曄家傳此足以補崔烈傳矣但司徒太尉皆三公夫城門校尉甚遠烈旣爲太尉何緣左遷則城門校尉恐別是一崔烈也當更質之）孔彪名字別見于漢碑
者二一韓勑碑陰曰尚書侍郎一史晨後碑曰河東
太守是碑則其博陵故吏爲之故繫諸博陵曰博陵
太守也（金石遺文錄）
洪所未著者以顓爲顓以斿爲游以絜爲潔至于徲

徲洪音徲大奚切徲與而切愚按漢碑中徲徥徲徲
皆棲遲之或體耳此二字今泐（兩漢金石記）
博陵太守孔彪碑并陰以洪本校第一行下修身踐
言少言字第二行直道少道字益下截少一字碑陰
弟五行字最明白故吏外黃令博陵安國劉楊字子
長少長字亦下截少一字也前漢地理志續漢郡國
志實無所謂博陵郡攷係桓帝時暫立未久即罷魏
晉以下乃復置之甚著且久說詳見十七史商榷第
三十三卷（蛾術編）
碑爲博陵故吏崔烈等所立故額題故博陵太守孔

府君碑文亦但述博陵治迹而已下邳河東故吏當
別有碑今失其傳矣博陵郡不見於郡國志按桓帝
紀延熹元年六月丙戌分中山置博陵郡以奉孝崇
皇園陵司馬彪志郡國以孝順爲斷則延熹分置之
郡例不當書而劉昭注竟不一及難免漏略之譏豈
今所傳劉注亦有脫簡邪郡所領縣以碑陰證之則
博陵也安平也安國也高陽也南深澤也此五縣之
中唯安國舊屬中山若安平南深澤本屬安平國高
陽本屬河間國則紀云分中山置者亦未核矣故吏
題名十三人皆郡縣名字兼舉齊智題博陵者上爲

郡下爲縣諸史列傳中此類甚多洪氏隸釋本重出
博陵俗刻本少兩字蓋校書者誤以爲重複而去之
耳（潛研堂金石文跋尾）
彪河東太守而額題曰漢故博陵太守孔府君者以
碑爲博陵故吏所建故題其前官也王渙先爲河內
溫縣令後爲雒陽令有一石闕只題河內縣令寺曰
此溫民所造闕故只題其前官人或不以爲確得博
陵碑可證吾言之不謬（張塤跋）
遵王之素與古今尚書不同當即遵王之路駁文也
段大令玉裁尚書撰異未及采此（山左金石志）

碑文云遭大君憂集古錄則云遭太守君憂又四年
七月集古錄作十月 校訂隸釋存疑

豫州從事孔褒碑

碑高九尺八寸廣二尺七寸十四行行三十字額題漢故□州從事孔君之碑十字隸書今在曲阜縣孔廟

君諱褒字文禮孔子廿世之孫泰山都尉
之元子□□□□□□以□□□□繼
德前業清和挺懿固天□□□□□□幽
讚□□治家業春秋□綜枚□典蓠藉靡
遺□琦𢒏眇為淵為林博學多識□□匪
勞是□□□之徒□遠□來歷不州郡鱗

浮雲集□猶觀山丞丑□□□□□故□□
□世之名□□□之與□□□□州□□
高□□廉□之事□□□□□擅名之□
□之□爵固辟峻□以□□□□□□援
為□□□□□□□□覽□□圖□□元
節所過夷□□森骨栗莫敢藏匿君□□
□□□□□□遂□危令濟渡窮尼後會
事覺□□□□臨難引□各爭授命□□
□□□□□□□□□□褒子英彥物乎
□□靡□同懷□□有勇臨難□□□□

□□□□□□□□尚享有若□□□
□□魯相汝南陳府君□□之□□歹
□士□□□刀□□□碑昭示□□□□
日
□□□□□德□隆才□舊燿□雲如□
□□□□□□□□□暨□□逢□百□
仁風既數□義□□戠□□□□□□頌
□□□與□□□□□□□□□表 闕下

右漢孔褒碑按三國志崔琰傳註引續漢書曰山陽
張儉以中正爲中常侍侯覽所忿嫉覽爲刊章下州

郡捕儉儉與融兄褒有舊亡投褒遇褒出時融年十
六儉以其少不告也融知儉爲長者有窘迫色曰吾
獨不能爲君主耶因留舍藏之後事泄相國以下密
就掩捕儉得走脫登時□□□褒送獄融曰保納藏
舍者融也融當坐之□□彼來求我罪我之由非弟
之過我當坐之兄弟爭死郡縣疑不能決乃上讞詔
書命褒坐爲碑雖不全大略無異泰山都尉者宙也
宙有七子褒長融次第六又有謙皆有碑在孔子廟
庭褒碑不知何時淪沒歷代載籍皆無可考錢塘金
壽門語予云

憲皇帝時閩人何琦字禮康客遊曲阜得之郊外水濱因
載歸于廟自題字于碑陰碑字已極剝蝕獨行首十
餘字名字世系一一俱完亦一奇也金石存
此碑乃顧寧人金石文字記顧藹吉隸辨碑考二書
俱未曾見者不獨歐陽趙氏所無也近又見邵陽褚
峻千峯金石圖滋陽牛運震階平為作圖說云碑出
土僅及四十年所載尚有祝其卿及上谷府卿石龜
燉煌太守裴岑勒石陳德碑蒼頡廟碑聞喜長韓仁
碑魯王墓石人題刻皆兩顧先生所未見也至孔宙
後漢書誤作伷王粲英雄記云孔伷字公緒陳留人

陳留與魯地既不同而伷視宙計時亦較在後矣史
有誤字如孔褒後漢亦作裒韓門綴學
碑出於縣東周公廟側廢田中雍正三年鄉民犁田
得之以告廟官陳百戶驗是漢古文碑迺輦置孔廟
褒泰山君元子見戴于史晨碑今碑稱其繼德前業
清和口懿又曰口業春秋篇籍靡遺又曰口口务玅
為淵為林則褒誠恭祗舊綜經術翩翩端明篤寔之
賢公子也亦略可見矣金石圖
碑有云元節所過元節即張儉之字也碑之立必在
中平元年黨禁已解之後故得直書其事而無所諱

避也抱經堂文集
右漢故豫州從事孔君之碑第一行諱字家世皆具
知為泰山都尉宙之長子也前敘後銘立石歲月不
可知矣其額十字一行下有穿其文每行三十字其
行數以今拓本審之可見者十四行耳然拓者紙稍
窄每不見其後二行則僅見十一二行者有之　宋
氏經義考於孔宙弟子皆載治嚴氏春秋此碑云治
家業春秋則褒能世嚴氏之經無疑因據此碑補書
豫州從事褒於承師門內兩漢金石記
碑無年月可系今以其與弟融爭死事在靈帝年間

故列于熹平之前額右有二暈起碑首額左第二字
旁亦起二暈相連如半環與他刻異山左金石志
碑剝缺文字皆不續屬惟首行載君諱褒字文禮孔
子廿世之孫泰山都尉之元子案後漢書注引家傳
褒字文禮又言兄弟七人融第六以此碑攷之文禮
為元子其行次可見如此碑內有業春秋篇籍靡遺
字又有缺爵固辭字蓋文禮少傳世學而不以榮位
自嬰今攷史晨饗孔廟後碑所云處士孔褒文禮是
其徵也授堂金石跋
李翁析里橋郙閣頌

磨崖高七尺六寸廣五尺五寸一十行行二十七字今在略陽縣

惟斯析里處漢之右谿源漂疾橫柱于道涉秋霖漉盆溢□涌濤波滂沛激揚絕道漢水逆讓稽滯商旅路當二州經用祈沮沮縣士民或給州府休謁往還恒失日晷行理咨嗟郡縣所苦斯谿既然郙閣尤甚緣崖鑿石處隱定柱臨深長淵三百餘丈接木相連號為萬柱過者慄慄載乘為下常車迎布歲數千兩遭遇隤納人物俱隋沉沒洪淵酷烈為禍自古迄今莫不創楚

於是

大守漢陽阿陽李君諱翕字伯都以建寧五年二月辛巳到官思惟惠利有以綏濟聞此為難其日久矣嘉念高帝之開石門元功不朽乃俾衡官掾下辨仇審改解危殆即便求隱析里大橋於今乃造校致攻堅□□工巧雖昔魯斑亦莫儗象又醳散關之嶃漯從朝陽之平燥減西□□高閣就安寧之石道禹導江河以靖四海經記厥續艾康萬里臣□□□勒石示後乃作

頌曰

□□□□降茲惠君克明俊德允武允文躬儉尚約化流若神愛氓如□□□□均精通晧穹三納苻銀所歷垂勳香風有隣仍致瑞應豐稔□□□□□樂行人夷欣慕君靡已乃詠新詩

□□□□亐川兑之間高山崔嵬亐水流蕩蕩地既塉确亐與寇為隣□□□□□以析分或失緒業亐至于困貧危危累卵亐聖朝閔憐既艾究□兮務□□□□

金石萃編卷十四　漢十

□救傾亐全育□遺劬勞日稷亐惟惠勤勤賁邵來翼兮蓋不□□□□充贏亐百姓歡欣僉曰大平亐文翁復存

昔歐陽文忠公嘗疑醳散關之嶃漯從朝陽之平燥按隸古文顯字濕川漢作濕藏濕川在京濕昔學至今同文古字濕作溼又作隰故漢人濕又作㬎然則漯當作濕燥古文作燥恭栗與參同體其言醳則與易同卜用醳亦易也至謂遭遇隤納則以隤隤地壞自納於淵漢人文陋無足道然用字亦本古也廣川書跋

右析里橋郙閣頌隸額今在興州靈岩寺建寧五年立

後西狹碑一歲別有數行刻書撰人及石師姓名歐
公謂遭遇隤納及醳散關之嶃歐謑作嶃漯從朝陽之平
慘刻畫完而莫詳其義或是用字假借按碑言閣道
危殆車乘往還人物俱墮則隤納謂墜淵也慘卽燥
字醳與釋同太史公書皆然傷者碑醳榮投𣪠景君
碑農人醳耒之類是也其云劬勞日稷蓋用穀梁子
曰下稷之文靈臺碑鳳碑亦有之碑以横柱爲横注盇溢爲溢溢行理
爲行李廠積爲廠績雀嵬爲崔嵬禍即禍字隸釋
歐陽跋云醳散關之嶃漯從朝陽之平慘莫詳其義
愼案醳古與釋通史記張儀傳杖而醳之韓信傳醳

兵北首燕路洪氏釋醳藏漢碑文有云農夫醳耒又
云醳榮投𣪠漯本濟漯之漯漢人或寫漯借作濕字
用嶃漯卽嶃濕也慘與燥同分隸小異如操亦作摻
之例平慘謂乾燥言去濕而就燥也以此訓之可通
楊愼丹鉛總錄
此碑相傳爲蔡邕書碑中太守李君諱翕今板本集
古錄皆作李會或傳寫之誤唯鄭樵畧曰李翕與碑
合石墨鐫華
其文有云醳散關之嶃漯者楊用修以醳爲釋嶃爲
嶃漯爲濕是也歐陽永叔集古錄曰後漢熊君碑其

書顯字皆爲㬎按說文顯從㬎聲而轉爲㬎其失遠
矣莫曉其義也愚考㬎字从日从糸乃㬎之省說文㬎从
日中視絲古文借以爲顯字殺院碑陰顯字再見皆作㬎而後人寫作田者誤也
古人以濕爲漯者不一說文濕水出東郡東武陽入
海从水㬎聲他合切漢書王子侯表濕成侯忠師古
曰濕音它合反功臣表騶望侯冷廣以濕沃公士師
古曰濕音它合反功臣表有濕陰定侯昆邪霍去病
傳王莽傳竝作漯陰地理志平原有漯陰縣而水經
濕餘水亦漯字之異文荀子窮則棄而儑注儑當爲
濕韓詩外傳作棄而累魏建成鄉侯劉靖碑隰字作

隰惟其以日爲田此永叔之所以疑也金石文字記
碑文已剝泐據隸釋盇溢下闕一字余驗碑是滔字
隱隱可見又載乘爲下闕一字碑現存下字甚明又
校致攷堅下闕三字今有明知縣申如塤補刻結構
二字又減西下闕二字如塤補刻瀆之二字又艾康
萬里西下闕三字如塤補刻業鴻功三字又頌詞首
句起闕四字如塤補刻上帝綏三字碑本有一字微
損不可識又愛民如下闕三字如塤補刻子遐邇三
字又豐稔下闕五字如塤補刻年登居民四字碑本
有一字漫漶不可識又詩首句起闕四字第五字乃

兮字如墳補刻曰析里之四字第五字碑本有險字非兮字又與寇爲鄉下闕六字如墳補刻西隴鼎峙兮東六字又聖朝閔鄉下尚有髦艾究三字下注闕而無字數又有兮劝二字下注闕五字方接救傾兮句如墳從閔鄉下補刻兮符析壞兮迺命是君扶危十一字而無髦艾究及兮劝五字又全育下注闕而無字數亏驗碑上現有孑字又惟患勤勤下有黃邵朱龔兮益不七字下注闕而無字數如墳補刻拯溺亨屯兮瘡痍始起閭閻十一字而無黃邵朱龔兮益不七字碑後亦無建寧五月十八日癸以下五行余

得此碑搨本有知縣申如墳補刻共四十九字與洪氏隸釋所注序頌詩中闕字較對與隸釋所載髦艾黃邵等十二字碑上原有不可識者二字余所識出者滔下鄉子四字益是漢碑經殘缺之後而申如墳補刻其缺處非重刻也筆畫妍媸所不待言若然自題重刻者下字冒昧之失也余恐世人不辨以爲近代翻摹是誠有昔舊蹟故特爲詳著之至其所補字或如墳得舊搨而錄其原文或摹擬前後語義而竊取私纂均不得而知也乙酉正月過金陵蔡岡南擎惠亏鈎本且借亏遠遷與周元龍亮登來詰別元龍攜二拓本稍舊是未經補刻以前物以亏新裝者雙勘始明晰無遺　郙閣列書撰人名氏此漢碑之創見也有列撰而不列書者石門撰費鳳碑邊韶撰老子銘是也列書而不列撰者郭香察書華岳碑某伯允書武班碑是也漢德子長奇思橫出製爲雄文運玆妙筆君臣懿美並傳來禩蓋漢時郡守員吏至數百人各職其事通經察孝自辟所部知名之士以掌之故得盡一郡之能是以府中鈴下羅列英彥多收得人之效也碑之頌後有詩亦猶北海相碑誄後之有詞此漢人體裁今人不甚仿爲者金石遺文錄

額題云析里橋郙閣頌六隸字爲二行碑式云頌後又有詩並別行又有數行刻年月及書撰人石師姓名余家有舊拓本無此數行重刻本有之其曰從史位□□□□字漢德爲此頌者隸續證以天井題名謂即仇靖是也其曰故吏下辨□□□子長書此頌者天下碑錄以爲仇子長名紼未知何據豈作碑錄時其三字猶未闕耶隸辨

郙閣舊在棧道中頌摩崖石在橋旁今棧道已徙他處石亦磨泐縣令重刻于石後旁書縣令申如墳重刻七字八分書其書皆模倣筆法亦略相似按集古

錄作太守阿陽李君今碑稱太守漢陽阿陽李君重鑴之碑不應有誤當是集古錄脫去漢陽二字耳朱楓雍州金石記

改解危殆即便求隱隱即穩字說文穩安也從隱省古人通用安隱金石存

是碑近日顧甯人吳山夫皆未見原本然重刻本嶓漯嶓字亦不作嶓而顧氏沿集古錄之訛以爲嶓爾顧氏謂以日爲田此永叔所以致疑然瀸陰之瀸它合反與燥溼之字不同隸辨乃援瀸陰地名以實瀸溼本一字之說則誤矣　巛兌之間巛即坤字諸本皆作川非也昭即昊字蔺即南字洪所未釋也蔺洪釋誤爲兩　隸釋所載碑後尚有五行其第一行曰建寧五□□月十八日癸□闕下弟二行曰時衡官□□□仇審字孔信弟三行曰從史位□□□□□字漢德爲此頌弟四行曰故吏下辨□□□□子長書此頌五行曰時石師南□□□□□威明題按衡官下闕据本碑當是掾下辨三字從史位下闕以天井題名考之當是下辨仇靖四字隸續云郙閣題名從史位下刓缺得天井道碑題名乃知前碑亦仇所作是也顧南原云故吏下辨下闕三字天下碑錄以爲仇子長

名紼未知何據按小歐陽集古錄目郙閣頌條下云右不著撰人名氏漢仇紼隸書此以子長爲即仇紼又其一證矣然題名固云漢德爲此頌子長書此頌而小歐乃云不著撰人名氏則歐陽藏本想已闕其後題五行者耶　建寧無五年建寧五年即熹平元年也是歲五月改元正月丙辰朔三月乙卯朔此刻月上闕字而金石錄作二月据此則二月是丙戌朔其十八日是癸卯也既可以補通鑑目錄之未備而又以知趙洪所收石本有多出一二字者也兩漢金石記

按郙閣頌近代著錄家所見皆明申如塤重刻本後尚有建寧五□□月十八日及仇審等題名四行與隸釋合而原本已泐不得見良可惜已碑文斐然可誦書亦方正挺健出于漢德子長之手二仇益皆深于文學者頌云三納苻銀按西狹頌稱翕三剖苻守漢官儀二千石用銀印龜紐翕爲太守秩二千石得佩銀印故云三納苻銀耳申本字迹庸俗文中闕蝕者大率臆增改陳氏奕禧辨之最詳今依原刻摹錄而以洪釋補其缺處洪所無者則仍闕如不敢以申本爲據也

金石萃編卷十四終

金石萃編卷十五

賜進士出身誥授光祿大夫刑部右侍郎加七級王昶譔

漢十一

太尉楊震碑

碑文從婁本摹錄行字數與不可紀額題漢故太尉楊公神道之碑十字篆書陽文石今亡

□□□字伯起□□□□□□□□□
□□□□□□□□□□氏焉聖漢
龍興楊憙佐命克項於垓鍚□□□公
侯之冑必復其始是以神祗降祚乃生于
公實履忠貞恂美且仁慱學甄徹靡道不

該文明尚書歐陽河洛緯度窮神知變與
聖同符鴻漸衡門郡英雲集咸共飲酌其
流者有踰三千至德通洞天爵不應貽我
三魚以章齡德遠近由是知爲亦由繼明
而出者矣州郡虛己競以禮招大將軍辟
舉茂才除襄成令遷荊州刺史東萊涿郡
大守所在先陽春以布化後秋霜以宣威
寬猛惟中五教時序功洽三邦聞于帝京
徵旋本朝歷大僕太常遂究司徒大尉立
朝正色恪勤竭忠無德不烇靡惡不形將

訓品物以濟太清而青蠅嫉正醜直實繁
橫共構譖慷慨暴薨于時群后卿士凡百
黎萌靡不欷歔番涕悼其爲忠獲罪乾臨
孔照神鳥送葬王室感寤姦佞伏辜宏功
乃伸追錄元勳策書慰勞賻賵有加除二
子郎中長子牧富波侯相次讓趙常山相
次秉寔能纘脩復登上司陪陵京師次奉
黃門侍郎牧子統金城大守沛相讓子著
高陽令皆以宰府爲官奉遵先訓易世不
替天鍾嘉祚永世罔極統之門人汝南陳

熾等緣在三義一頌有清廟故敢慕奚斯
之追述樹勒碑諱石于墳道其辭曰
穆穆楊公命世而生乃台吐燿乃嶽降精
明明天子實公是匡冥冥六合實公是光
謇謇其直皦皦其清齡矣盛德萬世垂榮
勒勳金石日月同炯

右漢故太尉楊公神道碑銘篆額楊公名震洪農華
陰人安帝時爲司徒延光四載爲太尉閱半載以延光
三年卒楊氏墓在陝州閿鄉所存隸碑凡四此碑乃
其孫沛相統之門人汝南陳熾等所立碑中載楊秉

陪陵削威宗延熹八年事也沛相以靈帝建寧元年
卒此碑蓋建寧以後刻者太尉楊公物故時已四十餘
年碑載其諸子官秩凡四人而傳云震五子誤也今
之門下士且握權則獻諛飾詐靡所不至夕失勢則
相忘於江湖矣沛君已死而門人為其禰廟立碑漢
人風義後世不可跂及奚斯所作蓋謂作廟此及張
納費汎碑皆誤用以梁為黎隸釋
楊震碑篆額二行黑字有穿碑十八行行二十八字
碑陰二十五行行九人穿在第二第三列之間凡複
姓者十二人惟公王子北上官仲祖信成君嚴三川

宣闕四人各高出其列一字隸續
碑云長子牧次讓次秉次奉傳五子止列牧秉奉而
遺讓據碑云四子傳誤矣建寧中牧之子統為金城
太守沛相門人汝南陳熾等立碑陰可識者河東孫
定偉以下百九十餘人皆其孫之門人也字而不名
何耶金石小箋
傳云舉茂才四遷荊州刺史不詳所遷者何官碑止
除襄城令遷荊州其餘自太守至太尉皆同但震性
剛言直邇時羅禍如劾王聖救趙騰糾劉瓌黜耿寶
地震封事尤為愷摯碑無一字及之即關西孔子之
號王密暮夜之金雖可忌諱而皆不及之何也傳五
子碑牧讓秉奉凡四人當以碑為正後復詳序牧子
統金城太守沛相讓子著高陽令而不及牧孫奇荷
子亮秉子賜奉子敷敷子衆又何也楊氏碑甚多皆
在閿鄉縣墓中有繁陽令碑亦牧之少子惜遺其名
金石後錄
按碑字縹渺如游絲古質如蟲穿蠹蝕兼有楷隸
體昔人謂褚登善書如美女簪花或謂其出于漢
隸觀此碑知非欺人之論也攷太尉七世祖喜以
斬項籍封赤泉侯故云克項于垓大將軍者鄧隲

也喜字下从心古字通用碑皆與後漢書傳合惟
除襄城令傳所未及然傳云四遷者碑亦未詳洪
丞相隸釋云碑載其諸子官秩凡四人傳云震五
子誤按新唐書宰相世系表稱太尉五子牧里秉
讓奉碑所未及者里也是太尉實有五子里或未
仕或早亾故不載爾碑稱長子牧富波侯相而世
系表稱牧荊州刺史富波侯考楊氏二侯太尉孫
賜臨晉侯曾孫衆先封宜陽侯更封務亭未聞侯
富波者又考王嗣以建武二年封富波侯十三年
改封向侯而郡國志稱富波侯國永元中復則牧

賓相非侯新唐書誤也其稱牧荊州刺史殆亦承
傳中高舒至荊州刺史之文皆當以碑爲正太尉
卒後門生虞放陳翼詣闕訟冤得以禮葬而陳熾
復爲樹述貞石𦒢東漢人重飾門爲氣誼名節所
標可風後世如此云貽我三魚指冠雀銜三鱣魚
飛集講堂事又云神鳥送葬者謂葬前大鳥集喪
前悲鳴葬畢乃飛去也隸釋又載碑陰一百九十
餘人皆太尉孫統之門人今不得見矣

司隸校尉楊淮表紀

摩崖高八尺三寸廣二尺二寸七行行二十五六字不等今在褒城縣

故司隸校尉楊君厥諱淮字伯邳舉孝廉
尚書侍郎上蔡雒陽令將軍長史任城金
城河東山陽太守御史中丞三爲尚書尚
書令司隸校尉將作大匠河南尹伯邳從
弟諱弼字穎伯舉孝廉西鄂長伯母憂去
官復舉孝廉尚書侍郎遷左丞冀州刺史
大醫令下邳相元弟功德牟盛當究三事
不幸早隕國喪名臣州里失覆二君清𠁣
約身自守俱大司隸孟文之元孫也
黄門同郡卞玉字子珪以熹平二年二月
廿二日謁歸過此追述勒銘故賦表紀

右司隸校尉楊淮碑隸釋熹平二年同郡卞玉過其
墓爲勒此銘叙淮及其弟弼前後歷官且稱其功德
年盛當究三事不幸早隕又云俱大司隸孟文之元
孫也紹興中此碑方出歐趙皆未見之碑云楊君厥
諱淮字伯邳蓋以厥字爲語助大司隸有石門碑亦
云楊君厥字孟文今古皆以厥爲孟文之名得此始
知其非凡稱元妃元子元兄元舅之類皆以長言之
二楊俱曰元孫猶元士然以元爲美稱也華陽志淮
者渙之孫孟文名渙李固薦累世忠直拜尚書陳蕃表爲

河東守遷尚書令奏治汝南孫訓南陽曹麻潁川曹
騰三郡守巽訓者梁冀婦家子爲司隸劾冀叔執金
吾忠不朝正人尊憚之隸續

漢司隸楊厥碑遂通石門遂字洪适亦不識爲何字
愚按遂即鑿字也鑿省作丵又作遂者以乇代乚如
匝作迊匹作辽匣作迎陋作随謂之隸變古有此例
千祿字書可考洪适蓋以六書求之而不得也唐人
書葉法師碑宋人書杜詩禹鑿寒江之句皆以鑿爲
遂楊愼墨池璅錄

洪氏云元孫猶元士然以爲美稱也按淮稱弼爲從

弟弱文字顯伯以其祖祝之俱爲諸子之長孫非美
稱也至獨悼顯伯未登三公之位而卒故稱元弟以
美之若國喪二語則總歎二楊之亡也淮爲司隸時
勑治梁𨵿婦冢子汝南太守孫訓見華陽國志金石錄補
此文亦刻於褒斜谷厓者不得謂之碑文尾明言表
紀是也洪氏隸續云同郡卞玉過其墓爲勒此銘按
此文與楊孟文石門頌皆刻於石門之厓故其文尾
特書曰大司隸孟文之元孫此一句即二碑之世系
也其云黃門同郡卞玉謁歸過此追述勒銘者當即
是過石門之地見楊氏開道石路之刻有感而詳述

其門閥非過墓之謂也勒銘銘字洪氏亦誤看銘者
指乃祖開石路之刻言之即前王升所爲楊孟文石
門頌耳此下表紀字乃指此刻言之此刻固非墓語
亦不得謂之銘也洪氏誤以爲道墓宜其題之曰碑
矣洪氏所錄中丞下闕一字今驗石本是三字遷下
是左字洪誤作注其表紀上一字洪錄作財今驗石
本下多一點或是財字偶多一筆爾財即纔裁通用
之字謂至是始爲之表紀也文凡七行字畫皆因石
勢爲之參差古拙叔即隸之省卑即俾之省也兩漢金石記

楊淮碑字體與石門頌彷彿而疎蕩過之近汧大尹
李公衍孫寄精搨一本來自守上得約身二字門字
上得黃字郡字下得卞玉二字因以卞玉摩崖名之
涵貞閣漢碑文字跋

繁陽令楊君碑

碑從宋本摹錄行字數俱不可紀額題漢故繁陽令楊君之碑九字篆書石今亡

上闕十九字弟富波君之少子也生姿令喆長
履忠孝立仁行道實體彌隆由援尚書爲
國師輔君述而好古少傳祖業兼苞載藉
靡不周覽英儒仰則景附其高廣禮州郡

乃奉貢觀察穎暇爾僉服歸稱大駕省方
爲郡功曹召見專對育廡帝心擢拜郎中
除右都候闕盤宮衛閨闥肅焉遷繁陽令
崇德尚儉吕興政化和毓感恩吕移風俗
撫蠻姦回宿不命懸敎學吏士精擯侍者
常百餘人咸訓典論昕鎮吕口鄰遠歸懷
爰集疆場州郡嘉異並上絕速大司農劉
佑搞復表列將有命援會叔父大尉公薨
委榮輕舉投紱如遺吏民攀轅老弱軔輪
追慕跂步蓋二千餘人續留守闕上書歷

年運穀萬斛助官振貧㠯乞還君自非慈
愛孰能若茲有司聾昧莫能識察君絜己
㠯休不愉禍求趨功顯弗有後入亏林慮
靖衛門童冠如雲故乃名問俞高休聲益
著三府競辟又入宰朝常登茂御復絕祖
烈旻穹不惠年又十一熹平二年三月己
丑卒國失其良民望永絕京夏凡百罔不
愍悼故吏臣祿叶天訴墜嗟乎何及哀矣
惟傷感惟既歿德之隆者莫盛不朽迺共
追歸厥勳鐫石不後俾延億齡咨不翳隊

其辭曰
惟嶽降靈於我明君膺天鍾慶誕德孔醇
温恭博敏貞徽蘊倫而嘉忠鯁乃詔寵光
俾侯禁宮夙夜是勤命出佐宰清風穆神
委茂戎勳赴義長逝民思遺愛奔告亏丞
闕不留真莫肯慰楊淚泣樂志繼紳仰從
三公並招當為國暉壽不□□卑禁隕林
明徒潺湲士女愴悲顯百其身皇不我予
銘頌闕闕諱石闕下
右碑首尾不完文字磨滅可識者四百三十字不可

識者六十一字按漢書楊震子牧為富波相君乃牧
子也叔父太尉者秉也出米乞令前史所無惜其名
字磨滅不可見矣集古錄
右漢故繁陽令楊君之碑銘篆額逸其名楊君者太
尉震之孫富波相牧之子太尉秉之猶子沛相統之
親昆弟高陽令著之從昆弟也自郎中除右都候還
繁陽令以靈帝熹平二年卒漢公卿二千石父母之
喪不得奔赴荀爽對策詳矣度尚及楊君皆以期喪
去官可見漢代位高而創鉅者反奪情廢禮也守令
有美政百姓愛之如父母攀車截鐙不忍其去者固

有之楊君之行老弱跋涉其衆至於二千餘人守闕
上書其久至於歷年繁陽在河之北去漢京七百餘
里運穀助官乞還令君其多至於萬斛此事則未之
前聞史氏罔羅脫略至後世不得其名惜哉今之俗
或投贓以借留或列隊於外臺蓋有欺而不實者此
之輸粟萬斛則其出於誠心也作碑者再三歎惋斯
事其文云有司聾昧莫能識察說文生而聾曰聳其詩又云
頎不當眞莫肯慰揚嗚呼政令委靡淑慝無所甄別
在位者憒憒如聾聵蔽耳之聞不特此一事也碑以假爾
作邇遷作遷循作特藏作藏俞作愈齡作齡頁郎克字達
郎遊字姿郎黎字褒郎退字匡郎地字謝郎乃字播

郎壁字隸釋

繁陽令楊君碑篆額二行有穿碑十八行行三十字碑陰二十二行每行六人第七列惟有一故民其中書典作者姓字每列之下各處一字有官氏字多者則高出其上亦有下出者穿在第一第二列之間隸續楊君以叔父大尉喪去官吏民二千餘人守闕上書歷年運穀萬斛助官以乞還君集古隸釋皆謂此事未之前聞蓋以上書歷年輸穀爲僅事也竊知漢人近古直道在人郎前書猇相爲河南太守去官河南卒成中都者二三千人遮大將軍自言願留作一年

以贖太守而河南之老弱守闕上書者萬餘人古之善教得民者爭欲得賢守令以父母之乞留之誠固自不約而同也前後書如乞還楊君者屢見彼經年弭成倘所不辭況輸穀乎今之猴冠虎翼者多人厭乞輒引漢公卿二千石父母之喪不得奔赴爲例而千萬吏中得一二循良反繩而去之無一人敢攀號者讀此碑能不太息乎金石後錄

漢繁陽令楊君其名既闕弟字上又闕三字乃沛相之弟富波君之少子所云叔父太尉者乃太尉震弟三子秉富波君之弟也以叔父憂去官唯漢爲然潘寧跋

按楊君佚其名字太尉震之孫沛相統之弟爲繁陽令有善政而太尉碑中獨遺之故集古錄集古錄目金石錄隸釋諸書俱未詳其名余攷唐書宰相世系表富波侯二子長統少馥則沛相之弟乃馥也碑爲宋時搨本共缺三十四字尚在歐陽所見六十一字本之前然與隸釋相校殊無增損卯洪氏所錄已據舊搨本矣首行殘泐不可見者二十九字潘寧跋誤稱弟字上缺三字殆由未攷碑式耳碑云叫天訴墬墬即地字籀文地作墬此省从豕無極山碑與天墬俱生字與此同

司隸校尉魯峻碑

碑高一丈一尺五寸廣四尺五寸十七行行三十二字額題漢故司隸校尉忠惠父魯君碑今在濟寧州學

君諱峻字仲巖山陽昌邑人其先周文公
之碩胄□□伯禽之懿緒已載于祖考之
銘也君則臨營謁者之孫脩武令之子體
純龢之德秉仁義之操治魯詩兼通顏氏
春秋博覽羣書無物不栞學爲儒宗行爲
士表漢□始仕佐職牧守敬愘恭儉州里
歸稱舉孝廉除郎中謁者河內大守丞喪

父如禮辟司徒府舉高第侍御史東郡頓
丘令視事四年比縱豹產化行如流遷九
江太守口殘酷之刑行循吏之道統政口
載穌若清風有黃霸名信臣在潁南之歌
吕公事去官休神家衛未能一朞為司空
王暢所舉徵拜議郎太尉長史御史中丞
延熹七年二月丁卯拜司隸校尉董督京
輦掌察羣寮蠲細舉大權然疏發不為小
威吕清其仁弱中獨斷吕效其節案奏口
公彈紏五卿等夏祗肅佞穢者遠遭母憂

自乞拜議郎服竟還拜屯騎校尉吕病遜
位守疏廣止足之計樂於陵灌園之契閉
門靜居琴書自娛年六十二熹平元年口
月樊酉卒明年四月庚子葬於是門生汝
南干商沛國丁直魏郡馬萌勃海吕圖任
城吴盛陳留誠屯東郡夏侯廟諱等三百廿
人追惟在昔游夏之徒作謚宣尼君事帝
則忠臨民則惠乃昭告神明謚君曰忠惠
父息獻不才弱冠而孤承堂弗構析薪弗
何悲蓼莪之不報痛昊天之靡嘉損企有
紀能不歸著刊石叙哀其銘曰
巖巖山岳礧落彰較棠棠忠惠令德孔爍
命口時生雅度廟諱綽文允武厥姿烈逴
內懷溫潤外據強虔督司京師穌然清邈
當口組職為國之權匪究南山遐邇忉惻
凡百君子欽謚嘉樂永傳善齡晚矣昀昀

碑陰

共二列每列二十一人

故吏河內夏管懿多遠千
故吏九江壽春陳龔伯麟五百

故吏九江壽春任琪孝長五百
故吏東郡頓丘許踰伯過五百
門生沛國譙丁直景榮千
門生勃海高成吕圖世階千
門生東郡濮陽敗敦登高千
門生汝南名陵干商朝公五百
門生南陽新野翾顯文臺五百
門生平原般路龍顯公五百
門生平原西平昌王端子行五百
門生陳留尉氏胡嵩永高五百

門生陳留尉氏胡昱仲表五百
門生濟陰定陶律眞子然五百
門生任城樊兒雄大平五百
門生平原樂陵路福世輔三百
門生魏郡斥丘李牧君伯三百
門生魏郡繁陽王輔子助三百
門生任城任城周普妙高三百
門生任城任城吳盛子興三百
門生勃海重合梁悺紨節三百
門生河東蒲反李□□時三百

門生河東蒲反陽成□文智三百
門生汝南汝陽鄭立□節三百
門生東郡臨邑夏侯宏子松二百
門生東郡博平孫謙□□二百
門生東郡樂平邢顥□□二百
門生東郡樂平邢□季□二百
門生魏郡內黃馬萌子□二百
門生魏郡黎陽王□少□二百
門生汝南灈强尹徒超□二百
門生汝南灈强尹顥紨□二百

門生勃海南皮劉扶節□□百
門生勃海南皮劉盛興□□百
門生河間鄚成東鄉晨子□二百
門生河間鄚成東鄉恭公□二百
門生平原西平昌劉本景高二百
門生平原般張謙伯讓二百
門生陳留尉氏夏統子思二百
門生濟陰乘氏許仁伯德二百
門生濟陰離狐周維元興二百
義士梁國寧陵史張張良二百

右漢魯峻碑文字粗完故得遷拜次序頗詳以見漢官之制如此惟云遭母憂自乞拜議郎又其最後爲屯騎校尉而碑首題云漢故司隸校尉忠惠父魯君碑二者莫曉其義集古錄

碑云君諱峻字仲嚴酈道元注水經引戴延之西征記曰焦氏山北金鄉山有漢司隸校尉魯恭冢冢前有石祠四壁皆青石隱起自書契以來忠臣孝子貞婦孔子及七十二弟子形像像邊皆刻石記之今墓與石室倘存惟此碑爲人輦至任城縣學矣余嘗得石室所刻畫像與延之所記合又其他地里書如方

興志寰宇記之類皆作峻惟水經誤轉寫爲恭金石錄

右漢故司隸校尉忠惠父魯君碑隸額歐陽公云峻遭母憂自乞拜議郎又最後爲屯騎而碑首題以司隸二者莫曉予嘗考漢代風俗相承雖丁私艱亦多以日易月鮮有執喪三年者故元初詔書始聽大臣二千石行三年喪至建光元年復禁不許李𦨭去官二交故銘文頌其考憂釋紼時則有居憂不釋紱者矣肅宗時越騎校尉桓郁以母憂乞身詔公卿議皆以郁身爲名儒學者之宗可許之詔聽以侍中行服後其子焉爲太子太傅以母憂自乞聽以大夫行喪二公纓陟屺之痛皆避劇就閒與魯君以議郎行喪同漢人所書碑誌或以所重之官揭之司隸權尊而秩清非列校可比亦猶馮緄捨廷尉而用車騎也周官注云義儀二字古皆音俄詩以實惟我儀協在彼中河樂且有儀協在彼中阿太元亦以各遲其儀協不偏不頗左傳音蛾析作蟻徐廣音檥解作俄漢碑凡蓺蕤皆作埶儀此碑又作埶義銘詩煥矣灼灼俱易火以日令德孔鑠又復从女若堂作棠棠則它碑亦有之碑以渠爲看爲𥈈爲斷爲析紐爲衮書爲𢡟傒即儒字納即細字㲋即絜字互即季

字彥卿隆字虔即處字隸釋

水經注以峻爲恭趙氏謂方輿志寰宇記皆作峻予家舊藏此碑峻字明白可識趙氏果有其本何乃不知而必欲證之以地里書也鄭夾漈又謂此碑書於蔡邕按徐浩古迹記其叙邕書惟三體石經西岳光和殷華馮敦數碑及考其他字書亦未出邕嘗書此不知鄭氏何所據也　右魯峻碑陰歐陽公趙明誠皆失收錄至洪丞相隸釋於漢碑搜羅殆盡而亦復遺焉金薤琳琅

私謚起于春秋漢末尚節義故尚不廢荀秦既已非古猶謚及隱逸唐朝臣尚加山林之號激貪厲競豈曰罔裨令典三品京朝摸牀結古循叙考終皆得美謚外吏卽品亞六卿德牟夷惠非際時會竟以格罷夫錄勞則外瘁於內崇體則抔土長掩防大則殁無虞掉此義人勞卿所以扼腕太息也乃知私謚所當復古嗚呼今安得此門生故吏乎金石史

歐陽公云峻碑首題司隸二字莫曉洪氏云漢人碑誌以所重之官揭之司隸非列校可比也予至濟寧碑下詳繹其文遭母憂自乞拜議郎服竟還拜屯騎校尉以病遜位守疏廣止足之計樂於陵灌園之激

似峻持服三年起拜屯騎而卽歸未嘗在位故碑首敘其實歷之官也百官志七校尉皆二千石如洪之說以司隸爲權尊而特書之則朝廷官秩可任人去匿者耶金石跋錄

右魯峻碑陰載故吏四人門生三十七人義士一人

按峻碑熹平元年卒明年四月葬于是門生汝南于渦沛國丁直魏郡馬萌勃海呂圖任城吳盛陳留誠屯東郡夏侯宏等三百廿人刊石叙哀而此載四十餘人其脫畧者多矣隸釋載魯峻斷碑陰九十有一人書姓氏而不名有郡者二人與此迥異洪跋云據

藏碑者以爲魯君碑陰度其石之廣與魯碑合所存止尺有七寸乃其下之四橫橫二十有四人計其上當有十橫也蓋洪在南宋與東齊阻絕不見此碑故仍傳文之誤余則身至碑下乃爲可信耶金薤琳琅所載闕字以余家藏本較之可識者數十字更置脫平原王口子行以下八人少翰素稱博洽謬誤乃爾豈當時所收殘失或鐫板脫落否則碑在濟寧並非僻遠曷不稍加考較乎金石錄補

魯峻延熹七年拜司隸校尉按漢書桓帝延熹九年中二年帝御前殿命司隸校尉張彪率兵圍梁冀第收大將軍印綬九年以黨人下司隸校尉李膺北寺獄峻漢書無考其在彪之後膺之前耶大名府開州志境內有頓邱邑令昌邑魯峻碑州東北有頓邱顏師古曰因邱以氏縣衛風送子涉淇至于頓邱者也然則峻昌邑人始爲頓邱令也碑今無矣來齋金石刻考畧

碑陰凡三列下一列漫滅存者二列每列二十一人前有故吏四人餘稱門生最後一人稱義士凡四十二人皆有郡縣名字及出錢之數碑載門生汝南干商沛國丁直魏郡馬萌勃海呂圖任城吳盛陳留誠屯東郡夏侯宏等爲之作謚立碑兩列中干丁馬呂

吳姓名皆在惟誠夏侯二人無之蓋在第三列也隸續有魯峻斷碑陰跋云所存其下之四橫橫二十有四人凡九十有一人書姓字而不名惟徐袁二人有郡藏碑者以爲魯君碑陰雖無所據度其石之廣適與魯碑合又字體與魯碑相類若無可疑今按此陰凡三列隸續所載乃有四橫今存者四十二人而乃有九十一人又皆書姓字而不名無故吏門生義士之稱亦誤以他碑之陰爲魯峻耳此陰至今尚存洪氏何以未見隸辨

金薤琳琅云碑文字粗完可讀今取石本較都公所

錄都本少八人其中誤釋者數十字又都本以爲殘缺而今本尙完好可識者十餘字蓋都公于分隸非其所習又或所見本不淸遂據以爲定爾金石存

洪氏引毛詩左傳周官太元諸書爲義䜟通用之本是固然已然此碑以蓼莪作蓼蓺蓺字从艸是又微異耳又洪以棐卽看字顧南原嘗辨其誤謂卽棐旅棐木之棐顧說是也盖棐卽刋字猶筆削勘定之義爾又洪以緄郎袞字按詩袞職注雖以兖冕爲訓然玉篇緄古本切織成章也則緄字自亦可通　遐邇切倒顧南原云㥏疑卽惘字非也按詩倬彼甫田陸

德明云倬陟角反韓詩作箌音同云箌倬也傳云倬明貌疏云毛以爲倬然明大者可見倬字本有大義矣爾雅箌大也注云箌義未聞然爾雅注云箌音罩則是箌有卓罩二音矣疑當時方言㥏與悼通也雖輶軒絕代語所未採然似可備一說不必以去入之界爲疑耳說文悼从心卓聲徐鼎臣謂悼當从罩省卓非聲者誤也　奏字內非从夫其上一畫乃逆筆子有舊拓本驗之乃知也何義門云奏字篆從本楷書未知當何從也魯峻碑奏字稍與本字爲近耳案今所行婁氏字原顧氏隸辨板本則皆迻作夫字矣

洪所未釋者㤼卽恪衕卽巷也𢃄字益旁溢變爲彡猶从水也王士仕諸字中皆加小畫則隸體涉筆之偶變也　潁南之潁張弼齋釋作从水然石實从禾隸體之未能盡繩者如此止多也至第五行除字五字實張氏臆斷石泐不可見矣延熹七年七字今止露半据洪氏作七年按通鑑目錄是年二月壬寅朔丁卯是月之二十六日則在七年無可疑矣年六十二三字石本今尙可見洪作一字非也　碑陰與碑文書者非出一人隸續云魯峻譙敏碑並云蔡中郎書蓋碑錄之云也洪以爲皆不足信是矣至碑陰

字體則高城阜城城皆省作成黎陽黎作犁蒲坂坂作反玊端王輔王皆作玊又與碑文王字中加小畫者不同蓋當時隸體多隨勢爲之矣　西平昌之邑平昌後志平原郡之次卽樂安國其下注云高帝西平昌置爲千乘何不可解千乘與西平昌自是兩地不應牽連書於樂安國之下恐是西平昌在平原郡下而錯簡耳　洪氏隸釋旣不見是碑之陰故不知門生汝南干商之名而朱竹垞經義考承師門內亦止有干姓而無其名且所載至東海夏侯而止予今

盡取碑陰門生邑居姓氏以補之　隸釋云是碑陰凡三列下一列漫滅方綱向者執顧氏此說以謂旣云三列則或下列倘有一二畫微露者尚未可知或是拓碑之工不肯用全石之紙以搨之耳今屬錢唐黃小松親到濟寧學宮碑下手拓其陰紙之高下與碑之正面相等而其下半實無一字並非拓工省紙有所遺失也且可以見牛氏所云高八尺五寸之說當是五尺八寸耳益著錄之不可憑如此　臧延之西征記魯峻冢前有石祠堂中四壁皆忠臣孝子孔子及七十二弟子形象此條見水經注而見藝文類

聚而藝文類聚引此作魯峻水經注作魯恭是水經注所引偶誤也兩漢金石記

碑云有黃霸召信臣在潁南之歌霸守潁川信臣守南陽此稱潁南者各舉其一字也三國人多稱吳會稽二郡爲吳會亦類此蓋流俗之稱文人沿用而不察爾胡三省云太史公謂吳爲江南一都會故後人謂吳會予案史公貨殖一篇言都會者多矣何獨於吳稱會此胡氏之臆說而近人多取之何也　攷洪文惠隸續所載魯峻碑陰與此全別洪氏在南渡時未得親至碑所但據收藏家之說遂之故猶疑而未

定而洪所指爲峻碑陰者世已失傳竟未審爲何人碑也潛研堂金石文跋尾

案碑云彌中獨斷說文彌弓彊貌言中有彊毅之性故遇事能斷也遐邇惆悵翁閣學云詩倬彼甫田韓詩倬作箌箌有卓罩二音疑當時方言惆與悼通翁說是也倬字或作箌則悼字亦可通作惆倬罩悼皆从卓得聲古音卓聲到聲同在一部本與銘辭上下諸韻合或以爲字書無惆字以音義求之似與怛字同疎矣碑陰二列洪氏未見其中定陶棣眞張力臣釋爲棣眞亦非是山左金石志

歐陽棐集古錄目云高平昌邑人據碑文云山陽昌

邑人校訂隸釋存疑

按碑額題忠惠父者其門人于商等所作私謚文云息歔不才弱冠而孤承堂弗構析薪弗何云云知其子爲文刊石以述其父此皆漢碑中創例何即荷字論語荷蕢古今人表作何蕢說文何儋也儋何也徐鉉曰儋何即負何借爲誰何之何今俗別作擔荷非是碑陰凡二列四十二人濟寧州志據張昭釋文錄入碑攷字多錯謬其尤甚者定陶棣眞志作棣眞攷字書無棣字通志氏族略複姓

游𣚍氏英賢傳游𣚍子著書一篇言法家事漢書作游棣萬姓統譜王莽時又有司馬棣並漢人繆篆多書棣字爲𣚍棣其姓也勃海重合志作暈合據郡國志勃海郡有重合侯國可與碑證牛氏金石圖𣚍亦作捧重刻爲湩皆誤

熹平殘碑

碑上下右三面斷闕高一尺四寸廣一尺三寸存八行行約十三四字弟五行無字今在曲阜縣孔廟

上闕頁時榮閭闕之中口上闕下闕行成於内名
丑叡著當獲自天之祥上闕下闕入年廿有七
熹平二年十一月乚未卅上闕下闕府君君國

濟民以禮閭風揚善表德下闕
上闕嘉璉璋其質芳麗其本敦書樂古如下闕
上闕君有命必从疾辭何辜穹倉降此短下闕
上闕式

碑存字僅七十餘有云年廿有七熹平二年十一月乙未者蓋其卒之年月也又云府君君國濟民以禮閭風旌善表德當是曾任郡守者漢時惟郡國守相及都尉得稱府君也攷漢自陽嘉以後用左雄議孝廉年不滿四十不得察舉此君官至二千石計其入官踐歷當亦有年而卒之時僅廿有七豈陽嘉詔書所謂有如顏回子奇不拘年齒者耶潛研堂金石文跋尾

此碑存字七行字徑一寸前四行爲序後三行乃銘辭也乾隆癸丑十月元案試至曲阜適黄小松訪得此石于東關外急告元命人掘土出之舁至試院秉燭洗土審眎得七十三字不全者六字其熹平二年十二月乙未下遺字存少半此卒之年月非立石年月如魯峻卒於熹平元年口月碑立於二年四月也因移置孔廟爲題識數語刻碑後焉山左金石志

碑石斷剝予釋其文蓋亦處逸守介不延其年于時守斯土者表于墓也曲阜在兩漢並爲魯國今碑出

於此而文稱府君意其爲國相與韓勑修孔廟碑後云魯相河南京韓君又云府君諱勑字叔節無極山碑稱太常下郡國相南陽馮府君北海相景君銘故北海相任城景府君安平相孫根碑稱皇矣府君趙相雍勸闕銘稱趙國府君然則漢時稱國相與太守同矣顧亭林謂府君習漢時太守之稱蓋未旁推于此也授堂金石跋

武都太守耿勳碑

碑高六尺六寸廣六尺二寸二十二行行二十二字今在成縣

漢武都太守右扶風茂陵耿君諱勳字伯

琿其先本自鉅鹿疲有令名爲漢建功俾
侯三國郷守將帥爵位相承吕迄于君君
敦詩説禮家仍典軍歷難和戎武慮慷慨
吕得奉貢上計廷陳惠康安遏之謀上納
其謨拜郎上黨府丞掌令孝績有成苻莢
乃脂熹平二秊三月六日郎官奉宣詔書
哀閔垂恩猛不發義寛不宥姦喜不縱慝
感不戮仁賞恭罰否界奥口流其於統系
寵存贈亡篤出至也歲在癸丑厥運滯雨
傷害稼穡率土普議開倉振澹身冒炎赫

火是出熱至屬縣巡行窮匱陟降山谷經
營拔涉草止露宿扶活口餐千有餘人出
奉錢市口口作衣賜給貧乏發荒田耕種
賦與寡獨王佳小男楊孝等三百餘戶減
省貪吏二百八十人勸課趨時百姓樂業
老者得終其壽幼者得吕全育甘棠之愛
不是過矣又開故道銅官鑄作錢器興利
無極外羌且口等怖威悔惠重譯乞降脩
治狹道分子効力役大小民得衆兆之歡
心可謂卬之若明神者已夫美政不紀人

無述焉國人僉嘆刊勒斯石表示無窮其
辭曰
赫華惟岳神曜吐精育茲令德既喆且明
寔謂耿君天胙顯榮司牧莅政布化惟成
柔嘉惟則穆如風清勤卹民隱拯厄扶傾
匪皇啓處東撫西征赤子遺慈吕活吕生
山靈挺寶匈宍乃平豈弟父母民賴吕寧
喜平三秊四月廿日壬戌西部道橋掾下
辨李禝造

漢武都太守扶風茂陵耿勳爲守以熹平三年立碑

又同谷志云熹平三年太守耿勳政蹟記并題名記
并在封泉保魚竅峽王象之天下輿地碑記
右武都太守扶風茂陵耿勳碑據稱熹平三年造蓋
德政碑也造碑之人即李翕天井碑中西部道橋掾
李禝也壬子之夏李翕尚在武都次年暮春耿君到
郡似是繼翕者碑云其先本自鉅鹿世有令名爲漢
建功俾侯三國卿守將帥爵位相承按漢史雲臺功
臣牟平侯耿純者鉅鹿人其三弟亦同時封侯好畤
侯耿弇者茂陵人傳云其先武帝時以吏二千石自
鉅鹿徙中興初其父況封隃麋侯弟舒封牟平侯所

謂俾侯三國者謂喻麋父子也耿氏自中興後迄建安之末大將軍二人將軍九人卿十三人列侯十九人中郎將護羌校尉及刺史二千石數十百人所謂爵位相承者也好畤鴻烈與寇鄧齊其後有列傳者四人皆抱將帥之畧著邊徼之勳碑謂武都敦詩閱禮家仍典軍歷難和戎武慮慷慨陳惠康安遏之謀天子納而用之可謂能世其家者既貫茂陵則是喻麋之後裔也碑以說爲閱以拔爲跋　隸續

耿勳碑字與郙閣頌相類乾道間方出漢隸字原

右碑云其先本自鉅鹿則是耿純耿弇之後又云熹

平二年二月到官又云歲在癸丑滛雨傷稼開倉賑贍身冒炎赫至屬縣巡行給餐千有餘人出俸錢賑衣賜給窮獨至佳小男楊孝等三百餘戶減省貪吏二百八十人百姓樂業云云按靈帝熹平二年癸丑郎勳涖任之年也給餐即今設粥賑飢之類使勳止于撫循而不減省貪吏則民樂歲終身苦矣語曰去莠去其害苗者也錄是碑不無有感于末造已金石錄補

予今所得拓本已極泐缺矣然就其點畫隱隱可見者諦審之全文尚粗可讀其中洪錄原闕而今無從別識者四字而已七行流上一字十一行作上二字十四行等上一字洪有而今闕者二十二字一行苛鉅二行卿爵三行軍壓慮得六行部孟七行輿八行運滓讖九行窮拔十一行餘貪十三行鑄器十六行敢十八行胙至於洪闕而今辨出者則五行丐字七行系字十一行与字二十行匪啓處字二十一行灾字此凡七字可補洪氏所未備矣又洪誤而今正者五字莫字洪誤釋英十行市字洪誤釋雨作字洪誤釋振十六行僉字洪誤釋命二十一行乃字洪誤釋字此凡五字尤足關於考正者也莫即篝字蕩陰令張遷碑八月莫民即此字荇莫乃胙者胙即福祚之祚古通用也隸辨祚字下引四老神祚机字云胙與祚同說文新附字祚福也徐鉉曰凡祭

必受胙胙即福也爾雅釋天夏曰復祚釋文祚亦作胙是也匪黃啓處者婁氏字原啓字下引靈臺碑匪皇啓居與詩不遑啓居同可證也又洪氏釋云碑以說爲閱按此碑敦詩說禮說與閱不同也兩漢金石記

右碑中有十數字經後人重開不無譌舛翁閣學金石記中辨之審矣唯荇莢乃胙二句洪氏隸釋闕乃字而莢字未誤翁謂洪誤釋爲英此刊本之譌予家藏鈔本猶未作英也莢與筴同即策字漢時郡守賜虎符及策書故有荇莢之語翁釋爲篝恐未然耿君以熹平二年三月到官其歲歲在癸丑滛雨害稼而

後漢書靈帝紀續漢書五行志俱不言[illegible][illegible]淅兩事
知史之失載者多也潛研堂金石文跋尾
碑內譯字作㪍字俗工刓劖所致或者謂是都字異
文者非也獨柔嘉惟則則字碑竟作賊字雖漢人善
于借用不應謬戾至此然筆勢自然絕非重經開鑿
者涵真閣漢碑文字跋
按碑經後人重鑿字畫較洪氏所錄頗多譌舛其
尤甚者第五行癸酉到官改爲六日郎官十二行
勸勉改爲勸課十五行口如農改爲大小民大牽
淺人以意爲之無所依據也今於全改之字姑依
石本摹錄而辨其誤如此文云開倉振澹澹與贍
同史記司馬相如傳灑沈贍菑漢書作灑沈澹灾
漢書食貨志猶未足以澹其欲也師古注澹古贍
字荀子物不能澹則必爭楊倞注澹讀曰贍鹽鐵
論飢寒於邊將何以澹之又云哀元元之未澹張
納功德叙卹澹凍餒亦以澹爲贍振與賑亦通碑
作振澹皆借用字金石錄補直釋爲賑贍失其旨
矣

金石萃編卷十五終

金石萃編卷十六

賜進士出身　誥授光祿大夫刑部右侍郎加七級王昶譔

漢十二

石經殘字
共十二段

其或迪自怨
之勞爾夫予不
能迪古我先后
與降不永於數今
逮乃家
朕卜仔
悳
伻鴻水汩陳其五行帝
建用皇極次六曰乂用三德
潤下作鹹炎上作苦曲直
曰二曰貨三曰祀四曰司空
極凡厥庶民無有淫朋人無
朋人之有能有為使羞其行
路毋偏毋黨王道蕩蕩
為天下王三德一曰
家而凶于而國人

夕〻
道出于不祥於䱶君　𠮛時我
忝月悳
右尚書盤庚六行洪範十行君奭二行
惟是褊心是以為刺　葛屨
汾一曲言采其藚　彼其之子美
誰知之蓋亦勿思　園有棘其
父兮父曰嗟予子行役夙
哉猶來　陟岵三章章
兮不稼不嗇胡取禾三百廛

特兮犾君子兮不素食兮　飲
食我黍三歲宦女
蟋蟀在堂歲聿其逝今我不樂
句　山有蓲隰有榆子有衣
酒食胡不日　喜樂
既見君子　易
右詩魏風八行唐風四行
東𢨋
卒爵坐奠爵拜執
人皿洗卄媵觚于賓

上拜受爵于筵前
眥公荅拜媵爵者廾
媵爵者執觶待
公。
郊請反命
𠀍人君命聘于
善于受上介幣
賜使者幣使者
上介坐亣如之
練冠以

右儀禮大射儀七行聘禮六行
牟女者可
㥯公曰百姓安子諸侯
之辭也　譖者可公
右春秋公羊隱四年傳三行
百道之以揗亠
方我我對曰毋違樊遲
子夏問孝子曰色〻有
人焉廋　子曰溫故
師斷害也已　子曰　女

為則民服孔子曰
書云孝于惟孝友于兄
於殷禮所損益可知
枉道而事人可、去父母之國　景公
待孔子曰若季氏
子曰鳳兮鳳兮何而德之衰也往　可
諫也來者猶可追也
執車者為誰子子路曰為孔丘曰是魯孔
丘與曰是是知津矣
若從避世之士哉櫌不輟子路以告子憮

然曰鳥獸不可與同
穀不分孰為夫子置其杖而耘子路拱而
一止子路宿殺雞
如之何其廢之也欲絜其身而亂大倫君
子之仕也行其義
志辱身矣言中倫行中慮其斯以乎謂虞
仲夷佚隱居
陽擊磬襄入于海　周公謂魯公曰君子
不施其親
不蔽簡在帝心朕躬有罪毋以萬方萬方

有罪在朕躬
歸心焉所重民食喪　寬則得衆敏則有
功公則說
不驕威而不猛子　曰何謂惠而不費子
曰民之
尊其瞻視儼然　而畏之斯不亦威
而不猛
右論語爲政八行微子八行堯曰四行
長也
今蕭牆之内盍乜包周無方

詔書與博士臣左立郎
右論語篇末識語三行
石經遺字古文篆隸三體凡八百二十九字後漢熹平中校定五經使蔡邕以三體書令其石亡失皆盡皇祐中有蘇望者得模本左傳於故相王文康家取其完者而刻之莫辨其眞僞也在雒陽蘇氏家歐陽棐集古錄目
漢魏石經堙滅殆盡往年雒陽守因閱營造司所棄碎石識而取之凡得尙書論語儀禮合數十段又有公羊碑一段在長安尙書論語之文今多不同獨公

羊當時無他本故其文與今文無異然皆殘闕已甚姚寬西溪叢語

予弟甸字仁宅博學好古石經跋尾云右石經殘碑在洛陽張景元家世傳蔡中郎書至魏正始中又爲一字石經相承謂之七經正字今此所傳皆一體隸書必魏世所立者然唐經籍志又有邕今字論語二卷豈邕五經之外復爲此乎據隋經籍志凡言一字石經皆魏世所爲有一字論語二卷不言作者之名而唐志遂以爲蔡邕所作則又疑唐史傳之之誤也蓋自北齊遷邕石經於鄴都至河濱岸崩石沒於水

者幾半隋開皇中又自鄴運入長安未及緝理尋以兵亂廢棄唐初魏鄭公鳩集所餘十不獲一而傳拓之本猶存祕府前史所謂三字石經者即邕所書然當時一字石經存者猶數十卷而三字石經止數卷而已由是知漢石經之亡久矣不能若是之多也魏石經近世猶存尚書論語儀禮合數十段又有公羊碑一段在長安其上有馬日磾等名號者魏世用日磾等所正定之本因存其名耳案洛陽記日磾等題名本在禮記碑而此乃在公羊碑上益知非邕所爲也吾友郭堯卿自洛陽持石經紙本歸斬然釁之如金玉而予又從而攷之其勤如是予二人亦可謂有志於斯文矣方勺泊宅編

近年雒陽張氏發地得石十數漢蔡伯喈隸尚書禮記論語各已壞闕論語多可辨每語必他出至十數語則曰凡章若干如朝聞道夕死可也如鳳兮鳳兮何而德之衰如執車者爲誰子子路曰爲孔丘曰是魯孔丘與曰是是知津矣如置其杖而耘等語較今世本爲異尚書高宗饗國百年今世本肆高宗享國五十有九年爲異甚初伯喈以經讀遭穿鑿謬妄自書立石雒陽太學門下至開皇六年遷其石於長安

文字刓泐不可知詔問劉焯劉炫能盡屈羣起之說焯因羅飛章之毀予謂孔子自衛反魯一定詩書之冊至漢熹平六百年有奇已多謬失自熹平至開皇又四百年有奇自開皇至今代又五百年有奇其謬失可勝計耶又隋史既還其石於長安今尚有出於雒陽者何哉邵博聞見後錄

右漢石經遺字者藏雒陽及長安人家蓋靈帝熹平四年所立其字則蔡邕小字八分書也其後屢經遷徙故散落不存今所有者才數千字皆土壤埋沒之餘摩滅而僅存者爾按後漢書儒林傳敘云爲古文

篆隸三體者非也蓋邕所書乃八分而三體石經乃魏時所建也又按靈帝紀言詔諸儒正五經文字刻石立于太學門外蔡邕傳乃云奏求正定六經文字既已不同而章懷太子注引洛陽記所載有尙書周易公羊傳論語禮記今余所藏遺字有尙書公羊傳論語又有詩儀禮然則當時所立又不止六經矣雒陽記又云禮記碑上有諫議大夫馬日磾議郎蔡邕等名今論語公羊後亦有堂谿典馬日磾等姓名尙在據邕傳稱邕以經籍去聖久遠文字多謬俗儒穿鑿疑誤後學乃奏求正定自書于碑於是後儒晚學

咸取正焉今石本既已摩滅而歲久轉寫日就訛舛以世所傳經書本校此遺字其不同者已數百言又篇第亦時有小異使完本具存則其異同可勝數邪然則其不可惜也哉而後世學者於去古數千百歲之後盡絀前代諸儒之論欲以己之私意悉通其說難矣余既錄爲三卷又取其文字不同者具列于卷末云金石錄

臨漢石經與今文不同者殊多今略記之書女毋翁侮成人今本女無侮老成人保后胥高保后胥戚女永勸憂汝誕勸憂女有近則在乃心今近作戕女比猶念以相從今作汝分猷各翕中各設中爾惠朕曷祗動萬民以遷今作爾謂朕曷震動天既付命今付作孚曰陳其五行今汩陳嚴恭寅畏天命自亮以民祗懼今亮作度以作治懷保小人惠于矜寡今人作民于作鮮毋兄曰今作無皇曰則兄自敬德兄作皇且以前人之微言今前作受微作徽是罔顯哉厥世今哉作在文王之鮮光今作耿光通因就大命今作逢殷集大命論語意與之與今意作抑孝于惟孝今于作乎朝聞道夕死可也今也作矣是魯孔丘與曰是知津矣是魯孔丘與曰是也曰是知津矣耰不輟子路以告子憮然耰而不輟子路行以告夫子憮然置其杖而耘今置作植其斯以乎其斯而已矣嘗諸宮牆今諸作之賈諸賈之哉今賈作沽又論語每篇各計其章數

其最後云凡二十篇萬五千七百一十字又記諸家異聞之語若曰在于蕭牆之內蓋毛包周氏于今論語無蓋氏毛氏書此石刻在洛陽本在洛宮前御史臺中年久摧散洛人好事者時時得之若騏驥一毛虬龍片甲今張燾龍學家有十版最多張氏壻家有五六版王晉玉家有小塊洛中所有者止此予皆得其拓本論語之末題云詔書與博士臣左右劉本無臣字郎中臣書上臣下皆缺當是著書者姓名或云此郎蔡邕書姓名既亡無以辨之獨刻者陳與姓名甚完何其幸歟又有一版公羊不知誰氏所得其末云谿

典諫議大夫臣馬日磾臣趙䟱議郎臣劉宏郎中臣張文臣蘇陵臣傅楨雜雜未詳下谿上缺谿上當是堂谿堂谿典也此蓋鴻都一字石經然經各異手書不必皆蔡邕也三字者不見真刻獨此一字者乃當時所刻字畫高古精善殊可寶重開元中嘗藏拓本于御府以開元二字小印印之與法書名畫同藏蓋唐世以前未錄前代石刻獨此見收其可寶如此東觀餘論經廢於世無所傳聞久矣當秦未滅詩書其學已失舊法世傳不可復求而得之况其在後世耶漢承秦亡雖起而盡收於溝渠灰燼間然鈌殘湮淪無復全

學諸儒夋度聖人隨誤釋謬方將訓習章句不得其序其能得之道全以求聖人之意而不失哉至其不得於言則疑於經不得於經則疑於學師習各異黨學相伐至改盜荄周由等以就其學有不合者則私定泰書以應其誤獨蔡邕鐫刻七經著於石碑有所檢据隱括其失而周盡當時號鴻都三字其異文者附見此於已殘之經得收其遺逸而僅存其可貴也纔三十年兵火繼遺碑亦損鈌魏正始中又立一字石經相承以爲七經正字後魏武定四年移洛陽漢魏石經於鄴魏末齊神武自洛陽徙於鄴都河陽河

岸崩遂沒於水其得至鄴者殆不得其半周大象中詔徙鄴城石經於洛時爲軍人破毀至有竊載還鄴者船壞沒溺不勝其衆也其後得者盡破爲橋基隋開皇六年自鄴京載入長安置於秘書內省議欲補緝立於國學會亂遂廢營造之司用爲柱礎貞觀初魏徵始收聚之十不一存其相承傳拓之本猶在秘府當時考驗至詳謂不盡爲邕如馬日磾數輩相與成之然漢隸簡古深於法度亦後世不及故兼存之趙綷曰唐造防秋館時穿地多得石經故洛中人士逮今有之考當時所得已是漢世所遺沒而得者國

初開地唐御史府得石經十餘石此又唐末淪没之所出也　秘書郎黃符以石經尙書示予爲考而識之蔡邕以熹平四年奏求正六經文字自書於碑大屋覆藏立太學門外號鴻都石經屋覆四面欄障開門於南河南郡設吏卒視之昔朱越石與兄書曰石經文都其碑高一丈許廣四尺駢羅相接太學在南明外門講堂長十丈廣三丈堂前石經四部本碑四十六枚元魏時西行尙書周易公羊傳十六碑存十二碑毀南行禮記十五碑悉崩壞東行論語三碑毀禮記但存諫議大夫馬日磾議郎蔡邕名當是時尙

有碑十八盋春秋尚書作篆隸科斗復有周易尚書
公羊禮記四部陽衒之曰石經尚書公羊爲四部又
謂春秋尚書二部書有二經當是古文已出衒之出
北齊謂得四十八碑誤也洛陽晉得石經尚書幾段
殘破不屬盋盤庚洪範無逸多士多方總二百三十
六字其文與今尚書盡同間有異者纔十餘然則知
古文尚書盋已見於此或曰魏亦作石經安知此爲
漢所書哉予謂魏一字漢爲三字此其得相亂邪且
曰天命自度碑作亮惠鮮鰥寡碑作惠于矜寡迺逸
既誕作迺憲既延治民祗懼作以民肆高宗享國五

十九年作百年以書考之知傳授譌誤不若碑之正
也方漢立學官書惟有歐陽夏侯其書雖不全見今
諸家所引與古文尚書全異不應今所存古文反盡
同也疑邕既立二書則或當以古文自存矣王肅解
書悉自孔傳便知魏去漢世未遠肅得其文不然不
應又盡同也昔內史梅賾分舜典而當時猶疑知古
經已廢于漢魏不爾肅得自私使世疑邪予知至晉
其書已絶今考杜預釋左傳以古文爲逸書又知歐
陽夏侯所傳殆異於古文其知者於此乎考之　石
經今廢不存或自河南御史臺發地得之盋論語第
一篇并第十四篇爲一碑亡其半矣其可識者字二
百七十又自第十八篇至第二十篇爲一碑破缺殘
餘得五之一其存字爲三百五十七以今文論語校
之其異者若抑與之與爲意與之我未見好仁者惡
不仁者作未見好仁惡不仁朝聞道夕死可矣作可
也有三年之愛于其父母無乎字惡居下流而無流
字年四十而見惡焉無焉字鳳號鳳號作何得之衰
往者不可諫也來者猶可追也今本皆異執輿者爲
誰而作執車者爲誰子是魯孔丘與曰是然後曰是
知津矣比今書多二字耰而不輟作櫌夫子憮然植

其杖作置其斯而已矣作其斯以乎子游作子斿而
在蕭牆之內作而在于蕭牆之內凡碑之所存校其
異者已十五之一矣使鴻都舊書盡存則其異可知
也夫以邕之所定雖未盡得聖人本書然漢儒學專
其校定衆家得正譌誤多矣此猶是千歲舊書比今
兵火之餘師學已久廢其肅得論當邪（廣川書跋）

石經尚書殘碑　命（孔本作身）何及相（闕）散（孔作檢下闕）言臼
人維舊（孔舊上有字下闕二字）求殺（孔作求）舊（下闕）有志女毋翁侮成
人毋流（孔作汝無侮老成人無弱下闕）各共爾事齊乃位度爾（孔作乃）
口（下闕）民之承保后胥高（孔作感）鮮以不浮（下闕）試以爾（孔作）

汝遷安定厥國孔作邦亾孔作無女不闕下其或迪孔作攜自怨
孔作怒下闕求孔作誕勤憂今其有今罔後女何闕下之勞爾
先子不闕下于茲高后丕乃知孔作祟降罰疾旨闕下能迪
古我先后闕下民女有近孔作戕則在乃心我先后綏闕下
興降丕求於戲孔作崇降弗祥嗚呼今予闕下絕遠女比猶孔作分猷
念以相從各翕孔作設中闕下建乃家般孔作盤闕一字既闕下
衆旨女罔台民孔作無戲怠勛孔作懋建大命今我孔作予闕下
凶德綏孔作績嘉闕下今孔作無爾惠孔作謂朕闕柤孔作震動萬
民以遷肆上闕下乘孔作隱哉予其勛孔作懋簡相爾念敬
我衆欲不已上盤庚三篇民中絕命民有不若德不聽罔

天既付孔作孚已上高宗肜日篇厥遺任孔作王父母弟不迪
乃維四方闕下不荷于四伐五伐六伐七伐乃已上牧誓篇
伊孔作無鴻孔作洪水旨孔作汨陳其五行帝闕下旨建用皇極
次六旨艾孔作乂用三德闕下潤下作鹹炎上作苦曲直
作闕下食二旨貨三旨祀四旨司空闕下極凡厥庶民無
有淫朋人無有闕下明人之有能有爲使羞其行而闕下
路毋偏毋黨王道蕩蕩毋黨闕下爲天下王三德孔作三上有
六一旨正直二闕下家而孔作無凶于而國人用闕頗辟孔作
辟下闕乃心謀及卿闕謀及庶民孔作人已上洪範篇維天
命元孔作無元作遑朕不敢有闕下罔將維天命王旨告爾孔無

告爾二字多闕下茲維孔作洛予維四方罔攸責亦維爾闕下有
年于茲維爾小子乃興從爾遷王已上多士篇言孔作攜之
艱難乃勃孔作逸乃憲孔作諺既延孔作誕不孔作否則侮厥
闕下中宗嚴恭寅畏天命自亮以孔作度治民祗懼闕下或怨
肆高宗之饗國百年孔作五十有九年自時厥後闕下功田
功徽柔懿共懷保小人孔作民惠于矜孔作鰥下闕鮮酒孔作淫
毋勃孔作逸于遊田維闕共孔作無淫于觀于逸于遊于田以萬民惟正之供
毋兄孔作無皇旨今日闕下厥不聖孔作聽人乃訓變孔作有之乃變上
亂正刑孔作先王之正上有至于闕下則兄旨孔作皇自敬德厥荷旨
朕之荷允闕下公旨於戲嗣王監于茲孔監上有其已上無逸篇

道孔作終出于不詳於戲君闕旨時我已上君奭篇我則
致天之已上多方篇常伯常任準孔作準下闕亂孔無謀面用
闕下于厥邑其在闕下有會孔作後心以敬事闕下王維厥孔敬
上有克度孔作宅心乃闕下受茲孔作此不不其孔作基於戲闕下
旦以前孔作已受人之徵孔作微言闕下則德孔作德有于上是罔顯
哉孔作在厥世闕下王之鮮孔作耿光以揚武王已上立政篇
几乃闕名大保闕下通孔作達殷就孔作集大命在闕下非幾
茲即孔作既下闕黼衣孔作綴上顧命篇已　右石經尚書殘碑
盤庚篇百七十二字高宗肜日篇十五字牧誓篇二
十四字洪範篇百八字多士篇四十四字無逸篇百

三字君奭篇十一字多方篇五字立政篇五十六字
顧命篇十七字合五百四十七字熹平四年議郎蔡
邕所書者漢儒傳伏生尚書有歐陽大小夏侯之學
孔安國尚書漢人雖有爲之訓傳者然不立於學官
永嘉之亂三家之書並亡故孔氏傳獨行以其書校
之石本多十字少二十一字不同者五十五字借用
者八字鴻艾劮猶之類是也通用者十一字於戲毋
女之類是也孔氏叙商三宗以年多少爲先後此碑
獨闕祖甲計其字蓋在中宗之上以傳序爲次也但
云高宗饗國百年異爾碑高一丈廣四尺陸機洛陽

記云碑凡四十六書易公羊二十八碑其十二毀論
語三碑其二毀禮記十五碑皆毀北齊徙之鄴都至
河陽岸頹半没于水隋復載入長安有易一卷書六
卷魯詩六卷儀禮九卷春秋一卷公羊九卷論語一
卷未及補治而亂作營繕者至用爲柱礎唐初魏鄭
公收聚之十不存一則石經之散亡久矣本朝一統
時遺經斷石藏於好事之家猶崑山片玉已不多見
今京華鞠爲甌脫之鄉殘碑日益鮮矣予既集隷釋
因以所有鑱之會稽蓬萊閣劮音惰勉也劮亦逸字
石經魯詩殘碑　惟毛作維是褊心是以爲刺　葛屨

下闕汾一曲言采其藚彼其之子美下闕之誰知闕一字毛誰上
有其之蓋亦勿思　園有棘其實之下闕父子父闕一字毛無
曰嗟予子行役夙夜毋毛作無已尚毛作上愼下闕哉猶來
毋死　陟岵三章章六句　十下闕兮毛作猗不稼不嗇
毛作穡胡取禾三百廛兮不狩不下闕特兮彼君子兮不
素食兮　欿欿毛作坎坎伐輪兮下闕毋食我黍三歲宦毛作
貫女莫我肎顧逝將去女下闕宦女莫我肎勞闕將去
女適彼樂郊樂郊下闕蟋蟀在堂歲聿其逝今我不樂
日月其闕句　山有蓲毛作樞隰有榆子有衣裳弗曳
下闕酒食胡毛作何不日鼓瑟且以喜樂下闕既見君子云

胡其藂　楊下闕　右石經魯詩殘碑百七十三字魏
唐國風數篇之文也與毛詩異者如猗作兮貫作宦
樞作蓲數字又有一段二十餘字零落不成文惟有
叔于田一章及女曰雞八字可讀其間有齊韓字蓋
叙二家異同之説猶公羊碑所云顏氏論語碑所云
盍毛包周之比也漢代詩分爲四在東京時毛氏詩
不立學官隋志有石經魯詩六卷此碑既論齊韓於
後則知隋志爲然也
石經儀禮殘碑　東面主人下闕卒爵坐奠爵拜執下闕
人盥洗升媵觚于賓下闕上拜受爵于筵前下闕首公荅

拜賸爵者立下闕賸爵者執觶待于下闕公坐取大　右
石經儀禮殘碑四十五字皆大射儀之文也石磨滅
字畫比它經不明白靈帝紀云詔諸儒正五經文字
刻石立于太學蔡邕傳則云奏求正定六經紀傳既
已不同陸機洛陽記所載但有書易公羊禮記論語
爾惟隋志云後漢刻七經於石碑皆蔡邕所書其目
有一字石經儀禮九卷乃漢史陸記之疏畧也未央
宮有曲臺殿天子射宮也西京無太學於此行禮故
后蒼著書說禮數萬言名曰曲臺記今禁中有遜德
殿登便坐觀射之地而清閟之燕咨訪治道率在於

是殆與曲臺脂合古者射為六蓺之一儀禮一經說
射者兩篇後世非介胄之士則不習與古殊矣賸觚
賸爵云者賸蓋送也
石經公羊殘碑　翬者何公子翬闕字一何以不稱公
下闕桓於是謂桓曰吾為闕字三矣隱曰下闕之之辭也然
則孰立之石闕字二之石踖板本作稽立下闕美大之之辭也
榮者何濟闕字一之邑也曷為下闕仲子板本有也字　桓未君
則曷為祭仲子闕字　為桓立故下闕諸侯四諸公者何
諸闕字一者何天子三公稱下闕相處乎內始闕字一諸公
放板本作旃於此乎前此矣前下闕其成也曰吾成敗矣吾

與鄭人未有成板本有也字　吾下闕　為年外取邑不書此
何以書久也下闕弟母兄稱兄凡闕字五之大夫也此下闕
之邑也天子有闕字則諸侯皆從泰山下闕而葬不日卒
赴而闕字一不告公曷為與微者下闕大夫之未命者也
十年此公子翬也何下闕外於外大惡書小惡不書
於內大惡諱小下闕國也何以不書葬隱之也何隱爾
試板本作弒也試下闕葬板本有以為字不繫闕字一匹子闕字二葬何
以不地忍言已上隱公　何易之也易之則其下闕諱取周
田也諱取已上成公　十有四年何以闕字一記異也何異
下闕則至無王者則不至有以告者曰有麟而下闕乎隱

祖之所逮板本作逮聞字闕一所見異辭所聞異辭所下闕不
亦樂乎堯舜闕字一君子也制春秋之義以已上哀公　有
傳桓公二年顏氏有所見異辭所聞異下闕何以書
記災也　廿年顏氏言君出則已入下闕顏氏無伐而
不言圍者非取邑之辭也　十下闕　谿典諫議大夫
臣馬日磾臣趙域議郎臣闕字二臣劉宏郎中臣張文
臣蘇陵臣傳楨雜　右石經公羊殘碑三百七十五
字自隱公四年至成公元年及哀公十四年之文也
所書者皆是公羊氏傳辭而無春秋正經又有顏氏
說石文斷續不可考蓋嚴顏異同之辨也以今板本

校之惟易四字省四字衛漢注引陸機洛陽記云禮
記碑上有馬日磾蔡邕名今此碑有堂谿典八人姓
名論語碑亦有左立二人姓名陸氏所記未之詳也
石經論語殘碑　鮮矣不好犯上而好作闕下本本立
闕一字道生孝闕下曰道千乘之國敬事闕下使民以時
子曰弟子闕下而有信雖曰未學吾必謂闕下君子不重
則不威學則闕下與意板本作抑予之與子贛板本作貢曰夫子
闕五字以得之夫子之求之也闕下道斯為美小大由之
有所不行知字闕五禮節之亦不板本有可字行闕下為可謂
好學已矣板本作也已下闕而無諂富而無驕闕下告諸往而

知來闕下人之不闕下章已上學而篇　免而無恥道之以德
齊之闕下乎板本作于學世闕下孫問孝於我我對曰毋違樊
遲字闕一何闕下曰生闕下葬之以禮祭闕下以別子夏問孝
子曰色難有闕下勞有闕下孝闕下廋犬人焉廋板本有廋字
子曰溫故而知闕下子闕下器子贛問闕下乎異端斯害也
已　子曰闕下子闕下曰何為則民服孔子對曰闕下之闕下
子曰書云孝于板本作乎惟孝友于兄闕下也周因於殷禮
所損益可知闕下已上為政篇　曰人而不仁如禮何人而
不仁如樂何　林闕十字與闕下與對曰不能子曰闕五字
山不如林放闕九字也射闕下曰起予板本有者字商也始可

闕下子曰闕下殷禮吾闕下也知其說闕三字天下也其闕字
示諸斯乎闕下如神在闕下於二代郁郁乎闕下大廟闕下子
知禮闕下禮闕下也闕下以柏周人以栗曰使民闕下往闕下門
國板本作邦君為兩君之好有反闕一字管氏闕下知禮闕下吾
未嘗不得見也從者闕三字出曰闕下無道也久闕下觀之
哉　凡廿六章已上八佾篇　人　子曰苟志於仁矣無
惡也板本有也字　子曰富與貴是人之所欲也闕下顛沛必
於是　子闕二字未見好仁板本有者字惡不仁者好仁者
無以尚之闕下過也各於其黨闕二字斯知仁矣　子曰
朝聞道夕死可也板本作矣下闕子懷刑小人懷惠　子曰

放於利而行多怨　子曰能以禮闕下曰唯子出門人
問曰何謂也曾子曰夫子之道忠恕而已闕下曰父母
在不遠遊遊必有方　子曰三年無改於父之闕下已
上里仁篇　有三年之喪於闕一字父母板本有乎字　子曰飽
食終日無所用心難矣哉闕下君子板本有亦字有惡乎子
曰有板本有惡字惡稱人之惡者惡居下板本有流字而訕上
者惡闕下之則不孫遠之則怨　子曰年卌板本有而字見
惡焉其終也已　凡廿六章已上陽貨篇　枉道而事人
何闕一字去父母之國板本作邦闕一字異公待孔子曰若季
氏闕下子曰鳳兮鳳兮何而板本無而字德之衰也板本無也字

沚闕二字可諫也板本無來者猶可追也板本無下闕執車板本作輿者爲誰子板本無子路曰爲孔丘曰是魯孔丘與曰是板本有曰二字也是知津矣下闕若從避板本作辟世之士哉櫌板本作櫌有而字不輟子路行板本有行字以告板本有夫字夫子憮然曰鳥獸不可與同下闕穀不分孰爲夫子置板本作植其杖而耘板本作芸子路拱而闕一字止子路宿殺雞下闕禮板本作義如之何其廢之也板本無欲絜其身而亂大倫君子之仕也行其義下闕志辱身矣言中倫行中慮其斯以乎板本作而已矣謂虞仲夷佚板本作逸隱居下闕少闕陽擊磬襄入於海　周公謂魯公曰君子不施其親下闕已上微子篇交

金石萃編卷十六　漢十二　三二

於子張闕一字曰子夏闕一字何對曰子夏曰可者闕四字者距板本作拒下闕子夏曰雖闕五字觀者焉致遠恐泥是以下闕其事君子學下闕子夏曰小人之過下闕曰下闕子夏口大德闕五字出入可也　子游板本作游闕六字子下闕君子之道焉可闕二字有卒者其惟聖人下闕仕而下闕曾子曰吾聞諸板本有夫字子人未有自致也者板本作者也必也親喪乎闕一字子曰下闕如得其情則哀矜而勿喜子貢曰紂之闕一字善闕一字是其板本作之下闕貢曰仲尼焉學子貢曰文武之道未墜板本作墜於地在人賢者志板本作識其下闕告子貢闕一字貢曰侔諸板本作之宮牆板本作墻賜之牆闕一字

窺見室家之好夫下闕尼不可毀闕二字人之賢者丘陵也闕二字踰也仲尼日月也下闕一言以爲不知言不可不愼也夫子之不可及也猶天之下闕已上子張篇不蔽簡在帝心朕躬有罪板本作無以萬方萬方有闕一字板本有罪字在朕躬下闕歸心焉所重民食喪闕一字寬則得衆敏則有功闕一字則說下闕不驕威而不猛子闕一字一曰何謂惠而不費子曰闕一字民之下闕尊其瞻視儼闕三字而畏之斯不亦威而不猛乎下闕已上堯曰篇　凡廿篇萬五千七百一闕一字字　賈板本作沽諸賈之哉包周闕四字盍肆乎其肆也闕一字　周下闕曰言闕一字而在於蕭牆之內

金石萃編卷十六　漢十二　三三

盍毛包周無於下闕

詔書與博士臣左立郎中臣孫表

工陳興刻

右石經論語殘碑九百七十有一字前四篇後四篇之文也每篇必計其章終篇又總其字又載盍毛包周有無不同之說以今所行板本校之亦不至甚異其文有增損者其字亦有假借及用古者有字異而訓不遠若置其杖賈之哉者漢人作文不避國諱威宗諱志順帝諱保石經皆臨文不易樊毅碑命守斯邦劉熊碑來臻我邦之類未嘗爲高帝諱也此碑邦

君爲兩君之好何必去父母之邦尙書安定厥邦皆書邦作國疑漢儒所傳如此非獨遠避此諱也水經云光和六年立石於太學其上悉刻蔡邕名魏正始中又刻古篆隸三字石經蓋諸儒受詔在熹平而碑成則光和年也隋志有一字石經七種三字石經三種其論云漢鐫七經皆蔡邕書又云魏立一字石經其說自相矛盾新舊唐志有今字石經七種而注論語云蔡邕作又有三字石經古篆兩種蓋唐史以隸爲今字也觀遺經字畫之妙非蔡中郎輩不能爲以黃初後來碑比之相去不啻霄壤豈魏人筆力可到

當以水經爲據三體者乃魏人所刻儒林傳云爲古文篆隸三體者非也史稱邕自書丹使工鐫刻今所存諸經字體各不同雖邕能分善隸兼備衆體但文字之多恐非一人可辦史云邕與堂谿典楊賜馬日磾張馴韓說單颺等正定諸經今公羊論語之後惟堂谿日磾二人姓名尙存別有趙馘劉宏張文蘇陵傅楨左立孫表數人竊意其間必有同時揮毫者予詳玩遺字公羊詩書儀禮又在論語上劉寬碑陰王曜題名則公羊詩書之鴈行也黃初孔廟碑則論語之甾裔也識者當能別之隸釋

石經漢熹平四年立在京唐魏鄭公收聚之十不存一尙書存一百三十九字魯詩存一百四十字儀禮存一百四十一字公羊存一百四十二字論語存一百四十三字漢隸字源

石經本末丞相洪公論載於隸釋詳矣洪公所未及者今畧見於此唐章懷太子引雒陽記注范氏漢書論石經凡四十六碑及高澄遷石經於鄴通鑑所書爲五十二碑自東漢歷魏晉宋數百年間洛陽數被兵此碑當有毀者其遷於鄴乃視雒陽記多六焉疑雒陽記未詳也碑製高一丈廣四尺六經文多必非

四十六碑所能盡者宋常山公河南志稱石經凡七十三碑常山公博物洽聞歐陽文忠每以古今疑事諮之河南所書必有依據矣後周伐齊毀碑以爲礮石方高緯昏亂兩陣勝負之頃猶需嬖婦一觀遂以其國輸後周復何有於石經則此碑之殘毀亦宜也貞觀褚古止得石經數段其傳於今者亦可知其無幾矣蔡邕本傳稱邕自書丹於碑不言爲何體書今世所傳皆爲隸體至儒林傳序則云爲古文篆隸三體書法以相參檢注言古文謂孔氏壁中書以穎考之孔壁所藏皆科斗文字孔安國當武帝之世已稱

科斗書無能知者其承詔爲尚書五十九篇作篆爲隸古定不復從科斗古文邕安能獨具三體書法於安國之後三百年哉漢建武時杜陵避地河西得古文尚書一軸諸儒共傳寶之一軸已爲世所珍如此熹平距建武又幾載乃謂六經悉能爲古文非事情也或者邕以三體參校其文而書丹於碑則定爲隸亦如孔安國之書傳耶儒林傳序疑字有誤者初邕正定六經與堂谿典等數人同受詔今六經字體不一當時書丹者亦不獨邕也姑識其末以俟博雅君子張縯石經跋

堂谿典官五官中郎將馬日磾趙䧘官諫議大夫劉宏張馴韓說官議郎張文蘇陵傅貞楊賜孫表官郎中單颺官太史令左立官博士並熹平中奉詔正定諸經者陶宗儀書史會要

洛陽石經晉末未嘗損失至元魏馮熙常伯夫相繼爲雒州刺史取之以建浮圖精舍大致頹落間有存者委於榛莽其後侍中崔光請遣官守視補其殘闕竟不能行而古迹泯矣視焚書之慘輕重不同其爲吾道之厄一也于慎行筆麈

宋初開地唐御史府得石經十餘石又嘉祐中居民治地得碎石洗硯乃石經此本蓋彼時所搨也雖所存僅百十餘字然先王典刑具存眞希世之珎也予裝之硯山齋秘笈中庚子銷夏記

予兩見此本一於鄒平張氏一於京師孫氏尚書盤庚篇三十餘字論語爲政篇七十餘字堯曰篇三十餘字以視洪氏隸釋所存不過什之一而已按二體石經漢魏皆嘗立之熹平之立石見於後漢書靈帝紀蔡邕傳張馴傳儒林傳宦者傳正始之立石見於晉書衛恆傳而水經注則曰漢碑五經立於太學講堂前悉在東側碑上悉刻蔡邕等名魏正始中又立

古篆隸三字石經魏初傳古文出邯鄲淳石經古文轉失淳法樹之於堂西石四十八枚廣三十丈雒陽伽藍記則曰堂前有三種字石經二十五碑表裏刻之寫春秋尚書二部作篆科斗隸三種字漢右中郎將蔡邕筆之遺跡也猶有十八碑餘皆殘毀復有石碑四十八枚亦表裏隸書寫周易尚書公羊禮記四部又讚學碑一所並在堂前[illegible]太子引雒陽記則曰講堂長十丈廣二丈堂前石經四部本碑凡四十六枚少二枚西行尚書周易公羊傳十六碑存十二碑毀南行禮記十五碑悉崩壞東行論語三碑二碑毀

禮記碑上有諫議大夫馬日磾議郎蔡邕名此皆當時親見其石而記之者也合而考之其不同有四焉一曰漢五六七經之不同二曰魏石經三體一體之不同三曰堂西所立石爲魏爲漢之不同四曰後魏所存石諸經之不同後漢書本紀儒林宦者傳皆云五經蔡邕張馴傳則以爲六經隋書經籍志又以爲七經此言漢五六七經之不同也衛恒傳言魏初傳古文者出於邯鄲淳至正始中立三字石經轉失淳法因科斗之名遂效其形水經注亦云三字石經在堂西而伽藍記以爲表裏隸書隋書經籍志則謂之

一字石經矣然則所謂效科斗之形而失淳法者安在耶此言魏石經三體一體之不同也金石錄曰漢石經蔡邕小字八分書後漢書儒林傳序云爲古文篆隸三體者非也蓋邕所書乃八分而三體石經乃魏時所建也伽藍記二十五碑爲三種字四十八碑表裏隸書水經注謂漢碑在堂東側而四十八碑爲魏經在堂西乃雒陽記不言東側有碑而云堂前有四十六枚上有馬日磾蔡邕名又不言字之爲三體一體無乃并水經之所謂魏者而指之爲漢歟此言堂西所立石爲魏爲漢之不同也伽藍記云周易尚書公羊禮記四部雒陽記則多一論語而金石錄言其家所收又

詎苟非其傳拓之本出於神龜以前則不應以宋人之所收而魏時猶未見也此言後魏所存石諸經之不同也凡此皆不可得而詳矣若夫魏書江式傳謂魏三字石經立於漢碑之西爲邯鄲淳書則不考衛恒之言而失之者也胡三省通鑑注云魏碑以正始中立漢書言元嘉元年度尚命邯鄲淳作曹娥碑時淳已弱冠自元嘉至正始九十餘年謂淳所書非也孝靜帝紀武定四年八月遷雒陽漢魏石經于鄴北齊書文宣帝紀言有五十二枚視伽藍記所列東二十五西四十八之數僅失二十一枚耳而隋書經籍志言河陽岸崩遂沒於水得至鄴者不盈太半則不考北

齊之紀而失之者也周書宣帝紀大象元年二月辛卯詔徙鄴城石經於雒陽隋書於劉焯傳言開皇六年運雒陽石經至京師而經籍志則云自鄴載入長安則自不考其列傳而失之者也此皆其乖誤之易見者也又晉書裴頠傳曰轉國子祭酒奏修國學刻石寫經而水經注諸書無言晉石經者豈頠嘗爲之而未成耶　又按宋胡宗愈重刻漢石經記曰茲來少城得墜刻於一二故家因以鑱之錦官西樓宇文紹奕跋言給事內翰胡公旁搜博訪合諸家所藏得蔡中郎石經四千二百七十字有奇以楷書釋之又

得古文篆隸三體石經遺字八百一十九並錢諸石夫字丰四千二百七十有奇三體之文又八百一十九可謂多矣而成都兵火之後此石恐已不存亦未見拓本金石文字記

按漢立石經蔡邕所書本一字惟因范史儒林傳云爲古文篆隸三體書法以相參檢樹之學門而陽衒之雒陽伽藍記北史劉芳傳因之唐竇蒙宋鄭忠恕蘇望方勺歐陽棐董逌姚寬等均仍其誤獨張𦃃謂邕以三體參檢其文而書丹於碑則定爲隸其義爲允載考衛恒及江式傳酈道元水經注皆以一字爲

漢石經趙明誠金石錄洪适隸釋隸續辨之甚詳足以徵信其載一字石經遺文後列堂谿典馬日磾等姓名使一字石經出於魏當更列正始中正字諸臣姓名亦何取仍列典日磾等諸人於經文之後哉又史家體例以時代爲前後隋經籍志列一字石經於前次魏文帝典論然後叙三字石經於後是一字爲又而三字爲魏不待辭說始明其曰魏正始中又立一字石經相承以爲七經正字叢雕本相沿偶譌三一爾今漢石經遺字猶有搨本存者余嘗見宛係大所取雖經文無多而八分古雅定爲漢隸無疑也又按元吳萊立夫漢一字石經歌云先聖去已久世傳惟六籍後儒各專門穿鑿多變易蔡邕在季漢章句攻指摘八分自爲書刊定乃勒石古碑四十六兵火坐餘迹熹平歷正始洛土重求索衛侯思邯鄲三體精筆畫煌然立其西學者常嘖嘖史書竟舛錯一字幾不覩立夫之見亦以一字爲漢三字屬魏故節錄之朱彝尊經義攷

論語書云孝乎惟孝包咸注云孝乎惟孝美大孝之辭今石本乎乃作于然則孝于惟孝友于兄弟施于有政句法正相同也曝書亭集

按漢靈帝光和六年癸亥至魏廢帝正始元年庚申止五十八年石經應未毀魏人何故復刻豈董卓焚洛陽宮殿太學亦被焚并石經延及耶不然漢石經出中郎之手後人必無能及者使其一無所損魏人必不重立則其殘闕可知然五六十年之間何以遂致殘闕則必遭董賊之禍無疑也觀陸機洛陽記石經凡四十六碑毀者至二十有九此未經遷鄴之前已知此非遷鄴而沒于水也考獻帝西遷之後至陸機作記之前洛陽無大兵革其遭董賊之禍益可知獨恨陳壽魏志無一語言及而衛恒江式亦語焉不

詳後人無由知其故爾　按後漢書儒林傳及洛陽伽藍記並言漢立三字石經晉書衛恒傳後魏書江式傳及酈道元水經注并言魏石經亦然是兩朝石刻皆用古文篆隸三體無可疑矣乃隋書經籍志黃伯思東觀餘論董逌廣川書跋謂漢用三體魏止一體趙明誠金石錄洪适隸釋則謂魏用三體漢止一體而詆後漢書爲誤兩記矛盾如此將安適從愚謂儒林傳所言必不誣卽陽衒之衛恒江式酈道元皆得之目睹豈有舛謬當是時漢碑雖多殘毀而魏碑無損諸儒生長洛陽觀覽已非一日安得反議其誤

由黃董趙洪諸子止見殘缺之餘未獲見其全文故各持一說而不相合夫生數百年之後遙度數百年以前之事終不若目睹之眞衛江諸公皆出於目睹惟宋以後文人未見眞刻但考索于殘碑搨本曰此漢也此魏也不得其實而以意度之故有此紛紜之論其在于今石經遺字士大夫家多有之莫不誇爲中郎眞蹟豈知宋之中世胡宗愈刻之于成都洪适刻之于會稽得之者何嘗不視爲異寶而不知非其眞也然則後人之疑漢疑魏豈若前人目睹之可據一哉　萬斯同石經攷　羣書疑辨

顧炎武石經考云隋書經籍志失載周徙洛陽一節以爲自鄴載入長安史書之疎也劉焯傳言自洛陽運至京師者爲信西溪叢語云石經堙滅殆盡往年洛陽守因閱營造司所棄碎石識而取之凡得尚書論語儀禮合數十段則營造司在洛陽隋書經籍志所云用爲柱礎者非載入長安後事亦其誤也西溪叢語又云又有公羊碑一段在長安此則載入長安之所遺耳廣川書跋云唐造防秋館時穿地多得石經故洛中人士遂今有之此蓋出之唐時者廣川書跋又云國初開地唐御史府得石經十餘石此又唐

末淪沒出之宋初者也東觀餘論云漢石經在洛宮前御史臺中年久摧散洛人好事者時時得之張燾龍圖家有十版張氏埒家有五六版王晉玉家有小塊此卽宋初之所出後復摧散者也畫墁錄云嘉祐末得石經二段於洛陽城乃蔡邕隸書邵氏聞見後錄云近年雒陽張氏發地得石十數漢蔡伯喈隸尚書禮記論語俱已缺壞此又在御史府十餘石之外者也凡所得石經殘碑多在洛陽隋之載入長安者公羊碑一段而外不聞更有所得今此兩地之石已不知所在而拓本之存者僅有尚書論語百餘字藏

北海孫氏余從而摹得之宋之翻本有二洪适本在紹興胡宗愈本在成都曾慱石刻鋪叙云漢石經今不易得好古者所藏僅十數葉蜀中又以翻刻入石即其本也　石經之傳疑有三五經六經七經之不同也漢魏一字三字之不分也靈帝紀云詔諸儒正五經文字刻石立於太學門外儒林傳云正定五經刊於石碑宦者傳云與諸儒共刻五經文字於石盧植傳云時始立太學石經以正五經文字而蔡邕傳云奏求正定六經文字張馴傳云與蔡邕共奏定六經文字後漢書所載五經六經已自不同隋書經籍

志云後漢鐫刻七經著於石碑則又以爲七經其目有一字石經周易一卷尚書六卷魯詩六卷儀禮九卷春秋一卷公羊傳九卷論語一卷而蔡邕傳注所引洛陽記則有尚書周易公羊禮記論語而無魯詩儀禮春秋乃多一禮記則又不止七經矣考之金石錄與隸釋所載皆有魯詩儀禮金石文字記云尚非傳拓之本出於神龜以前則不應以宋人之所收而疑將猶未見此則洛陽記之疎略隋書爲可信也若禮記則本自有碑盧植傳云考禮記失得刊正碑文洛陽伽藍記載石經四部中有禮記鄒氏聞見後錄

洛陽張氏發地所得亦有禮記而隋書失之者按洛陽記云禮記十五碑悉崩壞豈當時無傳拓之本故不得列於其目耶以愚論之靈帝紀儒林傳宦者傳盧植傳所云五經者蓋以儀禮禮記爲一經春秋公羊爲一經與周易尚書魯詩而爲五經實則七經也唐開成時立石壁九經新唐書儒學傳序止云文宗定五經鑱之石張參是正訛文三卷亦曰五經文字蓋禮兼三禮春秋兼三傳故曰五經漢之七經爲五經猶唐之九經爲五經也蔡邕張馴傳所云六經者益以論語而爲六也按舊唐書經籍志有今字石經

論語二卷蔡邕注隸書唐謂之今字隸釋載論語殘碑有盍毛包周有無不同之說此即邕所注者蓋當時詔定者五經邕乃奏定六經益之以論語張馴與邕共奏定六經故其傳亦曰六經也然則漢碑乃有八經而以五經六經七經爲疑猶爲未諳儒林傳序云爲古文篆隸三體書法以相參檢樹之學門魏書劉芳傳亦云昔漢世造三字石經於太學則漢石經爲三字矣晉書衛恒傳云魏初傳古文者出於邯鄲淳正始中立三字石經轉失淳法因科斗之名遂效其形魏書江式傳云邯鄲淳特善倉雅以書教諸皇

子又建三字石經於漢碑之西則魏石經爲三字矣洛陽伽藍記云漢國子堂前有三種字石經二十五碑表裏刻之作篆科斗隸三種蔡邕筆之遺跡也復有石碑四十八枚亦表裏隸書則又有一字石經矣隋書經籍志以一字石經七種三字石經三種皆爲蔡邕所書而云魏正始中又立一字石經則魏石經爲一字矣按水經注云漢碑五經立於太學講堂前悉在東側碑上悉刻蔡邕等名魏正始中又立古篆隸三字石經樹之堂西雖不言漢碑爲一字而於魏曰三字則漢爲一字可知矣唐宋以來所得石經殘

碑悉是隸書雖缺蔡邕名而堂谿典馬日磾等與邕共正定諸經者儼然尚存則可與之相證其云三字石經魏正始中立與衛恒傳合又云樹之堂西與江式傳合漢爲一字魏爲三字當以水經注爲據儒林傳序云爲古文篆隸三體者非也趙明誠洪适亦嘗非之而莫得其說張縯石經跋乃謂邕或以三體參檢其文而書丹於碑則定爲隸亦如孔安國之書傳恐未必然也按紀傳俱不言有三體獨於儒林傳序言之者相傳梁劉昭補後漢書十志而昭之自序云序或未周志遂全闕天才富博猶俟改具則昭不特

補志序亦有改具者儒林傳序豈昭之所改具耶漢魏俱立石經又俱在太學講堂前至南北朝大致顚落復徙鄴都亦頓倒茫昧漢魏莫辨故魏書於三字石經江式傳以爲魏建劉芳傳以爲漢造即當時親見其石而記之者如洛陽伽藍記亦謂三字石經爲蔡邕遺跡昭生其時而仕於梁或於傳聞奮筆改具遂成千古之疑耳洛陽伽藍記所謂表裏隸書者即漢之一字石經而不敢亦定爲蔡邕遺跡傳疑也隋書經籍志則以一字石經爲蔡邕書是矣而又云魏立一字石經乃其誤也石經考云晉魏二書皆云立

三字石經此獨以爲一字則所謂因科斗之名遂效其形者安在耶若其以三字石經亦爲蔡邕書此承前之誤無足怪也隸續云近世方勺作泊宅編載其弟匋所跋石經爲范史隋志所惑指三體字者爲漢一體字者爲魏至公羊碑有馬日磾等名乃云魏世用其所正定之本因存其名可謂謬論以愚考之若曰漢魏所立皆爲三字而一字者立於何時若曰一字三字皆爲漢刻而正始中所立者何在若曰魏立者一字而公羊碑上乃有馬日磾等名諸史譌錯衆說舛謬惟趙明誠洪适皆以一字者爲漢三字者爲

魏不易之論也金石文字記云伽藍記二十五碑爲三體字四十八碑表裏隸書水經注謂漢碑在堂東側而四十六碑爲魏經在堂西乃洛陽記不言東側而云堂前有四十六枚上有馬日磾蔡邕名又不言字之爲三體一體無乃并水經注所謂魏者而指之爲漢歟按伽藍記四十八碑寫周易尚書公羊禮記四部洛陽記少二碑而多一論語尚缺魯詩儀禮春秋四部經數未全又何論碑數耶四十八碑在堂西水經注以爲魏經證之江式傳似爲可信洛陽記世無傳本恐亦漢魏俱載章懷太子引注後漢書則專

取漢碑所云四十六枚未必指魏爲漢若伽藍記三體隸書漢魏尚且莫辨二十五碑亦不足信也隸辨儒林傳序詔諸儒正定五經刊於石碑爲古文篆隸三體書法以相參檢伽藍記亦稱漢國子學堂前有三種字石經二十五碑表裏刻之寫春秋尚書二部作科斗篆隸三種字後魏崔光傳光爲祭酒請命博士李郁等補漢所立三字石經之殘缺劉芳傳云漢世造三字石經於太學江式傳亦云蔡邕採李斯曹喜之法爲古今雜形歐陽棐集古錄目亦稱石經遺字古文篆隸三體凡八百二十九字蔡邕書張舜民

畫墁錄邵伯溫聞見後錄乃據雒陽發地所得石經以爲蔡邕隸書趙明誠金石錄則又以爲蔡邕小字八分書而力辨儒林傳序古文篆隸三體之非黃伯思見公羊殘碑亦定以爲鴻都一字石經而唐書藝文志秖有蔡邕今字石經論語唐以隸爲今字也張稹又以爲邕不能具三體書法於孔安國三百年之後或以邕三體參檢其文而書丹於碑則定爲隸魏書江式傳云魏邯鄲淳建三字石經於漢碑之西其文蔚炳三體復宣校之說文篆隸大同而古字少異水經注及晉衛恒傳皆言魏正始中又立一字石經

疑於乖謬然考其目三字石經秖有尚書春秋而一字石經有周易有尚書有魯詩有儀禮有春秋有公羊傳有論語有典論與漢所立者不合故正始之碑仍不得遽以三字爲斷胡三省注通鑑則又鑿指三字爲魏所立亦似有理而顧氏獨不之採今特取而備論之其言曰范蔚宗明三體石經與熹平所鐫並列於學宮故史筆訛書其事後人襲其謬錯或不見石刻無以考正趙氏雖以一字爲中郎所書而未見三體者歐陽氏以三體爲漢碑而未嘗見一字者杭世駿石經攷異

朱竹垞跋石經殘字云論語書云孝乎惟孝包咸注云孝乎惟孝美大孝之辭古文尚書脫孝乎字以惟孝二字屬下句讀而施于作克施說經者毋以滋疑今觀石本乎作于然則孝于惟孝友于兄弟施于有政三語句法正相同也方綱按竹垞跋唐太極元年易州石浮圖頌云包咸論語注孝乎惟孝美大孝之辭碑同此讀攷陸氏釋文云包咸周氏並爲章句列于學官然陸氏尚不能舉包氏章句之卷數惟云以何晏集解爲主而已何氏集解則固明據包氏美大孝之辭云矣雖至邢疏云書言小異而論語孝于惟

孝之讀如故也其稱注者乃後來刊本注疏對舉之詞包氏固未嘗有注之目也而其以惟孝屬下句讀者則唐人尚未嘗如此也　乾隆丁酉秋八月黃司馬易購得漢石經殘字尚書盤庚篇五行論語爲政篇八行堯曰篇四行方綱手摹屬海鹽張芑堂燕昌勒之石按黃長睿東觀餘論記漢石經云張燾龍學家有十版最多張氏壻家有五六版王晉玉家有小塊洛中所有者止此予皆得其拓本而黃氏所著諸句字間有一二與洪氏或多少者至金石文字記云熹平石經一見於鄴平張氏一見於京師孫氏尚書

盤庚論語爲政堯曰篇字以視洪氏隸釋所存不過什之一而已吾鄉孫退谷硯山齋所藏本載於庚子銷夏記者退谷謂是宋嘉祐時所搨而何義門云退翁所藏乃越州石氏摹本今在華亭王司農家然即以亭林所見於張氏孫氏兩家者皆同是此二經三段則爲有東漢元本至千數百年後恰在兩家同一文者乎是其爲後人摹本可知矣今黃司馬所得之三段又與此同其紙墨亦舊冊內有元人蒙古篆字印一而無北海孫氏之印旣與張孫諸家所藏文同自必非漢石元本矣至如尚書盤庚篇庚字論語堯

曰篇冠字尚皆微露一二筆爲政篇攵字具全而洪皆云闕則又知其非洪氏蓬萊閣重刻之本也愚旣摹黃氏藏本于齋中其後三年門人吳榷堂孝顯於華亭王氏摹寫孫退谷硯山齋本來相參校盤庚篇多出半行凶德綏績四字冊後有戊戌八月退谷記云宋越州石氏刻帖首末不載年月姓名曾見華亭朱竹垞二跋林佶一跋按徐壇長圭美堂集載此本司農以三十金質之孫北海此帖內有石經一段朱錫鬯不察認爲蔡中郎原本石氏名熙明見施武子會稽志其碑目則見於寶刻叢編愚按洪氏隸續云

稽山石邦哲熙明聚碑頗富今亡矣假之其子祖禮故能成書於越據此則石氏所刻石經與洪氏蓬萊閣本其時當不相遠也但吳生摹寫王氏所藏退谷本而未見其搨蹟又後四年見如皋姜氏重摹退谷研山齋本盤庚弟六行僅存一德字益摹勒偶有詳略之不同也又後三年始得見金匱錢氏所藏石經殘字凡十段以合於前摹之三段而論語堯曰篇一段正與前段上下接筍珠聯璧合於是摹為一十二段聘方綱校士江西乃勒石於南昌學宮凡為方石塊其得六百七十五字雖未及洪氏所藏之半亦足以追步張龍圖王晉玉之後塵耳兩漢金石記

漢石經尚書論語一百二十餘字黃通守易得之京邸或以為孫侍郎承澤藏本即何氏焯云越州石邦哲重摹者或按隸釋所載為政篇由誨汝知之句多一女字謂是熹平原刻予不得而定之持變其文之有關經學也今本尚書盤庚石刻作般庚丕石刻作不論語人焉廋哉人焉廋哉石刻無下哉字猶文字之小異耳至盤庚篇不其或稽自怒曷瘳石刻稽作迪怒作怨迪進也言不進而遷居勝偽孔義多矣為政篇孝乎惟孝友于兄弟石刻作孝于攸釋文本亦作孝于惟云一本作孝乎而已是唐時板本尚與漢合包咸注云孝乎惟孝美大孝之辭潘岳閒居賦引孝乎惟孝友于兄弟亦皆讀乎同于字雖改而意不易未嘗以孝乎斷句也堯曰篇簡在帝心石刻從艸作蕳者自是隸書之體古無蕳字惟詩云方秉蕳兮傳云蕳蘭也釋文云若作竹下是簡策之字耳不知蕳字亦以柬為聲柬與簡通古人假借何不可以簡為之乎予方著詩詁當引此以証詩字今世石經之存惟熹平此本及開成嘉祐宋高宗御書意蜀石經亦有存者而未之見中州金石記

右漢石經殘碑五種尚書洪範篇七十八字君奭篇十三字魯詩魏風七十三字唐風三十一字儀禮大射儀三十七字聘禮廿八字公羊隱公四年傳十八字論語微子篇百七十字堯曰篇三十九字又盍毛包周有無不同之說及博士左立姓名十八字合五百餘字乾隆五十年七月偶得雙鉤本於舊簏中不詳何人所摹惜前後殘缺僅存此爾因取洪景伯隸釋考之皆與符合惟公羊十八字洪氏所未備也爰勒之石以俟博覽君子錢泳跋

按後漢書蔡邕傳以經籍去聖久遠文字多謬俗

儒穿鑿疑誤後學乃與堂谿典等奏求正定六經文字又儒林傳宦者傳並言諸博士試甲乙科爭第高下更相告言至有私行金貨定蘭臺漆書經字以合其私文者靈帝乃詔諸儒正定五經刊于石碑此卽漢石經之緣起也自是以後傳注紛出或不遵太學所刻私自改竄迨雕板旣行而輾轉傳譌益不可勝計其久而可據者惟石本耳顧石經始刻于東漢歷代論書家時齒及之而未有參校其文字之異同者至郘博趙明誠黃伯思董逌洪适諸家方始詳述其文後來學者藉以考見漢時定本實賴有此惜所存之字無多耳然細繹攷經傳諸書其引石經足廣郘趙諸家所未見者蓋有數事焉尚書正義云蔡邕所刻石經尚書止今文三十四篇又正義序云今文則歐陽夏侯二家之所說蔡邕碑石刻之古文尚書堯典第一正義曰檢古本并石經直言堯典第一無古文尚書毛詩正義云三傳之文不與經連故石經公羊傳皆無經文隋書經籍志一字石經周易一卷（梁有三卷）尚書六卷（梁有今字石經鄭氏尚書八卷亡）魯詩六卷（梁有毛詩三卷亡）儀禮九卷春秋一卷（梁有一卷）公羊傳九卷論語一卷（梁有

二卷）唐書藝文志作尚書六卷儀禮四卷論語二卷餘皆與隋志同此卷帙題識之可攷者也公羊傳昭公二十五年云人以爲菑何休注云菑周埒垣也今太學辟雍作則字卽指太學石經而言也易繫辭洗心經典釋文云京荀虞董張蜀才作先石經同詩淇奧綠竹釋文引韓詩作藩音徒沃切石經同廣韻上聲四十五厚斗字注云說文作斗有柄象形石經作斗此皆據漢石經而言也張參五經文字敘例云說文體包古今先得六書之要有不備者求之字林其或古體難明衆情驚懵者則以石經之餘比例爲助若宜變爲宜晉變爲晉之類說文宜晉入所難識則以石經遺文宜與晉代之今按張氏之書皆上列正字下列隸變之字正字多本說文隸變半從石經如卷上木部串省作木（凡字從木皆放此）桃作桃（凡字從兆者皆放此）築作築楠作楠（凡敵滴之類從啇）樓作樓槔作槔手部手在左者皆作扌指作指㐅部牆作牆米部粲作粲人部僑从喬彳部得作得復作復（凡幰幰之類皆从復）御作御辵部辵作辶迺作迂（凡从于者皆放此）又部乙作又宀部害憲省从士寡作寡敘作敘究作宜冂部肯从月目部景作景（見詩）

凡還擐之類皆从睘四部网作罒凡从四放此罰作罸肉部肉字
作月偏傍从月者皆放此散作散月部朙作明舟部俞作俞
自俞已下本皆从舟今並作月朕作朕凡賸勝之類皆从朕丹部青作靑
部奐作奐卷中廾部龔作蘢荅作荅薛作薛廿部
庶作庶竹部篡作篹革部鞏作鞏彡部弱作弱凡字
从弱者皆放此髟部髟作髟凡从髟者放此心部忄作心其在左者經典
相承隸省作小又作小慭作慭見周書恐作恐犬部在左者皆
作犭言部譱作善邑部郭作郭卩部卩並省然卸
變止作山卿作卿𠂤部𠂤作阝陰作陰刀部勿作
刀凡字在右者皆省作刂斤部所作所戈部賊作賊門部門

作門内部离作离凡摛離之類皆从离巛部巛作巛凡字从巛者放
此卷下水部溉作溉濟作淳淑从沝入部會作會
凡字从會者皆放此倉作倉㚔部𡘲作幸食部𩚃作食凡字在左
者又省一畫作食凡从皀者鄉既之類皆同飴作飴女部婁作婁凡數屢之
類皆放此見部覞作覞夊部夌作夌凡稜峻之類皆从夌夏作夏
凡復之類皆从复憂作憂凡擾之類皆从此夂部支作攴又部叔
作叔凡字从㐮者皆放此𦘔作書橐部囊作囊一部丕作丕
見春秋傳北作北丘龜部龜作龜丂部兮作兮日部替作
朁作替曰部曹作曹凡字从曹者放此㫃部旄作旄虍
部虎作虎血部盇作盡其八十五字張氏皆引石

經爲證其餘偏傍附見以類相推者不在此數也
又呂氏讀詩記載董氏之說所引石經異文如江
有汜作洍擊鼓其鏜作鼞靜女愛而不見作僾芄
蘭之支作枝青青子衿作衿挑兮達兮作叏葛屨
摻摻女手作攕攕正月民之譌言作僞言或與唐
石經不同而證之說文引經多半吻合疑亦據東
漢石刻而言凡此之存皆有裨於學者安得以單
辭隻字少之耶蓋石經碑成在光和中尋遭董卓
之亂焚燒雒陽宮府官舍碑在太學恐已難免殘
缺至後魏武定四年由雒陽移至鄴城周大象元

年則從鄴城移至雒陽隋開皇六年又從雒陽徙
至長安隋書經籍志作自鄴京載入長安今從劉焯傳轉輾遷移自多損
壞不徙沒於潁岸毀於浮屠也故唐初已有十不
存一之歎而宋代諸家所見畧漏尤多胡宗愈洪
适皆嘗就當時所見重勒于石今亦無傳昶官京
師時錢唐黃同知易出示宋拓本石經殘字尚書
盤庚五行論語爲政八行堯曰四行紙光墨色古
澤照人洵爲希世之寶後金匱錢君泳貽昶重摹
雙鈎本據云檢篋中得之而不知其所自來翁鴻
臚方綱又合兩家所藏彙摹其文刻於南昌官舍

石經殘字存者止此而讀其遺文猶可以見鴻都之舊則未始非經學之助矣顧氏靄吉隸辨序言於北海孫氏摹得石經殘碑蓋即昶所見黃氏本孫氏硯山齋本後流傳今戶部郎中董君元鏡所黃君見而借之會董方嫁女貸甚黃爲置奩具直白金數十兩董君無以償遂舉石經歸之董漢軍正黃旗人工分書嘗預修西清古鑑先任大理寺評事爲昶屬官故道其顛末如此然攷隸辨採石經尚書惟平聲五支十一模於戲二字見孫氏本中餘所引尚書論語公羊魯詩儀禮共八十餘條皆孫本所無知顧氏所見止此其餘則皆從漢隸字源採出也

又按一字三字之異衆說紛然今攷後漢書紀傳

詔立五經無一字三字之說惟儒林傳序稱石經爲古文篆隸三體書法魏書劉芳傳云漢世造三字石經於太學是一體爲一字所謂三字者古文爲一篆爲二隸爲三疑三體石經皆熹平中同時所刻故儒林傳有古文篆隸之語然隸書自宋以來略有流傳而古文篆字唐宋閒無有見者隋書經籍志亦止存一字石經蓋因東漢已尚隸書古文篆字不爲世所通用而邕之隸書尤有重名當時鴻都車馬塡咽摹搨古文篆字者少隸書者多則隸書歷久而猶傳宜矣洪氏适顧氏藹吉謂漢

石經止有一體並無三體皆無確切實據未敢据以爲信也至漢之光和逮魏之正始不過六十餘年而魏復重刻三體者亦因漢刻立石經之後不過八年而董卓以逼脅獻帝遷都長安宮闕宗廟盡爲灰燼何有於太學之碑想亦零落不全正始振興文教重書三體立石殆非無故特漢石經一字各自爲碑魏石經合三字連書之總於一碑微有不同耳

又按蔡邕於熹平四年奏請正定五經文字乃自書冊於碑而隸釋載公羊論語殘碑之後未見邕

名却有堂谿典馬日磾諸人以爲其間必有同時揮毫者張縯亦云六經字體不一當時書丹非止蔡邕以昶得見宋拓殘字驗之尚書論語二經字體已有不同之處則諸經亦可類推蓋文字繁多原非一人所能手辦且石經立于光和六年去熹平四年受詔之時遲至六載始得告成而光和元年邕先坐論災異與家屬髡鉗徙朔方計邕在東觀止三年耳既徙之後尋遇赦還又復遯迹江海閱十二年是光和二年以後校經之事皆非邕所與聞安得再能書丹於碑乎陽衒之雒陽伽藍記

謂漢國子學堂前石經皆蔡邕遺跡而後來攷據家或專指以爲邕書者蓋緣奏刻石經邕實首創其議因即以邕統之亦如唐初五經正義詳審同官多至六十餘人而其後止知孔穎達賈公彥等名也至邕傳稱同奏者五官中郎將堂谿典光祿大夫楊賜諫議大夫馬日磾議郎張馴韓說太史令單颺等而公羊傳後別有諫議大夫趙㦸議郎劉宏郎中張文蘇陵傅楨論語後別有傅士左立郎中孫表疑當時同與此事者尚多而史略不載也攷盧植傳植由廬江太守徵拜議郎與諫議大

夫馬日磾議郎蔡邕楊彪韓說等並在東觀校中書五經傳記帝以非急務尋由侍中遷爲尚書是植奏請刊正尚書禮記得失之後亦嘗同校五經且是時楊彪已爲議郎亦在東觀又呂強傳稱汝陽李巡白帝與諸儒共刻五經文於石於是蔡邕等正定其文則刻經之議雖創於邕而其得蒙詔許實由李巡之功紀傳亦皆未及也今列司事諸臣姓氏於左疏其履貫以資攷鏡別爲蔡邕年表一篇凡事有與石經相涉者類列于表而諸臣歷官遷拜年月以次紀之讀者詳焉

蔡邕

堂谿典 見延篤傳蔡邕傳先賢行狀云典字子度潁川人爲西鄂長篤傳堂谿作唐谿注云典爲五官中郎將唐與堂同

楊賜 字伯獻宏農人官司空太尉震之孫秉之子附震傳

馬日磾 扶風人官太傅南郡太守融族孫附融傳三輔決錄注云日磾字翁叔

張馴 字子儁定陶人官大司農有傳

韓說 字叔儒山陰人官江夏太守有傳

單颺 字武宣湖陸人官尚書有傳

趙㦸 無攷

劉宏 官司空見靈帝紀漢官儀云宏字子高安衆人

張文　蘇陵　傅楨　左立　孫表 皆無攷

盧植 字子幹涿人官尚書有傳

楊彪 賜之子字文先官至太尉附震傳

李巡 汝陽人靈帝時爲中常侍見呂強傳

年表

順帝	陽嘉	二年	三	四
		邕生 邕字伯喈陳留圉人		

永和元年　二　三　四　五　六　漢安元年　二

建康元年　沖帝永嘉元年　質帝本初元年　桓帝建和

元年　二　三　和平元年　元嘉元年　二　永興元年二十一歲

瑯邪王傅蔡朗碑

二　二十二歲

永壽元年二十三歲

二　二十四歲

三　二十五歲

初以小黃門為守宮令置冗從右僕射官

元文先生李休碑

延熹元年二十六歲

二　二十七歲

梁冀伏誅封中常侍單超徐璜具瑗左悺唐衡五人為縣侯尚書令尹勳等七人為亭侯中常侍侯覽上縑五千匹賜爵關內侯又托與謀誅梁冀進封高鄉侯又封小黃門劉普趙忠等八人為鄉侯自是權勢專歸宦官五侯尤貪縱傾動內外

中常侍徐璜等以邕善鼓琴白帝敕陳留太守督促發遣邕不得已行至偃師稱疾歸作述行賦

汝南周勰碑

陳留東昏庫上里社碑

三 二十八歲 宗正劉寵爲大鴻臚 濟北相崔君夫人誄
四 二十九歲 省冗從右僕射官 大鴻臚劉寵爲司空
五 三十歲
六 三十一歲 司空劉寵免 朱穆諡議 朱穆墳前石碑 朱穆鼎銘
七 三十二歲
八 三十三歲 太尉楊秉薨 太尉楊公碑 王子喬碑
九 三十四歲
永康元年 三十五歲 董卓以破羌功拜郎中 將作大匠橋元爲度遼將軍

靈建寧 三十六歲 太后臨朝詔乳母趙嬈與中常侍曹節等謀事太后數有封拜 曹節等殺太傅陳蕃大將軍竇武節等十八人皆封侯 度遼將軍橋元爲河南尹 八月宗正劉寵爲司空九月遷司徒 交阯都尉胡夫人黄氏神誥 陳留太守胡碩二碑
二 三十七歲 河南尹橋元爲少府尋爲大鴻臚 六月司徒劉寵爲太尉十一月免 太僕郭禧爲太尉 郭泰碑 處士圂典碑 童幼胡根碑 辭郡辟讓申屠蟠書 辭司空橋元府出補河平長 召拜郎中校書東觀遷議郎 東鼎銘 黄鉞銘 太傅胡公夫人靈表
三 三十八歲 太尉郭禧罷 大鴻臚橋元爲司空
四 三十九歲 帝始加元服大赦天下 三月司空橋元爲司徒七月免 越騎校尉楊賜爲少府 上始加元服與羣臣上壽表
熹平 四十歲 車駕上原陵 太傅胡廣薨 少府楊賜爲光祿勳 論上陵禮 太傅胡公三碑

二 四十一歲 大疫 二月光祿勳楊賜爲司空 七月免復拜光祿大夫 北海地震 彭城姜肱碑
三 四十二歲
四 四十三歲 五官郎中馮光沛相上計掾陳晃言曆元不正太史治曆郎中郭香劉固意造妄說詔下三府與儒林明道者詳議太尉陳耽等以邕議劾光晃不敬正鬼薪法詔勿治罪 博士盧植爲九江太守以疾去官 詔諸儒正定五經文字刻石立於太學門外 盧植奏上尚書章句三禮解詁請致定得失列正碑文 使宦者爲令列於內署自是諸署悉以閹人爲丞令 宏農三輔螟 太尉李咸薨 會司徒府議曆數 與五官中郎將堂谿典光祿大夫楊賜諫議大夫馬日磾議郎張馴韓說太史令單颺等奏求正定五經文字 按傳稱正定六經文字章帝紀及儒林宦者傳皆作五經今從之 上書請除三互法 中鼎銘 太尉李公碑
五 四十四歲 御殿後槐樹自拔倒豎 光祿大夫楊賜爲司徒 以盧植爲廬江太守 伯夷叔齊碑
六 四十五歲 市賈小民相聚爲宣陵孝子者詔皆除太子舍人 南宮平城門內屋武庫屋及外東垣屋前後自壞 大旱七州蝗 京師地震 鮮卑寇三邊先是鮮卑三十餘犯塞護烏桓校尉夏育上言請徵幽州諸郡兵擊之乃遣育與破鮮卑中郎將田晏匈奴中郎將臧旻將南單于以下三道出討鮮卑大司農經用不足殷斂郡國以給軍糧三將無功還者少半 詔羣臣各陳政要所當施行 徵拜盧江太守盧植爲議郎與諫議大夫馬日磾議郎蔡邕楊彪韓說等並在東觀校五經記傳補續漢記尋轉侍中遷尚書 司徒楊賜免 帝從邕言是歲親迎氣北郊及行辟雍禮 詔宣陵孝子爲舍人者悉改爲丞尉 諫伐鮮卑不從 上封事七條

光和元年　四十六歲

置鴻都門學敕州郡三公舉召能爲
尺牘辭賦及工書鳥篆者爲諸生有
至封爵者
二月己未地震　四月丙辰地震
流星犯軒轅第二星東北行入北斗
魁中
南宮侍中寺雌雞化爲雄
五月有白衣人入德陽殿門口稱梁
伯夏教我上殿與桓賢語言訖不見
六月有黑氣墮帝所御溫德殿中
七月青虹見御坐玉堂後殿庭中
八月彗星出亢北入天市中
尚書盧植上書爲蔡邕訟冤
詔中尚方爲鴻都文學樂松江覽等
三十二人圖像立贊尚書令陽球上
書諫止不聽
光祿大夫楊賜爲少府
光祿大夫橋元爲太尉

詔召邕與光祿大夫楊賜諫
議大夫馬日磾議郎張華太
史令單颺詣金商門引入崇
德殿使中常侍曹節王甫就
問災異及消改變故所宜施
行邕悉心以對凡八事
於特詔問災異所由令以
皁囊封上邕對帝覽而歎息
會曹節於後竊視左右事遂漏露
其中被邕裁黜者皆側目思
報中常侍程璜乃使人飛章
言邕過失詔下尚書召邕詰
狀上書自陳遂下邕洛陽獄
劾以大不敬棄市書奏中常
侍呂強愍邕無罪請之有詔
減死一等與家屬髡鉗徙朔
方不得以赦令除
陽球使客刺邕又賂部主使
加毒害皆不果
上漢書十意闕
報楊復書
報羊月書
西鼎銘

二　四十七歲

大鴻臚劉郃爲司徒
太尉橋元罷
少府楊賜爲光祿勳
司隸陽球奏收中常侍王甫太尉段
熲死之獄中常侍呂強上疏
封都鄉侯爲蔡邕訟冤
司徒劉郃永樂少府陳球衛尉陽球步
兵校尉劉納謀誅宦者事泄皆下獄死
光祿勳楊賜爲司徒

帝嘉邕所著十意嘉其才高
會大赦宥邕還本郡自徒及歸
凡九閱月將就還路五原太
守王智甫弟也邕復智遂銜
之慮卒不免乃亡命江海遠
吳會往來依太山羊氏積
十二年

三　四十八歲

四　四十九歲
司徒楊賜罷袁滂爲太常

五　五十歲
太常楊賜爲太尉
京兆樊惠渠頌

六　五十一歲
前
石經刻成立太學講堂

中平元年　五十二歲

黃巾賊張角叛拜盧植爲北中郎將
討之
太尉楊賜免
中常侍趙忠夏惲等譖呂強殺之
太尉橋元薨
盧植連破張角圍角弟於廣宗小黃門
左豐譖之植坐減死
尚書張溫爲大司農

與何進薦邊讓書
太尉楊公廟碑
太尉橋公碑
司徒袁公夫人馬氏靈表

二　五十三歲
九月特進楊賜爲司空十月薨
貞節先生范丹碑
司空文烈侯楊公三碑

三　五十四歲
前太邱長陳寔卒
按通鑑寔卒于四年之冬集中
兩碑皆作三年八月今從之
陳太邱二碑

四　五十五歲
議郎胡公夫人哀讚

五　五十六歲
射聲校尉馬日磾爲太尉
光祿勳劉弘爲司空
光祿勳少府楊彪爲太僕尋遷衛尉
陳太邱廟碑

六　五十七歲

太尉馬日磾免
四月帝崩皇子辯即位大赦天下改
元光熹封帝弟協爲渤海王尋徙封陳留
上軍校尉蹇碩謀殺大將軍何進進先殺
之司隸校尉袁紹勸進盡誅宦官
侍御史鄭泰尚書盧植諫何進召董卓下
從卓將到何進謀誅宦官事洩
中常侍張讓段珪等殺進於嘉德殿前
虎賁中郎將袁術燒南宮
子辯陳留王協出至北芒
帝還宮赦天下改元昭寧
董卓以久雨策免司空劉弘而代之
董卓欲廢帝盧植不可卓將殺植
侍中蔡邕諫止之乃止　九月卓遂
廢帝爲弘農王殺何太后
陳留王協即位大赦改元永漢
董卓自爲太尉封郿侯十一月以卓爲相國
衛尉楊彪爲司空十二月遷司徒
詔除光熹昭寧永漢三號還復中平六年

董卓聞邕名敕州郡辟之稱
疾不就卓怒詈曰我能族人
邕懼應命到署祭酒舉高第
補侍御史又轉治書御史遷
尚書三日之間周歷三臺遷
巴郡太守復留爲侍中
薦太尉董卓表
讓尚書乞在閒冗表
巴郡太守謝表

獻帝初平元年　五十八歲

關東州郡起兵討董卓以渤海太
守袁紹爲盟主
董卓使人酖殺宏農王
二月車駕西遷董卓留屯畢圭苑中
悉燒宮廟官府居家二百里內室屋
蕩盡
司空楊彪免尋拜光祿大夫數遷大
鴻臚少府太常以病免復爲京兆尹
三月乘輿入長安
詔邕和安順桓四帝及恭懷敬隱恭愍
三皇后並除尊號

拜左中郎將從帝遷都長安
封高陽鄉侯
讓高陽鄉侯印綬符策表
諫止董卓自稱尚父
按通鑑初平二年卓至長
安卓欲比太公稱尚父以問
邕諫止今從本傳
宗廟迭毀議

二　五十九歲

二月董卓自爲太師位在諸侯王上
後將軍袁術將孫堅攻董卓戰於大
谷卓敗走洛陽遂發掘諸帝陵
四月董卓還長安
地震

諫董卓乘車踰制
卓率意自用邕恨其言少從
欲遁之山東不果

三　六十歲

太常馬日磾爲太尉
四月司徒王允與中郎將呂布誅殺
董卓夷三族以允錄尚書事總朝政
太尉馬日磾爲太傅錄尚書事
京兆尹楊彪爲光祿勳九月遷司空
錄尚書事
尚書盧植卒

董卓既誅邕在司徒王允坐聞之驚
歎允怒收付廷尉治罪士大夫多矜
救之不能得太尉馬日磾馳往謂允曰伯
喈學古書所作無私誅之恐失人望
可令共續成漢史允執不從邕遂死
獄中允悔欲止而不及遠近聞者
莫不流涕兗州陳留聞皆畫像而頌焉

右表參採紀傳及律歷祭祀天文五行諸志繫年多據後漢紀資治通鑑二書五經立石次於光和六年則從水經注也按邕本傳董卓旣誅邕在王允坐爲允所收死於獄中時年六十一然卓誅在初平三年壬申使是時邕年果巳六十一歲當生於陽嘉元年壬申而光和元年尙書詰狀自陳書有臣年四十有六之語計至死年止六十歲則邕生實於陽嘉癸酉本傳誤矣蔡中郎集六卷本之陳留所刻其中頗有足據今以年月可繫之文次入表中俾好古者一廣見聞也

金石萃編卷十六終

金石萃編卷十七

賜進士出身 誥授光祿大夫刑部右侍郎加七級王昶譔

漢十三

聞憙長韓仁銘

碑存上截高六尺九寸廣三尺八寸八行行存十九字額題漢循吏故聞憙長韓仁銘十字篆書後方刻金趙秉文跋又刻李獻能跋李天翼等題名並正書今在滎陽縣署

熹平四年十一月甲子朔廿二日乙酉司隸闕下河南尹校尉空聞典統非任素無績勳宣善闕下仁前在聞憙經國以禮刑政得中有子產君子闕下尉表上遷槐里令除書

未到不幸短命喪身爲闕下祀則祀之王制之禮也書到郡遣吏以少牢祠闕下勒異行勗厲清惠以旌其美竪石訖成表言如律闕下口口十一月廿二日乙酉河南尹君丞憙謂京寫闕下口口墳道頭訖成表言會月卅日如律令

此碑出京索閒左氏傳京城太叔之地號陽令李侯輔之行縣發地得之字畫宛然頗類劉寬碑書也韓仁漢循吏蚤卒不見於史而見於此非不幸也李侯亦能吏天其或者爲李侯出邪抑偶然耶夫物之顯

晦有耆猶士之遇不遇也向使此碑不遇李侯埋没於荒煙艸棘中得爲礎爲矼足矣吾聞君子之道闇然而日彰炎自古賢達埋光鏟采堙滅無聞亦何可勝數抑有時而不幸也後千百歲陵谷變易獨此碑尚存李侯之名託此以不朽亦未可知也正大五年十一月廿一日翰林學士趙秉文題

兩漢重循吏而韓君之名不見于史則知班范所載遺逸者尚多此碑又復埋没于荒榛斷壠中閲千載而人不識是重不幸也及吾友輔之滌拂蘚□□而樹之然後大顯于世其冥冥之中亦伸于知己者耶

輔之踈朗英偉初非百里才也乃能不吕一邑爲卑留心政事急吏緩民靄然有及物之意行見□□褒□蹤揚□□其功名事業必將著金石而光簡冊蓋不待附見于此然則二君皆不朽人也無疑趙郡李獻能

正大六年八月　日奉政大夫滎陽縣令李天翼再立石　監立石司吏董□　石匠王福

右聞憙長韓仁銘此其移下河南尹之令牒也法以上表下宜稱名故曰韓仁爲又銘者論譔其德善而明著之者也刊石以名仁之美斯銘稱焉矣雖其文辭不叶于聲詩固無害其爲銘也金石圖

碑建於漢靈帝熹平四年金哀宗正大五年滎陽令李輔之行縣發地得之著於翰林學士趙秉文跋然康熙間修　佩文書畫譜復又見遺顧南原隸辨專搜漢碑不遺殘闕而亦闕如爲可恠也虛舟題跋

此碑金正大中出土而明時如都元敬趙子函　本朝如顧亭林顧南原輩捜輯古碑殆遍此碑近在京索間絶無知之者至劉太乙續金石錄始載之近乃遍粥於世矣　漢書地里志後漢郡國志皆作聞熹劉寬碑陰河東郡聞熹作憙與此碑同史記周本紀

無不欣憙漢書郊祀志而天子心獨憙師古曰憙讀曰喜急就章勉力務之必有喜皇象碑本作憙二字音義同　流伞拉命即不幸短命也鄐閣頌莫不創楚不作不此又因不而變之與流字無異說文幸字本作㚔其大下者羊者音進漢隸多借用之曹全碑不伞早世是也廣韻拉同短逢盛碑命有悠拉郭究碑不伞拉祚皆同　碑末云如律令此三字蓋漢人公移中語史記儒林傳序述所載詔書前漢書朱博傳博口占檄文陳琳爲袁紹檄豫州文東觀餘論所載漢破羌檄皆有此三字但見之碑刻者絶少金石存

碑以熹爲喜朿爲不扺爲短窣爲卒奪爲幸壬任中皆加二小畫皆隸之通變也　碑自歐趙洪婁以來皆不著于錄吳山夫謂劉太乙續金石錄始載之至牛空山始爲摹圖而失摹李欽叔跋今日拓本則二跋皆有泐字矣兩漢金石記

右漢循吏聞憙長韓仁銘金正大中滎陽令李天翼得之京索間土中令石匠王福再立石趙秉文周臣李獻能欽叔俱有跋刋於碑之左方漢世重吏治而仁在聞憙刑政得中碑額稱循吏賢之也仁自聞憙遷槐里令除書未到而卒故額不云槐里令也仁既

殁司隸校尉愍其短命下河南尹遣吏祠以少牢豎石以旌其美于此見善政之效而校尉風勵良吏之意亦可尚已天翼字輔之固安人登貞祐二年進士歷滎陽長社開封三縣令所在有治聲終右警巡使潛研堂金石文跋尾

仁既遷槐里遂遭隕殁尹河南者猶表其墳道如此宜乎吏治之競勸也河南尹君丞孜百官志尹下丞一人不見有君丞之文唯陽朔元年銅雁足鐙銘亦列君丞則君丞自前漢已有之豈亦如令丞長丞之謂與漢時郡符下移縣屬如朱博傳口占檄文並言如律令今道流符咒襲用此語世多昧其效漢制官府文書爲之故爲附著于此授堂金石跋

豫州從事尹宙碑

碑高八尺一寸廣三尺九寸十四行行二十字額二行殘闕止存從銘二字篆書今在鄢陵縣孔廟

君諱宙字周南其先出自有殷迺迄于周
世作師尹赫赫之盛因以爲氏吉甫相周
宣勳力有章文則作頌武襄獫狁二子著
詩列于風雅及其廟諱孫言多世事景王載
在史典秦兼天下侵暴大族支判流僊或
居三川或從趙地漢興以三川爲穎川分

趙地爲鉅鹿故子心騰於楊縣致位執金
吾子孫以銀艾相繼在穎川者家于傿陵
克纘祖業牧守相亞君東平相之廟諱會稽
太守之曾富波侯相之孫守長社令之元
子也君體溫良恭儉之德篤親於九族恂
恂于鄉黨交朋會友貞賢是與治公羊春
秋經博通書傳仕郡歷主簿督郵五官掾
功曹守昆陽令州辟從事立朝正色進思
盡忠舉衡以處事清身以厲時高位不以
爲榮卑官不以爲恥含純履軌秉心惟常

京夏歸德宰司嘉焉年六十有二遭離寑
疾熹平六年四月己卯卒於是論功敘實
宜勒金石迺作銘曰
於鑠明德于我尹君龜銀之胄弈世載勛
綱紀本朝優劣殊分守攝百里遺愛在民
佐翼牧伯諸夏肅震當漸鴻羽為漢輔臣
位不福德壽不隨仁景命不永早即幽昏
名光來世萬祀不泯

右碑近日鄢陵地中得之嘉靖十七年通政鄢陵劉訒以詒許吏部穀董生子元復以貽余者也（金石史）

豫州從事尹宙碑豫字磨滅以其潁川人而言本州知其為豫州也　左氏襄公三十年傳有尹言多當周景王之世漢書酷吏傳尹賞字子心楊氏人也以右輔都尉遷執金吾卒官今碑曰楊縣按楊氏縣屬鉅鹿郡於文不當省氏字河東郡自有楊縣又鉅鹿之鹿不當從金位不福德福字亦副字之誤（金石文字記）

按姓譜尹與伊衡皆本伊尹故云出自有殷也崧高詩註云尹官氏也風俗通云師尹三公官也以官為姓銘云位不福德壽不隨仁福解作副按福音富與從示者不同壽字隸法亦少異于曹壽張壽諸碑夫漢碑莫備于隸釋而尖載豈物之顯晦固有時也歟（金石錄補）

碑所述尹氏尹少昊之子封尹城又師尹以官為氏此以官為氏者舉其先世二人曰言多子心子心名賞前漢酷吏也碑有云支判流僊流僊者流遷也子孫遷移于三川趙地也家于傿陵傿字去邑從人前漢書傿陵師古注傿音偃本從人後漢書作鄢陵觀碑知後漢時仍作傿寫今范史乃俗學傳改之誤也鋃艾相繼者銀章青綬所謂銀青也亦有云艾綬銀章者以青綬之色有似于艾葉古人用字之藻采也

立朝正色綱紀本朝指郡稱朝非朝廷也碑首題從銘二篆字近右方中有穿與從銘二字並此又題額之變從字不可知義余觀漢碑非墓碣則無穿中禮器出穀校官白石神君百石卒史等是也衡方景君武榮鄭固諸碑皆有穿中所以下綍懸棺者此碑雖不言葬額有穿中亦墓碑也（金石遺文錄）

金石文字記云豫字磨滅以其言本州知為豫州今碑甚完好無一字磨滅惟云仕郡歷主簿督郵五官掾功曹守昆陽令州辟從事而已無豫字也或亭林所見之本傳拓不清以為磨滅耳（隸辨）

鉅寧人以鉅鹿之鹿不當從金鉅南原云廣韻言鉅鏕郡名漢書只作鹿寧人謂不當從金非也又寧人以位不福德福字爲副字之誤南原云福與副同廣韻福衣一福也今作副史記龜策傳邦福重寶徐廣曰福音副其字從衣俗本史記譌作福魏上尊號奏以福四海欣戴之望副亦作福（虛舟題跋）

由以州辟爲從事而碑以正色立朝稱之蓋即指州治爲朝漢唐人皆如此宋以後不敢爲此語矣（鮚埼亭集）

碑額殘缺止餘從銘二字分二行篆書在穿之右吳山夫金石文存曰篆額二行今但存其下從銘二字

君歷官至從事而卒疑其額必題漢故某州從事尹府君銘十字今其上八字破壞不存故搨工但傳其下二字也方綱按金石文字記以其潁川人而言本州知其爲豫州也蓋其額當云漢故豫州從事尹君之銘或曰尹君碑銘未可定也金石文字記作豫州從事尹宙碑金石文存作漢從事尹宙碑潛研堂金石文跋尾作州從事尹宙碑蓋諸家皆未嘗見元皇慶三年一碑耳今附載于後其碑云忠顯校尉汴梁路鄢陵縣達魯花赤兼管本縣諸軍奧魯勸農事阿八赤自皇慶元年正月二十有四日下車涖事欽奉詔書追封孔子爲大成至聖文宣王立石判宮所以彰聖恩重名教也公因物色碑材得片石于洧川益東漢熹平六年故豫州從事尹君諱宙者之碑也公捐己俸購石董來鄢頫命匠刮磨將舍舊而新之既而惜然改曰碑歷一千二百餘年故物舉一廢一有所弗忍遂議更以新石併舊石附立廟廡于以見公好古尚賢成此美事鄢之士民咸頌公德爲之辭曰仁哉忠顯治績在鄢事師古始德崇哲先更新修廢二美得全寫之琬琰以永其傳皇慶三年春正月望日立石鄢陵縣儒學教諭李謇撰古洧蔵爽野人王

克讓書丹按是碑記重立尹宙碑事明言其爲豫州從事可見元皇慶移置學宮時其額尚完也　碑立於熹平六年四月金石文字記以爲四年誤　碑以僊爲遷以僞爲鄢以潁爲頴勳力有章句驗石是力字諸家並作功誤也顧氏文字記又以偲作德又抄寫之訛　鉅鏕郡鏕字廣韻注云案漢書只作鹿是漢書省作鹿非鏕之加金也顧氏所校刊廣韻本亦如此（兩漢金石記）

碑云君東平相之元會稽太守之曾富波侯相之孫守長社令之元子稱曾稱元而去孫字亦辨例也云

秦兼天下侵暴大族或居三川或徙趙地漢與以三
川爲頴川分趙地爲鉅鏕按史記秦莊襄王元年韓
獻成皋鞏秦界至大梁初置三川郡始皇十七年内
史騰攻韓得韓王安盡納其地以其地爲郡命曰頴
川頴川之與三川非一地矣漢初改三川爲河南郡
而頴川則承秦舊未嘗以三川爲頴川也秦滅趙置
邯鄲郡及鉅鏕郡亦非漢初所分作碑者殆誤矣金
石文字記謂鉅鹿之鹿不當從金然廣韻明言鉅鏕
郡名後魏弔比干碑陰有鉅鏕伯魏祐北史有鉅鏕
郡守元道龍顧氏特未詳考爾潛研堂金石文跋尾

文首云君諱宙字周南其先出自有殷然證以漢書
古今人表尭師尹壽則其世系所自遠矣而碑尚不
無所遺蓋譜學難明如此又碑云位不福德顧亭林
謂福亦副之誤不知福即副本字匡謬正俗文已詳
言之然則福非誤也惟顧氏所指鉅鹿之鹿不當從
金案玉篇鉅鹿俗作鏕蓋由漢人亦未能免此此伯
喈刊正之功所爲不可以已與授堂金石跋
春秋遂誠偪陽疏云左氏經作偪字音夫目反詩小雅采
菽云邪幅在下毛傳云幅偪也所以自偪束也一音逼近之逼釋文云偪音
福惠棟曰案古今人表作福陽知古音福从彼力反
者非也穀梁漢書地理志及續漢志皆作傅陽案古
福字亦讀作副豫州從事尹宙碑云位不福德是也
傳本古敷字今亦讀作副古石琅玕

校官碑

碑高五尺七寸廣三尺二寸十六行行二十七字後方題名三列又年月一行額題校官之碑四字隸書今在溧水縣學

蓋漢三百八十有七載□□□于□□□
□銘功著斯金石畀誄曰
溧陽長潘君諱乾字元卓陳國長平人蓋
楚大傅潘崇之末緒也君稟資南霍之褈

有天□德之絶俗髫髭克敵□學典謨祖
講詩易剖演奧藝外覽百家衆儁挈聖抱
不測之謀秉高世之介屈私趨公即仕佐
上郡位既重孔武赳著疾惡義形從風征
暴執訊獲首除曲阿尉禽姦戔猾寇息善
歡履菰竹之廉蹈公儀之絜察廉除兹初
廣清肅賦仁義之風脩□□之迹畨化放
虖岐居流爰雙虖□□親臤寶智進直退
匽布政優優令儀令色獄𤅢呼嗟之寃椒
𤅢卬匈之結矜孤頤老表孝貞節重義輕

利制戶六百省繇正繇不貢自畢百姓心
歡喜不共實於是遠人聆聲景附樂受一
廛既來安之復役三年惟泮宮之教反失
俗之禮構脩學宮宗懿招德既安且寧千
侯用張籩豆用陳發彼有的雅容囗開鍾
磬縣矣于胥樂焉乃作叙曰
翼翼聖懿惠我華蒸貽我瀋君平兹溧陽
彬文赳武扶弱抑彊囗刈骾雄流惡顯忠
洛疑元老師臤作多脩學童冠琢質繡章
寬天生德有漢將興尚旦在昔我君考今

郎此龜艾遂尹三梁承由支百民人所彰
子子孫孫畢介熾昌
丞沛國銍趙勳字蔓伯
左尉河内汲董並字公房
右尉豫章南昌程陽字孝遂
時將作吏名
戶曹掾楊淮
議曹掾李就
議曹掾梅檜
戶曹史賀囗

從掾位侯祖
主記史吳超
門下史吳訓
門下史吳翔
門下史時球
光和四年十月己丑朔廿一日己酉造
右校官之碑隸額靈帝光和四年溧陽長潘君
作紹興十三年溧水尉喻仲遠得之固城湖中碑今
在溧水縣其間用字劉省其刀賢去其貝千侯用張
者周禮士以三耦射豻侯大射禮用千字尚旦在昔

者似謂太公周公也碑以蒸爲黎畢爲俾從即從字䲑即厲字𡍮即垂字暂即智遂即退楙即野賁即責字尊即蔓字房即房字隸釋
漢校官碑宋紹興十一年溧水尉喻仲遠得於固城
湖濱置之官舍今在孔廟之大門右長樂陳長方雖
嘗碑其所得本末釋文則未之見碑以靈帝光和四
年歲在辛酉造距今凡一千一百五十三年番易洪
景伯先生出字爲之釋謂挈爲契蒸爲黎畢爲俾楙
爲野賁爲責劉去其刀賢去其貝千侯與豻侯通尚
旦謂太公周公可謂精審有據其餘不可辨者尚有
二十七字今觀首行自三百字以下上斷字凡十有

六字比之洪氏作釋文時又皆不可攷且如第三行之字之下是禱字禱下闕一字有天字敏之上是克字衆之下是偶字退之下是慝字役之上爲復反之下爲失此之上爲卽皆隱隱可見洪則悉以爲闕又如旣安且寧則以爲曰寧悔懀則以爲桓懀豈當時誤於墨本而然耶溧陽志至謂元卓爲元貞是又以名乾而傳會也禧承乏于茲暇日與士友曹國傑摩挲久之得其二三因以洪先生釋文列於上僭附所見於其下勒諸樂石以補前修之所未及者餘尚俟博雅君子云至順四年龍在癸酉夏五月文學掾濟陰單禧謹識

碑在溧水縣學盎溧水卽漢溧陽地也予初得此碑而不知其有釋文近始得之乃元至順四年校官單禧所爲而刻之者也禧又有跋謂考訂碑文與隸釋不同者二十七字而復辨溧陽志之失可謂有功于文字者故備錄之金薤琳琅

碑光和四年立按四年之碑若逢童三公殽阬君無極山神敬仲蔡湛孫根凡七見于集古金石錄而獨此闕如者蓋紹興十一年始出在歐趙二公後耳弇州山人續稿

宋趙彥衞雲麓漫鈔曰范曄後漢書永平十年閏月甲午南巡狩幸南陽祠章陵日北至又祠舊宅禮畢名校官弟子作雅樂奏鹿鳴帝自御塤篪和之以娛嘉賓則東漢時縣有校官矣　碑辭末云永世支百民人所彰子子孫孫俾爾熾昌宋吳棫韻補引之作民人所瞻以證詩柔柔瞻字可讀爲彰今此碑正作彰字不知才老何所據而改爲瞻也才老時此碑未出或據類文本才老自注云三十卷本朝周內翰穀所編錄之耳金石文字記

碑首云盎漢三百八十有七載或謂高祖己亥卽位盡更始庚申光武建武乙酉至光和辛酉共三百八

十三年按高祖入關滅秦在乙未卽代統更朔之年碑未嘗誤也後列丞尉曹掾等姓名而無故字知爲潘君在位時立夫生曰頌死曰誄而碑有其誄曰何耶溧陽志潘君字元貞當以碑爲正金石錄補

漢校官碑原在溧陽縣學光和四年立紹興十一年溧水尉喻仲遠始得之固城湖移置官舍至今得免于水侵上擠仲遠之力也盎相去已九百六十二年矣時時見光彩弓兵宿直或以褻衣頓於趺上必夢大龜逐而齧之乾道戊子有官告院吏出職爲尉顧此碑字多缺蝕以爲無用且厭人來觀呼隸史曾彥

與謀將沉之宅後廢沼内一寓客素好古聞其說往詣止之邑宰陳容之爲徙之縣圃作屋覆焉至辛卯歲金陵守唐琭作文一篇欲識石背遺匠來甫鋟兩字遭碎屑激入目旋易他匠皆然竟不能施工此說見洪邁彛堅志其碑之靈異知自有據矣番陽洪景伯爲之註釋至順間博士畢禮始考訂而跋之因手書洪氏釋文而附所補于後可謂有功于此碑之文字者矣此碑本溧陽潘君而碑今在溧水學宫乃禮所移置曾得之固城湖中固城今屬高淳縣皆本漢溧陽地也今三縣志俱載其碑文并禮跋予更索得

彼地友人搨寄數本同出較對中多同異碑乃麻石其首有額直書校官之碑四字字下有圓孔可貫孔下卽碑文首行鈌十六字乃八十有七載□□于□□□□銘工著較溧水高淳二志所載原文補之今碑又鈌斯金二字矣溧陽舊志以元阜爲元貞是因其名乾而傳之金志已改正其誤二行潘君溧陽志作潘公誤三行絶操溧陽志作純操誤祖講溧陽高淳二志作祖訓誤五行除曲阿尉高淳志著除字十行失俗溧水志作失谷誤十一行招德溧陽志作昭德十二行閑高淳志作閒十三行皐慈三志皆作聖慈十五行龜艾溧陽志作龜文誤後姓名悔槍溧陽高淳二志作桓槍誤時球溧水高淳二志作求誤又考碑字彤通刑禽作會孤作菰竊以爲漢碑之文惟地志所載乃親見碑石其文自無訛謬可稱他書記載之失以徵信也今三志爭載其碑文全不較覈其字跡况遠道未能手模其文以訛傳訛豈能更爲之考論哉王著校官碑考

碑中用字頗多假借洪氏釋之良是至云劉省其刀賢去其貝則有不盡然者按說文㦰傷也六書略云擣傷也禽殺猾卽用本字于義固通不事借㦰爲劉也說文臤堅也古文以爲賢字袁良碑優臤之寵與此碑正同益用古文亦非故去其貝 昌黎詩押玲

瓏爲瓏玲參差爲差參後人但以用之自公不敢致疑寔亦不知于古何本碑云惠我黎蒸亦倒用蒸黎字以押韻 漢廣漢屬國侯李翊碑銘云比列陵於隸釋云似倒用於陵以稱韻也亦與此用黎蒸同

左傳楚商臣立以潘崇爲太師此作太傅恐誤 王貽上居易錄云韓退之詩多倒用成字益本諸三百篇孫季昭示兒編所拈如中林中谷中河中路中田家室裳衣衡縱穋黍瑟琴鼓鐘斯螽下上羊牛甥舅孫子女士京周家邦雝鼎息偃之類皆是古人倒用成語以就韻如此之多但出自今人之手則斷斷不可

耳金石存
都元敬跋云單禧考訂碑文與隸釋不同者二十七字近日杭州汪氏刻本金薤琳琅跋云單君謂洪氏所釋外不可辨者尚有二十七字卽隸釋所注爲闕者是也單君於洪氏所闕者得八字又異同者二字今南濠乃以二十七字皆爲單禧所考定誤也方綱按單氏釋文卽洪氏釋文然如以挈爲契一句今日所行隸釋本竟無之首行于字下云闕四字今本乃誤作闕二字則單氏此碑猶得据以存洪氏原本耳若其所謂絡與十一年者則王象之碑目注引洪邁

夷堅癸志作十三年而首行銘功功字則單亦沿洪之誤釋爲工也奠賁南口之下一字洪云蹋單釋爲禱今諦審是神字衆之下一字洪云闕單釋爲僞汪氏新刻又以爲僞今諦審是推字又弟三行單以爲有天字十五行此字上單以爲郎汪以爲服今諦審之皆未敢定也又若賦仁義之風下一字諸家皆闕今諦審是修字旣來安之下一字諸家皆闕今諦審是復字與藝下闕一字諸家或釋爲外今諦審之非外字也又呼嗟訛爲吁嗟則單氏石本之誤也　金石文字記引雲麓漫鈔謂東漢時有校官此蓋信潘君之職爲校官也金石圖跋謂潘乾溧陽長而額題校官疑有斷文此蓋疑潘君之職非校官也以愚論之二說皆非也校官者學舍官職之統稱如漢書云某經列於學官是也潘君之職自是縣宰後漢之時亦不聞特設學校之官永平幸南陽所謂校官弟子者學舍之弟子耳後漢書百官志每縣邑道大者置令一人千石其次置長四百石小者置長三百石本注曰皆掌治民顯善勸義禁姦罰惡理訟平賊恤民時務然則縣宰之事不專在教而茲碑特頌其興學之事故其石刻于學舍云爾都南濠又稱單禧爲校

官殆亦同此誤者也又隸釋云費鳳別碑與前碑今並立于吳興校官之壁据此亦足證校官二字是學舍之名非職官之名也　漢書循吏傳文翁修起學官於成都市中師古曰學官學之官舍也招下縣子弟以爲學官弟子至武帝時乃令天下郡國皆立學校官按此條卽此碑校官二字出處　曲阜孔戸部誦孟云學典讀之上是志字賦仁義之風下是備達二字雅字下是式字今並存之誦孟又云碑云漢三百八十有七載自漢高帝乙未改元至光和四年辛酉數符然蔡邕獨斷言從高帝至桓帝三百八十六年除王莽劉

聖公三百六十六年從高祖乙未至今壬子歲四百一十年呂后王莽不入數可證許漢歷者不併入呂后王莽聖公也是可疑矣愚按王莽合孺子嬰居攝凡十七年合更始二年爲十九年再合之呂后八年爲二十七年自高帝元年乙未至桓帝末年丁未凡三百七十三年若於中除二十七年則是三百四十六年矣安得云三百六十六年乎且壬子是靈帝熹平元年自高帝乙未至此是三百七十八年又安得云四百一十年而邕獨斷既云靈帝二十二年董卓立陳留王爲帝則是獨斷之書成於初平時邕死於

初平三年壬申上距熹平壬子已二十年又不當以壬子爲止也獨斷之紀漢年不可据以爲證明矣豈得輾轉因以疑是碑乎　金薤琳琅云碑在今南畿溧水縣學此與單氏跋謂在孔廟大門右者相合而王象之輿地碑目建康府條下云溧陽長潘元卓碑後漢光和四年今在尉廳又云校官之碑後漢光和四年立今在縣廳既分二碑又在兩地則是圖經沿訛又不止單禧所辨溧陽志之誤而已　洪景伯隸釋在元時當有善本即此一碑單氏所引隸釋之文與今日隸釋本不可信者寔多如垂之爲垂退之爲退所之爲房豈復煩於釋乎至若廣之爲廣則碑本作廣與正楷何別而藺之爲蔓則又何待釋乎以愚論之藺字非蔓字乃曼字也蓋曼衍之義於勳字爲近而是碑菰蔡皆从艸是以知之也攸之爲賢洪所未釋而隸續云說者謂校官碑親攸寶智因蒙下文从省今按碑中攸字凡兩見豈皆蒙上下文耶不待援鄒氏鏡銘而後知其說之謬也　碑以前半敘事之文曰誄而以後半有韻之文曰敘亦變例也靈帝光和四年九月庚寅朔閏十月己丑朔此云十月己丑朔者閏十月也不言閏亦變例也兩漢金石記

右碑溧陽人頌其長潘乾構修學宮而作隋時割溧陽西鄉置溧水縣宋南渡初溧水尉得碑於固城湖中其後移置縣學碑遂爲溧水所有矣釋名誄累也纍列其事而稱之也廣韻誄壘也壘述前人之功德也誄本爲哀死而作今縣民頌其長而稱誄雖亦累德之詞然失其義矣說文攸堅也古文以爲賢字公羊經鄭伯堅卒釋文本作攸疏云穀梁作賢蓋攸賢本一字古今文異爾今本公羊穀梁皆作堅與左氏同矣此碑親攸寶智師攸作朋皆从古文其書邊豆之邊爲籩亦籀文之變也潛研堂金石文跋尾

碑首行云其誄曰錢少詹事云誄本爲哀死而作今
縣民頌其長而稱誄失其義矣予證以周禮太祝作
六詞以通上下親疏遠近六曰誄注誄謂積累生時
德行以錫之命主爲其詞也疏此六詞者皆爲生人
作詞無爲死者之事是誄之名施于死生而通之殆
如考妣嬪可兼生稱也論語誄曰禱爾于上下神祇
孔氏注云誄禱篇名說文引此作讄亦云纍功德以
求福從言纍省聲推之此碑吏民頌其生君於義固
無嫌哉碑稱布政優優詩以布作敷說文引書敷重
筍席敷亦作布儀禮聘禮管人布幕於寢門注今文

布作敷是布敷爲古今字　碑首校官字東漢時縣
有校官已見金石文字記案漢書韓延壽傳延壽于
是令文學校官諸生皮弁執俎豆盎又在西漢時已
然按堂金石跋

白石神君碑

碑高五尺四寸五分廣二尺三寸十六行行三十五字額題白石神君碑五字篆書陽文今在元氏縣

蓋聞經國序民莫急於禮禮有五經莫重
於祭祭有二義或祈或報報以章德祈以
弭害古先哲王類帝禋宗望于山川徧于
羣神建立兆域脩設壇屏所以昭孝息民

輯寧上下也白石神君居九山之數參三
條之壹兼將軍之號秉斧鉞之威體連封
龍氣通北嶽幽讚天地長育萬物觸石而
出膚寸而合不終朝日而澍雨沾洽前後
國縣屢有祈請指日刻期應時有驗猶自
挹損不求禮秩縣界有六名山三公封龍
靈山先得法食去光和四年三公守民蓋
高等始爲無極山詣大常求法食相縣以
白石神君道德灼然乃具載本末上尚書
求依無極爲比即見聽許於是遂開拓舊

兆改立殿堂營宇既定禮秩有常縣出經
用備其犧牲奉其珪璧絜其粢盛旨酒欣
欣燔炙芬芬敬恭明祀降福孔殷故天無
伏陰地無鱻陽水無沉氣火無災燀時無
逆數物無害生用能光遠宣朗顯融昭明
年穀歲熟百姓豐盈粟升五錢國界安寧
尒乃陟景山登崢嶸采（闕諱）石勒功名其辭

曰

巖巖白石峻極太清皓皓素質因體爲名
惟山降神髦士挺生濟濟俊乂朝野充盈

灾害不起五穀熟成乃依無極聖朝見聽
遂興靈宮于山之陽營宇之制是度是量
卜云其吉終然允臧匪奢匪儉率由舊章
華殿清閑肅雍顯相廟諱圖靈像穆穆皇皇
四時禋祀不愆不忘擇其令辰進其馨香
犧牲玉帛黍稷稻粮神降嘉祉萬壽無疆
子子孫孫永永番昌
光和六年常山相南陽馮巡字季祖元氏
令京北新豐王翊字元輔長史潁川申屠
熊丞河南李邵左尉上郡白土樊瑋祠祀
掾吳宜史解徽石師王明
燕元璽三年正月十日主簿程疵家門
傳白石將軍教吾祠今日為火所燒

右白石神君碑篆額在真定靈帝光和六年立前二年葢高等授三公封龍靈山請于朝為無極山得法食至是常山相馮巡元氏令王翊復具白石本末求依無極為比朝廷聽許遂開祏殿宇琢石勒碑其文有云居九山之數參三條之一趙氏莫曉三條為何語按尚書正義曰從導岍至敷淺原舊說以為三條地理志云禹貢北條之荊山則在馮翊懷德縣南條

之荊山則在南郡臨沮縣是舊有三條之說也故馬融王肅皆以導岍為北條西傾為中條嶓冢為南條自岷山之南至敷淺原别以岷山為首不與大别相接則岷非三條也殽阬碑云中條之山者葢華嶽之體南通商雒以屬熊耳其文與正義合漢人分隸固有不工者或拙或怪皆有古意此碑雖布置整齊略無纖毫漢字氣骨全與晉魏間碑相若雖有光和紀年或後人用舊文再刻者爾碑以番昌為蕃昌祏即拓字隸釋

右漢白石神君碑在無極縣立石者常山相南陽馮巡元氏令京兆王翊與集古錄所載無極山神廟碑略同文稱神君能致雲雨法施于民則祀之宜也然所云葢高者合之無極廟碑特常山一妄男子爾先是光和四年巡詣三公神山請雨神使高傳言郎與封龍無極共興雲雨賽以白羊高等遂詣太常索法食越二年具載神君始末上尚書求依無極山為比郎見聽許葢斯時坐風方熾為民牧者宜消禁于將萌乃巡翊輕信巫言輒代為之請何與非所云國將亡而聽之神者與碑陰有務城神君李女神皷石神君璧神君名號殆因白石而充類名之者碑建于光和六年是歲妖人張角起矣曝書亭集

右碑趙氏云其文有居九山之數參亙條之一莫曉爲何語按水經有九山廟碑云九顯靈府君者本華之元子陽九列名號曰九山府君也南據崧岳北帶洛澁云云殺阬神碑云中條之山者蓋華岳之體南通商維以爲熊耳洪氏謂與正義合予意無極三公封龍諸山在崧華之閒二碑皆從太華立說而有據崧嶽通商維之語是卽此九山三條注脚也金石後錄

康熙廿九年予宰深澤崑山司寇公搜訪名刻予無極縣求此碑叢因碑中有無極山語而顧亭林金石記又云在無極縣徧尋久之不獲其他州邑亦絕無

知者疑此碑已亡三十年眞定十州邑災余奉檄調赴贊皇縣監賑抵元氏縣開化寺見後殿左側有一碑其形如圭心異之急趨視乃白石神君碑也卽出錢與元氏令劉君趣其搥搨此碑之顯實自予始碑云縣界有六名山攷本志三公山在今縣西七十里封龍山在今縣西北五十里舊名飛龍唐改今名據碑在漢已名封龍志所記非是靈山在今縣西北三十里無極山在今縣西三十里上有無極神祠漢立無極縣于此縣以山名也今無極縣乃移在眞定府東六十里相距百八十里縣界又絕無山名存而建置之意已失白石山在今縣西北五十里山多白石故名舊有白石神君祠卽漢時立碑處也所謂六名山者止有五山其一山無攷其稱相縣者常山相南陽燕巡元氏令新豐王翊也元氏爲常山國所治首邑相得據縣請轉上其文於尚書也抑予有疑者無極山在常山國境內因山置無極縣而范史無極屬中山國予歷中山疆域皆在常山東北無極則在常山西南境中隔常山所屬之眞定中山焉得越眞定而轄常山屬邑然則元氏縣志漢置無極縣于此之語不知果何所據而其遷移向東又不知在于何時

也兩漢書俱作毋極碑作無極今亦稱無極當以碑爲據碑額白石神君碑五字無字安一方空作陽文凸起與濟寧武榮碑同他碑所無其文殊古雅而用字典則如云開祏舊兆祏字徒各切音託字書張衣令大也張揖廣雅祏大也漢隸字源曰桐柏廟碑開祏神門無極山碑恢祠宮義祚拓本是開拓之義如云火無災燀燀遲延切闡平聲國語水無沉氣火無災燀碑乃用此語如云登崢嶸嶸同嶸揚雄甘泉賦似紫宮之崢嶸亦可省作嵤又云萬壽無畺卽疆字張公神碑畺界家靜呂君碑謹守畺埸朱龜碑畺土

漢書王子侯表畱土過制與壃同木永番昌卽蕃字
之省無極山碑草木番茂前漢書卜式傳隨畜牧番
與此同又有云地無爲陽漢隸字源曰說文新魚精
也左傳曰冬無伏陰夏無愆陽爲愆無通理此語未
得其解錄之以俟博雅者金石遺文錄

漢白石神君碑始見于金石文字記云在直隸之無
極縣是未之見也丁亥秋陳香泉使君以此本易我
座鶴銘余遂裝而藏之後題名有元璽字元璽者前
燕慕容儁年號也楊賓鐵函齋書跋

碑文十四行空一行方刻銘又空一行書年及常山

相長史丞尉掾史石師姓名其二行後空一行有燕
元璽三年題字隸辨

隸釋云此碑雖有光和紀年或後人用舊文再刻者
今按憑巡王翊等題名之後仍有隸字二行其一云
燕元璽三年正月十日主薄某人刻字此碑重刻本
有可攷燕公所收本偶無此字故但以書法定其時
代然亦精于鑒矣又予細讀此碑并以三公無極二
碑相比較恐此叙銘亦非漢人所作蓋其體輕而味
淺亦無漢人蒼厚之致意原碑已毀此亦元璽間人
摹古爲之者非特其字爲重刻也然魏晉以後隸法

已壞此慕容時所刻猶能整齊如此　漢帆家釜斗
字作升金石文字記云升音陞升音㪷昔人以其文
易混故改升爲㪷碑云年穀歲孰百姓豐盈粟升五
錢此字當是㪷字碑乃作升此筆畫小訛書鐫之過
若粟升五錢又何足稱頌乎黍稷稻粮乃借粮務之
粮爲粱也今本隸釋或書作糧非是金石存

隸釋引郡國志注云有石塞三公塞石塞卽白石山
也隸釋所載有三公山無極山二碑此則其後二年
所立也河朔訪古記云元氏縣西北三十里封龍山
下有漢刻白石神君碑是也是碑之爲漢刻無可疑

者其以爲後人重刻特出洪氏之疑而央山夫乃云
後有燕元璽三年正月十日主薄某人刻字定其爲
重刻殊不知主薄下乃程疵二字其下亦非字字斯
亦傅會之甚矣吳又辨粟升五錢是斗非升以爲書
鐫之過不知石本是升字並非升也又挹損挹字
趙氏金石錄明釋作挹而諸家皆訛作抱何也　碑
末常山相馮巡元氏令王翊二人稱名與字長史申
屠熊則稱名不稱字且在元氏令之後與三公無極
二碑不同蓋勒碑時固無一定之例特偶有後先詳
略耳卽如三公無極二碑丞亦稱字而是碑丞不稱

字可見其不必畫一矣想洪氏所收拓本必是裝界成冊而申屠熊之下恰空三格又或裝潢者誤置在前因而誤以長吏潁川申屠熊七字接上季祖之文而又云其下闕三字也今驗石本則並不如此又碑陰上方之末一行璧神君璧字吳山夫誤作祥又以上句萬字貫之云萬祥神君其誤亦坐裝褾之失耳予嘗謂收藏古刻必有其副而後可翦截裝潢正謂此也又碑陰上層第一行音上止闕一字再上是空石無字吳山夫謂闕二字非　僖三十一年公羊傳山川有能潤于百里者天子秩而祭之觸石而出膚

寸而合不崇朝而徧雨乎天下者惟太山爾据此傳文初無雲字唐人類書引此乃加一雲字曰惟太山雲爾誤也何休注曰言其觸石理而出無有膚寸而不合下文河海潤于千里注曰亦能通氣致雨潤澤及于千里据此則所謂出合者山之氣爲之也覩是碑上言幽讚長育下言澍雨沾洽信知公羊二語之不指雲矣兩漢金石記

碑列名者八人常山相馮巡元氏令王翊名字俱書他皆名而不字別于守令也王翊樊瑋二人郡縣兼書其三人書郡不書縣掾史石師則郡縣俱不書洪氏隸釋移長史于元氏令之前且謂中闕三字蓋洪所得者裁翦裝潢之本而以意度之耳碑以幽讚爲幽贊無畺爲無彊亦洪氏所未及舉潛研堂金石文跋尾

洪景伯既證明三條尤于九山未有所晰余攎淮南王書墬形訓何謂九山會稽泰山王屋首山太華岐山太行羊腸孟門今白石山亦太行之支麓也所云居九山之壹者當謂此碑云兼將軍之號秉斧鉞之威後又有燕元璽三年刻字亦稱白石神君山川之神其有封號當漢季已如是而世儒謂沿于唐代非其失檢也與授堂金石跋

尉氏令鄭季宣碑

碑殘缺止存半截高八尺二寸廣四尺二寸約十八行字數無攷今在濟寧州學

君□□字季宣□聘君之孫鄜君□度和
□淑□□五□之□□□□□□□□文
□□□□□□□□□□□有趙壹□□
振□□吳札之高□□□□□□□□□
□□□抱□吕□□□□□□□東□□
守欽□□以備禮招隊□可躍□□□□
□□□□□□行父貞忠節□□□□□
□季□□覩國之光飢□□帝□□□奇

□□□□□□□□□□□臣列夜在公
弓斯□□□□□□□賦雲會威□□□
□戮□□□□□□□□□□□□□□
季四月□□□□□社□□潙殉藁□□
□遠近□車未抗駕賊□□□□□□□
□□□□乾剛之□辨□□□□□□其
旅代□天□□□東鄙□□侵掠如豹□
□□□□□□□□□□爾乃□□□□
□□舍措九刑而□□齊□政仪熈咻□
□□□□□□□□□以耕養慰存□

金石萃編卷七　漢十三

鄹獨靡困□積既□□□□□虞放鵬
沙□□□□□□□□□□□□就洿愁
□□恭織□□□遺則不□□□□□移
□之中神人協□□□□□□□□之□
□□戒之害弦誦並□仁義交□□可謂
□歡五典□□能惠者也當□□□饑鴻
□□□□□□□□春秋五十有七中平
二年四月辛亥卒于□□□□□是路無
軔□□□□□□□□□輿施來□弱睽
孤其三年四月辛酉□葬故吏□□番歆

子車之殉□□□□□斬綴力□春父事
君慕衛鼎之不泯恩粤人之□□追頌君
德代石銘碑擒□醱□□□□□命問□
無□其辭曰
堂堂惠君明□□聲□□□□□□□□
帝□□□□君我城討賊□如雷如霆餞
克有定忝心則寧民□賴祉□□□□□
□迹□□□□□□□顯奕世□□厥成
伊產□繼儲宗之靈裔嶽潤□昱命不□
□□□□□□□□□□□石休有鄰

金石萃編卷七　漢十三

碑陰

陰亦殘缺止存第一列及第二列上一二字每列二十行第一列首行已泐第二列七行以後全泐無一字可辨額題尉氏故吏處士人名八字篆書

故孟津者尉□處元□
關內侯張□□詩
故方城長毛良□□
故孝□□□耽□虞
故從□□□堂永康
故從事□□□伯
故從事闕下

從事楊先子宮
故使事宗□仲□
故又官掾闕下
故又官掾郎鄲□□□
故守令呂嵩仲□
故□□任□□
故督郵郎鄲敬闕下
故督郵郎鄲璣元珪令司空掾
處□□□□虒源
處士□謙議直

處士□□少德
處士□□子朝
處士郎鄲□□□
處士呂林□□
處士呂賢□□
處士□楚□敢
處士□□元
處士闕

右漢尉氏令鄭君碑其名已殘缺碑陰題尉氏故吏處士人名知其爲尉氏令 金石錄

右漢故尉氏令鄭君碑篆額字碑多有裂文字半湮晦少成章句有其字而亡其名官闕略不一見僅存卒葬年月其中數十言載殄賊侵掠事前稱其有吳札之高來叙故吏欲子車之碑碑陰姓名郄班班可考其間奇字如書飢作飢書夙作夙一猕字未詳碑有放鵃之句上下文刓滅不可考鵃與鵰同音鵰鵃是鳩名恐是用趙簡子放鳩事　右鄭季宣碑陰以八篆橫刻其上曰尉氏處士故吏人名上下凡四橫其中督郵郎鄲璣名字之下細書四字云今司空掾末有直事千四人亦是以千爲幹語在景北海司馬

整碑陰最後空十餘行有一行刻字以是知碑者所識 續隸

鄭季宣碑名已殘缺季宣字耳碑以飢爲飢夙夜在公之夙作夙字放鵃之鵃與鵰同音鵃鵃是鳩名案郎樹字穰郎縣字碑陰橫刻篆八字於上曰尉氏處士故吏人名 漢隸字原

應劭曰古獄官曰尉氏鄭之別獄也臣瓚云鄭大夫尉士之邑顏師古曰鄭大夫尉氏掌獄之官故爲族耳按古之治獄官曰理月令命理瞻傷注治獄官也曰大理或曰李皋陶爲大理又獄官曰士尚書汝作

士周禮士師注士察也主察獄訟之事未聞春秋
時以獄官爲尉氏也瓚說得之金石後錄
洪氏謂書佩爲虓按說文虓讀若載玉篇虓各代切
始也尚書九載績用弗成晁公古文尚書載作虓字
又石鼓文西車佩道音訓云佩古文載見義雲章作
佩登隸書从丮者皆書作几故誤以爲佩耳其謂鵃
鵃同音鶻鵃是鳩名恐是用趙衛子放鳩事亦誤也
按書古文訓放驩兜于崇山作鵃吺今碑文放鵃丁
有虞字其爲驩字無疑隸辨
右漢尉氏令鄭季宣碑殘字此其上半拓本予所舊

藏者約計十八行除第一行無字可見其略可見者
四十八字又半字三而已牛氏金石圖著錄者才三
十五字中間脫漏第八行而第十二行能下一字今
日皆拓本尚見其上半牛氏乃只著其下半心而闕
其上半何也至洪氏隸續所著錄凡二百七十許字
則其所見拓本較今日增倍可知矣而以愚今日諦
視殘損所著之字與洪同者才二十八字洪訛而今
正者五字七行挽洪訛折九行叙洪訛以熾洪訛俾十三行乃洪訛乎是洪訛之洪闕
而今補者四字又半字九行咻十二行徽惠能三十三行辛五行千辛則
又何也　丁酉秋曲阜孔莊谷戶部繼涵以所爲是

碑全圖艸本見示存余篋者五年矣今審定釋文重
爲考文依洪氏著錄之本加以方綱所審訂正爲圖
仍依本書各卷釋文之例書之然洪氏所錄以今日
所可見者核之已多憎㪚則今日所不可見而僅得
之洪錄者其可盡信也耶今既無他本可證則亦不
得已而洪錄是依也世尚有執洪氏之書以考漢隸
者則吾不知也　右洪氏隸續所載鄭季宣碑以今
所存殘字位置度之大約是十八行其前十五行是
叙而後三行是銘也叙似三十七字爲一行而銘則
三十五字爲一行不可得而臆斷矣隸辨援古文尚

書鵃吺字即驩兜愚謂此說亦非也廣韻鴅鳥名人
面鳥喙鴅四凶名鴅兜也古文尚書作鴅此二字無
論其是二是一要之是从丹非从舟也說文鵃鶻鵃
也又云鵃鶻鵃也从鳥舟聲張流切玉篇鵃止遙丁
交二切鶻鵃也是从舟不从丹也洪氏所援謂鵃字
放鳩事愚固未敢斷其是否然以本有从舟之字而
乃強引从丹之字以實之益顯氏所見殘拓本此下
已模糊疑其下是吺耳婁氏字原又云綦即棋字愚
按綦字洪所不著不知在何處可見婁所據之拓本
與洪氏小有不同惜未得其釋全文耳　洪婁所未

釋者噢咻字左傳昭三年民人痛疾而或燠休之注
燠休痛念之聲正義曰賈逵云燠厚也休美也服虔
曰燠休痛其痛而念之若今時小兒痛父母以口就
之曰燠休代其痛也杜云燠休痛念之聲其意如服
言也愚按下文云其愛之如父母則正義以口就之
其說精矣咻字說文不收玉篇許丰切噢咻痛念之
聲也又許流切廣韻咻口病聲也觀玉篇噢从口則
燠休休字之从口更於聲意皆無可疑者矣說文捝
解捝也他括切　洪氏隸續云漢故尉氏令鄭君碑
篆額據此則是碑有額無疑而金石圖竟云無額印

使下半埋土中而其額之有無豈可誣乎予得小松
寄來所拓碑與陰皆用極寬長之紙四邊留空中間
石本凡高四尺六寸橫寬三尺而正面穿上之額竟
不可見蓋穿以上皆全泐無復石膚矣小松札云其
額處石泐凹入寸許且云石質最鬆施椎即落拓時
本欲去其下座升高驗下半有字否因石質一動即
損不敢更張也下座乃兩石夾嵌外低內高所以拓
本正碑短而碑陰長也　石鄭季宣碑陰今見存字
九十一又半字五第四行毛下隸續作武誤今石本
是㠯字第五行耽字張氏釋文作蟄誤今石本是耽

字第十六行元珪張氏釋文作元璣誤今石本是珪
字第十八行直字隸續作眞今石本是直字第十九
行德字上張氏釋文作子今石本是[illegible]恐當是孝以上
正誤五處第一行下列今石本尚露首一字是處第二行
下列今石本尚露首一字是處第三行下列今石本
尚露首二字是處士第四行下列今石本尚露首
字是處第五行下列今石本尚露首一字是處第七
行伯字隸續所無今補第八行隸續全漏去今補二
字第九行咨字隸續闕今補第十九行下列首一字
是主字洪張皆無今補第二十行下列首一字是議

字洪張皆無今補以上補遺十處　兩漢金石記
此碑文字行次翁閣學言之甚詳並著爲圖兮細玩
碑文十一行神人協下有寧字之半徽五與上有右
旁眞字似愼字十四行首有葬故二字可辨皆翁所
未及也山左金石志
按是碑歐陽父子所未見至金石錄始有跋尾然
僅能辨其年月餘已斷缺不成文理無怪近日剝
蝕如是之甚也碑中飢字死字洪氏皆以爲奇辭
字洪亦未詳趙渭飢與載同實非飢字顧氏藹吉
辨之甚核說文夙早敬也徐鉉等曰今俗書作夙

謂是夙字本應作殂碑作殀者字體小變猶飤書爲飢非奇字也馥字左从香卽香右从复者古老子復字作㣚則复是古文复字以此釋之定爲馥字無疑馥字見韓詩說文所無漢隸有此字碑云恩□□恩卽思字又云杳父事君四字今已全泐然借杳爲資洪亦未舉碑陰篆額八字横書隸續及漢隸字源作尉氏處士故吏人名隸辨又作處士尉氏故吏人名皆誤據隸續原碑題名凡四列五十九人今就現存有字者摹之餘皆弗錄也

金石萃編卷十七終

金石萃編卷十八

賜進士出身 誥授光祿大夫刑部右侍郎加七級王昶譔

漢十四

郃陽令曹全碑

碑高七尺六寸廣三尺七寸二十行行四十五字今在郃陽縣

君諱全字景完敦煌效穀人也其先蓋周之胄武王秉乾之機翦伐殷商既定爾勳福祿攸同封弟叔振鐸于曹國因氏焉秦漢之際曹參夾輔王室世宗廓土斥竟子孫遷于雍州之郊分止右扶風或在安定

或處武都或居隴西或家敦煌枝分葉布所在爲雄君高祖父敏舉孝廉武威長史巴郡朐忍令張掖居延都尉曾祖父述孝廉謁者金城長史夏陽令蜀郡西部都尉祖父鳳孝廉張掖屬國都尉丞右扶風隃麋侯相金城西部都尉北地大守父琫少貫名州郡不幸早世是以位不副德君童齔好學甄極毖緯無文不綜賢孝之性根生於心收養季祖母供事繼母先意承志存亡之敬禮無遺闕是以鄉人爲之諺曰

重親致歡曹景完易世載德不隕其名及
其從政清擬夷齊直慕史魚歷郡右職上
計掾史仍辟涼州常爲治中別駕紀綱萬
里朱紫不謬出典諸郡彈枉糾邪貪暴洗
心同僚服德遠近憚威建寧二年舉孝廉
除郎中拜西域戊部司馬時疏勒國王和
德弒父篡位不供職貢君興師征討有兗
膿之仁分醪之惠攻城野戰謀若涌泉威
牟諸賁和德面縛歸死還師振旅諸國禮
遺且二百萬悉以簿官遷右扶風槐里令

遭同產弟憂棄官續遇禁冈潛隱家巷七
年光和六年復舉孝廉七年三月除郎中
拜酒泉祿福長訞賊張角起兵幽冀兗豫
荊楊同時並動而縣民郭家等復造逆亂
燔燒城寺萬民騷擾人褱不安三郡告急
羽檄仍至于時聖主諮諏群僚咸曰君哉
轉拜郃陽令收合餘燼芟夷殘迸絕其本
根遂訪故老商量儁艾王敞王畢等恤民
之要存慰高年撫育鰥寡以家錢糴米粟
賜癃盲大女桃斐等合七首藥神明膏親

至離亭部吏王宰程橫等賦與有疾者咸
蒙瘳悛惠政之流甚於置郵百姓繈負反
者如雲戢治廧屋市肆列陳風雨時節歲
獲豐年農夫織婦百工戴恩縣前以河平
元年遭白茅谷水災害退於戌亥之間興
造城郭是後舊姓及脩身之士官位不登
君乃閔縉紳之徒不濟開南寺門承望華
嶽鄉明而治庶使學者李儒欒規程寅等
各獲人爵之報廓廣聽事官舍廷曹廊閣
升降揖讓朝覲之階費不出民役不干時

門下掾王敞錄事掾王畢主簿王歷戶曹
掾秦尚功曹史王顓等嘉慕奚斯考甫之
美乃共刊石紀功其辭曰
懿明后德義章貢王庭征鬼方威布烈安
殊巟還師旅臨槐里感孔懷赴喪紀嗟逆
賊燔城市特受命理殘圮芟不臣寧黔首
繕官寺開南門闕嵯峨望華山鄉明治惠
沾渥吏樂政民給足君高升極鼎足
中平二年十月丙辰造

碑陰

共五列第一列一行第二列二十六行第三列八行第四列十八行第五列四行

處士河東皮氏岐茂孝才二百
縣三老商量伯祺五百
鄉三老司馬集仲裳五百
徵博士李儒文優五百
故門下祭酒姚之宰鄉五百
故門下掾王敞元方千
故門下議掾王畢世異千
故督郵李譚伯嗣五百
故督郵楊動子豪千

故將軍令史董溥建禮三百
故郡曹史守丞馬訪子謀
故郡曹史守丞楊榮長孳
故鄉嗇夫曼駿安雲
故功曹任午子流
故功曹曹屯定吉
故功曹王河孔達
故功曹王吉子僑
故功曹王時孔良五百
故功曹王斆子上

故功曹秦尙孔都二
故功曹王衡道興
故功曹楊休當女五百
故功曹王衎文珪
故功曹秦杼漢都千
璉
故功曹王詡子廟諱
故功曹杜安元進
元
孔宣

誼仲謀
故郵書掾姚閔升臺
故市掾王尊文憙
故市掾杜靖彥淵
故主簿鄧化孔彥
故門下賊曹王翊長河
故市掾王理建和
故市掾成播曼舉
故市掾楊則孔則
故市掾程璜孔休

故市掾扈安子安千
故市掾高頁顯和千
故市掾王瑍季晦
故門下史秦並靜先
起
故賊曹史王授文博
故金曹史精暘文亮
故集曹史柯相文舉千
故賊曹史趙福文祉
故法曹史王敢文國

故塞曹史杜苗幼始
故塞曹史吳産孔才五百
□□部掾趙炅文高
□□曹史高廉 吉千
義士河東安邑劉政元方千
義士侯褒文憲五百
義士潁川臧就元就五百
義士安平祁博季長二百

萬歷初郃陽縣舊城掘得此碑中平二年造內稱金爲戊部司馬征疏勒王和德攻城野戰謀若涌泉威牟諸貢和德面縛歸死還師振旅諸國禮遺且二百萬悉以簿官按范史西域傳和德射殺其王自立涼州刺史孟佗遣從事任涉將燉煌兵五百人與戊己司馬曹寬西域長史張宴將諸國兵合三萬人討疏勒攻楨中城四十餘日不能下引去二說不合且司馬爲曹寬非曹全豈卽其人范史傳寫誤耶卽紀功者張大其詞而面縛歸死似非虛飾抑又何也碑又稱光和七年史光和止六年並七年冬十一月始改元中平耳碑文隸書遒古不減卒史韓勅等碑且完好無一字缺壞眞可寶也 石墨鐫華

銘言三字爲句甚醇古且用二足字相連明手足之足與滿足之足可各押也 安世鳳墨林快事

大女桃婓揚雄反離騷昔仲尼之去魯兮婓婓遲遲而周遊師古曰婓婓往來貌也列仙傳江婓二女則竟以爲妃之異文 文選左思蜀都賦娉江婓於神遊吳都賦江婓於是往來五臣並作妃其字亦可作婔斐諸江郗登者而解佩 按魏書刑法志有河陰縣民張智壽妹容妃則固有以民間女而稱妃者 凡亭舍之去郡縣遠者謂之離亭猶曰離宫也其在郭內者謂之都亭 此文乃王敞王畢等相與爲之而自稱爲餞吏無乃自譽耶 處士者德行可尊之人義士

則但出財之人而已今人出財布施皆曰信士宋太宗朝避御名凡義字皆改爲信今之信士卽漢碑所稱之義士也金石文字記

按碑文全爲喻麋侯相鳳之孫鳳嘗上書言燒當事得拜金城西部都尉屯龍者而全以戊部司馬討疏勒又定郭家之亂信不媿其祖矣時人語曰重親致歡曹景完蓋其孝友之性尤人所難能也嗚呼今之爲吏者雖遭父母之喪必問其親生與否投牒再三始聽其去而全以同產弟憂得棄官歸以此見漢代風俗之厚其敦孝友若是全以禁錮隱家巷者七年

可以補後漢史黨錮諸人之闕史載疏勒王臣磐爲季父和得所射殺而碑云和德弒父簒位德與得文亦不同史稱討疏勒有戊己司馬曹寬而不曰全又云其後疏勒王連相殺害朝廷亦不能禁而碑云和德面縛歸死司寇益范蔚宗去漢二百餘年傳聞失眞要當以碑爲正也曝書亭集

全爲永昌太守曹鸞兄鸞以上書訟黨人五屬全遭同產弟憂棄官後遇禁網潛隱家巷七年弛禁全得復官其年月與碑悉合顧炎武引揚雄反離騷列仙傳魏書刑法志謂固有以民閒女而稱妃者

又漢郭先生碑銘有娥娥三妃行追太姒碑爲季女所立直以爲妃而比之太姒何也金石錄補

范史西域傳敘云元帝置戊己二校尉屯田于車師前王庭明帝時置都護戊己校尉建初元年章帝不欲疲敝中國迎還戊己校尉和帝永元三年復置戊己校尉又置戊部候順帝永建六年置伊吾司馬又云自高昌壁北通後部金滿城五百里此其西域之門戶也故戊己校尉更互屯焉靈帝熹平四年于闐王安國攻拘彌大破之殺其王死者甚衆戊己校尉西域長史各發兵輔立拘彌侍子定興爲王劉攽注

曰案文多己字但是和帝以後事並多此一字也疏勒傳云戊己司馬曹寬劉攽注云案文亦多己字按西漢元帝時有事西域置戊己二校尉東漢明帝章帝和帝時或置或罷和帝又置戊部候順帝置伊吾司馬則建置無闕焉劉攽注戊己校尉云己字但是和帝以後事並多此一字其注戊己司馬亦云多己字則知戊部校尉己部校尉本二官和帝以後止置戊部校尉一官又置戊部候其戊部司馬疑是戊部校尉所屬而史未詳也

碑有云敦煌效穀人也前漢書師古注曰本漁澤障也按孝武元封六年濟南

崔不意爲漁澤射教力田以勤效得穀因立爲縣名杜林曰古瓜州地汝穀敦煌屬邑第三又云武威長史東漢書百官志郡當戍邊者丞爲長史古今注曰建武十四年罷邊郡太守丞長史領丞職凡與二千石丞長史六百石又云巴郡朐忍令朐忍巴郡屬邑第三又云張掖居延都尉乃張掖居延屬國都尉也每屬國置都尉一人比二千石丞一人凡比二千石丞比六百石又云夏陽令夏陽左馮翊屬邑第十按碑敘述全高祖敏曾祖述祖鳳三世皆舉孝廉皆爲敦煌郡武威張掖金城北地長史都尉丞太守等

官全復舉孝廉拜西域戊部司馬立功疏勒眞所謂易世載德不隕其名也又云右扶風槐里令槐里右扶風屬邑第一又云酒泉祿福長祿福酒泉屬邑第一又云郃陽令郃陽左馮翊屬邑第九大雅在洽之陽元和志曰縣在郃水之陽郃水卽水經之瀵水也此其官位郡邑之可攷者也至于書法所當攷者如廓土庍竟卽斥境庍彭長碑庍字亦如此寫又和德弑父篡位弑字從戈又兖膺之仁兖卽皃字前上聲說文皃也亦作皃蔡邕釋誨泯泯庶類含甘皃滋又咸牟諸貢貢音彬後漢崔實諫議大夫箴處有訓諭出有旅貢又續遏禁罔卽綱字去系又人襄不安卽懷字又賜痒盲癃卽疲癃之癃又安殊荒荒字無草頭周悌功勳銘荒忽柳敏碑不癡荒兮費鳳碑絡于大荒沈子琚江堰碑田卽荒皆如此寫說文荒水廣也此碑予所考證九字九字既解庶幾無遺義矣金石遺文錄

右曹全碑并陰字徑九分陰字徑七分在郃陽縣孔子廟東角門內西向 碑悞卽快字金石圖

靈帝紀黃巾賊張角以中平元年二月反碑云七年三月按靈帝光和但有六年無七年其七年卽是中

平元年張角以是年起兵豈當時邊報流傳亦復不實碑僅據流傳者書之耶抑王敞王畢等爲諛詞以媚官長故爲是文飾之語以張之也 又史作和平元年碑作河平元年虛舟題跋

按碑陰第一行縣三老金石文字記作故三老誤其處士趨出第一層之上書之可想見當時處士之尊此碑文止八百四十餘字而碑陰有四百四十餘字惜乎搨工不搨碑陰使好古者不得盡見之也雍州金石記

右碑銘辭後空二三行許然後書年月一行又復書

於行末今搨工借紙别搨年月一行不知當置何所
寻見舊搨未斷全本乃知其式如是　銘云吏樂政
民給足君高升極鼎足安世鳳云二足字可各押寻
謂二足字本非一義其可連押何疑昌黎詩之重用
韻亦即本此更考古人有連用韻而并非異義者如
詩雲漢三章曰周餘黎民靡有孑遺昊天上帝則不
我遺兩遺字連押焦仲卿妻詩此婦無行節舉動自
專由吾意久懷忿汝豈得自由兩由字連押亦用韻
一奇例也前人從未有論及者姑識于此　陽曲傅
山先生云謝承後漢書寻家有之明永樂間揚州刊

本初郃陽曹全碑曾以謝書考証多所裨益大勝范
書以寇亂亡失矣今碑中如攻西域權黨禍及戊部
司馬之類皆與范書不合安得謝書一印証之　右
曹全碑陰凡四列共五十七行内第一層一字者一
行第二層一字者一行二字者一行上一字今缺　三字者
一行第三層左一字者一行又第一層故功曹秦尚
孔都下但一二字而無千百之數審視拓本初無剝
泐之迹似當時原未書鐫或有所闕疑故空而未刻
也金石存
碑以兖爲沇而兖豫之兖仍作兖又以縣爲緜以婁

爲妃閏七爲匕以疊爲曡以褱儴皆爲懷　碑初出
時止缺一因字後乃中有斷裂又後乃乾字中日有
穿迹之直畫矣今日得乾字未穿者爲舊本也又中
間咸曰君哉咸字咸内口上一畫是彎曲倒折之筆
今石泐而其旁一小直畫不可見遂成二小横畫矣
　戰字威字皆闕末筆此與碑陰人名僅存一二字
又秦尚孔都下有二字而無千百等字皆似書丹時
偶然空闕不能臆爲之説矣　顧寧人以遂爲遴蓋
出偶然審視之誤至巴郡朐忍令則朐忍縣名載於
後漢書郡國志巴郡條下其文無異而顧氏以爲别

體字則不可解矣兩漢金石記
右郃陽令曹全碑漢時重清議故雖遐方人士猶知
敦孝友以立名譽若全之重親致歡見於鄉諺亦其
一也其稱季祖母猶言庶祖母也官府所居曰寺碑
云燔燒城寺又云開南寺門又云繕官寺開南門皆
以寺爲官廨之稱也漢書地理志酒泉郡有祿福縣
續漢志作福祿晉隋唐諸志皆因之此碑云拜酒泉
祿福長魏志龐淯傳及皇甫謐列女傳載龐娥事云
祿福趙君安之女又云祿福長尹嘉然則魏漢之間
猶稱祿福其改爲福祿蓋在晉以後史無明文以知

之矣碑末題中平二年十月丙辰造同年紀編修昀嘗疑其僞云後漢書靈帝本紀是年十月有庚寅距丙辰前二十六日天文志十月有癸亥距丙辰後七日其閒不得有丙辰日恐是後人妄作予以四分術推之是歲入庚子蔀四十一年積月五百有七閏餘二積日一萬二千九百七十二小餘一百三十三天正壬申朔加朔實十一得十月丙申朔丙辰月之二十一日癸亥月之二十八日是月無庚寅庚寅乃九月二十四日本紀誤而碑不誤也今攷定中平二年三年朔日于左

中平二年正月辛未朔　二月庚子朔本紀二月己酉月十日五行志二月有己酉庚戌庚戌月十一日又五行志二月癸亥廣陽城門外屋無故自壞月二十四日本紀作己亥誤　劉寬碑二月丁卯月二十八日　三月庚午朔譙敏碑三月九日戊寅以歷推之恰合　四月己亥朔本紀五行志俱有四月庚戌月二十日　鄭季宣碑有四月辛亥月十三日　五月己巳朔

六月戊戌朔　七月戊辰朔　八月丁酉朔

九月丁卯朔　十月丙申朔　十一月丙寅朔

十二月丙申朔

三年正月乙丑朔　二月乙未朔本紀二月庚戌月十六日

三月甲子朔　四月甲午朔鄭季宣碑四月辛酉月二十八日

五月癸亥朔本紀五月壬辰晦五行志同以歷推之恰合　六月癸巳朔　七月壬戌朔　八月壬辰朔　九月辛酉朔　十月辛卯朔天文志十月戊午月二十八日

右碑陰列出錢人名有鄉三老鄉嗇夫門下祭酒門下掾門下議傳督郵功曹門下曹市掾郵書掾門下史塞曹史法曹史賊曹史集曹史金曹史皆縣屬掾史也處士岐茂別爲一行不與掾史並者非其部民也義士五人亦別爲一列在掾史之下無職故也潛研堂金石文跋尾

朱竹垞云史載疏勒王臣磐爲季父和得所射殺而

碑云和德弒父德與得文亦不同予嘗推之漢一字石經論語何得之衰今文得作德史記孟嘗君傳齊湣王不自得索隱曰得一作德是湣王遣孟嘗君自言己無德故也漢書項羽傳吾爲公得晉灼曰或作德然則得與德古字通也後漢書靈帝紀中平元年春二月鉅鹿人張角自稱黃天其部帥有三十六萬皆著黃巾同日反叛今碑云光和六年所記與史不同蓋靈帝以七年十二月改元中平碑惟就其始書之三國志魏武帝紀亦云光和末正與碑符而典略誤爲光和中東方有張角史家不知詳推動貽舛謬

如斯類者可勝指耶授堂金石跋

碑云巴郡朐忍令張納功德叙西嶽華山亭碑躍勸闕亦作朐忍漢地理志巴郡有朐忍縣小顔音劬䏰書地理志巴東郡有朐䏰縣後漢書郡國志與地理志同吳漢傳作朐䏰注引十三州志云其地下濕多朐䏰蟲因以名縣徐鉉說文新附朐字注云朐䏰蟲名漢中有朐䏰縣地下多此蟲因以爲名从肉句聲攷其義當作潤蠢如順切䏰字注云朐䏰也尺尹切三國志注引英雄記屯朐䏰裴音云上蠢下如振反戴侗六書故云蚯蚓古謂朐䏰又謂曲蟮蚯朐曲同

聲殽按玉篇肉部無朐䏰二字其爲後世俗作無疑顔戴說與碑合徐氏謬也廣韻上聲準部朐字音尺尹切注云漢朐䏰縣名䏰音閏去聲稕部䏰字音如順切注云漢朐䏰縣名朐音蠢此與徐氏閏蠢之音倒互集韻朐字注云朐䏰縣名或从句俗作朐非是此又沿襲廣韻而加武斷者桂馥跋

蕩陰令張遷表

碑高九尺五寸廣三尺二寸十六行行四十二字第十四行空末有一字額題漢故穀城長蕩陰令張君表頌十二字篆書今在東平州學

君諱遷字公方陳留己吾人也君之先出自有周周宣王中興有張仲以孝友爲行披覽詩雅煥知其祖高帝龍興有張良善用籌策在帷幕之內決勝負千里之外析珪於留文景之間有張釋之建忠弼之諟帝遊上林問禽狩所有苑令不對更問嗇夫嗇夫事對於是進嗇夫爲令令退爲嗇夫釋之議爲不可苑令有公卿之才嗇夫喋喋小吏非社稷之重上從言孝武時有張騫廣通風俗開定畿寓南苞八蠻西羈七戎北震五狄東勤九夷荒遠既殯各貢

所有張是輔漢世載其德爰既且於君蓋其繵緄纘戎鴻緒牧守相係不殯高問孝弟於家中謇於朝治京氏易聰麗權略藝於從畋少爲郡吏隱練職位常在股肱數爲從事聲無細聞徵拜郎中除穀城長蠶月之務不閉四門臘正之僚休囚歸賀八月筭民不煩於鄉隨就虛落存恤高年路無拾遺犁種宿野黃巾初起燒平城市斯縣獨全子賤孔蔑其道區別尚書五教君崇其寬詩云愷悌君隆其恩東里潤色君

垂其仁部伯分陜君懿于棠晉陽珮瑋西
門帶弦君之體素能雙其勛流化八基遷
蕩陰令吏民頡頏隨送如雲周公東征西
人怨思奚斯讚魯考父頌殷前喆遺芳有
功不書後無述焉於是刊石豎表銘勒萬
載三代以來雖遠猶近詩云舊國其命惟
新
於穆我君既敦既純雪白之性孝友之仁
紀行來本蘭生有芬克岐有兆綏御有勛
利器不覿魚不出淵國之良幹垂愛在民

蔽沛棠樹溫溫恭人乾道不繆唯淵是親
既多受祉永享南山千祿無疆子子孫孫
本
惟中平三年歲在攝提二月震節紀日上
旬陽氣厥析感思舊君故吏韋萌等僉然
同聲賃師孫興刊石立表以示後昆共享
天祚億載萬年

碑陰 共三列每列十九行

故安國長韋叔珍錢五百

故從事韋□□錢五百
故從事韋元雅錢五百
故從事韋元景錢五百
故從事韋世節錢五百
故守令韋術遠錢五百
故守令范伯犀
故吏韋金石錢二□
故督郵范齊公錢五百
故吏范文宗錢千
故吏范世節錢八百

故吏韋府卿錢七百
故吏韋季考錢七百
故吏韋伯臺錢八百
故吏范德寶錢八百
故吏韋公儁錢五百
故吏氾定國錢七百
故吏韋閏德錢五百
故吏孫升高錢五百
故吏韋公逴錢七百
故吏韋排山錢四百

故吏范巨錢四百
故吏韋義才錢四百
故吏韋輔節錢四百
故吏韋元緒錢四百
故吏韋容人錢四百
故從事原宣德錢三百
故吏韋公明錢三百
故吏范成錢三百
故吏韋輔世錢三百
故吏范國方錢三百

故吏韋伯善錢三百
故吏氾奉祖錢三百
故吏韋德榮
故吏范利德錢三百
故吏韋苍章
故吏騶術義
故吏韋宣錢三百
故吏韋孟光錢五百
故吏韋孟平錢三百
故守令韋元孝錢五百

右漢蕩陰令張君碑云故吏韋萌等刊石立表蓋其去思碑也字特完好可讀漢碑中之不易得者攷之東漢地里志蕩陰屬河內郡即今彰德府之湯陰縣已吾屬陳留郡即今開封府之夏邑縣金薤琳琅張君碑文辭爾爾有東京風獨敘事末甚詳覈耳至謂其先有曰良曰釋之曰騫者按良韓人釋之南陽堵陽人騫漢中人宗系絕不相及文人無實乃爾弇州山人四部稿其文有云荒遠既殯者賓之誤中謇於朝者忠之誤而又有云爰既且於君則暨之誤古字多通而賓旁

加歹已為無理又何至以一字離為二字也歐陽趙洪三家皆無此碑山東通志曰近掘地得之豈好事者得古本而摹刻之石遂訛謬至此邪金石文字記碑銘書蔽芾棠樹為蔽沛按堯母祝睦魏元丕三碑其書蔽字略同而芾作沛則此碑所獨也碑陰率錢從事二人守令三人督郵一人故吏三十二人昔賢謂東漢鮮二名者是碑范巨范成韋宣而外自韋叔珍下皆二名或書其字然邪曝書亭集金石文字記以碑中賓誤殯忠誤中暨誤既且疑好事者摹刻按以殯為賓見禮記曾子問以中為忠與

魏呂君碑同說在第一卷東莫二韻惟以旣且爲暨
有不可解然字畫古折恐非摹刻也隸辨
石張遷碑金薤琳琅載其文闕者五字以此碑按之
徵拜下是郎字燒平下是城字流化下是八字閒下
作𢍰當是𢍰通作泛孔茂下是二字若爾則爲全文
矣又張長善用下釋作渤何碑是鑄鏶穀城長下釋
作蠶碑是蠶字晉陽珮下釋作璉碑是璉字吏民頌
下釋作韻碑是頌字手是刻石下釋作整碑是監字
此則南濠公之偶誤存愼高下釋作年字孔茂下釋
作武字碑皆湯滅難識此則南濠公之意湖子子孫

孫下有一字不可識而不釋此則南濠公之刪削碑
曰問禽狩所有當是禽獸受旣且於君當是旣租古
字相通也石詳攷[redacted]金
孫石雲跋是碑辨之詳矣然以八基爲子賤以下八
事則未知其與則通八基謂八年也　碑云張是輔
漢是即氏字韓勅後碑於是作於氏漢書地里志云
至元孫氏爲莊公歸古曰氏與是同三國志史有氏
儀孔融嘲之曰氏乃民無上儀遂改姓是　埶於從
政諸家皆作從政非也此猶川得論求也埶于從政
乎何有何政乎在昨微有損壞遂與政字疑似竟釋

作徼于義不通　韓非子觀行篇云西門豹之性急
故佩韋以緩己董安于之心緩故佩弦以自急碑云
晉陽佩瑋西門帶弦顛倒用之豈別有傳耶抑筆誤
耶　碑額題爲表頌銘文子子孫孫句之下方有一
字上半不全下截似是表字豈即所謂表頌之意耶
隸釋所載廣漢王君治石路碑亦以一表字表其首
但彼書于前而此書于後則又有不同者　右漢張
遷碑陰凡四十一人二名者多益皆書其字也惟范
巨范成章宣三人則又名而不字隸釋云漢人題名
必書名字否則各有說也楊震碑陰孫定博諸人不

名者非其門生也逢盛碑陰崔孟祖數人不名者乃
其父黨也題名于韓勅碑左凡八人魯之二鼎一傳
不名者別首相尊之也張納碑陰主薄白文以下不
稱字者示其卑於從事李元也史晨後碑五官掾孔
暘六人不稱字者亦示其卑於長史李謙也洪公之
言其詳盡如此獨此則同是故吏而或名或字有異
又不知當有何說以定之也　氾字音梵字本作氾
與氾字音祀者形聲各別皇甫氏曰本凡氏秦亂避
地于氾水改姓氾漢有氾勝之著書十八篇言種植
事碑有氾姓二人非范之省文也又其字書作氾與

音杞之字無别遂讀作杞亦非金石存
白石神君碑張遷碑昔人皆以爲僞也或曰魏人翻
舊碑爲之綜其實不然予觀張遷碑之端直朴茂與
衡方碑大相類其爲先漢法物無可疑者白石神君
書體少劣於遷碑要亦謹飭有法　邰陽褚峻語予
曰張遷碑後行刻一衣字於表字側不知其所謂峻
嘗見舊搨本無此側刻半表字迺知爲後人蹟設殆
厭碑刻表字非隸體好而是正其旁斯爲沾沾不勝
喜事者耳金石圖
右張遷碑陰韋氏二十六人范氏十人氾氏二人孫

氏原氏騶氏各一人前碑云故吏韋萌等刊石立表
而此是故安國長韋叔珍以下皆從事守令及吏而
不名何也不署郡邑豈皆蕩陰之人仕于外如安國
者非必張君之所屬耶然故吏范巨范成韋宣忽書
名爻何也止載助錢之數别無文字故不可深考爾
金石錄補
碑云蓋其繵縺即蟬聯也碑又以禽狩爲禽獸以殯
爲賓以張是爲張氏相係爲相繼中謇爲忠謇珮瑋
爲佩韋蔽沛爲蔽芾蔫即焉字蝅即蠶字傑即傑字
其即第字其紀立碑歲月在中平三年歲在攝提之

二月蓋丙寅歲也若唐鄜州寶室寺鐘銘云大唐貞
觀三年攝提在歲云云案是歲爲己丑次年乃庚寅
而亦云攝提何也此尚有碑陰紀出錢姓名余皆有
之都氏不載疑并額皆未之見也文後忽贅詩云舊
國其命維新二語不曉所謂漢時風俗固不知有忌
諱類如此抱經堂文集
碑額二行居碑文弟八行至弟十三行之閒蓋碑文
偏右而空其左也碑文十五行而十三行後空一行
方接弟十四行也弟十四行末刊石立表句表字之
旁又刻衣字循不脩云嘗見舊搨本無此半氏圖據

此說以謂此半表字殆後人所刻方綱按此半字實
是原石所有褚氏牛氏之說非也其碑陰下列無字
處之末尾有楷書付訖二字此則後人妄鑿非原碑
也　碑以禽爲策狩爲獸殯爲殯鷂爲鷂賓爲賓是
爲氏中爲忠瑋即韋因佩而加玉也雖从玉今乃从
呂與言相似隸之小變也秖即祚變示从示漸開後
人行楷之假借矣集韻纏即縺字鏈陵延切縺縷不
解也此蓋以爲纏聯字也顧云美釋縮爲羅釋求爲
尜羈因非羅字求亦恐非尜字　吳山夫云藝於從
政諸家皆作從畋非也愚按此說於文義極通然恐

吳氏所藏本此字紙墨壞耳今以精拓之本與舊拓本相對諦審明白是旼字並非政字左畔因損而疑似也然吳氏之說頗有理以此推之則是碑撰文之人未必卽書石之人想東漢時能書胥史之類固不乏人竟似草稿審視未明而茫然下筆者如此則爰之爲爰暨之爲旣且以及朿字之類或皆誤筆未可執一以論矣　碑云治京氏易而朱竹垞經義攷承師門以歐趙洪氏所弗錄遂不及之也愚已載入經義攷補正卷中　碑合表頌僅五百言而其敘張氏先世事乃至三之一亦似太煩此固不可以入潘昂

霄王止仲之例者矣頌文無頌曰字而碑尾紀年月後又若頌詞者則是文與書皆不可以常格論爾
碑陰玠卽玠字吳山夫作玲非也故守令范伯犀故吏韋德榮韋武章騶叔義此四行下原石皆無字吳山夫皆謂闕三字又於韋武章下多出錢字皆非也其上列第二人亦姓韋但其名二字不可識凡韋氏者二十六人吳山夫云廿五人亦非也汜定國錢七百韋孟平錢三百牛氏金石圖皆訛作五百兩漢金石記

右張遷頌出於近代金薤琳琅嘗載其文都氏攷稽未審釋文多誤如以籌策爲蕭何之類八人篳入見後漢書皇后紀碑云八月　民不煩于鄉筭作笇蓋省文而都氏釋作共字亦誤也碑云張是輔漢世載其德爰旣且於君詳其文義謂張氏仕漢世世有德後有興者且于君也顧寧人讀作爰暨于君以旣且爲暨字之誤釋爰爲爰雖本都氏尚在疑似之間以旣且爲暨乃由臆斷遽詆碑爲訛謬豈其然乎漢制大縣置令小縣置長後漢書王堂傳遷穀城令而此云穀城長蓋縣之大小亦時有更易也　右碑陰四十有一人皆字而下名古人命字有祇一字者此范巨范成韋宣三人當亦其字也范伯口韋德榮韋武

章騶叔義四人不言出錢之數曹全碑陰亦有類是者潛研堂金石文跋尾

案碑遷爲穀城長多惠政後遷蕩陰令吏民追思其德立石紀之考東漢時東郡置穀城東阿二縣北齊省穀城爲東阿宋時凡三遷明時乃遷于穀城鎮卽今東阿縣治今東阿屬泰安府在唐宋元皆隸東平府舊志云此碑明時掘地得之未詳其處意必漢時穀城舊境也碑中通借字近時諸家言之詳矣惟爰旣且於君旣且二字顧寧人以爲暨字之分遂疑是碑爲後人摹刻殊屬非是元案旣終也且始也詩終

風且暴終溫且惠終和且平終其永懷又窘陰雨終皆當訓既詩鄘風溱洧女曰觀乎士曰既且往觀乎既且卽終始之謂與此可相證也詳元所撰釋且篇山左金石志

碑載張君除穀城長蠶月之務不閉四門臘正之傺休囚歸賀桂未谷說傺卽蔡之異文余謂傺釋作蔡句內臘正無所屬矣傺指祭祀之祭漢正臘日有此舊典續漢書季冬之月星廻歲終陰陽已交勞農大享臘以送故初學記引今本無以送故三字獨斷臘者歲終大祭從吏人宴飲是也後漢書虞延傳每至歲時伏臘輒休

遣徒繫各使歸家並感其恩應期而還華陽國志王長文傳試守江原令縣收得盜賊長文引見誘慰時值臘晦皆遣歸家獄先有繫囚亦遣之此皆因臘縱囚與碑所稱正合癸丑二月過桂君于歷下舉是以質君曰子言良是向所證誤也因附記於此　其文歷敘君之先出自有周張仲並列及漢張良張釋之張鶖獨引釋之事以約漢書爲文而語尤拙滯張釋之傳上登虎圈問上林尉禽獸簿令釋作苑令百官志上林苑令一人苑令自後漢始有此名又傳惟云尉而故易作令爲文遷就皆於事爲失其實傳云詔釋之拜嗇夫爲上林令碑云進嗇夫爲令是矣若云令更爲嗇夫反多贅此一語何也其下更云釋之議爲不可苑令有公卿之才尤爲誤會釋之釋絳侯東陽侯以是二人爲長者足副公卿耳碑乃以苑令嘗之其亦粗涉史傳好以意爲之遂不悟其謬也與碑役又言詩云舊國其命維新經句亦可裁節便以成文愈爲巨謬矣惟舊國今作邦疑亦非避諱或漢時所傳本如此樊毅碑劉熊碑皆直書邦字可證也碑向爲歐陽趙洪所未目及獨近世始著錄其外誤爲亭林氏所指者尚遺略不及於此余故特著之然顧

氏所指中爲忠之誤中忠自通用非誤也授堂金石跋

碑云臘正之傺休囚歸賀都氏釋傺爲際案傺字不見於書傺卽祭之異文隸書偏旁隨意增減如孫叔敖碑以湶爲泉孟郁修堯廟碑以僩爲閑此類不可枚舉小爾疋蔡法也尚書禹貢二百里蔡鄭康成注蔡之言殺減殺其賦春秋左氏傳周公殺管叔而蔡蔡叔注蔡放也釋文云上蔡字說文作𥻦玉篇云𥻦書作蔡字漢書宣帝紀元康三年詔骨肉之親𥻦而不殊昌邑王傳作析而不殊吳仁傑曰𥻦當作𥻦說文𥻦散之也散與析同義此碑蓋訓張君治穀城未

滅獄頌省刑釋囚故下文云尚書五教君崇其寬詩
云愷悌君隆其恩是則傑之爲桀無可疑者都氏何
据而釋爲際邪 桂馥

金石萃編卷十八終

金石萃編卷十九

賜進士出身 誥授光祿大夫刑部右侍郎加七級王昶譔

漢十五

魯王墓石人胸前題字二種

一長三尺三寸五分廣一尺八寸五分一行四字

府門之卒

府門之卒

一長三尺二寸廣一尺九寸二行行五字今並在曲阜縣魯共王墓前

漢故樂安大守麃君亭長

漢故樂安大守麃君亭長

魯王墓前東側一石人介而執殳高五尺腰圍七尺刻曰府門之□一石人晃而拱手立頷下裂紋如滴淚痕高五尺五寸腰圍七尺五寸胸刻漢故樂安太守麃君亭□十字兩石人並肩而西向相去者五六步 金石圖

予初得二拓本諦審之其一云府門之下一字是卒字其一云漢故樂安太守麃君亭下一字是長字既而又拓得一本則并其弁首眉目皆拓出之牛氏雖云自腰以下陷土中不見然今所拓字實已全具非其下尚有字也 按漢書地理志樂安本千乘和帝

永元七年更名樂安是此刻爲東漢時字無疑吳山夫金石存据鄭芷畦說山東省志載魯恭王孫皆葬此因謂鹿姓出於魯恭王之後亦未然也兩漢金石記

漢制諸郡置太守王國稱相和帝永元七年改千乘爲樂安國質帝本初元年以樂安國土卑溼租委鮮薄徙樂安王鴻封勃海自後無封樂安者蓋已罷爲郡矣此稱樂安太守其在桓帝以後乎鹿姓不詳其所出韓勑碑有故涿太守鹿季公故樂安相鹿季公皆魯人也則鹿固魯之名族矣季公故樂安相桓帝永壽中猶存此刻所云鹿君豈卽季公乎季公王國

相而追稱之曰太守猶荀淑爲朗陵侯相而文若傳稱朗陵令也潛研堂金石文跋尾

干乘國漢高帝置王其國者三人賢也此一人前漢建也伉也堯子寵嗣和帝永元七年改國名樂安王其國者二人寵也嗣寵者鴻也質帝立本初元年徙王鴻於勃海此後王樂安者不聞焉國既無侯不應有相而桓帝永壽二年韓勑碑有故樂安相鹿季公題名其曰故者則在質帝之前或爲寵相或爲鴻相而罷歸者也既無侯無相當罷爲郡則應置太守鹿續之中子遂爲樂安太守者是也此石人字曰樂安太守鹿君者爲季公之後裔或族人而不可卽傳會爲季公也張塤跋

右二石人年久傾側其一已斷敲火礪角不護將毀元於甲寅春飭教授顏崇椝縣尉馮箖以牛車接軸徙置今所洗拓其文於門下見卒字亭下見長字皆金石圖未備者按水經注載漢鄭食其廟亦有石人胸前銘云門亭長此稱亭長門卒殆同義歟山左金石志

仙人唐公房碑

碑高八尺八寸廣三尺三分十七行行三十一字額題仙人唐君之碑六字篆書今在成固縣

君字公房成固人蓋帝堯之□□□□□

□□□□□之故能舉家□□□□□去

上陟皇耀統御陰陽騰清躡浮命壽無疆

雖王公之尊四海之富曾□□□□□毛

天地之性斯其至貴者也耆老相傳以為

王莽居攝二年君為郡吏□□□□土域

啖瓜旁有真人左右莫察而君獨進美瓜

又從而敬禮之真人者遂與□期聟谷口

山上乃與君神藥曰服藥以後當移意萬

里知鳥獸言語是時府在西成去家七百

餘里休謁往來轉景即至闔郡驚焉白之

府君從爲御吏畳齧輒車被其君乃畫地
爲獄名畳誅之視其腹中果有被具府君
口賓燕欲從學道公房頃無所進府君怒
勑尉部吏收公房妻子公房乃先歸於谷
口呼其師告以危急其師與之歸以藥飲
公房妻子曰可去矣妻子攣家不忍去又
曰豈欲得家俱去乎妻子曰固所願也於
是乃以藥塗屋柱飲牛馬六畜須臾有大
風𩗗雲來迎公房妻子屋宅六畜翛然與
之俱去昔喬松崔白皆一身得道而公房

舉家但濟盛矣傳曰賢者所存澤流百世
故使智鄉春夏毋蚊蚋秋冬鮮繁霜癘蠱
不遐去蝮蟘百穀収入天下莫斯德祐之
效世道牟羣仙德潤故鄉知德者鮮歷世
莫紀漢中太守南陽郭君諱芝字公載脩
北辰之政馳周邵之風歆樂唐君神靈之
美以爲道高者名邵德厚者廟尊乃發嘉
教躬損奉錢倡率羣義繕廣斯廟口和祈
福布之兆民刻石昭音揚君靈譽其辭曰
口口口口口口口口口口口口口口口口

遂享神藥超浮雲兮翱斷
右仙人唐君碑篆額漢中太守郭芝立今在興元府
君字公房王莽時人也博物志云城固縣壻鄉有唐
公昉得道雞犬皆升仙惟以鼠有惡不得去鼠自悔
每月一吐其腸胃更生謂之唐鼠總仙錄所引博物
志又云鼠至谷中自吐腸出一月三易故山中有拖
腸鼠水經云智水川有唐公房祠公房入雲臺山合
丹服之白日升天雞鳴天上狗吠雲中以鼠惡留之
鼠乃感激以月晦日吐腸胃更生公房升仙之日壻
行未還不獲同階雲路約以此川爲居言無繁霜蛟

虎之患其俗因號爲壻鄉二說唯鼠事小異神仙錄
則云神仙李八百爲公房家傭爲惡瘡使公房夫
婦及三婢舐之又索美酒三十斛浣瘡因以餘酒浴
公房夫婦顏色更少授以丹經一卷公房入雲臺山
作藥藥成服之仙去其說俱異惟鍊丹雲臺與水經
同爾後漢志云褒中有唐公昉祠蓋隸法房字其戶
在側故人多不曉或作昉或作坊皆誤也羕即莽字
婿即壻字眥即鼠字𡥈即戀字隸釋
昔葛稚川謂仙人可以盡求其言劉向所說列仙傳
自刪秦大夫倉書中出之洪又采其遺者中黃仙人

石光康鳳子律文劉元藥子長李文尹子張子咊壬
杜董君異衛叔卿梁伯而謂李八百爲唐公昉作傭
客後八百僞病公昉爲瘢數千萬不以爲損又作惡
瘡公昉與其妻妾舐之其瘡盡愈以丹經授公昉公
昉入雲臺山中合丹丹成仙去洪之傳如此不聞其
與六畜俱逝然碑立於漢而洪爲書在後洪不取此
知其謬也洪嘗論藥可飲牛馬鳥獸令其不死則如
公昉事正洪所欲得而不以言則知當無其傳彼果
有傳人亦不以信也 廣川書跋
華陽國志云蜀以城固爲樂城碑與水經合第六期

壻字作聟字而漢隸智字亦近聟字如碑云眞人期
聟谷口山上及後聟鄉當皆作智字使公房有壻與
眞人相期碑必詳言之矣夫水曰智水谷曰智谷則
鄉爲智鄉無疑所謂壻鄉者乃妖妄之說予故全錄
碑文以證之 金石後錄
右唐公房碑歐陽集古錄作公昉碑趙氏金石錄作
仙人唐君碑洪氏隸釋作仙人唐公房碑碑篆額云
仙人唐君之碑六字在碑額之偏右其篆字分二行
君字在次行之首據隸續是君字今不可辨矣其弟
一行弟三字篆書唐字甚分明今隸續刻本誤 文

按歐陽集古錄謂不載其姓葢歐陽公未見此碑額
耳唐公房祠見於水經注華陽國志諸書隸續所引
後漢書志即華陽國志文也 兩漢金石記
按碑稱公房以王莽居攝二年與眞人期于壻谷口
山上則是公房未升仙之日其水與鄉已號曰壻矣
并無壻行未還之說道元不知何所據也 關中金石記
碑文云是時府在西成去家七百餘里據集古錄作
是時府君去家七百餘里疑隸釋所載碑文訛君爲
在而衍西成也 校訂隸釋存疑

魯相謁孔廟殘碑

碑上下俱殘缺存高四尺四寸廣二尺六寸九行行十六字今在曲阜縣孔廟

上闕 詳□ 帝命英授俾相予魯 吉月令辰歆
謁 上下闕 光耀□ 藏寶覽鴻基之曠蕩觀林
木之 旁上下闕 暢美風而動物和陰陽以興
雨假爾彼仰 上下闕 □ 訪之儒彥 橋之典謨
聖慮設章先民有 上下闕 □ 在質 樣 春秋 烝
晉 以獲福咎在周人 上下闕 □□ 成 共 立
碑 石固而銘之咸自紀籍表 下闕
上闕 □□□□□□□□□□
上闕 □ 吏字叔德 東海祝基人

上闕□□儒字仲雅東海郯人

右無名碑首尾上下皆碎裂餘石僅有數行詳其辭非是誄墓中人者亦非頌德政紀工役之事前有帝命策授俾相于魯吉月令辰欽謁十四字又云春秋孫嘗幾以獲福葢是謁廟之文後有訪之儒彥稽之典謨聖德設章及昔在周人之句似皆是鋪張孔子也中云覽鴻基之曠蕩觀林木之蓊深似指孔林而言或題爲駐驛亭前斷碑此亭葢在闕里趙氏著錄有魯相謁孔子碑而無其説疑即此也未有叔德仲雅題名皆東海人而亡其姓碑以覘某爲祀其乃春秋夾谷之地又以假爾爲遐邇質即質隸釋

按魯相史晨孔子廟後碑即前碑之陰而闕里志失載又廟中有斷碑一通志亦失載文字漫滅不可卒讀滋陽牛運震著金石經眼錄説題爲孔宏碑今就其字畫之猶可辨者證以隸釋所載無名殘碑文頗相合則題爲孔宏碑者誤矣孔繼汾跋

右孔宏碑土人名吉日令辰碑又曰魯相謁孔廟殘碑今第一行尚可辨日令辰字牛氏金石圖云碑剝落如孔謙碣姓名泯不可辨讀金石辨據舊搨本得知是宏碑也方綱按此碑雖與孔謙碑製小而多渤相同然不得援孔謙以例此者孔謙上下穿暈分明碑式碑文可按隸釋而定之則與碑文明白者無以異也此碑則上半之字前行之字皆不可識則未審其上別有缺落與否而中間露出諸字皆無地里爵氏可據乃其六行文後別隔一行列二行云云則是二人之鄉貫又與碑後題立碑出錢之式不同則實未敢定爲何等碑矣且此碑之名爲孔宏者僅見於牛氏金石圖牛氏所云讀金石辨據舊搨本者隱約其辭竝不確指出於何書且果有舊搨本則所摹碑圖亦必較今日所拓明白處略多數字而以予得今

日洗搨稍精之本亦已較牛氏多識出其十許字則牛氏未見舊拓本可知矣是以吳氏金石文存竟置是碑弗著予則姑依牛氏題目著之而竊附其説如此　第四行第五字牛摹作與第九行八上一字牛摹作爸皆訛凡牛氏圖中全字三十有五方綱所釋者全字四十有四凡碑中可見之字除中間空一行無字外其有字者前後八行前六行行十三字後二行行七字　後漢郡國志東海郡有祝其縣又有郯縣此碑後另起二行其第二行是東海郯人無疑其第一行則海上一字不甚分明未敢臆定爲東字海

下二字上一字或近於親下一字其字下似多二小
畫者亦未敢遽定爲東海祝其人也然其爲二人鄉
貫則確不可易耳他碑此例甚少（兩漢金石記）

右碑見洪氏隸釋今人題爲孔宏者其誤蓋自牛空
山金石圖始耳碑陰洪氏失載鄉來搨本亦俱無之
乾隆己酉冬錢唐何夢華洗滌孔廟諸碑始爲剔出
并得碑側有唐人題名云門人徐泗節度掌書記殿
中侍御史內供奉賜緋魚袋杜兼童子高質大唐貞
元七年辛未春二月八日凡四行左行碑文存六十
六字較諸家所釋爲多茲因碑陰未有著錄故并載

之假爾即遐邇已見隸釋（見）碁即祝其與鄉皆屬東
海郡也（山左金石志）

碑在孔廟即俗傳孔宏碑按孔門僉載河東太守孔
宏碑建寧四年立隸釋已言不可見矣（趙魏竹崦盦金石目錄）

按此碑見隸釋第十七卷洪氏讀其文定爲尊相
謁孔廟殘碑所釋凡八行行十六字今碑九行而
第七行無字可見實亦八行也金石圖誤爲孔宏
碑翁鴻臚深以爲疑并據土人稱爲吉日令辰碑
謂碑首尚見吉日令字而不知隸釋已載且碑作
吉月竝非吉日甚矣考古之難也然嘗之嘗字誤
爲倉翁亦仍之今驗碑作嘗字與洪釋合碑云覽
洪基之曠蕩此句覽之蕩三字分明可見蕩上在
旁尚露日字其爲曠字無疑翁乃于之字下摹作
山旁兩半字亦未深考

竹葉碑

題名共二列存第一列十一人（第二列十八人今在曲阜縣孔廟）

□□曹□薛夏侯
□□□□蔣□
功曹史薛曹嘉
中部督郵簪郭尚

南部督郵文陽侯脩
北部督郵魯王壽
守□卿文陽張耽
左戶曹史魯孔元
右戶曹史薛□□
□□史□□（丞）
□曹史□□□
奏曹史下□□□
辭曹史文陽□□
□曹史蕃仲□

中賊曹史陴荀𤦺
左賊曹史□□
右賊曹史□韓□
左決曹史□虞□
右決曹史文陽馬宗
□曹史□□□
□曹□□□□

右漢碑陰載吏人官爵姓名似亦報德題名之爲而頗剝裂不可讀正面無文字莫考其所謂然觀其碑形隸法足知其爲漢矣是碑曲阜顏樂淸懋倫得之藏置其家碑兩面隱隱有竹葉文或謂之竹葉碑云

金石圖碑上有穿穿之上隱隱似有字者右一行末微露亖左一行末微露曰然卻在其陰而其正面益不可知矣陰凡十一行行十六字牛氏金石圖所摹者纔四十八字而已乾隆壬辰秋揚州羅兩峯聘持是碑拓本請予及錢辛楣同審定後數日見海寧陳竹厂以綱釋文後四年丙申秋曲阜孔葒谷繼涵以精拓本見贈於是合前後所見諸本及釋文重加審釋凡得可辨之字九十有八半字三而碑陰之文幾全矣其缺泐處則實不能定其所缺字數耳故第就圖式書之陳竹厂釋者凡六十餘字其跋曰其職則有中南北督郵奏曹辭曹中左右賊曹左右決曹諸史皆屬吏也其貫則有魯薛蕃汶陽皆魯國也考漢人碑陰脩廟者有出錢數幕碣則加門生故吏字且貫雜他郡惟紀本郡長官功德則不然張納馮煥二碑其例也此碑人不出屬吏貫不出魯國而書法與張馮二碑不異則魯國長官德政碑也後漢百官志曰都尉分縣治民者北郡其監屬縣有五部督郵曹掾又曰皇子封王其郡爲國每置傅相相如太守則有五部

督郵者知不僅太守矣魯國也無太守及都尉則有此督郵者非魯相而何陳跋又云其人姓名惟存郭尚王壽二人而方綱今所審釋則縣名又得卞卞亦魯國屬也其人姓名又得曹嘉侯脩張甝孔元荀瑤五人而孔之名又足補隸釋所記孔氏譜牒人名之所未及不可謂非幸矣乙未四月屬曲阜顏運生拓此無字之正面來精心諦審其正面穿下約有文十三行則其陰十一行者或亦旁有未辨之字未可知也第一行隱隱審度其字似是□□□□字□□□此一字似是沛國□沛國有向縣此一字或當似之八也第二行第三字似

是漢第三行第二字是造餘則無字碑矣此碑洪氏所未見然即洪所已錄而今未見者尚多則山巔水涯井竈屋址片石隻辭可摩挲諦視者知復何限神物之遇合顯白當自有時願天下學侶凡遇舊迹名區一瓦一礫毋輕視之而督工繕役職有攸司者又不待言矣因跋此碑而重有感焉兩漢金石記

右碑觿來祇見碑陰題名二列乾隆己酉冬何夢華洗石精拓始知陽面有字七行漫漶殊甚惟首行第七字是之二行第六字是祖三行第二字是造餘皆不可辨矣碑陰存百餘字當是魯相紀德碑也山左金石志

按碑本在曲阜顏氏近始移置孔廟所存字曰奏曹史曰辭曹史曰功曹史曰中部南部北部督郵曰中左右賊曹史曰左右決曹史曰左右戶曹史漢舊督郵之官行部郡縣舉劾有法田延年爲河東太守尹翁歸從署督郵部汾南所舉應法長吏莫敢怨東漢時許慶家貧爲郡督郵乘牛車鄉里號曰軺車督郵皆是也百官志戶曹主民戶祠祀農桑奏曹主奏議事辭曹主辭訟事賊曹主盜賊事決曹主罪法事皆爲太尉公府此碑陽今皆爲竹葉文所掩無一字可辨必其人曾任都尉執法之官者故立碑之人皆其屬官曹史之屬但紀姓名里貫不載錢數非有事于率錢也陳氏以綱定爲魯國長官德政碑其論最核予爲申其說如此文陽郎汶陽

朱君長題字

碑高三尺三寸上廣二尺一寸下廣二尺七寸一行三字刻於碑下右方今在濟寧州學

朱君長

此石向在兩城山下乾隆壬子四月黃司馬易齋爲漢刻移置州學乙卯春元按試過此細玩石面多樵

斧痕其製頗類曲阜墳壇二刻上有鑿齒一棱似從他處殿甸而出者想亦是墓門殘石耳山左金石志

殷比干墓題字

石高二尺四寸廣二尺二寸二行行二字今在汲縣

殷比干墓

右殷比干墓四字水經云殷大夫比干冢前有石銘題隸云殷大夫比干之墓所記惟此今已中折不知誰所誌也大觀中會稽石國佐有此四字比水經又闕其三字畫清勁乃東漢威靈時人所書收碑如歐趙皆未之見隸釋

水經云云今只四字石公弼跋云殷比干墓四字在今衛州比干墓上世傳孔子書然隸始于秦非孔子書必矣字畫勁古當是漢人書漢隸字原

按衛輝府舊志云殷少師比干墓在汲縣西北一十五里墓前有殷比干墓四字碑年深石斷字畫不全世傳孔子所書今此碑現存竊觀其體勢與周穆王時書吉日癸巳石刻相類其為古筆無疑謹用摹鐫以暴于世云曹安太師比干錄

比干墓碑隸釋漢隸字原辨其繆然比干為三古殺身之第一人而尼父是其族孫為之標識宜也以疑傳疑存之亦無不可劉青藜續金石錄

右殷比干墓四字字逕五寸許按洪婁二書所引水經及石氏語大略相同據水經則曰殷大夫比干之墓據石氏則曰四字而已若謂七字闕其三則殷字下當有泐裂之迹而今所見拓本則殷比二字連接自為一行干墓二字連寫自為一行與水經所云不同矣墓字下半泐去及其字勢之渾勁則皆與洪婁所云又無以異也而吳山夫又云字不類隸之批法疑是先秦西漢人書此則強作解事者仍以洪氏所云當是東漢人書者為正兩漢金石記

子斿殘碑

存字十二行

上闕允字子斿於傳載下闕
上闕奚之難扶危翊放文下闕
上闕載不隕以傳于下闕
上闕令名書不倦是下闕
上闕事人犯而勿欺下闕
上闕臧廣延術士永初下闕
上闕小惠可不之間是下闕
上闕庶聞悼遠近同哀歎下闕

上闕而貴不朽之名故勒其下闕
上闕徽我漢道厥徽伊何消下闕
上闕左亞漢有旨有荊君下闕
上闕□□□名下闕

右漢子斿殘碑斷剝僅存文十一行首行載允字子斿不見其氏下言於傳載缺奚之難扶危翊放此當表其上世故文云□載不隕以傳於缺是其義也屬句者右書不倦犯而勿欺及廣延衛士子斿事跡略可推見如斯然於廣延衛士下有永初字似子斿當永初時有功績可紀開行乃述遠近同哀則其卒之

歲未必在永初中矣銘詞曰在聖漢有莒有荆考孟子以遏徂莒詩皇矣作旅旅與莒同毛傳旅地名也疏言旅地名則毛意以旅爲周地周此時在西莒國近周之地亦必在西漢永初中西寇甚者見於後漢書安帝本紀元年六月先零種羌叛斷隴道大爲寇掠遣車騎將軍鄧騭征西校尉任尚討之二年春正月車騎大將軍鄧騭爲種羌所敗於冀西冬十月征西校尉任尚與先零羌戰於平襄尚軍敗績十一月先零羌滇零稱天子於北地遂寇三輔東犯趙魏南入益州殺漢中太守董炳三年春正月遣騎都尉

任仁討先零羌不利羌遂破沒臨洮四年三月先零羌寇褒中五年二月先零羌寇河東遂至河內蓋積歲爲患搖蕩西州疑銘所謂莒指叛羌也及元初二年十二月武陵澧中蠻叛州郡擊破之三年秋七月武陵蠻復叛州郡討平之此即銘云有荆然則子斿之沒蓋于元初後矣碑前云廣延術士亦見永初元年詔文三月癸酉日有食之詔公卿內外衆官郡國守相舉賢良方正有道術之士明政術達古今能直言極諫者各一人又見五年令三公特進侯中二千石二千石郡守諸侯相舉賢良方正有道術達於政化能直言極諫之士各一人於時子斿必承詔以禮延之備薦舉也又敵我漢道敵即補字碑石出土日爲妄人斷毀文鑿其撇捺都失舊觀然盤挐偪強之趣故在也嘉慶三年四月徐方千宜訪得之於豐樂鎮西門君祠內輦歸移置縣孔廟戟門下碑埋土中久灰沙盤互字畫填結累日剔治始見全文後人宜善護惜之　按此碑及劉君元孫正直碑凡大小五石同棄毀于西門君祠當是土人之狡黠者侵種墳側荒田欲滅其跡而舁置此間遂致極鑿至此碑爲古今著錄家未能收採竊度斷石尚有埋沒土中者

冀其精靈閟世復出予亦拭好古苦晚之淚也 趙希璜安陽縣志

字徑建初尺寸許第四行右上當是琴九行遺上當是而勒下當是斯末行半字當是昭按說文游字在㫃部从㫃汓聲此碑作斿蓋省文後人去水加辵則失六書之指矣 畢中谿跋

劉君殘碑

存字六行

上闕　口 刂 扌 百

上闕　春秋博覽

上闕冂百人以

上闕山臣約身

上闕口歸高四

上闕口不

又一石 存字五行

上闕其覆巳 下空一行

上闕國之裔兮蕑□ㄅ心凡之 下闕

上闕丂為國之□□□□兮當宀 下闕

上闕以人去□□凵凵哀哉戌 下闕

上闕冂歲兮 下闕

碑側 存字一行

上闕歲在辛酉三月十五 下闕

右漢劉若殘碑鑿斷穿孔龍置西門君祠大門左右作門關縣吏添仕麟偕工拓朱馬需修祠碑于門側暨見拓之以歸其一石文凡六行又一石文五行前春秋字博覽字常百人字及前口口心民人去口字蓋有位而顯以澤於民者也國之裔分商當是裔字既稱為國裔於漢為劉氏矣碑側歲在辛酉三月十五東漢辛酉凡三見明帝永平四年安帝建光元年靈帝光和四年明帝太遠疑在安帝靈帝時也 安陽縣志

右殘碑二石皆方尺餘中為大孔其一文六行其一文五行第一行乃其辭曰三字後空一行第二行心上當是帝又上一字以意度之必是在也三行為上當是分四行人上當是艮五行歲上當是萬二石字皆徑八九分結體亦無異然第一石文在上方自孔以下皆無字第二石又與第一石行款文句俱不接且兩石後半並無字不可曉也歲在辛酉三月十五八字字徑二寸強較前碑字大倍之又結體與前碑絕不相類武君謂是劉君碑側未審然否 劉中溶跋

元孫碑 存字四行

上闕口口郗遺孫奉侍小系子 下闕又空三行

上闕一人 大兄元孫早終 下闕

上闕冋二子名重字元 下闕

上闕丁一子〻 下闕

右漢元孫碑棄置西門君廟墻田間徐方子偕柴望之畢堂趙仲原敬尋出僅得遺字四行前云遺孤奉承字蓋述其家之式微故繼以大兄早終是為可哀

也書之秀蘊當奉爲神品（安陽縣志）

右殘碑可見者十四字字徑七八分第一行後似空三行二行人下空一字云大兄元孫早終蓋敘其兄弟三行云二子名重則又敘其子孫也（瞿中溶跋）

正直碑（存字八行）

（上闕）正直是以揚名於州里貿（下闕）
（上闕）部職究由□□糸右守曲（下闕）
（上闕）爲案所□□□□但考爲（下闕）
（上闕）終韋卝□□□□□年三（下闕）

（上闕）仹咎ラ□□□□冢喪麻（下闕）
（上闕）□慘悽不□□□莫不（下闕）
（上闕）□□洟穴辭曰
（上闕）□□□□□□女友言（下闕）

右碑字幾二寸餘中鑿大圓孔毀殘元文最多凡得字八行第一行正直是以詩小明作正直是與考儀禮鄉射禮執弓各以其耦進注以猶與也今文以爲與則詩所謂與者今文此碑所據古文也後文穴辭曰集韻其古作穴是碑足以證明古文字如此舊埋棗西門君祠外碩坊下康熙某年建坊毀爲柱石今柱已折矣而碑猶存殘字若干古物淪毀自吾儕剔治磨拭出之使復光顯于世其亦有奇緣與此與子游殘碑同日自方于得之故益可喜也碑無可題識即以首行正直字題曰正直碑（安陽縣志）

碑字徑二寸許第三行𠬛下當是所考上當是祖七行亓上當是動末行二字當是孝信（瞿中溶跋）

按以上四碑已爲後人鑿毀方圓無準尺寸字數俱不可紀今竝在安陽縣孔廟縣令趙君希璜向在西安爲余屬官能詩文好金石及至安陽搜訪漢唐舊刻不遺餘力因得諸碑于西門豹祠中祖在京師趙君拓以見貽以無時代可系故盡錄此卷之末云

金石萃編卷十九終

金石萃編卷二十

賜進士出身　誥授光祿大夫刑部右侍郎加七級王昶譔

漢十六

武梁祠堂畫象題字

畫象共三石今在嘉祥縣武宅山

第一石高七尺二寸廣五尺九寸畫五層題字者三層隸書

第二石高七尺三寸廣六尺畫五層題字者三層隸書

第三石高七尺三寸廣九尺五寸畫五層題字者三層隸書

第一石第二層

伏羲倉精初造王業畫卦結繩以理海內
祝誦氏無所造為未有耆欲刑罰未施
神農氏因宜教田辟土種穀以振萬民

黄帝多所改作造兵井田垂衣裳立宮宅
帝顓頊高陽者黄帝之孫而昌
子
三

帝嚳高辛者黄帝之曾孫也
帝堯放勳其仁如天其知如神就之如日望之如雲
四

夏禹長於地理脈泉知陰隨時設防退爲肉刑
帝舜名重華耕於歷山外養三年
五

第二石第三層
六

夏桀

子騫後母弟
子騫父
曾子質孝
以通神明
貫感神祇
著號來方
後世凱式
慈母投杼

七

老萊子楚人
也事親至孝
衣服斑連嬰
兒之態令親
有驩君子嘉
之孝莫大焉
閔子騫與假母居愛有偏
移子騫衣寒御車失棰

八

九

第一石第四層

十

魯莊公
曹子劫桓
齊桓公
十一

二侍郎
專諸炙魚
刺殺吴王
十二

第二石第三層

第一石止
十四

梁節姑姊
長婦兒
使者
十五

姑姊兒
追吏騎
救者
姑姊其室失火取兄子往輒得其子赴火如亡示其誠也
十六

第二石第三層

孝孫父
孝孫
趙盾
魏湯

第二石第四層
王慶忌
要離

孝孫祖父

豫讓殺身以報知己

聶政
韓王
三五

三四

無鹽媿女鍾離春
齊王

第三石第二層
梁高行
第三石止
使者

第二石第三層

朱明弟
章孝母
董永千乘人也

朱明妻

右武氏石室畫像五卷武氏有數墓在今濟州任城墓前有石室四壁刻古聖賢畫像小字八分書題記姓名往往爲贊于其上文詞古雅字畫遒勁可喜故盡錄之以資博覽金石錄

右武梁祠堂畫像爲石六其五則横分爲二梁高行藺相如二段又廣於它石所畫者古帝王忠臣義士

孝子賢婦各以小字識其旁有爲之贊文者其事則
史記兩漢史列女傳諸書合百六十有二人有標題
者八十七人其十一人磨滅不可辨又有鳥獸草木
車蓋器皿屋宇之屬恭按水經云金鄉有司隸校尉
魯恭冢冢前有石祠白書契以來忠臣孝子貞婦孔
子及七十二弟子形像皆刻之四壁今此碑無闕里
聖賢知其非魯君石祠中物也又云鉅野有荊州刺
史李剛墓其石室三間四壁雕刻爲君臣官屬龜龍
麟鳳之文飛禽走獸之像今此碑不畫四靈又知其
非李剛石壁也趙德夫雖云嘗得魯君石室所刻而

題其所藏碑則云武氏石室畫像其說云武氏有數
墓在濟之任城墓前有石室四壁刻古聖賢像趙君
東人當知其實而不能辯此畫爲武氏雖人冢前者
金鄉鉅野皆隸山陽與任城接境必是東州仟墓當
時競有此製予案任城有從事掾武梁碑以威宗元
嘉元年立其辭云孝子仲章季章季立孝孫子僑躬
脩子道竭家所有選擇名石南山之陽擢取妙好色
無斑黃前設壇墠後建祠堂良匠衛改雕文刻畫羅
列成行攄騁技巧委蛇有章似是謂此畫也故予以
武梁祠堂畫像名之後之人身履其壤會能因斯言

以求是先儒說三皇五帝者不一太史公采大戴禮
以少昊而不錄經傳皆云帝顓之後黎爲祝融益高
辛之火正也惟莊子以祝融氏與戲農赫胥同辭白
虎通既依史記五帝之序遂以戲農祝融爲三皇至
論五行則又以祝融爲南方之神初非通論此碑以
祝誦爲祝融而介於戲農之間則白虎通之說也帝
王世紀稱上古聖人牛首蛇身之類亦猶孔子四十
九表所謂龜脊虎掌世之言相者有犀形鶴形之比
俗儒作圖譜遂有眞爲異類之狀者此碑所畫伏戲
自要以下若蛇然亦非也碑以奘於其爲奘於明泰武陽爲泰舞陽媿女爲魄

女冦式爲揩式斑迷爲斑瀾者卽喈字刼卽劫字椽卽彖字魏卽魏字隸釋
右武梁祠堂畫記自伏戲至于夏桀齊公至于秦王
管仲至於李善及萊子毋秋胡妻長婦兒後母子義
漿羊公之類合七十六人其名氏磨滅與物無題識
者又八十六人得之括蒼梁季珩　范史趙岐傳云
岐自爲壽藏圖季札子產晏嬰叔向四像居賓位自
畫其像居主位皆爲讚頌以獻帝建安六年卒家在
荊州古郢城中漢人圖畫於壙墓開見之史冊者如
此水經所載則有魯恭李剛碑碣所傳則有朱浮武
梁此卷雖具體而微可使家至而人皆見之畫繪之

事莫古於此也魯恭節錄峻隸續

余大父武陽府君好古博雅生平特於篆隸行草殘碑斷刻靡不搜訪自集隸格一冊以補洪景伯漢隸之闕其中有一節云東州冢間得三碑高廣各五六尺皆就石室壁間刻古聖賢義夫節婦及車馬人物其質樸可笑然每事各有漢隸數字字止五六分筆法精隱可爲楷式生平所閱漢隸未有若是之小者而完好如新蓋不爲風日所剝泐且模印者尚寡故也乾道丁亥五月子堅書余每閱之恨不得見其碑石之正在何所然甚愛其伏羲神農黃帝帝堯之贊

及曾子老萊丁蘭之贊文旨精嚴簡古非後世所及如祝誦氏不知其爲沮誦或祝融帝嚳氏作帝佶殊可以証古辨今後因護漕攝憲梓部行部至資州則此碑在州宅博雅堂下經兵火之後刓闕多矣制梱又輦運實之明新士大夫殊無識者余奉祠歸過渝爲學官言其事且以祖父所隸攬本付之令補完又未知其果否也史繩祖學齋佔畢

右漢從事武梁祠堂畫像傳是唐人拓本舊藏武進唐氏前有提督江河淮海兵務章後有襄文公順之暨其子鶴徵私印梁祠人物最多洪适隸續具摹其形令是冊存者僅帝王十八孝子四人而已由黃帝至舜圖皆服冕禹手操掘地之器冠頂銳而下卑殆士冠禮郊特牲所云毋追者是觀此可悟聶崇義三禮圖之非矣以人爲車故象坐二人肩背隸續所摹失其眞矣曝書亭集

乾隆丙午秋八月自豫還東經嘉祥縣署見志載縣南三十里紫雲山西漢太子墓石亭堂三座久沒土中不盡者三尺石壁刻伏羲以來祥瑞及古忠孝人物極纖巧漢碑一通文字不可辨易訪得搨取堂乃武梁碑爲武斑不禁狂喜九月親履其壤知山名武

宅又曰武翟歷代河徙塡淤石室零落次第剔出武梁祠堂畫像三石久碎而爲五八分書四百餘字孔子見老子畫像一石八分書八字雙闕南北對峙出土三尺掘深八九尺始見根脚各露八分書武氏祠三大字三面俱人物畫像上層刻鳥獸南闕有建和元年武氏石闕銘八分書九十三字武斑碑作圭形有穿橫闕北道旁土人云數十年前從坑中拽出此四種見趙洪二家著錄武梁石室後東北一石室計七石畫像怪異無題字惟邊幅隱隱八分書中平等字旁有斷石柱正書曰武家林其前又一石室畫像

十四石八分題字類皆全碑共一百六十餘字祥瑞圖石一久臥地上漫滅殊甚後於武梁石室北剔得祥瑞圖殘石二共八分書一百三十餘字此三種前人蒐錄未有因名之曰武氏前石室畫像武氏後石室畫像武氏祠祥瑞圖又距此一二里畫像二石無題字莫辨爲何室者漢人碑刻世存無多一旦搜得如許且畫像樸古八分精妙可謂生平奇遘按武氏諸碑惟武榮碑移立濟學武斑碑武梁祠像武氏石闕銘今已出土餘武梁碑武開明碑二種未見安知不盡在其處嘉祥漢任城地趙氏云任城有武氏數

墓所指甚明何縣志訛爲漢太子墓然土人見雕石工巧呼爲皇陵故歷久得不毀失未始非訛傳之益也今諸石縱橫原野牧子樵夫豈知愛惜不急收護將不可問古物因易而出置之不顧實負古人是易之責也武斑碑宜與武榮碑並立濟學而石材厚大遠移非便易惟將孔子見老子畫像一石移至濟寧與劉刺史永銓敬置學宮明倫堂其諸室之石大而且多無能爲役州人李鐵橋東琪家風好古接碑之功最著洪洞李梅村克正南明高正炎善書皆佽勇於成美與之計畫宜就其地剏立祠堂壘石爲牆第

取堅固不求華飾分石刻四處置諸壁間中立武斑碑外繚石垣闢雙闕於內題門額曰武氏祠堂隙地樹以嘉木責土人世守地有古碑官搨易擾宜定價資其利而杜其累立石存記爲久遠之圖是役也非數百金不辦易與濟寧數人量力先捐海內好事者聞而樂從捐錢交鐵橋梅村明高董其役易與司土諸君成其功求當代鉅公撰碑垂後仿漢碑例曰某人錢萬某人錢千詳書碑陰以紀盛事漢人造石室石闕後地已淤高興工時宜平治數尺俾碑石盡出不問遺缺有堂蔽覆椎搨易施壁壘流傳益多從此

人知愛護可以壽世無窮豈止二三同志飽嗜好于一時也哉乾隆丁未夏六月黄易修武氏祠堂記略

昔歐陽子集古錄以漢魏以來古刻散棄于山崖墟莽間未嘗收拾爲足惜又自謂荒林破冢神仙鬼物詭怪所傳莫不皆有然而漢武氏祠象之文則錄所未著也至東武趙氏始有武氏石室畫象五卷而其錄弗傳惟鄱陽洪氏乃圖且釋之凡四百餘字而已當宋南渡時已謂重刻不爲可珍而況逮今又六百年乎錢塘黄子秋庵既于濟寧州學扶升尉氏令碑得拓其全石已而復于嘉祥縣南之紫雲山得敦煌

長史武斑碑洎武氏石闕銘遂詣得武氏石室所刻
畫像又得孔子見老子象及祥瑞圖石刻覩洪氏所
著功蓋倍之矣於是徵移孔子見老子象一石于濟
寧州學而萃其諸石即其地爲堂垣砌而堅之牓曰
武氏祠堂俾土人守護往者予與黄子考訂金石遺
文每以是碑傳本不獲賞析爲憾今吾二人十年以
來心營目想之狀一旦遂其真而予適拔行鄱陽廬
阜間泛懷文惠洪公于與闔山所悵結而三歎者也
後之摩挲斯石者當何如護惜之翁方綱重立漢武氏祠石記
右武梁石室畫象婁機云在濟州乾隆丙午錢唐黄

易小松于嘉祥縣南三十里紫雲山得之嘉祥本析
鉅野置宋時故屬濟州也以洪氏隸釋隸續證之文
字大略相同惟榆母之前洪云闕一人名者今驗石
刻有榆日親年老氣力稍衰笞之不痛心懷楚十有
六字而上下尚有闕文蓋閔伯俞事以榆爲俞也錢
唐何夢華云榆上一字尚存木旁當是柏字漢書古
今人表多以柏爲伯也范且之後又有魏須賈一人
賈字雖泐其上半猶可識戰國秦漢人多以且爲名
讀子余切如穰且豫且夏無且龍且皆是且旁或加
隹如范雎唐雎文殊而音不殊也胡身之注通鑑輒

音范雎之雎爲雖是誤以爲目旁矣據此碑可證胡
注之誤潛研堂金石文跋尾
武梁石室畫像第一石第三層題云曾子凡六行内
著早來方早字舊釋爲灵黄司馬易云以灵爲靈後
人俗體而曾子之孝亦不必言著蓋玩其筆法當是
早字著早者著曾子之孝名也此說較長車前坐一
童子爲閔子後母弟車後坐一人爲閔子之父曾子
後一幅題云閔子騫下云御車失棰棰諸家皆釋爲
稚字謝與秧同今黄君小松云是棰字與上句移字
爲韻蓋即鞭箠字也从木與从竹同意　第四層一

人冠服坐題齊桓公左一人俯身向右持匕首作刦
刺狀題曹子刦桓右一人執笏侍立題管仲又一人
立曹子左冠服同齊桓公題魯莊公案史記曹沬刦
桓時魯莊公未嘗在列此畫魯莊者蓋許反侵地時
魯莊亦與盟也次一人手執兵器題吳王前跪一人
兩手捧魚魚下似藏匕首胷及臂有物相夾兩旁甚
長後有二人曳之上題二侍郎又題專諸炙魚刺殺
吳王案左傳云門階戶庭皆王親也夾之以鈹此二
人所曳者殆即鈹也不云王親而云侍郎與左傳異
吳王之右有一器陳於座前意即受食物之具也專

詳本名鱄設諸吳越春秋云吳王嗜魚之炙專諸乃去從太湖學炙魚三月得其味故云專諸炙魚也次一人作散髮狂奔狀榜題荆軻一人兩手反背夾持其腰地有一篋啟蓋內盛人頭題樊於其頭旁伏一人題秦武陽左有一柱柱間一刀下墜史記所謂荆軻引其匕首以擿秦王不中中銅柱者是也柱左一人作驚避狀榜題秦王秦王衹存右半左已泐矣其一人無題榜殆即侍醫夏無且歟其卽期字案孔子閒居夙夜其命宥密注詩讀其爲基士喪禮度茲幽宅兆基注古文基作期是基其期古皆通用武陽卽

舞陽左傳蔡侯獻舞穀梁作獻武是舞與武通也王卽王字見魯峻碑陰　第二石第二層屋瓦鱗次壯右一人右向左一人手持物如飾艇榜題使者次一屋右柱一兒仆地題長婦兒一婦人被髮從左柱入右手欲援長婦兒題梁飾姑姊後一婦人兩手援梁飾姑姊之左手榜題救者救者上角二小兒兩手相攜橫題姑姊兒案此事見列女傳長婦兒者長婦是梁飾姑姊之嫂兒則姑姊兒子也室既失火兒子與己二子俱在室中亟往援之先得己子次欲援兒子火勢已危故救者力援之出而姑姊不忍兒子之死所謂赴火如十也次一人佩劒乘馬榜題追吏一兒跪舉手作求訴狀題後母子一人被髮臥地榜題死人一人執物立題前母子一婦人題齊繼母案列女傳有齊義繼母者齊二子母也宣王時有人闘死於道者吏訊之被一創二子兄弟立其旁兄曰我殺之弟曰非兄也迺我殺之期年吏不能決言之於相相不能決言之於王王召其母問何所欲殺活其母泣而對曰殺其少者少者妾子也長者前妻子也其父疾屬妾善視之妾曰諾今豈可忘人之托而不信其諾耶王美其義高其行皆赦不殺而尊其母號曰義

母據此但稱吏而不云追吏且吏訊二子時母未嘗在旁也此畫蓋合前後總繪之其云追吏必有所本列女傳略之耳前母子手執之物似即致死之械傳所謂被一創者是也次一室室中一牀臥一人題京師飾女牀外一人撲入室中舉手向臥者榜題怨家攻者案京師飾女長安大昌里人之妻也有讐人欲報其夫劫其妻之父使要其女爲中譎父呼女告之女計不聽則殺父聽之則殺夫乃曰且日在樓上臥者則是矣妾請開戶牖待之還告其夫使臥他所自開戶牖而臥夜半仇家至斷其頭去明而視之乃其

妻也仇家痛其有義遂釋其夫事見列女傳　第三
層左右二人相向中一人題三州孝口也次一人旁
置一甕上有瓢題義漿羊公左一人與羊公手相接
題乞漿者案搜神記有楊雍伯義漿事此作羊字與
彼異次一人拱立執物左向榜題湯父左跪二人一
髮尚鬖髾一題魏湯次坐一人題趙口㫖右一童子
手拊坐者左肩又樹一叢棲一鳥榜題孝烏次一人
左向立横題孝孫父前一童子執一器有二足榜題
孝孫左坐一人題孝孫祖父　第四層有檻如舟檻
外伏一人檻上一人以手捽其髮横題王慶忌伏者

榜題要離慶忌左右有二人執戈夾侍案要離刺慶
忌事詳吕氏春秋及吳越春秋皆以慶忌爲吳王僚
之子出亡在衛闔閭使要離如衛殺慶忌涉江拔劒
刺之慶忌捽要離投之於江未死要離歸吳遂自殺
此當云王子慶忌而直稱爲王慶忌所未解也次一
車中坐二人前一人榜題趙襄子後一人殆御者也
馬作驚躍狀旁一人仆地而無首榜題豫讓殺身以
報知己豫讓右一人執劒意卽襄子環侍之兵也事
詳戰國策次一人狀甚雄偉榜題韓王案國策史記
聶政所刺者爲韓相俠累此題韓王與彼異前跪一

人左手執劒右手執物如琴榜題聶政其後又跪一
人案史記云聶政杖劒至韓直入中階不言有人偕
行亦不言更執何物也又一人執劒俯身向聶政作
欲殺狀史記所謂持兵戟而衞侍者甚衆左右大亂
云云此從省祇圖一人耳次立一人左袖披物如帨
巾榜題齊王左立一女子榜題無鹽媿女鍾離春案
媿卽醜字鍾離春齊無鹽邑女也貌甚醜年四十無
所容自謁齊王謂有四殆王歎納之見列女傳隸續
誤分爲二以右一人跪者爲無鹽媿女左一人立者
爲鍾離春不知跪者本屬前幅在聶政後屬此無謂

洪氏辨之未審耳　第五層一車向左行車中人泐
不可見榜題處土土卽士字左一車中坐一人是御
者車前跪一人手捧物如書幣是迎處士者題縣功
曹　第三石第一層一婦人左手援鏡右手持刀榜
題梁高行右一人執物如旗左一人捧物跪向右榜
題奉金者後立一人手執節旄榜題使者案列女傳
載梁高行寡貴人多爭娶之不能得梁王使相聘
焉高行乃援鏡操刀以割其鼻曰妾已刑餘之人殆
可釋矣王高其節號曰高行此圖其事與節姑姊一
幅並屬漢之梁國也次一車左有桑樹一婦人採之

下承以筐首左顧左一人冠服向之榜題秋胡妻魯秋胡案列女傳載秋胡娶婦五日去而官於陳五年乃歸見路旁婦人採桑悅焉婦人採桑不輟秋胡遂去至家與婦至乃嚮採桑者也婦曰子束髮辭親往仕五年乃悅路旁婦人以金予之是忘母也好色淫泆是汚行也妾不忍見子改娶矣妾亦不嫁遂去而投河死此畫其途遇事次一婦人題義姑姊右手抱一小兒榜題兒子左手下垂援引一童子橫題姑姊兒其左一車中坐二人後一人手執節旄題齊將軍按列女傳齊攻魯望見一婦人攜一兒抱一兒而行

軍且及之棄其所抱抱其所攜而走于山兒隨而啼婦人遂行不顧齊將追之問所抱者誰也所棄者誰也對曰所抱者妾兄之子也所棄者妾之子也力不能兩護故忍棄子而行義不能無義而視魯國于是齊將按兵而止曰魯未可伐也婦人猶知持節而行義況于朝臣士大夫乎魯君賜婦人束帛百端號曰義姑姊次左一室中坐一人題曰楚昭貞姜其右一人執一旗又一人待按貞姜楚昭王夫人越女也昭王出遊留夫人漸臺之上而去此所畫一室是也江水大至使使者迎夫人忘持其符夫人不行使者還

取符水大至臺崩夫人流而死此畫執旗者即取符之使者也昭王嗟曰守義死節不爲苟生處約持信以成其貞乃號曰貞姜　第二層柏榆母執杖拄地柏榆跪聳兩肩受母笞其首似俯而思象其楚悲之意榜題榆母又題柏榆兩行未落悲字不能容另書於柏榆之右肩亦古碑補遺之一例也有此悲字方與衰字叶韻翁閣學云柏榆上闕幾行幾字不可計今宋拓本此二行已過右角其上即是橫線無闕文也其事見說苑云韓伯瑜有過母笞之泣曰他日得罪笞嘗痛今母之力不能使痛是以泣也伯瑜今俾

作柏榆次一室室中坐一人榜題渠父左一人跪一手撫坐者之肩一手舉雙筯榜題邢渠哺父邢渠事古今記孝行者遺之次一車一人坐轅上榜題永父左一人背立向地取物榜題董永千乘人也次一婦人榜題章孝母一人冠服拄劍立榜題朱明一人題朱明弟一小兒橫題朱明兒左一婦人右手援兒題朱明妻次多殘缺惟存一人左手撫傒內小兒兒上題榜半存孤字宋隸續尚有李氏遺孤四字考列女傳東漢李固以梁冀肆惡遣子基茲燮歸里燮年十二姊文姬爲同郡趙伯英妻密謀豫匿託言還京師

人不之覺雖作州郡政甚慈皆死獄中文姬乃告父門人王成曰妾委君以六尺之孤李氏存滅其在君矣成保全之將燮乘江東下入徐州界變姓名積十餘年梁冀誅乃還鄉里追行喪服姊弟相見悲感旁人桓帝詔求固後得燮爲以隸續合之意即此事次一室室中一人題騎都尉　第三層一人冠服佩劒手捧璧榜題口相如趙臣也秦璧於秦左一人亦冠服佩劒榜題秦王次一人榜題范且左跪一人榜題魏須賈范且前一人俯立手援須賈殆張祿門下人也自此至左皆有畫無題揚州馬秋玉曰琯家藏唐

拓本祇伏戲至曾子二列視今所得三石不及十之二三且較之洪氏所錄又增補七十餘字具載翁閣學兩漢金石記翁書有失檢處更爲校正之漢人畫像莫古如此其中人物器具皆圖繪所未備故纂錄諸石不厭其詳也山左金石志

按武梁祠畫象三石石首圓下方畫連圓處橫列五層有題字者皆三層題字皆隸書徑四五分漢隸之最小者始見于此其字數多寡不等有單題人名者有紀其行事作韻語爲贊者畫皆黑文凸起所畫人物衣冠車馬室屋臺殿樓閣鳥獸花木之類細筆鉤勒極工緻而又極古樸且能狀其情事神吻畢肖諸金石書著錄者惟洪氏隸釋載其題字隸續全摹此畫于碑圖中又隸續云始予聞建康郡舍有此碑嘗託運帥方務德訪之未至而書已成方亦刻之郡齋地遠歲久殆將亂眞也據此則宋時尚有方氏刻本在建康郡齋而久無傳矣又金石錄云武氏石室畫象五卷所謂五卷者是以三石搨本分裝爲五卷也又史氏學齋佔畢述及此碑前云東州冢間得三碑是指此碑後云護漕攝憲梓部行部至資州則此碑在州宅博雅

堂下經兵火之後刓闕多矣云云此另是一種畫象並非此碑蓋刓闕既多一時不及細辨遂誤以爲即此碑耳　本朝所傳搨本一冊稱爲唐搨者康熙間爲海寧查氏仲安所得前後題識極多亦間有考證內如朱竹垞跋一則載曝書亭集者是蹟亦在此冊中後爲揚州汪雪礓所藏吳門陸貫夫先就此冊手摹一本翁閣學覃溪聞雪礓本索觀不可得後得陸貫夫摹本與安邑宋芝山倩趙君鋟木行世此乾隆癸卯事也然所搨祇十四幅起自伏羲迄于丁蘭乃三石中之一石而又一石

中之二三兩層以全碑計之祇十之二也至丙午
歲濟寧黃同知小松親至嘉祥縣紫雲山武氏舊
墓所在發土得武氏石室等碑凡四十餘石于是
移一石于濟寧州學（孔子見老子畫象）餘則醵貲搆屋于
碑所爲武氏祠堂環以周垣碑悉立于堂內四壁
中奉武氏四人栗主而扃其門附祠有地十餘畝
就近畀玉皇閣道士種植收息主守祠碑有謁祠
搨碑者司其啟閉拂拭茶飲頓宿之事其爲碑立
法亦周矣爰命工椎搨分遺同好碑皆畫象畫中
題字最多者莫如此三石未幾雪礀所藏唐搨亦

歸黃同知同知復鉤摹畫象并錄諸跋鋟板行世
然後翁閣學乃取諸跋更合三石全搨統加辨證
詳載兩漢金石記中今按三石所畫有題字者大
率帝王忠義孝子列女事蹟皆足以資考稽而寓
激勸若僅詳其說而不見其畫則其說雖極精審
而覽者茫然不能得其髣髴必待搨本以覈其全
則穹碑鉅幅張之壁閒玩索亦費目力且購覓搨
本殊非易事好古者徒付諸追摹神往而已因仿
隸續之例全刻三石中畫象之有題贊者餘無字
者不與焉（三石之圖首一層第二石之第五層處士車之前一幅畫厨傳烹飪之事第三

石之第三層雞須賈後贊橫閣神人花鳥及第四層車騎之屬今皆不載）此外若所謂
前石室後石室左石室祥瑞圖石柱等既無題贊
且恐如洪氏所稱不皆武氏祠堂之物至嘉祥以
外山左各州縣所得漢畫又不下數十石皆不徧
及舉此三石以概其餘又此編雖仿洪氏之例而
有不同者洪氏僅取畫縮爲上下兩列三石牽連
不甚分晰其所摹人物粗具形迹與碑參校全失
其眞又題字另詳于隸釋而于碑圖但列人名二
三字是畫與贊離而爲二觀者不能瞭然茲悉依
碑畫贊全摹而於後跋中不復重列至每石五層

各層之上下界畫處有山形水紋襄檥等畫雖無
關係亦依樣並摹以見古碑刻畫之式皆洪氏所
無者又第二石內有要離王慶忌一幅洪氏全佚
今搨所有亦可補前人之闕也凡洪圖分明而今
搨已泐者則闕之以存其眞見石本之逾久而有
損也

金石萃編卷二十終

金石萃編卷二十一

賜進士出身誥授光祿大夫刑部右侍郎加七級王昶譔

漢十七

武氏左石室畫像題字

畫象共十石惟第一石有題字石高三尺三寸廣五尺四寸畫二層題字九榜今在嘉祥縣武宅山

顏淑獨處飄風暴雨婦人乞宿升堂入戶
燃蒸自燭懼見意疑未明蒸盡摍茬續之
此榜二行

彥洌握火

乞宿婦

公子□匚魏信陵君虛左□□□□□□□
侯嬴□□□侯朱亥言語□□□□□□不
攺此榜二行

侯嬴

王□□□獲於楚陵為漢□與項相距母
見漢使曰□□長者回伏劍死以免其子
此榜二行

右第一層六榜

義士范贖陳留外黃兄下闕贖詣寺門求代
考軀兄下闕此榜二行

外黃獄吏

范贖兄考

右第二層三榜

武氏左石室畫象第一石首有雲文已泐下界一橫綫中刻棗核形下刻山形畫分二層自右起上層一室二柱簷角飾二獸室中一婦人拱跪榜題乞宿婦三字右一人仰面右手執火左手向屋角抽薪榜題彥氵握火四字上二字半泐柱左旁題二行凡三十二字詩巷伯傳云顏叔子獨處於室鄰之釐婦又獨處於室夜暴風雨至室壞婦人趨至顏叔子納之使

執燭放乎旦蒸盡縮屋而繼之卽其事也惟此云燃蒸自燭又云摍茬續之皆與彼異案茬卽笮字錢辛楣少詹云何休注公羊云禮取毀廟室笮以為死者炊沐則笮可為薪矣摍之言抽抽屋笮以當蒸燭二文相須其義乃備左一車一馬蓋下坐一人車後一人半泐榜題侯嬴二字前後綴二鳥車右榜題二行凡三十三字泐十六字蓋圖魏公子迎侯嬴及嬴下車見朱亥事事見史記次一人惟存半身及肩上一獸右榜題二行凡三十一字泐五字前漢書王陵傳云陵沛人也漢王還擊項籍陵以兵屬漢項羽取陵

母置軍中陵使至東嚮坐陵母欲以招陵陵母旣私
送使者泣曰願爲老妾語陵善事漢王漢王長者毋
以老妾故持二心妾以死送使者遂伏劍而死此卽
其事獲猶攫也謂陵母爲楚所攫執也　下層一人
鬆髻左向屈左膝右脛閒繫一木左手案之右手舉
向左一人俯首曲身手執小木作欲擊狀上一人左
向榜題范贖兄考四字右一冠服者俯身手向左指
榜題外黃獄吏四字一人執版隨之右榜題二行存
十七字范贖代兄事不見記傳主卽士字考與詩山
有樞弗鼓弗考同皆爲攷之假借說文攷敂也敂擊

也今俗作拷字次一室有二柱一人冠服左向坐右
手向左指左手拊几一榜上半已泐存一令字右柱
外一人執物侍立左柱外一人冠服執版向右跪次
又一室祇露右柱一人執版向左立兩室閒橫一獸
前後足與兩簷角相接下有一獸作向上攀拊狀
右武氏左石室畫像乾隆己酉秋李鐵橋等平治祠
基時所得翁閣學兩漢金石記未及載入小松又得
武祠畫像殘石二一高四尺廣六寸餘中一小馬右
題此□□金□□可辨者祇二字一高三寸八分廣
四寸餘中一婦人殆一室之物也今製爲硯坿記於

此山左金石志

武氏前石室畫象題字

畫象共十五石三石無字今在嘉祥縣武宅山尚有後石室畫象九石祠南道旁祠東北桒閒畫象各一石皆無題字不錄

第二石高五尺三寸廣九尺畫三層題字者二層共四榜

子路

右第二層一榜

汌泚車

此丞相車

門下工曹

右第三層三榜

第三石高三尺廣六尺六寸畫三層推一層有題字三榜

君車

門下功曹

門下游徼

右第三層

第四石高二尺二寸廣一丈四尺三寸畫二層一層題字五榜

主簿車

令車

門下功曹

門下游徼
門下賊曹
右上層
第五石高五尺一寸廣九尺一寸畫四層惟一層有題字七榜
此亭長
主記車
主薄車
此君車馬
此
屯騎吏

調間二人
右第三層
第六石高四尺二寸廣九尺一寸二層題字共七榜
功曹車
尉卿車
右第一層二榜
游徼車
賊曹車
功曹車
主薄車

主記車
右第二層五榜
第七石高四尺一寸廣一丈三寸畫四層題字者二層共十八榜
介妁
義乂
義婦親子
孝子刑口
刑渠
之宣蓋車
右第一層六榜

伯游也
伯游母
老萊子
萊子父母
乳母
口子載此二行合一榜
康叔封
口寸豙
蔡叔度
周公旦

太子發
伯邑考
文王
右第二層十二榜
第八石高二尺七寸廣九尺一寸畫三層惟一層有題字五榜
此秦王
侍郎
魯秋胡
秋胡婦
齊王

右第二層
第九石高二尺七寸廣九尺一寸畫三層題字者二層共四榜
此齊桓公也
右第二層一榜
君爲都口時
五官掾車
君爲市掾時
右第三層三榜
第十石高一尺三寸廣五尺四寸畫止一層題字三榜
主簿

爲督郵時
行亭車
第十一石高二尺九寸廣四尺二寸畫三層題字者二層共四榜
荊軻
秦武陽
闕上也
右第一層三榜
行亭車
右第三層一榜
第十二石高二尺九寸廣三尺三寸畫四層題字者二層共二榜

道吏車
右第三層一榜
主簿車
右第四層一榜
第十三石高二尺九寸廣三尺三寸畫四層惟一層有題字一榜
賊曹車
右第四層
武氏前石室畫象第二石第一層上鋭下平居中一人冠六稜左右二稜各綴三珠約冠有臂肩翼飛起右手拊膺左手案膝趺坐左右一物捧其座右一人

鳥形者橫托之一人肩有翼執物如錐後一龍有翼
一獸上半已泐又三人二作鳥形一有二首又蟾蜍
二一有鳥尾皆橫繞向左左一人肩有翼執盂跪後
三人皆鳥身下有小鳥又一人有二首相向一鳥三
首又一鳥有手執物左角又一小鳥皆橫繞向右此
下橫界二線中刻棗核形仁和朱朗齋云西洋各畫
亦有人首而鳥翼者正與此同又濟寧火德廟所藏
明人水陸功德象中亦作雙人首而鳥身者是西方
異物皆出佛經漢人當亦本此乃知碑中所坐者爲
佛無疑矣沅案山海經一書所言鳥獸多與此合經

云似人形者不過略有相似未嘗言怪也碑或據此
以圖其異遂乃怪怪奇奇靡所不有余校刊山海經
嘗論及此書作於禹益非後人所能及朗齋援此而
遂引外域佛經未免失檢然其說不爲無據姑坿存
之　第二層上刻山形中列十九人皆冠服拱立向
左亦有回首右顧及執物舉手者似皆孔門弟子中
惟一榜題子路二字子路冠作雞形揎袂執簡有纓
履頗似武裝　第三層一車一馬向左行車有蓋中
坐二人在前者執版題榜存一車字上泐二字導騎
二人執物如曲尺後綴一獸次一車一馬蓋有五柱

中坐二人在前者執版榜題此丞相車四字車字已
泐步導二人執符執桿後綴一小樹次一車一馬蓋
下坐二人前者執版榜題門下功曹四字下二字半
泐騎導二人後綴一鳥次一人執版右向立冠有纓
文此下橫界二線中刻鳥獸雲龍文下刻山形
第三石上兩層上下橫二線前段岑樓二層左右阿
閣二層規制宏麗下層用柱上層及阿閣之柱皆鐫
人物揹拄之樓脊飾以鳳閣簷飾以龍及鳥獸闌檻
斗栱罘罳承霤靡不工緻樓中坐一人似女冠五梁
左右各侍三人捧盤盂者三執符者一拱立者二柱

外各立一人左者執物綴三珠右者以手接柱中之
人似皆女子右閣外一人一手上舉一手接柱中人
之手下層中施帷帳坐一冠服者貌甚雄偉右手撫
膺左手案膝下橫一物如琴中有五弦右侍一人右
手執符左手執物如簡帛柱上一人首鳥身者以尾
蟠之坐者左侍一人似捧盤盂次一人冠服執版俯
立左柱外一人亦執版立皆右向後段合歡樹一本
枝葉蟠結上有衆鳥一人射之樹右綴一猴下停一
車車蓋立一獸一人攀轅立者殆御者也旁蹲一犬
樹左一馬似將駕車者車轅二木有轡下垂案諸畫

祇用一木爲轅者蓋從省耳　下層一車一馬向左
行蓋有四柱中坐二人一執符一御者榜題君車二
字步導二人皆執符桿騎導二人執戈次二車二馬
蓋下皆坐二人一題門下功曹四字一題門下游徼
四字
第四石祇二層上下皆橫界二綫下刻人物龍蛇鳥
獸之形中間自右而左一車一馬榜題主薄車三字
薄字从艸隸變也蓋下坐二人御者在前主薄在後
車後一人左手執版右手舉向主薄騎導四人前二
人執物如曲尺有鏤文上綴二鳥下綴二小樹次一

車一馬榜題令車二字蓋有四角中間一柱坐者二
人在前者執符步導二人皆右手執符左執木桿右
綴一小樹騎導二人皆執戈馬前綴一犬馬後一鳥
次一車一馬蓋下坐二人在前者執版榜題門下功
曹四字上綴一鳥次一車一馬蓋下坐二人榜題門
下游徼四字車後一獸向空舞次一車一馬蓋下坐
二人榜題門下賊曹四字騎導二人皆佩劍冠皆有
細鏤文車後綴一獸馬後綴一小樹前一人冠帶執
版向右左角一鳥祇露前半
第五石第一層上銳下平一人中坐上半已泐坐下

蟠以交龍龍首昂上右作人物游龍異獸左作雙兎
擣藥狀中有蟾蜍捧臼雲氣周繞次二人雲繞之又
一人肩有翼橫飛右向下有鳥二魚二此下橫界二
綫中刻瑣核形　第二層上刻山形下列二十二人
俱冠服拱立左向亦有回首右顧及執物舉手者惟
右一人泐去後半中有四榜無題字　第三層一車
一馬向左行榜題主記車三字蓋下坐一人執版車
後坐一人步從一人執版榜題此亭長三字次一車
一馬中坐二人榜題主薄車三字騎導二人皆泐次
一車一馬中坐一人執符榜題此君車馬四字一人

半泐一榜祇存此字右半騎導二人各執戈榜題此
騎吏三字步導二人亦執兵器榜題謁閤二人四字
此下橫界二綫中鏤鳥獸雲龍之象若近世雕闌式
惜多闕泐下作山形俱橫貫右邊
第六石上層一婦人向右跪衣袂皆有緣右武七一
人左執兵器拄地如弓中有柄右手舉向婦人一人
執刀楯向左後橫卧二人已過右邊祇存下半皆有
械如弓執其柄以兩足抵其空內一人右手執物如
餟一榜無字婦人左二車二馬無蓋向左行車坐一
人面顧右兩手分張一人似鳥橫飛馬項有繩一人

牽之手執刀柄圓有垂帶前一人執干盾向右立一人乘馬執刀又二車二馬俱向右行一榜題功曹車三字葢下坐二人御者在前執版者在後一榜題尉卿車三字葢下坐二人執笏者在前御者在後車後綴一小樹騎從三人內一人執物如箑扇左角一鳥半泐下層一橋有闌中平左右斜殺橋上車馬奔馳有男子婦人亦有步卒如交戰狀皆執刀楯干戈弓矢之屬中一器如弩兩端上曲中凸起銳首如錐凡車六馬十三又二馬半泐男婦凡三十五人題榜五右三曰游徼車賊曹車功曹車左二曰主薄車主記車榜各三字左綴一鳥右有小樹二中一人露其上半左似一人無首於橋右角橋下亦有男婦兵士水戰者或乘舟或涉水兵器悉如橋上凡二舟舟各二人戰者凡五人中一人貌甚雄壯餘雜畫魚鳥有二鷺啄魚又設魚笱二漁者二人此段翁閣學失記葢山取字而不取畫也此下橫界二線中刻棗核形下刻山形

第七石第一層一人冠服持節旄向左立後一人亦持節旄長幅下垂中有鐫文左傍題齊將二字半泐前一婦人抱兒向右跪榜題義婦二字婦字泐半有

一兒榜題義婦親子四字次一車一馬向左行車有葢前坐一人車後二人相向一立一跪立者拊跪者之背殆即閔子御車事後又隨二人皆泐前後凡三榜俱無字次殘泐祇存帷帳似有二人一右向坐一左向跪右一人手捧盤盂半泐左榜存刑渠二字右榜存孝子刑三字刑即邢字葢邢渠哺父事也次一車一馬左行葢下坐一人榜題卜宜葢車四字上一字泐車後一人向右立一人跪地拊器如缶上半皆泐　第二層一婦人長服冠五梁向右立手向右指榜題伯游母三字右一人佩劍跪向左榜題伯游也三字後一人向左拱立下半泐左綴一鳥次男婦二人並坐向右上施帷幕榜題萊子父母四字左綴一獸右一人跪向左手持杖杖頭橫飾鳩鳥右手向地下有盤盂榜題老萊子三字次一婦人手持節旄向左立前一兒拱手回顧一榜二行首題乳母二字次題冉季載上泐一字季字半泐案此即文王子冉季載也史記管蔡世家云同母昆弟十人冉季載最少此與後康叔封等稱名同婦人右一人執版向左拱立次男婦二人並坐向右上施帷幕一榜題文王二字左一人侍立右立九人皆有題榜而泐其三存者

惟伯邑考口王發周公旦蔡叔度口十乇康叔封六榜而已乇上是叔字蓋郎霍叔處　第三層三人並坐向右內一人舉手作指顧狀座前羅列尊俎盤盂前跪二人一向左舉勺一以手指俎一人長袖起舞兩足立蹉上一人兩手據蹉兩足向上倒垂其首一兒横伏於上中間一盆蓋燕饗樂舞之事也次四人左右相向立次車馬各三有蓋有𢈔皆向右祗見御者三人餘殘泐前後四榜俱無字　第四層作庖廚事有一器如桶二人並立各以手拊之上飛二鳥次男女二人向井汲水綆繫木架上架端一鳥架旁一

人執物如犬倒垂左一人舉手似相助者一盆內盛雁鶩二人對立同向盆中熓之上綴一鳥次一大盆盛一豕左右對立二人一案其首一執其蹄上有大鳥垂翼向下次一人左手執物右牽一牛向右行上綴一鳥尾有三羽次皆泐此下有横線刻棗核形

第八石上層左二獸右一龍一鳳一鳥又二人皆鳥身餘泐　中層一人右向坐左手指右右手執劍榜題此秦王三字後一人執弓矢侍立前跪二人一撫琴一拍掌皆左向右侍一人執刀盾又一人手曳其衣上半已泐空處綴一鳥次二人一冠服一常服相向立榜題侍郎二字郎字已泐次一人冠服執物向左立榜題魯秋胡三字前有二婦人皆舉手向左又一婦人有兒曳其衣榜題秋胡婦三字胡字从古漢鏡銘嘗有之兒上有小鳥一次一人冠服向左立榜題齊王二字齊即齊字左一婦人相向祗露其首下有一物祗存上半齊王右侍姬二人又一人執版拱立　下層一車一馬左行蓋下坐二人一執版一御者騎導一人中綴小樹車後一人已泐次左一車一馬蓋下坐二人有榜無題騎導一人次一車一馬車有蓋下坐二人有榜無題騎導一人次一車一馬車有蓋有𢈔祗露執符一人騎導一人左一人執版向右立

第九石上層中坐一人肩兩翼座下雲氣繞之左一人以手搏其肩右侍一人執符身俱有翼又左右向四人横飛皆鳥形有一龍一鳳左角一大鳥半泐

中層一人冠服左向立一手上舉一人亦冠服跡地膝間一物似兵器榜題此齊桓公也五字即曹子刦桓事右執弓執矢執劍者各一人執版者三人俱左向立左冠服者一人右手執弓左手向右指後隨三人一執版一兩手空舉一曳舉手者之袂俱右向一

人左向立回首右顧一手指向左左三馬具鞍轡無
人上有小鳥下有小樹右角似有一人如獸半泐
下層一車一馬左行車全泐祗露執符者之袖榜題
君爲都口跱五字都下似中字車後似有二人步導
二人俱一手執符一手執桿次一車一馬蓋下坐二
人一執符一御者榜題五官掾車四字騎導一人次
一車一馬蓋下二人皆泐榜題君爲市掾跱五字步
導四人二執符桿二執節旄皆泐下半
第十石上下橫界二線一車一馬左行蓋下坐二人
榜題主簿二字車後一人執版隨行次一車一馬左

行蓋有四柱左右有廂中坐一人執符榜題爲督郵
時四字右角一鳥長尾口啣物左角一鳥向上步導
二人皆執符桿一榜存數筆似二卒二字不類諸題
蓋後人所刻也次一車一馬左行蓋下坐二人榜題
行亭車三字騎導二人車左二獸一半泐馬左一鳥
此石翁閣學失錄
第十一石上層殘泐略見雲龍形次一人舉手向左
榜題荆軻二字一人在後挾制之手向右指右一人
執刀盾向左荆軻足旁一人伏地榜題秦武陽三字
左立一柱柱間一匕首柄有𩍐帶下虛縣一物蓋所

絶之袂也柱左虛設一座鏤刻甚細座前有雙履上
一人執刀盾向右立前一人左奔右手執物高舉左
無袖殆秦王也一榜上泐祗存也字次二人執戈臥
地　中層一車一馬左行車有篷祗露御者有榜無
題騎導一人後綴一鳥次一車一馬左行車有蓋有
廂廂有屬前坐一人後坐一人有榜無題　下層一
車一馬左行蓋下坐二人榜題行亭車三字一人執
版俯隨上有一鳥下有小樹次一車一馬左行車廂
上覆五席祗露御者一人手似執物有榜無題
第十二石第一層作人獸雲龍文　第二層二婦人

捧一盤左右相向跪下置一物乃承盤者右跪三婦
人皆執鏡奩盤盂左跪三婦人皆右向　第三層一
車一馬左行蓋下前一人執版後一人挾弓佩劍榜
題道吏車三字道即導字車後一小樹車前一人如
鳥騎導二人上綴一鳥　第四層二車一馬左行蓋
下坐二人榜題主薄車三字車前一獸騎導三人皆
模糊此石翁閣學亦未錄
第十三石第一層一人作鳥形右一鳥三首而又有
一首如馬左一大鳥雙首又一小鳥皆左向　第二
層蓂莢一本十五葉右一人摘之次一樹六椏椏各

一葉下垂次一大樹枝葉甚茂右一人摘之次石磴一臺臺中一苗向上獨葉如蕉右一人以刀斫之左一人兩手攀臺身皆有翼上有二鳥皆具人形左右横飛　第三層上施帷幕一婦人左向坐一人跪持七筯作哺食狀左一人捧盂右向立次上施帷幕下有座如土阜左一人拱跪一婦人拱立一樹六椏垂四實　第四層一車一馬左行磴下坐二人榜題賊曹車三字騎導二人左一人右向立捧物如幣

右武氏前石室畫象十五石黃小松以始獲時在武梁畫象之前即定爲前石室今嵌於武氏祠壁間原次難考營立時隨意標刻數目以便識記今姑仍其次入録然如第五石形製同第二石其二層列二十二人亦是孔門弟子不應分問也內有刻古帝王忠孝烈士奇跡皆同武梁畫象亦用分書題識其名惟不作韻語耳此刻隸釋不載山左金石志

武氏石室祥瑞圖題字

畫象共二石今在嘉祥縣武宅山

第一石高三尺七寸廣九尺七寸畫三層題字共十六榜

狼井下闕

上闕息此榜二行惟存首行末一字餘闕

神鼎不炊自孰五未自成

□不刳胎殘少則至

上闕至

上闕同時下闕

不漉池如漁則黃龍游於池此榜二行

蓂莢堯時下闕

右第一層八榜

六足獸謀及衆則至

白□□□者□□則至

上闕英下闕

上闕女日下闕

右第二層四榜

白□□王者不暴虐□白□仁不害人此榜二行

上闕白□如事下闕

上闕不方下闕

白□□王者□□則至

第二石高三尺六寸廣九尺七寸畫三層題字者二層共二十三榜

上闕王者上闕則至此榜二行

□馬□耆清明尊賢□□□□□來□此榜

二行

三者闕下

闕上山口此榜約四行惟存首行一字餘闕

玉英五常立口貝口口此榜二行一行闕

赤羆仁姦息闕下

木連理王者德純治八方為一家則連理

生此榜二行

辟流離王者不隱過則至

闕上圭水泉流通四海會同則至此榜二行

比翼鳥王者德及高遠則至此榜二行

比肩獸王者德及鰥寡則至此榜二行

白魚武闕下津入于王舟此榜二行

比目魚王口明無不衙則至此榜三行

銀甕刑法得中口至

右第一層十四榜

闕上盈王者清廉冂出

闕上則丅

闕上屮手后稷

皇帝時幸々乘鹿來獸三腸

口口王闕下

渠扌萊

白馬朱鬣口尹口口良刊口此榜二行

澤馬王音勞來口口扌口此榜二行

玉券王者闕下

右第二層九榜

武梁石室右一石平露殘泐最甚其旁又得殘石三刻人物鳥獸有小八分書標題與武梁石室題字如出一手其語句孫氏瑞應圖及宋書符瑞志所載約略相同東漢崇尚圖讖故圖刻乃爾石背若瓦脊是為石室之頂其內題刻可以仰觀也是刻前人著錄

所未及嘉祥縣志云石室內刻伏羲以來祥瑞所指即此因名之曰武氏祠祥瑞圖黃易跋

武氏石室祥瑞圖第一石第一層蓮臺一座右一人右手拊之一人在下左手撲地右手執物如鍬鍤間有垂帶右題一行惟存浪井二字案宋書符瑞志云浪井不鑿自成此左旁不从水未詳次已殘闕下題二行亦泐首行存一息字二行土則至三字次一鼎左題一行云神目口炊自孰五未自口泐四字孰即熟字此與符瑞志神鼎不炊而沸五味自生同義次一獸如麟左向在神鼎下題榜一行云口不刳胎殘

少則至泐一字符瑞志麟不刳胎剖卵則至据此首
當是麟字也次一物圓形有莖似垂三極左題一行
已泐末似至字次磨泐無存次一榜微露山字次一
龍形尾已泐左題二行云不漉池如漁則黃龍游於
池凡十一字如讀曰而古而如通漉竭也月令仲春
毋漉陂池謂不竭池而漁也此左又接一行題云蓂
莢堯時下缺左蓂莢一株一莖直立左右各七莖皆
有圓實共得十五莢也蓂莢日生一莢至十六日一
莢落此象其十五日生足之時也右有樹一株在龍
腹下樹分數椏未詳其名左榜惟存周時二字　第

二層右泐左一獸首如馬而前有三足後半泐上題
一行云六足獸謀及衆則至凡八字惟至字半泐次
似一獸殘泐莫辨右題一行云白□□□者□□則
至泐五字次全泐次草數莖莖各有葉已殘闕右一
榜祗存英字次亦全泐似有二榜一無文一存夂日
二偏旁次一鳥在上已闕　第三層一獸蹲伏左題
二行云白□□王者不暴□□□至仁不害人泐五
字符瑞志云白虎王者不暴虐則白虎仁不害物孫
氏瑞應圖云白虎者仁獸也一名騶虞卽此次一鳥
餘皆殘泐左有二榜一存白□如事三字一存不方

二字又一榜存白□王者□□則至五字
第二石第一層首一獸祗存二足一尾右繞脊有毛
榜二行存□□王者□□則至四字次一榜二行存
□馬□者清明尊賢□□□□來□七字畫全泐案
瑞應圖云王者清明篤賢則玉馬出殆卽此也左一
榜半泐其字莫辨次一物方形榜題玉英五常□□
則□泐三字案瑞應圖云五常並修則玉英見是方
形卽玉英也下一獸微露首及前二足題榜一行存
赤羆仁姦息五字此石自赤羆至後比肩獸碎裂爲
三獨拓本赤羆有題無畫今合之始知玉英下獸卽

屬此也次一樹穠葉同本雙枝左題二行云木連理
王者德純洽八方爲一家則連理生凡十七字次一
璧中作圓孔而有方罫文左題一行云璧流離王者
不隱過則至凡十字流離同琉璃次一圭上銳下方
面有斜斗文左題二行云元圭水泉流通四海會同
則至凡十二字海字半泐次一鳥二首二足左右二
翼尾有四羽上題二行云比翼鳥王者德及高遠則
至凡十一字次一獸惟存後二足前已泐上題二行
云比肩獸王者德及鰥寡則至凡十一字次一魚右
題二行存白魚武津入於王七字符瑞志云白魚武

王渡孟津入於王舟又二魚相並各一目上題三行云比目魚王□明無不衙則至泐一字衙即禦字次一甕右題一行云銀甕刑法得中□至泐一字瑞應圖云王者宴不及醉刑罰中則銀甕出是也　第二層右殘泐僅餘二榜一存益壬者清廉則出七字一存則至二字次一人右向立冠分四丫下衣露其緣次一人左向立左手捋臂右手向左其左作雙禾向上形右題一行存岍主后稷四字次一獸祇存後二足次一鹿祇存其首前一人乘鹿冠有雙丫衣如鳥翼手執一竿竿端有物纏繞如幌巾右題一行云皇

帝時南夷乘鹿來獻巨暘凡十一字夷字半泐案符瑞志云黃帝時南夷乘白鹿來獻秬鬯又云巨鬯三禺之禾此蓋以皇帝爲黃帝以巨暘爲秬鬯也鹿首上似有題榜一行殘泐莫辨乘鹿者前題一行云渠扌來三字符瑞志云渠搜禹時來獻裘據此則第二字爲搜字無疑也此榜在裂縫處初拓時尚存今重立殘損矣次一馬已泐微露首及前二足上題二行云白馬朱獵□□□□良則至泐四字符瑞志云白馬朱鬣王者任賢良則至此以獵爲鬣也次一馬後足泐右題二行云澤馬王者勞來□□則□泐三字

次一物形似方勝翁閣學所謂一物上下圓各兩翅中有直柄者也右題一行玉券壬者四字玉字下初拓本右旁作券疑是勝字符瑞志有金勝此或是玉勝也　第三層無題字首作人物大半殘泐次二人右向立又一人祇露下半左一車一馬向左行車坐一人導騎三人次一人向右迎立右有物作方斗文右祥瑞圖二石其第二石初出時拓本已裂爲三翁閣學黃司馬釋之頗多舛錯然自重立之後畫象題字更有泐蝕處益知初拓可貴也小松云此刻石背若瓦脊是爲石室之頂其面題刻可以仰觀今以拓

本案之伏戲三石當屬右室其前後左右次序全備當日石室規模儼如在目矣山左金石志

周公輔成王畫象題字

畫象共三石惟第一石有題字高三尺九寸廣一尺八寸畫三層下層題字共三榜今在嘉祥縣劉村

成王

周公

召公

一首層一人拱立二人散髮一跪一立柱縣一繩立者右手曳之一人蹲身兩手抱柱口中噴氣若火然二層縣一輪輪下如月鉤反覆向背一人曳鈎一人

執物向鉤作劃削狀其左有三垂一垂中有横木一垂有人承之三層中一人正立冠五稜垂紳兩袖下垂身甚微小題曰成王左二人曲身拱立袖亦下垂一題曰周公一題曰魯公右二人一執蓋下覆一執圭左向立皆無題案漢武帝嘗畫周公負成王朝諸侯圖以賜霍光畫本流傳爲後世祖述此像朝儀端肅周公立成王右上言左者就今日觀拓本而言凡著錄畫像皆仿此成王南面則周公東面矣古人以西爲上臣列東向爲尊此可驗矣四層一樹枝葉甚茂形如合歡下繫二馬山左金石志

案禮記明堂位昔者周公朝諸侯于明堂之位天子負斧扆南鄉而立注天子周公也負之言背也斧依爲斧文屏風于戶牖之間周公於前立焉據是畫成王中立則記言天子者成王也康成氏解天子爲周公義過曲矣漢隸字源載成王周公畫像多齊魯間漢公卿墓中物近小松得之汶上兩城山足徵婁氏說非誣授堂金石跋

周王齋王畫像題字

畫象其二石今在嘉祥縣焦城村

第一石高二尺六寸廣二尺三寸畫三層惟上層有題字一榜

周王

第二石高二尺六寸廣四尺八寸畫三層惟中層有題字一榜

此齋王也

畫像四石二石有題字一上層中立王者冠五稜端拱南面榜題周王二字左右各侍二人中層一車一馬車坐二人一人荷戈步導下層二人負畢有雉兎前奔一上層樓二層左右有夾室二重規制甚古簷脊飾以鳥獸上樓縣一方圖圖中有文形似蝙蝠檻内坐二人左右柱外各侍一人夾室柱外似有二鶴下樓左向坐者一人右向伏地者一人左右執版

侍者六人右柱題云此齋王也四字齋卽齊字與武氏祠前石室畫象同下層中停一車右休一馬左一人執笏立右二人執物立山左金石志

孔子見老子畫像題字

石高一尺三寸廣七尺題字共三榜今在濟寧州學

老子

孔子也

孔子車

右孔子見老子畫象人物七車二馬三標牓四惟老子後一牓漫滅孔子面右贄鴈老子面左曳曲竹杖

中間復有一鴈一人俛首在鴈下一物拄地若扇之狀石有裂文不能詳辨侍孔子者一人其後雙馬駕車車上一人馬首外向老子之後一馬駕車車上亦一人車後一人回首外向史記魯昭公予孔子一乘車兩馬一豎子同南宮敬叔適周問禮於老子此畫聖與兩驂似是據此 隸續

此文及畫象人物車馬之數皆具於隸續惟以爲人物七者則尚少二人蓋洪氏僅言老子車後一人回首向外而不言其後復有人也今驗拓本則車後一人回首向外者其後復有二人拱而向內必有此向

內之二人乃足明車後一人所以向外之故而洪氏所得拓本蓋失拓此段二人耳 兩漢金石記

孔子見老子畫象黃司馬易自嘉祥武宅山得之以是聖像敬移州學史記魯昭公與孔子一乘車兩馬一豎子同南宮敬叔適周問禮于老子但言適周問禮而不言見於何地碑狀孔子與老子皆下車相對致敬蓋塗遇也案周禮大宗伯以禽作六贄大夫執鴈士執雉孔子是時尚未爲大夫所執者當是雉矣空中又有一鳥鳥下一人石文已泐難辨姑闕之孔子後一人銳首若未冠狀殆即豎子敷車中人似南宮敬叔以弟子而執御也老子車亦有御者車後從步三人皆捧簡冊榜有四曰老子曰孔子也曰孔子車其一無題 山左金石志

按以上諸畫象拓本皆錢塘黃司馬易所貽今依原石題榜摹其文如右憶甲寅乙卯間司馬所貽漢刻畫象尚有二十餘種其在曲阜者聖府後門及顏氏樂圃各一石在濟寧州者普照寺一石李家樓二石晉陽山六石兩城山十六石在嘉祥者縣署東華林村七日山紙房集四處各二石劉村及湯陰山各一石在汶上者城垣二石關帝廟四

石在新泰者師曠墓四石皆無題字可見概不著錄又曲阜白楊店一石有諸從官楚口少平二榜四氏學一石有周公二字嘉祥縣隨家莊二石第一石有大富二字鄒縣白楊樹村一石題食齋祠園四字隸體極古質定爲漢人原題然皆無關攷據亦置不錄附見其目于此

寶應縣孔子見老子畫像題字

畫象共二石惟一石有題字高五尺四寸廣二尺一寸畫三層上層題字共三榜今在寶應縣射陽聚

弟子

孔子

老子

江南寶應縣地名射陽者有古冢焉土人呼爲夷齊墓蓋傳訛也墓有漢刻石二共一上層孔子見老子像孔子在中面左老子在左面右弟子在孔子後手執束帛八分書題三行曰孔子曰老子曰弟子中層模糊不可辨下層三人并食器烹魚者膾鼎者其一高與闕稍殺之亦三層上層大鳥中層獸首銜環下層一人執刀楯者禮明堂位疏曰舞者左執楯右執斧謂之武舞此蓋其遺意與周禮夏官司兵掌五盾註云五盾干櫓之屬其名未盡聞也詩秦風蒙伐有

苑疏龍盾是畫龍於盾則知蒙伐是畫物於伐左傳蒙之以甲以爲櫓櫓是大盾故伐爲中干干伐皆盾之別名也蒙爲雜色知苑是文貌今見此畫其亦干戈櫓盾之類與大約此刻畫像與洪氏隸續所錄沇府君江原長諸刻相近 兩漢金石記

案此象爲門人汪子 中 所貽汪子來書云寶應東七十里射陽聚爲漢射陽古城多古墓曰雙敦者有石門畫像遂取歸拓之以公同好叢自淮以南東南至于海西南至于徼外漢刻之存者惟深禾校官碑及此石耳而此石有先師遺像尤可寶貴今汪子久沒已不知石之所在矣其畫意與黃司馬所得孔子見老子畫像相同題曰寶應縣者所以別于濟寧州學之碑也

朱長舒墓石室畫象題字

畫像共二十五幅惟第十九幅有題字高五尺一寸廣一尺七寸題字一行文四行行約十九二十字今在金鄉縣

朱長舒之墓

漢朱氏口口始約闕六字鮪約闕四字嘉下闕上闕十餘字

相下闕上闕共約十二三字与可韋口分約闕四字豫約闕四字

枼萬約闕二字祥

朱長舒畫象之末幅下有八分一段隱隱可辨者數字向求搨本多紙彙成一冊逐行審辨僅露數筆新得拓本一紙比前淸朗漢鮪可萬祥等字灼然無疑相傳爲朱鮪墓不得其實今得一鮪字孫淵如云鮪字頸長也長舒或即鮪之號亦未可定 黃易跋

右朱鮪墓石刻按朱鮪墓見於水經注朱鮪墓石壁刻人物見於夢溪筆談以其畫像驗之與夢溪所說不甚合 兩漢金石記

朱鮪墓石室畫象本皆連屬拓者分爲二十五幅每幅有帷幕列屏及杯盤尊勺皆燕饗賓客之事凡男

子冠有端冕者有紗帽者有如僧帽二層者有如巾子雙梁者有裹幘向前如彩纓者有上仰作盂形者有下圓上銳者種類不一衣領及袖皆有襇無緣女象首有冠髻形圓而不或分二髮二髻髻上飾釵股間有綴珠者惟一幅上有八分書題宋長舒之墓五字夭斜不工下又有八分書四行字徑三分祗存數字精勁獨絕惜剝落太甚文義難詳案濟寧州志云漢平狄將軍扶溝侯朱鮪墓石室畫象沈存中載入夢溪筆談以爲眞漢制今以拓本驗之其中人物衣冠蕭疏生動頗類唐宋人畫法或是扶溝後人追祟

先世而作耳山左金石記

大風歌

碑高一丈一尺廣四尺四寸四行行八字今在沛縣

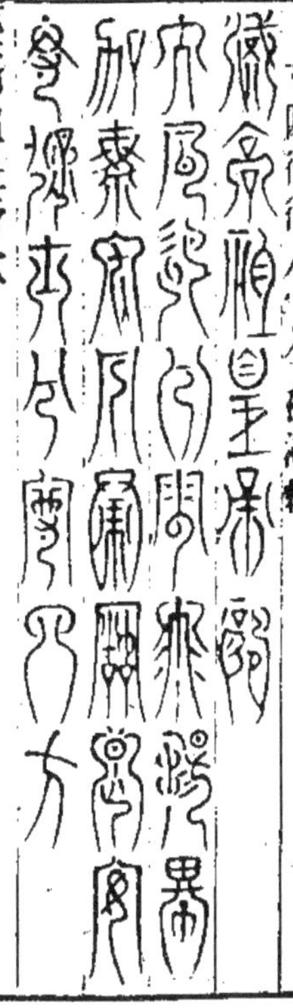

漢高祖皇帝歌

大風起兮雲飛揚威加海內兮歸故鄉安得猛士兮守四方

右漢大風歌碑徐州志歌風碑在沛縣歌風臺碑有三一豎于東不知年代西則元大德間摹刻者舊碑中斷束以鐵亘蛟門歌風臺記云元大德間摹刻于石者邑令羅士學也予按此碑不知刻自何時相傳爲漢曹喜書亦無可據碑自大德中已經重刻其舊碑即非漢刻亦必唐宋人所爲何近在彭城而歐趙皆不收錄也金石存

按大風歌首見於史記本紀此碑首題漢高祖皇帝字且篆體亦不類秦漢人書其非當時原刻無疑蓋後人以沛爲高祖發祥之地而歌內有歸故

鄉之文遂書其文刻之於石耳或指爲曹喜書亦無確據今姑置之漢末云

金石萃編卷二十一終

金石萃編卷二十二

賜進士出身　誥授光祿大夫刑部右侍郎加七級王昶譔

漢十八

瓦當文字 共三十二種

瓦當各種徑六七八寸　一字至五六字不等

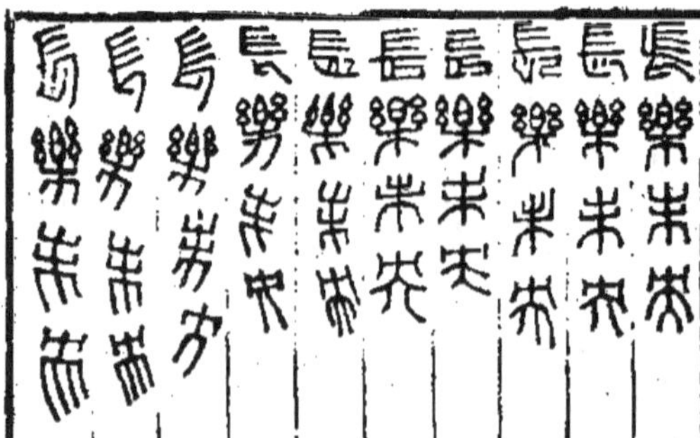

漢未央宮諸殿瓦其身如半筒而覆簷際者則其頭有面外向其面徑五寸圍一尺六寸強有四篆字字凡六等曰漢并天下曰長樂未央曰儲胥未央曰長生無極曰萬壽無疆曰永壽無疆而至背厚一寸弱其背平可研墨唐宋以來人得之即去其身以爲硯

故俗呼瓦頭硯也洪武辛亥夏余留長安校官馬詠張袖以此瓦相遺其字曰長樂未央於是爲千六百年物矣乃貯以梓竇而用之嗚呼物之用固繫其逢也哉 王禕忠文公集

右長樂未央瓦得之漢城東隅長樂宮故基也按關中記長樂周二十餘里有殿十四故瓦多小異 秦漢瓦圖記

漢書高帝紀五年九月治長樂宮史記高帝紀七年長樂宮成八年蕭丞相營作未央宮九年未央宮成據此長樂未央本兩宮此瓦文合而一之亦取吉祥

語意配合成文耳非必某宮即用某字瓦也他宮殿瓦文意亦放此又詩庭燎正義未央者前限未到之辭故漢有未央宮古詩有樂未央也蓋蕭丞相因秦興樂宮在長安鄉故治秦宮而易名長樂即取樂未央之義以銘瓦後再作宮于西南隅遂以未央名之觀古人銘器欵識不曰千萬年即曰子子孫孫永寶用可見吉祥語意靡所弗施矣秦漢瓦當文字

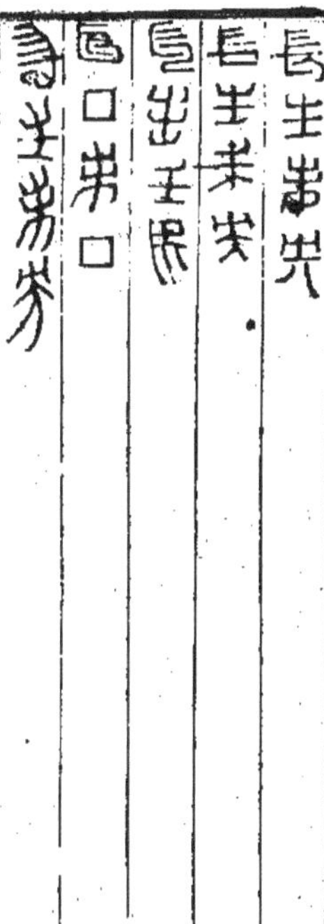

瓦當彙長生未央四字按三輔黃圖甘泉宮一曰雲陽宮史記秦始皇二十七年作甘泉宮及前殿築甬道自咸陽屬之宮周圍十餘里漢武帝建元中增廣之周十九里師古曰秦林光宮在磨石嶺側有甘泉故漢武建甘泉即取爲名漢書云烽火達甘泉以

帝不常居長安故邊警烽火兩通之也巫蠱事起帝亦居甘泉宮成帝永始四年行幸甘泉歷今二千餘年瓦遂久湮不意於幽僻處搜獲此瓦何異商周鼎彝秦甯金石刻跋畧

或有問於予曰昔王子充作漢瓦硯記言未央宮瓦凡六等其面背皆有字無所謂長生未央者得毋僞乎予曰不然彼所云者未央宮瓦也林子所謂者甘泉宮瓦也未央作於高帝甘泉則作於武帝時之相去將百年未央在今咸陽甘泉則在今淳化地之相去又二三百里宜其制有不同也安得執彼之說疑

此之僞乎子充記謂瓦之面徑五寸圍一尺六寸強厚一寸弱質之林子之瓦其制皆合則其爲漢物何疑或又謂未央之瓦乃篆字此則隸字何以不同予曰隸卽今楷書也當高帝時去秦未遠隸書止行於民閒故用篆字至武帝則朝廷上下悉用隸書故製瓦者卽用其體書之也 秦書疑辨

林子出其瓦同人所藏甘泉宮瓦頭覩相示上有長生未央四字余家有季孫行父所城□古瓦一葉其質甚堅瓦□有𥳑文一曰千秋一曰萬歲字畫圓潤可愛𠑽之作金石辭今觀此瓦正與相類其爲甘泉舊物無疑 李啓中跋

右得之淳化縣甘泉宮故基按林吉人瓦圖記云長生日泉今曰長生未央微有不同淳化志載甘泉宮有萬壽無疆上林儲胥等字猶未央瓦其文不一也 秦漢瓦圖記

漢書高帝紀五年九月徙諸侯子關中治長樂宮七年蕭何治未央宮伯厚王氏曰未央在漢城西隅長樂在東隅元和志云兩宮相去止隔一里今考之地里悉是朱氏以長樂未央壬長樂宮長生未央壬未央宮云得之二宮故基未免過泥 涵頁閣秦漢瓦當圖說

右十三瓦首一瓦林侗朱楓皆目爲甘泉宮瓦乃青浦王公收得者此瓦出於淳化 秦漢瓦當文字

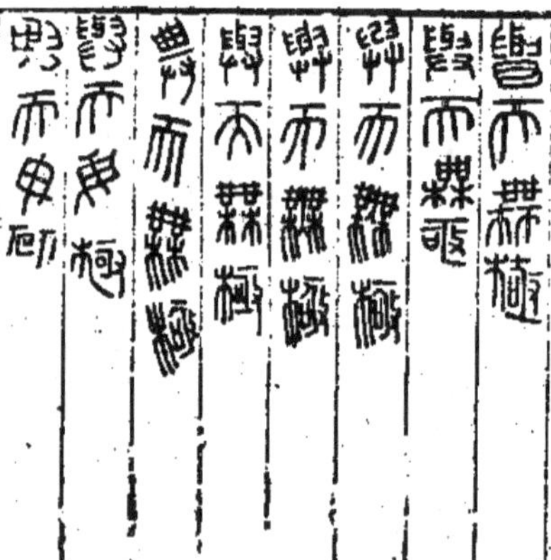

右與天無極瓦亦出自漢城此瓦應與長生無極同意然攷漢書武帝紀元封元年上登封泰山注應劭曰刻石紀績其辭曰事天以禮立身以義事親以孝育民以仁四守之內莫不爲郡縣四夷八蠻咸來貢職與天無極人民蕃息天祿永得據此則與天無極者亦頌禱之通辭耳或乃疑此爲郊廟祠室之瓦不知郊者壇而不廟獨郊祀志載文帝用新垣平言作渭陽五帝廟帝親拜霸渭之會以郊見五帝郊之有廟惟此然志又稱五帝廟臨渭其北穿蒲池溝水云云則廟在渭北不在宮城可知又志載漢諸帝祠室

甚多供作於雍及甘泉諸處亦無在宮城者則此瓦總不得為郊廟祠室之瓦也秦漢瓦當文字

億年無疆

億年無疆

此瓦亦未央故宮土中所出涵真閣秦漢瓦當圖說

右億年無疆瓦不知所施或引漢書王莽妻死謚曰孝穆皇后葬渭陵長壽園西令永侍文母名陵曰億年故以為莽妻陵瓦然攷秦漢宮殿之以年壽命名者若祈年長年延年永壽益壽步壽萬歲壽安壽成之類甚夥率皆取頌禱之辭億年無疆亦即此意以為莽妻陵瓦恐拘泥已甚所不取也秦漢瓦當文字

延年益壽

延年益壽

延年益壽

延年益壽

延年益壽

長年益壽

延年益壽

延年益壽

延年益壽

漢書孝武于甘泉宮作益壽延壽館史記又作益延壽觀東觀餘論所載首作益延壽三字者與史記正合排山瓦閣所載益壽存當與郊祀志亦合此瓦文曰延年益壽似與諸書所載無涉按三輔黃圖漢畿內千里內外宮館一百四十五所西都賦云前乘秦嶺後越九嵕東薄河華西涉岐雍宮館所歷百有餘區由此觀之此瓦亦千秋萬歲與天無極之類必以延壽益壽館瓦當之則鑿矣涵真閣秦漢瓦當圖說

右延年益壽瓦當是甘泉宮益壽觀瓦又有延壽萬歲瓦見後又未央宮有延年殿見宋次道長安志引殿記秦漢瓦當文字

延年

延年瓦中作飛鳥形俞竹居所收錢獻之摹刻諸瓦以為飛鴻延年當是延年殿瓦蛾術編

延年

延年

右延年半瓦錢別駕得自漢城此與後上林二半瓦皆非殘缺乃瓦當中具此一種適用耳平列延年二字殆即殿記所謂延年殿瓦與秦漢瓦當文字

延壽萬歲

右延壽萬歲瓦當亦萬歲殿或延壽觀瓦史記索隱引漢武故事云作延壽觀高二十丈又案東觀餘論二館辨云漢郊祀志武帝因公孫卿言僊人好樓居於是令甘泉作益延壽觀師古曰益壽延壽二館也予案太史公記作益延壽觀而近歲雍耀閒耕夫有得古瓦其首作益延壽三字即此觀當時瓦也然則當以史記為正但一觀名益延壽三字耳顏說非是教謂黃氏以所見瓦證小顏之誤是矣然今所得瓦既有延年益壽又有延壽萬歲安知非二觀之瓦況郊祀志因封禪書之文益下已增壽字云作益壽延壽館是其說已不始於小顏而漢武故事又有作延壽觀云云則黃氏之辨亦未可據為定論也秦漢瓦當文字

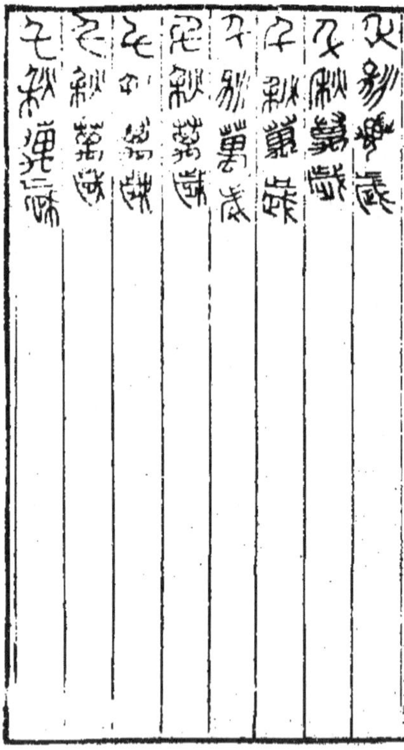

三輔黃圖未央宮有萬歲殿王氏宮殿記西漢有萬歲宮以長樂長生例之或是萬歲宮殿之瓦湘眞閣秦漢瓦當圖說

右千秋萬歲瓦亦出於漢城案長安志引三輔黃圖未央宮有萬歲殿此即其殿瓦與秦漢瓦當文字

右瓦為仁義自成四字出於漢城不知所施攷漢書宣帝紀及三輔黃圖有畜德宣德等殿長安志有昆德殿又引漢宮闕名有溫德觀是皆以昜成君德為名有類斯瓦文辭之旨大戴記踐阼篇稱武王受丹書之戒於盤几戶牖悉為之銘後世人君居處宮室師法此意著為嘉言以垂雅訓或以數字見義或取篇章成文世隰遥遠史書佚載遂不可攷以斯觀之漢瓦銘辭殆難意擬矣秦漢瓦當文字

右瓦得之淳化甘泉宮故基其中央有文曰劉秦漢瓦圖記

右宜富貴當一中有字從金右旁漫漶不知何字或說金旁作卯爲劉字乃漢宗室府第瓦也攷秦漢鑑銘及古錢文皆有長宜富貴等字此瓦銘或卽其意中劉字作釰無所據姑闕疑焉可耳秦漢瓦當文字

中間一字江氏藩謂是千金二字兩漢金石記

萬物咸成

右萬物咸成瓦漢后宮長秋殿瓦也攷三輔黃圖云后宮在西秋之象也秋主信故以長秋長信爲名後漢馬后紀注稱長秋者皇后所居宮也長者久也秋者萬物成孰之初也故以名焉又漢百官表有中長

秋大長秋皆皇后之官師古曰秋者秋成之時長者常久之義以斯言之是皇后所居宮及屬官皆以秋成爲名取萬物成孰之意故知此爲后宮殿瓦黃圖又云長樂殿西有長信宮長秋殿長安志引關中記云長樂宮有長秋永壽永寧長定四殿蓋長秋等殿本在長樂宮中後因太后居之遂分以爲長信宮而太后亦恆居長樂故百官表有長信少府又有長樂少府張晏謂以太后所居宮爲名是其證矣又未央宮有長秋門亦以太后所居得名見漢書衞太子傳秦漢瓦當文字

長毋相忘

右長毋相忘瓦長安賈人云得於漢城此瓦不知所施姑疑爲後宮殿瓦漢書外戚班倢伃傳云爲倢伃居增城舍應劭曰後宮有八區增城第三三輔黃圖云武帝時後宮八區有昭陽飛翔增城合歡蘭林披香鳳皇鴛鸞等殿長毋相忘者或卽合歡鴛鸞之屬殿瓦銘與然長安志引漢宮殿名有相思殿不知所在又漢書敘傳有宴昵殿張晏曰親戚宴飲會同之殿也瓦銘四字亦類此等存以俟攷焉秦漢瓦當文字

迎風嘉祥

右瓦卽鳥蟲書書幡信者俞太學以漢書董賢傳云賢女弟爲昭儀位次皇后更名其舍爲椒風以配椒房據此釋爲椒風嘉祥云椒字作朩反書風字上加虎形取易風從虎之義錢別駕寓書和成其說敦謂椒字卽作朩反書亦不類風上虎形取易義亦太穿鑿案漢書揚雄傳云甘泉本因秦離宮而武帝復增通天高光迎風宮據此當卽迎風宮瓦也迎字小篆作䢟與首一字相似風字上著蟲形此篆每每如是不必取易義也嘉祥二字甚明白然筆畫亦有所加增又何取義耶姑存二說以俟能擇焉秦漢瓦當文字

永壽無疆

永壽無疆

永壽無疆

有漢郊祀之禮文帝以新垣平而增制至武帝時含神君于上林又有少君繆忌少翁欒大公孫卿粵人勇之公玉帶之徒大言虛誕淫祠幾滿天下宣帝踵之所祠凡六百八十三所哀帝時增至七百餘所而宗廟之制亦世立一廟不列昭穆不定迭毀此瓦文曰永奉無疆其爲漢京故物無疑滿貞闕秦漢瓦當圖說

右永奉無疆瓦皆得於漢城錢別駕說爲漢太廟瓦秦漢瓦當文字

便

右便字瓦攷漢書武帝紀六年四月高園便殿火小顏曰凡言便殿便室便坐者皆非正大之處所以就便安也園者陵上作之旣有正寢以象平生正殿又立便殿爲休息閒宴之處耳說者不曉其意乃解云便殿便室皆是正名斯大惑矣攷案葦元成傳注如淳引黃圖高廟有便殿是中央正殿也小顏之說即駁此注然元成傳云京師自高祖下至宣帝與太上皇悼皇考各自居陵旁立廟園中各有寢便殿日祭於寢月祭於廟時祭於便殿據此則便殿之設他陵廟皆有之不獨高廟爲然黃圖特因武帝紀有高園便殿火之文遂爲高廟正殿其誤不辨自明此瓦不知出自何陵要爲便殿瓦無疑也又諸瓦當字文皆突起此獨汚下爲異秦漢瓦當文字

黃山

右黃山瓦俞太學得自興平攷漢地理志槐里有黃山宮孝惠二年起此即其宮瓦與長安志云興平漢黃山宮在縣西南十里秦漢瓦當文字

狼千萬延

右瓦文曰狼千萬延俞太學得於長安賈人不知所從來敦斷爲郞池觀瓦案長安志引關中記云上林苑有郞池觀三輔黃圖云西陂池郞池皆在古城南上林苑中陂郞二水名陂郞晉灼引作波浪是郞池又呼浪池矣史記張良傳稱秦始皇東游至博浪抄中漢書作博狼據此則狼浪二字古蓋通用故定爲郞池觀瓦也易云鴻漸于干經典釋文引鄭說干水旁故停水處又引陸說水畔稱干蓋觀作於狼池之干故有狼干之稱又揚子方言云延永長也凡施於衆長謂之永據此萬延當即萬年之意與秦漢瓦當文字

甲天下

右瓦上有二鹿形下甲天下三字右行書乃命太學走書於淳化友人處索得者不知所從來太學自說爲天祿闢瓦數案天祿異獸名字亦作鹿漢書西域傳烏弋山離國有桃拔獻孟康曰一名符拔似鹿長尾一角者或爲天鹿兩角者或爲辟邪今鹿形兩角又短尾非天鹿可知攷長安志引關中記上林苑中十二觀有䲭鹿觀此瓦畫二鹿者非一之意甲天下亦云多也豈䲭鹿觀瓦與 秦漢瓦當文字

上林

上林

上林

上林

上林

上林

右瓦得之漢城承露臺基旁按秦有上林苑在漢武帝則廣開上林茲瓦之爲秦爲漢未可以臆斷而漢之上林地廣於秦故屬之漢云 秦漢瓦圖記

關中記上林有苑三十六宮十二觀二十五宜平瓦當極多乃所見者僅朱氏三一爲平瓦趙氏一錢氏一千二而已 涵谷關秦漢瓦當圖說

右上林瓦攷史記秦始皇本紀三十五年營作朝宮渭南上林苑中又漢書楊雄傳武帝廣開上林南至宜春鼎湖御宿昆吾旁南山而西至長楊五柞北繞黃山瀕渭而東周袤數百里又東方朔傳使中大夫吾邱壽王與待詔能用算者二人舉籍阿城以南盩厔以東宜春以西提封頃畝及其賈直欲除以爲上林苑屬之南山據此則秦漢皆有上林苑漢特因秦苑開廣之耳然上林苑中宮殿極多各有主名此特門署或垣衞之瓦也班孟堅西都賦曰上囿禁苑緜以周墻四百餘里又司馬子長上林賦曰離宮別館彌山跨谷二賦所稱皆可據矣 秦漢瓦當文字

宗正官當

右瓦得之漢城中按史記魏其武安侯列傳灌夫頗不讐歎讒劾繫都司空索隱曰案百官表云宗正屬官主詔獄也正義如淳云律司空主收及罪人是都司空爲宗正屬官宜在禁中故附未央宮末 秦漢瓦圖記

右宗正官當中朝邑得於漢城攷漢書高帝紀七年二月置宗正官以序九族又百官表宗正秦官掌親屬又史記文帝紀正義漢置九卿七曰宗正又應劭

說周成王時彤伯入爲宗正是宗正猶不始於秦也

都司空瓦（秦漢瓦當文字）

都司空瓦

都司空瓦

右都司空瓦趙文學得於漢城攷漢百官表宗正屬官有都司空如淳曰律司空主水及罪人又少府屬官有左右司空見後（秦漢瓦當文字）

司空

右右空瓦攷漢百官表少府秦官掌山海池澤之稅以給共養屬官有左右司空據此當是右司空瓦與

（秦漢瓦當文字）

上林農官

右漢上林農官瓦攷漢百官表水衡都尉武帝元鼎二年初置掌上林苑有五丞屬官有上林均輸御羞禁圃輯濯鍾官技巧六廄辯銅九官又衡官水司空都水農倉又甘泉上林都水七官長丞皆屬焉所屬共十六官無農官又史記平準書楊可告緡錢上林財物衆乃令水衡主上林上林既充滿益廣乃分緡錢諸官而水衡少府大農太僕各置農官據此則上林之有農官或置於此時此瓦當即農官治事處之瓦與（秦漢瓦當文字）

高安萬世

漢書董賢傳賢字聖卿美麗自喜性柔和便辟善媚初爲太子舍人哀帝即位寵愛日甚封高安侯代丁明爲大司馬時年二十二歲妻父爲將作大匠詔爲賢起大第北闕下重殿洞門柱檻悉衣綈錦此蓋其私第之瓦也（瓦當圖說　涵真閣秦漢）

右高安萬世瓦錢別駕得於漢城自署曰漢大司馬董聖卿第瓦

有萬憙

右有萬憙三字瓦先是錢別駕於漢城獲一不全瓦但有萬憙二字後申朝邑於長安市上獲半瓦有一有字乎萬字上下文義皆相合因摹放成之然此瓦不知所施或說爲民舍瓦說文喜樂也憙說也漢書喜悅字多有作憙者後人乃喜憙通用（秦漢瓦當文字）

金

右金字瓦錢別駕得於漢城三輔黃圖云金廄輅軨廄大廄果馬廄軛梁廄騎馬廄大宛廄胡河廄騊駼廄在長安城內此瓦既出於漢城輪廓小而字不甚

美其金殿瓦與以此類推俞太學所得之大字或即
大殿瓦也漢百官表太僕屬官亦有大廄令丞尉秦漢
瓦當文字

冢當萬歲

右瓦俞太學得於鳳翔文曰冢當萬歲篆法頗美非
漢人所及蓋先秦墓舍開物有讀爲萬歲冢當者然
瓦背之迹具存歲冢二字在其上方故不可倒讀也
秦漢瓦當文字

樂當大萬

右瓦文曰樂當大萬俞太學得於汧隴之交古隃麋

地乃神祠瓦也萬者舞名詩邶風簡兮傳云以干羽
爲萬舞謂之大萬者凡樂皆以大稱周官大司樂云
雲門大卷大咸大磬大夏大濩大武又漢亦稱大樂
官後漢改大予樂皆稱大也樂當大萬者指樂舞極
盛而言萬舞即八佾之舞非尋常神祠所可用故以
爲稱漢地理志云隃麋有黃帝子祠此即其祠瓦與
秦漢瓦當文字

鬼氏冢舍

右鬼氏冢舍瓦文與漢人碑刻隸書相同錢別駕得
於馬嵬所謂嵬氏者古無此姓殆嵬字省文長安志
引孫曼安征途記稱馬嵬是人名觀此可證其謬漢
書游俠傳云原涉自以先人墳墓儉約遂大治起冢
舍初武帝時京兆尹曹氏葬茂陵民謂其道爲京兆
仟涉慕之買地門道立表署曰南陽仟人不肯從謂
之原氏仟蓋當時風尚如此故斷壁殘甓猶有留遺
至今者秦漢瓦當文字

八風壽存當

此瓦已著於秦漢瓦圖記朱氏釋爲益壽存當四字
錢詹諸君疑爲僞作之瓦以益下皿字不應多爲曲
折如此又當上不應加土也丁未正月敦於長樂鐘

室址南檢得一瓦懷歸沃洗用膠黏合拓出即此文
也因攷漢書郊祀志王莽二年興神仙事以方士蘇
樂言起八風臺於宮中臺成萬金作樂其上因此知
爲八風壽存當乃八風臺瓦也八風壽存本可成文
緣八字筆畫疏少故與風字合爲一遂增當字以配
合之而當字小下作口一筆分爲二筆使上半加長
亦欲與首八風二字相配於此益見古人繆篆分布
之妙又莽更名未央宮曰壽成室更殿館爲長存館
壽存二字正與莽一時宮館命名相合故知爲莽八
風臺瓦無疑也或謂說文云榭臺有屋也則臺無屋

矣又安得有瓦然郊祀志有神明臺水經注謂神明
臺上有九室俗謂之九子臺又三輔黃圖長樂宮有
鴻臺秦始皇築上起觀宇云云據此二說則臺亦未
可盡云無屋矣秦漢瓦當文字

右大字瓦俞太學得於漢城不知所施秦漢瓦當文字

瓦當者宋李好文長安圖志謂之瓦頭蓋屋瓦皆仰
當兩仰瓦之際爲半規之瓦以覆之俗謂之筒瓦漢
筒瓦長二尺餘兩端皆有筍距至覆檐際之瓦一端
下彎爲正圓形徑五六寸有至七八寸者其面篆書

吉祥語意或宮殿門觀主名有十二字五字四字三
字一二字不等篆文皆隨勢詘曲爲之間有方整者
以當藻飾謂之瓦當者以瓦文中有蘭池宮當宗正
宮當宜富貴當八風壽存當是秦漢時本名說文解
字云當田相值也韓非子外儲說玉巵無當注家謂
當底也瓦覆檐際者正當瓦之底又節比於檐端
瓦瓦相值故有當名關中爲秦漢故都去西安城西
北十餘里俗名楊家城即漢舊城也從此直抵咸陽
境上延袤二三十里居民數千墅盡其地漢城闕宮
殿基址隱隱尚存瓦礫雜廁土中滿目皆是其仰瓦

之背橫縱作繩痕故舊相傳用以圍泥有此痕者悉
爲漢瓦瓦當有華有字字者至爲難得樵夫牧豎偶
然值之則收弆於家賈人鬻以入市字中最多者爲
長生無極長樂未央次則長生未央與天無極上林
衛字等其他則不數覯然同文之瓦而字又有不同
處蓋當時非一人一手所造至三原耀州淳化亦往
往有得者終不及漢城之多瓦當文字不著於宋歐
陽文忠公集古錄蓋當時人猶未之見逮元祐六年
寶雞縣民權氏濬池得古瓦銘曰羽陽千歲乃秦武
公羽陽宮瓦其事載王闢之澠水燕談錄瓦當文字

之見於記籍始此後李好文著長安圖志所見有長
樂未央等七瓦號爲至多又黃伯思東觀餘論稱有
益延壽三字瓦自是而後闃無聞焉　國朝康熙間
侯官林侗游甘泉宮址得漢瓦文曰長生未央一時
知名士爲文賦詩者幾徧宇內乾隆初浙人朱楓以
其子官關中獲瓦當三十異文者多至十六七因作
秦漢瓦圖記瓦當文字之有專書始此乙巳丙午間
歙客西安友人仁和趙文學魏愛搜集古金石銘識
獲瓦二十餘獨珍祕之不輕示人既而嘉定錢別駕
坫亦出重值購瓦三十餘以與趙君相抗厥後兩君

皆去全椒俞太學肇修既好尤甚故獲瓦四十餘爲獨多二人各爲拓本皆有識別不相紊也其時舊朝邑令陽曲申君兆定亦深好古篆籀之文得瓦之多不及三君然一瓦出即用舊磚摹放其字能使豪髮無差繆雖塵垒滿前錐鑿之聲丁丁達夜分不息不自以爲苦也以故三君所得瓦苟有異文奇字申君皆放而弃之靡有遺者敦與四人者皆友善是以有其拓本特備先是鎮洋畢公巡撫陝西著關中金石記采瓦當文字十餘入記中幕府之士若吳縣張舍人塤獲長毋相忘瓦安邑宋學博葆醇獲十二字瓦

後俱攜入都門一時名公鉅卿皆爭先睹爲快久之青浦王公爲按察使亦獲瓦十餘而海内通博之士依兩公以游吙者歲不乏人亦往往獲瓦以去若錢塘諸君乃其最著者也逮兩公相繼遷移而諸人皆已星散瓦當之後出者率爲申俞二君所有近亦不可多遘葢物之顯晦有時誠有莫知其然者敦以諸君聚之不易無所記載久恐散亡爰剩取其文之不同迄文同而字異者都爲一卷每文之下著所從獲更爲覆檢羣籍知秦漢宮殿門觀所施用以遺世之嗜古者題爲秦漢瓦當文字而目不著秦漢字者葢

疑以傳疑不敢以臆見斷也秦漢瓦當文字

案瓦當始見於灞水燕譚錄及長安圖志東觀餘論等書至　國初林佶乾隆中朱楓而搜采日多四十八年秋按察西安與同年巡撫畢公均有金石之好而趙子魏在幕中申子兆定孫子星衍爲予門人與錢子坫俞子肇修程子敦極意搜求共得三十餘種予皆見而撫摩之搨成兩冊而程子好之尤摯恐其日久散佚因編考史漢志傳疏其出處爲瓦當文字刻之臨潼書院大抵如長樂長生未央上林延年益壽宫苑之瓦也宗正都司空

右空農官官署之瓦也冢氏冢舍墟墓之瓦也其餘則皆宮府通用者然古人於奉御之物亦寓規勸徵意如仁義自成長毋相忘視三代盤盂几杖必勒箴銘者正復相同益可寶貴也至格古要論稱員外王鉉云有太極未央一等今未之見則淪落不傳者尚多矣瓦當制度大小行款約畧相等其工整有法則當時士大夫之書也其傾雜破碎者則出于工匠之手也當之下如竹筩之半今所存皆殘缺不可修飾故好事之流往往斲磨爲硯其後僞造者頗多然堅緻辭暴文亦庸劣識者猶

能辨之又門人孫子星衍所得甘林甘泉上林平
樂宮阿三種昶皆未有並附識之

金石萃編卷二十二終

金石萃編卷二十三

賜進士出身　誥授光祿大夫刑部右侍郎加七級王昶譔

魏一

上尊號碑

碑高八尺七寸廣七尺三十二行行四十九字額題公卿將軍上尊號奏八字篆書陽文今在許州繁城鎮

相國安樂鄉侯臣歆太尉都亭侯臣詡御
史大夫安陵亭侯臣朗使持節行都督督
軍車騎將軍□□臣仁輔國將軍清苑鄉
侯臣若衛將軍南昌亭侯臣輔輕車將

軍都亭侯臣忠冠軍將軍好時鄉侯臣秋
渡遼將軍都亭侯臣柔衛將軍國明亭侯
臣洪使持節行都督督軍領西將軍東鄉
侯臣真使持節行都督督軍領揚州刺史
征東將軍安陽鄉侯臣休使持節行都督
督軍征南將軍平陵亭侯臣尚使持節行
都督督軍徐州刺史鎮東將軍武安鄉侯
臣霸使持節左將軍中鄉侯臣郃使持節
右將軍建鄉侯臣晃使持節前將軍都鄉
侯臣遼使持節後將軍華鄉侯臣靈匈奴

南單于臣泉奉常臣貞郎中令臣洽衛尉
安國亭侯臣昱大僕臣　大理東武亭侯
臣繇大農臣霸少府臣林督軍御史將作
大匠千秋亭侯臣照中領軍中陽鄉侯臣
林中護軍臣陟屯騎校尉都亭侯臣祖長
水校尉關內侯臣凌步兵校尉關內侯臣
福射聲校尉關內侯臣質振威將軍高鄉
亭侯臣題征虜將軍都亭侯臣觸振武將
軍尉猛亭侯臣當忠義將軍樂鄉亭侯臣
生建節將軍平樂亭侯臣圖安衆將軍元

就亭侯臣神翼衛將軍都亭侯臣衛討寇
將軍成遠亭侯臣慎懷遠將軍關內侯臣
巽綏邊將軍常樂亭侯臣俊安夷將軍高
梁亭侯臣昺奮武將軍長安亭侯臣豐武
衛將軍安昌亭侯臣楷等稽首言臣等前
上言漢帝奉天命以固禪羣臣因天命以
固請　陛下違天命以固辭臣等頑愚
猶知其不可況神祇之心乎宜蒙納許以
福海內欣戴之望而丁卯制書詔臣等曰
以德則孤不足以時則虜未滅若以羣賢

之靈得保首領終君魏國於孤足矣若孤
者胡足以辱四海至乎天瑞人事皆
先王聖德遺慶孤何有焉是以未敢聞命
臣等伏讀詔書於邑益甚臣等聞易稱聖
人奉天時而論曰君子畏天命天命有去
就然後帝者有禪代是以唐之禪虞命以
在爾虞之順唐謂之受終堯知天命去已
故不得不禪舜知歷數在躬故不敢不受
不得不禪奉天時也不敢不受畏天命也
漢朝雖承季末陵遲之餘猶務奉天命以

則堯道是以願禪帝位而歸二女　陛
下正於大魏受命之初抑虞夏之達節尚
延陵之讓體所枉者大所直者小所詳者
輕所略者重中人凡士猶為　陛下陋
之殺者有靈則重華必忿憤於倉梧之神
墓大夏必鬱邑於會稽之山陰　武王
必不悅於　高陵之廟讓　宮矣是以臣等
敢以死請且漢政在奄宦祿去帝室七世
矣遂集共石于與　宮殿而二京為之邱墟
當此之時四海蕩覆天下分崩　武王

親衣甲而冠冑沐雨而櫛風爲民請命則
活萬國爲世撥亂則致升平爲民而立長
築官而置吏元元無過罔於前業而始有
造於華裔 陛下即位光昭文德以
戢功勤恤民隱視之如傷懼者寧之寒者
休之寒者以煖飢者以充遠人以德服寇
敵以恩降邇恩撫德光被四表稽古篤睦
茂于放勳罔漏吞舟裕于周文是以布政
未朞人神並和皇天則降甘露而臻四靈
后土則挺芝草而吐醴泉虎豹鹿兔咸素

其色雉鳩燕爵亦白其羽連理之木同心
之瓜五采之魚珍祥瑞物雜遝於其間者
無不畢備古人有言微禹吾其魚乎微大
魏則臣等之白骨既交横于曠野矣伏省
羣臣內外前後章奏所以陳叙 陛下
之符命者莫不條河洛之圖書據天地之
瑞應因漢朝之款誠宣萬方之景附可謂
信矣著矣口矣裕矣爲矣邵矣三王無以
及五帝無以加民命之懸於魏邦民心之
繫於魏政卅有餘年矣此乃千世時至之

會萬載壹遇之秋達節廣度宜昭於斯際
拘攣狹口不施於此時久稽天命罪在臣
等輒營壇場具禮儀擇吉日口昭告昊天
上帝秩羣神之禮須禋祭畢會羣寮於朝
堂議年號正朔服色當所以施行臣謹拜
表朝堂臣歆臣詡臣朗臣仁臣若臣輔臣
忠臣秋臣柔臣洪臣真臣休臣尚臣霸臣
邵臣晃臣遼臣靈臣京臣貞臣洽臣昱臣
夏臣繇臣霸臣林臣照臣楙臣陟臣祖臣
浚臣福臣質臣題臣觸臣當臣生臣圖臣

郵臣衛臣慎臣巽臣俊臣昺臣豐臣楮誠
惶誠懼頓首頓首死罪死罪

右魏公卿上尊號表唐賢多傳爲梁鵠書今人或謂非鵠也乃鍾繇書爾未知孰是也集古錄

右公卿上尊號奏篆額在潁昌相傳爲鍾繇書其中有大理東武亭侯臣繇者乃其人也曹氏父子鼎漢祚非一朝夕勢極事就乃欲追大麓之蹤竊箕山之節後世果可欺乎又自比媯汭納漢二女豐碑至今不磨所以播其惡於無窮也當時內外前後勸進之辭不一此蓋刻其最後一章魏志注中亦載此文

有數字不同非史臣筆削之辭也皆當以碑爲正碑
自造于華裔之後石理皴剝字跡晻昧今世所傳者
多是前一段耳隸釋
魏公卿上尊號奏篆額二行文三十二行行四十九
字先王及高陵兩武王三陛下皆平闕有奕局之紋
自陛下卽位後十行刻于碑陰二陛下亦平闕篆額
黑字隸續
公卿上尊號碑拓本殘缺按此文當在延康元年而
刻於黃初之後金石文字記
梁鵠字孟皇安定人以善書爲比部尉後依劉表及

荊州平曹購求鵠鵠懼自縛詣門署軍假司馬使
在祕書曹常縣其所書帳中或釘壁上玩之庚子銷夏記
漢紀延康元年十月乙卯冊詔魏王禪代丕上章辭
讓再四尚書令桓階等奏亦再四此表則相國安樂
侯歆等最後之奏蓋在延康未革命之時追曰列于
受禪表後似誤或因黃初中刻石故後之耶金石後錄
有魏上尊號奏亦名勸進碑不書立石年月顧寧人
云此文當在延康元年而刻於黃初之後按後漢書
獻帝紀建安二十五年三月改元延康冬十月乙卯
皇帝遜位魏王歐陽公集古錄謂魏志是年十一月

癸卯猶稱令者當是十月衍一字也方綱考通鑑目
錄是年十月癸卯朔歐陽子之言信矣然延康是漢
年非魏年通鑑目錄既不著延康之號而魏志書於
文帝紀正恐覽者或未之詳耳　洪文惠云碑自造
於華裔之後石理皴剝字跡晻昧近日吳山夫金石
文存亦載至華裔句止至近今數年拓碑者始知併
後段拓之雖極剝泐然尚略辨其槩但與受禪碑俱
已模糊不若華裔句已上前半石本尚筋骨具備耳
柱卽枉字倉卽蒼字泉卽泉字至於光被四表則
漢末之文亦已如此建安黃初閒爲將相者必非臨

文時甫就經師取料則其爲東漢以來傳誦如此之
本可無疑者而戴東原必謂古文堯典作橫被四表
橫轉寫作桄桄又脫誤爲光以此矜言復古其亦可
以不必矣　吳禪國山碑亦有格于上下光被八幽
之文去此碑不遠亦可相證也愚嘗平心論之借使
古本有作橫被者亦當兩存以相參質不必定斥光
字之非況於義理光字更爲足乎兩漢金石記
碑載勸進之詞裴松之注三國志有其文按碑云可
謂信矣著矣□矣裕矣高矣卲矣志作可謂信矣省
矣碑云民命之懸於魏邦民心之繫於魏政志作民

命之懸於魏政與是傳寫脫文餘文亦稍有異當以
石刻爲正 中州金石記
碑中賈詡証之本傳文帝卽位以詡爲太尉今在碑
當勸進時已書太尉顧亭林云碑當刻于黃初之後
以此也又三國志註載首勸進者惟相國歆太尉詡
御史大夫朗及九卿令考碑題額作公卿將軍上尊
號則當時武臣皆因劉若首唱而蟻附之矣 授堂金石跋
碑云宜蒙納許以福海內欣戴之望今本隸釋作福
祿之福顏氏匡謬正俗云副貳之副字本爲福從衣
畐聲張平子西京賦仰福帝居東京賦順時服而設

福傳寫譌舛衣轉爲示讀者便呼爲福祿之福失之
遠矣馥按裴松之魏志注載獻帝冊魏王詔曰王其
速陟帝位以順天人之心副朕之大願語意正與碑
同漢隸分韻屋部福字下有福字從衣注云魏臣奏
益隸釋元作從衣之福轉寫誤從示廣韻福敷救切
衣一福亦不應收入屋韻申鑒政體篇云好惡毀譽
賞罰參相福也福亦當從衣史記龜策傳邪福重寶
徐廣音副尹宙碑位不福德武榮碑爵不副德是福
卽副也 桂馥跋
按碑前段所列諸臣銜名微有剝落然證之隸釋

尚可全讀其著於魏志者相國安樂鄉侯臣歆卽
華歆太尉都亭侯臣詡卽賈詡御史大夫安陵亭
侯臣朗卽王朗使持節行都督督軍車騎將軍□
□ 按本傳當是陳侯二字 臣仁卽曹仁衞將軍國明亭侯臣
洪卽曹洪使持節行都督督軍鎭西將軍東鄉侯
臣眞卽曹眞使持節行都督督軍領揚州刺史征
東將軍安陽鄉侯臣休卽曹休使持節行都督督
軍征南將軍平陵亭侯臣尚卽夏侯尚使持節行
都督督軍徐州刺史鎭東將軍武安鄉侯臣霸卽
臧霸使持節左將軍中鄉臣郃卽張郃使持節右

將軍建鄉侯臣晃卽徐晃使持節前將軍都鄉侯
臣遼卽張遼郎中令臣洽卽和洽衞尉安國亭侯
臣昱卽程昱太僕臣夔卽何夔大理東武亭侯臣
繇卽鍾繇少府臣林卽常林督軍御史將作大匠
千秋亭侯臣照卽董昭武衞將軍安昌亭侯臣褚
卽許褚皆有傳虎牙將軍南昌亭侯臣輔者鮮于
輔渡遼將軍都亭侯臣柔者閻柔附公孫瓚傳冠
軍將軍好時侯臣秋者楊秋見郭淮傳大農臣霸
者袁霸附袁渙傳懷遠將軍關內侯臣巽者傳巽
輔國將軍淸苑鄉侯臣若者劉若並見武帝紀注

輕車將軍都亭侯臣忠者王忠見王粲傳注從將
軍華鄉侯臣靈即朱靈見武帝紀及齊王芳紀奉
常臣貞即邢貞見文帝紀元年改奉常爲太常故
二年稱太常邢貞也長水校尉臣淩即戴陵見文
帝紀陵當依碑作淩建節將軍平樂亭侯臣圃即
閻圃見張魯傳晉書閻纘傳云圃封平樂鄉侯蓋
淩由亭侯進封鄉侯魏略所謂黃初中增圃爵邑
是也匈奴南單于臣泉即呼廚泉因其來朝留魏
見武帝紀餘如領軍中陽鄉侯臣琳疑即夏侯楙
惇之子附惇傳也騎校尉都亭侯臣祖疑即郭祖

見呂虔傳步兵校尉關內侯臣福疑即任福見文
帝紀征虜將軍都亭侯臣觸疑即焦觸見武帝紀
翼衛將軍都亭侯臣衢疑即趙衢綏邊將軍常樂
亭侯臣儁疑即李儁皆見楊阜傳其生平官爵與
碑不甚相合或史有缺漏不敢質以爲實也忠義
將軍樂鄉亭侯臣生或以爲溫恢子攷恢在文帝
時歷仕數年未有侯爵卒後詔賜恢子生爵關內
侯則此樂鄉亭侯非溫生也射聲校尉關內侯臣
質或以爲吳質攷王粲傳注太子即王位與質書
曰烈祖龍飛或將或侯今惟吾子棲遲下仕時質

爲長史則此關內侯非吳質也以及中護軍臣陟
振威將軍湼鄉亭侯臣題振武將軍尉猛亭侯臣
當安衆將軍元就亭侯臣神討夷將軍成遷亭侯
臣慎安夷將軍高梁亭侯臣尚襄武將軍長安亭
侯臣豐並當闕疑以俟博攷也其各傳及帝紀載
黃初初諸臣歷官封爵與碑微異者賈詡傳云進
爵魏壽鄉侯而不書其先封都亭侯于輔傳但云
封亭侯而不書南昌武帝紀注稱昌鄉亭侯昌鄉
當即南昌之譌閻柔傳但云封關內侯而不書都
亭董昭傳不書督軍御史許褚傳不書安昌亭侯

皆可據碑以補史闕也徐晃爵建鄉侯傳作逯鄉
王朗爵安樂亭侯夏侯尚爵平陵亭侯傳皆作鄉
侯董照傳作董昭許楮傳作許褚程昱封安國亭
侯傳作都亭侯皆傳寫之譌當以碑爲正表進於
延康元年顧氏炎武以爲當刻於黃初之後偃師
武君億跋賈詡傳文帝即位以詡爲太尉而勸進
時已書太尉以實亭林之言和細檢紀傳而知其
說之未允也魏志於詡傳即位之上偶遺王字武
氏遂以即位爲踐阼不知曹洪傳亦云文帝即位
爲衛將軍此皆傳刻者脫誤致文帝紀延康元年

二月壬戌以太中大夫賈詡爲太尉至受禪時詡
爲太尉已數月矣武君竟未一檢帝紀以致誤解
卽位之文遂謂勸進時詡未爲太尉碑在黃初中
刻乃追改稱太尉亦疏於致古矣惟公孫瓚傳書
鮮于輔虎牙將軍閻柔渡遼將軍夏侯尚傳書遷
征南將軍領荆州刺史假節都督南方諸軍事常
林傳書遷少府許褚傳書遷武衛將軍曹休傳書
遷征東將軍領揚州刺史進封安陽鄉侯並在文
帝踐阼後是則陳壽紀事之誤讀史者所宜知也
又按庚子銷夏記云梁鵠字孟皇以善書爲比部

尉攷武帝注作孟黃字取黃鵠之義當從黃也鵠
以攻書至選部尚書於是公欲爲洛陽令鵠以爲
北部尉銷夏記既謂北部爲比又以比部尉屬之
梁鵠極謬

受禪碑

碑高八尺四寸廣四尺六寸二十二行行四十九字額題受禪表三字篆書陽文今在許州繁城鎭

維黃初元年冬十月辛未　皇帝受禪
于漢氏上稽儀極下考前訓書契所錄帝
王遺事義莫顯於禪德美莫盛於受終故
書陳納于大麓傳稱曆數□□□是以降

丮且二百年幾三千堯舜之事復存于今
允皇代之上儀帝者之高致也故立斯表
以昭德□義焉　皇帝體乾剛之懿姿
紹有虞之黃裔九德既該欽明文塞齊光
日月材兼三極及嗣位　先皇龍興饗
國撫柔烝民化以醇德崇在寬之政邁愷
悌之教宣重光以照下擬陽春以播惠開
禁倉散滯積冢臣□□□□□之錫衆地
陪臺蒙䫻餼之養興遺勳繼絶世廢忘之
勞獲金爵之賞禩祿之孤食舊德之禄嗇

無徵而不旌功無細而不□□□戎士哀
矜庶獄羅成役焚丹書囹圄虛靜外無曠
夫斷誅澤雲行冈不沾渥若夫覆載簡易剛
柔允宣乾巛之德陰陽□□□□□類
育物奮庸造化之道四時之功也寬容淵
嘿恩洽羣黎皇斅之質堯舜之姿也孜孜
業業邁德齊民伯禹之勞□□□□□叡
智神武料敵用兵殷湯之略周發之明也
廣大配天地茂德苞衆聖鴻恩洽於區夏
仁聲播於八荒雖象胥所□□□□□□

和而来王是以休徵屢集和氣烟熅上降
乾祉下發、珍天關啓閶四靈具臻涌醴
横流山見黄人所以顯受命之□□□□
□之期運也其餘甘露零於豐草壄蠶繭
於茂樹嘉禾神芝奇禽靈獸窮祥極瑞者
朞月之間蓋七百餘見自金天以□□□
□□嘉祥之降未有若今之盛者也是以
漢氏覩歷數之去己知神器之有歸稽唐
禪虞紹天明命釐嬪二女欽授天位
皇帝謙退讓德不嗣至于再至于三於是

羣公卿士僉曰　陛下聖德懿侔兩儀
皇符昭晰受命咸宜且有熊之興地出大
螾夏后承統木熒冬敷殷湯革命白狼銜
鉤周武觀□□□□□方之今日未足以
喻而猶以一至之慶寵神當時紹天即祚
負依而治況於大魏靈瑞若茲者乎蓋天
命不可以辭□□□□□以意距大統不
可以久曠萬國不可以乏主宜順民神速
承天序於是　皇帝乃回思遷慮旁觀
厤徵上在璿機筮之周易卜以守龜龜筮

龜吉五反靡違乃覽公卿之議順皇天之
命龜吉日□□□唐典之明憲遵大麓
之遺訓遂於繁昌築靈壇設壝宮跱圭璧
備犧牲延公侯卿士常伯常任納言諸節
岳牧邦君虎□□□□匈奴南單于東夷
南蠻西戎北狄王侯君長之羣入自旗門
咸旅于位　皇帝乃受天子之籍冠通
天龍袞龍穆穆皇皇物有其容上公榮祝
燔燎棫樸告類上帝望秩五岳烟于六宗
徧于羣神□□□晏祥風來臻乃名有司

大赦天下改元正始開皇紀闡帝載殊徽
幟革器械脩廢官班瑞節同律量衡更姓
改物勒崇垂鴻創□伭則永保天祿傳之
罔極

右魏受禪碑世傳爲梁鵠書而顔眞卿又以爲鍾繇
書莫知孰是按漢獻帝紀延康元年十月乙卯皇帝
遜位魏王稱天子又按魏志是歲十一月葬士卒死
亡者猶稱令是月丙午漢帝使張愔奉璽綬庚午王
升壇受禪又是月癸酉奉漢帝爲山陽公而此碑云
十月辛未受禪於漢三家之說皆不同今據裴松之

注魏志備列漢魏禪代詔冊書令羣臣奏議甚詳蓋漢實以十月乙卯策詔魏王使張愔奉璽綬而魏王辭讓往返三四而後受也又據侍中劉廙奏問太史令許芝今月十七日己未可治壇場又據尚書令桓階等奏云輒下太史令擇元辰今月二十九日可登壇受命蓋自十七日己未至二十九日正得辛未以此推之漢魏二紀皆繆而獨此碑爲是也漢紀乙卯遜位者書其初命而略其辭讓往返遂失其實爾魏志十一月癸卯猶稱令者當是十月衍一字爾丙午張愔奉璽綬者辭讓往返容有之也惟庚午升壇最

爲繆爾癸卯去癸酉三十一日不得同爲十一月此尤繆也禪代大事也而二紀所書如此則史官之失以惑後世者可勝道哉集古錄

右魏受禪表篆額在潁昌所謂表者蓋表揭其事非表奏之表也碑以摯爲契以烟熅爲絪緼以煙于六宗爲禋于六宗隸釋

魏受禪碑篆額一行文二十二行行四十八字先王及陛下五皇帝皆不闕亦有爽尉文篆額無字隸續

受禪表黃初元年立在潁昌府臨潁縣魏文帝廟劉禹錫嘉話王朗文梁鵠書鍾繇鐫字謂之三絕漢隸字源

右魏受禪表一通劉禹錫以爲王朗文朗字景興東海郯人也史稱其文博而富贍觀此碑蓋可見矣潛溪集

右魏受禪表云惟黃初元年冬十月辛未皇帝受禪於漢氏蓋紀受終踐阼月日也魏志庚午王升壇即阼歐公據裴松之注及此碑證庚午之誤固矣漢獻帝傳曰辛未魏王登壇受禪公卿列侯諸將匈奴單于四夷朝者數萬人陪位燎祭天地五嶽四瀆遂制詔以延康元年爲黃初元年夫改元在即位以後事不應初受禪時竟書黃初意者與嗣君即位踰年改元不忍沒其親之殘年不同耶其文有云堯舜之事

復存于今是言漢獻下禪于魏也魏氏春秋曰帝升壇禮畢顧謂羣臣曰舜禹之事吾知之矣是言己之受禪于漢也丕直以己無媿于舜禹故爲此言而是時公卿大臣又以天下後世爲可欺復勒此表識文云表識也所以揭其事而記之也成湯放桀曰予有慚德恐來世以爲口實魏之君臣良心陷匿至于乃爾遂借堯舜爲口實唐虞受禪果若是乎金石後錄

右魏受禪碑小歐陽集古錄目云碑不著所立年月今按辛未是黃初元年之十月晦也　洪所未釋者機即璣字鹿即麓字卲即昭字至若乏之字上作橫畫

尤於反正之旨相合此最有益于六書者而婁氏字原不收近日顧氏隸辨收之乃訛作上撒何也　古文苑載闕人年準魏徵侯碑陰云魏羣臣上尊號奏鍾元常書魏受禪表衛覬金針八分書方綱按此二碑實出一手書法挑取巧整開唐隸之漸矣兩漢金石記

碑文不載于史水經注云繁昌城內有三臺時人謂之繁昌臺前有三碑魏文帝受禪於此故其石銘曰遂於繁昌築靈壇也於後其碑六字生金論者以爲司馬金行故曹氏六世遷魏而事晉即此碑及尊號碑漢隸字源云碑在穎昌府臨穎縣魏文帝廟內今爲漢獻帝廟者後人毀斥文帝像復爲之也中州金石記

孔子廟碑

碑高六尺二寸廣三尺五寸五分二十二行行四十字額題魯孔子廟之碑六字篆書今在曲阜縣

維黃初元年大魏受命（廟諱）軒轅之高縱紹
虞氏之遐統應（廟諱）數以改物揚仁風以作
教於是揖五瑞班宗彝鈞衡石同度量秩
羣祀於無文順天時以布化既乃緝熙聖
緒昭顯上世追存二代三恪之禮兼紹宣
尼褒成之後以魯縣百戶命孔子廿一世
孫議郎孔羨為宗聖侯以奉孔子之祀
制詔三公曰昔仲尼資大聖之才懷帝
王之器當衰周之末而無受命之運口生
乎魯衛之朝教化乎洙泗之上栖栖焉皇
皇焉欲屈己以存道貶身以救世當時王
公終莫能用乃退考五代之禮修素王之
事因魯史而制春秋就太師而正雅頌俾
千載之後莫不采其文以述作仰其聖以
成謀咨可謂命世大聖億載之師表者已
遭天下大亂百祀墮壞舊居之廟毀而不
脩褒成之後絕而莫繼闕里不聞講誦之

聲四時不睹烝嘗之位斯豈所謂崇化報
功盛德百世必祀者哉嗟乎朕甚閔焉其
以議郎孔羨為宗聖侯邑百戶奉孔子之
祀令魯郡脩起舊廟置百石吏卒以守衛
之又於其外廣為屋宇以居學者於是魯
之父老諸生遊士睹廟堂之始復觀俎豆
之初設嘉聖靈於髣髴想貞祥之來集乃
慨然而歎曰大道衰廢禮學滅絕卅餘年
　皇上懷仁聖之懿德兼二儀之化育
廣大苞於無方口恩淪於不測故自受命

以來天人咸和神氣烟熅嘉瑞踵武休徵
屢臻殊俗解編髮而慕義遐方越險阻而
來賓雖大皓遊龍以君世虞氏儀鳳以臨
民伯禹命闕宮而爲夏后西伯由岐社而
爲周文尚何足稱於大魏哉若乃紹繼徵
絶興脩廢宣疇咨稽古崇配乾巛允神明
之所福祉宇内之所歡欣也豈徒魯邦而
已哉爾乃感殷人路寢之義嘉先民泮宮
之事以爲高宗僖公蓋嗣世之王諸侯之
國耳猶著德於名頌騰聲乎千載況今

聖皇肇造區夏創業垂統受命之日曾
未下輿而褒崇大聖隆化如此能無頌乎
乃作頌曰
煌煌大魏受命溥將弃體黄虞含夏苞商
降鑒下土上清三光羣祀咸秩靡事不細
嘉彼闕聖有邈其靈遺世霧亂莫顯其榮
褒成既絶寢廟斯傾闕里蕭條靡歆靡馨
我皇悼之尋其世武乃建宗聖以紹厥後
脩復舊堂豐其甍宇莘莘學徒爰居爰處
王教既備羣小遄沮魯道以興永作憲矩

洪聲登假神祇來和休徵雜遝瑞我邦家
内光區域外被荒遐殊方重譯搏拊揚歌
於赫四聖運世應期仲尼既没文亦在茲
彬彬我后越而五之並于億載如山之基

魏陳思王曹植詞

梁鵠書

宋嘉祐七年張稚圭按圖謹記

右魯孔子廟之碑篆額魏志黄初二年正月詔以議郎孔羨爲宗聖侯奉孔子祀令魯郡修起舊廟置吏卒守衛碑云元年而史作二年誤也後漢孔僖傳注以羨爲崇聖侯亦誤也文帝履位之初首能尊崇先聖知所本矣使其味素王之言行六經之道則豈止鼎峙之業而已哉魏隸可珍者四碑此爲之冠甚有石經論語筆法大饗碑蓋不相遠若繁昌兩碑則自是一家亦有以爲梁鵠書者非也碑以烟熅爲絪縕樂軍傳辨癸作編隸釋

魏修孔子碑篆額二行有穿文二十三行行四十二字制詔皇上聖皇三行皆平闕隸續

梁鵠字孟皇學書于師宜官舉孝廉官至選部尚書梁靈帝重之曹孟德愛之王逸少學之梁武評其書

云龍威虎震劒拔弩張是其書亦可重者此碑結法
古質遒健未知果爲鵠書否碑後題曹植詞鵠書出
張稚圭亦曰按圖記與卒史碑同疏不可曉石墨鐫華
胡三省通鑑注曰漢平帝元始元年封褒成君孔霸
曾孫均爲褒成侯奉孔子祀王莽敗失國光武建武
十三年復封均子志爲褒成侯志子損和帝永元四
年徙封褒亭侯世世相傳至獻帝初國絕魏文帝黃
初二年封孔子二十一世孫羡爲宗聖侯邑百戶金石文字記
洪氏以是碑文稱黃初元年而魏志作二年謂誤在

史考魏王受禪在漢延康元年十一月既升壇卽阼
事訖改延康爲黃初而碑辭敘黃初元年大魏受命
應歷數以改物秩羣祀于無文既乃緝熙聖緒昭顯
上世則詔三公云云原受禪之始歲且將終碑有既
乃之文則下詔在明年二月史未必誤曝書亭集
隸釋字原作修孔子廟碑金石略作封議郎孔羡爲
宗聖侯碑金石錄補
碑有云咨可謂命世大聖億載之師表者巳咨歎聲
一字爲句東魏孔廟李仲璇碑亦有咨可謂開闢之
儒聖無窮之文宗者矣意當時文體如此虞書二典

用咨發端者甚多古人重其事重其詞則爲嗟歎之
聲以聳人聽非若後世之用噫嘻丙等字止于悲凉
感慨也金石後錄
隸辨云文廿三行行四十二字此本凡二十行行四
十字與顧氏所記不同然文字完美無甚缺壞此必
隸辨誤記也　爾雅釋詁茲斯咨呰已此也邢昺疏
云咨與茲同碑云咨可謂命世大聖億載之師表者
已漢隸字原云義作茲𦿅非假借咨實有此義也金石
存
碑以縱爲蹤揖爲輯斑爲班㕘爲資恪爲恪霧爲瞀

咨爲兹大皓爲太皞　尋之爲䢮蒸涉偶移左右耳
至於世代之世則下横畫右出與卅爲三十字之廿
旁加丨者迥不相同今諦審石本卅餘年卅字右邊
直畫垂下之勢宛然此亦講隸法者所宜知也隸辨
第引武榮碑年世六之字以爲與世代字無别而不
知引此碑也其可以魏人之隸而少之耶　中閒慨
然而歎下一段有韻育與淵爲韻卽可知杜屋職同
用之理矣　汝帖掇集此碑之字因題曰梁鵠書雖
不必其果足徵信然其書實自遒勁不必盡以漢隸
一概律之孫退谷嗤其嬌厲方板過矣兩漢金石記

按表乃表揭其事特標黃初元年斯真魏受命之第一件事也較之大饗碑公卿上尊號奏行於漢延康未改新號時尤大彰明較著乃陳壽盡削不載所載惟漢帝冊文不及百字若蜀志於先主爲漢中王羣下上漢帝表全載之約六百三四十字爲漢中王先主上言漢帝亦全載之約五百字即皇帝位君臣述符命上言亦全載之約八百字即位告天下亦全載之凡二百字共二千二三百言此其全予蜀以繼漢甚明陋儒尚言壽全以正統與魏而斥漢爲蜀豈不謬哉蛾術編

碑文稱追存二代三恪之禮兼紹宣尼襃成之後魏志祇載封孔子後詔書而不及存三恪事乃史之闕漏爾潛研堂金石文跋尾

碑中假借變體字具載諸家著錄惟揖五瑞與今尚書輯五瑞不同段若膺大令尚書撰異云揖唐石經以下作輯當是衞包改也王肅尚書注揖合也五帝本紀作揖正義曰揖音集漢書郊祀志揖五瑞字從手凡揖訓合凡輯訓和似同實別玉篇廣韻皆曰輯和也不言斂也按此說甚精今諸家以此碑揖字與輯同是不知揖輯二字絕不相通且不知尚書本作揖字其作輯者唐以後譌本也山左金石志

碑以太昊作太皓漢石刻淳于長夏承碑皓天不弔冀州從事郭君碑皓天不弔外黃令高彪碑恩如皓春李翕析里橋郙閣頌精通皓皓義並作昊然則昊與皓文皆通用也又荀子成相篇皓天不復楊倞注皓與昊同楚詞遠遊歷太皓以右轉兮注皓一作皞劉熙釋名夏曰昊天其氣布散皓皓也幽都賦昊爾太虛服虔曰守死善道不染流俗是謂浩爾太素用是知漢人于文字通義有所依據如此美封爲宗聖侯事在黃初元年碑所言美孔子二十一世也史記

正義魏封二十二代孫美爲崇聖侯既差數多一世而又誤宗爲崇不知改封崇聖當北魏太和之十九年正義于此宜不致此舛謬或亦傳刻者過也碑書黃初元年胡三省通鑑注乃以二年宋史孔宜傳亦云美仕魏爲議郞黃初二年封宗聖侯其疎與胡氏同凡此皆宜依碑爲正授堂金石跋

黃初殘碑

碑共三石第一石二行第二石三行第三石二行字數皆不可紀今在郃陽縣許氏

少昊

國爲

疾病卒
九以黃初五
□榮靡所瞻
我君
攢遐率美

乾隆初土人取土得碑土中僅十二字中有黃初五三字故定爲魏碑其書法絕類漢人又有六字與此碑如出一手字之大小行之疎密皆同應同爲一碑屈君耕野珍藏於家搨以遺余屈君邑庠生博學好古於古人碑版嗜之尤篤余記秦中金石相助爲多

矣雍州金石記

魏殘碑在夏陽許孝廉采簡家乾隆初年許隣人發土得之雍州金石記云在屈氏蓋從屈購得搨本遂誤謂在屈氏耳關中金石記所云是承雍州金石記之誤也屈耕野先生余之蒙師許則余之表兄故知其由來如此康氏跋

十三字殘碑

石高廣各四寸許文四行今在郃陽縣康氏

稚弟故
脩德義休

牧伯納
庸事以

辛酉之冬白下鄭谷口寄予札云故人王山史從華陰來篋中有東漢殘碑十三字高妙醇樸書體酷似酸棗令他碑不及也吉光片羽幸入彙錄特摹寄上適山史游吾郡攜此札訪之出搨本相校不失毫髮谷口殆得漢隸之神者耶金石錄補

十三字碑書法與曹全碑相似辛苦退食記云郃陽十三字漢碑向謂曹全碑旁今亡矣不知康氏移歸珍藏耳屈君耕野搨以遺余可愛玩也又有六字疑

爲一碑書法古勁當爲漢人所書亦藏康氏雍州金石記

十三字石乃是夏陽人家文窗物得之最後康氏跋

膠東令王君斷碑

碑止存上截高三尺三寸廣一尺七寸十八行行九字今在濟寧州學

自王氏之先出□季闕下
九世□□乃復聞發闕下
衆勝邯鄲之園強闕下
其爵者曰侯曰王景武闕下
溺而濡足至孝昭二年闕下
夏甫舉孝廉武□令闕下

噲字叔恭博士 徵陽闕下
巳後瘞于京師者五世 闕下
陽大守自高平 就學闕
宗直道者 宰困而後闕
子勃海府丞次子尚書 郎闕
茂舉孝廉爲 譙令去 官闕
仇牧之忿 奮大 顧難名闕
弱弟居荒 亂之中口 餘闕
爲郡功 曹去 家拜闕
令口所 宰莅 馳化如神

長也 季世有一黄初五闕
張氏 嫁于光姑仰之 字闕下

右漢故膠東令王君之廟門斗隸字爲額予新獲此全碑其中白紙相去數字許如石斷裂之狀上段十八行是敘事之文下段少一行是四字韻語判然非一碑必是二石毁缺好事者匣而一之藏碑之家隨行翦貼故文意錯亂不可曉解其所敘有兩人舉孝廉者有以博士召者有丞勃海者有爲太守爲尚書郎爲譙令爲郡功曹者其一人名字可辨曰噲字叔恭下云凡所宰莅馳化如神年四十一黄初中卒韻語有身殁名立及剖符字蕃謂最後之人張氏耐於先姑疑其匹也勃海丞尚書郎則其子也所謂上世有邯鄲之功者秦之王翦也韻語初云 字闕二 魏后實天所授纘云文好俎豆武侯膺揚朱旗乃舉充成帝宇則其人仕於魏初也中云伊漢中葉皇極不建又云沖質 闕 祚炎 闕 中微又云仇牧之忿奮不顧難則是述其先世前朝之事也碑云葬于京師者五世所敘既非一人又載婦姑相耐而以廟門題其額必是昭穆宗兆者碑中雖有景武孝昭沖質之文卻有魏后黄初之字而題額以漢者豈膠東是其祖廟沒於

漢代者乎 隸續

隸續不言碑所在婁氏字源謂在濟州按宋濟州治鉅野亦不知在濟州何處也今濟州學舊有漢碑五在戟門內門之西北大成殿西階下有古樹根坌而片石稽拄與樹相銜不可脫其來久矣鐵橋李子東琪疑此石有異洗之無所有其內向一面不可見探手辨之覺有文遂以紙墨搴之得隸書四十餘字稽之洪氏書知其爲膠東令碑較隸續所存僅十之一矣隸續所載敘其世系有葬於京師五世及太守自高平就學之語按高平故治在今鉅野金鄉之間與

任城爲縣治今濟州即古任城也豈太守以前居京師以後就學因居高平而廟因在任城耶婁氏云碑在濟州者以任城爲州屬邑而統稱之耶抑本在鉅野而移於此耶不可考矣康熙時淮陰張力臣曾摸濟州學碑釋文惜其未見此石續而釋之自在我鐵橋矣（盛百二跋）

漢隸字源云喜義作熙葢熹字古通熙是碑因又以熹通也其云克成帝字者僅見於洪録雖未知拓本若何然按之文義字體均當是克字洪釋作充誤矣克肩也从屋下之象本从人不从十也

碑有黃初五云云則是碑立于黃初五年之後是魏碑也以其著録猶云漢故膠東令故附于漢洪氏隸釋採趙氏金石録謂膠東令廟門碑以其非東漢而出之然隸續仍載此（兩漢金石記）

文中述舉廉凡二見一在孝昭二年後爲其先世一敘于勃海府丞尚書郎二子之後似亦其子也（山左金石志）

按碑在宋時所存已止上截洪氏初以他漢碑爲此碑之下段而牽連說之後乃自知其誤隸釋曰録云隸釋成書十年再因考古始知膠東廟門是兩碑是也隸額十字今不復存洪氏猶及見之疑是另爲一石跨廟門之横梁者額題曰漢而文有黃初五口字當爲立廟之年其仕于魏初者即立廟之子若孫耳碑敘王氏家世甚詳惜斷缺不可盡讀

金石萃編卷二十三終

金石萃編卷二十四

賜進士出身　誥授光祿大夫刑部右侍郎加七級王昶譔

魏二

盧江太守范式碑

碑僅存上截高三尺廣二尺一寸十二行行約十五六字額題故廬江太守范府君之碑十字篆書今在濟寧州學茲據宋拓裘本摹錄其全石高廣不可紀矣

君諱式字□□□□□□□□功存有夏
是曰御龍□胙商周世昭其隆晉主夏盟
有士會者光演廟諱謨翼崇霸業錫邑命族
實爲范氏則其後也君稟靈醇之茂度體
廟諱亮之殊高徽柔懿恭明允篤恕九德靡
爽百行淵備廟諱道耽藝佩韜墳籍探賾研
矣罔深不入若乃立德隆禮樹節寶真忠
諒足以綱國篤友足以輔仁用能昭其洪
懿聲充宇向接華彥於汝墳潤枯甤於荊
漢超管鮑之遐蹤言靈評乎炳煥是以□
化泉流芳□鴻奮燿仁闡於權輿濟俗侔
乎皇訓羣公偉而弓旌蹋路爾讓考□□
三府舉高第侍御史拜兾州封史糾剔瑕
慝六敎允施翰飛肅於鷹揚典刑□□軌

金石萃編卷二十四　魏二　一

□帝□其勳遷盧江大守擬泰和以陶化
昭八則以隆治彌□廟諱睿惠訓亡倦□□
協□□□齊□□清源之深闡寶疏氏之
至順以疾告辭韜光潛燿詠琴詩以寧□
□□□□□□□□其猶充洽外內寔給
德之輿藪而儀民之淵表也求亮三事□
□□終□□□□□□常山相暨子汜孫
而廟諱嗣罔繼學青龍三年正月丙戌縣長
汝南薛□□□□□□□感靈壇之不饗
思隆懿模以紹弈世乃與縣之碩儒洛典
謨之中□□同宗□□□□之胄昭告祖考
俾守廟祀本支著宣融之祚人神協休茂
之慶焉禮也於是鄉□□上計掾翟循州
部泰山從事史翟部等僉以爲君雖煇名
載籍光飈前列而靈墳亡□儀問靡述遂
相與略依舊傳昭撰景行刊銘樹墓以聲
百世其辭曰
於昭上德實唐之廟諱誕表靈和蹈規履信
窮神焆覽研道之訓邁德徽猶鴻漸奮漸
穢泯夯毗寶此醇懿以文會友以仁翼□

金石萃編卷二十四　魏二　二

敦化濟殖羣生以遂永言孝思民之攸墍

如何昊天不信其軌明德不報蠱族亡紀

致韓訓典詢爾髦士育兹妦口以永遐祉

詺厥孫謀燿于萬祀

碑陰

共四列第一第二列各十八人
第三列十一人第四列六人

口八主

已孝節

口子才

嚴德蘭

郗文則

翟公遠

嚴公儀

王子則

陳文信

口公道

范文直

王文舒

夏侯文才

口宣禮

江德和

夏侯聲榮

段休甫

曹泉武

毛子堅

郗公然

口文靄

王傳伯

郗德威

魯倉舒

三文規

王杜則

龐文才

口文陽

張孝信

張文碑

馬子文

何文幹

翟孝成

翟仲榮

口文皿
翟文阝
巖孑口

右碑法書要錄云蔡邕書今以碑考之乃魏青龍三年立非邕書也金石錄

右故廬江太守范府君之碑篆額在濟州任城魏明帝青龍三年縣長薛君鄉人翟循等所立范君仕漢至廬江太守傳書張御陳平子孔嵩三事甚詳至治郡則云有威名而已此碑辭勝而事寡雖曰略依舊傳昭撰景行但云篤友足以輔仁超晉鮑之遐蹤爾

未足以光風盛德也傳云爲荆州刺史而碑作冀州以新野之事證之則碑誤也此碑雖不及延康黃初四刻在魏隸它碑中可取爾唐李嗣眞作書後品乃云蔡公諸體惟范巨卿碑風華艷麗古今冠絕甚矣藻鑒之謬也嘖郎廬字隸郎隸字隸釋

范式碑篆額廬內之由變而从冏范內之已變而从巳此在隸體之變則可而在篆則不可是六朝以後書體之濫觴也　是碑依洪氏所釋似是十九行行三十三字第一行君諱第二行土會第三行之珠第四行不入第五行句接第六行鴻裔此闕其第例再有一行者第八行廬江第九行清源第十行其猶第十一行常山第十二行威應第十三行盱告第十四行翟循第十五行遜遂第十六行于昭第十七行彼夸第十八行旻天第十九行謀罹然鴻裔至侍字正合一行三十三格之數而碑本侍字不斷直至御字始斷則是此間尚有闕也又再起一行若史字至遷字纔三十一格而碑本廬江之上又尚靈三半字皆洪所無者則此間又有闕矣恐洪氏所据亦是當日碑本有割棄處未可知耳是以每行三十三格之數可定而通計若干行之數則究未能定也　命族句下有貟字當是寶此洪氏所闕者今補之寶眞句下是忠字洪氏誤作志今正之　今年夏曲阜桂未谷書來云於歷城郭氏見范巨卿碑翦褾

本可辨者三百三十字而已結體在衡方韓仁之間與漢石經絕不類李嗣眞乃定爲蔡書無論立碑年歲不符即筆法亦大相遠矣其秋是碑爲小松所得寄京俾予與同人題之予既爲響搨一本又爲補未谷所未辨之字十有一正洪氏誤字一忠諒洪訛作志諒潛心坐卧其下者三日而知未谷之鑒弗確也蔡中郎卒于初平三年壬申是碑立於青龍三年乙卯相去四十三年此非他碑在漢末所立可以傅會蔡書比也稍有知識者不至謬誤如此況李嗣眞在唐初負鑒苑盛名其肯自蹈於後人之譏議乎自趙明誠始

駮嗣真之誤洪文惠棋彥發以至近今凡著錄金石
者無不以此爲口實于是朱谷又增一語以爲與石
經不類而李嗣真之謬妄爲千人共指者矣予乃取
李嗣真書後品之文讀之知李嗣真不誤而諸家之
誤也書品此條乃論列梁鵠皇衛諸家之書其言曰
毋丘興碑云是蔡書比蔡石經無相假借蔡公諸體
惟有范巨卿碑風華豔麗古今冠絶詳李此言之意
蓋合同時諸家與蔡相衡校而漢碑多不著名氏漢
末一時隸法大都習蔡之體者居多惟有毋丘興一
碑云是蔡書則其意以范巨卿碑爲不知何人書可

知矣其上句云比蔡石經無相假借是專指蔡書石
經之一體也所以下句轉出蔡公諸體謂同時學蔡
書者不止學其石經一體耳蓋隸之爲勢非一而蔡
之結體公私鉅細其應千變如當時英體亦或以爲
蔡書是也蔡書之體既非一端而學蔡書者亦非一
人就其中蔡體之善者莫善於范巨卿碑耳此言極
易明白猶之後人品唐碑亦云歐體顔體豈可即指
爲率更魯公之書乎　洪云賣即賾字非也易繫辭
傳聖人有以見天下之賾賾字九家作册京作嘖嘖
訓情也虞翻曰嘖謂初也楊雄太元曰化在嘖也范

望注云陽氣潛在地下養萬物之根荄故云化在嘖
準此二訓正與探字義合　錢唐黄秋盦既得是碑
宋拓本之後六年竟得此石於濟寧州學而重立之
拓其本貽予時予兩漢金石記刊板已竣爰補圖於
其後　此即洪氏隸續誤以爲魯峻斷碑陰者今在
范巨卿殘石之背可以斷然不惑者矣所存字纔及
洪錄之半而可以補洪氏所闕者十一字又正其誤
者二字且今日重刻隸續此諸人名皆順下直寫更
無復知其原石行次之式今見此拓本乃知洪氏所
錄人名前後次弟皆就本碑之横書者爲叙也隸續

此跋闕而未完愚前据諸書以補綴之未得及此條
也今得是本乃知所謂石之廣與魯峻碑合又字體
與魯碑類者皆不可以爲信爾兩漢金石記
乾隆丙申歲膠州人崔儒眎初得是碑篆額於濟寧
龍門坊水口遍求碑身未得越五年黄司馬易得泰
安趙相國家藏宋拓本雙鉤付梓又六年州人李鐵
橋竟獲原碑殘石于學宮雖存字不及宋拓本之半
而碑陰四列即洪氏所誤載之魯峻斷碑陰也山左金石
志
碑陰題字名氏可全讀者第一層都文則嚴公儀邱

子則二層江德和鄒公然三層倉舒邱叔則四層何文幹餘尚一二字可見惜以磨泐不具錄也此爲歐趙洪三家所未收而鐵橋獨搜得之益爲可珍又洪氏以傳云爲荆州刺史而碑作豫州以新野之事證之則碑誤按碑前文已有潤枯斃于荆漢其爲書刻傳訛無疑也授堂金石跋

李嗣眞以此碑爲蔡中郎書吳念湖以鄭氏通志所載一廬江太守范式碑注云蔡邕書濟州一魏范式碑注云有碑陰青龍三年未詳是范式實有兩碑則李嗣眞所指不爲無據或以爲前人著錄往往一碑

復見通志亦未可信然碑中范君行實甚略自因別碑已詳茲不重叙耳小蓬萊閣金石文字

按水經注金鄉有范巨卿冢名件猶存今嘉祥縣東南二十里有范山縣志云相傳范巨卿故里有祠爲巨卿奉其父母並張元伯之所其地有來范村今名來范里攷元伯卽張劭字後漢書獨行傳式少游太學爲諸生與張劭爲友二人並告歸里式謂元伯曰後二年當還過拜尊親見孺子焉乃共刻期至日巨卿果到升堂拜飲盡歡而別據此則劭家汝南而式往見並非劭至式家況傳稱元伯卒後巨卿夢元伯與語便服朋友之服投其葬日馳往赴之旣至面止冢次爲修墳樹然後乃去則巨卿奔喪之事亦在汝南碑云援華彥於汝墳正指前事與傳適合顯屬縣志之誤然以此碑與本傳校之亦復詳略互見傳云式字巨卿山陽金鄉人也一名氾碑稱常山相暨于氾孫而允嗣凶繼則似氾是巨卿之子孫非其別名也傳云後到京師受業太學時諸生長沙陳平子亦同在學平子病亡屍埋巨卿戶前云云碑但言凋枯斃於荆漢而已枯斃謂平子埋屍荆漢則巨卿送喪於臨

湘也傳云長沙上計掾史到京師上書表式行狀三府並辟不應碑則云三府舉高第而無不應之語傳云舉州茂才四遷荆州刺史下卽詳載行部到新野孔嵩爲導騎之事碑云侍御史拜兗州刺史攷新野屬南陽郡惟爲荆州刺史始得行部到此然傳云四遷則或者巨卿初爲刺史本是兗州後乃遷至荆州傳詳荆而略兗碑舉兗而略荆各有體要未可云孰非也碑陰四列洪氏所錄有九十一人今存者三十七人字而不名亦無故吏門生郡邑等字與他碑不同洪氏誤爲魯峻碑陰蓋

由僅得拓本未嘗親見斯碑耳

王基斷碑

碑高四尺五寸廣四尺十九行前三行行二十二字餘行二十一字今在洛陽縣

于有成父者出仕于齊獲狄榮如孫湫達
難為萊大夫遂闕下稟天素皓爾之質兼苞
又十九德之茂慈和孝友既著於闕下景山
林元本道化致思六經剖判羣言綜析無
形文辯瞻
柔民池匹足以格非兼文武之上略懷
濟世之闕譯規也闕下舉孝廉司徒辟州輒

請留以自毗輔後辟大將軍府拜闕下國
典惟新出為安平安豐大守敷崇惠訓
典刑惟明四闕下躬以允帝命遷荊州刺
史揚武將軍又遷使持節鎮南闕下內朱
旗所麾前無交兵完敵獲儁斬首萬計
賜爵關內闕下賁諸夏震蕩王師雲集公
翼亮
無遺策舉無廢功故旅堅戰則飛鬲摧
翼圍城則鯨鯢闕下於九有也比進爵常
樂亭安樂鄉東武侯增邑五千戶闕下之

葬延有獨克之威而忠勤之性乃心帝
室屢奏封章闕下弥留年七十二景元二
年四月辛丑薨公天姿高素與闕下亡則
令儉斂以時服於是
將矩奉冊追位司空贈以東武侯寄印
綬送以輕車不闕下泰山之速積恨元勳
之未遂俯仰哀歎永懷慘悴以為闕下希
鐫石表墓光示來裔其辭曰
寔憲章墳素昭此物則居則利貞在公
畢力化流二邦闕下寧民是用息升降順

道德讓靡武曾不慭遺我闕下

右王基碑碑中斷存下半近洛陽民墾土得之以歷官及薨之年月攷之其爲基碑無疑碑云年七十二而魏志本傳遺之其遷荊州刺史加揚武將軍而本傳作揚烈亦誤廣韻東萊王氏殷王子比干爲紂所害子孫以王者之後號曰王氏此碑云有成父者出仕於齊獲狄榮如孫湫達難爲萊大夫然則東萊之王系出王子成父成父豈殷之後乎伯輿東州名士康成高弟叙述先世當有傳授韓退之撰王仲舒神道碑云王氏皆王者之後在太原爲姬姓春秋時王

子成父敗狄有功因賜氏厥後世居太原按太原之
王皆祖王子晉成父在子晉之前既祖子晉不得更
祖成父矣退之誤也潛研堂金石文跋尾
按碑近世出土故載其全文以續隸釋所不及王基
陳壽魏志有傳以碑證之多合惟碑云又遷使持節
鎮南下闕當是將軍云云在克敵獲儁賜爵關內侯及母邱儉
文欽作亂之前史則云欽等已平遷鎮南將軍亦在
擊吳賜爵之後未知何也其小異者碑云克敵獲儁
斬首萬計史云隨征南王昶擊吳虜安北將軍譚正
納降數千口或碑有浮詞碑云增邑五千戶史云增

邑千戶并前五千七百戶碑蓋合前邑大數言之耳
史云基母卒詔祕其凶問迎基父喪合葬洛陽今碑
出于是者知基祔父母冢而方志缺載也基之死旣
贈官封子孫又賜其家奴婢而此碑云葉鐫石表墓
則亦奉勅所立而史缺載也世傳碑之出土僅刻其
半下截朱字宛然應手而滅本非殘缺未知審否中州金石記
碑石出土僅刻其半土人傳云下截朱字隱然惜無
人辨識付之鐫工遽磨拭以沒今存者凡得三百七
十字姓名俱不見近假得吾鄉張九六先生拓本題

曰魏王基碑余質之三國志基本傳良然案碑云子
有成父者子上缺文當作王此溯基命氏之始下云
孫湫違難爲萊大夫遂字下缺以基本傳作東萊曲
城人則碑亦述其占籍所起此可以意推者也碑載
基歷官勳閥甍殁皆與傳合而亦少有闕誤傳云黃
初中察孝廉除郎中是時青土初定刺史王淩特表
請基爲別駕下云司徒王朗辟基淩不遣而碑言舉
孝廉司徒辟州輒請留以自毗輔殆謂此也傳云大
將軍司馬宣王辟基未至擢爲中書侍郎卽碑所謂
後辟大將軍府者其下遷安平太守公事去官大將

軍曹爽請爲從事中郎出爲安豐太守碑亦云爲安
平安豐太守其尤異者碑言朱旗所麾前無交兵克
敵獲儁斬首萬計賜爵關內下缺攷之本傳惟載基
別襲步協于夷陵又虜平北將軍譚正納降數千口
下遂書賜爵關內侯與碑符而碑列斬首萬計史于
此武功竟沒不見錄何也豈碑溢美非其實歟碑叙
字下諸夏震蕩依傳文當謂毋邱儉文欽作亂而闕
無遺策數語亦指基代景王籌畫至傳言進封常樂
亭侯又進封樂鄉侯又進封東武侯下追贈司空亦
皆與碑侔而碑叙增邑五千戶傳云增邑千戶并前

五千七百戶所載亦異碑非全錄今不可考耳傳書景元二年云云下言是歲基薨史官例于人卒不得其月日者往往付之傳末云是歲今以碑言景元二年四月辛丑薨則傳亦失詳矣碑前言忠正足以格非忠義作中漢碑多如是顧亭林於封孔羡碑引宋書禮志以爲終魏之世略無紀功述行之文當亦由未見此碑故也按堂金石跋

按碑字僅有半截然所叙官職大約與魏志本傳同傳稱高貴鄉公即尊位進封常樂亭侯及領豫州刺史進封安樂鄉侯都督揚州諸軍事進封東

武侯而碑牽稱進爵常樂亭安樂鄉東武侯遞次叙之轉不如傳之詳晰也傳稱散騎常侍王肅著諸經傳解及論定朝儀改易鄭元舊說基據持元義常與抗衡今考隋書經籍志載基撰毛詩駁一卷七錄五卷又有毛詩荅問駁譜合八卷陸德明云基字伯輿東萊人駁王肅申鄭義即此書也王應麟云王肅引周書言芣苡如李出於西戎基駁云遠國异物非周婦人所得采可謂鄭氏功臣惜書不傳而志與碑皆未及故著之於此

李苞通閣道題名

磨崖三行前有晉潘宗伯韓仲元題名一行高五尺九寸廣五尺六寸今在襃城縣石門

潘宗伯韓仲元以泰始六年五月十日造
此石木口
景元四年十二月十日盪寇將軍浮亭侯
譙國李苞字孝章將中軍兵石木工二千
人始通此閣道

宋晏袤釋文并碑陰

釋魏潘宗伯韓仲元李孝章碑字

潘宗伯韓仲元以泰丶　六年五月十日造此石木女

景元四年十二月十日盪寇將軍浮亭侯譙國李苞字

孝章將中軍兵石木工二千人始通此閣道

魏潘宗伯韓仲元李孝章通襃余閣道碑陰

潘宗伯韓仲元記造橋閣十九字紹熙甲寅始見於石門之南崖其泰字下一字不顯止有六年以下字至此字下三字又不能識徹有偏旁濃纖兩畫以泰紀年者凡七惟魏明帝有泰和六年晉武帝有泰康十年餘皆一二年或四三年則知此爲泰和六年明矣是歲蜀建興十年先是太和四年魏司馬懿伐蜀五年蜀諸葛亮圍祁山魏詔司馬懿拒之魏七月亮退軍明年亮休士作木牛流馬故魏人得入襃谷治

橋閣矣後題景元四年三十八字者魏陳留王年號自泰和六年至此凡三十有三年尉此二號皆魏之紀年竊疑其書盪寇將軍云者蜀張嶷亦有此將軍號魏盪寇將軍浮亭侯李苞字孝章復通此閣道於景元四年即蜀炎興元年冬十一月魏鍾會鄧艾率衆伐蜀至江油降馬邈至綿竹斬諸葛瞻劉禪詣艾降巴蜀皆平十二月魏分益州爲梁州褒余閣衛於是乎通矣慶元元年中秋日南鄭令臨淄晏袤書

晏袤記云云愚按諸葛武侯以建興九年復出祁山以木牛運糧大破司馬懿射殺張郃其時武侯屢修

斜谷之道豈有魏人得大書年號于石門者況魏明帝太和晉武帝太康皆是太字非泰字金章宗泰和年乃是泰字今諦審此石本隱隱尚有畫痕可辨確是始字非和字也晉武帝泰始六年則西路通闕已久治此石道爲理之可信者王象之輿地碑目有太康元年輿元新路記其時亦去此不遠皆可以補史傳所未及也益距上先有景元之題而潘辨復題於其右耳晏記以爲皆魏刻非也兩漢金石記

文稱泰和六年晏袤以史證之斷爲魏明帝年號但史作太和而石刻作泰泰太本一字古今文異爾予

邑南鄭寺石櫃書太平興國號亦作泰　右盪寇將軍李苞開閣道碑在潘宗伯題字之後距太和壬子盡三十一年其年十一月蜀漢亡故有閣道之役也盪寇蓋漢魏所置雜號將軍之一沈約宋書作蕩寇張遼滿寵皆嘗爲之晏袤碑陰記但舉蜀張嶷一人所謂知其一未知其二也潛研堂金石文跋尾

吳

天發神讖碑

碑斷爲三故俗稱三段碑尺寸已不可攷第一段廿一行諸道一行行六字大吳一行行七字餘行皆五字第二段十七行行七字第三段十行行三字上刻宋胡宗師石豫二跋今在江寧縣學

上天帝言天闕下

下步于日月闕下

帝曰大吳一□萬方中中丙日闕下

平上中乎多□□元天于山川闕下

天發神讖文

天璽元年七□己酉朔十四日壬闕下

卷中郎將丹闕下

繇發動廣省□巧是天讖廣多□天解解

省十二月己□四廿三日白書□□解大吳

金吳建忠中闕將會稽陳治闕下□闕上解十

三字治衛字□未解以八月一 下闕
詔遣中書郎行□將軍裨將軍關內□ 上闕 江
費字行視更□□二字合五十來□字與
西部校尉姜□□絡典校皋儀備□梅□
章咸李楷賁□吳寵建業丞許□□番約
等十二人史□並共觀視深甄歷□永歸
大吳上天宣命昭□大平文字炳服天□在諸
石上故就 下闕 上闕 刊銘敷垂億 下闕 此下又空
一行
闕臺東觀令 下闕 上闕 吳郡
巧工九江朱 下闕
功東海□侯 下闕
上天帝言天□□□□□□□□□下步于日月
下闕 帝曰大吳一□萬方甲午丙日□□□□才仁
中于予□ 人 元示于山川 下闕
天發神讖文
天璽元秊桼月己酉朔十四日壬□□□武中郎將丹
陽□□□□□□□□然發刹廣省□乃是天讖
廣多□未解解者十二字日 桼 月廿三日遣□□解文
字令史建忠中 郎 將脩稍陳治□□□解十三字治復

有□未解以八月一日 詔遣中書郎行大將軍裨將
軍關內侯九江費宇行視更得□二字合五十來字
與西部校尉姜□□絡典校皋儀備□梅允章咸李楷
賁□吳寵建業丞許□尉番約等十二人吏從並共觀
視深甄歷□永歸 大吳上天宣命昭 太平文字
炳服天□在諸石上故就□□□□□刊銘敷垂億 下闕 此處
又空一行
闕臺東觀令□□□□□□□□□吳郡□□□巧工九江朱
□□□□□□□□ 江東 □□功東海夏侯 下闕
予因遊府南天禧寺寺門之外有石三段半埋於土
蘚疑以爲天璽元年巖山紀吳功德段石罔之碣因
觀之果耳人多傳皇象書稽之實八百十有五季字
雖損缺而猶有完者寺僧不善護持歲月之久風雨
所暴必至泯滅因輦置漕臺後圃籌思亭 時辛未元
祐六年三月二十六日轉運副使左朝請郎胡宗師
題
余奉使計臺侍親遊此得天璽斷碑觀之筆力高□
而文辭殘缺不可讀也悲夫崇寧元年中秋日轉運
判官石豫安正題
秣陵縣南三十里有巖山山西有石室山東大道左

有方石長一丈勒名題贊吳功德孫皓建宋明帝太始中建平王休祐從巖山射雉卽此　巖山東有大石碣長二丈折爲三段因以名岡丹陽記

案吳錄其文東觀華覈作其字大篆未知誰書或傳是皇象恐非在今縣南四十里龍山下許嵩建康實錄注

皇象書人間殊少惟建業有吳時天發神讖碑若篆若隷字勢雄偉相傳乃象書也張懷瓘目以沉著痛快眞得其筆勢云東觀餘論

象書獨步漢末兕體兼篆籀□□宜居周鼓秦刻之次魏鍾繇諸書無論也其石四方面背闕書各八行兩傍□書□□行其文書滿三方而虛其一辭雖不可讀□□識者八十餘字末後別書曰蘭臺東觀令曰巧工九江曰吳郡曰東海夏侯益列與事之臣予正文之後華覈爲東觀令是必華覈也戚光集慶續志

今江寧縣有段石岡蓋舊立碑處據丹陽記晉宋時已折爲三段內一石上有轉運副使胡宗師刻字言此石在府南天禧寺門外半埋於土因移置轉運司後圃籌思亭時宋元祐六年此石歷八百十有五年矣益又不知何年自巖山徙至城南也轉運司今府治此石在紬書閣前後又徙銘繡堂前碑刻中歸附

後改臺治此石欹仆於地其一段鐵壞蓋嘗爲人鑿以他用而不果也其第二段處有襄陽米芾四字亦爲人磨礲幾盡至治□年臺掾楊益得之廨草中與教授湯弥□訓導李東戚光言于中丞石公珪治書郭公思□慕民昇至廟學門內之左張鉉金陵新志

吳後主立碣紀吳功德吳錄云其文東觀令華覈作其字皇象書也明一統志

考吳志天冊元年吳郡言掘地得銀上有年月字遂改明年爲天璽元年是年鄱陽言歷陽上石文理成二十字云楚九州渚吳九州都揚州士作天子四世治太平始又吳興陽羨山有石寶之瑞又改明年爲天紀以協石文此碑不見於志考其文有天發神讖等語則亦當時瑞應之事然天紀四年王濬遂入吳矣楊士奇東里集

天發神讖碑吳皇象書又定爲蘇建周暉金陵瑣事

案諸書俱以爲皇象書周暉獨言又定爲蘇建建無能書名亦不知爲何時人考孫皓封禪國山所立碑文末有東觀令史邱信中郎將臣蘇建或暉誤引此耶周在浚天發神讖碑考

碑文相傳爲華覈所作蓋本張勃吳錄而許嵩建康

實錄注咸光集慶續志因之以縣嘗爲東觀令而碑
後有蘭臺東觀令字遂以實之也考縣爲東觀令時
犯顏數諫譴斥直臣又其免官在天冊元年則碑之
所云蘭臺東觀令別是一人縣既免官又素伉直必
不復稱符瑞取媚未可遽信爲縣之文矣文曰天璽
元年叅其下蓋有月字揚雄太元經曰迎諸叅政王
莽候鉦文曰重五十叅斤咸背七爲叅而吳與國山
碑有云神女告徵表祥者世有七與是碑先後建立
則爲七月無疑耳曝書亭集

天發神讖碑集慶續志云辭不可讀可識者八十餘
字數其釋文僅七十一字客座贅語載與志同俱誤
以中書郎行在關內侯下吳郡在九江朱下未有證
正之者今石三段排尊經閣下上段置中央中段置
左下段置右共字一百九十有六因洗剔段石攷證
舊搨連接三段正其舛合且就剝落思維補三十一
字則辭意貫通可讀矣仍有偏旁字脚不可識者五
字并載以竢攷古君子王槩跋

右石凡三段第一段廿一行中空一行共存全字一
百有七半字一第二段十七行中空二行共存全字
八十五半字九第三段十行中空一行共存全字二
十半字亡總計三段廿一行凡存全字二百十有二
半字十有二　乾隆四十四年秋方綱親到江寧府
學尊經閣下手量是石中段爲第一石高三尺五寸
圍八尺九寸其頂宛然鐘形截去上角者截痕尚可
辨也東爲第二石高二尺三寸三分圍八尺六寸此
石末工東二字乃是半字自此已下削去是以此半
邊有似方形西爲第三石高二尺六寸二分其圍則
上闊下束亦以削去之故側出方稜耳上圍六尺八
寸三分下圍六尺三寸七分　按王槩天發神讖碑
賦自記云是碑凡二十二行然實是二十一行其以

爲二十二行者連空行計之也又謂補三十一字是
二十一字之譌二十一字者第三行上段之下補統
字此未可知第四行中段之頂補元字非第六行上段之
下補月字此當是第七行上段之下補陽字未知第八行
中段之頂補于字非第九行上段之下補叅字未知中
段之頂補月字今從之下段之頂補解字今從之第十行
上段之下補耶字當是第十一行中段之下補日字未知
第十二行上段之下補大字未知下段之上補侯字當是
第十三行上段之下補解字未知中段之頂補十字非
中段之下補宇字當是第十六行上段之下補往字未知

中段之下補歷字當是第十七行中段之頂補大字今從
之第十八行中段之頂補刻字并中段之下補萬禩
字未知而反遺失數字如第六行中段末之中字第七
行中段末之山字第十四行中段末之備字皆拓本
見全者而皆失之其所總計行數字數概不可憑不
特近日金石經眼錄所圖三段之尺寸皆已差舛而
竹雲題跋所計行數字數亦皆不足據也　吳山夫
云此碑非一石所折今驗其東段第二石之頂爲人
磨平刻一裔字字大於掌而不能泯其鑱鑿之痕是
一石折爲三無可疑者兩漢金石記

按孫皓天璽元年屢有石函石室諸祥書于本紀
傳碑云天讖廣多又云上天宣命則亦是時紀符
瑞者碑斷折三段合之止數尺許山謙之丹陽記
云長二丈者妄也張勃吳錄以爲華覈撰文皇象
書許嵩建康實錄注董逌廣川書跋黃長睿東觀
餘論說皆從之近朱氏彝尊據吳志辨其非覈所
作袓攷國山碑以旃蒙協洽之歲乙未月次陬訾之
舍十一月重光大淵獻之日辛亥受天玉璽於柔兆涒
灘丙申月正革元郎爲天璽元年而告祭刊石中有
國史瑩覈名意覈雖因微譴免官猶在左右遂命
以撰文未可遽定爲非覈且并疑象書也象字休
明廣陵江都人張懷瓘書斷云象工章草小篆人
能或郎指此等篆書而言然書斷及張彥遠法書
要錄並以象爲官至侍中梁書及南史皇侃傳並
云青州刺史偕吳志不爲立傳不能定其孰是矣
仁和袁明府枚舉此冊以貽因記所疑于簡末

禪國山碑

碑高一丈圍一丈共四十三行行二十五字今在宜興縣

□□□□□□□□□□□□□□□□
□□□□□□□□□□□□□□□□

□□□□□□□□□□□□□□□□
□□□□□□□□□□□□□□□□
□□□□□□□□□□□□□□□□
□□□□上下[illegible][illegible]八幽□□□□□□
□仁是故□□□□□□□□□□者□
□□□□□□□□□□[illegible]□□□□□
□□□□□□□□□□□□□□□□
□□□□□□□□□□□□□□□□
□□□□□□□□□□□□□□□□
□□□□□□□□□□□□□□□□
□□□□□□□□□□□□□[illegible]□□

□□□□□□□□□□□□□□□□
□□□□□□□□□□□□□□□□
□□□□□□□□□□□□□□□□
□□□作佪□此□□大宮王以□□□
□□淸□以子來京日□□□□□□□
□□□□□來□□□□淵糸糸□綠白
県京□□□□□□□□□□□□□□
□□□大錄朱炎闓土東蜺□□□□□
□□□□□□□□□□化□幽京闌□
元淺傳寶□家衍家□□□□□□□□
□□□□□朽枯上而感方□□□□□

止□人□□□□□□□囘王璽啓自
禎靈禎乃掬擕□冊再王□□四日月中
或也乃星見者弌十貳弌五帝瑞氣黃□
□□□□□□□同尺牛者弌十貳又屮
鳳□鵲於□負書廿□□再□白□月门
□彩鳳廿貳二白□白□白□白及廿貳
二白雉白□白□白九弌十貳又赤烏赤
雀廿貳四白雀白鶴廿貳小禾八吐□白
狸狖沿者二靈品小禎昌遍徵原野者三嘉
禾秀穎日麢□小大十貳五味古連理木

□□□□□□□□□□□□□□□□
百八十貳三明月火珠璧流離廿貳大小
□□□□□□貳五大寶禎璽沇青鼎
璧廿貳八王□王羊王九□□□□□坐
禎□兒根禎鵲廿貳大石室山石闕石盈
□□□絲□□□而□彰石鏡光者弌十
貳弍三日□頌歌靡兩□示米三□□□□
水水門開厄讖合謠者五禎□□儐靈鳥
禎光牛祫老祥者廿貳赤靈萬啟讖禎乃
循書籤□□者十祓□□大王叔紀□
者三王乃王至文采明發者八□□二瑞

王璜王王王金王秝味淵果至者廿貳三
王酋王盛王盈王器潢鷙光乃者九叫子
河伯子弓王□　辛而雲陸成而子世東
門戰者四大賢司馬徽虞翻推步圖緯甄
匱啟緘發與禪會者二其餘飛光之□
朼生生倫系古厂覿命或殊奇不牡瑞命
中篇者不可稱而□廿刂是小蒙多洽生
□夕遊臨斯之日曰維鳳光大淵獻於□
匚□□□□兆□□虞麗周易實著蔡學
上而王璽文旨是眞皇帝王□□□□理

淵潛鮮發祗瑞所頻惟廣大之德宜類之
命□□乃□□小濕涉出歲錄孛上而尸
正革元號而祭地紀號而□□□□命於
是丞相沇大尉璆大司徒燮大司空朝
金吾脩□□木尉□屯騎木尉戍尚書令
忠尚書晉直昜昌國史瑩覈等□召□而
省讖□召瑞表真今為瑞畢至三表納貢
幽荒百蠻浮□□化九垓八□罔不率澤
率按典繇宜先行禪禮紀勒天命遂□□
宜□山土戶□□拓石名封揚爾命廣及

增廣副祀而下嘿□□□□
中□東□□□大乃中□□□是所書
□丁□□阿然

附吳纂釋文

□□□□□□□□□□□□□□□□□□□□□
□□□□

右第一行凡雲麓漫鈔及荆溪外紀所闕之字並
作□其二書所有而今碑文漫滅莫辨者於字外
作○以別之

□□□□□□□□□□□□□□□□□□□□□

□□□□

右第二行

□□□□□□□□□□□□□□□□□□□□□
□□□□

右第三行

□之□□子茲拾于上下光被八幽蝦飛蠉動無不
歸仁是故

右第四行漫鈔載碑文從之字起闕廿六字蓋以
第三行爲第一行也

□□□□□□□□□□□□□□路□□□□□□

□上尊□

右第五行

□□□□□□□□□□□□□□□□□□□靡不
是假民用

右第六行外紀自民用字起

不犯於是□□□□□□□丞相沇□□□□□□□
□□奉禮

右第七行不犯漫抄作丕作外紀作不犯於是□
下漫鈔作臣丞相沇兼太常處奉迎凡十字外紀
作於是臣丞相沈日以下闕六十三字並誤今據

碑文移止三字餘七字莫可辨者鈌之
儛儀尊敬□□□□□□□□□□□大□□□□□
□□宮□
右第八行儀俗本漫抄作義
□□□□□□□□□□□□□□□□□□□□
□□□□
右第九行
所臨□徘徊於此遂基大宮玉燭□□□灈□清萬民
子來不曰
右第十行於此漫抄作西巡萬外紀作庶

□□□□□□延頸跂足率土來庭柔服百神經緯庶
務日昃不
右第十一行延頸跂足外紀作頑鷹乃止庭外紀
作歆百神湯抄作以仁
暇□觀六經旁貫百家思該道根數世陵遲大録未光
闡立東觀
右第十二行暇外紀作食根外紀作數數世陵遲
外紀作頻十陵道録未光外紀作啓朱光
□紀實言建設境典釆詢微問窮神極化無窮不闕舉
逖遠依寬

右第十三行設湯抄作論窮 極化外紀作實感神化
罪宥刑守道尚功豈養矜弱哀矜怨凶□□朽枯上天感應□□
右第十四行守漫鈔作尊外紀作惡並誤
□□□踐阼初升特祭神夢膺受籙圖玉璽錫自神圓神人指授
右第十五行□□踐阼初升外紀作巽宿降祉利
丰膺受籙圖外紀作鑾輿鎮國
金冊丟玉符者四日月抱戴老人星見者式十有式五
帝瑞氣黃
右第十六行青玉符外紀作有玉簡抱戴外紀作
明朗帝外紀作天

棋紫蓋覆擁宮闕顯著斗牛者式十有九麟鳳龜龍銜
圖負書冊
右第十七行擁漫鈔作被外紀作擁下注靡局斗
牛漫鈔外紀作牛斗並誤十三十茲悉正之
有九青猊白虎丹鸞彩□鳳廿有二白鹿白麞白兕白
兕刑有二
右第十八行猊漫抄作蛇外紀作蜺虎外紀作兕
丹鸞彩□鳳漫抄作丹鸞彩鳳魚鳥外紀作丹角
黑□□鹿漫鈔作虎鸞漫抄作鑾外紀作鑾下注
力丁切大羊也兕外紀作兕兕外紀作鹿誤

白雉白烏白鵲白鳩弍十有九赤烏赤雀廿有四白雀
白燕廿有
右第十七行燕漫抄作鸞誤
黍神魚吐書白鯉騰舡者二靈絮神蠶彌被原野者三
嘉禾秀穎
右第二十行黍漫抄外紀作七並誤魚外紀作虎
蠶外紀作絮誤
甘露凝液六十有五殊除連理六百八十有三明月火
珠璧流離
右第二十一行璧流離俗本漫抄作拱璧琉璃誤

按宋書符瑞志曰璧流離王者不隱過則至
卅有六大貝餘蚳餘泉黍十有五大寶神璧水青穀璧
卅有八玉
右第二十二行餘蚳餘泉俗本漫鈔作餘貾餘字
小山堂本作餘貾餘宇外紀作餘口蜍泉按爾雅
說貝曰餘蚳黃白文餘泉白黃文蚳又作貾穀璧
漫抄脫璧字
燕玉羊玉鳩者三寶鼎神鐘神鑑更祝神鶩卅有六石
室山石闕
右第二十三行燕外紀作兕鳩外紀作蝸者字外

紀闕闘俗本漫鈔作門誤
石印封啟九州吉發顯天識彰石鏡光者弍十有弍神
口頌歌嗣
右第二十四行封啟俗本漫抄作封石按晉書五
行志曰吳將歷陽縣有巖穿似印咸云石印封啟
天下太平九州吉發顯俗本漫抄作羊口口石口
口外紀作九州吉發顯惟九州二字略可辨弍十
有弍俗本漫鈔作弌十有七誤
靈口示者三幾民惟紀湖澤闓通應讖合謠者五神豹
神僮靈母

右第二十五行闓漫鈔作門靈母漫抄作雲母並
誤
神女告徵表祥者卅有黍靈夢啟讖神人授書者驗口
口君十秘
右第二十六行神女外紀作靈女誤
記讖文玉版紀德者三玉人玉印文采明發者八玉口
王琯玉璜
右第二十七行記外鈔作略讖外紀闕德漫抄作
眞三字漫鈔闕人俗本漫抄作璽小山堂本作刀
並誤采外紀作彩明漫抄作光誤

玉玦玉鉤玉稱殊辯異色者卅有三玉尊玉盌玉盤玉
瞿清茶光
右第二十八行玦俗本漫抄作瓔小山堂本作瑗
外紀作玦按宋符瑞志曰漢桓帝永興二年光祿
勳吏舍夜壁有青氣得玉鉤玦今此下連玉鉤而
字下不可辨故且從外紀茶漫鈔外紀作潔垃誤
眼者九孔子河伯子胥王口寶言天平堅成天子出東
門鄂者四
右第二十九行口别江南通志作蒯口漫鈔云闕
外紀作靈寶小山堂本漫鈔作宜天一閣舊拓本

作宜郎宣字
大賢司馬徵虞翻推步圖緯甄匱啟緘發事與運會者
二其餘飛
右第三十行微俗本漫抄作徵小山堂本作微外
紀作微事外紀作若與漫鈔作興誤案以徵作微蓋昔者之誤
行之類植生之倫希古所覩命世殊奇不在瑞命之篇
者不可稱
右第三十一行殊漫鈔作殊外紀作殊下注殊同
而數也於是旃蒙協洽之歲月次陬訾之口日惟重光
大淵獻行

右第三十二行陬訾之口俗本漫鈔及海鹽縣圖
經日知錄作娵訾之舍並誤翁方綱曰歲正月孟
陬作陬字从卩十二次娵訾娵字从女此碑以娵
為陬蓋猶沿漢碑假借之習
年所值實惟茲歲帝出乎震周易實著遂受上天玉璧
文曰吳眞
右第三十三行周漫鈔作因誤
口帝玉寶青黃魌理洞徹軒受祇筵夙夜惟寅夫大德
宜報大命
右第三十四行魌漫抄作解外紀作魌今碑泐闕

字從小山堂漫鈔作惡外紀作悚夫外紀作而
誤
宜彰乃以柔兆涒灘之歲欽若上天月正革元郊天祭
地紀號天
右第三十五行彰外紀作欽
璽用彰明命於是丞相沇太尉璆大司徒燮大司空朝
執金吾脩
右第三十六行用漫抄作實
城門校尉歆屯騎校尉悌尚書令忠尚書晉直昆昌國
史瑩褒等

右第三十七行
僉以爲天道元默以瑞表眞今衆瑞畢至三表納貢幽
荒百蠻浮
右第三十八行僉外紀作亦嘿外紀作購三漫鈔
作四浮俗本漫鈔作溝下二字並誤
海慕化九垓八埏罔不被澤率按典繇宜先行禪禮紀
勒天命遂
右第三十九行慕化外紀作口川
於吳興國山之陰告祭刊石以對揚乾命廣報坤德副
慰天下喁

右第四十行
喁之望焉
右第四十一行外紀無焉字按漫鈔載碑文凡三
十九行通計之止九百餘字蓋趙氏僅就碑之東
北邊行讀起不知正北一面右方尚有二行文雖
不能讀而筆跡尚未全泯總而計之共得千餘言
正與金石錄之數相符昔盧熊沈赦牛運震諸家
所紀行數多寡益參錯不足憑矣
中書東觀令史立信中郎將臣蘇
建所書

右第四十二行立俗本漫鈔及周在浚天發神讖
碑文考作耶並誤立信中郎將雖不見於三國志
及續漢書百官志晉書觀元劉大彬茅山志云杜
契杜陵人孫權用爲立信校尉是吳官有立信之
號矣又吳志陸抗傳赤烏中遷立節中郎將吳九
眞太守碑又有立忠都尉皆其類也臣俗本漫鈔
在將字下偏右建俗本漫鈔及天發神讖碑攷作
偼並誤書字漫鈔闕
刻工殷政何赦　右第四十三行漫抄不載
右吳國山碑者孫晧天冊元年禪于國山改元天璽

因紀其所獲瑞物刊石于山陰是歲晉咸寧元年後
五年晉遂滅吳矣集古錄
右碑其前叙孫晧卽位以後郡國祥瑞凡千餘言金石錄
說文桼象形如水滴而下賈山云桼塗其外是也而
漆泉縮紵椅桐梓漆之類經傳已多借用至今反以
桼爲古字漆沮之漆邾有省其水者韓勑碑書漆作
𣹳候鉦銘云重五十桼斤者隸法小變而借用作七
也吳天璽年國山碑云神女告徵表祥者卌有桼唐
襃讒司刑寺佛跡碑云長安貳秊漆匣大豈無據乎

惟北齊文宣以七爲淶而誅上黨王渙則宛哉虐也
數曰有壹貳至於玖拾莫非假借鄙俗無他訓若仿
古而用淶豈不韻勝隸續
吳志天璽元年吳興陽羨山有空石長十餘丈曰石
室郡表爲瑞遣兼司徒董朝兼太常周處封禪國山
大赦改明年爲天紀卽前所云水洞是也山後有封
禪碑士人目爲囤碑以其石圓八出如米廩云字畫
奇古歲久多磨滅訪得舊刻以今文寫之碑中大槩
言符瑞初無可取姑備錄之以見皓之亡有自矣雲麓
漫鈔

蘇建官至中郎將其書與皇象同所書禪國文國下疑脫
山字在宜興善卷山中書史會要
按三國志金陵寶錄孫晧因國山有石立遣司空董
朝太常周處封禪刻石碑字三面可辨惟東面剝裂
模糊葢無犀茈之也碑詞載所遣人姓名而無周處
史氏誤矣周必大泛舟遊山錄
碑自丞相而下十四人獨有大司空朝而無處名按
處傳處仕吳止東觀令無難督無有兼太常之事豈
史氏見處爲陽羨人輒附益耶當以碑爲正咸淳毘陵志
按碑云旃蒙協洽之歲月次陬訾日惟重光大淵獻

遂受玉璽文曰吳眞皇帝乃天冊元年乙未正月辛
亥又云柔兆涒灘之歲月正革元郊天祭地紀號天
璽先行禪禮紀勒天命則歲丙申矣太尉璆卽宏璆
曲阿人祖咨孫權外甥璆官至中書令太子少傅大
司空朝史稱兼司徒董朝國史瑩覈卽光祿勳薛瑩
東觀令華覈熊叅攷傳記叅以吳郡掘銀而改天冊
海鹽玉璽有文曰吳眞皇帝而改天璽歷陽山石文
字而改天紀碑云湖澤開通卽臨平湖開之事石室
山石開發卽海鹽陽羨之事當時海鹽亦屬吳郡舊
有六里山石篆刻其略曰旃蒙協洽之歲得玉璽文

曰吳眞皇帝與此碑合疑陳壽之所書石函小石刻
皇帝字誤合臨平湖開之文史云於歷陽刻銘今世
亦不見有此文字如巖山神讖海鹽玉璽國山刻文
史家不能備載此文歐趙二家皆有著論矣其字畫
形勢絕與神讖相似第石質堅頑土人就其上鐫刻
故行款廣狹長短微有不同宋黃伯思謂皇象書字
勢雄偉殊不脅皇象在孫權時與嚴絕鄭嫗等號八
絕則神讖碑亦蘇建無疑也東漢碑傳多尚隸書獨
此二篆有周秦遺意神讖險勁峻拔國山純古秀茂
可與崔子玉書張平子碑相頡頏若永建麟鳳贊魏

石經中篆文弗足論也盧熊跋
皓碑言神鼎靈璽金冊鳳凰與夫黃旗紫蓋湖澤開
通天讖神謠之類皆見于吳志陵道之敘謂石室開
遂基大宮謂作昭明宮晉避文帝諱後稱顯明宮石
印封啓九州吉則信歷陽使者之謬語耳按江表傳
曰歷陽表言石印封吳志云發脫發字皓遣使者吳志云疑脫奈字以
大牢作高梯上觀印文使者詐以朱書石作二十字
司馬徵善論運命歷數寸元蜀吳云蜀上疑脫使字得之增飾
其辭以獻皓取媚虞翻五世學易尤明象要故引此
二人爲證若河伯子胥王靈圖亦皆當時讖緯之書

自丞相以下紀名凡十四人如宏璆董朝滕循張悌
丁忠岑昏薛瑩華覈皆見於志餘莫可攷碑模見詞翰朱昱
成化毗陵志
自三國鼎立天光分曜而後文人多舍年號而稱甲
子吳後主國山封禪文旃蒙協洽之歲月次陬訾之
會日惟重光大淵獻月當言辛亥而冒用歲陽歲名
則又失之日知錄
據碑言似因封山而後改元天璽據吳記則陽羨石
室之瑞在天璽元年因封禪國山明年又改元大赦
則改元者天紀也大抵此時無歲無瑞亦頻歲改元

先後之間固有不及細詳者矣　碑云三表納貢三
猶文四字金石錄作三非是金石存
愚按是碑侈陳符瑞詞多誣誕即後人或取以考核
史志前後年月究無確據皆無關於著錄之大者惟
篆勢遒勁爲三國孫吳時之蹟是爲古物可翫耳是
碑玉皆書作王一皆書作弌四或作亖七皆作桼皆
古體之僅存者桼字則洪氏嘗說之矣廿卅字則古
本左傳已然惟篴字篆勢不甚可解而又極分明姑
從諸家錄作篴耳兩漢金石記
碑形微圜而橢東西二面廣南北狹四之一字徑二

寸文起東北而南而西訖于西北凡千餘言碑首上
銳而微窪石色紺碧風雨剝蝕東與北二面文字尤
多漫滅南面下方石碎脫去十餘字而西面上截泐
紋尤深更歷歲月當折一角矣吳志言天璽元年臨
平湖開通又于湖邊得石函中有小石刻上作皇帝
字於是改元大赦秋八月鄱陽言歷陽山石文理成
字又吳興陽羨山有空石名曰石室乃遣司徒董朝
兼太常周處至陽羨縣封禪國山明年改元大赦以
協石文按志所紀合之碑文頗多疑義志於臨平湖
得函改元大赦下歷陽山石成字又云改元大赦兩

言改元蓋上所云乃改本年爲天璽元年下所云明
年改元則改次年爲天紀元年也據碑辦蒙協洽乙
未之歲得玉璽文曰吳眞口帝以柔兆涒灘之歲改
元天璽是以海鹽六里山得石璽在天冊元年而改
次年爲天璽元年非因臨平石函而改本年爲天璽
元年臨平湖事碑中故有之第言湖澤闓通却未因
之以改年也萊司徒董朝碑作大司空兼太常五字
疑亦美文蓋當日是祇遣董朝一人至陽羨封禪國
山觀碑後列諸臣名而處獨不預可見處素剛正必
不藉此以阿其主旣見泛舟錄毘陵志等所說多同

其諸家辨說中盧公武跋攷覈較詳第謂此碑字畫
絶與神讖相似則仍踵長曆之論所不解也至若碑
所列諸臣名自宏璆至華覈諸人外如執金吾修當
郎滕循循與脩古通故三國志晧傳作滕循而呂岱
傳注及晉書並作滕脩隸釋謂二字止爭一畫恐非
餘若丞相沇大司徒熒城門校尉歆尚書直晃昌俱
未見於國志惟晉書杜預傳有吳都督孫歆甘卓傳
父昌吳太子太傅此城門校尉歆尚書昌豈卽其人
乎俟更考之 吳騫國山碑考

按神讖國山刻碑之事不載吳志惟裴松之注於
晧傳楚陽山石文理成字之下採江表傳有刻石
立銘語其碑今已不見甚矣金石之與史相表裡
也然後漢書祭祀志注引陽羨封禪碑云神魚吐
書白鯉騰船者二靈絮神璽彌被原野者三梁書
許懋傳亦論及國山封禪事則唐以前此碑甚顯
而陳志裴注皆遺之何哉志紀當時符瑞止吳郡
得銀臨平湖得石函歷陽山石諸異而碑中所叙
者至一千二百八十有一蓋晧淫酗殘虐大命將
墜天出反常者以戒之而侈然自喜妄意爲太平
之兆于是羣臣百姓造作奇詭爭相獻媚以至繁

夥不可勝數理必然矣國山距宜興西南五十里
此碑寔在其上太平寰宇記述陳瑄記云土人相
傳碣下埋金函玉璧銀龍銅馬之屬晧疑有王氣
故以此物鎭之俗呼爲董山以董朝所封故耳吳
志稱封禪之役朝與周處奉使宋周必大史能之
諸人並以碑無處名斷史之誤近海鹽吳君騫著
國山碑攷因謂處素剛正必不藉此阿主且謂史
有美文誤矣相少時嘗至碑所審其方位前十四
行文爲碑起處卽周所謂碑字東而剝裂糢糊者
也今拓文前半雖多缺蝕而雲麓漫鈔載丞相沇

下有兼太常處奉迎之文則處名自見前幅後不再署者或緣事中返或未與議禮因而從略不得于此致疑也碑以璧流離爲琉璃與武氏石室祥瑞圖同

葛府君碑額

額高一尺八寸五分廣一尺二寸五分三行行四字正書今在句容縣

吳故衡陽郡太守葛府君之碑

右碑額三行云吳故衡陽郡太守葛府君之碑楷書徑三寸許衡陽孫吳所置郡漢世稱郡國守相爲府君魏晉猶然予收藏孫吳石刻如谷朗及此碑皆以太守故得府君之稱非若後人之泛用也潛研堂金石文跋尾

右碑在句容城西門外五里梅家邊土人呼其地爲石碑岡碑圭首有穿攷吳志三嗣主傳太平二年以長沙西部爲衡陽郡與碑正合法苑珠林稱葛祚爲衡陽太守郡境有大槎橫水能爲妖怪祚將去官乃大具斧斤將伐去之明日當至其夜居民聞江中洶洶有大聲非常旦往視槎移去數里駐在灣中自此無患即其人也碑用粗沙石正似天璽碑其不爲後人見取作碑材亦以此石經二千年始見于世前金石諸家俱未及載後之好古者得之當無忘予與朱筠谷搜訪之力也楷書之見于法帖者則有程邈最先然不足信其見于碑碣亦始于此良足寶也孫星衍跋

金石萃編卷二十四終

金石萃編卷二十五

賜進士出身　誥授光祿大夫刑部右侍郎加七級王昶譔

晉

任城太守孫夫人碑

碑連額高九尺二寸廣三尺八寸共二十行行三十七字今在新泰縣

晉任城大守夫人孫氏之碑
夫人濟南孫氏之中女也實曰□姬其□
與□同姓別閭族遂以為氏父列卿光祿
大夫建德亭侯以儒雅稱世濟其休夫人
少有淑質純靜不□寬仁足以容衆明敏

足以辯物九歲喪母少為父所見慈撫綏
喪哀毀聖不易位雖有隱括傳母之訓又
以加父時未□編室長沙人相伯序有寮
妻伏氏魏文帝以用妻之伏氏柔少有國
色□非所好而顧違尊命莫之能定夫人
謂父曰何不以嘗同寮辭之父意乃寤文
帝豁孝之曰生敬其人死辭其室退遠敬
終違而得道者也父悅入謂之曰昔臧武
仲先犯齊壯不令與己邑今我不犯卑而
蒙優詔同歸殊塗今□□代伯序為侍中

為侍郎此為同寮故夫人□□父為勳
海大守十餘年政化大行孫宣□□□□
□意時夫人見□在家止文令留而謂之
□□感而退雖天之遺然事君不懟□能
□□聞□□□為吏部尚書多用老成先
帝舊臣舉之□□□父不忘君□而□舉
君為侍中夫人□而□過窮理盡情為父
所異皆此類也夫人在羊民□□有□度
承上接下衆皆悅之任城非□□□□生
夫人由也相帥孝□加之謙勤戰戰臨深

惟恐不逮是以舅姑嘉其淑婉娣姒宗其
德音□夫人為婦世餘載言無口過□無
昭懸故也□□且感慈□□□□□下惟
詩人刑于之言瞻前□後率由弗違以御
于家邦終始以孝聞□□夫人之□□□
□□□□二□小子□明弘哲□□□不
年早亡子孫皆仁厚振振有麟止□化皆
是義形□□□□□□□□□□□八年
□月庚寅□十二月甲申□嗣子迅哀懷
永絕□□又極追惟□□□□□□□

□力不肅之訓□□歎曰古者歸愍□□□
所以章君父之令德也又有獮識□□□
□□□□□□我先妣立□□德同之不
朽可没而無稱哉於是乃退而□□爲之
辭曰
奐乎文母于我夫人潛神內識叉不弥綸
和樂色養□□□□□□□□□是勤
味旦□□□問日新哀難弘多仍羅□□
翼翼□心惟□用老□□□□□□□□
□□□惟□□□□物物遺孤辟踊靡及
曰古□□□□□何以告哀

右碑在新泰縣新甫山下向來未有著錄者乾隆甲寅秋阮詹事芸臺搨以見詒文多剝落而點畫嚴整頗似范氏碑筆意任城太守不見其姓名世系據文有夫人在羊氏語知其姓羊也又有庚寅十二月甲申字以干支求之當是泰始六年也又云昔臧武仲先犯齊壯不令予邑蓋用左氏傳齊侯將與臧紇田事壯與莊古書往往通用其云長沙人桓伯序者桓階也魏志階字伯緒此碑作序古人名字多相應當以序爲正潛研堂金石文跋尾

按魏志列傳桓階字伯緒碑以緒爲序爾疋釋詁序緒也是古字通故也階傳言劉表辟爲從事祭酒欲妻以妻妹蔡氏階自陳已結婚拒而不受因辭疾告退是當爲階元配如碑載伏氏年少似是其繼室也階身殁而遺事可見近杭大宗三國志補注甚未搜及之碑言伯序爲侍中父爲侍郎此爲同寮按階傳魏國初建爲虎賁中郎將侍中而夫人之父官侍郎亦同其時其後父歷官侍郎渤海太守吏部尚書侍中則位亦顯矣然史不爲立傳碑亦不書名按盧毓傳文帝以毓爲吏部尚書使毓自選代乃舉阮武孫

邕帝於是用邕按碑言父爲吏部尚書其時正與相近疑其爲孫邕也又魏志齊王芳紀注引魏書公卿上表列名四十六人中有光祿大夫關內侯臣邕邕又見論語集解序光祿大夫關內侯臣孫邕碑所題光祿大夫者正相合建德亭侯蓋由關內侯遞封至此耳碑云夫人在羊氏按羊氏當晉時泰山南城門閥最著任城太守爲羊氏之族惜碑不見其名遂莫可稽也晉書職官志王國改太守爲內史以宗室傳證之景王陵太始三年轉封任城王之國是任城爲王國不宜稱太守蓋當云內史而淆亂往往相易不

可遊敷如桓彝見武帝紀稱宣城內史及按桓溫傳則亦稱太守皆此類也碑年號已損惟第十五行有十二月甲申字逆推前文有庚寅字又上有八年字据是則爲太始六年歲次庚寅也但微於六字殘其上耳碑以仲爲中太爲大莊爲壯趾爲止皆古通用字乾隆癸丑江君秬香在新秦張孫莊搜得此碑拓一紙屬予及門張璞斯轉致之授堂金石跋

昔見新泰縣志有晉任城太守李夫人碑求之弗獲乾隆甲寅江子秬香屬莪搨此碑寄觀額曰晉任城太守夫人孫氏之碑始知志載誤孫爲李也洪景伯

跋廣漢屬國侯夫人碑云漢婦人墓銘見于文士集中固不一石刻存者獨此一碑耳晉碑本少婦人墓銘則尤少況文古書莊不減漢魏夫人父孫夫羊均失其名八年之上殘闕莫辨惟知二子宏明宏哲及嗣子揚迅耳夫人父位列卿封建德侯夫官任城太守爵已不見史傳宜有紀載當再考之傳母之訓下一字潛神內識下一字與罔極之罔同魏受禪表罔不沾渥省文作冈此作又也殊塗佘下作年隱隱似羊字疑代伯序爲侍中者是羊君父爲侍郎此爲同寮故云云疑其父與羊君同寮因與婚姻夫人侍事

舅姑其舅當在碑中或叙及在前所以後文止云夫人在羊氏不復云何年于歸也惜剝落難辨不敢臆斷耳黃易跋

碑及額皆八分書額無太守姓碑云夫人在羊氏晉書諸羊傳無任城太守未詳其名夫人之父魏志亦無傳碑云爲吏部尚書又云與君爲侍中按盧毓傳毓爲吏部尚書使毓自選代乃舉阮武孫邕帝於是用邕管寧傳侍中孫邕薦寧裴註邕歷官與碑同疑即邕又鮑勛傳帝屯陳留郡界太守孫邕見按碑言父爲渤海太守不云陳留此其異矣魏文帝典論光

和中北海王和平亦好道術自以當仙濟南孫邕少事之據此則邕爲濟南人碑稱濟南孫氏或是也碑又云昔臧武仲先犯齊莊不令與己邑考左傳齊莊公將爲武仲田與之言伐晉武仲以鼠爲喻遂不與田碑指此事謚法武而不遂曰莊此莊字本作壯晉時左傳尚作齊壯公後改爲莊耳漢趙充國蜀漢關羽魏曹休桓階許褚張郃龐德徐晃文聘州泰並謚壯侯朱文藻曰碑有八年十二月甲申字八年之上漫漶莫辨夫人在魏文帝時年已長成自文帝初元迄元帝禪晉已歷四十六年夫人當逾六旬則入晉

歴年不久終西晉之世有八年者武帝之太始太康惠帝之元康考元康八年距晉初已三十六年夫人恐不逮此按元康八年十二月戊戌朔甲申在十一月太康八年十二月壬寅朔甲申亦在十一月惟泰始八年十二月庚午朔十五日爲甲申碑當是泰始八年夫人年垂七十矣桂馥跋

齊太公呂望表

石連額高五尺四寸廣二尺一寸二十行行三十字今在汲縣太公廟

大公呂望表

齊大公呂望者此縣人□□□□□天其

□□大晉受命□□□□四海一統大康二年縣之西偏有盜發冢得竹策之書書藏之年當秦坑儒之前八十六歲其周志曰文王夢天帝服□禳以立於令狐之津帝曰昌賜汝望文王再拜稽首大公於後亦再拜稽首文王夢之之夜大公夢之亦然其後文王見大公而訓之曰而名爲望乎答曰□□望文王曰吾如有所於見汝大公言其年月與其日且盡道其言且此以門□也文王曰有之有之遂與之歸以爲卿士其紀年曰康王六年齊太公望□□孝年數蓋壽百一十餘歲先秦滅學而藏於丘墓天下平泰而發其潛書□□所出正在斯邑登皇天所以章明先哲著其名號光于百代垂示無窮者矣於是大公之裔孫范陽盧无忌自大子洗馬來爲汲令般谿之下舊有壇場□令隨廢荒而不治乃浩之碩儒訪諸朝吏僉以爲大公功施於民以勞定國□之典祀所宜不替且其山也能興雲雨財用所出遂脩復舊祀

□名計偕□□勒□以章顯烈俾萬載之後有所稱述其辭曰

於鑠我祖時惟大公當殷之末□德廟諱通上帝有命以錫周邦公及文王二夢惟同上帝□命若時登庸遂作心膂寅亮天工肆伐大商克咸厥功建國胙土俾侯于東奮乎百世聲烈弥洪般谿之山明靈所託升雲降雨爲膏爲澤水旱癘疫是禳是禜來方禋祀莫敢不敬歆以介福惠我百姓天地和諧四氣通正災害不作民無天命

嘉生蕃殖□□遠迩徙用康丰稼穡茂盛
凡我邦域永世受慶春秋匪解無□兹令
大康十年三月丙寅朔十九日甲申造

河北道衛州汲縣太公廟在縣西南二十五里水經云汲城東門北側有太公廟廟前碑云太公望者河内汲人又有太公泉樂史太平寰宇記

史記謂東海上人西伯與語大說曰自吾先君太公望子久矣故號之曰太公望又曰呂尚處世隱海濱西伯拘羑里散宜生閎夭素知而招呂尚言呂尚所以事周雖異然要之爲文武師茲不得其詳迺廣徵

異說其謂東海上人則得於孟子其先君望子則得於墨子至拘羑里則戰國辯士之論也灼龜而得兆立以爲師今緯書有之曾不知諸侯無太師而東海時避紂亂則得以爲卿士其說是也詩曰維師尚父則知爲武王師也竹書最古當魏安釐王時國史則所書宜可信其言服元禳而說文無此字惟曰漢令改衣耕謂之襄而衛宏字說與昭卿字指則有之如許慎所遺古文衆矣昭卿因宏以有記非得之是碑豈知安之爲有據哉晉記言咸寧五年盜發汲郡冢與此碑異知史誤也廣川書跋

水經注縣故汲郡治城西北有石夾水飛湍濬急人亦謂之磻谿言太公常釣于此也今其文曰般谿之山明靈所託般即磻之異文　水經注又言縣民故會稽太守任宜白令崔瑗曰太公生於汲舊居猶存君與高國同宗今臨此國宜正其位以明尊祖之義遂立壇祀又言城北三十里有太公泉泉上又有太公廟晉太康中范陽盧無忌爲汲令碑立於其上此碑是无忌所立無字作无而自稱爲太公之裔孫然則崔盧二姓皆出太公其後人之門第可謂盛矣

表云其紀年曰康王六年齊太公望卒蓋壽百一十

餘歲宋王應麟困學紀聞謂尚書顧命稱齊侯呂伋則成王之末伋已嗣太公爲齊侯以太公爲康王時卒者非矣開寶中詔修先代帝王祠廟而以鬻熊配文王召公配武王周公唐叔配成王太公畢公配康王蓋因此碑而誤金石文字記

碑云太公此縣人攷之四書釋地以後漢琅琊國海曲縣劉昭引博物記注云太公呂望所出今有東呂鄉又釣于棘津其浦今存則當日太公辟紂居東海之濱即是其家漢崔瑗首盧无忌立齊太公碑以爲汲縣人者誤余謂不然水經注言縣民故會稽太守

任宣句令崔瑗曰太公生于汲舊居猶存任宣所徵去古未遠當得其實而太公既生居是土迫近朝歌之墟不堪其困然後辟居于東則汲固其邑里海曲乃流寓耳碑溯其始而閻氏輒以爲誤不亦甚歟授堂金石跋

案此碑稱太康二年盜發冢出周志即所謂汲冢周書也其詞有文王夢天帝云云今不在逸周書中可證知後人以逸周書爲汲冢所出之謬矣孫星衍三國六朝金石記

案去汲縣治西北二十五里崇岡巉崿林木叢茂有泉滃然其下距泉復二里許相傳齊太公呂望墓在此故名其泉爲太公泉土人即其地建廟以祀焉考裴駰引皇覽云太公墓在臨淄城南十里鄭元注檀弓則云太公望受封于齊留爲太師五世之後歸葬于齊酈氏水經注亦云太公河內汲人正與碑合公墓在汲良可信也盧氏本出太公之後通志氏族略云齊文公之子高高之孫傒食采於盧因邑爲氏唐京兆曹盧若虛録太公後四十八姓刻石於太公廟禮部員外郎崔宗之爲製銘盧氏與焉通志又云秦有博士盧敖子孫家於涿水之上遂爲范陽涿人无忌其即盧敖之後歟

關中侯劉韜墓志

碑高一尺八寸廣七寸凡五行行十字今在偃師武氏

晉故使持節都督青徐諸軍事征東將軍
軍司關中侯劉府君之墓君諱韜字泰伯
樹孝處士君之元子也夫人沛國蔡氏

右征東將軍軍司劉韜墓版文其石廣僅二尺餘予題爲墓版文未知其然否也軍司之名不見于晉志而紀傳屢見之文帝紀帝奉天子西征是時魏諸王侯悉在鄴命從事中郎山濤行軍司事鎮于鄴義陽王望傳置太尉軍司一人南陽王模傳遣軍司謝班伐賈疋譙王承傳王敦詐稱北伐請承以爲軍司傳祗傳齊萬年舉兵反以祗爲行安西軍司汝南王亮傳舉軍司曹冏上言節度之咎由亮而出東海王越傳以尚書曹馥爲軍司謝元傳時遣軍司鎮慰荒離劉允傳爲平南軍司衛瓘傳以本官持節監鍾會鄧艾軍事行鎮西軍司給兵百人李熹傳司馬伷爲寧北將軍鎮鄴以熹爲軍司羊祜傳爲都督荊州諸軍事嘗欲夜出軍司徐胤執戟當營門曰將軍都督萬里安可輕脫劉寔傳杜予之伐吳也寔以本官行鎮

南軍司于瀹傳臣復與軍司張收等共入觀皓宮王戎傳趙王倫子欲取戎爲軍司王衍傳東海王越之討苟晞也衍以太尉爲太傅軍司金石錄晉光祿勳向凱碑嘗疾篤出譲爲太尉軍司蔡謨傳太尉都鑒爲北中郎軍司是軍司固軍中要職山濤衛瓘李憙之軍司皆在魏朝則魏已有此官竊意軍司即軍師晉時避諱改師爲司史人并魏之軍師亦追改之非魏時本稱也潛研堂金石文跋尾

億案志向爲土人掘井出之已二十餘年仍棄置一民家乾隆癸卯余自杏園莊假之而歸石以今尺量度不過二尺餘上銳下齊作圭形無年月可考字皆完好無缺劉君官不爲卑然於功狀竟無所鋪叙古人之不溢美尤爲可愛如此誌所言關中侯證之金石錄晉光祿勳向凱碑有賜爵關中侯晉鴻臚成公重墓刻有守鴻臚關中侯隸續晉石軍將軍鄭烈碑賜子一人爵關中侯與此符合或曰關中侯即關內侯之異文余謂不然魏書置名號侯爵十八級關中侯爵十七級皆金印紫綬又置關內外侯十六級銅印龜紐墨綬五大夫十五級銅印環紐亦墨綬皆不食租與舊列侯關內侯凡六等見三國志注引晉書武帝紀五等之封皆錄舊勲本爲縣侯者傳封次子爲亭侯爲鄉侯爲關內侯亭侯爲關中侯然則既有關中侯又置關內侯其爲二爵顯然而世多混同爲一此古制之存愈以失考也又晉書苻堅載記馬建降于莨淺攻據寧之及其軍司席勒碑軍司之名同此誌石出自杏園墓亦當在是然無可尋矣　陳龍正家矩誌石當防發掘須令易見若準家禮合字於背外用鐵束是掩之也雖掘者見石何由知爲其塚而遽欲手乎冀其斷鐵開諦察詳觀抑又難矣宜仰字於面但以瓴覆之離壙前數尺淺埋之案此石由掘井始出土蓋即當日誌墓之石埋於壙中者制亦如漢碑式而形制特小直不復用瓴較之家矩以意爲之者更有據也禮家宜做爲後人埋銘定式偃師金石遺文記

保母磚志

高一尺一寸廣一尺一寸十二行行十字行書

郎耶王獻之保母姓李名意如廣漢人也在母家志行高秀歸王氏柔順恭懃善屬文能草書解釋老旨趣年七十興寧三年歲在乙丑二月六日無疾而終仲冬旣望葬會稽山陰之黃閍岡下殉以曲水小硯交螭方壺樹雙松於墓上立貞石而志之悲夫後八百餘載知獻

之保母宫于兹土者尚口口焉

右晉興寧三年王獻之保母墓碑嘉泰二年夏六月山陰農人劚土得磚於黃閍岡即是碑也時有曲水小硯俱出焉色黝而潤後有晉獻之三字旁有永和二字以志文觀之蓋殉葬時物也碑字十行斷缺之餘其文可讀今歸錢清王畿家畿字千里好文博古乃三槐文正之後得所歸矣碑云後八百餘載知獻之保母宫於兹土甎之出實八百三十八年獻之前知如此異哉閏十二月旣望會稽太守豫章李大性跋

錢清三槐王畿得晉大令保母志并小硯於稽山樵人周二物予皆親見之志以磚刻甎四垂其三爲錢文皆隱起已斷爲四歸王氏又斷爲五凡十行末行缺二字不可知第六行缺十二字猶可考曰中冬旣望葬會稽山陰之黃閍硯背刻晉獻之字上近右復有永和字乃畫成甚淺瘦永字亡其磔和字亡其口碑石絕類龜壁又似鳳咮甚細而宜墨微窪其中自興寧距今八百三十八載異哉物之隱顯亦有定數而古之賢達皆能前知之歟又按書記大令以晉孝武太元十一年年四十三乃終上推至乙丑歲年廿二其神悟已如此言語翰墨之妙固不論也　保母志有七美非他帖所及一者右軍與懷祖王述同家越右軍郎邪族懷祖太原族故大令首言郎邪所以自別古人之重氏族如此二者世傳大令書除洛神賦是小楷餘多行草此乃正行備盡楷則筆法勁正與蘭亭敘樂毅論合已外雖東方贊黃庭經亦不合也三者蘭亭敘世無古本共寶定武本定武本刻於數百年之後寧不失眞此乃大令在時刻筆意都在求二王法莫信於此四者不惟書似蘭亭文勢簡秀亦類其父又與叔夜伯倫淵明遠公所作同一標致

五者定武蘭亭乃前代巧工所刻嘗以他古本較之方知太媚此刻甚深惟取筆力不求圓美雙字之掠夫字之磔載字之戈志字之心再三刻削乃成妙畫蓋古之能書者多自刻鍾元常刻受禪表李北海之寓名黃仙鶴伏靈芝之類此甎亦恐是大令自刻不然何其妙也六者意如婦人而能文善書入元乃知當時文風之盛婦人可稱者不獨楊皇后魏夫人衛茂猗謝道蘊輩又知古人教子旣使之外從師友退居于內亦使之婦人之能文蘇知道理者與之處宜乎子敬爲晉名臣也七者預知八百餘年事雖近於

異然古之賢達如此者袱伊川之爲戎樗里之知葬此出於神明虛曠自然前知豈必運式持籌而後得之哉但此字較之蘭亭則結體少疏當是年少故耳右軍書蘭亭時年五十一多大令卅年工夫也數日與諸名公極論因備著之　保母志與蘭亭同者廿四字之三年在各　文能老趣與歲丑日終以曲水於悲夫後者與右軍他帖同者十八字行秀王懃書著七十三二月六無小口貞而二　其嘗見於大令雜帖者三字獻二　寧而見於蘭亭叙右軍帖者大令帖中亦多有之此刻大都百五字其可以他帖驗者凡

四十五字餘六十字如保歸柔恭屬解釋交螭墓志等字尤精妙絶倫晉宋以來書家所未有也壬戌十月余故人了洪癡師攜墨本自錢清來示余且言六月六日過王君有野人自外至出小硯以饋王君之子云春時劚山得之洪取視見硯背有永和及晉獻之字知是壙中物問有碑否野人云一磚上有字已碎矣亟使致之明日持前五行來是時猶未斷也驗是大令保母墓志而文未具又使尋之旬日乃以後五行來斷爲三矣一以支牀上有交螭字者是也一爲小兒壘塔上有曲水字者是也一棄之他處碎而復合似有神助野人周姓居越之稽山門外去錢清六十里不致之他人而致之王君亦異矣王君攜磚硯入都余得借觀累日或以爲王君贋作以欺世亦有數人刻別本以亂真者然余觀此志斷非今人所能爲予學書卅年晚得筆法于單丙文世無知者謂觀此刻若合一契而謂王君能爲之歟誠使今人能爲之則別刻本便當並駕何乃拙惡如彼也或謂大令晉人不應於硯背自稱晉獻之此見其僞亦非也大令刻硯背以殉葬知八百年後且出故先書晉以自見又案歷代印文皆不稱代惟魏晉率善令則曰

魏率善某官晉率善某官生人用印猶得稱晉殉葬之硯不得稱晉乎　或又謂蜀爲李氏所據久非晉有安得廣漢人而爲王氏之保母此亦非也獻之之稱郎邪是時晉豈有郎邪者亦本其世之所自焉耳今西北人子孫多矣然亦各從其父祖言之按意如以惠帝元康六年生爾後蜀雖亂而晉遣使羅尚在蜀甚久不可謂蜀非晉有也永興元年李雄克成都軍大飢蜀人流散東下江陽意如之出蜀或在此時矣　或又謂佛之徒稱釋起於道安大令時未應有釋老之稱此又不稽古之甚者阿含經有云四河入

海與海同鹹四姓出家與佛同姓釋佛姓也此士謂佛爲釋久矣志稱釋老以佛對老非謂佛之徒也晉史云何充性好釋典崇修佛氏是也然道安以前比邱各稱其姓道安欲令皆從佛姓初不之信後得阿含經始信之耳後此土比邱皆姓釋如釋惠遠是也案何充是中興初人道安習鑿齒皆依桓溫于荆州正與大令同時亦非異代事也　或謂此字多似蘭亭疑後人集蘭亭字爲之此又不然大令字與蘭亭同者何止保母志而已然大令平生行草多正行少試以官帖第九卷中行書帖較之相過一帖同者十

八字相終無日在未暫坐感感得古盡痛此所不流思戀一帖同者九字事既將覩左右無喻盡十二月二十七日一帖同者十一字日操之歲盡感懷不亦情得靜息一帖同者四字靜是極無發吳興一帖同者八字吳興感喻不靜兄情其他三兩字同者不可勝記右軍大令既是父子不應疑其書蹟之同令人父子書蹟同者眾矣大抵大令字與蘭亭合縱是他字偏旁亦合如兄況吳娛摻[illegible]是也縱是行草下筆亦合如無㐌暫蹔是也又案唐人集右軍書碑率多俗惡此則高妙如老夫水三字又似跳龍矣決非集字也　或又謂廦自南朝始有銘志埋之墓中大令時未應有之此又不然漢謝君墓甎云元和三年五月甲戌朔謝君造此墓磚又武陽城東彭亡山之巔石窟中有漢章帝建初二年張氏題識三所洪氏隸釋云此亦埋銘之椎輪也其不始於南朝明矣　或謂東坡金蟬墓銘云百世之後陵谷易位知其爲蘇子之保母尚勿毀也此末章似之爲可疑予謂東坡意其理之或然大令知其數之必然作者之言自應相遹東坡固是文宗然以兩保母志較之高識者自能定其優劣也　或又謂保母王氏之姿不當言歸

王氏金蟬碑謂之隸蘇氏爲當予謂既曰母矣稱歸何嫌且東坡銘其弟之保母故稱隸使子由自銘則不忍稱隸矣此以見古人之忠厚也世人好妄議如此令人短氣予恐流俗相傳詆毀至寶故不得不力辨雖然妄議可以惑庸人博雅之士一見自了不待予之喋喋也姜夔跋

崑山徐尚書原一初得王子敬保母甎志予往觀爲驗是宋嘉泰間拓本經羣賢鑒定鄱陽姜堯章尤賞之連書十一跋於後尚書以晉石墨難得出白金十鎰易之是日同觀者慈谿姜宸英西溟晉江黃虞稷

俞部秀水沈廷文元衡也按保母之名見禮内則鄭司農謂安其居處者儀禮喪服緦麻三月爲乳母子夏傳曰何以緦也以名服也鄭注以爲養子者有它故賤者代之慈己蓋慈母必父之妾保母乳母以賤者代母或自有所從之夫子敬云歸王氏匪主右軍而言可知巳黄閎不見於施宿張淏二志爾雅閎謂之門閎祊同廟門亦巷門也甎出土時巳斷爲四歸於義又斷爲五合而搨之宜有裂文而仍若不斷者信夫搨手之良非今工匠所能及也歸德安世鳳摭墨林快事詆其字不佳語不倫然堯章精於書法其

於禊帖絳帖評騭不爽謂是本有七美與蘭亭序不少異且言必大令自刻傾倒至矣又云有人刻别本以亂真然則安君所見毋乃别本拙惡者乎曝書亭集

按原甎久巳不存所傳者惟脱本耳明末嘉興項子京家曾得一本有宋元人詩跋題名樓鑰周必大姜堯章等三十餘人　國朝康熙中爲高宫詹士奇所有而朱竹垞曝書亭集有題崑山徐尚書原一所得之本後亦有宋元人題跋豈江村所得又一本歟抑即徐尚書所得之本也近吳門蔣氏亦有一本蓋即高氏藏本耳紹興府志

按是甎舊拓本不可復見董氏戲鴻堂帖摹其文尺寸行欵并缺蝕痕一依原石之舊鉤勒精工當與眞蹟無異蓋在徐尚書高詹事所見之前也宋樓鑰攻媿集有保母甎刻七古一首紀得甎始末亦極詳覈中有云興寧甲子十四周更閱三年仍乙丑若非洞曉未來數安知八百餘年後乙丑者指開禧元年前三年爲嘉泰二年壬戌即斯甎出土時矣獻之爲意如刻甎志墓而逆知毁墓年載有類滕公石室三千年後曹娥碑五百年後之語行草蒼勁中極饒古渾之致宜姜堯宋之瑞黄庭

高文虎趙孟頫諸公皆爲欣賞也考保母之名見於禮記保者猶言阿保也晋書顧和傳帝以保母周氏有阿保之勞故保母亦稱阿母史記扁鵲傳故濟北王阿母自言足熱而懣注云阿母是王之妳母也漢制乳母擇德行有乳者爲之并使教子意如善屬文能草書是獻之在襄抱中巳習聞保母之教其以書名世非必專本家學矣

附秦

廣武將軍口産碑

碑高五尺廣三尺共十七行行三十一字隸書今在宜君縣

維大秦建元四年歲在丙辰十月一日
廣武將軍節□□□□□□□□□□使
持節冠軍將軍益州刺史上黨公上元孫
三代侍中右□□□□□□□□□鄉侯
忠將軍撫□護軍扶風大守遷壽匡侯出
廟諱子諱產字君□□□□□□□君秉德
將廟諱高韻絕沵文兼武烈令問孔脩□拱
□□□□持挺□□□□□□匡毗獻主
忠訓殊異軍政猷丰顯援池陽令稱揚德
□□□□□□□□□□□和戎翟綏懷

□□郎援征西大將軍左司馬敷教殊方
西□□□□□□□□□□茂著乃業□□
羈□□□於今也君臨此城漸冉累紀□
□□□□□□□□□□序□□□□□
□□□□□而□□□惠和導□□□□
□□□□□□□□□□□□□□□□
□□□□□□□□□職於當□垂□□
□□□□□□□君當列封□□□□司
馬郎□□廣武司馬孟巨□□□□□□
□□□□□節將軍董□津□□軍楊□

建□□軍□□□□□□□□□□□□
□□□□□郎建武將軍王崇鷹揚將軍
□□□□□□□□□□董槃□□□□
□□□躬臨南界與馮翊護軍苟輔派公
所□刊石□□□□□山為□□□□□□
□□方西至洛水東齊定陽南北七百東
西二百□□□□□□□□□□□□□
□吉水統戶三萬領吏千人□將三□
赫赫皇秦誕鍾應靈臨有萬邦威暢八□
九域攸同□□□□□□□□□□□明

徽音沵言朞年有成政循匡忌皆道□□
刊石□□□□□□

碑陰

碑首另作一列十五人以後直下共十七行界二十二格間有一格二字者並隸書又末一行刻字殊大今不錄

□□□□法曹京兆解香
□□左尉始平胡性
軍監始平駱岐
單昝馮翊相訓
丞軍南安王淮

鼎軍扶風歷靜
鼎軍京兆陳暢
司馬京兆杜盡臣
司馬京兆石安郎默歆
建威司馬略陽杜基
鼎軍天水蘇我
將軍馮翊王買
將軍馮翊胡鉤
將軍馮翊維叙
丹威將軍菑大白安

立節將軍□□□□□□□□□□□□
□□□□□□□□□□□□□楊□□
建節將軍柯□□□□□□□□□□□
□□□□□□尸才才將軍秦國口秦口
廣威將軍楊鼎□□□□□□□□□□
□□□□□佚部大王卯多里□□蜀□
建威將軍韓雙部□□□□□□□□□
□□□□兵衫部大樊良奴田□□□□
建威將軍董平奴鄧統□□□□□□□□
□□□□帛大谷部大董白□□□□□

廣威將軍楊山多建威將軍楊眴□□□□
□□□□綢兒部大楊小方□□□□□
建威將軍梁帝僕首大王何蕃□□□□
□□狳良酋大王臈部大張□□□□□
録事董廣寺門李浮行事秦黄□□□□
□□雷蹼署立羲將軍夫蒙□□□□□
録事楊頭寺門楊醜録事井理由□□□
□曹夫蒙頭寧遠將軍夫蒙□□□白□
行事董遠戶曹王吳録事秦平租甾□□
戶曹夫蒙彭如部大楊赤平□□□□□

行事白會兵曹董□主簿秦國賊曹□□宜
録事夫蒙護部大王先多秦□□□□
主簿司馬穆賊曹楊沙主簿秦忝金曹王江
録事夫蒙大毛部大爪黑平□□□□□
主簿白國賊曹□□主簿郭陵兵曹秦□
行事夫蒙儁大部大秦度地卩□□皿漢□
功曹楊蒙金曹王周主簿胡逸戶曹霍千
主簿夫蒙大祁部大韓東世□□□秦□
功曹董石行事王滑功曹秦漢書佐秦瞿
功曹夫蒙進部大秦道成□□□□□

彔事楊安書佐徐雙彔事秦屬書佐肆冡
□□□町兵曹夫蒙科部□□□□□
彔事楊生書佐梁胡彔事韓榮寺門爪胡
□□□□□□曹夫蒙大傷將□□□□□
文有云使持節冠軍將軍益州刺史上蔡公之元孫
又云建忠將軍□□護軍扶風太守遜□匡侯之□
于諱産字下缺又有與焉胡護軍云云皆未詳其事
蹟上有額作立□山石祠五字又有陰刻部將姓名關中金石記

碑已殘剥文前題建元四年歲在丙辰晉書載記興
寧三年堅又改元爲建元今以碑證之四年皆爲丙
辰而歷代紀元彙考乃以爲戊辰何也授堂金石跋

金石萃編卷二十五終

金石萃編卷二十六

賜進士出身 誥授光祿大夫刑部右侍郎加七級王昶譔

梁

瘞鶴銘

碑高八尺廣七尺四寸十二行每行二十三字或二十五字不等正行書左讀今裂爲五在丹徒縣焦山西南觀音庵

瘞鶴銘有序

華陽眞逸譔

上皇山樵書

鶴壽不知其紀也壬辰歲得於華亭甲午歲化於朱方
天其未遂吾翔寥廓耶奚奪□仙鶴之遽也迺裹以玄
黃之幣藏乎茲山之下仙家無隱□□□我□故立石
旌事篆銘不朽詞曰
相此胎禽浮丘著經余欲無言尔也何明雷門去鼓華
表畱□義唯髣髴事亦冥尔將何之解化□□西竹
法里厥土惟寧後蕩洪流前固重扃左取曹國右割□
□山陰爽塏勢掩華亭爰集眞侶瘞尔作銘
夅□山徵君
丹陽外仙尉
江陰眞宰

右瘞鶴銘題云華陽眞逸撰刻於焦山之足常爲江
水所沒好事者伺水落時模而傳之往往祇得其數
字云鶴壽不知其幾而已世以其難得尤以爲奇惟
余所得六百餘字獨爲多也按潤州圖經以爲王羲
之書字亦奇特然不類羲之筆法而類顏魯公不知
何人書也華陽眞逸是顧況道號今不敢遂以爲況
者碑無年月不知何時疑前後有人同斯號者也集古
錄

瘞鶴文非逸少字東漢末多善書惟隸最盛至于晉
魏之分南北差異鍾王楷法爲世所尚元魏間盡習

隸法自隋平陳中國多以楷隸相參瘞鶴文有楷隸
筆當是隋代書蔡襄忠惠集

頃見京口斷崖中瘞鶴銘大字右軍書其勝處乃不
可名貌以此觀之遺教經艮非右軍筆畫也若瘞鶴
銘斷爲右軍書端使人不疑如歐薛顏柳數公書最
爲端勁然纔得瘞鶴銘髣髴爾唯魯公宋開府碑瘦
健淸拔在四五間黃庭堅豫章文集

朱方鶴銘陶眞白書在焦山下石頑難刊且爲水渤
故字無鋒穎若掘筆書昧者從而效之深可一笑

右瘞鶴銘資政鄧公元嘗就焦山下使石攷次其文
如左其不可知者闕之故差可讀然文首尾似粗可
見雖文全亦止此百餘字爾而歐陽文忠公集古錄
謂好事者往往只得數字唯餘所得六百餘字獨爲
多矣蓋印書者傳訛誤以十爲百當時所得蓋六十
餘字故云比數家本爲多此銘相傳爲王右軍書故
蘇舜欽子美詩云山陰不見換鵝經京口親傳瘞鶴
銘文忠以爲不類王法而類顏魯公又疑是顧況云
道號同又疑是王瓚僕今審定文格字法殊類陶宏
景自稱華陽隱居今曰眞逸者豈其別號與又其著
眞誥但云己卯歲而不著年名其他書亦爾今此銘

壬辰歲甲午歲亦不書年名此又可證云壬辰者梁
天監十一年也甲午者十三年也按隱居天監七年
東遊海嶽權駐會稽永嘉十一年始還茅山十四年
乙未歲其弟子周子良仙去爲之作傳卽十一年十
三年正在華陽矣此銘後又有題丹楊尉山陰宰數
字及唐王瓚詩字畫亦類似瘞鶴銘但筆勢差弱當
是效陶書故題於石側也或以銘卽瓚書誤矣王逸
少以晉惠帝大安二年癸亥歲生年五十九至穆帝
升平五年辛酉歲卒則成帝咸和九年甲午歲逸少
方三十二至永和七年辛亥歲年四十九始去會稽

而閒居不應三十二年已自稱眞逸也又未官於朝及閒居時不在華陽以是攷之此銘決非右軍也審矣 余又云焦山鶴銘俗傳王逸少書非也一小書中載云陶隱居書此或近之然此山有唐王瓚一詩刻字畫全類此銘不知即瓚書抑瓚學書中字而書此詩也劉曰嘗親至彼觀疑即瓚書也下有云上皇山樵人逸少書非王逸少也蓋唐有此人亦號逸少耳東觀餘論

瘞鶴銘今存於焦山及寶墨亭者蓋盡於此凡文字句讀之可識及點畫之僅存者三十餘言而所亡失

幾五十字計其完書蓋九行行之全者率二十五字而首尾不預焉熙寧三年春予與汾陽郭逵原公域范陽范禕子厚索其遺逸於焦山之陰偶得十二字於亂石間表留惟寧十字完餘二字譌缺石甚廹隘偃臥其下然後可讀故昔人未之見而世不傳其後又有丹陽外仙江陰眞宰八字與華陽眞逸上皇山樵爲似是眞侶之號今取其可攷者次序之如此其間缺文雖多如華亭寥廓之類亦可以意讀也張壆跋

瘞鶴銘在潤州焦山下初刻於崖石久而崩摧覆壓掩没故不復得其全文余嘗怪唐人尚書學而此銘字特奇偉宜世賞愛而卒不見傳於人自張懷瓘張爰賓徐浩論書備有古今字法亦不見錄攷其歲月雖不可得然此山之摧裂圮毁莫知何時而是嘗壓覆其下知其刻已久但隱没石間自昔或未知之然其刻畫亦幸至今尚完歐陽文忠公以舊記稱王羲之書爲非又疑顧況自號華陽眞逸謂此書類顏太師沈存中直謂顧況所書況不知所書如何而碑書篆者上皇山樵也則謂況書將於是乎取不可得也往時邵興宗攷次其文缺四十二字而六字不完又有六字不知其次其後張壆自力求之摹雨山間其

缺字三十有五不完者七而又別得十二字與興宗不同昔刁景純就金山經庋中得唐人於經後書瘞鶴文以校興宗子厚其字錯雜失序多矣宜直示之惟將進寧則不可究今並列序之來者可以攷矣文忠集古錄謂得六百字今以石校之爲行凡十行爲字廿五安得字至六百疑書之誤也余於崖上又得唐人詩詩在貞觀中已列銘後則銘之刻非顧況時可知集古錄豈又并詩繫之耶 黄伯思學士以瘞鶴銘示予世謂晉右軍將軍王逸少書歐陽公疑華陽眞逸唐顧況道號然逸少通翁其書可見不與此

類嘗考求其年羲之生晉惠帝大安二年癸亥歲至穆帝升平五年辛酉卒當五十九歲而成帝咸和九年太歲在甲午逸少當三十二歲逮四十九歲辛亥始去會稽其時未嘗至朱方華陽又非其郡邑所望不得以此爲稱顧況卒于貞元末當元和七年爲壬辰九年爲甲午況不及也上推壬辰歲爲天寶十一載況當兒稚其號華陽子蓋自貞元以後皆不合于此昔陶宏景嘗以其居華陽觀故自號華陽隱居貞白平時著書不稱建元直以甲子紀其歲今曰壬辰歲得之山陰甲午歲葬于朱方壬辰當天監十一年

甲午則其十三年也隱居以天監七年游海岳住會稽來永嘉至十年還茅山十二年弟子周子良僊去貞白作傳即十一年在華陽此其可知也或曰茅山碑前一行貞白自書與今銘甚異則不得爲陶隱居所書然華陽眞逸特其撰銘若其書者上皇山樵也四人各以其號自別固不得識其姓名疑皆隱君子也然其書在江巖石壁摹搨最難又石摧壓其上人不得至風雨霜雪不及故字畫至今尙完或疑梁世書傳逮六百年不應如新刻于石余求銘後王瓚書蓋自貞觀至今亦無譌缺貞觀去梁未久可考而知也（廣川書跋）

右瘞鶴銘題華陽眞逸撰眞逸未詳其爲何代人歐陽公集古錄云華陽眞逸是顧況道號余徧檢唐史及況文集皆無此號惟況撰湖州刺史廳記自稱華陽山人爾不知歐陽公何所據也（金石錄）

集古錄疑華陽眞逸前後有人同斯號者西淸詩話云予讀道藏陶隱居外傳號華陽眞逸此蓋同斯號矣（胡仔漁隱叢話）

考銘引雷門鼓事按臨海記昔有晨飛鵠入會稽雷門鼓中于是鼓聲聞洛陽孫恩斫鼓鶴乃飛去恩起

兵攻會稽殺逸少之子凝之蓋在安帝隆安三年斫鼓必此時豈復有羲之誰肯遽取以爲引證哉然則非晉人文不辨可知矣漁隱考訂華陽眞逸爲陶隱居或庶幾焉（劉昌詩蘆浦筆記）

余淳熙己酉歲爲丹楊郡文學暇日遊焦山訪此石刻初於佛榻前見斷石乃其篇首二十餘字有僧云往年於崖間覆而墜者余不信然遂挐舟再歷觀崖間尙餘茲山之下二十餘字波間片石傾倒舟人云此斷碑水落時亦可摹搨今因請於州將龍圖閣直學上張子顏發卒挽出之則甲午歲以下二十餘字

側一卒曰此石下枕一小石亦覺隱指如是刻書篆併出之其文與佛櫊所見者同持以較之銘闕二字而筆力頓異乃知前所見者爲寺僧所紿耳因摹數本以遺故舊近觀陶隱居諸刻及覆詳辨乃知此銘眞陶所書前輩所稱者衆矣惟長脣之說得之馬子嚴遊

瘞鶴銘在今鎮江府大江中焦山後巖下冬月水落布席仰臥乃可摹印紹興中訪舊本有使者遣命工鑿取之石頑重不可取祗得十許字又以重不能攜但攜一兩字去棄其餘今通判廳者是也雲麓漫抄

伯機云太平州有重刻本瘞鶴銘然不知以何物爲

別當印識者周密雲煙過眼錄

焦山瘞鶴銘筆法之妙爲書家冠冕前輩慕其字而不知其人最後雲林子以華陽眞逸爲陶宏景及以何曲所刻宏景朱陽館帖參校然後衆疑釋然其鑒賞可謂精矣以予考之一本山樵下有書字眞宰下有立石二字一本我傳爾銘作由于上眞爾其藏瘞作紀爾歲辰張壁本作丹楊外仙鉌充本作丹陽仙尉又有作丹陽外仙尉者且中間辭句亦多先後不同曹士冕法帖譜系

右梁陶宏景正書瘞鶴銘刻京口焦山西南之麓下臨江水予弘治甲子嘗遊焦山問僧銘之所在則云巳崩裂墮江雖水落亦不復見予信之載其語遊山記中正德丁丑冬再至京口錢逸人德孚爲予言嘗識其處予既驚喜且自笑昔爲僧所誑遂與德孚及鄉貢士俞貞明渡江登山踏雪尋之果得於石壁之上可讀者僅二十字因搨以歸未至銘數十步崖上有宋嘉熙二年陸放翁題字云踏雪觀瘞鶴銘乃知昔人好奇已先於予銘殘闕而錄其全文好奇之士庶幾同一快也金薤琳琅

瘞鶴銘今在丹徒縣焦山下刻於崖石考此銘字體

與舊館壇碑正同其爲隱居書無疑予友淮陰張弨以丁未十月探幽山下復得七字云惟寧之上有厥土二字華亭之上有爽塏勢掩四字其右題名徵下有君字皆昔人之所未見也金石文字記

瘞鶴銘刻於焦山西足當江流之衝怒濤走齧其下想昔日轟裂之時正值雷雨之夕俗因傳爲雷轟石其石常沒於江惟冬日水落始得見丁未十月望後三日過此先觀重刻二石次至壯觀亭址右俯瞰碎石叢雜攝衣下尋見一石仰臥於前一石仆於後字在石下去泥沙咫尺臥地仰觀始見字迹又一石側

立刻甚各存字多寡不一命僕各搨一紙時落日風寒不能久立遂乘片帆回所寓之銀山蘭若挑鐙審視未得其詳次日復往搨之仆石之下仰搨爲難僕之兩手又不能兼理搨具余皆取其傍落葉藉地親仰臥以助之墨水反落污面不顧也及挐舟而返余之周旋於石隙者已三日矣手足不寧衣履皆穿始得四紙湊其裂痕詳其文字皆歷歷可觀所少者無幾爾此刻因手書於石故自左而右其字之大小疏密亦不一謹按原石存字上有並列六行下有並列三行是當時本文之定位也雖其間殘缺一段難於

追尋要可計數其方又察重刻二種云是本之海昌陳氏玉烟堂帖內者寫意重摹本山之書未有不先求本山舊跡而反依轉摹之本以意爲增損者也迨因水涸之時未能訪求或轉相委託承譌襲舛不肯如余之身任其勞與此所以不得不辨也因節錄東觀餘論廣川書跋中切要語知非王逸少書并非顧陶所書凡余之欲言者古人已先言之殊勝余之喋喋也　銘文弨所搨先於側石上得八字仰臥石上得三十字仆石下原存二十三字并不全二字後察出惟寧上得厥土二字華亭上得爽塏勢掩四字其

右題名徵字上得岳字徵字下得君字此八字儼然現存合前六十九字何以數百年前諸君竟未之見耶據子厚云石甚迫隘偃臥其下然後可讀卽弨當日同僕仰臥搨出時甚苦漶漫粘置壁間諦審熟臨者累日夜而後得此八字葢不敢使古人遺跡等諸過眼烟雲也嘗遍覽之宇內精鑒東吳顧亭林先生著金石文字記載云淮陰張弨審訂復得八字可謂毫髮無遺矣茲欲論其全勢惟據原石上下見存之定位卽可揆度其餘而余所難置者尤在中間亡失一段據廣川跋云行之全者率二十五字卽爲句

讀之約束定數每行除上下存者若干又據各本所傳之文填寫湊合恰當原位無容那移其無證佐不敢妄入者僅闕十字（金山唐人書本存字如去華西竹法里山陰之類僅可成句亦不輕爲引用）較前後諸本又獨多矣　弨之於瘞鶴銘也既備列五本於前可以一覽較然矣然釋文雖詳而本文未顯究不能與石鼓篆刻彪炳天壤吁可惜也原其要歸仍以重立原石爲主請試言其次弟葢重立之法宜先以仰面一石側立一石移置寶墨亭上至仆石雖大固艱所倚植若扶而立之江邊斯稱極快否則俟冬月水涸時掘其沙土容身可搨再別磨

一石依原位行次效宋人之補刻重摹而精勒之亦一快也不然姑將仰面一石取起可一舉而畢全爲簡易從來遺蹟數字即可垂之永遠況此石見存三十字已得首尾之大槩乎誠令此石先得無恙徐圖再摹三十九字與不全二字并宋人補序三十四字合一十三字置於一處則神物復還舊觀一以正前人之謬外一以啓後來之信從力而資之是所望於博雅君子者也余始於丁未迄於甲戌垂三十載其間遍遊五嶽較刻諸書故鹿鹿無暇每思各依原形大小摹刻四幅於家園日月逾邁忽至七旬嗚呼余

且老矣方苦形神之衰憊老病之相侵無可如何因念玆殷勤網訪亦大費苦心亟重刻此本并力疾雙鉤數紙以待識者且玩而老焉可矣至於石之果能復立耀光怪而吐虹霓他日有望氣者是必還知神物之所在也張弨論辨

立石眞侶有丹楊外仙尉㕍郡名唐曰丹楊史還年表文從楊祭姓帖顏魯公官爵亦然今之仙尉皆邪唐邪正自待辨朱長文帖攷載云梁普通四年陶宏景書訂僞王澍翻刻本跋

按丹陽古雲陽縣唐天寶初號丹陽非竟漢之比漢丹楊郡治秣陵以山多赤柳得名故古本丹楊皆從木也又按王辰爲梁天監十一年甲午乃十三年自以此銘爲宏景書亦當繫之天監中不知長文何據而云普通四年汪士鋐跋

淮陰張力臣乘江水歸壑入焦山之麓藉落葉而仰讀瘞鶴銘辭裒四石繪作圖聯以宋人補刻字倫序不紊且證爲顧逋翁書蓋逋翁故宅雖在海鹽之橫山而學道句曲遂移居于此集中有謝王郎中見贈琴鶴詩鶴殆出于性所好斯瘞之作銘理有然者自處士之圖出足以息衆說之紛綸矣曝書亭集

此銘舊在焦山下崖江流亂石間非俟霜降水涸布席仰臥即不可搨故人間難得近日滄洲使君拽致山上搨之爲易然正恐自此以後無鶴銘矣雍正六年秋七月特遣從事孫龍往焦山搨一本并滄洲新刻石亦搨以來又潤城蔣亦屋于北固得米老題字云仲宣法芝米芾元祐辛未孟夏觀山樵書凡十有六字亦左行至類鶴銘乃從來未有者老友蔣拙存以一紙贈余特附列銘後以爲絶觀竹雲題跋

退谷先生於瘞鶴銘臚舉衆說攷訂精審後千載可無異論矣近金陵老友程南耕寄示張力臣瘞鶴銘

辨書後一首則云雲林以爲陶貞白書或疑不類所
云本山重刻之文上皇山樵下增入逸少三字乃依
陳氏玉烟堂帖而譌考黄董陶所録原文無此三字
陳氏刻於明代不知何所據而以譌傳譌也又云桒
皮日休先字逸少後字襲美見北夢瑣言詩集内有悼鶴
詩云却向人間葬令威此瘞鶴之證也又一詩序云
華亭鶴聞之舊矣及來吳中以錢半千得一隻養之
經歲不幸爲飲啄所誤而卒悼之不已遂繼以詩陸
魯望和云更向芝田爲乞銘此撰銘之證也又云襲
美爲唐懿宗咸通八年進士崔璞守蘇辟軍事判官

自叙以九年從北固至姑蘇咸通十三年壬辰僖宗
乾符元年甲午襲美正在吳中其年相合集内與茅
山廣文南陽博士詩皆不書其姓字又憶華陽潤卿
博士詩亦不書其姓魯望亦有寄華陽山人詩與石
刻華陽眞逸上皇山樵丹陽仙尉江陰眞宰諸稱謂
同所云得于華亭經歲卒與銘詞合文筆亦復相類
集内作處稱丙戌歲庚寅歲皆不書年號又非獨貞
白爲然也又云疑銘疑爲襲美所作而華陽北固之
間無上皇山之名惟會稽有之南宋卜陵桊云直以上皇靑山之雄與以
紫金白鹿之秀豈襲美以右軍遺蹟在會稽而已亦字逸少

遂假其名以傳世歟向傳爲右軍書亦非無故也右
南耕之說如此是又出黄董陶張之外而别自爲說
者余雖未敢遽信以爲然然其言亦似有可取者知
其一說而不知其又有一說旁引而曲證古人不廢
也南耕名嗣章上元名宿與旗畦兄弟亦世好故備
采於後以相質沈大成學福齋集
毗陵云皮襲美願道士亡弟子乞銘詩云大椿枯後
新爲記仙鶴亡來始有銘正用瘞鶴銘事若近出道
翁肯以對莊子乎按陸魯望悼鶴詩有君才眞似靑
如木應向芝田更勒銘見松陵集亦一證也丁敬許觀妙齋

金石攷畧

按瘞鶴銘原刻焦山之陰崖石上後摧落江中宋
淳熙中嘗挽出不知何年復墮江中康熙甲午蘇
州守長沙陳鵬年滄洲旅居京口募工挽曳還而
出之者五石今所搨者是也其未曳出時張弨力
臣嘗於水落時臥石上搨之甚精位置石本繪爲
圖於是汪士鋐退谷備採昔人之論詳加辨證著
瘞鶴銘攷一卷首列諸家之本一曰邵資政亢考
次本附見東觀餘論卷後者一曰張子厚𡌥本附
見廣川書跋者一曰金山經皮唐人書本乃刁景

純約所得亦見潁川書跋者一曰輟耕錄本一曰近代流傳碑刻本海昌陳氏刻之玉煙堂法帖者各本俱字句多寡不同以今石本校之往往不合似皆非確據石刻者退谷攷之已詳茲不具載今惟取石本見存者合全與半共九十字大書居中復據張力臣所補者小字分注取便於讀若集古錄以下諸家論說可資攷證者節取存之又近年海鹽張燕昌芑堂嘗取楊大瓢未出水藏搨本重摹刻之增多華陽眞逸紀也六字亦足見舊搨之不易多見者也序銘皆正行書而序云篆銘不朽

此非篆隸書體之謂也說文篆引書也謂筆引而出也丨字說云引而上行引而下行亦此義序蓋謂引筆作銘以垂不朽也篆銘二字不見他碑諸說亦未有論及者因附識之書人舊說如聚訟諦觀此銘正如董文敏評黃庭經必出楊許諸人手飄飄有仙氣其爲通明遺蹟無疑或謂爲右軍書者蓋緣黃文節公詩有大字無過瘞鶴銘小字無過遺教經似兩書皆出右軍故後人亦多襲其說耳

井牀殘字

石高一尺七寸五分横廣三尺七寸五分
七行行四字至六字不等正書在句容縣

梁天監十五年太歲丙申皇帝憫商□之渴乏　詔茅
山道士□□永若作亭□井十五口

井在句容城北城守營署後文凡七行予以乾隆五十年四月三日因王蔭可言訪得之孫星衍記

始興忠武王碑

碑連額高一丈四尺五寸廣六尺二寸三十六行行
八十六字正書額題梁故侍中中撫將軍開府儀同
三司吳平忠侯蕭公之神道二十三
字正書左讀今在上元縣黃城村

梁故侍中司徒驃騎將軍始興忠武王之碑

上闕天□降鸞鳥以居亳□□□白馬□□□□初啓□

是惟□□文終□□□□□□□□□寺□□上闕書□
府勳紀太常□□爲□□役□□□集□命□□□□
家□□之□於斯乎□□□□□□□□賚三□□□
□□□明之□亻上闕友因心敬□□年□□□生吳太
□有疾□衣不解帶上闕室邇人□則應之千里□□□
□□□府□□西中郎□□□□□□□□□遊戎佐
言詠□□齊□□　□□□□□□□□念上闕
風雲之會乘天地之□□□□□□□□□□臣十□
□□□□□□□□□□□□紛紜□勇公祭贊神言
夙興帷幄功□□□□□□□□州□□□□以公□

□□將軍□中郎諮議□□□中郎儀遷給事黃門
侍郎　□□□□□□□□□□行□□□南
平□守□部子□□□宅心□百胥會人神協契莫
不率從而□□之□□□□□□□□□猶□賓
緊有徙□□王□公□□□□□□□肅奉成規事
等蕭寢出乇西壘□□南平梁州齊興太守顏□都魏
興太守□師仁□□□踰一　方謀據漢北將至城
下必毗贊訏謨盡其晨□□□□□□□□□□
□□□□亠　及蕭□□烝烈來寇□□姦回猶騁豕突
方從乂鎮軍將軍蕭穎胄佐命西朝政教攸在一　朝徂

殞內外□然以公式遏□□□□□□下□榮徵公
入輔聞命遐徒裹糧遄邁紀闕上以英□罪人斯得七□
底定百揆時叙大藩興后來之歌皇輿無反顧之慮和
帝西下以公爲使持節都督荆湘益寧南北秦六州諸
軍事平西將軍行闕上承□業□□□□維城□□□
勳兼望龐□惟魯衛帝曰欽哉□字南服天監元年四
月封始興郡王食邑二千戶江漢之□實惟南國形勝
之要□鎮西楚包含巖埏控接巴巫分陝闕上總督□□
□□□□　詔使持節都督荆湘益寧南北秦六州諸
軍事安西將軍荆州刺史公褰襜以化黎氓褰袖以納

夷狄先之以德惠後之以威刑廣田省役階無滯訟應
接如神闕上我□□□命公折簡以示禍福□侯兵卒之
勞成都文安公之力也事閒務隙常集賓僚訪問政道
該述詩賦親屈車騎軾隱者之廬虛己降尊延白屋之
士給醫藥以拯疾病建闕上以古方今豈□□□□
□□外被茂□於楚山尋加鼓吹一部六年沮漳暴水
汎濫原隰南岸邑居頃年爲患老弱遑遽將至沉溺公
匪憚簡沐躬自臨視忘垂堂之貴闕上歎服德之夜□皆
曰神明四郡所漂賑以私粟髦眉系髮莫不歌頌是歲
嘉禾一莖九穗生於郡洲甘露降于府桐樹唐叔之美

事闕上水漿不入口六日毀瘠三年扶□□□　□旨□
喻以大軍之後宜盡綏□□表自陳□哀苦求服制有
闕毀□踰□羊祜不堪屐履荀顗面不可識哀瘠在皇
憂未忘也其闕上詔都督北討衆□□率□□中書令中
衛將軍□□衛尉卿公起事紫□兼總關析絲綸□□
衿帶以□八□斯謐千廬無警其年秋更授使持節散
騎常侍□□□□□□徐□□五州諸軍事鎮北將
軍兗州刺史以□□□服□□□□□□□□□
□□□□□□舊曰難治公□車□□懷遠能邇貝
錦在路不盜竊於道中桃李乘陰不潛掇於樾下李珦

率由清約馬□□□□□□□□□□□□□□□
□□□□□傳述□□□□□九年六月遷使持節
散騎常侍都督益寧梁南北秦沙七州諸軍事鎮西將
軍益州刺史□□□北指秦州鳥□河沙之酋虺兹
隴右之長□□万闕上百□□□□□□□□□□□
□□□□□□□□道過□□□□不□□□□□
於□□祭仲元於圭幾表君平之薪廬軾長卿之故館
闕上則□□□□十四年更授使持節散騎常侍闕上莫不
改過闕上安成康王□□□□巽體彌深友闕上夙夜匪懈
吐握□怠闕上月八日□□□□□□疾至大漸　輿駕

驟萃有癈寢膳公慮□神□□不稱闕上勳隆陝服靜闕
乇爽劬勞□寄□內掌□司嘉猷彌著方正佐言道□
□□□奄□□□□用傷悼于厥心闕上謚曰忠武王禮
也惟公棲心衡泌則體性虛淨枕戈授律則勳隆協贊
孝敬盡於君親仁義行于鄉□孜孜爲善溫溫克讓□
神妙極斧藻闕上存勿□□□□□績著荊變化行□□
□□其□□□其□推賢下士降尊就卑無棄賤貧所
琮偁雅□梅鼎實舟檝大川信列辟之羽儀庶僚之准
的者也加以深信大道妙識若空味絕滋腴身離煩渴
闕上閎能使□世鑽仰道俗□□功高宇宙學穆惇□□

□□□□□□□吏民哀慟衰絰成林瞻太山而彌
悲仰棟宇而興慕諒已鏤金雕玉昭像鳳墀飭碧繪丹
圖刑麟閣戎狄思耿胡羌悲鄧告哀隕淚不闕上雜霽昭
等烟霞□阻川路悠長不及卜遠之辰困遂易名之請
灑泣□寄銜悃莫申謹遵前義刊□立碑髣髴令德依
俙神儀傳世代而莫朽等山川而無磷其辭曰
日月貞明川岫澄清□□奉職毗世作楨於鑠忠武體
二于情義均爽旦道藹□不棟梁世則羽翼八英木運
告圯蘇倫弥霧闕上水虎嘯樊谷關河之寄允歸親睦若
恂係兵猶何轉轂緒欂　寶鑾山河方寓雲雷利□□

□□土比漢於粱方周于魯擁旄推轂出蕃入輔車服
有庸旗章有序六條設教八命肯彰再臨七澤傍闕上□
彰泗恩浹樊襄有來斯穆無思不康寧□　聖化休我
烈光文武兼姿出內均美式□□□肅雍中鼎儀形三
事飛騰九軌緝是謳歌明茲獄市方趍上鉉燮理陰陽
陪　鑾曰觀侍　蹕龍鄉退闕上台光報施爲虛福仁遂
爽襄樹云落人倫安放罷市四蕃行歸十壤吏民摧慕
賓迎□罔山海安託蟬冣空想如鄉喪偷由晉亡戀西
光曖曖東川瀁瀁時謝恩深年流德廣式雕纂□永寄
希仰

侍中尚書右僕射宣□將軍東海徐勉造
前正員將軍吳□張□□□佐中
吳興貝義淵書　□才□□明刻字
防閤吳興郡元明石
碑陰
陰俱人名分二十列每列六十四人凡字存難辨者加□有闕者空之
□使□□□□□□徐兗二州諸軍事□□□□□軍中
□□宗□　西曹脩行徐□□
□□希□　□□□夏令孫
□□□□□　□□□□□尤

□□□　□□□□□
□□□　□□□□之
□□□　□□□□□
□□□□□　氷□□□□□
□□□　建宗
□□□　□□□□□
□□
□
□□□□□□　□□
□□□□□□師　□□□□□□

□□□□□□蔚　西曹□□□□
□□□□□□　西曹□□□□
西曹□□□□□　西曹吏□□□
□□□□□　西曹吏秦□念
□□□□□　西曹吏朱□興
□□□□□　西曹吏□□□
□□□□□釗□□　西曹吏徐□世
□□□□臧朱甎　西曹吏朱世
西曹□□□□摽　西曹吏周道□
西曹書佐□思儀　西曹吏相□□

西曹從事宏□　西曹吏露文龍
西曹從事□□　西曹吏綦欣□
西曹從事□□茂昌　西曹吏湯靈□
□□僉　西曹吏畢□
西曹吏王騶虞
西曹吏□□□
西曹吏□□□
西曹吏陳天合
□　西曹吏邵□□
吏□□□　西曹吏吳曾

吏□□□　西曹吏孟脩世
□吏□□□　西曹吏□全夫
吏□□□　西曹吏　□□
西曹吏
西曹吏□□門
西曹吏□粱
西曹吏祁□□
西曹吏　西曹吏
曹功　西曹吏□偶
曹功□□　西曹吏蔄承□

曹功□　西曹吏鄧□
西曹功□　西曹吏陳□□
□□□□　西曹吏□□助
西曹吏□□祖
西曹吏陳令中□
西曹吏□□□
西曹吏□□□
□□□
□□　□□□
□□□　西曹吏

□　□　西曹吏
□□□□□□　西曹吏□□□
□□掾□□　西曹吏吳□□
□□掾高□□　西曹吏徐□□
□□掾齊□　西曹吏
中□□□
以上第一第二列下闕四行
西曹吏陳公□
西曹吏曹世□　西曹　□□雲
西曹吏潘道□　西曹吏呂□門

西曹吏朱□之　西曹吏劉□
西曹吏鍾離文會　西曹吏丁□
西曹吏蔡允達　西曹吏
□□吏□□□　曹吏□□除
□□吏□□□　西曹吏羅忍孫
曹吏□□□　西曹吏梅□先
西曹吏□□□　西曹吏□□道
西曹吏□□　西曹吏王□□
□□吏□□□　西曹吏陳□
吏　□

西曹吏□□　西曹吏
西曹吏□□□　西曹吏□□□
西曹吏□□□　西曹吏□□合
西曹吏□□□　西曹吏錢思公
西曹吏□□明　西曹吏□□龍
西曹吏劉道□　西曹吏管景原
西曹吏桑達之　西曹吏劉曇
西曹吏苟靈副　西曹吏周□先
西曹吏朱僧表　西曹吏邴儀連
西曹吏朱僧覇　西曹吏張靈□

西曹吏衰桃皮　西曹吏鄭文□
西曹吏劉榮祖　西曹吏□
西曹吏楊文起　西曹吏□
西曹吏悄景仙　西曹吏□
西曹吏王慶　西曹吏□
西曹吏唐文雅　西曹吏□碩之
西曹吏□法茂　西曹吏　承伯
西曹吏□聰明
西曹吏棠□
西曹吏□□□　□宗

西曹吏高□　□□公
西曹吏□介□　西曹吏馬法□
西曹吏張茂　小史□洗之
西曹吏□川　小史俞崇先
西曹吏□□　小史徐偕□
西曹吏□□□　小史丁智明
西曹吏□□之　小史儲□□
西曹吏□□□　小史余□
西曹吏刁□之　小史陳榮宗
西曹吏　小史□□□

西曹吏　小史
西曹吏□景□　小史宋慧
西曹吏□天宏　小史□□□
西曹吏□□□　小史□□兒
西曹吏□□□　小史□景
西曹吏　小史
以上第三第四列下截六行
西曹吏　吏
西曹吏□□□　□
西曹吏□思□　□□□

西曹吏□ 吏楊緒
西曹吏□ 吏□□□
西曹吏□□ 吏
西曹吏周□□ 吏張□□
西曹吏□□□ 吏
西曹吏
吏
吏
吏 □ □
吏蔡□□ 吏□ 吏□ 吏

吏劉□□ 吏 □ □
吏□□□ 吏 □ □
吏□□□ □ □
吏董景□ 吏 □ □
吏道 □
吏□□公 吏□道□ □
吏陳□興 吏□□ 吏 吏
吏□□□ □□□
吏董 吏 □
吏□□春 □孫 □

吏□□□ 吏余□□ 吏□
吏朱興之 吏□□□ 吏張
吏夏文合 吏□□風 吏□
吏 □之 吏周□
吏 承宗 吏王□ □□犟□
吏□□之 吏劉□□
□□□□ □□
吏陳 吏董
吏張□□ 吏潘公 吏
吏黃□□ 吏董道純 吏□ □

吏□ 吏何道鎮 吏陳榮 吏 之
吏 吏陳傢琮 吏儲桃□
吏盛商
吏 玫 吏劉僧達 吏李超之 吏
吏虞玫□ 吏黃 成 吏金惡奴
吏孔龍 吏吳龍起 吏夏侯猛
吏張道□ 吏左靈□ 吏何靈□
吏魚沙□ 吏□□譽 吏茅陸之 □
吏 干 吏□倫靖 吏邵斂 □
吏□□略 吏□天生 吏郝□□ 吏張

吏朱□强　吏□法眞　吏□□盛　吏　承
吏□丙之　吏尤□　吏陳□
吏□□　吏夏文□　吏□
吏陳元超　吏陳□□　□　伯
吏陸□　吏同□□　□　□□
吏鄭□宗　吏□□□　吏九　□□□僧
吏□榮　吏□　□　吏□□□　□□
吏余　吏□　寅　吏□法龍　吏　文會
吏□　吏□弥尔　吏□□□　□
吏朱□□　吏□□之　吏步□之　吏

吏朱□□　吏張□□　吏劉延□　吏
□　文□　吏　吏□□□　□□□□
吏□□□　吏　吏□□福　□
吏□□　吏□　□□□
吏□□□　吏□□之　□□
吏　□□□度　□
吏□□弥　□　□
吏□僧　吏　吏　吏□
吏□□□　□
吏□□□　□

吏　□　吏
吏　□　吏　吏
吏　□　吏　□□□□
□　吏　□□□□
□　吏　□□□□
□　吏□□　□□□□
吏陳僧　吏　吏闞□德　吏□□之
吏□□□　吏　吏□□□　吏□靈祚
吏□　吏　吏□□□　吏□□□
吏□□□　吏　吏□□□　吏□□□

□　□　吏□
□　□　吏□
□　□　吏□
□　吏　吏□　□
吏　吏　吏□□□　□
吏杜□　吏　吏□□□　□
吏查□□　□　□
吏□□□
吏□
吏　□

吏
吏　□□
吏　□□
吏
以上第五第六第七第八列下闕十八行
吏　吏□　吏趙　吏呂道
吏㥜　吏陳天乞　吏　僧耀
吏劉偹□　吏□慶孫　吏郭道
吏夏侯□　吏陳初　吏丘術
吏　□　吏　曾　吏　法生

吏　吏□　吏□□　吏　求道
吏□□　吏□陵　吏公孫□　□
吏　吏□□　吏
□　吏周□　吏
吏陳　吏夏□天　吏□□□
□□　□□　吏吳邈緒　吏任文□
□□□　□□□　吏□□□　吏□□□
□　吏周□□　吏□道
□□　□□　□□□□　吏□□勇
吏王雲　吏□□□

吏
□　吏□□　吏
吏余文達　吏□　吏徐□　吏□□□
吏朱　吏□□□　吏　吏王□□
吏　吏□□□　吏　□□　吏袁□智
吏□□□　周景□　吏劉雙
吏□□□　吏鄧及　吏劉伯期
吏　吏　□智　吏朱僧仲　吏王□福
吏□□　吏陳靈□　吏吳天念　吏□靈產
吏陳文展　吏殷靈度　吏王鑾　吏□□

吏　吏皇伯存　吏□觀　吏陳景平
吏　吏朱超之　吏錢粲之　吏悄景□
吏兒靈智　吏陳道榮　吏孫寶　吏胡□化
吏胡□榮　吏杜靈讚　吏楊□□　吏陳□□
吏蔡曇季　吏□□□　吏□　吏□□與
吏　吏　吏□　吏□道孫
吏　吏　吏□　吏□　□
以上第九第十第十一第十二列
吏　□度
□度

□
吏周師 吏 吏
吏 吏
吏 吏
吏孫 吏
□□ 吏□□□ 吏□文
吏陳道□ 吏 □ 吏王道□
吏胡玟□ 吏 光 吏丁道方
吏劉飛龍 吏孫 □ 吏陳耀 吏
吏劉伯宜 吏 吏王大□ 吏

吏火□□ 吏 吏桓師祐 吏
吏王□祖 吏 吏 □□ 吏
吏張□之 □ 吏 道永 吏
吏魏法□ □□□ 吏
吏程靈苻 吏□□□
吏楊文□ 吏□孫世
吏胡世 吏陸雲之 吏魏□□
吏 文□ 吏王□ 吏任公□ 吏夏侯□
吏 吏夏 吏 公侚 吏 □箕
吏 □之 吏徐□□ 吏汪羨宗

吏 承世 吏韓榮寘 吏潘脩敞
吏 道盛 吏□紹先 吏許休之
吏 □之 吏王景肅 吏陳法況
吏 文規 吏同道振 吏蔡文建
吏□□增 吏蔡寵之 吏錢文豪
吏 吏錢□子 吏虞公分 吏婁景興
吏 吏□景宣 吏袁道宗 吏 道季
吏 □□ 吏□□□ 吏
吏□文□ 祖 □□
吏□希□ 吏 □ 吏陳□進

吏費□羊 吏龔道宏 吏高暹
吏何道□ 吏黃公强 吏華當伯
吏戴當 □ 吏紵道助 吏杜□□
吏朱□ □ 吏□孝孫 吏陳□
吏 □才 吏盛持之 吏韓□鎮
吏□□立 吏周元孫 吏□□先
吏宋眘□ □
□
□ □
吏□儈明 吏劉□

吏□安都 吏蔣曇
吏陳□幸 吏□公□
吏宋□ 吏
□□□□ 吏□□
吏
吏
吏□□ 吏□□□
吏□□□ 吏□□□ □
吏□□明 吏□□ □□ 吏□□
吏□仁慧 吏陳□ □□□□
吏傅道馴 吏 吏□□ 吏

吏李曇耀 吏虞道降 吏朱愔之 吏
吏僕玫苑 吏羅孝祖 吏在允 吏
吏李晚興 吏黃文成 吏來門端 吏朱
吏黃緒之 吏茅道韻 吏杜國平 吏王道□
吏王興□ 吏石文預 吏□僧琮 吏章捷祖
吏張榮□ 吏金文□ 吏□天恩 吏楊□之
吏虞道□ 吏□□□ 吏□道矜 吏張靈□
吏□□□ 吏 吏□□明 吏□□□
吏□□兒 吏 □ 吏□□祖 吏尤□□
吏□□兒 吏□□□ 吏柳道邕 吏王□□

吏□□□ 吏□□□ 吏朱法□ 吏□徒方
吏□ 吏□□□ 吏謝□之 吏梁
以上第十三第十四第十五第十六列
□ 吏□□□ 吏□
□□ 吏馬□□ 吏姚□□
□□ 吏曹□□ 吏□□□
□□ 吏樹榮山 吏周韻之
吏陳尚之 吏夏尚之 吏江承□
吏□僧榮 吏劉天授 吏□奉之
吏黃□介 吏高曇勇 吏徐景□

吏□公遠 吏紀公憲 吏朱公□
吏□文□ 吏丁靈仙 吏□□朱
吏□□之 吏□公雲
吏朱世可
吏孫令□
吏黃石□
吏盧玫建
吏戚文休
吏 吏曹和之
吏王□ 吏 □ 吏□ 吏黃敬先

吏朱僧□ 吏 □□ 吏劉 吏郭後□
吏榮承宗 吏王靈袖 吏張□流 吏范延
吏吳景先 吏錢文超 吏□□度 吏胡長
吏須雖雖 吏趙世成 吏莊僧□ 吏
吏同 生 吏莊悅之 吏張龍□ 吏
吏袁 □ 吏郭陵叔 吏張文智 吏高
吏馬□□ 吏蔡溫 吏范□□ 吏淩□□
吏搖明□ 吏鞠靈□ 吏戚□ 吏周宗之
吏褚道 吏□歡之 吏湯道先 吏紀叔成
吏皇觀之 吏□猛虎 吏華□勝 吏邵道宣

吏朱國□ 吏□□ 吏堵 吏吳子將
吏劉公懿 吏□□ 吏□□□ 吏陳叔仁
吏殷景儀 吏□□興 吏□天□
吏龔天合 吏□□□ 吏儲係世
吏范文□ 吏 師祐 吏□ 吏高靈智
吏周孝□ 吏 景眞 吏□靈穀 □□
吏□□ 吏陳□重 吏周淵之 吏
吏 吏夏□ 吏劉景鎮 吏華法
吏 吏魏門校 吏唐承伯 吏郎明□
吏 豪 吏李道興 吏宏道輝

吏楊普□ 吏 吏□靈眞 吏譚道豐
吏蔣羽□ 吏 吏□僧慧 吏□ □
吏夏龍 吏□ □ 吏
吏□宏□ □ □ 吏□□
吏朱□□ □ □□珍 吏周道寬
吏徐□□ 吏陳文進 吏楊道
吏□□ 吏□□副 吏邵虬
□韶 吏黃龍
□□ 吏□起
□ 吏□

□□ 吏 □□ □
□□ 吏劉 念 吏 和
□□ 吏曹□□ □
□ □□ □□□□ □
吏 □□□
吏楊 吏□ 吏
吏丁□ 吏殷 吏 □
吏楊雲祭 吏禹□ 吏 □
吏朱元□ 吏□□□ 吏 □ 吏
吏錢□□ 吏□携 吏 □祭 吏□□

吏黄天賜　吏□景　吏徐　吏□景耳
吏許靈　吏□□□　吏唐賢慧　吏陳伯林
吏華□□　吏馬伯龍　吏　吏□仲豪
吏□道□　吏張□之　吏□　之　吏吳
吏□□□　吏□□□　吏　吏□文□
吏　休光　□休祖　吏　吏□□□
吏□□□　□□　吏任□□

以上第十七第十八第十九第二十列

梁散騎常侍司空安成康王碑故州民前廷尉卿彭城劉孝綽撰奉朝請吳興貝義淵正書在花林村復齋碑錄

安成康王秀卒遊王門者東海王僧孺吳郡陸倕彭城劉孝綽河東裴子野各製其文咸稱實錄遂錄四碑並建南史梁宗室傳

按此碑自右上角斜向左中腹俱磨滅左腹近邊約尺許殘闕無存文共約三千餘字可辨者僅三之一以南史梁宗室傳考之始興王諱憺字僧達文帝第十一子也碑云□吳太□有疾衣不解帶當是所生母吳太妃有疾時侍之衣不解帶也此語傳從略傳云仕齊爲西中郎外兵參軍碑存西中郎三字其下有風雲之會語蓋指齊和帝郎位時事傳但云以憺爲給事黃門侍郎碑則有將軍中郎諮議中郎俄遷給事黃門侍郎字傳又云時巴東太守蕭惠訓子璝等兵逼荊州蕭穎胄暴卒尚書僕射夏侯詳議迎憺行荊州事憺率雍州將吏赴之以書喻璝等皆降碑則云南平梁州齊興太守顏□都魏興太守□師仁□踰一方謀據漢北將至城下及蕭□□休烈來寇姦回猶騁豕突方縱又鎮軍將軍蕭穎胄佐命西朝政教攸在一朝徂殞內外□然徵公入輔聞命選徒裹糧遄邁

罪人斯得七□底定百揆時叙傳又云明年和帝詔以憺爲都督荊州刺史天監元年加安西將軍封始興郡王碑則云和帝西下以公爲使持節都督荊湘益寧南北秦六州諸軍事平西將軍天監元年四月封始興郡王食邑二千戶詔使持節都督荊湘益寧南北秦六州諸軍事安西將軍荊州刺史傳又云時軍旅之後公私匱之憺厲精爲政廣闢屯田減省力役存問兵死之家供其窮困人甚安之是歲嘉禾生一莖六穗甘露降於黃閤碑則云公褰禕以化黎俄張袖以納夷狄先之以德

惠後之以威刑廣田省役階無滯訟應接如神成
都文安公之力也下有云事閒務隙常集賓僚訪
問政道談述詩賦親屈車騎甙隱者之廬盧己降
尊延白屋之士此皆傳所畧也傳又云天監六年
荆州大水江漢堤壞憺親率將吏冒雨賦丈尺築
之而雨甚水壯乃刑白馬祭江神酹酒於流以身
爲百姓請命言終而水退堤立郡洲在南岸數百
家見水長驚走登屋緣樹憺募人救之一口賞一
萬估客數十人應募洲人皆以免是歲嘉禾生於
州界吏人歸美焉碑則云六年沮漳暴水汎濫原

隰南岸邑居頻年爲患老弱遑遽將至沈溺公匪
懈滯沐躬自臨視四郡所漂賑以私粟莫不歌頌
是歲嘉禾一莖九穗生於郡洲甘露降於府桐樹
蓋嘉禾之生碑惟一見傳則兩見甘露之降碑在
六年傳在元年爲異也傳又云七年慈母陳太妃
薨水漿不入口六日居喪過禮武帝優詔勉之碑
存水漿不入口六日毀瘠三年之語而下文喻以
大軍之後宜蠢殺口云云卽所謂優詔勉之也傳
又云後爲中衛將軍中書令領衛尉九年拜都督
益州刺史十四年遷都督荆州刺史十八年徵爲

侍中中撫軍將軍開府儀同三司領軍將軍卽開
府黃閤薨贈司徒謚曰忠武碑則云中書令中衛
將軍衛尉卿其年秋更授使持節散騎常侍下闕十字
五州諸軍事鎭北將軍兖州刺史九年六月遷使
持節散騎常侍都督益寧梁南北秦沙七州諸軍
事鎭西將軍益州刺史十四年更授使持節散騎
常侍下闕月八日疾至大漸輿駕躬幸有廢寢膳下闕
謚曰忠武王羅元昭等烟霞口阻川路悠長不及
卜遠之辰罔逮易名之請灑泣口寄銜恨莫申謹
遵前義刊口立碑云云玩其辭意似皆吏民追頌

功德之語羅元昭者殆卽吏民之首也碑陰刻曹
吏姓名凡二十列幾千四百人羅元昭當在其中
而已泐矣碑無年月末云侍中尚書右僕射宣口
將軍東海徐勉造當郎撰文人也勉字修仁東海
郯人傳載其歷官止左衛將軍領太子中庶子左
遷散騎常侍領游擊將軍後爲太子詹事又遷尚
書右僕射又除尚書僕射中衛將軍加中書令而
卒計其時已普通中矣不云侍中及宣口將軍也
勉之後有前正員將軍吳口張口口口作下闕吳下
當是興字作不知何義此後則吳興貝義淵書憺

傳載次子暎普通二年封廣信縣侯丁父憂從除太子洗馬居太妃憂服闋爲吳興太守傳系丁父憂於普通二年之後則僭之薨當在其時而譜傳乃連接天監十八年開府之下不別書薨年耳且碑之作者晉者皆吳興人疑立碑即在暎守吳興時則亦是普通年事然無可確據姑從傳列於天監十八年碑現在道旁但高大而傾側若將傾覆者故世人搨之者少

蕭公神道碑額

額横廣三尺八寸高二尺七寸八分六行行四字右行正書在上元縣

梁故侍中中撫將軍開府儀同三司吳平忠侯蕭公之神道

按吳平侯神道碑文未見此其額也南史梁宗室傳云吳平侯諱景字子照梁武帝從弟父也案下文云景於武帝屬爲從弟則此云從弟父似屬倒誤仕齊爲永寧令以疾去官永元二年以長沙宣武王懿勳除步兵校尉懿遇害景亦逃難武帝起兵以景行南兖州事武帝踐阼封吳平縣侯南兖州刺史加都督天監七年爲左驍騎將軍兼領軍將軍尋出爲寧蠻校尉雍州刺史加都督十三年復爲領軍將軍直殿省知十州損益事景於武帝雖屬爲從弟而禮寄甚隆軍國大事皆與議決十五年加侍中及太尉揚州刺史臨川王宏坐法免詔景以爲安右將軍監揚州遷都督郢州刺史卒於州贈開府儀同三司謚曰忠傳載歷官如此此額題中撫將軍傳所未備也

金石萃編卷二十六終

金石萃編卷二十七

賜進士出身　誥授光祿大夫刑部右侍郎加七級王昶譔

北魏一

洛州鄉城老人造像碑

碑高三尺八寸廣一尺七寸五分十三行行二十三字正書

像主吉萬歲副像主張孝舒副像主王德閏□□□□□士□王政則孫德信趙□□□舍樂　□福劉□□□□□□卿沈□□沈士公韓君遠汪謙之曹□□壽世達趙世□□□□□善李四朗曹善信郭善積汪孝養張君彥張世師清信　清信女楊清信女李清信女□濤信女成濤信女陳濤信女□

其詞曰　夫法界無相相□十方旨趣無言言而法界故入□有□大悲以濟羣生出□□行六度而除八難是以前馳羊□後　□牛□使智水無□愛河永竭然□工啟請□滅雙林正化隨遷□煩無救但□□思念雖□眞形□斯□心鑄茲神狀今吉萬歲卅四人等□□敬造　尊儀一龕上祚　皇家□□靈識頌曰出有□□□機不見出容入□□□爲先不來不去無動無遷妙矣□□□能惻焉□闕□起□□息言鍇□□容萬代流□

大□□□十□年正月廿一日功訖

按碑多殘缺末年月一行祇存大字下缺三字下是十字下缺一字下是年字蓋大魏某某十幾年也下乃云正月廿一日功訖魏時紀年之多者惟北魏之太和西魏之大統碑題洛州鄉城魏書地形志洛州太宗置太和十七年改爲司州天平初復天平乃東魏孝靜帝紀元祇四年同時惟西魏文帝大統有十七年然洛州旣爲孝靜所復則立碑不應系以大統年號似是孝文帝太和十七年改司州以前所立也宜附列之碑有像主更有副像主文稱吉萬歲等卅四人而姓名可見者十六人清信女六人而已

孝文弔比干墓文

碑高七尺七寸廣四尺一寸二十八行行四十六字正書在汲縣比干廟

孝文皇帝弔殷比干墓文

維皇構遷中之元載歲御次乎閹茂望舒會於星紀十有四日日維甲申予揚和淇右蹀駟鄘西指崧原而掐步順京途以啟征路歷商區輅届衛壞汜目睇川縱覽觀陸遂僞覗古跡游瞰曩風覩殷比干之墓悵然悼懷焉乃命馭駐輪筴驥躬嘱荆棘荒杇工爲綿甍而遺獻

明審事若對德慨狂后之狷職傷貞臣之婞節卿與其
韻貽弔云爾　曰三才之肇元兮敷五靈以扶德含
剛柔於金木兮發明闇於南北重離耀其炎暉兮曾坎
司照以秉熙伊彝常之懷生兮昏睿遞其啟則晝皎皎
其何朗兮夜幽幽而致蔽哲人昭昭而澄光兮狂夫戰
默其若翳咨堯舜之耿介兮何桀紂之猖敗沈湎而不
知甲兮終或已以貽戾謇謇兮比干藉冑兮殷宗含精
兮誕粹寔樹兮英風稟蘭露以滌神食蘂英而儼容茹
薜荔以蕩識佩江蘺而麗躬履霜以結冰兮卒窘忠而
弥濃于金苴其吾珍兮皇犨寔余所鍾奮誠諫而爈軀

兮導危言以與鋒鳴呼哀哉鳴呼哀哉惟子在殷實爲
梁棟外贊九功內徽辰共匡率哀職德音遐洞周師還
旆非子誰貢否哉悖運遘此不辰三綱道没七曜輝泯
負乘竊器怠棄天倫懷誠齎怒藏言焉陳鬼侯已醢子
不見歟邢侯已脯子不聞歟微子去矣子不知歟其子
奴矣子不覺歟何其輕生一致斯歟何其愛義勇若歸
歟遺體既灰不其惜歟永矣無返不其痛歟鳴呼哀哉
鳴呼哀哉夫天地之長遠兮嗟人生捻多殃往者子弗
及兮來者子不覿當胡契闊之屯亶兮值昏化而永亘
忌不相時以卷舒兮徒委質而殞亡雖虛名空傳於千

載詎何勳之可揚癸若騰魂以遠逝飛足而歸呂得比
肩於尚父卒同協於周王建鴻績於盛辰啟胄宇於齊
方聞穆音乎萬祀傳冤業以脩長而乃自受茲斃視竅
殷亲剖心無補迷機喪身脫非武發封墓誰因鳴呼介
士胡不我臣　重曰世惛惛而溷濁兮日藹藹其無
光時坎廪而險隘兮氣憀飈以飛霜子奚其不遠逝兮
侘傺而阯故鄉可乘桴以浮滄兮求蓬萊而爲粻銜芝
豨以昇虛兮與赤松而翺翔被芰荷之輕衣兮屯怏容
之葙裳循海波而瀏飂兮望會稽以歸禹紉蕙芷以爲
紳兮扈荃佩而容與寫鬱結於聖人兮暢中心之祕語

執垂益而談卡兮交良朋而攄苦言既而東騰兮吸朝
霞而長舉登屾巖而悵望兮眺扶桑以停佇謁靈威以
問路兮乘谷風而扳竽遂假截於羲和兮馮六螭以南
處翥衡嶽而顧步兮濯沅湘以自潔嚼炎州之八桂兮
踐九疑而遙裛即蒼梧而宗舜兮拂埃霧以跳列採輕
越而肅帶兮切贇犀以貫介訢淳風之淪覆兮話蕭韶
之湮滅召熊狸而叙釋兮問重華之風烋尒乃飲正陽
之精氣兮遊丹丘而明視捐祝融而求烏兮御朱鸞以
脩指因景風而淩天兮迴靈鴸以西厲降黃嵴而造稷
子慰稼穡之艱難訪有部之詵詵兮遇何主而獲安然

發陟崑崙之翠嶺兮擥瓊枝而槃桓步懸圃以溜流兮
蛆玉英而折蘭歷崦嵫而一顧兮府沐髮於洧盤仰從
倚於閶闔兮請帝閽而啟關天沉寥而廓落兮地寂漻
而遂闊湌淪陰以榫氣兮佩瑤玕而鳴鏘拜招矩而脩
節兮少躊躇以相羊祈騁騖而總轡兮隨泰風以飂揚
瞰不周而左旋兮縱神駟以北望尋流沙而騁轡兮暨
陽周以襟觴靡芸芳以復體兮索夷社而祉衙奉軒轅
而陳辭兮中特俗之不暇適岐侶而脩命兮展力牧以
問霸欲沆瀣之純粹兮闞寒門之屑冰聆廣莫之飈悪
兮覿黔嬴而迴凝𢶀鬱武以涉虛兮旡神莫而威陵象

曖曃而晻鬱兮途曼曼其難勝簇飛廉而前驅兮使燭
龍以輝澄歸中樞而睇睨兮想廓漠之巳周慨飛魂之
無寄兮飄颻袂而上浮引雄虹而登岐兮揚雲旌以軒
遊躍八龍之蜿蜿兮振玉鸞之啾啾搴彗星以明導兮
委升翻乎大儀敖重陽之帝宮兮凝精魄於旋璣扈陽
曜而盡脩兮豈傅說之足奇但至慨之不悛兮學溢死
而不移

碑陰

陰共四列均二十八行上三列皆書各官姓名第四列元與處厚撰碑陰記行廿五字並正書

使持節驃騎大將軍都督司豫荊郢洛東荊六州諸軍
事開府荊州牧咸陽王□河南郡元木
侍中司徒公都督中外諸軍事太子太師駙馬長樂郡
開國公臣長樂郡馮誕
使持節司空公太子太傅長樂公臣河南郡丘目陵亮
特進太子太保廣陵王臣河南郡元羽
侍中始平王臣河南郡元勰
兼尚書右僕射吏部尚書任城王臣河南郡元澄
散騎常侍祭酒光祿勳卿高陽伯臣河南郡元儼
太子右詹事姑臧伯臣隴西郡李韶
散騎常侍北海王臣河南郡元詳

散騎常侍領司宗中大夫臣河南郡元景
散騎常侍臣河南郡元纂
右衛將軍臣河南郡元翰
光祿大夫錄太僕少卿臣高陽郡李堅
中常侍中尹高都子臣上黨郡秦松
驍騎將軍臣河南郡大野慈
司衛監臣河南郡元剌
司衛監臣河南郡万忸于勁
員外散騎常侍光祿勳少卿黄平子臣河南郡丘目陵
純

兼司衛監少府少卿臣魏郡□□
給事黃門侍郎臣太原郡郭祚
給事黃門侍郎領著作郎臣清河郡崔光
典命中大夫太子中庶子臣廣平郡游肇
羽林中郎將臣河南郡侯莫陳益
員外散騎常侍帶呂興給事中臣河南郡丘目陵惠
太子率更令襄陽伯臣河南郡元尉
給事中臣河南郡乙旃恬
給事中臣河南郡乙旃免
給事中臣河南郡郁久閭麟

以上第一列
右軍將軍臣河南郡元宜
太樂給事臣長樂郡衛況
給事領太醫令臣高平郡李循
給事臣河南郡侯文福
給事臣河南郡万忸平狩
中給事錄大官令臣上黨郡白勑
中給事臣高陽郡劇鴒
射聲校尉臣河南郡元洛下
顯武將軍臣河南郡万忸平吐拔

直閤武衛中臣高車部人斛律慮
直閤武衛中臣河南郡乙旃阿各仁
直閤武衛中臣河南郡俟呂阿倪
直閤武衛中臣河南郡比羅吐盖
直閤武衛中臣上谷郡董明惠
直閤武衛中臣代郡若干侯莫仁
直閤武衛中臣河南郡乙旃應仁
直閤武衛中臣河南郡吐難長命
直閤武衛中臣上谷郡張代連
長兼典命下大夫齊郡王友臣趙郡李預
兼給事黃門侍郎員外散騎侍郎□屬國下大夫臣太
原郡王翔

白衣守尚書左丞臣遼東郡公孫眞
散騎侍郎東郡公臣河南郡陸昕
散騎侍郎臣河南郡郁久閭欽
散騎侍郎臣中山郡甄琛
中壘將軍常□聞令臣廣平郡游經
中黃門令帶典農令臣□德郡雙蒙
以上第二列
宰官令臣河南郡伊婁尉

大官令鉅鹿伯臣□□鏕祐
監御令臣河南郡莫耐婁悅
符節令臣代郡賀拔舍
通直散騎侍郎臣河間郡邢巒
通直散騎侍郎臣京兆郡韋纘
武騎侍郎□□陵令臣高平郡徐丹
武騎侍郎臣河南郡衛永遂
武騎侍郎臣上谷郡張亶
武騎侍郎臣河南郡乙旃俟莫干
武騎侍郎臣河南郡万忸于洛

武騎侍郎臣趙郡李雄
符璽郎中臣河南郡拔拔臻
符璽郎中臣上谷郡張慶
員外散騎侍郎臣博陵郡崔廣
員外散騎侍郎臣博陵郡崔逸
員外散騎侍郎臣河南郡陸休道
尚書郎中貝丘男臣清河郡傅脩期
尚書郎中臣滎陽郡鄭長遊
尚書郎中臣清河郡崔析
尚書郎中臣河東郡裴睞

尚書郎中臣遼東郡高觀
尚書郎中臣趙郡李引
尚書郎中臣河內郡司馬定
尚書郎中臣南陽郡宋孟孫
尚書郎中臣蘭陵郡蕭彥
尚書郎中臣趙郡李良軌
尚書郎中臣河東郡柳崇

以上第三列

碑陰記

會稽齊唐言爲兒時嘗登秦望山見李斯所篆紀功碑其字尚可辨及壯仕宦周游四方歸已老矣則碑不復見又余嘗西征道出函潼之間丘冢纍纍相望不絕而斷碑尤多類皆鑱去書撰者之姓名使過客弗復視則縣道免須索之勞鄉民無供給之費故或以撮泐爲辭或以震霹爲解以致與文音迹多淪於瓦礫糞壤亦可惜也汲郡比干墓舊有元魏高祖弔文一篇摸鏤在石其體類騷其字類隸久已爲鄉人毁去賴民間偶存其遺刻首云惟皇構遷中之元載歲御次乎閹茂望舒會於星紀十有四日日惟甲申今以史譜考之是歲實太和十八年都洛之始年也

故云元載而歲在甲戌故云閼茂月旅仲冬故云星紀朔次辛未故十有四日日惟甲申距今元祐之庚午幾十周甲子合五百九十七年歷西魏後周隋唐五代喪亂多矣幸遇　聖辰再獲刊勒固知興廢自有數也噫已摧而復崇已泯而復彰使萬世忠精之魄當與天地齊久不亦美歟按高氏小史亦載其文以嗚呼介士爲嗚呼分士字之誤也今宜從此碑介士爲正元祐五年秋九月十五日左朝請郎知衞州吳處厚記

右承議郎通判宋適立　承事郎致仕林舍書

助教劉士亭摸刊

太和十八年十一月車駕幸鄴甲申經比干之墓傷其忠而獲戾親爲弔文樹碑而刊之魏書高祖紀

河北道衞州汲縣比干墓在縣北十里餘有石銘題云殷大夫比干之墓魏太和中孝文帝南巡親幸其墳弔焉刊石于墓太平寰宇記

後魏孝文弔比干文其首已殘缺惟元載字可識其下云歲御次乎閹茂望舒會于星紀十有四日日惟甲申按爾雅云歲在戌曰閹茂又鄭康成注月令仲冬者日月會于星紀後魏書孝文以太和十八年十一月甲申經比干墓親爲弔文樹碑而刊之是歲甲戌其說皆合其未嘗改元而稱元載者孝文以是歲遷都洛陽蓋以遷都之歲言之也　碑陰盡紀侍從羣臣官爵姓名按後魏書官氏志邱穆陵氏後改爲穆氏今此碑自侍中邱目陵亮以下同姓者凡三人字皆作目而元和姓纂所書與此碑正同又碑自穆崇至亮皆姓邱目陵氏姓纂亦云後改爲穆而史但云姓穆者皆有闕誤金石錄

魏書劉芳傳高祖遷雒路由朝歌見殷比干墓愴然悼懷爲文以弔之芳爲注解表上之卽此文也此碑字多别搆如薨爲薨蘇爲蘇菊爲菊寔爲寔箕子爲箕子往爲往厥爲厥亶爲亶顚爲巔辛爲亲因爲囙梓爲梓翺爲翺曳爲曳芙蓉爲扶容葩爲葩漂搖爲瀏飃處爲慮螭爲螭裔爲裔帶爲帶訴爲訴離爲鴗劉爲淄俯爲府闔爲闞騶虞爲驪驥隨爲隨轡爲蠻吸爲欲闕爲闕睇爲睇不可勝記顏氏家訓言晉宋以來多能書者故其時俗遞相染尚所有部帙楷正可觀不無俗字非爲大損至梁天監之閒斯風未變大同之末訛替滋生蕭子雲改易字體邵陵王頗行僞字前上爲艹能旁作长之類是也朝野翕然以爲

楷式盡虎不成多所傷敗爾後墳籍略不可看北朝
喪亂之餘書迹鄙陋加以專輒造字猥拙甚於江南
乃以百念爲憂言反爲變不用爲罷追來爲歸更生
爲蘇先人爲老如此非一徧滿經傳追來爲歸見穆子容太公碑作甦先人爲老見張猛龍碑作[illegible]叟生爲蘇今人猶用之胡三省通鑑注引宋景文手記曰北齊時里俗多作僞字始以巧言巧辯至隋有師番其字又以今巩易巧矣困學記聞亦引此文云以文子爲學
觀此碑則知別體之興自是當時風氣而孝文之世
即已如此不待喪亂之餘也江式表云皇魏承百王
之季世易風移文字改變篆形錯謬隸體失眞俗學
鄙習復加虛巧談辯之士又以意說熒惑於時難以

釐改後周書趙文深傳太祖以隸書紕繆命文深與
黎景熙沈遐等依說文及字林刊定六體成一萬餘
言行於世蓋文字之不同而人心之好異莫甚於魏
齊周隋之世別體之字莫多於此碑雜體之書莫過
於李仲琁而後之君子旋覺其謬自唐時國子監置
書學博士立說文石經字林之學而顏元孫作干祿
字書張參作五經文字唐元度作九經字樣天下之
文始漸歸于一矣顧此以一碑出於千世之遠而與
孔宙之文廟堂之典同什襲而寶之豈不可笑也哉
雖然此碑不傳則昔人正字之功不得而著乎千載

也存之以示後人使知趣舍云爾　文考魏書道武
帝天興四年十二月集博士儒生比衆經文字義類
相從凡四萬餘字號曰衆文經太武帝始光二年三
月初造新字千餘頒之遠近以爲楷式天興之所集
者經傳之所有也始光之所造者時俗之所行而衆
文經之不及收者也則知說文所無後人續添之字
大都出此三國志注引會稽典錄言孫亮時有山陰
朱育依體像類造作異字千名以上是別搆之字自
漢而有矣金石文字記
崔浩之爲國書也皆自書刻石當時被毀即拓者不

可得見惟弔殷比干文傳爲浩書今猶存衞輝府城
外比干墓上字體奇怪他碑所無似楷似隸因以見
當時筆法之遞變點畫多少如棘之爲森棗之爲稾
綱之爲綱焉之爲爲魂之爲魂不可枚舉多是古法
賴廣見聞乃顧亭林翻爲紕繆莫有甚於此者書生
不深究以識雜字爲厭亦可發噱也此則臨汝帖
所刻撮拾四句前句是第四句二句是第三句便見
王輔道之乖舛伯思之譏有由來矣隱綠軒題識
水經注云太和中高祖孝文皇帝南巡親幸比干墓
而加弔焉刊石樹碑列于墓隧矣一時拔是碑文載

太師比干錄及衛輝府志文繁不錄金石錄云碑首殘缺惟元載字可識今其碑云惟皇構遷中之元載正以宅洛之歲言之也水經注釋

按高祖孝文帝以太和十八年十一月十九日己丑自代遷都洛陽先於十四日甲申經比干墓爲文弔之而刊此碑也碑敘道里所經淇右鄘西商區衛壤睇川觀陵逕遞詳明惟謂比干爲虎名千載無勳可揚矣若騰魂蓬逝飛足歸昌比肩尚父同協周王云云則雖哀比干之忠而重違其志矣當時因感夢既弔比干復祭嵇紹次年又以太牢

祭比干語在本紀及元澄傳碑陰列諸王從臣八十二人其後開元封禪摩崖之例殆昉於此歟諸王之名冠以元字高祖紀太和二十年春王正月丁卯詔改姓爲元氏据此碑則十八年已著爲元矣抑或撰文在前書碑陰在二十年之後耶首行闕三字名存左旁示以魏書列傳證之則咸陽王禧也禧字永壽高祖長弟太和九年封加侍中驃騎大將軍將還州加都督冀相兗東兗南豫東荊六州諸軍事開府如故可補碑之闕也廣陵王元羽字叔翻高祖次弟太和九年封加侍中征東大將軍加衛將軍遷侍進尚書左僕射又爲太子太保錄尚書事加使持節兼太尉十八年春羽表辭廷尉不許碑但稱特進太子太保而已始平王元勰字彥和亦次弟太和九年封加侍中征西大將軍轉中書令改封彭城王傳無改封之年据碑則當在十八年後矣任城王元澄字道鎮乃任城王雲長子襲封加征北大將軍梁州刺史加侍中轉征東大將軍開府徐州刺史後徵爲中書令改授尚書令加撫軍大將軍太子少保兼尚書左僕射從幸鄴宮除吏部尚書還洛後兼右僕射今碑但

稱兼尚書右僕射吏部尚書而已北海王元詳字季豫高祖弟太和九年封加侍中征北大將軍後拜光祿大夫兼侍中從南伐爲散騎常侍轉祕書監趙郡王幹薨行司州牧除護軍將軍兼尚書左僕射碑但稱散騎常侍而已長樂公馮誕尚高祖妹樂安公主拜駙馬都尉侍中征西大將軍平南王又除儀曹尚書罷庶姓王誕爲侍中都督中外諸軍事中軍將軍特進改封長樂郡公十六年爲司徒加車騎大將軍太子太師碑但稱侍中司徒公都督中外諸軍事太子太師駙馬長樂郡開國

公而已李路秦松並見閹官傳堅字次壽高陽易人高祖遷洛授爲太僕卿世宗初拜光祿大夫數年卒碑則云光祿大夫録太僕少卿是堅在高祖朝已拜光祿大夫矣史與碑不合松不知其所由太和末爲中尹遷長秋卿賜爵高都子碑則已云中常侍中尹高都子矣不待太和末也游肇字伯始明根之子廣平任人高祖初爲内祕書侍御中散司州初建爲都官從事轉通直郎祕閣令遷散騎侍郎典命中大夫遷太子中庶子正與碑合碑之見於史者如此餘若大野懃万俟于勁侯莫陳

蓋乙旃恬乙旃免郁久閭麟万俟乎䓖万俟乎吐拔乙旃阿各仁侯呂阿倪吒羅吐口若干侯莫仁乙旃應仁吐難萇命郁久閭敏伊婁願莫耐婁悅乙旃侯莫干万俟乎逖拔拔臻魏書官氏志有勿俟于當郎万俟于亦郎万俟乎有乙旃氏獻帝命叔父之子孫曰乙旃氏當郎乙旃恬諸人也又有侯莫陳有吒羅有若干有土難當郎吐難有大莫干或即侯莫干又據魏書傳有侯莫陳悅稱其父爲婆羅門北史傳有吒羅協代郡人附見字文顯傳周書有若干惠保代郡武川人又有伊婁穆代人隋書又有伊婁謙鮮卑人皆是族事蹟之見于史者餘未有考

始平公造像記

連額高二尺八寸廣一尺七寸四分十行行二十字額題始平公像一區並陽文正書在洛陽老君洞

夫靈蹤□啓則攀宗靡尋容像不陳則崇之必□方以眞□□於上齡遺形敷于下葉暨于大代兹功厤作比丘慧成自以影濯玄流邀逢昌運率渴誠心爲國造石窟□□系荅皇恩有資來業父使持節光□大夫洛州刺史始平公奄焉薨放仰□顔以摧躬□匪烏在□遂□亡父造石像一區願亡父神飛三□智周十地□□

熙則万□□□震慧嚮則大千斯□元世師僧父母眷屬鳳翥道場鸞騰兜率若悟落人間三槐獨秀九蕀雲敷五□群生咸同斯願

太和廿二年九月十四日訖　朱義章書孟達文

始平公造像記額云始平公像一區匜字不从土知元寧作堰者俗字也碑寫敀爲啓渴爲竭冢爲㙇蕀爲蕀皆別字字之變體莫甚于六朝故備論之也中州金石記

始平公造像記用棊子格陽文凸起石刻所希有也其文稱父使持節缺大夫洛州刺史始平公奄焉薨

放卬缺後云亡父造像一區考隋書元孝矩祖修義
父子均並爲魏尚書僕射孝矩西魏時襲爵始平縣
公然則此記始平公當太和時或子均爲修義所建
與授堂金石跋
按魏書汝陰王天賜傳和平三年封汝陰王第五
子修義字壽安肅宗初二秦反假修義兼尚書右
僕射西道行臺行秦州事爲諸軍節度後爲雍州
刺史卒於州謚曰文子均位給事黄門侍郎是修
義之子名均不名子均且亦不爲尚書僕射與隋
書異北史修義傳所載歷官與魏書同惟修義之

子均仕魏爲給事黄門侍郎後入西魏封安昌王
位開府儀同三司薨贈司空謚曰平均之子則字
孝規則之弟矩字孝矩西魏時襲祖爵始平縣公
拜南豐州刺史隋文帝時拜少冢宰位柱國賜爵
洵陽郡公又拜壽州總管領行軍總管轉涇州刺
史卒於官謚曰簡以兩書考之修義未嘗有始平
縣公之封而北史乃云孝矩西魏時襲祖爵始平
縣公且矩之父均入西魏封安昌王矩何以不襲
父爵而襲祖爵此北史之可疑者也又修義均矩
俱未嘗爲洛州刺史此碑稱父洛州刺史始平公
又碑立於太和年其時未分東西魏則非西魏時
之始平公或是另一人非卽元均及孝矩也吾友
謝藴山方伯作西魏書亦未加核證俟再考之

孫秋生等造像記

石高五尺六寸廣二尺二寸分兩截上截記十三行行九字下截俱維那姓名十五行行三十字正書

邑子像
大魏太和七年新城縣功曹孫秋生新城縣功曹劉起
祖二百人等敬造石像一區願國祚永隆三寶弥顯有
願弟子等榮茂春葩庭槐獨秀蘭條鼓馥於昌年金暉
誕照於聖歲現世眷屬萬福雲歸洙輪疊駕元世父母

及弟子等來身神騰九空迹登十地五道羣生咸同此
願　孟廣達文　蕭顯慶書
維那程道起孫龍保衞伯介孫祖德衞辰劉俱韓買賈
念超□□□□□
維那夏侯文德孫洪龍王洪哲孫洪保夏侯文度王洛
州張□□□□□
維那高伯生劉念祖程万宗衞榮方樊府子王□生和
龍度□□□諸□□
維那孫鳳起夏侯文成劉靈鳳楊佰醜衞天念衞豎劇
韓椽生賈款子賈□□

維那吳靈□劉吳樂夏侯三郎王樂祖劉仲起高叔齊
校祖□輩山□走道□
維那王承□郭志相孫碩孫豐書衛國樹高文照馬伯
遺高珎保方豫州裴廿
維那賈道柱孫鐵懃孫道高珎國孫陽高天保高務王
天愛楊始宗高□孫佛
維那馬龕恭李定趙龍樹魏靈功魯伏敬郭靈淵董雀
王洛都董万遮李□檀
維那傅定香孫猗孫龍起吳龍震吳仲孫方洛州尹文
遠田文安毛洪□楊方

維那衛方意孫天敬趙光祖姜龍起姜清龍趙天具楊
榮祖趙珎伯諸葛磨介
維那米法與司馬雙張顯明倉景珎王文才陶靈珎陶
晉國許靈壽王拔張雙
維那董光祖衛□□劉洪慶高及祖李扁子承祖彌趙
醜奴王韻□王雙劉洛
維那孫僕伯孫壽之孫石荷道成杜万歲趙祖歡宋小
才張万度劉道義宋但
維那朱安盛上官稚上官毛郎衛勝賈苟生麻黑奴賈
龍淵賈雙王董伯壽□

維那朱祖香解廷儁董伯初
景明三年歲在壬午五月戊子朔廿七日造訖
邑子中散大夫□陽太守孫道務
寧遠將軍中散大夫穎川太守安城　□白犢

按此碑記新城縣功曹孫秋生等二百人造像之事魏書地形志高陽郡領縣九新城其一也碑中所列姓名皆稱維那惟孫道務一人稱邑子所造者又係佛像而額題邑子像三字孫道務及安城□白犢二行分刻額上邑子像三字之左右義皆不可曉魏書釋老志若爲三寶巡民教化者在外

齎州鎮維那文移在臺者齎都維那等印牒然後聽行違者加罪又翻譯名義南山之聲論翻爲次第謂知僧事之次第寄歸傳云華梵兼舉也維是綱維華言也那是梵語刪去羯磨陀三字也僧史略云梵語羯磨陀那譯爲知事亦云悅衆謂知其事悅其衆也稽其佛世飲光統衆於靈鷲身子涖事於竹林音義指歸云僧如綱假有德之人爲綱繩也隋智琳潤州刺史李海游命琳爲斷事綱維遡後寺立三綱上座維那典座也此碑稱維那因附詳于此造像始於太和七年訖於景明三年相

距二十年歷時爲已久矣

比邱法生造像記

石高一尺五寸五分廣一尺四寸五分十一行行十三字正書

夫抗音投澗美惡必酬振服依河長短交目斯乃總音道俗水鏡古今法生敬達　孝文皇帝專心於三寶又遇北海母子崇信於二京妙演之際屢叨末筵一降徵心忝充五戒思樹芥子庶幾須弥今爲　孝文幷北海母子造像表情以申□□□生□始王□□□□凤□歸功帝主万品衆生一切同福

魏景明四年十二月一日比邱法生爲　孝文皇帝幷北海王母子造

按碑爲景明四年十二月立末題比邱法生爲孝文皇帝幷北海王母子造考北海王詳字季豫孝文之弟太和九年封北海王其母爲高太妃見魏書北海王傳詳後獲罪暴死沙門之造像求福亦何益哉

石門銘

銘高七尺四寸廣九尺二寸二十八行每行二十二字正書

此門蓋漢永平中所穿將五百載世代綿迴屯夷遞作乍開乍閉通塞不恒自晉氏南遷斯路廢矣其崖岸崩淪磵閣堙褫門南北各數里車馬不通者久之攀蘿捫葛然後可至皇魏正始元年漢中獻地褒斜始開至于門北一里西上鑿山爲道□岨□迂九折無以加經途巨礙行者苦之梁秦初附實仗才賢朝難其人褒簡良牧三年　詔假節龍驤將軍督梁秦諸軍事梁秦二州刺史泰山羊祉建旟嶓漾扌境糸邊蓋有叔子之風焉□天嶮難升轉輸難阻表求自迴車已難開創舊路牛□□□□之勞就方軌之逸詔遣左校令賈三德領□□□□□□師□□入共成其事三德巧思機發精解冥會雖元凱之梁河德衡之損蹄未足偶其奇起四年

十月十日訖永平二年正月畢功閣廣四丈路廣六丈皆□□樓□□□□及□迴□□□□□二百餘里連輣駢閣而進往哲所不工前賢所輟思莫不夷通爲王生履之可無臨深之歎葛氏若存幸息木牛之勞於是畜產鹽鐵之利紈錦罽毦之饒充□川內四民富實百姓息肩壯矣自非思埒班爾籌等張蔡忠公忘私何能成其事哉乃作銘曰

龍門斯鑿大禹所彰兹巖迴穴肇自漢皇導此中國□眞四方其功伊何既逸且康去深去阻匪閣匪梁西帶汧隴東控樊襄河山雖□□德是强苟惟幾甸今則闕

疆未懷□□□在人亡不逢殊績何用再光水□悠□□□□長夕凝曉露晝含晞霜秋風夏起寒鳥春傷穹隆高閣有車轔轔□夷石道駟牡其駉千載絕軌百兩□新敢刊巖曲以紀□塵

魏永平二年太歲己丑正月己卯朔卅日戊申梁秦典籤太原郡王遠書

石師河南郡□陽縣武□仁鑿字

銘後磨崖一段

石刻高二尺八寸五分廣二尺五寸七行行十字九字不等正書

□西壁文後漢永平中開石門今大魏改正始五年爲

永平元年餘功至二年正月訖手開復之年同日永平今古同前極矣扶後之君子異世同聞焉

右魏石門銘云此門蓋漢永平中所穿自晉氏南遷斯路廢矣皇魏正始元年漢中獻地襃斜遂闢假節龍驤將軍梁秦二州刺史羊祉開創舊路詔遣左校令賈三德共成其事起四年十月訖永平二年正月畢功其餘文字尚完而其大略如此石門在漢中所謂漢永平中所穿者乃明帝時司隸校尉楊厥所開也厥自有碑述其事甚詳正始永平皆後魏宣武年號也 集古錄

右石門銘蓋述龍驤將軍梁秦二州刺史泰山羊祉開通石門之功魏書宣武紀正始四年九月甲子開斜谷舊道卽其事也碑云起四年十月十日至永平二年正月畢功而史書於四年九月者據奏詔之日言之耳北史羊祉傳不書開斜谷道事此史文之闕漏當據石刻補之碑云皇魏正始元年漢中獻地卽梁天監三年也是歲夏侯道遷背梁歸魏梁史書魏陷梁州於二月當得其實魏收史書於閏十二月溫公通鑑據長歷梁閏在次年正月後遂移於後年非也 潛研堂金石文跋尾

遠無書名而碑字超逸可愛又自歐趙以來不著錄尤可寶貴也序文有云此門爲漢永平中所開卽指鄐君事言之鄐君爲漢中太守甚有功於民而史志家皆不載其人碑又遺其名字余甚惜之 關中金石記

按銘序云此門蓋漢永平中所穿將五百載是指漢明帝永平六年癸亥歲漢中太守鄐君所開石門也自漢永平癸亥至魏宣武帝永平二年己丑實四百四十七年云將五百載者約略之詞也集古錄云漢永平中所穿者乃明帝時司隸校尉楊厥所開考楊孟文所開者事在桓帝建和二年洪

氏隸釋有其文非明帝永平中事歐公蓋誤記耳
魏書世宗紀正始元年閏十二月癸卯朔蕭衍行
梁州事夏侯道遷據漢中來降卽序所稱正始元
年漢中獻地事銘後別有磨崖一段不著記者姓
名蓋以前後題石門皆在永平年爲異事而記之
也

嵩顯寺碑

碑高六尺七寸廣三尺三寸下截殘缺起末不可辨僅存二十一行行三十一字正書篆額

勑賜嵩顯禪寺碑記
□□□□□□□□□□□□□□□□□□□
□□□□□□□□□□缺神□□□□□□□不夜
者也□□□□垂慈暉□□□□之上久□□□□
缺□□億載之下□□大千□□□□隱□弗恒□
乎□□□□常□□□缺□□□廣□樹應□世
豈□□□道風施□法雨者哉□惟
缺帝陛下纂統重光紹隆□□□□三□道均五□下
□□□□□□乃□□缺源□□法□慧□既振普
天開般若之音□□□率土□□□之□□□□
缺塲斯□矣自惟啟□異方樹基□□□□□著姓
□州□□□□□□□□缺得□聯翔旭號親□□

內秉□□之□外□□□之□入□□□出□□□
□缺沖波□津濟液寒□貫春日之□□□辰之
蔚□□□□□□□□缺凝而□心冈謝□仰
慕□□報施之□□□聖□□□之旨□□□□
□□缺□□□岑□□□□上□沖天之峰下□□□
之險□□□□□□□□□□缺聚屈□□瞻矚現
成□若□神乃□□□堅□□□□□□□至□之
□□在缺□世之□于□□□方形□妙苕苕□□恭
去□□□□□□□□□□□□缺斯誠冀□□鍾
於□□□□□於道□述□休風遂□頌曰
修哉渾源□化現□□氣既□□□□形缺□競耀□
□□□□□□□□□□缺□□至漠□□□□□□□□
三界□□大千□□□□□□□□□弗恒□□□□
缺聖皇沖□靈液□□□□□□□□□風□□□□
□□□□□□□□□缺□□盛德二后經綸□
光□□□允□臣帝□□陽□□□□□□□□□
□缺□□□峰□□□風雲交□□□□□□□
□聖容□□樹銘典□□
大魏□平二年歲在己丑四月戊申□八月乙卯□
□□□□□□□

□□□□□□□□□□

比丘尼法衍造像記

碑横廣八寸五分高七寸五分八行行九字八字正書

永平三年四月四日比丘尼法衍龕用敬心造定光石像一區并二菩□□願永離□□無有苦患願七世父母□緣眷屬現在師□亦□共福□令一切衆生咸同斯慶

佌和寺造像記

石横廣一尺零五分高五寸五分十行行四字至八字行書

永平四年十月七日佌和寺尼道僧畧造弥勒像一區生生世世見佛聞法清信女周阿足願現世安隱一切衆生普同斯願

按字書無佌字寺名佌和無考畧造之畧字亦不可識洛州鄉城老人碑凡清信女皆只書姓此云周阿足則并著其名也現世安隱揚子方言隱定也玉篇隱安也此云安隱疑即後人安穩之義

司馬元興墓誌銘

石高二尺五寸廣二尺共十七行每行二十二字正書在孟縣

魏故寧朔將軍固州鎮將鎮東將軍漁陽太守宜陽子司馬元興墓誌銘

君諱紹字元興河内溫人也晉河間王右衞將軍遷散騎常侍中護軍使持節侍中太尉公贈車騎大將軍儀同三司謚曰武王欽之元孫晉河間侍中左衞將軍贈使持節鎮西將軍荆州刺史謚曰景王曇之之曾孫晉淮南王祕書監遷使持節鎮北將軍徐兗二州刺史晉祚流移姚授冠軍將軍殿中尚書大魏蒙授安遠將軍丹陽侯贈平西將軍雍州刺史謚曰簡公叔璠之孫寧朔將軍宜陽子驃騎府從事中郎鎮西將軍略陽王府長史道壽之子君夙稟明預纂承徽烈洪業方隆生志未遂以魏太和十七年歲次戊申七月庚辰朔十二日壬子薨於第以永平四年歲次辛卯十月癸亥朔十一日癸酉遷葬在溫城西北廿里記之

遥哉遠裔緬矣鴻冑承苻紹夏作賓於周貞明代襲奕世宣流誕生夫子剋纂徽猷崇基方構嘉業始脩蘭摧始夏桂折未秋感戀景行式述遺烋

右魏司馬元興墓誌銘與後司馬景和妻墓誌銘司馬景和墓誌銘司馬進宗墓誌銘於乾隆二十年間同時出土其地在今縣東北八里葛村蓋父子夫婦宗族合葬於此故其出亦同時也諸誌初出爲縣學生張大士購得其三復有韓姓者買得是誌以贈河

內劉姓今自劉姓轉入孫姓人家孟人欲贖歸不得
僅宛轉購得紙本因載其文如右碑誌稱元興爲河
內溫人葬於溫城西北廿里按太平寰宇記云古溫
城在溫縣西南三十里周司寇蘇忿生邑漢爲縣東
魏天平中移縣於古城東北七十里隋大業十三年
又移於今理溫縣志亦同云古溫城卽今所謂樂安
寨者是也以里數地望考之葛村正在古溫城西北
二十里蓋後此三十年溫縣始移而此則正在其未
移之前者也又其時河陽城在野戍似以湨爲界故
此地屬溫厥後孟州城移于今所則以湨爲界地遂

爲孟境矣是可想見昔之疆域焉又按此誌序其世
系甚詳其所云武王欽者見於晉書河閒王司馬顒
傳末蓋元帝以嗣河閒者但官階不具唯穆帝紀永
和九年書遣太尉河閒王欽修復五陵及哀帝興寧
元年三月書散騎常侍河閒王欽薨而已其右衛將
軍中護軍使持節侍中及贈謚皆略而不載又所謂
景王曇之者亦見於孝武帝紀太元九年十月所書
河閒王曇之薨而已其官階贈謚俱不見焉是此誌
云云足補晉書之缺略矣云簡公权璠者魏書本傳
亦稱父爲曇之及歸魏爲安遠將軍丹陽侯至誌所

云在晉爲淮南王祕書監鎮北將軍并刺徐兗二州
及在姚秦爲殿中尚書入魏有卒後贈謚則魏書北
史皆缺而不載而於其長子盛壽之卒則又載其贈
謚是史疎而此詳又魏書載道壽爲寧朔將軍丹陽
侯而誌所云爲驃騎府從事中郎鎮西將軍略陽王
府長史魏書皆略而不載則史略而誌詳也又魏書
云道壽長子元興襲父爵則似但名元興者而誌稱
諱紹字元興是尤足正史氏之誤焉又誌稱永平四
年歲次辛卯者在南朝當梁武帝天監十年與史相
應唯所稱魏太和十七年歲次戊申者則作誌者之

誤按通鑑太和十七年當齊武帝永明十一年係癸
酉而非戊申又所云七月庚辰朔十二日壬子薨者
以庚辰推之十二日當云辛卯此云壬子皆誤究其
所以蓋自太和十七年薨至永平四年遷葬前後相
距已十九年故追書而誤耳其誌石殊無損剝書跡
廉悍勁折饒有筆力於南朝可敵王僧虔自可稱爲
佳書今其石雖已轉徙然孟地乃其自出故紙藏其
文復屬湯子令名以校志之暇重摹入石存其筆意
庶與現存後魏諸刻仍欲斯境而孟人亦不致舊石
之相去轉遠也文內別體如殷後疏從劉槃之甄皆依石本精校非訛寫孟縣志

右銘題云魏故寧朔將軍固州鎮將鎮東將軍漁陽太守宜陽子司馬元興墓誌銘而文中絕無一言及其官位以題已著之也古人文字之簡如此後代罕知此法矣考晉書河閒王欽之名僅於河閒王洪河閒王瑒兩傳內一再見至欽子曇之則晉書並未見其名魏書司馬叔璠傳敘其父曇之爲河閒王又不言曇之爲欽子得此碑可補晉書之脫漏碑稱欽謚武曇之謚景叔璠謚簡亦晉魏二書所未及載也元興嘗爲固州鎮將考魏書地形志無固州之名惟析州有固郡其即固州與否俱未可知碑書儀使偕諧字皆從彳旁以驃爲驃以休爲烋以遙授爲姚授皆異文潛研堂金石文跋尾

魏司馬氏誌石近爲吾友魚山所得者凡有四惟元興及景和兩誌以士人祕不肯出僅自得一拓本又不忍獨藏遂用油紙影摹寄余按其文云云考晉書河閒平王洪傳內有河閒王欽今誌文所云元興謚武王欽之元孫即其人然史未嘗著其詳則史之疎也魏書司馬叔璠傳但云父曇之亦不載其歷官贈謚至云司馬德宗河閒王桓元劉裕之際叔璠與兄國璠北奔慕容超後西投姚興裕滅姚泓北奔屈丐世祖平統萬兄弟俱入國按之誌文晉辭流移姚授冠軍將軍殿中尚書則當叔璠西投姚興時其官階所歷已如此矣又誌文云大魏蒙授安遠將軍丹陽侯與史傳同其贈平西將軍雍州刺史謚曰簡公傳更未之及叔璠次子道壽史載其爲寧朔將軍宜陽子與誌文合惟誌言驃騎府從事中郎鎮西將軍略陽王府長史傳亦略而不書宜皆取徵于此文也元興亦見魏書但云道壽長子元興襲父爵而已今誌石題首魏故寧朔將軍固州鎮將鎮東將軍漁陽太守宜陽子史稱其襲父爵以寧朔將軍宜陽子並與

道壽父爵同也然誌文云君諱紹字元興史錄其字而佚其名其爲缺記豈小失也哉別體字驃作驃秉作稟顯作頣克作剋休作烋授堂金石跋

按此碑敘高曾祖考歷世官爵潛研授堂二跋考之已詳此文序與銘共約三百字而敘先世銜名居其十之五六敘司馬元興本事只夙稟明穎幾承徽烈洪業方隆生志未遂十六字而已下敘卒葬年月末云記之後有銘詞不加銘曰二字皆與他碑異式又按徐鍇子曰齊王儉云石誌不出禮典起宋元嘉中顏延之爲王琳作石誌以其無銘誄

故以紀行自爾遂相祖習益南朝禁墓誌故僅載其官爵不敘功勳衵自得保冉禪後始得此碑耳又按三代時廟碑以麗牲墓碑以下窆故各有圓穿而無文字世所傳孔子題吳季札墓碑僞妄殆不足信嬴秦石刻亦皆摩崖爲之未聞別豎碑石也西京雜記稱前漢杜子春臨終作文刻石埋於墓前博物志載西京時南宫寢殿有醇儒王史威長葬銘此實志銘之始今皆不傳王史威長之銘止八句三十二字則亦如趙岐刻石僅識時代姓名之類東漢碑額皆書某君之碑惟曲阜孔君碑

出于墓中額止孔君之墓四字其即如後世之墓志歟然敘事文頗簡質與他漢碑無異蓋志石高不過二三尺橫亦如之壙中爲地甚隘所容止此故其爲文不過略敘生平梗槩使有陵谷變遷之日後人可以識其墓處覘其行誼而已若文繁則不能大書深刻刻之亦易致磨泐固與神道碑墓表碣與事直書暢所欲言者其例各殊矣魏晉之文尚仍古法六朝則純尚駢體雖文采華贍而史家據以作傳轉多失實唐之初盛尚沿舊制韓柳諸公所撰志文亦皆敘事簡括言簡意賅故昌

黎集中惟韋丹墓志篇幅稍長餘皆無過千字者以之徹石納壙猶恢乎有餘也唐末閒多千字以外之文而北宋蘇氏弟兄出遂有至四五千字者此則斷難刻置墓中故碑志爲二蘇所撰無出土者卽今所見諸志亦無冗長如蘇文者或當時刻之立於壙外或橫卧於柩旁然何以終不傳於後世或竟撰文存集而實未鐫刻者皆不可知矣明王止仲著墓銘舉例所取惟十五家之文未有拓本故秀水朱氏欲舉漢魏六朝金石各例以補其未備昶嘗取前代諸碑志攷之有載遠近祖父世

系及弟兄妻子並子孫女孫女敘述不同葬地有書有不書或書而不詳或不書卒時年月或不書葬時年月而所配合葬與不亦詳略互異細推其故蓋漢魏時墓志墓碣等文原無程式晉宋齊梁各代又斷刻石之事獨北魏人頗多志墓者然其時屢經喪亂地識遷阁所志者大抵武臣悍卒或出自諸蕃而田夫牧隸約畧記之其書法不參經典草野粗俗無足怪者卽隋唐諸志其撰文寀書不必定爲通儒頗雜鄙陋之作雜出其閒不能盡足爲例也昶錄此編既已各載全文其中敘事繁

簡銘詞長短及書題前後空格疏密悉仿原刻墓
錄好古者擇而取之尚亦知所從事矣因跋司馬
誌後謹述其故以詢後之君子

安定王造像記

石横廣一尺五寸高一尺四分十五行行十字正書在洛陽龍門

華州刺史安定王造石窟像記

皇魏永平四年歲次辛卯十月十六日假節督華州諸
軍事征虜將軍華州刺史安定王仰爲亡祖親　太妃
亡考太傅静王亡妣蔣妃敬造石窟一軀依巖褒𡸁刊
崇沖室妙鐫靈像外相顯發工績殺儀凝華□極敬恃

此福上資先尊□使捨此塵軀即彼眞境□□六通□
燭□□値遇□□早登十地又　居□□□□□祥照□
永作山河□□□□世一切含生普同□願

魏書安定王休傳云蠕蠕犯塞出爲使持節征北大
將軍撫冥鎭大將休身先將士擊虜退之入爲内都
大官遷太傅及開建五等食邑二千戶薨謚曰靖王
即此所謂太傅静王也靖静同字傳又云次子燮除
下大夫世宗初襲拜大中大夫除征虜將軍華州刺
史即造像人官爵悉合史無假節督華州諸軍事乃
其疏記文皇魏字從委鬼聲與古文合俗皆省山又
云依巖褒𡸁以褒爲抱亦用古字惟字作𡸁謬甚中州金石記

按魏書列傳景穆皇帝十四男次於第十三者即
安定靖王休也王爲孟椒房生碑所稱亡祖親□
太妃者乃孟太妃也休以太和十八年薨下距造
像時永平四年又十八年矣次子燮以世宗初襲
父爵故題稱華州刺史安定王

劉洛眞造像記

石不知高幾許記十一行行八字

延昌元年歲次壬辰十一月丁亥朔四日清信士弟子

劉洛眞兄弟爲亡父母敬造彌勒像二區使亡父母託
生紫微安樂之處還願七世父母師僧眷屬見在居門
老者延年少者益筭使法□□生一時□佛咸願如是

張相隊造像記

像高二尺三寸廣一尺四寸記刻于座上十二行行四字五六字不等正書

延昌二年歲在癸巳三月乙卯朔廿九癸未相爲眷屬
造天尊一區願大小□從心息男胡女息男□□息女
羅朱胡妻楊興文
道士張相隊　相妻姚□姬　相妻□□□

金石萃編卷二十七終

金石萃編卷二十八

賜進士出身　誥授光祿大夫刑部右侍郎加七級王昶譔

北魏二

司馬景和妻墓誌銘

石高廣各二尺二寸八分二十一行行二十一字正書在孟縣

魏代揚州長史南梁郡太守宜陽子司馬景和妻墓誌銘

夫人姓孟字敬訓清河人也蓋中散大夫之幼女陳郡府君之季妹夫人資含章之淑氣稟懷穀之奇風芬芳特出英華秀生婉間河洲誠鋪千里年十有七而作嬪於司馬氏自笄髮從人撿無違度四德孔脩婦宜純備奉舅姑以恭孝興名接娣姒以謙慈作稱恒寬心靜質舉成物軌謹言慎行動爲人範斯所謂三宗厲矩九族承規者矣又夫人性寡妒娮多於容納毀桃反之宜上篤小星之逮下故能慶顯螽斯五男三女出入閨閫諷誦崇禮義方之誨既形閨閫之教亦著然盡力事上夫人之勁夫婦有別夫人之識捨惡從善夫人之志內宗加密夫人之恆姻於外親夫人之仁夫人有五器而加之以躬撿節用豈悟天道無知輿善徒言享年不永四

回横集春秋卅有二以延昌二年夏六月甲申朔廿日癸卯遘疾奄忽薨於壽春嗚呼哀哉粤三年正月庚戌朔十二日辛酉歸葬於鄉墳河內温縣温城之西寔以營原輿龍野成丘故式述淸高而爲頌云

穆穆夫人乘和誕生蘭叢蕙棎玉潤金聲令問在室徽音事庭方孚洪烈範古流名如何不淑早世徂傾思閣後葉刊石題誠

右司馬景和妻墓誌銘首稱魏代或以代爲朝代之代非也按集古錄太武太延五年大代修華嶽廟碑跋云魏自道武天興元年議定國號羣臣欲稱代而道武不許乃仍稱魏自是之後無改國稱代之事而魏碑數數有之碑石當時所刻不應妄但史失其事爾由是言之史家闕謬可勝道哉金石錄云余按崔浩傳云方士祁纖奏改代爲萬年浩曰昔太祖道武皇帝應期受命開拓洪業諸所制置無不循古以始封代土後稱爲魏故代魏兼用猶彼殷商蓋當時國號雖稱爲魏然猶不廢始封故兼稱代爾今按此所云魏代正是代魏兼用之義足與史書相發又按後魏太安二年中嶽廟碑內有太代應期之語亦可明此所謂代非朝代之代也　又此誌所述事迹其體頗似加九錫文竊以謂此是司馬家風故相沿以施

之於巿幗爾又其書體多出創意如妻作㚯稟作廩
從作從舉作舉盜作盜之類幾難枚舉益皆不合六
書之義然後魏書碑亦往往而是此自是一種風氣
不必深論也若其筆跡之佳及深得書家三昧政如
黃山谷評楊風子書所謂散僧入聖者當爲魏碑中
佳刻然初觀殊不可喜又此石雖存然較之三十年
前搨本已多損剝良由石質脆薄多拓定不能久耳
石方尺六寸厚僅二寸許云志 孟縣
沈進士嵩門以所藏魏人墓誌見示按其文題曰魏
代揚州長史南梁郡太守宜陽子司馬景和妻墓誌

銘以延昌三年正月辛酉葬而爲頌題稱銘而文稱
頌題不著其妻姓而文但曰中散大夫之幼女陳郡
府君之季妹亦不著其父兄之名皆金石例所未舉
雖漢碑有之然非正也魏自有晉懷愍之世始封於
代踰九十年乃詔以國號爲魏而此文猶以魏代爲
稱則其不忘本始之意亦可見矣文多別體蓋北朝
習俗相沿使然爾 翁方綱跋
誌銘題首云魏代揚州長史南梁郡太守宜陽子司
馬景和妻其文首云夫人姓孟字敬訓清河人也以
延昌三年自壽春歸葬鄉墳河內溫縣溫城之西改

魏書崔浩傳以始封代土後爲魏故代魏兼用從彼
殷商今此誌題魏代與傳文正相符契然以推之道
武帝紀天興元年羣臣言國家萬世相承啓基雲代
應以爲號帝下詔宜仍先號以爲魏則當時改號稱
代帝實不從而魏修中嶽廟碑于大代太和兩見太
和二年始平公造像記亦云暨于大代太和七年孫
秋生造像記首題大代以例誌文兼號魏代此必史
氏之疎又不悟其紀傳自相戾也石近爲馮户部魚
山搜出已載入孟志所論與余合又別體字稟作廩
笄作筓備作俻族作𦙄寡作寡姤作姤盜作盜 授堂金石
跋

按魏書傳司馬叔璠爲晉安平獻王孚之後晉末
入魏以安遠將軍丹陽侯卒子靈壽道壽道壽爲
寧朔將軍封宜陽子長子元興次子仲明元興子
景和官給事中稍遷揚州驃騎府長史清河內史
正光元年卒贈左將軍平州刺史與志皆合然書
稱元興襲父爵不書景和襲爵豈史之疎歟魏孝
明延昌二年爲梁天監十二年時梁魏搆兵于淮
南諸郡而壽春扼其衝且是年五月壽陽大水城
不没者三版干戈傲擾之際乃能從容歸葬又作

銘以示後人夫人不可謂非幸也然是時距正光
元年不及十年而景和亦已殁矣北史旣不載景
和魏書亦不載景和之子此誌雖有五男三女之
文名皆不著殊恨其過簡然字畫古質可喜往往
有隸意尤多别體爲魏晉南北朝所罕見者第自
來金石書皆不著録不審其石何在也沈子嵩門
以拓本見示完好可誦因考而書其後嵩門名景
熊仁和縣舉人成進士爲予小門生現任貴州印
江知縣

尹靜妙造像記

石不計尺寸記七行行
四字五字三字不等

延昌四口八月辛未朔廿九日己亥淸信女尹靜妙口
一切衆生造

松滋公元萇溫泉頌

碑連額高五尺五寸廣三尺二寸十一行每
行計二十字正書篆額在臨潼縣溫泉觀

魏使持節散騎常侍都督雍州諸軍事安西將軍雍州
刺史松滋公河南元萇振興溫泉之頌
夫觸輕煙勒麟鳳駛及奔星走犨流月蟬變羽化之民
食霞口口之士斯蓋有道存焉固非人事之所覼覩至
若泥行水蹶血食之夫與没自天去來非己于陰口於
朝露百齡迅於滅電一物不諧則肬贅以生庶事不康
則風火以敗故聖王口百姓之多疾挍藥石以濟之造
化愍蒼生之鳩毒設甘餌以救之蓋溫泉者乃自然之
經方天地之元醫出於河渭之南泄於麗山之下淵華
玉澈口清數刃靈感超異唆極不測無樵薪之爨而揚
湯沸於楚鑊無公謙之探而寒暑調於夏鼎高塘之雲
朝舞於水湄巫由之雨夕收於淵際靑林碧草含露而
通岸香風蕙色列口而環渚於是左湯谷右濛氾南九
江北瀚海千城万國之氓懷疾枕痾之口莫不宿粮而
來賓療苦於斯水但上無尺棟下無環堵倏倏君子我

將安泊孤黍發軔咸池分條紫漢道隔昇平弱年數仕
旣歷通顯朝望已隆爰自常伯出居分陝地兼陸海之
饒藏厚封君之室而報天之効無聞訓民之譽安在每
思傾口微與深責以爲斯泉天實爲之而人略未備遒
翦山開鄣因林構宇遂館來風淸簷駐月望想煙霞遲
羽衣之或顧顕言多士恕因玆以蕩穢遒作頌曰
皇皇上靈愍我蒼生泌彼溫泉于北麗川其水刻神刻
神刻聖濟世之醫救民之命其聖伊何排霜吐旭其神
伊何吞肬去毒無藉炳炭詎假樵木湛若虞淵沸如湯
谷東枕華山西拒咸陽連嶠接峠嶂落相望彩林爭翠

蔟樹成行香風旦起文霞夕張陟彼麗山望想千里迺作高堂鴻飛鳳起三輔之英五都之士慕我芳塵爰居爰止其德既酋其聲既遠金華眉桂春山九轉日放羣羊手口口犬探鵲來思俊我口堂而

碑側題名

側廣八寸二行行六字行書

眞淨子屢觀此碑裵徊不能去

文四行行五字隸書

大定壬寅仲冬十二日棲雲老人遊此子宗傑侍行

碑額三十六字字體奇詭不知所自云魏使持節散

騎常侍都督雍州諸軍事安西將軍雍州刺史松滋公河南元萇振興溫泉之頌萇于孝文時以代尹除懷朔鎮都大將宣武時為北中郎將帶河內太守歷侍中雍州刺史是碑所作當在宣武時也本傳稱萇襲爵松滋侯例降侯賜艾陵伯降侯為伯在孝文大統十六年是碑仍稱松滋者當是尊崇其世爵故不及其所降之爵也亦俗情如此耳關中金石記

按元萇傳魏書與北史文同傳稱元萇高祖時襲爵松滋侯例降侯賜艾陵伯高祖遷都以代尹留鎮除懷朔鎮都大將世宗時為北中郎將帶河內太守歷位度支尚書侍中雍州刺史卒謚曰成子子華襲爵孝莊初除齊州刺史碑額題使持節散騎常侍都督雍州諸軍事安西將軍當是刺史結銜之例如此傳從略也初襲松滋侯降賜艾陵伯而碑額題松滋公始無論當稱降爵不當仍侯且松滋之封自萇之曾祖始累世承襲皆是侯爵未嘗稱公則此題松滋公所未詳也降侯為伯孝文時制以非太祖子孫王降為公公降為侯侯降為伯子男萇之始封祖丁谷公紇羅乃神元皇帝之曾孫在降封之例事在孝文太和十六年關中記

謂大統者似偶誤也水經注渭水逕新豐縣故城北東與魚池水會池水又西北流水之西南有溫泉世以療疾三秦記曰麗山西北有溫泉祭則得入不祭則爛人肉俗云始皇與神女游而忤其旨神水唾之生瘡始皇謝之神女為出溫水後人因以澆洗瘡碑所記大致皆合且因有神女之事文故云高塘之雲朝發於水湄巫山之雨夕收於淵際蓋亦以艷語敷之也又云上無尺椽下無環堵迺翦山開鄣因林構宇遂飾來風清簷駐月然則溫泉之有宇自元萇始矣文內元萇自稱為孤他

碑罕見覶縷今俗作覼縷碑書作覶覼樵蘇之爨爨作爨易鼎卦覆公餗餗作蔌高唐之雲作高塘存猷去壽猷與猶通也乃書作猷西亘咸陽作西掴其德既迺作既酉皆别體也碑無年月元萇爲雍州刺史傳亦不詳何年傳稱其爲河内太守在世宗時其子除齊州刺史在孝莊初則以此碑附於世宗之末爲宜矣碑側二行皆後人所題一無年月一爲金大定二十二年壬寅歲也

楊大眼造象記

碑連額高三尺九寸廣一尺七寸四分十一行行廿三字正書額題邑子像三字亦正書在洛陽伊闕

邑主仇池楊大眼爲孝文　皇帝造象記

夫靈光弗曜大千懷永夜之□□蹤不遵葉生啥靡導之懺是以如來應羣緣以顯迹爰暨□□□像遂著降及後王兹功厖作輔國將軍直閤將軍□□□□梁州大中正安戎縣開國子仇池楊大眼誕承龍曜之資遠踵應符之𤔁禀英奇於弱年挺超羣於始將其□也垂仁聲於未聞揮光也摧百万於一掌震英勇則九宇□馬存侍納則朝野必附彰王衢於三紛掃雲䨻於天路南穢既澄震旅歸闕軍次□行路逕石窟覽先　皇之明蹤覩盛聖之麗迹矚目□肖泫然流感遂爲孝文皇帝造石像一區凡及衆形罔□備列刊名記功示之云尒　武

大眼武都氏難當之孫魏書有傳碑云輔國將軍直閤將軍□□□□梁州大中正安戎縣開國子官與史合史惟不及梁州大中正及安戎爲安成傳寫之誤耳碑云彰王衢於三紛掃雲䨻於天路寫清爲彰鯨爲䨻皆别字又云南穢既發震旋歸闕旋卽旅字其寫含爲啥稟爲稾覽爲覽矚爲矚功爲功皆别字末有武字似下有年號未了 中州金石記

記首題邑主仇池楊大眼爲孝文下缺以記後文證之

知其爲孝文帝造石像作也大眼書官云輔國將軍直閤將軍下缺四字梁州大中正安戎縣開國子北史裴叔業以壽春內附與奚康生等率衆先入以功封安成縣子除直閤將軍出爲東荊州刺史以此記相較益缺錄爲輔國將軍不如魏書之詳魏書除直閤將軍尋加輔國將軍而梁州大中正失載及安戎之訛安成則兩史並誤脫也記又云南穢既澄震旅歸闕案是時爲宣武初裴叔業內附所謂南穢者卽當指此然則此記正記於宣武時也記後文單書一武字莫曉其指書勢尤傑卓魏石刻亦希見 授堂金石跋

魏靈藏造像記

碑連額高三尺九寸五分廣一尺七寸四分十行行廿三字正書額題魏靈藏薛法紹釋迦像九字在洛陽伊闕

夫靈跡誕遘必表光大之迹玄功既敷亦標斎世之作
自雙林改照大千懷綴暎之悲慧日潛暉哈生銜道慕
之慼是以應眞悼三乘之靡憑遂騰空以刊像爰暨下
代茲容厥作鉅鹿魏靈藏河東薛法紹二人等乘豪光
東照之資闕兜率翅頭之益敢　輙磬家財造石像一
區凡及衆形罔不備列願乾祚興遐万方朝貫願藏等
挺三槐於孤峰秀九棘於華苑芳實再繁㻛標獨茂合

門榮華福流奕葉命終之後飛逢千聖神騰六通智周
三達曠世所生元身眷屬捨百邹則鵬擊龍花悟無生
則鳳昇道樹五道羣生咸同斯慶

陸渾縣功曹魏靈藏

字體似楊大眼記㻛摽即荆條別字也又寫標爲樹
哈爲含希爲斎求爲承豪爲豪率爲率棘爲棘中州金石記

記所言薛靈藏法紹二人自爲祝釐之詞皆誕妄無
稽不自悲其愚也別體字痛作𤺋鹿作𢈔授堂金石跋

齊郡王祐造象記

石高廣並一尺六寸十五行行十六字正書

夫靈宗沖邈跡遠於鹿開靈範崇虛理絶於埃境若不
圖色相以表光儀尋聲教以陳妙軌將何以依希至象
髣髴神功者哉持節督涇州諸軍事征虜將軍涇州刺
史齊郡王祐體蔭宸儀天縱淑茂達成貴之通途識眞
假之高韻精善惡二門明生滅之一理資福有由歸道
無礙於是依雲山之逕狀郎林水之仙區㦯神像於青
山鏤靈形於巖石締慶想於幽津結嘉應於冥運乃作
銘曰
芒芒靈緒眇眇幽宗靈風潛被神化冥通升輿爲本嚴

濟爲功德由世重道以入鴻臨觀淨境□絶□□圖形
泉石構至雲松□□□□□□□□□□福田有慶嘉應無
窮

熙平二年七月廿日造

右涇州刺史齊郡王祐造像記文稱體蔭宸儀天縱
淑茂蓋魏文成帝之孫齊郡王簡之子也北史作祐
蓋傳刻之譌其官征虜將軍亦史所失載潛疑即濟
字潛研堂金石文跋尾

按魏書列傳文成皇帝七男第四曰簡以太和五
年封齊郡王薨謚曰順子祐字伯授襲封位涇州

刺史堯謚曰敬改僖之衋在孝文帝太和二十三
年則祐之襲在宣武帝時造像在孝明帝熙平二
年距襲封又十八年矣碑無作記者姓名玩其文
曰體蔭宸儀天縱淑茂云云非祐自述語殆他人
勒銘以記者也下文云精善惡二門明生滅之一
理善惡下似當有之字又銘云圖形泉石構至雲
松至似當作室想刻本訛脫也

才遵墓誌

碑高三尺二寸廣二尺八寸二十八行
每行三十三字正書今在南皮高氏

魏故使持節都督洛兗州□□□□□□□

高祖協元亮晉侍中尚書左僕□□□□□□□□
□□□□□□□□□□ 夫人彭城曹氏 父
衰晉梁國□□□□□□□□□ □□□
□□□ 曾祖彝太倫晉侍中徐州牧司空□陽□□
□□□□□□□□□□□ 祖暢仲遵晉
中書令金紫左光祿大夫□平□□□□□□□□
□□□□□ 父雍淑和皇魏使持節侍中都督揚
豫兗徐四州□□□□□□□□□□□□□徐豫
冀三州刺史東安簡公 夫人琅耶王氏 父□□□
□□□ □□□□□ 公諱遵字季國勃海饒安人

也姓氏之興錄於帝齒中葉□□□□□□□□
□廣淵謨明有晉祖父以忠肅恭懿聯輝建□□見者
世往傳開□□□□□□□□□之外不復銘於幽
泉也公稟惟岳之靈挺基仁之德忠□本於立□□
□□□□□以小節而求名無虚譽以眩世少能和俗
於人無際但昂然愣然者士□□□□□侍中中書
監司空文公高允皇代之儒宗見而異之便以女□焉
太和中□□□□□尋拜魏郡太守寬明臨下而德洽
于民正始中徵爲太尉高□□諮議參軍□□□□有
古人之風器而禮焉俄而轉大司農少卿均節九賦以

豐邦用蒞事未朞遷使持□都督洛州諸軍事龍驤將
軍洛州刺史公之立政惠流兩壃平陽慕化辟地二百
方一江汚成功告老上天不吊忽焉降疾熙平元年秋
七月廿六日春秋七十有六薨于位朝廷痛悼百寮追
惜贈使持節都督兗州諸軍事平東將軍兗州刺史侯
如故加謚曰惠禮也惟公爲子也孝爲父也慈在臣也
忠居蕃也治兄弟穆常棣之親朋友著必然之信鄉黨
容衆博施無窮載仁抱義行藏同滯濕恭好善樂愉彌
篤小子整等泣徂年之斎駿痛兔蕖之告辭奉靈櫬而
號慟遷神柩於故鄉以二年歲次丁酉冬十月己丑朔

九日丁酉窆於饒安城之西南孝義里　皇考儀同簡
公神塋之左松門水闕深扃長鍵庶鐫石於下壤仰誌
恩於幽泉其辭曰
彼彼緜冑俶儻之緒驛代貞賢自唐暨晉明哲迭興忠
能繼儁在洛雲居徂暢岳鎮叙鯨與唐金璧道亡於昭
我　祖遵雖來翔位班鼎列朝望斯光顯顯懿　孝奉
搆腰璜依仁挺信據德儞明紐維出守入讚台衡惠霑
千里道懋槐廷滿風道被徽音遠爲曰登農截播稼是
司魏巍高廩礿教將怡邊城俟捍戎俄佇治秉旄肅命
董牧宣威方叔蒐狂燕奠遐齡𠫓乘和其必壽泣信順
而徂頓攀號子罔訴摧裂子崩擗銘遺德子心已槃刊
泉石子慟深扃　夫人同郡高氏　父充侍中中書
監司空咸陽文公
右魏刁遵墓誌遵雍之子也誌載遵歷官始末與魏
書刁雍傳略同惟本傳云遵襲爵太和中例降爲侯
而前叙雍事但云賜爵東安侯別無進封之文不知
何以云例降益傳文有脫誤爾遵有子十三人誌惟
云小子懋等(懋即整字)不及諸昆弟之名蓋遵沒時整兄
楷尚俱已先卒古人文字之質而簡如此而諸弟姪
不以不列名爲嫌又微古風之淳厚也誌列三世官

爵于首似行狀之式而銘詞之後別云夫人同郡高
氏云云皆墓誌之變例也廣韻及通志氏族略並引
風俗通以刁氏爲齊大夫豎刁之後此誌云彼彼(即懿
字)緜冑帝偉之允驛代貞賢自唐迄晉不知何所据
偏檢字書亦無偉字(潛研堂金石文跋尾)
雍正間南皮縣刁公樓耕人得此誌于刁氏墓中缺
其一角(竹崦盦金石目錄)
同里金二質甫守天津余客痡苑一日寄余後魏人
墓銘拓本且云石在南皮不知何時出土有樂陵諸
生擕以去今訪至其家搨得十本以其一見示屬爲
考之余閱其文簡淨書復遒媚惜其石右下殘闕不
知誰氏墓也誌稱魏洛州刺史諱遵勃海饒安人前
列四世高祖協曾祖彝祖暢皆仕晉父雍始仕魏余
因詳稽書史而知遵者刁遵也刁協在晉元帝時爲
尚書令而見疾於王敦敦之構逆也上疏罪協帝使
協出督六師及石頭之敗協行至江乘爲人所殺送
首于敦敦平後協子彝乃斬仇人黨以首祭協墓由
是知名歷徐兗二州刺史鎮廣陵卒官彝三子逵暢
宏而暢爲始興相桓玄篡以暢爲右衛將軍(魏書及北史刁
雍傳俱稱暢爲晉右衛將軍)劉裕起義暢乃伏誅宋書本紀云高

祖家貧常負刁遠社錢三萬經時無以還遠執錄甚嚴王謐造遠見之密以錢代還由是得釋魏書兩見一在刁雍傳一在島夷劉裕傳南史亦同惟北史三萬作一萬裕誅靈寶以嫌故先誅刁氏雍爲暢故吏所匿雍北史作雝奔姚興豫州牧姚紹於洛陽後至長安興以雍爲太子中庶子姚泓滅歸魏太宗明元帝假雍建威將軍青州刺史東光侯晉徐豫二州刺史拜特進賜爵東光伯侯伯祇作北史獻文帝皇興中雍與源賀高允等並以耆年特見優禮允則遵之妻父也誌稱遵於孝文帝太和中爲魏郡太守乃南齊高帝武帝之時宣武帝正始中遷洛州刺史在

梁武帝天監二三年間其歿於熙平元年則天監之十四年也遵有子十三人見於史者楷子中襲爵東安侯魏書有傳平子欽尚整整子柔仕齊爲國子博士宣魏書作宣南史作宜或另一人四人偕與尚皆早卒故誌稱整等整字景智仕至征東大將軍滄冀瀛三州刺史大都督加車騎將軍右光祿大夫謚曰文獻遵之卒也整時爲驃騎將軍而誌但稱小子整等不書其官已四品上階也至饒安在漢爲千童縣後漢靈帝時始改此名魏書地形誌饒安自熙平二年改屬浮陽郡遵卒於熙平元年故誌猶稱渤海也若南皮與饒安自是兩縣而誌石顧出南皮將毋誌所云孝義里者魏後割入南皮歟魏書云遵嘗經篤疾幾死見神明救免言是福門之子當享長年北史同史於他洽行不書獨書此一事顧誌不及焉

汪師韓跋

誌石爲渤海劉克綸所得云里人自廢寺址掘出之而已殘其一角今少山拓本文微有不續者此也案誌文載高祖協元兗晉侍中尚書左僕缺晉書協爲侍中曾祖彝太倫晉侍中徐州牧司空義陽缺晉書徐兗二州刺史不言侍中司空祖暢仲遠晉中書令金紫光祿大夫晉書言暢歷顯職暢伏誅次子安亡不知所在今以誌言於昭我祖遂難來朔則雍也雍富桓元之變不肯從逆而避地易名

當是其事父名缺淑和皇魏使持節侍中都督揚豫兗徐四州下缺徐豫三州刺史東安簡公其世系之詳以案于北史列傳刁雍字叔和曾祖協位尚書令父暢晉右衛將軍較此誌敘官少略至雍本傳惟言明元假雍建威將軍又假雍鎮東將軍青州刺史東光侯遷鎮濟陰遷徐州刺史賜爵東安伯與此誌互勘乃相備也誌云公諱遵字奉國渤海饒安人也案遵亦見北史云遵少不拘小節長更修改今誌言缺不以小節而求大名無慮譽以眩世與史正相符又遵歷官以誌證之太和中轉大司農少卿尋拜魏郡太守正始中

徵殘字太尉高陽殘字一公議參軍事都督洛州諸軍事
龍驤將軍洛州刺史又贈使持節都督兗州諸軍事
平東將軍兗州刺史今傳所載獨有卒於洛州刺史
亦其史文之略不及盡一人始末非廣記備言之體
也誌又記小子整等整附載沖傳後云整字景智遵
子楷早卒楷子沖宜爲祖後者也今誌書小子整奉
喪於禮文未協當亦一時俗尚使然耳刁氏以晉書
言之當劉氏旣破桓元遂滅刁氏幾無遺類矣而廱
及子遵並顯於魏然則協之志固宜有後者也授堂金石跋

案魏書刁沖傳載遵將卒勅其子孫令奉父雍行孝
論薄葬遺旨此誌亦未及也碑中兗作兖沔作沔棣
作棣旄作旄祇作祇龜作龜筮作筮皆別體惟僅字未詳山左金石志

賈思伯碑

碑高六尺五寸廣三尺四寸二十四行每行四十四字正書額題魏兗州賈使君之碑今在兗州府學

夫琁□□□因方祇以□緒□囷旣戚廉□□□德
□□□□□□風□□□□□□□□□□□□使
□□源遐緬縠鄰崇渫識照天璣沖光警智水濤玉映
有夷齊之㨾蒞政□化□□□□□□□□□□□□

山□□□作捍青蔣流愛屋之歌垂芳河濟欣來蘇之
詠可謂動衆化□冂凵□□□□盛□□□□□□□
□□□□□□刊方來何遮前治中從事史東平內史
□昌伯東平□祖兓長□□乂□山□□□□□□□
□□□□□□威將軍治中從事史吳興沈頵民□
徐貞思等鏤石鐫□□徽万□□□□□□□□□□
□□□□□□□□□□君諱思伯字士休武威姑臧
人也晉太師賈他之後□□太傅諠□□□□□□□
□□□□□□九世祖□□魏青龍中爲幽州刺史行
達□州□州□□□邑亡遂□□□□□□□□□□

□□□□□□□州刺史高祖脥□事兼州別駕宜都
王司馬曾祖宏□有令譽不宦早亡祖□□□□□□
□□□□□□□□青州□□錄本州□中正州主簿
齊郡太守君童齓之中卓然岐嶷親隣統綺□□□
□善文賦慷慨□志□□張良□□超悵致□□太和
丱起家爲奉朝請尊□□得□遊雅素逍遙集□□□
□□□高諠□求□□□□□□雖年始弱冠便□然
公輔之□□稍遷楊烈將軍□□校尉□前軍將軍□
君仍授輔國將□□□□□□□□□左□□□□□
夜勤王匪躬斯著遐邇欽風縉紳引領除河內太守以

親老□□□除□□□□□□□□□尋□□□將□
一載□名拜滎陽太守辭不獲已遂恭所授官任未朞
風敎逯□□□□□□□不□□□□□澤漸□年
方之我君□有懸德矣尋除持節督南靑州諸軍事征
虜將軍南靑州刺史□□□□□□□□□之□□
□□所塡□丁父憂復名拜光祿少卿將軍如故君諒
閑在躬徧昔皓髮織□□□幾□毀□□□哀□□□
營□□□□□財賑施親疎周給門姪長幼靡不響
邮等其榮悴均其豐約士□□□除持節□兗州諸軍
事左□□□州□□□州士流僶連歲不登又境上

之民好懷去□君按之以□□之□□□□□在優平
賦□□其□□□□□歲稔□□旣實禮義用興關境
懷仁外隣□附民庶欣歌士女□詠仰□□□□□
□□□□□□□□□□□□□□照灼英徽蟬聯
□□德楷世□仁惟□矩彝凝遐□芳流遠□動□□
□□□□□□□□讃貲□節氣綺藻□□華綺纘雕
思三□□州淄澠別味思□二□□□□□績旣□
□□□良海沂換□□鄭懷芳□□□□□□義彰
詠兼系管□昃甘棠撫□河濟飭光□服治隆王趙才
超張陳化湛煙翔風□□屬□□旣頒憲□以穆□□

猛相貧惠和並布威厲秋霜潤字春露巖栖以空丘園
知慕異域□恩□隣襁附□謳載□聲敎□□□□□
□□民庶未融敬惟德化於此知隆□□□□永馥芳
風

神龜二年歲次己亥四月戊辰朔□日丁亥訖功
大義主翟旭仁□義主□人令曹安都　義主姜甫
德

題賈使君碑陰

陰分兩截書此在上截十行行十九字正書

余昔嘗見此碑墨本於彭城劉希道家希道語余曰

我先君與石曼卿善曼卿酷愛此字謂其行筆似褚
遂良疑褚書得此筆法余來兗州郎訪此碑於州人
無有知者及余重修相悅堂規爲經度行堂下庖舍
中忽見此碑卧竈後爲膳夫壓肉石矣余使人出之
于泥中汲水濯滌久之始可讀比昔時所見墨本雖
班班有刓缺處而加有古氣尤爲可愛因募工取石
爲座剜其中以上承之立堂之西偏以備好事者之
觀旣安固矣庶可久無虞也紹聖三年丙子歲中元
日太原溫益禹弼題
重題賈使君碑陰

此在碑陰之下截十六行行十字正書

兗州賈使君碑古人甚珍愛之何隱顯之有時也余因掌北門之管暇行城下見土中露石角詢諸人則曰是古碑也發而視之筆法高古昔人酷愛者豈欺我哉遂告知州李公命衆舉于門之右砍石爲座口復立焉更俟後之好事者知古人之用心也

旹大元至正十二年歲次壬辰冬十一月日兗州知州　李彌顏從恕暨前嵫陽縣尹蘇若思儼然鑫州同知北鎮記

右賈思伯碑云諱思伯字士林武威姑臧人也太和中召拜滎陽太守辭不獲又云青龍中出爲幽州刺史齊郡太守其前後已磨滅不可盡識按趙氏錄賈思同碑跋云思同與其兄思伯後魏書皆有傳爲青州益都人今其墓乃在壽光縣而思伯之碑亡矣此碑官秩與傳合青龍年號則三國之魏非拓拔氏也前魏有賈翊爲姑臧人豈卽思伯之高曾列在此碑以殘泐而無考耶德父云碑已亡而尚存于數百年後又一奇也但勸進受禪大饗諸碑皆作漢隸此碑忽開隸楷之漸直似褚河南三龕記筆意乃正書之始歟金石錄補

右兗州賈思伯碑文多殘失立碑之歲月趙明誠云神龜二年四月今不可攷矣碑云思伯字士林而魏書北史作仕休當從石刻其書休爲烋與司馬元興墓誌同晉人艸書休下多一畫亦以此碑云晉太師賈他之後卽賈詡也又云九世祖口魏青龍中爲幽州刺史按唐書宰相世系表賈詡魏太尉肅侯生璣駙馬都尉關內侯又從長樂此碑九世祖下似是璣字又有因忠丧亡之語官位亦與唐表不合未審其是否也潛研堂金石文跋尾

案賈思伯魏書有傳此碑官秩皆合惜文多剝蝕碑

云口夜勤王匪躬口著遐邇欽風傳云任城王澄圍鍾離以思伯持節爲其軍司澄失利思伯爲後殿澄大喜思伯不伐其功時論稱其長者卽其事也立碑歲月字更漫漶惟神龜下隱隱有己亥二字考之知是二年也碑陰有宋元人記得碑始末甚詳其側康熙間知府金一鳳題數行以爲三國時物是誤以元魏爲曹魏也山左金石志

按此碑今在山東兗州府學戟門下西偏東向以碑陰考之宋元之世原在府治不知何年移於學宮稽之府志旣無明文康熙庚子兗守金一鳳自

風日中匿之廡下刻記碑側亦不詳何處之廡下其緣起無從考矣碑遭風雨剝蝕太半府志不錄碑文不能補全魏書列傳簡略無補於碑之闕文然彼此有可互證者碑稱君爲武威姑臧人傳則稱齊郡益都人考魏書賈彝傳彝本武威姑臧人六世祖敷魏幽州刺史廣川都亭侯子孫因家焉據此則武威姑臧是賈氏之先籍也傳稱釋褐奉朝請太子步兵校尉中書舍人轉中書侍郎世宗卽位轉輔國將軍碑則又有揚烈字及前軍將軍字傳所未備也碑於除河內太守以親老辭下

有除字尋字而闕者十餘字傳則云除鴻臚少卿尋丁母憂也其官兗州也碑多闕字以傳考之乃是除持節督兗州諸軍事左將軍兗州刺史也碑云州土荒儉連歲不登傳於兗州政績無一語及之州志既不列於官蹟又不紀於災祥公之善政竟無考矣照灼英徽以下云云當是銘詞可讀成句者無幾神龜年月字甚漫漶頓己亥二字可辨方能定其爲二年末有義主又有大義主曾郡太守張猛龍碑有義主而無大義主

趙阿歡等造像記

石高二尺八寸廣一尺三寸五分分兩截上截記十行行十二字至十五字不等下截人姓名並行書

夫沖宗凝湛非妙像無以啓其原至道虛微非詮莫能
尋其本是以闕□趙阿歡諸邑卅二人體生滅之際識
去流之分知是浮雲令如霜□故各竭家財造弥勒像
一匱藉同此福緣邑儀光者道根扶踈□外增
万吉眞侍龍花之期　□□□欲因緣
知識　□□□澤
神龜二年六月□　訖功
邑師惠感□　呂願德　孫阿歡　張龍□
邑主趙阿歡　劉運皃　許歡德　韓法智

光明主張惠普　趙道虔　李雙周　張毛洛
都維那王呂宜　楊惠抱
維那韋智達　技新德　張伏八
維那賈勝羅門　江文宗　鄭天生
維那張惠勝　張回敬　宗弥保
邑正許惠但　王神龍　欒伏護
邑老張伏保　奴　趙胡扶
邑主孟萇命　趙當貴

金石萃編卷二十八終

金石萃編卷二十九

賜進士出身　誥授光祿大夫刑部右侍郎加七級王昶譔

北魏三

高植墓誌

石高二尺四寸廣二尺三寸五分二十一行行二十八字正書今在德州田氏家

魏故濟青相涼朔恒六州刺史闕下
君諱植字子建勃海蓚人也闕下茂烈皆備之國籍家傳
不復更錄闕下不幸君□靈原之闕下者頹賜闕下求□道於
□衿始此闕下宣武皇闕下皇帝已闕下衛闕下理況闕下絕□馬
之闕下我以□方約我以闕下心始□　許之輩闕下君在闕下

神飈然闕下泉闕下至德□庶㡘闕下名山□衛闕下龍飛鳳舞
闕下嶢子闕下豪痛彼蒼
者天喪此明公奠矣哲人惟義是依每見我君終始許
師

大魏神龜闕下

按景州城東十八里有村名六屯本蓚地割屬景州河岸雨圻得一石十八取之置野寺中字跡殘闕什不存一矣石形高橫三尺厚五寸四面徧書上云諱植字子建魏濟青刺史末注神龜元年蓋北魏高植之墓石也考魏書外戚傳高肇之子植自中書侍郎爲濟州刺史率州軍討破元愉別將有功當蒙封賞不受云家荷重恩爲國致効是其常節何足以膺進陟之報懇惻發於至誠歷青相朔恒四州刺史清能著稱田雯長河志籍考

植父肇之妹即植嫡姑爲高祖孝文帝后號文昭皇后生世宗而世宗宣武帝之后高氏即文昭弟偃之女世爲后族文中國籍家傳及宣武皇帝字皆叙其家世之貴盛史於植之父肇刺譏不遺餘力而植傳則云當時號爲良刺史此碑所以有奠矣哲人云云也石於康熙間掘得歸田雯綸霞作長歌紀之云淘

洗摩挲按石尾下紀年月稱神龜渤海蓚人父名肇北魏高氏從可知云云今更剥蝕神龜年號及父名肇字亦無存矣蛾術編

右碑載田侍郎雯長河志籍考文二十一行字徑六分多漫漶僅辨百數十字左有直線一行外刻銘辭末行紀年存大魏神龜四字此碑存者字體精整鋒穎猶新爲顏魯公所祖尚可珍也山左金石志

按此碑從德州田氏家藏殘石搨出碑中一穿徑八寸許而不圓似經後人鑿損者餘未損處亦多磨泐左空處有龍飛鳳舞四字筆畫字體迥與本

碑不同文義不相聯屬疑是後人妄刻末行有大魏神龜年歲次等字僅存左邊數筆神龜下一字全泐歲次下微存左旁E按魏孝明帝神龜元年二年是戊戌己亥E文不類戊己惟三年庚子之庚字庶幾近之是年七月改元正光然則此碑立於神龜三年七月以前也碑中字可辨者首行云魏故濟青相涼朔恒六州刺史魏書高肇傳稱子植自中書侍郎爲濟州刺史歷青相朔恒四州頗流五州皆清能著稱卒贈安北將軍冀州刺史今以碑攷之實爲六州刺史傳失載涼州而碑但未

見有贈官冀州耳次行云君諱植字子建勃海蓨人也勃與渤蓨與脩皆通用字蓨魏書地形志作脩高肇傳稱渤海脩人正與碑同下有宣武皇帝皇帝字即謂北魏世宗及肅宗明帝也此碑賴有此數處能辨定爲高植碑否則未有不誤認爲陳思王也

司馬昞墓誌銘

碑高二尺一寸五分廣二尺三寸五分共十八行每行二十七字正書今在孟縣某氏家

魏故持節左將軍平州刺史宜陽子司馬使君墓誌銘

君諱昞字景和河內溫人也晉武帝之八世孫淮南王播之曾孫魏平北將軍冏州鎮大將魚陽郡宜陽子與之子先室屯離宗覊介否乃祖歸國賞以今爵弈世承華休榮亦著君有拔萃之奇挺世之用神風魁岸機悟高絕少被朝命爲奉朝請牧王主簿員外散騎侍郎給事中從驃騎府上佐遷揚州車騎大將軍府長史帶梁郡太守在邊有聯略之稱轉授淸河內史此郡名重特以入舉不幸遇疾以正光元年七月廿五日薨於河內城朝廷追美詔贈持節左將軍平州刺史非至行感時孰能若此以庚子之年元枵之月廿六日丙申葬於本鄉溫城西十五都鄉孝義之里刊石誌文而爲辭曰

君侯烈烈玉掞金聲高風愣愣屢歷徽榮奄然辭往殁有餘馨鐫兹泉石用銘休貞

右司馬景和墓誌銘石已亡緣初在張大士家時有以聞於邑令周名洵者取至署中驗視以其古物遂於罷任時攜去張聞之追至洛陽不得而反今極意訪求始從塌本得其文如右按魏書云景和給事中稍遷揚州驃騎府長史淸河內史正光元年卒贈左將軍平州刺史而此誌有爲奉朝請主簿員外郎散騎侍郎及帶梁郡太守並宜陽子及卒後贈官之文蓋史畧而誌詳又史稱景和似是其名而誌則云諱

昞字景和亦足正史書之誤唯其所云晉武帝八世孫者頗似與史不合按魏書司馬叔璠傳云叔璠晉安平獻王孚之後孚字叔達景和爲叔璠曾孫則自出於安平王孚之後而晉武帝則出於司馬宣王仲達之後今云景和爲晉武帝八世孫是與史異也又誌所稱宜陽子興郎前誌司馬元興名紹者又其云淮南王播郎前誌所云謚曰簡公叔璠者前誌與史傳相應而此誌名字脫誤皆追書者之過矣然其文頗高簡有法而書跡尤超妙入神當爲傳世魏碑第一此石爲周令移去徧尋不獲乃重摹入石置於縣學云　又按司馬景和墓誌筆跡與其父元興誌當是一人所書蓋二誌中書體如散作敢奕作矣相似者不一可覆按而知也　又按此誌蓋與其妻之誌同在欒師村監生李洵家迺洵又從張購得亦自知愛惜蓋但有墓誌銘三字正書或謂蓋即其妻之誌之蓋比揭來審觀之則此蓋與司馬景和誌石皆横長横書相合若其妻之誌石稍小而又直長一直書一横書殊不相合矣且墓誌銘三字大徑寸餘與司馬景和誌目末三字筆勢正同信爲司馬景和誌之蓋也是則原蓋得有專誌石而見全文而重摹誌石得原本以存舊意雖謂原誌仍存可也孟縣志

文稱君諱昞字景和河內溫人也本傳但書景和蓋以字行者說文無昞字新附亦無此人既以爲名而唐高祖之父亦名昞蓋南北朝俗字徧天下矣觀此人字景和則知當日解爲和意晉書宣帝紀諱懿字仲達河內溫縣孝敬里人姓司馬氏故此亦云河內溫人碑又云晉武帝八世孫淮南王播曾孫魚陽郡宜陽子興之子攷本傳景和乃叔璠曾孫道壽之孫元興之子卒贈左將軍平州刺史今此碑標題書其追贈之官世襲之爵而于生前所歷未嘗一及且曾祖則播與璠相涉父則興與元興相涉皆未詳蛾術編

司馬景和見魏書云元興子景和給事中稍遷揚州驃騎府長史清河內史正光元年卒贈左將軍平州刺史證之誌文題首云魏故持節左將軍平州刺史宜陽子與史言贈官合又誌文載少被朝命爲奉朝請牧王主簿員外散騎侍郎給事中從龍驤府上佐遷揚州車騎大將軍府長史帶梁郡太守轉授清河內史今史惟叙其爲給事中爲長史爲內史至所言遷揚州驃騎府與誌稱車騎者不符凡史家之疏皆此類也誌稱君諱昞字景和晉武帝之八世孫淮南

王播之曾孫魏平北將軍幽州鎮大將魚陽郡宜陽
子與之子播即叔璠與即元輿而名字獨用截裁又
歷叙曾祖及父獨于祖缺不錄未解臨文者何所謂
也景和諱晰史亦失錄與元輿同葬在溫城西之五
都鄉孝義之里亦古鄉里名可徵者爲圖經所宜收
也別體字播作播璠作璠魚作魚依作依龍作龍驤作驤邊作
邊傍作嗁往作往作作石按萃編

按魏書司馬叔璠傳叔璠長子靈壽神麝中與弟
道壽俱來歸國道壽孚朔將軍宜陽子長子元輿
襲父爵據此則景和之祖乃道壽也傳不書景和
襲爵并不載景和之子何人此碑及前景和妻碑
並題宜陽子可以補史之闕至景和有五男三女
見前妻碑但不詳其名此碑並男女之數亦略之
文簡如此所宜合兩碑參觀而得其全也碑不著
景和年若于考景和妻甍時春秋卌有二先景和
八年甍則景和之年約五十矣景和妻以延昌二
年六月甍粤三年正月葬於溫城之西此碑稱景
和以正光元年七月甍以庚子之年元枵之月葬
於溫城西庚子歲即正光元年是距其妻之葬者
五年元枵者左傳杜注元枵虛也爾雅虛星子位

之次則是葬以十一月也前碑稱葬於溫城之西
此碑稱葬於溫城西十五都鄉孝義里想即同在
一塋地而不必如後世之分葬合葬詳晰言之耳
晉書宣帝紀稱河內溫縣孝敬里人此云葬于溫
城孝義里孝義想即孝敬今昔異名也

張猛龍清頌碑

碑連額高八尺四寸廣三尺七寸二十六行行四十六字並正書在曲阜孔廟

魏魯郡太守張府君清頌之碑

□諱猛龍字神囧南陽白水人也其氏族分興源流所
出故已備詳世錄不復具載□□□□盛□傳於帝皇
之始德星□□曜像於朱鳥之間淵元万壑之中巉巖
千峯之上奕葉清高煥乎篇牘矣周宣時□□□仲詩
人詠其孝友光緝姬□中興是賴晉大夫張老春秋嘉
其聲績漢初趙景王張耳浮沉秦漢之間終跨列土之
貴□□世□君其後也魏明帝景初中西中郎將使持
節平西將軍涼州刺史璵之十世孫八世祖軌晉惠帝
永□中使持節安西將軍護羌校尉涼州□史西平公
七世祖索軌之第三子晉明帝太寧中臨羌都尉平西
將軍西海晉昌金城武威四郡太守遂家武威高祖鍾
□涼州武宣王大沮渠時建威將軍武威太守曾祖璩

僞涼舉秀才本州治中□□□西海□□二郡太守還
朝尚書祠部郎羽林監祖興宗僞涼都督護軍建節將
軍饒河黃河二郡太守父生樂□□□□□□□□
□□□□□歸國青衿之志白首方堅君體稟河靈神
資岳秀桂質蘭儀照露以懷芳松心□□□□□□
□□□□□□自□□明若沂衛之當春初荷之出水
人孝出第邦閭有名雖黃金未應無愧郭氏爻朋□□
交遊□□□□□逢業剛入表年廿七遭父憂殯食過
禮泣血情深假使曾柴更世寧異今德乳傾乾覆唯恃
坤慈冬溫夏凊曉夕承奉家貧致養不辭採□之慙年

卌□丁母艱勺飲不入倫溺七朝磬力盡思備之生死
脫時當宣尼無愧深歎毀事過人孤風獨超令譽日新
聲馳天紫以延□中出身除奉朝請優遊文省朋儕慕
其雅尚朝廷以君隂□加此德□宣暢以熙平之年除
魯郡太守治民以禮移風以樂如傷之痛無怠於夙宵
君子之愛有懷於心自是使學校剋脩比屋清業農桑
勸課田織以登入境觀朝莫不禮讓化感無心草石知
變恩及泉木禽魚自安勝殘不待朞年有成朞月而已
遂令講習之音再聲於闕里來蘇之歌復詠於洙□京
兆五守無以勉加河南二尹裁可若茲雖名位未一八

□□□且易俗之□黃侯不足比功晉魚之感密子卑
獨稱德□乃辭金退下之貞耿拔葵去織之信義方之
我君今猶古□□□愷悌君子民之父母實恐節貞遷
彰東風改吹甜旭□庶蓬深泫慕是以刊石題詩以旌
盛美□□能式闕□□庶揚休烈□□辭曰
氏燦天文體承帝□神秀春方靈源在震積石千尋長
松万刃軒冕周漢冠蓋魏晉河靈岳秀月起景飛窮神
開照式誕英徽高山仰止從善如歸雅德是蹈雅仁是
依栖遲下庭素心若雪鶴響歸留□音遐發天心乃眷
觀光王闕浣紱紫□承華炯月妙簡□□剖符偏鄉分

金沂道裂錦鄆方春明好謠温而□霜乃如之人實國
之良□□□□□□□□之偏小大以情□□□
沇濯此羣寬雲褰天淨千里開明學建禮脩風教反正
野畔讓耕林□□□□□□□□衣可改留我
明聖何□勿翦恩深在民何以爲惜風化移新飲河止
滿度海迷津勒石岡□永□□□
盪寇將軍魯郡丞北平□□□
義主參軍事廣平宋撫民　義主驍騎府騎兵參軍
驃騎府長史征虜府治城軍主□軍□　義主本郡
二政主簿□□□　義主顏路　義主離狐令宋承

澮　汝陽縣義主南城令嚴孝武　義主□賢文
陽平縣義主州主簿王僉生　義主□□□造頌四
年正元三年正月廿三日訖
碑陰
共十二列第一列七行在陰額二列二十行在額下三列十一行四列二十一行五列十四行六列二十一行七列二十一行八列十行九列二行十列三行十一列四行十二列二十二行並正書
郡中正爰孝伯　中正顔文遠
魯郡白法相
功曹史孔輝祖　督魯弁新陽
主簿大□元哲　督汝陽弁二縣令

魯縣令杜僧詩　汝陽縣令明景欣
鄖縣令韓成　陽平縣令衛安族
弁縣令董文定　新陽縣令崔成以上七行在陰額
魯郡士望等　孔文憘　韋市　□□□　孔文□
孔□□　宋延年　王崇吉　韋文祖　韋清龍
王天念　爰景哲　徐檎壽　王順義　□□□
□□□　王興□　□世趙　王文進　□□隆
以上第一列
沈羅侯　王長佐　敝祖樹　王懷月　徐苗□
王懷雍　王伯欣　柏奴□　敬武□　孔□□
孔□虔
以上第二列
□官王琢虔　□事張伯奴　録事孔神祚
□曹掾李神虎　□曹掾董榮祚　戸曹掾卜僧禮
金曹掾夏暎祖　租曹掾夏顯騎　租曹掾夏榮貴
兵曹掾顔榮茂　法曹掾薛胡仁　法曹掾苗祖樹
集曹掾孔景進　集曹掾孫靈援　西曹佐星桃符
西曹佐秦榮族　戸曹佐卜天儀　戸曹佐王德仁
戸曹佐邰虎樹　戸曹佐樊道融
以上第三列

戸曹佐任榮族　金曹佐彭神景　金曹佐張靈祚
租曹佐任文建　租曹佐夏萬秋　租曹佐張衆德
兵曹佐苗桃符　兵曹佐夏文樹　法曹佐尚神暉
法曹佐□□□　法曹佐李智徐　法曹佐常丘景祥
集曹佐王道援　集曹佐宋伯憘
以上第四列
魯縣族望　□戩　□從援　顔蔚　白文雍　□龔
生　王寄生　張神征　□廣吉　□□　任道懷
鄖天祐　高堆　柏聰明　張虎文　辛伯仁　胡外
之　于曇嵩　胡方進　成難生　顔龍

以上第五列
□普憘　陳叔軌　成順之　□業治　孔騎之　顏
乞　顏量蘭　張僧坦　王道林　張苟生　張閔
子景韜　成惠　高曇貴　張兆脫　許翁　孫寄生
張陸　張顯和　成洛州　王顯生
以上第六列
汝陽縣族望　鮑黃頭　高文景　彭定安　彭超越
孫文儁　成公興　孫文憘　若奉伯　管幽州
以上第七列
□□族望　徐伯援

以上第八列
陽平縣族望　吳安世　孫□
以上第九列
并縣族望　雋伯符　陳道樹　公乘伏德
以上第十列
新陽縣　田志爲　□□□　□□□　樊可憘　田
天明　雷天寶　田肆□　雷僧强　梅天念　雷天
恩　雷良振　田宜樹　萬方貫　梅僧援　雷晉明
田河清　田惠明　雷乙德　田祖憘　田武男　田
□□

以上第十一列

猛龍爲魯郡太守郡人立碑而頌之正書虬健已開歐虞之門戶碑首正書大字十二尤險勁又蘭臺之所自出也猛龍不見史冊據碑諱猛龍字神冏而金石錄有劉乾碑諱乾字天魏人名字如此亦異矣石墨鐫華

張猛龍碑猛龍字神冏按冏呼骨切日出氣也其名字險怪不雅馴六朝濫觴於詩亦殆不特書也金石史

右魏魯郡太守張猛龍碑建自正光三年其得列孔林者以當日有興起學校之功也元魏之俗事佛尤

甚斬出以爲窟龕金以爲像九竹之臺萬金之液竭民力事之及其既成靡不刊石勒銘以紀功德猛龍爲西平武公軌八世孫方晉之朝士崇高莊老獨武公在涼州徵胄子五百人立學校春秋行鄉射禮而猛龍克循祖父之教修聖人之學於舉世不爲之時使講習之音再聞於闕里噫可傳也予留大同問拓拔氏故都觀所鑿佛宮宮碑巨碣已無存者而斯碑在孔氏之庭歷千年不壞雖更歷千年知莫有徙而去之者嗚呼爲政之君子可以知所務矣曝書亭集

元魏佞佛出淸譚尤甚猛龍獨能講德肄業重道隆

師魏祖武遵俗尚可爲介然特立之君子矣又按道
武天興四年釋菜於先聖孝文延興三年封孔子二
十八代孫乘爲崇聖大夫孝明正光二年幸國子學
祀孔子以顏回配此碑立於正光三年之正月不獨
猛龍之政崇體讓以其君有以倡之也碑文僞永嘉
齊梁風致所用論語有勝殘不待賒年政成朞月而
已說文賒貰買也一曰遠也徐鉉曰遲緩爲賒以賒
代百故所傳有異詞抑文人好奇之故耶東家雜記
孔乘爲二十七世孫與魏紀異額辭後列義主十人
皆郡國吏所謂本郡二政主簿不知何官與義主亦

不見他碑豈義士義民類耶　碑陰丞一人中正二
人功曹史一人將府并新陽主簿一人督汝陽并二
縣令闕下府汝陽鄒陽平并新陽縣令六人下書府部
土望等一行後列八十餘人次郡屬吏次六縣族望
各百人而漫滅者多矣并郎下漢舊縣豈并與下可
通用耶自晉以後中原士族淪陷已久此碑明書士
望與族望標榜之意寓焉曲禮司士註士是官之總
名或係郡之士大夫也如祖曹集曹二掾爲官之
異星條若傳四姓公乘常耶二姓爲姓之異曰法相
李神虎苗桃符張荀生管雨州鮑黄頭爲名之異蓋

羌氏亂華屢更官制改竄士籍若輩仰附華風勒名
碑碣所謂附驥之蠅不止千里且千秋矣顧氏金石
文字記曰其陰書陽源縣義士州主簿王盆生造頌
字在廟中閱此行在碑之正面非陰也另一行有造
頌四年諸字在正光三年正月之上似記造頌四年
之後始立此碑非王盆生之文也況同列者十人而
王盆生下並無他字矣金石後錄
額題魏魯郡太守張府君清頌之碑正書十二大字
碑額正書首見於此君諱猛龍字神冏可異也正光
三年魏明帝謂之七年梁武帝普通三年也來齋金石刻考

略

攷晉書張軌傳言自軌爲涼州至天錫凡九世七十
六年軌父溫爲太官令岫起求爲涼州公卿亦舉軌
才堪御遠遂出爲涼州刺史未聞有軌之祖瓊先爲
涼州刺史而自軌至天錫九世之中亦未聞有軌之
子素碑言虛實皆不可知也碑又言高祖鍾涼州武
宣王大沮渠時建威將軍武威太守攷晉書載記沮
渠蒙遜傳亦並無張鍾爲建威將軍太守者碑文云
曾祖璋僞涼舉秀才本州治中西海二郡太守還朝
尚書祠部郎羽林監祖興宗僞涼都營護軍監建節

將軍饒河黄河二郡太守皆稱僞涼與前稱涼州武宣王大沮渠者絶不同則不知其爲何等涼國乎外此不過南涼禿髮傉檀西涼李暠而已疑碑言皆不足信也惟猛龍以熙平年除魯郡太守差爲可据又晉載記蒙遜以安帝義熙八年自河西王位後八年宋受禪元嘉十年死在僞位三十三年攷通鑑蒙遜卒謚曰武宣王而載記並無謚武宣之文今此碑亦稱武宣王則此文實足以補載記之闕蛾術編

右魯郡太守張猛龍碑猛龍者晉西平公軌之八世孫軌祖瑱魏西中郎將使持節平西將軍涼州刺史

軌第三子素晉臨羌都尉平西將軍西海晉昌金城武威四郡太守皆晉書所未載軌安定烏氏人而碑云南陽白水人此則當以史爲正者也武宣王大沮渠謂沮渠蒙遜也碑書萬仞爲刃按書爲山九仞釋文云仞字又作刃士喪禮疏引禮緯天子之旗九刃諸侯七刃大夫五刃士三刃刃之爲仞猶十之爲什古人固相通也潛研堂金石文跋尾

此碑書甚古拙亦多别體猛龍字神囧囧字世人率未識也氏族作氏族巗巖作巗巖張老作張兊沮渠作沮渠夙宵作夙宵夙作夙蹈作蹈耕作耕當南北朝多有世俗創造之字如顏氏家訓之所譏者此類斷不可以涉筆爾來士君子多知崇尚說文凡古書相傳之舊非許氏慎之所有者一切改今復古此又似未免矯枉過直也抱經堂文集

碑載猛龍字神囧南陽白水人以延昌中出身除奉朝請以熙平之年除魯郡太守能興禮教垂聲于民而民頌之如此其見於碑者八世祖軌晉惠帝永闕字當是寧字也使持節安西將軍護羌校尉涼州刺史平西公軌晉書有傳歷官與此合十世祖瑱碑言魏明帝景初中西中郎將使持節平西將軍涼州刺史是軌

之圖據河西亦其憑依祖德有系于民故到官不旋踵而威著也史反于此略焉不書豈不亦失紀也與授堂金石跋

按猛龍魏書無傳其八世祖西平公在涼州徵胄子立學校行鄉射禮猛龍能綱祖武重道隆師洵守土之賢者矣頌後列義主十人皆其屬吏魏齊之世凡斂資刊石出資者率稱曰主如造象稱象主刊經稱經主勸緣稱功德主此則郡人頌太守之德事近於義故稱義主也碑文俗字如弟作苐夏凊作夏清猶作絹禽作禽族作族昆作昆龍作龍巄作巄驎至以磬爲

辭胥爲胥乃通借字也碑陰姓名自郡縣曹掾曹佐以逮諸縣士望族望凡十一列每列人數多寡不齊其中異姓官名多史書所未見山左金石志

按猛龍之字神囧字書無攷石墨鐫華載此碑作囧字亦不詳其音義今細驗搨本只字之上有ㄩ形不盡是只字或疑是冏字之別體古淵字也碑中雖有淵字正文然或猛龍平日自稱其字作神囧則碑當仍之矣何以舄愔句實不能識曲阜志釋作皃愔又偷魂七朝事出釋典又裂錦鄉方玩文義當是製錦然碑實是裂義難曉也正光三年

之上有造領四年四字殆紀造碑閱時之久也此例亦他碑所無者碑陰十一列所載姓名自郡縣曹掾曹佐以逮諸縣士望族望每一人爲一行每二三行至一二十行爲一列人數多寡不齊此又碑陰之變例也

𠅘□等五十人造像記

石高三尺八寸正面廣二尺二寸六行兩側廣八寸五分各三行俱分作四截書記刻在左側上截七行行十八十九字其餘俱人名刻在佛像中間四字五六字不等正書

正光三年歲次壬寅□月五日

闕 𠅘□靳神子化主東鄉毛如　邑主嚴桃 闕 東鄉正洛𠅘思祇邑胥𠅘陽德𠅘逆靳國珍 闕 嚴大德邑正嚴雙興都維那靳令石𠅘安興東 闕 嚴國昌張良洛但官𠅘洪珍靳韶歡東鄉猛嚴 闕 典錄𠅘承達東鄉暎周五十人共造石像一軀 闕 □□□□□□□□□□□□□□

清信士嚴顯樹　清信士靳元秀　清信士靳雙□

清信士史蔑受　清信士靳世奇　清信士嚴崇慶

清信士史千牛　清信士嚴四王　邑子嚴雙縣

都維那靳令戶　香火靳韶歡　邑胥靳國珍

邑胥嚴毛德　維那嚴國昌　□□□隨公

邑子史玉保　邑子嚴桃生　香火靳神熾

典錄𠅘承達　邑子嚴乜女　邑子𠅘法明

邑子史神□　邑子史思□　邑子嚴□興

邑子嚴退　邑子靳神達　邑子嚴万歲

邑子嚴□□　邑□嚴輔□　邑子嚴□族

邑子嚴被□　邑子張買得

闕 政𠅘陽德　邑政𠅘達　但官𠅘洪珍

典錄東鄉暎周　邑子𠅘天受　邑子□□□

邑□𠅘神□　邑子東鄉□□

按此碑記袁靳嚴史四姓造象之事袁作𠅘別體

也碑中畫象衣摺猶可見六朝繪人物法其稱邑
胥疑卽邑胥邑政疑卽邑正趙阿歡等造弥勒象
記有邑正許惠但殆邑厲紳之屬也嚴乜女作也
仍是三筆益卽也字異文今俗也乜分為二字二
音似非

比邱慧暢造像記

記高一尺四寸廣五寸五分四行行十字行書

正光三年九月九日比丘慧暢仰為皇口大口師僧父
母兄弟姊妹一切衆生敬造弥勒　同時成佛

陸希道銘側題字

石高二尺九寸五分廣四寸一分一行十九字正書

前涼州刺史兼吏部郎中陳郡袁飜字景翔制銘

右陸使君墓誌并蓋石俱方廣今尺二尺五分厚俱
三寸蓋上篆書魏故涇州刺史淮陽男陸使君墓誌
之銘十六字方三寸陽文凸起誌字正書徑四分舊
在衡硎村今移在孟縣學忠義祠蓋上四隅有鐵柱
類以挽合上下者誌惟首行魏故使持節字諸軍事
字涇州刺史淮陽男陸使君墓誌銘字次行鉅鹿郡
開國公之子也等字粗可辨識餘行上下或一二字
而已緣村民用以捶布故其磨滅誌後側面別刻一
行卽前涼州刺史兼吏部郎中陳郡袁飜字景翔制
銘十九字尚無剝損按此誌名字年載無存考魏書
陸俟傳後附子孫諸傳云叡長子希道字洪度有風
貌美鬚髯歷覽經史頗有文致初拜中散遷通直郎
坐父事徙于遼西後得還從征自效以軍功拜給事
中遷司徒記室司空主簿征南將軍元英攻蕭衍司
州以希道為副及克義陽以功賜爵淮陽男拜諫議
大夫以學闢今古參議新令轉廷尉少卿加龍驤將
軍南青州刺史以本將軍轉梁州刺史希道頻表辭
免又除東夏州刺史不拜轉北中郎將遷前將軍郢

州刺史希道善於馭邊甚有威略轉平西將軍涇州
刺史正光四年卒官贈撫軍將軍定州刺史希道有
六子云云今按誌謂涇州刺史淮陽男者與傳正同
又誌云鉅鹿郡開國公之子者蓋其父叡曾封此爵
亦見叡傳而此誌卽陸希道誌石也傳稱正光四年
卒官則此誌固正光間物矣且魏書并有袁飜傳略
云飜少以才學擅美由著作佐郎歷官至涼州刺史
還拜吏部郎中出為齊州刺史孝昌中除安南將軍
中書令領給事黃門侍郎與徐紇并掌文翰才學名
重謝宗靈太后燕華林園舉觴謂羣臣曰袁尚書朕

之社濮欲以此杯屬元凱侍者無不仰羨云云按正
光五年後改元孝昌鱗拜吏部郎中實正光末事益
知此誌爲正光間造也又陸倕子石跋亦嘗刺涇州
并見倕傳後然既非男爵而又在前五六十年不與
袁鱗官職相應故知非也魏碑誌皆不著撰人名氏
此獨并著其字者殆因鱗有大名愛而重之故書以
爲光美耳然非在石側而在誌前則亦同磨滅矣至
魏書傳希道事蹟與北史略同可稱才兼文武自堪
欽重且非此誌亦不知其葬于孟也石聞五六十年
前自孟張河村出土但今亦不能實指其處而此蓋

初爲郡學生席得元所得因崔孝廉士訪及之遂欣
然俾送縣學隨于其族人縣學生有松家訪得誌石
并移郡學延平劍合固自有數也孟縣志

元寧造像記

記刻座上刻記處橫廣二尺四寸高一尺五分十六行行七字正書在滎陽

大魏孝昌二年歲次丙午正月辛丑朔廿四日甲子滎
陽太守元寧仰爲二聖
敬造石像一堰願主上万祚臣僚盡忠後宮背潤願天
下太平四方蕃儀又願亡　考生天安養國土上下延
壽兄弟眷屬含靈有識蠢動衆生普同斯福彫龍山岳
靡不慈仁所願如是

滎陽太守元寧造象記借滎爲滎借儀爲義猶有古
意寫匽爲堰潤爲潤延爲延蠢爲蠢皆別字中州金石記
碑云仰爲二聖敬造石像一堰二聖者時靈太后稱
制謂肅宗及太后也禹貢滎波从水漢志河南郡滎
陽縣亦從水今乃從火二字古通用蛾術編

李和之造像記

記橫廣八寸五分高六寸二分八行行五字正書

淸信士佛弟子馮翊王國典祠令李和之仰爲口世父
母及自己身敬造像四軀願生生世世恒與善會

按碑無年月文云馮翊王國典祠令李和之魏書
宗室諸王無封馮翊者惟長孫道生傳道生子抗
抗子歡歡子冀高祖賜名稚字承業靈太后時累
除雍州刺史莊帝初封上黨王尋改馮翊王後降
爲郡公孝莊本紀武泰元年四月辛丑改元建義
癸卯使持節車騎大將軍雍州刺史上黨公長孫
稚爲驃騎大將軍開府儀同三司進爵爲王尋改
封馮翊王九月改元永安本紀不書何時降封郡
公要之不出此年之事則宜列之永安元年以稚
之封馮翊與孝莊之紀永安俱不久也魏書官氏

志無典祠令之官惟截天賜元年十二月詔始賜
王公侯子國臣吏士大郡王二百人次郡王百人
皆立典師職比家丞總統羣隸又載從第九品以
前上階有王公國諸署令此所謂典祠令者或即
典師之職焉胡王國所自署令也

懷令李超墓誌銘

石高二尺二寸廣二尺二寸五分二十六行行廿六字正書在偃師縣學明倫堂

魏故懷令李君墓誌銘

君諱超字景昇本字景宗後承始族叔在江左者懸同
故避改云秦州隴西郡狄道縣都鄉華風里人也雅著

高節敦篤世風言行足師興作成往術情李友同心名
義安貧樂道息詭遇之襟介然峻特標確焉之操弱冠
舉司州秀才拜奉朝請除恒農郡冠軍府錄事參軍事
宰沁水縣巨政崇治緯括尤嚴爲受罪者所詿章憲臺
誤聽被茲深劾除名爲民於是廿季中浮沉閭巷玉潔
金志卓尔無悶到熙平二年南更從宦補荆州前將軍
騎兵參軍事復作懷令已受拜垂垂迯職遘疾正光五
年八月十八⊙卒于洛陽縣之永年里宅時季六十一
孤貞華首茫於二邑門從無兩遠迩酸恨悽之百姓長
泉喪氣雖陳疍之哀堅胡季徽不是過也越六年正月
丙午朔十六日辛酉葬洛陽縣覆舟山之東南譬壤難
窮陵谷時異刻茲陰石照字光塵
泱泱顯族殿雩西垂代襲清則口炳羽儀道妙之門猪
風屬斯惟祖惟考倜儻瓌奇昌謨迭爲高踐明規杳量
无隄衡鋒不貲捻備典貫貞聰紛枝灼灼伊君山立淵
渟樓貞宅正彂纐屣稚懿鑠爲質醇素用情均治禮世
氣重財輕亦既從招旁流鴻聲隨牒出入密勿力誠爰
莅近邑先邁儀形絶交獨坐化動陰寶佝德貽各衆實
巨蠢梯枉歸來餝韞希帶恂恂鄉閈万殊一會優柔善
成无小无大垂白再仕飒尔淞流階倫稍降盛業愈迺

逯作後娀士女承休軆頓方馳盡士悲愁尅飾恂言引
賞靡徽端恭妄砥家俗虛膺椿彼圮跡事閉篇繪長源
未輸深奇乍奄蕰此逸機空生徒返茲窕易剆嗟毋難
遣楨榭踈竦泉房寒遠孀孤内嬬妹弟摧咺弌鏤沉石
託注幽冢
妻恒農楊氏父談爲郏州主簿　息女孟宜年卅六適
恒農王始儁郡中正　息女嫒姿適遼西常彪侍御史
息女仲妃適武威賈子誧凉州治中　息道沖　息
女婉華　息女休顏　息女四輝　息道逸年十六
息道栖年十三

碑稱正光五年卒越六年始葬按明帝正光六年改元孝昌孝昌三年改元武泰核其時當是武泰二年也云泰州隴西郡狄道縣都鄉華風里人又云卒于汝陽縣之永年里皆古里名又云葬洛陽縣覆舟山之東南太平寰宇記偃師縣有覆舟山陶季述京邦記云周回二十里下有白水苑是也此云在洛陽者與偃師接境銘詞云衆賢叵益叵者叵測之意蓋出說文序云是非無正巧說衺辭使天下學者疑蓋然則益者疑不定之意耳又云禎榭疏竦則爾雅拍掬是也中州金石記

億家誌有近出者並無斷缺李君諱超字景昇本字景宗後承始祧叔在江左者懸同遂易其字誌下文又云正光五年卒越六年始葬當時年號在數年中凡屢改易而纖悉書之不便於文故約舉言之又誌云女皆作息女子皆作息史記漢高祖本紀臣有息女正義曰息生也東觀漢記蓋我子息也誌蓋本此書子女而並書壻牽連之文則愈煩贅矣誌石出自今裔家邨旁近此誌云葬洛陽縣覆舟山之東南當時偃師並屬洛陽於斯可徵而覆舟山古跡之尚存者亦有指也偃師金石遺文記

按魏明帝以孝昌四年二月被弒臨洮世子釗立改元武泰四月釗又被弒長樂王子攸立改元建義九月又改元永安是武泰建元祗兩月不但無二年并非元年也碑稱越六年正月當是永安二年文於八月十八日之日字忽从篆作⊙亦異文也

路僧妙造象記

記橫廣一尺八分高四寸十三行行五字

大魏普太二年四月廿四日清信士路僧妙爲亡夫造釋加象一區願令亡夫捨穢從眞神遊除海面奉慈顏

見在眷屬□鍾喜集舍門□□辦比丘僧□□者□文□

按文云普太二年借太爲泰字爲亡夫造象則路僧妙是清信女而云清信士豈當時女士通稱耶釋加卽釋伽亦借用字

任寄妃等造像題名

石四面刻前十二行後九行皆橫廣三尺二寸高一尺四寸八分兩側皆橫廣二尺九寸其八行每行均五字正書

邑□任寄妃　邑子□□□　邑子趙顯暈

邑子郭業輝　邑子□阿□　邑子王□□

邑子□□□　邑子□□□　□□□阿□
□□□□□　邑子□醜女　邑子□阿暉
邑□傅阿貴　邑子□阿□□　邑子□□□妃
邑子田阿男　邑子□神要　邑子輔明王
邑子□□女　邑子傷□□　邑子□醜女
邑子□□□　邑子□□□　邑子□熙怡
邑子□□□　邑子□阿□　邑子□□女
邑子□□□　邑子王女□

田僧敬造像記

石高二尺八寸五分廣二尺一寸厚九寸五分分上下截記刻側之下截八行行六字正面下截象間俱

刻人名並正書

□□□□□□□□八日淸信士田僧敬上爲皇帝下爲七
世父母所生父母造玉像一軀願眷屬身安行吉值佛
聞法□有羣生□同此願
□□□□　□□□□
孫子祐生　孫女□
息肆雅　孫女容
息□□　妻王□
息□□　妻路□
息河□　妻李□

息天安　妻許捺
息僧敬　妻鄭俗
息□保　妻王男
息阿□　母趙明光

金石萃編卷二十九終

金石萃編卷三十

賜進士出身　誥授光祿大夫刑部右侍郎加七級王昶譔

東魏一

中岳嵩陽寺碑

碑高三尺二寸五分廣四尺五寸共三十九行行三十八字隸書惟末後移立年月一行正書今在嵩山會善寺戒壇

中岳嵩陽寺碑銘序

夫至理空淨非大智無以寄其言法身凝
家非妙信無以感其像故託金軀於至敬
之國布慈雲於羽士之世顯皮紙骨筆之
重半偈亡身之貴是以須達崇舊塡金弗
憍優王仰戀鑄檀寫眞斯皆聖人留軌爲
物樹業故然乃遺形八万還昇慧頂有大
德沙門生禪師遊三空以歸眞泯法流而
游世控三車而徽凝秉常樂以保軌隱顯
無方泥浮飆嶺道風遠被德香普薰乃皇
帝傾心以師資朝野望風而屈膝此山先
來未有塔廟禪師將欲接引四生永辭沸
鑊拯援群品遠離炎鑪卜茲福地創立神
場當中岳之要害對衆術之樞牙乃北背

高峯南臨廣陌西帶濬澗東接脩林於太
和八年歲次甲子建造伽藍築立塔殿布
置僧坊略深梗概王公卿士咸發布向之
心凡厥庶民並欣喜捨之志司空公裴衍
昔在齊都欽承師德願歸中國爲寺檀主
本願既從誓歸□□禪師乃構千善靈塔
一十五層始就七級緣差中止而七層之
狀遠望則迢亭飄峩仰慕天漢近視則□
嵬巖嶷旁魄絶望自佛法光興未有斯壯
也禪師指麾成之匪日禪師背夏難復名
工巧匠無能險其嶮峭禪師大弟子沙門
統倫艷二法師並妙思淵賾神智難量繼
軌四依律□□世覺華敷藻或香盈馥與
諸岡志以師遺功成茲洪業分稟□塼更
窣兩塔並各七層仰劉師願殊特妙巧□
劍秀出塔殿宮堂星羅棊布內外圖寫本
生凝曰十□尊儀無量億數□□金爲相
截王成豪瓌碧爐爍丹彩絢爓色煥□□
光煇宇宙異類衆羽冈紺唇緒龕旁禪室
側□環遶廷閣通門前迴□□□廊重複

苑衍逶迤規而有楷短而有則滿靈雙泉
四殖甘菓柳褭長條松攀圓蓋池荷焰灼
翠葉紅輝微波碧澈瀑流瀵口異禽巡獸
飲啄相鳴碩學名賢踵武相望引另清誦
列館法言洪鍾一扣應真四集唄響八飛
香煙似霧麦䄂禪家六時靡輟方為衆聖
万劫之靈場八輩十方三世之苑囿也天
平二秊四月八日倫藍二統乃刊石樹碑
雕鎸尊像贊貽嘉福顯彰聖儀高㝵大沙
門統遵法師忘懷體道戒珠皎潔仁智朙

敏器宇汪庠開妙思拾三空之表顯真如
拾四忍之外接引群生丹航巨海率諸邑
義繕立天宮懃脩嚴麗兼造白玉像一龕
眷屬侍御剞劂鐫磨妙匠精巧三十二滿
八十好圓色擀耀靈光暉夜口召諸滕薈
仰資皇帝聖廟諱無窮國境寧泰太后德被
蒼口永保仁齡預捨一豪同登我淨若見
若聞等一常樂傍盡邊塵復窮來際咸鍾
此福共詞曰
朙朙大聖皎皎無著至家至妙湛然常樂
無像無言形名應世七步舉手播宣苦諦
聲光振動濯我塵滯化息雙林終歸實際
金儀言寢塔像勃興香尊避坐多寶踊昇
為摸為楷永劫祗承維大沙門權攘應傳
萁風秀朗廟諱通常住道德芳烈帝后欽裕
搆造靈基朝野傾務遠摹妙喜近光祗樹
唯聖唯賢爰依爰附億兆來穆天龍處仰
城芥千空此基無爽
大唐麟德元年歲次甲子九月景午朔十五日庚申
從嵩陽觀移來會善寺立

碑記生禪師造塔及其徒倫豔繼造二塔事書法不工而碑文可誦碑後刻大唐一行則唐人固以為舊物而珍之矣歐趙錄却不載　碑文東作東矩作短潛作濳馴作迹啄作喙洋作庠驚作務惟皇帝太后不跳行不空闕猶存古式家字三見曰法身凝家曰虔禮禪家曰至家至妙廣韻家與寂同莊子注取其家寞無情耳家音寂本亦作寂金石文字記

東魏隸書曰中嶽嵩陽寺碑銘序共九百五十六字東魏天平二年刻石無撰書姓名筆法頗含風致嵩自啟母諸闕漢篆外唐以前書最少此其冠也碑上

截刻佛相雕鏤層疊佛像隆起餘地鐫平文刻於下截當碑四分之一其字之上方又刻空方六寸許深入二寸許規制亦迥異後代也北齊諸碑俱仿此式碑末正書三十字曰大唐麟德元年歲次甲子九月景午朔十五日庚申從嵩陽觀移來會善寺立寺自隋大業已改爲觀唐避世祖諱丙字易爲景字碑之移在營造天宮時立於會善寺佛殿東楹久無剝蝕尚得完好今康熙四十八年己丑歲重修佛殿更移立於寺西之戒壇說嵩

碑以僧坊爲僧房以莞衍爲蜿蜒以巡獸爲馴獸以

飲豕爲飲啄以苑囿爲苑囿以汪庠爲汪洋以丹航爲舟航以蒼海爲滄海或借或誤都未可知書矩作短顯係筆誤築立分窠葢不可識金石存

洛陽伽藍記云嵩高中有嵩陽寺即此是也碑云司空公裴衍昔在齊都欽承師德願歸中國爲寺檀主本願既從雲歸云云按魏書列傳云裴粲弟衍字文舒仕蕭寶卷景明二年始得歸國授通直郎衍欲辭朝命請隱嵩高又云贈使特節車騎大將軍司空相州刺史蓋其隱時與生禪師有舊也碑文宗爲[illegible]寫爲寫軌爲軏折爲拯東爲東殿爲殿灰爲庶險爲嶮

館爲舘飭爲餝絜爲潔航爲𦩎皆別字云對揔山之樞列兩當是紐字又云游流潰瀨潰即瀨字正文三倉云潰汙灑也江南言潰山東言灡以今方音定之亦信爲瀨字顧炎武以爲潛字之俗非也又云預捨一毫豪不从毛用古字中州金石記

右中岳嵩陽寺碑碑立於天平二年而文云仰資皇帝聖歷無窮國境寧泰太后德被蒼海永保仁齡孜孝靜帝以清河王世子嗣大統而清河王未有尊號胡妃亦無太后之稱前朝諸后或已殁或別嫁不識此所稱太后何人也碑書馴獸爲巡獸汪洋爲汪庠

此古字之通用者若東作朿樂作樂則違六書之旨矣天平東魏年號潘氏金石文字補遺題爲北齊者誤潘所錄本以補顧氏之闕此碑顧氏已載而復收之亦失於檢點也潛研堂金石文跋尾

碑在會善寺廢戒壇字多漫蝕予今收得舊本復次其文云大德沙門生禪師隱顯無方沉浮崧嶺此山先來未有塔廟禪師卜兹福地創立神場當中岳之要害對揔術之樞牙司空公裴衍昔在齊都欽承師德願歸中國爲寺檀主本願既從雲歸表節魏書列傳衍字文舒仕蕭寶卷至陰平太守景明二年始得

歸國授通直郎衍欲辭朝命請隱嵩高碑所謂雲歸
表節賁與傳合也衍後歷顯仕北討葛榮軍敗見害
贈使持節車騎大將軍司空相州刺史今碑稱司空
公者舉其贈官也後稱禪師大弟子沙門統倫豔二
法師各寧兩塔仰副師願沙門統者魏制緇流僧徵
之名釋老志沙門統惠深上言是其證也授堂金石跋

按碑云司空公裴衍攷北史裴叔業傳叔業兄子
衍仕蕭寶卷爲陰平太守景明二年歸國請隱嵩
高上表詔許世宗之末出山于祿肅宗除建興太
守河內太守孝昌初蕭衍將曹敬宗寇荊州詔衍

救荊州大破之除使持節散騎常侍平東將軍假
安東將軍北道都督鎮鄴西之武城封安陽縣開
國子食邑三百戶俄州刺史安樂王鑒叛逆告變
詔衍討平之除撫軍將軍相州刺史假鎮北將軍
北道大都督進封臨海縣開國公增邑千二百戶
仍詔衍北討葛榮軍敗見害贈使持節車騎大將
軍司空相州刺史衍之歷官始末如此蕭寶卷即
齊廢帝嗣立之初建元永泰次年改元永元三年
爲魏宣武帝景明二年是年衍歸國請隱嵩山至
出山之年在世宗之末入仕之始在肅宗初年則
其在山有十五六年之久矣又十年爲孝昌初元
遂有荊州之救三年有安樂王鑒之討是冬十二
月歿于葛榮之戰下距天平二年立碑之歲又隔
八年碑述倫豔二師更卓雙塔之功而推原生禪
師剏建之始因追溯司空公檀施之力也碑書不
必論其工拙北朝隸體自多如此文云顯皮紙骨
筆之重語本洛陽伽藍記碑立於天平二年文稱
仰資皇帝聖歷無窮者孝靜帝也太后德被蒼海
者孝靜帝時無太后此稱太后似指臨朝稱制之
宣武靈太后然出帝時已沈於河矣所未詳也金

石存謂築立分襲蓋不可識築即築字卭反爲耳
分襲口塼更寧兩塔詳玩其意襲即稟字又即稟
字廩通壞字坎壞不平也分稟者謂平其坎壞營
其塼埴而建兩塔也又云以僧坊爲僧房碑中有
房字兩見此似非以坊爲房仍是寶坊之義耳推
微歎之微蠡敻之蠡甚不可識對微術之樞牙中
州金石記釋作樞紐字形不類授堂金石跋釋作
樞牙恐亦未確存疑以俟攷

比邱洪寶造像銘

石高四尺六分廣九寸三分上截像下截銘九行行二十七字正書

夫需眞寂廓妙絕難測非言莫能宣其旨非像無以表其狀言宣三六之教像跡四八之璘豈不淵寂沖漠魏魏惟極者哉是以務聖寺檀主張法壽能於五蓋重羅之下契斷恩愛塵勞之網於熙平二年捨宅造寺宿願暫像福不止已煩度法界尋其羅絡情苞聖境自非積因積劫莫肯累世者孰能發茲宏闊願行者焉息榮遷循和行慈仁孝世習精懿志纂幽寂妙眞遂願刊石建像釋迦文佛觀音文殊仰迹亡考平康舊願復於像側隱出无量壽佛福洽法界考妣等神捨茲質形悉□棄淨境同睹薩雲覺道成佛

大魏天平二年歲次乙卯四月十一日比丘洪寶銘

按此碑務聖寺比丘洪寶爲檀主張法壽捨宅造寺其息榮遷循和刊石造像因作銘以記其功德也北碑多以子爲息云息榮遷循和者始法壽之子也熙平二年捨宅天平二年刻銘是在造寺之後十九年矣洪寶僧文字皆不足深論

司馬昇墓志銘

石高廣均二尺一寸五分二十六行行二十二字正書今在孟縣段曲村張方典家

魏故南秦州刺史司馬使君之墓誌銘

君諱昇字進宗河內溫縣孝敬里人也其先晉□帝之苗裔曾祖彭城王禮金聲於晉闕作蕃牧於家邦祖荆州才地孤傕震玉譽於江左來賓大魏爲白駒之客始踐北都遂授侍中使持節征南大將軍開府儀同三司十州諸軍事封瑯瑯王後遷司徒公父□□□鎮將隴西開石著雅良之績若蘇帝王之資懸萬乘之譽夙慧早成絕於群齒君志性貞明稟操純直又能孝敬閨門肅雍九族鴻才峻邈聲溢洛中以孝昌二年釋褐太尉府衛參軍又除懷縣令雖牛刀屈雞且錦遊邦里莅政未幾禮教大行君臨茲百里承流敷化故能申述典謨奉遵皇猷使盜息如新藏令行如禁止懷邑之民咸稱

良翰方騁好爵而竊仕路極纓冕以官王寮如天道無傻弔善徒言遘疾一朝哲人云亡以天平二年歲次乙卯二月廿一日春秋卌有一薨於懷縣贈使持節冠軍將軍都督南秦州諸軍事南秦州刺史以其年十一月七日窆於溫縣但以日月不停遂窆有期墓門刊誌勒銘泉扉其詞曰

盛矣洪源發葉晉軒隴西之子瑯瑯之孫如沐斯潔如玉之溫让賢諸美今偶何言蔡武彭城承流全晉萬乘之冑龍德之盛晨極方高蒼海比潤崇基卓立群矣孤峻少播令問弱冠飛聲克在集譽譽彼槐庭　帝嘉斯

德作邑憬城義風炯舒道化雲行才明不壽自古在元
顏生二九萎哲殲賢之子之亡如仕之年永辭白日長
歸黃泉遠送平原瘞於溫縣隴樹冬寒夏凝霜霰勒銘
德媺誌其鄉縣萬歲千齡誰聞誰見

右司馬昇字進宗墓誌銘其曾祖祖父誌不著其名魏史亦無司馬進宗之傳姑以誌中所云祖荆州來賓大魏授侍中使持節征南大將軍開府儀同三司十州軍事封瑯琊王遷司徒公考之則其人爲司馬楚之按魏書司馬楚之傳略云晉宣帝太常馗之八世孫父榮期爲梁益二州刺史遭變楚之送父喪還

值劉裕英夷司馬戚屬亡依從祖荆州刺史休之及休之爲裕所敗楚之收衆據長社後降於魏魏假楚之使持節征南將軍荆州刺史後劉義隆入寇以楚之爲安南大將軍封瑯琊王屯頴州距之破其諸軍以散騎常侍徵還尋從征凉州蠕蠕拜假節侍中鎮西大將軍開府儀同三司雲中鎮大將朔州刺史王如故薨贈都督梁益秦寧四州諸軍事征南大將軍領護西戎校尉揚州長史謚貞王云云據此盡與誌中所言相應惟缺遷司徒之文耳然又按庾開府集周大將軍司馬裔碑文云曾祖楚之入魏授平南大將軍荆州刺史襲封瑯琊王又授使持節侍中安南大將軍開府儀同三司者與晉史及此誌略同至其載楚之卒後贈征西大將軍都督梁益秦寧荆兖青豫郢洛十州諸軍事揚州牧謚貞王者則尤與碑所云十州諸軍事遷司徒公者相合再考魏書北史楚之外亦無有官職封爵似此者此以知其爲楚之無疑也然魏書謂楚之父榮期爲梁益二州刺史遭變而庾開府集司馬裔碑乃謂曾祖楚之爲晉太傅録尚書揚州牧會稽文孝王之次子元顯之幼弟元顯見害之後桓氏篡逆之初潛身劍收合餘燼入魏

云云則是謂楚之父爲司馬道子與魏書所書楚之父爲司馬榮期者不合又庾碑所言司馬道子爲會稽王仰晉書所云道子爲簡文帝之子出後瑯琊王改封會稽王者與此志所言進宗曾祖彭城王者亦不合按此誌所云曾祖彭城王者乃或即魏書所謂司馬榮期者晉書宗室傳彭城王權子植植子釋釋子雄雄坐奔蘇峻更以釋子紘嗣紘子元元子宏之皆襲封彭城王更以魏書楚之傳所云太常馗八世孫推之則楚之父榮期與彭城王宏之爲昆弟輩行或與宏之同出于元或出于元之弟俊皆未可知然

俱爲彭城王權之後雖嗣世封王者爲元但榮期守
上遭變竟當時必贈以王爵又以其爲彭城之後或
即贈彭城王故誌即以曾祖彭城王稱之則彭城王
之稱其於榮期亦近似者究之此誌所云祖荆州者
斷爲司馬楚之無疑特於曾祖不著其名或則以榮
期慘遭禍變故不忍正著其名耳至庾碑著楚之所
生與魏志不合之處更以俟博雅考焉又誌言父鎮
剖隴西關右著唯良之績者按魏書楚之三子長寶
胤次金龍次躍龍寶胤仕至鴈門太守金龍躍龍俱
至尚書令此誌云著唯良之績亦似指寶胤而言蓋

引用太守故實則其非金龍躍龍可知特隴西關右
與鴈門不合或寶胤前嘗官於彼而後守鴈門亦未
可知耳又魏書金龍三子長延宗次纂字茂宗次悅
字慶宗則或名或字皆與進宗之字相似轉疑名延
宗者之亦爲其字而史失其名耳然則進宗爲楚之
之孫殆無疑矣進宗作令桑梓有惠政可傳也孟縣志
按碑所述先世孟縣志攷證已極詳明碑稱曾祖
彭城王祖荆州但書爵書官而不書名與高湛碑
同是當時誌銘之一例父字下缺三字想亦是官
位可知使君溫縣人而官懷縣令二縣同屬河內

故云錦遊邦里也盜息如豺藏令行如禁止兩如
字皆當作而字讀纓冕當是纓冕別體字薨於懷
縣是卒于官也縣令卒而書薨是不拘于公侯之
卒稱薨者矣

王方略造須弥塔記

記高廣皆一尺三寸五分十二行行十二字正書其第八行至十一行上中間有龕穴長五字許在偃師縣古聖寺

大魏天平三年歲次丙辰正月癸卯朔合邑等敬造須
弥塔一堰仰爲皇帝陛下師僧七世父母所生父母因
緣眷屬後爲邊地衆生常與善居稱勤三會唱在初首

下生人間侯王長者合邑諸人所願如是
敎化主王方略
邑師法顯
邑師道寶
比丘道眞
比丘僧惠
賈仲　郭阿
石□曹和　唯那劉□□

碑中有佛像長六寸記字畫鋒穎透露可想見六朝
筆勢碑在偃師北十八里古聖寺此寺意即魏時所

立㵾進士武君億得于土中急置寺壁手拓其文寄
予 中州金石記

比邱尼曇會造像記

記橫廣八寸高三寸十行行四字五字正書

天平三年五月十三日比丘尼□□曇會□□阿容□
□自爲己身師僧眷屬造觀世音像一區并及有形共
同斯福

高湛墓誌銘

石高一尺六寸廣一尺五寸七分二十五行行二十七字正書今在德州封氏家

魏故假節督脊州諸軍事輔國將軍脊州刺史高公墓

誌銘
君諱湛字子澄勃海蓨人也靈根遠秀啓慶兆於渭川
芳德遐流宣大風於東海作範百王垂聲萬古者矣故
淸公勢重鄭伯揖師元卿位尊管仲辭禮皆所以讓哲
推賢遠明風軌祖冀州刺史勃海公文照武烈望擅中
夏惠治朝野愛結閭行孝侍中尚書令司徒公英風秀
逸儁氣雲馳剋顧帝鄉威流宇縣君其慶緒於緇基挹
餘瀾於海澳幼尚端凝長好文雅非道弗親唯德是與
逍遙儒素之閒蔡中稷之遺風俳佪文史之際追牧馬
之逸藻至於彝春灑翰庸月抽琴邁昔哲以孤遊超時
流而獨遠熙平啓運起家爲司空參軍事轉揚烈將軍
羽林監天平之始襄城阻命君文武兩兼忠義奮發還
城斬將蠻左同歸朝廷嘉其能縉紳服其義敘驍驤將
軍行襄城郡事君著績既崇賞勞未允尋除使持節都
督南荆州諸軍事鎭軍將軍南荆州刺史於時僞賊陳
慶率衆攻圍孤城獨守載離寒暑終能剋保邊障全怗
民境復除大都督行廣州事享年不永春秋卅三元象
元季正月廿四日終於家　皇上勳哀能言灑涙迺有
詔曰故持節都督南荆州諸軍事傚鎭軍將軍揚烈
將軍員外羽林監行南荆州諸軍事南荆州刺史當州

大都督高子□識用閑敏氣幹英發擁攝蕃籬誠効尅
宣臨難殉軀奄從非命言念遺績有悼于懷宜申追寵
式光往烈可贈假節督齊州諸軍事輔國將軍齊州刺
史粤元象二年十月十七日遷塟於故鄉司徒公之塋
千秋易往萬古難留故鐫石泉門以彰永久其詞曰
丹到降祉姜水蔵淸大人應期命世挺生垂笄起譽罷
鈞流聲經綸宇宙莫之與京響司下蕃公衡上宰旣顯
督丘復擅東海四履流芳五城降緑繁柯茂葉傳華無
改伊宗作輔忠義是依淸瀲昏霧撥擁塵飛日月再朗
六合更暉玉帛斯集福祿攸歸仁壽無遺積善空施風

酸夏草霜結春池崐山墜玉桂樹摧枝悲哉永慕痛矣

離長

乾隆己巳秋德州衛第三屯運河決東岸岸崩得此石文字尚全宋蒙泉弼編修以予嗜金石刻也遺人搨一本見貽惜高君之名不見於魏史碑文有尋除使持節都督南荊州諸軍事鎮軍將軍南荊州刺史按魏書地形志有荊州有北荊州無所謂南荊州者而攷通鑑所載是時東魏尚有東荊州西荊州亦皆志所未載蓋其時干戈搶攘僑置州名甚多史家不能詳也元象二年即興和元年據魏書本紀是年十

一月癸亥改元碑建於十月故猶稱元象碑不書湛祖父之名或云當是高肇之子肇爲尚書令遷司徒肇父颺贈渤海公與碑官位頗合但本傳無湛名未敢定也湛有臨難捐軀之節宜見於史不幸與齊文襄武成同名殆作史者避齊諱故并其事沒之乎千載之後陵谷變易而出此一片石以顯湛之名不可謂非幸矣而其死於何人之手碑亦諱而不書使人讀其文而不詳其殉難本末則又湛幸中之不幸也

潛研堂金石文跋尾

志云勃海滌人也滌即脩字周禮司尊彝凡酒脩酌注云脩讀如滌是也漢蔡湛頌蕭滌而雲消蕭滌即蕭條後漢郡國志勃海郡脩縣故屬信都前漢地理志信都國脩縣顏注脩音條周亞夫傳封條侯顏云縣在勃海地理志作蓨字其音同耳漢劉衡碑除蓨令詩蒹葭其脩矣釋文云脩本或作蓨功臣表亞夫紹封脩侯顏注云脩讀條馥案地理志勃海郡無脩縣有脩市縣應劭音條亞夫所封乃脩縣非脩市也顏不稱信都而屬勃海似誤蓋脩縣自後漢始隸勃海此志以滌屬勃海自不誤晉勃海郡有脩縣元和郡縣志云本漢脩縣晉改條爲脩然功臣表已作脩字惟亞夫傳作條耳誌中驍驤將軍驤字從馬

余在洛陽得銅印文曰驍驤將軍章字亦從馬案魏書世祖紀始光二年初造新字千餘頒下遠近永爲楷式驍即新造之一也桂馥跋

右碑錢辛楣少詹論之甚詳湛字子澄孝靜詔字而不名尊之之意亦制詔異例也碑字秀勁爲唐時虞褚諸家所本其中滌人即修人古多通用至標作摽蚪作虯稟作禀瀾作灡翰作翰府作府龍驤作驤驤旅作旅象作象及从亻與从彳互用皆六朝人好異故變其體耳末句離長二字倒書碑未改正山左金石志

按此碑正書每字界方格筆法秀勁文字完善其

損者僅詔語中高子澄之澄字耳魏書地形志有三荆州一曰北荆州武定二年置領伊陽新城㴞北三郡一曰荆州太延及太和中置領南陽順陽新野東恒農漢廣襄城北淯恒農八郡一曰洛州注云太延五年置荆州太和十一年改洛州治上洛城領上洛上庸魏興始平襄和五郡北荆州置于武定二年在元象二年之後當高湛之世既無所爲北荆州則但有一荆州而已或者洛州之地舊有荆州之稱當時因目洛州爲南荆州亦未可知當孝靜帝天平三年四年之間洛州上洛一路

高敖曹與西魏竇炬交攻至四年十月竇炬行臺宫景壽都督楊白駒寇洛州又遣其子大行臺元季海大都督獨孤如願逼洛州又遣其都督趙繼宗右丞韋孝寬等攻陷豫州碑所謂僞賊陳慶率旅攻圍孤城獨守載離寒暑似即指此事其時距元象元年高君之卒未久也玩碑云終能克保邊隍全怙民境則南荆州城不失也復除大都督行廣州事是事定而還官也元象元年正月廿四日終于家是非臨陣捐軀也孝靜詔語謂臨難殉軀奄從非命者似追叙其孤城獨守時事或受傷而歸耳元象二年十一月改元興和湛以十月葬故尚稱元象二年孫觀察星衍六朝金石記此碑有季雅跋云銘詞六合更鼂與依飛爲韻是鼂即暉字說文有暉無鼂新附妄增之又馬八尺以上爲龍說文作駹六朝人因造爲驡字

敬史君碑

碑高六尺八寸廣三尺五寸二十六行每行五十一字正書在長葛縣陘山書院

禪靜寺刹前銘　敬史君之碑

公名□字顯儁平陽泰平人葢虞舜之苗裔田敬仲之後也舜有康哉之唱敬有和鳴之應德徽書史道合無

名自茲以降世皁哲人鼎組繼襲英聲不朽公資黄中之雅氣稟川岳之粹靈苞一德於懷抱淵万頃於句衿摻節端華風神雅峻博學多通無所成名振微音於綺歲播九德於冠年豈伊一日千里寔曰王佐之才解褐奉朝請於時女后稱制權移外戚黨樹私門謀危王室公秉義發憤肆忠奉國結周公河西之略希義貢折角之恥掛冠辭闕杖劔歸鄉席步方州翹心日角孝莊統馭攝履還朝　帝嘉迺功用優勳賞封泰平縣開國子除晉州別駕永安云季元兇伏罪殘醜遺燼更相煽率始資賈詡之計終成李郭之舉責罪宣平交兵象闕長

戢百万胡騎千群　大丞相勃海王德隆齊晉作牧彪都志存匡合克翦封鯨以公器宇淵亮民望所歸特申情悒委以經謀公深識時雄罔計強弱豹變從時應機而起暉文贊武專接劍之功帷籌野戰務斷鰲之力長虵既剪龜鼎惟新榮勲有典式酬功効進封永安侯食邑千戶拜車騎將軍度支尚書俄遷都官尚書公位居省闥職在樞機竭忠奉上庶情求瘼獎進英賢糾擿姧慝宿滯必申頹綱由整今　上德配乾黃融齊日月鑒殷從御未還外畧秦隴放命乘此猜悖駈率戎虜擾我生民汾晉邊遐偏被其毒惟扞所寄事符賢繼迺以公

爲汾州刺史尋轉晉州刺史車騎侯如故公秉麾出閫佩錦歸鄉明賞罰以勸元戎敷仁澤以字黎庶乘機造出智勇兼奮口聿未周姧淚遁跡百城歸懌四民歸堵敢飯之嗟不息安居之詠更新雖李牧禦邊細侯治雄不能尚也又燕司失馭編荒作逆連黑山之衆峙黃巾之勢縱横海表陸梁幽冀震感　皇衷命公是討公運六奇於帷幄忘七尺於戎行探淮陰斗趙之畧協段熲破羌之謀廣張旗幟厲怒三軍紛紜馳突遂夷兇醜凱旆而歸增隆寵秩拜儀同三司韓地邊嶮襟連蠻楚夏風彼攺彰僞成俗畜人不恭鴟張蟻聚黠虜因貧玩威

壃埸歷政爲頗莫能芟遏百姓彫傷流離略盡　天子悼兆民之荼炭惟邊帥之須才終朝忘食夜分不寢以公畧不世德効累彰除殘拯溺非莫可加拜驃騎大將軍潁州刺史大都督潁州諸軍事儀同三司開國如故公深惟臣辱職不求易悟遇艤根薄言來踐輕賦斂以阜民財勞吐握以招賢俊嚴治烽候宿拔輕肥摧火或畢豹騎爭先兕出罨入梟凶万計賞不踰功罰必當罪人物輻輳纚負雲歸玉燭登年絃歌不息亦既芟夷世難功濟生民復惟舟梁苦海運茲迷溺敬崇三寶翹翦九刼望維衛以虛心念毗耶而延佇此地寔爲高敞眺

實遐隆遠乘山岳迴帶池閣惟金剛之妙宅諒神基之淨土故平陽太守潁川太守使持節泰州刺史梁洪雅攝情物外宅志道場爰建精廬聿茲形勝水火亟交季歲彼積寵宮梵室彫落朽故公迺勉率僚佐肅心營造遠訪名工窮盡巧麗建七層之寶刹竪雙樹之光儀金瓊曇照朱紫聯華長廊四密廣夏清疎名儕遠苑大法津流憑此至誠仰願　皇帝陛下祚隆天地齊光九刼化漸三塗率僧四衆口日誓塲順終如始有滅有生無斟八万之回無生無滅濟此沒婆之苦湛露易晞貞剛惟久式裁金石永昭不朽作頌曰　惟聖之後達者克

昌代綰珪組世有蘭芳挺茲明德隆贊霸王齊鑣管范
閑步蕭張弱齡聰瑲岐年秀發精蔭聖瑣御齊初月疾
惡如風趣善如蹤旨行斯兼三省無闕作牧西蕃君臨
南甸荒服來庭鯨鯢由翦政行保鄣化豹絲口大啓干
乘職聯三銘發揚揔歷開職道曝飛甍架雨寶刹分虹
月光照曜日映玲瓏業茲世福永樹來功
新除使持節都督穎州諸軍　事驃騎將軍穎州刺
史當州都督崔叔仁
施地檀越故穎川太守王儒
檀越元僴纔施地作拾畝

檀越口景和儀和施地卅畝
檀越朱景略息恩和施地廿畝
維大魏興和二年龍集庚申

碑陰

碑陰分六列第一二三列各三十行四列
五行五列二十八行六列六行並正書

邑子中軍將軍穎州長史朱果　安東將軍銀青光祿
大夫穎州督府長史趙懃之　持節鎮南將軍穎川太
守高沖　持節假征西將軍太中大夫陽翟太守敬鴻
顯　持節假安東將軍許昌太守呂道興　陳留太守
敬忻小郎君敬清奴　州錄事參軍敬遵顯騎兵敬穆

州別駕薛宗邑子長流袁孝則　州治中崔叔亮邑
子外兵柴軌　州司馬崔子王邑子外兵王貴　州治
中毛集邑子州散騎楊業　州治中敬伏護邑子散騎
匡乾　中軍將軍敬景儁郎中郭延賈　中兵敬乾歡
穎川郡承孟延和　主簿敬頻　中兵參軍薛副　主
簿敬子瑜　功曹參軍薛略　鎮城樊後興　集曹參
軍李弁　長社令魏朕　都督井盆　許昌令楊悅
都督敬世　臨穎令郭叔　都督郝沖　穎陰令柴興
都督劉䶮　許昌令柴儁　都督敬珍　隱陵令孫
祖　都督裴祥　扶溝令張靜　都督索闇　州都陳

始和　都督薛賓　州都郭惠既　都督伏愛　州主
簿陳延　都督陳族　中兵梁蘭景　都督王和　長
流胡長儁　都督恩和　鎧曹賈思慶　都督王顯
以上第一列
司馬彭預　都督王遷　都督張賓　都督李柱　都
督庫狄　都督王榮　都督趙珍　都督韓略　都督
韓章　都督薛琛　都督元志　城局魏孫　士曹李
遠　默曹姚泰　士曹宋孫　功曹龍草　門下程遠
祭酒唐纂　祭酒元源　祭酒孫欣　西曹石纂
西曹楊珍　主簿張秀　主簿趙安　邑子姜崙　賓

邑子姜始宗　邑子龍伯達　邑子龍讃　邑子李遵
邑子和祖
以上第二列
中堅將軍潁川縣大府倉曹　參軍向琶　許昌太守趙
文光　謝遠　民望沈濤　州主簿別駕陳遵　趙苑
民望孫獻　都功曹陳徽　都民望陳樹　民望許容
邑子陳始明民望陳世用　民望欒榮　都督陳胡
民望孫世通　長史荀欒　都督王挨　民望宋大
業　民望趙珎　都督靳輝　民望孫騰達　民望李
變　都督介歡　民望姜汀珎　騎兵朱海　都督張

艷　民望趙龍光　月令戴翔　都督許祖　民望劉
元才　西曹馬超　都督趙遜　民望許大扶　錄事
道景　都督徐延　民望衛次寶　民望許寶　□□
□賓民望孫陽爾　省事趙謙　都督□雙　民望孫
長和　道人惠哲　都督□祖　民望孫法凝　西曹
張徽　博士□化　民望張永洛　李肇尉姨　都督
敬難陁　民望韓係叔　司馬王貝卿　都督毛季業
民望韓海□　外兵司馬景　都督萬流津　民望趙
方達　外兵王景嵩　都督孫永明　民望仇猛虎
帳內王鸞海　都督王遵賢　民望聶保奇　民望劉

彥始　都督王買　助教聶榮康　黨司徒始隆　五
宦成勇沈貴遠　蔡萇洛　邑子韓長茂　民望伏生
顯當世　毛仲賢　都督敬文賢　民望景嵩趙承隆
、屈伯奴　丘哲　王乾　長流張尚尹洛祖　吉茍
子　趙常　鍾遵　民望力和韓道顯　馬伏貴　張
穆　閻翔　民望龔明顯榮國　王叔尔　龍顯　閻
乾　邑子王仕元邑子成淵　胡女仸　韓亮　焦弁
以上第三列
參軍賈充　民望宋方　隊主石猛　邑吳成奇　黨
許洪朗

以上第四列
持節假征西將軍平西將軍陽翟鎮將帶陽翟太守晉
州平陽郡晉秋鄉吉遷里人敬鴻顯　潁州沙門統慧
元　潁州沙門統曇永　司州沙門統道鐔　陽州沙
門統道慈　潁州沙門都道業　潁州沙門都慧乾
潁州沙門都智定　潁州沙門都曇荏　潁州大律師
靜遵　潁州沙門都僧雅　法師晉州都靈洪　法師
司徒寺慧辯　長社縣維那法嵩　張顯公寺主法敬
法師寧國寺曇愍　法師寧國寺法豫　法師丈八
寺僧慶　法師司徒寺僧景　元領軍寺主法興　廊

潁縣維那道顯　潁川郡維那僧度　許昌郡維那法
炬　陽翟郡維那道希　法師祖寺僧遠　敬公門師
慧哲　齋主白塔寺道摽　前禪靜寺主智遵　前禪
靜寺主法榮

以上第五列

當營搆寺主道智　營福都維那慧蓋　長兼都維那
慧生　長兼都維那靜意　長兼都維那道果　長兼
都維那道海

以上第六列

乾隆初年長葛氏墾地得古碑劚之完好樹於陘山書院按碑爲北齊僕射永安侯敬史君顯儁功德摸銘揚厥休烈文雜儷體書則自晉邇唐爲歐褚前驅居然古氣磅礴惜作者書者皆不敘名攷敬氏世裔出自陳公子完土居封爵但隸太原而建刹鄢陵者則以僕射有平潁之功爲今北齊書本傳祗紀其從高祖龍興功而其仕北魏亦若稱制棄職肥遯孝莊帝時亦不得志乃杖策謁神武雖尺寸風雲亦可補史策之闕略矣考古者兼搜古金石刻豈徒賞其書與文哉後之好古者善護之又史傳名顯儁字孝英而碑則闕其名字顯儁亦微異云沈青崖跋

右碑題禪靜寺刹前銘敬史君之碑乾隆己卯歲錢塘周君天度以戶部主事出知許州搨一本貽予讀其文葢頌潁川刺史敬顯儁而作寺故潁川太守梁洪雅所建而顯儁修之曰敬史君者借史爲使也顯儁齊書北史有傳北史云陽平太平人陽平葢平陽之誤太平魏書地形志作泰平此碑亦稱平陽泰平與魏書合載顯儁歷官殊略以碑攷之釋褐奉朝請靈太后稱制棄官歸孝莊初還朝封泰平縣開國子除晉州別駕後從齊神武起兵以功封永安縣侯食邑千戶拜車騎將軍度支尚書轉都官尚書孝靜初爲汾州刺史轉晉州刺史拜儀同三司驃騎大將軍潁州刺史大都督潁州諸軍事其次第如此而齊書所云羽林監行臺倉部郎中則碑無之葢顯儁未嘗爲此官故北史亦不取也碑云公名空一字顯儁而傳云字孝英葢先以字行後乃別立字爾碑中別體之字如抱作抱后作后戚作戚綱作綱佩作佩儀作儀鴟作鵄擊作擊喜作憘憐作憐廊作廊服作服其它不能悉數也泰本从水碑从心葢流俗之譌相承久矣碑陰題名有功曹中兵騎兵長流城局士曹鎧曹集曹墨曹皆州屬官也諸曹不言參軍者省文也

隋書百官志有盈曹無點曹借然爲匙也有州都西
曹祭酒門下省事皆州屬官也門下不言督亦省文
也民望日令辭司三名其義未詳民望多至二十餘
人蓋非職官之稱矣其云長社令者借長爲長也潛研
堂金石文跋尾
碑記顯儁歴官最詳按北齊書列傳云爲晉州別駕
行臺右部郎中轉都官尚書北史雖云歴任度支尚
書封永安縣侯出內多歴顯官而已碑獨不及行臺
倉部郎中宰相世系表又北齊僕射史又不載不知
何也此碑以梁洪雅建寺顯儁重修故爲是銘後有

新除穎州刺史崔叔仁名碑字最謬不可勝舉其云
百城旆檡乃旌析異文弱齡聰玿乃聰睿假音惟匈
矜作匈猶用肖字正文與篆法合陰列官將氏望沙
門名字所載敬氏之族甚多有主簿敬頻攷宰相世
系表在顯儁上第三格云頻後魏北絳太守乃是顯
儁之曾祖不應于顯儁立碑時列名碑陰蓋或是族
曾祖行而世系表誤分其格正在顯儁之上也中州金石
記
碑首行云禪靜寺刹前銘下空一字又云敬史君之
碑一文兩趣文義不逌於碑之體或亦不合乃其文

則又斐然可觀乾隆三年長葛縣知縣許蒞峰於轆
轤灣地中掘出頗完好共八九百字鈌者止十餘字
顯儁後仕齊北齊書北史皆有傳碑云公諱下空一
字字顯儁而齊北皆言顯儁字孝英蓋或其名鄙以
字行後別爲字此碑則未有字時立也齊云平陽人
北魏地形志晉州平陽郡有泰平縣此但舉其郡碑
云平陽泰平人皆是北云陽平太平人則誤矣陽平
郡白治館陶屬司州也碑云解褐奉朝請時女后稱
制權移外戚掛冠歸孝莊初還朝封泰平縣開國子
除晉州別駕齊云初爲羽林監碑不言碑又云永安

二云季元兕伏罪殘醜遺燼更相鴆率始資賈詡之計
終成李郭之舉攷永安終於三年故云季是年誅爾
朱榮故云元兕伏罪而賀拔勝爾朱世隆司馬子如
爾朱拂律歸爾朱兆相繼攻洛故以李傕郭汜爲比
碑又云大承相勃海王徳隆齊晉作牧唐都志存匡
合公涂識時雄圖計強弱豹變從時應機而起進封
永安侯食邑千戸拜車騎將軍度支尚書俄遷都官
尚書丞相謂高歡齊言初得歡以爲行臺倉部郎中
碑皆無之碑又云今上徳沘口口融齊日月遒以公
爲汾州刺史尋轉晉州刺史又拜儀同三司加驃騎

大將軍潁州刺史大都督潁州諸軍事今上謂東魏
孝靜帝潁州地形志孝昌四年置武泰元年陷武定
七年復是也齊云從高祖平冠難之三以下則皆立
碑以後事矣蛾術編

御題禪靜寺刹前銘敬史君之碑其稱史君者顯儁
爲潁州刺史也禮雜記客使自下注使或爲史漢書
霍光傳使樂成小家子師古曰使者其姓也字或作
史因知史與使二字古可通用也顯儁歷官北史本
傳稱從神武信都舉義歷位度支尚書以功封永安
縣侯河清中卒於兗州刺史齊書本傳爲羽林監高

祖啓爲別駕行臺倉部郎中轉都官尚書二書所載
畧異然以碑證之蓋於孝莊初封泰平縣開國子及
拜車騎將軍孝靜初爲汾州刺史轉晉州刺史拜儀
同三司驃騎大將軍潁州刺史大都督潁州諸軍事
皆未及也授堂金石跋

按碑述其先世云虞舜之苗裔出敬仲之後蓋敬
本嬀姓陳厲公子敬仲之後通志氏族畧所謂以
謚爲氏也漢有敬韶官揚州刺史歐公得其碑文
字磨滅惟其初有敬仲二字遂目爲敬仲碑載集
古錄然則敬氏叙碑皆推原於敬仲也又据金石
錄敬君像頌跋云敬君名曦顯儁從弟十世祖漢
揚州刺史韶按後周書敬珍傳唐書宰相世系表
皆云韶漢末爲揚州刺史而姓苑與元和姓纂皆
作歆疑轉寫之誤又據碑顯儁乃韶十世孫而姓
纂以爲九世亦誤也云云据此則顯儁之十世祖
乃韶也碑紀敬史君歷官云解褐奉朝請於時女
后稱制者指魏宣武帝靈皇后胡氏也大承相勃
海王德隆齊晉作牧唐都者指大都督晉州刺史
齊獻武王封勃海王中興元年爲侍中丞相高歡
也碑立於興和二年庚申計自解褐之初至此首

金石萃編卷三十　東魏一

尾僅十三年立碑之意專紀其都督潁州時政蹟
而尤重其營造禪靜寺之功德也潁州刺史崔叔
仁是立碑之主故特列銜名於頌後此後列施地
檀越姓名不與碑陰同列者重其施地之功也以
仟拾畝爲五十畝仟伍通用也碑多別體字如宿
捩輕肥之捩字玩文義疑卽裘字移置也噉飯作
敢飯或是省文塗炭作荼炭或是通用高傲作高
傚則筆誤矣碑陰列一百四十餘人而敬姓者十
四人獨敬鴻顯既列於第一列之第四行又列於
第四列之末行前作鴻顯後作鴻顯前銜但云持

節假征西將軍太中大夫陽翟太守後銜則云持
節假征西將軍平西將軍陽翟鎮將帶陽翟太守
此下云晉州平陽郡晉秩鄉吉遷里人不知與史
君同里居否也敬滿奴稱小郎君殆陳留太守敬
忻之子也碑中有民望有都民望想皆郡人之著
者有外兵行帳內皆軍營之職隊主疑即隊主亦
軍職也有沙門統有沙門都有道人想皆僧職也
諸皆僧也而稱之曰敬公門師疑為史君所尊禮
也曰營稱都維那曰長兼都維那皆僧碑所未有
者助教箴染虎衆當是衆字即七虎也其曰李臺

射姚曰吉苟子命名之義不可曉曰黨司徒始隧
曰五官成勇洗遵達曰民望伏生顏當世曰民望
力和韓道顯曰邑買成奇曰鄉許洪明曰齋主臼
塔寺道楊義亦未晰曰民望聶保高曰焦弁曰長
社縣維那法嵩字有不可識者或疑長社即長社

金石萃編卷三十終

金石萃編卷三十一

賜進士出身　誥授光祿大夫刑部右侍郎加七級王昶譔

東魏二

李仲璇修孔子廟碑

碑高七尺四寸五分廣三尺六寸二十五行行五十一字正書兼隸額題魯孔子廟之碑六字篆書今在曲阜孔廟

粵若稽古　設后欽明文思衡宰遺德丕顯九功咸事
敘能庸勳親賢官方式敘　惟大魏徙鄴之五載　皇
□興和之元年太子□洛省出日寔唯濟岱宣風敷
化義屬英良以君理思優敏實惟舊德昇朝作民物望

斯允必能紘歌鄙爲勉撫斯□□制□□冊拜我君公
使持節都督兗州諸軍事車騎大將軍當州大都督兗
州刺史君姓李字仲璇趙國柏仁人也其先帝高陽之
□裔柱史之胤左車之緒瑤光休彩赫奕於上齡若
木嘉祥萩蕤於季葉君以奇解褐奉朝請俄除定州平
北府法曹參軍仍□□□功□諮議參軍事定相雖三
州長史東郡汲郡恒農三郡太守司徒左長史中散太
中大夫營構都將雖兗二州刺史所在恩□遺訓在民
□□□易地而貞穀不移君風與雲翔風期如一斯寔
□□直置□輿□同愷然不樂思仁未深刑平愚和□

為淳□□□□□寵□□榮奕葉重光之貴氣韻優峻
之奇政績緝熙之美旣備於史傳與淸頌故不復詳載
焉君神懷疏爽風度絶□學業□□源流深趣標□□
松俱秀故其隸兗部也嘗未浹旬言覲孔廟肅恭致誠
敬神如在遂刷車曲阜飲馬沂流周遊眺覽尚□伊人
□□慨然有報功□□之意乃命工人脩建容像孔子
曰從我於陳蔡者皆不得及門也因歷敘其才以爲四
科之目生旣見從歿□□侍故顔氏□□□□於易辭
起予者商紛綸於文誥是則聖人之道須輔佐而成故
曰吾有由也惡言不聞於耳所以雕素十子□□其側

今於□□□□奉進儒冠於諸徒亦靑衿靑領雖逝者
如斯風霜驟謝而淪姿舊□髣似還暫至如廟宇凝靜
盛姿嚴雅□□之□無以踰七□之房不能出夫道繫
於人人亡則道隱斯大義以之而乖微言以之而絶今
聖容肅穆二五成行丹素陸離□□□□□□□微唉
而□言左右君承顔而受業是以覩之者莫不忻忻焉
有人室登堂之想斯亦化□□一階也大誕聖哲作民
師□□風□闕里揚□□洙泗至於歎鳳鳥之寂寥傷
河圖之莫出頃應聘而不遇知道德之不行乃正雅□
脩春秋刊理六經懸諸日月□□載之□莫不遵□義

以述作服其訓以成身咨可謂開闢之儒聖無窮之文
宗者矣此地古号曲阜是惟魯都雖宮觀荒毁臺池□
□然其廟庭也蔚□林於九冬覃脩柯於百刃類神梧
之從漢同棲宮之豆圖至大鴻隨秋下則月秀霜枝鵲
逐春來亦風開翠葉旣□□□□□亦足以安樂聖靈
是以無代不加脩繕庶億載以寧神君淸明在躬精思
入微功被人神德貫幽顯豈唯菁餝宣質經捌□□□
□□□如皮脩佾衛崇奉禮宗敦素黜華興存廢絶視
民如傷納之仁壽體亡懷以幽詁任万物以爲心豈直
靈津孤邈虛光獨散者哉夫一月之明可影百川一人

之鑒從橫乃地爰自剃髮未或斯同然丹靑所以圖盛
□金石所以刊不朽□□□不鐫珉瑶焉述府州佐□□
□□令士民等略序義目樹碑廟庭俾後來君子知功
業之若斯焉乃作頌曰
二儀肇泮人倫攸寧邈邈鴻王誕茲聖緒祖習堯舜獻
章文武聲溢九天化覃八宇祖習□□聖神盡妙化覃
伊何□□存敬□同麗裝樽天孤昭無異俗宗巖巖特
峙重山隱寶深霞祕蹕在哀之葉自衛言歸德生於子
文寶在茲彝倫禮樂刋敘書□□□□繁巽灰管流氣頁
木其權衡踰千祀以存䢲亡允諸靈意不有伊人孰云

衍世雅君體道布政優優白鳩巢室赤雀西棲仁罔不
脩智口口尉器冠後栝厭遊前術既穆孔徽復立十賢
誠兼岱宇勤盡重壓仰聖儀之煥爛嘉鴻業之嬋聯長
無絶子終古永萬口子斯口
興和三年十二月十一日口功
碑陰
碑陰共三十九行前七行在額後三十二行俱在上截共下截無字每行或一人或二人正書
鎮遠將軍倉曹參軍蕃子華
討將軍功曹參軍屈儁
征虜將軍録事參軍李艮寄

征東將軍壽陽子司馬時老生
征東將軍長史崔琢
冠軍將軍別駕從事史順陽子張敬賓
鎮遠將軍治中從事史魏子艮
以上在額後
輕車將軍典籤王遵
寧遠將軍典籤口口
國員外奉都尉滕子充
揚烈將軍新陽令攝典籤衛恩
伏波將軍員外給事中丁貴賓

冠軍將軍長流參軍劉孝遵
中堅將軍前平原令郝靜和
明威將軍長流口參軍林寧
典籤華雕
伏波將軍前襄邑令長流參軍李世榮
冠軍將軍默曹參軍裴洛口
口父令朱槃父
冠軍將軍法曹參軍彭伯伶
征虜將軍録事參軍張子欽
中堅將軍參軍事王元龜

樂平令秦仲暉
中堅將軍鎧曹參軍蘇文淵
須昌令孫世樹
平南將軍田曹參軍劉伯仁
尊縣令宋敬遵
征虜將軍城局參軍馮太安
前郡主簿陳祖明
平南將軍長流參軍徐法保
鄄城司馬何通
冠軍將軍騎兵參軍范紹羅

主簿袁康生
輔國將軍外兵參軍孫景貴
中兵參軍張輔仁
平遠將軍主簿范伯珎
士曹參軍周忛
鎮軍將軍中兵參軍元貴
泰山郡孝刑獄參軍王元愭
魯郡丞孔伯鳥
鎮西將軍金闕
闕太守牛神

魯郡功曹韓□孝
使持節督兖州諸軍闕
闕泰山太守郭叔略
安東將軍□闕
魯郡主簿晁□賢
前將軍東平太□□儁
魯郡五官□神穆
征虜將軍任城太守馬顯都
魯郡省事高道懃
安東將軍陽平太守高元和

郡錄事夏溢祿
魯郡功曹吳奉祖
祭酒從事史禮當德
珎寇將軍幢主卜神興
珎寇將軍幢主高說愭
黃衣隊主鮑珎榮
部郡從事史樊□珎
部郡從事史□□樓
部郡從事史□嵩
征虜將軍前任城太守耿僧珎

驃騎將軍東平太守趙艮征

碑側

內□書任城王長儒書碑

魯孔子廟碑後魏北齊時書多若此筆畫不甚佳然亦不俗而往往相類疑其一時所尚當自有法又其點畫多異故錄之以備廣覽集古錄

東魏脩魯孔子廟碑見歐陽公集古錄公絕不取其文特以其用筆不俗而字畫多異聊存之今考之果爾蓋從司徒之遺軌而公家蘭臺之濫觴也廟爲兗州都刺史李仲璇所修仲璇其字不著名趙國柏仁

人柏仁當爲柏人碑誤按仲璇勳閥名位亦不薄而史不之載豈以其非平棘爵耶廟修于靜帝從鄴之五歲時賀六渾日與黑獺鬭東西之鹿未歸而司土者能從事於學校可佳也弇州山人續稿

李仲璇爲兗州都督修孔廟建碑事在興和三年史官稱之是時高歡與宇文泰方確鬭關洛而東魏又當遷都之際仲璇乃能改修孔廟崇尚文儒賢矣碑正書時作篆筆閒以分隸形容奇怪考古書法大小篆謂之篆東漢諸碑減篆筆有批法者謂之隸以篆筆作隸書謂之八分亦謂之隸正書謂之今隸亦謂

之楷然則如此碑篆耶分耶古今隸耶石墨鐫華

李仲璇東魏世家當中原雲擾知尊孔子能修繕廟庭先是宮牛阻嶮又能以威惠歸伏史稱所歷並著淸勤是且具有文武焉碑不著書者姓名猶存古意雖筆力勁駿如偏面驕嘶又如辮髮章甫殊俗揖讓江式書表云皇魏承百王之季世易風移文字改變篆形錯謬隸體失眞俗學鄙習復加虛造以意爲疑炫惑於時不獨正其偏傍正爲此等書發耳唐景龍觀鐘銘源出于此少刪以雅馴便勝金石史

魏書李仲璇傳除車騎大將軍兗州刺史仲璇以孔子廟牆宇頗有頹廢遂修改焉卽此碑也其文一行之中有篆有分有隸有草雜亂無倫而或者以爲奇然則作詩者亦當一句騷一句漢魏一句選一句律而後爲奇也此愚之所不解也引證記梁木其摧作良木尤誤金石文字記

右曲阜縣修孔子廟碑立石杏壇之下碑尚完好雜大小篆分隸于正書中蓋自太武始光間初造新字千餘頒之遠邇以爲楷式一時風尚乖別此江著作式所云世易風移文字改變俗學鄙習炫惑于時者也曩覩太原風峪高齊時鐫石柱佛經亦多類是斯

亦穿鑿失倫矣仲璇魏書有傳自兗州還除將作大匠卒贈驃騎大將軍儀同三司靑州刺史曝書亭集

右碑興和三年十二月兗州丞令士民頌太守李仲璇也魏書本傳以改修孔子廟爲仲璇一生政績始知當時尊崇聖道者鮮矣碑云君姓李字仲璇趙國柏仁人也自晉以後名字不辨或以字行故字與名皆諱之仲璇以字爲名非別有名也乃李順之族子而順傳爲趙郡平棘人按柏仁屬南趙郡豈以順父系爲平棘令因家平棘故順傳據之而其初居柏仁耶碑系仲璇治兗時立不應有誤第柏人爲漢縣卽

魏地形志皆作人此曰仁又何也傳云奉朝請定雍二州長史碑則云奉朝請俄除定州平北府法曹參軍仍闕三字功曹參軍事定相雝三州長史傳云營搆將作碑則云營搆都將其衛將軍車騎將軍衛大將軍金紫光祿大夫左光祿大夫爲碑所遺至將作大匠驃騎大將軍青州刺史爲兖州以後除蹭之官也金石後錄

仲璇爲兖州刺史修孔廟立此碑東魏興和三年梁武帝大同七年也干戈搶攘中能留意聖宮仲璇可謂知所好尚矣來齋金石刻考略

是碑興和三年以頌李刺史仲璇修孔廟功而竹垞即以爲仲璇所作誤矣鮚埼亭集

右兖州刺史李仲璇修孔子廟碑魏書本傳稱仲璇以孔子廟牆宇頗有頹毁遂修改焉碑蓋述其事而以十哲配食孔子實自仲璇始矣其云使持節兖州諸軍事車騎大將軍當州大都督兖州刺史當州即謂兖州猶云本州也碑敘所歷官與傳大略相同惟傳云定雍二州長史不云相州又以營構都將爲營構將作則其缺誤也北史但云營構將無作字頗與碑合碑稱仲璇趙國柏仁人本傳作趙郡平棘考之地形志平棘屬趙郡柏仁屬南趙郡本非一地意者李氏之望出自平棘而仲璇又別居柏仁乎其云傷河圖之莫出圖本音鄙借作河圖之圖按廣韻十一模部闕字下別出圖字注以爲俗蓋後魏字已然矣唐張希古墓誌銘登圖二豎興災其云祖習堯舜獻章文武遡之爲習憲之爲獻皆異文潛研堂金石文跋尾

按闕里舊志載此碑粤若稽古睿后作粤若稽古睿台天闕二字咨作天官次咨克振斯文闕一字制闕二字冊拜我君公作克振制冊拜我郡公訛一字脫五字君姓李字仲璇作姓李諱延字仲璇脫一字添二字其

先帝高陽之闕二字桂史之蔭左車之綿緒作其先帝高陽桂史之蔭左車之綿共脫四字所在恩闕一字遺訓在民夫松桂易地作所在恩庭訓在民闕一字懷娃易地階脊寵闕一字之榮作崇階貪寵之榮史傳與清頌作史傳於清頌皆不得及門也生既見從沒闕二字侍作生既見從沒若之何侍於其側作侍於闕一字其側碑本無闕多空一字暖似還新作暖以還新闕二字之闕一字無以踰七闕一字之房不能出作世代之隔然以踰七百之遠房不能出忻忻焉作忻忻然斯亦化闕二字一隅也作斯亦化行一隅也脫一字作民師闕二

字颾闕一字　闕里播闕二字　洙泗作作民師表故休風流
闕里播洙泗縣諸日月闕二字　載之闕一字　莫不遵闕一字
義以述作作懸諸日月闕一字　載之删籍莫不得其道
以逃作燕遂春來亦風開翠葉作燕逐春來而風開
翠葉體亡懷以幽闕一字　作體古懷以幽詢闕一字　直靈
津孤灑虛光獨散者闕一字　直字上者字下碑俱有一
字今皆脫去誕茲聖緒作誕茲聖口先聖諱　祖習作祖
述闕二字　存教闕一字　同麗景作存闕二字　同麗景梁木其
摧作梁木其措諸碑訛字不少而此碑爲尤甚焉孔繼汾說

右碑所載仲璇歷官按之魏書本傳多合惟傳但言
仲璇修改孔廟廟宇不言廟庭配食弟子據碑知孔
廟之升祔十哲及十哲之有素像皆自仲璇始又聖
象祇進儒冠諸徒皆青衿青領皆學者所宜知也書
兼篆隸如扶疏作扶蔬赫作赫營作營舉作舉爽作
爽學作學眺覽作晀覽然作然聘作娉像作像從作
從武作武皆別體以潭爲覃以嬋爲蟬以百刃爲百
仞以艮木爲梁木以熟爲孰以啚爲圖皆通用字至
煥爛之爛乃正字今省作爛雕素之素或以爲塐之
別體不知塐本俗字古祇作素錢辛楣少詹云唐青

蓮寺碑有素畫彌勒佛之語是其證也沅案字體之
變莫甚于六朝然其中有用古字處未可盡非余昔
以文字異同著爲辨證一書意在糾正時謬閒有未
備今更詳之碑陰列銜中有稱泰山郡孝及魯郡省
事皆史書所略碑側一條尤爲著錄家所未見也山左金石志
碑爲府州佐及令士民樹於廟庭蓋記李仲璇修廟
設像容其云仲璇自緣花部嘗來游旬言觀孔廟遂
有斯役魏書本傳出除車騎大將軍兖州刺史仲璇
以孔子廟牆宇頗有頹毀遂改修焉是其事也碑稱

乃命工人修建容像孔子曰從我於陳蔡者皆不得
及門也因歷敘其才以爲四科之目生既見從歿口
口侍雕素十子口口其側今於口口口口奉進儒冠
於諸徒亦青衿青領按水經注魏黃初元年文帝令
郡國修起孔子舊廟廟有夫子像列二弟子執卷侍
立是廟制久以弟子配矣然十哲之侍後世蓋沿於
此予故爲著其自也聖容及列侍諸賢並從儒服制
猶近古其後但以袞冕崇飾非崇素之意矣小松云
碑側有一行知是王長儒書授堂金石跋
　按此碑額題魯孔子廟之碑六字筆法詭異非篆

非籀文云赤雀西樓西即栖字篆本作卤後人加
木作栖也榑天孤昭据上下用韻似當作孤照方
叶然碑實是昭字論語皆不及門也文多得字碑
陰列殄寇將軍幢主二人幢主當即幢主碑在孔
廟同文門下碑陰靠壁搨者未之及故曲阜縣志
金石卷所未錄中多闕處係原石有斑駁者則讓
出不刊非闕蝕也碑側一行書體頗與碑文不類
且碑陽年月下儘有餘石何以書人題名碑側恐
後人妄增姑識此疑與好古者共質焉

李洪演造像頌

頌橫廣二尺三寸五分高六寸五分廿四行行九字正書

邑子李洪演造像頌
夫靈光郁烈雖體洞□塵然一乘虛運則十躔覽發故
釋迦出沒有其□也是以邑義等皆稽出蘭蕙秀貫烟
霞悼紀輝之日銜恫重閣之年深遂相率捨爰爵嘉石
於此奐燈帶椽一區庶迴万品等皆十号頌曰
湛矣澄源條伐寶覩息攸攢擬遊茲陳讚事等手足道
猶花榆遠邇□津清濁交判有釋迦興體包腥達淨樂
蕭然常我無過三徑是塡五蓋終脫六度告□雙林顯
末於廖邑義儼夏之樑爰樹瓊像髣髴遺光功崇先祀

禧潤見方識□□吉永拔宿霜
　武定二年三月一日造訖

邑主造象訟

碑橫廣二尺七寸八分高一尺九寸六分廿一行行二十字正書在偃師縣

大魏武定六季歲次戊辰九月己未朔十二日庚午邑
主　敬造石像碑文
夫靈精曠遠妙理沖深至道不廓幽賾難覩故像物隱
光出於恍惚之中法相淪暉生於希夷之外撒彼靈山
結五子之遐想睎茲淥水闡九龍以成津瞻堂□若穹
旻之帶曜靄尋之杳莫若遊霞之登九霄□□正覺焉

可究夜故佛弟子邑主　等導流形
苑黜光嵩岱據億衡□道冠中鼎然□以生逢隘運形
沉丘壤識果業之可崇知寘□之有期恐朝露之命靚
太陽而飛晞草木之年隨秋霜而降墜怙侍先靄门極
之効弗展幼子遐哀靄育之恩靡託遂罄竭家資□引
邑義構像通衢崇慈寶業茂崟峽谷之濱條蕩平原之
里背祀丘以樹形跨閭橋而建宇庶能使七世幽魂遊
處天堂之中前亡後死免脫八難之苦爰及曾□□相
承軒蓋重輝冤禍殲世八觴鈞陳出宰蕃岳台鉉相望
珪璋煥彩弈□□蒔流戢衆素伏願　皇道雍熙景命

維新駿奔口馳戎摒交口行薦歌德覇蟄披澤啇錄再
炳升平吉始凡庶蒼生咸蒙斯福乃作訟曰
瑶口啓顯學道求眞国王非寶儲二匪珍捐妻施子口
若遺麀金軀靡悋口口投身遂登正覺神通自然群魔
稱首靈冠諸天慈悲万有光照大千苞綸曠刼仰之弥
灩擾擾群生有善有惡隸應如響隨心降葬磬玆愚杲
庶鬼鼎鑊覩拔幽魂遷神妙樂伏願　皇家景祚康延
解鞅桃林釋轡口山蒲車殷阿訪遇求賢孫竹拾徵黄
綺執鞭誹木徒設諫皷空懸導玆邑義採石嵩陽口琢
是肯樹此福堂勒碑啓像跨躡崇口口之峧晈于載流

芳

按此碑前人俱未著錄云邑主敬造石象碑文邑主下及故佛弟子邑主下俱空八字無八名本非殘闕當時待塡姓氏耳文與字亦頗拙其別體甚多然云仰之弥元元遠也又云隨心降葬葬落也又云磬玆愚杲當借爲腆字多也見六朝時人猶能用古字古義今則文章日尚通俗不出尋常行用之字矣中州金石記

按碑立於武定六年九月据魏書是時蕭淵明雖已被擒而侯景尚有渦陽之戰蕭衍雖已乞和而王思政尚有潁川之討碑所謂伏願皇家景祚康延解鞅桃林釋轡口山者蓋深望干戈之息也碑中希爽卽希爽靁卽靈裁卽哉彤宛卽荆宛勉脫卽免脫勉疏卽冕旒築素卽篆素釋轡卽釋轡至以頌爲訟說文訟爭也一曰謌訟是本作訟字後入作頌乃借容皃之頌字也此又六朝人用古字古義之證矣

張保洛等造像記

石連象不知高若干尺廣一尺四寸厚六寸九分四面刻前面十二行後面十四行兩側各七行行皆七字正書

大魏武定七年　二月八日前使口節都督夏蔚二州
諸軍事衛將軍夏蔚二州刺史當州大都督安武　縣
開國伯又口西大將軍儀同三司行晉州事東雍州鎮
城安武縣開國侯張保洛前使口節都督東荆州口口
事征西將軍東荆州刺史當州大都督東雍州鎮城永
寧子劉襲假節督東雍州諸軍事新除右將軍東雍州
刺史當州都督口慈子陸光熾等敬造石碑像四佛四
菩薩藉此微功仰願　先王　婁太妃　大將軍　令
公兄弟等亡各昇天託生西方无量壽佛國現在眷屬
四大康和輔相魏朝永隆不絶復願所生口母乃及七

世皆生佛土體解□道□□妻子無□延年長享福祿
在在處處□善知識又使兵𠆨不興關隴自平普天豊
樂災害不起乃至一切有形衆生蠢動之□皆發菩提
道心□□□□佛

按碑立於武定七年記張保洛劉襲薛光熾三人造象之事碑稱張保洛使□節都督夏蔚二州諸軍事衞將軍夏蔚二州刺史當州大都督安武縣開國伯又□西大將軍儀同三司行晉州事東雍州鎭城安武縣開國侯以北史張保洛傳證之保洛少爲爾朱榮統軍後隸齊神武爲帳內元象初

爲西夏州刺史以功封安武縣伯從戰芒少進爵爲侯是保洛封爵傳與碑同其歷官則傳但有夏州刺史而不及蔚州其餘碑所稱者傳俱略也孝靜帝本紀但有武定元年破黑獺於邙山而不及芒少不能定其進爵爲侯者在何年要之不出武定七年以前之事然碑後有云藉此微功仰願先王婁太妃云云傳不言保洛先世有封某王者其自封敷城郡王亦在齊受禪後則碑之所稱先王無從考矣劉襲薛光熾史俱無傳

義橋石像碑

碑連額高七尺五寸廣三尺三寸上截二十六行行四十二字下截二十七行行三字正書今在河內武德鎭

武德于府君等義橋石像之碑

夫梵燈遐廃長夜襲其明慧教洞開群迷啓其目是己神光未滅感應於西胡金儀雖謝夢現於東漢抑亦愍世多艱下生思土運濟貫心慈悲注意歸依者塵霧莫復迴向者雷電不撓信是苦海之靈舟酷旱之甘露矣惟此區域号稱舊挹舜禹懷禪之地殷周畿甸之土晉啓山陽鄭錫河後綜趙稱巃入魏爲鎭及秦吞六雄跨脅四海嚴侯置守一統九服項羽改名殷國漢高復立

爲巃自茲以還爲河內下邑屬 皇朝遷鼎卜食瀍濟遂方割四縣在古州城置武德郡焉北通燕趙堂堂之風相治南引鞏洛穆穆之化□清西瞻軹塞則連山萬疊東望平皐則曠野千里長河帶其前太行環其後車馬之所混□舳艫之所湊集顔是一巃之要處實爲三魏之達道若其沇濵雙吐丹絕並納勢等周原美齊陸海秩散成帷人繁眷繡祇樂尚繁風儀未革然郡土遼廓沁水横流源自羊頭之山發於麻谷之口滔滔晉域作紀懷方引壍過於鄭白流磁踰於汾澮但波漸臺雉岸合崢嶸揭厲多危往來受弊至於秋雨時降水潦□

驚馬牛雖辨公私頗廢有乢乘車之義事切朝涉之艱
宣威將軍懷州長史行武德郡事河南于子建車騎將
軍左光祿大夫平皋令京兆杜護宗前將軍懷縣令趙
邕李同賓征西將軍州縣令扶風馬肅洛殄難將軍溫
縣令廣甯燕景裕征虜將軍邕丞東平呂思哲或分竹
專城或擇木百里鵲起來宜共治民瘼況同覩艱辛俱
看危滯一物可矜納隍在念敬思包鹿濟難之仁俯□
□龜報恩之惠雖無武庫造梁之工術且□沙矜訪津
之恐懃咨訪問俗便獲□□楓蹯雖亡遺柱在目父□
□傳咸竭尉聍稱其板構与城俱廢乃於農隙之月各

率祿力□□及□朝文武□懷慕願七月六日經始此
橋助福者比肩獻義者駢轂人百其功共陳心力至廿
四日所□便訖不煩遐邇徛搭之勞永濟士民尺寸之
木雖無匪石之美庶省渙辰之費脩柱掛以插泉華表
聳而軼漢紅□交架以□□綺翩聯緜而雲布引北山
之饒則人無遺力積南市之富而家有餘資昔伯度記
功勒燕然□□文淵表□□象林之銅作述之理雖殊
刊錄之情不異況四生躋駭同悲欣虫境十四還迴勁
風雹之力□不歸依寶□□□神致遠擬彼岸之喻近
取成務之言恩沮勸之道未宜盡捨之功虛爐乃運石

立碑敬鐫尚像翁般馬之巧諡念攤之錫使四部注來
翹欵慕之心六道齊趣識風雲之會其詞曰
清虛曰道匠貞爲神有一於此用表生民淵乎大覺至
矣能仁行成元吉德伏波旬其一芒芒禹績渺渺桓功爲
□左衽迸聽前風九州成載元等終同分壃敷土俾侯
樹公其二美茲舊甸麗其新邑帶山河包首原隰祇樂
仍賓風徽猶衛青草可剪潢流可挹其三粤余承之謬厠
官方政慙春雨威愧秋霜情深履虎道等納隍慕彼醫
藥眷此津梁其四灑灑沁水冀道名川既難揭厲又阻□
□爰始經謀義勸競填辰不再浹斯構已宣其五落落太

虛繞繞群有來同聚沫去齊過牖敬託三尊資彈四部
勞彩彼岸依俙可久
大魏武定七年歲次己巳四月丙戌朔八日癸巳建
楊膺寺金城寺雍城寺恒安寺荷塚寺朱營寺管令
寺諸師等見風燭以生悲覩泡沫而興歎遂乃落髮
以□辭門抽簪而□梵轍晞往還巨難戀揭厲多辛
咸施材木構造橋樑楊膺寺發善之源从爲橋主

碑陰

碑陰左右各列銜名一行中橫十三列行數多寡及字數全闕俱不齊茲正書

闕中正闕武德郡功曹張□□前河南郡功曹張義與

此行在碑右
闕中正張闕　闕司馬闕　武德闕　武德郡光初功
曹闕　武德郡□丞闕　武德郡孝□學闕　闕大都
督王闕　郡功曹□子武德郡主□王朗伯　闕中散
大夫闕張光　闕梁世闕　將軍給事中□□大都督
張景哲　闕董□和　闕前冠軍主防鄉都督李方貴
全闕一行　全闕一行　全闕一行　闕功曹闕二縣令闕　闕河
内郡闕　闕平阜令闕　闕中正司空闕　闕郡功曹
闕　闕從事闕　闕郡中正闕　闕郡中正闕　全闕一行
全闕一行

以上第一列
闕都道雄　闕都曇定　闕將軍武德郡丞呂哲　樂
善寺主僧湛　郡沙門都維那法雲　平阜縣闕　陽
晋泰寺僧法□　河内郡中正州西曹書佐張思賢
前州都司馬洪圀　旨授定州刺史馮雙安　前河内
郡闕寄　旨授勃海太守張法安　旨授洛陽令張益
周　闕郎中□極　威烈將軍闕　郡光初中正李惟
孝　全闕一行　全闕一行　全闕一行　闕遠軍奉朝請梁闕　闕
賓闕　闕永孝　全闕一行　全闕一行　全闕一行　全闕一行
以上第二列

王智延ミ張思顯　馮洪驚　張智達　馮務顯　張
清甫　王顯樹　文顯明　郭遵業　王元穆　王承
業　王副賓　秦永貴　王洪界　王迴情　道珍寶
傅珍貴　王元纂　呂榮族　蘇顯業　王文讀
程顯樹　王金生　古子融　薛伏輝
以上第三列
高匡生　王暎宗　樂含國　張子獻　王樹勝　樂
僧樹　邢子邕　郭義賢　邢連昌　王延和　王延
明　梁思和　馬晞賢　孟待賢　孝市和　王延遇
王子尚　王思政　王景琛　張思集　王道廣

陶歸將　黄永遵　冷榮尉　孟子輝
以上第四列
趙神愼　張□敬　□貴與　梁□□　□□龍　許
□龍　馮神寶　史衆慶　梁景鄉　蘇儁　史元
遵　王洪景　張洪輝　王始和　張顯穆　高思纂
孝元允　王神和　王元貴　袁延康　王雅陁
王慶先　馮仲連　李顯榮　古元穆
以上第五列
衛野叉　祁延慶　古伏寶　李崇賢　朱子儁　□
景穆　李景和　賀伯和　梁元儁　王義和　史仲

和　王市和　張當遷　酈慶波　高元伯　張叔業
王顯貴　□惠各　劉洼□　王士□　鄭景□
繁桃樹　賈弁岳　邢季宗
以上第六列
孫元和　張起宗　周軋輝　王清休　郭領孫　閻
名遠　張貴和　祁智達　楊桃樹　樂買德　董景
興　張法神　邢伯業　范景輝　馬大□　薛桃□
趙道□　張尚賓　藺道成　宋方伯　梁勳戎
王叔業　宋市和　劉景伯　張洪儁
以上第七列

向元□　江輝略　山子雲　薛義賓　李榮業　趙
元和　馮延和　史起族　畢顯業　宋元達　王長
休　王神惠　徐和生　祁景振　丘小才　馬元集
牛顯茯　王法大　許子休　中叔珍　繁狃鷄
王野馬　馬天族　司馬郎仁　張洙虒
以上第八列
郭敬始　□□鬼　張景賢　王奎□　張始貴　宋
子誕　董道和　張僧敬　馮元爽　薛洪達　邢小
興　劉子雄　謝五遷　韓舍興　賀景珍　郭元廣
王景輝　袁及先　王洪進　冷永初　穎子輝

王元盛　董顯遵　朱神仲　李元雕
以上第九列
張思祖　蘇方先　馬景伯　張山賓　楊元輝　楊
山恒　張延興　趙樹兒　張延賓　李玲跑　劉方
進　趙伴醜　衛顯義　張顏淵　高顯賓　衛温和
韓胡興　姚奚奴　史僧生　劉遵上　古顯哲
魏僧遵　任僧賓　公孫休　韓敬賓
以上第十列
梁子剛　王伯醜　路思悊　程子嚴　竺永寧　原
子愻　王登生　馬靜光　王醜興　孫舍興　續伯

和　劉清仁　馬桃生　孔世遇　吳世榮　李敬賢
宋天閏　崔仲充　吳孝遵　尤丘宗　張廣業
馮清□　繁龍鸞　冷休纂　張世琮
以上第十一列
武德郡兼功曹卿□　州縣中正兼郡主薄□永和
都盟主張屯賓　都盟主孟延貴　民望尚買興　民
望史文祖　民望姚舍族　郡兼功曹裴靈皓　宣威
將軍王龍樹
以上第十二列
全闕一行　□安宗　□天□　闕一行　牛承明　王文雅

馬通達　呂顯珎　生以下闕四行　等闕　須假之
源闕　吾樂闕　趣寧闕　慈以下闕三行　施力以下俱闕
以上第十三列
伏波將軍前懷州防城司馬穆洛昇此行在碑左
河南范君實夫年七十餘矣搜奇抉古多所雅聞爲
予言武德鎮魏修義橋碑四面有字其列名稱號皆
古賫可愛予覓人拓出之如范君言考碑載魏置武
德在古州城又叙其形勝所據如云三魏之逵道三
魏郎三晉也不稱晉而稱魏亦如水經注魏分漢中
立魏興郡其意固以自雄也又稱沇溴雙吐丹絕並

納按竹書有丹絕不流之文則丹絕不宜與沇溴相
對而率然至此殆碑誤也碑陰上多漫滅有稱行授
定州刺史旨授勃海太守旨授洛陽令又有稱郡光
初中正郡盟主郡兼功曹民望等號左右兩側有稱
民望及民望士豪天宮主及天宮主兼郡功曹防郡
都督又有稱千蕩將軍白衣左右董延和考魏書恩
倖傳趙修給事東宮爲白衣左右姊皓充高祖白衣
左右今碑所書董延和者其亦恩倖之流與又其他
稱號亦爲史志所不及悉錄而有見于此碑故識之
以廣異聞也橋亦土木築叠爲徒杠輿梁之不過費

而成者碑甚鋪若其盛亦謂夸矣別體字亦作那儀
作儀侵作侵若作吾遷作遷雜作雜貫作謂擇作擇
宰作宰旅作旅積作積飾作餝隰作隰爽作爽婢作
婢標作側顯作顯長寧金石跋
按碑云惟此區域爲河內下邑皇朝遷鼎方割四
縣在古州城置武德郡焉魏書地形志武德郡天
平初分河內置領縣四平皐溫懷州郎碑所謂方
割四縣也魏都遷洛事在孝文帝太和十七年而
武德置郡在孝靜帝天平初年距遷鼎又四十餘
年矣碑立於武定七年則距分置武德僅十五年

也碑又云沇溴雙吐丹絕並納沁水橫流源自羊
頭之山發於麻谷之口引溉過於鄭白流磁踰於
汾澮說文沇水出河東東垣王屋山春秋注溴水
出河內軹縣並與武德相近据魏書地形志溫縣
下注云有溫泉水溫水出崆峒山在臨汾南入河
見山海經與河內尚近若湨水則遠出遼東塞外
西南至樂浪西入海見前漢地理志則地形志注
恐是誤以溴水爲湨水也水經注云沁水又東與
丹水合水出上黨高都縣故城東北阜下俗謂之
源源水山海經曰沁水之東有林焉名曰丹林丹

水出爲東北流又屈而東注左會絕水地理志曰高都縣有莞谷丹水所出東南入絕水絕水出泫氏縣西北楊谷是丹絕係二水名與泌淇並通河內武氏金石跋但據竹書紀年晉出公五年丹水三日絕不流之語遂以爲丹絕不宜與泌淇相對耳水經注云沁水出上黨涅縣謁戾山或言出穀遠縣羊頭山世靡谷此碑云發於靡谷之口是碑有異文也鄭白二渠名漢鄭谷與白公先後所鑿事詳史記班固西都賦下有鄭白之沃衣食之源汾澮本左傳新田土厚水深居之不疾有汾澮以流其惡碑蓋以比沁水之多利也建義橋者六人懷州長史行武德郡事子建平皐令杜護宗懷縣令李同賓州縣令馬周洛溫縣令廣甯郡丞呂思哲皆武德郡之守令爲之武德與河內二郡同隸於懷州子建蓋以州長史而行郡事也呂思哲既見於文而碑陰又有武德郡丞呂哲未知即一人否也碑云軌躅雖亡遺柱在目則是舊本有橋久廢而于子建等重建之也七月六日經始廿四日訖功雖曰不偕亦云速矣文末年月後列七寺以紀施材木之功而楊膺寺爲橋主列於首然則

建橋乃各寺之緣立碑則歸美於守令也七寺皆不列僧名而碑陰則有樂善寺主僧湛沙門都維那法雲昔秦寺僧法□皆不與同列當是別爲緣主也文內感應作感膺楊膺寺僧即楊應寺思士作思土若繡作各繡岸谷作岸令沙弥作沙弥綺閣作綺閣蘭本與闌同徐皆別體也說文騰字从馬朕聲碑皆作騰亦別體字碑書字皆作㝛而扶風馬㝛洛似非告洛疑是周洛碑首有北魏武定七年古碑八字銘末年月前有民望王進防口都竹王續爲亡父開佛光明十一八字是後人所刻非原文也碑陰列姓名幾三百人皆武德郡邑官吏行单姓名者似皆部民也中有張洙虎與敬史君碑之聶洙虎同名亦即七虎也民望者郡民之望而又有都邑主者二人不知何謂末有頓假之云云七行字多殘闕似係後敘非姓名皆碑者穆洛魏書官氏志云丘穆陵氏後改穆氏也

金石萃編卷三十一終

金石萃編卷三十二

賜進士出身　誥授光祿大夫刑部右侍郎加七級王昶譔

東魏三

太公吕望表

碑高五尺九寸廣三尺二寸二十三行行四十二字正書今在汲縣西北三十里太公廟

晉武帝太康十年三月丙寅朔十九日甲申盧无忌依舊脩造

齊太公吕望者此縣人也遭秦燔書史失其籍至大晉受命吳會既平四海一統太康二年縣之西偏有盜發冢而得竹策之書書藏之年當秦坑儒之前八十六歲

其周志曰文王夢天帝服玄禳以立於令狐之津帝曰昌賜汝望文王再拜稽首太公於後亦再拜稽首文王夢之之夜太公夢之亦然其後文王見太公而訓之曰名爲望乎答曰唯爲望吾如有所於見汝太公言其年月與其日且盡道其言臣此以得見也文王曰有之□與之味以爲卿士其紀年曰康王六年齊太公望卒參考年數蓋壽百一十餘歲先秦滅學而藏於丘墓天下平泰而發其潛藏之所由正在斯邑豈皇天所以章明先哲著其名号光于百代垂示無窮者乎於是太□之裔孫范陽盧无忌自太子洗馬來爲汲令蟠峡之下舊有壇場而今隳廢荒而不治乃諮之□儒訪諸朝□僉以爲太公功施於民以勞定國國之典祀所宜不替且其山也能興雲雨財用所出遂脩復舊祀言名計□鐫石勒表以彰顯烈碑萬載之後有所稱述

太公姓吕名望号曰尙父尙氏之興元出姜氏公望以輔翼流詠子平以礭素致譏卯金握璽冠蓋鱗次典午統宇軒冕波屬或秉文入朝或用武出討儒默交映勳庸相趍大魏東苞碣石西跨流沙南極班超之柱北窮竇憲之誌高祖孝文　皇帝龍飛代都鳳翔嵩邑澄清人士品藻第望尙氏合宗還見禮擢九等舊制不失彝

序方知賢聖之門道風必復功德之後學識還昌太公𩖈孫尙□□尙天鏡尙世□尙子牧尙子休尙方顯尙景□尙遵明尙襲香尙顯敬尙迴歸尙□樂尙漢廣尙崇等器業儒洽文義淹潤慨盧忌置碑僻據山阜崔琰列石不枕康衢遂率親黨更營碑祠以增望之亭形勝之所西臨滄谷東帶狀川周秦故道燕趙舊路横宫鏞石□當平顯庶使文範之狼不獨右城有道之美詎假千石凡斯盛事理切含蒙余以庸薄□參郡任民情和□□託爲文率爾彈翰棄辭收理其詞曰

迢迢岳㦸蔚蔚芝枝積德不已繼運方義發將允執猷

遂昌拔託□□□即狼非羆功著牧野□自幽岐既伸
帷幄仍秉鉞麾佐命周室開邑齊土北控趙燕南臨□
□□匡九合懸車束馬位極三事勳高万古葬切晉溫
魂悲漢祖恠哉尙聖遺魂可怙言歸故鄉降神巫咒□
□□□□室望岫庭栽異木井依餘甃肴醻鏡奉歌鍾
迭奏風雨節宣華嵒用富恩被系子慶傳曾冑
通直散騎常侍聘梁使平東將軍中書侍郎恒州大中
正衛左史汲郡太守穆子容山行之文
大魏武定八年四月庚辰朔十二日辛卯建造

碑陰

碑凡五列行字多寡不等俱正書

郡中正尙靜年　汲郡中正督汲縣事行南□武縣尙
□□　司州□□從事尙□□　尙世和　尙□□
尙□明　尙功□　尙莫興　尙令韶　尙□□　尙
永歡　尙嗣業　尙顯□　尙元遵　長樂太守石陽
子尙欽　故板授鉅□太守尙□□
以上第一列
板授□□太守尙馮　故板授河北太守尙鄴　故板
授長樂太守尙珠　故前兼郡功曹尙次年　故人尙
次惛　板授滎陽太守尙求祖　板授頓丘太守尙沉

流　板授北平縣令尙雲龍　平朔將軍□□縣令□
□鎮將尙金龍　板授建興太守尙哉　板授樂安太
守尙光　板授恒農太守尙龍□　板授汲郡太守尙
陽生　板授潁州太守尙羽真　板授武德太守尙□
闕將軍都督闕
以上第二列
板授□□郡□□郡太守尙秀　故板授武德汲郡太守
尙靜光　故板授東□太守尙神龜　故板授城高太
守尙道　故板授蔡陽太守尙關櫓　故行參軍尙道
光　尙迴　板授滎陽太守尙法□　輔□府長流參
軍督新縣事尙□□　板授河內太守尙□□　板授
河間太守尙□　前除□昌太守尙□　板授長縣令
尙買成　尙寶洪　補郡功曹尙□　板授武德河內
二郡太守太守尙寶成　板授汲縣尙海□　板授武
德太守尙始興　尙定成　尙高□　寧朔將軍員外
奉車都尉尙顯文　襄威將軍湖陽成主尙龍威　尙
延和　揚武將軍尙世□
以上第三列
板授汲縣令尙金虎　板授汲縣令尙元祥　尙定業
尙蠶□　尙季□　尙僧□　尙元始　板授高邑

縣令尙合洛　尙□□　□□將軍督新安甈尙□□
尙敬□　尙祖延　尙顯貴　尙□□　尙□□
尙平□　尙安□　尙靜滿　尙文禧　尙盆生
以上第四列
□□將軍奉朝請尙□　尙□讓　尙□□　尙璡
尙世□　尙伯保　尙市奴
以上第五列
太公呂望碑穆子容撰北史言子容少好學無所不覽求天下書逢即寫錄所得萬餘卷魏末爲兼通直散騎常侍聘梁齊受禪卒於司農卿其辭曰作其辭

粤古日字與曰同一書法故變其文爲與欲讀者之易曉也　金石文字記

水經注云汲縣故汲郡治城北三十里有太公泉泉上又有太公廟廟側高林秀木翹楚競茂相傳云太公之故居也晉太康中范陽盧無忌爲汲令立碑於其上今碑前有晉太康十年三月丙寅朔十九日甲申盧無忌依傳修造錄無忌文九行蓋晉碑已泐子容書之于石也後十一行爲穆子容文北史穆崇傳云魏末爲兼通直散騎常侍聘梁今碑云通直散騎常侍聘梁使與碑合又云平東將軍中書侍郎恒州大中正修左史汲郡太守史所未及碑額有篆有碑陰書太公裔孫尙姓諸人　盧文云云與史記不同

又云嶓嵠之下舊有壇場按水經渭水又東過陳倉縣西注磻谿谷谿中有泉謂之茲泉卽呂氏春秋所謂太公釣茲泉也今人謂之凡谷東南隅有石室蓋太公之所居也水次平石釣處卽太公垂釣之所也其水清冷神異北流十二里注於渭括地志茲泉水源出岐州岐山縣西南凡谷則此水在今陝西寶雞縣東南其在汲縣者水經注又爲之說曰人亦謂之磻谿太公避紂之亂屠隱市朝遯釣魚水何必渭濱

然後磻谿苟愜神心曲渚則可磻谿之名斯無嫌矣子按二說俱古當以寶雞之磻溪爲長以其爲茲泉出于呂氏春秋也此碑書法方正筆力透露爲顏眞卿藍本魏齊刻石之字無能比其工者　中州金石記

先晉太康十年三月尙父裔孫范陽盧无忌來爲汲令以縣嶓嵠之下舊有太公壇場荒而不治乃依舊修造鐫石立表在今縣治西南隅後北魏孝靜帝武定八年太公裔孫尙氏諸人以盧忌置碑僻據山阜遂率親黨更營碑祠於博望亭平顯之所在今縣西北三十里請太守穆子容爲文記之子容并爲書无

忌之表於前而以已作繫於後朱竹垞引李白詩朝
歌屠叟辭棘津八十西來釣渭濱而韓詩外傳稱文
王舉太公時公年七十二兩者不合无忌表曰康王
六年齊太公望卒按尚書顧命有齊侯吕伋文則伋
已嗣公爲侯非卒於康王時也余案无忌明據竹書
紀年之文非得之流傳也周公封魯太公封齊皆其
子之國而身留京師故有三年報政之語周公在而
有魯公伯禽寧太公在而不可有齊侯伋乎竹垞譏
之非是特太公遇文王之年諸家所紀七十爲多但
不知定當文王何年計武王即位元年至康王六年

已六十二年公遇文王縱晚亦須在前數年即以外
傳所說計之公之壽已百三十有餘矣而无忌表云
益壽百一十餘歲然則公之遇文王疑不過在五十
時公之女爲武王后以此參證不應乃在耋齒孟子
言太公辟文王善養老來歸若五十内外不宜即言
老然人情每傾爲晚歲之計者亦多矣豈非當年即
已需養乎况太公非沾沾僅爲一身計者其慕文王
仁政之美亦必不專在一節故愚以爲孟子所言正
不可膠泥以爲七十之確証抱經堂文集
碑下截剝蝕上半文獨可識有云太康二年縣之西

偏有盜發冢而得竹簡之書金石錄云荀勗校穆天
子傳其叙云太康二年與碑合可以正晉史之誤廣
川書跋案晉紀言咸寧五年盜發汲郡冢與此碑異
知史誤也余攷之非是陶倘詩云同一束晳傳王隱
傳者曰太康元年房喬修者曰太康二年案隱當據左傳後序
喬當據此碑已互異如此當以目擊之言爲據皆武帝紀
本起居注杜預爲左傳後序皆其所目擊者也冢盜
發于咸寧五年冬十月官輒間知明年太康改元三
月吳平預始得知又二年始見其書故序曰初藏在
秘府余晚獲見之此與情事頗得由是觀之紀文殆

非誤而董氏及趙明誠或失詳也北史言子容魏末
爲兼通直散騎常侍聘梁齊受禪卒于司農卿今此
碑後子容自題銜云通直散騎常侍聘梁使平東將
軍中書侍郎恒州大中正修左史汲郡太守此已較
史爲詳而聘梁使乃其兼官爲當時體制如是史獨
書聘梁句當未完宜以此碑補之也　碑陰文多殘
損凡作五層題名皆尙氏碑陽稱尙氏之與源出姜
氏此固太公之裔附書于此也按諸尙列郡守縣令
而題曰拔授益山推恩加以虛號所謂賜百年以上
假郡守假縣令也魏書肅宗紀熙平二年四月丁酉

詔京尹所統百年以上賜大郡板九十以上賜小郡板神䄅元年春正月壬申詔京畿百年以上給大郡板九十以上給小郡板八十以上給大縣板七十以上給小縣板諸州百姓百歲以上給小郡板九十以上給上縣板八十以上給中縣板孝莊紀建義二年五月詔上黨百年以下九十以上板三品郡八十以上四品郡七十以上五品郡孝靜紀天平三年十有二月辛未遣使者板假老人官百歲以下各有差崔孝芬傳司徒彭城王勰板爲行參軍吳悉達傳刺史以悉達兄弟行著鄉閭板贈悉達父渤海太守此碑

稱板授郎紀傳所言賜板給板板假板贈之謂而碑以板爲扳蓋當時別體如是其城高蔡陽二郡名不載地形志疑城高爲城臯而蔡陽或淪陷於異地志故無文也員外奉車都尉案官氏志有奉車都尉而無員外正始四年九月詔奉車都尉禁侍美官顯加通貴世移時變遂爲冗職旣典名猶昔宜有定員是自正始前奉車都尉添置猥濫蓋有員外矣當時詔文雖定爲二十人及武定之季漸益增設故見於是碑者復有此名是亦志所未推稽也授堂金石跋

按此碑前刻太康十年范陽盧无忌文後刻汲郡太守穆子容叙銘无忌晉書無傳文中自稱太公之裔孫廣韻云姜氏封于盧以國爲氏故盧姓同源於太公也文叙太公遇文王事託之文王與太公同夢天帝由此得遇與史記所載西伯出獵卜得覇王之輔于是遇于渭陽載與俱歸彼此迥異文又云嶓溪之下舊有壇場而今隍廢荒而不治磻谿有二處一在渭水之右其一在汲縣卽此立碑之所也水經注淸水又東過汲縣北西北有石夾水飛湍人亦謂之磻谿言太公嘗釣於此也城東門北側有太公廟廟前有碑碑云太公望者河

内汲人也縣民故會稽太守杜宣白令崔瑗曰太公本生於汲舊居猶存君與高國同宗太公載在經傳今臨此國宜正其位以明尊祖之義於是國老王善廷掾鄭篤功曹邠勤等咸曰宜之遂立壇祀爲之位主城北三十里有太公泉泉上有太公廟廟側高林秀木翹楚競茂相傳云太公之故居也晉太康中范陽盧无忌爲汲令立碑於其上據此則汲縣舊有二太公廟碑亦有二此碑所在則城北三十里然亦非崔瑗之舊穆文云盧忌置碑僻處山阜崔瑗刊石不枕康衢遂率親黨更營碑

祠以博望之亭形勝之所西臨滄谷東帶洑川周
秦故道燕趙舊路構宫鐫石口當平顯是别立祠
碑之證也盧文刻于此碑而崔石不復可攷矣廣
韻云齊丁公之子食采于崔因以爲氏丁公者卽
太公之子汲其後因以命氏是崔與丁亦同源太
公故杜宣有正位錫祖之語也子容之文爲尙氏
記石文云尙氏之興元出姜氏公望以輔翼流詠
子平以礭素致譽尙氏因吕尙得姓通志氏族畧
所謂以字爲氏也然史記齊世家太公望吕尙譙
周曰姓姜名牙索隱曰牙是字尙是名則是以名

爲氏矣子平據後漢書逸民傳作姓向注云高士
傳向字作尙此碑爲尙氏追溯其先而及子平則
是從高士傳矣後漢書本傳稱子平性尙中和好
通老易貧無資食好事者更饋焉卽碑所謂礭素
致譽也碑又云卯金據厯冠蓋鱗次典午統宇軒
冕波屬或釆文入朝或用武出討儒墨交映勲庸
相趍稽之正史唐以前無一尙姓入傳者卽此碑
碑陰所列尙氏子姓八十餘人亦無一人載入魏
書北史者故事蹟無可攷也穆子容文有云嶇忌
崿碑文之省也碑書忌作惎坑作埆裝作褁嵱嵱

作嵱嵱施作䆨貌作貇毫作豪帷幄作惟幄鸚作
鶡胄作冑皆别體儒黙卽儒墨木道用偃卽優之
異文銘詞有言睞故鄉降神巫咒不知何謂穆子
容代人也魏書北史皆附穆崇傳崇子乙乙子眞
眞子泰泰子士儒士儒子郎子容也其官汲郡太
守在武定中惟魏書有之其字山行則惟見此碑
不曰撰而曰山行之文又一例也碑立於武定八
年四月不踰月而魏爲高齊所篡矣碑陰皆尙氏
族屬其無官位而單書姓名者二十八人有稱故
人尙次愔者所未詳也

强弩將軍造像記

記高不知幾許廣一尺五寸五行行四字五字六字不等行書

强弩將軍掖庭令趙振仰爲七世父母上敬造弥勒
像一堪

按碑題强弩將軍掖庭令趙振魏書官氏志不載
掖庭令之官而强弩將軍則列於從四品下末云
敬造弥勒一堪徐鉉注說文謂地穴中出也葢與
龕音義同

西魏

僧演造像記

（碑約高五尺餘三面刻正面廣二尺四寸五分有佛龕三龕旁鐫上共有題字四行行十三字或十二字七字不等兩側各一龕龕旁題字或二行或三行行或五六七字不等其序文等字俱在一側作七截書每截或九行八行六行四行行或十二字四字六字五字不等並正書）

夫大覺神遷非經像無以表其眞益世間將消形質如取利然僧演減割衣鉢之資造石像壹區金像三區浮滿三級大般涅槃經兩部雜經三百口供養僧廿人上爲　國主百僚師徒所生法界之類咸同正覺

大統四年歲次戊午七月十五日比丘僧演敬造供養

比丘道暈　比丘僧演　比丘法迴　比丘僧端

比丘僧曠　比丘惠遲　比丘道洸　比丘法祟

比丘僧暢　比丘僧普　比丘僧傚　比丘法豪

比丘僧云　比丘僧濟　比丘僧玉　比丘僧均

比丘僧通　比丘惠云　比丘僧韜　比丘道賢

比丘僧和　比丘法和

董大女供養佛　董當供養佛時

眞僧供養佛時　董歡供養佛時

董口樂供養佛　姚舍攸供養佛

弥難將軍郭穆供養佛

伏波將軍任歡供養佛

清信士萬口　清信女趙口　清信女李口　清信女李口

郭世貴一心供養

清信駱花嬰一心供養佛時（以上俱在一側）

比丘僧演供養　觀世音菩薩（此又在一側）

法神像一心供養

比丘法神爲四恩三有敬造供養

亡父龙谷　亡母羌妙容　亡弟鍾馗

比丘法隆　比丘道要　比丘道相（以上四行在正面）

曹續生造像記

（碑高三尺五寸廣一尺六寸分三截上中俱四行下八行字數四至二十二不等隸書在富平）

沙弥焦法清　沙弥焦法顯　邑口王法壽　沙弥焦法興　比丘李口晃　沙弥焦雙洛　比丘焦法玉

沙弥上官法樹　口子渫口貴　雒舵韓宠

大魏大統五年歲次己未二月乙酉朔廿五日己酉威烈將軍富平令頻陽縣開國男曹續生息延慶直口都口夫至道空靈非言无以申其宗眞容絕相非刑像何以表其算是以現治富平令曹并邑子卌四人等各減割家珍造像四區上爲帝主永隆口王口長壽下及邑子口口

按碑云現治富平令曹魏書地形志富平隸營邱郡天平四年置天平爲東魏孝靜帝紀元其四年即西魏文帝大統三年當時既分東西魏矣不知何以置縣繫之東魏而此碑乃繫之西魏也碑立於五年是曹續生作令在新置縣時而立碑亦在作令之初也文云邑子卌四人乃四十字關中金石記云二十者誤也今碑可見者僅十一人碑書形像作刑像區作傴

吳神達等造像記

石不知高幾許廣二尺厚一尺二寸四面刻一面分三截上截象中截記二十一行行十三字下截化主

沙彌邑師等姓名計二十二行一面上中兩截皆象下截邑子姓名二十五行其兩側各分四截上三截皆刻象下截刻邑子姓名均十三行正書在涇陽縣

夫至道圓通而无相□用生□而无功□神□照於靈
門□□□教□□□須□提唱无□法顯道於天□
□而雨□語其興悲濟物則□□□□洪音振響則惠
澤流□□□□□見□□致使能□歸靈□□
□□代諸邑子□□□□□□總教□生□信葬志□心
敦□大義各□家珍採石彫磨□□聖容□大魏大統
十五年歲次己巳五月乙卯朔十四日戊辰將訖神顏
儼□靈山妙相嵴如神琬□飾□體超絕衆□□□群

□觀者□其□異□者稱其□□□□蹙□□□□□□
□至□雜功而功□比□也□□間見□□□明□□非
可謂釋迦□應□□□□□□代□□妙□□
□□藉此功德願諸邑子等法□□心□□□□□
□□□□□□□□□□輝 □□□□□□

像主吳神達 □□□□道 化主□□□ 邑□
魏□ 邑□□□□ 沙彌法義 沙彌法□ 沙
彌法和 沙彌法輝 門師□□□ □□□
邑師□□臻 都□□□□ 邑主劉□達 邑□
吳□鶴 化主鄧□樂 維那劉□□ 典錄□神

□ 典坐□□ □□□□□□ 邑子鄧□□ 邑
子□□ □□□□□
以上正面
像主劉神樹 邑子申屠伏□ 邑子袁天騎 邑
子劉道寶 邑子張景遷 邑子吳聯族 邑子劉
□儁 邑子劉潤輝 邑子吳景元 邑子吳元慕
邑子劉道榮 邑子劉開達 邑子鄧神和 邑
子鄧方伯
以上右側
邑子李雙女 邑子陳洛 邑子程道承 邑子仕

暢　邑子張和宗　邑子劉襛遠　邑子劉暯周
邑子程暯國　邑子徐擲　邑子劉祾樹　邑子劉
□遠　邑子王惡舒　邑子孟曇□　邑子吳輔相
邑子劉海懷　邑子張也　邑子張□隌　邑子
翟永遠　邑子陳暯歸　邑子吳祖榮　邑子劉延
邑子吳僧衍　邑子田延海　邑子□伏榮　邑
子□安□

以上碑陰

像主楊道熾　邑子馬道□　邑子陳內　邑子孫
白養　邑子邵景和　邑子翟輔之　邑子程□□

邑子李□□　邑子潘□□　邑子馮□□　邑
子馮□□　香火吳□興　□□吳輔相　□□□
進□

以上左側

岐法起造像記

石高一尺五寸五分廣一尺五分側厚五寸前後兩面各刻像記共六行行八九字不等弟子像題名共九行行五六字不等俱在兩側行書

大統十六年九月一日佛弟子岐法起造白石像一區
爲七世父母所生父母家口大小無拘長年常与善俱
一時成

佛弟子岐法起　佛弟子岐輝和　佛弟子伏和□
佛弟子王□□　佛弟子暯妃□　佛弟子暯和
□　佛弟子岐黑仁　佛弟子岐陞保　佛弟子張
□生

魏氏造像碑

碑高五尺廣二尺六寸六截書每截六行七行八行不等行五字正書在富平

化主魏□□　□□魏顯興　□□□□□　侍□□
□□　□□魏豐□　化主□□□　邑子□□□
邑子□□□　邑子魏□□　邑子□□生　邑子□
道洛　邑子□漢□　邑子□□□　邑子□□周

邑子魏□□　邑子魏益先　邑子□□□　□□□
□□　邑子魏道歡　邑子□□□　邑子□□□
邑子魏□宜　邑子□輔□　邑子□屯周　□主魏
長□　□主魏□□　邑子魏□□　邑子□□□
邑子魏酉□　邑子魏□□　邑子魏阿歡　邑子魏
□洛　邑子魏定國　邑子魏清屯　邑子魏伏慈
邑子魏道保　邑子魏道始　邑子魏□容　邑子魏
男□　邑子魏□□　邑子魏平香　邑子魏□　□
主魏歡慈

焦延昌造象碑

碑高三尺一寸廣三尺五分分四截首截兩行次截五行三截三行四截兩行末另兩行字數不等正書

和上法隆

□丘法壽□

邑子焦延昌

祖父故曹烏勾雷平眞將軍弟一領□酋長

父拔拔西夏朔方郡功曹

□□焦延保

□曹吐□□□

祖母呼延李□

母呼延肅　珩□

妻張安姬車

息女□妃

威列將軍□□令

□陽縣開國男□續□乘馬

按碑刻邑子焦延昌下刻祖父焦延保下刻祖母妻女則是焦氏兄弟爲其一門眷屬造像祈福而前有和上法隆比邱法壽當是立石以祀其功德也曹續生造象銘邑子卅四人中有焦姚沙弥比邱五六則此當與彼碑同時同地所立碑刻父拔拔西夏朔方郡功曹弔比干墓碑陰有拔拔臻知拔拔是魏時名稱也後書威列將軍威列卽威烈魏書官氏志威烈將軍階列第六品中末云□陽縣開國男□續□乘馬闕下疑續字或卽曹續生前造象碑曹續生爲頻陽縣開國男也

李□生等造像殘題名

石殘闕高三尺六寸四分廣八寸作四截首上二截皆六行下二截一二三行一二行字數五字至十六字不等正書

邑子李□　邑闕

邑子李伍仁　邑子李令怛　邑子李他奴

邑子李法護　邑子李莫問息德茂

邑子李　愛　邑子李屯活　邑子李安記

邑子李□息不知孫歸興曾孫胡蹄

邑子李　欽　邑子李□□　邑子李買興

闕

邑子公孫愛姬　邑子衛仵女　邑子李妙貴

邑子□仵女　邑子橋□姜　邑子趙迴男

邑子橋稱女　邑子張祇主　邑子介叔婚

邑子□王女　邑子薛月光　邑子袁□

邑子李黑子　邑子晉女賜　邑子李女妃

邑子李歡姬　邑子張鵬姜婦陳仲妃　邑子郭羽王

發心主李早生
發心主李德燦
邑子郭明王
邵録主李德達
邵録主李顯集

智超等造像記

記横廣一尺一寸五分高八寸四分廿行行十一字十二字十四字不等正書

□□□□□□年八月丁卯□□□丙戌□信佛弟子家
□□□□哲智超等□以祖父母□□□□洪願造像
一區□以□□□□不得造像□□于含□仰□□□□

之願遂造□□一區□□□□□□□先人□願願七世
父母□□□□□□託生西方妙樂國土□□□今□□
□康吉□百惠□□□□□□□□□□心值佛文法

按此碑與上李早生俱無年月附于魏末

金石萃編卷三十二終

金石萃編卷三十三

賜進士出身 誥授光祿大夫刑部右侍郎加七級王昶譔

北齊一

西門豹祠堂碑

碑高六尺八寸廣四尺九寸二十九行行四十四字隸書額題西門君之頌五字篆書在安陽縣城隍廟

自夫清㓟儷以分宿沈濁判其□□□瀆
為紀羅□□□□之下闕羲栗襄葛之季炎
軒昊頊之□□□□璘所聞蓋□□虞傳
□□□□周□□□□□合踰千國既□
□□□□壅水震九州竇割七雄基□□

□□□國之君□□□古之業□□□□田
卜□□□□瓆河內侯治鄴□□□□子
昌言而為任西門厲精而出宰□拒比周
治申嚴察奮還□寤主□亡而警吏□班
既别□彩自□不省書□積倉府戎車北
首優□南□佩□臨事簪筆聽神民吏不
敢兩欺□巫老□姦於波浪頡頏鄭容異
術均美□□□首列城歸目於是生致尸
祝之禮殁貽棠杜之思雖□券金書逝者
不佳□□壇表慕俎豆逾遠北□襄王□

□□子託葬存稱惠主死曰明神所以季
世經關風俗漸染恩福之祈感在灾沴□
禱仍□北直郡國掾史實降□□蓋魏
氏季年日鎖地反投蜺不息闘馬盈空□
自金堂釁生玉室天示昭明之證帝啓即
席之期我　太祖獻武皇帝合剬斗墨
放□□□翦兇族於黎□□□於華□
□運□竭激崐崘之永輸闕諱□□競□□
□□增感一□□社再祠絶□匡□□□
□□□□萬□□□五□□會知三□之

未從想□橋之難□□□□□□猶存
式瞻神宇雅□□□蘭□成林椒□□□
□□□□得□志言　世宗文襄皇帝
凵□□□□□□□□龍□淵□□□應物
納□黎於□□□□於闕下壠路荒蕪祠
堂凋□□辟□□□□□□橑□□□□
芳□以丹□磨闕下膠枷鮑鱠膏闕下神居獨
闕下而宛轉闕下躍水仙鳥鳴林闕下歌尊神尚
德闕下終□□□□有歸紛郁　皇上官
府□物覈□□□□□□有稟賦靈性□

□為德道不可□□還□燼樂反闕下常流
蔽雲自巻仙琯暢律□巻□神文爛北□
凵凵西鳳鱗□五□光氣四舉莫而闕下牛
於陰山風逸驥於桃塞捐金抵玉卡粟□
□□□致酒英傑先之顧以賢宰餘休聯
闕下　宸鑒斯揆使持節驃騎大将軍開府
儀同三司□州□□師清河王岳出應敵
國入當闕下之一師執刺都鞏標榜九牧馴
禽弭□□雨来風披席□□傾賢禮俊眷
彼能官投□千祀闕下礜崗離殊類竊假畏

感仰德堅碑在□春煦□□□超二百執
徐之□□□□□□櫎豈不替精云啓□□□
□□□言僭迹掃地不遺委贊興王恭承
凵運幽明□遠意在斯乎乃命□紀□□
鴻□□以昭礜神道□□□□□□而
□絶望黄岑以俱峙其詞曰
星精膏散漢津横瀉山峙□□瀆流疎壁
中處外薄惑夷惑夏周德不昌三詩缺雅
闕下侮弱憑强魏俟趣士民後□望鄴有賢
令夏景冬□□□率□□□□俗闕下存祀

四時亡哀百牘始聞賢烈終□明靈斷殫
鼓□□盡牢牲籍蘭竦意尊□□□□□□
徒□禮闕下人授手□□謀居光宅漳右龍
駒鵠盖鳴笳駟牡□□層□載前載後□
象□□飾衛逾隆　天子赫赫廟諱數在
躬夏應虞命彝受堯終洛汎文章河浮圖
□會昌冥眖居今陋昔咸秩報□□□□
□□□□□宜留金石□親藩幹□率依
風毛畢均美□□□□□□

碑陰

陰上下共分六截每截各三十三行正書

散騎常侍趙郡王州都郭海高□
驃騎大將軍開府儀同三司尚書右僕射彭城縣開國
公州都魏郡元部□
平東將軍別駕從事史魏郡穆子□
前將軍治中從事史魏郡鮮于□□
主簿魏郡高娑藪
主簿廣宗潘脩度　字子昱
西曹書佐魏郡元稚英　字季彥
西曹書佐魏郡李天綱　字天綱

記室從事魏郡叔孫子慎　字僧護
記室從事清河崔□□　字公孺
戶曹從事魏郡穆遺□　字子傲
戶曹從事清河張□威　字
金曹從事魏郡尉□□　字文
金曹從事頓丘郡李□　字□明
租曹從事魏郡陸元茂　字道虢
租曹從事廣平游子璠　字士瑜
兵曹從事陽平路君元　字公初
法曹從事魏郡于德隆　字道□

法曹從事陽平宋烏頁　字子貢
部郡從事魏郡柳昳　字僧蔭
部郡從事魏郡薛廓　字子元
部郡從事魏郡□□渾瑍　字長璠
部郡從事廣□□序　字元伯
部郡從事清河□義　字緊庵
部郡從事林慮皇甫□　字桃科
部郡從事林慮辛□　字景宣
部郡從事清河傳□　字□武
部郡從事□郡□上忠　字季成

部郡從事魏郡□景□　□昇
部郡從事魏郡□子□　德卿
部郡從事□□□宣□　□道
□從事魏□□□　□□
以上第一截
□□□□□
□　融子明
公務思業
□仁　景寶
□□　脩業

□　□遠　洪道
守從事　公□
守從事魏郡　甕紹
守從事陽平王順　孝章
武猛從事林慮王壽　□□
武猛從事魏郡馬□
武猛從事魏郡絲文□
武猛從事淳于士彰
武猛從事魏郡張宣和文□
武猛從事魏郡張孝通順和

武猛從事魏郡柳士綽洪朗
武猛從事汲郡荀翊　孤誕
武猛從事頓丘賓長卿
武猛從事頓丘吳斐　融遊
武猛從事頓丘胡道　士尚
武猛從事林慮張則　仲軌
武猛從事林慮魏光　匪卿
武猛從事營陽荣琛　三寶
武猛從事邑陽梁□　子璠
武猛從事陽平楊達　叔勱

武猛從事陽平繆棋　雅隨
武猛從事東郡張興　顯盛
武猛從事東郡賈順　思□
武猛從事廣平鄒昇　懷□
武猛從事廣平程蘭　和仲
武猛從事北廣平吕和子穆
□□□□□廣平郭怡叔悦
□□事□□平□□　□□
以上第二截
□

武猛從事□□□□□□□德
武猛從事濮陽郭析　□悅
武猛從事濮陽□□　叔達
門下督　盛□□□□
門下督　□□　□□
省事　姜明　□哲
省事　曹遵　顯□
録事　王神　元穎
録事　延陵仲□　□龍
西曹掾　□□　世析

厂曹掾　齊智　思義
□室掾　孟穎　元儁
□室掾　宗懿　延貴
□曹掾　馮業　洪纂
戶□掾　陰磐　仲□
戶曹掾　□文伯　元□
戶曹掾　□□　□□
戶曹掾　劉□□　□遊
□曹掾　滕乂□
□曹掾　鞠騰　子□

戶曹掾　張敬　子金
金曹掾　樊淵　海寶
金曹掾　李遠　伯□
租曹掾　終士粲
租曹掾　邢悅　季□
租曹掾　馬伏阿
租曹掾　吳宣　尚宜
兵曹掾　梁璋　子璽
兵曹掾　林暉賓子□
兵曹掾　賀崇遠□□

兵曹掾　邢仲　次元
兵曹掾　闞華阿
以上第三截
□曹
兵曹掾　崔業□
兵曹掾　周景伯
法曹掾　李崇讓□義
法曹掾　□□貴
法曹掾　田□遠兒
法曹掾　孟□元紹

法曹掾□哲
法曹掾　禮
部郡掾侯遵景順
部郡掾聶貫崇和
部郡掾石建長賓
部郡掾馬峯莫□
部郡掾□禮長詢
部郡掾杜彥市賓
部郡掾張侍永賓
部郡掾衛遠□業

部郡掾　賓
部郡掾新賈□□
部郡掾閻仲叔□
部郡掾郝翁楚
主簿史韓世□
主簿史蘇□孟市
西曹史杜□□□
西曹史趙□□□
記室史欒□暉□
記室史左前洪遵

□曹史史穆景邕
□曹史□蘭市奴
□□史解景□
□□史翟會同止
□□史王質崇善
□□
以上第四截
□□
戶曹史傅□□
金曹史□□元□

金曹史□王□□
租曹史□賁
租曹史吳子政叔保
□曹史馮沙門
租曹史樂□阿□
兵曹史綦略阿顏
兵曹史□敬乾恭
兵曹史張□阿元
兵曹史王酉士高
兵曹史劉□□□

兵曹史
兵曹史戴懷
兵曹史楊艮
法曹史謝□
法曹史杜悅阿□
法曹史馮纂遵
法曹史賀□洪宣
法曹史王□秉襲
法曹史韓莨永昌
法曹史王進遠文仙

典籤史吳仲穎仲舒
部郡史戴光思顯
部郡史張伽阿桃
部郡史郝纂阿集
部郡史田彥休儁
部郡史石吉子艮
部郡史張長遵伯
部郡史石穆愛和
部郡史韓□□伯
□□

以上第五截
□
□
□
□
門下史
省事史張習□□
省事史林邕子穆
錄事史李瓊子□
錄事史賈光長□

□□將軍主郤海□
□□將軍事副焦定
□兵
□
□
□
□
□
□
□

□
賊曹□
賊曹孟伯□
賊曹李晚與
賊曹張善
隊主李趙成
隊主嚴奉伯
隊主于□聰
隊主張□□
西門□□

隊副□□□
隊副
□□
□□
以上第六截

碑云使持節驃騎大將軍開府儀□□司□州□□師清河王岳者齊書列傳云顯祖出撫晉陽令岳以本官兼尚書左僕射留鎭京師天保初進封清河郡王尋除使持節驃騎大將軍開府儀同三司宗師司州牧葢以此時立碑也明一統志云西門豹廟在府城北大夫鄴北齊天保年建碑刻尚存今碑缺年月太平寰宇記云鄴縣西門橋齊天保五年僕射魏收爲碑存焉則碑是天保五年魏收所撰無疑碑故在豐樂鎭廟內知縣彭某移于城隍廟中水經注云漳水逕武城南又東北逕西門豹祠前東側碑隱起爲字祠堂東頭石柱柱勒銘曰趙建武中所修也魏文帝述征賦曰羨西門之嘉迹忽遐睇其靈宇寰宇記又云鄴縣西門豹祠隋圖經云在縣東南七里北臨太平渠或恐碑移而祠基且將迷失矣趙建武石柱銘又非汝帖所載石趙鄴祠柱刻也其刻宋時猶存

倘有好事一訪之乎碑篆額云西門君之頌 陰列官吏題名有云散騎常侍趙郡王州都勃海高下缺名者高叡也齊書列傳云顯祖受禪進封爵爲南趙郡王邑千二百戶遷散騎常侍以此知之勃海字見說文今史皆作渤知六代人書猶無俗字也碑又有元節穆子容銜名元節齊書有傳云魏封彭城郡王歷位太尉侍中錄尚書司州牧進太傅齊天保元年降爵爲縣公此云彭城縣開國公州都者其降爵也史不及開國公州都乃其疏穆子容見北史穆崇傳是時爲平東將軍別駕從事史亦可據碑以補史也

中州金
石記
案碑殘剝斷裂文詞何不相貫其敘西門君治鄴之
跡有云□拒比周治申嚴察贊筆聽神民史不敢兩
欺□巫老沉姦□波浪頹頹蓋約舉史記爲文又敘
生致尸祝之禮沒貽棠杜之思□壇表墓俎豆逾遠
似因舊祠而加修之爲述其義如此碑稱太祖獻武
皇帝世宗文襄皇帝者北齊書太祖紀所謂天保初
追崇爲獻武皇帝世宗紀齊受禪追謚爲文襄皇帝
是也高岳傳世宗崩顯祖出撫晉陽令岳以本官兼
尚書左僕射留鎮京師天保初進封清河郡王尋除

使持節驃騎大將軍開府儀同三司宗師司州牧並
與此碑同則知碑立在天保初矣中州金石記據寰
宇記鄴縣西門豹祠齊天保五年僕射魏收爲碑之文
定爲天保五年魏收撰然高岳當天保五年亦加太
保而此碑不書或文成於五年之前樂史據其立石
時書之傳言留鎮京師又言司州牧高齊因東魏都
鄴而仍循司州舊名故見於此也　又案碑陰職諸
人題名稱州都者二人別駕從事史治中從事史者
各一人主簿二人西曹書佐二人記室從事二人戶
曹從事二人金曹從事一人租曹從事二人兵曹從
事一人法曹從事二人都郡從事十二人隋書百官
志載齊制司州置牧屬官有別駕從事史治中從事
史州都主簿西曹書佐記室戶曹功曹金曹租曹兵
曹騎曹都官法曹部郡等從事員蓋以鄴爲司州其
屬官並與史符又有武猛從事及門下督省事錄事
西曹掾記室掾戶曹掾金曹掾租曹掾兵曹掾法曹
掾部郡掾主簿史西曹史記室史戶曹史金曹史租
曹史兵曹史法曹史典籤史部郡史省事史錄事史
攷門下督與錄事清都尉鄴臨漳成安三縣並有之
至西曹掾以下即志所謂主簿錄史西曹已下又各

置掾史也但主簿史以碑證之作吏耳　安陽縣志
按碑文多缺蝕無立石年月惟云使持節驃騎大
將軍開府儀同三司□州□□師清河王岳領賢
禮俊畏威仰德豎碑在□云云是碑雖題西門豹
祠堂碑而文意並無紀述西門豹事蹟亦無建造
祠堂之語大率頌美清河王之詞爲多北齊書清
河王岳傳岳字洪略高祖從父弟也魏太昌初除
車騎將軍左光祿大夫領左右衛封清河郡公食
邑二千戶尒朱兆據并州高祖將討之岳留鎮京
師遷驃騎大將軍儀同三司天平二年除侍中六

州軍事都督尋加開府除使持節六州大都督冀州大中正俄拜京畿大都督元象二年母憂起復除兼領軍將軍興和初出爲使持節都督冀州刺史武定元年除晉州刺史西南道大都督六年除侍中太尉餘如故別封新昌縣子又拜使持節河南總管大都督別封眞定縣男世宗崩顯祖出撫晉陽令岳以本官兼尚書左僕射天保初進封清河郡王尋除使持節驃騎大將軍開府儀同三司宗師司州牧五年加太保傳叙岳歷官如此按此則碑立於天保元年無疑碑銜不云加太保其非五年可知矣關中金石記引寰宇記云鄴縣西門橋齊天保五年僕射魏收爲碑存焉以爲碑是天保五年魏收所撰蓋魏收所撰者乃西門橋碑此是西門祠堂彼此異也齊顯祖文宣帝本紀帝以天保元年五月戊午即位己未追尊皇考獻武王爲獻武皇帝皇兄文襄王爲文襄皇帝六月壬午封太尉高岳爲淸河王碑前有太祖獻武皇帝世宗文襄皇帝等字則爲追尊以後之語後云委蛻興王恭承□運及夏應受命舜受堯終尤足爲初即位時之證也其稱宗師者魏書官氏志云天賜

元年十一月以八國姓族難分故國立大師小師令辨其宗黨於是宗室立宗師之目此是魏初之制也齊初猶有此官耶碑陰列姓名幾二百人惟首四人處尊位以下則七行皆作從事門下督省事錄事掾史軍主軍副隊主隊副等職里居姓名其前皆備書之又一例也首列高叡碑缺叡字傳稱叡封南趙郡王碑無南字魏書地形志有趙郡有南趙郡並屬殷州傳或衍南字也其稱州都者渤海者地形志渤海郡屬冀州西魏時冀州本治鄴高氏是時居鄴鄴爲司州爲魏都西門祠在其城殆是渤海舉其郡望州都舉其所居也又列元韶亦稱州都魏郡正同此例關中記云彭城縣開國公州都者其降爵也此語蓋誤州都當連魏郡讀不連上讀若州都爲降爵則高叡未嘗降爵而亦曰州都何也第三穆子下碑缺一字關中記以爲穆子容魏書及北史俱附穆崇傳北史載士儒之子子容魏末爲兼通直散騎常侍齊受禪卒于司農卿魏書載士儒子容少一子字武定中汲郡太守皆不言其官平東將軍別駕從事碑或別是一人非穆子容也

風峪華嚴經石刻

碑搨本凡一百二十四紙大率高四尺二寸廣二尺文二十三行行五十七字正書其餘石之廣狹行字之多寡大小俱不等不片亦不能計數今在山西太原府太原縣風洞內

經文不錄

風洞在太原縣西三里風峪口甕甃洞一穴方五丈有司以三月祀之則多風穴中三柱四壁鐫華嚴經山西通志

太原縣之西五里有山曰風峪風穴存焉相傳神至則穴中肅然有聲風之所從出也惡者[搽]土塞穴塗石佛子內環列所刻佛經凡石柱一百二十有六積

代自久廢蝸居之雖好游者勿敢入焉丙午三月予偕上人燎炬以入辭視書法非近代所及惜皆掩其三面未縱觀其全也北朝君臣崇奉釋氏石刻經像在處多有予友太原傅山行平定山中誤墜崖谷見洞口石經林列與風峪等皆北齊天寶閒字而房山石經刻之自隋者矣其法之所繇也　通鑑載後唐劉后與李存渥奔晉陽李彥超不納存渥走至風谷爲其下所殺北夢瑣言載此事作風谷胡三省注風谷皆作嵐谷唐長安三年分宜芳縣置嵐谷縣屬嵐州非也風谷即風峪北人讀谷爲[裕]俗並加山作峪曝書亭集

按北齊書段韶傳突厥從北結陣而前東距汾河西被風谷大唐創業起居注煬帝於樓煩置宮因過太原取龍山風谷道行幸則風谷之名已著於前代矣金石文字記

按風峪今俗稱風洞洞中有石刻華嚴經金石諸書多未見著錄郎曝書亭集有風峪石刻佛經記亦但云環列所刻佛經而已不言爲華嚴經也記言石柱一百二十有六不知山西通志何以但云三柱也以臆度之洞方五丈必非三柱所能撐則通志所指三柱或別是處立之柱耳柱有百二十

六必是剏立於洞中經即刻于柱上柱有四面必皆刻經竹垞所見已云掩其三面則今所搨者亦祇一面耳今搨大小共一百二十四紙縣係一柱一紙其與柱數不符者僅少其二也全經有八十一卷今搨本首末行有卷第標目者計二十八紙餘俱無攷想皆散見于三面而不能搨矣此無時代年月及刻經記序題名惟卷卅七之末行題云佛弟子許智通妻宋十娘許五娘女許三娘姓名可見者祇此金石文字記列于天保二年當自有據然別無詳說可證其標題亦但作石刻佛經則

亦似未嘗詳閱此碑也天保爲北齊文宣帝紀年曝書亭集刻作天寶誤也經文書格不一有秀整者有流動者大致類初唐虞褚其中如四十作卌㚒作○天作兲則北朝間有之以此爲天保時書無足疑者標題華嚴多作花嚴六朝人間用之此碑椎拓不易昶在西安時適同年沈君業富官山西鹽運使因託其購覓拓寄此本雖闕軼倘多究爲北齊之物亦可珍也竹垞記中所云房山石經刻之自隋昶曾見吾友查君禮游趙題上方二山曰札所記石刻佛經甚詳云石經洞寬廣如殿中供石佛四壁皆碑石疊砌即隋靜琬法師所刻佛經字畫端好有歐褚楷法無一筆殘缺左壁兩層共碑三十六枚右壁三層亦三十六枚後壁三層共四十一枚前門左右壁及門項共三十三枚皆妙法蓮花等經即竹垞記中所稱隋刻者又大洞之右第一洞刻佛說恒水流樹等經第二洞刻陀羅尼集等經大洞之左第一洞刻令生歡喜名無垢等經第二洞刻菩薩瓔珞等經其下有石井井左第一洞刻金剛般若波羅密等經第二洞刻摩訶般若波羅密等經井右爲伽藍殿殿右第一洞刻文殊師利普超

三昧等經第二洞刻千手千眼觀世音菩薩廣大圓滿無礙大悲心陀羅尼等經大洞之右又有心經碑一金剛般若波羅密經碑二伽藍殿旁又有金剛般若波羅密經卧碑一餘碑林立不勝紀此外又有遼初續鐫四大部經二千七百三十碑而華嚴經全部亦在其中昶聞而歆慕之嘗屬劈西路同知將雲師訪搨云是碑聚于瓦礫之中洗剔塵沙必得數十人數十日之功力不能辦而止查君之游石經洞在乾隆丙辰僅逾數十年而碑已難搨如此今查君之記已刻入銅鼓書屋遺稿昶錄于此以諗後之好事有力者

劉碑造像銘

石橫廣五尺七寸高一尺八寸二分四十二行行十三字正書在洛陽

夫妙靜虛凝聖蹤難尋悽怕無相非有心能知雖形言幽絕誕迹三千慈悲內發欲濟危拔苦滿十二而曉群情喻三車以運諸子權應歸空潛神眞境然篤信佛弟子劉碑河澗人也資冑唐虞翼其英緒襲蹤前王衣冠万代因官隨爵芳柯萬茂此人喆識四非深解五業纂苡鄉挹茜領懷珠獨哭皆是軒姬枝疏英爽之孤挺晉魏九城磐根之傑棟欲聃皇朝飛聲齊室故能同率緒

素異心共遵等意採石金山遠求名匠奇思穿鬪巧殊
世外四扶靈巖之顯西據王舍之陽泒流濟濟建像一
區構基三泉首騰霄月眞容凝然化流無导光曜十方
空空遍滿覩之者目中花生覩之者我心冢滅仰爲皇
祚永隆幸輔顯上以此果緣福鍾師僧七世廟使神登
紫宮形昇妙境見在寧康子孫興茂辨智超才表心六
藝窟森台相位槊九坐生隨歡諧來栖道跡往往逢賢
處處遇聖蠢動普沾同照十日身當正覺遊濟彼岸刊
鏤金芳願言不朽其辭曰
如來聖跡迴矣難尋究竟歸空妙理實深出沒自在顯

滅雙林欲隨而去竊以愚心奄龕有佛相望若語菩薩
立侍吟聲未吐師子護坐竪目相覩諸天作樂□□對
儛金剛力仕在戶之傍耶捲□目傑蹇相當波旬請死
欲退無方道俗有隨慶升天臺翻翻法師寂寂道場崇
之若近尋之芒芒悉誘下士上接攜將六□解離三有
暈光俄俄禪定神歸空外眞化無导心與三昧脫骨王
子廣度一切夙樹珪璋悉羅天闕窮魑世襲金柯秀發
辮隆待仕殊今古越儁邁携驚皎然若月信士英英群
悟福期鐫鏤金石相好巍巍嗟峨妙絕是難是希終天
畢地永爲萇基

維那樊元貞

碑樓寺在縣東四十里石淙東源上內有豫州劉刺
史碑北齊天保八年丁丑立刻劃佛像文列上方字
殊部劣刺史名碑無佛處鐫諸人姓名俱劉氏名文
紀劉碑爲首造碑文緣起也村落沿其名曰劉碑縣誌
按碑無年月據說嵩語因列於北齊天保八年文
云劉碑河澗人也河澗當作河間左旁衍水耳寶
胄唐資者劉姓凡二十五望葩自附唐氏劉累之
後故云唐資也瓔其英緒聝疑是寶字用以對寶
胄也劉氏之家河間者惟北魏劉胄官直閤將軍

出守本郡與茹皓俱赴鄴官講武乞留至洛似即
劉碑先世文故云因官臨爾芳稱嵩左者也劉碑
史傳不載碑但泛言造像求福之意不詳事蹟故
無可考碑書凝作凝美泊作恢怕募錄作慕錄首
領作首領照作照英作英巧作巧靈鷲作靈鷲霄
作霄辨作辨蠢作蠢岸作岸望作望竪目作竪目
力士作力仕假寐作假寐下士作下士曜光作暈
光冠絕作窮魑皆任意增減移置初無義埋據說
嵩謂無佛處鐫諸人姓名俱劉氏名今碑但有維
那樊元貞一人是搨本未全也

道肶造像記

記横廣七寸五分高五寸三分八行行四字五字六字不等正書今歸偃師武氏

大齊天保十季七月十五日比丘道肶敬造盧舍那法
界人中像一區願盡虛空遍法界一切衆生成等正覺

朱豹泉得石寄黃小松琢背爲硯而小松復以遺予其文所稱比邱道肶敬造盧舍法界人中象一區未解是何象也授堂金石跋

右造象記八行字徑七分頗秀勁亦有別體如象作像邊作邉是也小松云得于正定友人今作爲硯山左金石志

按此石舊從濟寧州普照寺發土得之石存而像無攷矣後轉徙藏於正定佛寺朱瀔泉煌得之以贈黃司馬小松易作硯材小松又贈偃師武大令盧谷億今所見者搨本也法苑珠林普敬部引華嚴經云盧舍那佛報身如來所王之土復還是數盡十方界非凡所謀故梵網經偈我今盧舍那方坐蓮華臺云云是碑中所稱盧舍那佛名也翻譯名義集盧舍那賢首梵網疏云梵本盧舍那此云光明徧照照有二義一內以智光照真法界此約自受用義二外以身光照應大機此約他受用義淨覺雜編云盧舍那寶梁經翻爲淨滿以諸惡都盡故云淨衆德悉圓故云滿此多從自受用報得名或翻光明徧照此多從他受用報爲目若論色心皆得淨滿身智俱有光明則二名並通自他受用也

夫子廟碑

碑連額高六尺三寸五分廣三尺七寸五分十九行行二十四字隸書額題夫子之碑四字篆書在曲阜孔廟

□□齊乾明元季歲□□壘月仝下闕人響
引自下闕德所以歷□□□璘論者其由□

□乎衛大下闕字□□□拜封人即魏安
下闕南下闕鎮北將軍秘書監青下闕公道昭之
第□子也公□□忠□帝職歷七州再下闕
不具論□如高下闕多下闕人去盜□□既自
□諸□□□可□□□拱雖下闕三下闕高公
曾下闕氏女夷馭節□羣下闕闍下闕來遊下闕廢
□□而體下闕嗟嘆久之乃□□□□曰豈
是下闕即命工人重為鐫下闕更下闕摠七下闕名
長下闕是下闕者下闕命工人□者□□又□□
論景行下闕載下闕言下闕東鄉之豪□以終其

下闕祠堂下闕是下闕存因下闕刊徽下闕

二十日訖功

孔子廟碑今在曲阜縣廟中字剥落不可辨金石文字記

右碑文多剥蝕以舊拓本審之知爲鄭述祖所立也述祖字恭文見重登雲峯山石刻魏書云道昭熒陽開封人歷官平東將軍光州刺史轉青州刺史復入爲秘書監卒贈鎮北將軍今碑存字曰開封人曰鎮北將軍秘書監曰某公道昭皆與傳合述祖嘗刺兖州故有重勒廟碑之事乾明元年爲庚辰歲是年八月昭帝廢立改元皇建此是八月以前所立也闕里文獻攷但稱爲北齊夫子廟碑不辨何人所立其碑文亦祇及今之半耳山左金石志

按闕里文獻考云此碑可辨者才百有二字闕里志不載其文祖庭廣記云剥落不可考今取碑諦視可識者得一百四十餘字較闕里文獻考所識增多四十餘字矣碑云公道昭之第口子也魏書本傳道昭之子有五曰嚴祖曰敬祖曰述祖曰遵祖曰順然則述祖乃道昭第三子也述祖善隸書此碑筆法頗與鄭述祖書天柱山銘同然使述祖自書不應指斥父諱而云公道昭之第幾子也疑是他人紀其事而述祖書之猶雲峯山鄭道昭刻其父文公德政而託名於故吏程天賜也大意是道昭爲光州刺史時來謁孔廟迨述祖繼刺光州訪父遺蹟刊碑祠堂以紀之文故云嗟嘆久之命工重鐫也額不曰夫子廟碑而曰夫子之碑見立碑之意不繫乎廟也

在孫寺造象記

石高六尺一寸五分廣二尺八寸厚一尺二寸八分四面刻分三四五截記廿五行行廿字正書雜隸在登封縣嵩莊

蓋太儀育物品類不同隨口口以輪迴逐陰波而自溺可嗟薄福孰爲津梁哀哉士徒誰口出要唯無上大覺獨悟盤涘志欲道正水以壞邪山秉慧炬而滅癡闇故竪柱六門大開八口龍魔鎖口虎見斯伏但感微應促壽樹之芥已彰如住无善利口滅之刃唯速於是燈光夜掩法舟息駕遂使八到熾然業變增甚自非曉燭眞途了斯相染孰能併口翦而超昇望宗一而高蹈哉都邑主張僕族薛景略仇洪樞寂炯業胸洪遠李祖憐都口口百口拾人等以是淡曲明珠彩山之貫狂風口口觸口飄舉嘆世挾疏鄉家劬口口根本泉而結菱袖八口月而口龍口如此隆〻昂〻盛哉雖浮俗變起口于

端□□至□思□不憚□勞之軍慧劍雙懸卒□□魔
之陣无不□簒□蹤魔開□□□□□金顏之□佳□□
□之□□遂廣建伽藍□□□□□□□□□之□西
□大起帝有之奇身眞容□爍若百莊之開春樹朝曦
競照類万日之聚高天足使跋聲發□□心返正雖猛
炎銷天洪波沸地而神堰寶塔畢竟常□昔□扴擁沙
尚滅菩提業盛前脩功名顯著豈使日月空流聲塵无
死□彫金垂範傳芳不朽自非立信空門皈心淨域將
知福報無虛功不忘敬脩回□善□□俾□□捨財崇
福住天堂之業上爲三寶□□七世父母過往□師現

在居眷門徒子孫世貴國內人民□□役□□□速至
下及邊地蠢動衆恩五道□澤有刑之類普獲福利脊
号河淸三季歲次甲申四月己丑朔廿日戊申

都邑主張嘆族　　邑子嚴和祖
都邑主薛景略　　邑子王承儁
都邑主仇洪祀　　邑子張義和
都邑主寇知業　　邑子陶鸞
都邑主陶洪遠　　邑子陶發顯
都邑主李祖憐　　邑子陶僧和
都邑主麻仕和　　邑子仇衆敬

都邑主席儁略　　邑子李慧達
都邑主劉和穆　　邑子嚴法□
都邑主仇海　　邑子尹洪賓
都邑主仇定國　　邑子仇城買
都邑主仇□叡　　邑子陶知孫
都邑忠正李樹生　　邑子張衆愛
都邑忠正袁景□　　邑子嚴元禮
都邑忠正嚴崇顯　　邑子嚴憂虎
都邑忠正嚴買　　邑子寇洪哲
都邑忠正嚴寶瓊　　邑子寇仕通

都邑唯那仇息悅　　邑子寇仕寬
都邑唯那嚴懷善　　邑子寇遠振
都邑唯那董雙儁　　邑子寇仕貴
都邑唯那李進興　　邑子高子嚴
都邑唯那嚴元昌　　邑子游元族
都邑主叚飆　　邑子僬略
都邑主管法安　　邑子嚴醜
　　邑子仇興族
邑子仇顯　　邑子嚴世榮
邑子王□石　　邑子□惠雅

邑子薛伏海　邑子張□醜
邑子嚴敬賢　邑子殷□
邑子仇伯兒　邑子殷燕奴
邑子仇道□
邑子仇永昌
邑子和伯憐
邑子李嵩　邑子郝徹先
邑子郭族樹
邑子仇景業
邑子寢衆□

邑子高□歡
邑子朱永遷
邑子嚴畀業
清信劉練光
清信伢貴
清信陶伯□　清信駢金玉
清信劉貴　清信□□姜
清信殷明勝　清信李□□
清信朱明堂　清信周□□
清信陶僧妃　清信朱□

清信楊買　清信李
清信王外妃　清信□
清信陳□□　清信□
以上均刻在記文之下
□堪像主□□與一心供養佛
一心供養佛
邑師僧誕邑師□□
邑師沙門都□敬
以上刻在記文之上象堪之旁
東堪像主董□□東堪像主王悅二人等一心供養

佛時
邑子管□安　邑子□□□　邑子□孝□
邑子管買來　邑子陳乇　邑子寇天長
邑子王恵蚝　邑子叟珎　邑子寢万孫
邑子高要憙　邑子董延慶　邑子寇遷孫
邑子姚思祿　邑子南顯業　邑子任嘆□
邑子嚴妹洛　邑子畏和稷　邑子任嘆龍
邑子管貴和　邑子相永先　邑子董伯贖
邑子高龍勝　邑子相憘匝　邑子由元琛
邑子嚴□王　邑子董外生　邑子曾仕光

邑子嚴尚忠　邑子楊濟才　邑子韓口
邑子嚴口口　邑子竇方口　口口口口口
邑子裴口口
邑子卞口
邑子裴鼽　邑子裴渠
邑子高　珎　邑子段柱國
邑子嚴虎
邑子劉陳趙
邑子薛黎奴
邑子陶安和

邑子李毛龍
邑子口興　邑子
邑子甲口　邑子
以上東面
口口口口口主李口口
口口口口口　口口口口口口
口堪口口主仇口口　中堪口主仇口口口
中堪口主口口口
都口口主陶洪遠口口
都口口口口口口口

合邑口一百五十八人等　一心供養佛
以上正面
西堪像主嚴買上爲七世父母次及現存子孫䀚熾
弥勒出世願聞初法
邑子仇惠孫
淸信夏侯婆兒
邑子仇田買
淸信李孃女
邑子仇先女
淸信女仇口女

淸信張女口
淸信女仇王女
邑子仇僧和
邑子張口鬼　邑子張口
淸信女張淸女　邑子張口興
以上西面
碑在縣東四十里蔣莊碑稱在孫寺正面刻佛像碑
陰刻大齊河淸三年歲在甲申敬造文字剝落殆盡
不可搨矣下截埋土中止露其半在村中之衢（說嵩）
宋景思等造塔記

記高一尺九寸廣二尺六寸十六行行約十五字正書在博興

大齊河清四年歲次乙酉三月癸未朔四日丙戌
慈風未被品類同昏惠化一開乃羣情等覺雖眞光韜
暎而實相可追故悄兹吉海志攸寄峯邑主朱曇思朱
僧利一百人等於村之前兆其勝地綿基細柳白虎遊
南敬造靈塔一軀經之不日釿靈煙際四翕風生鏤檐
貞雕刻摹兜率㲉聖跤龍有之若生飛禽走獸驂疑似
活羌弗可得如言矣魏魏易覩落爛難名遂託銘神宮
冀貽乃葉仍因檝士之功敢發虔序之願國祚永隆覆
載等一頌曰　爵璃住昔麗字今兹弱黛留烟炎起停
暈玷草畱露晝樹懸系荷抽紫葉嶺欝青芝
□□□□□隙□□□以下俱闕

右河清四年三月造塔記近日黃小松司馬得于博
興土中以建初尺度之高一尺九寸廣二尺六寸共
十六行行約十五字後有造像三座末行文盡剝落
惟存像字之半字徑七分用筆肥媚而多別體字如
涓作悁塵作𡍼䔉作蕬梵作㷭容作㝐爵作㕘皆不
合六書而寶塔之寶作寳則謬之尤甚者其書頌曰
卽借爲曰字與太公碑東阿王廟碑並同頌八句叶
兹暈系芝四韻按暈卽暉字說文有暉無暈古人日
暈字卽作輝見周禮注張景暉造像記亦書暉爲暈
二字蓋得通用晝樹懸系句借系爲䌌與說文系細
絲之訓合記中又云羌弗可得如言矣猶春秋傳星
隕如雨䬪如忘之義也錢侗跋

按碑立於河清四年三月是年四月武成帝傳位
太子改元天統此猶在未傳位之先也文云綿基
細柳白虎遊南說文柳繫馬柱也此蓋借繫馬柱
字形容塔柱之不鉅也上文綿基亦言塔基之綿
遠形家以右爲白虎遊南者意謂白虎右旋而南
遊也驂疑當是驂凝如言當讀而言魏魏當讀巍
巍爵璃當是爵螭惟末句嶺欝青芝語氣未了疑
尚有文然碑未嘗缺泐也

金石萃編卷三十三終

金石萃編卷三十四

賜進士出身　誥授光祿大夫刑部右侍郎加七級王昶譔

北齊二

姜纂造像記

記高二尺八分廣一尺三寸五分十五行行二十字正書在偃師

大齊天統元年太歲乙酉九月庚辰朔八日丁亥别官

姜纂爲亡息元略敬造石像壹軀

夫靈暉西没至理東遷圖畫神明像窮變現道遥業峻

因藉報遠清信士姜元略志隆邦國仁越州閭衡巷仰

風鄉邑譽望早洞靈源夙達空旨而石火電燭儵忽從

化松摧落岫蘭彫夏霜寶散閻泉玉碎黃壤父慕情慕

東門心憑冥福特爲亡略敬造先君像壹軀左右二侍

聖相真容妙絶娑婆雕檀刻削波斯國奇鑄金鏤石優

塡慾巧神光照爛遍滿閻浮香氣氳氳充塞世界業盛

飛行事符踊出从此勝因追資亡略直登淨境獨步虛

空逍遥天服乘出六塵遨遊慧體長超八難彈指則遍

侍十方合掌則歷奉衆聖過去尊卑見存眷屬亡生淨

鄉現獲妙果當來龍華願昇初唱　皇家慶隆澤洽遐

地三途楚毒俱辭苦海六道四生咸蒙勝福壹切有形

同成正覺

按此碑及武平七年孟阿妃造象記皆近年出土偃

師武虛谷所收得者前人俱未著錄故悉載其文文

中別體甚多中州金石記

億案碑完好其稱淸信士姜元略云云案顧亭林以

今人出財布施皆曰信士宋太宗朝避御名凡義字

皆改爲信然以此推之殆於高齊間已見有清信士

之稱則當時所避亦有據也又石鐫小像傍勒數字

云孫女娥皇亦重舜妃之諱俗流不經如此別體字

靈作靈東作東因作回修作脩冥作寞老作㚒逸作

遥飛作飛邊作邊偃師金石遺文記

合邑諸人造佛堪銘

石横廣四尺三寸五分高二尺七寸中刻銘十九行行十六字右偏三列刻比邱及官名左偏五列刻邑主等名每列皆六行行四字五字或十八字二十字不等正書在偃師

妙旨幽微非聖無已盡於源聖行之與非遍智莊嚴豈

能鄰其道然今合邑諸人等宿殖明珠久歷諸佛故能

與心同契仰慕道跡在於定光像肖敬造七佛寶堪并

二菩薩賢聖諸僧彌勒下生梵王帝釋舍利非盡其龕

容赫弈照曜三千榮麗二相妙殊八十刻木爲塑像而

非喻採辟摸形焉是其辟覩之者淨信開明安祇音三

部殄息斯乃塵勞之中貂如來種籍此勝善願國祚永

隆三寶增盛法界四生七世先靈存亡父母現在眷屬
發菩提心診勸下生恒爲導首開化羣迷廣修万行共
集菩根同證菩提之道刋銘頌白
法性如如非有非无體非分別妙用非靈八相成道似
同凡夫生而非生滅而非滅神通隱顯摩王歸軌化導
三千人天獨步改迷接聖慈悲覺希示三空門令遊正
路淨修波若四攝資助齎翼道品菩提永固
天統三季歲次丁亥三月壬申朔十五⊙丙戌建
邑主韓永義　維那魏元預　香火李英雄
邑主□□仁　維那魏紹□　香火孫子璨

□□李伯□　典坐倪士康　邑老劉遵和
□□□□寶　典坐趙仲略　邑老張和仁
中正霍羅侯　坐主鄧道隆　邑老栢延暉
□正殷子琴　坐主翟多仁　邑子夏侯和
邑子張子洲　邑子郭子逵
邑子李阿祭　邑子邊和穆
邑子田祖暉　邑子袁伏恩
邑子宋子暢　邑子劉士驚
邑子夏侯貴　邑子楊進國
邑子蔡道仁

以上五列在左偏
比丘道最　比丘法賢
比丘曇暉　比丘道樹
比丘洪猛　比丘洪湛
比丘慧蘭　比丘道定
比丘法建　比丘明槃
景明寺法和　比丘曇樂
洛州都兼治中奉朝請皇甫士通　洛陽郡中正姜
乾
征東將軍洛州大中正平恩縣開國男皇甫迥
冠軍將軍洛州金墉鎮前車騎府司馬趙思榮

邑子趙遵明
邑子范敬賓
邑子桑季和
以上三列在右偏

按碑文書體點畫多增損蔣作肯虔作安戌作戊省筆也彝作彞華作𦻏筆增筆也摩王當即魔王別體也書本含隸意而末行五日特从篆作五⊙爲異耳文左右列邑主維那典坐香火邑老中正坐主邑子比邱等四十四人又列有官位者四人曰

皇甫士通皇甫迥趙思榮姜範北齊書北史皆無

傳四人皆官於洛州者洛州本西魏司州入齊後

改爲洛州趙思榮官冠軍將軍洛州金墉鎮前軍

騎府司馬太平寰宇記河南縣有金墉城在故城

西北角魏明帝所築殆北齊時於此城置鎮將也

然寰宇記不詳此官

宋買造像碑

碑高二尺七寸廣一尺八寸上截十九行行二十四字下截二十二行每行列人名正書在偃師縣壽聖寺殿壁

□□□□□氵自道圓明言像所未臻文字不能述□□

□□闢之者既難法海波瀾遊之者勿易是大都邑主

宋買廿二人等可謂知周道濟之功圓應遍知之迹宋

何在老之談󠄀攝𧿹神仙之術彌𢷬傳聞韓說無㝵宜陽

金日深識法相乃祖乃父積德於無窮維子維孫脩道

於曠劫故能知四毒之分啟五蔭之美庆遂寄財於三

寶託䓁於婆羅𡵉鳴家珎敬造天宮石像各一區其天

宮也左險漾水具有公路嶠之佐迥右覷盤都快有京

華之勢前𡾰風嶺據口曹瑹之故堰從背望山伊洛之

南地私乃正是四奥之華壤中堰之靜太雖非舍利神

變之爾實是須達布金之地其像也乃運玉石於荊山

採浮磬於淮浦鐫勒彫文並龍鱗而翠璨鏤拔圓形等

金鎔而競炎蠺林見光未殊於此妙尅檀成剬有愧於

今容既如天上降來又似地中踊出其中万相在𢿱五

色鮮妙珠紫爭光淸黃咗艶嚴看之從樂菩姜歸觀拔

難同尋刑叵遍自非高見大士十力世維毅能建私功

業者哉緣茲摩訶善根仰荍洪願三寶常存法輪永固

王祚尅隆七世先靈託生妙樂見在眷屬値佛聞法四

生之類等成正覺

天統三季歲次丁亥四月辛丑朔八日戊申建立

邑中正宋買

邑中正趙纖叔

以上上截一行闕下

大都□□□□

都邑主趙崇化

都唯那宋纖叔

唯冉宋仕郎

唯那宋元嵩

□那趙文紹

邑子梁文略

邑子劉旦生

邑子宋悪虬
邑子宋兗口
邑子吉伯仁
邑子宋奉先
邑子傅伏奴
邑子宋榮和
邑子宋子儁
邑子賈洪黑
邑子李莿
邑子傅机捧

邑子宋道饗
邑子杜元則
邑子重順
以上下截

億案石龕覆壽聖寺巖壁間與吴洛族碑同時取出文稱大都邑主宋買二十二八又稱邑中正宋買必其鄉曲之豪也碑別字灡作瀾莊作在慕作暮遥作源覽作攬辨作辯碍作导果作杲竭作竭臨作臉澗作磵屬作屬嶇作嶇布作布刻作尅端作剬湧作勇業作業㬎作顯又言造天宫石像各一軀其天宫也左臨洓水具有公路澗之伍迴右覩舊都快有京華之勢前嶠風嶺據（闕）曹操之故壘（三字不可認）山伊洛之南云云疑此天宫皆據四望言之當近緱氏地也不知此記石何時移置耳石左右側面悉有名題（偃師金石遺文記）

按碑文云左臨洓水具有公路澗之伍迴太平寰宇記西京河南道河南府緱氏縣條下云公路壘公路澗在縣西南三里有壘以袁術字公路而稱又云前緱氏縣在今縣東南二十五里緱氏故城後魏太和十七年省併入洛陽東魏天平元年復以洛陽城中置緱氏縣後周建德六年又自洛陽城移於今縣北七里鉤鎖故壘隋開皇四年又移於今縣北十里洛陽故郡城大業元年復移於今縣東南十里十年又移縣據公路澗西憑岸爲城據此則緱氏縣在周隋以後始據公路澗憑岸爲城以前則縣與澗相去尚遠故知碑所言天宫四望之所公路澗在其中而其地爲緱氏縣境也碑書迹作迹勢作㔟斯作私變作变園作薗浦作道隊作狀双作雙庄作在忘作妄形作刑孰作埶發作蔟皆別體蓋武氏之所未及者

造丈八大像記

記及碑陰共二截皆横廣三尺四寸高一尺四寸一二十六行行十一字一二十五行俱人名分兩截書正書在許州關帝廟

□□□□□□□□□□□□□悲爲懷宏濟五濁
□□權宜朗鑒方法臨遂根□□□雙林緣盡居戸遂
能□□□攜劍竒機波斯況後末□□不御慕聖容者
哉是以□義一百人等以今大齊天統三年歲在丁亥
五月十五日共造丈八大像一軀上爲皇家永康下爲
群品師僧□□累刼因緣四生含識悉捨忘想同登正
覺其詞曰

寶殿蓮基尊像静嘿聲聞菩薩侍立其側徒衆和雍僧
□嚴飭禪誦歎詠晝夜無息以此福緣壽報無極 其
置福處也北連名山太丘之廟南有高嶺胡城永固處
在中央□水東注八民□祥營造福□□爲帝皇四海
歸湊壽樂□壃以斯願力俱會道場 邑義諸人皆
元出四海據□□□禮教自防德達仁□□□爲尊以
法爲□欽敬□□□□□歸投以斯福緣永□□□□

碑陰

□□師□
□□□□嵩 邑子朱阿□

□□□□ 邑子朱猛□
□□□銀 邑子朱道延
□□道彪 邑子朱市貴
□丘海辯 邑子朱叉□
比丘僧度 唯那朱叔景
比丘道運 邑子張小格
比丘僧湛 邑子朱僧興
比丘道乾 邑子朱顯祖
比丘明旭 邑子朱山玉
比丘法洪 邑子甯駐介

比丘僧延 邑子失法鷄
比丘法夫 邑子朱元和
比丘法愼 邑子□周隨
比丘法門 邑子朱令和
比丘僧貴 邑子朱方貴
比丘法護 邑子朱貴和
比丘法慶 邑子朱願興
□丘法宗 邑子朱景和
比丘法□ 邑子朱慶和
□丘道□ 邑子朱蕫□

□丘法雲　邑子朱歸□

□丘法□　邑子朱醜□

□□法貴　像齋主朱□

□□惠建　都唯那朱□

此碑前人俱未著錄且多別體字如寫彳爲亻亻爲彳舍作洽岡作嶇之屬不可勝舉惟云其訟曰以訟爲頌合六書之義歌訟字从言頌貌字从頁六代猶有知之者今以頌爲訟容爲頌則假音而非本義也中州金石記

右造丈八大像頌文稱大齊天統三年歲在丁亥黃

氏中州金石攷以爲天統五年者誤其訟曰訟即頌字說文訟爭也一曰謌訟徐氏謂古本毛詩雅頌字多作訟史記呂后本紀未敢訟言誅之漢書作誦是訟頌誦三文可互通矣頌本容皃之容音與融近故武梁碑亦書祝融爲祝誦也其書脩作脩像作像師作師捨作捨無作無罔作嶇央作央皆魏齊閒俗字潛研堂金石文跋尾

按此碑今在許州太平寰宇記許州長社縣有高陽里在州城西門內道南其地舊稱西豪里昔高陽氏有才子八人荀公亦有才子八人乃改西豪爲高陽里時同郡人陳寔爲太邱長往詣荀門德星爲之聚因名荀里曰德星鄉今郡城西南故宅是也按西豪里見後漢書荀淑傳淑有子八人並有名稱時人謂之八龍初荀氏舊里名西豪潁陰令渤海苑康以爲昔高陽氏有才子八人今荀氏亦有八子故改其里曰高陽里德星聚事見世說新語陳太邱詣荀朗陵貧儉無僕役乃使元方將車季方持杖後從長文尚小載箸車中既至荀使叔慈應門慈明行酒餘六龍下食文若亦小坐箸郄前于時太史奏眞人東行注引檀道鸞續晉陽

秋曰陳仲弓從諸子姪造荀父子于時德星聚太史奏五百里賢人聚此皆寰宇記之所本也記又稱長葛縣有陳寔冢在縣西三十五里漢太邱長之冢也陳氏家傳云紀諶以下八十六墓三十六碑並在長葛縣陘山之陽又有廟存據此則此碑頌云其靈福處也北連名山太邱之廟南有高岡所謂太邱之廟即陳寔墓上之廟也所謂名山高岡即陘山也此碑舊當屬長葛縣境其長社縣高陽里故宅不云有山有廟知非碑所矣碑陰某師爲一行下二十五行分上下層上層皆比邱名行

各一人下層是邑子唯那像齋主都唯那姓名亦行各一人碑書圖儀作畐檥從役作徔後妄想作忘想皆別字

隴東王感孝頌

碑橫廣九尺四寸連額高六尺八寸共二十五行行十七字隸書篆額在肥城縣孝堂山

惟夫德行之本仁義之基感洞幽明擾馴禽獸清音帶冰而挺潔藻采映雪而添輝根矩定於一丸上吾絕於三失開府儀同三司尚書右僕射尚書左僕射尚書令攝選新除持進使持節齊州刺史隴東王胡

長仁唯黄雅俗雄飛戚里入奪北斗執柄端衡出牧東秦摠條連率未脫崖林之屣聊幍賈琮之襜視聽經過訪詢耆舊郭巨之墓馬驩交阡孝子之堂烏翅銜邑君愛奇好古歷覽徘徊妃息在傍賓僚侍側辟疑秦鏡炳煥存形柱識荆珉宋寥遺字所以斂眉長歎念昝追遠遂若羊公登峴還同處墨飲泉慨賢勝之多燓嗟至德而無紀蘭溪儻不見松穀城何以知石于時開府中兵參軍梁恭之盛工篆隸騎兵參軍申嗣邕微學摛藻並應命旨俱營頌筆以大齊武平元季正月廿二日攡興雕瑩表建庭宇棟刻蒼文擔裁翠柏庶令千葉之下彌振金聲九原之中恒浮玉樹其詞曰

天經地義啟聖通神重華曾閔萊子樂春時多美迹由有芳塵冉漢逸士河内貞人分財雙季獨養童親客舍凶殞兒埋福臻穹隆感興商薄貽珍懸車遽落夜臺弗晨千齡俄古萬杞猶新朱驂紫蓋撫俗調民

高山達節景慕縈嚬式弭不朽永播衣巾

居士慧朗侍從至能艸隸由人稱朗公書者是也　開府行參軍王思尚侍從能文有節操

大唐開元廿三年秋七月旬有五日朝請大夫守濟州别駕上柱國楊傑因公務之□□□□□□八之行莫大於孝孝莫大于愛親則郭公其人也竭力以養歡心而事見分甘以□□□□□□□達天地至德通鬼神埋玉彰必死之期得金表全生之應實可謂人所不能□□□□□□□□□□□重敘斯文顧封

樹以長存挹徽猷而不泯傑聞孝子不匱永錫尒類

其郭公□□□

右北齊隴東王感孝頌隴東王者胡長仁也武平中爲齊州刺史道經平陰有古冢詢訪耆舊以爲郭巨之墓遂命僚佐刻此頌焉按劉向孝子圖云郭巨河內溫人而酈道元注水經云平陰東北巫山之上有石室世謂之孝子堂亦不指言何人之冢不知長仁何所據遂以爲巨墓也按頌有孝子堂之語故知即水經所載也 金石錄

按齊紀天統四年五月以尚書右僕射胡長仁爲左僕射十月以左僕射爲尚書令其除齊州刺史封隴

東王皆不載可以補史之闕當時陸令萱和士開韓長鸞等各引親黨官由賄進超居非次庶姓封王者百數則長仁之封隴東亦當由令萱等所引覬其挾妃息以游覽定非納身軌物者故史臣不爲之立傳歟書撰人不直書姓名而于文中見之有中兵參軍梁恭之盛工篆隸騎兵參軍申嗣邕微學摛藻似爲碑文變式也 金石後錄

右隴東王感孝頌今在泰安府肥城縣孝堂山因孝子堂而名也胡長仁武成皇后之兄齊書北史本傳皆不云爲開府儀同三司者缺文也長仁除齊州刺史史皆不著年月惟北史本傳載天統五年從駕自并還鄴因及和士開之譖及長仁到任謀刺士開土開與祖孝徵議遣使馳驛責長仁賜死事通鑑遂以長仁刺齊州及賜死俱繫之天統五年四月不知其非一時事也今觀此頌立于武平元年四月稱新除特進使持節齊州刺史蓋其時長仁始到任又考隋書五行志武平四年四月隴東王胡長仁謀遣刺客殺和士開事露反爲士開所譖死則長仁之死又在其後四年而通鑑之誤顯然矣長仁以外戚登膴仕驕恣寡謀其人固無足取然猶知孝行之美令賓僚

製文以頌之蓋未忘乎好名也噫秦漢而下躬行而不好名者鮮有其人矣世之不好名者皆專於好利者也二者之好孰優孰劣故吾于長仁此事而節取之焉金石文字記載此碑題曰孝子郭巨墓碑蓋未見篆額而以意名之也 潛研堂金石文跋尾

文稱開府儀同三司尚書右僕射尚書左僕射尚書令攝選新除特進使持節齊州刺史隴東王胡長仁王字漫以意增攷齊書北史外戚傳不言開府儀同三司略之也而齊稱尚書右僕射北稱尚書左僕射僕射之分左右先右而後左碑辭尚夸故重累言之

史但書其一是矣北史專事勦襲而此傳似稍能補本傳所不及加以本官攝選北與碑皆有之而齊獨無并叙事亦比齊多三百餘字是也若齊叙長仁從弟長粲事特詳而北史無之則又北之不及齊也錢跋頗確予爲補之（蛾術編）

右碑詳錢辛楣少詹金石文跋尾申嗣邕撰文粱恭之書隸於文中見之亦變體也碑述郭巨軼事如分財雙季獨養一親客舍凶弭兒埋䥿臻等語皆與搜神記諸書異千百載後賴此一闡明之尤金石文之有關風教者碑末唐開元廿三年楊傑題記四行趙氏金石錄每分見之兹因本屬一碑故附于此（山左金石志）

碑後載唐齊州刺史楊傑重叙斯文今案其文始以齊武平元年正月廿一日雕瑩前稱開府儀同三司尚書右僕射尚書左僕射尚書令攝選新除特進使持節齊州刺史隴東王下一字缺其左旁惟右一月字顯當是其名而北齊書有隴西無隴東王竟莫詳爲何人也碑中凡王者皆鑿毁亦在金海陵時　金石文字記作孝子郭巨碑引碑文嗣邕撰恭之書武平元年正月並與今碑合但此係唐人重叙刻者而

顧氏以爲齊又云正書與余所見八分書亦懸殊或顧氏所收爲北齊原碑與（授堂金石跋）

按北齊書後主本紀天統四年五月癸卯以尚書右僕射胡長仁爲左僕射中書監和士開爲右僕射冬十月辛巳左僕射胡長仁爲尚書令右僕射和士開爲左僕射此碑立於武平元年則長仁方以尚書令出守齊州而繫銜猶兼左右僕射者殆當時書銜之制雖去其職而猶備繫之歟胡長仁北齊書列外戚傳其赴官齊州時宜乎妃息侍行道經孝子之堂因感而作頌非無故游覽者比金石後錄所云蓋未審也又云開府中兵參軍粱恭之盛工篆隸騎兵參軍申嗣邕微學摛藻並應命旨俱營頌筆是文須爲申嗣邕所撰書碑篆額者爲粱恭之文稱粱恭之則譽其盛工篆隸而自述其撰文則云微學摛藻蓋謙詞也後一行云居士慧朗侍從至能草隸世人稱朗公書者是也又云開府行參軍王思尚侍從能文有節操下已殘缺不知此語何所謂也此一行亦隸書字體較小筆法亦別當另是一人所書末有開元廿三年楊傑跋亦隸書四行每行下石缺一角自右斜向左每

行鈌八字玩其重叙斯文一語似因舊碑湮没傷
傑爲之重刻者郭巨事惟見干寶搜神記但云郭
巨于野鑿地欲埋兒得石蓋下有黄金一釜中有
丹書曰孝子郭巨黄金一釜以用賜汝於郭巨事
蹟未詳也此碑則云前漢逆上是漢時人也河内
貞人是家於河内也分財雙季是尚有兩昆季而
以家貲分與之也獨養壹親是所奉者一親也客
舍因舛是其適遇凶事於客舍也當時撰碑必有
故籍流傳年久佚之得此可畧見郭孝子之軼事
肥城縣志則云漢郭巨孝德鄉人家貧養母妻生

一子三歲母常減食之巨謂妻曰貧不能供親共
汝埋子子可再有母不可再得妻不逆遂掘坑三
尺餘忽見黄金一釜上云天賜孝子郭巨官不得
奪民不得取與搜神記不同不知志何所本也楊
傑題碑云埋玉彰必死之期得金表全生之德即
指埋兒事縣志蓋本此而演其説與

董洪達造像銘

石高二尺七寸廣二尺六寸作四截最上二十五行行十二字下三截二十七行行五字至九字不等正書在少林寺

勸化主馮暉賓

大齊武平元年歲次庚寅正月乙酉朔廿六日
蓋諸佛智槩本自無涯既與法界淨寬復共虛空競邃
如崖尊重臥遲而希駁藥王思栔上天而雨花蒼彼前
縱更開後轍是以都邑主董洪達其人邑謂暎望遐聞
聲欝畝尔志超雲外深識無邊射同撥沫豈齊風露遂
率邑徒世人等乃訪瀲田美玉琨環京珎敬寫靈儀用
深表代匠思辥端朝研殊姿畫採金糚玉鏤周畢衆事
明麗㝷形匝遍拔若天上降來後□地中湧出其處□
俳佪□□□□左依山源南闕大路西眄京都□乃隹
非舍利神□□□□是□□希龕爲地自非□見大士

十力□雄安能逮斯功業者哉　仰資帝祚永隆存没
父母因緣眷屬普蒙斯善其辭曰
漾漾法水眇眇零渫悲流死外化被微塵三界有潤史
宅無辛杳杳真容非人弗顯音樂凝悲非福不遣刊石
記功从照諸善

邑師比丘□敬造像　　養主張黄頭

以上第一列

□化主馮黄頭　　北面像主比丘尼曇仙
北面像主比丘尼曇信　　北面像主比丘尼曇雕
一北面像主比丘尼忠暎　　北面像主比丘尼靜輝

北面像主比丘尼曇憐　北面像主比丘尼曇容
北面像主比丘尼曇財以下空十四行　邑先首舍王
都開光明主董令和　都開光明主董始顆
都開光明主王思和　都開光明主馬遵
以上第二列
大都邑主董洪達　都維那馬黄頭
都維那石伏奴　都維那范慶和
都維那馮暉賓　忠正董始隆
忠正董祖鸞　維那袁懷
維那周仲　龕主董僧隱

龕主馬黄頭　龕主黄始隆
龕主董聲開　龕主石伏奴
龕主張方顆　龕主□士歡
邑子□伏□　□□□□□
邑子石伏奴　邑子董盆
邑子趙居羅　邑子吳法先
邑子董景延　邑子王洛仁
邑子董波雲　邑子董子洪
邑子董僧奇
以上第三列

龕主龍茂騎　龕主趙俱羅
龕主張甫子　龕主張伏顆
龕主馮子湛以下空十二行　邑子□景□
邑子涉令賓　邑子孫頭仁
邑子宋子仙　邑子董道達
邑子趙元祉　邑子許元纂
龕主袁懷業　龕主杜子喬
龕主石敬静
以上第四列
右董洪達造像記首題大齊武平元年歲次庚寅正

月乙酉朔廿六日顧寧人題爲少林寺碑者即此刻也中州金石記以爲武平九年者誤武平紀元止於七年不當有九年且亦非庚寅歲也此碑别體字甚多如齋作齋老作老作兇率作率徒作徙次作次彼作彼後作後標作標體作躰渠作㮤布作布眇作眇微作微天作兲火作火苦作苦顯作顯曇作曇業作業邇作邇尔藍田作盪田之類又間有篆體如日爲⊙月爲月頗合於古其餘不盡尔也碑後列龕主邑主諸人名黄頭者二曰張黄頭曰馬黄頭潛研堂金石文跋尾

碑文與字體頗劣寫月爲月日爲⊙可爲叵奇爲崎

猶帶篆勢餘亦多有別字按李仲琁碑隋陳思王廟碑亦篆隸相襍六代人往往如此無足怪者今世朱學士欽書翰古雅實有所據俗多譏之另乃不多見古碑碣歟予嘗見隋以前碑多帶篆隸而宋人傳摹諸帖悉魏晉六代人書並無古體大率唐人臨本依古人署名于後耳中州金石記

按碑多別字頗不見於他碑今以文義求之諸佛習棄本自無崔棄郎海字崔似郎崖字借為涯暮攸前縱當是慕歧前蹤借暮為慕借縱為蹤歧與企同暵望遠聞暵即嘆字射同聚沫射即躲字體

之俗書玉鏤周巢畢印畢字以照諸善借照為昭潛研跋謂夭作死吉作苦細玩之惠流死外當是死外非夭外也苦樂憂悲當是苦樂非吉樂也二層以下列諸人姓名可見者五十六人與文中四十四人之數不合姓名中馮暉賓兩見列于前者曰勸化主列于後者曰都維那董洪達兩見列于文內者曰都邑主列于後者曰都維那馬黃頭三見一見第二層曰□化主一見第三層之前曰都維那一見第三層之後曰齋主石伏奴三見一曰都維那一曰齋主一曰邑子姓名中前列八尼皆稱比丘像主餘則都維那忠正邑子皆習見而有所謂邑老資合若都開光明主者斯見也

映佛巖摩崖

摩崖橫廣一丈四尺高六尺又橫廣四尺四寸字徑六寸行七字得十四行又一行七字又一行才一字又一行四字一行五字一行二字一行四字又三行一行三字兩行四字並正書在泰安縣徂來山映佛巖

文殊師利白佛言世尊何故名般若波羅蜜佛言般若波羅蜜無邊無際無名無相非思量無歸依無洲渚無犯無福無晦無明如法界無古今□亦無限數□名般若波羅蜜亦名菩薩摩訶薩行□□行非□□定□入

專□□□□何故故□□□相□

般若波羅蜜經主

冠軍將軍梁父縣令王子椿

武平元年

僧齊大衆造

普懷

維那慧遊

彌勒佛

阿彌陀佛

觀世音佛

大空王佛

中正胡賓

武平元年

葢山東南三里映佛巖上刻隸書般若波羅蜜經冠軍將軍梁父縣令王子椿十七字後有四字類押狀不可識字徑一尺及七寸不等葢因石爲之（泰山道里記）

按映佛巖磨崖凡三段第一段文殊師利白佛言云云十四行九十八字前半段與鄒縣尖山所刻相同此段增多六十五字泐者十六字可識者較聶氏道里記多十餘字般若波羅蜜五字一行字

徑尺許下經主二字較小注于左冠軍將軍一行子椿二字注子王字之下似即經主姓名梁父縣本漢置屬泰山郡北齊時改泰山郡爲東平郡縣仍屬焉時王子椿爲此縣令也武平元年四字一行特大僧齊大衆造五字一行略小低兩字次于武平元年之左僧齊當作僧齋字又其左爲維那慧遊四字此即道里記所謂類押狀不可識者今諦視得之武平元年之右有普晉二字晉字左旁泐不可曉道里記以爲情字其文殊師利云云之東面有彌勒佛等六行彌勒佛之佛字右一豎直下至二尺許觀世音佛者是觀世音從師授記之名學佛者所宜知也此三段並在徂徠山大悲庵東南二里映佛巖下白石如屏石面寬不大字深刻泐者無幾黃司馬易親至其處言之甚詳

邑師道略等造神尊碑像記

（石横廣四尺一寸八分高二尺一寸五分廿九行行廿一字正書）

自夢彰東穢金人感帝像法肇興鳩摩啓晤方知城芥易窮五衣時衽雲雷屢馳石光何速若夫智出非恒道光大地德被天中威羅世界莫不發迹紫宮□軀兜率越度生死之河飛悲沸流之海而四生彫雜八苦紛綸

壽等芭蕉業同泡沫然大醫降澤顯跡迦夷應權雙樹見從忍土布慈雲於無邊注法雨於六道懸明鏡於重幽炳金燈於長夜然則神珠照灼暎寶塔於空中甘露禎祥潤枯萌於世上若乃入隨慾海不識沈厄之苦長處火内詎愁燒燎之痛究是以邑師比丘僧道略體自六道獨悛二覺雄才勇志揔判三乘澄悴皎淨與琉璃合潔素質鏗鏘與隨珠角燿故知二鼠之彩不停四蛇之毒長在遂能共邑義三百餘人等託志菩提建崇靈頗石出藍田求工班爾敬造神碑一所尊像八堪龍蝸鉅鏤若雲山之烈彩麗拔妙形似七寶之莊嚴而改天

動地之奇窮神盡聖之巧閻浮娑婆之珍衆生大慈之
業然則地兼爽塏比竹林而並麗寺帶良田匹鹿苑而
不殊花菓蘂鬱桂蘭綺合靈芝勺藥布護墻廷房廡周
通斜□□出掎拥髀璫浮棨止雪蓮錢遶漲井璟水類
清泉□樓交葛篁鐸参差羽翮翳林飡聽妙響鸞鶩雙
樹歡好眞音至於青風明扇鍾聲相和莫覺擅指合掌
南无遊歷四禪之境觀入三脫之中內安万練之僧招
精進之士銀爐鼓炎百和騰烟錫響讚聲定崩煩惱有
性厥靈永登寶地凡命含品普昇淨土籍斯功德遍治
塵劫芳譎時歌銘歌何窮其詞曰

靈沖眇邈正教微歸三明自達六識雲飛浮虛兜極飈
影葉微懸空遊息三界住佪地居勝土寺遶花蓮周迴
風觀遍帶流淵上干浮漢下際幽泉方須玉櫂事籍金
艭躡茲洪福爲裝舟檝發心何遠彼岸猶長天人覺悟
超援太康所願閻浮同登淨鄉

大齊武平二年歲次辛卯九月十五日建

按文云敬造神碑一所尊像八堪則仍是造像而別立碑以記之者之曰神碑槪見於此碑書芍藥作勺藥唐韻集韻勺可音芍但義不同耳又書淸風作靑風靑借用也又爲疑同嚶鶼煩惱疑即煩惱覺愆當即覺悟別體字末行歲作崴尤無義理

馮翊王平等寺碑

碑高九尺一寸五分廣四尺七寸二十八行行五十三字正書在偃師縣西義井鋪北

□□□□□□□□□□□寀□□碑
益□功惟闕下道書□□在自□成□□□闕勞山大則
照神光於大千微塵總有億於微小乘權授手津彼岸
沙有感斯應闕下遶□□於西林□致□於東夏眞□□
廣靈□再興不有達人孰能斯道是若拔山移海屯方
復夏興周闕下之闕下侶或負氣□門□龍累有或神化濟
泊百祀□盧莫不委骨高於山岳屍凝多於河海其轉

輪超走若同歸□月闕下彼岸平等寺闕下求平中造定光
銅像一區高二丈八尺永熙年命於在功爲在寺外未
得移闕下大闕下大殿正居闕下及闕下邑爲豺狼中窟皇居成
戰闘之場四海分崩八室淪含人物將盡盛闕下神□皇
帝龍闕下先天奉時觀□□休於是庶覲豹變應揚鵲起
輔西北之戲天維東南之缺地大拯蒼生康滋頹□嘯
頤西割闕下帝城闕下烽□殘旬機衡□徇疵使從七政難
齊衣冠錯亂將令五禮僭制謀選協於卿士卜從吉洪
舊邑上天翹從大同□□　　皇輿□□□□□移輦
洛遂空城寺□毀鋼驢之術無復迹遍金馬之門寶闕

待詔荒涼宮室禾黍生悲寂寞池臺丘墟流歎□□祖
以王業草創□□□□志去門泥觀兵故洛見偽瓌奇
神徵慶感莊嚴具足相好如貢若出嶮山猶居祇樹時
流運謝隱晦□紀遂□月□□淨□花淨□青蓮未遷
福地達人斅道觸物兼懷發菩提覺也希無上正果躬
親致祇還偽入寺登給羽林長□守□武定末　世宗
文襄皇帝□□□□□河洛壓攙周京覩佛儀相在未
嘗有身色光明實所希妙崇申祇敬虜施軍資增給兵
力因□□□□□代縣改□□非固□石□□□□廬易
毀層甍傾□結搆崩頹殿擬上於雕梁青苔長於藻井

遊盛樹羆等形住於慧禪草莽生壤□神留於智崇行
□□□□□□□枯□□之內菊爲茂草太宰河間道大
行臺錄尚書事馮翊王高潤郎　神武皇帝之稚子
文襄　章烈　□　昭武成四□□金□□之懿□粟
精瑤室分蔓瑤林殷氣所膺誕茲英哲可謂岷山之上
美玉挺生瀛海之中明珠間出迥□□□自闕下數仞崖
岸平□□□非梁燕之儔冒學豈侔平中苗既能調道
四氣宣導三光鼎餘由其致和禮教因之敬治飛□□
問忠□樹聲致福闕下土子受脤而靜關河德若膏蘸恩
同雲雨出軍命將必稟筭已折衝掠地層城會懿謀於

帷幄工既通□□二洞□三□□飾詭闕下不究竟護浮
□於苦海械寶□於金河自推發專行□戎奉律治兵
餘暇降志變道鴻鑾展禮整旣騑服俄見縲雉飛子梁
□文雉起子□中歎淨宮之彫毀嗟伽藍之落構永言
舊事追用徐復割捨俸於布金寶材磬於文梓匠人畢
五飛之妙畫繪極□土之奇崢闕下虬乳乳於鯨棟扶鳳藻
於虹梁類鏤關之銀榜等蓬萊之玉闕天衣容裔處三
銖之重偽色□□□十力之闕下始可言矣寺則負彼崇
邙面□清洛右依城雉左帶洪陂嵩岳擁其前黃河行
其後跪闕下與賢□勝地真粵福出於是若行異人慈也

高德皆通九部成曉二禪乃振錫來儀闕下成田高山虧
而□□□豈碑宜勒銘柱須樹嶽猷盛事無殞長葉其
詞云
闕同歸大師□□空播音徽其一彼岸須登寶舟宜運劫
石期盡肌腐何悠聖帝英王闕下其二闕上是屬貞明瓊宮□
氣琛室和精氛氳降祉生此人英其三慧劍旣佩誠珠是
闕下興干雲臨旭其四雕梁□柱□壁丹楹朱華玉砌青瑣
金鋪風鳴韻鐸日燦和珠高山仰□□□□□其五闕上城
隩潤挹堤是攜□□□□三乘七覺衢導俠問其六山虧
一區海淵三田殺墟關寂周室闕下其七

大齊武平三季□□壬辰八月十五日刊

碑稱高潤神武皇帝之稚子按北齊書列傳云馮翊王潤字子澤神武第十四子也鄭樵金石略有北齊馮翊王平等寺碑云武平二年在洛陽知即此碑今多磨滅又無年月矣金石錄載其文云寺魏廣平王懷所立永平中造定光銅像在寺外齊高祖始遷像入寺潤又增修殿宇爲洛陽伽藍記云平等寺廣平武穆捨宅所立在青陽門外二里御道北所謂孝敬里也堂宇宏美林木蕭森平臺複道獨顯當世寺門外金像一軀高二丈八尺相好端嚴常有神驗國之吉凶先炳祥異孝昌三年十二月中此像面有悲容兩目垂淚遍體皆濕時人號曰佛汗京師士女空市里往而觀之有比丘以淨綿拭其淚須臾之間綿濕都盡更以他綿換俄然復濕如此三日乃止明年四月爾朱榮入洛陽誅戮百官死亡塗地即此寺也中州金石記

億案碑題額經雨溜浸沒猝不可辨今依金石錄推校知爲北齊馮翊王平等寺碑也北史馮翊王潤歷司徒太尉大司馬司州牧河南道行臺錄尚書事別封文成郡公太師太宰而碑云捐貲崇飾象者太宰河陽道大行臺錄尚書事馮翊王高潤即神武皇帝之稚子皆與史合但河南道宜從碑作河陽道此自史文偶踈耳碑近漫漶獨此幸可識書雜篆隸有古韻非俗手爲之故益可貴也偃師金石遺文記

按此碑文約一千五百餘字今可識者千餘字蓋缺其三之一也文有永平中造定光銅像一區云云蓋造像在永平中係北魏宣武帝時塗金在永熙年亦北魏孝武時事遷像入寺在北齊神武時神武即高歡初謚獻武天統元年改謚神武今碑神下缺一字乃武字也是時神武正仕東魏議請

遷鄴乃孝靜天平元年事世宗文襄皇帝即高澄神武長子神武十五男長文襄皇帝次文宣皇帝洋次孝昭皇帝演次襄城景王淯次武成皇帝湛次博陵文簡王濟次永安簡平王浚次平陽靖翼王淹次彭城景思王浟次華山王凝次上黨剛肅王渙次任城王湝次高陽康穆王湜次即馮翊王潤次漢陽敬懷王洽潤字子澤武成時爲尚書令領太子少師歷司徒太尉大司馬司州牧太保河南道行臺領錄尚書別封文成郡公太師太宰復爲定州刺史薨碑稱太宰河陽道大行臺錄尚書

事馮翊王皆未爲定州刺史以前之官河陽道史作河南或當時先置行臺於河南後改置于河陽史尚存舊文也潤之修寺立碑在武平三年歲次壬辰金石畧作二年者傳刻誤也其時距造象之歲六十餘年距金塗象之歲亦五十餘年距遷象入寺幾四十年宜乎寺之頽廢已甚矣太平寰宇記洛陽縣北邙山在縣北二里洛水在縣西南三里碑所謂負彼崇邙面□清洛者是也洛水瀰漫東流宇文愷築斜堤束令東北流堰九折形如偃月謂之月陂碑稱左帶洪陂者指此碑又云銅駞

之術無復連鑣金馬之門寧聞待詔寰宇記載銅駞街陸機洛陽記云漢銅駞二枚在宮之南四會道夾路相對俗語云金馬門外聚羣賢銅駞陌上集少年言人物之盛也洛陽記又云後魏孝文帝幸洛陽巡故宮遂詠黍離之詩羣臣侍從無不感愴碑文語似本此惟碑云苦行異人慧心高德皆通九部咸曉二禪振錫來儀云云必是指當時修寺之寺主而名不可攷矣銘詞分其一其二以例推之當有其八而今其七尚不完也碑書八宏借宏爲紘侖禠當即淪禠謂淪革也詹甍當是簷甍之異文駁𤅎當是駁辟之借字遊𪋿積座𪋿當是塵字說文𪋿鹿行揚土也直珍切此蓋省土爲𪋿耳菊爲茂草菊即鞠字窮材磬于文梓磬即罄字匠人單五都之妙單即殫字貢粤福田粤即曰字山虧一匱匱即簣字皆通用之義

邑義主一百人等造靈塔記

石後面殘缺高二尺六寸五分行數無考每行十五字正書在兗州府

蓋至道凝凝幽宗理窮三塗無樂欲來㞐難避浪積骨成山証照刹郍之性血溢四河寧窮沖甚之域然今邑義主　　一百人等置宅柢園栖神文圃俱明吉典

常循政法承天之意珍遠去人之情久達身懷智慧之炬體納无盡之燈常飲濼流洒除心垢故知四大虛假五捴難親割捨俗財寄不牘出室築茲勝地造靈塔一區摸育王之真軌放舍利之影跡巍巍勢巧類越於雀嶉嶉陵霄峨高於兜率𩃬像儀儀澄度於恒沙相好魏

六㠯斯上善下闕

大齊武平三年歲次壬辰錢十二月十六日訖功

石刻首題年月一行文十二行義主下空三字乃造塔者姓名尚未補刻也碑中不牘即不犢魏魏即巍巍然作然弥作弥巧作巧類作類宵作霄皆變體雀

下一字半泐玩文義當是雝字雀雝與雀羅同言塔之巧穎過於雀羅之細密也山左金石記

趙桃口妻造像記

記高一尺八寸廣四寸五分四行行十九字正書

武平三年十二月十八日戎昭將軍伊陽城騎兵叅軍趙桃口妻劉知善可柰知惡可捨上爲皇帝陛下見存眷屬亡過父母敬造石像乀堪願亡者揔果存者迺還有形之類咸同斯福

按趙桃口官戎昭將軍伊陽城騎兵叅軍伊陽郡屬北荊州東魏武定二年置齊時當仍之也戎昭

將軍見隋書百官志後齊之制自一品以下從九品以上與驃騎等同用以褒賞勳庸戎昭爲第七品碑書一堪作乀堪與他碑別

金石萃編卷三十四終

金石萃編卷三十五

賜進士出身誥授光祿大夫刑部右侍郎加七級王昶譔

北齊三

臨淮王像碑

碑高一丈三尺七寸廣五尺八寸二十九行行五十八字隸書額題司空公青州刺史臨淮王像碑十二字篆書黑字三行每字界方格在青州府城西北文昌祠

大齊武平四年歲次癸巳六月乙未朔廿七日辛酉建

竊以万川朝海大海終自爲陵五雲出山名山久而爲礪謂天謂地恚有時而崩毀

曰乎月乎並無救於盈缺縱陰陽莫測夷夏難從奮六□□□□□九異而高視安知衆苦鱗萃五衰波屬僬與豪風競馳俄將葉露俱盡假令餌瓊髓飛王觴燭日月馳風雨車騎如雷乘空牽延年之第旌旗遏景浮虛造子登之岳陸生仙賦僅舉一陽張子真篇唯明片分皆亦馳於發興之術環於起滅之途伴薜華之驟殞逼藤根之易絕茲焉以外衆生何限墨塌塵盡所未能量並驚踰□□□過累卵電謝忿遽

泡塹儵忽然則莫知其去罕見其來突風
掃而更安毒火焚而弗燗者而不具八解
脫備六神通欝万善而秩蘇超百非而迴
越□□堪□於此也若夫前聖後聖天之
又天八恒之大醫王十方之大仙主或與
定光同字數極五千或共弗沙等名竿盈
三億雖應現乖別王領處乖而妙力神光
規重短疊並慈雲廣庇善雨周覃晈智日
於重昏燃慧燈於積暗悲河鼓浪六度之
船併浮熾宅揚煙三乘之轍俱轉威靈之

大未易等級變化之奇寔難思議層山納
於芥子仍自歛本巨海入於毛孔無妨浩
淼伏闍世之狂鳥弭迦葉之毒龍波旬覩
而喪魂梵志望而辟魄識最尊最勝莫高
於法王但非滅示滅還共於慈父於是鄭
巖徒朗值木終難靈瞻白鵠之林誰逢青
雀之樹詠令水言功德永遺波濤山名智
慧遂潛峯學其能闡清化於將淪振勅諱風
於呂隧千二丁一有非我而誰使持節都督
青州諸軍事驃騎大將軍青州刺史司空

公寧都縣開國公高城縣開國公昌國侯
臨淮王婁公孕彩中岳摛精大水龍章外
動豹氣傍飛妙質則囧若珠明瓌姿則朗
猶王瑩負將相之奇器懷社稷之高節經
文大德紛綸而備九佩武殊功雜踏而兼
七拂羽則摶風歷漢抗足則超塵絕影知
管樂之為小識元愷之非大鼓盪於天地
之開踈散於雲霞之表排　帝門而譖昔
沐　皇慈呂灌鱗裂壤分珪旦夕兼委儀
台服褒造次呂之始暎金蟬鄙丁劉於漢

日暫栖鶴沼蔑陳張於晉京履每曳於南
宮職頻關於北斗迄文昌而鳳跱入鈎陳
而虎盼穆陵而北負海而西分廛虛危音
中角羽連衽與密雲爭暗旨酒共澠流競
深其鳩曾樂於茲所尚文經封於此域孔
融之見圍也史慈冒難於都昌袁譚之被
攻焉王脩赴禍於高密償丹山而峭立迴
紫城而欝連敗燕之勢未淪巨漢之容尚
在是為名岳實冠諸蕃秉刺於茲義歸親
重故能整旗蓋而辟閭節笳鐃而下營

丘惟始闢而鄉移冕纏彰而俗變三春未
動別鼓春飈九冬不作自懸冬景齊之以
禮導之以德寬大居先威嚴次後哀恤孤
寡誅鋤豪黠傜役既擯對軌斯逃持廉作
寶目弗視於金王匪財而富身誼染於脂
膏遂令馴雀集苑灾蝗避域孝子与順孫
蘩秀節妻共義士相望凡如此流抑亦衆
綶不能備序敢復略言假細侯之行美稷
孟堅之案文阯子虞稱最於區中梁道作
法於寰內持來況我無不退飛魚憤然興
嘆頹半公之陟峴喟然畬感切孔父之臨
川悲此有之難拘慨茲生之易滅常住之
因遂植弥陁之顏仍起故海佑之閒凡諸
福地內不傾蓄態展懸誠於是民吏承規
事難捨而能捨發褰蒙化業難行而遂行
何異草逐風佀水從器變僧寶因而再盛
佛曰由其更懸南陽寺者乃正東之甲寺
也既左通闌闠亦右弄澗谷前望嵩磐却
隣泚瀾層高邁於湯塔秋宇齊於化宮是
使須達表其經啓延壽韜其賦頌感致之

極真與爭先果啓輪與頻脩禮謁香甫燃
而務作花光飛而霰下遂於此所爰營佛
事制无量壽像一區高三丈九尺并造觀
世音勢至二大士而俠侍焉庶國道與華
胄競高　帝業共虛空比壯含靈賦命盡
□優花乃具以三心成之百寶白銀之麗
咸寫紫金之妙畢圖豪如五嶺之旋即之
便覩目似四溟之潔驗之猶在毗楞寶冠
帶左而馳耀鉢摩□□據右而飛光望舒
之迴處星中須弥之孤暎海外僅堪方此

何以尚茲時長史解材寶司馬李元驤別
駕宇文幼鸞治中崔文惠及諸僚佐等並
滄□下莚贊成高義狀鱗波之遍得劇風
毛之且舉恐炎涼遞從纖竹難存便勒美
於貞石庶永永於乾川迺作銘曰
駛河難測暗海无邊津梁莫□燈燭誰□
愈愈不住苦苦相沿生猶電轉滅甚雲旋
昔往今來靈仙非一騎龍駕鳳排霄聲日
朝登王樓夜遊瓊室終歸聚散安知假實
常住無我寄在天□業苞真俗事斷名言

惣峯爵擶慧浦踈源祂儀或掩像法弥敦
亦有人英翹然孤上似竹千仞如松百丈
帶鉉之蕃仁深譽仰一方餘益千城注想
覺花常吐慜葉恒春誓將調御寧求轉輪
爰脩佛寶於此東秦項光仍射眉相還陳
雙樹結影三蓮接耀五道光含十方輝眺
果名奇特是稱衆妙樂地在兹焉須遠名
福之所暨寧專爲我俾斯含識俱圓妙果
行值嵐風方逢刼火空餘勝績無騫無墮

元于欽齊乘云龍興寺在益都府城西北隅修身坊

宋碑云寺郎田文宅本唐封演見聞記云青州南城
佛寺舊孟嘗君宅有二大鑊造食供客考圖志實非
孟嘗乃南史劉善明宅耳碑陰金人刻曰宋元嘉二
年但呼佛堂北齊武平四年賜額南陽寺隋開皇元
年改曰長樂又曰道藏則天天授二年改大雲元宗
開元十八年始號龍興南史劉善明仕宋爲北海太
守元嘉中青州饑善明有積粟作粥開倉賑救鄉里
號善明亦事佛故宋呼佛堂後因捨爲寺且青州城
晉羊穆之始築戰國末有城田文何故宅于曠野乎
寺有北齊八分碑洞刻精妙碑陰大刻四字曰龍興
之寺蓋唐人續刻于欽所謂碑陰龍興之寺四大字
予亦有之蛾術編

臨淮王像碑在青州府城西北文昌閣臥置地下中
已斷裂予與楊書巖段赤亭方議募金重爲立石之
舉會予罷官以去事不果矣碑首行題大齊武平四
年歲次癸巳六月乙未朔二十七日辛酉建與他碑
書年月在後者異文內稱使持節都督青州諸軍事
驃騎大將軍青州刺史司空公寧都縣開國公高城
縣開國公昌國侯臨淮王者婁昭次子定遠也北齊
書北史並有傳惟載別封臨淮郡王位司空尋除瀛

州刺史失錄爲青州又爵列公侯史亦略之定遠力
營佛事而反貪賂以成趙郡之禍無怪其禍亦旋至
也佛不庇姦頑如是奈何人弗省哉授堂金石跋

右碑已斷裂元得舊拓本闕字無幾碑陰有唐人題
龍興之寺四字傳爲李北海書金人摹刻此碑隸法
嚴整有魏晉風格段赤亭益都金石記云按于欽齊
乘曰龍興寺在府城西北隅脩身坊所言府城似指
今城且文內稱前望嵓磐御隣淄沵是北齊賜額南
陽寺原在今西門內澗米澗西而碑建於其中也碑
不知何時裂斷上截以鐵束之李南澗文藻謂寺廢

後明商河王韓置城北彌勒寺復久就圮乾隆四十七年秋大風雨所束鐵脫上截岌岌欲傾乃移於滾水橋文昌祠內欲傾者已縋裂作七八段矣惜無好事者創義復建之恐此斷石不能常保也爽鳩見左氏傳未聞有讀其久者此乃字訛耳率字韻會謂古文率字按說文率作率捕鳥畢也象絲罔上下其竿柄也今內從言安得謂之古文宍髻之宍金石文字記曰廣韻肉俗作宍越絕書飛土逐宍正作宍乃俗書也銘曰之鉉據文義當作銘臨淮王者婁定遠附見其父婁昭傳但云瀛州刺史不及青州而和士開

傳定遠與趙郡王叡謀出士開爲兖州刺史未行士開納賂定遠得留復出定遠爲青州刺史責叡以不臣之罪而殺之定遠歸士開所遺加以餘珍賂之乃免元又按姧軌斯逃姧軌即姦宄尚書寇賊姦宄周禮司刑正義引作姦軌絫字與說文同今皆作夥俠侍之俠與夾挾同義公羊傳注滕薛俠轂士喪禮婦人俠床東西前漢書叔孫通傳殿下郎中俠陛季布傳任俠有名師古曰以權力俠輔人也碑蓋本此妙質則冏若明珠冏明兒也說文云冏窗牖麗廔闓明象形讀若獷賈侍中說讀與明同玉作王與篆文合

至罽作罽遼作遼藤作藤扶疏作扶疏算作筭袞作袞聰作悤皆俗體也項光疑是項光之誤鉉曰之鉉拓本已泐山左金石志

按碑文一千六百餘字闕者不及十餘字益都段松苓赤亭家藏明搨本多可補者奮六下闕字是響而遠馳翟五字驚蹌下闕一字是接字尚存右旁妾字下闕一字下又闕一字是危字迴越下闕字是亦何二字下文堪下闕一字是至字優花上闕一字是値字鉢摩下闕二字是宍髻二字銘詞燈燭上闕一字是起字下文誰下闕一字是燃字

業芭上闕一字是尊字尚存下半可辨惟字下闕一字及竝倉下闕一字雖明搨亦不能辨矣其帝門皇慈帝業三處碑本空一格非闕也青州爲齊地在少皞時爲爽鳩氏之國周初爲太公始封碑故云爽鳩會樂於兹所尚父經封於此域北朝書碑任意增減點畫其爽字形相近以其爲爽無可疑者齊乘載此寺武平四年賜額南陽此碑立于武平四年殆亦因臨淮王造像而賜額也寺中制無量壽佛像至三丈九尺之高宜其摛詞掞藻立石以紀其美也碑書扶疏作扶蔬已見李仲琁碑

其云妙質則囫字正與張猛龍之字神囫同恐亦古文囫字也儀台服袞袞作褎與才遵禪覔字作菀同玉旨作王字而王領處乖句思之總未得其解惚峯之惚疑聰字之異文聰峯正與慧浦對也項光作項光其義固顯然佛像圓光自項而周於頂則仍作項光似亦可通是碑昶於乾隆庚子三月奉　命至青州讞事借未能親至寺中摩挲詳閱耳

殘造塔銘

石殘闕横廣二尺六寸高一尺五分十八行行十二字正書今在汜水縣等慈寺後殿窗壁下

大齊武平五季歲次甲午十月闕菁法幢逈出從俗四生之外幽闕地尚是不關過夫何所遊矚夫闕□□□□□□□□□□□□合闕号善嗟五濁之長醜覺四虵之闕已所愛乜珎捨茲如法之寶在闕成窮奇已現若使當來慈氏龕闕好畫出滿月之容圖寫瑠璃之闕語拔現世□生存然則六龍交闕裏飛烟石掛明月之光鎚負賜闕使青王靈塔校以精奇天竺雀闕地也北枕黃河搖横天之際南闕乇蓮之所遊士息駕之場莫不闕□向恐時淹歲稔□隔無聞俗闕□□群生而慕德

其詞曰

貟闕□□言地久莫道天長雖居諸邑闕□三願治此塵沙寺居衝要塔闕□□火何燒

碑陰邑子劉塩女閻迎男李李阿怳綦惡女无丘貴姜婁金玉馬雙好高貴姬婁恭叔朱嵩高僧相无丘雙姜此碑文頗繁而殘闕不可讀者居多又以昌爲闘其碑陰皆男也而有似乎婦人其舛謬如此（鐵衛編）

碑止存上截姓名無考（中州金石記）

碑殘其下截而字特完整其可讀成句者如寺居衝要云云必亦當時爲浮圖記者也别體字容作㝐寺作寺又嗟五濁之長醜醜竟不可曉爲何字疑當作

醜武平五年齊于是時未失虎牢故記仍用齊年號（授堂金石跋）

按碑中別體不獨醜字難曉也即當來慈氏龕之龕字亦不可識以臆度之當是龕字而加土也青王靈塔校以精奇二語顯係碑爲造塔而作下文天竺雀下闕字當即義主一百人等造靈塔記所載雀離亦即浮圖之義碑又云北枕黃河極横天之際此碑在汜水水經注河水東北出定陶縣北屈左合汜水是汜水之境在河之南也下云□□屯蓮之所遊士息駕之場蓋地當孔道車馬人物

咯繹輻輳故下又云寺俱衙要也惜語多殘闕文
義不能通曉耳据峨術編則此碑尚有碑陰搨者
失之

道興造像記

碣高二尺五寸廣一尺二寸十二行行十七字正書在洛陽西南伊闕山

都邑師道興造石像記并治疾方
夫金軀西奄儀像東流□相□□□□□□自非傾珎
建像焉可熾彼遺光若不勤撤藥樹無以療玆聾瞽然
今都邑師道興乃抽鑄少捻早託緇門八相俱闡五家
具曉爰有合邑人等竝是齊國芳蘭鄉中崐璧同莽孔
懷和如骨血人抽妙□敬造釋迦石像一軀并二菩薩
□佾侍立事虧雜名大花雜狀諒形叵遍欲使崇眞之
士拈瞻歸依慕法之徒從玆悟解以此微誠資益邑人
師僧父母七世師眷現存獲福 皇祚永延含生普潤
共越死河同昇彼岸 文
大齊武平六年歲次乙未六月甲申日功訖
療上氣咳嗽腹□鼽腫□椒葉三升水三升煮廿沸
去滓煎□丸如小棗以竹筒內下部立愈下闕白皮
細切三升□□半升吳茱萸半升酒五升合煮三沸
去滓分再服氣下腫消千金祕方又方積下闕氣者杏

人口升熬去皮末之棗膏豉等分合搗如彈丸綿裹常
含咽汁差爲度又灸法從項大椎下至第五節上穴間隨年壯
療心痛方生油半合溫服又方當歸末方寸匕和
酒服又冷心痛吳茱萸一升桂心三兩當歸三兩搗末蜜和
丸如梧子酒服三丸日再漸加卅丸以知爲度又方
丁香七枚頭髮灰一棗大竝末和酒服又蛔心痛取
蜘蛛糞燒令赤□末之酒服又方取綠湯一升服竝
驗又灸法從項推骨數下至第七節上灸卅壯又灸
心下一寸二七壯 療消渴方頓服烏麻油一升神驗古
屋上瓦打碎一斗五升水三斗煮四五沸服又方黃
芪根黃連等分搗末蜜和丸如梧子食後服十丸以
差爲度 療卒遍身生疱方初覺欲生卽灸兩手外
研骨正大頭隋年壯卽取石黛方寸匕冷水一升和
服又方猪肉煮令熟切取芒消一錢和服并滅瘢又方
桃枝葉煮湯洗并滅瘢又方黍米一合淨洮經宿露
中平旦以水一升研半服半途瘡竝驗 療五痔方
五月五日取蒼耳莖葉陰干搗末水服三方匕日三差
乃止又方牛角鰓燒末和酒服方寸匕日三祕驗又
方常服蒲黃方寸匕日三良 療丁瘡方柳枝葉一
大束長三尺四尺圍剉水七斗煮卅沸去滓煎如餳

刺破塗神驗又方鬼繳形如地菌菽生螢堆見日消黑
者取燒作灰以針刺瘡四畔至痛際作孔內藥孔中
再著經宿瘡發以鉗拔根出大良又方先灸瘡三壯
以鍾乳爲末和醬粒和搗搦須臾拔根驗　療反花
瘡煎柳枝葉如餳塗良又方燒馬齒草灰搦又方鹽
米灰搦並驗　療金瘡方嚼生栗黃搦之不疼痛又
方石灰和豬脂燒令赤搗末塗又方地菘搗塗　療
瘡腫風入垂死方血出不止者搗生葱白入口更嚼
封上初痛後痒痒定更封不過七八差又方酢澱𢾾
酒糟鹽椒總熬令熱以布裹熨瘡冷易又方凡瘡中

風水腫疼痛皆取青葱葉及干黃葉和煮作湯熱浸
良　療瘻瘡方煮楸枝葉取汁煎令稠塗神良又方牛
新糞熱塗日三又方巴豆去心皮和艾作炷灸瘡又方石
留黃末置瘡上以艾灸又方內瘻取槐白皮十兩搗
丸綿裹內下部並良　療惡刺方槐白皮煮湯漬又方
消膠和酒沙塗又方以酢二升置口勿使氣泄又方人
參一兩龍葵根淨洗取皮一把鷹月豬脂酢少許和
搗搦數換之即出即鉗拔去並驗　療破風入身角
弓反張及婦人中風方烏豆二升熬令黑酒三升內鐺中
急攪以絹攎頓服取汗不過三劑極重口加雞糞一

合和字闕四開者拗灌良又方苦竹瀝隨多少服　療
上氣唾膿血方灸兩乳下黑白際各百壯良下闕十八字陽
明穴穴在足趺上三寸動脈處二七壯又灸臍下一
寸百壯良
以上在造像記下
療癧方鵝糞一合末取方口候乙發日平旦和酒半
椀攪令患人兩手捧椀當鼻取氣勿飲神良又蜀漆末
方寸匕發前和酒服又黃連搗末發前三指撮和酒服
並驗　療卒狂言鬼語方針刺足大拇指甲下二分即
止又方以䋲帶急縛兩手灸指灸左右脅才肘頭口

俱起口口口須臾鬼自道姓名乞去徐徐解驗　療
噤方灸兩曲肘裏大橫文下口口隨年口又方以䋲
遶項下口至兩口口閉復迴䋲背口口當脊骨䋲頭
口口口乳閉灸各口十六壯良驗
以上在記左方上列
口蕪行闕下弟子一心闕下昌闕下前闕下　療反胃方闕下服
猬皮燒口灰煮闕下茯苓粥半升和服一七差良乙方五
月五日蒼耳陰下闕下和水食後服一匙一日兩度差止又
方燒人糞灰和水服三七日兩度爲度差　療發背方取
麵浚鬪腫四畔令童子七尿漬又馬矢封下易口口

發乳亦差　療渫瘡方煮柳湯洗又方乜菝草擣汁三分
芒消一分塗又方搗韮塗竝驗
以上在記左方下列
療瘟疫方下闕方臈母蟄二升人尿二升和絞取一升
頓服覆耳口驗又方常以正月上卯日取牛羊馬雞
腊人獨七種雀等分燒末井華水服方寸匕日三
療惡疰方下闕方獨顆蒜口頭書墨如渫大竝搗以醬
汁和服差又方雄黃三兩渫三兆大酢九升五月五日㯹火
上煎一復時一服一丸丸如小豆蚍蜉𧏙塗竝差口
紫下闕四頭蚿底黃上等分搗下闕頓服又方宿韭多年

人尿一挀燒灰桃人三七枚去尖皮雙搗小兒尿一升和
頓服又方驢螯水絞汁一升服竝良下闕唾水口口者
是巴豆下闕登底燶方寸匕合搗分三丸服一丸即下
不下更服又方胡荽根葉搗汁半升頓服立下又方
皂莢三挺下闕漬一下闕服一服下闕　急黃疸黃內黃等
方大黃三兩灑切水二升生漬一宿平旦絞汁一升半內芒
消二兩攪消頓服須臾快利差又下闕臈母蚕口以水五
升下闕升服日再又方臈母雀二升人小便二升絞取
汁一升頓服覆取汗驗又灸兩手小指端十壯下闕黃
雌黃口口細辛鐵生下闕差立驗又方䃮樊石桂從長

𨟖名一兩搗塗又方文蛤燒作灰和臈月脂脂塗人
齒竝驗又方口新下闕腹滿堅如下闕楊樹東南枝去蒼
皮細制五升熬令黃酒五升淋訖即以絹袋盛滓
還內酒中密封再宿每服一合日三下闕熱者以鼠口口
口下鐵下闕驗又方當鼠草搗汁服口雞子以滓封腫
暖即易良又方大黃石灰小豆等分末口白酒和塗
又方下闕火草一兩下闕水和下闕酢和塗竝驗又方隨所患
邊灸肩節縫上二七壯又方鯉魚鱗燒灰酢和塗又火
游腫赤者是大黃愼下闕　療遍身洪口口穀楮細下闕
一斗水一石煮取一斗去滓別煎取三升分三服平

旦午時夜半皆空腹暖服驗又方牸鼠糞子兩抄下闕
使嚼口口口方若癎下闕然人取小口一不着介極爛
取汁四五升溫清脒已下日日漬若已入腹但服小
豆愼勿雜食良又方下闕樸下闕煮下闕丸如胡豆口服二
丸當小便下下後作小豆糞飯食愼勿飲水神良又方
烏牛尿每服一合又方取口菜下闕使不下闕一擬以水
二升和煮消盡口滓頓服又方取臈膽以葦筒一頭內
䏝中繫一頭納下部中灌於下年下闕一升煮頓下闕褁
內如非時醬口口得竝驗　療小便不通以葱
葉小頭去口內口行孔中口吹令通通訖口口下立

下闕內小下闕者齊中以水三四游□□　療五淋方熟
者服冷水三升行差又方牛耳中毛一撮燒末和水服
良又方白下闕者取五下闕兩足□□央隨年壯下□□
療霍亂方溫酒三升蝎如彈丸著酒中銷服良無蝎鹽
一匙□又方卒霍亂□下闕自內□□□匕和酒服下闕
三沸頓服又方煩歐熱時取篇竹葉根子搗和水服
以差為度　療腳轉筋及入腹下闕水□□□三沸頓
下闕已入□□□患入伏地以繩絆兩腳趺上踝下兩
腳中閒出繩繫柱去地稍高患者身去柱可五□郎
□下闕令製患者□方以手下闕又方木□子根枝煮湯

服又方燒為繩灰三指撮頓服並良　療赤白利方
取鼠尾草花下闕服三方□□又方下闕又方黃連黃蘗
□支李人切以水九升煮取三升分三服並良又蚶利
積年者薤兩手捉□□□六升酒三下闕搗車前草□□
瓷一匙頓下闕灰和水服□□□□　骨鯁方含水獺骨
立□又魚網覆頭立下又取水一杯著前張口向□□□□
歐噦方下闕一升去痒良□□三良又療利下闕方日首
一□服□□吐逆□乳□□□　療癲狂方灸陰大孔
前縫上處中隨年壯婦人□□□□灸下闕切以水□
升煮取三升頓服下闕　噎方下闕每取□內酒中溫服又

方春杵頭細糠下闕

雒陽西南二十五里伊闕山亦謂之龍門左傳謂之
闕塞昭二十六年兩山相對伊水出其中泉出石竇下注
于伊闕昔日帝都名勝之地後魏胡太后崇信浮屠
繫岩為窟中刻佛像大者丈餘凡十餘處後人踵而
為之尺寸可磨悉鐫佛像至於今未已蚩蚩之氓謂
鐫佛之功可徼福報而其出於女子者尤多余嘗過
而覽之既不可徧惟此武平六年者書法差可書方
格如棊局而其半亦已磨滅唐人則多龕像以後及
武后年號乃知魏齊唐三代之時無非女主為之崇

飾耳　按魏書宣武帝景明元年詔大長秋卿白整
準大京靈巖寺石窟於雒南伊闕山為高祖文昭皇
太后營石窟二所初建之始窟頂去地三百一十尺
至正始二年終始斬山二十三丈大長秋卿王質謂
斬山大役功難就奏求下移就平地去一百尺南北
一百四十尺又言永平中中尹劉騰奏為帝復造石
窟一凡為三所其所謂大京靈巖寺者在魏舊都平
城今大同府城西三十里與周保巖上刻佛像無數
是其作俑也金石文字記

刻凡二幅上有小釋迦像下有記述刻像人名造像

之事云都邑師道興乃抽簪少稔早託緇門郎緇字
之俗耳下爲療上氣咳嗽腹病髖臚諸方中州金石記
按碑文首云自非傾玔建像焉可熾彼遺光若不
勤撒藥樹無以療茲聾瞽撒卽栽字是言造像治
疾二事文言撒藥而乃刻方以當之所刻諸方凡
療病之證二十九療病之方藥物鍼灸共百十八
也醫之有方其來舊矣漢書藝文志方技略分醫
經經方爲二類所載經方凡十一家隋經籍志醫
方二百五十六部內載醫經本草不過十之二三
餘皆醫方也考其目大半不詳所出且多昔有今

亡者此碑所刻必是經方之一種惜碑亦不著其
名目殆隋志中所有之方也碑書杏仁桃仁俱
作人此與柏人之作柏仁相反而實相同桼卽黍
搗卽擣鷄卽雞膽卽膽豬卽猪熒卽蟒蛕心痛說
文作蛕字廣韻作蚘字皆無蛔字集韻始有之蛔
蟯廣韻作蛲蟯玉篇則既有蟯字注云蚯蚓也又
有蛐字注云蛐蟮又有蟮字注云曲蟮是蚯蚓曲
蟮一物而二名曲蟮蛐蟮一名而兩字矣灸法只
艾一灼爲一壯見魏志華佗傳陰干卽陰乾黃庭
經溉㵠靈液災不干傷用修曰初月帖淡悶干嘔

淡古淡液之淡干古干濕之干今以淡作痰干作
乾也丁瘡卽疔瘡物類相感志身上生肉丁芝麻
花擦之㘭卽堆㧺卽敷㧺有膚音借用爲敷酢卽
醋字徐鉉曰今以酢爲醻酢字反以醋爲酢字石
留黃卽石琉黃猬皮卽蝟皮㳅瘡卽漆瘡釜底墨
卽釜底煤䋷袋卽絹袋皆古通用字正月上卯與
上辛上下上戊上巳同例徐長卿必是以人名爲
藥名者如劉季奴史君子之類也碑內諸方又見
耀州石刻大小三碑存字闕文與此悉同無標題
年月建立姓名序記相傳爲卽孫思邈千金方耀

州五臺山有孫家原爲孫眞人故宅山有太元洞
眞人療龍而愈龍穿此洞山有眞人祠有碑稱昆
明池龍胡僧利其寶貨取去求救於眞人因得其
方書云云攷續仙傳及太平廣記皆云千金方以
救龍得之謂之龍宮方道藏載千金方九十三卷
目錄注亦有此語說皆近誕眞人所撰千金方三
十卷千金翼方三十卷今現刊行然以校此碑惟
針灸法同者五處藥方同者六處餘槩未之見不
可謂此碑卽千金方也眞人之生距此碑刻後僅
三十年耀州距伊闕不甚遠眞人何以採不及此

眞人嘗謂人命至重貴於千金故方書以千金名
据此碑已有千金祕方四字則不始於眞人名書
矣明馬理千金方序謂耀州碑是孫子之徒刻于
碑表兹不復錄惟此碑泐處据以補注焉

孟阿妃造像記

碑高一尺二寸五分廣如之十行行十字隸書在偃師縣南董家村老君洞

大齊武平七年歲次丁酉二月甲辰朔廿三日丙寅清
信弟子孟阿妃敬爲忘夫朱元洪及息子嶅息子推息
白石息康奴息女雙姬等敬造老君像一區今得成就
願亡者去離三塗永超八難上昇天堂侍爲道君芒芒

三界蠢蠢四生同出苦門俱昇上道

按碑新出土其以忘夫代亡夫甚奇寅作寘雙作雙
姬作姫蠶作蠢皆異文嶅字未詳中州金石記

億按碑近出土無剝泐詞云淸信弟子孟阿妃顧亭
林按魏書刑法志有河陰縣民張智壽妹容妃則固
有以民閒女而稱妃者今證之此碑孟阿妃其爲一
時通稱竝無顧忌春秋正義妃者匹配之言非有尊
卑之異曲禮所云天子之妃曰后諸侯曰夫人大夫
曰孺人士曰婦庶人曰妻正義又以爲因其所之尊
卑爲立別號其實皆配夫通以妃爲稱然則今造像
之碑其詞亦爲村嫗老媼所自爲蓋亦無足異者也
別體字亡作忘老作㐌軀作區又嶅與嶅皆不曉何
字偃師金石遺文記

按碑云武平七年歲次丁酉齊後主以庚寅年改
元武平則七年是丙申非丁酉是年十二月改元
隆化至丁酉年正月幼主改元承光則又非武平
此碑之誤所未詳也碑中息子嶅疑是敖字去離
三塗去似是夫字天堂作天堂皆字體之別者說
文蠢从萅从䖵未有从蟲者此省春字之日而加
虫从蟲亦別體非有義理也

馬天祥等造像記

石高四尺四寸五分廣二尺二寸五分八行行十六字隸書

夫幽宗辟家眞靈潛□然隱顯沖機而名
隨化浪洪闡弥龐邈□□□自非鏤像污
形其熟能覩之者敎大齊武平九季二月
廿八日邑主馬天祥邑子馬天成邑子馬
天相邑子馬天慶道民王成入道民王大
人道民王强人道民王恭人投委壇靜仲
追寘果造立石像永□餘哀□□肅恭祀
延無窮尊師崇業□□□□□

按武平只七年無九年此云九年顯係碑誤也王
氏四人稱之曰道民胥有劉道民道民之稱由來
久矣

吳洛族造像銘

碑橫廣二尺七寸高一尺五分廿五行行廿二字正書在偃師城內壽聖寺

口珠玉非濟渡之珍尺璧豈救口之寶欲取將來之益
都因莫口於捨施是以照馬無蹊標名口一苑檀爲功
稱亦不二今有佛弟子吳洛族十五人等並宿籍口因
洞識超遠居或曉貞遊塵獨處捉妻子不爲己物唯以
片善爲家有各率誠也敬造釋迦彌勒石像周迴十堪

盡飭悉訖其尊容雜事雕縈殊異亦可驗之於日覩更
不待言題矣其詞曰
泉源浩汗　無邊無畔　應似而有　診之洪漢
邑人誠感　誰不詠讚　口此微緣　除之八難

億按記石在壽聖寺大殿龕背壁間碑陽皆佛像邊
界少有字如龍作堰象作潒杪作桃標作𢢔皆別體
字近覓人發取之碑陰尚完好尋勢尤方勁可喜蓋
爲吳洛族十五人造彌勒石像作記記後又有讚其
字飾作餝邊作邉以是斷爲北齊閒物偃師金石遺文記

金石萃編卷三十五終

金石萃編卷三十六

賜進士出身誥授光祿大夫刑部右侍郎加七級王昶譔

周一

王妙暉等造像記

石廣方三尺五分厚九寸四面刻前二十八行左右二十六二十四行後十二行字數每行五六或八九至十二不等正書

蓋大覺攸寂非一念无以顯其原妙理澄湛非表像何
以暢其旨是故影跡雙林口蒼生離合口雙口沙知善
可崇邑子五十人等宿樹蘭柯同茲明世爰託鄉親義
存香火識十惡之徒炭體五道之親苦既沉處娑婆

思宏預會渦家資共成良福遂於長安城北渭水之陽
造釋迦石像一區永光聖宅預周　皇帝逎祚常登安
樂晉國公忠孝慶筭無窮又邑子口者值佛聞法見在
眷屬恒與善居將來道俗世世同循使如來福業不墜
於今與稽回之感終羨於去在

武成二年歲次庚辰二月癸未八日辛丑

像主王妙暉

天宮主豆石客塔主曹妃

鍾主彝宜口

天宮主吳香女

邑師比丘尼口光塔主杜嬈
口主王顥女化主竇邏
像主　蘧姜像主王元嬰
邑主劉女　典坐
邑主　延蘊猕
邑主施英光典坐韓社資
邑主杜資客登主王舍
化主馬白女登主秝佖女
化主　春
邑謂　磨尼

邑謂吕敬
邑謂陸敬客
都唯那　資
都唯那高阿香
典坐何阿妃
行唯那趙　朋
典錄曹道女
香火杜香睒
香火竇　貴
登明主王阿舍

登明主袁　女
邑子王伏光邑子陽女
邑子王五　　女
唯那賀　勝邑子　妃
邑子　妃邑子
典坐高
典坐王恩姬
香火孫女鵰
邑子孫黃頭
邑子楊須磨

邑子蘭買女
邑子高合女
邑子袁保姬
邑子李　妃
邑子王始蜚
香火張孟暉
邑子馮
邑子杜香睒
邑子陳孃
邑子閻獠是

邑子成令　闕
邑子夯阿　闕
邑子張阿
香火張僧暉
香火劉榮貴
登明主王康　闕
登明主　闕　闕
行唯那高　闕
行唯那　闕
邑謂賀　闕

邑謂　闕
典錄　闕
典錄胡　闕
化主宋　闕
化主丁香　闕
都唯那王洪暉
都唯那王妙貴
典坐劉伏香
典坐秦處醜
都化主杜香暎

都化主潘石妃
邑主陸阿休
邑主審容貴
像主陳貴容　主王

按記末題云武成二年歲次庚辰二月癸未八日辛丑周書明帝本紀武成二年正月癸丑朔則二月爲癸未朔無疑八日乃庚寅非辛丑是月辛丑乃在十九日也文云晉國公忠孝慶深無窮謂宇文護也護字薩保周文帝長兄顥之子孝閔踐阼拜大司馬封晉國公是年二月晉大冢宰明帝二

年爲太師四月爲雍州牧碑但稱晉國公而不敢斥其名且與周皇帝並列則護之權重而望尊可見矣碑書塗炭作徒炭辛苦作新苦僉竭家資竭作渴或由借用或由偏旁小訛耳

七級浮圖記

碑連額高八尺二寸五分廣三尺七寸共十行行十四格皆刻像無字兩側各高五尺二寸五分廣九寸五分一十二列一九列每列約十二三行或十行十四行行或四字八字五六字不等正書

維周武成三年四月□日□□□□原與部邑子□□他人等仰爲　元帝造七級浮圖　□□□□□安寧□□
□□□□□□□□□

邑師都□□比丘道□　邑師法輝
邑師□□　邑師□□
都□主優婆塞皇甫景元　化主皇甫長樂
□□□□　南面浮啚主程悳
西面浮啚主　□
東面浮啚主胡元顯　□面浮啚胡僧洛
□□像主胡币遷　□□皇甫□□
□□□　□□□　闕
邑長王□□　邑長朱□□
邑長梁□　邑長□□□

治律皇□□　治律姚剌
治律郭廣平　治律皇甫□
治律梁□□　□郭□□
治□□□□　闕
維那梁□起　維那□□□
□□□□□　□錄□　□
□錄梁□□　□錄胡□□
□錄郭僧□　典錄□□西
典錄郭惟訓　典坐□□□
典坐□□□　□□□□□

闕
香火□□□　香火皇甫□
香火□□□　香火□□□
邑子皇甫□□　□□□□
邑子王道智　邑子梁興国
邑□□　邑子□□□
□□□□□　邑子郭□□
邑子□□□　闕
邑子□□□　邑子□神貴
邑子□智□　□□僧□
□□□景□　邑子梁可旋

邑子梁儁　邑子梁榮国
邑子梁纁蓬　邑子□□
邑子□□□　□□□□□
闕　邑子□起□
邑□□□□　邑子□□□
邑子郭□□　邑子郭□□
邑子□□□　邑子姚季□
邑子王天敬　邑子王元□
邑子梁歡儁　邑子皇甫□□
□子□□□　闕

邑子□景□　邑子梁□
□□　□　邑子梁□
邑子□□　邑子□□
邑子程国□　邑子□□□
邑子□□□　邑子梁士□
□□□□□　闕
邑子□　邑子皇甫□□
邑子　□□□
邑子□□□　邑子梁輔国
邑子梁守達　邑子□僧□

邑子梁伯□　邑子□□意
邑子王四開　邑子□□□
闕　邑子□□糎
邑子梁□□　邑子鄧□□
邑子王乾□　邑子朱當□
邑子□□□　邑子□□□
邑子梁輝□　邑子□曰□
邑子□□　邑子□子□
闕　邑子
邑子□□□　邑子皇甫□

邑子皇甫□　邑子梁子□
邑子梁□□　邑子□□□
邑子□□司　邑子朴思□
邑子梁□□　□子　□
闕　邑子
邑子皇甫　邑子□
子皇甫　闕
治律梁□□　□師皇甫世□
邑□□賢　□□
□□□□□歡　□□□□□

邑□□□□　邑□□□
邑□□□□　□□□□□
闕　邑子皇甫安世
邑子皇甫當　皇甫□
□□□□□　邑子皇甫□□
邑□□□□　□□皇甫道□
□□□□□□　邑□□□□
□□□□　□□□□□
□□王尹雙　邑子皇甫□
邑子皇甫□剄　邑子皇甫榮緒

邑子程□　邑子皇甫□
邑子梁仲敬　邑子梁□□
邑子□□□　長史□□
長史李□　典坐梁□□
邑子□□□　邑子□玉□
邑子□　邑□□□□
邑子□　邑子□□□□
邑子□□　邑子□□
□子□□□　□子□玉相
邑□□□□　邑子□□

邑子□□□　典坐鄧□□
□□□女　邑子□□□
邑子□□□　邑子□□□
邑□□□□　邑子□
邑子□□□　□子王□容
□□□　□□
邑子　邑□
邑子　邑子趙□容
邑子□□□　邑子□□□
邑子王□□　邑子□□□

邑子□□□　邑子梁□□
邑子□□□　邑子鄧□貴
邑子姜□朱　邑子□□□
邑子□□玉　□子
邑□□□□　邑子□□□
□　邑子□
邑子□□□　邑子□□□
邑子□彤□　邑子□□□
邑子王□□　邑子蔡□□
邑子□□□　邑子□千□

邑子□□□　□
邑子　邑子姜□□
闕　邑子□□□

按此記刻於塔上記文僅五十字內泐者二十二字後列姓名二百三十餘人可見者四十餘人餘俱泐記首云維周武成三年四月□日周明帝以武成二年四月辛丑崩武帝即位明年正月戊申改元保定是武成無三年也碑當是二年或泐筆似三字耳

王兗生造像記

碑四面皆佛像高二尺一寸五分廣一尺七分兩側各廣八寸餘惟一側一面有字側九行行十九字或十八字面五行行四字俱在佛像下行書

保定四年□□□□□□□□朔十五日己□佛□子王
貁生敬□□□□□□□爲天龍八部下爲人王帝主七
世父母見在父過去母合門大小年一已上百歲已來
恒願在西方供養无量壽佛復爲一切法界衆生生世
世侍佛聞法
祖父王熹　祖母張香香　父王曾是　母陶飢香
母樂女香　母□□香　佛弟子王貁生以上一側
息男伏□　息男伏榮　息女端政　息男伏奴

息男伏敬以上一面

按此碑首行保定四年下缺七字下云朔十五日己下缺一字以周武帝紀推之保定五年正月甲申朔逆推四年十二月小盡當是乙卯朔則十五日乃己巳也文當云保定四年甲申十二月乙卯朔十五日己巳佛弟子王貁生云云弟即弟字貁與猷同後列眷屬十二人祖母一母三皆以香爲名想亦當時習俗所尚也

同琋氏造像記

座四面約各廣二尺八寸三分高一尺二寸第一面共二十七行前刻序文十四行上下剝蝕不可識餘三面或二十三行二十六行三十行每行字數未詳行約十四五字不等正書

闕□□□□□□□□□□□闕□□虛□要曰□
□□□□□闕□託言以□□以諸邑子□□闕□□
□□釋迦□光之□□□闕□□八音之說形□□□
飄闕大宅□停□屈□介然者□闕□精浮□□□
□□□空□闕□□致果故咸發菩提俱生□闕採石
名山造像一區雕磨飾□闕□斯猷□□之□□□起
福闕□□常暉法三□世皿□□闕□慕義生已居眷
及法界有闕斯慶成无上道
闕四年歲次甲申六月戊子朔九日丙申□□

□子同琋永樂　邑子來暎世
□子同琋高命　邑子同琋延□
□子□□恩　邑子同琋永欽
□子同琋□□　邑子同琋阿和
□子同琋慶□　邑子同琋道□
□子同琋景□　邑子甯郎興
□子□□伏慶　邑子同琋僧□
□子同琋高顯　邑子同琋超達
□子來僚保　邑子程慶歡
□□暉儁　邑子同琋相國

□□□顯慶　邑子同璓洪□
邑子朱耳□
邑子同璓□□以上一面
邑子尉□□
邑子同璓□□
□子同璓　邑子□□□□
□　錄趙□　邑子□□□□
□坐同璓超宗　邑子□□□
□□同□□勝　邑子同璓□
□□同璓士猷　邑子同璓

□□□□　邑子同
□同璓□光　邑子同
主比丘□慶　邑子
□　邑子
主比丘□□　邑子
邑師比丘僧靜　邑子
邑子沙□□
邑子
香　同
邑子

香
邑子
邑子
師比丘道□　邑子
□同璓顯□　邑
邑主同璓明□　邑
□同璓□□　邑子
邑　□□□　邑子
邑主□□□□　邑子同
□化主高□□　邑子同

□郍同璓□宗　同
典坐同璓　邑子
邑子同璓
□□慶　邑
明□　邑子同
□□　邑子以上一面
邑子倸子穆
邑子同璓暉祭
邑子同璓纈暉
邑子同璓榮暉

邑子同琋□非
邑子同琋暉略
高顯保
怨遲袖祭
邑子同琋伏興
邑子同琋伏仁
邑子同琋珍國
邑子同琋敬秩
邑子来僧奴
邑子同琋啓仁

邑子同琋遵叢
邑子同琋石樹
邑子同琋黑達
邑子同琋黑奴
邑子来長命
邑子同琋慶祖
邑子同琋回熾
邑子同琋千万
邑子同琋子和
邑子同琋貴珍
邑子同琋買奴

邑子同琋□和
邑子同琋□□以上一面
儁
子同琋儁儀
子同琋長白
子同琋遵和
子同琋洪慶
□主□聯□
□□元□
子同琋□稚

子同琋景儁
□子同琋景祭
□子同琋王祭
□子同琋僧奴
□子同琋 宗
邑子張客□
□子同琋彭仁
邑子馬眞元
□子同琋興亮
邑子夔顯□
□子同琋□貴
□子同琋長□
□子同琋子開

□子同琋子由

□子同琋長賛

子同琋元吉

子同琋□奴

子同琋□祥

子同琋慶和

子同琋元和

子賀□

子同琋長高

一□奴

□□□□

按碑文多缺蝕存字可讀成句者僅八音之説成發菩提採石名山造像一區生亡居眷成无上道數語而已末云四年歲次甲申六月戊子朔九日丙申而泐其年號以甲申推之乃保定四年證以周武帝本紀保定四年二月庚寅朔八月丁亥朔則六月爲戊子朔正與史合後列邑子等姓名一百六十餘人而姓同琋者八十餘人字書無琋字惟新唐書有姓同蹄者二人一名智壽一名智爽並附見孝友張琇傳云昇同官人以報父仇著孝

文舊唐書附見孝友王君操傳姓作周卽其人也同蹄見姓苑元微之詩白紵顰歌黛同遊墜舞鈿自注云白紵同蹄皆樂人姓名此碑作同琋或蹄字之别體也

聖母寺四面像碑

碑高六尺七寸廣二尺五寸厚一尺二寸皆分五截書上截各兩行次截無字三截前六行後八行東側三行西兩行四截前十行後廿五行東側十一行西十行五截前廿六行後廿五行東側十三行西九行每行字數四字至十四字不等正書

夫□□澄□□□□□□琺以顯其功□□□□□非積行何能□□志衆生在火宅之□非經不宣唯像可□是以如来託形□□流範鹿野滅影□□經像訓世大□□□和儁將率鄉原□□之夫勸□郑川□□大士合邑一百五□人等識□□常體□□□□内發菩提採□貞珎石□□□之□工造四面像一區□福碓擞上爲天龍八部仰願　皇帝福祚唯□万國朝宗彊□穌化公卿將士保國安民福延万世遂及先師父母邑　眷屬法界倉生廿五有共至菩提明見佛性

維大周保定四季歲次甲申九月丁巳朔八日甲子建

南面上堪像主曠野將軍殿中司馬趙迴昌

南面中堪像主蘆鉗耳榮歡
檀越主南井阿仵
大像主安定公寺大邑長昨和高儁
釋加像主比丘僧永
開明像主比丘僧昌
都邑主王暉遠
檀越主南井明孫肆安縣令
左葙典坐郭法遵
左葙催𪐬曠野將軍殿中司馬屈男神□
左葙齋主安定公寺大邑長昨和遵

金石萃編卷三十六 周一 三十

左葙邑正横野將軍員外司馬同琋永
左葙化主上官拔洛
右葙化主屈男明虔
右葙邑正姚𥙊樹
右葙齋主惠醜
右葙唯那屈男虔棠
右葙典坐張景略
北面上堪像主呑思鴨
左葙香火主雷洪儁
弥勒像主威列將軍荔非道虔

大化主姜彭儁
右葙香火蒲城縣法曹府昨和暢
弥勒開明主鄉黨昨和善
都催𪐬㝵榮達
高坐王李世貴
邑子□□□
邑子征東將軍右金紫光祿都督洛川縣開國伯上
官略
邑子輔國將軍中散金曹從事郡主薄䖝連莈
邑子南井雲慶

金石萃編卷三十六 周一 三十一

邑子輔國將軍中散都督李□□
邑子雷郎非
邑子南井昌欲
邑子趙道禮
邑子雷奴息
邑子李屈□
邑子荔非仕明
邑子杜昌
邑子昨和引安
邑子李騎蘭

邑子雷豐拔
邑子惠騎意
邑子黨榮昌
邑子屈男客仁
邑子屈男延貴
邑子鉗耳仲和
邑子屈男昭明
邑子昨和景和
邑子雷景祆
邑子南井顯暢

邑子雷儁明
邑子黨子亮
邑子黨奴奴
邑子雷子寬
邑子雷慶受
邑子荔非社奴
邑子雷洛受
邑子姚輝祭
邑子李小魯
邑子惕世椎

邑子張景業
邑子王遵暢
邑子王鍾沮
邑子雷漢奴
邑子弥姐榮
邑子雷清奴
邑干雷伯奴
邑子雷延貴
邑子雷埋雀
邑子昨和石意

邑子屈男景祥
邑子雷方郎
邑子昨和子輝
邑子雷定穰
觀世音像主王子遷
東面邑主曠野將軍殿中司馬雷榮顯
邑子南井景仲
邑□□□伏肺
邑子雷榮儁
邑子雷慶儁

邑子雫和𩕳䟽
邑子雫和明歆
邑子王定國
邑子雷長命
邑子嵬海保
邑子雫和龣奴
邑子雫和雙郭
邑子雫和同拔
邑子嵬榮貴
邑子張子明

邑子陳海貴
邑子任背大
邑子雫和榮亮
邑子趙子偘
邑子扇男馬□
邑子雫和外𡍬
邑子雷里子
邑子雫和子祭
邑子□嵬桄䕒
邑子郭□□

无量壽像主白水郡五官雷洪達
西面邑主輔國將軍中散別將同琋永孫
邑子雫和豊郎
邑子南井魯仁
邑子雷俟𤈦
邑子王道及
邑子同琋廣貴
邑子弥姐貴慶
邑子雫和榮昌
邑子雷阿歸

邑子雷道顯
邑子雷僧領
邑子屈男牛主
邑子雫和仲達
邑子惠長通
邑子趙阿雀
邑子雷顯順
邑子雷𥜥□
邑子南井僧智
邑子𥜥遝帬

邑子朱陽生

按記文幾二百字惜前半多泐讀不成句書體不甚別異有雜扱二字不可識疑是雜微二字後云法界倉生以倉爲蒼通用也下云廿五有共至菩提明見佛性廿五有三字不知何義年月後列姓名祗一百二十餘人與記中所云一百五口人等不合碑書壽作壽唯作畩南作南箱與廂同儀禮公揖退于箱俟于東箱皆廂之義也其有官位者曰曠野將軍殿中司馬曰橫野將軍員外司馬曰威列將軍曰蒲城縣法曹府曰征東將軍右金紫光祿都督洛川縣開國伯曰輔國將軍中散金曹從事郡主薄曰輔國將軍中散都督曰白水郡五官曰輔國將軍中散別將內如洛川伯位顯矣而其姓名曰上官略史傳不列其人無從攷其事蹟其姓之異者曰南井曰昨和曰同琋曰屈男曰荔非曰鉗耳曰彌姐內同琋見姓苑譌詳前碑昨和見通志氏族略云關西有昨和氏荔非見唐書李光弼傳有裨將荔非元禮彌姐別無所攷周太祖文帝本紀有都督彌姐元進餘俱無考

金石萃編卷三十六終

金石萃編卷三十七

賜進士出身 誥授光祿大夫刑部右侍郎加七級王昶譔

周二

華嶽頌

碑連額高一丈一尺九寸廣四尺六寸二十行行五十五字隸書額題西嶽華山神廟之碑八字篆書今在華陰縣西嶽廟

易采丢乎天險不可陟地險山川丘陵險之皆義大矣哉惟華山者從書介雅謂之西嶽周官則爲雝州之鎮下枕周秦之郊上應東井之宿俯臨汾射咫尺彤梁盤紆

巀嶭剡峭崢嶸千雲漢而孤秀厲江河而峻跱巨靈跡蹵亢高掌於巖端削成辟立流黃河於峴曲左分庭柱見朝戶之揚波右綴駱南眺連山之無極顯仁藏用蘊智含靈鼓以雲雷潤以風雨信羣帝之所休憩衆神之所肹蠁芝駕自此不歸霓裳於焉屢拂豈止積羽爲衣青荷戍蓋化同毛女容類園公每挹偓人之漿皆停酒母之騎坐石口而穿陷乘白鹿以遊嬉寥宗忽恍往而不反者也至如芳李華月霽斂雲

開谷包得一河經千里背華崿於紫微挺
高峯於天漢甄駐義和之口能摧恒娥之
驂積醴成池泓澄窈岫聚丹爲髮翟葺生
爲庭軆交萃必歸伯起之學若霧晨興非
獨公超之市若迺榮類方明之壇望僊集
靈之觀休牛散馬之地反辟祖龍之薜有
祈必感無請不從保乂我金方栽成我三
海振素祇以綏億兆肅秋節以衛蒼生國
荷其慶民賴其福前代曾創祠宇兼植栢
樹歷季茲多櫄棟尚顏樹亦往往殘缺

大祖文皇帝固天攸縱誕膺符命道邁三
分功超九合將欲盪一區寓納之仁壽而
餘氛尚梗燕趙未并治戎河上志圖廓掃
每以講閱之暇口履陰晉眷言舊所郎用
恢然以大統十季歲在旃蒙乃謁諸天子
命車騎大將軍儀同三司西兖州大中正
華山郡守城陽縣開國公恒農楊子昕經
始締構別更列植青松二千餘根堂廟顯
敞房廊肅穆於哉薜席赫奕神居桂酒徐
斟清哥緩節無復靈源之事豈有顛沛之

容髣髴德告終蒼精羣運獄訟知歸人神
胥悅　皇帝負扆君臨宸居馭朽執玉帛
以朝萬國邸金繩而享百靈叡智之所牢
籠英威之所彈壓日月之所照晉舟車之
所被通莫不乘義駕風梯山航海重譯屈
膝請吏勤王　大師大冢宰晉國公任屬
阿衡親惟旦奭弼諧六樂緝熙五禮庶與
聿修羣望咸秩光贊皇猷式康帝載俾七
百之祚長扇於無疆維天和二季歲次大
淵獻月旅沽洗爰　詔史臣爲之頌曰

金石萃編卷三十七　周二　三

攸攸大極巖巖削成渾元肇判載濁浮清
含仁配厚蘊智爲靈功遂勿處日用無名
在秋戒肅居金作鎮嚴霜比威膏液等潤
容而不有施而匪吝窮地之險極天之峻
川澤通氣山藪藏疾靈嶽峨峨清干旂旂
隈積冬霰峯留夏日雷霆以之風雲自出
殷憂啓聖多難開基大人利見或躍侯皆
袞冕赤舄三壯龍旗鼓腹行樂擊壤而熙
神教以道民化惟德洗衝以剛高明柔克
文軌叶同皇猷允塞如山之壽寧我邦國

大周天和二年歲在丁亥十月戊辰朔
十日丁丑立
使持節驃騎大將軍開府儀同三司大
都督司宗治内史臨淄縣開國公万紐
于瑾造此文
車騎大將軍儀同三司縣伯大夫趙興
郡守白石縣開國男南陽趙文淵字德
本奉　勑書
右後周華嶽廟碑萬紐于瑾撰趙文淵字德本書按
後周書列傳有趙文深字德本蓋唐初史官避高祖

諱故改淵爲深爾萬紐于瑾者唐瑾也周文帝時賜
姓宇文後以于瑾請與同姓更爲萬紐于云金石錄
碑文万紐于瑾造趙文淵書按瑾唐瑾賜姓史稱其
著碑頌數十萬言此其一也而文詞殊無超拔其稱
趙文淵云雅有鍾王之則筆勢可觀宇文泰時命文
淵與黎季明等刊定六體嘗至江陵書景福寺碑梁
主稱之又以題榜功增封邑除郡守後雖外任每須
題榜輒復追之竇臮賦云文淵孝逸獨慕前蹤至師
子敬如欲登龍有宋齊之面貌無孔薄之心胸然則
文淵書在當時固自知名此碑天和二年造正其書

路寢等榜後也故官稱趙興郡守云碑字小變隸書
時兼篆籀正與李仲璇孔廟碑同亦褚河南聖教歐
陽蘭臺道因之所由出也江陵景福寺碑不知存否
此則完好無一字磨泐固文淵之幸哉石墨鐫華
右周天和二年修西嶽碑趙文淵隸書當南北分爭
之時即此文章字畫足以見其景象此古人所以擬
金石之刻猶人之面貌也然是碑好事家罕收篋翁
能搜之淵泉其勿輕以示人哉蒼潤軒帖跋
余嘗過金天祠帆縱觀前代碑版漢碑無一存者獨
後周華嶽碑如魯靈光巋然古栢下余手摩其文制

作精雅洞達若鑑爲万紐于瑾文趙文淵隸書于瑾
嘗著碑頌數十萬言此文殊無可觀文淵爲周書學
博士書跡雅爲當時所重宇文泰時命刊定六體至
江陵書景福寺碑梁主稱之又以題榜功增封邑除
郡守不可謂不遇也而碑字盡偭古法淺陋鄙野一
見欲嘔而名動一時何耶金石史
余所見碑撰人書人列名者始此其陰爲唐刻華嶽
精享昭應之碑而左右旁名有題名別見於後　万
紐于瑾者唐瑾也後周書本傳時燕公子瑾勲高望
重朝野所屬白文帝言瑾學行兼修願與之同姓結

為兄弟庶子孫承其餘論有益義方文帝歎異者久之賜瑾姓万紐于氏又云封姑臧縣子以平江陵功進爵為公而不言臨淄者史闕也李昶樂運傳並云臨淄公唐瑾　趙文淵字德本少學楷隸雅有鍾王之則筆勢可觀當時碑牓唯文淵及冀儁而已太祖以隸書紕繆命文淵與黎景熙沈遐等依說文及字林刊定六體成一萬餘言行於世及平江陵之役王褒入關貴遊等翕然並學褒書文深之書遂被遐棄文深慚恨形於言色後知好尚難反亦攻習褒書然竟無所成轉被譏議謂之學步邯鄲焉至於碑牓餘

人猶莫之逮王褒亦每推先之宮殿樓閣皆其迹也其書歷官與此碑悉同　又達奚武傳武之在同州也時屬天旱高祖勅武祀華嶽嶽廟舊在山下常所祈禱武謂僚屬曰吾備位三公不能燮理陰陽遂使盛農之月久絕甘雨天子勞心百姓惶懼忝寄既重憂責實深不可同於衆人在常祀之所心須登峰展誠尋其靈奧嶽既高峻千仞壁立巖路嶮絕人跡罕通武年踰六十唯將數人攀藤援枝然後得上於是稽首祈請陳百姓懇誠晚不得還即於嶽上藉茅而宿夢見一白衣人來執武手曰快辛苦甚相嘉尚武遂驚覺益用祗肅至旦雲霧四起俄而澍雨遠近霑洽高祖聞之璽書勞武賜雜綵百匹按武以保定三年出為同州刺史天和三年轉太傅則此碑正其在州時立也後周改華州為同州　金石文字記

周制封郡縣五等爵者皆加開國授大將軍開府儀同者並加使持節大都督其曰司宗者武帝保定四年更禮部稱司宗也複姓古有之三字姓始于代北魏書官氏志載有勿忸于氏紐作忸勿疑万字之譌賜此姓者洛陽則于謹猗氏則樊深匪特唐瑾也曝書亭集

右碑万紐于瑾造趙文淵字德本書自隋以前書撰人用官階者始于此碑然猶書在年月之後万紐于山名也在陰山之北見丁烈碑烈之遠祖居于山下遂以為姓魏孝文賜改于氏至周而復也太師大冢宰晉國公者宇文護也護為武帝之兄故曰任屬阿衡親惟旦奭也瑾為司宗中大夫兼內史文深為縣伯下大夫與此碑小異金石後錄

此碑完好無一磨泐在岳廟五鳳樓內甬道東此文刻石之北而唐開元劉升所書精享文反刻石之南面何也顏魯公謁岳記即刻此石之西側東側乃賈

詠并諸題咏在焉來齋金石刻考略

右後周華嶽頌金石文字記云余所見碑撰人書人列名者始此予按漢建寧五年李翕郙閣頌已列書撰人名矣顧以爲始于此碑者非也又碑云以大統七年歲在斻蒙按魏大統七年即梁大同七年是年歲在辛酉爾雅歲在乙曰旃蒙辛曰重光酉曰作噩此碑作于天和二年上去大統七年二十七年蓋誤記爾雅歲陽也又書旃與斻字無異　阩即升字易坎卦本作升集韻阩同升六書索隱攷古尚書虞字形即荊字荊梁之荊本從刑碑變從形易鼎九四其

形剭鄭虔並作刑漢高彪碑形不妄濫孫叔敖碑因埋掩其刑刑形二字古蓋通用故荊亦或從形恒娥即姮娥淸哥即淸歌無壃即無疆史記晉世家出壃乃免沈漸即沈潛左傳文五年沈漸剛克康疑康字族疑秩字　万紐于三字姓源出北魏万讀若萬金石錄金石史遂書爲萬紐于非是存金石

周書唐瑾本傳瑾封姑臧縣子進爵臨淄伯論平江陵功進爵爲公子志嗣撰瑾碑乃言封永昌子不及姑臧周書亦彼時所撰何兩異耶文稱太師大冢宰晉國公者宇文護也碑中旃蒙字作斻不解其義攸字从彳作攸暇字从目作瞑是書體偏旁之謬類如此關中金石記

右華嶽頌万紐于瑾撰趙文淵字德本書文淵稱奉勅瑾不稱奉勅者碑文云爰詔史臣爲之頌則奉勅可知也文淵書字而瑾不書字其義未曉周書唐瑾傳不云加大都督趙文深文淵避唐諱改爲深傳不云爲車騎大將軍皆闕也朱錫鬯謂賜姓万紐于者洛陽則于瑾猗氏則樊深非特唐瑾也按于瑾之先出自北方居万紐于山因以爲氏魏孝文時改姓于氏凡代人南遷者例稱河南洛陽人周書長孫儉長孫紹遠斛

斯徵元定元偉及于謹等皆稱河南洛陽人蓋以此也大統十五年詔諸代人太和中改姓者並令復舊故于謹仍稱万紐于氏非漢人賜姓者比而錫鬯儕之唐瑾樊深誤矣碑文云大統七年歲在斻蒙斻蒙當與旃蒙同稽之通鑑實辛酉歲爾雅歲在辛曰重光非旃蒙瑾豈别有所据耶碑引易天險不可升作阩字潛研堂金石文跋尾

按碑是趙文淵書其云万紐于瑾造此文者出自書人所題故不書其字而文淵以能書自負故并其字書之也傳稱瑾由吏部中大夫御正納言內

史中大夫會未十旬遂遷四職久之除司宗中大
夫兼內史尋卒于位趙文深以題榜功除趙興郡
守後以疾卒則是撰文書碑之後皆未久而卒矣
恒農楊子斯官車騎大將軍儀同三司西兖州大
中正華山郡守城陽縣開國公不爲不顯而北史
魏書皆無傳猶賴此碑以傳其姓名爵里亦幸矣

李男香等造像記

象三面刻高九寸左右兩面各横廣二尺七寸一十行一十一行正面横廣一尺九寸四分十行行皆五字記六行行十字九字十餘字不等正書在澄城縣

天和二年歲次丁亥合邑□人等□唯識達□□佛□

經教□□□心□□大□爲□□衆生造□象一副
養□□□　天地
邑子李男香　邑子張朧妃
邑子鄧女□　邑子劉香□
邑子張男績　邑子張洸女
邑子高□香　邑子王滕鼇
邑子孫和妃　比丘惠脒
以上并記爲一面
□□□女貴　邑子王□□
邑子郎□□　邑子□□□

邑子孫合□　邑子孫□□
邑子□□□　□夫□保□
典坐高羅元　典錄馬□□
□□□□妃
以上一面
□長劉相妃　都唯那楊景
典錄陽堂　典坐杜和女
香火胡鳳姿　邑子張和姬
邑子張□晪　邑子張洛容
邑子萬季姜　□子馬洪好

邑子□阿姿　邑子□阿朱
以上一面

張祥造像記

記刻座上刻記處横廣八寸七分高四寸九行行四字五字不等正書

天和三年四月八日佛弟子張祥爲七世父母所生父
母回緣眷屬造釋伽牟尼像一區等成正覺

裴鴻碑

碑高六尺一寸廣三尺四寸二十九行行字數不計隸書額題周故開府高邑侯裴史君之碑篆書陽文

上闕之碑
上闕君諱鴻河東聞喜人也□河南脫屣志

輕天下之圖趙娀執闕上本州別駕逸足致
遠□止於展驥父方興義陽太守良守有
聞政踰於去席闕上爲其功深丹深幼則斷
織貽範志存俎豆長則𣪘惟遊藝遍談圖
史闕上賀跋勝褰帷南服頌稱愛士聞風悅
焉有同傾蓋乃奏除龍闕上襄陵丘□璜海
緹帬青領竊另假名凡厥衣冠並羈縻盜
闕上即墨蹈燕實有田單之武河西歸漢□
無竇融之績曠庸疏爵載發王言闕上安西
將軍銀青光祿大夫　太祖相府初開務

殷任重登庸而納百揆負闕上斯在乃□爲
大丞相府功曹參軍事加持節帥都督中
軍將軍右金紫光闕上實有□幹之才非亾
爪牙之任勳言之巨寔簡帝心乃賜姓宇
文氏柱國燕公擁旄闕上大都督領武陽公
長史時鳳翔　与蜀　王□等阻兵邛僰
竊據方闕上奇謀星旋月□之兵上谷漁陽
之□□踰百戰攻出九天殪彼攙搶並闕上
賢□□之任□□□□乃除大將軍輔成
公司馬遷車騎大將軍儀同三司增邑闕上

朝政謀□□□啓沃□□公佐□神甸君
又以本職帶雍闕上之譽獨□□時吐谷渾
蟻聚邊翔闕上之□上□嘉猷□□□出遷
□□□正進爵爲伯其司錄贊治並闕上參
惟屋□□　高祖武皇帝始自登庸並
連其任二年尋轉御正陰岑闕上民部□□
□□□聿宣事談土□之圖績兼都鄙
之數在乎匡拂闕上大都督□州刺史九曲
□乇□襄州捴管衛國公以貴介之重推
闕上周□之重□□趙□之輕比蹤往烈時

論榮之尋遷捴管府長史又拜郢州闕上名
□□□宣無癈六條之□時以江淮未一
壃場多虞命彼舟師遠臨彭漢闕上常思効
命鳴劒抵掌志在宣力淩波□鋭首啓戎
行既而師律否□雄邑弗闕上春秋五十九
以天和三年八月八日薨乎建業客館陳
人敬其誠節反闕上立誠□上遺愛在民高
風餘論方傳不朽闕上一闕一行
闕上望重褒職學優才品斯著□□乃旌其
賢以象其芳不休邦守德懋驥足名闕上過

世路群飛秉節識義金䜋乃歸榮勳胙邑
奄有邦畿經綸運始駆馳闕上班三事職副
六卿常伯□任邦教立名陪蕃首席剋舉
專城騈綬纍印載闕上使奉賢輕□軍陣駟
馬拴犇黃塲積壤闕下甲開泉將軍有基闕上
闕一行

按此碑上截漫滅下截每行祇存二十餘字約四分之一額題高邑侯裴史君文有云君諱鴻河東聞喜人也知其爲北周裴鴻碑文敘其先世祇云父方興義陽太守自祖以上皆闕泐裴方興魏齊

諸史皆無傳鴻則周書北史有之據周書知鴻爲鏡民族弟也鏡民碑見後卷載祖系甚詳周書鴻傳鴻不載其字與碑同歷官內外孝閔帝踐祚拜輔城公碑作輔成司馬加儀同三司爲晉公護雍州治中累遷御正中大夫進位開府儀同三司轉民部中大夫保定末出爲中州刺史九曲城主衛公直出鎮襄州以鴻爲襄州司馬天和初拜郢州刺史轉襄州總管府長史賜爵高邑縣侯從直南征軍敗遂沒尋卒于陳朝廷哀之贈豐資遂三州刺史北史傳與此畧同碑雖殘闕其存者較史爲詳如云傳拔勝襄帷南服頌稱愛士聞風悅義有同傾蓋據周書勝傳乃太昌初拜勝爲都督三荆二郢南襄南雍七州諸軍事時事又云太祖相府初開爲大丞相府功曹參軍事据周書文帝紀乃魏帝都長安加授大將軍雍州刺史兼尚書令進位丞相時事又云柱國燕公擁旄闕下燕公當是于謹孝閔踐祚進封也又云大都督領武陽公長史將鳳翔與蜀阻兵邛僰云云武陽公當是豆盧寧魏恭帝二年改封明帝武成初督諸軍討稽胡郝阿保劉桑德等破之似即其事又云襄州總管衛國公遷總管

府長史命彼舟師遠臨荆漢以天和三年八月八日薨于建業客館卽傳所云南征軍敗遂卒于陳之事也衛國公卽太祖子諱直周書直傳天和中陳襄州刺史華皎舉州來附詔直督兵赴援與陳將淳于量吳明徹等戰于沌口直軍不利云云是鴻當卒于軍而碑乃云客館所未詳矣

王某造像記

記四面刻前後横廣六寸側四寸五分高二寸二分前七行後六行兩側俱五行行三字四字不等正書

天和四年歲次己丑七月廿三日仏弟子王□□敬造
觀世音像一區□爲亡父託生西方現存母長命延年

㐌壽已身□□□□□□□三司家內大小康和生〻世
〻侍仏聞法
女□子　女妃孃　息王士□　息王士榮　息王
士覓　妻淳于妃

顏那米等造像記

記邑子名分刻三面各寬一尺二寸其西南兩面各橫廣二尺七寸五分皆二十六行東面橫廣二尺九寸五分二十五行行各十字十餘字惟南面中間十二行爲記每行十四字或十五六字不等正書在涇陽縣

天和四年歲次己丑八月戊午朔一日戊午　夫沖原
虛寂妙趣理幽應□難尋悟之者南有諸邑子淸信女
優婆夷等體識非常感情內□念□□□追益遂相合
師共崇洪願□□□原其衆番□□削家珍仰爲皇帝
陛下延祚无窮復願大冢宰保国安民福延万世□石
名山召匠方外敬造石像一區彫克精麗瀏畫儼髣髴
此遊因□□□祚永隆三寶常續諸邑子等□□□師
僧父母咸陏此願同獲斯善□□正覺
香火龐敬一心供養　邑主牟阿男
化主劉阿容　邑長馮李女
邑謂甯女朱　香火馮□好
東面像主顏那米　化主張阿香

化主張伯進　都唯那關長羅
邑師法敬一心供養　邑師法通一心供養
邑師惠暾一心供養　北面像□□妃
化主劉世起
南面像主趙舍貴
邑老趙要憧
邑主高伏英
都化主劉法朱　香火劉□男
□謂張逢容　邑謂劉阿□
□像主王龐妃　唯那趙海禾

以上并記爲南面
□□像主張羅資　邑子李道□
□□趙汝勝　邑子劉妙姿
□子關要資　邑子劉外妃
邑子杜阿媚　邑子劉阿還
邑子劉豫　邑子李洪妃
□子呂南績　邑子陳一讓
邑子趙敬貴　邑子劉海扼
邑子趙銀光　邑子趙婆仁
邑子楊元資　邑子馬諾□

邑子王白緒　邑子梁婆
邑子程阿娜　邑子張□花
邑子馮阿道　邑子劉遠花
邑子□舍好　邑子張大女
邑子王阿女　邑子趙洪妃
邑子王莘妃　邑子秦道妃
邑子柘拔男　邑子釜令好
邑子劉阿女　邑子王璟
邑子王淯氏　邑子劉要香
邑子孫貴妃　邑子張轉好

邑子王銀姿　邑子莘阿女
邑子劉英香　邑子范妙光
邑子程要勝　邑子杜雙
邑子秦暎香　邑子慶儀妃
邑子李清容　邑子李阿女
邑子顏猥姜　邑子路阿容
□□高銀英　邑子樊英朱
以上西面
□子張□女　邑子趙妙□
□子呂□好　邑子李苟□

邑子傅□洛　邑子馬歸□
邑子馬娟足　邑子李洪妃
邑子楊女勝　邑子劉姿□
邑子張潤香　邑子劉阿好
邑子馬阿清　邑子秦女伭
□□孫道姬　邑子陳哈香
□子劉雙女　邑子王要勝
□子□□容　邑子孔道妃
邑子郭花容　邑子王孟妃
邑子郭容女　邑子劉□好

邑子秦阿好　邑子劉□妃
邑子孟會朱　邑子張□□
邑子劉男香　邑子楊洽資
邑子□阿好　邑子楊□資
邑子　邑子董阿□
邑子楊吳女　邑子孔□雙
邑子張明基　邑子梁阿男
邑子張阿族　邑子陳居□
邑子麗阿娥　邑子張羅□
邑子馬□但　邑子李□□

邑子張大振　邑子張阿□
邑子馬可何　邑子楊僧□
東面像　邑子馬暉女
以上東面

宇文達造像記

石橫廣二尺一寸五分高七寸七分二十行行七字正書

□恩豆□□□□持節驃騎□□□金紫光祿□□
刺史都督烏□□開國子宇文康□天和五年歲次□
□六月癸未朔十七日己亥宇文達爲七世所□見在
父母合家大小造□□像一軀願使衆惡殄滅万善普

會及法界衆生等同此願俱成正覺
母張女畢　妻紇□咳
大妹高妃　中妹越妃
□妹阿咳　□妹□妃

按碑記宇文康宇文達造像事宇文康列銜多泐宇文達無銜攷北周書文帝十三子傳代奰王達字度斤突武成初封代國公建德初進位柱國出爲荊州刺史三年進爲王宣帝卽位進上柱國大象元年拜大右弼此宇文達之官爵也孝閔帝一男傳紀厲王康字乾安保定初封紀國公進爵爲王出爲利州總管此宇文康之官爵也此碑書宇文康有持節驃騎字金紫光祿字刺史都督字開國子字俱非傳中所有且康爲帝室諸王不應封開國子至宇文達爲閔帝子亦不應鐵其封爵且所謂見在父母合家大小等語亦不似帝王家語氣則碑所載另是二人也然碑敘康官亦顯非村野比何以二人直與帝胄同名理不可解天和五年歲次下泐二字乃庚寅也衆惡殄滅當是衆惡

譙郡太守曹敂樂碑

碑廣六尺七寸四分高三尺五寸五分二十六行每行五十一字正書

大周故譙郡太守曹□□□碑
君諱□字敂樂沛國譙人也其先皇帝當高陽之世□
□之子曰□是爲曹□□□□□□□之□又封
曹□於邾漢室龍興□□爲相魏武皇帝以英桀之上
才□□之睿哲□爲魏祖歷載弥長君卽其後□□
□□□□□縣黄初三季立爲河東□食邑六千二
百戶太和六年改封東海□嘉平元年薨謚曰定□禮
也子□嗣君郎□□□□□□□□逢茲不造
□深恩遠大□後變起遂令夫人達携二子長道真□
道□微行避難□稱姓□唯求万全□□□□□□

□□□民□後魏太和三年百濩曹□□□□□□□□
僞姚鄉郡太守雅□淵邃愽愛文艷稟悳齊禮善脩攻
化□□□□□□父□志尚淸靜好學經誥爀然
挺立□可以非義虧其姓孝悳慈風稟大氣而自遠文
流□□之藝曰事以發□□□□□□□□□述致
惟安神奉養不慕榮貴逢大□皇帝親揔六戎討逆□
□□□□□駕幸大州下召鄉□導引前駈□□□□
□□□獲已從駕西行□平凶醜隨赴北□遂充殿□
□豪國有大議必使彔焉□□□□請乞歸侍聖上加
愍假安邑□□□□□□□積□稟質秀靈幼懷亷雅

之風長木獨善之榮抱□悳於奇年立成名於冠歲太
和之□□□孅竅孝文皇帝威□□□□□奮指麾□□
□□國誌兵法優長乃勇略奮發遂提戈拔□先鋒擊
賊前無橫陣寨旗斬馘□皇上□□郎補千人軍將授
□遠將車駕還宮闕榮敷歆至幾會之初□□□□逆殊
□皇帝臨軒宣勅褒賚賞帛疋綵兩百餘段歌勞□之
詩聽歸侍養使得盡懽膝下□其孝德□□事親忠誠
□於接物穆穆閨庭之際恂恂鄉黨之間文寵雕篆學
曠博通思入黝門性□天道翺翔詩書之苑遊息禮樂
之場□乃□□□□主汎愛以親□□塁結許密之懽

朋故廣舊□之信輕財若水重義如山一言四馬千金
不□景明中會安邑□君□□□□□禮至□□□哀
慟□中茹憂毁骨服懃□閔餘痛在心每仰凱風以長
驚□寒泉而不息三年泣血□□□也五十猶慕方□
舜焉至□旨二□□遭母憂君抑而上以窮號仰蒼天
而自訴水漿不進□四晨□泣不絕聲踰月乃過於哀
□感□心致□之至殆將滅姓雖高柴泣血於□□王
脩□慕於祉□無以過也□魏大統初君齒班踰□盲
授本土譙郡太守君妙□元□深入□惠□□□□□
□淨名超遙解脫之門放浪淸曠之域君雖老而敬信

喻萬年將暮而脩崇無怠於是□□□□□□□□身□
雖□教造浮圖一區□□□□□於□相□寫法華涅
槃常奉讀誦恒持齋戒因有勞倦方介□景福貽我遠
□之壽永究□□之禮□大統十年秋忽遭□疾□□
□□□□□苓汎汎之影已淪滔滔之波不住春秋九
十有七終於鄉民□□贈儀列三議懷悲豈□輟杵停
歌云尔而已哉君有六子長迴欽次遵欽次驃騎將軍
右光祿都督漢陽太守又任□州別駕□史□中□□
次□縣功□□資□□□次宣威將軍隴州治中司馬
平陽太守河北大郡主簿殉等□和五年十月卜□平

夏禹城之西□□□原之南君□□□壙□□□□姻
□閉笔參□涕零□□臨□而灑泣悲夫痛切也□孝
□至深□刊石□存□者子孫□慕之□□□感音儀
之寂□□□□之□□□至德以作頌鐫崇碑以銘烈
其詞曰
悕悷譙□熒熒神區懷□□□人□□建魏廟謨九
服康衞□□□□□□稱譽宏濟六合繼響唐虞穆穆
□靈□允脩□□□□□□滿州閭□誠內外□□□
□乘亶□□豈獨史魚□□□□□□□□□□□□
□□□□□□□陣凶首□擒罷戎歸侍□□□□□

翔書莞文灑□□□□□□□□□□□□□□□□
□□□□□□□□□□□□□□□□□□□□□
□

按碑泐其諱周書北史皆無周時曹姓列傳是以不能考定其人文首敘曹氏先世甚詳云霖黃初三年立爲河東□食邑六千二百戸太和六年改封東海□嘉平元年薨諡曰定□禮也子□嗣改三國魏志武文世王公傳東海定王霖黃初三年立爲河東王六年改封館陶縣太和六年改封東海嘉平元年薨子啓嗣史不詳食邑碑不載改封館陶餘彼此悉合又云後魏太和三年旨復曹闕下僞姚郝郡太守雅□淵遂博覽文艷稟恐齊禮善修政化云云魏書馮元興傳時有譙郡曹道頗涉經史有幹用舉孝廉太和中東宮主書門下錄事景明中尚書都令史領主書後轉中書舍人行使何稱旨出除東郡太守碑所載似即其人也碑敘太守之父抱□悳於奇年立成名於冠歲太和之□孝文皇帝□奮指麾兵法優長乃勇略奮發提戈披□先鋒擊城前無橫陣搴旗斬馘皇上印補千人軍將授□遠將軍是其父以武勇起家歷仕

魏孝文宣武之世功績如是而史傳不載似係撰文者夸大之辭非史闕也且造浮圖細事碑中不必鋪敘事實又足見班筆者之昧于文體也又敘太守以景明中遭父喪三年泣血至□昌二□□遭母憂喪過於哀昌二當是延昌二年下云魏大統初旨授本土譙郡太守造浮圖一區大統十年秋遭疾春秋九十有七終于臨氏□和五年十月卜葬平夏禹城之西以大統十年之後推之當是周武帝天和五年葢卒後二十七年始克葬也

費氏造像記

像四面刻前後皆高一尺三寸五分横廣三尺二寸五分前四像分層兩邊中刻文十五行行十四字十七字不等後面兩截刻有截十四像旁兩面俱高六寸五分廣二尺一寸二分像各八四面每像刻一人名惟一旁止七人正書

夫如來眞意靈寂道出塵表至理宏□□□□□□
虛空本無名相衆□□力□以緣合□應□至現形非
□□□□□三寶重輝万品俱□□以如來體性淸淨
權應六道慈愍□□□□□起保紫嶽誕生王宮捨□
□之□□世金輪之寶□讀步靈遠□□仍□十九出
家□□道□身百□□□□□□廣今流布教化衆旣耶
□□□滅影雙樹無餘涅槃　佛弟□□□□□邑子□

僚憂婆夷合邑子□□□□人等經像訓世仰承聖教
識達非常信□□□意□志□崇三寶爲天王國主拜
□□□穀容華□奇異世間否有發廣大願□□□□佛
在我願中无□成就流入佛海悉皆具是
天和六年五月廿一日造像一區
邑主陽烈將軍費伯達
像主□雜宗主費子推
邑師比丘智業
□□將軍諫議長利縣南營二縣令眞政郡丞治都
督費永進

以上一面
□子王□保　邑子費長宗
□子費榮族　邑子張貫
□子費堅　邑子程道遵
□子虎威將軍費法假　邑子費祉奴
邑子費法海　邑子費格奴
邑子費僧和　邑子費長□
邑子費法猛　邑子費究騎
邑子費肆□　邑子費長暉
邑子費進族　邑子費始進

邑子費市宜　邑子費僧暉
邑子費□奴　邑子費黃頭
邑子費眞孫　邑子費法□
邑子費阿樹　邑子周奉
□□費眞敬　邑子費隗俱
以上二面
齋主費白奴
□大費宗衆
□律費伯孫
唯那費紹薦

典坐曠野將軍殿中司馬費雷
典錄大司馬府吏部朝官費胡
邑淯費萇生
口主費伏口
以上一面
口主費樹羅
邑淯費禹
典錄費暉和
典坐費長寬
唯那橫野將軍費遠

治律費鍾旭
香火陽烈將軍費伯進
齋主費遵禮
以上一面

按記後所列銜名惟曠野將軍橫野將軍殿中司馬見隋書百官志兩將軍皆從九品階殿中司馬督屬左右衛府凡五十人碑省督字也餘如陽烈將軍甬威將軍皆無考又口口將軍諫議長利縣南沓二縣令愼政郡丞治都督一行尤不可解徧檢地志齊周之世旣無長利南沓縣名亦無愼政郡名且將軍與諫議丞治與都督官職不倫而乃牽連書之於一人果何謂也後齊之制大司馬與大將軍並尊謂之二大皆典司武事者碑于大司馬府下有吏部朝官四字又不知何謂也

金石萃編卷三十七終

金石萃編卷三十八

賜進士出身　誥授光祿大夫刑部右侍郎加七級王昶譔

隋一

殘造象記

記已失前文知非止此一石盛就所存之石計之橫廣一尺六寸五分高一尺一寸僅存十四行行十字正書

上闕無黑變成紫室所願從心咸登妙菓無不遂意又願
見世後生男則狠如觀頂天然而知智　慧孤秀任居
上位亦世　崇明盛風相躍超然之一女則形軀端嚴
行性淳潔內隆勝碭衆人聲歎有筬試知無為曉悟苦
空滅已創身共崇已菓捨離惡業者並同斯善永無彰
导俱登正覺
開皇三年歲次癸卯五月戊戌朔十五日壬戌
邑師比丘法□
邑師比丘惠遠

王伏女等造象記

石四面刻像南北面各高三尺四寸廣一尺三寸五分分三截上截侍陽像無字中陰像字各六行下無像一十六行一十四行東西面各廣一尺五分像與南北面同中層皆五行下截一十一行一十五行每行字數五六七八九不等正書

女□　□女□闕化主□□父□□闕□非常共
相□□闕□邑子六十八□闕□□造石像一區闕道
經與上為人王闕爲壹□父母□□闕就頭□□□□
□闕慶願從心
開皇三年　日
東面化主王伏女
東面像主□□
東面□□□□女
香火□女□
以上東面
西面化主李含貧
比丘尼僧及七世父毋
西面像主趙乱貧
西面邑主李匈男
都大檀越主吳門□
邑子□□
邑子□何妙
□□秦□氏
邑子王阿□女
邑子□□貧
邑子王道先

邑子李女□
邑子李□先
邑子用毛□
邑子劉元□
邑子劉女賜
邑子高莫毛
邑子何阿□
邑子李□女
以上西面
都錄主劉要羅

都邑主王貴妃
都像主□婆女
都化主王□父
南面像主王□□
□□□□□
邑子何□□
邑子田□□
邑子郭□妃
邑子□合□
邑子田阿男

邑子李玉妃
邑子王阿女
邑子朱太妃
邑子劉□□
邑子□□女
邑子劉□□
邑子□定朱
邑子□男□
邑子□□貴
邑子□阿□

邑子□□□
以上南面
北面邑□郭令妃
北面化主□先□
北面像□
北面□□
北面□□□□□
北面檀越主何香□
邑子□□□
邑子李□僧

邑子□□□
邑子劉□□
邑子劉□□
邑子□□□
邑子□□女
邑子□□女
邑子□女□
邑子□□□
邑子□□□
以上北面

楊遵義造象記

石不知高廣銘刻象之下截廣九寸五分九行行或九字七字十一字八字不等正書

開皇二年十二月　楊遵義爲息□熾造象一區上
爲人王帝主下爲七世父母及自己身同□斯願
　息□熾
父楊道標　息純祐
母形雙□　息□熾
兄楊琿業　妻王媚容
弟楊遵義　妻焦齊容

王忻造象記

石高廣二尺一寸五分高一尺一寸五分廿一行行十字正書

□□孝者善繼人之志善□人之事亡人先發懿願□
敎成之敢陳勝業乃作□云
□宗靡極道法何源其終□末其始無先䫄䫄絕學□
三忘言虛无萬古寂魄□千洪鐘應扣響振周年□□
一字耳晝三門星珠□□月桂猶□□車行空□駕飛
仙道德經首希夷□容三鳥鱗颺九井□蹤□祠曲里
庿享濯龍全身□寫相好無窮慈心慈敬□眞慕聖奉
賛　王矣□□益詠
大隋開皇六年七月十五日前上士州從事國子助

教彰城縣開國男洞霸弟子王忻敬造

按隋書百官志初沿周制有上士中士下士之目入隋已後不復詳列其諸州郡從事從九品國子助教從七品開國男正五品王忻所稱前上士或是仕于周時其在隋或由州從事入爲國子助敎而以從七品官封正五品爵殆當時加爵高于官一二等歟

龍藏寺碑

碑高七尺一寸廣三尺六寸五分三十行行五十字正書今在正定府

竊以空王之道離諸名相大人之法非有去來斯故將

喻師子明月在如無畏取辭金剛信畢竟而不毀□□
□□□□□□源□隔愛慾之長河開生死之大海無
舩求度既似龜毛無翅願飛還同兎角故以五通八解
名數攸生二諦□□法門□□□□攝細艮貪汲引之
風挽滿陷深雅滑術行之致若論乹闥之城皆妄芭蕉
之樹盡空應化詎眞權假寧實釋迦□□說□□□□
菩提登證果之人然則習可之指安歸求道之趣奚向
如幻如夢誰其受苦如影如響誰其得福是故維摩詰
具諸佛智□□□坐斯來舍利弗盡其神通天女之花
不去故知業行有優劣福報有輕重若至凡夫之與聖

人天堂之與地獄詳其是□□□可同日而論哉往
者四魔毁聖六師謗法扳髮翹足變爲吞麻李園之內
結其惡黨竹林之下亡其善聚濩滅比丘翻同□□□
□□□□等□蓮慧殿仙宮寂寥安在珠臺銀閣荒涼
無處雕離綴彩亭勞周客含含奏曲詎假緞人我　大
隋乘御金輪□□□□上應帝命下順民心飛行而建
鴻名揖讓而升大寶匪結農軒之陣誰徇湯武之師稱
臣妾者遍於十方弗□□□之亂□□帛者盡於万國
□隋防風之禍斯乃天啓至聖大造區域垂衣化俗負
扆字民昧旦紫宮終朝青殿道高義燧德盛□□□

山□衆悦□集伍站□月搖蘿含風沉壑觀書龍負握
河之紀功成治定神奉益地之圖於是東暨西漸南徂
北邁隆禮不洽□□□□感天地而動鬼神辯尊卑而
明貴賤而尚勞已亡倦求衣靡息豈非攸攸黔首垢障
未除擾擾蒼生蓋纒仍擁所以金編寶字玉□綸言滿
封盈函雲飛雨散慈愛之旨形於翰墨哀愍之情發於
矜抱日月所照咸賴陶甄陰陽所生皆蒙鞠養故能津
濟率土救護溥天□弊愚□□導聾瞽澍茲法雨使潤
道牙燒此戒香令薰佛慧脩弟章之果建取勝之幢拯
既滅之文匡邑墜之典恩辱之鐵滿□□都微妙之臺

充於赤縣豈直道安羅什有寄宏通故亦迦葉目連聖
僧斯在龍藏寺者其地蓋近於燕南昔伯珪取其謡言
□□□□□母恤往而得寶竊代常山世祖南旋至高邑
而踐祚盧王北出登望臺而臨海青□歎霧漲水揚波
路欵晉而適秦途通□而指衞□□之驚矩步非遙平
原之樓覩行詎遠尋泒避世彼亦河人幽閑博敵艮爲
福地太師上柱國大威公之世子使持節□武衞將□
□開府儀同三司恒州諸軍事恒州刺史鄂國公金城
王孝僊世業重於金張器識踰於許郭軍府号爲飛將
朝廷稱爲□□領袖諸□冠冕羣僚探賾索隱應變知

機耆義尚訓御之勳立勲功事勞之績廊廟推其偉器
柱石捐其大材自馳傳莅蕃建旗□□招懷□逖鎮復
逃亡遠覗廣聽賈琮之按冀部賞善懲惡徐邈之處涼
州異蘇齊奔古今一致下車未幾善政斯歸瞻彼伽藍
□□草創□奉　勅勸弊州內士庶壹萬人等共廣福
田公爰啓至誠虔心從石施逾奉恭檀等布金竭累水
之銅磬忘岸之玉結瑠璃之寶□傍纓絡之珎臺於是
靈刹霞舒寶坊雲構崢嶸鄰葛穹隆崎詭九重壹柱之
殿三休七寶之宮彫梁刻桷之奇圖雲畫藻之異□銀
成地有類悉覺之談黃金鏤楯非關何踐之獄其內閑

房靜室陰牖陽窻圖井垂蓮方疏度日曜明瑠於朱戶
殖芳卉於紫墀□□金沙似遊安養之國蔭隱天樹疑
入歡喜之園夜漏將竭聽鳴鍾於寺內曉相既分見承
露於雲表不□床坐來會之衆□憂□□飲食持鉢之
侶奚念專以開皇六年歲次鶉火莊嚴粗就庶使　皇
降寶祚與天長而地久種覺花臺將神護而鬼衛□□
詞□
多羅秘藏毗尼覺道斯文不滅懲於人造誰薰種智誰
懷煩惱猶斂我　皇實宏三寶慧燈翻照法炬還明菩
提果殖救護心□香樓並搆員塔俱營充遍世界彌滿

國城僧彼大林當途向術於穆州后仁風遐拂金粟施
僧珠纓奉佛結瑤薨宇搆瓊起室鳳□築日虹梁入雲
電飛窻戶霜驚椽棼綺簷金鏤縹壁椒薰綈錦亂色丹
素成文影絢雪宮依稀月殿明窔結悅幽堂啓扇□虎
未□□危難見帶風鄰瑟今州蕊衛西臨天井北拒吾
臺州谷苞巽山林育材蘊寮誑反樂穀奔來鄒魯媿俗
汝穎慙能惟此大城□□□踐蹤鏈嚮度曆磬露弦八
聖四禪五通七辯戒香恒馥法輪常轉
開皇六年十二月五日題寫
齊開府長兼行參軍九門□□□□□

碑陰
分五截三十行
字數不等正書
冠軍將軍都督錄事參軍敬楷
前員外散騎侍郎開國伯功曹參軍崔旻
都督前滎陽縣令倉曹參軍鄭世隆
伏波將軍戶曹參軍楊遠
洛州主簿戶曹參軍元德明
前城皐郡丞兵曹參軍崔充禮
前北豫州刑獄參軍法曹參軍祖士廓
士曹參軍崔宰

行參軍長孫世
行參軍楊砂
行參軍梁直
行參軍傅君長
行參軍楊懷詰
鄴國公府長史皇甫祥
鄴國公府司馬侯鑒
翊軍將軍眞定縣令張仲
冠軍將軍師都督九門縣令李康
安化縣開國侯石邑縣令任詣

師都督義鄉縣開國男井陘縣令曹明
前內侍開府儀同三司銀青光祿大夫靈壽縣令潘士
逸
征東將軍蒲吾縣令王緒
翊軍將軍都督行唐縣令宋璨
都督滋陽縣令元靜
州都張元質
州都裴衡
前祕書侍郎平棘縣令滏陽縣開國伯州主簿賈羅侯
州主簿房道儒

州光初主簿房唆
州光初主簿許芬
州西曹書佐閻公約
州西曹書佐栗子遠
大都督祭酒楊騰
前奉朝請祭酒胡士則
恒州前士曹從事省事李亮
眞定縣主簿省事趙琛
前給事眞定縣丞王賢袠
殄冠將軍眞定縣尉王亮

并州前行參軍眞定縣尉鄒輿
掃冠將軍九門縣丞蔣羅
伏波將軍九門縣尉富昶
九門縣尉呂儉
前恒州典籤錄事維郡俗素
井陘縣尉賈子政
明威將軍□□□□□廣陽令邑正盧延
前常山郡正維郡石建業
前常山郡主簿維郡石子紹
維郡賈小盆

維鄉石元空
維鄉張伽兒
維鄉石文遷
州前市令前恒山郡錄事維鄉劉雅
前常山六州府右蕃司馬戶曹參軍姚鸞
盪邊將軍恒州十二州帥都督劉多羅
前常山六州倉曹參軍維鄉獨孤猛
前度支令史恒山郡錄事牛軌
盪邊將軍儀同府司馬維鄉趙元鄉
儀同府法曹參軍維鄉潘善慶

前常山郡功曹維鄉石洪林
前散騎常侍維鄉竹奉伯
兵曹佐維鄉郗瑜
恒州倉督維鄉郗楷
前眞定縣平正維鄉封孝瑜
明威將軍西水縣令郗怀焦貴遷
冠軍將軍前鋒大都督蒙州刺史東興縣男呼延囊
前州倉曹佐監寺使張秤
前汾州統府錄事監寺使魏讓
前定州總管府學生監寺使段珠

前定州總管府學生監寺使佫輿
前恒州行參軍維鄉石文舉
前恒郡兼主簿維鄉石紹軌
前六州倉曹參軍維鄉樂元
前六州外兵維鄉獨孤永和
維鄉石洪兒 維鄉檀惠顏
維鄉石顯應 維鄉賈恭宗
維鄉王景貴 維鄉王遵貴
維鄉竹盆 維鄉王望兒
維鄉石子暉 維鄉閻仲遵

維鄉石子約 維鄉王市吉
維鄉賈榮伯 維鄉左觽
維鄉馬祀 維鄉白暉賓
眞定縣 維鄉 維鄉 維鄉 維鄉 維鄉 維鄉
石邑縣 維鄉 維鄉 維鄉 維鄉 維鄉 維鄉
邢陘縣 維鄉 維鄉 維鄉 維鄉 維鄉 維鄉
蒲吾縣 維鄉 維鄉 維鄉 維鄉 維鄉 維鄉
零壽縣 □□□田世敖 □□□傅□ 維鄉 維
鄉 維鄉 維鄉 維鄉
行唐縣 維鄉 維鄉 維鄉 維鄉 維鄉

滋陽縣　維那　維那　維那　維那　維那
九門縣　□□□靳□林　維那　維那　維那　維
那　維那

右齊開府長兼行參軍九門張公禮撰不著書人名氏字畫遒勁有歐虞之體隋開皇六年建碑云大師上柱國大威公之世子左威衞將軍上開府儀同三司使持節恒州諸軍事恒州刺史鄂國公金城王孝儁奉敕勸奬州人一萬共造此寺其述孝儁云世業重於金張器識逾於許郭然北齊周隋諸史不見其父子名氏不詳何人也　龍藏寺已廢此碑今在常

山府署之門後題張公禮猶稱齊按周武帝建德六年虜齊幼主高常齊遂滅後四年隋建開皇之號至六年齊滅蓋十年矣公禮尚稱齊官何也集古錄

右隋龍藏寺碑集古錄謂在常山府署之門常山卽今之眞定予近以使事過之開府治東二里龍興寺有古銅佛一軀崇七十二尺閣之覆者崇百有三十尺與太守同年李君往遊其閒見殿前一古碑其趺已沒土中讀之乃公禮文蓋寺在隋名龍藏歐公謂寺廢與碑在常山府署蓋未嘗親歷其地故誤書耳金薤琳琅

碑立于開皇六年齊已久滅而張公禮猶稱齊官書者不以爲嫌當時不以爲禁此皆尚有古道尤可紀也庚子銷夏錄

碑今在眞定府龍興寺大殿內其後爲天寧閣九閒五層高一百三十尺中有銅觀世音像高七十二尺四十二臂各有所執之物俗謂之大佛寺也碑爲隋開皇六年恒州刺史鄂國公金城王孝儁立而其末乃云齊開府長兼行參軍九門張公禮撰齊亡入周周亡入隋而猶書齊官蓋君子之能不降其志而其時之人亦不以爲非也其書踐阼爲踐祚何人爲河

人伽藍爲伽籃懷爲壞五臺爲吾臺則理之不可通者疑爲後人摹刻之誤又宋歐陽公集古錄云龍藏寺已廢此碑今在常山府署之門此嘉祐八年所書而龍興寺乃乾德元年建據文忠集錄之日碑尚不在龍興此其徙置之由已不可問惟其大書齊官則必非後人之所加也余考顏之推仕歷周隋而其作家訓猶謂梁爲本朝蓋同此意其時南北分羈興亡迭代爲之臣者雖不獲一節以終而心之所主見于稱名之際者固較然不易如此　大戴禮武王踐阼禮記曲禮踐阼臨祭祀正義曰踐履也阼主人階也

天子祭祀升阼階履主階行事故云踐阼也文王世子篇成王幼不能涖阼周公踐阼而治注踐履也代成王履阼階方氏曰涖阼臨朝也阼者主人所有事之階故適之冠于阼以著代繼體之君臨朝行事謂之踐阼史記漢文帝紀辛亥皇帝卽阼正義曰主人階也古時殿前兩階無中閉道故以阼階爲天子之位王莽傳引書逸嘉禾篇云周公奉鬯立于阼階隋書載北齊邢子才議曰君位在阼階故有武王踐阼篇啖氏春秋傳曰凡天子崩諸侯薨旣殯而嗣子爲君康王之誥是也未就阼階之位來年正月朔日乃就位南面而改元春秋所書是也公卽位者卽阼

階之位也韓文公集元和聖德詩皇帝卽阼方崧卿注謂東階也或作祚非金石文字記

眞定府治東龍興寺隋龍藏寺故址也寺剏于開皇六年宋太祖嘗幸其地寺重建于乾德元年龍興之額所由更也然集古錄稱龍藏寺已廢遺碑在常山府署之門則嘉祐閒碑猶在寺外也今入門有殿殿北閣五層廣九楹中奉觀世音像土人目爲大佛寺碑亦具存而終南山釋道宣撰神州寺塔錄鋪敘佛像顧不及焉何哉曝書亭集

龍藏寺碑末行張公禮下僅有一之字之下闕爲撰爲書皆不可知而都元敬竟坐張公禮爲撰文未免太鑿書法遒勁無六朝儉陋習氣蓋天將開唐室文明之治故其風氣漸歸于正歐陽公謂有虞褚之體此實通達時變之言非止書法小道已也碑中字多譌謬如以何人爲河人五臺爲吾臺之類不可一二數蓋當六朝荒亂之餘同文之治破滅已盡此雖已稍歸於正而其宿氣猶有存者此固事理之可推無須厚非者也　歐陽公集古錄謂碑在常山府治之門常山今之正定府也明都元敬以使事過正定嘗遊龍興寺見碑在殿前而謂歐陽公未嘗身歷其地

故至誤書今顧寧人金石文字記又謂在殿中不知寧人亦曾親至否如顧又未知何時移入殿中也虛舟題跋

碑云金城王孝儁歐陽永叔趙子函以爲齊周隋諸史皆無之以予考之蓋王傑之子孝儁也周書傑金城直城人宣帝卽位拜上柱國追封鄂國公謚曰威子孝儁大象末位至開府儀同大將軍碑書僊爲儁蓋字體之偶異傳不云襲鄂國公則史之闕也其仕隋爲恒州刺史在周書固不當載而北史亦未增入此爲闕漏矣文稱勸奬州內士庶壹万人等文爾九

重壹樹之殿皆以壹代一字按禮記節以壹惠鄭注壹讀爲一正義云上壹是齊壹下一是數之一二也經文爲大壹之字鄭恐是均同之理故讀爲小一取一箇善名爲謚耳讀此碑知壹之代一隋時已然故唐初撰正義者有大壹小一之語耳銘詞云鄒魯姬俗汝潁懃能與臺材來協韻蓋才能之能古讀奴來反隋時古音猶存也　龍藏寺碑陰及左右側題名字畫完好歐趙諸家俱未之知壬午歲予奉使過眞定宿龍興寺秉燭訪斯刻見碑陰兩側皆有題字乃募工搨而藏之題銜有云前城皋郡丞者隋書地理

志滎陽縣舊置滎陽郡後齊改曰成皋郡開皇初郡廢城皋即成皋也又有云恒州前土曹從事省事云眞定縣主簿省事者考百官志州縣吏無省事之名不知何職也下二列眞定石邑那陘蒲吾零壽行唐滋陽九門諸縣維那姓名或不具以俟續刻也書井陘爲那陘者按廣韻那字下注那邢地名即井陘也其書靈壽爲零壽則他書所未有也潛研堂金石文跋尾

按畿輔通志載正定府隆興寺云在府治東一名龍興寺又名大佛寺隋開皇六年建初爲龍藏寺創建之日天降異香恒州刺史鄂國公王孝僊有碑記大殿內有張公禮龍藏寺碑王孝僊事即在張公禮碑內志蓋誤分爲二碑也碑稱太師上柱國大威公太師之銜史所略謚曰威不知何以碑加大字所未詳也史不詳敘孝僊官位但云大象末位至開府儀同大將軍據碑則入隋數年歷官開府儀同三司恒州刺史襲封鄂國公也恒州始置于周建德六年領常山郡隋初廢郡而州存大業初州廢復立郡此碑立于開皇六年其時州尚存故孝僊爲此州刺史也恒州今謂之正定府碑在龍藏寺今謂之龍興寺蓋孝僊官刺史時所立

也碑陰列諸縣維那曰眞定曰石邑曰那陘曰蒲吾曰零壽曰行唐曰滋陽曰九門皆恒州屬邑也隋書地理志石邑本舊名後齊改曰井陘開皇六年復改石邑那陘即井陘亦開皇六年復石邑分置蒲吾本舊縣開皇十六年廢入井陘此時縣尚存零壽即靈壽說文霝雨零也詩曰霝雨其濛又零餘雨也是霝零同義加巫爲靈其義始別碑則借霝爲靈而又通零爲霝也九門亦開皇六年復置碑所列者半皆新置也文云龍藏寺者其地蓋近於燕南世祖南旋至高邑而踐祚靈王北出登

望臺而臨海燕趙南北接壤恒州在戰國屬趙地
趙之北境卽燕之南境世祖謂漢光武後漢書光
武本紀建武元年光武從薊還行至鄗命有司設
壇場於鄗南千秋亭五成陌卽皇帝位太平寰宇
記高邑縣戰國時趙房子邑之地漢以爲鄗縣漢
書地理志房子縣屬常山郡光武卽位更名高邑
開皇三年改屬趙州是高邑舊屬恒州碑記其郡
之故蹟也靈王登臺乃九門縣事寰宇記九門縣
望風臺趙武靈王築以望齊及中山亦曰寒臺是
也登以望齊故云登望臺而臨海也文中但記建

寺之宏麗而無一語及佛像則四十二臂之觀世
音像非其舊矣碑書響作嚮篭作蘢悠悠作攸攸
纏作纒翰作翰轇轕作醪葛譎詭作譎詭膽作膽
皆別體也文稱勸奬州內士庶壹萬人等碑陰所
刻有官位姓名者八十人自眞定縣以下各列五
行只維那二字而無姓名惟零壽縣增多二行有
田世敖字儁□字敖疑卽敖字結銜有云師都督
者隋書百官志有大都督帥都督都督等官又云
苑川十二馬牧每牧置大都督及尉各一人帥都
督二人蓋司牧之官是帥字非師字也姓名有栗

子逸者栗姓見風俗通燕將栗復之後行佫素者
佫本佫字廣韻云姓也集韻云佫或佫郗瑜之郗
似卽郄字此碑在寺之殿閣歷經寺僧守護寺又
聳峙大道恭遇
高宗純皇帝西巡
鑾輅所經敬謹修葺以備
臨幸
御製碑刻焜燿叢林 昶曾頂扈行及往來滇陝過此寺者
凡十餘次每停驂周覽必摩挲拂拭故詳識如右

趙芬碑

碑二段皆高二尺餘廣一尺共二十四行字數不計正書今在西安府中兆村

上闕翼苞島嶼而納百川□必有出日之波瀾斯乃□□
□□□下闕庶積亦何代無其人哉淮安定公繼之矣公
諱芬字□□□下闕□英靈不絕十一世祖融字稚長所
謂荀□君□□□□下闕休曾祖響祖賓育或頻贊藩
維或□腰銀艾□□□□下闕□龍宿感周勃生公
炳靈特挺氣稟純粹□□□□□下闕□□喜慍之
色先聖微言味之而不倦□□□□□□下闕書舍
人尚書兵部郎職乃應星人同披□□□□□□
下闕二國並興伊洛崤函百樓相對金星火宿芒□□□

□□□闕下□不進加儀同三司仍長史徵入朝歷御伯
納言□□□□闕下治夏官府司馬封□安縣開國子前
後任熊□二州□□□□闕下□滯如□□□□□□□
□□□□□□□□□□□□□□□□官闕下聖主得
賢開皇五年除□州刺史加金紫光祿大夫以公年時
□□故優闕下乞骸聽以大將軍淮安公歸第仍降璽書
□賜□□□□□□□□□□闕下□二月十二日寢疾
薨於京師之太平里第王人□□□□□□□□□闕下
□內融虛舟元運有禮有法可大可久從□□□□□
□□□□□□闕下□然風塵不染清白自守脂膏莫

潤故□□□□□□□□□□□□□闕下□公業不亡
□□有寄府佐杜寬等仰□□□□□□□□□□□
□□闕下□□誰知夏屋之所乃勒此高碑樹之□□□
□□□□□□□□□□闕下
上闕歷代□□□仁不常厥土所在稱环□美□□□□
□□□□□□□闕下□□□□□□□動無近對衎尋
百氏下上千古□□□□□□□□闕下□□□□□□
□□命歸火謳歌去木□□□□□□□□□□□□
□□闕下□□□□□□身淑愼名教斯在□□□□□
□□□□□□□□□□闕下□□□□□□□□城黃

□□葢石□□
碑今存前後二魂土人砌於堡門內書衍已亡僅存
一碑字其下無書撰人姓名存字三百餘雍州金石記
右淮安定公趙芬碑碑已斷失其上半又無題額按
隋書芬傳稱封淮安縣男而碑稱淮安縣開國子傳
不載芬謚而碑云定公其以大將軍歸第傳亦不書
皆可補史之闕漏此碑前人未有著錄者予于京師
琉璃廠市中得之如獲珍珠船矣潛研堂金石文跋尾
碑在中兆村墓在西安城南少陵原俗呼太伯塚卽
中兆村也竹崦盦金石目錄

按碑云公諱芬十一世祖融字稚長曾祖炎祖宦
育考魏書趙逸傳逸字思羣天水人也十世祖融
漢光祿大夫而不載融字稚長逸兄溫字思恭溫
子炎字叔起爲兗州司馬轉閻城鎮副將還京爲
淮南王他府長史年八十卒遷都洛陽子應等乃
還葬焉而不云其子賓育北史亦附見逸傳云應
弟煦字賓育好音律以善歌聞于世位秦州刺史
則是賓育是字而非名也炎爲溫之子溫爲逸之
兄而芬爲炎之曾孫碑稱融爲芬之十一世祖則
當爲逸之七世祖不知史傳何以稱融爲十世祖

也芬爲周隋時人炎在北魏之世温在魏初史但稱融爲漢光祿大夫不詳何年即由魏初上推漢末不過二百餘年共爲七世似屬可据則係史誤七爲十當以碑爲正也北史趙芬傳芬字士茂天水西人也父諒周秦州刺史芬爲相府鎧曹參軍歷記室累遷開府儀同三司周武帝拜内史下大夫轉少御正李穆討齊引爲行軍長史封淮安縣男再遷東京少宗伯鎮洛陽隋文帝時遷東京左僕射進爵郡公開皇初罷東京官拜尚書右僕射兼内史令出爲蒲州刺史加金紫光祿大夫領關

東運漕後數年上表乞骸骨徵還京師賜以三驥軺車几杖被褥歸于家後數年卒隋書趙芬傳則云父演周秦州刺史與北史之言父諒者異蓋北史於逸傳不及賓育之子碑又不及芬之父不能定其諒與演之孰是矣隋書傳又稱芬由鎧曹參軍歷記室遷熊州刺史封淮安縣男復出爲淅州刺史此兩州刺史爲北史所不載餘悉與北史同以碑證之所不同者碑稱開國子史作開國男碑云以大將軍淮安公歸第而史無之餘亦大略相同傳不載謚定碑亦賴有淮安定公繼之矣一語

知其謚定否則亦無可表見也淮安縣之淮字熊淅二州之淅字蒲州刺史之蒲字碑皆闕泐據傳知之除蒲州刺史史不詳何年碑則云開皇五年史但云歸第後數年卒碑於卒字泐不能辨參考碑史則當在開皇五年以後之數年約略在十年左右也以碑校史彼此詳略皆可以互證矣

□昭禮造像記

記刻三面前廣五寸五分七行行二字側二寸四行行三字皆高二寸後高六寸八分五行行七字正書今藏萊陽初太史家

開皇十一年歲次辛亥正月甲申朔十五日戊戌首民

□昭禮爲　□亡七世父母□亦生父母祖□□妻夏侯父母□□果僧妃叔阿□妻夏侯

右記凡十六行字徑五六分不等或云此是天尊造象今所見祇拓本形如曲尺殆亦刻于坐閒者山左金石志

張景略銘

碑高廣俱一尺八寸十七行行十七字隸書今在彰德府

君諱景略燕州上谷人漢司徒華之後也帝皇帝護將相蟬聯僭諸圖史其司伊述祖驃騎大將軍第一領民酋長文城公又

還燕州諸軍事燕州刺史
考龍驤將軍諫議大夫奉車都尉行濟安
郡太守金鄉侯
君質如披錦文彩煥然器若珪璋光輝朗
濯於是弱齡表異聲振朝野欲止不能遂
被徵辟起家爲魏帝内侍左右尋遷秘書
郎優遊鳳沼去來麟閣時稱獨步寔曰無
雙又加車騎大將軍開皇十一年正月六
日冥不錫德奄從運往春秋六十有八以
其月二十六日遷窆於相州安陽河北白

素曲未極丞相之季祇掩將軍之墓嗚呼
哀哉乃爲銘曰
筌季慷慨拖紫垂青崐山漢水玉潤珠明
何圖大運混我賢貞一辭身世百代千齡

祥符周君伯敭持是銘贈予云其從子岐東數年前
自安陽得之銘刻完好僅闕一二字其敘云君諱景
略燕州上谷人漢司徒華之後也漢宜作晉臨文疎
舛皆自晉魏以來士人馳騖詞章雖見聞近如晉事
亦不考世代至此又云驃騎大將軍第一領民酋長
文城公又遷燕州諸軍事燕州刺史考龍驤將軍諫
議大夫奉車都尉行濟安郡太守金鄉侯書歷官詳
備然皆闕其名而不書使後不可考爲可惜也張君
被徵辟起家爲魏帝内侍左右遷祕書郎加車騎大
將軍以開皇十一年正月六日冥書卒爲冥文亦僅
見別體字煥作煥尋作尋寔作寔之在相州安陽河
北白素曲 授堂金石跋

按志載景略歷官起家爲魏帝内侍左右尋遷祕書
郎又加車騎大將軍而誌題稱大隋車騎蓋隋加是
官也魏書官氏志建國二年初置左右近侍之職無
常員或至百數侍直禁中傳宣詔命皆取諸部大人

及豪族良家子弟儀貌端嚴機辯才幹者應選又置
内侍長四人主顧問拾遺應對是誌言内侍左右郎
史所云左右近侍之職景略以開皇十一年葬相州
安陽河北白素曲元和郡縣志隋開皇十年置安陽
縣屬相州此誌當十一年故得仍置安陽之名河
北白素曲誌石出於今安陽橋之北迤東隋白素曲
即屬此矣金石三跋以正月六日冥云書卒爲冥考
此誌冥非句絕冥與卒不通用疑誤 安陽縣志

按文首云君諱景略燕州上谷人漢司徒華之後
也考三國魏志有兩張華一是張恭從弟恭嘗遣

攻黃華一是酒泉人據郡起兵就爲所執並附閻溫傳又北魏書張讜傳讜清河東武城人父華爲慕容超左僕射皆與碑所稱之張華不合惟晉書張華傳華字茂先范陽方城人以誅楚王瑋首謀有功拜右光祿大夫開府儀同三司侍中中書監進封壯武郡公數年代下邳王晃爲司空領著作被害後追復侍中中書監司空公廣武侯是未嘗爲司徒碑之誤不獨以晉爲漢也景略卒于開皇十一年春秋六十有八計其生年在北魏孝明帝正光五年甲辰更歷東魏西魏共三十餘年其官

秘書郎當在魏朝不知加車騎大將軍在何代也推其祖父亦當在北魏之世徧考魏書北史不得其人魏書官氏志云諸方雜人來附者總謂之烏丸各以多少稱酋庶長分爲南北部碑稱祖驃騎大將軍第一領民酋長似即此官蓋北魏之初制也隋書百官志亦云流內比視官十三等第一領人酋長視從第三品領人即領民避唐諱也隋制蓋因北魏之舊景略之祖北魏初人是當從魏志碑書頗完整而文極簡略難考如此蟬聯作蟬聯是別體獨漢水之水作巛則从古文巛字中之巛

形

詔立僧尼二寺記

碑高五尺二寸五分廣三尺五分二十二行行四十四字隸書

昔夫老子位上下之經總表清虛之妙莊生著內外之義且論出世之高無申業報之言豈暢因緣之旨眷言大道未爲盡得是知神理幽密真趣幽闕諱必期之侶起惑興降若非達聖膺運至德降靈孰能敷化大千□□彼岸暨□通漢夢炭驗昆明法輪西闡像教東被自尒迄今將千歲矣雖

神功妙迹迥出天人應物隨方多有□□□□闕諱風遂扇緒□更繁或廢或興隨時出沒良由此塗所隔業緣致擁故耳我大隨膺千齡之會處亞運□□□□□道先天協命　皇帝統闕諱乘元欽明御宇秉金輪以治世懸玉鏡而照臨聲逸萬古澤被遐外好生惡煞泣辜解網輕茲小道慕彼大乘欲歸一諦會由三寶乃　詔州縣各立僧尼二寺聿遵聖軌之將頹繼金言之墜緘　使君建安公衣冠水鏡縉紳模楷人

朝見炎出收稱賢含柔履慎韋由成則德
流興部聲播殊方僉法界以歸依隸諱慈善
以訓物申命勉至不捨斯須縣令西河宋
景輔國將軍內散濩州別駕治長史宜昌
竟陵二郡□□□都督允文允武所在稱
奇製錦一同弦歌千室志懷清慎恒若履
冰能官之美今古獨絶深悟非常情存檡
典聽訟之暇無忘福田丞大梁齊相尉慱
陵張服河間張擳並以明哲秉贊專城清
勤自處譽宣隣邑俱申迴向之心共斯真

淨之路此意精實不行自遠遂仰依明
勅府廬宿誠乃於形勝之所崇搆居寺縣
官七職爰及鄉正之徒感斯福德忻然營
助寺主道辯諱等覺法紬上坐智寂緩稱等
咸以式摽端嚴音儀匪忒煩惱已棄業行
聿脩相與經始不日而就介其勢擬顯諱麗
地惟爽塏房廡深重長廊交暎連甍雲合
比屋霞舒寶鐸迎風雕樑照日至於莊嚴
□殿餝盡丹青相好非常光明特絶奮居
宿德深覩律藏其不負錫來遊有懷樂去

竊惟靈應微遠無迹可尋但理□□曰言
由事發故探賾索隱更顯法於將來幽贊
神明亦了達於未悟然則立德之美從斯
而見著述之義其在□□今盛業既彰大
功剋搆而微猷其記非所以曉示來葉者
也是以敬勒他山式遵前學庶使無上功
德與山□□□傳其詞曰　　巡聽前脩曽
聞莊老可名非名可道非道逍遥爲貴齊
物爲寶緣報不由理尚未好延其上覺□
神功四禪無像三界畢空□非迹應事

以感通無因達聖何以開蒙於惟我　皇
自天攸縱九有燧德八方咸統治尚無爲
民隨日用淳風既□式歌□誦功參佐命
來牧蕃雉秉茲德實是導是綏民知禮讓
俗尚謙撝過則稱已功必□□寔爲良宰
撥煩理□既經德化風移俗易仁不獨善
贊輔斯益共保令名嘉命可適爰有明
詔詰彼四方樂風更闡遺教重昌同□□
德上下紀綱伽藍仍建迴剎高驤物愛雕
脩人樂寶餝畫堂晈晈華擛翼翼名德卜

居寠坐止息歸依一□□□□□温温㮰
人穆穆明右佐我橋梁㢠謀玆善誘有緣必
應言立不朽敬勒斯銘天長地久
大隋開皇十一年歳次辛亥六月辛□
□

按碑無額無題文云皇帝詔州縣各立僧尼二寺
隋書本紀不載經籍志有云後魏時太武帝西征
長安以沙門多違佛性羣聚穢亂乃詔有司盡坑
殺之焚破佛像長安僧徒一時殲滅自餘征鎮豫
聞詔書亡匿得免者十一二文成之世又使修復

至周武帝時蜀郡沙門衞元嵩上書稱僧徒猥濫
武帝出詔一切廢毀開皇元年高祖普詔天下任
聽出家仍令計口出錢營造經像云云葢佛法廢
而復興與碑襲聖軌繼金言語合而詔立僧尼二
寺亦無明文此碑是建造尼寺立石紀績倩使君
建安公不著姓名縣令宋景等亦無傳可考文字
完整闕者不過數字府厲疑是俯厲方與仰依對
煩惱當是煩惱自天終縱疑是攸縱華撰疑與疑
是華撰與畫堂對櫢木名見郡賦云文欂樹櫩是
也

杜乾緒等造象銘

石高六尺八寸廣一尺六寸分作六列第一列文行十七字第二列銘行廿三字皆十一行下四列各十四行書都邑主邑子姓名正書在葉縣

大隨開皇十二年歳在壬□十二月壬申朔十日辛巳
葢欲崇高志遠者要須曠□□行是以當今佛弟子大
都邑主杜乾緒□邑主張子元大都化主蘋難當都化
主杜□□□邑等雖滇形居俗㘝志栖方外□巳□□
匸龍山之南河山之西𣲖水之東吉祥□□□造石像
一軀㑹飾龍比刃巧盡百奇珎□□□遠而望之拔寶塔
涌現於靈山近而□□□祇蘭之覩玉殿迴晴注目歸

心有在□□勝善福閶皇家□法治国又願七世先□
□生眷屬類同沾澤因茲福慶刊記斯銘　其詞曰
妙理難原古趣莫尋淩□靡惻辣筭其深嵤山開九□
□□寶金□旣□徒泣雙林勇塔且淪祇蘭居□□□
光光銅人閉影聡宇暫空□□□□□真暉不曦像月爲
㘰寶□□□□縱妙像琢鏤奐崖相俞真□明晄高雲
光埋月服八万未踰真容何爽𠂉相吮吟㘰𡉏雉深王
□問條芳澤未今悠沾四□慶不有心言得千哉不朽
淸音　　　比丘□法敵
大都邑主杜乾緒　　　邑子王　永

大都邑主張子元　邑子王承遵
大都化主董雞當　邑子張領兒
大都化主杜郭生　邑子杜　益
邑平正菀長女　邑子郝天明
邑平正高孝寬　邑子董多善
都惟那楊長孫　邑子陳伏顛
邑子向□□
邑子尹那湖
邑子高孝寬
世石主杜貴賓　邑子□劉□

邑平正杜　化　邑子劉仕艮
邑平正杜仕劉　邑子佐　誕
邑惟那王　鍾以上第三列　邑子郭道□以上第五列
邑子侯景□　邑子趙慶夽
邑子郭景　邑子杜何碩
邑子李洪賓　邑子□□□
邑子賈仕璨　邑子
邑子杜雙俱　邑子
邑子呂　庆　邑子
邑子杜元和　邑子

邑子貢僧威　邑子
邑子陳子義　邑子
邑子杜猻□　邑子
邑子王景隆　邑子
邑子王叔怜　邑子
邑子張□苟　邑子郭□郎
邑子司馬詳兒以上第四列　邑子孫俟文以上第六列

碑分三截上截記中截銘下截題名銘文典麗字法古雅可愛中州金石記

按銘序首云大隨開皇十二年歲在壬□考隨本

春秋時國卽今隨州隋文帝初受封于隨及有天下以隨从辵周齊奔走不寧故去辵作隋然見之碑刻往往通用以逮唐初諸碑書隨爲隋者不可枚舉此碑仍作大隨蓋未嘗有定制也餘見後碑跋至開皇十二年歲在壬子碑壬下闕一字乃子字也十日辛巳辛作亲禮月令其日庚辛注云辛之言新也新字从辛木斤謂以斤取木也此蓋借新旁之亲爲庚辛字也文云邑等雖湏形居俗囚志栖方外湏當是須字囚卽罔字又卽網字須者現在也謂雖現在形居塵網之中而志則栖託于

方外也龍山之南河山之西雉水之東皆不可考
碑在葉縣縣屬南陽家語葉公好龍廳壁圖書龍
形眞龍爲之降或其地小山因以龍名而不甚著
爲舊圖經所遺也縣有滍水水經注云滍水又東
房陽川水注之水出南陽雉縣西又沿水又東南
流歷雉縣之衡山碑所謂雉水者或即雉縣之水
非淯水即滍水所受之房陽川也屑龜比刃刃即
仞字遠而望之拔寶塔涌現於靈山拔即狀字靈
即靈字祇園之觀玉殿菌是菌字亦即園字福閏
皇家閏即潤字銘詞云淺□㴑㴑即測字渙筆

其深勢即執字筆即筆字亦即算字勇塔且論勇
即湧字銅人閑景閑即閑字眞曜不曦曦即曦字
像月爲囦囦即容字塚鏤與崖與即碧字光埋月
眼悵即朗字王閣樤三字銘本四字爲何此王字
上下當脫一字閣樤即潤條言傳千載傳即傳字
載即載字此下題名五十四行內高孝寬兩見一
稱邑平正一稱邑子未審即一人否

金石萃編卷三十八終

金石萃編卷三十九

賜進士出身　誥授光祿大夫刑部右侍郎加七級王昶譔

隋二

曹子建碑

碑高七尺廣四尺二寸五分二十二行行四十二字隸書今在東阿縣陳思王墓旁

亐言植字子建沛國譙人也㴑源□九泉
競深崇□□□□以㕛自㞢輿□戶□曰
興爲其亐這國啟基丰日周室顯霸業於
東甤彰茅封於譙邑瓊根寶葉蒔芳蘭如
莫朽軒冕相傳襲縉紳而不絕此乃備須

典冊聊可梗概而言矣逮承相魏武成王
室道勳隆重位當上宰受國平陽□□廊
後鳴鑾佩玉飛蓋交映　祖嵩漢司隸太
尉公職掌三事從容論道美譽同衡出任
不亦宜乎　父操魏太祖武皇帝資神龍
虎剖判爵召開基名須讖牒謠歌眞人火
運告終去德承廟諱爰據圖錄亨有天下驅
改質文馳遷正朔與雄之氣蓋有餘矣昆
丕魏高祖文皇帝紹即四海充澤五都
負扆明堂朝宗萬國允文允武庶績咸熙

正踐昇平時稱寧晏致黃龍表瑞騐兆漳
濱玉虎金雞恒綸宇縣　王乃黃內通理
慍淵晗英徽括稟於自然轉懸由於天縱
佩金華以邁四氣挹玉操如忽風霜綴贍
藻於孩甫攄翰什於殤歲尋聲制賦齊
詔題詩詞彩照灼子雲遥慙於吐鳳文華
理富仲舒遠愧於懷龍又能誦萬卷於三
冬觀千言於臺見丰比山藪思苙江湖情
辭苑苑翡蔚艷之蔚巗林緑藻妍妍如河
兵之照巨海蔵庫太宫之譽握促之器嘗

也但禄由德賞頻亨　皇爵建國十六年
封平原縣十九年改封臨淄侯都京以貴
任爲懷亶亶清雅自得常閑步文籍偃仰
琴書朝覽百篇夕存吐握使高據擅名之
士侍宴於西園振藻獨步之丰陪遊於東
閣　黃初二年奸臣謗奏遂貶爵爲安鄉
侯三年進立爲　王　京師面陳濫謗之
罪　詔令復國自㠯懷忠信如見疑挹利
器而無用每懷怨慨頻啓頻奏四年改封
東□□五年以陳蔡四縣封復封爲陳王

呂讒言數構奸臣內興十一年哀頻□浸
觥沒沒無歡遂發憤而薨時年卌□　山即
營墓魚山傍羊茂臺平生遊陟有終焉之
所既如年代寖遠兆瑩崩淪茂響英聲遠
而不絕至十六世孫曹永㩁等去聖朝
皇建二年蒙前尊孝照　皇帝㡭廟諱古典
敬五二王崇奉三恪永洛等于時曆符表
貢面奉照　皇親訓聖　詔比經簹討皆
存實錄蒙　勑報允興復靈廟饋嗣𢅪嘗
四時史謁使恭恭嗣分得展衷誠之顛梵

梵孝孫長畢昊天之慕遂雕鏤真容鐫金
寫狀府使□□相度永刧而不泯七步文
宗傳芳猷於萬葉者也其詞曰　惟王睿
石斯固緜睹攸長波連□澥枝帶扶桑分
珪作瑞建國開壃蕙樓菌閣遠邁靈光其一
東閣晨開西園夜賞䋣華桂茂玉閏金響
器調高奇風革梳朗談人刮舌靈勉曜掌
其二聲馳天下遺冠生民丰驚曠古德重千
鈞混之不濁磨而不磷如何壹旦萎秕括
人其三山舟易共曰車難駐臺謝人間長遵

埏路風衰松栢墳穿㧾兔何在何膺還成七步其四迺考惟昆麗定洪基爵圖應靈運合紫微一辭皇闕永背象也□□日轉響逐雲飛其五

大隋開皇十三年歲次星己丈下闕

東阿縣魚山陳思王墓道有隋碑書法雜用篆隸八分其古此碑文不極工考歐集古錄趙金石錄及近代金薤琳琅石墨鐫華金石志俱不及載居易錄

右東阿王廟碑叙子建封爵與史多同惟本傳云黃初二年貶爵安鄉侯其年改封鄄城侯三年立爲鄄

城王四年徙封雍邱王太和元年徙封浚儀二年復還雍邱三年徙封東阿六年二月封爲陳王碑于黃初三年之下云四年改封東阿王則誤以太和之四年爲黃初之四年又中脫封鄄城浚儀雍邱諸事耳傳薨時年四十一碑作三十一按傳建安十九年太祖征孫權使植留守鄴戒之曰我昔爲頓邱令年二十三思此時所行無悔于今汝年亦二十三矣通鑑考異引此文云植今年年二十三則死時當年四十一矣本傳云三十一誤也今讀此碑則知隋以前其本已誤故碑亦承其誤而今本乃作四十一者後人因溫傘之言追正之耳碑文云父操魏太祖武皇帝昆丕魏高祖文皇帝於父字上空一字武皇字上空一字丕字上空一字碑又稱齊孝昭皇帝皇字上空一字至皇建二年係年號不應空格亦空一字蓋書碑之人不學無術故有此失也文稱齊朝皇建二年蒙前尊孝昭皇帝恢宏古典敬立二王崇奉三恪據北齊書在皇建元年八月未知孰是碑書黃中爲黃內避隋諱又以博懋爲博敏既如爲既而兆瑩爲兆瑩王闓爲玉潤又書其詞粵以粵爲曰與太公碑正同銘詞四章章皆八句首章多惟王二字王阮亭

居易錄載此文疑惟王之上尚有缺文乃於其詞下格六空又不知粵與曰通而以粵字接惟王爲句皆謬也潛研堂金石文跋尾

碑前叙子建封爵頓三徙都蓋依魏志爲文後又稱十一世孫曹永洛等齊朝皇建二年蒙口尊孝昭皇帝恢宏古典敬立二王崇奉三恪永洛等於時膺符表貢面奉昭皇親承聖詔蒙敕報允興復靈廟雕鏤眞容其記子建廟祀所起如此北齊書孝昭紀皇建元年詔昔武王克殷先封兩代漢魏二晉不廢茲典及元氏統歷不率舊章朕纂奉大業思宏古典但二

王三恪舊說不同可議定是非列名條奏其禮儀體式亦仰議之今碑所稱即指其事但以爲皇建二年者下詔在元年八月議定施行當爲二年各從其實書之也曹魏系出自嬴故以曹氏備三恪之一當時先復古制史文不悉載賴此以知其槩古刻流傳何可沒哉碑云賁內遊理及懷正信如見疑皆避中字如見疑者如與而通也（授堂金石跋）

右碑有額無題字似有畫象已不能辨書體兼篆隸其中增損假借之字已載錢氏跋中尚有未及者如茅封作芧封典冊作典圖丞相作承相宇縣作宇竂

藴淑含英作愠淑唅英西園作西薗諺言作諺言風格疎朗作風革梳朗皆是也（山左金石志）

按魚山在東阿縣大清河西岸東阿縣志稱即漢武帝所塞決河歌瓠子者也史記武帝紀天子禱萬里沙過祠泰山還至瓠子自臨塞決河又武帝瓠子歌云瓠子決兮將奈何皓皓旰旰兮閭殫爲河當即此魚山下之大清河也志又稱山有東阿王墓其下有廟而不言廟中有碑益志之疎也碑叙植先世云祖嵩漢司隸太尉公職掌三事從容論道美著阿衡之任不亦宜乎而不詳嵩之所自出益爲陳思諱也三國魏書武帝紀亦云桓帝世曹騰爲中常侍大長秋封費亭侯養子嵩嗣官至太尉莫能審其生出本末益已先爲武帝諱也注引續漢書曰嵩字巨高靈帝時代崔烈爲太尉吳人作曹瞞傳及郭班世語並云嵩夏侯氏之子夏侯惇之叔父太祖於惇爲從父兄弟也是嵩之本姓爲夏侯氏矣碑叙嵩事直接丞相參略去常侍騰其爲陳思諱者更分明也東阿王薨年實四十一碑書作卌有壹今搨本卌字右一竪已泐微存其蹟作卅形有字全泐壹字尚存末筆當諦視始辨之其詞粵之下碑只空二字居易錄云空六格者必是當時所見袤本遂誤認以粵惟王三字爲銘詞上有闕文因上空六格以足成二句也如讀爲而不特既如鶩既而蒔芳蘭如莫朽抱玉操如忽風霜懷正信如見疑如字皆當讀作而也談人刮舌疑即括囊之義以刮爲括也攝酉什於孺歲握促之器者也酉什握促二義未詳

陳茂碑

碑四邊殘缺連額高約八尺一寸五分廣三尺約共三十餘行行七十六字正書篆額

大隋上開府梁州使君陳公碑

□□挺奇略於□□□高文於游夏芳徽盛範□□傳
祀纂神基□六奇定策□項寧漢德□□□兼□著□
□興太守功表折衝任居分□祖□□□□遺下闕公稟
氣辰象降靈□□□五行之秀蘊六德之姿倚天照其
鋒穎絕海振其羽翮識□□故下闕大祖□文皇帝之□
□也爲大將軍陳□□譬□文之□□朝若晉室之藩
魏國望雲斯表佳氣□□□□初下闕公以賈誼登朝之
歲終童奉使之年展采於濫觴之辰効官於尺木之始
□一心而事□□三分以成務遷振威將軍給事中□
□□□□□刑獄下闕仍爲將軍府屬治內郎功顯斷

蠍勤宣汗馬□用□闖威風遠振封南皮縣男食邑二
百戶　□□爲上柱國□國公涇州□□公□府下闕有
□□之化非無利器之能轉涇州總管府司錄寧遠將
軍右□員外常侍　皇上嗣□霸圖將興帝業眆□道
□□□□□　上□□將軍□□公公下闕府長史周武
帝薄伐東秦所卷河北聲振□阪□勢超垓下旣而流
湯□□方盛引弓之下闕公衝冠之氣臨危奮發□□之
誠造次先表每以身□執銳前驅　上天縱雄傑英威
□世下闕之□□下□□□□□上□□□□師凱
入授儀同三司　上德映在田在□業□一□□□九

命公亦追蹤□□絕□入下闕上爲定州總管公任總管
府司錄兼定州贊治　上□□州總管公除總管府司
錄　上爲上柱國公遷府長史下闕出尤之內□□□東
陵之盜謀爲西楚之□肆彼逆□□郡邑刁斗相喧雲
梯交映晉陽之師將沒疎勒之□□□公下闕之□心□
□□之□□□擊□之去□轟□氷泮掃地無遺□□
遠降□蒙褒賞授驃騎將軍右光祿大夫□□之下闕大
將軍　上爲大丞相隋王公除府掾治右十二府長史
　上登庸伊始納麓在辰作□負圖□絕□□公下闕之
義旣深推□之恩斯重　大□御宇惟新建國開皇元

年授給事黃門侍郎□□日夕下闕興府□其年除右衛
府長史進爵爲□增邑六百戶通前一千四百戶出□
上下闕師□□軍容之盛公運籌幕府□和鼎實寔□獻
授□最□優二年授開府儀同三司領左下闕率□□□
聲□□□□□道□仰雄風之扇□□受□設□
之□周氏季下闕公化以時雍布以輕典衡策斯舉葦弦
遽用□□□其究□比屋傳其頌聲彌場又安遐邇□
膈□□□之下闕除給事黃門侍郎兼右衛府長史七年
授兼太僕卿黃門侍郎如故九年正除太僕卿判黃門
侍郎如故□□□□□□□□居下闕授上開府儀同三

司太僕卿判黃門侍郎如故軒遊□咸□飾□□比鄧
嗚□台□均□權下闕以公春秋□□宜蓋頤攝禁掖便
縈戎虧湯□□□舉□中□治□案部□條威惠斯□
下車爲政□化雍然□□□其明□□□□其下闕堯於
□□春秋六十有一悲切摧梁慟深罷市　兩宮悼□
百辟傷懷謚□□公禮也卽以其年之□月十□日歸
葬□州猗氏縣長□□之下闕九□才□五際□□□□
之道□□天然□□□之心□由早□駈馳少□宦
伍燕南趙北□戰□□□□□□□□□□□□
之飾下闕之□漢光□委質　皇家卌餘載□閫綈犢綢

繆□□蒙卧內之□恩□其里之□澤贊□□之運□
□□之下闕恂恂□□□□□□之節儉□□默
之不貪之□公□夫人王氏太原□□人也世襲下闕中
□□□□□□□□□禮□□斯□方諧鼓瑟之□
遽□□□之□郵□無□舉案何□□□政下闕疑□□
□□之下闕以□□聲□傳□範方使乘田且變□□
□項之□陵谷推移尚紀滕嬰之□其銘曰
□□□捘賓王觀國丞相奇謀□邱盛下闕懋妙□□□
□鬱抑下□沉吟□□緣鶴□□功參後下闕冠帶□□
□□□傳臨□□□□選良佇□□布下闕遊□教下闕

右陳茂碑不著書撰人名氏而字畫精勁可喜隋書列傳載茂事尤多闕繆傳云高祖爲隋國公引爲寮佐及受禪拜給事黃門侍郎在官十餘年轉益州總管司馬遷太府卿後數載卒而碑歷叙爲高祖寮佐時官傳雖不書可也其自爲黃門侍郎後又爲行軍元帥長孫覽司馬又爲蜀王府長史太僕卿判黃門侍郎上開府儀同三司梁州刺史等官史氏皆不書蓋其闕也又據碑茂爲蜀王長史而傳爲益州總管司馬碑爲太僕卿而傳云太府皆史家之繆也碑云茂字延茂史亦闕集古錄

按此碑集古錄云茂字延茂今碑拓已泐此四字但據額題梁州使君陳公文中叙官位事蹟與隋書陳茂傳合知其爲陳茂碑也碑云太祖文皇帝是指周太祖又云公以質誼登朝之歲終童奉使之年展絲于濫觴之辰劾官於尺木之始是茂從隋高祖入仕周太祖之始年甫二十也傳稱高祖爲隋國公引爲寮佐是指隋高祖高祖之父忠仕周爲柱國隋國公以周武帝天和三年薨高祖乃襲爵碑云皇上嗣□爵國將興帝業云云卽此時也碑又云周武帝薄伐東秦旆卷河北聲振日坂

勢超垓下隋高祖紀云建德中率水軍三萬破齊師于河橋明年從帝平齊進位柱國周武帝紀云建德四年七月詔伐齊隋國公楊堅廣寧公薛迥舟師三萬自渭入河九月班師五年十月帝總戎東伐隋國公楊堅爲右三軍總管十一月東伐獻俘傳云從高祖與齊師戰于晉州賊甚盛高祖挑戰茂固止高祖拔刀斫其額詞氣不撓高祖厚加禮敬其後官至上士卽碑所云公衝冠之氣臨危奮發口口之誠造次先表也周武帝紀云建德六年二月高湝在冀州擁兵未下遣上柱國齊王憲

上柱國隋公楊堅率軍討平之隋高祖紀云從宇文憲破齊任城王高湝於冀州除定州總管卽碑云上爲定州總管公任總管府司錄兼定州贊治也高祖紀云尋轉亳州總管卽碑云上口口州總管公除總管府司錄也高祖紀云宣帝卽位以后父徵拜上柱國大司馬周宣帝紀云宣政元年六月卽位立妃楊氏爲皇后七月以柱國南兗州總管楊堅爲上柱國大司馬卽碑云上爲上柱國公遷府長史也高祖紀云靜帝幼沖未能親理政事以高祖皇后之父衆望所歸拜高祖假黃鉞左大丞相百官總己而聽焉周靜帝紀云大象二年五月上柱國揚州總管隋國公楊堅爲假黃鉞左大丞相十二月進爵爲王以二十郡爲隋國傳云高祖爲丞相委以心膂卽碑云上爲大丞相隋王公除府掾治十二府長史也周靜帝紀云大定元年二月隋王楊堅稱尊號帝遜於別宮高祖紀云開皇元年二月上自相府入宮卽皇帝位傳云高祖受禪拜給事黃門侍郎封魏城縣男每典機密在官十餘年轉益州總管司馬遷太府卿進爵爲伯後數載卒官證之以碑同異互見而攷之高祖紀

竟無一語及茂者碑又云委質皇家卅餘載蓋自二十歲入仕至卒年六十一正四十餘年也碑泐其薨年月日以茂入仕之年二十薨年六十一計之碑有太祖文皇帝爲大將軍譬口文之口口朝若晉家之濟魏國擎雲斯表佳氣口口云云攷周太祖之爲大將軍在魏孝武永熙三年碑似指茂初生之時下缺四十餘字當是叙茂少年時事則茂當生於永熙三年甲寅薨於隋開皇十四年甲寅也卽以其年歸葬碑當立於是年猗氏縣隋地理志屬蒲州碑泐蒲字

王女暉等造像記

石三面刻東西兩面皆横廣二尺二寸五分各二十行西刻記行十字南面横廣三尺二寸三十行高皆九寸餘刻像主邑子等姓名正書

□皇十六年歲□□□三□□寅朔八日辛酉夫□□
□寂眞體難逢法□□□□若旨龜覩木□□□□失
國長游苦海是以機倫西頹大夜將至佛自悔□四□
隱迹然今有諸邑子八十人等覺身危□不久多停至
如水咆俄亦消滅辟若火光出石焉能□人□能人人
□已棠造阿弥陁像一區仰爲歷劫諸師七世父母及
自已身以□功德願生生世世得常□身蓮華化生不

受五蔭之胎方□途□而□□常□芥城雖□我身猶
在又顛地獄休息餓鬼飽滿畜生鮮脱人天具足法界
崩□等滅已覺
□□□要香　□□□毛妃
□□王阿　□□王女足
□□劉花妃　邑子王蓮子
邑子朱娥女　邑子馮道妃
東面化主孫相妃　東面像主王女暉
邑子吳黑女　邑子張婆女
邑子姚雙妃　邑子孫迎弟

邑子李小妃　邑子慶小妃
邑子賈毛妃　□子如妙妃
□子王先妃　□□□妃
以上東面
□□劉阿醜　邑子□□歸
邑子李男王　邑子甯玉□
□主奈女子　邑子劉阿娥
邑子劉要女　邑子□先妃
邑子蕭伏勝　邑子辛歸香
邑子孫侑妃　邑子劉□妃

邑子郃男妃　邑子杜□妃
邑子王僧暉　邑子李碎金
邑子陰田容　邑子馮歸好
邑子了普智　邑子王蓮花
南面化主牛阿妃　邑子孫要□
南面像主王娥子　邑子馮□
都像主張洪妃　典坐程母女
邑師比丘法和　香火主孔□
都化主梁蟲妃　西面像□□□
都邑主郃阿妃　西面化主劉□妃

典錄王誕廣　邑子張□□
邑子趙容暉　邑子□阿妃
邑子張杏花　邑子侯花妃
邑子孫婆好　邑子劉女□
邑子張和妃　邑子王□□
邑子陰勝妃　邑子劉和□
邑子張阿妃　邑子劉洪□
邑子劉金諮　邑子辛□妃
邑子孫次男　邑子李阿容
邑子第五妄妃　邑子張脩□

邑子焉道女　邑子張□□
邑子董貴好　邑子□□□
□子李瓔珞　邑子華洪□
□□張英諮　邑子劉阿□

以上南面

附北朝造像諸碑總論　按造像立碑始於北魏迄於唐之中葉大抵所造者釋伽弥陁弥勒及觀音勢至爲多或刻山崖或刻碑石或造石窟或造佛堪或作龕或作碑或造浮圖其初不過刻石其後或施以金塗綵繪其形模之大小廣狹製作之精粗不等造像或稱一區或作堰或作軀或稱一堪其後乃稱一鋪造像必有記記後或有銘頌記後題名昶所得搨本計自北魏至隋約百餘種則其餘之散軼寺廟塔院者當不可勝紀也嘗推其故蓋自典午之初中原板蕩繼分十六國沿及南北朝魏齊周隋以迨唐初稍見平定旋經天寶安史之亂干戈擾攘民生其間蕩析離居迄無寧宇幾有尚寐無訛不如無生之歎而釋氏以往生西方極樂淨土上昇兜率天宮之說誘之故愚夫愚婦相率造像以冀佛佑百餘年來浸成風俗釋氏謂弥陁爲西方教主觀

音勢至又能率念佛人歸於淨土而釋伽先說此經弥勒則當來次補佛處故造像率不外此綜觀造像諸記其所𥛢之詞上及國家下及父子以至來生願望甚賖其餘鄙俚不經爲吾儒所必斥然其幸生畏死傷離亂而想太平迫於不得已而不暇計其妄誕者仁人君子閔此所當惻然念之不應遽爲斥詈也故造像之人官職姓氏地名有資考證者悉已分疏本條其稱謂之無關典實而散見各碑者今更裒錄於此凡造像人自稱曰佛弟子正信佛弟子清信士清信女優婆塞優婆夷凡

出資造像者曰像主副像主東西南北四面像主
發心主都開光明主光明主天宮主南面北面上
堪中堪像主檀越主大像主釋伽像主開明像主
弥勒像主弥勒開明主觀世音像主无量壽佛主
都大檀越都像主像齋主左右葙齋主造塔者曰
塔主造鍾者曰鍾主造浮圖者曰東面西面南面
浮圖主造燈者曰登主（同燈）登明主世石主（未詳）勸化
者曰化主教化主東西南北面化主左右葙化主
都化主大都化主大化主都錄主坐主高坐主邑
中功緣者曰邑主大都邑主都邑主東西面邑主

邑子邑師邑正左右葙邑正邑老邑胥（疑同胥）邑請
（疑同請亦同胥）邑滑（疑同請亦郎胥）邑政（疑同正）邑義邑日（未詳）都邑
忠正邑中正邑長鄉正邑平正鄉黨治律（並未詳）其
寺職之稱曰和上比丘比丘尼都維那維那典錄
典坐香火沙弥門師都邑維那邑維那行維那左
右葙維那左右葙香火其名目之繁如此撮其大
凡以廣異聞而造像題記之梗槩備于此矣入唐
以後不復贅論云

賀若誼碑

碑連額高一丈一尺廣三尺八寸五分二十八行行六十七字正書篆額今在興平縣文廟內

大隋使持節□國靈州總管海陵郡賀若使君之碑
觀夫宇內之實生民之衆□□□以□□□朔野□□
□□□□□□者□□□□□□□□□□□□□
□□□□□□□□□□□□□□□□□□□□
□其爲不朽乎公諱誼字道機河南洛陽人也昔軒丘
啓祚者□□□□□□□□□□□□□□□□□
□□□□□及□□龍騰□變鯤運鵬□□□代以
□□爵□而光宅則我洪宗盛緒佐命從王爵爲卿
相之門□黼冠蓋之理□□□□□□□□□□□
□□□□□□□□□□公□司□前□掞玄□□

□□坐南宮而儀北斗參八座而贊萬機祖伏連安爵
安富公雲州刺史父統右衛將軍散騎常侍□□□
□□□□□□□□□□□□以□德□規□時濟
世□□□□□□□□勳功□鼎公郎□公之第三子
也感降則輔衡台星儀表則山庭月角澄波瀾於□□
竦□幹於□□□□□□□□□□□逸響之操以
爲彝章摘句□生之常談雕蟲篆刻□子之事耳博觀
載籍撮其指歸悟聖人設教之方體君子立身之義□
□□□□□□□□□□□□□□□□□□□□
□□□大督都□□散騎常侍□□□□□□□啓

三分功成九合爪牙之任延納奇士乃命公以大都督
領親信于時□□□□□□□□□□□□□□□□
乃□公□使君於杏城□北狄□分左□交爭茹茹□
落□結河表公知機其神見可而進不暇請命馳駟赴
之彝軾綏□衛加導誘群狄□□□□□□□□□□
□□□馬三万餘匹太祖深相器異賞以□□□□□
□□□□□□傾□□□□身為輕重東隣遣使已入
虜庭朝廷深懼迺和莫能□絕以公□□□□□□□
□□□□□□□□□□□□□□□犯□□□□九
攻九□之勢施於樽俎百戰百勝之□更作偃機何以

駭服序相禮待乃訊齊使舍人□□等□公□□深□
騎□□□□□□□□□□世□□陽□□□□□□
賓□□□据上□妙□時□□以□□長史周元□除
司射大夫封衛城縣開國子轉左宮□三□加開府□
□□遷□□二州□□□州□□□州刺史□六條□
化篤□按才□□□□□仁風戢於□民廿甫隘□軒
益□安之地衝要斯在三峽設險八陣成圖□□□武
兼運無以當斯鎮撫□□公□□□□□□□□□□
□□□□□公□□□略無山□□□地□□城嶺柒
俗凡所招納六萬餘戶建德年治熊州刺史周武揚淮

□蒲席卷□□公□於□谷□□□□□□□□□□
□□□□□□州諸軍事□州刺史封建威□□□□
□□□□□紹義竄身沙瀚委質獯獫弭引叙戎每爲
邊患以公聲□遠裔信著殊方乃遣□□□□□□□
□□□□□□□□□□□□□□□□榮□□□□
□□大將軍　除□□總管進□□陽郡公　皇隋撫
運授□大將軍開皇二年除□□□大將軍□□□□
□以□□□□□□□□□□將□除華□二州刺史
改封□□郡公轉□州刺史十二年除嶽州總管靈州
刺史進位柱國公管仲之翮亦既上騰陶侃之翅屢飛

□□□□□□□□□□□□□□□□□□□□□
□□□蕩而□心不矯□以求舉□□□月□化大行
□年廹崦嵫志□謝□上表陳遜優　詔不許春秋□
十有□以十六年春二月□□日□□於□□八月廿
二月厝於□□□□入弔祭謚曰威公禮也惟公□慈
偉器□□多能傳劒術於白猨受兵符於黃石龍韜豹
韜之法牡陣牝陣之奇獨悟□□□□□□□□□□
□□□□□□搖□□而□□□馳□□□□□□□
□□而□斃銀鏑□而鳥落閑亦妙絕一時聲高六郡
既而宦成名□禮縛位隆居則雜□□□則□□□

□□□□□□□□□□广　酌□之忠□□□
□□□□□□□□軒冕而□寄豫梁郊郭之外別廬
一所頹洛西之金谷有山陽之竹□每休沐餘閒退朝
□暇□□□□□□□□□□□舉□□歌聲□□□
□□□□□□□□□□□□□有千歲人無百年西
山之景不追東嶽之期奄至郭門旣遠長別□□□
□□一□□□□□□□□□□□□□□□□□令
陳□等□□□□□□□□□□□□越俗思范□鑄
金而寫狀況乎循承教義親預櫬板而壙塋□表贊頌
無聞乃相□□□□□□□□□□□□□□碑□□

□而無絶其詞曰
肇自黃神分於白帝業盛千古福流萬世翊野建功□
□□帤□□□□□□□□□□□□□□□□□□
□□□□心靈人倫□□□□□□□□□□□□以□
□□□□公欝標器堅志識恢達襟神高亮學劒曲城
受書汜上見義□踐當仁□□□□□□□□□□□
□□□□□□□□虹連□□□□□□門□□□□
□□□林□□長□種落紛綸關塞擾攘□□□國□
□見機而作外降五□内□□□□□□□□□□□
□□□□□□□□□□□□□□□□□□□□□

□□□□□□□時□□□□高賞茂□□□□□□
□□□□□□□□□開□□□□□□□□□□□
□□□□□□□□□□□□□□□□□□□□□
□□□□□□□□□□□□□□□□萬□□□□
□□□□□□□□□□□□□□□

此碑正書方整精健是唐初諸人前茅在興平縣文廟宋人磨其陰刻夫子廟記而此文止存十三聞曾完好一縣令苦貴人之摹搨使捶去之詳事見隋史本傳茲不載云石墨鐫華

碑陰刻夫子廟碑原文尚存惟磨泐過半可讀者有

云公諱誼字道機河南洛陽人也云云雍州金石記

右靈州刺史海陵郡公賀若誼碑止存其上方十之三四所載世系歷官雖不全證之隋書本傳無甚牴牾惟誼祖伏連襲爵安屈公則隋書與北史似未之及潛研堂金石文跋尾

賀若誼碑只存上半截其文多與隋書本傳合惟傳于除司射大夫上有周閔帝受禪句封霸城縣開國公傳作子又云尋加開府則小異傳又以突厥屢爲寇患敘于爲靈州刺史時以進范陽郡公授上大將軍敘于隋末受禪之前小有參差蛾術編

按碑云公諱誼字道機河南洛陽人也祖伏連籌魏安富公雲州刺史父統右衛將軍散騎常侍隋書賀若誼有專傳但云祖伏連魏雲州刺史父統右衛將軍不載其祖襲爵北史賀若誼附見賀若敦傳云其先居漠北世爲部落大人曾祖貸魏獻文時入國爲都官尚書封安富縣公祖伏連任魏位雲州刺史父統以祖蔭爲秘書郎從討邢杲功封當亭子齊神武初起爲穎川長史拜兗州刺史賜爵當亭縣公歷位北雍恒二州刺史卒贈司空公謚曰哀不言其祖伏連之襲爵安富其父統之

官右衛將軍散騎常侍據碑知之據傳乃知所襲者是伏連之父貸爵也又北史敦傳後另有弼弼傳後附誼而於誼稱敦弟弼不言敦弟據碑稱公爲第三子是敦弼皆誼之兄而弼亦敦之弟也敦弼皆不得令終獨誼保全祿壽碑泐其春秋若干北史亦畧隋書則云年七十七而碑云謚曰威公兩史皆失書今以碑與史參校隋書誼傳官位事蹟尚詳皆可補碑之缺泐也誼卒于開皇十六年丙辰推其生年在北魏正光元年庚子其請沓城誘令茹茹種落歸附官司射大夫封霸城縣子在周閔帝受禪之初時誼年三十六其官熊洛二州刺史俱在武帝朝年五十餘嗣是入隋歷經拜罷則年逾六十矣此皆由參致而得之者如此周明帝武成只二年其三年爲武帝改元保定誼之加開府碑有三字而泐年字明帝初即位未嘗建元至三年八月始稱帝改元碑云三年者是明帝即位之三年非武成三年也

安喜公李君碑

碑連額高九尺一寸廣三尺三寸二十二行行五十二字隸書額題大隋安喜公李使君碑篆書在馬嵬堡北五里

上闕王雄據一方保乂河右□□□□文武
下闕郎祖景超□□散騎侍郎並□□□□□
風神□□□□兩清人位□□□□逸使
持□□南道都□秩□□□□子下闕季父
御名之出下闕乃□寂亂乃扶城純衆下闕功下闕
狀□令□其下闕無濟□□象賢□出三辰
□□宿之精四時膺王燭之□□□□恢□
□□□□百□□十葬□上下闕出□□
□談長者莫不推□□□羣公咸相引□
太祖□元皇帝　在田府□□重乃

以爲□兵叅軍闕下爭未分□□秋□□秋
攻心□□之□大祖□□□出制□問
西□□□之兵□□沙□之衆闕下戎闕下馬
骨□□寒水長□塞外□□□陽□氏徼
□鞠□□戰卜□計脥背城魚□□墅公
壯心□發□□德闕下王師□旋式加□賞
□□都督封□州斥章縣開國子邑四百
戶周大冢宰晉國公居社稷之重當□樸
之政爪牙之任闕下信尋轉大都督進封□
州安□□開國侯邑一千二百戶又□天

官府都上士天和四年除□持節車騎大
將軍儀同三司□□□□□□ 司武□□
大夫大象二年□□司武大夫進位上□
同大將軍□隋□運□□□社進□□公
開皇二年□□□府車騎將軍六年□二
□除使持節邛州諸軍事□州刺史楠園
甕井物□當鉠□□□文民俗□□□□
祭□□□之□莫傳文君聽琴失身之風
末絕公齊禮正德□行禁止淪人□□欣
戴仁風蜀□鳴絃□□美闕下之□□□亟

金空有□□之□十一年□疾還京十六
年八月十六日□於京第春秋六十有五
粤以十七年二月廿□日厝於□西縣交
州□□公□宇外□□內□□□□勤
唯仁是託夜□□行未□改□容□疾□
□雨不□□其□□□□同□□之□心
地□九□之□垂□□□之□□□□呂
之□□乎若對闕下庭加以□□好古重□
輕財□車而□周人□□□窮士□□
軍□雅善兵□研□水□□□□□山之

□□□文之妙闕下之□□杯不□比□□
一德包□□□□可大可久全行全名
而才□半古□不充□□山之□未□中
□之闕下於□□絕絃止□□□□士友□
府長史□□大□□□咸□□□者□
□□風俗會稽典□之□安□先□之狀
闕下民□□於夏□之□□□佳□之地乃
相與進□□城門闕下而青松□□□久□
□□史其辭曰
□乘闕下後□□□威名王闕下文闕下行手握

靈珠心(闕下)物(闕下)末分口天(闕下)
奉天鄉人掘得此碑樹之上官村廟前余過觀搨一
紙隸書亦自遒逸而獨闕使君名按使君與唐同宗
官亦不見隋史無傳遂不可攷使君祖父季父獨炎
之見魏書耳 石墨鐫華

右隋李使君碑石墨鐫華云使君開皇十六年卒十
七年樹碑皆歷歷可讀而獨闕使君名今本所存蓋
不及此前段剝泐尤甚多不能成讀惟其後云十一
年用疾還京十六年八月十六日薨于京第春秋六
十有五以十七年二月廿五月厝於口西縣交州鄉

又云非禮不動惟仁是親而已特其字畫存者較五
季以來他碑迥異時有孔博陵曹鄃陽遺意故雖殘
闕亦可賞也　雒泌路史曰隋文帝惡隨從辵改爲
隋不知隋自音妥隋者尸祭鬼神之物亦云㱻殺裂
落肉之名卒以隋裂終王伯厚曰隨安步也吉莫大
也隋裂肉也不祥莫大焉堅妄改之不學之過也予
按隋雖音妥本亦有隨音衡方碑借禕隋作委蛇與
唐扶碑以逶隋作委蛇劉熊碑以委隨作委蛇同則
隋隨同音可知又當時雖改隨爲隋而此碑額仍作
大隨唐紀太山銘妥革隨政亦然是二字本可通用
一時從省故多書作隋非必眞有所惡而禁不得書
作隨也　予駁此碑後偶檢唐碑數處皆隨隋互用
無別益信前說爲不謬也褚亮碑隨開皇九載乙速
孤行儼碑隨益州盧公清德文隨金州刺史贈孔子
泰師碑有隨交喪皆書隋作隨葉慧明碑倩隋地深
牛夫人造像碑隋所圖擬則書隨爲隋是二字通用
之明驗也特自唐以後始分別用之耳　不獨隸書
隨隋同用即眞書亦然虞世南孔子廟堂碑歐陽詢
九成宮醴泉銘朱子奢昭仁寺碑王知敬李衛公碑
高宗李英公碑武后順陵碑王元宗華陽觀王先生

碑裴漼少林寺碑皆書隋作隨水經注洧水東南逕
隋縣西書隨作隋 金石存

右安喜公李使君碑前後磨滅文字多不相屬趙氏
石墨鐫華巳云名字無可攷今去趙氏又百數十年
宜其摧剝益甚矣中間敘述歷官先云太祖武元皇
帝口口在田府望口重乃以爲外兵參軍事武元皇
帝者隋文帝之父忠也李君由楊忠薦僚累立戰功
位至斥章縣開國子其後晉國公宇文護秉政又見
信任此以文義推尋得之者也此下文字尚可讀其
略云轉大都督進封口州安喜縣開國侯邑一千二

百戸又除天官府都上士天和四年除使持節車騎大將軍儀同三司大象二年□司武大夫進位□儀同大將軍皇隋□運□□茅社進爵爲公開皇二年□□開府車騎將軍六年除使持節邛州諸軍事邛州刺史十一年以疾還京十六年八月□於京第春秋六十有五而前幅又有季父炎之字攷炎之卒於永熙之世其子皆隨孝武入關此君爲炎之從子亦當相從入仕于周與碑所稱大畧相應李延壽修史既列炎之於叙傳而安喜公之名獨不及焉未免失之漏畧矣此刻點畫纖細易於磨滅中有數字似經後人鑿改漸失其眞今略舉其可信者以資攷史之助潛研堂金石文跋尾

按此碑文字磨滅石墨鐫華猶能辨其文云使君涼武昭王之後祖景超員外散騎侍郎父通逸使持節東南道都督狄道縣開國子季父炎之出牧荆郡今拓本涼武昭王但存王字下云雄據一方保乂河右尚可讀祖官已泐員外二字父名僅存逸字官僅存使持字南道都字狄字子字季父炎之出泐牧荆郡三字景超通逸史俱無傳賴季父炎之魏書有傳畧可得其世閥傳稱炎之字景行小字默蠡隴西狄道人司空韶之族弟孝莊初爲北道軍司還除征東將軍仍兼太常出爲衞將軍荆州刺史官予碑有出牧荆郡之語也傳又云南陽太守趙修延以炎之莊帝外戚誣炎之規奔蕭衍襲州城遂被執攷魏書本紀孝莊皇帝彭城王勰第三子母曰李妃永安二年正月尊皇考爲文穆皇帝皇妣爲文穆皇后而不列入后妃傳惟彭城王勰傳有云妃李氏司空沖之女也李沖傳云沖字思順隴西人敦煌公寶少子也沖兄弟六人四母所出子延寔等魏書外戚傳李延寔字禧隴

西人沖長子莊帝即位以元舅之尊超授侍中云云蓋延寔爲文穆皇后之親兄於莊帝外戚爲最親司空韶爲滎陽太守承之長子承爲沖之長兄而炎之爲韶之族弟于文穆皇后已爲踈屬當時猶以外戚被執則安喜公爲炎之之從子亦當爲戚屬而史傳無聞要知李氏族屬甚繁無論涼武昭王之後子姓繁衍即同李沖兄弟且六人近支子姓不知凡幾碑復殘缺無從詳攷矣公初爲楊忠幕僚當在周明帝武成年繼爲宇文護信任在周靜帝大象年其薨于開皇十六年春秋六十五

計其生在魏孝武永熙元年其季父炎之薨于永熙二年則碑雖追叙及于炎之而其實距炎之之世已久矣碑在馬嵬堡今屬陝西西安府興平縣在隋時謂之始平縣屬京兆郡碑于暦所但存西縣交三字餘俱泐不能詳也

金石萃編卷三十九終

金石萃編卷四十

賜進士出身誥授光祿大夫刑部右侍郎加七級王昶譔

隋三

洺州南和縣澧水石橋碑

碑太和之高廣行數字數俱無考隸書額題大隋洺州南和縣澧水石橋碑十二字篆書

上闕功斯□有道存焉其義大矣至若□□
□□□□□□□□□□□□□□□□
□□□□□□□庶□闕剖捨之葉寧崇
勸導之言自智橋孤□寶船獨汎永耶迷
□□□□沈溺於死河无盡慧燈散毀百
□之室上妙甘露流布娑婆之境我　皇
帝垂衣秉闕紐地補天二曜連暉五精合
彩輕徑緩賦仁被草木好生惡殺澤及勝
魚灑法雨以闓群生建寶幢而導黔首四
民仰化九服從風洺州南和縣者皇齊胄
□地連趙魏水陸交會人物殷□綝眺衛
彰金鳳陵波而曜色却瞻灞堨玉馬暎霄
以騰光于斯時也使持節儀同三司刺史
辛公以明德上于褰帷此境公名懿字士
信隴西狄道人風神秀起雄圖發出博覽

書傳抛梧藝能行成規矩言爲楷則是以
曳裾林庭高步禮闈市朝遷革位望弥重
口建旗之部威惠俱行明開憲章深練治
體推誠化下竭心奉上姦豪悚疊黎庶來
蘇翊軍將軍司馬田威馮翊廣陽人也忘
業平允操履廉白舉目持綱𧩙諧善政堅
絶帶牛之纍市息飲羊之欺又有宣威將
軍縣令馬君以英譽清風製錦斯邑君名
𦨭字士暉扶風始平人器量容深風韻清
口信義聞於州里孝弟著於閨門歷官二

朝頻宰口邑明於剖斷善於綏養留心庶
獄小大以情寇盗出奔囹圄空宗故使鄉
閭敦睦風俗和平家識廉恥人知禮讓亢
亢之爽競秀兩岐洪洪之雅共樹三異縣
尉兖州龍縣孔經泗州高平縣魏君退竝
地望清華人中謹絜當官理劇煩而不擁
縣城之北有澧水焉其水也上弘七里之
源旁吸百原之口控清弘濁冬口夏涼口
口朝興則白日畫闇澄波夕暎則朱霞夜
朗㢠水之上雖有舊橋每經汎長隋流㴚

壞車牛陷溺行李口華有縣老人宋文彪
等悟鏡像之非真知水泡之難住薰脩十
善回向一乘各竭資産隸相勸化敬造石
橋以濟行者以開皇十一年龍集於淵獻
月纏於降婁粟共經始數年乃就瑀柱浮
空烟雲等色金堤枳口杞柳文陰浩浩乎
似應龍之導盟津峩峩乎若靈鼇之冠方
丈以此善回廣瘦危難仰頌 皇帝陛下
尊居太一口口口唐 皇后配象陰精德
高任似 皇太子比曜前星三善光播内

外文武州縣官寮法界含生咸蒙斯福竊
以洛陽路首尚傳㐌口之書城都柱上猶
題長卿之筆况復業隆邃古功濟生民不
有樹揚熟彰勸奬於是立碑路側以彰厥
庸樹之風聲懸諸日月其詞曰
星漢西轉川瀆東傾跡口雲及津梁乃成
攸攸行道隱隱車聲雖言利濟詎免危城
一其大悲拯物寶珠斯現瀉水疑𤭛口花似
口深㶁利口廣開方便善斷疑網熊除毒
箭二其我 皇負扆君臨萬方下調玉燭上

叶珠囊白環獻祉月口効祥藻心廟諱宋邁
彼輪王其三邯鄲北走澧源旁射桑麻隱映
川疇平易是稱爽塏實爲滋液士女連袵
車馬疊跡其四明明州將垂恩不己憂國若
家視民如子溫其玉潤油然雲起竹馬口
口蒲鞭示恥其五穆穆良宰達於從政導之
禮樂申以法令行合韋絃清同水鏡盜賊
𣳬止黔黎歌詠其六口國耆老閭閻儉民斷
除三口歸依四真故橋危壞口彼沉淪鑠
金運石共造良因其七洪基騫產飛梁闕下

碑首題洺州南和縣後言敬造石橋以濟行者以開皇十一年龍集于淵獻月䝉于降婁爰共經始數年乃就是橋之成又在十一年後矣元和郡縣志南和隋開皇三年屬洺州十六年改屬邢州此碑題洺州南和于時未改屬也造橋者縣老人宋文彪等附列者使持節儀同三司辛公名懿字子信隴西狄道人翊軍將軍司馬田威馮翊廣陽人宣威將軍縣令馬君名㷄字子暉扶風始平人縣尉兗州鄒縣孔經泗州高平縣魏君遐按隋書地理志馮翊不載廣陽今碑稱馮翊廣陽疑後避煬帝諱改併縣名史文失儉錄耳京兆郡始平故置扶風郡開皇三年郡廢以此碑案之當時必以廢郡置始平縣其地舊爲扶風郡故仍稱爲扶風始平人也徐城梁置高平郡東魏又併梁東平陽平清河歸義四郡爲高平縣開皇初郡廢十八年更名徐城然則造橋時自宜稱高平也儀同三司尊之曰公令尉次之曰君必也正名此爲不苟矣授堂金石跋

按南和縣澧水石橋有前後二碑此碑題洺州南和縣下碑題邢州南和縣南和之改屬邢州在開皇十六年以前正屬洺州則此碑爲十六年以前所立矣兩碑皆稱造橋者爲縣老人宋文彪等此碑稱開皇十一年爰共經始蓋紀造橋之始下碑有開皇歲次鶉字是十八年所立紀造橋之成碑有數年乃就之語可證也通稱澧水石橋南和無澧水之名太平寰宇記云南和縣有漳河在縣東三十里從平鄉縣界流入又平鄉縣有濁漳水今俗名柳河在縣南十里又有洺漠水在縣西南十八里古薄洛津也據水經注漳水又歷經縣故城西水有故津謂之薄落津寰宇記詳蓋本此而不言南和別有澧水記又稱南和有鴛鴦水冬日常

温和水經注云南和西官治東有便水一名鴛鴦
水趙記云俗謂之百泉水是也此碑稱其水也上
宏七里之源南吸百泉之口控清宏濁冬□夏凉
冬下所泐必是温字語與寰宇記水經注俱合則
灃水即是鴛鴦水矣碑中列刺史司馬縣令縣尉
諸人惟刺史辛懿附見北齊書源彪傳云齊末又
有併省尚書隴西辛懿以才幹知名入仕周隋歷
通顯碑則云懿字士信隴西狄道人曳裾棘庭高
步禮闈是嘗舉進士也云市朝遷革位望彌重是
由齊周入隋也當即其人餘無傳可攷碑云皇太

子比曜前星三善光備是指太子勇至開皇二十
年始廢勇立廣也碑書輕䙡作俓黎庶作棃𤋫作
滚麥作麦麯作麯任似作任姒竊作竊俊作偐皆
別體成都作城都借用字隨流作隋流則隋隨通
用之一證也此碑題洺州當列于開皇十六年之
前今以碑中未紀年月又不宜與下碑析而爲二
因與下碑連屬系于開皇之末

邢州南和縣澧水橋後碑

碑失下截五六字現存連額高七尺四寸七分廣三尺八寸二十五行每行字數無考隸書額題大隋邢州南和縣澧水石□橋靈槃文碑十六字篆書

乃夫氣闕下嶽鎮寬泉流溢峴□□濟□□
澍長波而□□翻闕下億兆之□萬□越闕下
既是凡□斯成鄣矣我大隋　皇帝□□
□□膺□火德金輪空至朱馬虔采□出
神□□生闕下而□群□□邢州南和縣□
□是□東海□□□鬱□南魏北□□
饒民於時闕下日槃根共□□爭□□□
高峯闕下風遠布外愼□□□謡□寬□□
□□赤子之念□□蓋於朝野高□□諸
耳目秋闕下呈禎瑞闕下公可謂英才□□□

□□聞闕下之名出□□□林之闕下南□地
□武韙□臨□□器德闕下譽□□施□□
山岳□□□□□難者矣闕下志安民行成
□□□爲□則南和城後□□澧□洪源
門彼高峰□波現於七里百闕下毀壞但以
停輪止轍□馬□蹤□□遠途困茲行李
有縣老人宋文彪等並是邑家領闕下洞識
深□明鑒□□□脫□義此□心兼相
勸獎營斯上業遂於開皇季也歲次鶉闕下
乃求工異域採玉琢山彫柱通泉龍梁接

漢象巻巧鏤□模妙樂之堦彫琢精奇狀
下闥闕下申舞□□蘭□陵□亦□□紅花
全放逕春□□□□緑葉紛披値秋霜亦
更茂清風暫至闕下併寫宮商之韻長鄉一
度畫橋柱亦邈心瀛顯重逕蘯多羅亦練
性但以循營往日功就令時頒闕下所□莫
非有爲之□念□□流並是无常之遺迅
䨓灾風横□繈□瀏濟此既緣成畏闕下喘
息□閒黒闇□□何□片時留住信知形
同石火蠢衆□□命似露□焂然消滅是

以仰囑將来闕下照空□□常樂或施財捨
賄續此寬因或助力用功詳營斯福令此
途无擁□路恒通共越生死之闕下闊乃頒
瀰燈无盡慧炬長輝度彼蒼生濟斯含識
其辭曰
晶浮上张重濁下沈□脩日月創造山闕下
尋重趍九□凡□寬深其一大海寛寛我
皇魏魏四方慕化萬國咸歸靈龜遑璇潛
□現輝祚隆闕下上奉闕下爲□□早聘□□
有好□□无競愼等四知清同水鏡其三明
令流䀹䀹賢闕下壇□□□善逵□章
秋禾遐琋夏麥呈㭘其四澧水横流□泉旁
對飛□蓊鬱饒□□□千途竟臻闕下波黎
庶其五光家孝掐□□共賢高宜積𠀌□□
恒連□□復並□□□□營淨□預□
良田其六闕下彫寶柱楯鏤花□車□雷動馬
闕下有爲有作□□□常□遭闕下石□長闕下

碑殘蝕文字已不可屬句予今撫其略葢宋文彪等造橋所記其紀年僅有開皇字歲次鶉三字而額稱隋邢州南和縣澧水石橋纍文碑字獨完好元和郡

縣志南和隋開皇十六年改屬邢州是此碑之立在十六年後矣明嘉靖間南和尹易宗周爲詩題諸碑陰其子圖又附識於此謂碑雖云邢州而猶稱大隋疑其當時改郡未久明人淺率不知推稽類如是也纍文者即說文讄字釋名所云累列其事而稱之今碑末四字韻句述造橋之美是其義矣授堂金石跋

按碑有開皇年字又有歲次鶉字而不云何年南方朱鳥七宿曰鶉首鶉火鶉尾以臆度之此當是鶉火禮月令疏午爲鶉火國語武王伐殷歲在鶉火月在天駟日在析木之津此碑正襲其句法則

是立碑之歲爲午年也開皇建元於辛丑六年爲
丙午十八年爲戊午寰宇記載邢州之置與南和
之屬邢州在開皇十六年則此碑當立於開皇十
八年戊午歲也

開皇銅佛象記

象連座高二寸七分廣一寸文正書今在曲阜顏氏

開皇□□年□月八日顏某造像一區

同州舍利塔額

碑高三尺五寸廣二尺六寸六字分雙行隸書今在同州

諸佛舍利寶塔

長安香成院主賜紫□省施額
將仕郎守同州別駕楊纔宗　男將仕郎守河中府
別駕仲元　次男著作郎通判環州事士元造
長安僧善傳　題額□安□刊

同州塔銘其文曰維大隋仁壽元年歲次辛酉十月
辛亥朔十五日乙丑皇帝普爲一切法界幽顯生靈
謹於同州武鄉縣大興國寺奉安舍利敬造靈塔願
太祖武元皇帝元明皇后皇帝皇后皇太子諸王子
孫等并內外羣官爰及于民庶六道三塗人非人等
生生世世値佛聞法永離苦空同昇妙果金石文字記

今在同州府興國寺碑爲八分書數十年前因塔毀
僧俗以碑與舍利爲冢葬之惟額存焉諸佛舍利寶
塔六大字字徑尺許其旁有長安香城院主賜紫義
省施額長安僧善傳題額按金石文字記載碑文而
不載此額今碑已不可復見而額猶存故特記之庶
古物不致盡泯也又按此碑文爲隋文帝建不應又
有施額之事或隋以後增造此額耳雍州金石記

青州舍利塔下銘

石橫廣三尺五寸縱高三尺四寸十二行行十二字隸書額題舍利塔下之銘正書在益都縣城南廣福寺

舍利塔下銘

維大隋仁壽元年歲次辛酉十月辛亥朔十
五日乙丑皇帝普爲一切法界幽顯生
靈謹於青州逢山縣勝福寺奉安舍利敬
造靈塔願　太祖武元皇帝元明皇后皇
帝皇后皇太子諸皇子孫等并內外群官
爰及民庶六道三塗人非人等生生世世
値佛聞法永離苦空同昇妙果

孟弼書

勅使大德僧智能　長史邢祖俊

侍者曇晉　司馬李信則
侍者善才　錄事參軍丘文安
勑使羽騎尉李德諶　司功參軍李佸

右舍利塔下銘孟弼八分書甚佳其文與金石文字記所載同州塔銘正同惟彼云同州武鄉縣大興寺此云青州逢山縣勝福寺爲異爾碑末列名者勑使大德僧智能侍者曇晉侍者善才勑使羽騎尉李德諶四人爲一行長史邢祖俊司馬李信則錄事參軍邱文安司功參軍李佸四人爲一行皆正書唐沙門道宣廣宏明集載仁壽元年六月十三日立舍利塔

詔其略云朕歸依三寶重興聖教思與四海之內一切人民俱發菩提共修福業使當今見在爰及來世永作善因同登妙果宜請沙門三十人諳解法相兼堪宣導者各將侍者二人並散官各一人薰陸香一百二十斤馬五匹分道送舍利往前件諸州起塔其塔所司造樣送往當州僧多者三百六十人其次二百四十人其次一百二十人若僧少者盡見僧爲朕皇后太子廣諸王子孫等及內外官人一切民庶幽顯生靈各七日行道并懺悔率土諸州僧尼普爲舍利設齋限十月十五日午時同下入石函總管刺史已下縣尉已上自非軍機停常務七日專檢校行道及打剎等事務盡誠敬稱朕意焉是歲分送舍利之州凡三十不特青州與同州也二銘文既同則諸州當覩此矣王劭撰舍利感應記云青州于勝福寺起塔掘基深五尺遇磐石自然成大函因而用之及舍利將入瓶內有光乍上乍下即謂此塔也潛研堂金石文跋尾

段赤亭益都金石記云寺在隋時名勝福內有宋殘石幢作廣福其地在隋屬臨朐齊乘云漢置臨朐縣屬齊郡以縣東朐山取名晉省入昌國縣隋開皇六年改爲逢山縣大業初仍改臨朐碑銘曰逢山卽臨

朐也今隸益都安邱張杞園謂此碑雖侫佛祝釐之辭而文頗雅馴字穠勁饒古意非篆非隸眞八分也新城王阮亭採入居易錄今驗此碑特正書稍兼隸法耳山左金石志

鄧州舍利塔下銘

石圓徑二尺四寸四分十四行行十三字正書在河南布政司庫

大隋皇帝舍利寶塔下銘

大覺湛然照極空有慈愍庶類救護羣生雖靈眞儀未同滅度而遺形散體尚興教迹　皇帝歸依正法紹隆三寶思与率土共崇善業敬以　舍利分布諸州精誠

懇切大聖乘祐爰在宮殿興居之所　舍利應現前後
非一頂戴歡憘敬仰彌深以仁壽二年歲次壬戌四月
弋申朔八日乙卯謹於鄧州大興國寺奉安　舍利崇
建神塔以此功德願四方上下虛空法界一切含識幽
顯生靈俱免蓋纏咸登妙果

金石略有舍利寶塔下銘云仁壽二年未詳即此碑
云謹於鄧州大興國寺奉安舍利崇建神塔則當在
鄧州不知何時移至開封也予所見仁壽元年塔銘
尚有二皆隸書一在同州一在青州府此文刻以圓
石字亦古雅有六朝人遺意尤可玩也文寫懇爲恳

滅爲烕法爲洼懇爲懇垂爲乘戌爲戍戊爲弋纏爲
纏皆譌中州金石記

按碑書皇帝字空一格而書舍利字亦空一格與
皇帝並尊蓋敬禮之至矣同州益都兩舍利塔皆
刻敕文而此文非敕語不知是諸臣抑是寺僧所
記碑不載書記人姓名無從攷矣又攷咸淳臨安
志及靈應寺舊志有云神尼舍利塔在錢塘飛來
峯頂同州般若寺尼志仙通禪觀言人吉凶神驗
隋文帝始生于尼寺尼謂太祖曰此兒佛所祐太
祖因委尼親育及帝長尼私謂曰佛法暫廢賴汝
而興宜記之此言亦見隋書高祖紀屬周武廢教尼隱帝家
而卒後帝即位令天下造佛舍利塔仁壽二年遣
僧慧誕齎神尼所囑舍利于此造塔發土得石函
一因寘所賫舍利石函其中不差分寸人咸異之
據此則杭州神尼塔亦仁壽二年所立而所記舍
利原委較詳且發土得石函事與青州勝福寺磐
石自然成函相類蓋當時㝡奉舍利南北傾心不
謀而語合也

大海寺唐高祖造象記

石横廣二尺七分高一尺三寸五分十五行行十字正書

鄭州刺史男李世民遇染時患比聞大海寺有雙王像
治病有驗故就寺祈拜其患乃除□於此寺願造石弥
勒像一鋪其像乃□丹青之妙飾窮巧伎之鍋□相好
全真容顏蘊妙以斯功德衛護弟子惟願福山賓祐法
海長資諸佛開心二教之中並□又願觀音引導振□
價□高懸弥勒慈憂貴昌興於万代家門大小永寶長
春蠢動含生咸登正覺
大業元年□□□

唐高祖爲子祈疾疏

石高一尺六寸五分廣一尺四寸共九行每行九字行書在鄠縣草堂寺

鄭州刺史李淵爲男世民因患先於此寺求仏家仏恩力其患得損令爲男敬造石碑像一鋪願此功德資益弟子男及合家大小福德具足永無災鄣弟子李淵一心供養

大業二年正月八日建立

隋李淵爲子世民祈疾疏此唐高祖也後署大業二年正月八日按是時太宗才九歲耳石墨鐫華

按新唐書高祖于大業中歷岐州刺史滎陽樓煩二郡太守召爲殿內少監衛尉少卿舊唐書大業初爲滎陽樓煩二郡太守徵爲殿內監而于大業之前累

轉譙隴岐三州刺史兩未嘗云爲鄭州也據疏可以補二書之闕仏字古今字書所無鎮江甘露寺梁鐵鑊銘佛字皆作仏金石錄補

此隋大業二年正月八日刻也石方廣尺許在鄠縣草堂寺非原石乃元寺僧重刻未佳來齋金石刻攷畧

高祖于隋歷譙隴岐三州刺史大業中爲滎陽太守此云鄭州刺史當即是守滎陽時所造關中金石記

按太平寰宇記鄭州條下云高齊天保七年廢成皐郡入滎陽郡屬北豫州後周初改北豫州爲滎州領郡如故隋開皇三年罷郡改滎州爲鄭州十六年於管城縣分置管州煬帝二年廢鄭州仍改管州爲鄭州三年廢鄭州復爲滎陽郡此碑立于大業二年正月其時鄭州尚未廢高祖已守於此州其後乃有滎陽郡之稱新舊唐書槩括其辭謂大業中歷滎陽樓煩二郡太守葢滎陽即鄭州總記其在後之稱曰滎陽書碑時則爲鄭州也似非史闕

郭雲銘

銘高一尺二寸五分廣六寸七分三行行或六字或五字三字不等正書

大隋大業三季遵德鄉故令郭雲銘

雷明府石像碑

碑高四尺五寸廣二尺四分十四行行三十二字正書

大隋南宮縣令奉車都尉雷明府石像之碑

君諱□郎夫冲宗幽德非經教超遷□□久□□遠是以□□惠尉□□□□□通感脩善歸令□□□山鐫石像閻□銘□父母爲人□□克□立□□□□波將軍奉車都尉恒念慈心洞曉□空禮仏誦經炳心無二天年八十□加□□□□□南宮縣令眞心㢡意□敬三寶□□八十七瞋目□終恒□□□□□□□□□□祉□生□能明解任內□□□□□

鎮將曾祖□□□□□□□□□□□遊軍揔管內
部郡守□營碑像乃使□人□□□□□□□□山
□□□爵若神就觀者駭其奇異□□稱其妙矣□
□□苑术□□鑄金至其□□□而□未□之□可
謂釋迦重應於□□大□□□昂□□□當時
□□□沾遐代窮□至妙術言非盡藉此畿因□□
□□□□□□□□□□□□□□□□□涅槃妙
殿法界□□□□□□□□□□
□□□□悏□□□元□元□妙□妙門□□□□
□形三界□□□□□□□□□□□□□□□□

□□敬□容既□妙□□淨逹□□□□

大業五年□□□□□

按雷明府諱字里居及祖與曾祖名諱造像處所俱泐無攷惟存□波將軍奉車都尉南宮縣令等字隋地理志南宮縣屬信都郡波字上泐一字當是伏波百官志伏波輕車二將軍爲從七品又奉車都尉十二人掌進御輿馬統尚食尚藥尚衣尚舍尚乘尚輦等六局不知即雷明府之官否也碑有鐫石像字又有苑木鑄金等字則不止於造石矣又云釋迦重應則所造者釋迦像也

陳叔毅修孔子廟碑

碑高七尺一寸廣三尺二寸三分二十一行行四十七字隸書額題修孔子廟之碑六字篆書在曲阜孔廟

若夫惟道惟德或仁或義既漸散於英華遂崩淪於禮樂天生大聖是曰宣尼雖有制作之才而無帝王之位膺斯命世蹇厄補空述萬代之典謨爲百王之師表始於漢魏爰逮周齊歷代追封秉圭不絕我
大隋炎靈啓運翼下降生繼大庭之高蹤紹唐帝之遐緒憲章古昔禮樂惟新遷伯

修文尊儒重學以孔子三十二世孫前太子舍人吳郡主簿嗣哲封紹聖侯　皇上萬機在慮兆庶照憂妙簡中能委之邑宰於此周公餘化唯詩一變之期夫子遺風自爲百王之則禮儀舊俗餘何足云用能奉　天旨敬先師勸孔宗修靈廟即曲阜陳明府其人也明府名叔毅字子嚴潁川許昌人昔堯之禪舜實釐女於有虞周室封陳亦配姬於嬀滿漢右丞相建六奇之深謀魏大司空開九品之清議明府即陳

氏高祖武帝之孫高宗孝宣帝之子至如
永嘉分國代歷五朝郭璞有言群終三百
皇朝大統天下一家爲咸陽之布衣實南
國之王子於是遊情延宇削跡市朝砥礪
身心揣摩道藝策府蘭臺之秘籍雕蟲刻
鶴之文章莫不成誦在心借書於手金作
玉篠之刑法桐因木吏之奸情一見仍知
片言能折所謂江珠匿曜時衛淵月之明
越劍潛光每動衝星之氣爰降　詔書匪
除曲阜縣令風威遠至禮教大行政術始

臨奸豪屏息抑強扶弱分富恤貧部內清
和民無疾苦重以德之所被霜雹無災化
之所行馬牛不繫鱣魚從放早韋濼釜之
篇乳雉朝馴自入鳴琴之曲遠嗤龐統不
任百里之才俯嗤陶潛忽輕五斗之俸於
是官曹無事囹圄常空接士迎賓登臨遊
賞覩泮水而思歌尋靈光而想賦加以祗
虔聖道敬致明神粉壁椒塗丹楹刻桷可
謂神之所至無所不爲振百代之嘉聲作
千城之稱首敬鐫金石之文永同天地之

固其詞曰
皇非常道帝實無爲時澆俗薄樸散淳離
世道文宣仁義爭馳書亡詩逸禮壞樂虧
降生大聖載修墳史積善餘慶追崇不已
於穆　大隋明命　天子新開紹聖重光
闕里伊我陳君清德遠聞溫溫玉潤苾苾
蘭芬淵中亮美拔類超羣時逢　上聖
我爲令導之以德行之以政用此一心能
和百姓子還名賈兒多字鄭奸攏竄伏賊
役平均心居儉素志守清貧魚生入釜雀

瑞來臻爾留孔顧靈祠恭奉圓淵方井綺
寛畫壁因頌成功遂歌美績共數穹壤永
固金石
大隋大業七年辛未歲七月甲申朔二日
乙酉
濟州秀才前汝南郡主簿仲孝俊作文
孔子卅一世孫孔長名卅四世孫孔子
欽□□□

陳明府名叔毅字子嚴陳宣帝子爲曲阜令修孔子
廟仲孝俊爲文樹此碑碑書亦頗有漢魏分隸法而

集古錄金薤琳瑯俱不載唯金石錄有之且都元敬謂隋碑少傳自云嗜好垂三十年止得皇甫君龍藏碑姚辨志江下磚塔記四種皇甫碑唐刻以是觀之都才有三種余所錄乃四碑並常醜奴誌李淵記爲六而皇甫碑不在其中安得起元敬于九原而詫示之石墨鐫華

陳明府修孔子廟碑仲孝俊作文孝俊嘗爲晉州司法見北史隋庶人諒傳陳明府叔毅宣帝之子陳時未有封號故史不爲立傳其名僅見於四十二男之列陳時宗室官于隋者姚思廉皆載於本傳叔毅爲

曲阜令以無傳而不得書則其它之失載者尚多也隋之用法刻深諸王功臣多以法死上下相蒙偷安旦夕而國因以速亡獨平陳之後自長城公以下皆得及于寬典猶有君天下之度焉大業初諸陳子弟官守宰者徧天下史家謂由宮掖之寵故優其族屬則亦非出於大公之心矣詩漑之釜鬵說文作摡碑作瀠瀠字字書未載潛研堂金石文跋尾

碑完好僅三數字殘蝕今按其文云明府名叔毅字子嚴高宗孝宣皇帝之子攷陳書高宗四十二男其皇子叔嶷叔忠叔宏叔毅叔訓叔武叔處叔封等八人並未及封今碑列明府名叔毅者即其一也叔毅既未受封陳書亦不及其事跡而以碑推之皇朝大統天下一家爲咸陽之布衣蓋陳亡入隋與諸王皆以禎明三年入關又碑云爰降詔書除曲阜令亦在大業中是時諸王爲令者凡十八人叔毅當與之同被錄用也作文爲仲孝俊題銜稱濟州秀才前汝南郡主簿雋是科者良不爲易而仲君當之宜其文有可采也此碑與魏夫人祠碑並假之少山以成予所未備故益爲珍之授堂金石跋

右碑云孔子三十二世孫前太子舍人吳郡主簿嗣

悊封紹聖侯案闕里文獻攷世系表載嗣悊隋文帝時應制登科授涇州司兵參軍遷太子通事舍人煬帝大業四年十月詔封紹聖侯不言曾爲吳郡主簿可據此以補其闕也卅一世孫長名世系表載三十一代孫名長孫當是二人耳卅四世孫子歎據宗譜嗣悊子德倫生二子長崇基襲封褒聖侯次子歎是子歎即嗣悊次孫也碑中機作機笑作咲窗作窻朔作䦱皆別體山左金石志

按此碑篆額字徑三寸黑文凸起中界線亦黑文與他碑異文八分書筆法嚴整惜不著書人姓名

學校貢舉之法隋書無專志可攷惟見於杜愼徵
傳有云兄弟數人俱未弱冠並以文章才辨籍甚
三河之閒開皇末舉秀才據此則是隋制有秀才
之科碑稱仲孝俊爲濟州秀才殆先爲汝南郡主
簿而又舉濟州秀才也文云桐因木吏桐因兒論
衡李子長爲政欲知因情以梧桐爲人象因之形
鑿池爲坎置桐因於其中罪若正桐因不動有怨
則動此碑所本也碑書太子舍人與皇上並尊俱
　別起提行又爲別例

姚辯墓志銘

碑一石兩面宋時重刻本多訛字落字高三尺三寸廣一尺五寸三十二行行四十二字正書

隨故左屯衛大將軍左光祿大夫姚恭公墓志銘并序

虡軍內史侍郎虞世基撰文

　太常博士歐陽詢書丹

公姓姚諱辯字思辯武威人也藥清源於嬀汭肇崇搆
於軒丘世祿斯圡五世祖泓爲晉所滅子孫播越居于
武威曾祖讃撫軍左軍將軍武威太守以碩量偉才佐
時匡國父寶散騎常侍鐘孕山川降神象緯劣而風韵
開爽志節通亮弓殫百步之奇劍敵萬人之氣馳名遂
以才官入選周保定四年起家宗侍下士天和二年伐

敵虧滕群師見因公頻進奇謀竟弗能用乃以舟師先
濟　朝廷依賴統營校公撫養士卒勸課農桑莫不
家實食人知禮節保定五年從周武平定晉州擢砯高
辟十二月進屠并州既陷公獨爲後距轉戰不衰皇輿
獲安公之力也頻蒙優賞以累□□六年從定相州以
前後功授大都督封安養縣開國子邑四百戶撿校武
候兵事又命公隨上柱國既拔崇於武陟合戰又於野
馬□□相濟寇繁有徒公建旟遄征攝弓言邁推鋒接
戰充著奇功大象□□戶開皇元年授上開府儀同三
司進爵爲公增邑爲一千戶自治所届郎事戎車公誠

勇奮發義同閫外屢出奇兵頻摧醜虜建勳天府凡厥
賞賜散之士卒三年匈奴復入涼州　詔以公爲行
軍都督前後衝擊晝夜攻圍校尉之井既枯將之泉又
竭空有思悔之歎以亡爲存策勳命賞理在不次五年
授右武候驃騎將軍霍去病之功蔑如也六年授雲州
道水軍揔管戈船掩渚巨艦浮川河洪肅整匪日崇墉
綦跱聳堞相望邊柝弗驚控弦遠逝其年授使持節河
中化若神明十年撿校疊州揔管河州刺史行疊州刺
史事公才略俊敏寬宏政教安民和衆於是乎在十二
年轉授左武候將軍尋爲涼州揔管涼州牧邊烽寢候

巍幘旃裘望風歛蹟十六年使持節靈州摠管諸軍事
公頃俗易風移政成朞月十八年授原州道行軍摠管
十九年授環州道行軍摠管公屢摠戎律特精邊事每
秋風起塞胡騎揚塵折衝之任非公莫能大業二年授
左武候大將軍進爵蔡陽郡開國公食邑一千五百戶
大啓　皇丘欽明御籙睿聖纂圖特荷天眷恩遇隆
重密勿禁衛卯無不爲乃與子口威等同進位大將軍
左武候大將軍如故三年以母憂去官其年有警公孝
性自天幾於毀滅僶俛王事口口杖而後起四年以宮
方草創授金紫光祿大夫上光祿大夫如故車駕北巡

諸蕃朝邦以舊典糺察整肅軍容乃令公建節旌門洞
張內外肅然事嚴細柳吐谷渾大保五期屈樂周等率
衆歸附使鑾蹕西幸底定渾國乃以公爲鬱卑道將軍
旗鼓所振莫不摧殄俘馘授右光祿大夫左屯衛大將
軍如故乃獻凱廟廷禮崇備物六軍之長車駕南巡江
都以公京師留守職居爪牙任惟心膂出處崇重朝野
榮之大業七年三月遘疾十九日薨於京兆郡春秋六
十有六惟公體量宏達倡仁興義造次弗違虛己推賢
始終同致加以雄圖恢廓奇略宏遠氣有餘勇莫之與
抗善於御撫得士卒之心長於政術致康平之美自入

統禁旅出摠戎所厚夜匪懈簡在帝心至於敬友穆親
輕財貴義家稟誠孝奉以周旋訓與不善遠此歸全知
與不知莫不流涕粵以其年十月癸丑朔二十一日癸
有　詔故左屯衛大將軍右光大夫姚恩辯性理和
謹秉心恭慎歷仕無玷式表良榮可贈左光祿大夫又
家賜物八百段粟麥一千石謚曰恭公乃爲之銘銘曰
長瀾若水違嶺藍風時賢繼及世德斯降勤王成務啓
霸垂功炳靈不已鬱宮冥照落雁窮能遁猨盡妙蹶張
選勇期門待詔職分七萃官聯五營入登陪衛出擁高
旌氾水兵略常山陳勢卓犖明謀沈深節制功有必取

算無遺計累膺恩寵顯赫身名執恭履守滿持盈方陪
紀岳遽往城遊魂不歸逝川何既春秋代遍徽猷永遠
祀掩
萬文韶刻字

右隋左屯衛大將軍姚辯墓誌銘虞世基撰歐陽詢
正書誌稱辯精於邊事屢立大功蓋老將也其官至
大將軍而死謚恭公爵亦尊矣而隋史不爲立傳向
非率更之書後世不復知有辯此石入壙墓之文所
以必託此名筆豈無意耶 金薤琳琅
右左屯衛大將軍姚辯墓志此信本小楷之有名者

銘詞洮恭簸下脫一字方陪祀岳遜佳城遽下脫一
字而旁有祀掩兩字謂祀岳之祀當作祀而遽下脫
掩字也志文克著奇功克誤作尅校尉之井旣枯將
之泉又竭將字上下當有脫字右光大夫光下脫祿
字此刻文字完好而詞意閒有不屬處葢元石已亡
後人據搨本鈎摹入石而芟棄其殘缺曼患者故爾
楮登善聖教序立於永徽中刻字爲萬文韶此志刻
于隋大業中已出文韶之手一技之微擅名兩朝亦
足稱也隋時石刻書隋字多不从辵臭曾能改齋漫
錄謂古無隋字隋文受禪以魏周齊不遑寧處惡之

遂去辵單書隋字王伯原亦謂隋文改隨爲隋然此
刻亦用隨字 潛研堂金石文跋尾
碑拓本爲近人重刻其文序姚辨歷官顛末皆詳備
金薤琳琅跋此碑云隋史不爲立傳向非率更之書
後世不復知有辨余以鄒氏所錄多無證明而此跋
尤爲失撿案辨已見煬帝本紀大業七年三月丁亥
右光祿大夫左屯衛大將軍姚辨卒今誌謂大業七
年三月遘疾十九日薨于京兆郡其事已可見如此
然則辨之名爲世所知久矣誌又言吐谷渾大保五
期尼樂周等率衆歸附隋書西域傳帝立順爲主送

出玉門令統餘衆以其大寶王尼洛周爲輔通鑑同
揭此誌所記部落名號與之小異葢當以此誌爲定
又誌稱辨爲鬱畢道將軍旗鼓所振莫不摧殘而史
亦不附見則爲辨惋惜者此也 授堂金石跋
按碑云五世祖泓爲晉所滅子孫播越居于武威
晉書姚弋仲傳弋仲南安赤亭羌人也萇字景茂
弋仲第二十四子太元十一年僭即皇帝位子長
安改元建初國號大秦載記云興字子略萇之長
子太元十九年僭即帝位改元皇初泓字元子興
之長子義熙十二年僭即帝位改元永和義熙十

三年晉遣劉裕率師會于石橋泓詣壘門而降宗
室子弟百餘人亦降于裕裕盡殺之餘宗遷於江
南此碑云子孫播越居於武威者殆是從江南播
遷於西也泓爲辯之五世祖辯薨於大業七年辛
未春秋六十有六推其生在西魏大統十二年上
距義熙十三年姚秦之亾計一百九十三年中間
更歷北朝不一其主碑缺高祖及祖但有曾祖讚
父寶辯由周起家則讚寶所歷之官當在西魏北
齊之世矣辯以保定四年起家時年十九官宗侍
下士碑云天和二年伐敵剋勝華帥見囚公乃以

舟師先濟周武帝紀云天和二年六月南伐九月衛國公直等與陳將淳于量吳明徹戰于沌口王師失利元定以步騎數千先度遂没江南即其事也碑云保定五年從周武帝平定晉州摧殄高壁十二月進屠并州既陷公獨爲後距轉戰不衰周武帝紀云建德五年十月帝總戎東伐至晉州屯于汾曲克晉州十一月復發京師十二月次于晉州齊主遣其丞相高阿那肱守高壁帝麾軍直進那肱望風退散此乃建德五年之事碑誤作保定五年六年入鄴平齊碑叙從定相州與史合此下

所叙多不見於史文無從攷其合否惟車駕南巡江都乃大業元年八月事而碑次於四年則其誤顯然葢碑爲重摹本或因缺泐後人意爲改竄未可知也煬帝紀於大業七年特書三月丁亥右光祿大夫左屯衛大將軍姚辯卒前此竟無一語及者何也碑稱三月遘疾十九日薨於京兆郡不著干支史又不著月朔然據碑是年十月癸丑朔逆推至三月丁亥是朔日非十九日此又不知孰誤也銘詞用韻不齊首與風叶者三韻次與照叶者三韻次與營叶者二韻次與勢叶者三韻次與名

叶者三韻末則既遠二韻不叶恐二韻者尚有脱誤不止于不叶已也前題虞軍内史侍郎虞世基撰文太常博士歐陽詢書丹虞軍或疑是領軍隋百官志有左右領軍府之官然隋書虞世基傳世基字茂世會稽餘姚人煬帝即位遷内史侍郎不云其爲領軍也新唐書歐陽詢傳詢字信本潭州臨湘人仕隋爲太常博士與碑合又據海寧吳騫拜經樓碑帖跋尾云隋姚恭公碑全文載在金薤琳琅世不聞有第二本余嘗收得一舊拓本第有志而無銘凡七百餘字其撰書人名悉與原碑合

所述事蹟間多互異原碑稱辯之卒在大業七年三月薨於京兆郡而此碑以爲大業十三年薨於軍辯此又其皦然不同者意或是元明好事者摹集歐蹟竄改原碑雜之翻刻中以欺世未可知也云云併識于此

李靖上西嶽王文

碑横廣二尺九寸高二尺二寸六分十九行行十五字至十八字不等行書在西嶽廟

李靖撰

布衣李靖不揆狂僭謹書　西岳大王閤下靖聞上清下濁爰分天地之儀晝明夜昏乃著人神之道又聞聰

明政直依人而行至誠感神信不虛矣伏惟　大王嶔
峨擅德肅爽凝威爲靈術制百神配位名雄四岳是以
應像淸廟作鎭金方遐規歷代哲王莫不順時禋祀與
雲致雨天實肯從轉孽爲祥何有不賴嗚呼靖者一丈
夫尔何得進不偶用退不獲安呼吸若窮池之魚進退
似失林之鳥憂傷之心不能已已社稷淩遲宇宙傾覆
紆雄競逐郡縣土崩遂欲建義横行奚飛電掃斬鯨鯢
而淸海岳卷氛祲以闢山河使萬姓昭蘇庶物昌運郎
遭天順時之作也又大寶不可以妄據欲杖劒竭節耒
有飛龍在天捧忠義之心身傾濟世志吐肝膽於階下

惟　神鑒之願告進退之機得遂平生之志有贊德之
時終陳擊鼓若三問不對亦何神之有瀝然後郎請斬
大王頭焚其廟建縱横之略亦未晚也惟　神裁之
右李衛公布衣日獻西嶽書今衛公廟在潞州者崇
寧三年刻在藤縣者紹興丙寅重刻而嶽祠獨無之
非闕典歟謹用貞石翻刻樹之
成化壬辰五月五日陝西左布政使桂陽朱英志
世傳扶餘國事類若劍俠而衛公從之似以任縱自
喜然攷其行事則動以禮法自約又若老書生此書
豪武自將亦既放矣或疑其僞將其慕侮神益求合

於杳冥者乎亦當時憤激感慨豪氣未除而然耶劉
餗嘗言衛公訴神且請告以官位所至詞色抗厲後
有聲曰僕射好去後果如言此書殆似或眞有是邪
將後人因此附益之乎餗在開元中其說似有據若
可信也〔廣川書跋〕
右唐李衛公布衣時上西岳書眞跡蓋厭隋亂已極
負濟世之志奮欲有爲而杳之神明之辭也士重乎
立志養氣衛公此書志已先定而氣蓋宇內矣是以
卒能輔明主而建功業焉其書亦佳石刻在廣西余
得之劉長吾敘事云〔東里集〕

李衛公上西獄書不見正史意者影響之談如虬髯
客傳類耳其書亦似唐末五代人筆雖不見整栗而
微有意衛公將吝爲唐初第一功最大故好奇之士
多傳之〔弇州山人續稿〕
虬髯傳果影響之談若衛公此書則或非出傳會第
有之亦不足爲衛公奇也英雄固時有此等事衛公
後功業顯故傳不然亦山谷間一妄語耳〔孫鑛書畫跋〕
此好事者誣衛公而爲之書詞可笑而唐劉餗言之
又小說載公射獵行雨事殆異人不可以常理論也
書三種潞州者崇寧間刻藤縣者紹興間刻西岳廟

則近刻筆亦遒逸王元美稱之當是潞州本蘇縣者
不及近刻又下矣石墨鐫華

按李衛公上西嶽書不署年月唐書本傳作公以
貞觀二十三年薨年七十九推其生在陳宣帝太
建三年辛卯北朝爲齊武平二年周天和六年後
梁天保十年其仕隋至大業末爲馬邑丞其初爲
殿內直長大約在仁壽大業之間計其年三十左
右矣此書自稱布衣作於未仕之時則在二十餘
歲也年少氣盛志在功名其家在京兆三原地近
西嶽爲書告神理亦宜之但其上書之時正文帝

平陳之後亂象未形文中社稷淩遲宇宙傾覆奸
雄競逐郡縣士崩之語又何所指亦非智深勇沉
者所當出此故論者皆以爲妄人僞作殆不誣矣
靖仕唐陪葬昭陵碑文見後

智永千字文

文凡八石皆横廣二尺四寸高八寸每石二十七行行十二字正書草書各一行額題智永千文四字篆書今在西安府學

敕員外散騎侍郎周興嗣次韻

文不錄

智永禪師王逸少之七代孫妙傳家法爲隋唐間學
書者宗匠寫眞草千文八百本散於世江東諸寺各
施一本住吳興永欣寺積年臨書所退筆頭置之大
竹簏受一石餘而五簏皆滿求書者如市所居戶限
爲之穿穴乃用鐵葉裹之人謂之鐵門限後取筆頭
瘞之號退筆冢長安崔氏所藏眞跡最爲殊絕命工
刋石置之漕司南廳庶傳永久大觀己丑二月十一
日樂安薛□□記

右千字文今流俗多傳此本爲浮屠智永書考其字
畫時時有筆法不類者雜於其間疑其石有亡缺後
人妄補足之雖識者覽之可以自擇然終汨其眞遂

去其二百六十五字其文既無所取而世復多有所
佳者故輒去其僞者不以文不足爲嫌也蔡君謨今
世知書者猶云未能盡去也　梁書言武帝得王羲
之所書千字命周興嗣以韻次之今官法帖有漢章
帝所書百餘字其言有海鹹河淡之類蓋前世學書
者多爲此語不獨始於羲之也集古錄

右千字文世傳智永書非也蓋智永陳時人而此書
常字民字基字皆闕之以避唐諱乃明皇以後人所
書不然筆法本出智永後來臨摹入石爾其間二十
八行字畫不類蓋舊本不完國初時人爲補足之云

千字其初本得右軍遺書梁武帝嘗令殷鐵石搨一千字每字一紙雜碎無序因命周興嗣次爲韻語其成時一夕鬚鬢盡白當世甚重詔令蕭子雲寫進而後世以書名者率作千字以謂體制盡備可以見筆力然非書得成法者亦不能盡工楊文公謂勅當爲梁字本後人作草書筆畫轉移誤耳陳時朝廷命令未加勅字其說誠然知爲字謬也廣川書跋

梁武帝欲學書命殷鐵石于二王帖選取千文復召周興嗣次韻一夕而成須髮爲白此事最無可疑王著於淳化中摹勒諸帖上石見帖中所書海鹹河淡等字又謂爲章草之宗遂誤指爲漢章帝所作著固不足責後付劉克莊乃宏博之士何爲承著之謬而謂千文實始於漢耶克莊因置之歐陽文忠公名世大儒其撰金石錄跋尾亦謂法帖有漢章帝所書百餘字其言有海鹹河淡之類蓋前世學書者多爲此語不獨始於羲之抑又何耶非米南宮黃長睿力詆之新學小生未必不爲其所惑余久憤於中因題智永所書千文故特表而出之智永名法極羲之七世孫字書之佳則有不待贊也潛溪集

寶慶寺瓦當 二種

瓦當徑五寸五分四字分四闌一字居中並篆書

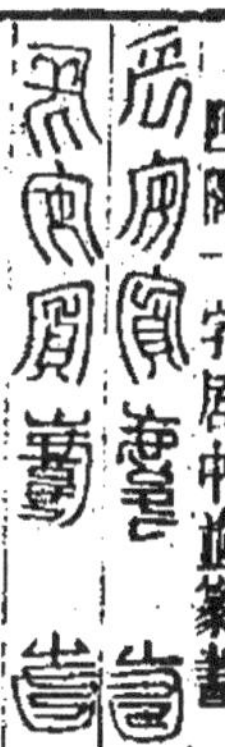

按瓦當二種皆圓徑五寸五分文皆五字曰長安寶慶寺惟一爲右書一爲左書爲異今寺在陝西西安府咸寧縣與長安縣同爲府治寺建於隋時陝西通志寶慶寺在咸寧縣安仁坊俗名花塔隋仁壽初建隋文帝唐中宗嘗臨幸爲文宗感蛤蜊觀音像建五色塔咸寧縣地在隋時爲大興縣與長安縣同屬京兆郡此瓦當文字寺名冠以長安者蓋長安之名自漢已有之大興是析置之縣又或當時寺額原謂之長安寶慶皆不可知

金石萃編卷四十終

金石萃編卷四十一

賜進士出身　誥授光祿大夫刑部右侍郎加七級王昶譔

唐一

秦王告少林寺主教

碑上横列十一字曰已上七字開元神武皇帝書文
即刻碑上層三十九行行八字正書隸額在少林寺

秦王告少林寺主教
太尉尚書令陜東道益州道行臺雍州牧左右武候大
將軍使持節涼州揔管上柱國秦王世民告柏谷塢少
林寺上座寺主以下徒衆及軍民首領士庶等比者天
下喪亂万方之主世界傾淪三乘道絶遂使閻浮蕩覆
戎馬載馳神州糜沸羣魔競起我國家膺圖受籙護持
正諦馭象飛輪光臨大寶故能德通黎首化闡緇林旣
沐来蘇之恩俱承彼岸之惠王世充叨竊非據敢逆天
常窺覦法境肆行悖業今仁風遠扇慧炬照臨開八正
之塗復九寓之跡法師等並能深悟機變早識妙囙克
建嘉猷同歸福地擒彼兇孽廓茲淨土奉順輪忠之効
方著闕廷證果脩眞之道更宏像觀聞以欣尚不可思
議供養優賞理殊恒數今東都危急旦夕殄除並宜勉
終茂功以垂令範各安舊業永保休祐故遣上柱國德
廣郡開國公安遠往彼指宣所懷可令一二首領立功

者来此相見不復多悉

四月卅日

嘗讀唐高祖起居注一卷乃其興亾之初立國規模
犁然具在三代久遠其圖王肇基不過如此英雄心
事千古依依令人生㬟今觀秦王諭少林檄何其克
肖也撫順奬忠開誠布惠使聽者神馳歸者志壹截
在尚書誤訓誥誓何以加焉唐之統一嵩夏非偶然
也此雖軍中人士所書而世民二字乃秦王所押不
待御極以後搜致諸名書而雄規固不同矣惜明皇
七字存無幾耳　嘗讀初唐起居注不但兵以扶立
爲名其義甚正即其用師附衆凡所以崇有德尊高
年弛苑囿放宫人去虐政散積滯無不可以繫歸向
之心與傒后之望三代之王也其施設亦不過如此
宜其一朝而定大業也今觀太宗諭少林僧衆檄謙
冲和易宛然父子之親朋友之信親書其名全無少
年英鋭之色則其一舉而擒二天子豈特天幸而已
哉後人高三王而卑漢唐言之可聽欲收人心于未
帖而挽民志于已離當如摶沙聋水必不得之數矣

疊林
快事

唐文皇告少林書書法不甚工而亦不俗嘗是幕僚

筆內世民二字行草是親押耳首有開元神武皇帝書後人所妄加也碑額未知亡于何時弇州山人稾

此書郎刻于裴漼所書少林寺碑上方當是勒寺碑時摹前文皇書置碑首耳謂止廟諱二字是親押艮是今京署移文惟名係官自僉然則爾時已如此上横過又書云巳上七字開元神武皇帝書細玩似是指上隸額書畫跋跋

碑今在寺中按舊唐書太宗紀高祖受禪拜尚書令右武候大將軍進封秦王加授雍州牧武德元年冬拜太尉陝東道行臺尚書令尋加左武候大將軍涼州總管三年加拜益州道行臺尚書令七月總率諸軍攻王世充於洛邑則此乃四年之四月廿日也其五月丙寅則世充降而河南平矣世民二字草書特大乃太宗親書　又按金石錄載唐太宗賜少林寺教書八分書武德二年與此不同或別是一教金石文字記

按武德二年太宗賜少林寺教八分書金石錄疑後人重書中州金石攷

今少林寺僧以棒法擅天下在隋之世已能助秦王抗王世充其來舊矣闖獻之亂獨不敢侵犯少林而僧衆專以掠諸賊爲事僧法往往有列大帥建牙者來齋金石刻考略

碑立少林寺東廊鐘樓前乃太宗爲秦王時圖洛城以少林寺僧建功遣使致書奬諭之教凡二百四十四字碑額隸書曰太宗文皇帝御書已上七字開元神武皇帝書乃知教爲太宗親筆額爲元宗親筆二帝之字俱遒逸有法可寶也裴漼記稱御書碑額七字葢指明皇書横刻開元等字後人標識之詞王司寇以爲妄加失在未見碑額耳碑内王字鑿沒不知何時何人所爲鑿之何意也說嵩

按金石錄以賜少林教爲八分書者指碑額而言武德二年當爲四年字偶誤耳顧亭林疑别是一教實不然碑額太宗文皇帝御書七字乃明皇所題後人又題開元神武皇帝書葢指碑額七字非謂告少林教書也今碑額既亡則開元皇帝書數字遂不可解故弇州以爲妄加河南府志

右秦王告少林寺教云上柱國德廣郡開國公安遠者李安遠也新舊書本傳俱作廣德郡公誤少林寺僧以柏谷塢歸唐安遠奉秦王教往宣諭葢在征王世充時裴漼碑稱寺西北五十里有柏谷墅居晉成

塢在齊爲郡王世充僭號署曰轘州乘其險地以立
峯戍太宗文皇帝軍次廣武僧志操惠瑒曇宗等審
靈睠之所往辨謳歌之有屬率衆以拒僞師抗表以
明大順執充姪仁則以歸本朝太宗嘉其義烈頻降
璽書宣慰既奉優教兼承寵錫賜地四十頃水碾一
具裴所稱優教者卽指此刻其述寺僧翻城顚末亦
可裨史家之闕 潛研堂金石文跋尾
按新唐書高祖紀云武德四年五月秦王世民敗
竇建德于虎牢執之又云戊辰王世充降而此教
後書四月三十日則在建德將來東都未破之前

爾時寺僧已能去逆效順洵可嘉也考開元十一
年寺牒石刻云四月二十七翻城歸國其月三十
日卽蒙勅書慰勞此勅所云供養優賞理殊恒數
者是也牒又稱武德八年別勅賜地四十頃水碾
磑一具其翻城僧則曇宗志操惠瑒等其委悉者
則僞轘州司馬趙孝宰僞羅川縣令劉翁重及李
昌運王少逆等當時俱授官職曇宗授大將軍合
寺爲從僧等不願官爵惟求出家其孝宰授上開
府昌運授儀同蓋孝宰翁重之降寔寺衆挾以成
之但開府儀同是階非官當時必別有官職寺僧

不解故漏于開寫而此兩人無所表見于後或亦
不受爵祿耶新舊兩書不載非碑其孰知之 又
按太平寰宇記少林寺後魏太和十九年立西域
沙門號跋陁有道業深爲高祖所敬信制於少室
山立少林寺以居之公給衣食又云柏谷塢戴延
之西征記云塢在川南因原爲塢高數丈塢西有
二寺亦在原上入谷數百步又有二佛精巧美麗
有牛舂馬皶水碓之利是少林與柏谷塢之二寺
自屬兩地此碑云告柏谷塢少林寺卽西征記所
云塢中之二寺矣記已云寺有牛舂馬皶水碓之

利而少林寺牒則云武德八年賜水碾磑一具殆
西征記所云者是舊蹟寺牒所載者是唐時新賜
也額舊有太宗文皇帝御書七字已亾開元神武
皇帝是元宗開元元年十一月所上尊號其題此
十一字不知何年且太宗墨跡在寺中因何又經
元宗御書題額反覆思之是此碑卽開元十一年
賜寺牒時寺僧所立也今以太宗告教實在武德
四年因冠唐碑之首寺建于後魏太和十九年迨
孝昌二年爲梁普通七年達摩自金陵來居之號
爲初祖又籌海圖編載明嘉靖年間倭寇江浙兵

備道任環召少林寺僧擊賊朱髮𩯳面倭人望而敗走葢其藝勇久著不獨闡獻二賊畏之來齋猶未得其詳也碑書化闡緇林緇當是緇字奉順輸忠之効輸忠當是輸忠

新建觀音寺碣

石横廣二尺五寸高二尺三寸十二行行十四字正書

王世充竇建德爲讐大邦我　秦王赫然斯怒巽人乃得班師凱還駐蹕廣武值夜雨作而東南雲際光焰射天燭見觀音菩薩全身畢露　王頓首拜瞻喜謂羣臣曰乃者武事告成天授神佑厥功溥哉遂　勅建

玆寺因名焉王訖乃樹碣以紀其歲月云

兩旹　　大唐武德五年國學助教陸德明撰

按秦王平王世充竇建德乃武德四年五月事唐書高祖紀五月壬戌秦王世民敗竇建德于虎牢執之戊辰王世充降太宗紀云三年七月討王世充敗之于北邙四年二月竇建德率兵十萬以援世充太宗敗建德于虎牢執之世充乃降六月凱旋碑云班師凱還駐蹕廣武值夜雨作云云當是五月戊辰以後凱還歸途所經之事也廣武城在滎陽漢書高祖紀漢王引兵渡河復取成臯軍廣武就敖倉食此云駐蹕廣武卽其地矣唐書陸元朗傳元朗字德明以字行蘇州吳人隋大業間遷國子助教越王侗署爲司業世充平秦王辟爲文學館學士此碑陸德明書銜曰國學助教以司業非朝廷所授而學士之辟當在後此時世充初平尚未受此職故仍用大業時故官也凱旋在四年而撰文在五年當由建寺工畢而後立此碑

宗聖觀記

碑高一丈二尺五分廣三尺七寸二十三行行六十字隸書額題大唐宗聖觀記六字正書在盩厔縣南

大唐宗聖觀記

給事中騎都尉歐陽詢撰序并書

侍中柱國江國公陳叔達撰銘

夫至理虛宗道非常道妙門凝邈無名可名爰自太始開圖混元立極三才奠處萬品流形莫知象帝之家未睹谷神之域希夷冋闕溟涬封奇及夫烏迹教興龍書詮奧至化囙亟而以萬齡教由是以開光聖聖襲明道德授受于是儒口之教風動天下大行地中矣宗聖觀者本名樓觀周康王大夫文始先生尹君之故宅也以結草爲樓因卽爲號先生稟自然之德應靈邈而生體性抱神口光隱曜觀星候氣物色眞人會遇仙駕北面

請道二經既演八表向化大教之興葢起於此矣玆觀
中分秦甸面距終南東眺驪峰接晴嵐之浥浥西顧大
白粲積雪之皚皚授經之古殿客清絡牛之靈木特立
帝朝更易僊迹長存物老地靈每彰休應卿雲日覆壽
鶴時來樹無巢宿之禽野有護持之獸文始藥井韓口
未磬老君發車嶊然不朽至於穿窬盜竊進退自拘侶
有勢維恣皆面縛昔周穆西巡秦文東獵竝枉駕回轅
親承教道始皇建廟於樓南漢武立宮於觀北崇臺虛
朗招徠雲水之僊闕館錯落賓友松喬之侶秦漢廟戶
相繼不絕晉宋謁版于今尚存實神明之奧區列眞之

會府後魏文帝變夷風於華俗立仁口之紀綱崇信教
門增置徒侶有陳先生寶熾潁川人夙有幽逸之姿幼
懷林壑之趣松風入賞名岳雷連玉皇之道既闢銀牓
之宮雲構續有王先生延言窮名象思洞隱微念在闢
空累非外物含神自靜儀聖作師竝德音孔昭鬱爲宗
範周太祖定業關內躬受五符隋文皇沐芳禮謁獲聞
休證迫隋德將季政教陵遲六飛失馭四維圮絕夷羊
在牧飛蝗滿野家習兵兇民墜塗炭　皇帝命世
應期榮鏡區宇戡難靜亂亭毒無垠虜大酏乎天地光
華方諧日月數階庭之蓂莢聆鳳和鳴照景星於闢雲

觀麟郊藪緝禮裁樂化俗移風農夫勸於時雨雕餘滯
穗工女勤於蠶績杼軸不空九服韜戈三邊靜柝西戎
草面東夷獻鞢朔南洎聲教漠北盡來王德化遐漸無
幽不暢三善克彬非假二疏一有元良萬邦貞固與均
天縱道葬生知篤尚玄根欽玆聖蹟以武德三季
詔錫嘉名改樓觀爲宗聖觀　宸扆與念纂胄所
先啓族承家阜於柱史得一以靈蹈五稱聖弱爲道用
柔爲至堅損之又損曰至於口爪眹綿長慶源悠邃口
初啓祚致醮靈壇自然香氣若霧霏空五色雲浮如張
羽蓋七季歲惟作噩月在黃鍾六鑾齊驟百辟咸從

親幸觀所謁琴尊儀軒后之詣空峒神農之上石
室順法行禮異代同規觀主岐平定精金格之青究玉
笈之文卯來藏往盡化窮神豫聚天休贊靈景福法師
呂道濟監齋趙道隆玉器凝潤鶴情超邁辨析連環辭
同炙輠對敭　天旨妙沃　帝心乃謂片言小詣
尚趣紺碣勒夫　皇輿迂駕挹酌希微大道資始鑪
錘萬物不有刊勒其可已乎侍中江國公陳叔達朝宗
羽儀詞才冠秀奮玆洪筆爲製嘉銘其辭曰，
眇矣靈化闢哉妙門飛形九府練氣三元黃庭秘籙金
格微言玉京留記金竈還魂揚塵東海問道西崑物色

函關抒容清廟建標伊始層壇雲峭綺井虹伸風爏靈
突竈都芑律帝臺僊召挹髓捫星飧霞引照谿□□敘
無名至要高廂久縣清泉餘獠宅心勝侶遊息衆妙絕
瑩□微深流丹竅鞠草如荐周原是突聖道將闢重光
纈曜　明明我后積德累□陶埏寓縣叱咤雷
風肅稽太室禮盛酆宮時乘正位道配寰穹四維載仰
百世斯隆有截于外無思自東祥符挾遠瑞采澄空百
神咸秩千齡是崇□靈壯觀詔蹕康莊雲行輦道吹發
山梁飛文叶玉接禮神□五旌□□六轡齊驤
宸儀展敬享福無疆巍然高碣播此遺芳

武德九季二月十五日建

碑側題名

側廣一尺四分作三截書上白舜□五行下張秀華六行皆正書右行中吳芝壽四行行書左行

盟津白舜□自玉清醮罷由此踰南山之勝而西還
鳳鳴時熙寧乙卯臘月中澣□□題琳璽珪琍從行

行部燕山張秀華德秀拉鄉舊張用古守道暨邑令
大獻元伯河陽李紹庭彥直終南于冊子賢仝來與
定五年中秋日題

濩澤吳芝壽夫邵陽李紹庭彥直晉安李英子才正
大閨八月中旬同来前令石抹紹先預游

此碑建于武德九年二月給事中騎都尉歐陽詢撰
序侍中江國公陳叔達撰銘覲以祀文始眞人尹喜
者神堯嘗幸其地用將焉故其徒相與侈大之其文
辭稍雅淨而隸古亦遒婉可愛疑即詢筆也攷本傳
詢官位正合叔達以黃門侍郎判納言事而此云侍
中蓋武德三年改納言仍爲侍中耳宰相表則叔達
以二年正兼納言九年十月坐事罷而傳遺之當以
此碑爲定弇州山人續稿

隸甚淳雅饒古趣猶是漢法第恨無受禪折刀頭勁
力耳後有二行小字跋謂中統時親此觀嫌其字畫

稿淺命工鍥剔此乃所謂洗碑法筆法經此十無一
二存者矣可恨可惜其風格不陗峻者以是耳今存
者字畫尚細料原本必更細葢亦是石鼓勒法中統
者元世祖初嗣位未改一時年號也書畫跋跋

此與前爲一碑而刻其陽陰爲唐刻此則爲元翻刻

按碑建於武德九年爲神堯祀尹喜作也分隸書無
書者姓氏書法故自佳經翻刻失其筆意耳石墨鐫華

宗聖觀唐奉老子爲遠祖故神其說謂尹文操遊太
白山覩異象立壇而祀之老子降于壇間不經寔甚
華陽錄記云秦始皇好神仙於尹先生樓南立老子

稱此祀老子之始晉元康中重更修葺蒔木萬株連亘七里給戶三百供洒掃按尹先生相傳爲老子之師著尹真人經者有紫雲樓在盩厔縣東三十里尹先生結草爲樓望紫氣西邁處今名樓觀是也晉惠帝時重修唐高祖武德改爲宗聖觀蘇東坡通判鳳翔來遊詩古觀正依林麓斷居民來說水泉甘亂溪赴澗爭趨北飛鳥迎山不復南羽客衣冠朝上象野人香火祝春蠶女師豈解言符命山鬼如何說老聃刻於碑側子由亦有和詩來齋金石刻考畧

史記周本紀蜚鴻滿野註鴻蠛蠓也此碑作蜚蠡蠡

雅蠡卽蠛蠓音讀如蜚非蠛蠓類或亦以音近借用耳金石存

今在盩厔縣樓觀大殿前碑首正書大唐宗聖觀記六大字題曰大唐宗聖觀記給事中騎都尉歐陽詢撰序并口侍中江國公陳叔達撰銘其并字之下字雖殘缺左方尚有筆畫可認當是書字信本楷書名高千古其分書如房彥謙碑亦多傳於世今玩碑字時作篆體乃唐隸之佳者微露筆意似信本楷書而頗林亭金石文字記僅載歐陽詢撰序趙子函石墨鐫華直云無書者姓氏豈二君於并字均未之見耶且歐已撰序陳已撰銘碑首又正書試思歐之并爲何事也按鄭漁仲金石略歐陽詢書有宗聖觀碑分書此真信而可徵者又碑末小字題云中統元默閹茂之歲命工搜剔是元時以舊碑開鐫故其規模無恙趙子函以爲經刪刻失其筆意誤矣備記之以俟博雅君子雍州金石記

按碑云給事中騎都尉歐陽詢撰序并書侍中柱國江國公陳叔達撰銘新唐書歐陽詢傳詢仕隋爲太常博士高祖卽位累擢給事中不言騎都尉又陳叔達傳叔達爲陳宣帝子高祖武德初授黃

門侍郎判納言封江國公不言侍中者納言卽侍中而騎都尉則傳所略也太平寰宇記云樓觀在盩厔縣東三十二里晉惠帝時置其地舊有尹先生樓因名樓觀唐武德初改名宗聖觀碑但云晉宋謁版于今尚存而於惠帝之始置畧焉碑云武德七年歲惟作噩月在黃鍾六轡齋驪百辟咸從親幸觀所謁拜尊儀爾雅太歲在酉曰作噩史記曰作鄂武德七年爲甲申歲從爾雅則曰涒灘從史記則曰赤奮若不知碑何以云歲惟作噩也黃鍾爲十一月律唐書高祖紀七年十月丙子謁樓

觀老子祠是高祖之謁樓觀是是七年非八年乙
酉且是十月非十一月碑與史互有異同者如此
是時已改崇聖觀額紀猶稱樓故至今土人有樓
觀之稱也碑云觀主岐平定正字道云岐姓黃帝
臣岐伯唐有岐靈岳而史傳無攷一碑而序銘兩
人分撰郗見此碑碑書帝朝斐易斐與履同頌數
也漢書公孫宏傳上方興功業婁舉賢良是也銘
云綺井虹伸風飇電笑神異經云東荒山中有大
石室東王公居焉與玉女投壺設有入不出者天
爲之笑開口流光金電是也電笑益用此事史記

周本紀云麋鹿在牧蜚鴻滿野此碑云夷羊在牧
飛蛩滿野句法相類而用字不同蛩與蛩同與鴻
字音義形體迥別金石存謂以音近借用理或有
之然細思之上句夷羊已不用麋鹿則此句飛蛩
似非仍襲用蜚鴻者頗疑蛩是蟲名有負蠜之稱
爾雅郭注蟲螽名蠜陸疏今人謂蜙子爲螽子碑
蛩謂蜚蠜滿野猶言飛蝗滿野也飛與蜚通蛩或
本是蠜字此碑經元人翻刻誤作蛩字未可知也
姑備一說以俟攷

孔子廟堂碑

碑高七尺七寸廣四尺二寸三十五行行六十四字正書在西安府學

孔子廟堂之碑

太子中舍人行著作郎臣虞世南奉　勅撰并
書
司徒并州牧太子左千□率兼檢校安北大都護相
王旦　書碑額

微臣屬書　東觀預聞前史若乃知幾其神惟睿作聖元
妙之境希夷不測然則三五迭興典墳斯著神□聖跡
可得言焉自肇立書契初分文象委裘垂拱之風革夏
翦□□□□□質文殊致進讓罕同靡不拜洛觀河膺

符受命名居域中之大手握天下之圖象雷電□□威
刑法陽春而流惠澤然後化漸八方令行四海未有偃
息鄉□□□□□損帝王之籙遠跡胥史之儔而德
侔覆載明兼日月道藝微而復顯禮樂弛而更張窮理
盡性光前絕後垂範百王遺風於萬代猗歟偉歟若斯
之盛者也夫子膺□□□之精蹕千年之聖固天縱以
挺質稟生德而降靈載誕空桑自標河海之狀綫勝遂
披克秀堯禹之姿知微知章可久可大爲而不宰合天
道於無言感而遂通顯至仁於藏用祖述先聖憲章往
哲夫其道也固以孕育陶均苞含造化豈直席卷八代

并吞九丘而已哉雖亞聖鄒幾之智仰之而彌遠亡吳
霸越之辯談之而不及于時天口浸微地維將絕周室
大壞魯道日衰永歎時艱實思濡足遂乃降跡中鄒俯
臨司寇道超三代止乎季孟之間著論五伯終從大夫
之後固知栖遑弗已志在於求仁危遜從時義存於拯
溺方且重反淳風一止末運是以載贄以適諸侯懷寶
而遊列國麾鑣不極應物如響辯飛龜於石函驗集隼
於金櫝觸舟既曉專車能對識罔象之存川明商羊之
興雨知來藏往一以貫之但否泰有期達人所以知命
卷舒唯道明哲所以周身痛里幽憂方顯姬文之德夏

臺鼠紲弗累商王之武陳蔡爲幸斯之謂歟於是自衛
反魯刪書定樂贊易道以測精微修春秋以正褒貶故
能使紫微降光丹書表端濟濟焉洋洋焉充宇宙而洽
幽明動風雲而潤江海斯皆絕乎竹素懸諸日月既而
仁獸非時鳴鳥弗至哲人云逝峻嶽已隤尚使泗水却
流波瀾不息魯堂餘響絲竹猶傳非夫體道窮神至靈
知化其孰能與於此乎自時厥後遺芳無絕法被區中
道濟天下万金冊斯誤玉牒載驚孔教已焚秦宗亦墜
漢之元始丞言前烈褒成爰建用光祀典魏之黃初式
遵故訓宗聖疏爵允緝舊章金行水慝亦存斯義而晦

明一屯亨遹有筐筥蘋蘩與時升降靈宇虛廟階道
廢興炎精失御蜂飛蝟起羽檄交馳經籍道息屋壁無
藏書之所階基絕函丈之容五禮六樂翦焉煨燼重玄
至教允屬聖期大唐運膺九五基超七百恭矣王
猷烝哉景命鴻名盛烈無得稱焉皇帝欽明睿哲黎
天兩地迺聖迺神允文允武經綸云始時惟龍戰爰整
戎衣用扶□□神謀不測妙算無遺宏濟艱難平壹區
宇納蒼生於仁壽致君道於堯舜職兼三相位揔六戎
尊珪乘石之尊朱戶渠門之錫禮優往代事踰恒典於
是在三睠命□□□□克隆帝道丕承鴻業明玉鏡以

式九圍廓羅闔而御六辯賓奉上元肅恭清廟宵衣昃
食視膳之禮無方一日萬幾問安之誠彌篤孝治要道
於斯爲大故能使地平天成風淳俗厚日月所照無思
不服獷□獯戎爲患自古周道靡與僅得中算漢圖方
遠纔聞下冊徒勤六月之師侵軼無厭空盡貳師之兵
憑陵滋甚皇威所被犂顙厥角空山遊漠歸命闕庭
充仞藁街墳委外廄開闢已來未之有也靈臺偃伯玉
關虛候江海無波柔爨息警非煙浮漢榮光莫河楛矢
東歸白環西入猶且兢懷馭朽興嘅納隍卑宮菲食輕
徭薄賦勤卹反樸抵璧藏金草偃垂風繡衣表化歷選

列碑旁求遂古古已思治飾何筆級於是取編　聖曆
凝心大道以爲括羽成器必在膠雍道德潤身皆資學
校矧迺入神妙義析理微言厲以四科明其七教懿德
高風垂裦斯遠而棟宇弗俯宗祧莫嗣用紆聽覽爰發
絲綸武德九季十二月廿九日有　詔立隋故紹聖侯
孔嗣悊子德倫爲襃聖侯乃命經營惟新舊阯萬雉斯
建百堵皆興揆日占星式規大壯鳳甍騫其特起龍桷
儼以臨空霞入綺寮日暉丹檻窅窅崇邃悠悠虛白口
口寫狀妙絕人功象設已陳肅焉如在握文履度復見
儀形鳳跱龍蹲猶臨咫尺睨尔徽猷若聽武城之絃怡

然動色似聞蕭韶之響禮盛服既覩仲由侃侃禮容
仍觀衛賜不疾而速神其何遠至於仲春令序時和景
淑暎聲辟池圓流若鏡青葱槐市摠翠成帷清滌元酒
致薦於茲日合舞標采無絕於終古　皇上以幾覽餘
暇遍該羣籍乃製金鏡述一篇永垂鑒戒極聖人之用
心宏大訓之微言妙道天文煥乎畢備副君膺上嗣之
尊體元良之德降情儒術遊心經藝楚詩盛於六義沛
易明於九師多士伏膺名儒接武四海之內靡然成俗
懷經鼓篋摳齊趨奧並鏡雲披俱餐泉涌素絲既染白
玉已彫登覆匱以成山導涓流而爲海大矣哉然後知

建學之爲貴而宏道之由人也國子祭酒楊師道等偃
蹙風於聖世聞至道於先師仰彼高山與宣盛德昔者
楚國先賢尚傳風範彤州文學猶鑴哥頌況帝京赤縣
之中天街黃道之側聿興壯觀用崇明祀宣文教於六
學闡　皇風於千載安可不贊述徽猷被之雕篆乃抗
表陳奏請勒貞碑爰命庸虛式揚茂實敢陳舞詠迺作
銘云
景緯垂象川岳成形挺生　聖德寔稟英靈神凝氣秀月
角珠庭探賾索隱窮幾洞冥述作爰備丘墳咸紀表正
十倫章明四始繫續義易書因魯史懿此素王邈焉高

軌三川側蹻六國從衡鶉首兵利龍文鼎輕天垂伏鼈
海躍長鯨解澨去佩書燼儒坑纂堯中葉追尊大聖乃
建襃成膺茲顯命當塗創業亦崇師敬胙土錫圭禮
容斯盛有晉崩離淮傾柱折禮亡學廢風頹雅缺戎夏
交馳星分地裂蘋藻莫奠山河已絕隨風不競龜玉淪
亡樽俎弗習干戈載揚露寖闕里麦秀鄹鄉修文繼絕
期之會昌大唐撫運率繇王道赫赫元功茫茫天造奄
有神器光臨大寶比蹤連陸追風炎昊於鑠　元后膺
圖撥亂天地合德人神攸介鱗鳳爲寶光華在日繼聖
崇儒載修輪奐義堂宏敞經肆紆縈貞礎耕宿洞戶風

淸雲開春牖日隱南榮鏗瑽鏞律鐲絜齍明容範旣備
德音無斁肅肅升堂狣狣讓席獵纓訪道橫經請益帝
德儒風永宣金石
推誠奉義翊戴功臣永興軍節度管內觀察處置等
使特進檢校太師兼中書令行京兆尹上柱國瑯琊
郡開國公食邑四千五百戶食實封一千三百戶王
彥超再建　安祚刻字

右孔子廟堂碑虞世南撰并書余爲童兒時嘗得此
碑以學書當時刻畫完好後二十餘年復得斯本則
殘缺如此因感夫物之終弊雖金石之堅不能以自

久於是始欲集錄前世之遺文而藏之殆今蓋十有
八年而得千卷可謂富哉集古錄

右唐孔子廟堂碑虞世南撰武德時建而題云相王
旦書額者蓋舊碑無額武后時增之爾至文宗朝馮
審爲祭酒請琢去周字而唐史遂以此碑爲武后時
立者誤也睿宗所書舊額云大周孔子廟堂之碑今
世藏書家得唐人所收舊本猶有存者云金石錄

頃見摹刻虞永興孔子廟碑甚不厭人意意亦疑爲
工太速今觀舊刻雖姿媚而造筆之勢甚遒固知名
下無虛士也榮咨道嘗以二十萬錢買碑即此碑舊
刻其中缺字亦略相類唯額書大周孔子廟堂之碑
八字爲異耳又碑末長安三年太歲癸卯金四月壬
辰水朔八日己亥木書額相王書也又云朝議郎行
左豹衛長史直鳳閣鍾紹京奉相王教搨碑額雍州
萬年縣光宅鐫字又卷尾昔人題云咸通七年七月
七日於二十二姊處得龍兒來認今福夷無大費而
甚愛之雖無前後數十字非寶藏是書之本意豫章文集

右唐孔子廟堂碑宋王彥超翻本字之缺者凡一百
七十有九字家藏舊搨唐刻因參校以足其文嘗記
在京師時見世南眞迹謂以此文石本進呈太宗特

賜王羲之黃銀印一顆則世南之書貴重於當時者
固已如此金薤琳琅

伯機云孔子廟堂碑京兆府本無裂乃佳葉森今收
一本乃饒州錦江書院本極佳周密雲煙過眼錄

永興親受筆訣于永禪師當時進呈石本唐太宗以
右軍黃玉印賜之今謝表勒在羣玉堂帖好事者合
觀之可以知伯施書矣蒼潤軒帖跋

宋黃太史詩云孔廟虞書貞觀刻千兩黃金那購得
指此本也第其碑旋經火厄搨本罕存淸河書畫舫

舊唐書宣宗大中五年十一月國子祭酒馮審奏文

宣王廟碑始太宗立之睿宗篆額加大周二字益武后時書也請琢去僞號從大唐字從之此大周字削而相王之銜獨存也其末曰永興軍節度管內觀察處置等使王彥超再建則元碑已亡此重刻也此碑與皇甫誕碑並書胥爲肯廣韻胥俗作肯然考之漢人如韓勑孔廟禮器碑桐柏淮源廟碑司空宗俱碑巴郡太守張納碑竹邑侯相張壽碑戚伯著碑金廣延母徐氏碑殽阬祠碑陰楊震碑陰及魏公卿上尊號奏北齊南陽寺固已書爲肯矣漢人碑或亦作胥後周華嶽頌作胥故李善注枚乘七發以通厲胥母之場爲胥母之誤

而胥字一傳爲胥再傳爲壻三傳爲聟四傳爲聓皆胥之變也詩有女同車釋文壻音細字林作壻戰國策韓且坐而胥亡乎王胥臣之反而行益作胥書大傳不愛人者及其胥餘作胥晉書五行志論胥於北音義胥息魚反張駿傳有黃龍見于胥次之嘉泉呂光載記迎大豫于揟次音義揟子魚反次音恣漢書地理志武威郡有揟次縣此皆胥字之誤漢仙人唐公房碑將字作聓晉王右軍帖有女聟字其書幕爲莫笑爲咲翟覆貫爲覆置荆爲形欺爲哥其字或通或俗而及之爲反則重刻者誤也金石文字記

永興廟堂碑唐搨自不可得見矣五代時翻刻碑亦已殘缺濠瀍松壑顧先生曩自山左歸贈余一本亦佳未曾訊其所從來按王司寇居易錄一條歷城門人趙子京豐原官城武教諭寄其邑二碑尚極完好益世鮮知之摹搨者少故也松壑所贈當即是司寇所賞本也觀妙齋金石文攷略

唐太宗以高祖武德九年八月卽皇帝位十二月卽有詔封孔子後重修聖廟當卽位之初便能崇儒重道如此可謂知所務矣新舊史皆不載益失之也碑成墨本進呈特賜世南王羲之黃銀印一顆世南表謝稱貞觀七年十月益新廟始於武德九年至貞觀七年乃成爾然考舊史世南當太宗爲太子時遷太子中舍人及卽位轉著作郎兼宏文館學士此碑但

書太子中舍人著作郎無宏文館學士益由史誤七年轉祕書監賜爵永興縣子而謝表仍稱太子中舍人著作郎豈其轉祕書監在十月後歟碑本無額王則天時始命相王旦爲之額相王旦者睿宗也睿宗爲高宗第八子以龍朔二年生則當貞觀七年睿宗尚未生故知書額之當承則天命也按舊史帝以聖歷元年則天封爲相王仍改名旦授太子右率衛長安中并司徒右羽林衛大將軍碑稱司徒則承命書碑額當在長安中唐刻本碑末故有長安三年太歲癸卯金四月壬辰水八日己亥木書額二十一字亦

相王書可知承命書額之當在長安三年矣又有朝
議郎行左豹衛長史直鳳閣鍾紹京奉相王教揚勒
碑額雍州萬年縣光宅鐫字兩欵宋刻俱失之則知
宋刻之草率多矣原額爲大周孔子廟堂之碑八字
宣宗大中五年國子祭酒馮審奏請琢去僞號從大
唐字今額但有孔子廟堂之碑六字無大周二字蓋
承宣宗時所琢去者重刻也相王旦欵仍存者以是
睿宗御書故也碑不知毀自何年宋初王彥超重刻
山谷云頃見摸刻虞永興孔子廟碑甚不厭人意今
觀舊刻雖恣媚而造筆之勢甚遒則知此本之失眞

遠矣字之斷闕者金蓮琳瑯載一百六十有九字蓋
此碑當山谷時所見惟榮韓子雍家一本未斷闕餘
張福夷蔡致君本則皆以摹本補綴則在當時全本
已不可多得此本悉據已斷本上石非刻石方斷特
至今年深日久更益剝食耳山東城武亦有刻刻法
纖弱遠出此本下而斷闕處互有不同余以兩本參
校臨此一本僅闕四字信快事也　以城武本按長
安本標題首一字俱闕然知其爲孔字者以額作孔
子也堂上多子廟二字相王旦欵于下有牛字文字
之首有微臣屬書四字神下有功聖二字巍下有商

之業雖復五字霤下有以立二字鄉下一字彼此皆
闕有栖遲洙泗不五字張下有窮字者下有也字越
行之首有夫子膺三字膺下二字彼此皆闕纔下有
勝遂二字言下有慼而遂三字顯下有至仁二字仁
下有危遜二字以下有適字懷下有寶字石下有函
字之下有在字命下有卷舒二字歟下有於字貶下
有故能使紫四字月下有既而二字郄下有流波闕
三字區下有中道二字陛下有漢字之下有元始二
字匪下一字彼此皆闕道下有興廢二字允下有屬
字猷下有蒸字扶下有興業二字字下有納字命下

有兆庶樂推四字九下有圜席二字庚下有地平天
成四字憬下有彼字被下有犁賴厥角四字蘽下有
街字懷下有馭朽與聽納五字賦下有蕲珮二字必
下有在膠雍道德潤六字入下有神妙二字日下有
有詔立隨故紹聖七字德下有倫爲裦三字崇下有
遂悠悠虛白圖眞七字人下有功象二字佩下有佩
禮容仍觀衛賜不八字疾下有而速神三字遍下有
該群籍乃製金六字九下有師多士伏四字之下有
爲貴而宏道之由七字街下有黃道之側聿興壯觀
八字銘文景緯下有垂象川嶽成形挺生八字三下

有川削弱六國從衡鶚首九字盛下有有晉崩離維
傾柱折八字會下有昌字大下有唐撫運率四字儒
下有載字儒下有風字凡一百八十六字以有明內
庫宋本爲正校定無謬若今關中本又不知闕食幾
許矣聞康熙間　內府有眞蹟重摹本完好無一
字闕　彥超重刻此碑頗亦草率碑中及金冊斯謨
以及爲反垂範百王中脫於字又其草率之易見者
按元人虞堪定陶河出孔子廟堂碑序近定陶縣
河走決有唐虞永興書孔子廟堂碑出其守請於朝
而樹之學宮則定陶又有一碑矣不審向所謂城武

者即此碑否又序稱貞觀間刻始成僅拓數十本賜
近臣廟遂火而石燬則自貞觀間石已燬廢武后時
再刻至宋王彥超則三刻矣虞堪甫里人至正二十
六年作此序虛舟題跋
今在西安府學文廟內碑斷爲三缺百餘字王阮亭
居易錄載山東城武亦有此碑碑陰宋人鐫敎輿頌
篆書雍州金石記
廟堂碑見諸紀載者有四一在西安一在曲阜一在
城武一在饒州之錦江書院然皆非原本也原本燬
于貞觀間不可復得夢虎道者跋

王彥超以周恭帝時加檢校太師宋初兼中書令太
平興國中封邠國公此題云檢校太師兼中書令琅
邪郡開國公者當時宋初所刊琅邪郡公猶是周時
爵號也關中金石記
碑文云武德九年十二月廿九日有詔立隨故紹聖
侯孔嗣悊子德倫爲褒聖侯新唐書禮樂志武德九
年封孔子之後爲褒聖侯事與碑符而詔文以隨故
紹聖孔嗣衍子德倫爲嗣闕里志引是其續封者爲嗣衍
非碑所謂嗣哲蓋宜以碑爲正隨封紹聖侯自煬帝
始改之文帝時猶爲鄒國公也今碑云紹聖侯者盖

可相證又宋王彥超列銜推誠奉義翊戴功臣永興
軍節度管內觀察處置等使特進檢校太師兼中書
令行京兆尹上柱國琅邪郡開國公宋史本傳已于
彥超管內觀察處置等使略而不書故併著于後以
補史佚也授堂金石跋
按前題相王旦結銜云兼檢校安北大都護檢校
之制唐百官志無明文文獻通考引岳珂愧郯錄
曰按階散勳官在前世合於一至唐則析而爲二
階勳功臣檢校在唐則析爲四而本朝則合爲一
如杜淹貞觀中檢校吏部尚書再加檢校侍中是

也其後隨事而賜亦無定名故唐之有功者或叙階或賜勳或加以檢校或寵以名號云云据此則檢校與階勳同爲叙功之用非官名而其緣起亦在貞觀初矣碑云武德九年十二月廿九日有詔立隋故紹聖侯孔嗣哲子德倫襃聖侯新唐書太宗紀不書其事禮樂志亦但云九年封孔子之後爲裵聖侯不及此碑之詳也碑又云國子祭酒楊師道等儼元風于聖世闡至道于先師新唐書楊恭仁傳恭仁隋觀王雄子師道字景猷恭仁弟高祖授上儀同爲備身左右尚桂陽公主除吏部侍郎累轉太常卿云累轉則國子祭酒在其中然亦史文之畧也碑末題王彥超再建不署年月結銜題永興軍節度据東都事畧彥超兩鎮永興一在周顯德時一在宋太祖初年其復鎮永興後移鎮鳳翔入爲右金吾衛上將軍俱在太祖末年則此再建是太祖初年建隆乾德時也永興軍即京兆府今之西安府晉天福中爲晉昌軍漢乾佑初改永興宋因之彥超武臣而能再建此碑草率之病亦宜諒之盧舟所訾似過當也

附攷唐宋諸碑系銜并食邑實封

唐宋諸碑標題及撰人書人篆額人官位顯者系銜多有食邑食實封之數攷系銜之例名目數端

曰功臣宋史職官志功臣之號賜中書樞密臣僚者有十一號每號二字下倣此宰相初加六字餘官初加四字其次並加兩字舊有功臣者改賜皇子皇親文武臣僚外臣者有十九號初加四字次加兩字賜諸班直將士禁軍者初加二字再加亦如之其制始於唐開元間賜號開元功臣代宗時有寶應功臣德宗時有奉天定難元從功臣之號僖宗將相多加功臣美名五代寖增其制宋因之凡宣制而授者多賜焉文獻通考云宋初加功臣號至元豐乃罷中興後加賜者韓世忠張俊劉光世三人而已岳珂愧郯錄曰階勳功臣檢校在唐則析於四而本朝則合於一唐代宗以射生軍淸難而有寶應之稱德宗以涇軍扇逆而有定難之號後隨事而賜亦無定名故唐之有功者或叙階或賜勳或加以檢校或寵以名號皆上之人有以寓一時之微權而初無階升必致之道宋祖宗朝若功臣之名猶有官不當賜而特賜如開寶之於王明太平興國之於杜彥鈞陳信從郴正大中祥符之於王丞美天禧之於向漢通南渡以後高皇舉久廢之典以寵二三大將其他則不多見也每一遇郊官至某則加功臣若干字醲勳若干級進階若干等徽國若干戶並舉而予之故世但以爲一頒而不見其用是所謂唐析於四而本朝則合於一旣合矣而不能分此所以發神宗皇帝之獨斷一舉而盡去之也

曰檢校宋史志檢校官自太師太尉太傅太保至水部員外郎凡一十九官文獻通考引建炎以來朝野雜記曰檢校官者自唐以來有之凡內職崇班武臣副率以上初除及該恩皆帶若文武臣則樞密宣徽節度使始帶焉自三公三司僕射尚書常侍至賓客祭酒凡十餘等元豐改官制武臣承宣使已下皆罷惟存檢校三公三師以待節度使之久次者政和後改三公爲三少若武臣累加至檢校少師則拜太尉文臣累加檢校少師則拜開府儀同三司朱子語錄曰祖宗之法除三孤三公者必須進節加檢校太子少保少師之類然後除開府儀同

三司既除開府然後除三孤三公南渡以來如張
韓劉岳諸武臣猶是如此外皆不帶今則不然既
建節使抹過檢校徑除開府至三孤三公矣　按
檢校二字其初不過點檢典校之義隋巡省風俗
詔明加檢校便得存養此檢校之緣起也其用以
入銜則始於唐初而兩唐書志及六典皆無專條
据九成宮醴泉銘魏徵撰彔銜撿校侍中唐書溫
彥博傳檢校吏部侍郎遷檢校中書侍郎皆在貞
觀時又唐檢傳在高祖時檢校黃門侍郎是檢校
入銜始于唐初之證文獻通考神龍初有檢校官
與試攝判知竝列倣唐之檢校不盡加之於尊官
舊唐書輿服志稱員外判試檢校自則天中宗從
始有之又據聖歷三年昇仙太子廟碑陰有檢校
勒碑使開元廿四年裴光庭碑来有奉勅檢校摹
勒使奉勅檢校樹碑使此皆中宗以後用撿校系
銜不加於顯職也劉禹錫高陵令碑序云俄兼檢
校水曹員外郎此正宋志所載檢校十九官之未
一官也宋范成大思歸詩何時去檢校一棹水雲
鄉可知檢校二字宋
南渡後尚用以入銜

曰散官曰職事官

文散官如
開府儀同
三司光祿大夫金紫光祿大夫銀青光祿大夫之
類致金紫銀青之制通典云漢武帝太初元年光
祿大夫銀章青綬晉受命假金章紫綬魏晉以來
加金章紫綬謂之金紫光祿大夫銀章青綬謂之
銀青光祿大夫武散官如驃騎大將軍鎮軍大將
軍之類皆階也文職事官如三師三公之類武職
事官唐則左右衛大將軍宋則殿前司都指揮使
之類皆官也詳見兩唐書及宋史職官名繁不具
錄

曰勳官

上柱國柱國是文勳上護軍護軍等
是武勳竝詳見兩唐書宋史職官志

曰封爵

通典載後魏有王開國郡公散公侯散侯伯
散伯子散子男散男凡十一等北齊有王公
侯伯子男六等後周有公侯伯子男五等隋有國
王郡王國公郡公縣公侯伯子男凡九等唐有國
王郡王國公郡公開國郡公開國縣侯伯子男凡
九等宋史志有王嗣王郡王國公郡公開國公開
國郡公開國縣公開國侯開國伯開國子開國男
凡十二等舊唐書職官志封爵武德時惟有公侯
伯子男貞觀十一年加開國之稱開國郡公正第
二品開國縣公從第二品開國侯從第三品開國
伯正第四品上階開國子正第五品上階開國男
從第五品上階文獻通考載官品晉後魏郡公周
國公皆正一品北魏隋縣公北魏諸開府散公皆
從一品北齊唐宋縣公從二品此下通考脫一葉
魏晉劉宋陳北齊諸縣侯正三品北魏北齊散伯
唐宋開國侯俱從三品陳唐宋開國縣伯北魏北
齊隋開國縣子俱正四品北魏北齊開國子從四
品陳唐宋開國縣子北魏北齊周隋開國縣男俱
正五品北魏北齊散男北齊隋宋開國縣男俱從
五品陳開國縣男正六品唐六典吏部司封郎中
掌邦之封爵自周列爵惟五分土惟三始有封國
大小之制三國魏氏五等皆以鄉亭隋氏始立王
公侯以下制
度皇朝因之

曰魚袋

舊唐書輿服志貞觀四年制
三品巳上服紫五品巳下服
緋六品七品服綠八品九品服青上元元年八月
制一品巳下帶手巾算袋佩刀子礪石文武三品
巳上服紫四品服深緋五品服淺緋六品服深綠
七品服淺綠八品服深青九品服淺青此上皆帶
佩服色之制也其魚袋則始自武德元年九月改
銀菟符為銀魚符永徽二年五月開府儀同三司
及京官文武職事四品五品並給隨身魚咸亨三
年五月五品巳上賜新魚袋並飾以銀三品巳上
各賜金裝刀子礪石一具垂拱二年正月諸州都
督刺史並准京官帶魚袋天授元年九月改內外
所佩魚並作龜久視元年十月職事三品巳上龜
袋宜用金飾四品用銀飾五品用銅飾上守下行
皆從官給神龍元年二月內外官五品巳上依舊
佩魚袋六月郡王嗣王特許佩金魚袋景龍三年
八月令特進佩魚散職佩魚自此始也自武德巳
來皆正官帶闕官始佩魚袋員外判試檢校自則
天中宗後始有之皆不佩魚雖正員官得佩亦去
任及致仕即解去魚袋至開元九年張嘉貞為中
書令奏諸致仕許終身佩魚以為榮寵以理去任
亦聽佩魚袋以後恩旨賜賞緋紫例兼魚袋之章
服因之佩魚袋服朱紫者衆矣新唐書車服志敕
高祖入長安罷隋竹使符班銀菟符其後改為銅
魚符以起軍旅易守長京都留守折衝府捉兵鎮
守之所及左右金吾宮苑總監牧監皆給之畿內
則左三右一畿外則左五右一左者進內右者在
外用始第一周而復始宮殿門城門給交魚符巡

魚符左廂右廂給開門符閉門符亦左符進內右符監門掌之皇太子監國給雙龍符左右皆十兩京北都留守給麟符左二十右十九隨身魚符者以明貴賤應召命左二右一左者進內右者隨身皇太子以玉契召勘合乃起親王以金庶官以銅皆題其位姓名官有貳者加左右皆盛以魚袋三品已上飾以金五品已上飾以銀刻姓名者去官納之不刻者傳佩相付銅魚符者給封符印發驛打符及封魚爾用之有銅魚而無傳符者給封函還符封函川之高宗給五品已上隨身魚銀袋以防召命之詐出內必合之三品已上金飾袋中宗勑員外試檢校官猶不佩魚景雲中詔衣紫者魚袋以金飾之衣緋者以銀飾之開元初駙馬都尉從五品者假紫金魚袋都督刺史品卑者假緋魚袋五品已上檢校試判官皆佩魚又據劉遵禮墓誌開成六年賜服銀朱以印李輸光未孝誠等碑所謂朱紱銀章之賜也其制史志不詳銀朱二字連用亦不見他碑宋史職官志賜紫金魚袋緋魚袋凡升朝官該恩着綠二十周年賜緋魚袋着緋及二十周年賜紫金魚袋特合者係臨時指揮末

史新編宋因唐制以金銀飾爲魚形公服則繫於帶而垂於後以別貴賤非復如唐之符契也國初其制多闕雍熙元年郊畢內出魚袋賜近臣由是內外升朝文武官皆佩魚凡服紫者飾以金服緋者飾以銀賜紫者并給之賜緋亦或有給者京朝幕職州縣官賜緋紫者亦佩魚親王武官內職將校皆不佩眞宗大中祥符六年詔伎術人未升朝賜緋紫者不得佩魚仁宗初遵伎術之禁後頗紊爲神宗著令翰林學士加佩魚蓋自蒲宗孟始也按今所錄宋金兩朝碑賜食邑者皆有紫金魚袋系銜

曰食邑食實封

唐六典云三國魏封爵五等皆以鄉亭多假空名不食本邑迴典云後魏封爵十一等王食半公三分食一侯伯四分食一男伯五分食一攻東魏時中折爵賜寺碑文有司空公裴衍檢北史裴叔業傳附載衍孝昌初破荆州功封安陽縣開國子食邑三百戶討平相州進封臨海縣開國公增邑一千二百戶又北齊時西門豹祠堂碑有清河王岳檢北齊書本傳仕魏太昌初封清河郡公食邑二千戶此食邑之見於後魏者撮舉一二以見一斑隋大業七年

姚恭公墓誌銘載保定六年定相州功授大都督封安養縣開國子邑四百戶開皇元年進爵爲公增邑爲一千戶大業二年進爵蔡陽郡開國公食邑一千五百戶此食邑之見於隋者然紀載皆不甚詳備欲得其詳當自唐始唐六典吏部司封郎中掌邦之封爵有九等一曰王正一品食邑一萬戶二曰郡王從一品食邑五千戶三曰國公從一品食邑三千戶四曰郡公正二品食邑二千戶五曰縣公從二品食邑一千五百戶六曰縣侯從三品食邑一千戶七曰縣伯正四品食邑七百戶八曰縣子正五品食邑五百戶九曰縣男從五品食邑三百戶然戶邑率多虛名其言食實封者乃得眞戶舊制戶皆三丁已上一分入國開元中定制以三丁爲限租賦全入封家凡有功之臣賜實封者皆以課戶充戶數州縣與國官邑官執帳共收其租調各準配租調遠近州縣官司收其脚直然後付國邑官司其丁亦準此入國邑者收其庸凡食封皆傳于子孫食封人身沒以後所封物隨其男數爲分承嫡者加與一分若子亡者卽男承父分寡妻無男承夫分若非承嫡房至元孫卽不在

分限其封物總入承嫡房一依上法爲分其非承嫡房每至元孫準前停其應得分房無男有女在室者準當房分得數與半女雖多更不加雖有男其姑姊妹在室者亦三分減男之二若公主食實封則公主薨乃停通典職官志貞觀十一年庶邦卿士功業特盛者封郡下自武德至天寶實封者百餘家自至德元年至大歷三年封異姓爲王者凡百一十二人其次封國公其次有郡縣開國公侯伯子男之號凡食實封者二百六十五家凡食四萬四千八百六十戶並無官土其加實封者則食其封分食諸郡以租調給開元二十年五月勅諸食邑實封不須一分入官其物仍令封徵庸調送入京舊唐書職官志凡名山大川及畿內諸縣皆不以封至郡公有餘爵聽迴授子孫其國公皆特封宋史職官志食邑十四等一萬戶八千戶七千戶六千戶五千戶四千戶三千戶二千戶一千戶七百戶五百戶四百戶三百戶二百戶宰相親王樞密使經恩加一千戶兩府使相節度使七百戶宣徽三司使觀文殿大學士以下至直學士文臣侍郎武臣觀察使宗室正任以上皇子上將軍

駙馬都尉加五百戶宗室大將軍以上加四百戶知制誥待制并文臣少卿監武臣諸司副使宗室副率以上并承制崇班軍員等初該恩加三百戶再該恩二百戶三千戶以上雖有加例緣無定決親王重臣特加有至萬戶者食實封七等一千戶凡八百戶五百戶四百戶三百戶二百戶一百戶凡宰臣等經恩加四百戶兩府使相至觀察使以上加三百戶觀文殿學士等加二百戶武臣宗班等加一百戶五百戶已上雖有加例緣無定法親王重臣有特加至數千戶者唐制封爵食邑有差又有食實封者戶給縑帛每賜爵遞加一級唐末及五代始有加邑特戶而罷去實封之給又去縣公之名封侯以郡宋初沿其制大臣少監少卿以上武臣副率以上內職崇班以上有封爵丞郎學士刺史大將軍諸司使以上有實封但以增戶數爲差不係爵級邑過其爵則并進爵爲止於郡公每加食邑自千戶至二百戶實封自六百戶至百戶皇屬特封郡公縣公或贈侯者無開國字侯亦在開國郡公之上　唐制食實封者皆以課戶充戶數舊制戶皆三丁已上一分入國開元中定制以

三丁爲限租賦全入封家租賦者租庸調也皆丁所輸而戶以三丁爲限是國邑之中每戶出三丁之租庸調入于封國邑之家也唐六典云賦役之制有四一曰租二曰調三曰役四曰雜徭課戶每丁租粟二石其調隨鄉土所產綾絹絁各二丈布加五分之一輸綾絹絁綿三兩輸布者麻二斤皆書印爲若當戶不成匹端屯綟者皆隨近合成其調麻每年支科有餘折一斤給粟一斗凡丁歲役三旬有閏之年加二日無事則收其庸每日三尺布加五分之一有事而加役者旬有五日免其調三旬則租庸俱免通正役並不得過五十日凡庸調之物仲秋而斂之季秋發於州租則准上收穫早晚量事而斂之仲冬起輸孟春納畢通典云唐制成丁之歲武德七年定令男女始生爲黃四歲爲小十六爲中二十一爲丁六十爲老天寶三載十二月制自今以後百姓宜以十八以上爲中男二十三以上成丁租庸調之名始于周制夫家之稅夫稅者謂田畝之稅家稅者謂出士徒車輦給徭役也古者人君歲役不過三日是故歷代至今雖加至二十日數倍多古制猶以庸爲名旣免其

役日徵庸絹三尺其當六丈更調二丈則每丁壯當兩疋矣夫調者猶古井田調發兵車名耳開元八年二月制曰頃者以庸調無憑好惡須准故遣作樣以頒諸州諸州送物作巧生端苟欲副於斤兩遂則加其丈尺有至五丈爲疋理甚不然闊尺八寸長四丈同文共軌其事久行宜令所司簡閱有踰於比年常例丈尺過多者奏聞天寶元年正月敕文如聞百姓之內有戶高丁多苟爲規避父母見在乃別籍異居宜令州縣勘會一家之中有十丁以上者放兩丁征行賦役五丁以上者放一丁卽令同籍共居以敦風教大歷十四年見佃青苗地額均稅夏稅六月內納畢秋稅十一月納畢其舊租庸及諸色名目一切並停　按據此知青苗二字唐大歷時已有不始於宋神　宗時也舊租庸及諸色名目旣已並停不知此時之食實封者但收本封戶納之夏秋二稅抑亦停其實食之數耶五代以後迄於宋遼金皆有封戶系銜而實　食之數史無明文其與唐制同否無從攷矣　然據今所錄唐宋諸碑系銜及文內所載食邑實封

頗有與史志諸書定制多不合者爰悉爲節取詳錄於後以備攷云

孔子廟堂碑 武德九年原碑宋初王彥超再建彥超爵瑯琊郡開國公食邑四千五百戶食實封一千三百戶

房彥謙碑 貞觀四年追封臨淄公食邑一千戶

皇甫誕碑 誕卒于隋仁壽四年贈宏義郡公食邑五千戶

張琮碑 武德末封南安縣開國侯食邑七百戶

段志元碑 文云高祖時封□蔚縣侯食邑□千戶從上討薛舉進封武安郡公食邑并前二千戶太宗爲太子時拜左驍衛將軍賜別食封四百戶遷左驍衛大將軍進封□□公食邑□千戶加實食封□□戶通前□百戶

孔穎達碑 貞觀二十二年封曲阜縣開國男食邑五百戶

馬周碑 永徽二年詔贈高唐縣開國公食邑一千戶

高士廉碑 碑側題六代孫正議大夫行給事中上柱國渤海縣開國男食邑三百戶

褚亮碑 文殘闕舊唐書傳貞觀九年長員外散騎常侍封陽翟縣男十六年

進爵爲侯食邑七百戶李靖碑太宗徵拜刑部尚書別食邑四百戶進封代國公增邑三
千戶舊唐書傳云徵拜刑部尚書賜實封四百戶尉遲恭碑顯慶四年封吳國公食邑
三千戶實封一千三百戶平百濟國碑平者蘇定方新唐書傳初封邢國公後以定葱
嶺加食邢州鉅鹿三百戶于志寧碑乾封元年封黎陽縣開國子邑三百戶進爵爲伯邑
五百戶進爵爲侯邑七百戶進爵爲公邑一千戶令狐熙碑襲爵彭陽公邑二千一百
戶後以功增邑六百戶令狐德棻碑封彭陽縣開國男食邑二百戶進爵爲子加邑
百戶李孝同碑高祖踐祚授柱國武鄉縣開國公邑二千戶武德五載封淄川郡王邑五
千戶舊唐書李神通傳貞觀元年拜開府儀同三司賜實封五百戶李勣碑文云拜太子太
師實封二百戶通前一千一百戶前是太宗初以南征北伐功加實封九百戶今加二百戶也契
苾明碑先天元年年甫一歲授上柱國封涇陽縣開國公食邑一千戶稍長歷官以功改授

左驍衛大將軍襲爵涼國公食邑三千戶王仁皎碑文多泐中有封某公開府儀同戶二
千實賦三百之語李思訓碑官太府員外少卿擢宗正加隴西郡開國公食邑二千戶
北岳府君碑碑兩側題記仇文義南安縣開國公食邑三百戶辛廣祐記亦同題名系
銜用食邑始此郎國長公主碑進封郎國公主食邑一千四百戶代國長公
主碑封代國公主食邑六千四百戶北岳神廟碑碑陰載段揩五代祖榮後魏時
儀同三司食邑八百戶四代祖紹魏尚書令增邑二千戶龐履温碑曾祖口國公食實封
四百戶唐儉碑封晉昌郡公食邑二千戶後云口口公食邑口千戶實封六百戶郭
氏家廟碑碑陰載子儀加司徒封代國公食實封一千戶封汾陽郡王加實封五百戶又
加實封二百戶李光弼碑封鄭國公食實封八百戶進封臨淮郡王加實封三百戶通前
後凡二千戶賜鐵券始此丁思禮覽心經碑記碑側題夏侯口封開國公食邑

五百戶使院石幢記元和六年李愿襲岐國公食實封七百五十戶梁守謙
功德銘撰書人楊承和宏農郡開國侯食邑一千五百戶撰書人系銜用食邑始此李
晟碑封西平郡王加食實封一千五百戶開成石經碑後列銜名鄭覃榮陽郡開國
公食邑三千戶馮宿碑開成二年標題馮公長樂縣開國公食邑一千五百戶碑題系銜用
食邑始此撰文王起晉陽縣開國子食邑五百戶書篆柳公權河東縣開國男食邑三百戶苻
璘碑封義陽郡王食實封二百戶不言食邑撰人李宗閔封襄武縣開國侯食邑一千戶書人
柳公權同前璘子澈封瑯琊郡開國侯食邑一千戶襲實封一百戶李光顏碑撰人李程
彭原郡開國公食邑一千戶周公祠靈泉記崔珙狀奏封安平郡開國公食邑二
千戶高元裕碑渤海縣開國男食邑三百戶定慧禪師碑大中九年篆額
柳公權封河東郡開國公食邑二千戶施石王元宥官內謁監食邑三千戶劉遵禮墓

誌彭城縣開國子食邑五百戶魏公先廟碑撰人崔璞封博陵縣開國子食邑五
百戶書人柳公權同前吳承德墓誌濮陽郡開國侯食邑一千戶食實封壹百戶
賜錢鏐鐵券鏐封彭城郡王食邑五千戶食實封壹百戶王審知德政
碑審知封瑯琊郡王食邑四千戶食實封壹百戶重修北岳廟碑天祐十三年末
題興元節度使王處直封北平王食邑五千戶食實封五百戶重修法門寺塔廟
記天祐十九年李繼潛封隴西縣開國伯食邑七百戶羅周敬墓誌銘晉天福二
年周敬封長沙郡開國公食邑一千八百戶食實封一百戶文云莊宗封開國侯加食邑三百戶明
宗封開國公食邑三百戶溪州銅柱記天福五年五溪團練使彭口封長沙縣開國伯
食邑九百戶馬希廣封扶風縣開國侯食邑二千戶彭士口封隴西縣開國男食邑三百戶史
匡翰碑天福八年文云命之爲伯加食邑通前五百戶移文宣王廟記清泰

中獮道封秦國公食邑入千五百戶食實封一千二百戶 郭進屏盜碑 太原縣開國男
食邑三百戶 景範碑 晉陽縣開國伯食邑三百戶 重修開元寺行廊
功德碑 宋建隆四年王彥超郯琊郡開國公食邑四千五百戶食實封一千三百戶 夢
英篆書千字文 乾德三年建碑者吳廷祚濮陽郡開國公食邑二千七百戶食實封
八百戶 福州重修忠懿王廟碑 開寶九年忠懿王是閩王審知封閩王食
邑一萬五千戶食實封一千戶尙是五代所加据碑云天祐元年四月封郯琊郡王食實封一百戶
唐于兢撰德政碑云轉撿校太保郯琊郡王食邑四千戶食實封一百戶與碑題不同 鳳翔
府萬壽禪院記 撰入梁鼎安定縣開國伯食邑七百戶食實封三百戶 封祀
壇頌碑 大中祥符二年撰文王旦太原郡開國公食邑四千七百戶食實封貳千壹百戶
社首壇頌碑 撰文王欽若太原郡開國公食邑三千五百戶食實封一千四百戶 封

禪朝覲壇頌碑 撰文陳堯叟潁川郡開國公食邑二千三百戶食實封八伯戶 天
貺殿碑 撰文楊億南陽郡開國侯食邑一千一百戶無實封 石保吉碑 大中祥符
四年保吉駙馬都尉封西平郡開國公食邑一萬三千九百戶實封泐撰文李宗諤隴西郡開國侯
食邑一千三百戶食實封二百戶文云加撿校太師進邑千戶實食四百 石保興碑 西平
郡開國公食邑二千四百戶食實封貳伯戶撰楊億南陽郡開國侯食邑一千一百戶無實封
中嶽中天崇聖帝碑 大中祥符七年王曾撰文太原郡開國子食邑五百戶食
實封壹伯戶 北嶽安天元聖帝碑 撰文陳彭年招信縣開國子食邑六百戶
知定州劉承宗彭城郡開國侯食邑一千五百戶俱無實封 杭州放生池碑 天禧
五年撰文王隨太原縣開國男食邑三百戶 勸慎刑文 撰者晁迥南安郡開國公食邑
四千三百戶食實封陸伯戶 重修昇仙太子大殿記 明道二年建碑者趙

世長天水縣開國男食邑三百戶 會聖宮碑 撰文石中立樂陵郡開國侯食邑一千二
百戶食實封壹伯戶 永興軍牒 碑末列銜范雍高平郡開國公食邑三千八百戶食實封
一千二百戶周王元儼食邑二萬二千三百戶食實封壹萬戶 重修北嶽廟記 皇祐
二年撰書韓琦南陽郡開國公食邑二千戶食實封肆伯戶 范文正公神道碑
文正封汝南郡開國公食邑二千三百戶食實封陸伯戶 韓國華神道碑 嘉祐八年
韓公南陽縣開國男食邑三百戶富弼撰文河南郡開國公食邑六千八百戶食實封二千四百戶
書者王珪太原郡開國侯食邑一千八百戶實封二百戶 潤王廟牒 元豐二年立石高湀
平原縣開國伯食邑九百戶 王公儀碑銘 清源縣開國男食邑三百戶文稱三百室
韓宗道墓誌銘 南陽郡開國侯食邑一千三百戶 大觀聖作碑 蔡京
趙頵魏國公食邑一萬一千三百戶食實封叄阡捌伯戶 折克行神道碑 折公封高

平郡開國公食邑泐撰人毛友西安縣開國子食邑五百戶書者宇文虛中成都郡開國侯食邑一
千一百戶食實封壹伯戶 宣和重修東嶽廟碑 撰文宇文粹中南陽郡開國侯
食邑一千五百戶食實封壹伯戶書篆張崇陳留縣開國男食邑三百戶 楊從義墓誌
楊公封安康郡開國侯食邑一千七百戶食實封一百戶其子封邑同 韓蘄王碑 咸安
郡王食邑一萬八千三百戶食實封柒阡貳伯戶撰文趙雄□□縣開國子食邑柒百戶書者周必
大封爵泐　食邑柒百戶 涿州雲居寺四大部經記 遼清寧四年碑末蕭
惟平蘭陵縣開國公食邑三千二百戶食實封叁伯貳拾戶 行滿寺幢 追題唐三藏譯
經沙門不空食邑三千戶食實封三百戶 乾州思政堂記 金大定十一年遠書鄭彥
文滎陽郡開國伯食邑七百戶上石李仲仁封郡伯食邑同 重修中嶽廟碑 大定
二十二年撰文黃久約江夏縣開國子食邑五百戶 淳化縣重修岱嶽廟記

白偉立石南陽縣開國男食邑三百戶　雲寂院鐘欵大定二十九年末題楊定路豐縣開國男食邑三百戶　靈巖寺記党懷英撰書篆馮翊郡開國侯食邑一千戶食實封壹伯戶　濟州李演碑貞祐四年書碑趙秉文天水郡開國伯食邑七百戶　重摹唐太宗慈德寺記正大四年跋者李文本隴西郡開國子食邑五百戶　濟瀆靈應記至大五年宋題請察罕斷彭城郡開國侯食邑一千戶食實封一百戶　以上皆唐宋諸碑系銜食邑實封之數其總附於孔子廟堂碑後者蓋王彥超雖宋初人而其重摹之碑係武德九年撰文碑列於是年系銜因即以附之

附錄諸碑所載事物緣起

近世流俗所傳一名一物一言一事追溯其始皆嘗有其緣起今祇就諸碑所載隨筆錄出不復類次因與系銜遞類而及併附于此聊以供好古者爲談資之助云

唐高宗製碑稱人臣爲公李勣碑凡文中稱勣皆曰公文係高宗御製

卒日書時古人撰文書人生卒但紀年月日罕有書時者淨藏禪師身塔頌云天寶五載歲次丙戌十月廿六日午時此卒日書時之始

新造別體字開元八年劉升書華嶽精享昭應碑多別體字攷造作異文之始三國志注引會稽典錄吳孫亮時有山陰朱育依體像類造作異字千文以上又魏書太武帝始光二年三月初造新字千餘頒之遠近以爲楷式故李仲琁修孔廟碑魏孝文弔比干文之類皆雜用篆籀隸楷以及變體別備之字入唐以後此風久變獨開元時劉升尚嗜其體而書此碑蓋亦好奇之過也

生壙開元十三年高延福墓誌文云謀龜筮相川原經兆域番封隧自爲安神之所此蓋敘延福自贊生壙之事也

招魂合葬此四字見張燕公集爲高力士之本生父馮君撰神道碑云恩詔追贈潘州刺史招魂而合葬焉因攷高延福事蹟見燕公集附錄於此

夫爲妻撰文子爲母書碑開元廿二年代國長公主碑駙馬都尉鄭萬鈞撰文男𥙿書按子書母碑與于志寧王仁求子書父碑同例

孝也碑同上凡書碑之例葬某處禮也此碑則云陪葬橋陵孝也

家生子碑同上文有云司農小見家生者不在此限

大王父裴光庭碑稱曾王父爲大王父

舍弟臨高寺碑稱弟曰舍弟

敬寫開元廿五年進法師塔銘沙門智祥敬寫

尼稱和上比邱尼惠源誌銘云大唐濟度寺故大德比邱尼惠源和上神空誌銘又據翟顥通俗編引廣異記大歷時某寺尼令婢買餅入問汝和尚好否

曾門碑同上文稱惠源曾祖爲曾門大父、

碑文有脫字旁注橋亭記文中人薮壹鐵脫落人字旁注又鄉老重書老字古人書碑不拘

專房范氏夫人墓誌文云以色事某寵實專房

貤贈天寶七載章仇元素碑載詔書既贈其父又贈其祖又贈其祖母及母最後又贈其伯父伯母皆以章仇兼瓊推恩此即貤贈之典所緣起

成公罳罳高乾式造象碑題名一家稱爲有妻名成公男名罳罳

稱祖祖父爲大人劉元尚墓誌年月日窆某處大人舊塋合祔禮也

栖塟李陽冰栖先塋記與三墳碑並傳栖塋者因舊塋不吉而栖塋也碑中間有形家言栖葬事始此

三教碑大歷六年三教道場文叙三教先佛次道次宜聖三教之稱始此

碑版大歷八年丁思禮心經碑記魁爲碑版碑版之稱始此

以書丹爲下丹文宣王廟新門記題云裴平下丹篆額又額刻畫有二龍捧珠始見此

後學大歷九年朝陽巖銘題云零陵後學田山玉書名

道化李元璿先生碑先生以大歷己酉歲道化道家辭世謂之遁化始見此碑

高門　曾門　門子段行琛碑稱高祖曰

高門曾祖曰曾門惟稱長子曰門子則本於左傳也　夫人稱君　內弟
姨弟殷府君夫人碑額題鐫唐丞殷君夫人顏君之碑婦人不稱氏而稱君始此又姓名內有
稱內弟者有稱姨弟者　公館碑同上文云卒于某尉之公館　十字街碑同
上文云殷夫人居十字街西北壁第一宅又攻北史李庶傳云劉家莊七帝坊十字街東南則十字
街又始于北齊時矣附記于此　稅濟瀆廟北海壇祭器碑以假貸爲稅今人出錢稅器物稅
字昉此　燈盞　毯子　衣楪俗架字仿此　床　竹歷
席碑同上諸器物並見碑所列祭器中席本音帶似帥今筊箄之箄字又帚俗作箒疊子俗作碟
子並見此碑　毋得擅立德政碑唐自武后聖曆二年制州縣長吏非奉有
敕旨毋得擅立碑凡以政績將立碑者具所紀之文上尚書考功有司而攷其詞貞元十四年鄭楚
相德政碑文猶可案　表姪　題諱碑並見貞元十五年徐浩碑後題表姪前河南府

參軍張平叔題諱誥碑爲次子峴所書因令表姪題諱此郎今人自述先人行狀使他人填諱之始
又表姪之稱亦始此碑　認族貞元十七年晉太原王公碑云左丞相張公說越認范陽
東承緒越認瑯琊越認二字詳玩文義始是越次而認他族乎則認族之說始於此矣存以備攷
雙棺同穴永貞元年張詵夫人樊氏墓誌銘云今孤子孤女等以年日月合窆雙棺
同穴葬某原禮也可知當時雙棺同穴合葬殆是稱有之事　阿小解進墓誌文云嗣子
某次某次某次某次阿小蓋阿小是末一子最幼但有小名即以入誌不更命名也嗣子是長子之
稱　先父李先進碑稱其父曰先父又曰先君母史氏曰先夫人撰文人稱他人父母亦
可加先字又旬有八日有字下多書者字旁用點抹去　夫人卒稱捐館達矣
墓誌云夫人萬氏捐館于前里第　庄地四至重修大像寺記所載庄地果剮因至
近他人者著他人姓名近本寺地則曰自至又寺中僧職有典座又有直歲即今稱直年也

行年處士包公夫人墓誌云夫人行年六十有六又處士亦得稱公　令弟尉文述墓
誌云令弟二人某某皆文遂弟　不忏勅內庄宅使闞文云不忏同學忏即千字新唐書萬
壽公主傳無忏時事正與此同後人作千又碑稱同從師出家者爲同學俗家爲俗弟子　碑
文旁注音切杜順和尚行記碑書擲手急流中而復見見字旁注胡甸反又孔紓墓誌
銘出將旁注夫發　把筆韓昶自爲墓誌文云年六七歲未解把筆書字把筆猶言握筆
今小見初就塾蒙師把筆二字昉此　自爲墓誌碑同上題雖云自爲墓誌文中卒葬
月日皆具殆預爲文于前而卒後孤子書石時增敘也　自稱令弟崔夫人墓誌稱
其父曰皇父稱其弟曰吾令弟　庚向湯華墓誌云葬某里庚向之原葬用某向是堪輿家
羅經山向之始　題梁福田寺三門記云僧之佳號及一境檀那師咸列姓氏于虹梁之上
此即後世題梁之所昉　自稱愚後魏昌黎焉王新廟碑文自稱曰愚又孔紓墓誌亦

自稱愚　書月建不書朔碑同上文云十一月壬子九日甲辰壬子無朔字九
日甲辰則壬子非朔丁亥歲十一月是建壬子也　令嗣劉遵禮墓誌敘曾祖祖事實連
及令嗣此稱遵禮之父也　神廟物色堂三間五架堂屋稱間架昉此
獨間門屋蓋頂木帳一所似即今幔板俗謂之仰塵即後漢書雷義
傳所謂承塵也　華一顏字書無華字今作傘一弦或三弦　侍從二人
捏塑　壁畫武安君并夫人侍從兩面音樂引隊
軍將鞍馬　南面畫土番蠻奴各一人　堂門外
捏塑軍將二人　書捉生官健戟架弓箭器械以上
並見武安君白公廟記所載物色今神廟規制頗有同者似皆昉于是時　安葬羅周敬墓
誌銘以年月日安葬某縣之原安葬二字昉此　賣宅券晉天福四年廣慈禪院殘牒末

載置宅券云某年月日買得某處某姓名宅壹所准作價錢若干後載北至某處東至某處南至某巷西至某處賣宅人某官某姓名年若干同賣宅人弟某姓名同賣宅人母某氏年若干保人某官姓名保人某官姓名庄宅牙人某姓名此可見五代時賣宅契券之式

該部請旨

欽此欽遵

宋建隆二年慶康宮延生觀敕有云節准該部請旨以遵御筆欽此欽遵聖旨禮部重刊榜文欽此欽遵等語顧不類未初人語疑後人僞託若非僞託則該部欽遵等語宋初已有之矣

五百羅漢

建隆四年王彥超重修開元寺行廊功德碑云增建四廊壁畫高僧四百五十尊似即五百羅漢之緣起

法眷

乾德四年京兆府重修清涼建禪院記末題同學法眷僧名法眷即今所謂師弟兄也

經首佛像

摩利支天等經碑經首刻李奉珪瞿守素二人畫佛像又常清淨等經碑亦有菩薩畫像今大藏每經卷首必有佛像權輿于此

清交詩匠徒弟

贈夢英詩碑馬去非稱英公爲清交韓溥稱英公爲詩匠陳摶詩堪嗟繼踵無徒弟

大宋國

保寧寺鐘款末題大宋國其後大元國大明國大清國皆助于此

頭子錢

景德三年敕修文宣王廟牒有云擁破處量破倉庫頭子錢修葺按文獻通考開寶六年詔諸倉場受納所收頭子錢一半公用止齋陳氏曰是歲令川峽人戶兩稅以上輸納錢帛每貫收七文每疋收十文絲綿一兩茶一斤稈草一束各一文頭子錢數畧見于此馬端臨曰後唐天成二年戶部奏苗子一布袋令納錢入文三文倉司喫食補襯長興元年見錢每貫七文稈草每束一文盤纏蓋頭子錢乃抽取于民以充公用也

啓手足

石保吉碑文稱其卒不曰薨而曰啓手足卒後與公主合葬不云禮也而云從周制也皆夥見

設僧浴

澹山巖題名長沙慕容遷題記云瞻禮金僊遍遊諸洞次日設僧粥浴飯僧此皆檀越功德也設僧浴夥見

書丹

晝錦堂碑題蔡襄書丹書丹二字始見此碑書畫跋跋謂刻碑須書丹乃神若係百衲不知若何入石如用朱塡則益失眞云云可知明時上石不知用

雙鈎之法也

鳴鐘追薦

豐樂亭記文叙宋太祖平滁擒皇甫暉事攷十國春秋皇甫暉傳暉與宋太祖戰後數日創甚暉不肯治而死後滁人感暉意一日輒五時鳴鐘以資薦今人家有亡者就寺早晚鳴鐘追薦昉此

髮有巨釘

王公儀碑銘敘公儀辯寃獄有婦人死而不明覩其髮得巨釘入服其神明今傳奇有傳會作包孝肅公案者

臣字旁注

碑同上書臣字俱小字旁注脇見于此

守制百日

游師雄墓志軍將行聞父憂有旨給告百日後赴軍此即守制百日之始

竹筒引水

永泰陵採石記云春日乏水乃引天井泉凡四里續大竹二百二十有四引水日二千餘缶此即駱賓王靈隱寺詩所謂刳竹取泉遙也然引水之遠無過於此

知府

崇寧四年五臺山偈和詩前有奚上允中啓云拜呈知府屯田知府是外官屯田是京職宋制諸府州縣皆以京朝幕官攝之故有某官知某府某州某縣事者或不帶京朝幕官等銜直云某府知府知州知縣者自明以來既稱知府知州知縣而文人有意好古或反稱知某府事知州事縣事者蓋失國朝之制矣

析煙　元娶

范子嚴墓誌文云季孟有析煙之議析煙猶析爨也又云元娶馬氏繼娶朱氏此即後世元配所昉

穀旦

四十二章經末題武翊紹興己卯十一月旦跋不繫日而用旦字此即近世穀旦之所昉

神誕節演劇

乾道元年梁水縣正顯廟碑云神以四月十八日誕節邑人競用鐃歌鼓吹旗纛節斧德釋威儀倡優技巧爲壽近時神廟慶誕之儀蓋昉于此

臣下泛用欽惟

漢中新修堰記云欽惟我公是宋時臣下得泛用欽惟

生作年譜行實

幕客稱門下士

揚從義墓誌文稱公預爲送終之具託門下士朱滸昆季述其行事編爲陞除錄此即後世生作年譜行狀之所昉朱滸必是幕客而稱之爲門下士耳門下士之稱不必專屬之貢舉門生矣

學長

句容縣五瑞圖碑末書人江千里充縣學學長

藏經標千字文爲號

遼天慶八年涿州雲居寺石經塔記後列刻經

目錄每十卷爲一帙皆標千字文爲號與今大藏同式　僧納　牛牛　金正隆二年京兆府重修府學記有云進納落髮又云僧納四十六納即衲字不云僧臘而云僧納謂其著衲衣四十六年也末云妊勇呂牛牛建牛牛是其小名　石匠壇匠　大定十九年重修漢太師公墓記後列石匠壇匠姓名　卤　淳化縣重修岱嶽廟記碑書寶藏於是典焉與是興之省筆今俗書作與　粧塑三官　明昌二年三官宮存焉公據碑載助緣者曰塑三官人曰粧三官人當時人喪塑分二事也　風調雨順國泰民安　承安四年圓覺禪寺鐘款有此八字近代寺觀梁柱鐘鼎率題此八字昉于此　題名稱謂之陋　碑同上題名有魚吳驢馬小官人姚大行者因學究張教書又書飛氏者二人木郎錢字省筆今俗書末字昉此　書雲曰　驪山詩刻末題承安屠維協洽書雲後七日蓋書雲日即冬至也　撞鐘超昇　泰和六年泰寧宮鐘款云羣迷聞王音而開覺滯鬼仗餘韻以超昇

此與滕人鳴鐘追薦皇甫暉事相同蓋金時尚沿此風　買地立契　大安元年眞淸觀裝後藏本觀前買地上文契契中年月後一日立契出賣地人郎今之賣主也一日立契人郎今之賣主親族也一日引領人郎今之中人也一日寫契人郎今之代書也體例大致與廣慈禪院牒所載鬻宅券相同而此更與今賣地文契式尤多合　貞祐寶券　貞祐二年券有京兆府合同平涼府合同今人與人交易券約寫合同昉此　種竹老人　賜銀二萬五千星　重修濟瀆廟記撰文人署其號曰種竹老人而不署姓名撰人書號不見他碑文又云賜銀二萬五千星不抑以兩爲星抑以銖爲星抑見也　行實　齊孟邦雄墓誌云黃億狀公行事之實今人作行實二字殆本于此　以上皆諸碑所載其有出乎諸碑之前者當更俟博攷云

金石萃編卷四十一終

金石萃編卷四十二

賜進士出身　誥授光祿大夫刑部右侍郎加七級王昶譔

唐二

寶室寺鐘銘

銘横廣二尺四寸高一尺八寸二十二行行十五字正書今在鄠州城南樓上

蓋如如實際性相平等念念慮假緣業萬殊是以導之以解脫禮樂未之洎壽之以究竟衆緊所不言鄠州寶室寺上坐羅漢等漏茲獨善府宏六度不捨羣生服膺四攝以大唐貞觀三年攝提在歲蕤賓御律景丁統日己巳司辰用銅三千斤鑄鍾一口法天地以長鑪假飛

廉而扇炭尅餝伞造化巧麗若神工戲蜀山而自響擬漢暦而遠聞挺弗能發理切含宏扣而斯應義均虛受聿警四部式遵六時未假於箭漏靡資於雞鶏懺誦顧而有節精進因而無怠方諸几杖小大之用既殊譬以盜盜洪纖之理多俗輒緣斯義乃爲銘曰

眇眇三界悠悠四生愛深有著沉沒無明法輪覺夢慧炬照冥大空日得微妙爲名無爲不住有爲不盡去彼常樂來深慈愍然頭拯救摩足汲引且或且禪或檀或忍爰遺洪鍾晨昏取則和會彼仰禮懺無惑並航欲海俱遊佛國開物成務是鐫是勒

大鍾主趙　爽

大鍾主上大將軍張神安　杜茂

康熙時河水泛決出於土中土暈銅花青翠可愛銘詞計三百十八字雍州金石記

文詞淸綺字法工雅非唐初人不能爲之昔趙德父集錄始褒州寧照寺鐘係景龍三年此足與之較勝矣關中金石記

文云以大唐貞觀三年攝提在歲蕤賓御律景丁統日己巳司辰攷温公通鑑目錄是歲曆維赤奮若此云攝提差校一年未審其義蕤賓者五月之律月令

仲夏其日丙丁故有景丁統日之語己巳則鑄鐘之日也周隋設勳官有上大將軍上開府儀同三司上儀同之名唐武德七年定勳官十二等上大將軍正三品貞觀十一年改爲上護軍此刻有上大將軍張神安名其時猶未改稱也悠悠作愆愆宅[illegible]所未有潛研堂金石文跋尾

按文云大唐貞觀三年攝提在歲蕤賓御律景丁統日己巳司辰荅鑄于貞觀三年己丑歲若庚寅是四年據通鑑目錄三年五月辛丑朔則己巳在二十九日四年五月乙丑朔則己巳在初五日是五月之己巳三年四年皆有之今云三年攝提在歲必有一誤也鄜字說文作鄜从邑麃聲甫無切音孚是鄜以麃得聲麃蒲交切雙聲諧乃得孚音攷顧氏音學五書毛西河古今通韻邵子湘古今韻略並言韻部魚虞模與蕭肴豪古皆通爲一音是以麃亦得孚音今書去火从鹿失其音矣此碑从麃正合古義

等慈寺塔記銘

碑高一丈四寸廣四尺六寸三十二行行六十五字正書篆額在河南汜水縣

通議大夫行秘書少監輕車都尉琅邪縣開國子口

口師古奉　勑口

若夫有功可大盛業光於四表有親可久厚德加於萬類救灾撥亂闡宏威以則天立愛宣慈垂至仁而濟物其於司牧黎獻汲引羣生窮高極深道口化遠口以現神通力摧破波旬之兵開方便門消滅尼揵之罪斯益法王聖跡調御善權不可思議莫知邊際者矣自隨曆云季政綱不綱海岳沸騰函夏圮裂繩樞競起口挺構兵毒再口敷妖精晝隕五山並食九嬰爲害交相吞噬恣行剝斮仰顧蒼昊跼跡靡依俯壓塗炭息肩無所剝極則孚否終斯泰用集明命爰啓　眞人　我大唐皇

帝口發靈圖祚口寶籙撫茲歸運拯彼橫流惟神惟幾
迺文迺武聰明時乂勇智自天猶斂五材　聖質苞其
純懿大哉七德　宸鑒測其幽遠至如封胡異說力牧
奇篇羅女黃石之精微玉帳絳宮之秘要莫不裁成
睿思總制深衷超冠情靈之表得諸耳目之外爰茲草
昧口彼猕口投袂口足東征西怨克剪方命鯨鯢斯盡
芟夷口紀邦域底平揃欃槍於天衢腓遑寧處殘猾狂
於地表無思不服阪泉涿鹿之師語勤已陋其工有扈
之戰固多慙色載籍所傳孰可侔其髣髴言象所寄安
足紀其希夷武德之初諸華未緝轂口口口尚阻　朔

風急彼王充偷安假息悼干戈之日用悵烽燧之多警
於是親總元戎授茲戚鉞建飈東下將一車書北據崇
芒南乜伊闕雲羅既布指期滌蕩然而賊口口德往因
多難夙長亂階僞黨寔繁凶犇乳熾妄作隱圭之瑞竊
号夏王驅扇黑山之旅擅强河朔破邑屠城斬祀斂厲
矯誣上帝多歷年所又以逞其狙詐乘彼阽危口口許
之人徒收亡隨之文物遂乃憑凌濟岱荐食徐兖驟勝
愈驕負力作氣惟茲勍寇同惡相求根此口也寇來赴
援溯流西口奄至滎陽閉使口馳潛申約結將俔合勢
以抗我師首足乎資實同夏屋之獸前後迭至冀效常

山之地　妙算所甄口其曲折中權所稟見可而進是
以引麾北制移蹕東口　天策頻加　神鋒累口其役
酋渠相命妖孽並臻鑿齒之類爲羣窫窳之徒成列發
自板渚迄于茲地獷猰爭先口梁競出比角舉尾飲竭
洪流吞石噉沙聚蔽陽景　皇赫斯怒爰勅六軍飛廉
翊衛豐隆先路然後置天地之陣揚日月之旗震夔鼓
以申嚴鏗虬口而大号星流電擊鳳矯龍騰丘巒爲之
口跳梗林於是靡拉陷堅挫猛刮野掃地口血僵尸塡
坑滿谷禽茲元惡未及旋踵仍執醜虜嘗靡子遺渙若
冰消潅同魚爛氛祲祛口風雲融口列代神墅莫不畢

收前王彝器此焉總獲既而乘轅西返舊旆右臨奮決
水之威乘破竹之勢廓清萬里大定三川散馬華陽飲
至豐鎬豈如漢王力競屢見口於口口口口口久連
口於口口口口口戡宇內無虞執玉帛以臨朝垂
衣裳而班治珍符雜沓繁祉絪緼甘雨薰風時和歲稔
正簫韶之樂非止咸英定郊雍之禮豈唯俎豆踐行口
息跖實排虛迩陋游原遐闊沐末攖擊忘觜距之用夷
狄齊冠帶之倫外戶常開內機不作寘含靈於仁壽變
品庶於陶甄思廣舟航無隔幽顯靜言宵旨或握節以
殉忠口悼行間口獲輪而棄野愍疏屬之罪方滯迷塗

念刑天之魂久淪長夜以爲拔除苦累必藉勝因增益善根寔資淨土乃命克敵之處普建道場情均彼我恩洽同異爰立此寺□号等慈境實鄭州縣稱汜水班□既集矩鑊斯備式構寶坊樹兹靈塔飛梁虹指浮柱星懸層閣崢嶸衛廊黝䵎朝雲暫起華礎流津曉露微霑□盤□溽茹蕙在阪化爲瞻蔔之林熠燿宵行翻映摩尼之彩傍開奈菀敷淨花而韡韡却帶蓮池積定水而澄湛結衣萃止振錫來儀或品齊芳禪枝並茂其地則遥瞻□□夏后之所發祥近眺裏城軒轅於是訪道舳艫控引循金提以偪側冠蓋往來趣玉門而隱軫勢

居爽塏物稱衍沃誠原陸之膏腴信康莊之都會豈惟致罰之野獲免汙□淫慝所懲□其京觀乃令深入緣起末□蓋纏普賴法財同歸妙樂悠悠曠劫憑慧力而靡徧亹亹恒沙譬福聚而無盡南山之壽既弥茂於億年北極之尊實牢籠於萬代竊惟望雲就日博貫多能理極寰中道臻繫本考覈篆籀徧詳流略定偏傍之竝長藥刑名之奇繞纖微必舉幽賾□應不能逝其隱奥無所潛其肹蠁五□變爲□□□□象□□靈□於□□□□物□㝵食忘勞昧旦□顯尙想巖穴博逮芻蕘俱辛滿堂之歎猶興納隍之慮爰踰□糾仁兼扇暍降

靈覽而游藝觀人文以化成賤□梁之短篇鄙苦寒之危調轉覡汪河之論聽者開神定□垂露之書覩者眩目飛蝯妙術抑兇神工制律吕之輕重知草木之情狀郁哉煥乎弗可記已重明養德守□光於匕鬯琁□樂善作固列於維城□儀抑抑□□走走文□蘊金錫之姿武臣表熊羆之狀耕田鑿井雖受賜而無跡擊壤鼓腹諒日用而不知百年然後勝殘仲尼之言斯闕三脊之茅難致夷吾所志爲小蓋夫植操恒久莫□乎金石盛德形容聿宣於歌頌末臣肅謏預奉　鴻猷雖罄□才未揚休烈其詞曰

肇自元極初分太清二儀定位四大居貞緬求遂古遐聽遐聲質文遞變粹駮殊名（其一）季葉紛詭政荒道喪逐鹿爭驅乘龍有亢巫㑹□造蒔逢无妄王治莫興嘉生靡暢（其二）滔德既厭炎運將徂鴻飛野滿狼入朝蕪綠林叛換青犢睢盱中外板蕩億兆俞胥（其三）聖帝膺期悠彼頹覆始建天柱初安地軸方□畢夷羣凶盡殲芒芒率土俱荷亭育（其四）壽華覺社用康國步陽紆㸐慝實清王度牧野非艱鳴條豈固勢踰摧枯俯同榮注（其五）魔衆既摧勝幡斯立釋兹罪□俾伸幽執施以無畏斷其餘□卽此戎墟招提攸葺（其六）□□赫煒月殿玲瓏冬延愛景

夏納淸風白蘋齊業丹桂連蘂綺疏瞰迥繡栭凌空其七金繩吐口寳鈴和響香繞梵音花飛仙掌妙相凝寂口容煥朗開士宅心伊蒲瞻仰其八崇巖秀峙迅流長邁石城迴矚龍池斜界左顧𣪠碕右通氾鄴寔惟勝境誕標靈榤其九至人口利正覺津梁偕登萬善普照十方深慈口博口慶遐長式光勿替永播無疆其十

河北道孟州氾水縣等慈寺在縣東七里唐師旣破建德有詔于戰所起寺立碑紀功焉太平寰宇記

等慈寺碑貞觀二年立太宗破王世充竇建德乃于戰處建寺爲陣亡將士薦福文中稱世充爲王充因

諱去一字耳朱晨墨池編作大唐皇帝等慈寺碑者額文也中州金石記

右等慈寺碑今在氾水縣太宗破竇建德之所其文有云憖疏屬之罪方滯迷塗念刑夭之魂久淪長夜按陶淵明讀山海經詩有刑夭無千歲句宋曾紘周紫芝輩据山海經證爲刑天無千戚之譌其說固然今碑文却作夭字疑唐以前山經本作刑夭後人轉寫譌爲天耳形與刑古人亦通用然則淵明形夭二字非誤矣其云齎蟗恒沙卽賫蟗之異文潛研堂金石文跋尾

碑完具後文題銜顔師古下缺一字或懸度之當作書余攷其寔不然舊唐書太宗紀貞觀三年十二月癸丑詔建義已來交兵之處爲義士勇夫殞身戎陣者各立一寺命虞世南李百藥褚亮顔師古岑文本許敬宗朱子奢等爲之碑銘以紀功業案氾水爲破竇建德之地師古奉詔爲文光昭大業見于碑詞然則此記決爲師古所撰也碑言乃命克敵之處普建道場與史所記符又唐人臨文遇言及朝廷必闕三格此獨空一格授堂金石跋

按等慈寺太平寰宇記但云唐師旣敗建德有詔於戰所起寺立碑紀功而不著何年新唐書太宗

紀貞觀三年閏月癸丑爲死兵者立浮屠祠此則建寺之始當在三年碑亦當立於是年之後中州記謂二年者非也舊唐書太宗紀詳載詔文顔師古在撰碑之列此爲師古撰文之證然是年閏十二月詔書是閏月非十二月授堂跋脫閏字也師古銜碑題琅邪縣開國子新唐書傳太宗卽位封琅邪縣男母喪服除還官撰五禮成進爵爲子下文云帝將有事泰山太宗將東封在貞觀十五年則師古之進爵在十五年以前計自貞觀初封男至進子約畧閱八九年之久則其撰文在貞觀十

年問也碑又題通議大夫輕車都尉傳皆從略碑書徒作徒纏作纏尚沿北朝舊習瞻蔔卽是薝蔔金提當是金堤盻響當是盻蠁钑換當是钑渙皆借用字銘詞云左顧敖碻右通汜鄠褱字記河陰縣三皇山亦曰敖鄗山當卽此鄗說文云周邑也

附攷碑文避諱字

古者臨文不諱漢法邦字曰國盈字曰滿恒字曰常啓字曰開徹字曰通弗字曰不詢字曰謀奭字曰盛驁字曰俊欣字曰喜術字曰樂秀字曰茂莊字曰嚴炟字曰著肇字曰始隆字曰盛佑字曰福

保字曰守炳字曰明纘字曰繼志字曰意宏字曰大協字曰合皆臣下所避以相代也但用改字未嘗缺畫至本書見經傳者未嘗改易其見于書册者如說文遇諱字直書上諱而本字不書今漢碑中有開母廟石闕銘因避景帝諱改啓爲開漢諱之見於碑文者祇此漢書武帝紀元封元年春正月行幸緱氏詔曰朕用事華山至于中嶽見夏后啓母石云云未嘗作開母殆經後人校定漢書直作啓母在武帝時詔或作開母也餘碑皆不見有避諱之文魏晉而下至於北朝所錄諸碑字多別體不能勘定其何者爲避諱字如戊戌字缺筆作戊戌其體至唐宋間用之且遂碑中如涿州石經幢記戊尚作戊當由別體流傳後人好奇相沿用之故避諱至唐宋碑文始確有可按唐列祖諱在諸碑中惟開成石經爲最備今總紀于前凡經中虎字皆缺末筆作虎琥號虢髕虨箎褫皆同避太祖諱淵字皆缺筆作淵婣字亦作蜵避高祖諱世字皆缺筆作世泄作洩緤作紲棄作弃勤作勤葉作葉渫揲蝶諜堞偞皆改從云民字缺筆作民泯作汦岷作岷涽昬緡痻碈愍蟁皆改從氏避太宗諱亨字皆作亨避肅宗諱豫字皆缺筆作豫避代宗諱适字皆缺筆作适避德

宗諱誦字皆缺筆作誦避順宗諱純字皆缺筆作紃肫作肫避憲宗諱恒字皆缺筆作恒避穆宗諱湛字皆缺筆作湛甚作甚椹作椹避敬宗諱乃若高宗諱治中宗諱顯睿宗諱旦元宗諱隆基文宗諱涵皆不缺筆者天子事七廟自肅至敬七宗而高祖太宗創業之君不祧元宗以上則祧廟也故不諱冊府元龜寶曆元年正月元宗祧遷不諱文宗今上也生則不諱左傳文公宣公卷內昂字不諱成城皆缺末筆作成城此爲朱梁補刻避諱穀梁襄昭定哀四公卷及儀禮士昏禮皆然其散見于各碑者仍以次拈出之等慈寺塔記貞觀二年文稱幽王世充爲王充

州昭仁寺碑文用世字凡五處房彥謙碑貞觀五年文用世字民字惟書
虎賁爲武賁皇甫誕碑文有世子及民部尚書字按高宗即位始改民部爲戶部此碑
貞觀初太宗未即位時也又攷杜氏通典武德九年六月太宗居春宮總萬機下令曰依禮二名不
偏諱今具官號人名及公私文籍有世及民兩字不連讀者並不須諱避姜行本碑在哈
密貞觀十四年文云慜彼蒼生與愍字義別當是避太宗諱借慜爲愍段志元碑貞觀
十六年文內王世充不避世字蓋文達碑貞觀十八年文有世子字太宗祭比
干文碑宋時翻刻文中兩殷字皆作殷馬周碑碑有云治書侍御史按舊唐書職官
志後周爲司憲中大夫隋諱中改爲持書御史武德因之貞觀末避高宗名改持書御史爲中丞新
書百官志注高宗改治書侍御史爲中丞以避帝名文獻通考云漢宣帝元鳳中幸宣室齋居決事
令侍御史二人持書持書御史起于此也魏晉以下皆作持書別無治書之名即高宗避諱是避嫌
名收持書爲中丞非改治爲持也大唐紀功碑永徽四年碑書王世充俱作王充對
用竇德省建字下文又作建德省竇字贈泰師孔宣公碑乾封元年碑內兩引
生民以來俱作生人愚智齊泯泯作汦于志寧碑世武世字作卅李勣碑虎贙
能騰改虎爲贙顧亭林曰贙廣韻獸名出西海今倒一虎而又缺一筆以避太祖諱令人不識矣蘇
文舉開業寺碑亦用此體梁昇卿御史臺精舍碑作贙一武一虎更奇余石後錄云徐本名世勣傳
云至高宗時避太宗偏諱但名勣而此碑王世充世字特缺中一筆未之避也開業寺碑
刻虎圖龍虎作贙封祀壇碑万歲登封二年虎字不避葉作𦯧浮圖銘万歲
通天二年丙申丙寅丙俱作景昇仙太子廟碑聖曆二年武億偃師金石遺文記云
碑陰諸臣列銜凡王字皆鑴去由金海陵改宋封爵置局立限毀抹王字雖墳墓碑志亦所不免而
承事者遂波及于前代石刻耳于大猷碑錢大昕潛研堂跋云此碑乃大猷之兄諱撰所

立攷世系表本名知微字辨機碑于祖父皆稱名不應獨書兄字竊意辨機本知微之名明皇之世
避嫌名改以字行如劉知幾改爲子元耳文有太守范滂之擊獄自遠句唐人諱于家諱此爲大猷
立碑乃不避諱字順陵殘碑此武后追尊其母楊氏之碑虎字及篪號字末筆俱不全
猶未斥唐諱漢紀信碑引國語民無懸耜民作人姚元之造像記唐書
姚崇傳崇字元之始名元崇以與突厥叱利同名武后時以字行至開元世避帝號更以今名宰相
表自長安四年八月以前皆稱元崇九月以後始稱元之開元寺經幢開元十六年題
名一行內敬造之敬字作敬契苾明碑用俱作用姚彝神道碑葉作𦯧
華岳精享昭應碑用作用吳文碑文內神龍三年下有唐元年應是唐
隆元年避元宗諱去隆字乙速孤行儼碑碑稱顯慶爲明慶避中宗諱思恆
律師墓誌世作世用作用麓山寺碑但作但避睿宗諱旦麗履溫碑
碑云君起家補昭文生昭文館本宏文館神龍元年避孝敬皇帝名改二年改修文景雲中復爲昭
文開元七年曰宏文履溫補昭文生在長安以前神龍在長安之後豈宏文之改昭文不始于神龍
時耶孝敬皇帝之立爲皇太子在顯慶元年其薨在上元二年或先已諱之未可知也文有云秦曰
難特當是難治避高宗諱作持猶治書侍御史作持書也大智禪師碑銘歲在丙子
不諱丙字不空法師碑記宋人重刻貞觀作眞觀避宋太宗諱元宗御注
道德經用作冂矜作矜涸作涸泯作汦虎作虍民作巳昏作昬裴安道墓誌
開元廿九年碑云謚忠獻新唐書傳作忠憲金仙長公主神道碑明皇御書
文云丙午之歲不避丙字兗公頌子淵作子泉石臺孝經民作巳治作治淨
藏禪師身塔頌碑云天寶五載歲次丙丁不避丙字又是歲丙戌誤刻丙丁潘
智昭墓誌銘戊字作弋丙時作景時東方朔畫贊碑民字一見缺末

筆世字三見宋字一見皆不缺又此記載文選集古錄云選云棄俗登仙此云棄世登仙夫因避諱

而改古人之文或有之此則改前文以犯諱何也縉雲縣城隍廟記吳任臣十

國春秋曰梁嘗更戊曰武朱温父名成戊字類成故改之城隍改牆隍亦此類也無愛王

寺寶塔銘用作因世作世泯作泯張敬詵墓誌銘世作世無垢

淨光塔銘基作基與慈恩寺基公塔銘同李廣業碑碑云唐國公公五代祖也

五代郎五世避諱作代資敕向碑四世五世六世亦皆作代蜀丞相諸葛武侯

祠堂碑元和四年碑書棄作棄文云無治人之衛直作治字銘詞易地而理又作理字周

府君碑元和六年碑係唐人所書故棄字晉諱不避唐諱世字三見皆作世虎字二見一作

虎一改作獸基作基豚作頂李良臣碑世作世戴嵩高氣勝詩刻

太和三年詩內注稱白虎通爲白武通吳達墓誌白虎作白武世作世馬恒郝

氏二夫人墓誌文稱亂世爲亂代處士包公夫人墓誌開成

六年文云丙申日蕤不避丙字周文遂墓誌大中二年不諱用字世作世高元

裕碑大中九年不諱用字世字定慧禪師碑號作号霍夫人墓誌

世作世民作罡鄭遇夫人崔氏合祔墓誌淵藪作泉藪不諱世字湯

華墓誌民作巳武安君白公廟記泯作泯珉作珉鎮東軍牆

王廟記梁開平二年碑書城作牆號作号戊作武金石文字記云此碑以城爲牆以戊爲武

按舊唐書哀帝紀天祐二年七月辛巳勑全忠請緣河中晉絳諸縣印縣名內有城字並落下如審

鄧絳滿例單名爲文九月巳巳勑武成王廟宜改爲武明王十月癸丑勑改成德軍曰武順管內稾

城縣曰稾平信都曰堯都欒城曰欒氏阜城曰漢阜臨城曰房子避全忠祖父名也蓋全忠祖信父

誠十一月甲申勑改潞州潞城縣曰潞子黎城曰黎亭又勑改河南告成縣曰陽邑蔡州襄城縣曰

苞孚同州韓城縣曰韓元絳州翼城縣曰澮川郭州郭城縣曰萬安慈州文成縣曰屏邑澤州晉城

縣曰高都陽城縣曰濩澤安州應城縣曰應陽洪州豐城縣曰吳高又按五代史滑州唐故曰義成

軍以避梁王父諱故曰武順又册府元龜開平五年五月甲午改城門郎爲門局郎曾子固跋韓公

井記襄州南楚故城有昭王井故城今謂之故牆即鄢也由梁太祖父名誠避之然則城者誠之嫌

名也册府元龜言帝曾祖諱茂琳開平元年六月癸卯司天監上言請改曰辰內戊字爲武從之然

則戊者茂之嫌名也容齋續筆謂戊類成字故改之者非也贈太尉葛從周神

道碑從周濮州鄄城人今碑云鄄縣此是換鄄人避梁太祖嫌名贈太保史匡

翰碑天福八年潛研堂跋云匡翰建瑭之長子碑於建字下空文以避晉諱而建瑭父敬思獨

不避蓋當時著令止避下一字也毛詩石經殘本蜀廣政十四年行露序注世作

世後凡世仿此摽有梅箋所以養育人民也民作巳後凡民仿此江有汜箋岷山導江岷作岷維絲

伊緡緡作緡我心匪鑒傳鑒所以察形也察作叅避孟知祥祖諱其心塞淵淵作淵土國城漕箋或

修治漕城不避治字監木治作理不我活兮箋軍事棄其伍約棄作弃後凡棄仿此泄其羽作洩

洩貌有若葉葉作葉後凡葉仿此以上皆仍開成石之原文而加以蜀諱其實孟蜀時唐諱可不避

也吳氏石經考異稱左傳祥字缺筆知爲蜀人書今左傳碑未見此碑又無祥字據五代史昶父知

祥知祥祖察父道今察字缺筆而道字不避卷中用道字者甚多十國春秋高祖本紀考道注云蜀

檮杌作徽今不諱道字或者先名道後改名徽也又凡避諱字皆缺一畫此察字缺三畫與唐石經

儀禮朱梁補刻者避梁祖諱成皆作成同例宋避諱之見於史禮志者

建隆元年改天下郡縣犯御名廟諱者紹興二年

禮官言今定淵聖御名若姓氏之類去木爲亘其

見經傳以威武爲義者讀曰威以回旋爲義者讀

曰旋以植立爲義者讀曰植本字即不改易紹興末祧翼祖禮官請依禮不諱詔臣庶命名仍避祧廟正諱此避諱之見於史者祇此攷宋一代帝諱太宗諱匡允上四世僖祖諱朓順祖諱珽翼祖諱敬宣祖諱宏殷太宗初名匡義改賜光義即位二年改諱炅眞宗諱恒仁宗諱禎英宗諱曙神宗諱頊哲宗諱煦徽宗諱佶欽宗諱桓高宗諱構孝宗諱眘寧宗諱擴理宗諱昀度宗諱禥以下不記諸諱之見於宋人墨蹟宋刻書籍碑文法帖及說部雜家敘論者惟匡允敬宏殷恒禎曙桓構眘等字最爲顯著近世有宋蹟宋槧流傳往往以此數字有無缺筆定其眞贋當時避諱之法不一本字缺筆或改用他字固無論已至於偏旁嫌名無不缺畫如因敬字連及竟境鏡等字或改用恭字宏之作弘引殷之作殷殷或改用商字又如因禎字連及貞楨徵因曙字連及署樹豎因構字連及勾購搆因眘字連及愼眞或改用謹字經籍所見不一而足然碑文所錄却無多字重修開元寺行廊功德碑建隆四年碑書虎流字皆缺筆尚沿唐諱之舊新修唐太宗廟碑天地既否否作否丕詳永興軍文宣王廟大門記大中祥符二年文云因開元之舊封

增孝聖之新號此是大中祥符元年十一月事至五年十二月改謚至聖宋史禮志謂以國諱改謚眞宗以簡無諱元者或因是時加號北嶽爲安天元聖而改之也褒城縣文宣王廟記慶歷二年文云誥諸溫珽當即貞珽避仁宗嫌名宋碑之所見者惟此慈悲庵大德幢記遼壽隆五年碑書壽隆作壽昌避道宗諱靈巖寺滁公開堂疏金大定二十三年碑末題平章政事宗國公蒲察通金史本傳封任國公據百官志封號小國三十內有萊舊爲宗以避諱改據此則通初封宗國以避諱改封任國也靈巖寺記碑稱琛公之傳爲臨濟臨際郎臨濟乘載濟陽大定六年避金主允濟諱改曰齊濟陽允濟遇弑復舊此碑刻于明昌七年宜遵大定制爲衛紹王諱也改建題名碑正大七年立中有閻詠中州集作閻長言字子秀云少日慕張忠定之爲人故名詠避衛紹王諱改焉按衛紹王諱永濟其即位在泰和八年閻詠以登第在承安五年在即位前八年碑故仍作詠以上皆就所藏之碑著于篇不更泛及其總附於等慈寺塔記之後者以此碑爲唐宋碑避諱之始也

豳州昭仁寺碑

碑連額高一丈一尺八寸廣四尺五寸四十行行八十四字正書今在邠州長武縣

守諫議大夫騎都尉臣朱子奢奉　勅撰

大共乾元寒暑違而成歲赫矣上聖禪代乖而爲道斯則淳源既往弧矢開戡弱之利天下爲公揖讓盛皇王之業是知聖無自我不背時以成務仁惟濟物乃當流而義行豈好異哉蓋因世而已矣若乃執契提象繼天理物張八極叶五緯坐巖廊遊翠爲受昭華而錫天佩

觀榮河而巡溫洛補石於媧皇之辿奠山於文命之初殊質文於車服改正朔於寅丑順天地而財成奄寓縣而光宅斯固神宗與氾水一致文祖將塒野同歸者也隨政悖道區夏殲潰星亡日鬭天瘥地反馭朽無秋駕之術履薄罕春冰之懼竭人力於醉飽輕神器於弈棊玉杯非黎藿之用金柱乃驕淫之靡旌蹕遍天下馳道窮華裔纍師韓濊宿兵遼碣貪石田之地忘金鏡之寶盜驂之乘鶩崦山而不息黿鼉之梁泛蒼波其無已五岳維塵三川咸震大盜負其扃鐍長鯨銜其漏綱介胄不能庇其禍衣冠無以靜其亂伊尹去而夏亡辛甲奔

而殷滅人怨神怒衆叛親離觸獲無漢臣之忠夢騶成秦宮之禍於是九幾幅裂竊名假號四方鬩覘蜂飛蝟結赤眉起劉樊之衆白挺奮陳吳之兵徇趙北而圖王反淮南而稱帝鉤爪鋸牙遞相吞滅茫茫禹迹溝壑無歸蒼蒼彼天何其罔極若乃崇替相襲天地恒其道靈貺所歸三五更其運是以秦人飾御豐沛膺赤帝之符夏道云衰景亳得白狼之瑞殷憂啓聖必將有主撲原靜海上元有屬我

皇帝受之皇帝北出震之靈稟樞電之精開日月之明審正氣之貞濬德而隱凝巃姑射之側感而遂通應迹廟堂之上乘龍之夢夙符於神道斷鼇之心早發於靈壑蘊風雲於藏用納宇宙於胷懷濡足授手救焚是急於是御太一把鉤陳驅天駟迴地軸乾行岳止雷驚麟震得兵鈐於齋女吞戎韜於黃石龍飛晉水鳳翥河干命蒼光以泛流麾鳥旗以長邁以仁爲本扶義而西傳檄百城轉鬭千里戰無交兵之虜攻無湯池之固望風墟而一息登灞上而迴首觀釁而動俟天休命壺漿溢陌厥篚盈塗鬼神叶贊華夷載佇櫟泰嬰於枳道拜殷士於商郊旌臺之珠畢散於邦國諸侯之玉不留於服御脊言地庶企景來蘇薛舉往因天隙偷安隴坻藉九州之險成五嶓之暴推鋒東

嚮結壘西夏同惡如市轉相煽合帶州連郡豺虺爲羣無寶融之先覺有隗囂之迷謀遊魂放命豕突豳梁雖大風之作梗青丘有喾之稱亂丹浦均強比迭異代同季豈不以道喪鶉居讓王義隱時惟龍戰爭帝理開者乎是以軒轅三十一伐殷后廿七征彰暴壽華之澤戮凶絕轡之野非文德之可綏乃雄略之攸震

天子躬御武節親總元戎灑沉災而括地象止斗極而淸天步倚長劍以肅威佇中區以恊曬運投水轉規之智蓄禮樂懋愛之兵韜百戰百勝之謀總天關天梁之術驅羈轄白鞭擊雷電命招搖以戒行詔参伐以前掃殉

義之士聽鼓鞞而鷸誓蹈恩之衆塈旌旆而張膽呼吸
則河海沸盪指麾則崑岱搞拔　聖上順天道好
生之德體周王掩骼之仁將欲克亂在權善師非戰兵
交使在宏其自革而茅旌不建輿櫬莫從告捨旣違行
迷遂徃吠堯之犬終成桀用刺由之客俱爲跖徒烏啄
猷窮來犯鋒刃比角爲城池之固呂雨恣屈彊之力非
折箠之可笞豈亭長之攸制于時攝提在歲黃鍾紀月
義勇同奮賁育爭先下神兵於九天　决敵圖於
萬里逆順斯懸轟然大潰僵尸蔽莽委甲成山擁秦涇
而不流投過澗而自滿焚巢掃窟野無遺寇正傾旻於

西北紐缺地於東南卷氛祲於辰象反光華於日月九
伐已施載櫜於武庫五兵罷用偃伯於靈臺分犒旆於
應華誓山河於將率帝圖咸舉邦政斯澄革汙俗於惟
新正王風於舊物鼓之以道德懷之以仁義春雨以潤
之秋陽以暴之解罔深湯帝之慈焚書下漢皇之詔布
以新政刑用輕典四海之內靡然嚮風八荒之表奔走
無斁却塞蹄林之北開郡銅柱之南苑葱山而池鹽澤
踰盤木而跨熱阪郡生環海自入提封方朔炎洲同歸
王會豈止菌鶴短口西鶼東鰈之貢而已哉若夫至人
忘己義期拯物黃屋非汾水之榮纛珪豈具茨之貴聖

道運而不積神功爲而莫宰雖復大横固祉長發啓祥
猶且鬯璽陳謙避河爲讓道外天下情遺尊摭而嚴廓
餘事人神之望難拒符命儻來靈數之期安避仰追上
元之心俯順域中之請然後履乘石握神珠開黃玉之
圖臨紫辰之位冠百王而稱首與三代而同風巍巍乎
蕩蕩乎粤不可名也於是衢室闢扉賓門啓路延攬英
彥鑒口幽仄用人不偏於世族得賢無棄於農瑣　故非
熊非羆致光景之佐爲舟爲楫獲營求之士等五臣之
亮采同六相之訏謨崇臺非一木之枝珍裘乃千金之
麗濟濟多士　皇家以寧重以制禮作樂移風也

勝殘去殺刑措也藏金舜嶺非勝堯宮雉裘非先王之
服寶馬豈鸞旗之用運璿覽以照物推赤心以期下萬
方罪己軫推溝之慮百姓爲心順天從之欲若乃上嗣
重光之美元良萬國棣華瑲萼之宗本枝百世咸幼陶
慈訓言提自谷奉審喻於宸　極得樂善於軒殿
非糟保傅之勤寧因師友之力踰啓誦而高視越郇韓
而上征旣而休氣和年祥風薦祉威鳳爲寶麟趾遊郊
若煙非煙浮曉空而下映似月非月躔宵天而成象禎
不絕書靈無遁迹猗歟偉歟事高圖史至於登輿下輦
省方巡岳應感必彰形言弥著道感金奏無盈玉簡

叶歓思於泉涌謭神功於日用陋栢梁之詞掩南
風之曲聖作物覩衣貽千載者焉抑又聞之羲農遐邈
軒項悠緬絕傳信於故老非取接於聞見百世可知斯
言殆息七代更立求之豈易今之覩昔遙然未覩將何
以分素青於三后辯天地於九皇遂能歷選列辟詳觀
郡帝得茂實於千古驗英聲於万葉斯道何哉將由孔
丘登岱紀金繩者七十管仲對齊陳玉檢者十二亦有
漢廓帝圖魏開王業樹豐碑於泗水誤貞石於繁昌莫
不垂鴻名騰顯号播休風於六佾歌盛德於九韶與天
壤而無窮懸貞明而可久刊勒之美不其懋歟然則事

止寰中道流方外未辯西方之聖莫知東被之法求眞
之理我則未聞雖御辯崆峒非趨涅槃之岸乘雲谷口
寧遊波若之門莫不同防耶山俱沉業浪生死無際苦
集相因誰照重昏之日誰蔚稠林之樹比夫眞如實相
解脫妙津道王三千功弥百億何異吹劒首於雷門巢
致睫於鵬運者哉是知伊蘭無實有爲終假漂溺四流
邅迴九結踐畏途而卒歲趨捷徑其長往大夢無曉可
爲歎息粤若能仁深宏慈弊雖寂泊爲道無來無去乘
機誘發垣蟹迄追往一子地開方便門翔入正道示如
來藏飄香風於有頂灑甘露於無邊慧炬明而幽夜朗

法橋搆而愛河息但爲仁由己履道自衷表立影從因
果非外今我所以仰勝緣於千号紀武功於七德眞俗
二諦兼而用之　皇上昔居因地早宏誓力應迹
忍土荷負羣生屬爰火燎原稽天方割飆林無自靜之
木震海豈澄源之水東戡西翦南征北怨旄鉞所次酣
戰茲邦君輕散千金之賞士亘亟九死之命莫不競淩
鋒鏑爭口水火雖制勝之道允歸上略而兵凶戰危時
或殞喪褰裳不顧結纓荒野忠爲令德沒有餘稚同艱
難於昝晨異歡泰於茲日有懷亮烈用切旒扆仍於戰
地爰搆神居變穢土於寶城開蓮花於火宅高烽罷昭

慈燈載朗皷旌輟警勝幡斯立拔無明於棘林導焦熱
於渴井盡諸有結衣除苦際雖復去順效逆同歸各徒
中涓頻從實惟義重而上忍所被旃檀與利刃兼忘大
慈所覃怨賊將義夫齊指俱潤法雨同乘大轅迴向菩
提無上平等尒乃仰圖景口東井躔其分野下料物土
西河限其封域珥戈是錫戶臣啓邦之所幽館斯開公
劉建都之地梁山南抗甘泉東指面雕雲之鬱翕想玉
樹之青葱沃野千里平原超忽先王之桑梓西州之都
會於是詔司空相原隰四衢如砥八道傍通孝掇星之
曜測土圭之景遷杞梓於南郢徵瑰響於西崑匠石奮

斤公翰審墨高門洞啓眢雲有穴藻井暎煙霞之路步
櫚掩虹蜺之色俳佪珠柱陸離瑛題春牖前臨秋窓左
闢月殿合影金波上而相照日宮□曜羲和沉而猶明
何止四柱成臺高多羅之樹五王立寺臨伽尸之水信
足上圖駕御傍擬罽賓鷲山而非遠想雞林而可即
法徒萃止應供來遊咸味戒無缺威儀與犯杖錫四禪
之林攝發三明之路有資所焉有名僧焉至矣哉伽藍
之爲盛也雖復高天已燼大海成田哉　皇基與
淨刻終末永而常傳其詞曰
三界雲擾六趣波揚苦流方割憂火炎崗俱迷津濟莫

導舟航長夜無曉非徒未央於昭十号四生是愍道王
大千智周上忍慧刀已裂化城斯引教有殊塗乘無異
轍甘露朝灑慈雲夕布品物以亨群迷式悟捷逕旦道
耶山啓路不有善權誰澄惡趣炎行旋隱廢道毀常王
綱鸞鈐金猶騰芒俯震纖堅你蒸乾綱丸野鯨奮八極
鴻張亂離瘼矣孰濟生靈黃星表曜赤伏開禎大君應
籙粤御神兵乃聖乃武如雷如霆於鑠王旅除凶靜暴
關右長驅唐郊大號壞裂道醜家離混夏翻野屠秋空
山剿盜見危殞軀懷忠死綏驚驥齊遠窮魂夜飛我自
愍被深仁莫邃建斯淨域永樹歸依歸依伊何俱消五

縛淨域伊何同升妙覺架漢開宇凝霞疎閣木麗瓊丹
地嚴金艭鷲山非遠雞林可求七寶伍樹八解疏流瑞
蓮開曉天花不秋式定攸息應供來遊凡厥慈衆俱宏
上善稠林以闢愛枝爰翦九結冰泮四禪自緬彼岸可
歸法輪恒轉金剛不壞瑤祚惟長慧室常滿皇基載昌
僧祇可算恒沙易量悠哉天壤永配無疆

碑陰

陰作兩截書上截十五行行十
五字下截五行行十一字正書

歐陽修撰

張淳書

唐自義起與羣雄戰處後皆建佛寺云爲戰亡士薦
福湯武之敗桀紂殺人固亦多矣而商周享國皆數
百年其荷天之祐者以其心存大公爲民除害也唐
之建寺外雖託爲戰亡之士其實自贖殺人之咎爾
其撥亂開基有足壯者及區區於此不亦陋哉碑文
朱子奢撰而不著書人名字畫甚工此予所錄也
右歐陽永叔所撰元豐五年十一月七日邑人張淳
書于碑陰自貞觀至于今三百餘年世之人寶此碑
者不獨以其字也因公一言而心跡是非乃判然則
不徇道而苟作者雖不爲當時之譏安能逃後世之

議哉
昭仁寺碑世以爲虞世南書校之廟堂記淳淡相類
而骨格老成不逮也豈世南少時所書乎河南張重
威甫題
昭聖元年七月庚戌

右昭仁寺碑在豳州唐太宗與薛舉戰處也集古錄下文
已刻入碑陰

右昭仁寺碑唐守諫議大夫騎都尉朱子奢撰歐陽
公愛其字畫甚工惜無書人名氏金石錄嘗載其目
亦不言爲何人書也惟通志金石略以爲虞永興書
永興書之傳世者有孔子廟堂碑然與此不類而金
石略乃謂出于虞公當必有所據昭仁寺在邠州西
八十里昔唐太宗與薛舉戰爭之處正德癸酉予以
使事道邠得搨其本字畫完好若初刻者眞可寶也
朱公子奢鄉先生唐史有傳金薤琳琅

碑在長武縣朱子奢撰無書者姓氏鄭樵直以爲伯
施都元敬謂必有據而曹明仲曰歐陽通書通書道
因諸碑殊與此不類按舊唐書貞觀三年詔建義以
來交兵處爲殞身戎陳者各立一寺令虞世南朱子
奢等爲之碑此破薛舉處也又通本傳少孤母徐氏

教以父書儀鳳中始知名貞觀三年至儀鳳元年四
十八年道因碑書在龍朔三年去貞觀三年亦三十
五年則此非通書明甚而虞與朱同事共爲虞書亡
疑曹明仲又以虞恭公碑在宜祿巡檢司虞恭公溫
彥博也陪葬昭陵碑正在醴泉宜祿巡檢司即今長
武縣明仲益誤以昭仁爲恭公耳且恭公碑亦是信
本書非通也石墨鐫華

碑陰歐說貶太宗懼殺人之召禍以湯武爲比湯武
未一敗安得殺義旅太宗敗于仁杲損亡甚衆其附
營老其師之後一鼓而勝直追而無戰遂取之未嘗
多殺彼人也其立寺追薦專在我兵而彼人附之文
中自明文皇此舉眞孟氏所云不嗜殺先王不忍人
之心也墨林快事

今在邠州長武縣宜祿遞運所內按舊唐書太宗本
紀貞觀三年十二月癸丑詔爲義士勇夫殞身戎陣
者各立一寺於是立昭仁寺于邠州破薛舉處也立
昭覺寺於洛州破王世充處也立宏濟寺於汾州破
劉武周處也立慈雲寺於晉州破宋金剛處也立普
濟寺於呂州破霍老生處也立等慈寺於鄭州破竇
建德處也立昭福寺於洛州破劉黑闥處也並官給

供度精藍森列當日之顱山血海驟化爲經獅律虎之場陳眉公品外錄言之甚詳來齋金石刻考略

碑無年月金石文字記云貞觀四年十一月未詳雍州金石記

此碑不載書人宋張重字威甫謂是虞世南書今案筆蹟與李衛公神道同疑是王知敬書關中金石記

碑完好其文紀太宗遣總管龐玉破薛仁杲于淺水原唐書仁杲本傳王策賊可破遣將軍龐玉擊宗羅睺于淺水原即其事然碑謂破仁杲者仁杲主師故也元和郡縣志昭仁寺在縣西十步淺水原上王師

討平仁杲詔于此置寺碑諫議大夫朱子奢之詞也子奢傳直國子學轉諫議大夫與志合唐會要貞觀二年十一月詔破薛舉于豳州立昭仁寺朱子奢爲銘貞觀四年正月建造畢以碑證之當作仁杲授堂金石跋

按此碑與等慈寺同時所立等慈文幾二千字此碑則三千餘字各以詳贍爭勝文體之縟開於唐初矣碑雖爲義士勇夫隕身戎陣者而立然兩碑皆盛稱太宗功烈其哀卹將士之詞不及十一耳太平寰宇記於等慈寺稱其立碑紀功誠確語也

碑在今邠州長武縣漢爲淺水陰槃二縣地貞觀二年分置宜祿縣縣有高墌城寰宇記云唐武德元年薛舉寇涇州屯兵於新安縣高墌城太宗親征相守十餘日會舉死其子仁杲統其衆併羌胡十餘萬來挑戰上遣總管龐玉自淺水原南出賊之右因高而陣上率大兵自原北出其不意斬首萬餘級賊大潰仁杲懼而請降俘其精兵萬餘人男女五萬口新唐書高祖紀太宗紀並詳其事碑云薛舉遊魂放命逐突幽梁于時攝提在歲黃鍾紀月下神兵於九天決勍圖于萬里語與史合武

德元年爲戊寅歲故云攝提在歲仁杲以十一月降故云黃鍾紀月也碑文爲子奢撰題銜稱守諫議大夫騎都尉新唐書朱子奢傳云子奢蘇州吳人善文辭貞觀初自新羅還以散官直國子學累轉諫議大夫宏文館學士史所略者守字及騎都尉字碑所略者則直國子學與宏文學士也文中用世字凡五處殆當時奉勑者不避耶又書極作極爾作爾梃作挺徇作侚解作觧罔作罔帝作郡帝徑作徑界作奡皆別體及通借字文云坐元扈遊翠爲元扈疑即有扈氏之國禹所分封翠爲疑

即翠嬀黃帝至翠嬀之川受錄圖唐太宗帝範序
云翠嬀荐陶唐之德元圭錫大禹之功語意與此
同也命蒼兕以泛流即蒼兕字史記齊世家師尚
父誓師曰蒼兕蒼兕總爾衆庶與爾舟楫後至者
斬云云碑語本此漢泰山都尉孔宙碑稱彼兕觥
兕亦作光遊魂放命即方命書所謂方命圮族也
憂火燎原疑當作夏火高烽罷昭疑當作罷照戴
旌輟警疑當作載旌周禮所謂道車載旞斿車載
旌也去順效逆同歸咎徒咎疑即咎字然咎徒文
義殊不可曉也又祀於乾隆甲辰四月値寧夏回

人之叛率兵防禦於長武者五閱月軍事暇即往
觀之通體完好蓋因寺中斵石材丈餘方正鞏固
乃立亭其上置碑於中牧童獻火牛厲角皆不能
及所以全無損壞凡守土好古之君子所當倣而
行之也

金石萃編卷四十二終

金石萃編卷四十三

賜進士出身　誥授光祿大夫刑部右侍郎加七級王昶譔

唐三

房彥謙碑

碑高一丈一尺一寸四分廣五尺三寸三十六行行七十八字隸書額題唐故徐州都督房公碑九字篆書今在章邱縣趙山

唐故都督徐州五州諸軍事徐州刺史臨淄定公房公
碑銘并序
易稱易之爲書也有天道焉有人道焉故君子居則觀
其象動則觀其變習以藏往感而遂通是以進退之數

有方存亡之幾有□昔賈生董相懷王佐之才子政□
□□命世之道並屯邅於世故撫膺□當年軼風電以
長鳴絕雲霓而鍛翮而樂天知命順時守道體忠信而
夷險阻慼清靜以安悔吝雖逝川寂其浸遠而盛德久
而愈新者也玉質金相求益友於千載蘭□梓馥想同
氣於九原則有之□□懷庶幾之道詳觀出處之跡可
以追蹤勝業繼躍清塵者其惟都督臨淄定公焉公諱
彥謙字孝沖淸河人也七世祖諶燕太尉掾□慕容氏
□度寓於齊土宋元嘉中以□郡之西部置東冀州東
淸□□繹幕縣仍爲此郡縣人至於莆侯又於東廣川

郡別立武強縣令子孫居之丹陵誕聖祥發慶靈虞舜
受終光啓侯服導原注壑若寫河漢之流娀搆于霄如
仰嵩華之峻□司空植公之十三世祖也積德固其宗
祊純嘏貽其長世公侯之門必復繁衍之祚攸歸高祖
法壽宋大明中州主簿武賁中郎將魏郡太守立功歸
魏封莊武侯使持節龍驤將軍東冀州刺史薨贈前將
軍青州刺史謚蔣侯魏書有列傳重價香名馳聲南北
宏材秘略兼姿文武曾祖伯祖州主簿襲爵莊武侯齊
郡內史幽州長史仍行州事衣錦訓俗露冕□戎累仁
義而成基處脂膏而不潤祖翼年十六郡辟功曹州辟

主簿襲爵莊武伯宋安太守居繼母憂廬於墓次世承
冢嫡之重門始旌表之貺鄉閭之敬有過知恥宗族所
尊不□而肅□伯熊年廿辟開府行參軍仍行本州清
河廣川二郡太守事風神英邁器量沉遠寢門之內捧
檄以慰晨昏山澤之間單車以清寇亂公稟元精之和
氣體淳粹之淑靈心運天機性與道合溫良恭儉應言
行之□神采風尚出儀形之表博極圖書兼綜遺逸正
經義訓持所留懷絕蔣研幾下帷覃思盡探賾與畢詣
精微或致竊白之譏非止春秋之僻吉凶禮制今古異
同莫不窮覈根原詳悉指要內外親表遠近學徒負笈

擁帚質疑去惑公凝神虛受函丈無倦□□□萃幽名
對盈自遷宅齊土家已重世班懿十紀旌旗之盛未多
陳完八葉鳴鳳之祥斯在況復里稱冠蓋庭茂芝蘭行
則結駟連騎處則撞鐘列鼎雖范蠡貨財本輕卿相陰
家僕隸舊比封君不之過也公閉心閑館以風素自居
清虛味道沉冥寡欲恭敬以撙節退讓以明禮潛隱之
操始擅於州閭高亮之風日聞於海內於是羣公仰德
邦君致禮物□斯辯旌□盈塗郡三辟功曹州再辟主
薄其後不得已而從命公明天人之際逃堯舜之道其
處也將委質於衆妙之門棲神不死之地其出也將韡

樊名教博利生民舟楫可期英靈有感州郡□職非其
志焉然公以周隋禪代之交紀綱弛紊亦既從政便以
治亂爲懷眷言州壤在情彌切乃整齊風俗申明獄訟
進善黜惡導德齊禮雖在鄉國若處王朝政敎嚴明吏
民悅伏見危拯難臨財潔己利物之□不自爲德不貪
之寶必畏人知開皇初頻詔□揚人物泰于出□京洛
致書辟召州縣並苦相敦逼公辭以痼疾且得遂情偃
仰其後隋文帝忌憚英俊不許晦跡丘園公且權維縶
方應薦舉七年始入京省授吏部承奉郎是時齊朝貴
蔭不復稱叙鼎貴高門俱從九品釋褐朝廷以公望實

之重才藝之優故刑有此授以明則哲之舉俄遷監察
御史每杖節巡省糾逖姦慝以存公正□□□□轉授
秦州摠管錄事參軍事漢陽重鎮京輔西門管轄一方
允斯盛選尋以朝集入京與左僕射齊公摠論考課之
法黜陟之方齊公對岳牧以下大相歎伏其後具以公
言敷奏仍有升擢之辟□非知己之主竟不能見用左
遷許州長葛縣令公鎮之以清靜文之以禮樂訟以道
息災因德弭百姓感悅咸不忍欺愛之如慈親焉敬之
如明神焉繈負知歸頌聲載路解代之後吏民追思惠
政樹碑頌德在長葛秩未滿以考績尤異遷鄀州司馬

此州荆鄀之郊華夷踳雜□俗礦獷□情險詖公化之
以仁愛敦之以淳厚朞月之間咸知遷革尋以州廢解
任言歸夜覩星象晝察人事知天地之將閉望箕潁以
載懷乃於蒙山之竪結搆巖穴非唯在乎避世固亦潛
以相時然大業之初始班新令妙選賢良爲司隸刺史
公首膺斯舉有詔追赴京洛公以朝綱浸以頹壞此職
亦是靈濟之一方便起而就徵覽轡登車即有澂清天
下之志於是激濁揚清風馳草偃行能之類望景以驟
升選苛暴之徒承風而解印綬進擢者糜爵不致謝言
繩糾者受刑而無怨色自非道在至公信以被物其孰

能與於此焉既而□政陵夷小人道長忠言靡用正士
無施大業十一年由爲涇陽縣令未幾而遘疾粤以其
年歲次乙亥五月壬辰朔十五日景午終於官舍春秋
六十有九降生一子光輔　齊唐叶贊璇機參調玉燭
　皇上情深遺烈用佇想於夷門眷言才子便有
懷於聿煥貞觀三年十有二月迺下　詔曰紀功褒德
列代通典崇禮飾終著在方策隋故司隸刺史房彥謙
世襲簪纓珪璋特秀溫恭好古明閑治術爰在隋季時
屬卷懷未遂通塗奄從運往以忠訓子義□過庭佐命
朝端業隆功茂宜錫以連率光被九原可贈使持節都

督徐泗仁譙沂五州諸軍事徐州刺史四年十一月又
發　詔追封臨淄公食邑一千戶謚曰定公禮也粤以
五年歲次辛卯三月庚申朔越二日辛酉安措於本鄉
齊州亭山縣趙山之陽惟公風格凝整神理沉邃內懷
溫潤外照光景追思儀範髣似文成之圖遐想風猷懍
若相如之氣時逢戰爭術匪從橫或恥問仁用安嘉遯
收文武之將墜殊山林而忘反是故銷聲貴里隱異迷
邦戢曜高門處非絕俗優柔六藝紛綸百氏采絕代之
闕文摠前脩之博物雖昔之明實況之臬識疏屬之神
辯鼷鼠於漢朝彰委虵於霸業無以尚也彫蟲小技曾

未口懷時有制述將荇作者致極宏遠詞窮典麗足以
克諧聲律感召風雲豈唯白雪陽春郢中寡和而已永
惟書契之始乃眷號蹏之跡草隸之妙冠絕當時口口
幼年孝友惇至未離繈褓便遭極罰裁有所識口訪家
人發言號絕不自勝處年十有五出後傍宗深惟鞠養
之慈將闕晨昏之禮辭違之辰感切行路及就養左右
不異所生兩門喪紀並逾制度哀毀之至聲被朝野口
以碁功之感甘旨未嘗朋友之喪遠近畢赴人倫之紀
禮法之隆近古以來未之有也且復留連宴賞提携良
咏登山臨水必動咏言清風朗月未空樽酒賓游滿席

且得王口之孫門閥口通時許慈明之御指囷無倦解
裘未已仁義口厚貲產屢空以斯器望窮兹至道謂宜
俯拾青紫增耀台階而止類太丘纍道下邑遽同子產
空勤遺愛報施之理何其爽歟若夫死生者形骸之勞
息殀壽者大化之自然固知命之不憂豈居常而爲累
也然行周於物寒暑不能易其心智周於身變通不能
窮其數而靈祇多忍幽明永隔散精氣於風烟委容質
於泉壤可不哀哉於是四方同志之士百里懷音之客
式遵盛烈共勒豐碑百藥爰以疇昔妄遊蘭芷寧謂正
始之音一朝長謝師資之德百舍無從義絕資階哀纏

宿草恩效薄技覬申萬一仰惟治身之術立德之基固
繫辭可以盡言豈言之而無口也迺爲銘口
遐觀方冊歷選人倫名固難假德必有鄰顏閔遺迹曾
史芳塵同聲比義允屬通人於鑠通人纂堯膺慶司空
規矩民胥攸証地靈貽福天齊分命世祚有徵重光無
競顯允君子丕承寵光靈河擢秀日觀含章盧門味道
幽谷遷方陸沉通德朝隱康莊儀鳳潛靈彫龍振藻鬱
之在人一變至道昭章口訓寂寥斆草文質彬彬流潤
浩浩齊物無待隨時吐耀導俗澂原訓民居要州將貽
喜邦君長嘯乃眷韜鈐還歸漁釣三遷雖阻八紘方密

偭俛末班逶迤下秩司憲邑宰循名責實御衆以寬在
刑惟恤履斯興行乘世丕基才高位下有志無時和光
偶俗誕命膺期口揚投質惟兹在兹樹德不已頌仁無
斁遺搆有憑高門以闢眷言上壽方期永錫載佇大階
翻歸厚夕義高表墓道貴揚名　式昭文物用紀口榮
抽簪口口制服口生一口口口萬口飛聲
碑陰隸書
公之將塟　恩旨重疊賵贈優渥口口口口公及夫人
並令所司營造馬轝各給四馬從京師洛陽殯所送至
本鄉其車轝儀仗出懷洛三州給船載運絕道人力至

於墓所□□錢□有闕□者　又發勑令以官物修
補又文官式令例無鼓角亦特給送至於葬所又於常
令給墓夫之外別加兵干功役臨葬□復降　勑
使馳驛祭以少牢前後爲□葬事發　勑旨行筆
十有二條近代以來　恩榮襃贈未有若此者也中外
姻戚海內名士并故吏門生千里赴會□及州里道俗
二千餘人

碑側隸書

太子左庶子安平男李百藥撰
太子中允□□彳扌歐陽詢書

貞觀五年三月二日樹

河南道齊州章邱縣臨淄定公墓在縣西三十里高
三丈在趙山之陽公姓房隋故司隸刺史唐徐泗江
淮浙五州刺史追封臨淄公謚曰定即故司空梁文
父也有碑庶子安平公文率更令歐陽公書太平寰宇記

彥謙元齡父也有隋任司隸刺史出爲涇陽縣令卒
官不大顯而隋書立傳二千餘字者蓋修史時元齡
方爲宰相故也彥謙自曾祖而下三世皆封壯武侯
隋唐史元齡碑所書皆同獨此碑作莊武未知孰是
碑李百藥撰歐陽詢八分書在今齊州章邱縣界世
頗罕傳　房彥謙碑陰具載彥謙歸葬恩禮儀物之
盛太宗遇元齡可謂厚矣蓋厚其禮所以責其報也
太宗可謂善任人矣金石錄

房彥謙字孝沖唐初爲長葛令百姓號爲慈父立碑
頌德去官不仕而清白守貧以子元齡功追封定國
公其墓碑乃歐陽詢真書格古要論

房彥謙高祖法壽自宋歸魏封壯武侯子孫承襲魏
隋唐三書皆同獨碑作莊武按漢膠東國有壯武縣
文帝封宋昌爲壯武侯正義曰括地志云壯武故城
在萊州卽墨縣西六十里後漢志壯武故夷國左傳

隱元年紀人伐夷是也賈復傳封膠東侯食郁秩壯
武等六縣晉張華亦封壯武侯字竝作壯獨此碑與
左傳杜氏注作莊金石文字記

右房彥謙碑文云高祖法壽立功歸魏封莊武侯使
持節龍驤將軍東冀州刺史薨贈青州刺史謚簡侯
魏書北史法壽傳俱云謚敬侯又以東冀州爲冀州
稱平遠將軍不稱龍驤將軍皆其脫誤至青州刺史
本贈官而隋書彥謙傳遂云青冀二州刺史尤未核
也北史法壽傳云賜爵壯武侯子伯祖襲例降爲伯
而其下云子翼襲爵壯武侯當爲伯字之誤碑雖不

載例降之說而稱伯祖襲爵壯武侯翼襲爵壯武伯正與傳所謂例降者合隋書謂伯祖與翼並襲爵壯武侯則考之不詳爾舊唐書元齡傳唐書宰相世系表俱云襲壯武伯與碑合碑稱彥謙遷鄀州司馬尋以州廢解任考地理志鄀州之廢正在大業初而本傳云彥謙知王綱不振遂去官者史家之飾詞也果爾何以復應司隸刺史之召且爲涇陽令乎唐初史臣以元齡之故爲其父立佳傳讀其文似子姪所述行狀未必皆實錄姑以一事論之如傳稱開皇平陳之後天下一統論者咸云將致太平彥謙私謂所親曰主上性多忌剋云云而唐

書元齡傳中亦有避左右告父之語大指相同今碑亦未載斯事蓋史家因元齡之說而傅會之以是歸美其親而已碑云安措于齊州亭山縣趙山之陽按亭山縣本名衞國開皇六年改名唐元和十五年省入章邱今爲章邱西南境潛研堂金石文跋尾

右唐臨淄郡公房彥謙碑元齡父也李百藥撰不載書者姓名金石錄以爲歐陽詢書未知所據然以書法審之固當爲詢跡也金石錄云碑在齊州章邱縣界中世頗罕傳金石文字記亦云在章邱縣西南七十里趙山之陽蓋彥謙墓域在此由唐以來尚未毀廢其遺澤可謂遠矣碑序二千餘字分書極挑拔險峻之妙與正書正是一律蘭臺道因亦全是此種風味也詢分書如隋工部尚書段文振碑唐昭陵六馬圖贊司空竇抗碑之類今皆不復可見此碑雖有剝損然十九可讀顧收藏家恒少有之又金石錄載此碑有陰紀彥謙歸葬恩禮儀物之盛未知是何人書法俟更訪之　乃爲銘曰作迺爲銘粤後魏武定八年太公呂望碑其詞曰亦作粤金石文字記云古曰字與日同一書法故變其文爲粤欲讀者之易曉也予謂非是粤曰雖皆語辭而用各有當惟尚書粤若

借用曰此外皆無有借粤爲曰者亦書碑者好奇之過耳豈眞嫌其與日相混哉金石存

碑文第二行擬□□當年句脫一字末行式昭文物句多一故字文云彥謙七世祖諶燕太尉掾隨慕容氏南度寓於齊土宋元嘉中分齊郡之西部置東冀州東清河郡繹幕縣仍爲此郡縣人按宋書州郡志文帝元嘉九年分青州立歷城割土置郡縣文帝本紀九年六月分青州置冀州元和郡縣志同此皆不載東冀州考志言立歷城即冀州治所也歷城在青州之西又在冀州東故云置東冀州與宋書轉相證明矣此

云東淸河郡而志有南淸河太守當是東字之訛也碑云植公之十三世祖者宰相世系表植後漢司空考後漢書桓帝紀永興元年冬十月光祿勳房植爲司空植卽其名也碑云曾祖伯祖州主簿齊郡內史幽州長史口行州事魏書本傳歷齊郡內史平原相轉幽州輔國長史而隋書彥謙傳載此稱齊郡平原二郡太守據碑言行州事則攝太守耳非正官也平原亦非幽州是傳不如碑之實也彥謙歷官所載多與傳合惟傳稱大唐馭宇追贈徐州都督臨淄縣公未實其歲月以碑證之貞觀三年十二月下詔贈使

持節都督徐泗仁譙沂五州諸軍事徐州刺史四年十一月又發詔追封臨淄公也趙氏金石錄云彥謙自曾祖而下三世皆封壯武侯隋唐史元齡所書皆同此碑作莊武未知孰是按壯與莊古皆通用趙氏殆未細審也碑陰記載賵贈會葬之盛皆近代所無其云文官式令例無鼓角亦特給送至於葬所考舊唐書音樂志云五品官婚葬先無鼓吹唯京官五品得借四品鼓吹彥謙在隋官終涇陽縣令又非京官得借之例故云特給也其卒在大業十一年至貞觀五年三月葬當時依唐令典如是碑側記立碑年月并李百藥撰文歐陽詢八分書爲著錄家所未見尤可寶也山左金石志

按房彥謙卒于隋大業十一年此碑題唐故者以碑立于唐貞觀五年也碑爲李百藥撰歐陽詢書題名在碑側搨者往往失之故金石文字記但引金石錄以爲歐陽詢書實未見此題名也碑是隸書而考槃餘事格古要論皆以爲眞書則併搨本亦未之見矣李百藥題銜稱太子左庶子安平男新唐書本傳貞觀元年拜中書舍人封安平縣男明年除禮部侍郎四年授太子右庶子太子數戲

媟無度作贊道賦以諷遷散騎常侍進左庶子宗正卿爵爲子是據傳則官左庶子時已進爵爲子據碑則仍爵爲男也歐陽詢題稱太子中允下闕二字下又闕二字尚存左傍彳扌似是修撰二字然本傳則但云貞觀初歷太子率更令宏文館學士封渤海男卒年八十五終其身未嘗爲太子中允及修撰之官且此碑與化度寺同爲貞觀五年所書彼稱率更令而此題中允疑不能明矣碑載高祖法壽以下歷世官位封謚與史傳參校小有詳略異同惟法壽子伯祖伯祖子翼翼子豹北齊

書房豹傳云祖法壽父翼宗尤不同也碑云公年十有五出後傷宗郎隋書本傳所云彥謙早孤出後叔父子貞也新唐書房元齡傳云父彥謙仕隋歷司隸刺史不云爲涇陽令者舉其大也碑立於貞觀五年其時元齡已爲尚書左僕射碑故云降生一子光輔帝唐叶贊璇機參調玉燭也宰相表貞觀十七年七月元齡以母喪罷是立碑之年其母尚在而碑陰有公及夫人並令所司營造馬轝各給四馬從京師洛陽殯所送至本鄉之語殆是營葬之時元齡仍官僕射未嘗解官夫人當就養

於京師送葬則從京師至本鄉其洛陽殯所是彥謙之殯所也彥謙贈都督徐泗仁譙沂五州諸軍事而太平寰宇記誤作徐泗江淮浙五州其云郎故司空梁文父者元齡位至司空封梁國公謚曰文昭也此碑額題唐故徐州都督房公碑九字篆書黑文凸起字徑三寸五分不詳書者姓名碑陰十五行隸法與碑文一律當即歐書而無明文至此十五行所記亦不詳何人之語也文中不避世字民字與昭仁寺碑同惟書虎賁爲武賁避諱也隋亦作隨文云開皇初頻詔□揚人物揚字上一字當是搜字鄒縣小鐵山有北周磨崖云齊搜揚好人間長嵩蕃是北朝偶設之官齊周隋皆沿襲之也壯武莊武壯莊亦通用字晉任城太守孫夫人碑齊莊作齊壯可證也齊乘稱此碑近聞村人以打碑之擾毀仆之今覩搨本文尚完好可知元時盛行此碑而于氏得之傳聞未嘗細審碑拓也

化度寺塔銘

碑本高廣尺寸行數字數皆無考正書

化度寺故僧邕禪師舍利塔銘

右庶子李伯藥製文

率更令歐陽詢書

蓋聞人靈之貴天象攸憑稟仁義之和感山川之秀窮理盡性通幽洞微研其慮者百端宗其道者三教殊源異軫類聚群分或博而無功□□寡要文勝則史禮煩斯黷或控鶴乘鸞有繫風之□淪霞御氣致捕影之□□□智伏奔爲鉢降夔龍究□□□之方窮死生之變大慈□運宏濟群品極衆妙之門爲□□靈宗以立德其唯□□□□□焉若夫性與天道□□神交聊照靈心澄神禪觀□有化度寺僧邕禪師者名□師俗姓郭氏太原分陰人有周氏積德累功慶流長世分星判野大

啓藩維蔡伯喈云瑀郎郭也曾祖瑀叔乃文□□呑郭
泰則温文儒雅迥儁豁達胷臆開朗人倫攸屬聖賢遺
烈弈業其昌祖憲荆州刺史早擅風猷父部博陵太守
深明典禮禪師含靈禀地擢秀華宗爰自弱齡神識沉
靜率由至道冥符上德洗□變刃□悟西來旨趣摩頂
皈依慕窮東土之精微回緘成塔發自髫年仁心汲蟻
始於廿歲世傳儒業門多貴仕時方學□齒冑上庠始
自趍庭便覲入室精勤不倦聰敏絶倫博覽群書渉獵
左馬夙有志尚高邁俗情時遊僧寺服膺釋典風鑒疎
朗豁然開悟聞法□□□□□□喜聽滿月之圓像

□心俱淨於□□錙銖軒冕糟粕丘壇□□有三達□
□□□依山稠禪師稠□慧禪□戒行勤苦道標方
外聲溢國都□□異郎授受禪法數□□幽深嘗撫
禪師而□諸門徒□□隨蘭若□□志疲仍□□林□
栖託□逝後□周武平齊□□深山避時側跡藏聲散
巖之下餌□茅成□□□像□□□朮湌松嘗無□艾
之年爲群猛鷙毒螫蟲之□放社呈祥舒梵音展奇鶴
巽猷攢集庭宇德敷鷲嶺神化龍宮□□和恭敬心疑
聽受及聞皇丁時有魏州信行禪師輪寶命世之異八
廓門之輔弼辰習當根之業知禪日脩道立行宜以濟

度山□所鬬也宜□宏益之□□苦行禪師被勑徵□
□乃相遵奉其月廿二日奉送信行禪師□□靈塔嚴
而未□□之境□有□常卑辭屈己□鑒元之致敬人
主及遷神而已式昭景行乃迹綿邈神理希□效前規
用行□夷法性自靈悟道捨俗歸眞累□禪窮巖幽連
幽谷靈應無文泡電同奔達人忘己志士幽貞
貞觀五年十一月十六日建
歐陽率更書所謂直木曲鐵法也如介冑有不可犯
之色然未能端冕而有德威也豫章文集
河南范諤醛興初跋尾云慶歷初其高王父開府公

諱雍舉使關右歷南山佛寺見斷石砌下視之適此
碑稱歎以爲至寶既而寺僧誤以爲石中有寶破石
求之不得棄之寺後公他日再至失石所在問之僧
以實對公求得之爲三斷矣乃以數十縑易之以歸
置里第賜書閣下靖康之亂諸父取藏之井中兵後
好事者出之椎搨數十本已乃碎其石恐流散漸右
者皆是物也解縉春雨集
長沙歐陽信本書在唐許爲妙品鄭漁仲金石略所
載凡二十三種而行于南北者惟僧邕塔銘而已銘
文多所磨刻南本失于瘦北本失于肥殊無精絶之

本（潛溪集）

予兒時亟聞先憩菴府君稱化度寺帖妙出九成宮右而未獲見每以爲恨今太史英國張公廷勉出所藏舊帙乃駙馬李子期家物銘敘略備其空闕處率用印識若文書家所謂蒸印者帖後若趙松雪揭曼碩虞子山諸公皆有題識（佚麓堂集）

化度寺在朱雀街今禾黍離離無復蘭若之迹不知碑亡在何時每至其地悵然者久之（石墨鐫華）

此歐陽得意之筆是本乃經重刻者每行闕其半中間更有節去損壞不可摹之字遂可讀者少字亦直

存其大都（墨林快事）

余過文氏停雲館閱有宋搨本索以覩手摹以歸亦無李百藥字是知此碑自宋已不全矣豈明誠所見又當時之善本與（金石評考）

率更化度楷法第一解大紳謂西安府學亦有一本不及原刻清勁又宋潛溪謂僧邕塔銘多所翻刻南本失於瘦北本失於肥則西安本外又有一本而化度有三石矣（虛舟題跋）

按文云師俗姓郭氏蔡伯喈云號卽郭也曾祖號叔乃文□□咨郭泰則益文儒雅云云所指號叔疑卽左傳所稱又號卽古郭氏已見高誘戰國策注所指郭泰疑卽後漢之郭林宗則碑稱曾祖者乃是始祖之謂故下云聖賢遺烈奕業其昌此下云祖憲父韶方是邕師之祖父此郭憲官荆州刺史與後漢之郭憲別一人也碑稱邕師齒胄上庠博覽羣書則是身列文學者下云依山稠禪師授受禪法是其受度之師下有周武平佛字疑指後周武帝時事下云開皇時有魏州信行禪師又云禪師被敕徵□□乃相遵奉其月廿二日奉送信行禪師□□靈塔又云式昭景行乃述綿邈詳玩

文義此碑似爲隋時魏州信行禪師建塔立碑非卽邕禪師塔銘也特不知其月廿二日者係屬何年文多脫泐無從詳繹神理希□以下皆係銘辭亦多參錯後題貞觀五年十一月十六日建當是邕禪師爲信行禪師建塔之年也諸家跋語但盛稱率更書法之精妙而於建塔立碑原委未暇詳及故節取其文以備考證此碑文辭凡猥頗不類百藥所作碑書汾陰作分陰倜儻作週儻疑翻刻之誤鷲嶺作鷲領則通用也

九成宮醴泉銘

碑高七尺四寸廣三尺六寸二十四行行五十字正書篆額今在麟遊縣

祕書監撿校侍中鉅鹿郡公臣魏徵奉　敕撰
兼太子率更令勃海男臣歐陽詢奉　敕書

維貞觀□年孟夏之月　皇帝避暑乎九成之宫此則隨之仁壽宫也冠山抗殿絶壑爲池跨水架楹分巖竦闕高閣周建長廊四起棟宇膠葛臺榭參差仰視則迢遰百尋下臨則崢嶸千仞珠璧交映金碧相暉照灼雲霞蔽虧日月觀其移山迴澗窮泰極侈以人從欲良足深尤至於炎景流金無鬱蒸之氣微風徐動有淒清之涼信安體之佳所誠養神之勝地漢之甘泉不能尚也

皇帝爰在弱冠經營四方逮乎立年撫臨億兆始以武功壹海内終以文德懷遠人東越青丘南踰丹徼皆獻琛奉贄重譯來王西暨輪臺北□元闕並地列州縣人充編戶氣淑年和邇安遠肅群生咸遂靈貺畢臻雖藉二儀之功終資一人之慮遺身利物櫛風沐雨百姓爲心憂勞成疾同堯肌之如腊甚禹足之胼胝針石屢加腠理猶滯爰居京室每弊炎暑群下請建離宫庶可怡神養性　聖上愛一夫之力惜十家之產深閉固拒未肯俯從以爲隨氏舊宫營於曩代棄之則可惜毀之則重勞事貴因循何必改作於是斲彫爲樸損之又損去其泰甚葺其頽壞雜丹墀以沙礫間粉壁以塗泥玉砌接於土階茅茨續於瓊室仰觀壯麗可作鑒於既往俯察卑儉足垂訓於後昆此所謂至人無爲大聖不作彼竭其力我享其功者也然昔之池沼咸引谷澗宫城之内本乏水源求而無之在□一物既非人力所致聖心懷之不忘粤以四月甲申朔旬有六日己亥　上及中宫歷覽臺觀閑步西城之陰躊躇高閣之下俯察厥土微覺有潤因而以杖導之有泉隨而涌出乃承以石檻引爲一渠其清若鏡味甘如醴南注丹霄之右東流度於雙闕貫穿青瑣縈帶紫房激揚清波滌蕩瑕穢

可以導養正性可以澂瑩心神鑒暎群形潤生萬物同湛恩之不竭將元澤之常流匪唯乾象之精蓋亦坤靈之寶謹案禮緯云王者刑殺當罪賞錫當功得禮之宜則醴泉出於闕庭鶡冠子曰聖人之德上及太清下及太寧中及萬靈則醴泉出瑞應圖曰王者純和飲食不貢獻則醴泉出飲之令人壽東觀漢記曰光武中元元年醴泉出京師飲之者痼疾皆愈然則神物之來寔扶明聖既可蠲茲沉痼又將延彼遐齡是以百辟卿士相趍動色　我后固懷撝挹推而弗有雖休勿休不徒聞於往昔以祥爲懼實取驗於當今斯乃　上帝元符

天子令德豈臣之末學所能丕顯但職在記言屬茲
書事不可使國之盛美有遺典策敢陳實錄爰勒斯銘
其詞曰
惟　皇撫運奄壹寰宇千載膺期萬物斯睹功高大舜
勤深伯禹絶後光前登三邁五握機蹈矩乃聖乃神武
克禍亂文懷遠人書契未紀開闢不臣冠冕並襲琛贄
咸陳大道無名上德不德元功潛運幾深莫測鑿井而
飲耕田而食靡謝天功安知帝力上天之載無臭無聲
萬類資始品物流形隨感變質應德效靈介焉如響赫
赫明明雜遝景福葳蕤繁祉雲氏龍宮龜圖鳳紀日含

五色烏呈三趾頌不輟工筆無停史上善降祥上智斯
悅流謙潤下潺湲皎潔萍旨醴甘冰凝鏡澈用之日新
挹之無竭道隨時泰慶與泉流　我后夕惕雖休勿休
居崇茅宇樂不般遊黃屋非貴天下爲憂人玩其華我
取其實還淳反本代文以質居高思墜持滿戒溢念茲
在茲永保貞吉
右九成宮醴泉銘唐祕書監魏徵撰歐陽率更書九
成宮即隋仁壽宮也太宗避暑於宮中而乏水以杖
琢地得水而甘因名醴泉焉集古錄
後唐書貞觀中改隋仁壽宮爲九成宮永徽中又改

爲萬年宮宮在岐山開皇十三年楊素所治按醴泉
爾雅曰甘露時降萬物以嘉謂之醴泉甘露雨也而
漢魏郡國與唐離宮皆謂水從地出其味若醴誤矣廣川書跋
九成宮乃隋之仁壽宮也魏爲此銘亦欲太宗以隋
爲戒可以見魏之志也南豐集
鄭公此文因隋氏之鉅麗歸唐德之儉損頌而有諷
體了然諫錄中語也弇州山人稿
唐歐陽詢眞書魏徵文有箴規太宗之意故末云居
高思墜持滿戒覆格古要論

右九成宮醴泉銘其文曰粵以四月甲申朔旬有六
日丁亥上及中宮云云則是四月無疑新唐書作三
月當以碑爲正歐陽文忠集古錄每以金石正史氏
之失至此又復牴牾何耶金石評考
九成宮今在麟遊縣西五里之天台山即隋仁壽宮
也按開皇中文帝命楊素作仁壽宮於岐州北素遂
剗山堙谷爲崇臺累榭宛轉相屬而役令嚴急丁夫
斃者載道皆推塡坑谷中覆以木石夷爲平地帝頗
知其事甚不悅後值歲晚帝偶登仁壽殿周望原隰
見燐火彌漫又聞哭聲令左右察之報曰鬼火也帝

曰此輩皆以役死今年葬魂魄思歸耶乃令設祭灑酒宣敕咒遣之自是乃息宮久蕪萊而碑獨存覆以小亭繚以周垣山且多虎摹搨者必數人持械以上今碑既爲海內所寶重已糢糊矣復爲惡令鑿損三十餘字亦何心哉余家藏宋搨舊本今將搨其碑額篆文與安喜使君碑同體皆陽刻可愛來齋金石刻考略

九成宮在岐州之北去京師三百餘里自貞觀六年後帝屢於此避暑時上皇在大安宮春秋已高而制度卑小徵爲此銘乃不以上皇爲言但以還淳反本持滿戒溢語爲規諷舍其本而及其末殊失鄭公平

生忠讜之旨豈以此語馬周嘗言之帝不見省故不復瑣瑣乎然未幾武氏入宮帝心遂蕩鄭公之語不可謂非先見遠慮者也時徵撿校侍中進爵鉅鹿郡公從幸故敘次九成宮事及以杖琢地得泉詳悉如此帝遂詔歐陽詢書之魏徵款稱鉅鹿郡公新史但稱進爵郡公不名鉅鹿蓋是失書又稱歐陽詢以貞觀初歷太子率更令宏文館學士封勃海男碑無宏文館學士而云兼太子率更令豈以宏文館學士兼之歟所未詳矣虛舟題跋

碑首篆書九成宮醴泉銘六字碑已磨泐每行盡處近爲俗子開鑿一二字碑中無年月金石文字記云貞觀六年四月雍州金石記

醴泉銘搨本見諸紀載及余所見者凡八一汴本一金士權本一米臨本一董臨本一余少愚本一神廟宮中本一麟遊未鑿本一麟遊已鑿本而率更原刻不與焉鐵函齋書跋

右九成宮醴泉銘祕書監撿校侍中鉅鹿郡公魏徵撰兼太子率更令渤海男歐陽詢書文貞列銜碑文之前信本列銜碑文之後率更庶僚不敢與宰相並也予初疑信本只爲率更令不兼他職何故冠以兼

字後讀舊唐書職官志稱武德令職事解散官欠一階不至爲兼職事卑者不解散官貞觀令以職事高者爲守職事卑者爲行仍各帶散位其欠一階依舊爲兼與當階者皆解散官其欠一階之兼古念反其兩職事之兼古恬反字同音異乃悟此碑兼字當讀去聲率更令職事官也有職事而去散官又以其欠一階故加兼以別於當階者此唐初之制後人知之者尟矣潛研堂金石文跋尾

唐書地理志本隋仁壽宮義寧元年廢貞觀五年復置更名周垣一千八百步并置禁苑及武庫官寺等

焉關中金石記

按新唐書魏徵傳太宗即位拜諫議大夫封鉅鹿縣男又拜尚書右丞兼諫議大夫貞觀三年以祕書監參豫朝政俄檢校侍中進爵郡公葢史文前已有鉅鹿字此但言進爵不必更言鉅鹿虛舟題跋以爲新史失書者非也又歐陽詢傳太宗即位累擢給事中貞觀初歷太子率更令宏文館學士封渤海縣男則是時詢葢以給事中而兼率更令也百官志給事中正五品上率更寺令從四品上以正五品官而兼從四品所謂欠一階者是也給

事中掌宏文館繕寫讎校之課宏文館武德四年初置修文館九年改曰宏文貞觀元年詔京官職事五品已上子嗜書者二十四人隸館習書出禁中書法以授之學士掌詳正圖籍教授生徒朝廷制度沿革禮儀輕重皆參議焉階五品已上是宏文館學士之職卽給事中所掌而率更令是新兼之官碑從簡略署新銜更不詳及本職也然亦惟此碑有兼字前乎此者如化度寺碑不書兼字殆無關典制也九成宮九成之名本吕氏春秋有娀氏二佚女爲九成之臺九成之義本於爾雅邱一成爲敦邱注成猶重也周禮爲壇三成疏亦言相重累也太平寰宇記宮在麟遊縣西一里本隋仁壽宮隋文帝置義寧元年廢宮置立郡縣貞觀五年復修舊宮爲避暑之所改名九成宮語與唐書地理志合稽之太宗本紀五年不書修復之事惟書六年三月戊辰如九成宮碑作四月者是至宮得泉之月史則啓行之月也惟碑無建立月日據題銜魏徵爲檢校侍中本紀在六年五月則立碑當在五月以後矣魏徵傳載帝幸九成宮李靖王珪繼至吏改館宮御以舍靖珪帝怒而徵諫之是

徵從幸之證又載宴丹霄樓酒中相謂之語丹霄樓卽碑所云南注丹霄之右者是也百官志載九成宮總監監副監丞簿等官注有云武德初改隋仁壽宮監曰九成宮監與地理志所云貞觀五年復置更名不合也碑中轇轕作膠葛通用也迢遰作迢遞別體字丹徼作丹傲則尚沿北魏之舊習

金石萃編卷四十三終

金石萃編卷四十四

賜進士出身　誥授光祿大夫刑部右侍郎加七級王昶譔

唐四

汝南公主墓志銘

石橫廣二尺四寸高一尺四寸十八行字數十二至十五不等行書

大唐故汝南公主墓誌銘 并序

公主諱字隴西狄道人

皇帝之第三女也天潢疏潤圓折浮夜光之采若木分

暉穠華口朝陽之色故能聰穎外發閑明內暎訓範生

知尚觀箴於女史言容成則猶習禮於公宮至如恰色

就養佩帉晨省敬愛兼極左右無方加以學殫綈素藝

兼磐帙今問光獻儀形閫閾口年口月有詔封汝南郡

公主錫重珪瑞禮崇湯沐車服徽章事優前典屬九地

絕維四星潛曜毀瘠載形哀號過禮繭纊不嚴壝略無

嗞灰痼亟移陵塋浸遠雖容服外變而沉憂內結不勝

孺慕之哀遂戊傷生之性天道祐仁奚其冥漠以今貞

觀十年十一月丁亥朔十六日

世南汝南公主銘起草洛陽王䕶處見摹本云真迹

在洛陽好事家有古跋後十年見迹在故相張公孫

直清處其後止貞觀十年十一月丁亥朔十六日旁

小字注云赫赫高門在裴丞相家是其銘然此幅文

但至空而止行下有空白紙猶空十一字此蓋卒日

猶未言葬也闕文尚多安得便言赫赫高門不當後

幅却與前幅不相連屬也其前褾紅綾色如新有名

幾元題其褾云故祭酒崔十八丈禕嘗與寇章賀拔

碁皆以賞鑒相尋每稱服膺虞書多歷年所自會昌

以來時觀斯帖因致其真隸有加頃年崔丈每送予

兄弟下第東歸必云此去獲見汝南帖亦何減於昇

第邪所惜者闕其銘文耳咸通二年春於存神室輟

獻子疑良足齋愛也幾元不知何人也虞帖爲時所

重如此 米芾書史

虞永興汝南公主墓誌起草真跡米元章嘗見之元

初在郭祐之處後不知所在亦不知何年入石按元

章云予臨汝南帖浙中好事者以爲真刻石今觀此

刻字勢長而肥頗類米筆又張氏本十六日下有闕

文夜之艮是然無旁注字赫赫高門等語及幾元題

字雲煙過眼錄記郭本有米跋今亦不存 文徵明甫田集

右汝南公主誌無書撰姓名宣和書譜海岳書史皆

云虞世南書藁本也碑題云大唐故汝南公主墓誌

銘又云公主皇帝之第三女也按列傳太宗二十一

女汝南公主居第二此云第三豈傳誤耶近于常孰錢遵王處見宋搨銘文皆全叩碑題之次有諮議參軍柳顏言釋智果秘書監虞世南書三行又改添三字古本之妙如此金石錄補

誌文具舊藏帖本內已闕其後半首叙公主諱字皆不載唯云隴西狄道人皇帝之第三女也某年月有詔封汝南郡公主新唐書諸公主列傳汝南公主早薨其行次在第二今誌在第三誌又云屬九地絕維四星潛曜毀瘠載形哀號過禮不勝孺慕之哀遂戊傷生之性蓋以哀毀自隕者考長孫皇后薨於貞觀

十年六月誌所謂九地絕維即指其事公主方屬童稚卽毀生至此亦奇女子也授堂金石跋

按碑題公主諱字隴西狄道人皇帝之第三女也汝南公主是太宗次女碑作三女或是摹刻之誤固無論已新唐書公主傳但有汝南公主早薨六字則諱字無從考矣高祖本紀稱爲隴西成紀人則公主亦當仍其貫不知稱狄道者何也地理志狄道縣屬臨州狄道郡成紀縣隋屬天水郡開元中徙廢是開元以前成紀縣存而兩地隔遠並非一縣更名也思之殊不得其故末云貞觀十年十一月丁亥朔十六日此自是公主卒日文德皇后以是年六月己卯薨十一月庚寅葬蓋月之四日也文云蔛纊不襲者是寒冬時語云灰琯亟移陵塋浸遠者是十一月葬皇后時事然則皇后葬後十二日而公主薨也文云塩酪無嗞字書無塩字說文嗞嗟也廣韻嗞嗟憂聲也集韻嗞听笑也一曰啼不止諸說不同皆與塩酪文義不屬禮雜記云功衰飲水漿無鹽酪不能食食鹽酪可也此當是鹽酪二字書鹽爲塩訛爲塩也則嗞疑是滋字之別體謂食鹽酪無滋味也正與上句蔛纊不襲

意相合遂戊傷生之性玩文義戊當是成借爲滅字謂毀滅性也

裴鏡民碑

碑本高廣行字皆無考正書

隋故益州總管府司馬裴君碑銘并序

粤惟上德希世挺口存則道照於人倫没則名飛於史策宜其討功代鏤鍾鼎永貽長世昭示後昆君諱鏡民字若倩河東聞喜人也唐虞之盛伯益控其遂原殷周以還仲衍有其餘慶微則擅美當塗憲則流芳中夏金張舊業遠謝聲塵江漢英靈多慙光價祖竒虞魏銀青

光祿大夫汾州刺史銀章青綬登高能賦揚波流惡政
以□□父□漢周車路大夫儀同三司晉州刺史雅道
儒風聲動當世班條布政恩結去思君上表雲氣遠膺
星像盧牟與貞固同歸愛景共□凝一致懸河若訥每
栝智囊止水□神日開靈鑒及擇師請益遊方問道性
與營古心照神文佩游夏之芳塵爲潘張之益友立人
之道仁義靡遺事親之德愛敬同盡迹屈衡□聲馳上
國莫府交辟公車致禮晉蕩公受博陸之□處阿衡之
寄爲其諸子精選府寮辟爲譚公大將軍記□府中爲
其□日令德日新裴鏡民昔□越爲其世子辟王安期

取其儀形之□□濟崇其府望俾阮嗣宗重其文學之
譽我貽燕鴈兼而□之尋丁內艱夫職木車方駕金革
在辰喪禮未變多從□奪朝廷以君羸□過甚特許終
哀□動風俗皆此類也建德初以君爲宋王□讚尋授
記室參軍遷司錄賓文□年授吏部上士攝少吏部研
幾汲引之方遊刃銓衡之地能官在卩咸事無迷大吏
部竟陵公即有隨之滕□也亮拔不群英姿秀發重君
才行深見褒獎每□裴楷清通之望復見斯人開皇受
禪其日除尚書左□兵郎尋改爲兵部侍郎魏晉以還
臺郎顯要官方始革揚歷是膺是非器重望□無以爵

斯體秩華陽地險控御遐長蜀王秀以□子之□擁旄
作鎮寮屬望重妙簡時賢以君爲西南道行臺兵部侍
郎及行臺廢除□州總管府掾尋兼益州總管府司馬
蜀王年止勝衣童心未改文□佐吏□非□人君言必
盡忠行惟直道省府之內無不敬而憚之□臺民部尚
書陳茂情特惟舊心多惕下雖□□乖方無敢違異惟
君□门抗直未嘗□旨兵部尚書京兆杜杲每謂人曰
不値盤根錯節不表利器裴君匪躬□蹇可謂美矣開
皇十六年西南夷□□從搆亂君總率士卒應機致討
後軍不繼戰危喪律以三月癸丑朔十九日辛未陷□

□庭季路結纓志無苟免□序衛須　義不生辱永懷斯
道垩　君之平生風烈焉惟君靈府淩微神□開敏英略
外明沈幾內斷培風自遠背丹穴以來儀□氣不群□
青雲而孤竦許□月旦之論蘊義生風黃童日下之聲
乘虛效響彈冠莫府掌記文房娟韶昺以揚華鏘清風
而振藻珥筆南□垂纓西蜀戎事之重必司□政蒐狩
於是得時風霜以之順序比□月於東曹又典午於南
正爽能□重義安馬革以輕生神道□□□□□搆□
□車□□野祭□□捐珠而巷□西蜀父老至于今思
之君第二子太僕少卿洛州都□□長史上柱□襲城

縣開國公勣□□道於□□搆丕基於□緒□四序之
邈□覩萬物而永言思纘遺範式昭貞石其銘曰
□督遠派大寺流光美哉地德黼矣□芳高門鍾□世
□旟□鵷鴻接翼金玉其相惟君載挺道符人俊灼灼
外明温温內閏贍之忽後□靈扌峻抱月澄淸含風□
韻□□資□公府馳名永懷喪制易俗申情□掌書記
彳屬銓衡淸道之譽遠嗣家聲□皇在辰萬象咸鏡□
仰之府六□軍政列宿上膺中和俯冰永懷神道斯人
斯□層梁殳□靑□□颩□紀□飛□銘功柏庭永
閟泉路斯窮九京不作□靈閈□明□重□分茅錫祉

仰嗣丕基□纘夏冶紹雲使翼追風□緒□□□□□
□□□□□□□□□□□□□□□萬
古書忠
大唐貞觀十一年十月廿一日樹碑　　□□賜墳
塋功力並卽畢了
宗正卿安平縣開國子李百藥製
行尚書金部員外郎建□縣開國男殷令名書
按唐書宰相世系表裴氏定著五房曰西眷裴曰
洗馬裴曰南來吳裴曰中眷裴曰東眷裴此司馬
裴君乃東眷裴也碑云君諱鏡民字君倩河東聞
喜人也唐虞之盛伯益採其遠原殷周以還仲衍
有其餘慶史表序云裴氏出自風姓顓頊裔孫皐
陶生伯益賜姓嬴氏生大廉大廉五世孫曰仲衍
至非子之支孫封𨛬鄉因以爲氏今聞喜𨛬城是
也六世孫陵當周僖王之時封爲解邑君乃去邑
從衣爲裴碑又云徽則擅美當塗憲則流芳中夏
晉書裴秀傳秀河東聞喜人也八歲能屬文叔父
徽魏冀州刺史有盛名賓客甚衆秀年十歲有詣
徽者出則過秀云云此卽碑所云徽則擅美當塗
者也徽子楷楷有五子輿瓚憲禮遜憲字景思鯁

直宏達通機識命仕石季龍累官右光祿大夫司
徒太傅封安定郡公卽碑所云憲則流芳中夏也
世系表云東眷裴德歡長子澄字靜慮後魏州刺
史澄子景漢字仲霄後周車騎大將軍景漢子鏡
民隋兵曹郞鏡民子熙載兵部尚書熙勣洛州長
史碑云祖靖慮魏銀靑光祿大夫汾州刺史父漢
周車路大夫儀同三司晉州刺史此官位較史表
爲詳至鏡民與熙勣則更詳矣然表體自是如此
無嫌畧也碑又云建德初以君爲宋王□記室參
軍遷司錄宣政□年授吏部上士爲少吏部建德

爲周武帝建元至七年三月改元宣政六月帝殂
宣帝嗣立明年改元大成是宣政只一年碑所泐
者乃元字也周明帝有三男第三名寔字乾辯出
後文帝子宋獻公震建德三年進爵爲王郎以君
爲記室參軍也文獻通考職官考後周有吏部中
大夫一人又有小吏部下大夫一人掌貳吏部之
事領司勳上士等官此碑云授吏部上士攝少吏
部似即小吏部或通考訛也碑又云開皇受禪其
日除尙書左口兵郎尋改爲兵部侍郎此即表所
云兵曹郎也碑又云華陽地險控御遐長蜀王秀

擁旄作鎭以君爲西南道行臺兵部侍郎及行臺
廢除口州總管府掾尋兼益州總管府司馬隋書
列傳庶人秀高祖第四子也開皇元年立爲越王
未幾徙封於蜀二年進位上柱國西南道行臺尙
書令歲餘而罷碑所稱蜀王秀即庶人秀也據碑
則秀雖罷行臺而鎭民仍爲司馬也碑又云開皇
十六年西南夷搆亂君總率士卒應機致討後軍
不繫戰危喪律以三月癸丑朔十九日辛未陷口
口庭季路結纓志無苟免此則鎭民之卒年月日
也隋書高祖紀十六年不書西南夷搆亂事惟載

十七年二月癸未太平公史萬歲擊西寧羌平之
庚子上柱國王世積討桂州賊李光仕平之碑所
載者不知即此事否不能定其孰是也此碑爲李
百藥製殷令名書令名唐書無傳述書賦注有云
令名陳郡人畫家傳云陳司農卿不害子金石錄
云令名與其子仲容皆以能書擅名一時筆法精
妙不減歐虞則令名即仲容之父也唐書百藥傳
貞觀元年拜中書舍人封安平縣男四年授太子
右庶子遷散騎常侍進左庶子宗正卿爵爲子久
之乞致仕卒年八十四是其製此文亦在致仕之

年矣道照於人倫照疑是昭字計功代代當作伐
幕府作莫府裴楷作裴揩喪律作喪律或借用或
別體也

溫彥博碑

碑連額高一丈一尺七寸五分廣四尺四寸三十六行行七十七字正書額題唐故特進尙書右僕射虞恭公溫公之碑十六字篆書今在醴泉縣昭陵

唐故特進尙書右僕射上柱國虞恭公溫公碑

首闕泐三行當是撰書篆額人銜名

昔者帝嬀升𤕤九官奮其庸有周誕命六卿揚其職口
鈞捴口公口口口口口口口歸於臺口口口口口口

□□□□□□□□□□□□□□□□□□□□
□□□帝載□□德□□□□□也若夫昴宿麗天
感其靈者人傑嵩嶽鎮地降其神者□楨□□於龍
□□□□□□□□□□□嚚□□□□□□□□
□□□□□□□□□□□□□復□□□公□原
□人□□□□臨系姬文之遠胄派唐林之遙源食
邑河內世功開其緒著□晉陽□德□其□雖□□
□□□□□□□□□□□□□□□□□□之□
□□□□□□□猶□□之□□□□□□□□□
祖裕魏太中大夫言爲准的行成表綴廊廟翹□搢紳

結□□□替□□□□□□□□□□□□□□□
□□□□□□贈□州刻□□□□□□□□□文
□□□□□□□□□□密□□不顯於當時潁川
陳君哀榮無聞於異代能兼之者不亦□乎公□兩儀
□□□□□□之□□□□義以□□□□□以□
□□□□□□□□□□□□□□□□□□□□
□若洪河之東注嚴巘焉猶華岳之西峙若乃三德
六行列聖之所□也□□□□域□□□□□□□
□□□□息□□□□□□□□□□□□□□□
□□□□□□□與然則□臺□□於覆□□□□

地肇自消流是以平津筮仕由賓□而佩印文□創業
□□吏而命□亡□□□□□□□□□□□□□
□□□□□□□□□□□□□□□□□□□□
□□□□□□□□道□□□□半籠多士太子洗
馬李綱亘道正辞羽儀海內並下堂見禮倒屣□□
□□□□□□□□□趙□□□□□□□□□□
□□□□□□□□□□□□□□□□□□□□
誼乃授通□舍人敍笏鳳池搢紳鸞閣瓌姿月舉韶音
玉振每至文武在列華裔□庭□□□□□□□□
□□□□□□□□□□□□□□□□□□□□

□□以□□□斯乃□□□餘□□□□□□□□
度在乎經國大業之始以親喪去宮鴹慕之感哀毀之
極與□長□□□□□□□□□□□□□□□□
□□□□□□□□□□□□□□□□□□□□
□□□□□□□□□□□□政出奔高麗既而乘
轅南反詔公銜命蕃境申明臣節陳之以逆順□暢□
□□之以□□□□□□□□□□□□□□□□
□□□□□□□□□□□□之□豈□□□□□
□□□□□□攤節無功於月氏又以公爲東北道
招慰大使屬天地橫□□□□□□□□□□□□

□□□□□□□□□□□□□□□□□□□□□□
□□□□□□而□天□□□□□□□□□□遷夏商
之鼎艾綬銀章弓旌先於髦俊建社班瑞光寵屬於勲
膚庶□□以□□□□□□□□□□□□□□□□□
□□□□□□□□□□□□□□□□□□□□□□
□□□□□□□□□□□□□□□刑而滅沒不羣豈
蹉跎於吳阪清越振響終特達於章臺徵爲中書舍人
邊□□□□□□□□□□□□□□□□□□□□□
□□□□□□□□□□□□□□□□□□□□□□
□□□□其得□則孝若飛聲於洛下云誰嗣響復在

茲焉屬獫狁縱慝疆埸大駭□□□□□□□□□□□
□□□□□□□□□□□□□□□□□□□□□□
□□□□□之□琴□□□□□□之□乃□□□□□
軍長史十萬之師方絕大漢五餌之術必繫單□而□
風褰律□之□□□□□□□□□□□□□□□□□
□□□□□□□□□□□□□□□□□□□□□
皇□□□□□□□□□□□□□□澆俗佯於結繩叶
和萬邦遠夷同於編戸威懾龍瀚澤浸□□□寶無□
□□□□□□□□□□□□□□□□□□□□□□
□□□□□□□□□□□□□□撿校吏部□□

□□□□□□□公望爲時宗才稱王佐鴻翼所漸自
回溪而薄九霄驥足既馳遊閒閻而□□□□□□□
□□□□□□□□□□□□□□□□□□□□□□
□□□□□□□□選□□□□渥洽□□□□□□
爵命日隆寵祿歲厚猶司馬之四至慈明之十旬乃以
□官拜太子右庶子□□□□□□□□□□□□□
□□□□□□□□□□□□□□於廊廟□□□□
　□□位□□獨□□□□□司□柄公又處之故能
出捴糺察入專機管執簡冊以肅□行奉絲綸以光□
□□□□□□□□□□□□□□□□□□□□□□

□□□□□□□□□□□□□□□□□□□□□虞
□□食邑三千戸德優爵重鎬京之舊制非功不侯中
陽之令典踰七命而兼二□□下以□□□□□□□
□□□□□□□□□□□□□□□□□□□□□□
□□□之□□□□踰□副□□□□□□□□□□
之運四時下料人事邁元愷之賛百揆　聖朝欽若□
典憲章徃代□□□□□□□□□□□□□□□□
□□□□□□□□□□□□□□□□隔□□□□
□□□□□□南宮之□□□□□道勤行而不倦懋
選前掊仰止而無怠是以忠□寬補□□□之□□

□□□□□□□□□□□□□□□□□□□□□
□□□□□□□□□□□□□□□□以事一人□
□之覘不□於□恕損益之義皆出於仁厚違規矩枉
尋尺光其家而弗爲利社稷安□地□□□□無□
□□□□□□□□□□□□□□□□□□□□□
□□□□□□□□□□□□□□□□□□□□之
所同必擇善以利物意之所異不是己而達人闕德義
爲□□□禮□□□□□□□□□□□□□□□□
□□□□□□□□□□□□□□□□□□□□□
□□□□□□茲□□□□□□□約以孝敬之道移

於拓兄行慈惠之心治於猶子允所謂朝廷之棟幹□
□□□□□□□□□□□□□□□□□□□□□
□□□□疾□□　□□□□□□息□□□□□□
□□□□□□□陳其方技遂輔德衍報弥留曠旬兩
楹之奠既地二豎之灾□□□遣銀青光祿大夫□□
□□□□□□□□□□□□□□□□□□□□□
□□□□□之□盡□□之德□□□□□□□□□
忘於舉能子顏啓足情存於愼敉眇爲千載於斯一揆
六月□日薨於□□□春秋□□□□　□□□□
□□□□□□□□□□□□□□□□□卽以其□

□□□□□□□□□莫不□□□詔民部尚書莒國
公唐僉工部侍郎盧義恭護喪行中書侍郎□□□□
□□□□□□□狐□□□□□□□□□□□□□
□□□□□□□□□□□□□　□□□□□□□
□□□於　昭陵之側并給東園秘器賻贈二千段喪
葬所須並□官給□祖送□□□□□□□□□□□
□□□□□□□□□□□□□□□□□□□□□
□□□□□□□□□□□□□□□□□□之□□
也窆陵當陽晉朝之賢輔也雖復卿雲摛思班爾運奇
勒銘由□□□□□□□□□□□□□□□□□□

□□□□□□□□□□□□□　詔□□□□□□
□□□□德善之□代其詞曰
藹藹高門世膺顯命堂堂盛德家[illegible]餘慶抗節飛英扶
危流詠軒蓋□□□□□□□□□□□□□□□□
□□□□□□□□□□□□□□□□□□□□□
□□□□□□□□德□成□□範圍儒墨非馬擅奇
雕龍貽則發跡素里馳聲上國仲舒揚庭□丘待□□
□□□□□□□□□□□□□□□□□□□□□
□□□□□□□□□□□□□□□□□□□□□
□□□□滋□□謨德顯定策功宣縱鑾鑣騖搏風初

鎔密勿黨閣便繁鳳沼□舉性□□□□□□□□□
□□□□□□□□□□□□□□□□□□□□□
□□□□□□□□□□□□□□鑄□□□薪
□一□逝黃陂光□趙日稅駕天府夷體泉室麟閣圖
形鳥□騰竇悲□□□□□□□□□□□□□□
□□□□□□□□□□□□□□□□□□

右唐溫彥博碑歐陽公集古錄跋顏勤禮碑後云按唐書溫大雅字彥宏弟彥博字大臨弟大有字彥將兄弟義當一體而名大者字彥名彥者字大不應如此蓋唐世諸賢名字可疑者多封德彝云名倫房元

齡云名喬高士廉云名儉顏師古云名籀而皆以字行倫喬儉籀在唐無所諱不知何避而行字余按顏之推家訓云古者名終則諱之字乃可以爲孫氏江南至今不諱字也河北士人全不辨之名亦呼爲字字固爲字尙書王元景兄弟皆號名人其父名雲字羅漢亦皆諱之其餘不足怪也又顏師古匡謬正俗載或問人稱字而不稱名者何也師古考諸典故以稱名爲是蓋當時風俗相尙如此初無義理也然師古旣立論以稱名爲是而乃以字行殆不可曉也已金石錄

右唐歐陽詢書虞恭公碑　在陝西近時陝西人苦於應酬日鑿殘毀勢將不可承矣陳循芳洲集

此碑已久壞下大半皆漫滅不可讀市兒取其存者重刻之約得四百餘字余初見之驚喜求全本三十餘年不可得後得一本乃工已截去壞字彙爲行莊不獻闕處亦僅五百餘字而已余深爲悅惜最未始得此紙乃未裝者數之有八百廿餘字墨林快事

此斷碑已亡其半名字皆莫可攷唐書溫彥博遷中書令進爵虞國公尙書右僕射薨贈特進謚曰恭蓋虞言其國恭言其謚溫言其姓也碑有高麗字者卽

史諫與高麗抗禮事也碑云無功于月氏卽史戰敗没于突厥事也碑云李綱見禮者卽史云李綱歎異其卿相才也其爲彥博無疑矣金石評攷

虞恭公溫彥博也碑今在醴泉縣墓所存七百餘字碑雖斷闕尙有可按而考者新舊唐書本傳但稱父君悠北齊文林館學士隋泗州司馬碑有祖裕魏太中大夫此兩史所未有也兄大雅嘗著創業起居注三卷故曰文終創業也彥博兄弟三人少爲太子洗馬李綱所器故曰下堂見禮也彥博每奉使入奏聲韻高朗響溢殿庭故曰韶音玉振也高祖武德八年

六月突厥寇定州八月并州道總管張公謹與賊戰於太谷敗績中書令溫彥博沒於賊故曰無功於月氏也史稱太宗立突厥歸欵始徵還授雍州治中而碑言又以公爲東北道招慰大使則系無功月氏後與史不合疑史有誤太宗紀貞觀十年六月壬申以中書令溫彥博爲尚書右僕射十一年六月甲寅薨此云六月正與史合而舊史稱年六十四新史稱年六十三惜碑文斷闕無可考證大段碑文所記較史爲備而史既不詳碑又斷闕正不獨年數多寡爲參差無據也公父舊史作君悠新史作君攸兩史亦不

相合惜碑亦闕失無可考 史稱歐陽詢卒於貞觀間年八十五此碑書於貞觀十一年當是卒更最晚時作後四年尚有小楷千文計書此碑時亦已將八十矣虛舟題跋

今在醴泉縣北二十五里烟霞洞西昭陵南十里碑已漫漶可識者僅存四百字雍州金石記

按彥博陪葬昭陵而此碑字畫殘缺諸家所見多寡不同今此拓本幾及千字爲最多矣全碑凡三十六行行七十七字通計二千八百餘字則是所存者尚三之一也碑於恭公姓氏諱字里居皆泐歷官亦闕畧不備碑云祖裕魏太中大夫魏書無溫裕傳惟晉書溫羨傳羨子裕字叔嗣尚武安公主官至左光祿大夫與碑言太中大夫者不合然羨是太原祁人與恭公同貫未知即一人否也碑又云太子洗馬李綱直道正辭羽儀海內新唐書李綱傳綱字文紀觀州蓨人少慷慨尚風節事隋爲太子洗馬然則恭公爲綱所下堂見禮乃隋時事也傳又云隋亂幽州總管羅藝引爲司馬藝以州降彥博與有謀授總管府長史封西河郡公召入爲中書舍人遷侍郎碑則云乃授通口舍人斂

笏鳳池垂紳鸞閣瓊姿月舉韶音玉振每至文武在列華裔口庭云云攷隋書百官志隋制無中書舍人惟內史省條下有舍人八人通事舍人十六人後改通事舍人員爲謁者臺職謂之通事謁者凡二十人謁者臺掌受詔勞問出使慰撫持節察授等事碑有文武在列華裔口庭之語正屬謁者臺所掌則通下泐一字必是事字乃通事舍人傳以爲中書舍人者非也碑又云出奔高麗既而乘輶南反詔公銜命蕃境申明臣節是公在隋末嘗奉使高麗正是謁者臺之事傳乃云高麗貢方物

高祖欲讓而不臣彥博執不可云云此在唐高祖朝非隋末事與碑不同碑又云無功于月氏又以公爲東北道招慰大使下云屬天地橫口又云遷夏商之鼎艾綬銀章弓旌先于髦俊建社班瑞光寵屬於勳庸天地橫口遷夏商鼎皆指隋亡唐興之事則無功於月氏仍屬隋末事傳皆不詳其云突厥入寇彥博以并州道行軍長史戰太谷王師敗績被執因陰山太宗立突厥歸欵得還碑則云徵爲中書舍人屬獫狁縱慝疆埸大駭十萬之師方絶大漠五餌之術必繫單于云云當即指突厥入寇事公之被執因陰山或碑泐不傳也傳又云授雍州治中尋檢校吏部侍郎復爲中書侍郎遷御史大夫檢校中書侍郎事貞觀四年遷中書令封虞國公十年遷尚書右僕射明年卒年六十三贈謚曰恭陪葬昭陵是公之卒在貞觀十一年也碑但有檢校吏部字虞字及春秋字六月字餘俱泐而又有拜太子右庶子食邑三千戶則傳所無也昭陵即太宗陵太宗以貞觀二十三年八月庚寅葬公以十一年六月卒而碑云昭陵之側并給東園祕器蓋當時陵名先定也太宗本紀貞觀十年十一月庚寅葬文德皇后于昭陵是先定陵名之證矣碑又云孝敬之道移于哲兄慈惠之心洽于猶子哲兄指大雅傳稱大雅性至孝與弟彥博大有皆知名猶子無攷大雅大有之子傳皆不詳碑又云詔民部尚書莒國公唐儉工部侍郎盧義恭護喪盧傳無攷唐儉傳儉在高祖時爲禮部尚書天策府長史檢校黃門侍郎莒國公貞觀四年自頡利還歲餘爲民部尚書百官志注高宗即位改民部曰戶部故碑與傳尚稱民部也碑書言爲准的以准爲準字林云准與準同此碑已作准字知非近代俗書矣方絶大漠玩文義當作大漠對下必繫單口單下泐一字當是于字謂單于皆指突厥也

皇甫誕碑

碑高七尺六寸廣三尺八寸二十八行行五十九字正書額題隨柱國宏義明公皇甫府君碑十二字篆書在西安府學

隨柱國左光祿大夫宏義明公皇甫府君之碑

銀靑光祿大夫行太子左庶子上柱國黎陽縣開國公于志寧製

銀靑光祿大夫歐陽詢書

夫素秋肅殺勁草標於疾風叔世艱虞忠臣彰於赴難
衛須授命結纓殉國英聲煥乎記牒徽烈著於旂常豈
若釁起蕭墻禍生蕃翰强踰七國勢重三監其有蹈水
火而不辭臨鋒刃而莫顧激清風於□□抗名節於當
時者見之客義明公矣君諱誕字元慤安定朝那人也
昔立効長丘樹績梟郡太尉裂壤於槐里司徒胙土於
彤門是以車服旌其器能□□□其勲德銘功衛鼎騰
美晉鍾盛族冠於圖高華宗邈於奕卻備在史牒可略
言焉曾祖重華使持節龍驤將軍梁州刺史濶木䦓山
方重價於趙璧□□□□□奇采於隨珠祖和雍州贊

治贈使持節散騎常侍車騎大將軍儀同三司滕涇二
州刺史高衢將騁遽夭追風之足扶搖始搏早墜垂天
之羽父□使持節□騎大將軍開府儀同三司隨州刺
史長樂恭侯横劍襟扞威重冠軍拐瑞蕃條聲高勃海
公量包申伯稟嵩山之秀氣材兼蕭相降昴緯之淑精
據德依仁□貞體道含章表儁詎待變於朱藍恭孝爲
基寧取訓於橋梓鋒剸犀象百練挺於昆吾翼掩鴛鴻
九萬奮於溟海博約肯產文贍卿雲孝窮溫凊之方忠
□□救之道同何充之器局祓重晉君頻荷攸之宏圖
見知魏主斯故包羅衆藝囊括群英者也起家除周畢

王府長史榮名藩牧則位重首寮茲服旣隆則譽加上
客旣而耆精委馭炎運啟圖作貳邊服寔資令望授廣
州長史悅近來遠變澆訬於雕題伐叛懷柔漸淳化於
綏耳蜀王地處維城寄深磐石建旟玉壘作□銅梁妙
擇奇材以爲僚佐授公益州總管府司法昔梁孝開國
首辟鄒陽燕昭建邦肇徵郭隗故得馳令聞于碣館播
芳猷於平臺以古方今彼此一也尋除尚書比部侍郎
轉刑部侍郎趍步紫庭光暎朝列折旋丹地譽重周行
俄遷治書侍御史彈違糺慝時絶權豪霜簡肅繩俗寢
貪競隨文帝求衣待旦志在恤刑呪網泣辜情存緩獄

授大理少卿公臣細必察同張季之聽理寬猛相濟比
于公之無寃但禮闈務殷樞轄寄重允膺此職寔難其
人授尚書右丞洞明政術深曉治方臧否自分條目咸
理丁母憂去職哀慟里閭辯入爲之罷社悲感衢路行
客以之輟歌孝德則師範彝倫精誠則貫徹幽顯雖高
會之至性何以加焉尋　詔奪情復其舊任于時山東
之地俗异民澆雖預編民未行聲教詔公持節爲河北
河南道安撫大使仍賜米五百石絹五百匹公輶軒布
政美冠皇華之篇攬轡觀風榮甚繡衣之使事訖反命
授尚書左丞然并州地處參墟城臨晉水作固同於西

蜀設險類於東泰塞山河之要衝信蕃服之襟帶授□
并州揔管府司馬加儀同三司公贊務大邦聲名藉甚
精民感化黠吏畏威屬文帝劔璽空留鑾蹕莫反楊諒
率太原之甲擁河朔之兵方叔段之作亂京城同州吁
之挺禍濮上雖無訾辟之兆乃懷奪宗之心公備說安
危具陳逆順翻納幾勃之策反被王悍之災仁壽四年
九月遘從運行春秋五十有一萬機□殲良之歎百辟
興喪予之悲切兲氏之山頹痛楊君之棟折贈柱國左
光祿大夫封宏義郡公食邑五千戶謚曰明公禮也喪
事所須隨由資給賜帛五千□□三千石惟公温潤成

性夙表白虹之珍黼黻爲文務挺雕龍之釆行已窮於
六本蘊德包於四科延閣曲臺之奇書鴻都石渠之秘
說莫不尋其枝葉踐□□鴻辟埏籥逢犀飾之以括羽
楚金切玉加之以磨礲救乏同於指囷親識待其舉火
進賢方於推轂知己俟以彈冠存信捨原黃金賤於然
諾忘身殉難□命輕於鴻毛齊大小於沖襟混寵辱於
雲府可謂□□雅俗冠冕時雄者也方當亮釆泰階參
綜機□豈謂世途多故運屬道消未展經邦之謀奄鍾
升□□□世子民部尚書上柱國滑國公無逸以爲邢
山之下□□□仲之墳□陵之東皆知子孟之墓乃雕

戈勒石騰實飛聲樹之康衢永表芳烈庶葛亮之□□
□禁之以樵蘇賈逵之碑魏君歎之以不朽乃爲銘曰
□后□□□□□□人物□□□□世逢時翼主膺
期佐帝運策經綸執鈞匡濟門承積慶世挺偉人夜光
愧□朝釆慙珍雲中比陸日下方荀抑揚元□□□□
□□□□□□□伏□青□曳裾朱邸名馳碣石
聲高建禮珥筆露臺握蘭文陛分昱裂土建侯開國輔
藉正人相資懿德中臺輟務晉陽□□□重府□□鬪
震□亂階萋草火生剪桐成師攜離太叔興戎建德効
節夷吾盡忠命由道喬身殁名墜牛亭始卜馬鬣初封

翠碑刻鳳丹旆圖龍煙□□□□□□□□□德永
□□□

右隋皇甫誕碑余嘗得誕墓志又得此碑以考北史
及隋書列傳云誕字元慮而碑志皆作元憲傳云隋
高祖受禪爲兵部侍郎數年出爲魯州長史開皇中
復爲比部刑部刑曹二侍郎遷治書侍御史爲河南
道大使及還奏事稱旨令判大理少卿明年遷尚書
右丞以碑志參攷誕自司徒主簿出授長史假除益
州總管府司法徵授比部侍郎遷未拜兵部而其爲
河北河南安撫大使乃任右丞時皆史家之謬惟梟

志稱誕嘗爲司徒主簿而碑不載傳與墓志皆云爲鄫州長史而碑作廣州則疑碑之脫漏墓志乃葬時所述然碑亦貞觀中其子無逸追建不應差謬而不同何也金石錄

皇甫君名誕仕隋死於漢王諒之難者郵典殊不薄後以子無逸貴於唐始克樹碑噫逝者有知能無麥秀之歎乎弇州山人稾

碑舊在鳴犢鎮今在西安府學戊子余君房督學作亭覆之丙申亭圮壓碑中斷碑故剝二十餘字至是又亡其五十餘字石墨鐫華

皇甫明公之碑在信本中最爲妍潤此立于隋日乃公少年所書宜其文采之流麗而神情之閒適與其暮年老筆不必矜持者不同也墨林快事

皇甫君以仁壽四年九月卒而不書立碑年月按舊唐書于志寧傳貞觀三年累遷中書侍郎太宗命貴臣殿內宴怪不見志寧或奏曰勑召三品以上志寧非三品所以不來太宗特令預宴即加授散騎常侍行太子左庶子累封黎陽縣公則此碑貞觀初立也其不書年者不以隨臣而蒙唐號也　隋字作隨虞世南孔子廟堂碑歐陽詢九成宮醴泉銘王知敬李衛公碑高宗李英公碑天后順陵碑于敬之華陽觀王先生碑裴漼少林寺碑皆然當日金石之文二字通用自司馬溫公作通鑑以後始壹用隋字而水經注㵐水東南逕隋縣西隨字作隋則知此自古人省筆之字謂文帝始去辵而爲隋者未必然也　杜氏通典武德九年六月太宗居春宮總萬機下令曰依禮二名不偏諱今具官號人名及公私文籍有世及民兩字不連讀者並不須諱避此碑中有世子及民部尚書字金石文字記

按誕子無逸初事越王侗王世充篡斬關出追騎及

之乃解金帶投之地騎爭下取帶得免歸唐同州刺史益州長史所至輒閉關不通賓客所須則市之他境常按部宿民家燈炷盡主人將續進無逸輒抽佩刀斷衣帶爲之其孤介若此然過自矜慎每上奏必讀十數過猶懼未審使者上道猶追者再三來齋金石刻考略

碑書於唐高祖之世趙明誠金石錄注云貞觀中立顧炎武金石文字記亦列此碑於貞觀間按史誕子無逸拜民部尚書累轉益州大都督府長史皆在高祖之世此碑但稱民部尚書未稱益州長史則當是

高祖時書又史稱歐陽詢以貞觀初拜太子率更令宏文館學士封渤海男此碑但稱銀青光祿大夫不書率更令渤海男其爲高祖時書無疑但考舊史于志寧以貞觀三年授散騎常侍行太子左庶子累封黎陽縣公與碑正合又似貞觀初書然唐人最重諱諸遂良聖教序書於高宗之世世字尚有闕筆民字尚以人代況當太宗之世豈有不諱之理而世字民字皆無闕定當是高祖時書其于志寧官代或亦出高祖所授而史誤書耳　誕字元憲碑可據而北史及隋書皆稱元慮當以碑爲正至其所歷官爵碑與史繁簡不同當由史法例不悉載金石錄以爲史家之謬非是虛舟題跋

此碑在咸寧之鳴犢鎮墓前不知何時移入文廟內與廟堂碑對峙其碑陰有復唯識記唯識者禪院名也記稱在藍田縣蓋宋時重修此院鐫記於皇甫碑陰後人重歐書移於文廟趙子函未嘗親至碑下故既載皇甫碑在西安府學又載唯識院記在藍田耳鳴犢去藍田不數里而近雍州金石記

碑文多與史不合隋書本傳誕字元慮安定烏氏人碑則云字元憲安定朝那人本傳高祖受禪爲兵部侍郎出爲魯州刺史碑則云授廣州長史益州總管府司法無兵部及魯州兩節本傳叙遷治書侍御史後爲河南道大使還判大理少卿明年遷尚書右丞以母憂去職起轉尚書左丞碑則云遷治書侍御史授大理少卿尚書右丞丁母憂起復詔持節爲河北河南道安撫大使入爲尚書左丞此並當以碑爲正碑于民部尚書滑國公無追建關中金石記

右皇甫誕碑信本題銜稱銀青光祿大夫亦在碑末與醴泉銘同隋書稱誕安定烏氏人北史稱安定三水人而碑云安定朝那縣名互異碑稱父璠長樂恭

侯按周書及北史璠封長樂縣子不云進封侯石已中斷損四十餘字下方剝落一片又失九十餘字銘辭漫漶不可識者又五六十字潛研堂金石文跋尾

按此碑爲于志寧製歐陽詢書志寧題銜稱銀青光祿大夫行太子左庶子上柱國黎陽縣開國公新唐書于志寧傳貞觀三年爲中書侍郎太宗嘗宴近臣特詔志寧預宴因加散騎常侍太子左庶子黎陽縣公是時議立七廟云云禮樂志載立七廟事在貞觀九年高祖崩後則志寧之加太子左庶子在三年以後九年之前矣歐陽詢題銜但稱

銀青光祿大夫與他碑之題太子率更令者異詢本傳貞觀初歷太子率更令百官志率更寺令一人從四品上文散階從四品上曰太中大夫此云銀青光祿大夫是從三品階與于志寧同矣志寧時官左庶子正四品上階當正議大夫封開國縣公爵當從二品而用銀青光祿大夫似介乎二品三品之間也詢銜不署率更令又不署渤海男而但署階又與官爵不符所未詳也碑稱府君卒于仁壽四年碑爲世子民部尚書上柱國滑國公無逸所立新唐書無逸傳高祖以無逸本隋勳舊尊

遇之拜刑部尚書封滑國公歷陝東道行臺民部尚書遷御史大夫時蜀新定詔無逸持節巡撫後被譖毁得白復拜民部尚書是無逸兩爲民部尚書計其時亦當在高祖太宗之間也益州司馬裴鏡民卒于開皇十六年而碑立于貞觀十一年亦是其子所追立大書樹碑歲月于銘後此碑事同一例而獨無歲月頗疑當時或在碑陰或在碑側搨者失之耳雍州金石記稱此碑陰有復唯識記是宋時重修此院所鐫安知年月不爲所掩若疑此碑爲隋時所立是詢少年所書則斷然非也碑

稱皇甫誕爲安定朝那人隋書本傳爲安定烏氏人唐書皇甫無逸傳爲京兆萬年人攷太平寰宇記朝那本漢三水縣地屬安定郡隋大業元年分安定鶉孤二縣地置良原縣又曰朝那城後魏大統元年自原州百泉縣徙朝那縣於此又曰保定縣本漢安定縣隋以縣屬涇州地有烏亭史記云秦惠王取其地置烏氏縣屬安定郡莽曰烏亭有烏氏故城卽烏氏也此二縣皆屬涇州安定郡又曰萬年縣屬在馮翊隋開皇三年改萬年爲大興縣屬雍州唐武德元年改大興爲萬年屬京兆郡

要之朝那烏氏其地相近而與萬年迥隔當由誕初貫家于安定至無逸則遷于京兆也朝那烏氏在隋唐間已無此名而碑與史猶稱之者各從其舊也碑又云昔立効長邱樹績東郡太尉裂壤於槐里司徒胙土於彭門按朝那皇甫氏最顯于後漢之皇甫規然考後漢書規傳以較碑所云長邱東郡二語皆不合惟所稱太尉似卽指規之兄子嵩漢靈帝時以破黃巾功拜太尉亦見後漢書又北魏書安定皇甫光兄椿齡薛安都壻也隨安都於彭城內附歷位司徒諮議岐州刺史碑所稱司

後似卽指此碑又云曾祖重華使持節龍驤將軍梁州刺史祖和雍州贊治贈使持節散騎常侍車騎大將軍儀同三司膠涇二州刺史父口使持節口騎大將軍開府儀同三司隨州刺史長樂恭侯北周書皇甫璠傳璠安定三水人也後徙居京兆爲寰宇記三水故城漢書地理志三水縣屬安定郡隋唐間爲安定縣至德二年改保定與朝那烏氏同在一境其云後徙京兆者卽指無逸時也周書傳又云璠父和木州治中大統末追贈散騎常侍儀同三司涇州刺史隋書皇甫誕傳祖和魏膠

州刺史父璠周隋州刺史證之以碑然後知和贈膠涇二州刺史周書畢舉涇州隋書則單舉膠州矣周書璠傳璠孝閔帝踐祚封長樂縣子保定中進驃騎大將軍開府儀同三司建德三年授隨州刺史六年卒贈交渭二州刺史謚曰恭所載與碑合則碑闕父名乃是璠字騎上闕字乃是驃字惟傳稱子諒大象中位至吏部下大夫而不及誕則誕要卽諒之弟而其時未顯也以隋書誕傳與碑參攷傳云周畢王引爲倉曹參軍碑則云起家除周畢王府長史傳云高祖受禪爲兵部侍郎出爲

魯州刺史開皇中復入爲比部刑部二曹侍郎碑則云授廣州長史蜀王擇僚佐授公益州總管府司法尋除尚書比部侍郎轉刑部侍郎傳云遷治書侍御史爲河南道大使還判大理少卿遷尚書右丞母憂去職未期起視事轉尚書左丞碑則云遷治書侍御史隨文帝授大理少卿尚書右丞丁母憂奪情持節爲河北河南道安撫大使反命授尚書左丞傳云漢王諒爲并州總管誕拜并州總管司馬碑則云授并州總管府司馬加儀同三司傳云煬帝卽位徵諒入朝諒謀作亂誕流涕諫諒

怒囚之抗節遇害詔贈柱國封宏義公謚曰明碑則云屬文帝劒璽空留楊諒作亂仁壽四年九月遠從運徃春秋五十有一贈柱國左光祿大夫封宏義郡公食邑五千戶謚曰明公彼此參校詳畧先後同異如此碑云尋詔奪情復其舊任奪情二字始見于此碑書素秋肅𢽾𢽾卽煞字廣韻云俗殺字白虎通云金味所以辛何西方煞傷成物辛所以煞傷之也是煞本與殺同義疉起蕭牆疉卽疊字遽夭追風之足夭當作殀橫劒㭨枒杅當作柾彈遶糺慝糺當作糾卽糾字馬犓初封廣韻云

俗作田獵字非此似借爲獵字又借爲鬣字皆别
體也于志寧撰文而署曰製則與李百藥製虞公
公碑同

金石萃編卷四十四終

金石萃編卷四十五

賜進士出身　誥授光祿大夫刑部右侍郎加七級王昶譔

唐五

張琮碑

碑高七尺二寸三分廣三尺六寸三分三十行行六十字正書額題唐故□□光祿大□張府君碑十二字篆書在咸陽縣雙照村

唐□□□光□□□□□□剌史上柱□□□□□□
光祿大夫□□□□□庶子黎陽公于□□撰
夫□□□忝龍興□□□天立極夷難開□□□□多
士以經綸爲群雄以戢翦然則輕車飛將靡剌舉之方
擁節褰帷無折衝之略其能入陪乘石戎章肅於鈎陳
出撫名藩文德被於江不揔英謀以挺秀敷善政以遐
征見之使君南安公矣君諱琮字文瑰武威姑臧人也
夫運籌帷幄名□三傑之先立効井陘功居八王之首
屬金行不競寓縣分崩凉王建定亂之勲成割地之業
洪源將導江而俱遠層搆與干雲而共高龜組相暉青
紫交映備在簡諜可略言焉曾祖誼魏驃騎將軍凉州
剌史黄門侍郎散騎常侍武威郡公剖符作牧恩重璽
書執戟從官榮隆夕拜祖嵩周驃騎將軍鄜城郡太守
死王事贈上柱國瀛州揔管河北莊公分竹宰民化光

露冕臨難殞命節重結纓父辯隨上柱國使持節秦州
諸軍事秦州揔管潭州揔管左武衛大將軍河北郡開
國公建旗江表恩結湘流横劒禁中聲高文陛惟公揔
煙霞之秀氣秉川岳之淑精器寓深沉風調奕逸文□
叶上將之略大樹表將軍之威幼挺縱横綴嶓爲戲少
懷慷慨聚米成圖超武安以振威邁淮陰以賈勇加以
琢磨道德黼藻仁義砥名勵行聞諸鄉黨資孝爲忠形
乎家國少習文史尤工騎射沉沙滅竈既練之於兵書
持短入長亦精之於劒術公釋褐隨舊武尉于時東夷
未賓阻遼水以爲固斯擾黄龍之戍亟侵盤菟之城隨

煬帝親馭貔貅以誅梟鏡公壯踰投石捷類搴旗命賞
疇庸以居其最特蒙摽異授朝散大夫尋除新鄭縣令
公濟以寬猛施以韋絃遂使界父興謡雚蒲息盜善政
既著俄遷穎川郡丞此乃魏室之舊都胡公之故國元
冠成列朱輪接軫公綏之以淳化肅之以嚴威千里揚
風百城仰德時屬隨人委馭海縣沸騰或裂壤而鴟張
或分星而□視丹野塗地凛枿溺驂徒懷王允之心空
軫賈生之哭既而晉野降白雲之瑞秦川開赤玉之圖
授律於是還虞張陳所以歸漢　高祖太武皇帝御
紫極而統天坐凝扆而則地文爲治本資德教以化民

武以除殘藉干戈以靜難擇賢分職量器授官除公驃
騎將軍仍加上開府昔霍氏勳高沙塞任重中權黄君
望亞鼎司寵光□府以今方古彼何足云尋改授左衛
中郎將劉武周稱兵馬邑結援龍城挻禍汾陰連横河
曲　今上龔行天□公陪從戎麾蒙授左三揔管公
智包三略勇冠六軍運奇謀以抗千里舞勁劒而摧八
陣皃徒既殄反旆還京除左衛長史其中郎將如故王
世充早事隨□□以戎旃曾無勤王之心翻肆問鼎之
志犇阜未足方其罪浞豷豈得比其辜遂使宗社淪胥
懷生板蕩寶建德同惡相濟共爲掎角王師運九變之

謀揔□□之士風馳電掃拉朽摧枯公預官度之勳恭
崤陵之捷按功追賞超絶等倫劉黒闥建德餘孽尚蓄
狼心擁兵趙魏構難漳滏勢其豕突未革鴞音　□
□纂此一戎遂淸九宇於是稽天息浸飛岳□塵欽至
德勳蒙授上柱國封南安縣開國侯食邑七百戸又撿
校飛旗軍副又撿校左領左右中郎將備關□□衛率
近臣侍奉委之以正人爪牙寄之以心膂貞觀元年授
太子左衛率又撿校右武衛將軍左領軍將軍四年蒙
授雲麾將軍行左衛率如故於是警□□坊恪勤晨夕
摽羽儀於甲觀擅風流於望苑十年授銀青光祿大夫

行睦州刺史方當斑六條於勁越哥兩岐於全吳望俗
變文身風移鑿齒紹還珠於□□追降鳳於潁川豈謂
日□難翻閱川不息忽感何祗之夢遂同聲伯之悲貞
觀十一年十二月之任在道寢疾薨於宋州館舍春秋
五十有五痛結寮執□□行人考行受名謚曰懿公禮
也即以十三年二月十一日還厝於始平之原惟公德
方琬琰照荆岫而騰輝材挺楩梁茂鄧林而聳幹破楚
入郢之略平□□齊之謀殫壓六奇籠蓋十策陳力草
昧之始立效雲雷之初功著升陑勳高戰牧執戟武帳
八舍禀其軍容受律戎軒四挍佇其神筭加以地居右

戚望□□卿帝鄉近親莫之比盛祖母李　景皇帝
之女贈信都郡大長公主母竇隨文帝之甥夫人長孫
　文德皇后之姊尚主嬪王光華帝戚魚軒鶴□
□映濯龍未嘗富貴嬌人恒以盛滿爲戒方應驂八駿
之駕高宴瑤池陪七佐之遊問道襄野豈謂九轉之方
莫効十枝之景難留奄切頹山忽悲幽壤子□□子振
等恐炎涼迭代星紀循環海變三山谷遷九地所以鎸
□勒石播美騰芳譬東都之前永識滕公之墓潼亭之
側長標太尉之墳乃爲銘曰
□□茂緒眇眇長瀾七葉輔漢五世相韓積祭經啓業

頁艱難代揔衡雲世襲衣冠山瀆降靈煙霞誕祉比德
珪璧齊芳蘭芷衛升浮光照車蘊美縱横韜略□□圖
史運屬交喪時逢乇刹爭竊寶符競窺帝籙禮廢禋祀
□毀龜玉兇甚拔山暴踰比角天地初闢光華方旦破
袁奇策滅項神筭受脤除殘執柯靜難□□三傑績隣
十亂霧徹雲銷功成治定屢典交戟頻膺龍命裂壤恩
隆分麾禮盛儲坊述職江皐從政歲月易度生涯若浮
夕峰隱景夜壑遷舟鵰龍轉旆□□迴轅式鐫翠石永
樹芳猷
書甚剝蝕其文爲于志寧所撰以前有黎陽公于四

字尚隱約可辨也額篆書文正書不知爲誰某矣中
惟棨下改木從弓騎旁易馬爲女頗覺新異張琮字
文琮武威姑臧人除睦州刺史未到官而卒唐史有
傳抱經堂文集
右睦州刺史張琮碑碑出於近時趙子函顧寧人二
家於秦中石刻搜剔最夥亦未見斯碑也琮家世貴
顯姻連天家且有從征之功而姓名不載於新舊史
非神道復出于千有餘年之後琮且泯沒以終古矣
韓退之誌張季友墓云其上世有爲者當宇文時爲
車騎大將軍鄜城太守卒葬河北謚曰忠公與碑所

稱官諡小異此碑時代尚近宜得其眞隋書地理志上郡後魏置東秦州後改爲北華州西魏改爲敷州大業二年改爲鄜城郡今觀此碑則周時已有鄜城郡之名矣文云騁其豕突以騁爲騁以突爲突也云建德餘孽以孽爲孽也云哥兩岐于全吳以哥爲歌也云茂鄧林而幾幹以幹爲幹也云未嘗嘗貴嬌人以嬌爲驕也云高宴瑶池以宴爲宴也潛研堂金石文跋尾

張琮碑予向未有拓本癸丑歲館東昌及門天津吳生仲蘭以所蓄善本請予書跋案琮新舊唐書俱不爲立傳其歷官始末見于碑者有曰左三總管其職不見史志舊唐書尉遲敬德傳爲左一馬軍總管程知節傳領左一馬軍總管今此職豈與是相類與唐書兵志高祖初起開大將軍府以建成爲左領大都督領左三軍燉煌公爲右領大都督領右三軍左三總管始隸于大都督爲其屬貳與碑稱王世充不避世字太宗本紀已已令曰依禮二名不偏諱近代已來兩字兼避廢闕已多率意而行有違經典其官號名人公私文籍有世民兩字不連續者並不須諱然則初令之行當時遵奉見于碑者信可徵矣授堂金石跋

按此碑首題僅存唐字光字刺史上柱字餘皆缺

泐文亦但稱君諱琮字文瑾武威姑臧人也不著姓某雍州金石記所見拓本有張府君碑字知其爲張琮也琮及其曾祖諠祖嵩父辯魏尉隋書北史及兩唐書俱無傳不能詳攷祖母李景皇帝之女景皇帝者高祖之祖諱虎于太宗爲曾祖則其女爲太宗之祖姑也而追贈信都郡大長公主史亦不書琮以貞觀十一年薨年五十五則其生在隋開皇三年推其曾祖仕魏當在西魏朝以其官涼州刺史也祖仕周爲鄜城郡太守周紀戰伐只書東伐齊及宣政元年突厥入寇幽州事此外別無用兵之時文稱祖嵩死王事不知其死于何年之王事也父辯仕隨官潭州總管隋書地理志長沙郡舊置湘州平陳置潭州總管府大業初府廢隋文帝平陳在開皇九年則辯之仕隨在開皇九年以後大業以前也文稱公釋褐隨舊武尉于時東夷未賓阻遼爲固煬帝親馭貔貅以誅梟鏡煬帝紀載問罪遼左事在大業七年冬及八年春則琮時已三十歲矣文又有劉武周稱兵馬邑云云唐書高祖本紀平劉武周乃武德三年事平王世充等乃武德四年事唐書兵志武德初始置軍府

以驃騎車騎兩將軍府領之百官志親衛之府一曰親府勳衛之府二一曰勳一府二曰勳二府翊衛之府二一曰翊一府二曰翊二府凡五府每府中郎將一人正四品下此云左衛中郎將未知其爲勳府爲翊府抑勳府之一府二府翊府之一府二府也又左右驍衛上將軍左右武衛上將軍左右威衛上將軍左右領軍衛上將軍俱有左右翊中郎將府官同驍騎不知即此左衛中郎將否也又左右衛有驍衛武衛威衛領軍衛之别各有長史一人此云除左衛長史不知其何衛也上柱國

勳視正二品開國縣侯爵從三品食邑當千戸開國縣伯則食邑七百戸此以縣侯而食邑同於縣伯何也雲麾將軍爲武階從三品銀青光祿大夫爲文階從三品盖出爲刺史故改授文階而品則仍從三品睦州爲上州上州刺史本從三品然則上柱國之勳加子階一等也琮以貞觀十一年十二月薨于朱州館舍至十三年二月始遷厝始平之原是留於朱州者一年餘矣始平縣名屬京兆郡後更名興平與咸陽爲隣然則今碑所在之咸陽雙照村在唐時屬始平縣也文於諱字上稱君以下並稱公一文而君公互稱亦一例也碑書祖曷官鄖城郡太守謚莊公莊嘗即莊字之省似非莊字臯鏡即臯獍通用字徒懷作徒懷别體字

姜行本碑

碑連額高七尺二寸廣三尺二寸十八行行四十七字文及額俱正書在哈密

大唐左屯衛將軍姜行本勒石□□文

昔凶奴不滅竇將軍勒燕山之功虜越未清馬伏波樹銅柱之迹然則振英風於絶域申壯節於異方莫不騰茂實於千秋播芳猷於万古者矣　大唐德合二儀道高五帝握金鏡以朝万國調玉燭以馭兆民濟濟衣

冠煌煌禮樂車書順軌扶桑之表俱同□化所沾濛氾之鄉咸暨苑天山而池□海内北戸以靜幽都莫不解辮髮於藁街改左衽於夷□高昌國者乃是兩漢屯田之壁遺兵之所居麴文泰即其苗裔也往因晉室多難群雄競馳中原乏主邊隅遂隔閉届□□□□□玉塞□至今辟□□□自　皇威遠被聲教來庭雖沐仁風情懷首鼠杜遠方之職貢阻重譯之往來肆□狠之心起蜂蠆之□□□叛庶賊殺無已　聖上愍彼蒼生申茲弔伐乃　詔使持節光祿大夫吏部尚書上柱國陳國公侯君集交河道行軍大總管副總管左屯衛大

將軍上柱國永安郡開國公薛萬均副揔管左屯衛將
軍上柱國通川縣開國男姜行本等褰整三軍龔行天
罸□妖氛未殄將軍運七縱之威百雉作固英奇出九
攻之略以通川公深謀閉出妙思縱横命□前軍營造
攻具乃統沙州刺史上柱國望都縣開國侯劉德敏右
監門中郎將上柱國淮安縣開國公衡智錫左屯衛中
郎將上柱國富陽縣開國伯屈昉左武候郎將李海岸
前開州刺史時德衡右監門府長史王進威等並率驍雄
鼓行而進以貞觀十四年五月十日師次伊吾時羅漫
山北登黑紺所未盈旬月尅成奇功伐木則山林殫盡

叱咤則川谷蕩薄衝梯蹔□百□冰□機檜一發千石
雲飛墨翟之拒無施公輸之妙詎比大揔管運籌帷幄
繼以中軍鐵騎亘原野金鼓動天地高旗弊日長戟蔽
雲自秦漢出師未有如斯之盛也班定遠之通西域故
迹罕存鄭都護之滅車師空聞前史雖當世著攸獨何
人乃勒石紀功傳諸不朽其詞曰
於赫大唐受天明命化濟得□功無與乾荒服猶阻兵
居不定乃拜將軍殄茲梟鏡其一六奇□思群雄逞力陣
開龍□營□□□□麗星光旗明日色揚旌塞表振威
西極其二峨峨峻嶺眇眇平原塞雲與結胡風晝□□□

□□高樹□□銘功讚德□□□□
貞觀十四年歲次庚子□六月丁卯朔廿五日辛卯
立
瓜州司法參軍河內司馬□□□□□
碑左側
側寬四寸二行
交河道行軍揔管左驍衛將軍□□□□□□□□
□□吳仁領右軍□□□
交河道行軍揔管左武衛將軍上柱國□□縣開國
公牛進達領兵十五万

高昌之役爲行軍副總管出伊州距柳谷百里依山
造攻械增損舊法械益精其處有漢班超紀功碑行
本磨去古刻更刊頌陳國威蓋遂與侯君集進平高
昌唐書姜行本傳
碑嶺上有唐碑文多駮落尚存侯君集領十四萬軍
等字一統志
閼石圖者番語碑也嶺上有唐侯君集領兵四十萬
西征之碑而字已剝落不成文矣奉使西域記
此郎太宗詔伐高昌麴文泰事也唐書高昌傳稱侯
君集爲交河道大總管薛萬均薩孤吳仁副之契苾

何力爲葱山道副大總管牛進達爲行軍總管率突厥契苾騎數萬討之據此云□孤吳仁領右軍十五萬牛進達領兵十五萬與史言相合中敘君集封陳國公行本封通川縣男史俱不及文後有瓜州司法叅軍河內司馬太眞詞其行當爲撰文人姓名關中金石記

右姜行本紀功碑文多剝落攷唐書姜行本傳高昌之役磨去古刻更刊頌陳國威靈即此碑也行本嘗封通川縣男新舊史皆失載碑今在哈密城北天山之麓土人名闕石圖漢言碑嶺也侯君集傳稱高昌

平君集刻石紀功乃别是一碑今已無存舊一統志誤以此即君集所刻乃云高昌即土魯番地東去哈密尚一千五百里此嶺在天山上當是君集旣平高昌凱旋而東過此山因而勒石倣竇憲勒銘燕然之意震燿武功非勒石於高昌國都今按碑額題大唐左屯衛將軍姜行本勒石紀文則非君集所刻明甚君集克高昌在八月癸酉而碑立於六月辛卯蓋在進兵之時亦非凱旋後所刻也唐書西域傳拜侯君集爲交河道大總管左屯衛大將軍薛萬均薩孤吳仁副之碑無薩孤吳仁名疑西域傳誤潛研堂金石文跋尾

按碑番言科舍圖故又名科舍圖嶺今屬巴里坤一統志高昌即吐魯番地東去哈密尚一千二百里哈密唐時伊州伊吾縣自貞觀四年内附即置州縣此嶺在天山上當時君集旣平高昌凱旋而東過此山因而勒石唐書侯君集傳及西域傳所云刻石紀功即指此碑當時必以天山高峻倣竇憲勒銘燕然之意震燿武功非勒石於高昌國都者據此則今哈密北碑嶺之碑宜立於平高昌凱旋後也然考唐書太宗紀貞觀十三年十二月壬申侯君集爲交河道行軍大總管以伐高昌十四年八月癸酉克高昌九月

癸卯赦高昌部十二月丁酉侯君集俘高昌王以獻西域傳高昌捷書聞天子大悅君集勒石紀功凱而旋俘智盛君臣獻觀德殿行飲至禮侯君集傳高昌平君集勒石紀功還以此叅互求之是侯君集勒石紀功當在八月癸酉以後而今碑嶺之碑石刻六月辛卯可知其非一碑更以姜行本傳磨班碑更刊頌之文考之則此碑之建當在伊州造械之際進平高昌之前即按碑文所載僅侈軍容未陳凱績亦相符合然則侯君集平高昌紀功當别有刻石未可云即指此碑而當曰紀功之碑亦未必不立於高昌國都

碑在遠方摹拓者少近時錢少詹事嘗跋其文云碑多剝落以余推之僅十餘字墨濕暈不可識案文內所序事跡始末云高昌國者乃是兩漢屯田之壁遺民之所居麴文泰卽其酋豪也又云雖沐仁風情懷首鼠杜遠方之職貢阻重譯之往來唐書西域傳文泰與西突厥通凡西域朝貢道其國咸見壅掠伊吾嘗臣西突厥至是內屬文泰與葉護共擊之帝下詔讓其反覆今碑所指是也錢君指碑無蓮孤吳仁名疑西域傳誤案碑前二行於正文不屬題云交河道行軍總管左武衛將軍上柱國口城縣開口公

口孤吳仁名自顯存又有交河道行軍總管左武衛將軍上柱國口城縣開國男牛進達領兵十五萬與唐書載武衛將軍牛進達爲行軍總率突厥契苾數萬討之合則當時二人名固在也但諦認此二行字不似碑正文或行本自紀其功而二人班師後另書名於此爾行本傳高昌之役出伊州距柳谷百里其處有漢班超紀功碑行本磨去古刻更刊頌陳國威靈今碑式與裴岑紀功碑相類信爲漢製無疑行本粗莽可爲嘆息也授堂金石跋

按此碑乃姜行本伐高昌時道過天山所立也是將帥師者侯君集而碑文則專紀姜行本營造攻具之功也新唐書姜謩傳謩子確字行本以字顯貞觀中爲將作少監護作九成洛陽宮及諸苑籞以幹力稱葢其智巧精于營造者也其伐高昌造攻械事與碑合侯君集傳新舊史俱言先封潞國公後授陳州刺史改封陳國公關中金石志謂史不及者偶失檢也侯君集薛萬鈞史皆與碑合劉德敏以下俱無攷行本傳雖云行本磨去古刻更刊頌陳國威靈而碑文詳叙行本造械云機檜一發千石雲飛墨翟之拒無施公輸之巧詎比似是

從征者所頌非行本所自爲也嘉興許燦晦堂詩鈔有漢唐紀功碑詩云周郎從軍越絕塞好古所至窮蒐羅古碑出見豈偶爾鑿地竟得雙嵯峨詩作於康熙間是漢唐二碑出土同在一時漢碑未嘗磨去也原註云漢碑文云維漢永和二年八月燉煌太守雲中裴岑將郡兵三千人誅呼衍王等斬馘部衆克敵全師除西域之災蠲四郡之害邊境乂安振威到此立海祠以表萬世唐碑前題云大唐左屯衛將軍姜行本勒石紀文末題歲月云大唐貞觀十四年歲次庚子六月丁卯朔二十

五日辛卯云云又文中紀三總管銜名悉與此碑合又乾隆間錢塘施養浩出塞存稿有邊碑詩自註云巴里坤漢碑惟漢永和二年八月敦煌太守雲中裴岑將郡卒三千人誅呼衍王壽建祠以誌萬世云原本湮没今西門外廟側立石殿階陋劣可笑雍正九年大將軍查郎阿以南山達坂陡峻不能運車糧乃相度山形開鑿以通之山巔得唐碑係貞觀十四年伐高昌麴文泰左屯衛將軍姜行本勒石紀文碑字多殘闕據此則唐碑尚存而漢碑非其舊矣兩說不同如此要之行本併稱磨

者另一班碑非即永和二年裴岑碑所更刊頌之文亦另有一碑非即此碑也碑云高昌國者乃是兩漢屯田之壁遺兵之所居麴文泰即其苗裔也舊唐書傳高昌者漢車師前王之庭後漢戊己校尉之故地交河城前王庭田地城校尉城也然則侯君集爲交河道行軍大總管是所伐乃前王庭矣傳又稱其王麴伯雅即後魏時高昌王嘉之六世孫隋煬帝時以戚屬宇文氏女爲華容公主妻之武德二年伯雅死子文泰嗣貞觀時西戎諸國來朝貢者皆塗經高昌文泰後稍壅絶之卽碑所云枉遠方之職貢阻重譯之往來者是也此碑及漢裴岑碑自岳鍾琪查郎阿兩將軍出塞以後始知西域有此二碑而流傳尚少戶部侍郎裘公曰修出塞測量道里攜兩碑以歸嗣後往來者購求攜帶流傳稍廣矣碑書芳猷作芳猷苑天山苑卽苑字懋彼蒼生懋當作愍廣韻懋聰也與愍字義别此殆避太宗諱借懋爲愍也瘞卽瘞字機槍一發千石雲飛者左傳旝動而鼓音釋又作檜建大木置石其上發機以鎚敵者也高旗弊曰弊卽蔽字

伊闕佛龕碑

高一丈六寸廣六尺六寸五分三十二行行五十一字正書額題伊闕佛龕之碑篆書在洛陽伊闕

□夫藏室□閟之舊典蓬萊宛委之遺文其教始於六經其流□於百氏莫不美天地爲廣大嘉富貴爲崇高□物致用則上聖□□發育御氣乘雲則列仙體其變化茲乃盡域中之事業殫方外之天府踰繫表而稱篤論□帝先而謂紹神豈非徊淼漫於焰井者未從海若而泳天地也矜峻極於塊阜者未託山祇而覩地軸也烏識夫無邊慧日垂鴻暉於四衢無相法寶韞善價於三藏洎乎出□□之外寂焉超筌蹄之表三界方於禹

跡也猶大林之匹豪端四天視於佚服也若龍宫之方
蝸舍升彼岸而捨六度則周孔尚溺於口淪證常樂而
捐一乘則松喬莫追其軌徹由是見眞如之寂滅悟俗
諦之幻化八儒三墨之所稱其人塡口隴矣柱史園吏
之所述其口猶犍犍矣若夫七覺開口口正分塗離生
滅而降靈拼色空而現相雖妙也掩室以標其實唯神
也降魔以顯其權故登十号而御六口絶智於無形之
口口口口而寘五道應物於有爲之域是以慈悲所及
跻恒沙而同跬步業緣既啓積僧祇而比崇朝故能使
百億日月蕩無明於口口口口口口口隮法雲於下土然

則功成道樹非練金之初跡滅堅林豈斷籌之末功既
成侯與典而垂範跡既滅假靈儀而圖妙是口口口口
口口其化於迦維被飾丹青發其善於震旦繩繩乎方
便之力至矣巍巍乎饒益之義大矣　文德皇后
道高軒曜口口口口淑聖表於無壃柔明極於光大沙
麓蕃祉塗山發祥來嬪家邦嗣徽而贊王口聿修陰教
正位而叶帝圖求賢顯重輪之明逮下口厚載之德忠
謀著於房闥口敬申於　宗祀至誠所感淸暉魄於
上至柔所被蕩髮騰於下心繫憂勤行歸儉約貽教口
口本枝冠於三代闕政攸叙宫掖光於二南陋錦繪之

華身安大帛賤珠玉之寶志絶名瑞九族所以增暉萬
邦所以至道宏覽圖籍雅好藝文酌黃老之淸靜窮詩
書之溥博立德之茂合大兩儀立言之美齊明五緯加
以宿殖遠因早成妙果降神淵淡明四諦以契無生應
跡昭陽馳三乘以濟有結故縣圓表剎洎金猶須達之
園排空散花蹤現同多寶之塔競以高視四禪俯輕末
利深入八藏獨口勝鬘豈止聲降揚蕤軼有嬀之三女
藏祀騰實越高辛之四妃而已矣　左武候大將軍相州
都督雍州牧魏王體明德以居宗膺茂親而作屏發暉
才藝兼苞禮樂朝讀百篇總九流於學海日摛三賦備

萬物於詞林騁轡衛以驂鑣馭梁楚使扶轂長人稱善
口口千里之口通神曰孝橫口四海之濱結巨痛於風
枝纏深哀於霜露陽陵永翳悽鏡險而不追閟宫如在
望階除而增慕思欲弭口鶴瓩申跂屺之悲鼓櫂龍池
寄寒泉之思方願捨白亭而遐舉瑩明珠於兜率度黃
陵而撫運蔭寶樹於安養竭求報恩之津歷選集靈之
域以爲百王建國竭大必揆於中州千尊託生成道不
口於邊地惟此三川廷總六合王城設險曲阜營定鼎
之基伊闕帶闕　文命闢襄陵之口穹隆極天崢嶸無景
幽林招隱洞穴藏金雲生翠谷橫石室而成蓋霞舒丹

巘臨松門而建摽崇基拒於嵩山依希雪嶺□流汗於德水併佛連河斯固眞俗之名區人祇之絕境也王乃罄心而宏喜捨開藏而散龜貝楚般竭其思宋墨騁其奇跡絕窮於玉繩之表而靈龕星列雕□石於金波之外而尊容月舉或仍舊而增嚴或維新而極妙白豪流明掩蓮花之質紺髮揚暉分檀林之侶是故近瞻寶相儼若全身遠鑒神光湛如留影嗤鏤玉之爲劣鄙刻檀之未工杲杲焉踰日輪之麗長漢峨峨焉邈金山之映巨壑耆闍在目鞞竭可想寶花降祥薇□雲之色天樂振響獪□□之音是以覩法身之妙而八難自弭聞大

覺之風而六天可陟非正眞者其孰能與於此也善建佛事以報鞠□之慈廣修福□以□□提之業非純孝者其孰能與於此也昔簡狄生商配□廻於名相公旦胙魯亦□邇於國城猶且雅頌□其功同和於天地管弦詠其德□□□鬼神況乎慧燈普照甘露徧灑任奶尊名具之以妙覺開平茂實成之以種智是用勒紺碣於不朽譬彼法幢陳讚述於無窮□□□□俾夫衣銷劫□與金剛而比堅芥納須弥隨鐵□□齊固□□□□邇作頌曰

十号開緒二諦分源有爲非寶無相稱尊光宅沙界大居給園仁舟載溺智炬排昬緣發現㠯□終還淨色身楚掩靈照遠鏡布金降眞攻玉圖聖五道有截三乘無競　帝唐御紀文以定祥功濟赤縣德穆紫房十品散馥三慧騰光廣闢香地載紐元綱卓爾英王□□茂則丹青神甸鹽梅王國擲□□□橫海□德孝思不匱報恩罔忒聿修淨業于茲勝境梯危紫□□□翠嶺□石表相因山摹□□□雖遙求心寧永豪□□□□□□□□□祇樹樓似增□飛泉灑漢危石臨星巖垂日近松□□□宣勝業載圓邪山滅地傾闕下

唐起居郎褚遂良書三龕記字畫尤奇偉在河南龍

門山山夾伊水東西可愛壁間鑿石爲佛像後魏及唐時所造惟此三龕像最大乃魏王泰爲長孫皇后造也集古錄

龍門山鐫石爲佛像無慮萬計石窟最大者今名賓暘洞像尤高大洞外石崖高處有刻字拓之得二十餘行首尾不具不知年月姓名按集古錄有三龕記貞觀十五年魏王泰爲長孫皇后造岑文本撰銘褚遂良書今拓本有聿修陰德等語又有左武候大將軍相州都督雍州牧魏王及悽鏡奩而不追云云知即此記也金石文字記

集古錄有貞觀十五年三龕記云唐兼中書侍郎岑文本撰起居郎褚遂良書字畫尤奇偉三龕像最大乃魏王泰爲長孫皇后造也寶刻類編云貞觀十五年十一月磨崖刻今缺撰人年月據此書知洛陽縣志云賓陽洞舊有岑文本三龕石刻今失者誤也額篆書闕字作闕字謬甚碑稱文德皇后道高軒曜云云又稱左武候大將軍相州都督雍州牧魏王郎魏王泰乎以丙午秋日闕視兵伍因過伊闕山訪賓陽洞見泰所造三龕佛像大五六丈其伊闕夾水兩岸石龕佛像數百皆後魏及唐世所鑿也龕之旁側往

往有刻字惜不能徧窮其勝因憶水經注稱闕左壁有石銘云黃初四年六月二十四日辛巳大出水舉高四丈五尺右壁又有石銘云永康五年河南府君循大禹之軌部督郵辛曜新城令王琨部監作掾董猗李襃斬岸開石平通伊闕石文尚存也疑此刻磨崖不致失墜好古之士訪之當或能見焉故附識于此中州金石記

碑在賓暘洞之南磨崖刊此石近亦損裂惜無年月可案集古錄謂魏王泰爲長孫皇后造者在貞觀十五年攷十七年泰郎降王東萊今記書左武候大將

軍相州都督雍州牧魏王知此碑自十年長孫后既崩以後而泰猶未獲罪降徙時爲近之但必于十五年未審歐陽子何據也授堂金石跋

按舊唐書太宗諸子列傳濮王泰字惠褒太宗第四子初封宜都王進封衛王改封越王授揚州大都督貞觀五年兼領左武候大都督並不之官八年除雍州牧左武候大將軍九年轉鄜州大都督十年徙封魏王遙領相州都督十七年降封東萊郡王此碑稱左武候大將軍相州都督雍州牧魏王則立碑當在貞觀十年以後十七年以前矣新

唐書稱太宗十四子文德皇后生第四子泰太宗本紀貞觀十年六月己卯皇后長孫氏崩十一月庚寅葬文德皇后于昭陵此碑爲文德皇后造寺文有云結巨痛于風枝纏深哀于霜露陽陵永翳懷鏡奩而不追閟宮如在纂增除而增慕是立碑當距葬文德皇后不遠也碑云惟此三川寔總六合史記秦紀莊襄王元年初置三川郡注河洛伊也碑有中州伊闕字是指中州之三川也左傳守闕塞字蘭防大元大一統志引服虔注云南山伊闕是也碑書峻作畯轍作徹崇基拒于嵩山拒當

作鉅發揮作發暉皆借用字朏魄作朙魄朙即古
文朏字仿佛作俩佛俩即籀文仿字白豪作白豪
豪本从高得聲說文作豪籀文作豪後人省作豪
也

段志元碑

碑連額高一丈九寸廣三尺九寸三十二行行六十
五字正書額題大唐故右衛大將軍揚州都督段公
乙碑十六字篆書
在醴泉縣昭陵

唐故輔國大將軍右衛大將軍楊州都督襃忠壯公段
公碑銘
□□□□□□□□□□□□
蓋聞經邦致治必資輔相之士折衝禦侮寔賴將帥之
臣是以尚父鷹揚□□□於□□□□□□□□□於
□□□□□□□□□□□□□□□□□□□□□
□□聲稱頌騰芳史冊存與日月爭衡沒與金石不朽
至於拔萃著美褰旗馳譽織雲□□□□□驊騮□□
軌其唯忠壯公乎公諱□字志元□□郇□□人也若
夫□宗隱嶙崇基冠於衆丘長河浩汗洪源導於積石
是以庭堅作士□周□伯陽之教于木作師東海□經
明之績煥乎方策豈不□歟祖□□□□□□□川□
守德元□俗政洽唯良考假師散騎常侍益都縣開國

公贈洪州都督八州諸軍事謚信公勤邁□□功□□
□公□□極之秀氣□□□□□□□□□□孝□踐
□基於忠烈□表瓌奇器量宏遠峩峩焉猶曾峯之跱
嵩霍滔滔焉若清流之澄江漢故能齠年立志冠歲□
名質性方直□□於汲黯交結□□□□□□□□□
隨大業□薄伐遼左公占募從征年始十四夫兵戰凶
危也遼碣遐阻也童牙而從兵戰忘□而涉遼碣□□
□識基於是矣　高祖道踰湯武□□□　今上地
兼晉衞爰始登庸公附翼方鼎攀光旭旦委質邁奔走
之臣就列踰蜀漢□□□□□頭朝散大夫從　上破

西河□朝□□□□□被□老□於霍□遷銀青光祿
大夫昔舞陽策名從沛邑而力戰子衞效命臨昆陽而
先登□□茂勳方駕前烈□與□□劉元靜破□□□
屈突通累遷□光祿□□□□□□□濟縣侯食邑□
千戶又從　上討薛舉劉武周以功授樂遊府驃騎將
軍進封武安郡公食邑并前二千戶公剪冠三軍氣高
□戰□馬電發則□□必□□□□□則□□□□是
以紆金章於巖廊苞舉樊酈分桓珪於奧壤牢籠寇邳
君子以為宜哉又從　上□王世充□□□第一□□
□授□□□□尋□□□□□□□　上初踐

少陽無忘惟舊除左虞候率及膺寶命言念嘉庸拜左
驍衛將軍若乃盡□□□□□□□□□□□□□□
□召於往□□□□□□□□□□令執能　恩
隆善賞禮優夜拜者哉俄賜別食封四百戶遷左驍衛
大將軍又爲梁州□□□雍岐□州□□□□進封□
□公食邑□千戶□□食封□□戶通前□百戶又以
□官撿挍原州都督又統承風道行軍討吐谷渾丁父
憂未幾起復本任　文德皇后山陵撿挍□□□□□
□□□□□□□□□□□□□□□□於□府加等
進秩□寵歲重於周行而司勳授冊天下所以勸善良

史執蔺後昆所以欽風　□□覽前書□惟近代□□
□□貽□□□□□□□□□□□□□□□□□□
□特□金□諸軍事金州刺史子孫承襲改封褒國公
食邑如故與司徒趙國公等同受冊命從□□□陵□
撿挍武□大將軍尋遷□衛大將軍□□□□□□□
□□□□□□□齊聲丙與鈎陳與辛趙而方軌非
聖帝不能疇茂績非奇才不能取高位於是見君臣之
合契唱和之如□焉又丁母憂□□□本□□□□
□□□□禮□著□匆□鋗懷緣義而疚心泣血苫廬
略几筵而將絕銜恤成疾致毀遺漸中使結轍於□□

□□□奇於藥劑　□□□心膂　慈深鞠育親□鑒
□□□□同既班□貴又詣所言公銘藏　恩私對揚
忠到城郢之志豈惟楚臣愼赦之言寧懋□相師而子
輿曰□　平　仲不□類彼劉□□□宗□□□□□□□
□□□□□□以貞觀十六年□月十八日薨於京師
之醴泉里第春秋卅五　上情深悼傷舉哀於別次雖
□□之□□孫□君之悉仁祖方之筏□□□　□
□□□之□□□於念功勸善之□寔深於追往故餙
軍大將軍右衛大將軍褒國公段志元器宇敦確風略
沉毅□質運始□□□□效勇□於麾□□勣□□□

□□□□□□□□方□□歷永寄心膂與善良默
奄焉殞喪震悼之情倍深傷惜哀榮之典宜加恒數可
贈輔國大將軍使持節都督楊和□潤常□□七州諸
軍事□□□□□官□□□□於昭陵□□□□塋地
幷東園祕器葬事所須並宜官給賻布絹五百段米粟
一千石四品一人監護其儀仗送至墓所仍送□事
上又追懷功烈乃　詔司存圖形於戢武閣太常考行
謚曰忠壯公禮也惟公氣岸崇峻□宇□深□樹幟旗
□懷□□□□□□□□□□□□□□猛志□□托
貔貅而雄懼高節邁俗觸雷霆而不驚遂乎河出馬圖

腰佩□紐爵兼千乘裂□□之膏腴位□□□漢庭
之榮寵□□□　□□□□□□之道克□於家國
仁義之風不忝於出內懷公孫之不伐慕孝甫之循情
行式劉□晌其扛鼎之力言□木訥韜其淵泉之慮加
以敦睦宗族□□□□□□□□□□□鄉黨□
□□恕已以及物仁心天發輕財以濟窮豈非朝廷之
爪牙人□之領袖者已故吏□名等慨徽音之遂往懷
遺愛而□□□請書□□□□□□□之□□□
碑於□□□□□猶勒銘於江表況乎誠著草昧功
忝征伐顧灌□而俯視□毖賈帀長驅豈可使改名之

□有□□□□□□之□□□□□□□□□□爲□
頌曰
方叔詠周條侯稱漢東都御錄邵伯竊亂西晉握圖□
洽作翰美矣人傑於焉□□奇節自然瓌姿□發□
□□□□□□□□方□日月氣蕭胥漢□高雲
闕王業肇建□道既融策名若水披荊漢中腰犍請難
提戟臨戎斬艮□勇括羽定功鑄□□蟣刑馬□□
□□□入□□□□□□□□□□□□之榮超張
□許志大心小位隆德盛奉國忘身惴惴畢命事親竭
力蒸蒸表行位事以勤臨下以敬銜恤在疚奪情□蟣

瘡□愈遲毀□□□□□□□□盡□藏舟難□奔
義易異　冕旒興哀縉紳掩淚恩踰九列禮亞三事何
以贈之戎章□備何以送之鉦車按轡勒銘貞石義兼
膚器

右唐段志元碑以唐史考之多不合碑云公諱某字
志元而其名已殘缺然史初不載其名也碑云鄒平
人而史云臨淄人碑云謚忠壯而史云謚忠肅舊史
亦作忠壯與碑合又碑云圖形戢武閣按唐史及諸
書功臣圖形皆云凌烟閣初余得河間王元碑云圖
形戢武意謂凌烟先名戢武後改之爾今得斯碑亦

同由是益知前言之不謬二碑皆當時所立不應差
誤也金石錄
公封褒國公時亦授金州刺史見舊唐書而新唐書
亦削之何也且史云志元父偃師至鄖州刺史碑云
散騎常侍益都縣開國公贈洪州都督八州諸軍事
謚信公碑云志元從破薛舉劉武周云云而史不書
碑云謚忠壯舊史同而新史曰壯肅其剌謬不合如
此惜碑全者僅半尚未得詳考耳至如碑書撰俱無
名氏書法雖方整不無少遜崔安上李藥師碑然于
正書中時作一二筆分隸是六代遺習石墨鐫華

段公碑銘碑下半已磨泐可讀者千字而已雍州金石記

右碑篆額正書書撰人姓名皆不見據寶刻叢編所云則本無姓名也碑之下段今已殘缺余但得其十段關中金石記云唐書本傳云臨淄人此作鄒平傳云謚忠肅此作忠壯今余碑不見有鄒平入三字當是下段中亦有數字可辨者搨工以其糢糊太甚而竟棄之耳抱經堂文集

碑殘剝拓本今惟存其半尚約略粗可推認如碑所載志元歷官與史詳略異然史既云父偃師仕隋爲太原司法書佐從義師官至鄧州刺史今碑則云散

騎常侍益都縣開國公贈洪州都督八州諸軍事又與本傳不同然以宰相世系表考之又云偃師太子家令皆參差不合如此表或據其家牒採入亦無足疑者惟碑云志元左驍衛大將軍本傳與碑合而表作右驍衛則傳爲是表爲誤碑云謚忠壯舊唐書同今表亦作忠壯與碑合而本傳乃云謚壯肅則表爲是傳爲誤此又可參稽以證者也新唐書太宗本紀貞觀十七年戊申圖功臣於凌烟閣志元圖形附見秦叔寶傳後檢此碑文又云詔司存圖形戢武閣碑立在貞觀十六年當時尚未圖形凌烟早已圖于此閣而戢武之名本傳亦不書恭闕録也金石錄唐河間元王碑云唐初功臣皆云圖形凌烟閣而此碑乃作戢武閣戢武之名不見于他書惟當時石刻數數有之豈凌烟先名戢武而後改之耶與此碑同授堂金石跋

按此碑文約二千字殘缺其半凡遇叙事紀要處皆遭磨泐今據其所存字攷之碑云公諱口字志元缺其諱一字其薨後追䘏之詔又直稱段志元似係初別有名後以字行故新舊唐書傳但云段志元不云別有諱也碑云某郡某縣人缺其地名

關中金石記尚見有鄒平字與金石錄合兩唐書俱作齊州臨淄人舊唐書地理志武德元年置鄒州領臨濟蒲臺高苑長山鄒平五縣八年廢鄒州鄒平屬譚州譚州廢屬淄州臨淄縣屬青州頗疑傳稱齊州臨淄是臨濟之譌蓋武德初臨濟與鄒平同屬鄒州兩邑地近里貫可以互稱若臨淄屬青州道里既懸殊而又不云有遷籍之事然碑又稱偃師封益都縣公當時封國多從其鄉益都與臨淄同屬青州似臨淄不誤則亦當云青州臨淄不得謂之齊州臨淄矣宰相世系表則云段氏世

居武威至後魏晉與太守紛五世孫偃師徙河南
以齊州青州皆屬河南道也碑缺其祖諱但有川
字守字德元□俗政洽唯㫖字則是嘗守□川而
表與傳俱不載偃師之父名無從攷矣碑云隨大
業薄伐遼左公占募從征年始十四志元甍于貞
觀十六年年四十五推其生在隋文帝開皇十八
年煬帝伐遼之舉在大業七年時志元止十四歲
也傳則畧而不書徑叙其以千人從高祖而已碑
稱討薛舉劉武周授樂遊府驃騎將軍進封武安
郡公傳但書官不書爵遷左驍衛大將軍下有又

爲梁州鄧岐州等字其進封字泐傳但云封樊國
公而已且檢校原州都督統承風道行軍討吐谷
渾父憂起復後又丁毋憂成疾傳皆不書餘則碑
傳互有詳畧末云故吏□名等慨徽音之遂往懷
遺愛而□□請書云云則是碑爲故吏所立請書
之下必有撰人姓名惜皆泐也銘內奔義易昃義
卽職字

金石萃編卷四十五終

金石萃編卷四十六

賜進士出身　誥授光祿大夫刑部右侍郎加七級王昶譔

唐六

陸讓碑

碑連額高七尺六寸廣三尺九寸共三十四行行五十一字額題隨文州總管光祿卿陸使君碑十二字並正書

□□□□□□□□□□□□□□□□□州總管光
祿卿□□□□□君之碑
□□□洗馬□陵□□撰
太原郭儼書

□□□□□□□□□□□□□□□□□□□而□
德□□□□□周郃□啓封功蕊天地煥乎由素洎濟
宣分邑是曰陸侯避地□□□□□□□□□□□□
□□□□□□□□□□□□□□□□□□□□□
□□□□□□□□□□□□□□□□□江□□□
□□□□□□□□□□□□□□□□職□□之利
在□二陸□世以爲美談傳之□□六世祖裁□功典
午人倫領袖宋□□□□□□□□□□□□□□史
□□□□旣沒赫連□郎事魏累加冊命位□三台一
心百君股肱攸□□居京地名貫涇陽□□□□年□

□□□□□魏冠軍□□□州刺史行□□物□□□
邊求□□寄得人斯在祖政尉驃騎大將軍儀同三司
恒涇二州刺史□都□公幼遭不造居貧致□孝泉之
感達□幽明雖累□□□不忘其本俯拾青紫家風
無墜□鍾儀楚奏莊舃越吟事□其人未□□載以今
况古□有懸爲父□□八□□□光□大夫侍中大司
馬□司寇大司徒秦襄陝三州總管綏德定公器字宏
亮神□俊傑□□所寄總握兵□使□郎定公之第五
子也幼挺岐嶷之姿早標令問之譽機神穎敏識□宏
深以保定五年釋褐左□□□從□例也爰始弱冠時

人以宿望□之□□□□□□□□□□□□□□□
□□□□斯□□□□□□□御□少納言□侍□幄
□□之道□□升□□□□□之□斯□僉議惟允嘉
聲載穆□□□□信□股肱□年以從周武皇帝平晉
陽之功又遷使持節儀同大將軍安澤縣開國侯邑□
百戶□□□驷□□百匹執干戈以定□□警□
而齊鉤陳位列三槐爵隆茅土祿兼萬石名冠八龍將
□□□榮名□襲宣政元年詔□□陽□□進封安澤
縣開國公增邑二百戶名高五等位□十邑宏才懋實
榮□一時□□□□□會□事□□□□□□□□□

□□□□□□□□□□□□□□□□□□□□□
□□□□□□□□□鼎□方□寄於鹽梅□言□無
爽□□□□□□□□□有□□□□□□代伊始□
□萬類任切共□綏邊之寄非公莫可乃下詔曰開府
儀同三司□納□陛讓器□□□□□□□□□□久
□□攸歸宜加榮命用申優擢□廣州諸軍事廣州刺
史散官如故□尋又□文州諸軍□文州總管□□導
德□肅刑□□以□□□以□□十三年又以顯州之
地風俗未淳□洞阻深雄豪爲梗乃以公爲顯州諸軍
事顯州刺史公下車布政□服其□字彼□□抑茲□

禦導之以德齊之以刑易俗移風□成朞月聲馳□越
化□藹□大業五年詔□光祿□□□惟公器量宏
□□□□□□□□□□□□□入侍帷扆既曰腹心
出宰名藩寔宣王化故能爲政以成德立德以濟□厥
志不迴其儀匪忒汪□□□不能□其志肅肅焉風
霜不能改其節喜愠不形於色在貴不以淩人容止可
觀行爲□則所謂珠生合浦玉產藍田□□琳□□
餘慶□□不幸□疾春秋六十有二以大業六年正月
□日薨於河南郡雒陽縣之私第即以其年二月□□
□□□長□縣之高□原夫人隴□李氏□□魏公□

之□大將軍趙郡公晏之女也□眉□禮相待如賓闡
門雍穆□□敬□□□于寮□□□兄弟以御于家
邦□公之謂□隨之云□□□□因□道□□□□
眉以　大唐貞觀□□年歲次癸卯十□月□未□□
六日壬寅□葬於雍州三□縣□□原禮也第□子□
□□□縣令□叔幼□恭黎毀瘠過禮□庭之□□世
無□□□之心終天□□□□□□宅兆斯安式紀□
□乃□銘曰
舜□于嚳嬀育□□本枝派□□□其□□□□□□
□名□□□允□□□□□□躍□□□□□□□□

□□□□其人□沈□亂□事莫□徒聞□□□為魏
臣□□安□稟德高門爵隆位顯名揚□尊□□□□
□□□□□□□□□□□□□德□□降靈川岳智
□□商□□□學繼此□□挺□□覺□璧□□□□
□□為□□□□□□□宏獻□乃蕭鉤陳□□□□
陛使緣紫宸偉□令德猶歟□人三□□□九□□□
□壽□□□功□□氣烈□□□□冬日懋德懋□且
文且質□□周德有隨革命知人□拓□□□□□□
□□□□□□□□□□□□□□□□□□□□□
□□□□□□□□□雍穆□□□□□□□□□□

□□蒙風馳景迴□逝川□□□此□□言□□□□
□□□□□□□□□□□炎凉□□□□□子□□
□□□芒有隆□□□□□□□□□□□隱芳□□
遠□徽□□

按陸使君先世歷仕晉宋魏周諸朝使君官至使持節儀同大將軍安澤縣開國侯宣政元年進封公官爵不爲不顯而各史皆無傳碑中亦無事業足稱可見文章勲伐皆吾人所當自立否則雖躋顯位猶朝榮而夕替矣又按使君以保定五年釋褐歷仕周隋入唐又膺顯爵宗祉淪桑罔知臣節

此歐陽公馮道等六人傳所太息痛恨者乃及其既沒而爲碑志者猶復恬不爲怪轉以歷朝所授官階侈陳鋪叙以爲榮幸則是輕大節而忘廉恥文卽工又何取焉隋唐之交碑志類此者甚多封書於此後來珥筆文人不可不引以爲戒

蓋文達碑

碑四面環刻碑陽二十七行行四十四字今殘四字連額高六尺一寸五分廣三尺二寸五分額題故蜀王師蓋府君之碑九字俱正書

尚書上柱國燕國公于志寧字處謐作此文

竊以仰觀俯察八卦於是列焉依類爲形六籍所以生

宎陳卑高之序定君臣之儀口國辯方化民成俗闕不
大戎於是西河闕以儒風北海敷以王教四方挹其茂
範百代稟其徽猷況蹈六行以揚名蘊九德以闕表道
爲人師紹闕里之頹風宏稷下之墜業見之正議大夫
蜀王師宎公諱文達字藝成冀州信都人也闕高山以
疊九州營丘佐姬平牧野以開四履鴻代承家口口分
社人物奔葉高軌銘於景鐘英傑蟬聯芳闕曾祖慶魏
彭城王記室參軍樂陵郡守碭宮壁建節預文房茅土
始封遂居分竹祖延齊安平王計曹從事闕超牧馬以
騰芳驂駕魏口冠應劉以驟首父求隨幽州薊縣令德

光馴雉化美去蝗仁風表於弦哥政教彰闕稟淳和之
氣湊峻拯之精雅量淹遲識度開濤比子昂之德行聲
動朝倫方季口之容儀光照鄰國懷清貞闕重然諾而
略兼金博拯石渠晻蔡雖之萬卷學該藏室邁惠施之
五車綺藻麗於雕龍雄辯析於非馬入其闕芝蘭遊其
門者若聞絲竹可謂照灼千祀口口一時者焉隨煬帝
以當璧握圖大橫纂歷命翹車以招英口闕名碩儒公
以經明行修孤標獨秀大業三年授同安博士九年特
敕除守國子助教洎三靈改卜六口闕言於聲宗
崇函扶於泮水武德元季授國子助教　今上韶光潛

服歷試艱難虛左用佇奇才開館以口口闕辟爲遊府
朝遂得文預題輿　恩參置醴聖人嗣膺寶曆君臨區
宇業盛配天功齊造化循韶夏之舊軌闕風以公學冠
當時除國子博士雖曹志之篤行江統之高名未之連
步成均比肩璧水十年　詔授員外散闕諫議大夫國
子博士如故懷匪躬之節抱忠公之心同少翁之善言
方紀山之鯁直十一年從　鸞洛陽宮闕補宏文館學
士口步銅駝待　詔金馬切問資以辯對近侍屬於博
問十二季　詔授國子司業左學右口闕謀口上庠下
庠官曹待以綱紀十三年　詔授兼蜀王師佐正蕃條

劉寔以多聞見重師範磐石孔滴以行闕古雖殊得人
是一十六年丁母憂居喪泣血至性逾於世公負土成
墳孝德甚於泰伯實可訓時勵俗作口闕立教宏風爲
羣寮之隱括於是逍遙講誥每服止足之言組織典墳
恒敦滿盈之誡觀陽元謝事意在抽簪闕東情存挂綬
所以退居丘壑有終焉之心十八年　詔授正議大夫
兼崇賢館學士鶴關將啓燕延矯翼之闕開東招託乘
之客公曳裾求福躡履承葬侍公宴口口之前口飛蓋
銀牓之右豈謂峯頹東岳聖人起負楹闕西州智士輿
云亡之歎春秋六十有七薨雍州開化坊里弟哀感

宸極宮懸止於咸池悲動震方蕭成輟闕敕令贈物絹
三百匹粟三百石喪事所須率由官給即以其年十二
月歸葬於舊塋禮也惟公英姿磊落壇闕諫千尋量包
万頃偶潘而稱連璧對郭而号仙□學綜羣書能兼衆
藝羽陵蠹簡魏冢逸篇揣摩縱橫之辭闕之術囊括往
哲高視前脩定三家之疑不假卜商之辯決貳負之惑
詎勞劉向之言鴻都於是推高曲臺所闕□陪黃屋或
侍青宮方楞里之智囊鎮南之武庫故能保元□於當
世□□□於後昆世子國子主簿宏式闕□□追悲罔
極之難報對窮泉而長慟思□□之□永懷恐暑往寒
來□□□□延閣鍾移律改□□塋於闕

碑文多漫漶其所載歷官始末考舊唐書本傳文達
字及三代名銜在隋時文達所居官並略不書唐書同
又十一年補宏文館學士傳載于十年十二年詔授
國子司業傳載于十三年敘次失其實當依碑爲正
前云仁風表于弦哥哥古歌字後稱世子主簿宏式
□世字不闕畫授堂金石跋

按碑前題尚書上柱國燕國公于志寧字處謐作
此文撰人兼書字并不曰撰而曰作此文又一例
也新唐書傳及宰相世系表皆云字仲謐此作
處謐彼此不同舊唐書傳永徽元年加光祿大夫
進封燕國公二年拜尚書左僕射同中書門下三
品前此未嘗官尚書此碑未著立於何年以志寧
題銜證之當在永徽二年也然新書傳則進封燕
國公在晉王爲皇太子時乃貞觀十七年事則文
當立於十八年歸葬之時矣碑每行四十四字今
拓本下截失損四字率讀不全僅据其所存者攷
之碑云曾祖慶仕魏祖延仕齊父永仕隋魏齊隋
書及北史俱無傳公在隋除守國子助教唐太宗
初除國子博士累授正議大夫兼崇賢館學士春

秋六十有七薨於雍州開化坊里第即以其年十
二月歸葬舊塋末云世子國子主簿宏式恐暑往
寒來鍾移律改云云玩其語意似係葬後逾久而
始立碑也兩唐書本傳敘官年數與碑參差本紀
書幸洛陽宮乃十一年事碑稱十一年從駕洛陽
宮補宏文館學士則碑不誤傳作十年者誤也碑
云今上以公學冠當時除國子博士傳則云爲秦
王文學館直學士碑與傳俱不同文學館百官志
亦無攷其後兼崇賢館學士則新書百官志云貞
觀十三年置崇賢館上元二年避太子名改曰崇

文也蜀王愔太宗第六子貞觀十年改封蜀王轉
益州都督十三年除岐州刺史數爲非法削封并
及國官之半文達傳云以王有罪坐免而碑則云
匡正藩條師範磐石丁毋憂退居邱壑有終焉之
志云云是文家迴護之詞也碑書容儀藩條旁皆
从亻倘是舊習函文作凾杖借用字里第作里弟
則從篆矣

太宗祭比干文

裘本高廣尺寸行數
字數俱無考隸書

維大唐貞觀十九年歲次乙巳二月己亥朔廿日戊午

皇帝敬遣大府卿蕭欽宗正少卿駙馬都尉長孫沖等
持節以少牢之奠祭殷故少師比干之靈朕聞龍躍鳳
翔必資鱗□□□御下必藉忠良元首股肱其道尚矣
惟君誕靈山岳降德星辰苞金石以爲心藴松桂而爲
質不以夷險易操不以利害變□□津之師挹高風而
莫進朝歌之滅資至德而延期且道喪時昏奸邪並用
暴君虐主正直難居是以江漢神龜殘形由於藴□□
山和璞碎質以其懷珍丹耀彩而磨肌翠含色而解羽
驚風拂野迴野先彫零雨被枝高花早墜良由佩奇衒
美獨秀孤貞雖□□仔亡詎能遣凶殘之累智周萬物
不能離顛沛之艱然則大夏將崩非一木之能止天道
去矣豈一賢之可全且夫□過顯□□□□惡忠臣之
義也三諫不入奉身而退聖人之道也何必殉形於國
以速商殷之亡剖心於朝以深獨夫之罪每懷此□□
□□□□者覩朕斯言以爲飾非拒諫智者明於此意
嘗知惜善愛仁歎往哲之不追嗟後賢之未及然則犯
顏色逆龍鱗奮不辰□□□誠蹈斯節者罕有其人非
知之難行之不易所以永懷千古駐駕九原悽愴風煙
靡尋餘跡荒涼丘隴空有□名昔周武封□□□表德

姬文葬骨異世司臣雖今古殊途年代冥漠式遵故實
爰贈大師淸酌少牢以陳薄禮遊魂□□□□嘉誠
司徒太子太師趙國公無忌
開府儀同三司申國公士廉
光祿大夫民部尚書莒國公唐儉
吏部尚書駙馬都尉柱國安德郡開國公楊師道
中書令江陵縣開國子岑文本
正議大夫守中書令兼太子左庶子馬周
中大夫守黄門侍郎褚遂良
右貞觀十九年二月卅日無忌等奏請以贈比干詔并
祭文刻石樹碑奉勅依奏

前左宗衛鎧曹叅軍事宜宏文館臣薛純陁書

按比干墓在河南府偃師縣西北一十五里太宗貞觀十九年二月庚戌如洛陽宫以伐高麗道經河南遣官以祭也舊唐書本紀二月乙卯贈殷比干爲太師謚曰忠烈命所司封墓葺祠堂春秋祠以少牢上自爲文祭之新書本紀但書丁巳贈比干太師謚忠烈而不云致祭碑則云戊午貞祭且但云贈太師而不云加謚各有詳略不同文又云三諫不入奉身而退聖人之道也云云此與魏孝文弔比干文迥别深能表比干之忠且太宗任賢

納諫保全忠直之盛心藹然溢于言外遣祭者大府卿蕭欽及宗正少卿駙馬都尉長孫沖等蕭欽兩史無傳長孫沖尚長樂公主主爲太宗第五女長孫皇后所生沖爲后兄無忌子官至秘書監駙馬都尉後列七人名官銜與史傳同是時輔太子守定州者三人無忌士廉馬周也從征者二人楊師道岑文本也從獵洛陽者一人唐儉也褚遂良則但書其上疏諫伐而不言其從征與居守又七人中前二人不著姓後五人著姓所未詳也後題貞觀十九年二月廿日無忌等奏請以贈比干詔并祭文刻石樹碑奉勅依奏蓋祭告後十日也今刻石者祇有祭文而缺其詔矣末題前左宗衛鎧曹叅軍事宜宏文館臣薛純陁書書體八分純陁唐書無傳惟廣川書跋云薛純陁秘書省正字與此碑結銜不同廣川又云貞觀十二年純陁奉勅書砥柱銘當時如虞伯施褚登善號能書者皆避而讓之其書筆力有餘點畫不失尚多隸體氣象奇偉猶有古人體法又朝野僉載有云歐陽通詢之子善書薛純陁亦善歐陽草云云是純陁之有書名如此又純陁二字見涅槃經佛將涅槃受純

陁最後供翻譯名義云純陁是西音妙義是此語是薛純陁命名之義殆有取于是歟百官志武德五年改太子左右武侍衛率曰左右宗衛率府又有鎧曹叅軍事二人掌儀衛兵仗皆太子衛職貞觀中鎧曹廢碑云前者未廢以前所任也宏文館亦隸東宫官碑爲朱時翻刻故文中兩殷字皆缺筆作段旅字仔字照摹本缺並非泐文貳作貮疑摹者之誤

晉祠銘

碑連額高一丈一尺二寸八分廣四尺九寸四分二十八行行字四十四至五十不等正書在太原府

晉祠之銘并序

御製　御書

夫興邦建國賫懿親以化輔分珪錫社寶茂德之攸居非親無以隆基非德無以啓化是知功侔分陝奕葉之慶弥彰道洽留棠傳芳之跡斯在惟神誕靈周室降德鄷都疏派天潢分枝疑極經仁緯義履順居貞揭日月以爲躬麗高明之質括滄溟而爲量體宏潤之資德乃民宗望惟國範故能協隆鼎祚贊七百之洪基光啓維城開一匡之霸業既而今古革運舟壑潛遷雖地盡三分而餘風未泯世移千祀而遺烈猶存元化㬌而無名

神理幽而靡究故歆祠利禱若存若亡濟世匡民如顯如晦臨汾川而降祉構仁智以摸神金闕九層鄙蓬萊之已陋玉樓千仞恥崐閬之非奇落月低於桂筵流星起於珠樹若夫崇山亘峙作鎮參墟襟帶邀亭標臨翔士懸崖百丈蔽日虧紅絕嶺萬尋橫天聳翠霞無機而散錦峯非水而開蓮名鏡流輝孤巖肖朗松蘿曳影重谿晝昏碧霧紫煙鬱古今之色玄霜絳雪皎冬夏之光其施惠也則和風溽露是生油雲膏雨□□其至仁也則霓裳鶴蓋息焉飛禽走獸依焉其剛節也則治亂不改其形寒暑莫移其操其大量也則育萬物而不倦資四方而靡窮故以衆美攸歸明祇是宅豈如羅浮之島拔嶺南遷舞陽之山移基北轉以夫挺秀之質而無居常之資故知靈岳標奇託神威而爲固加以飛泉涌砌激石分湍縈氛霧而終清有英俊之貞操任方圓以成像體聖□之屈伸日注不窮類芳猷之無絕年傾不溢同上德之誡盈陰澗懷冰春留冬鏡陽巖引溜冬結春苔非疏勒之可方豈曝布之能擬至如濁涇清渭歲歲同流碧海黃河時時一變以夫括地之紀横天之源不能保其常莫能殊其操信乃茲泉表異□□□□爲琛仰神居之肅清想徽音其如在是以朱輪華轂接軫於

壇衢玉帛豐□連箱於廟闕氤氳靈氣仰之而彌高昭晰神光望之而逾□潛通元化不爽於錙銖感應明徵有逾於影響惟賢是□非黍稷之爲馨惟德是依□□□之爲惠昔有隨昏季綱紀崩淪四海騰波三光戢曜

先皇襲千齡之徽號膺八百之先期用竭誠心以祈嘉福□□□極發跡神邦舉風電以長驅籠天地而遐掩一戎大定六合爲家雖膺籙受圖彰於天命而克昌洪業□□□□□□茫茫万頃必俟雲雨之澤巍巍五岳必延塵壤之資雖九穗登年由乎播種千尋聳日本藉崇基然則不雨不雲則有□□之害非塵非壤則

有傾覆之憂雖立本於自然亦成功而假助豈大寶之獨運不資□□□靈福者乎故無言不酬無感□□所以巡往跡賓洪恩臨汾水而濯心仰靈壇而肅志若夫照車十二連城三五幣帛雲委珍羞山積此乃庸鄙之享恐非明□所歆正當竭麗水之金勒芳猷於不朽盡荆山之玉鐫美德於無窮名彼兩師宏茲惠澤命斯風伯揚此淸塵使地□□德於金門山靈受化於麟闕括九仙而警衛擁百神以前驅俾洪威振於六幽令譽光於千載豈若高唐之廟空号朝雲陳倉之祠虛傳夜影式刊芳烈乃作銘云

赫赫宗周明明哲輔誕靈降德承文繼武啓慶留名翦桐頒土逸翮孤映淸飈自舉藩屏維寧邦家攸序傳暉竹帛□靈汾晉惟德是輔惟賢是順不罰而威不言而信元化潛流洪恩退振沉沉淸廟肅肅靈壇松低羽蓋雲挂仙冠霧□霄碧霞帳晨丹戶花冬桂庭芳夏蘭代移神久地古林殘泉涌湍縈瀉砌分庭非攪可濁非澄自淸地斜文直澗曲流平翻霞散錦倒日澄明氷開一鏡風激千聲旣贍淸潔載想忠貞濯茲塵穢望此心靈猗歟勝地偉哉靈異日月有窮英聲不匱天地可極神效靡墜萬代千齡芳猷永嗣

右唐晉祠銘太宗撰并書晉祠者唐叔虞祠也高祖初起兵禱于叔虞祠至貞觀二十年太宗爲立焉金石錄

河東道并州晉平縣晉祠碑唐貞觀二十年太宗幸并州置御製并書太平寰宇記

唐得天下後太宗祠晉侯而爲之銘晉侯者周唐叔後霸天下者也據碑高祖起兵時曾禱于晉侯之祠而以是報享之太宗製文並書全法聖教序蘭亭而縱橫自如但石理惡歷年多其鈋缺之存者無幾耳石墨鐫華

祠在今太原府西南四十里距今太原縣八里而今縣則古晉陽之故址唐時爲并州爲北都爲河東節度使治昔人立廟於此以祀唐叔考之北齊書已有其名而唐高祖起兵嘗禱於此冊府元龜太宗貞觀二十年正月幸晉祠樹碑製文親書之於石今存祠中蓋昔之并都甚大祠去城三四里爾在懸甕山之麓晉水之所發源後人于此引池結亭架橋其上林水翳然足爲一方之勝其廟負山而東面者晉水之神南面者唐叔之神後晉天福六年封唐叔爲興安王壼駘爲昌寧公而宋時又封晉水爲顯靈昭濟聖

母飾爲婦人之像今之人但言聖母而不復知有唐
叔爲古先有土之君矣水經注云昔智伯遏晉水以
灌晉陽後人踵其遺蹟蓄以爲沼沼西際山枕水有
唐叔虞祠水側有涼堂結飛梁於水上北史薛孝通
嘗與諸人同詣晉祠皆屈膝盡禮孝通獨捧手不拜
顧而言曰此乃諸侯之國去我何遠恭而無禮將爲
神笑是則當時之所祀者唐叔非水神也祠前蓮花
臺上有鐵人四一紹聖四年一五年造俱完一宏治
十一年一無年月俱壞今之工不及古也　碑陰字
體不一其上右方云司徒太子太師上柱國趙國公

臣無忌太子太保上柱國宋國公臣瑀特進太子詹
事兼左衛率上柱國英國公臣勣光祿大夫刑部尚
書上柱國鄖國公臣張亮禮部尚書上柱國江夏郡
王臣道宗太常卿駙馬都尉柱國安德郡公臣楊師
道正議大夫守中書令太子左庶子兼攝吏部尚書
護軍臣馬周凡七行皆當日書者其餘則皆宋人續
題錯亂無次具空處又有洪武二年行省參知政事
楊憲題而絕無一唐人題者以御書之碑不敢擅刻
也東軒筆錄呂升卿爲京東察訪游泰山題名于真宗御製封禪碑之陰刊刻損本傳於四方後二年升卿判國子監會蔡承禧爲御史言其題名事以爲大不恭遂謫升卿判監　他碑則唐人

之題固彝鼎也　舊唐書東夷傳新羅王眞德遣其
弟國相伊贊于金春秋及其子文王來朝春秋請詣
國學觀釋奠及講論太宗因賜以所製溫湯及晉祠
碑并新撰晉書將歸國令三品已上晏餞之 金石文字記
唐太宗自晉祠與師定天下貞觀二十一年七月御
製碑文及銘勒石於叔虞祠東隅碑陰列長孫無忌
蕭瑀李勣張亮李道宗楊師道馬周銜名後人覆之
以亭而庸工以字畫上石稍淺遂刻而深之帝嘗自
述作書之法惟求骨力骨力既得形勢自生不意爲
庸工改鑿而骨力形勢俱失矣予嘗五至祠下輒摩

挲是碑實古興懷集少陵野老詩句文章千古事社
稷一戎衣書於亭柱富平李因篤子德見而賞其工
因遺書與予定交于其歸也拓銘一本贈之而書其
後 曝書亭集
碑首貞觀二十一年七月八字乃文皇飛白書飛白
不傳傳者此八字耳而此本無之亦恨事也 鐵函齋書跋
按唐書本紀太宗以貞觀十九年十二月幸并州
二十年正月在并州此文當即在是時撰書而碑
首題貞觀二十一年七月者殆摹勒上石在明年
七月也文云先皇襲千齡之徽號膺八百之先期

用竭誠心以祈嘉福又云無言不酬無德不報所
以巡往跡賽洪因臨汾水而濯心仰靈壇而肅志
是爲高祖禱晉祠起義兵之證高祖紀大業十二
年爲太原留守時羣賊蜂起江都阻絶太宗勸舉
義兵高祖乃命太宗募兵旬日間衆且一萬郡丞
王威武牙郎將高君雅恐高祖爲變相與疑懼請
高祖祈雨於晉祠將爲不利晉陽鄉長劉世龍知
之以告高祖高祖陰爲之備是高祖禱晉祠事當
即在此時文云惟神誕靈周室降德酆都疏派天
潢分枝璇極蓋謂唐叔也唐叔封唐因有晉水改

名爲晉水經注山海經曰懸甕之山晉水出焉今
在縣之西南其川上溯後人踵其遺跡蓄以爲沼
沼西際山枕水有唐叔虞祠水側有涼堂結飛梁
於水上左右雜樹交蔭希見曦景文後有云飛泉
湧砌激石分湍縈氛霧而終清有英俊之貞操任
方圓以成像體聖口之屈伸陰潤懷冰春留冬鏡
陽巖引溜冬結春苦即指此晉水也顧亭林云其
廟負山東面者晉水之神南面者唐叔之神宋時
封晉水爲顯靈昭濟聖母飾爲婦人之像云云按
此碑有云豈若高唐之廟空號朝雲陳倉之祠虛

傳夜影蓋以高唐神女陳倉寶雞夫人爲比是在
唐初晉水神亦女像也碑陰書從官七人曰司徒
太子太師上柱國趙國公臣無忌即長孫無忌也
曰太子太保上柱國宋國公臣瑀即蕭瑀也曰特
進太子詹事兼左衛率上柱國英國公臣勣即李
勣也曰光祿大夫刑部尚書上柱國鄖國公臣張
亮曰禮部尚書上柱國江夏郡王臣道宗曰太常
卿駙馬都尉柱國安德郡王臣楊師道曰正議大
夫守中書令太子左庶子兼攝吏部尚書護軍臣
馬周七人中四人不著姓三人著姓與比干墓碑

同太祖生八子第四子璋封畢王生二子長曰韶
生一子即道宗也貞觀初由任城王徙封江夏史
傳標目直稱江夏王無郡字餘人官爵碑與傳皆
合傳稱馬周初官治書侍御史兼知諫議大夫檢
校晉王府長史王爲皇太子拜中書侍郎兼太子
右庶子貞觀十八年遷中書令猶兼庶子帝征遼
留輔太子定州及還攝吏部尚書進銀青光祿大
夫此碑書階正議大夫及官護軍與傳不同疑傳
稱進階及官在二十一年以後也碑云與邦建國
資懿親以化輔化輔當是作輔舟壑潛遷壑即壑

字埊本从𡩧深通川也从圣致力於地也此从豁
从土殆從豁得聲

金石萃編卷四十六終

金石萃編卷四十七

賜進士出身 誥授光祿大夫刑部右侍郎加七級王昶譔

唐七

於泥寺心經幢

幢高一尺六寸五分八面四面各廣八寸二分四面各廣四寸六分共二十六行行字數不等正書在今京師城内西北隅秀峯寺

佛說般若波羅蜜多心經文不錄

大唐貞觀弍十二年三月吉日建立

勅脩於泥禪寺

住持僧三藏比丘號　秀峯禪師

宫官張功謹敬德監造

今在京師城内西北隅秀峰寺其末曰大唐貞觀二十二年三月吉日建立誤作三十二以三字改成弍字按貞觀止於二十三年此碑疑是後人僞刻然予見兖州龍興寺修三門記宋太平興國七年刻亦以人字改成七字古人碑碣之文亦有草率若此者此碑又曰宫官張功謹敬德監造今山東河北寺院多云創自敬德或謂是尉遲敬德非也敬德名恭考許敬宗所作神道碑及本傳竝無鎮幽州事亦不當列於宫官之下也又史言尉遲敬德晚年閑居學延年

衛修飾池臺奏清商樂以自奉養不交通賓客凡十六年而不聞其事佛金石文字記

按此幢題記不類唐人所爲顧亭林疑爲後人僞刻是也末題宫官張功謹敬德臨造敬德或即張功謹之表字或別是一人姓名其曰宫官則不可解今之京師在唐時爲幽州范陽郡在武德元年曰燕州六年自營州遷於幽州城中以首領世襲刺史其地去長安遥遠授官且用世襲安得有宫官駐於此乎且又不言何官此不知何年有曾爲宫官而流寓於此者造此幢以植福耳姑識之再

以此較聖教序心經標題上多佛説二字經中無無明下脱亦無無明四字又礙作㝵顛作顚呵作賀

彌勒像碑

碑連額高六尺一寸廣三尺六寸分兩截書上截十行行三字額洛州□河南縣云云二十九字下截二十一行行二十六字正書篆額彌勒像之碑五字在洛陽伊闕

蓋聞至理凝微起夬言象之□眞爲妙邈□□希夷之□而能人降跡隨緣利現桀狀西誕則珠星奄輝白烏東馳則金人入夢是□三乘之軌啓鷲八正之門洞啓日用之益可略言焉自□□三千之前道光没引塔盈八方之後歸□寂□□夫□□難遇□□□針人心易遷同茲斷石何則釋迦現於既往仰企踵而不追弥勒降於將來俯翹足而難俟居前後而成鄣惟進退而莫□言念沉淪喟然歎息乃與同志百餘人等上願

皇基永固配穹天而垂棋下使幽塗載曉趣彼岸而□昇遂於茲嶺敬造弥勒像龕一所地聳雙闕壁映千尋前浒清流却倚重岫縈帶□薄密迩京華似耆山之接王城給園之依衛國也既資勝地又屬神工跪槃彫鎸備盡嶶妙以大唐貞觀二十二年四月八日莊嚴斯畢於□尊儀始著似降兜率之宫妙相初成若在菩提之

樹白毫月照紺髮煙凝蓮目疑動菓脣似說其有禮□□足瞻仰尊顔者莫不肅然毛竪豁尔心開寔釋梵所歸依龍天□衛護彼丹青徒煥旋見銷毁金玉雖珎易以零落豈若因山成固同乾坤之可久刊石爲貞何陵谷之能貿於是勒銘龕□式纘靈儀其詞曰

眞如眇眇正覺巍巍四玄動念八相流輝鹿園闡法鷄樹拂衣十方三世異軌同歸其一□皦邈多正眞道備墉彼邈武補茲佛位兜率降神閻浮廣利淨土□啓龍門罔閟其二思覩睟容龕茲巖曲既彫既就將起將釋梵眞感靈祇幽厲似會龍華如遊雞足其三丹巖重疊清川

浣濯松柱樌叢聣仙來往影鉊怖鴿手威狂爲妙色湛
然歷刼瞻仰其四
洛州□河南縣思順坊老幼等普爲法界敬造弥勒
像一龕在此碑下近東此二十九字分作十行大書于額下
右洛州思順坊老幼造彌勒像龕記字畫秀整有虞
歐法度而不署姓名唯彼徒兩字俱從人旁爲異爾
題名稱清信女者數人皆姓而不名蓋女而未嫁者
潜研堂金石文跋尾
碑分四格上層篆額次層正書額中層銘文下層造
象人姓名唐初字體猶有六朝遺意然别字最多至

虞褚柳顔始大變其格字亦審正以此知同文之徵
盛世之事也故許君序說文云諸侯力政不統於王
言語異聲文字異形文字之傳可以觀世變矣此碑
寫斲爲斵者爲者槃爲鎜備爲備微爲微果爲菓凝
爲凝豎爲竪豁爲谿彼徒俱从人儀从彳刼从刃叢
作藂皆別字玉篇有彼字云邪也蓋以爲頗字今此
以爲彼岸字則即彼無疑云白豪月照豪不从毛是
正字云松柱樌藂按爾雅灌木叢木詩集傳灌木
灌木叢木也孔穎達引李巡曰木族生曰灌陸德明
爾雅正義作樌云字又作灌此云樌藂以証陸氏之
有本然實灌字之誤古無樌也中州金石記

孔穎達碑
碑連額高一丈一尺二寸廣四尺二寸四分三十五行行七十六字正書額題大唐故國子祭酒曲阜憲公孔公之碑銘十六字篆書在醴泉縣北
□唐故太子右庶子□□□□□□國子祭酒□護軍
曲阜憲公孔公碑銘
禮部尚書兼太子左庶子上柱國黎陽□開國公于
志寧字仲謐撰
蓋聞八卦已列書契之迹肇興六籍既陳禮樂之基斯
闡是以屬鄉設教道惪垂訓於百王□□□言雅頌□

法□□□如欲化民成俗致遠鉤深非博□□以究其
源非□□□以宏其□□□□聖□□□□□之範
固執□□而驤首超賈□而矯翼見之祭酒曲阜憲公
矣公諱穎達字沖遠□□衡水人也若□□□□□
帝靈匭夏以干戈定樂□□□□□□□□霸□
□□□令譽□□□□□振力聲□□鼎可謂長
源渺渺將□水而俱遙曾構巖巖與削成而共峻其□
公條載逈簪紱連暉□在縑緗可得而略曾祖靈龜魏
國子博士□應□之□□馳譽□□□□之□□飛
英庠序□□魏治□侍御史□□□□權□□之屏跡

任司□□風俗以之肅□父□□□州法曹參軍輕重
之□情在公□大小之獄心敏寬簡公蘊靈□智□□
□和□□萬□之□駿□□之足庭羅俎豆□□升
降□儀□□騄□□□大之操□韜□□覃思邁於
西河學富□渠沉研冠於東□詞光翰苑文麗絲虹思
極掞天才華日□蹈忠□以行已踐仁信以□身□漢
皇之□□□□照□之□□□□之□□□重連城之
□聞之者□面而慮□見之者忘言而傾蓋□謂□宗
之□□□□之□□者爲詩大業騰圖□開橫鞶黃帛
而徵□□□□而辟□□□□□□□□□□視市□

□□□□□□□□□□□□苞□□牢籠□□□
育□□足使仲遼伏□□□道□以□□□□□□□
紀地□□濫觴屈此高才□□□家授□□□博
士尋除太學助教□□□□□□□□□□□□
□□□□□□□□□□□□□張比□粲之寓賾
□□同□□之銷聲既以□□侚阻遐蜀無由暨六合
同文八紘□□既□□□之□遂□□□之遊□□□
□□國公□□□□□□□□監永與公爲□府文
□館學士□□學博士東膠西序講肆於是重與□□
二□□□於茲□□□□□國子博士膏粱□□舉□

□□□□□□揮汗□□□□□□□□□□而□叩
貪彼賢疑□□傳而□□聲實□於闕右芳□益於淹
中其年封曲阜縣開國男食邑五百戶□□□□□□
□□□□□□□□□德貞觀二□改□給□中職亞
□鄭位□□□□舞□允屬□□四年加員外散騎
常侍□太子中允入□玉裕出侍金輿□重起居寄深
獻督六年除國子司業□□太子右庶子七年□□庶
子兼國子司業以公□□可□□有□□□□
□□□□□比□君仲□□子□十年奉　勑共祕書
監鄭公脩撰書□直著爭□□微婉表於□□□□

□□劉□謝特蒙　恩□□□增□□散騎常侍□□
庶子兼國子司業□□制禮作樂□□不用於是□
□多□□□刪定□大戴小戴之舛錯前鄭後鄭之□
疑在□之所不□□之□□□公剖玆□節鍼此膏
肓足使儀刑□□□澤王化□成□□　□□□賞進
爵爲□□□□□□賜物二百□□□以公□□副□□
進讒言□左庶子黎陽公特蒙　恩詔□賜黃金一斤
絹一□□十□年除國子祭酒東宮侍□封如故□□
鄉名□齊□膺茲寵命□□道光□□□殊□公乃
再振頹風重宏□　□□□盈於家室頌聲彰於國朝

十□年　□駕幸學親觀釋奠公□□□流才□六藝
彝倫之所鑽仰□慿之所□祟　詔公□於講筵□□
□□連□黜□□□□其談□英辯一□□□慙其河
瀉下帷博學□戸多□□舉雲梯□□□戟公金湯□
固樓雉難攻遂使□□倒戈□春反旆宿疑舊□□順
氷銷□□　神衷□□　□□悠悠□□□見斯□□
畢□□□□□文鱗雕龍將五色而□彩韻諧□鳳
與八音而同節逸思掩於□□□藻超於□□□□
勑□□□表讃其書曰□□并　上釋奠□殊爲□□
□□□□淸詞爛其盈□□□□逸氣□已淩雲驪

□九重不足方斯綺麗□□五彩無以比其鮮華楊雄
掞□高蹤□遠黄□□□□□□□□□□□□□
□昔强秦之末政教□遅縉紳以□□□墳典以爲灰
燼逮炎漢□□□□□學憲章斯□□藝□□□□三
國迄于晉宋□□可略而言之近□隨□將謂天下□
□□□□□□□鑑□□隨□□愴恨朕少逢□
□之□長遇干戈之□□□玆宸極執□璇璣□阪泉
□□之功□□之矣靈□□靡之德則未可庶幾雖然
亦常有意乎雕蟲存心□□□開獻書之路□□□□
賢□□蒲輪亦以多矣□學謝□□文懿□□□□

□□春言□□□國老求於□庠庶老□於□□聽廣
論而□□導深義而□□洪□待扣扣無不應函谷發
聲聲無不□□□□□□□□□□□□□夙挺□璋
早□□□□羅百氏□□□經□涌珠泉情抽蕙□□
西□□□起□方今濟南□□重興□玆□□□□
□於縹帙□□遍於靑衿翰苑詞林□其□□□□□
□□□□□奉　勑□撰五經義疏公博極羣書遊□
衆藝削前□之紕繆□往哲之□□□萬□之儀刑□
一□之標的□　勑□名□經□義□國子監施行賜
物三百□公敎□□之□足追□□之鳴言□請帰□

優詔不許□□聞奏始蒙□□□貝防閤□□□□
又使中書令□□□　□□□問榮寵之極曠古罕□
□世望於□陽□□公□之□□□功於日覲□□司
□□□□□□□□光□□□朩□夢瓌海□□□□
千月之□以□□□□□□□□薨於萬□縣平
康里第春秋□十有□□感　□□□□□□魏□
之惜□□□晉人之傷衛玠　□□□　□□陪葬
昭陵喪事所須並由官□□□□□□公祇也□
□遺老陪□陵而起墳□□□臣□□陽而卜□□□
□□隔代同榮惟公氣稟五常道□□□得孔甫之具

體摠□□□□□□□□□之奇譖探賾索隱東館南
宮之逸□□陝窮源□□□於□□無□□□之□□
□□於□□不假張□之□道□□□以賤貧而易□
行□□無以權□而□尒志□耿尒性□□□□□□
之謙□□宋宏之方□推賢進□後已先人舉事而□
□□□□而成準的乃□□之翹楚□□之□□□□□
將創□□□□□□□□□□□□異端公扌摭舊
□□章故實刪裴□之制□□蔡□之節文酌今古之
儀得豐儉之□□衣傅帶□不□□□觀之始□翟□
□□□樂　□□□□□之□□□□□□□□□□□

□□□□小雅之詩□□刊定奉　□修隋史五十□
□□□□□五經正義一□□十□邁南董於曩□逾
孟慶於□書□□闕□□□□　□□□□□□□□□
□□此未奇□□□□　帝□□尚□□制□□振□
臺□□創□□□稷嗣以□方□□□□□豈謂食新
爲災夢楽成□□尃之藥無效齊鵲之言□遂□山
陽之□□□長□之□□宮之□□□□□之聲□子
□□□悲□□□由□□□而無期□極□□對風枝而
□慟□鏈律易□陵谷難常昔□氏□□□傳三□楊
□□執長勒四碑敬陳伐閱樹之□□□□□

□赫□□□□崇□鸞鳥降神□□□□□悳□溫室□
光闕里□□□□芳流惇史誕生令哲□挙絕羣百□
挺秀九畹騰茂□□□略囊括邱墳凌雲縟藻□□□
□□羣籍網羅□□□邁□□思窮五際□□名□
錙銖□繫藻□潘言□□孫筆世尚□□時敦學植膺
鴈成行翹車轉軾金馬□　□辟池攝職□□□風□
□詠悳飛纓□□□□□□□□□□□三□獻書
□□□□闡六學□□百寮官冕□□□□石□蠖
□□矣□□□哉智囊瑩斷白馬墳瘞黃腸九泉雖閟
千載名揚

右孔穎達碑于志寧撰其文磨滅然尚可讀今以其可見者質於唐書列傳傳所闕者不載穎達卒時年壽其與魏鄭公奉勅共修隋書亦不著又其字不同傳云字仲達碑云字冲遠碑字多殘闕惟其名字特完可以正傳之繆不疑以冲遠爲仲達以此知文字轉易失其眞者何可勝數幸而因余集錄所得以正其訛舛者亦不爲少也乃知余家所藏非徒玩好而已其益豈不博哉集古錄

右唐孔穎達碑于志寧撰世傳虞永興書據碑云穎達卒於貞觀二十二年時世南之亡久矣然驗其筆

法葢當時善書者規摹世南之書而爲之者也金石錄
孔祭酒碑世傳虞永興書非也沖遠之没適後伯施
十年豈非當時學永興法者耶然筆勢遒媚亦自可
珍東觀餘論
碑半没土中年壽字半泐隱隱可讀云貞觀二十二
年六月十八日薨春秋七十有五然則歐陽公所有
碑與今碑略同數百年間豈無剥蝕之災且昭陵諸
碑多不可讀而孔公碑獨尚如此或公有功於六經
而鬼神呵護之耶石墨鐫華
孔穎達碑螭首欵空處有至正四年三月題游特看

此碑墨書十四字趙崡子函云在泥土中拂拭之如
新子函見時爲萬歷戊午溯至正甲申已二百七十
五年而墨書無恙斯足奇也金石錄補
碑已磨泐可識者僅二百餘字石墨鐫華所云貞觀
二十二年六月十八日薨春秋七十有五已不可識
矣明苟好善作醴泉志云孔穎達碑存字千時崇禎
十一年也相去百餘年頓失八九好古者所宜亟爲
保護者也按金石文字記孔穎達碑作貞觀十六年
集古錄云二十二年與石墨鐫華合宜從集古雍州金石
記

右曲阜憲公孔穎達碑新舊書本傳並云字仲達宰
相世系表則云字沖遠碑雖曼患而沖遠字特分明
表所書三代名諱官階盡與碑合汲古閣本脱穎達
一格監本初不誤也穎達長子名志元碑與表同而
傳作志葢宋人避諱去下一字然傳諱而表不諱
宅傳於元字亦多不避當時史官非一手無素定之
例故也潛研堂金石文跋尾
按此碑文凡二千五百餘字集古錄已云字多殘
缺石墨鐫華猶及見薨年月及春秋七十有五今
已盡滅然雍州金石記云可識者僅二百餘字今

所見本尚存一千六百餘字何多寡之數若此豈
摹搨人工拙懸殊耶碑但有撰人無書人亦無立
碑年月碑書撰文者于志寧題銜云禮部尚書兼
太子左庶子上柱國黎陽□開國公于志寧字仲
謐撰人書名及字與蜀王師葢府君碑同然彼
碑云字處謐此云仲謐舊唐書傳不著字新書傳
及宰相世系表皆云字仲謐與此碑同則當從仲
謐爲是也黎陽下闕一字是縣字舊唐書于志寧
傳貞觀三年加授散騎常侍行太子左庶子累封
黎陽縣公十四年兼太子詹事明年以母憂解高

宗爲皇太子復授太子左庶子遷侍中永徽元年加光祿大夫進封燕國公此碑尚是黎陽縣公則即貞觀二十二年葬時所立新書傳則云晉王爲皇太子復拜左庶子遷侍中加光祿大夫進封燕國公晉王爲皇太子乃貞觀十七年事而此碑在二十二年猶題黎陽則新書傳未晰也又碑題禮部尚書兩唐書皆不載亦略也舊唐書傳云孔穎達字仲達冀州衡水人也祖碩後魏南臺丞父安齊青州法曹參軍穎達隋大業初舉明經高第授河內郡博士時煬帝徵諸郡儒官集於東都令國

子秘書學士與之論難穎達爲最時穎達少年而先輩宿儒恥爲之屈潛遣刺客圖之禮部尚書楊元感舍之于家由是獲免補太學助教太宗平王世充引爲秦府文學館學士武德九年擢授國子博士貞觀初封曲阜縣男轉給事中六年累除國子司業歲餘遷太子右庶子仍兼國子司業與魏徵撰成隋史加位散騎常侍十一年又與朝賢修定五禮進爵爲子庶人承乾令撰孝經義疏太宗以穎達在東宮數有匡諫與左庶子于志寧各賜黃金一斤絹百匹十二年拜國子祭酒仍侍講東宮十四年太宗幸國學觀釋奠命穎達講孝經上釋奠頌手詔褒美與諸儒受詔撰定五經義訓凡一百八十卷名曰五經正義付國子監施行十七年以年老致仕十八年圖形於淩烟閣二十二年卒陪葬昭陵贈太常卿謚曰憲新書傳同後附子志終司業志子惠元又爲司業累擢太子諭德三世司業時人美之此皆可與碑參校補闕也穎達撰五經正義自序稱周易十四卷與朝散大夫行太學博士馬嘉運守太學助教趙乾叶等對共參議詳其可否至十六年又奉勅與前修疏人及給

事郎守四門博士上騎都尉蘇德融等對勅使趙宏智覆更詳審爲之尙書二十卷與朝散大夫行太學博士王德韶前四門助教李子雲等謹共銓敘至十六年又奉勅與前修疏人及通直郎行四門博士驍騎尉朱長才蘇德融登仕郎守太學助教雲騎尉隨德素儒林郎守四門助教雲騎尉王士雄等對勅使趙宏智覆更詳審爲之毛詩四十卷與王德韶徵事郎守四門博士齊威等對共討論辨詳得失至十六年又奉勅與前修疏人及趙乾叶登仕郎守四門助教雲騎尉賈普曜等對勅

使趙宏智覆更詳正禮記七十卷與中散大夫守國子司業朱子奢國子助教李善信守太學博士賈公彥行太常博士柳士宣魏王東閣祭酒范義頵魏王參軍事張權等對共量定至十六年又奉勅與前修疏人及儒林郎守太學助教雲騎尉周元達儒林郎守四門助教雲騎尉趙君贊王士雄等對勅使趙宏智覆更詳審爲之春秋三十六卷與朝請大夫國子博士谷那律四門博士楊士勛朱長才等對共參定至十六年又奉勅與前修疏人及馬嘉運王德韶蘇德融隨德素等對勅使趙

宏智覆更詳審爲之據新唐書藝文志五經正義周易十六北監舊書十四卷與序同卷國子祭酒孔穎達顏師古司馬才章王恭馬嘉運趙乾叶王談于志寧等奉詔撰蘇德融趙宏智覆審尚書二十卷孔穎達與王德韶李子雲等撰朱長才蘇德融隨德素王士雄趙宏智覆審太尉揚州都督長孫无忌司空李勣左僕射于志寧右僕射張行成吏部尚書侍中高季輔吏部尚書褚遂良中書令柳奭宏文館學士谷那律劉伯莊太學博士賈公彥范義頵齊威太常博士柳士宣孔志約四門博士趙君贊右內率府長史宏文館直學士薛伯珍國子助教史士宏太學助教鄭祖元周元達四門助教李元植王眞儒與王德韶隨德素等刊定毛詩四十卷孔穎達王德韶齊威等撰趙乾叶賈普曜趙宏智等覆正禮記七十卷孔穎達朱子奢李善信賈公彥柳士宣范義頵張權等撰與周元達趙君贊王士雄趙宏智覆審春秋三十六舊書訛作三十七卷孔穎達楊士勛朱長才撰馬嘉運王德韶蘇德融與隨德素覆審此五經正義新唐書所載刊定姓名與自序詳略不同蓋其精審如此故能獨有千古而碑

於此事文既簡畧復多缺泐因詳記於此唐書宰相世系表下博孔氏出自關內侯福七世孫郁後漢冀州刺史生揚下博亭侯子孫因居焉七世孫靈龜後魏國子博士生碩後魏治書侍御史碩生安齊青州法曹參軍碩與安即穎達之祖父也穎達子志元志約志亮志元子惠元惠元子立言睿言新書傳惟有志元一人而但著志字碑則志元已泐然潛研猶及見之穎達薨於貞觀二十二年年七十五推其生在北齊後主武平五年煬帝大業初年僅二十餘傳故云穎達少年先輩宿儒恥

為之屈也碑云葬於萬口縣平康里第縣名闕一
字以臆度之當是雍州京兆郡之萬年縣也傳稱
上釋奠須手詔褒美今碑中節取其文約三百餘
字借闕沕難卒讀也碑書灰燼作灰隶省文也閥
閱作伐閱借用字又墓上又一石題唐國子祭酒
孔公墓八字隸書石高三尺六寸字徑八寸無年
月當是後人所題附記于此

太宗哀冊文

裦本高廣行字
皆不計正書

維貞觀廿三年歲次己酉五月甲辰朔廿六日己巳

大宗皇帝崩于翠微宮之含風殿旋殯于大極殿之西
階粤八月庚子將遷坐干　昭陵禮也鳳紀疑秋龍
帷將曙溘化同軼綿區縞素哀子嗣　皇帝　覽風
樹而增感攀銅池而拊膺延　宗祧之是寄傷　徃
駕之無還奠樽盈而悲序促靈景黯而愁雲興去翩滋
遠清徽方闕爰詔司存傳芳瓊字其詞曰
三微固祉五曜垂文光昭司牧對越唐勛族著龍牝家
傳緒雲　高祖配天一人有慶　大行神武維幾
作聖夏書自得高文成性夙表餘雄先懷反正蒼兇爰
發朱旗首令環瀛昏墊關洛荒蕪妖傾地軸盜弄乾樞
戎衣光啓霸政宏贊天兵電照月陣風驅宜尤遁葛獫
蹠咸誅閏位不虔餘分興戾先收秦紐次焚商秩轉圜
上略容光下濟徙邑垂仁賓門灑惠俗風順軌凝嗇奉
睿青辰同規紫珠叶契發揮三五鋪明遐裔泛野休
兵靈臺偃革升嚴藏鉞邇河奉璧學肆徐輪丘園散帛
就日攸宜如天在斯刑哀動植化美頌筦樂華曾穹禮
葉旁亜沙塲磬窮日極咸黜狼山入闕瀚渚歸池東旌
若木西旆條支龍鄉委贄鳥服來儀大矣乘時悠哉利
見文龜薦沼應龍在淀溺露飛甘卿雲呈絢松茂崇幸
瑤華方驚仙丹鍛術呈飛告變凝沴氣於升年掩瑤暉

於離殿嗚呼哀哉爾管初秋飛絃罷佾驚川悠緬宮車
晏出大隧弗贊元龜獻吉旌幹沕偈羲和司日迫　靈
心於將餞痛　皇情其如失凝清秋於廣路迴悲風
於長術經柏梁而徐轉邈蘭池而徙　蹕聳輕旒之
遠逝動邊笳之蕭瑟嗚呼哀哉闕營甫寫漢暨泉關穀
林搖落橋巖變衰平原淒兮白日遠深渚濬兮秋雲飛
覽銅爵而興慕傷鼎湖之不歸嗚呼哀哉皒陵燎慘隧闕
山窮路虛衛轢英輕池委㵎義匠易晚松陰難曙萬方
悲而雨泣三靈慘而雲浮嗟厚德之長違仰高天而擧
慕嗚呼哀哉愼基永煥寶業方昭道風餘烈天長地久

想　神祿而騰茂縱史筆而揚翹篇嘉聲於日月終
有裕於唐堯嗚呼哀哉
按唐太宗哀冊文唐文粹署爲褚遂良撰明時吳
江史明古得褚書眞蹟藏之後歸王元美用以上
石今從其本鈔出與唐文粹互勘首行維貞觀廿
三年下石刻空八字文粹云歲次己酉五月甲辰
又崩于翠微宮石刻塗去崩字殯於太極殿帖脫
殿字溢化同軫帖闕溢字夙表餘雄帖闕餘字邈
悲風於長術帖脫術字此皆可據文粹補也宋景
濂跋謂首闕八字疑非眞蹟不知八字之外更脫

四字尚未深考又鳳紀疑秋文粹作鳳管凝和悲
序促文粹作悲緒促天兵電照文粹作天兵電掃
羲和司日文粹作端圭司日凝淸秋於廣路文粹
作凝秋林於廣路又羲庭易晚四句文粹約爲二
句云堯門閉而日慘羲庭邈而雲牙此皆文義之
可通者宜兩存之至石刻云大宗皇帝崩於翠微
宮之含風殿旋殯於大極殿之西階兩大字皆同太八
月庚子將遷坐於昭陵文粹大宗作大行舊唐書
太宗紀八月丙子百寮上謚曰文皇帝廟號太宗
庚寅葬昭陵則當上哀冊之時已有太宗之號帖

作太宗似合禮制然玩文氣下稱崩於翠微宮則
上稱大行皇帝與文粹所載前後各哀冊之例同
且本篇後有大行神武句與高祖配天相承不曰
太宗而曰大行則文粹爲不誤也玩石刻二處本
皆大行字於行字塗改作宗字吳匏菴跋云蓋嘗
有獻入前代御府者故并崩字皆塗改耳翠微宮
在終南山雍錄云武德八年造名太和貞觀二十
一年改翠微冊府元龜翠微宮視朝殿名翠微殿
其寢殿名含風殿太極殿在西內太極宮卽隋之
大興宮也唐六典云太極門內曰太極殿朔望則

坐而視朝焉隋曰大興殿武德元年改太極殿舊
唐書高祖紀隨遜於舊邸改大興殿爲太極殿高
祖卽皇帝位於殿中終南山在城南五十里據太
宗紀貞觀二十三年四月己亥幸翠微宮五月己
巳崩於含風殿祕不發喪大行御馬輿五十里而
入西內太極殿也紀稱八月庚寅葬昭陵是月癸
酉朔葬日庚寅爲十八日則庚子遷坐在廿八日
兩唐書禮志無葬後遷坐之文哀冊藏於元宮是
葬前所制何以葬後十日行遷坐禮而猶謂之哀
冊文也文粹所載前後諸帝后哀冊皆云某日遷

坐於某陵穡其日正葬日也方俖所謂遷坐者卽是請大行赴山陵之辭別無遷坐之禮也然祀稱庚寅葬而文用庚子則疑不能明矣高祖配天是推原王業之所由起正對下大行神武而言文粹作高配於天誤也蒼兕爰發文粹作蒼兕本史記齊世家武王東伐尙父誓師有蒼兕蒼兕總爾衆庶之語石刻誤也從邑亞仁朗改邑不改井之義文粹誤作從邑遷河㳘壁石刻誤作夲辟瀚渚歸池指東伐高麗事猶言海渚也文粹誤作潮渚龍鄉委賚廣韻賚琛財貨也會禮也猶獻琛之意文

粹誤作委賚仙舟斂術似本莊子藏舟於壑語唐人碑誌多用以喻形骸斂藏之意文粹誤作飭術石刻誤作仙丹商管刻飛秋絃龍俏文粹飛秋二字誤為倒互輕池委素文粹作輕馳委素對上句盧衛麟英則馳字為確蓋石刻與文粹各有摹勒傳寫之誤因訂正之如此

太宗賜孫眞人頌

碑高五尺廣二尺五寸頌三行行十一字正書經題寸後跋十行行四十六字亦正書在耀州五臺山

唐太宗賜眞人頌

五泉閑客楊聰書

鑿開徑路名魁大醫羽翼三聖調和四時降龍伏虎拯衰救危巍巍堂堂百代之師

方外友華下李濟道好古有為之士也以　先師居有唐　孫眞人舊隱殿堂歲久損壞完復一新凡碑刻缺裂不完者必移之他石在觀有大定癸卯間縣宰完顏宗璧所書唐太宗賜　眞人頌碣火裂而損甚將移之未暇癸卯歲郡人駱志全禮山主李公入道山居忽以數力擡舁而來告曰不幸雙目暴不失明又反胃飲食不納苦楚不禁唯自盡可免濟道止之曰人之疾苦必以藥餌救料又有祈請之事況

眞人醫術冠絕唐代所留方論後人用之無不獲効今遺象在堂若誠心禱之豈無應驗志全敬受教置水一鉢於　眞人前銘心致禱以水煮粥食之不反吐粥食漸進不兩旬疾漸平志全愈加誠敬一日卧北窗下告之道伴曰我見窗櫺上白四指許所見日加一月後兩眼復明一方驚歎四月初濟道過舍而請曰將移頌石敢告數字以識歲月備道前事予歎曰有是哉異聞也其可隱乎因記移頌表而序之以告來者庶乎共知　眞人靈驗唐皇所賜之頌非虛美也旹乙卯歲四月上旬谷口遺老邳邦用謹述

宣授耀州太守李曾孫　同知趙彥　華原縣令王
祥　丙辰年重九日觀王質眞老人李素舟立石
宣差京兆府路副都總管劉尙　前耀州太守王浩
清安老人楊素一助緣　南陽逸士張志和刊

孫思邈福壽論
碑高四尺廣三尺橫列四層各三十三行行十二字正書在耀州五臺山

福壽論

唐處士孫思邈撰

聖人體其道而不爲也賢人知其禍而不欺也達人斷
其命而不求也信人保其信而靜守也仁者守其仁而

廉謹也士人謹其士而謙敬也凡人昧其理而苟非爲
也愚人執其愚而不憚也小人反其道而終日爲也福
者造善之積也禍者造不善之積也鬼神蓋不能爲人
之禍亦不能致人之福但人積不善之多而煞其命也
富貴者以輕勢取爲非分也貧賤者以佞盜取爲非分
也神而記之人不知也夫神記者明有陰籍之因又按黃庭內景云夫人有万餘神住身三尸九蟲善惡童子錄之奏上況有陰冥之籍也愚痴之人神不足神有餘者人也亦不可一
二告而奪其人命也亦有爵被人輕謗及暴見貶黜削
其名籍遭其橫病者多理輔不法所致也理輔不正不
死者其壽餘祿未盡也正理輔而死者算盡也貧者多

壽富者多促貧者多壽以貧窮自困而常不足不可罰
壽富者多促而奢侈有餘所以折其命也乃天損有餘
而補不足亦有貧賤飢凍曝露其屍不葬者心不吉之
人也德不足是以貧焉心不足是以死焉天雖然不煞
自取其斃也不合居人間承天地之覆載戴日月之照
臨此非人者也故有官爵之非分車馬之非分妻妾之
非分己上謂之不仁之非分也有屋宇之非分粟帛之非分衣食之
非分貨易之非分己上謂之不儉之非分也則神而記之三年五年
十年二十年不過此過此神而追之則死矣官爵之非
分者崎嶇而居之賄賂而得之德薄而執其位躁求而

竊其祿求其躁取而必强强而取之非分也卽有災焉
病焉死焉神已記之人不知也車馬之非分者市馬恡
其價而馬欲其良水草而不時鞭勒而過度奔走而不
節不知驅馳之疲不知遠近之乏不護嶮阻之路畜不
能言天哀力竭此非分也神已記之人不知也妻妾之
非分者所愛旣多費用必廣淫佚之道必在驕奢金翠
之有口蘭膏之有棄惡賤其紋綵猒飫其珍羞人爲之
難尒爲之易人爲之苦尒爲之樂此非分也神已記之
人不知也童僕之非分者以良爲賤以是爲非苦不憫
之樂不容之寒暑不念其勤勞老病不矜其困饑鞭撻

不問其跼伏陵辱不問其親疎此非分也神已記之人不知也屋宇之非分者人不多而構其廣厦假不厚而罰其工人以不義之財葺其無端之舍功必至飾必明斤斧血力不石勞口神不知環堵之貧蓬戸之陋此非分也神已記之人不知也粟帛之非分者其植也廣其穫也勞其農也負其利也倍畜乎巨廪動餘歲年盜賊之羂縻雀鼠之巢穴及乎困農負債利陷深冤此非分也神已記之人不知也衣食之非分者紋綵有餘餘而更製箱篋之無限貧寒之不施不念保露之凌寒布素之不足以致蠹魚鼠口香醆腐爛此非分也神已記之

人不知也飲食之非分者一食而須其水陸一飲而聚其絃歌其食也寡其殘也多民之糠糲不充此以膻腻有棄縱其僕妾委擲泥塗此非分也神已記之人不知也貨易之利厚不爲非分利外尅人此爲非分接得非常之利者祥也小人不可以輕而受之其所響者口所口者貴彼之愚而我之賊賊而得之者禍也倖而得之者災也分而得之者吉也屈而得之者福也夫人之死非因依也非痾瘵也蓋以積不仁之多造不善之廣神而追之則矣人若能補其過悔其咎布仁惠之恩垂憫恤之念德達幽冥可以存矣尚不能逃其往負之災不

然者其禍日多其壽日促全之得盈福之已竭且無義之富血屬共之上之困焉下之喪焉如此者於我如浮雲不足以爲富也人若奉陰德而不欺者聖人知之賢人護之天乃愛之人以悅之鬼神敬之居其富而不失其富居其貴而不失其貴禍不及也壽不折矣攻劫之患去矣水火之災除矣必可保生全天壽也

福壽論

耀州五臺山　靜明觀主質眞老人李素舟伏見眞人福壽論雖載於　道藏而少見行於世者又儞其時人而積善者少而積惡者多故以此論刻諸石

庶廣於世而不泯絶抑使後之見聞者改惡從善者耳歲在丙辰秋九月望日觀下　李素美　毛素一

曹素圭　同志和　駱志全　葉志英　秦志一

王志慧　王志安　鄭志安　李志松　羅志遠

劉德童　師堅童同立石

助緣人　池陽清安人揚素一　雲陽縣湛然逸士淡坤　前同官縣令楊茂　淸眞子似志榮　五泉閑客揚聰書丹　南陽逸士張志和刊

按太宗賜孫眞人頌及孫思邈福壽論碑皆元人揚聰書一刻於丙辰年重九日一刻於丙辰年九

月望日二碑之立先後僅距六日耳丙辰爲元憲宗嗣位之六年碑在耀州五臺山孫眞人祠陝西通志五臺山在耀州東三里自唐賓陵折而西北一峰特起曰鑑山下有五峰森眞人孫思邈隱居地有太元洞或云眞人療龍處下有聚虎坪即眞人伏虎處此太宗賜頌所云降龍伏虎者也又太元洞西有洗藥池爲眞人洗藥處又洞東北八里爲眞人故宅此孫眞人祠之大槩也唐書隱逸傳孫思邈通百家說善言老子莊周居太白山隋文帝以國子博士召不拜太宗初召詣京師年已老

而視聽聰瞭帝歎曰有道者欲官之不受顯慶中復召見拜諫議大夫固辭上元元年稱疾還山思邈於陰陽推步醫藥無不善初魏徵等修齊梁周隋等五家史屢咨所遺其傳最詳永淳初卒年百餘歲其孫溥後爲蕭丞思邈事蹟見於史者如是而已未嘗載有太宗賜頌之事此所刻頌語有可疑者如曰羽翼三聖不知其何指思邈生于周長于隋入唐則歷高祖太宗高宗三朝在隋文時雖召以官不得言羽翼且太宗亦不得稱隋文爲聖在唐三朝太宗是第二世安得遂有三聖之稱明係後人須思邈之辭而謂其經歷三朝也又唐世諱虎字太宗不得直用降龍伏虎字尤爲明證唐書傳列思邈於隱逸祇叙其抱道不仕無一語及神仙事實則未嘗以眞人目之其所著千金方千金翼方等皆唐書藝文志祇稱之爲孫思邈撰至道藏載其書始冠以孫眞人之號眞人之封始于宋崇寧二年三月境內不雨知軍州事王允中詣祠禱雨有應請于朝賜廟額曰靜應勅封妙應眞人有碑見後卷則太宗賜頌必是宋時道流僞託惟思邈所撰福壽論一篇孫眞人祠記作福祿論三卷與此異李素

舟跋謂載於道藏少見行世今檢道藏登字號載福壽論與靈信經旨同卷題曰唐太古妙應孫眞人述則思邈封號又加太古二字矣兩碑俱元刻福壽論錄之足以勸世太宗頌雖不能確信亦附存之思邈入唐被召在太宗朝因並附太宗之末

書者楊聰無攷

王師德等造像記

石高二尺六寸七分廣一尺七寸五分十五行行二十二字正書在洛陽龍門

淳于敬一制文

大像主王師德成伏德夏侯雅沈端沈士公賈達張則

劉𡧱僧許士政封𨒺張苟子徐□朱懐成難陁劉倫劉
君□賈奴奴程徹張徹張桂張表毛天生張端王愛
竊聞無上慈尊隨緣演教廣開方便汲引羣迷故知極
彼浮泡救斯沉溺若不示跡現容凡生何以歸仰爰暨
夢靈西照象法東流或斵玉摸形或刻檀爲質今有洛
陽鄉望父老等卅人並宿因往劫生在太平忠念大聖
無猶得覩遂謹於此堪敬造尊儀因山之固鐫瑩真容
藉此庄嚴同希淨境庶使城空芥盡福智常流刧石衣
銷法輪恒轉不因刊勒何以□功冀盛德長存芳徽永
著其上資皇家下沾靈識詞曰

□理幽靈真趣無形相有分別事□化城鄉中高士邑
□達人心樂三寶情捐六塵優遊智岸從容法津愛□
斯□□□方新

大唐永徽元年建造

碑文寫斵爲斲檀爲檀儀爲儀庶爲庶皆別字云從
蓉法津可証從蓉即從容譌字本草經有肉從蓉吳
普曰一名肉松容漢人芙蓉字多作夫容是從蓉非
古字明矣碑碣之文可知字體之變往往如此 中州金石記

馬周碑

碑連額高九尺八寸廣四尺四寸三十七行下截剜蝕每行約六十五字隸書額題大唐故中書令高唐馬公之碑十二字篆書在醴泉縣昭陵

蓋聞下闕而不□□□□之下闕之□□同下闕神凝物表久
抗梁甫之吟運拒□來思效扶摇之擧方□□□域下闕
下省修起居注超綜國言虞司帝擧良直之道縣簡
宸心貞觀六年□□□□下闕無競惟人八年擢授承
議郎行侍御史頃之加位員外散騎侍郎仍行本□□
□□□□□下闕二年轉守中書舍人久之遷持書侍御
史彰纓西掖潤　元祓以申□□□南□□□□□
□□□□□下闕淳覺端拱之　元猷將致五刑之厝弥

綸　昌運寔允具瞻　□□□□□□□□
□□□□□□下闕而飛文揮翰鴻波入　紫宸而衍
誥任遇斯極時論𧕿之及　大□□□□□□□
□□□□□□□下闕□□□五□而□□十八年
□正議大夫守中書令仍兼左庶子□兼朝□□□
□□□□□□□□下闕□□□□□而順動適□
□隨駕□□中山軍國務殷□歸□　□后□□
□□□□□□□下闕□□青□□□□金□黄
□靜□趨□□□□踰建禮之□□□□□□□
□□□□□□□□□下闕銀青光祿大夫□□飛□□

□□□□其□□□□□□□□無所□□□□□□
下闕幽□莫不□□　聖□□發　神襄哀善之義
以彰□人之舉□盛□□□□□□□□□□□□□
□□下闕臣特超於終古俄嬰沉瘵攝餌私庭分玉饌於
仙廚驛琭羞於御府　綸□□發□□□□□□□
□□□下闕正月九日薨于萬年縣之隆慶里第春秋
卌八　太宗撤懸□悼慟結□殲□
□□□□□下闕詔以其年歲次戊申三月辛巳朔
四日甲申陪葬于　昭陵暐□□□□葬事所
須□令宮□□□□下闕茅社而旌德永徽二年　詔

詔贈高唐縣開國公食邑一千戶恩兼□□禮□□□
□□□□□□□□□□□□□□□□下闕書贈鄙
州都督高唐縣開國公駱周字景沖深思用韜舉晉佐
藩邸□□兼隆遠□□□□□□□□□　□□□
下闕宜申旌褒之義兼加延賞之恩可贈尚書右僕射餘
官封如故其子□□朝散郎□□之　恩□□□□□
□□□□□□□□下闕夷簡神情朗晤天經地義基
百行以立身覲陳升堂包四科而敬業蕪□□量□□
□□□□□□□□□□□□□□下闕高步文昌之右
遺類私於雨露隨方彼露沐之歡變大造於陰陽稱物

□平公之施□□□□□□□□□□□下闕明故得任
切近機案躋上秩附蟬留影用表高潔之姿行馬□□
□□□□□□□□□□□□□□□□□□□□□
下闕知至是焚之式苻藏用危纊逾迫無忘致美之心隅
燭既陳猶□□□之節□□□□□□□□□□□□
□□□□□□□下闕陰德無爽絹丕排以增遥努奪金
蘭幾凝悽於宿草芳留玉樹足慰□於□□□□□□
□□□□下闕
姬御疇庸超城開國望高秦右聲馳驟扎奔案提休蟬
□□德靈慶斯遠芳□□□□□□□□□□□□□

□□□□□下闕滄茶思越純處冥感至情天發□除纖
縞乃綜縱緗弋獵□□隱□文□□□□□□□□□
□□□□□□　□□下闕雲幄累綜霜臺清禁月湛
朗識霞開黄扉夕拜紫禁朝陪簪纓□□廟登材□
□□□□□□□□□□□□□□下闕□□塡簾歲寒
增勵夙夜無虧望棘鶴關榮昭蟪冕推轂謀暢持衡譽
□□□□□□□□□□□□□□下闕□□□贈□陵
歸□畢□式陳容衛載光罨麥括玦哀盈投□慕積
鈞臺□□□□□□□□　□□□□□□□
□□下闕□□□□貞石永□□□

此碑在大道傍周墓前殘闕爲甚存者僅四百餘字非篆額字存幾不知爲馬周碑今摹碑者多不摹額是一恨也石墨鐫華

周以貞觀五年爲中郎將常何薦令直門下省修起居注六年拜監察御史擢給事中八年行侍御史加員外散騎侍郎十二年轉中書舍人十五年遷治書侍御史兼知諫議大夫檢校晉王府長史十七年拜中書侍郎兼太子右庶子十八年爲中書令二十年以本官攝吏部尚書明年晉銀青光祿大夫二十二年正月九日太宗本紀作庚寅薨贈幽州都督即以其年三

月詔陪葬昭陵高宗永徽二年加贈尚書右僕射高唐縣開國公二史敘次官爵略同唯八年加員外散騎侍郎則鈌者也以治爲持避高宗諱改關中金石記

按此碑共三十七行文約二千二百餘字前後數行漫滅中存二十九行下截復多剝蝕存者約七百字而成句可讀者亦無多也兩唐書傳稱貞觀五年詔百官言得失周爲常何條二十餘事皆當世所切太宗怪問何以馬周對太宗即名見詔直門下省而不言其修起居注碑則有之且云起綜國言虔司帝舉直之道鬖簡帝心此正起居注之職也唐書百官志無直門下省之專員惟云隋始置起居舍人二員貞觀二年省起居舍人移其職於門下置起居郎二員掌起居注錄天子之言動法度以修記事之史蓋是時周初見太宗未及授官先令直門下省而任起居注之事則直省非門下之專員也持書侍御史舊唐書職官志後周爲司憲中大夫隋諱中改爲持書御史武德因之貞觀末避高宗名改持書御史爲中丞新書百官志注高宗改治書侍御史爲中丞以避帝名文獻通考云漢宣帝元鳳中感路溫舒尙德緩刑之言

季秋後請讞時帝幸宣室齋居而決事令侍御史二人持書持書御史起於此也魏晉以下歷代因之皆作持書別無治書之名即高宗避諱是避嫌名改持書爲中丞非改治爲持也傳云貞觀十五年拜中書侍郎兼太子右庶子十八年遷中書令依舊兼太子右庶子碑則作左庶子與傳異也碑云正月九日薨於萬年縣之隆慶里第太宗紀二十二年正月庚寅馬周薨通鑑目錄是月壬午朔庚寅正九日宋敏求長安志唐京城朱雀街東第五街永嘉坊次南興慶坊注云本名隆慶明皇即

位改興慶坊內東南隅有中書令馬周左僕射溫
國公蘇良嗣二宅是周第宅所在也碑云其子□
□朝散郎下闕舊書傳則云子載咸亨年累遷吏部
侍郎新傳云咸亨中爲司列少常伯與裴行儉分
掌選事而皆不及其貞觀末之爲朝散郎也傳又
稱周臨終索所陳事表草一帙手自焚之慨然曰
管晏彰君之過求身後名吾弗爲也碑云至是焚
之式符藏用卽此事也周陪葬昭陵按長安志昭
陵圖馬周墓在百城寺南李大亮墓之左姚士廉
墓之石碑無建立年月但有永徽二年贈爵之文
卽當繫於是年

金石萃編卷四十七終

金石萃編卷四十八

賜進士出身 誥授光祿大夫刑部右侍郎加七級王昶譔

唐八

高士廉碑

碑連額高一丈四尺二寸廣五尺二分三十七行行八十一字正書額題大唐尚書右僕射司徒申文獻公塋兆記十六字篆書在醴泉縣昭陵

大唐故開府儀同三司□□□□□上柱國贈□□□
□□□□□□□□□□□□□□高陽縣開國公許
□□□□文獻公□□□記
敬宗撰

□□府錄事參軍□趙模書
蓋聞高陽洪冑響振虞庭□□□□□□□□□□□
□□□粤□□獻公□公諱儉字士廉□□□□□□
□□□□□靈命□河□壞咸樹懿□□玉□金寵隆
磐石鄞郇曾衛並□□□□風□□□□□□濟於皇
謀亦既昭于史冊此可略□言焉曾祖翻□□□□□
尉□黃鉞□尚書事□清河□□□□武□□□□□
□□□□□躬□擁樹□□□□窩□英雄道濟□□
實□宣力祖□尚書令太尉□□□□幾大都督太宰
假黃鉞清河□武王□□□□□□□□□□□□□

□□□□□□□□□□□□□□□□□□□獨運
□□搢紳□義□□長□□□封域是以□□懋績遺
譽被於雲□史書休範□烈□於典冊父勸襲爵淸河
王攺封樂□□北□□□□□□□□□□□□□□
□□□□□□□□□□□□□□□□歸於□侖踰
炎漢□宗□□□興於郢容旣而□臺覆構紫□生□
八□□□一門養素□嘉懿德禮越箕微帝念□良□
□□□公□厥□□□□□之□□□□□□□□液
之□□□□□□□□□□□□□□□問學靡常師
馳騁□流因心而□合翺翔六藝寓目以研幾□□□

□□□溪而□解精通廟略望鬼谷以□□□□□□
□□□□□□□□□□□□□□□□□□公□□
□□□□□□□□□□□□素里□□人□祖□□
□□□中書侍郎薛道衡□□張左莫不鬪風扼腕申
以志□□交承閑載酒服□□□之義□□□□之□
□石□□□□□□□□□□□□□□□□□□□
□□□□□□□敬從□貢□□□□□□□郎奏太
子舍人事若夫□雲遊霧□漸陸以高驤拂日摩霄□
尺木而爲本聊□蟆□□□□□□□□□□□□□
□□□□□□□□□□□□公□□□□□□□□

□□□□□生□服□□□□馬氏□□□□□□□
□□□□□於公雅量□□□□□□于時□庭遐□
鯨鯢孔熾瀟湘□□梟獍□□□□□□□□□□□
公□□□□□□□□□□□□□□□□□□□
大唐握符創□革命受昌□蘇之「」□□□□□□
□□□□□□□□□□□□□□□□□□□□□
□□□□度□□□□□□□陽之□□□□少芒□
之□尙□桴鼓以公爲□□司馬□大將軍□奉之牧
郎一　文皇帝也神武開基風雲感□庶□人□□
□□□□□□□□□□□□□□拓之□□□□□

□□□□□□□得□□□□　□襟若□□□□□
如投水故以潤色□造發濟機□□橫□□光贊□□
□德暉於樂善若斯而□□會□伊始□□□□□□
□　太宗入備前□引爲右庶子俄而　榮宸
□□□□□□□□□□□□□□射之淸賞□□□
□□□　明儲舊邦之命惟□□□□□□□郎
以其□進拜□□封義□郡公邑□□戶眞□□□賦
□百戶豊貂觸禮發天□之榮曜桓珪分器□□□之
□□□□勳□□□□□□皐溥俗解瑯□□章華□
□剩□□□□通爽□□帶□□之□地接蠻陬□□

□□之□變其流蕩必□仁□是□□公□安□慶高
循五督府四十八州諸軍事□州大都督□□□□□
□□□□□□□□□□□□以□□□□□□□華
陽又命公□□州大都督府長史進位左光祿□□□
□帝□居□□陽爲□□□□華錫趙□罷絕其藩俗
□之□寄允□□舉旣而□□□□□公□□□□□□
□□□馳於劒棧開鑿設□□化□於□軀□□□國
鳴絃□絕□心之□□□險□□復發□之□尋進封
許國□□□尚書激濁揚清別□流之涇渭昇貞黜佞
區三端□□□□朝□□褁野□□□□□□□□由

兹盡□多士□□□□詠又以□□之道義在澄源
收實□宜□□□請□□□□　詔從焉於是
□□□□發明優劣□量世系考正高卑不失錙銖等
□衡於□□□□□□□□□□□□□定嘉□稱爲
大唐□□□□□□卷　詔頒四海　帝疇
乃庸加□特進上柱國□改封申國公□□□州刺史
□□如故□□□□繼世□□□□□□體國□義□
□遵□□師□之□□□□□□□□□□□卬□□
□□之□　□□□□□□□□□□帝高其志竟
不遵之儀昇爲尚書右僕射□□□□□□□□□

櫂□流空□□□□□□□□之□極宸□於是曾
□進□開府儀□□□□□□□□緣□□論
□甲第黃□□□□□□□賜机禮及□車□止
之□撫落□□□感□□□□□□□□□□□□
□□□□□□□□□□□□□□□情頻抗廣德
之□□□□之□　□□□停□務依舊猶總
□□□□□　□□著文思傳要於是包含□略□
□□□□□□□□□□□□□□懷□□就望海
□測其□□□□□□詳其際合□二百卷上□
延□□□幸□陽□□□太傅公□　今上□□

□□□□□□之□內盡家人之□每□□□□優
禮□□斷□咸事□□□□案□□机及　□
□□□　儲□□□公□□并州□□勞發□□降
□□□疾私庭□□京師□酉□□中使絡驛
相望道路手詔紛綸慇懃旦夕從幸靈武益增□□
□□□□□□□　帝□□□□□□□□□
□□□□　天慈臨訣□死對□□□　□
懷□□□欷還宮輟膳悲不自勝□以貞觀廿一年正
□五日薨于正寢中使還□清□出宮□□□□□
□□□□□□　□□不念□□□□司徒□□□崇

聖體馳謁道次□□□事　□□□之方□
□□塋廬□□□□□□乃命□進太子詹事英國公
勣□□□贈司徒□□□□□□□□□□□□□□
□□□□□□獻公□□□□有　□□及夫八鮮于
□□陪葬於　□□□班劒□□□□鼓吹凶事所
須□令官給卽以其年二月廿□□□□于九嵕山之
南趾墓而不壙□□□□□□□□□□□□□□□
□□□□□之路□□□□□　太宗親御城樓
俯臨□□靈□滅□□□□□□□□□□□□□□
□□□勝□　勑□□□□許敬宗□　□

慰問賵□節□□□□□□　手勑公□司徒□□
□卿□風□□□□情□觀□□何可堪處恩深□□
潤□□□□緒□□□□□□□□□□□□□□□
□命□□配享　太宗廟庭洎于□□□封□□
□□□□□□□□□□□□□□□□□□□秀□
容可法貞□若神下肇敷□皆爲警策興□□論盡□
精微□以□□□□理□□□蘭薰玉潤天義□於□
賢推信敷仁□道□於□子知□之□□靈□□□□
□□□□□□□□□□□□□□□□輻湊□□□
□□□□□第如芝室塋仙冊而不□□彼□霄□□

□□□□□其朱紫洎□　□□在運物□相求□
□□□欝□□棟□鈞始□□爲□□□□□□□□
□□□□□□□□□□□□□於□□撿身能□利
物斯□在□□□推恩乃□□□□之化□□露之□
沾通夷夏之情若條風□必□加以義方□□□□□
之觀高宅相外融追何□之□似於是□□□□□□
□□□□□公□私□□酌□模楷可謂□□□德國
□入□者焉及稅駕東川撤懸西□　太宗顧瞻
台耀想託□而□□□□雲臺□□□□□□□□□
□□□□□豐碑□□之□將□□□□窆之痛爻象

之□□煥遽迫晏駕之□小□履□面承　恩旨刻
肌刻骨悲□□之□□□□□心□家聲之莫祀竊惟
□陽□彩□□□□繼□□□□□□□□□□□□
凵斯義弗□□碑是用□珖□□□□塋兆而已

碑側題記

記兩列一五行一七行正書

大唐會昌四年五月四日六代孫尚書右丞元裕□
□□□□□
昭陵□□□□□□塋所
六代孫正議大夫行給事中上柱國渤海縣開國男

食邑三百戸賜紫金魚袋少逸□　□不獲□□
□□□□□附名題于碑側大唐會昌四年五月十五
日書

右唐高士廉塋兆碑記唐史及元和姓纂皆云士廉父名勵而北史作勱今此碑與北史合蓋唐史及姓纂轉寫誤爾碑許敬宗撰趙模書模字畫甚工蓋貞觀中太宗命臨蘭亭序者金石錄

碑僅存三百餘字稱公諱儉字士廉則公亦以字行但房公名喬字元齡以字行而碑曰諱元齡字喬歐陽公嘗以爲疑云新唐書房元齡字喬以高公塋兆

記觀則喬果爲字乎此似未見房公碑者趙模在貞觀中以書名嘗與諸葛貞臨蘭亭刻石者此書方整秀逸大類歐虞惜不全見碑側題字數行亦半泐其一云元裕其一云少逸按唐史稱元裕少逸相代兄弟迭處禁中又曰會昌中少逸爲給事中然則此正兄弟相代時也而史不書少逸封爵且又不言二人爲士廉後唐世重氏族豈其譜逸耶二人立朝亦非没没者非此幾令申公不得有其孫矣石墨鐫華

右高士廉塋兆記止存上二尺許可拓者額篆書云尚書右僕射司徒申文獻公塋兆記蓋陪葬昭陵稱碑者甚多此獨異也新史封許國公此云申文獻者加封之國與謚也舊書前云封許國後云太子令日攝太傅申國公與碑合士廉名儉以字行畫像淩烟閣授文思博要一千二百卷上之皆爲新史遺金石後錄

趙模書世不多見予得此紙碑本不全而文多磨泐可識者纔七十餘字耳鐵函齋書跋

此碑殘缺難讀其云大都督太宰假黄鉞淸河昭武王者乃其祖嶽也舊唐書以爲太尉不言其謚又云父勱襲爵淸河王改封樂安舊書勱作勵當以碑爲正云于九嵕山之南趾塋而不墳今碑在醴泉縣之

劉洞村當卽其地也集古錄以爲貞觀二十一年立許敬宗撰文趙模書丹案碑稱文皇帝又云太宗廟庭考士廉配享在高宗卽位之初然則此碑之立亦在其時不得言貞觀明甚抱經堂文集

按此碑文凡一千六百餘字石墨鐫華云僅存三百餘字鐵函齋書跋云可識者僅七十餘字雍州金石記云存二百餘字今此文存者得一千二百餘字幾及全碑之半文但有序而無銘詞塋記之體如是然不曰神道碑而曰塋兆記是又一例也撰文者許敬宗但存其爵曰高陽縣開國公書碑

者趙模但存其官府録事參軍趙模無傳可攷新唐書許敬宗傳太宗朝敬宗以修史勞封高陽縣男高宗即位將立武昭儀敬宗陰揣帝私妄言於帝得所欲詔敬宗待詔武德殿西闥頃拜侍中監修國史爵郡公高宗本紀永徽六年十月己酉廢皇后爲庶人乙卯立宸妃武氏爲皇后據敬宗以廢立事得進爵郡公則立碑當在永徽六年矣但傳稱敬宗爵郡公碑題作縣公爲異耳似係貞觀廿一年葬而永徽六年立碑也文云高陽洪冑響振虞廷謂高陽氏才子八人謂之八元舜舉之使

布五教於四方者也然宰相世系表謂高氏出自姜姓則非系出高陽矣碑又云公諱儉字士廉舊唐書傳稱高儉字士廉目録直云高士廉新書傳云以字顯獨宰相世系表則云宗儉字士廉相太宗爲異碑又云曾祖翻清河□祖□清河□武王父勱襲爵清河王改封樂□□北齊書清河王岳傳岳字洪略高祖從父弟也父翻字飛雀魏朝贈太尉謚孝宣公岳仕顯祖朝進封清河郡王薨贈使持節都督冀定滄瀛趙幽濟七州諸軍太宰太傅定州刺史假黄鉞謚曰昭武子勱字敬德以清河地在畿内改封樂安王轉侍中尚書右僕射齊亡入周授開府隋朝歷揚楚光洮四州刺史舊唐書高儉傳儉曾祖飛雀後魏贈太尉祖岳北齊侍中左僕射太尉清河王父勱北齊樂安王尚書左僕射隋洮州刺史新書傳儉齊清河王岳之孫父勱樂安王入隋官洮州刺史唐書宰相世系表則云翻字飛雀後魏侍御中散孝宣公子岳字洪略北齊太保清河昭武王子勱字敬德隋洮州刺史樂安侯諸書詳略互異又如此士廉之父諱兩唐書皆作勵惟北齊書作勱與碑同說文勱勉力也

莫話切勵勉力也力制切是二字音異而義則同唐時或通用否則轉寫誤也碑載士廉歷官多缺略當取新舊唐書本傳參校可補碑之缺碑缺士廉春秋若干舊唐書傳云年七十二新書作七十一爲不同則未知孰是也碑云九嵕山南趾墓而不墳九嵕山在馮翊谷口前漢地理志注在醴泉界禮檀弓古者墓而不墳注土之高者曰墳揚子方言凡葬無墳謂之墓有墳謂之塋故檀弓云墓而不墳蓋平曰墓封曰冢高曰墳碑云墓而不墳者謂其不高也然額仍題塋兆記想墳與塋可通稱

矣碑書錙銖作錙銖别體字碑側題記者六代孫尚書右丞元祐又六代孫正議大夫行給事中上柱國勃海縣開國男食邑三百戸賜紫金魚袋少逸據宰相世系表則少逸是兄官工部尚書其封勃海縣男者乃少逸之弟元裕字景圭初名允中官吏部尚書與碑不同其題記在會昌四年距葬後一百九十八年矣

褚亮碑

碑連額高一丈六寸廣四尺八分二十八行行六十五字隸書額題大唐褚卿之碑六字篆書在醴泉縣西峪鄉

府君諱亮字□□□南陽翟人也譽爲□□白狼表慶□□□□□□□下闕□□□□□之功□臣佐非常之德郎府君十壹代祖安東將軍揚州都督關內侯□□□□□下闕□□□□道可師□用仁羅教文武不墜英風自遠屬胡兵入洛晉馬浮江爰及宋齊□□□□□□□下闕□□□□中齊東陽太守復爲侍中遷吏部尚書贈太常卿謚貞子門庭清簡少懷獵□□□□下闕□□□□清譽□□蒙梁儀同廬陵石東閣祭酒太子□舍人東朝沃諾上邸拔襟韜□□□□□□下闕□□□□政霞綺敷□動名教於搢紳欽徽猷於僚寀府君辰緯凝曜川岳降靈黄□帝師之□鄰□□□下闕□□□□□焉浩浩焉神情共雲嶸爭高介問與風松俱遠汰鉛芳於筆海架□匠於天材□□□之□□下闕□□□□□丁秘監府君憂哀號致毁幾將滅性陳後主栖神雅什筭聲鴻圖景暖春坊雲□□□□子□下闕□□□□□命□□屬允膺嘉選隨開皇九載平陳府君南朝冠冕□京謁見家國□□不求聞達□□下闕□□□□□庭大業七年授太常博士彝倫爲施政之本忠信乃達禮之源凡厥□益多□修□□下闕□□□□以爲黄門侍郎雖霜威見

屈而風槩弥竦　□□自天縱聖神武遐□□□□□之□下闕□□之□□□入幕之賓武德元年延爲文學太公之逢西伯高步天師鄧禹之赴蕭王□□□□□□下闕□□□□□□□輸山川形勝乃託賞風雲　恩聘賜詩有同枚叔上書諫獵尤□馬卿□□□□□下闕太宗監國光啓震維必□正人務從國本改授中允貞觀元年封陽翟縣男□□□□□□下闕□食邑七百戸及年登月制休老于家觴蓋成陰椿春卿之寵錫芳琮狎至石大夫之□□□□□下闕□□□寢疾而薨　　太宗爲之廢朝悼深流涕

中使相望存問不絕□□□□魏□□下闕□□□□□圍
祕器葬事所須並宜官給儀仗鼓吹送至墓所夫人椰
氏亦同安厝□慕無□□□□下闕□□□□老莊之
齊致同李郭之淸塵言行無爽於庭蘭忠愼有踰於溫
樹洞握河之□簡□□之□□下闕□□□□葉名侍
近時逢靜亂早擅文房預衆帷幄恭承嘉聘乃留情於
啓沃咨□□□□□□□下闕□□秋□□□□□
之際遠諸淸放之前所製文集撰成卄卷咸爲□　詔
侍奉遊作陳□流詠□□□下闕□子□□□普州長
史襲封陽翟侯遂賢撫膽霜露永懷罔極歲月緜遠淒

涼荒壟□□□□□□□下闕□□□□式刊貞石取
爲銘曰
鬱暎遙源會華胄緒蘩祺承業昭鉤析宇粤自恭公雅
流子褚德□□□□□□下闕□□□□□聲珪璋
逐襲變佐光才家崇晉去國喪陳來語默雖切榮名詎
摧一□□□□□□下闕□□□□名揚青蓋象屯金
陵氣竭利在攸往誕生聰哲二陸道存三張譽折□□
□□□□□□下闕□□□□府門庭雅素意緒薰華賦
樓光□文閣生霞琴延夕月酒汎晨花□□□壽□□
□家□□□□下闕□□□譽無虧綜冠蓬□義□□□

禆理凝絢淸文挺秀蔚郁才林超揚詞圃□□□□□
□下闕
右唐褚亮碑唐書云亮杭州錢塘人而碑云晉南遷
家於丹陽按元和姓纂自有錢塘褚氏與亮族不同
系唐史蓋失之金石錄
亮遂良父也由陳入隋由隋入唐八十八卒碑已殘
闕不可詳攷分隸與馬周碑如出一手疑亦殷仲容
書遂良能書非仲容輩恐不得汙其父碑也石墨鐫華
碑已殘剝分隸精工之甚唐石之最佳者字與馬周
碑相類馬碑金石錄謂爲殷仲容書則此碑知爲仲

容無疑也仲容盛負書名河南公肎舍之他求乎庚子銷夏記
金石文字記云高宗時立林吉人藟話堂碑目註貞
觀年殷仲容書按亮雖卒於太宗時而碑云撫膽霜
露永懷罔極歲月緜遠則建碑刻銘必非彼時之事
林云貞觀但據所終之時而言蓋未詳攷也顧云高
宗時必別有所據　崇禎十一年苟好善修醴泉縣
志載昭陵諸碑謂其字尚有存者僅二十一片而褚
亮碑不在其內今覩拓本尚存五百餘字數高士廉
豆盧寬諸碑不啻過之不知前人何以獨遺不錄也

金石存
按額云大唐褚卿之碑褚字从衣从者而此篆从禾
从岜从甘考者上从耂既與考老不同下从白音自又
與甘不同唐人六書之疏如此醴泉縣志
碑已磨泐多不能讀僅存四百餘字雍州金石記
碑無年號因其卒于貞觀時故附置於此關中金石記
右贈太常卿褚亮碑凡廿八行下截已失每行僅存
廿一字其篆額云大唐褚卿之碑與他碑式異褚字
左从禾右从老省益不通六書者所作也亮卒於貞
觀廿一年十月碑之立在高宗朝其時遂良已得罪

貶死故祗述襲封陽翟侯遂賢一人潛研堂金石文跋尾集
按此碑雖殘闕存者尚幾八百字諸家所見或云
五百餘字或云四百餘字或云二百四五十字似
皆非全搨即潛研堂跋云碑廿八行每行僅存廿
一字今搨凡廿六行行存廿七八字彼此亦不同
也碑云府君諱亮字□□□南陽翟人也唐書褚
亮傳亮字希明杭州錢塘人金石錄謂亮杭州錢
塘人而碑云晉南遷家于丹陽元和姓纂自有錢
塘褚氏與亮族不同系唐史蓋失之今碑已泐去
晉南遷家于丹陽一語唐書宰相世系表元成間

有褚先生少孫裔孫重始居河南陽翟裔孫䂮字
武良晉安東將軍始徙丹楊舊唐書亮傳則云杭
州錢塘人其先自陽翟徙居焉不云徙自丹楊亦
不詳徙自何人然亮之先世自高祖以下歷仕齊
梁陳隋諸朝碑略可見則自丹陽徙錢塘必在高
曾之世矣而碑仍稱陽翟者存其舊貫也錢塘褚
氏之見于史傳者在晉則有褚陶在齊則有褚伯
玉在梁則有褚脩皆不與亮同系然亮與遂良舊
宅實在錢塘咸淳臨安志皇城圖城東有褚氏舊
宅即亮居也今名其地曰褚家堍其居今爲昭忠

祠里曰忠清屬仁和萬歷杭州府志稱其祠爲遂
良故居實即亮居也別有在臨平山下者乃褚无
量故宅太平寰宇記无量家近臨平湖者是也此
亦與亮不同系餘如褚陶諸公則故蹟無攷矣碑
云府君十一代祖安東將軍揚州都督關內侯而
闕其名宰相世系表乃始居陽翟之裔孫招也碑
云齊東陽太守復爲侍中遷吏部尚書贈太常卿
謚貞子而闕其名宰相世系表炫字彥緒齊安成
王師謚曰貞乃亮之高祖也南齊書炫傳歷官與
碑同其守東陽在建元初其遷吏部尚書在永明

元年由吏部改授散騎常侍領安成王師世系表爲略但載其所終之官而碑舉其大故亦不書安成王師也碑云蒙梁儀同盧陵口東閤祭酒太子口舍人此上闕泐三十餘字當是叙亮之曾祖也舊唐書稱曾祖湮梁御史中丞新唐書稱曾祖湮父玠有名梁陳間宰相世系表則炫子漢梁御史中丞中書侍郎南史褚裕之傳則云炫子湮字士洋仕梁爲曲阿令歷晉安王中錄事正員郎烏程令還爲太尉屬延陵令中書侍郎太子率更令御史中丞湘東王府諮議參軍三書所載其名不同

如此惜碑文不存無從定其孰是矣蒙爲亮之祖南史云位太子舍人舊唐書云太子中舍人碑於舍人上闕一字當即中字隋書百官志太子有中舍人四人舍人十六人隋制大率兼采梁陳之舊則有中字者爲確宰相世系表亦但作太子舍人且以其名爲象則更誤矣碑文此下又泐三十餘字當是叙亮之父玠舊唐書亮傳父玠陳秘書監新書傳不著其官宰相世系表則云玠字温理陳御史中丞掌東宮管記南史玠傳陳天嘉中兼通直散騎常侍遷中書侍郎除山陰令累遷御史中

丞卒于官至德二載贈秘書監碑所存勅名教於稽紳暎徽猷於僚采二語殆謂玠也而下有云丁秘書監府君憂益御史中丞是生前歷官秘書監是卒後贈官惟掌東宮管記則傳未及也碑載亮歷官可見者陳後主時官春坊隋開皇九載平陳大業七年授太常博士下闕黄門侍郎武德元年延爲文學太宗監國改授中允貞觀元年封陽翟縣男老于家今以薨年八十八在貞觀二十一年推之其生爲陳文帝天嘉元年則其筮仕後主年甫弱冠也新書傳仕陳累遷尚書殿中侍郎入隋爲

東宮學士遷太常博士貶西海司戶後爲薛舉黄門侍郎秦王授王府文學貞觀中累遷散騎常侍封陽翟侯舊書傳前段同惟貞觀元年爲宏文館學士九年進授員外散騎常侍封陽翟縣男拜通直散騎常侍學士如故十六年進爵爲侯食邑七百戶較新書爲詳而尤足補碑之闕也碑敍薨逝年月傳亦不詳太宗本紀貞觀二十一年十月癸丑褚遂良罷二十二年二月起復新書遂良傳進黄門侍郎參綜朝政會父喪免起復爲中書令舊書傳二十一年以本官檢校大理卿尋丁父憂解

明年起復舊職俄拜中書令據此則亮之薨在貞觀二十一年十月癸丑也而其陪葬昭陵當郎在二十二年二月以前碑云所製文集撰成廿卷與唐書藝文志合又云普州長史襲封陽翟侯遂賢宰相世系表長子遂賢都王友襲侯考高祖太宗諸王未有所謂都王者碑又云撫瞻霜露永懷罔極歲月緜遠凄涼荒壟玩其語氣自在遂良卒後二歲追削官爵子孫配流愛州及宏道元年二月高宗遺詔放還本郡之時距亮薨已三十七年也碑文前云元鳥口口白狼表慶銘詞又云纂祺承

業昭鉤析宇粤自恭公祚流子褚抱經掌集謂纂祺二語不得其解按宰相世系表褚氏出自子姓宋共公子段字子石食采于褚其德可師號曰褚師生公孫肥子爲褚氏則褚乃子姓商之後也史記宋世家共公乃文公之子瑕其公子食采事無攷史世家作共公五行志作恭公與碑同詩天命元鳥降而生商禮月令鄭注高辛氏之世元鳥遺卵娀簡吞之而生契宋書符瑞志湯在亳能修其德有人牽白狼銜鉤而入商朝碑蓋皆爲褚姓推原其出于宋而肇祥於商也額題大唐褚卿之碑都與他額異例推揣其故亦因去世荒遠恩澤久替追立墓碑不欲繁稱但以一卿字該其官位而以褚字表其姓而已蓋稱卿猶言褚公也

金石萃編卷四十八終

金石萃編卷四十九

賜進士出身　誥授光祿大夫刑部右侍郎加七級王昶譔

唐九

慈恩寺聖教序

碑高六尺三寸廣三尺五分共二十一行行四十二字正書篆額在西安府慈恩寺

大唐三藏聖教序

太宗文皇帝製

中書令臣褚遂良書

蓋聞二儀有象顯覆載以含生四時無形潛寒暑以化物是以窺天鑑地庸愚皆識其端明陰洞陽賢哲罕窮

其數然而天地苞乎陰陽而易識者以其有象也陰陽處乎天地而難窮者以其無形也故知象顯可徵雖愚不惑形潛莫覩在智猶迷況乎佛道崇虛乘幽控寂弘濟萬品典御十方舉威靈而無上抑神力而無下大之則彌於宇宙細之則攝於豪釐無滅無生歷千劫而不古若隱若顯運百福而長今妙道凝玄遵之莫知其際法流湛寂挹之莫測其源故知蠢蠢凡愚區區庸鄙投其旨趣能無疑惑者哉然則大教之興基乎西土騰漢庭而皎夢照東域而流慈昔者分形分蹟之時言未馳而成化當常現常之世民仰德而知遵及乎晦影歸真遷儀越世金容掩色不鏡三千之光麗象開圖空端四八之相於是微言廣被拯含類於三途遺訓遐宣導羣生於十地然而真教難仰莫能一其指歸曲學易遵邪正於焉紛糺所以空有之論或習俗而是非大小之乘乍沿時而隆替有玄奘法師者法門之領袖也幼懷貞敏早悟三空之心長契神情先苞四忍之行松風水月未足比其清華仙露明珠詎能方其朗潤故以智通無累神測未形超六塵而迥出隻千古而無對凝心內境悲正法之陵遲栖慮玄門慨深文之訛謬思欲分條析理廣彼前聞截偽續真開茲後學是以翹心淨土往遊

西域乘危遠邁杖策孤征積雪晨飛途閒失地驚砂夕起空外迷天萬里山川撥煙霞而進影百重寒暑躡霜雨而前蹤誠重勞輕求深願達周遊西宇十有七年窮歷道邦詢求正教雙林八水味道飡風鹿苑鷲峯瞻奇仰異承至言於先聖受真教於上賢探賾妙門精窮奧業一乘五律之道馳驟於心田八藏三篋之文波濤於口海爰自所歷之國總將三藏要文凡六百五十七部譯布中夏宣揚勝業引慈雲於西極注法雨於東垂聖教缺而復全蒼生罪而還福濕火宅之乾燄共拔迷途朗愛水之昏波同臻彼岸是知惡因業墜善以緣昇昇

鑒之端惟人所託譬夫桂生高嶺雲露方得泫其花蓮
出淥波飛塵不能汙其葉非蓮性自潔而桂質本貞良
由所附者高則微物不能累所憑者淨則濁類不能霑
夫以卉木無知猶資善而成善況乎人倫有識不緣慶
而求慶方冀茲經流施將日月而無窮斯福遐敷與乾
坤而永大

永徽四年歲次癸丑十月己卯朔十五日癸巳建

大唐皇帝述三藏聖教序記

碑高廣與序同共二十行行四十字
正書左行篆額與序同在慈恩寺

皇帝在春宮日製此文

尚書右僕射上柱國河南郡開國公臣褚遂良書

夫顯揚正教非智無以廣其文崇闡微言非賢莫能定
其旨蓋真如聖教者諸法之玄宗衆經之軌躅也綜括
宏遠奧旨遐深極空有之精微體生滅之機要詞茂道
曠尋之者不究其源文顯義幽理之者莫測其際故知
聖慈所被業無善而不臻妙化所敷緣無惡而不翦開
法網之綱紀弘六度之正教拯羣有之塗炭啓三藏之
祕扃是以名無翼而長飛道無根而永固道名流慶歷
遂古而鎮常赴感應身經塵劫而不朽晨鐘夕梵交二
音於鷲峯慧日法流轉雙輪於鹿苑排空寶蓋接翔雲
而共飛莊野春林與天花而合彩伏惟

皇帝陛下

上玄資福垂拱而治八荒德被黔黎斂衽而朝萬
國恩加朽骨石室歸貝葉之文澤及昆蟲金匱流梵說
之偈遂使阿耨達水通神甸之八川耆闍崛山接嵩華
之翠嶺竊以法性凝寂靡歸心而不通智地玄奧感懇
誠而遂顯豈謂重昏之夜燭慧炬之光火宅之朝降法
雨之津於是百川異流同會於海萬區分義總成乎實
豈與湯武挍其優劣堯舜比其聖德者哉玄奘法師者
夙懷聰令立志夷簡神清齠齔之年體拔浮華之世凝
情定室匿跡幽巖棲息三禪巡遊十地超六塵之境獨

步伽維會一乘之旨隨機化物以中華之無質尋印度
之真文遠涉恒河終期滿字頻登雪嶺更獲半珠問道
往還十有七載備通釋典利物爲心以貞觀十九年二
月六日奉 勑於弘福寺翻譯聖教要文凡六百五
十七部引大海之法流洗塵勞而不竭傳智燈之長燄
皎幽暗而恒明自非久植勝緣何以顯揚斯旨所謂法
相常住齊三光之明 我皇福臻同二儀之固伏見

御製衆經論序照古騰今理含金石之聲文抱風
雲之潤治輒以輕塵足嶽墜露添流略舉大綱以爲斯
記

永徽四年歲次癸丑十二月戊寅朔十日丁亥建

萬文韶刻字

余舊藏褚登善聖教序記婉娟道逸波拂如鐵線蓋善本也後陝省致一紙輕弱不足言或以爲翻刻或以爲有二本第俱有可疑者舊藏本稱龍朔三年建按遂良以永徽六年貶潭州顯慶二年徙桂州未幾貶愛州歲餘卒蓋未嘗生及龍朔也豈遂良嘗書之至是始摹搨上石耶陝省本則云永徽四年中書令臣褚遂良書考之本傳宰相表遂良自觀末爲中書令後罷永徽三年以吏部尚書同中書門下三品四

年進尚書左僕射疑皆後人附益之耳　弇州山人藁

此以序與記分刻二碑于慈恩寺塔下分東西兩龕置之風雨與蘚牧俱不能及是以能久而不毀后署永徽四年書似不及同州本　石墨鐫華

陝西今有二碑一永徽四年建止有高宗記無太宗序乃自左寫向右若倒書然者畢輕弱不足觀斷是重摹本第後銜稱尚書右僕射正與史合不係中書令不知司寇何由據爲駁一龍朔三年建太宗序高宗記俱全但無兩答敕及後心經波拂處雖有鐵線意然字畫亦未甚圓淨似亦重摹者後一行有大唐褚遂良書在同州倅廳十一字則絕拙濫與前字不倫的是後人妄益者跋謂河南公未及生在龍朔良是考懷仁聖教係咸亨三年刻上去永徽癸丑二十年龍朔癸亥十年此文撰在貞觀廿二年應係永徽間勒石同州刻想在龍朔年是唐初搨本故猶不甚失筆意第後行姓名既係增出則何豫定其爲褚雖筆法可玩安知非彼時善書者書耶永徽本的是近時人摹殊失真甚想懷仁本行褚石久湮滅耳庚寅歲余通書司寇公偶及此乃作漫語答似猶不以爲然　書畫跋跋

趙崡曰據張茂中遊城南記云寺經廢毀殆盡惟一塔儼然則今寺亦非唐舊而塔自宋熙寧火後不可登萬歷甲辰重加修飾施梯始得至其巔求記所謂唐人墨蹟孟郊舒元輿之類皆不可得塔下四門以石爲桄桄上唐畫佛像精絕爲遊人刻名侵蝕可恨東西兩龕褚遂良書聖教序記尚完好而唐人題名碑刻無一存者問之僧云塔前元有碑亭乙卯地震塔頂墜壓爲數段今亡矣　金石文字記

長安慈恩寺有河南所書聖教序記分爲二碑嵌壓塔門東西兩傍最完好序云永徽四年十月十五日

建中書令臣褚遂良書記云永徽四年癸丑十二月十日建尚書右僕射上柱國河南郡開國公臣褚遂良書此自同州召還後筆稱臣者以御製文非奉敕書也（庚子銷夏記）

聖教序今在西安府南六里慈恩寺塔下序記分兩石東西兩龕嵌之序右行記左行序字差小記字差大蓋序書于永徽四年十月記書于十二月非一時故也按舊唐書公以永徽元年進封河南郡公尋坐事出爲同州刺史三年徵拜吏部尚書則此記序乃是同州召還後所作其稱臣者郭引伯言以御製文

非奉敕書是也序以十月書銜稱中書令記以十二月書銜改稱尚書右僕射意其代張行成爲尚書右僕射在十月後而史不及詳也（竹雲題跋）

右三藏聖教序并記兩碑皆建于永徽四年一在十月一在十二月而遂良題銜一稱中書令一稱尚書右僕射上柱國河南郡開國公殊不相合考唐書宰相表遂良以永徽元年罷中書令三年拜吏部尚書同中書門下三品四年進尚書左僕射舊史遂良傳亦同惟以左僕射爲右僕射此碑正作右僕射可證表左字之誤其稱中書令者王元美以爲出于後人附益理當然也（潛研堂金石文跋尾）

劉軻撰三藏大遍覺塔銘曰貞觀廿年秋七月法師進新譯經論請制經序序成神筆自寫太宗居慶福殿百寮陪位坐法師命上官儀讀之卽此序　大遍覺塔銘又云貞觀廿二年夏天皇大帝居春宮又制述聖記及菩薩藏經後序據此則高宗所作又有藏經序也手荅稱所作論序鄙拙尤繁以此今序不傳（關中金石記）

按三藏法師元奘舊唐書列入方技傳稱元奘洛州偃師人載元奘事既簡略語復小譌大藏孰字

號一函載全傳十卷于西域求經事最詳傳是沙門慧立撰本五卷釋彥悰箋而廣之凡太宗御製聖教序元奘謝表太宗荅敕高宗爲太子時作三藏聖記元奘謝啓太子牋荅並在傳中惟別刻石本所有元奘又表謝文皇再荅敕則慧立所不載而慧立又有元奘求序表諸石刻本無傳今錄附于後慧立撰傳稱三藏聖教序七百八十一字神筆自寫敕貫衆經之首神筆者御筆也貞觀二十二年六月皇太子作三藏聖記于是宏福寺主圓定請鐫二序于石藏之寺中寺僧懷仁乃集右軍

書勒于碑是歲建大慈恩寺別造翻經院元奘請建慈恩塔塔南面有兩碑刻二聖三藏聖教序記乃河南公褚遂良所書蓋當時石刻止有二本也懷仁本於序記表箋之後有二行云敕賜雲衲一領妙絶古今又敕天下寺度五人維持聖教皆其力也事見慧立撰傳貞觀二十二年七月景申施衲袈裟一領剃刀一口其袈裟宮中所製價値百金帝又問曰欲樹功德何最饒益對曰宏法由人度僧爲最是年九月己卯詔京城天下諸州寺宜各度五人宏福寺度五十人卽其事也惟八月三

日内出心經刻入碑中者傳無所考按各梵經皆有緣起令此心經出自大内不知屬於何部旣無阿難如是我聞之語又無菩薩啓請之文據題云金剛般若波羅蜜多心經似從大般若經中摘出如法華之普門品首楞嚴之從聞思修摘出單行者開元釋教錄載大般若波羅蜜多經六百卷注云見翻經圖佛於四處十六會說顯慶五年正月一日於玉華宮寺玉華殿譯至龍朔三年十月二十畢沙門大乘光大乘欽嘉尚等筆受當貞觀二十二年大般若經尚未翻譯太宗或先譯就出以

行世故從内出也又考金剛般若波羅蜜經見開元釋教錄中云金剛般若波羅蜜經一卷亦云金剛般若經佛在舍衛國者初出與元魏留支等出者同本又金剛般若波羅蜜經一卷永平二年於胡相國第譯是第二出僧朗筆受與秦鳩摩羅什及大般若第九會能斷金剛分等同本此金剛般若波羅蜜之緣起也又心經末有咒及是大神咒之語則有觀自在菩薩隨心咒經一卷亦云多心經唐總持沙門釋智通譯十一面觀世音神咒經一卷於四天王寺譯上儀同城陽公蕭吉筆受

初出與唐譯十一面神咒心經等同本並見開元釋教錄中并附記于此以備考云心經後列于志寧來濟許敬宗薛元超李義府五人銜名并奉敕潤色字此是顯慶元年正月事傳載是月景寅册代王治爲皇太子就大慈恩寺設齋遣朝臣行香府黃門侍郎薛元超中書侍郎李義府因參法師問曰翻經之外更有何事可以光揚法師報以苻姚已來翻宣經論除僧之外君臣皆可贊助壬辰乃宣敕曰大慈恩寺僧元奘所翻經論旣新翻譯文義須精宜令太子太傅尚書左僕射燕國公于

志寧中書令兼檢校吏部尚書南陽縣開國男來濟禮部尚書高陽縣開國男許敬宗守黄門侍郎兼檢校太子左庶子汾陰縣開國男薛元超守中書侍郎兼檢校右庶子廣平縣開國男李義府中書侍郎杜正倫等時爲看閱有不穩便處即隨事潤色是當時同奉敕潤色者尚有杜正倫一人碑未列也殆是遺漏碑中結銜來濟不書兼檢校吏部尚書薛元超不書汾陰縣開國男李義府不書廣平縣開國男皆碑之略也此下云咸亨三年十二月八日京城法侶建立及諸葛神力朱靜藏二人銜名此又一時事咸亨三年上距顯慶元年于志寧等奉敕潤色且十七年而距貞觀二十二年懷仁刻石又二十五年矣此葢別建一碑所謂京城法侶者不知何寺之法侶傳無所考矣元奘傳慧立撰之外別有唐西崇福寺沙門智昇所撰傳見開元釋敎録稱元奘本名禕爲慧立所無餘俱大同舊唐書較慧立撰祇百之一所記亦大同惟載諸臣潤色之後又有國子博士范義顒太子洗馬郭瑜宏文館學士高若思等助加翻譯此三人爲慧立所不載又元奘入西域自玉門關至高昌

從此孑然孤遊遍歷五印度境抵南印度渡殑伽河參鳩摩羅王得經六百五十七部及舍利金銀佛像等凡歷一百二十八國閱十七年歸朝撰大唐西域記國名詳見慧立撰傳中舊唐書祇云經百餘國者約略之詞也論此碑者多未詳考原委故叠註之其懷仁本及王行滿書二碑論辨別見于後

附求序表 藏經三藏法師傳録出

沙門元奘言竊聞八正之旨實出苦海之津梁一乘之宗誠涅槃之梯隥但以物機未熟致蘊葱山之西經胥庭而莫聞歷周秦而靡至暨乎摩騰入洛方被三川僧會遊吳始霑荆楚從是已來遂得人修解脱之因家樹菩提之業固知傳法之益其利博哉次復嚴顯求經澄什繼譯雖則元風日扇而並處僞朝唯元奘輕生獨達明聖所將經論咸得奏聞蒙陛下崇重聖言賜使翻譯比與義學諸僧等專精夙夜無墮寸陰雖握管淹時未遂終訖已絶筆者見得五部五十八卷名曰大菩薩藏經二十卷佛地經一卷六門陀羅尼經一卷顯揚聖教論二十卷大乘阿毗達磨雜集論一十六卷勒

成八袠繕寫如別謹詣闕奉進元奘又竊見宏福寺尊像初成陛下親降鑾輿開青蓮之目今經論初譯爲聖代新文敢緣前義亦望曲垂神翰題製一序讚揚宗極冀沖言奥旨與日月齊明玉字銀鉤將乾坤等固使百代之下誦詠不窮千載之外瞻仰無絶

集右軍書聖教序

碑高九尺四寸六分廣四尺二寸四分三十行字數八十三至八十八不等行書碑首横列七佛像畧文徑五寸今在西安府學

大唐三藏聖教序

太宗文皇帝製

弘福寺沙門懷仁集晉右將軍王羲之書

序文同前

附謝序表

沙門元奘言竊聞六爻探賾局於生滅之場百物正名未涉真如之境猶且遠徵羲冊覩奥不測其神遐想軒圖歷選並歸其美伏惟皇帝陛下玉毫降質金輪御天廓先王之九州掩百千之日月廣列代之區域納恒沙之法界遂使給園精舍並入提封貝葉靈文咸歸冊府元奘往因振錫聊謁崛山經途萬里恃天威如咫步匪乘千葉詣雙林如食頃搜揚三藏盡龍宮之所儲研究一乘窮鷲嶺之遺旨並已載於白馬還獻紫宸尋蒙下詔賜使翻譯元奘識乖龍樹謬忝傳燈之榮才異馬鳴深愧瀉瓶之敏所譯經論紕舛尤多遂荷天恩留神構序文超象繫之表理括衆妙之門忽以微生親承梵響踊躍歡喜如聞授記無任欣荷之極謹奉表詣闕陳謝以聞

文皇荅勅

朕才謝珪璋言慚博達至於内典尤所未閑昨製序文深爲鄙拙唯恐穢翰墨於金簡標瓦礫於珠林忽得來

書謬承褒讚循躬省慮彌益厚顔善不足稱空勞致謝

元奘又表謝

文皇再荅勅

朕往不讀經兼無才智忽製論序翻汙經文具攬來言枉見褒飾愧逢虚美惟益真慚自尔朝宰英達咸申讚譯釋宗宏盛氣接成陰

皇帝在春宫述三藏　聖記

記文同前

元奘等詣謝

皇太子掇答

治素無才學性不聰敏內典諸文殊未觀攬所作論序
鄙拙尤繁忽見來書褒揚讚述撫躬自省慙悚交并勞
師等遠臻深以爲愧
貞觀廿二年八月三日內出
般若波羅蜜多心經
沙門元奘奉詔譯
經文不錄
太子太傅尚書左僕射燕國公于志寧　中書令南陽
縣開國男來濟　禮部尚書高陽縣開國男許敬宗
守黃門侍郎兼左庶子薛元超　守中書侍郎兼右庶

子李義府等奉　勅潤色
咸亨三年十二月八日京城法侶建立
文林郎諸葛神力勒石
武騎尉朱靜藏鐫
書苑云唐文皇製聖教序時都城諸釋諉宏福寺懷
仁集右軍行書勒石累年方就逸少眞跡咸萃其中
今觀碑中字與右軍遺帖所有者纖微克肖書苑之
說信然近世翰林侍書輩多學此碑學弗能至了無
高韻因自目其書爲院體由唐吳通微昆弟已有斯
目故今士大夫玩此者絕少然學弗至者自俗耳碑

中字未嘗俗也非深於書者不足以語此東觀餘論
集右軍書聖教序心經右軍眞跡固多第自禊帖外
不應行法大小勻整乃爾且梵字多所不備其小小
展縮偏傍輳合所不免也　聖教序書法爲百代模
楷病之者第謂其結體無別構偏傍多假借蓋集書
不得不爾仲蔚謂出文皇手又經于志寧等潤色不
無失眞是不知咸亨中沙門懷仁摸集勒石而心經
未有志寧等潤色題字蓋元奘方於洛中總譯西域
所齎經藏以志寧等領其事故云爾唐世宰相有兼
譯經潤文使者即其職也凡唐藏經卷尾皆有諸公

名姓此何與於書而仲蔚乃以是病之陋一至此乎
展册爲之失笑弇州山人稾
王宏撰曰序中如金容掩色心經中色不異空空中
無色諸色字於草法合至空不異色色即是空空即
是色無色聲香味觸法諸色字乃包字集書者誤以
此作色字耳觀天地苞乎陰陽苞字下體文抱風雲
之潤抱字右邊自見而昔人無言及之者金石文字記
此未斷舊本也是武關構皮紙堅柔相得虛和受墨
秦產也簾紋如織除糜如漆歲久入理第多補字爲
一括出無致蘭亭訟端其宏福寺福字闕以蒼生界而

還福福字補晉右將軍將字以將日月而無窮將字補然則大教然字以然而天地然字補晦影歸眞貞字以受眞教于上賢眞字補習通無累通字以通神甸通字補非邁性自潔非字以習俗而是非非字補桂質本貞貞字以幼懷貞敏貞字補將日月而無窮日字誤以卽說咒曰曰字補斯福遐敷斯字以以爲斯記斯字補皇帝在春宮皇字以我皇福臻皇字補赴感應身感字以感恐誠感字補重昏之夜重字以誠重勞輕重字補火宅之朝火字以火宅之乾燄火字補幽闇而恒明而字以日月而恒明而字補忽見

來書忽字以忽得來書忽字補度一切苦苦字以除一切苦苦字補無意識界無無名第二無字以亦無無明下無字補苦集滅道滅字誤以不增不減減字補共削補十八字一一指次頗極然犀至于斷文三十三反無一闕者亦奇矣余生平所見舊搨數十本推仲宗王孫先世所藏爲第一余曾爲一跋已二十餘年矣猶憶其鋒鍛此本髣髴勝之仲宗伯仲子斗皆精研博古千秋自命結社壽門分余半席苟非斯道冠蓋不入故鑒賞斯精金石史

自唐以來士林甚重此碑匪直興福寺隆闡法師等碑爲顯效其體卽李北海張司直蘇武功亦皆從此奪胎自有院體之目於是光燄遂殺以故宋元以來黃米諸巨手皆弗道及獨宣和書譜黃長睿始爲吐氣耳至有明宏正閒士大夫始復重此碑購求一本往往傾囊倒篋以爲難得雖已斷者購之猶數十金蓋至於今二百餘年而聖教石刻遂至斷闕剝蝕幾於無字可尋矣　舊史元奘傳元奘年五十六以顯慶六年卒顯慶六年卽龍朔元年也由龍朔元年上推五十六當生于隋煬帝大業二年劉軻三藏法師塔銘則云元奘十三出家顯慶五年二月五日卒年

六十九由顯慶五年上推六十九當生於隋文帝開皇十二年以仁壽四年出家唐高祖武德元年乃從高祖於晉陽太宗貞觀三年自請於帝往遊西域於時年三十八歷十七年以貞觀十九年還京師年五十四又十五年當高宗顯慶五年年六十九卒於故玉華宮肅成院其徒令檢以三藏傳記請爲塔銘比於史書故當無誤可據若據史書五十六年之語則十三出家當在高祖武德元年與其所稱大業末出家者自相矛盾矣文皇之序降於貞觀廿二年八月文皇以是年二月幸玉華宮十月乃還則此序自玉

華宮出也又塔銘稱天皇大帝居寐宮以廿二年夏六月製述聖記則亦當以八月同降自玉華宮故於述聖記之末總而記之曰貞觀廿二年八月三日內出也又本傳顯慶元年奉敕潤色經文者凡六人碑只五人無杜正倫本傳又有助加翻譯三人碑亦無之當由史誤序記雖皆有總將三藏要文凡六百五十七部譯布中夏之語然當貞觀時所翻經論尚未就惟西域記十二卷先成文皇及高宗先作記序賜之顯慶初乃更令于志寧等詳加潤色運而成之耳翻經潤色皆由奉敕集書則懷仁所自爲故自貞觀

廿二年至咸亨三年歷二十五年乃成不稱奉敕也後記不知出自何人手葢亦唐人所作宋經生所書余以康熙六十年見自京師中有元奘求序表謝序表及文皇兩敕皆世所未有因屬蔣生師瀾仿懷仁例集右軍書經年乃就及余司封吏部官居多暇乃臨一本以之而南過淮陰程生尊江取以勒石乃更臨一本藏之竹雲題跋

今在西安府儒學碑首有佛像七皆極精緻世所傳七佛頭也宏福寺僧懷仁集王羲之書太宗序高宗記太宗批荅并心經雍州金石記

右三藏聖教序并記宏福寺沙門懷仁集王右軍書元奘以貞觀元年遊西域十八年始還得經典六百五十七部奉敕于宏福寺翻譯元奘表求御製經序凡再請乃許焉二十二年序成命宏文館學士上官儀於明月殿對羣僚讀之元奘奉啓陳謝賜敕荅已而皇太子復爲撰記元奘啓謝東宮亦賜教荅褚王所書惟序與記爾此復附以荅敕及教并心經於後葢右軍眞跡世不多有而集古人書愈多則愈難此懷仁之以多自誇也舊唐書元奘傳顯慶元年高宗令左僕射于志寧侍中許敬宗中書令來濟李義

府杜正倫黃門侍郎薛元超等共潤色元奘所定之經國子博士范義頵太子洗馬郭瑜宏文館學士高若思等助加翻譯此碑列潤色諸臣名獨無杜正倫不知何故也潛研堂金石文跋尾

唐文皇製聖教序高宗作記沙門懷仁集右軍書河南褚登善所書序記分刻二碑龕置慈恩寺塔下同州又有褚書刻本序記并爲一碑蒼潤軒帖跋有褚公行書聖教序刻於咸亨三年金石錄載有王行滿正書聖教序并記在顯慶三年是聖教有五本矣第褚公行書本與王行滿本儲藏家罕著於錄予以懷

仁雁塔兩本校勘其文字多寡有不同者按高僧傳元奘於武德末往西佛地取經積十八年以二象馱經歸譯經既竣手敕褒美又令翻老子五千文爲梵言以遺西域道士蔡晃成英等競引釋氏之論奘以爲若翻老序則恐彼以爲笑林遂不竟譯而欲流布西佛地諸經乃上表求序表奏之日敕遂許焉上謂駙馬高履行曰汝前請朕爲汝父作碑今氣力不如昔願作功德爲法師作序不能作碑汝知之貞觀二十二年幸玉華宮追奘至問翻何經論荅正翻瑜伽上問何聖所作明何等義具荅已令取論自披閱遂

下敕新翻經論寫九本頒與雍洛相兗荊楊等九大州奘又請經題上乃出之名大唐三藏聖教序於明月殿命宏文館學士上官儀對羣僚讀之其詞曰蓋聞二儀有象云云百寮稱慶奘表謝尋下敕曰朕才謝珪璋云云又重表謝又下敕曰欣往不讀經云云皇太子述上所作三藏聖教序作記曰夫顯揚正教云云石刻聖教無此諸行本末未備因附書於後若宋端拱元年沙門雲勝分書新譯聖教序姑置勿論也又按聖教序所云三藏要文凡六百五十七部譯布中夏考唐智升所撰開元釋教錄元奘所得大乘經一百二十四部大乘論一百九十二部上座部經律論一十四部大衆部經律論一十五部三彌底部經律論一十五部彌沙塞部經律論二十二部迦葉臂耶部經律論一十七部法密部經律論四十二部說一切有部經律論六十七部因論三十六部聲論一十三部凡五百二十夾六百五十七部與此序合但元大德十年所刊法寶勘同總錄載大唐三藏元奘譯於玉華宮經本自天字號至柰字號六百卷爲六十帙其中多分二十七卷合之放光般若波羅蜜多經三十卷亦合六百五十七部之數然江西吉州

路前官講報恩寺講經論釋克己序總錄云爰自漢唐歷代帝王公卿翻譯接武金壁未完因命三藏義學沙門慶吉祥以蕃漢本參對華梵對辨名題各標是元奘所譯經部爲元釋更易恐非其舊也古石琪玗

按是碑立於咸亨二年實高宗二十一年以諸人官職考之志寧遷太子太傅尚書左僕射來濟遷中書令在永徽二三年許敬宗以永徽初遷禮部尚書薛元超在顯慶初爲黃門侍郎遷右庶子李義府以永徽六年爲中書侍郎右庶子其距咸亨或十三四年或十七八年矣其時志寧沒已十二

年來濟戰歿於處州亦十年許敬宗是年致仕李義府先已流嶲州元超亦坐爲義府請馬貶簡州是所書官職皆非是年之官也蓋是序是記之成在貞觀之末而懷仁所集必剛取右軍各書比其大小聯其行特窮年逾月銖積寸累然後迄以有成故遲至二十餘年後始勒于石也所列諸臣之銜皆就其先後奉敕時官銜書之非咸亨時現在之銜也潤色云者諸臣在任時各帶其職於元奘譯經意義異同加之審定若謂潤色懷仁之書則舛矣雖然時至咸亨敬宗義府竄忠佞之公論

稍伸於上下而沙門輩惟知官閥爲榮並舉而列之豈復知有所好惡去取哉且此碑所列止六人而大奸居其二元超亦奸黨也君子少而宵人多觀此又可知佛教之龐雜已碑中所刻太宗序高宗記文俱同前不重錄其元奘謝表文皇再荅敕係從他本補入非本碑所有因低一格書以別之至此碑經萬歷乙卯地震塔頂墜壓碑斷爲二首行晉字末行林字一路皆有裂紋故好事者以不斷本爲貴但此後翻本極多如孟津王鐸本西安荀氏本皆極工可以亂眞并識於此

王行滿書聖教序

碑高八尺四寸廣四尺三寸五分二十八行行五十六字正書篆額在偃師縣學宮

大唐三藏聖教序

太宗文皇帝御製　門下錄事臣王行滿書

序文同前

皇帝述聖記在春宮日製

記文同前

奉　爲招提寺

顯慶二年歲次丁巳十二月乙卯朔十五日己巳建

刻字臣沈道元

寶刻類編有此碑玉海引兩京記云元奘與惠明靈潤等翻定六百五十七部太宗制三藏聖教序按聖教序凡有四本一永徽四年一龍朔三年皆褚遂良書一咸亨三年懷仁集王羲之書俱在關中行滿書尚有韓仲良碑在陝西富平縣而書名不顯寶泉述書賦亦無其人觀其用筆端方緜密綽有姿致不在遂良之下蓋當時御製自皆擇善書人寫刊偶不顯于史耳碑在招提寺不知何人移至學宮招提寺者太平寰宇記云緱氏縣古滑城在縣東一十八里城在縣東一十八都城東角有招提寺今偃師兼有漢

緱氏地也 中州金石記

同州聖教序

石高九尺一寸五分廣四尺六寸二十九行行五十八字正書在同州

褚遂良書

文同前

龍朔三年

此以序記并書一碑在同州後署龍朔三年書似勝慈恩本 右二碑王元美考年代官品以爲不合署名處疑皆後人附益良是但元美未嘗至關中遂不知二碑所在耳余又按玉海太宗製聖教序高宗爲太子又述記并勒碑置慈恩寺浮圖永徽四年十月褚遂良書則大塔本似是真蹟而同州本反勝何也 石墨鐫華

按舊唐書褚遂良傳永徽元年出爲同州刺史三年徵拜吏部尚書顯慶三年卒於愛州至龍朔三年則遂良之亡已五年矣恐是後人追刻也 王宏撰曰碑後有大唐褚遂良書在同州倅廳十一字當是後人補書法亦微不類 金石文字記

同州河南所書聖教序記蓋非手書上石公歿同人不勝桐鄉之思復摹刻官所實記所建歲月初不討其存亡其兩地字跡不同者摹手異耳 庚子銷夏記

褚河南聖教序有三本行書一楷書二行書立石在懷仁集右軍書前二十餘年前爲宋道君瘦金書之祖今已亡之惟二楷書尚在一在雁塔一在同州在雁塔者乃其原本在同州者則河南既歿後好事者以河南嘗刺同州故以雁塔本更刻一石以志甘棠不忘之義也玩後款但記立碑年月不稱官爵至大唐褚遂良書在同州倅廳十一字并不復摹褚書古人質直明示此本爲復刻 余得萬歷間舊本模糊不可柰及在京師汪退谷以新搨一本遺余瘦嶮既佳字尤清楚勝舊搨十倍問之退谷云曾至同州親爲洗刷亭以覆之乃知唐人碑碣苟得好事者精意瓊蠟皆可十倍舊搨惟恨陝人以惡烟麁紙率略搨賣以爲衣食資耳全別本來耳退谷又言碑字刻法皆直下畫底皆方深得漢人手意然刻既精妙如此而傳摹反至失真何歟 竹雲題跋

余于雁塔同州二刻之外又得一本年月同雁塔本而字法不同碑已有斷蝕處不知此碑在何所諸評論者皆不之及焉 蒼潤軒帖跋論褚公真書聖教之後又一條云褚公行書聖教序碑立于懷仁集右軍

書時蓋是咸亨三年然則褚公聖教序實有四本又
金石錄載有王行滿正書聖教序并記在顯慶二年
余亦收得一本觀妙齋金石考略
按慈恩寺雁塔下褚書聖教序序記各為一碑此
碑有序無記亦無兩答敕末書大唐褚遂良書龍
朔三年建公以顯慶二年徙桂州未幾貶愛州刺
史歲餘卒則卒當在顯慶三年時年六十有三其
為同州刺史年纔五十餘耳先是高宗永徽元年
公坐事出為同州刺史四年九月復為尚書僕射
雁塔之刻固直其時若同州之刻乃在龍朔三年

是時公去同州二十一年而距公之卒亦二年有
餘蓋爾時梵筴西來朝野動色皆謂得未曾有競
相傳為公之所書自非一本留傳在同州後人重
其書法之工與風節之峻故歿而猶刻之惟公已
被竄逐故雁塔本結銜于序書中書令臣於記書
右僕射上柱國河南郡開國公此僅書大唐褚某
蓋官階削去刻者不敢仍其舊且此一行孫氏鑛
斥為拙澀蓋後人所增非褚筆也公貶同州刺史
何以書於佛屬尤不可解王氏世貞及孫氏謂雁
塔同州皆屬重摹本此三碑余曾親至其下拂拭
而摩挲之石最堅雁塔更勝迄今光澤如鏡原刻
無疑可以破耳食之謬

金石萃編卷四十九終

金石萃編卷五十

賜進士出身　誥授光祿大夫刑部右侍郎加七級王昶譔

唐十

房元齡碑

碑連額高一丈二尺九寸廣五尺三十六行中段磨泐每行約八十一字正書額題大唐故左僕射上柱國太尉梁文昭公碑十六字篆書在醴泉縣昭陵

大唐故尚書左僕射司空太子太傅上柱國贈□□并
州都督□□□□□□
葢聞翊亮天儀處師臣者參聖丹青景化應圖緯者鄰
幾若乃　□靈□□□□□下闕□之表經綸帝

績仰代元造之功論道太階獨見於文昭公　公諱玄
齡字□□□□□人也下闕□□□□河□繼響承家
鎮闓詔之雅俗曾祇□□□安太守□□□武□□
□應清□□□□□下闕□□□□　皇朝贈徐
州都督臨淄定公□以□成□由言□道德之門早開
□□□之□□□□下闕□□□綺通未兆同后
部之克疑艮由□然體曲昇之多才□□□□□□□
□□□□□□□下闕□□□□□□□□□□□年
十有八俯從賓貢譽乎藏器世莫能知□部侍郎□□
恭□□之□□□□□下闕之□□□□□□□□□

□成□蕳詔徵碩老典挍祕文□非學擬更生方膺妙
選□□□□□得□□公以□□□□□□下闕□□□
□□□□□□□□□□□外□歲序纏懷終身永切
至哉天姓獨越人靈於時□□□□□□□□□□□
□□□□□□□□□□□下闕□□□□□□□□□
□□□□以□□□□之鑒方傑在慼憂而未睹□如
之寄斯重　太宗將稱元帥乃命公爲記室於是臨
戎習禮奉□司□之□□□□□□□□□下闕□
□□□□□歃飛箭下億丈之城故以敷暢軍謀剸舞
干而制勝宏宣　廟略□□□□□□□□□□□□

□□□□下闕□□□□□□□公爲冠首累加上柱國
封臨淄侯俄而□□□□禍胎滋募□叔□兵□□□
下闕□□□□□□□□□□□□而□主約沉族以酬
恩俄然內□□□英威纂統引公爲右庶子□□□□
□□□□□□□□　太宗御製遷中書令封邢國
公邑三千戶□食□州賦一千三百戶□□□□□□
□□□下闕高祖太宗二實錄合卌卷晉□周□□□□
□史合三百□七□□復□□□□□□□下闕□□
□□□□獨□□□□□矣俄遷尚書左僕射當朝
作紀巨□□分□國□□鴻□必舉□衡□□□□□

□□□□□下闕高祖升遐　帝不言政吉凶□務六小
責成闔侵□□副□□□　□□□□□□下闕
□□□□□□□喻奄宅於龜蒙公固節裂土　詔
從其義尋加太子少師□□二□並□□□□□□□□
下闕□□□□□□□士斯平致河圖於東序洎乎
今上升儲道光守器長春□□方嗣虞風仙□流聲□
揚□化□□□□□□□□□下闕風□□□□□□
□寓故精義馭之功少海浮霄尚假朝宗之助增天益
峻意在茲乎尋而□□□□□□□□□下闕□□□
□□□□□□□□□撥亂飲雲披榛晚贊天□憂深

責厚嚳其□□□此沉□古人有言曰形大勞□□□
下闕□□□□□□□□　太宗驚其□憂親加察
問方依賢奏　帝用憮然馳遣良醫并賫御藥□□□
□□□□下闕□□□□□□□秣不□身尚親光陰益深
憂國高陽公主爲其子妻□□速□□逾□□　□□
□□□□□□□□下□□□□□□□□□□將第
三子遺則爲朝散大夫使及目前見其通顯恩波□□
□□無□□□下闕　太宗俯閱臣□悼藏舟之夜失
今上綱惟過隙□□□之□□□紹□□□□□
下闕賜□□□□□□□□□□□□鼓□班劍卌人葬事

所須並令優給仍特降　旨許□墓碑□□遂□□臣
之□□□□□□□□下闕□□□□□□□□□□□□
□□並□□□神契德洞天經體□□□□□□□□□□□
□□識□□□而識□□歲踰□□□□□□□□□□□
□□□□□下闕□□□□□□□□□□□□□□□□□□
□□山不復逝水無追家□□□□與而謀曰昔□國
懷□□□音□□□□□□□□□下闕
辰精降說華靈誕震台嶽資神齊光合峻□我□綱□
□掩□道契　文□聲□□□□□□□□下闕□□
□□□□□□□□　聖賢同德君臣協志穹壤□

平幽退必□□□□攜□□□□□□□□□□□□□
□□□□□□□下闕□□□□□□搏拔詞雕煥始發
如綸俄成壯觀□□捴務玉鉉調□儀形齊濟□□□
□□□□□□下□□□□□□□□□□□□□□□□
□□門當貂館郊照姬車□居昭儉□□防□□崇□
□□逆禱退□□□□□□□□□□□□□□□□□□
□□下闕□□□□□□□□□□□□□易□□道
難名德暉不昧瑤景齊明
右唐房元齡碑文字磨滅斷續不可考究惟其名字
僅存其後題修國史河南公而名姓殘闕者稍遂艮

也按舊唐史云元齡名喬字元齡而新史乃云名元齡字喬今碑所書與新史合惟宰相世系表又云元齡字喬松者不知何所據也金石錄

碑已泐僅存六百餘字褚河南正書結法與聖敎序同可寶也舊唐書諱喬字元齡碑曰諱元齡字喬當是以字行後復以名爲字耳新唐書從碑石墨鐫華

碑舊爲趙子函所跋云僅存六百餘字今余所覩者又加瘦矣碑作諱元齡字喬子函所藏本與新唐書本傳合而宰相世系表又云字喬松當亦據其家譜所錄故與傳及碑小異耳錢此亦宜依碑爲據也又表所

載尤不合者元齡子遺直禮部尚書次遺則次遺愛太府卿盎以遺則爲元齡第二子今以碑推校明云第三子遺則爲朝散大夫字獨完好無損而表書作第二誤也又不顯書遺則歷官亦疎略失檢然則是碑雖磨泐而所裨益史傳如是其可珍惜多矣況出於荒塚廢墟其文猶幸可見而世徒滅裂不學則概以耳食易之是尤可哀也夫授堂金石跋

按此碑書人姓名金石錄猶及見河南公字儀今已不可復見碑闕薨年若干及立碑年月舊書傳云年七十新書傳云年七十一未詳孰是舊書傳

敘元齡之薨在二十三年太宗駕幸玉華宮之後高宗嗣位之前太宗本紀書房元齡薨在二十二年七月癸卯是年二幸玉華宮至十月還其二十三年四月乃幸翠微宮非玉華宮此則舊書傳誤也然則薨在貞觀二十二年而碑有今上緬惟過隙及班劍卌人葬事所須並令優給乃特降旨許口墓碑之語是立碑在永徽初年也褚遂良傳高宗卽位封河南縣公進郡公出爲同州刺史再歲召拜吏部尚書同中書門下三品監修國史高宗本紀永徽三年正月己巳褚遂良爲吏部尚書同

中書門下三品則褚公之書碑在永徽三年矣本紀又書四年二月甲申駙馬都尉房遺愛謀反伏誅而碑未見及此事則碑立于永徽三年更無可疑者舊書云房喬字元齡新書云房元齡字喬貞觀政要則云房元齡名喬以字顯石墨鐫華所謂以字行者本於此也碑有高祖太宗二實錄合卌卷之語兩書傳皆未敘及舊書經籍志云高祖實錄二十卷房元齡撰太宗實錄二十卷房元齡撰與碑合新書藝文志則云高祖實錄二十卷敬播撰房元齡監修許敬宗刪改今上實錄二十卷敬

播碩允撰房元齡監修是新書較詳于舊矣

萬年宮銘

碑連額高七尺一寸廣三尺一寸二十六行行字三十七至四十二不等行書篆額萬年宮銘四字今在麟遊縣

萬年宮銘 并序

御製御書

朕闕金臺遭遭超忽崐閬之間玉闕參差縞邈蓬瀛之際是以周王肆轍唯招旣往之愆漢帝遐遊空益將來之弊豈如岐陽峻㠐鎮茲京甸疏林光之别館建甘泉之離宮東望翦華千林結影西瞻隴阪泒水分流南俯

荼原風雲交暎北臨石柱川岳 郁宗 迴々孤岑秀三襲於霞表斜々危路環九折於雲心複澗滲陰扇炎風而變冷重巒潛暑韜夏景而黐寒故知五鎮之基空号神州之地三仙之嶺虛傳靈府之都未若藪石裁宮搆飛檐於迴漢騰 虛 架宇聳紫殿於遙空百仞朱樓月盈虧於青瑣千尋翠閣雲舒卷於丹墀岫綴霞衣照虹梁而散錦巖飛𤄃帶瀨石砌而飛珠浮涼氣於彤闈迸甾花而雪夏凝淸陰於碧沼池結鏡而冰春泉 起花 岑 □雙山而吐秀波搖錦石暎兩鏡而騰暉幾片斷雲縈松合益敷蔌幽桂擬月分香暝壑棲煙籠千 崖 而散碧朝原上日輝四野而舒紅咲樹餘花亘空落影吟風宿鳥響杳雙驕□不恨而虛啼蝶無□而 起舞 朕 載 懷千古流鑒百王思欲屏逸收驕怡神遣慮崆峒訪道欽往哲之

高 風姑射尋眞挹□脩之□□所以停軒禁蘖駐蹕榆川非欲賞恣盤遊途窮轍迹加以時侵首夏日□餘春露泣脩篁風淸邃澗□羅雲起藤蔦星懸可以陶瑩心靈澄淸耳目鏡冰霜則廉潔斯在撫松筠則貞操非遙昔姬后西征猶刊弇石秦皇東指尚勒瞀峯□勝地□□何必華胥之國蕭然物外不假靈圃之阿□以劭美千齡騰徽萬古景其前躅爰紀茲地其銘曰

巖山作鎮挺秀岐陽遠圖天柱迥儷瑤房鬱騎淑氣花呈韶光樹含冬□巖留夏霜搆宇重巘裁基疊岫石砌披錦山窻照繡佩小蘭新峯殘蓮舊雪徑 常 花冰溪恒晝標迻天外聳闕雲端煙籠邃谷霧□□□□□□□□□□□形闕潛暑翠幌凝寒戀鶯離宮淹留禁苑卿初眉細潭深鏡遠蓋逐雲穿苔隨□卷葉冷帷秋庄濃□黯泉飛嶺腹景鏤巖心霞疎錦薄草密䔢深露荷傾玉風螢散金檐空鵲靜山昏日沉丘壑怡神林篁賞性千里眺覽八州□鏡玉燭調序薰琴動詠仰則□山刊規遠暎

大唐永徽五年歲次甲寅五月景午朔十五日庚申
建
碑陰題名
陰分兩截皆二十二
行行字不等正書
奉　勅中書門下及見從文武三品以上并學士並
聽自書官名於碑陰
太尉揚州都督監修國史上柱國□□公臣無忌
司空上柱國英國公臣勣
使持節遂州諸軍事遂州刺史上柱國韓王臣元嘉
使持節壽州諸軍事壽州刺史上柱國鄧王臣元裕

右衛大將軍使持節鄜州諸軍事鄜州刺史上柱國
趙王臣福
曹王臣明
開府儀同三司上柱國鄂國公臣敬德
尚書右僕射監修國史上柱國河南郡開國公臣遂
良
光祿大夫上柱國莒國公臣唐儉
侍中柱國固安縣開國公臣崔敦禮
中書令監修國史上騎都尉臣柳□
銀青光祿大夫行黃門侍郎護軍潁川縣開國公臣
韓□
銀青光祿大夫行中書侍郎監修國史學士臣來濟
左驍衛大將軍上柱國隴西郡王臣□□
右驍衛大將軍上柱國張掖郡開國公臣契苾何力
左武衛大將軍撿校右屯營上柱國薛國公臣阿史
那忠
左武候大將軍撿校右屯營上柱國鴈門郡開國公
臣□達□
太常卿兼攝岐州刺史上柱國壽陵縣開國侯臣柳
亨

金紫光祿大夫行衛尉卿上柱國高陽縣開國男臣
許敬宗
金紫光祿大夫行宗正卿上護軍高都縣開國男臣
李緯
金紫光祿大夫行殿中監上柱國武強縣開國男臣
趙元楷
銀青光祿大夫守兵部尚書上輕車都尉臣唐臨
祕書監駙馬都尉柱國臣長孫沖
金紫光祿大夫行司農卿宋城縣開國伯臣蕭欽
太僕卿上柱國平武縣開國男臣張大師

左衛將軍兼太子左衛率上柱國鄧國公臣郭廣敬
右衛將軍撿校右屯營上柱國豢吾縣開國公臣豆
盧承基
左武衛將軍兼太子右衛率上柱國永富縣開國公
臣竇智純
左武衛將軍上護軍臣史元施
御史大夫柱國清丘縣開國公臣崔義元
右武衛將軍行寶州刺史上柱國口口郡開國公臣
馮口趐
左領軍將軍上柱國汶川縣開國男臣趙孝祖

右領軍將軍柱國臣李義辯
左領軍將軍臣口仁口
左武候將軍檢校左屯營上柱國神泉縣開國男臣
權善才
左武候將軍上柱國臣趙道興
左監門將軍上柱國汶山郡公臣仇懷吉
右武候將軍上柱國晉陽縣開國侯臣王文度
前汾州刺史柱國蘄春縣開國伯臣元武榮
雲麾將軍上柱國丹陽郡開國公臣李客師
雲麾將軍上柱國陽平縣開國子臣侯貴昌

兼左衛將軍駙馬都尉上柱國檢校右衛將軍通化
縣開國男臣賀蘭僧伽
前同州刺史上護軍平恩郡開國公臣劉善因
左監門將軍上柱國魏縣開國公臣常基
兼右武候將軍柱國長山縣開國男辛文陵
中書舍人兼修國史弘文館學士臣李義府
朝議大夫守中書舍人汾陰縣開國男弘文館學士
兼修國史臣薛元超
太子洗馬學士臣上官儀
右唐高宗自爲萬年宮碑宰相而下皆題名于其陰

余每覽此碑見長孫無忌褚遂良許敬宗李義甫同
時列名未嘗不掩卷太息以爲善惡如水火決不可
同器惟人主能辨小人而遠之然後君子道長而天
下治若俱收並用則小人必得志小人得志則君子
必被其禍如無忌遂良是已然知人帝堯所難非所
以責高宗也金石錄
萬年宮卽九成宮改名高宗幸而銘之書之也行草
視英公碑尤爲勁拔　碑陰云奉敕中書門下見從
文武三品以上並學士并聽自書官名于碑陰後列
從官五十餘人長孫無忌李勣褚遂良輩皆與爲書

名大小不倫然皆有法郎契苾賀蘭亦不草草一時之盛令人仰想其後武氏亂之而不復可觀矣石墨鐫華

舊唐書高宗永徽二年九月戊戌改萬年宮為萬年宮乾封二年二月辛丑改萬年宮依舊名九成宮冊府元龜永徽五年五月制萬年宮銘刻石於永光門外仍令中書門下及文武三品已上幷學士自書名位于碑陰刻之金石文字記

初唐帝王留心書學太宗每得二王帖輒令諸王臨五百遍易一帖故所書多可觀至太宗晉祠碑不見佳不如淳化帖中諸書高宗萬年宮銘筆致生動

有晉人遺致勝似所書李勣碑庚子銷夏記

右萬年宮銘末題大唐永徽五年歲次甲寅五月景午朔十五日庚申建五字甲寅字雖殘闕猶依俙可辯以温公通鑑目錄推之是年五月正丙午朔趙氏金石錄以為永徽六年者誤也　碑陰列名者凡四十八人無忌勣敬德遂良四人以官高故不書姓敬德以下四人中書門下官也儉會為兩省官以致仕故列于見任兩省官之前口口以下四人皆大將軍也柳亨以下八人皆卿監惟書臨以尚書次其閒然則唐初六曹尚書班視卿監矣自慶敬至文陵廿八

其十七人皆將軍也而義元以御史大夫武榮善英以前刺史參錯其閒御史大夫皆三品上州刺史亦三品也義府元超儀皆學士官未登三品故敘於文武三品之下韓鄧趙曹四王官或刺史或大將軍或幷無官而列敘於太尉無忌司空勣之下開府儀同三司敬德之上然則唐時諸王班在眞三公之下開府之上也元嘉官遂州刺史福官鄜州刺史儀官太子洗馬學士新舊書本傳皆不載而洗馬學士之名百官志亦未之及潛研堂金石文跋尾

碑云口軒禁籞駐蹕榆川舊唐書高宗本紀永徽五

年春三月戊午幸萬年宮即其事唐會要永徽二年九月改九成宮為萬年宮五年三月一云五月親制萬年宮銘幷序七百餘字羣臣請刻石建于永光門外從之即今此銘也制銘在三月立石已當五月會要故兩存之萬年宮紀言永徽二年九月癸巳改九成宮為萬年宮唐書地理志作二年者誤下于乾封二年又書二月辛丑改萬年宮依舊名以薛仁貴傳按之永徽五年高宗幸萬年宮甲夜山水猥至衛突元武門後開耀元年復召見謂曰往九成宮遭水無卿已為魚矣同地而前後異名以見舊史之核因跋此銘附識于此授堂

金石
跋

按此碑建於永徽五年五月唐書本紀是年三月戊午幸萬年宮九月丁酉至自萬年宮蓋在宮八閱月也三月爲丁未朔戊午爲十二日其時正當暮春文有云加以時侵首夏日口餘春露泣修篁風淸遂淵確是三月幸宮之證唐會要注一云五月者非也當是文成於三月碑刻于五月耳碑文琢句鍊字極盡妍麗得泮奐優游之致迨閏五月丁丑水漲暴溢漂溺鱗遊居人及衞士死者三千餘人舊唐書本紀特書之語又見唐書薛仁貴傳

回視此碑所云憂樂之情景迥別矣薛仁貴在從官之列今碑陰有左領軍將軍臣口仁口當即其人稽之本傳則其時仁貴官右領軍中郎將與碑少異耳碑陰列從官四十八人取碑與史傳互校著其同異於後曰長孫無忌碑云太尉揚州都督傳則云太尉檢校中書令也曰李勣傳稱武德二年歸朝封英國公徙封曹永徽四年冊進司空是勣之徙封曹國已久而碑則仍稱司空英國公也曰韓王元嘉傳稱高祖子初封徐貞觀九年更封韓遷滑州都督高宗末爲澤州刺史而碑則云遂州刺史傳所無也曰鄧王元裕傳稱高祖子碑云壽州刺史而傳亦無之曰趙王福傳稱太宗子累遷梁州都督而碑則云鄭州刺史也曰曹王明傳稱太宗子累爲都督刺史而碑無之曰尉遲敬德碑云開府儀同三司鄂國公與傳合然傳載從太宗討高麗師還已致仕矣此時猶從幸則傳未詳也曰褚遂良碑云尚書右僕射監修國史河南郡開國公與傳合曰唐儉碑云光祿大夫莒國公與傳同而傳則又云永徽初已致仕加特進也曰柳口碑泐其名其官中書令監修國史上騎都尉以

傳考之當是柳奭永徽三年代褚遂良爲中書令仍監修國史也曰韓口碑泐其名其官行黃門侍郎護軍潁川縣開國公以傳考之當是韓瑗父仲良封潁川縣公瑗於貞觀中襲爵永徽三年遷黃門侍郎與碑合也曰契苾何力傳作何力永徽中官左驍衞大將軍封郕國公碑則云右驍衞大將軍張掖郡開國公與傳不同曰阿思那忠碑云左武衞大將軍薛國公傳則右驍衞也曰柳亨即澤之曾祖碑云太常卿兼攝岐州刺史壽陵縣開國侯傳則云三遷左衞中郎將壽陵縣男貶邛州刺

史進散騎常侍拜光祿少卿終檢校岐州刺史也
曰許敬宗碑云金紫光祿大夫行衞尉卿高陽縣
開國男傳云太宗時封高陽縣男高宗即位遷禮
部尚書被劾除鄭州刺史復官爲宏文館學士曰
李緯曰趙元楷俱無傳曰唐臨碑云守兵部尚書
傳則云永徽元年拜御史大夫累遷吏部尚書也
曰長孫沖即無忌子碑云祕書監駙馬都尉史于
公主傳則云太宗女長樂公主下嫁長孫沖長孫
無忌傳則云無忌創官後流其子祕書監沖等於
嶺外也曰蕭欽無傳曰張大師碑云太僕卿平武

縣開國男傳則云太僕卿華州刺史武功縣男也
曰郭廣敬曰豆盧承基曰竇智純曰史元施俱無
傳曰崔義元碑云御史大夫清邱縣開國公傳則
御史大夫爲近官而清邱縣公是太宗討王世充
以前封也曰馮□魏曰趙孝祖曰李義谘俱無傳
曰□仁□疑即薛仁貴說已詳前曰權善才無傳
曰趙道興碑云左武候將軍而舊書傳則云右武
候將軍賜爵天水縣子也曰仇懷吉曰王文度曰
元武榮俱無傳曰李客師舊書同新書作容師碑
云雲麾將軍丹陽郡開國公而兩書傳皆云官至
右武衞將軍累封丹陽郡公永徽初致仕也曰侯
貴昌無傳曰賀蘭僧伽亦無傳惟公主傳云高祖
女房陵公主下嫁竇奉節又嫁賀蘭僧伽即其人
也曰劉善因曰常基曰辛文陵俱無傳曰李義府
碑云中書舍人監修國史宏文館學士與傳合曰
薛元超碑云朝議大夫守中書舍人汾陰縣開國
男宏文館學士俱與傳合其汾陰男乃襲父收爵
也曰上官儀兩唐書俱云貞觀初舉進士授宏文
館直學士遷祕書郎轉起居郎高宗即位爲祕書
少監碑則云太子洗馬學士與傳異也碑陰四十

八人無傳者不過數人而有傳可考與碑合者亦
不過數人大半碑傳互異要當以碑爲正耳碑空
處有宋熙寧戊申王竦題名附記于此

韓仲良碑

碑高八尺五寸廣四尺二寸八分三十二行行六十字正書額題□□太子少保上柱國潁川定公之碑十五字篆書今在三原縣淡村

上闕上柱國燕國公于志寧文

門下錄事王行滿書

□□□□□□□□□□□□□□□□□□□□

□□□□□□□□□□□□之功至如三傑贊迺

水之基十臣崇鎬宮之業遂使體𦃃垂拱成俗□□□
□□□□□□□□□□□□□□□之□股肱屬
□□之期預□試之謀猷恭隨山之經啓位隆政本榮
重分符騰芳五牛之旌勒功九龍之鼎□□潁川定公
矣
公諱良字仲良潁川人也昔獻子輔政名重六卿師伯
執鈞譽高三事寔潁川之望族乃鄴邑之華宗者也代
有名臣家傳懿德冠冕被乎青史功業著於丹□茂績
洪勳可略言矣曾祖□魏征虜將軍恒州刺史受律清
廟威震細柳之軍分竹六藩聲冠雲中之守祖褒魏侍

中周使持節開府儀同三司原涼二州摠管□□少保
□□貞公從政□□六□以宏政本贊化□路三孤以
闡皇猷父紹周昌樂郡守隨儀同三司驃騎將軍衛尉
少卿金崖縣開國公職典五戎□□□□□□□□
含英聲冠於棘□惟公禀氣□和降神靈嶽含章毓德
敬業居□立身極於九言追孝盡於三道稽覽握河之
異說盡性知微施頭嵩□□□□□□□□□□□
□□□灑清江藉溢談叢若長河之寫砥柱類子將
之甄□俊造俟以彈冠方林宗之題目通賢佇以結綬
可謂衣冠之領□□□□□□□□□□□□□□

□學至仁壽□年被舉授吏部朝散郎習業璧池譽光
函丈策名禮閣督勤周行大業元年除河東郡司功書
佐九年□□□□□□□□□□□□□謁□對揚
丹陛風範映於簪纓敷奏青蒲部音振於金玉百寮爲
之矚□九流於焉傾首十二年丁父憂同高柴之泣血
三年類曾參之不食□日對風樹而愈感踐霜露而增
哀時屬金鏡□光望夷有弑酷之禍玉繩掩曜成周致
蒙塵之災於是四海混淆九圍版蕩　我高祖乘時
撫運出震握圖膺五運之寶符定九牧之神鼎纓冠紫
綬賁帛嘉於琳瑯裂土剖符寵命屬於趙楚乃授公銀

青光祿大夫馮翊郡丞京師擁叛殷之徒布□野之歃
率怨秦之卒拒霸上之師地陣其張佳兵於是我律天
羅雲布□池所以失險公運制勝之謀當疇庸之賞加
左光祿大夫賜物七百段授大理少卿□斯三□罷人
絕於嘉石察茲五禁冤氣散於貪扉三年奉使入蜀
勑便宜從事公傳檄而服冉駹折簡而降彭濮遂使斯
榆稽首庸蜀順化　太宗□膺□□□敷化陝服攝
兵符以清國步施文德以格遠人公與行臺僕射屈突
通禮部尚書溫大雅或竭忠以匡多難或勵行以革頹
風或博識該於石渠或縟藻麗於□□所以特降　詔

旨令事府幕尋授陝東大行臺左丞五年判天策府從
事其年劉黑闥荐食三魏吞噬兩河爰　詔中權以申
薄伐以公爲元帥府長史公陳擊貞破方之略建塞井
減竈之謀似白起之拔夷陵如柴□之曆於合策功行
賞授上柱國賜□十人物六百段復攝天策府司馬獫
狁孔熾背約違盟騎入蕭關兵屯栒邑　主上情存綏
撫未動干戈令公銜命虜庭示其禍福公曉之以逆順
喻之以安危若數項王之十僭似責息侯之五犯遂使
尸逐膜拜谷蠡屈膝旣立和戎之功遂降殊常之賜又
攝吏部侍郎九年復轉陝東大行臺戶部尚書其年又

除安州大都督貞觀元年　詔授戶部尚書三年改除
刑部尚書施七教以□八掌五刺以□獄司會之職允
□常伯之望愈隆蔡川大藩天□□鎮首□之任本籍
英才授公右光祿大夫秦州都督府長史摠撿挍□府
事封潁川縣開國公昔膠西爲國相之者仲舒梁孝□
藩輔之者長孺□□□□□之業光盤石之宗以公方
之彼有慙德□輔仁無爽調一氣於泰階□□□□□
□□□□□豈謂素王入夢忽悲辰巳之年豎子爲災
翻厄膏肓之疾貞觀十二年遘疾薨於安興里第春秋
五十七昔郲莊長逝衞喪□□□□□□□□□□□

今方古異代同傷　詔贈兵部尚書餘官封並如故謚
曰定公禮也其年十一月五日遷厝於雍州三原縣宏
化鄉永徽五年　詔贈太子太保□□□□□公雅量
汪汪澄波瀾於万頃宏材聳聳挺棟□於千尋以□禮
爲隄防將仁信爲介胄漢考故事首問於伯仁晉訪舊
章先請於武子偶潛而稱趙壁□□而□仙舟牆仞難
踰遠方日月芬芳可習近譬芝蘭家行著於鄉閭美譽
滿於簪紱積善餘慶人物邁於三□庭訓有方世德光
於萬石□行□□□重一時□□□地遊塋湮□庫寒
來暑往墓入齋宮所以勒徽烈於豐碑樹華表於神道

乃爲銘曰
□精握圖赤□表震蘜商功立開□□盛若木分枝□
原得姓獻子匡國司空□政門挺台輔世誕英哲三相
之昆五侯之襲金聲玉振蘭芬氷潔節固梢雲□□貞
□世逢運否時遇國屯玉□□跡金雞失晨黃道積霧
絳闕飛塵寶焚崑岫鼎沒泗濱電照興　王河淸啓
聖下截四海上齊七政氛靜地輿雲開□□業預練石
功參佐命擁節劒門□官列棘□亞八柄聲高六職始
司天憲爰掌邦則鳴玉趨朝析珪開國駸駸隙駒滔滔
逝水寶喪珪璧梁摧杞梓儵□□□□□萬里魂掩一

丘名傳千□□墳巳卜勝室初開□馬□步屛柳俳佪
舟遷巨壑水淺蓬萊勤兹琬琰響長旌夜臺
永徽六季歲次乙卯三月辛未朔十四日甲申建
碑上半已漫滅可識者有云上柱國燕國公于志寧
文門下錄事王行滿書公諱良字仲良云云按此碑
碑首無姓碑文中書姓處亦磨泐不可辨今碑中有
獻子輔政云云當姓韓考唐書韓瑗傳父仲良終於
刑部尚書秦州都督府長史今碑與傳合碑稱諱良
字仲良或史以字爲名耳其世次與諡可以補史之
闕又史稱仲良於武德初定律令碑中不載碑雖殘

闕如載之似應約略可識今竟無之爲不可曉也雍州金石記
按碑文云潁川之望族豐邑之華宗史記韓世家
韓之先與周同姓姓姬氏其後苗裔事晉得封于
韓原曰韓武子三世韓厥號爲獻之傳至王安爲
秦虜盡入其地爲潁川郡韓遂亡此韓氏所以爲
潁川人也北周書韓褒傳云其先潁川潁陽人也
徙居昌黎兩唐書韓瑗傳皆云京兆三原人而碑
作潁川人仍舊貫也碑云曾祖□魏征虜將軍恒
州刺史而碑泐其名以唐書宰相世系表考之乃

演也碑云祖褒魏侍中周使持節開府儀同三司
原涼二州總管□□少保□□貞公貞公上脱二
字當是三水北周書韓褒傳詳書官位云魏建明
中起家奉朝請加盪寇將軍遷大中大夫周太祖
爲丞相引爲錄事參軍賜姓侯呂陵氏大統初遷
行臺右丞賜爵三水縣伯轉丞相府屬加中軍將
軍銀青光祿大夫二年爲鎭南將軍丞相府從事
中郎出鎭淅酈居二年徵拜丞相府司馬進爵爲
侯出爲州雍州刺史加衞大將軍入爲給事黃門
郎九年遷侍中十二年除都督西涼州刺史十六

年加大都督涼州諸軍事魏廢帝元年轉會州刺
史二年進位大將軍儀同三司尋加驃騎大將軍
開府儀同三司進爵爲公武成二年徵拜御伯中
大夫保定二年轉司會出爲汾州刺史四年遷河
洮封三州諸軍事河州總管天和三年轉鳳州刺
史致仕五年拜少保卒贈涇岐燕三州刺史諡曰
貞子繼伯嗣褒之歷官始末如此碑所載從略然
原涼二州刺史傳有涼無原徵不同傳云子繼伯
嗣據唐表褒之子紹字繼伯傳不舉其名而舉其
字豈當時亦以字行耶碑云父紹周昌樂郡守隴

儀同三司驃騎將軍衛尉少卿金臺縣開國公舊史韓瑗傳云祖紹隋太僕少卿不云衛尉互異也碑所敘仲良歷官唐傳皆略舊史惟云武德初爲大理少卿新史惟云終刑部尚書秦州都督府長史穎川縣公世系表又作戶部尚書以碑證之貞觀元年授戶部三年改刑部也傳稱武德初受詔與郎楚之等定律令仲良言于高祖請崇寬簡以允惟新之望于是採定開皇律行之時以爲便此事碑所不詳但云授大理少卿口斯三口罷入絕於嘉石察茲五禁寃氣散於員扉舊史經籍志隋

開皇令三十卷裴正等撰令律十二卷裴寂撰武德令三十一卷裴寂等撰新史藝文志高熲等隋律十二卷牛宏等隋開皇令三十卷武德律十二卷式十四卷令三十一卷注云尚書左僕射裴寂右僕射蕭瑀大理卿崔善爲給事中王敬業中書舍人劉林甫顏師古王孝遠涇州別駕靖延太常丞丁孝烏隋大理丞房軸天策上將府參軍李桐客太常博士徐上機等奉詔撰定以五十三條附新律餘無增改武德七年上兩書詳略不同然竝無仲良及郎楚之姓名然則瑗傳語恐未確也仲

良薨于貞觀十二年卽以其年厝于三原宏化鄉至永徽五年詔贈太子太保明年三月乃建此碑殆以其時子瑗入相恩澤追及其父也

金石萃編卷五十終